AF860698

DROIT DE LA FAMILLE

DROIT DE LA FAMILLE

2e ÉDITION

Vincent Égéa
Agrégé des Facultés de droit
Professeur de droit privé
Aix-Marseille Université
Directeur du Laboratoire de droit privé
et de sciences criminelles (EA n° 4690)

UNIVERSITÉ DE STRASBOURG - SERVICE DES BIBLIOTHÈQUES - BIBLIOTHÈQUE JURIDIQUE

UNIVERSITÉ DE STRASBOURG
SERVICE DES BIBLIOTHÈQUES
Numéro d'inventaire : 227127 2093
Date d'entrée : 5/12/2018
Indice :
Cote : 34-321.3 EGE
Localisation : FAC DROIT - 201

LexisNexis®

© LexisNexis SA
141, rue de Javel – 75015 Paris

Avertissement de l'Éditeur

Toute utilisation ou traitement automatisé, par des tiers, de données personnelles pouvant figurer dans cet ouvrage sont formellement interdits.

DANGER LE PHOTOCOPILLAGE TUE LE LIVRE

Le logo qui figure sur la couverture de ce livre mérite une explication. Son objet est d'alerter le lecteur sur la menace que représente pour l'avenir de l'écrit, tout particulièrement dans les domaines du droit, de l'économie et de la gestion, le développement massif du photocopillage.

Le Code de la propriété intellectuelle du 1er juillet 1992 interdit en effet expressément la photocopie à usage collectif sans autorisation des ayants droit. Or, cette pratique s'est généralisée dans les établissements d'enseignement supérieur, provoquant une baisse brutale des achats de livres au point que la possibilité même pour les auteurs de créer des œuvres nouvelles et de les faire éditer correctement soit aujourd'hui menacée.

© LexisNexis SA, 2018
Siège social : 141, rue de Javel – 75015 Paris

Cette œuvre est protégée dans *toutes ses composantes* (y compris le *résultat* des savoirs mis en œuvre, des recherches, des analyses et des interprétations effectuées et, de manière générale, des choix de fond et de forme opérés dans le cadre de la consolidation des textes reproduits) par les dispositions du Code de la propriété intellectuelle, notamment celles relatives aux droits d'auteur. Ces droits sont la propriété exclusive de LexisNexis SA. Toute reproduction intégrale ou partielle, par quelque moyen que ce soit, non autorisée par LexisNexis SA ou ses ayants droit, est strictement interdite. LexisNexis SA se réserve notamment tous droits au titre de la reproduction par reprographie destinée à réaliser des copies de la présente œuvre sous quelque forme que ce soit aux fins de vente, de location, de publicité, de promotion ou de toute autre utilisation commerciale conformément aux dispositions de l'article L. 122-10 du Code de la propriété intellectuelle relatives à la gestion collective du droit de reproduction par reprographie.

ISBN 978-2-7110-2942-6

Liste des abréviations

A.	Arrêté
AFDI	*Annuaire français de droit international*
AJF	*Actualité juridique Famille*
AN	Assemblée nationale
Arch. phil. dr.	*Archives de philosophie du droit et de philosophie sociale*
Bull. civ.	*Bulletin des arrêts des chambres civiles de la Cour de cassation*
Bull. crim.	*Bulletin des arrêts de la chambre criminelle de la Cour de cassation*
Bull. inf. C. cass.	*Bulletin d'information de la Cour de cassation*
CA	Cour d'appel
CAA	Cour administrative d'appel
C. action soc. et fam.	Code de l'action sociale et des familles
Cass. 1re, 2e, 3e civ.	Cour de cassation (1re, 2e ou 3e chambre civile)
Cass. ass. plén.	Cour de cassation, assemblée plénière
Cass. ch. mixte	Cour de cassation, chambre mixte
Cass. crim.	Cour de cassation, chambre criminelle
Cass. req.	Cour de cassation, chambre des requêtes
Cass. soc.	Cour de cassation, chambre sociale
C. aviation	Code de l'aviation civile
C. civ.	Code civil
CE	Conseil d'État
CEDH	Cour européenne des droits de l'homme
CGCT	Code général des collectivités territoriales
CGI	Code général des impôts
CIDE	Convention internationale des droits de l'enfant
Circ.	Circulaire
CJCE	Cour de justice des Communautés européennes
CJUE	Cour de justice de l'Union européenne
CNAOP	Conseil national pour l'accès aux origines personnelles
COJ	Code de l'organisation judiciaire
Cons. const.	Conseil constitutionnel
Cons. UE	Conseil de l'Union européenne
Contrats, conc. consom.	*Contrats, concurrence, consommation*
Conv.	Convention
Conv. EDH	Convention européenne de sauvegarde des droits de l'homme et des libertés fondamentales
CPC	Code de procédure civile
C. pén.	Code pénal
CPP	Code de procédure pénale
C. santé publ.	Code de la santé publique
D.	*Recueil Dalloz*
D.	Décret
Defrénois	*Répertoire du notariat Defrénois*
Doc. fr.	La Documentation française
DP	*Dalloz périodique* (jusqu'en 1940)
Dr. et patrimoine	*Droit et patrimoine*
Dr. famille	*Droit de la famille*
Dr. soc.	*Droit social*
GACEDH	*Grands arrêts de la Cour européenne des droits de l'Homme*

Gaz. Pal.	*Gazette du Palais*
Infra	Ci-dessous
INSEE	Institut national de la statistique et des études économiques
JCP A	*JurisClasseur périodique*, édition Administration et collectivités territoriales
JCP G	*JurisClasseur périodique*, édition Générale
JCP N	*JurisClasseur périodique*, édition Notariale et immobilière
JCP S	*JurisClasseur périodique*, édition Sociale
JDI	*Journal du droit international*
JO	*Journal officiel* de la République française
JOAN Q	*Journal officiel de l'Assemblée nationale* (Réponses ministérielles à questions écrites)
JO Sénat Q	*Journal officiel du Sénat* (Réponses ministérielles à questions écrites)
L.	Loi
Loyers et copr.	*Loyers et copropriété*
LPA	*Les Petites affiches*
Mél.	*Mélanges*
Nouv. Cah. Cons. const.	*Nouveaux Cahiers du Conseil constitutionnel*
ONC	Ordonnance de non-conciliation
Ord.	Ordonnance
PE et Cons. UE	Parlement européen et Conseil de l'Union européenne
PLPRJ	Projet de loi de programmation 2018-2022 et de réforme pour la justice
Préc.	Précité
Prop. de loi	Proposition de loi
Prot. add.	Protocole additionnel
QPC	Question prioritaire de constitutionnalité
RAE	*Revue des affaires européennes*
Rapp.	Rapport
RD canon	*Revue de droit canonique*
RD sanit. soc.	*Revue de droit sanitaire et social*
Règl.	Règlement
Rép. civ. Dalloz	*Répertoire de droit civil* Dalloz (Encyclopédie)
Rép. dr. int. Dalloz	*Répertoire de droit international* Dalloz (Encyclopédie)
Rép. min.	Réponse ministérielle
Rev. crit. DIP	*Revue critique de droit international privé*
Rev. Lamy dr. civ.	*Revue Lamy Droit civil*
Rev. sociétés	*Revue des sociétés*
RGDP	*Revue générale des procédures*
RJPF	*Revue juridique personnes et famille*
RRJ	*Revue de recherche juridique – Droit prospectif*
RTD civ.	*Revue trimestrielle de droit civil*
RTD com.	*Revue trimestrielle de droit commercial et de droit économique*
RTDE	*Revue trimestrielle de droit européen*
S.	*Recueil Sirey*
ss dir.	Sous la direction de
Supra	Ci-dessus
TGI	Tribunal de grande instance
Travaux comité fr. DIP	Travaux du Comité français de droit international privé
V.	Voir
V°	*Verbo*

Sommaire

LIVRE 2

L'ENFANT ET SA FAMILLE

Introduction

1. – Famille, Familles. La famille se révèle à la fois évidente et difficile à définir[(1)], ce qui place le droit dans une situation inconfortable. Des trois piliers du droit civil chers à Carbonnier[(2)] – le contrat, la propriété, la famille –, cette dernière est la seule qui échappe à une définition légale[(3)]. Dans le même temps, le droit civil organise et régit le conseil de famille[(4)], en droit des personnes vulnérables, et faisait jusqu'à récemment référence au bon père de famille[(5)]. L'absence de définition juridique allait initialement de soi puisqu'en 1804, la famille que le Code civil avait vocation à régir, était nécessairement la famille légitime[(6)]. On ne se posait guère la question à cette époque d'accorder d'éventuels droits, voire un statut, à l'ex-beau-parent homosexuel dans une famille recomposée ! En ce sens, le Code civil de 1804 reflétait les conceptions dominantes de son temps.

Aujourd'hui l'absence de définition juridique permet à la fois d'éviter une délicate prise de position dans un domaine idéologiquement sensible et de s'adapter à l'essor de situations nouvelles. Désormais en effet, un constat de grande diversité des familles s'impose. Si le Préambule de la Constitution de 1946 employait le singulier pour proclamer solennellement que « La Nation assure à l'individu et à la famille les conditions nécessaires à leur développement », le pluriel s'impose aujourd'hui[(7)]. D'ailleurs, le législateur a fait ce choix dans l'intitulé même d'un code important, le Code de l'action sociale et des familles. Pour désigner le phénomène familial, des qualificatifs seront souvent employés et l'on parlera ainsi de famille nucléaire, famille traditionnelle, famille recomposée, famille occidentale, voire famille monoparentale... Une telle diversité complique la tâche du droit puisque l'objet même des normes juridiques demeure difficile à appréhender avec précision.

2. – Familles, droit et sciences sociales. L'appréhension juridique du phénomène familial s'avère d'autant plus délicate que le droit n'est pas la seule science sociale à s'intéresser de près à la famille. L'histoire de la famille[(8)], l'anthropologie, la

(1) Cf. J.-J. Lemouland, V° *Famille*, in *Rép. civ.* Dalloz. – H. Fulchiron, *Existe-t-il un modèle familial européen ? : Defrénois* 2005, 1461.

(2) J. Carbonnier, *Flexible droit*, LGDJ, 2001, p. 255.

(3) Contrat et propriété sont définis par des articles célèbres du Code civil : l'article 544 pour la propriété, l'article 1101 pour le contrat. La définition du contrat reste l'un des rares articles dont la numérotation n'a pas été affectée par l'ordonnance n° 2016-131 du 10 février 2016 portant réforme du droit des contrats, du régime et de la preuve des obligations, mais son contenu a été modifié, puisque le contrat est défini depuis le 1er octobre 2016 comme « un accord de volontés entre deux ou plusieurs personnes destiné à créer, modifier, transmettre ou éteindre des obligations ».

(4) Cf. C. civ., art. 456 et s., dans leur rédaction issue de la loi n° 2007-308 du 5 mars 2007 qui composent un paragraphe intitulé « Du conseil de famille des majeurs vulnérables ».

(5) Sur la suppression de l'expression « bon père de famille » comme critère de référence abstrait visant à apprécier une gestion prudente et diligente, cf. not. J. Huet, *Adieu bon père de famille : D.* 2014, 505 ; l'entretien de J.-L. Halpérin *in D.* 2014, 536, consacré à la suppression de l'expression « bon père de famille », ainsi que l'éditorial de F. Rome, *Bonne mère ! : D.* 2014, 201.

(6) Le même constat peut être dressé pour l'absence de définition juridique du mariage, V. A. Sériaux, *Une définition civile du mariage (prière d'insérer) : D.* 2005, 1966.

(7) En ce sens, cf. par ex. l'ouvrage de Mme Batteur, précisément intitulé *Droit des personnes, des familles et des majeurs protégés*, Lextenso, coll. « Manuel », 8e éd., 2015.

(8) Cf. par ex. E. Shorter, *Naissance de la famille moderne*, éd. Seuil, 1981 ; A. Burguière, C. Klapisch-Zuber, M. Segalen, F. Zonbend, *Histoire de la famille*, 3 vol., éd. Armand Colin, 1986.

sociologie de la famille, la démographie, la psychologie, partagent avec la science juridique le même objet, selon des perspectives différentes, mais néanmoins complémentaires. Pour le juriste, la célébration du mariage intéresse avant tout la modification de l'état civil qu'elle entraîne, et son attention se focalisera alors sur les conditions de validité du mariage. L'anthropologue ou le sociologue tourneront davantage leur regard vers la prohibition de l'inceste[9], la signification sociologique du célibat[10] ou encore sur les inégalités de genre qui subsisteraient à l'occasion des préparatifs du mariage[11]. L'économiste s'intéressera quant à lui au marché spécifique dans le domaine du divertissement et du tourisme qu'engendre le renouveau des enterrements de vie de jeune fille ou de jeune garçon.

3. – **Fonctions de la famille.** Parce qu'elle constitue une cellule sociale de base, la famille s'impose comme un groupement de personnes qui remplit plusieurs fonctions. Le sociologue assignera volontiers à la famille une fonction de socialisation, généralement qualifiée de primaire, de l'enfant. Elle véhicule aussi une fonction de transmission symbolique d'*habitus* entre les générations. La famille assure également une fonction économique[12] et fut longtemps perçue comme un groupement de personnes dont la vocation première demeurait la conservation des biens reçus par succession en vue de les transmettre dans une lignée par le sang. Plus largement, la famille constitua, notamment dans un contexte rural, et forme encore, ce que les économistes nomment une unité de production. La famille remplit aussi une fonction politique. Traditionnellement, les politiques dites « natalistes » entendent faire peser sur les familles un effort de guerre ou, inversement, de reconstruction d'un pays détruit. Plus récemment, la famille a pu apparaître comme un véritable contractant de l'État, dans le but d'assurer la mise en œuvre d'une politique publique par le biais de la conclusion de contrat de responsabilité parentale[13]. La singularité de la convention remplace alors la généralité de la loi[14].

4. – **Rétrécissement de la structure familiale.** Rendue célèbre dans les cercles juridiques par Carbonnier[15], la loi du rétrécissement continu fut mise en évidence par Durkheim au début du XXe siècle. Selon cette loi, les structures familiales se sont progressivement réduites au fil du temps en passant, dans les sociétés archaïques, d'une grande nébuleuse de personnes regroupées autour d'une figure ancestrale

(9) Cf. C. Lévi-Strauss, *Les structures élémentaires de la parenté*, thèse, 1948, PUF, 1949 ; - M. Godelier, *Métamorphose de la parenté*, éd. Flammarion, coll. Champs Essais, 2010.

(10) Cf. P. Bourdieu, *Le bal des célibataires. Crise de la société paysanne en Béarn*, éd. Points, coll. « Essai », 2002. L'ouvrage regroupe des articles publiés initialement en 1962, 1972 et 1989.

(11) Cf. F. Maillochon, *La passion du mariage*, PUF, 2016.

(12) Pour une approche juridique de cette fonction économique, cf. R. Le Guidec, *Regards sur les fonctions économiques de la famille*, in *Mél. J. Hauser*, Dalloz et LexisNexis, 2012, p. 300.

(13) C. action soc. et fam., anc. art. L. 222-4-1, sur lequel cf. not. : J. Rochfeld, *Le contrat de responsabilité parentale, nouvelle figure du « contrat pédagogique »* : *RDC* 2006, 665. – F. Rolin, *Les visages menaçants du nouveau contractualisme : le contrat de responsabilité parentale* : *RD sanit. soc.* 2007, 38. Le contrat de responsabilité parentale a finalement été abrogé par une loi n° 2013-108 du 31 janvier 2013 (*JO* 1er févr. 2013, p. 1961).

(14) Sur ce phénomène de manière plus large, cf. A. Supiot, *Homo juridicus. Essai sur la fonction anthropologique du droit*, éd. Le Seuil, 2005, spéc. chap. n° 3, p. 135 ; et du même auteur : *Les deux visages de la contractualisation : déconstruction du Droit et renaissance féodale*, in *Approche critique de la contractualisation*, ss dir. S. Chassagnard-Pinet et D. Hiez, LGDJ, 2007, p. 19.

(15) J. Carbonnier, V[is] *Famille, législation et quelques autres*, in *Flexible droit, pour une sociologie du droit sans rigueur*, *op. cit.*, p. 236.

totémique, à la famille nucléaire du XXe siècle, centrée autour du couple et de ses enfants. Des étapes jalonnent ce rétrécissement continu, comme la *domus* romaine, placée sous l'autorité d'un *pater familias* ou encore la famille de l'Ancien droit dans laquelle perdure l'omnipotence du mari et père de famille, mais que tempère l'idée de responsabilité grâce aux principes chrétiens. Le droit révolutionnaire rompt avec ce système et se distingue notamment par l'admission du divorce. Puis, le Code civil de 1804 consacrera un véritable modèle patriarcal, dans une finalité politique(16), organisé autour de l'alliance et de la parenté légitime.

5. - **De la famille au droit de la famille.** Malgré toutes les incertitudes qui entourent la détermination exacte de la notion de famille comme objet de droit, il n'en reste pas moins que le droit édicte des normes ayant vocation à régir le phénomène familial. Pour le droit civil à tout le moins, il paraît d'emblée possible de regrouper ces normes en deux ensembles.

Tout d'abord, certaines normes juridiques ont pour objet de régir la manière dont s'établit ou se détruit un lien familial. Il en va ainsi des dispositions du Code civil qui fixent les conditions de formation du mariage en exigeant le respect d'un âge minimal ou en prohibant le mariage entre ascendants et descendants. Les textes organisant le divorce indiqueront quant à eux comment mettre fin au lien d'alliance. Dans le domaine de la filiation et de l'adoption, il s'agit là encore d'établir ou de détruire un lien familial, de parenté cette fois-ci. Les règles juridiques relatives au lien familial intéressent l'état des personnes et permettent d'inscrire un individu dans une structure familiale.

Ensuite, d'autres règles de droit déterminent des droits et obligations entre les personnes unies par un lien familial. Elles ne visent plus alors à fixer la manière dont s'établit ou se défait le lien, n'affectent pas la structure familiale, mais tirent les conséquences de celle-ci. Les membres de la famille, parents et alliés, sont soumis à des droits et obligations juridiques qui organisent leurs relations. Ainsi, les époux se doivent-ils mutuellement fidélité, respect, secours et assistance(17), ce que rappelle l'officier de l'état civil en célébrant l'union. De même chacun des parents contribue à l'entretien et à l'éducation de l'enfant à proportion de ses ressources, de celles de l'autre parent, ainsi que des besoins de l'enfant(18). Les règles de droit relatives aux relations familiales demeurent sans incidences sur l'état civil des personnes, mais prescrivent le comportement que la personne doit adopter à l'égard des autres membres de sa famille.

6. - **État civil, état des personnes et droit de la famille.** Il est saisissant de constater que des notions aussi essentielles en droit de la famille que celles d'état des personnes et d'état civil ne font pas nécessairement l'objet d'acceptions partagées(19) et restent parfois confondues.

(16) Le discours préliminaire à la rédaction du Code civil exprime, à plusieurs reprises, cette idée et Portalis y justifie le choix opéré en faveur d'une organisation patriarcale : « Les lois civiles doivent interposer leur autorité entre les époux, entre les pères et les enfants ; elles doivent régler le gouvernement de la famille. (...) L'autorité maritale est fondée sur la nécessité de donner, dans une société de deux individus, la voix prépondérante à l'un des associés ». Reproduit et commenté in *Le discours et le Code. Portalis, deux siècles après le Code Napoléon*, Litec, 2004, p. 139 et le commentaire de J. Hauser, *Une République familiale*, p. 140.

(17) C. civ., art. 212.

(18) C. civ., art. 371-2, al. 1er.

(19) Sur ce point, cf. l'étude détaillée d'A.-M. Leroyer, qui relate des différentes définitions de l'état des personnes, dans leurs relations avec l'état civil : *La notion d'état des personnes*, in *Mél. M. Gobert*, Economica, 2004, p. 247.

L'état des personnes peut être désigné comme « l'ensemble des éléments qui concourent à identifier et à individualiser chaque personne dans la société »[20] et comporte généralement le nom, le sexe, le domicile. L'état des personnes a connu cependant une très profonde mutation en passant d'un outil de police civile[21] impliquant une identification étatique des personnes depuis des éléments immuables à une perspective renouvelée, liée au sentiment d'identité de la personne[22] dans laquelle les éléments de l'état des personnes se définiraient à partir d'aspirations individuelles[23], ce qu'illustrent parfaitement les débats contemporains relatifs à un sexe « neutre ».

L'état civil peut quant à lui se définir comme « la situation de la personne dans la famille et dans la société » et plus précisément comme l'« ensemble des qualités inhérentes à la personne que la loi civile prend en considération pour y attacher des effets (qualité d'époux, d'enfant adoptif, de veuf...) »[24].

L'état civil d'une personne se trouve parfois pris en compte comme élément de l'état des personnes[25]. Les actes de l'état civil relatent à la fois les éléments les plus marquants de la vie juridique d'une personne, comme le mariage, l'adoption, le divorce et mentionnent les éléments de l'état d'une personne[26].

Les règles du droit de la famille qui gouvernent l'établissement et la destruction du lien familial concernent traditionnellement l'état civil de la personne. Il en allait ainsi de l'alliance et de la parenté avant que l'essor de l'affection ne vienne bouleverser la situation. Le concubinage crée un lien juridique de couple, auquel la loi fait produire un certain nombre d'effets juridiques, comme l'accès aux techniques de procréation médicalement assistée ou le droit au transfert du bail, sans pour autant que l'état civil des concubins ne s'en trouve modifié, sauf à devenir un couple de parents. Il en allait au demeurant de même pour le pacte civil de solidarité qui, dans sa version issue de la loi n° 99-944 du 9 novembre 1999, concernait essentiellement les relations entre partenaires, avant de modifier leur état civil à partir de la réforme du 23 juin 2006, les rapprochant sensiblement des époux[27].

(20) Assoc. H. Capitant, *Vocabulaire juridique*, ss dir. G. Cornu, PUF, V° *État des personnes*.

(21) Sur lequel, cf. A. Lefebvre-Theillard, *Le nom, droit et histoire*, PUF, 1990, p. 90.

(22) Sur ce lien intime avec l'identité de la personne : cf. I. Théry et A.-M. Leroyer (ss dir.), *Filiation, origines, parentalités*, Doc. fr., 2014, spéc. p. 57 et s.

(23) Cf. J. Rochfeld, *Les grandes notions du droit privé*, PUF, notion n° 1, « La personne », spéc. n°s 15 et s.

(24) Assoc. H. Capitant, *Vocabulaire juridique*, ss dir. G. Cornu, PUF, V° *État civil*, il est ajouté que : *Les principaux éléments retenus qui différencient chaque personne des autres au plan de la jouissance et de l'exercice des droits civils sont : la nationalité, le mariage, la filiation, la parenté, l'alliance, le nom, le domicile, la capacité et même le sexe.*

(25) Alors que, comme le note M. Malaurie, l'état civil traduit « les qualités permanentes de la personne, celles qui ne changent pas selon le lieu où la personne se trouve : la nationalité, la filiation, le mariage et le sexe », contrairement aux éléments d'identité de la personne qui, comme le nom et surtout le domicile, peuvent changer (cf. Ph. Malaurie, *Les personnes. La protection des mineurs et des majeurs*, Lextenso-Defrénois, 2012, n°s 100 et s.).

(26) Comme le rappellent les auteurs du rapport *Théry-Leroyer*, la perception individuelle de l'acte de l'état civil demeure ambivalente, car si l'on y perçoit parfois une lourdeur administrative qui fait soupçonner un contrôle étatique, l'accès à cet acte peut aussi apparaître comme un élément de revendication qui, au-delà de l'intérêt juridique, marque une réconfortante reconnaissance par la société. Combien de frustrations, de secrets de famille, de spéculations et de fantasmes furent naguère entretenus par la mention « né de père inconnu » figurant sur les actes de naissance à l'époque où le droit interdisait l'action en recherche de paternité adultérine. L'état civil et les actes de l'état civil intéressent assurément la quête d'identité d'une personne. Sur le sentiment d'identité, cf. D. Gutmann, *Le sentiment d'identité*, LGDJ, 2000.

(27) L. n° 2006-728, 23 juin 2006, portant réforme des successions et des libéralités qui, de manière discrète mais significative modifia également en profondeur le pacte civil de solidarité. Sur cet aspect de la loi du 23 juin 2006, cf. not. : Ph. Simler et P. Hilt, *Le nouveau visage du PACS : un quasi-mariage* : *JCP G* 2006, I, 161. – H. Fulchiron, *Le nouveau PACS est arrivé !* : *Defrénois* 2006, 1621.

7. - **La famille saisie par le droit.** Malgré sa définition incertaine, son caractère évolutif et sa dimension métajuridique, la famille est régie par le Droit comme un phénomène social particulier, pétri de sentiments, de drames et d'heureux événements[(28)]. Deux caractéristiques distinguent l'appréhension juridique de la famille.

Premièrement, la famille n'a pas la personnalité juridique, en dépit de propositions doctrinales demeurées célèbres[(29)], mais dispose tout de même d'une juridicité « diffuse »[(30)]. L'absence de personnalité juridique s'explique tout d'abord par le manque de définition de la famille, ensuite par la délicate détermination d'intérêts collectifs convergents[(31)] et, enfin, par la difficile désignation d'organe représentatif du groupement[(32)]. Le juge aux affaires familiales doit pourtant veiller à ce que certains changements de régime matrimonial ne portent pas atteinte à l'intérêt de la famille, le prononcé d'une adoption plénière pourra être refusé quand elle compromet la vie familiale[(33)] et l'on retient parfois la qualification de « biens de famille ». Le droit intervient donc dans un contexte spécifique, comme il le fait d'ailleurs en droit de l'entreprise ou des groupes de sociétés qui ne bénéficient pas non plus de la personnalité juridique.

Deuxièmement, les règles de droit de la famille se déploient dans deux directions. D'une part, elles déterminent la manière dont s'établit ou se rompt un lien familial, établissant ainsi une structure familiale. D'autre part, elles gouvernent les relations entre des personnes qui font ou firent partie de la même structure familiale, du même groupe.

I. – Les sources du droit de la famille

A. – Les sources de droit interne

1° Le droit civil, siège du droit de la famille

8. - **Le Code civil.** La principale source du droit de la famille, qui fera l'objet de l'essentiel des développements du présent ouvrage, demeure le Code civil. Plus exactement, l'essentiel du droit de la famille se trouve au sein du Livre 1er du code, intitulé « Des personnes ». En son sein, figurent ainsi les titres intitulés « Des actes de l'état civil »[(34)], « Du mariage »[(35)], « Du divorce »[(36)], « De la filiation »[(37)], « De

(28) Comme le note A. Sériaux, « Loin des techniques et des méthodes quelque peu abstraites qui sont le lot de la plupart des questions juridiques, il nous apparaît comme un droit de chair et de sang où l'amour compte davantage que les froids calculs rationnels : un droit-refuge, en somme », *in Le juriste face au droit de la famille : Dr. famille* 2001, étude 13.

(29) Cf. R. Savatier, *Une personnalité morale méconnue : la famille en tant que sujet de droit*, in *Les métamorphoses économiques et sociales du droit civil aujourd'hui*, Dalloz, 3e éd., 1964, p. 153.

(30) Selon le qualificatif employé par J. Rochfeld, pour désigner une situation dans laquelle un groupement non personnifié dispose tout de même de certains attributs juridiques et peut endosser des devoirs et responsabilités, *in Les grandes notions du droit privé, op. cit.*, notion n° 2, « Les groupes de personnes », spéc. n°s 14 et s.

(31) Au demeurant, même dans un régime matrimonial de type communautaire, la communauté ne bénéficie pas de la personnalité juridique. Cf., sur ce point, la thèse et les propositions de J. Carbonnier, *Le régime matrimonial. Sa nature juridique sous le rapport des notions de société et d'association*, thèse, Bordeaux, 1932.

(32) Cf. J. Rochfeld, *ibid.*

(33) C. civ., art. 353, al. 2 ; sur la notion de compromission de la vie familiale dans le droit de l'adoption et son appréciation judiciaire, V. *infra*, n° 976.

(34) Livre 1er, Titre 2.

(35) Livre 1er, Titre 5.

(36) Livre 1er, Titre 6.

(37) Livre 1er, Titre 7.

la filiation adoptive »(38), « De l'autorité parentale »(39), « De la gestion du patrimoine des mineurs et des majeurs en tutelle »(40), « Du pacte civil de solidarité et du concubinage »(41), « Des mesures de protection des victimes de violences »(42). Les dispositions qui figurent dans ces différents titres du Livre 1er du Code civil forment l'essentiel du droit civil de la famille, auquel il convient d'ajouter les textes qui intéressent les successions(43) et les régimes matrimoniaux(44).

9. – **Le Code civil, navire de Thésée ?** À bien y regarder, en droit de la famille – contrairement au droit des biens par exemple – il ne reste guère de dispositions issues de la version initiale du Code civil. À l'instar du navire de Thésée, différents éléments du Code civil ont tour à tour fait l'objet de modifications, sans nécessairement altérer l'ensemble global qui s'adapta peu à peu aux mutations des relations sociales qu'il a vocation à régir. Schématiquement, on peut affirmer qu'à l'exception de législations ponctuelles et parcellaires, le Code civil a fait l'objet de deux séries de réformes législatives d'ensemble, dans le domaine familial.

10. – **Première série de réformes du Code civil (1965-1975).** La première série de réformes intervient à partir du milieu des années 1960 et reste marquée par l'œuvre doctrinale et législative de Carbonnier(45). L'époque législative paraît aujourd'hui quelque peu mythique, car elle se caractérisait par la présence de juristes d'une qualité exceptionnelle – Jean Carbonnier et Jean Foyer(46) –, par une réflexion fondamentale sur le rôle de la loi et ses incidences sur les rapports sociaux, par la mise en place de principes moralement nobles comme l'égalité entre les sexes, et par un contexte culturel et social de mutation profonde de la société française.

La France de cette époque se distingue en effet par une conjonction d'évolutions sociales et de changements des mentalités dominantes qui ne pouvait qu'affecter le droit de la famille. La fin des conflits coloniaux, la maîtrise d'un armement nucléaire et la construction européenne installent durablement la paix sur le sol de la République française, ce qui réduit le phénomène jusque-là tragique de décès des fils au front. La prospérité industrielle, le développement urbain, l'exode rural et le développement des transports modifient les structures de l'habitat tout en éloignant géographiquement les membres de la famille élargie. L'essor du salariat de la femme et l'évolution des mentalités, sous l'impulsion de courants féministes plus ou moins revendicatifs, entraînent un nouvel équilibre au sein du couple. La maîtrise de la fécondité par la contraception, conjuguée à une baisse de la mortalité infantile, modifie nécessairement, au moins d'un point de vue symbolique, la place et le rôle de l'enfant au sein de la famille. Une telle présentation demeure résolument simpliste et reste brossée à grands traits, n'ayant pour vocation que de tracer des tendances générales expliquant les choix législatifs opérés à cette époque. Des cassandres souligneront volontiers que ces fameuses « Trente Glorieuses » ne le furent pas tant que cela ou, du moins, pas pour tout le monde, ce qui est exact. Il n'empêche qu'une mutation culturelle et sociale affecta une France dont les citoyens, dans l'ensemble, souhaitaient se détacher des conceptions familiales alors jugées archaïques, notamment en ce qui concerne l'égalité

(38) Livre 1er, Titre 8.
(39) Livre 1er, Titre 9.
(40) Livre 1er, Titre 12.
(41) Livre 1er, Titre 13.
(42) Livre 1er, Titre 14.
(43) Le droit des successions et des libéralités se trouve au sein du Livre 2.
(44) Qui figurent eux au sein du Livre 3.
(45) Cf. en particulier : J. Carbonnier, *Essai sur les lois*, Defrénois, 2e éd., 1995, spéc. p. 15 et s. ; *Droit et passion du droit sous la Ve République*, Flammarion, coll. « Champs », 1996, spéc. p. 195.
(46) Cf. J. Foyer, *Le Code civil de 1945 à nos jours*, in *Le Code civil. Un passé, un présent, un avenir*, Dalloz, 2004, p. 275.

entre les sexes et les droits de l'enfant naturel. Le législateur prit le relais de ces aspirations, tout en souhaitant conserver un ancrage historique fort[47].

Sous l'égide du doyen Carbonnier, plusieurs textes vont être préparés et soumis au vote du Parlement. Ils expriment une même volonté de promouvoir l'égalité entre les sexes et la fin de la prédominance juridique de l'homme (mari, père de famille), l'essor corrélatif du rôle du juge et la volonté de consacrer des mécanismes flexibles, notamment grâce aux notions à contenu variable[48], parmi lesquelles l'intérêt de l'enfant, tout en admettant une part de pluralisme. Plusieurs étapes législatives jalonnent cette période.

Le premier texte est la loi n° 65-570 du 13 juillet 1965 portant réforme des régimes matrimoniaux[49], qui instaure une égalité juridique entre les époux pour la gestion patrimoniale, en créant un système conjuguant cogestion et gestion concurrente.

La loi n° 70-459 du 4 juillet 1970 relative à l'autorité parentale promeut également l'égalité juridique entre les sexes en mettant fin à la puissance paternelle qui faisait que, jusque-là, le chef de famille (le père) détenait l'essentiel des prérogatives relatives à la protection et la représentation de la personne de l'enfant et gérait seul le patrimoine de ce dernier. La loi met fin au système de puissance paternelle, en lui substituant l'autorité parentale dans laquelle le père et la mère disposent de droits et devoirs identiques.

La loi n° 72-3 du 3 janvier 1972 sur la filiation améliora la situation juridique de l'enfant alors qualifié de « naturel » et, dans une certaine mesure, de l'enfant « adultérin », en facilitant l'établissement de leur filiation paternelle et en organisant une action à fins de subsides[50] distincte de l'ancienne action alimentaire.

L'on ajoute régulièrement à ces textes la loi n° 75-617 du 11 juillet 1975 portant réforme du divorce, pour laquelle l'empreinte intellectuelle de Carbonnier[51] fut moins présente que pour les textes précédents. Le texte se distingue par des innovations très remarquées à l'époque, telles que la dépénalisation de l'adultère, la création d'un divorce pour rupture de la vie commune permettant une rupture unilatérale en l'absence de toute faute imputable au conjoint et, surtout, en créant le divorce par requête conjointe qui permet aux époux de disposer, par consentement mutuel, de leur état civil.

11. – **Bilan de la première série de réformes.** La série de réformes qui modifia le Code civil entre 1965 et 1975 reste marquée par la volonté d'adapter le droit civil aux évolutions sociales, tout en marquant un attachement à une tradition historique ainsi qu'à la place centrale et primordiale du mariage dans la fondation d'une famille.

(47) Sur ce point, cf. B. Beignier, *1965 et la restauration du Code civil. Le Général, le Ministre et le Doyen*, *in* V. Egéa (dir.), *1965-1985-2015 : cinquante ans de droit des régimes matrimoniaux. Bilan et perspectives*, éd. PUAM, 2017, pp. 17 et ss.

(48) Sur lequel, cf. J. Rubellin-Devichi, *Le principe de l'intérêt de l'enfant dans la loi et dans la jurisprudence françaises* : *JCP G* 1994, I, 3739.

(49) Sur ce texte et son actualité : cf. V. Égéa (ss dir.), *1965-1985-2015 : cinquante ans de droit des régimes matrimoniaux. Bilan et perspectives*, préc.

(50) Sur laquelle, V. *infra*, n°s 1246 et s.

(51) Cf. J. Carbonnier, *La question du divorce, mémoire à consulter* : *D.* 1975, 115.

12. – **Seconde série de réformes (1999-2013) : le contexte.** À la fin du xxe siècle, il parut nécessaire de réformer une nouvelle fois le droit de la famille pour l'adapter aux mutations sociologiques, culturelles et juridiques constatées.

D'un point de vue sociologique et culturel, le concubinage et les naissances hors mariage ne cessèrent de se développer, rendant ordinaires de telles situations juridiques. À cela s'ajoute une aspiration toujours plus marquée en faveur d'une égalité dite « réelle », c'est-à-dire pas uniquement l'affirmation solennelle d'une égalité entre les membres de la famille, mais une équivalence concrète et effective dans l'exercice des droits. Il s'agissait par exemple d'éviter que, par une formule stéréotypée, les juges aux affaires familiales ne confient la garde de l'enfant à sa mère avec un partage des week-ends et vacances scolaires, car, dans une telle situation, les relations personnelles entre l'enfant et son père tendent à s'étioler. Un autre trait marquant, au demeurant lié à ce qui précède, concerna la place symboliquement et juridiquement centrale occupée par l'enfant comme sujet de droits fondamentaux. La tendance au pédocentrisme du droit de la famille, déjà constatée par Carbonnier, ne cessa de s'affirmer, reflétant ainsi une mutation profonde des conceptions sociales. Enfin, les relations des couples homosexuels sortirent peu à peu de l'opprobre social, juridique et culturel longtemps subi. Des revendications se firent entendre pour permettre aux couples de personnes de même sexe de bénéficier d'une reconnaissance légale, voire d'accéder à un lien de parenté. En ce qui concerne l'idéologie dominante, la publicisation des rapports familiaux et les immixtions étatiques dans l'organisation de la vie familiale ont commencé à faire l'objet de suspicions, une partie des citoyens français y percevant une atteinte à leur faculté d'autodétermination, voire une emprise liberticide.

D'un point de vue juridique, le dernier quart du xxe siècle a été marqué par l'essor considérable des normes européennes et internationales intéressant le droit de la famille, notamment au travers de la consécration de droits et libertés fondamentaux. La vague de réformes conduites suivant l'inspiration de Carbonnier s'inscrivait dans un contexte juridique essentiellement national. L'adhésion de la France à la Convention européenne des droits de l'homme, la possibilité d'un recours individuel devant la Cour de Strasbourg, la ratification de la Convention internationale sur les droits de l'enfant constituent autant de facteurs d'évolution du droit de la famille. Par exemple, l'arrêt *Marckx* rendu en 1979 par lequel la Cour européenne des droits de l'homme condamne la Belgique pour une discrimination subie par l'enfant alors qualifié de « naturel » a considérablement influencé l'évolution législative depuis constatée en France(52). Au demeurant, l'internationalisation et l'européanisation du droit reflètent un phénomène de construction des structures et relations familiales par-delà les frontières nationales. En raison de l'immigration, des déplacements et missions de salariés à l'étranger, de la massification du tourisme, les rapports familiaux s'internationalisent de manière durable.

13. – **Seconde série de réformes (1999-2013) : les étapes.** La seconde série de réformes débute avec la loi n° 99-944 du 15 novembre 1999 créant le pacte civil de

(52) CEDH, 13 juin 1979, *Marckx c/ Belgique*, série A, n° 31, in *Les grands arrêts de la Cour européenne des droits de l'Homme*, ss dir. F. Sudre, PUF, 2015, n° 49.

solidarité (PACS). Voté à l'issue de débats parlementaires houleux et passionnés, le texte procède à la reconnaissance juridique du couple homosexuel en permettant à deux personnes, de sexe différent ou de même sexe, de conclure un contrat ayant pour objet l'organisation de leur vie commune. Autre innovation, le concubinage se trouve désormais défini à l'article 515-8 du Code civil. Le pluralisme des formes juridiques de vie en couple (mariage, PACS, concubinage) est consacré au sein même du Code civil, sanctuaire jusque-là de la famille légitime.

Quelques mois plus tard, une modification technique mais néanmoins significative des modalités de la prestation compensatoire intervient à l'occasion de la loi n° 2000-596 du 30 juin 2000.

La loi n° 2001-1135 du 3 décembre 2001 œuvre en faveur de l'égalité entre les filiations en alignant la vocation successorale de l'enfant adultérin sur celle de l'enfant légitime.

Avec la loi n° 2002-305 du 4 mars 2002 s'opère une réforme profonde du droit de l'autorité parentale dans le but de consacrer en ce domaine une égalité effective entre les parents et entre les différentes familles. Le texte ne se contente pas d'affirmations solennelles du principe d'égalité, mais consacre dans le Code civil des mécanismes tels que la résidence alternée afin de promouvoir le droit aux relations personnelles de l'enfant avec chacun de ses parents. Autre innovation marquante, la loi n° 2002-305 du 4 mars 2002 encourage la conclusion par les parents de conventions relatives aux modalités d'exercice de l'autorité parentale, dans un domaine jusque-là indisponible, à condition de les faire homologuer par le juge aux affaires familiales. L'homologation judiciaire permet de concilier la liberté conventionnelle nouvellement consacrée avec le maintien d'un contrôle juridictionnel. Enfin, le nouveau droit de l'autorité parentale entend favoriser le développement de la médiation familiale dans un domaine où l'affection et les sentiments demeurent très prégnants, expliquant qu'il reste rare ici que l'un de parents ait totalement raison et l'autre entièrement tort. Le juge aux affaires familiales ne saurait dès lors se contenter de trancher entre deux prétentions qui s'opposent, mais peut inviter les parents à rencontrer un médiateur afin de rétablir un dialogue qui, idéalement, permettra d'éteindre le conflit dont se nourrit le litige.

La loi n° 2004-439 du 26 mai 2004 réforme quant à elle le divorce, afin de le simplifier, le pacifier et l'accélérer. Pour ce faire, le texte affiche une très nette faveur pour le divorce par consentement mutuel et les modes amiables de règlement des conflits, en particulier la médiation familiale. Il encourage les époux à conclure des conventions à soumettre à l'homologation du juge, notamment pour la liquidation de leur régime matrimonial. Plus largement, afin de ne pas envenimer le conflit conjugal, l'attribution des torts exclusifs n'a plus d'incidences patrimoniales.

L'ordonnance n° 2005-759 du 4 juillet 2005 réforme en profondeur le droit de la filiation en créant un ensemble de règles organisant l'établissement et la contestation de la filiation de l'enfant, quelle que soit la situation juridique (mariés, concubins, partenaires, concubinage adultérin) de ses parents. Les qualificatifs de « légitime », « naturel » ou « adultérin » disparaissent du Code civil au profit d'un droit de la filiation. L'ordonnance sera ratifiée par une loi n° 2009-61 du 16 janvier 2009 qui, discrètement, apporte des modifications singulières à l'accouchement anonyme.

La loi n° 2006-399 du 4 avril 2006 vise pour sa part à lutter contre les violences conjugales et les mariages forcés et élève notamment l'âge nuptial de la femme de quinze à dix-huit ans. Le dispositif de lutte contre les violences conjugales sera étoffé par une loi n° 2010-769 du 9 juillet 2010, puis par une loi n° 2014-873 du 4 août 2014.

La loi n° 2006-728 du 23 juin 2006 concerne principalement le droit patrimonial de la famille en réformant le droit des successions et des libéralités mais modifie aussi les nombreuses imperfections du régime juridique du pacte civil de solidarité, rapprochant sensiblement ce dernier du mariage.

Enfin, la seconde vague législative, commencée avec la création du PACS, s'achève avec un texte qui modifie la signification civile du mariage. La loi n° 2013-404 du 17 mai 2013, ouvrant le mariage et l'adoption aux couples de personnes de même sexe, dite loi relative au « mariage pour tous », reste l'un des textes les plus remarqués de l'époque contemporaine, en France et dans le monde. Rompant avec la finalité procréatrice traditionnelle du mariage, il permet à un couple de personnes de même sexe d'accéder au mariage et d'adopter un enfant.

14. – **Seconde série de réformes (1999-2013) : le bilan.** À l'issue de cette seconde série de réformes, le droit contemporain de la famille, du moins pour ses aspects figurant dans le Code civil, se distingue par certains caractères. Assurément pédocentrique, le droit de la famille repose sur les principes d'égalité dans la famille et entre les familles, sur une disponibilité croissante et sur une privatisation sans cesse plus marquée. De manière corrélative, l'ordre public de direction paraît en recul en cette matière.

15. – **Prolongements législatifs (2015-2018).** Depuis l'entrée en application de la loi dite « mariage pour tous », d'autres textes sont venus modifier à leur tour le droit civil de la famille. L'ordonnance n° 2015-1288 du 15 octobre 2015 modifie les règles procédurales en matière de liquidation du régime matrimonial, favorisant sa réalisation par les époux eux-mêmes et dotant, non sans ambiguités, le juge du divorce de pouvoirs nouveaux pour liquider le régime matrimonial des époux(53). Enfin, la très remarquée loi n° 2016-1547 du 18 novembre 2016 de modernisation de la Justice du 21e siècle(54), procède à une déjudiciarisation du divorce par consentement mutuel, suscitant de vives interrogations tant théoriques que pratiques(55). Dans une perspective voisine, revendiquant un objectif de simplification du divorce, d'accélération de l'instance et de promotion des solutions amiables, le projet de loi de programmation et de réforme de la justice pour la période 2018-2022 envisage de supprimer la phase préalable de conciliation dans les divorces contentieux(56).

16. – **Importance du Code de procédure civile.** En dehors du Code civil, d'autres codes comprennent des dispositions intéressant le droit de la famille(57). En raison de la

(53) Sur l'articulation entre le divorce et la liquidation du régime matrimonial des époux, V. *infra* nos 311 et s.

(54) Sur laquelle, cf. not. le dossier spécial de la revue *Droit de la famille*, janvier 2017, dossier *Loi de modernisation de la justice du XXIe siècle*.

(55) Sur le divorce par consentement mutuel déjudiciarisé, nommé « divorce par consentement mutuel par acte sous signature privé contresigné par avocats, déposé au rang des minutes d'un notaire », V. *infra* nos 255 et s.

(56) Dit « PLPRJ », présenté au Sénat le 20 Avril 2018, sur ce point, cf. *infra* n° 286.

(57) Sur ce thème, cf. R. Cabrillac, *Le Code civil à la fin du XXe siècle*, in *Mél. Catala*, Litec, 2000, p. 73.

place centrale occupée par le juge et la fonction de juger en droit de la famille, le Code de procédure civile constitue un texte incontournable quand il s'agit d'étudier et de mettre en œuvre cette matière[(58)]. Autrement dit, le droit de la famille ne saurait être appréhendé uniquement sous l'angle des dispositions de droit substantiel –ou déterminateur – mais comporte une très forte dimension procédurale[(59)].

17. – **Hors les murs du Code civil.** D'ailleurs, d'autres dispositions, ponctuelles et parcellaires, relatives au droit civil de la famille se trouvent dans des textes qui n'ont fait l'objet d'aucune codification au sein du Code civil[(60)]. Il en va ainsi de la loi n° 80-462 du 6 juillet 1989 relative aux baux d'habitation[(61)], qui comporte des dispositions importantes pour l'organisation des relations entre concubins et entre partenaires unis par un pacte civil de solidarité[(62)].

2° Le droit non civil de la famille[(63)]

18. – **Codifications.** Des dispositions qui participent assurément au droit de la famille, en régissant la structure familiale ou les relations familiales, se retrouvent dans d'autres codes. Ainsi, le Code de la santé publique revêt une importance fondamentale pour le droit de la filiation en réglementant l'accès à la procréation médicalement assistée[(64)]. Il en va de même pour le Code de l'action sociale et des familles s'agissant de l'accouchement anonyme[(65)] ou de la détermination du parent titulaire de telle ou telle prestation sociale, suite au divorce.

19. – **Droit civil et autres droits.** Le droit de la famille ne s'arrête pas aux frontières du droit civil mais dépend aussi d'autres matières comme le droit pénal ou du droit administratif[(66)]. Quelle que soit la branche du droit concernée, dès lors que l'effet substantiel d'une norme textuelle ou d'un jugement se manifeste sur les structures familiales ou les relations familiales, le droit de la famille se trouve nécessairement intéressé. Des matières réputées techniques, voire arides, comportent des incidences fondamentales sur le droit de la famille. Le propos se vérifie en particulier, dans des perspectives différentes, pour le droit des étrangers, le droit fiscal[(67)] ou encore le droit social.

20. – **L'apport du droit constitutionnel.** La source constitutionnelle demeure importante en droit de la famille[(68)], non seulement par l'affirmation textuelle de

(58) Cf. en particulier : CPC, art. 1070 et s., qui constituent un chapitre intitulé « La procédure en matière familiale ». Cf. en particulier : A. Leborgne, *Les décrets de procédure en matière familiale : Procédures* 2006, étude 12.

(59) Sur laquelle, V. *infra*, n° 29 ; le constat se vérifie ailleurs, au point que l'on peut parler d'un véritable droit processuel familial. Cf. sur ce point en Italie, berceau de la doctrine processualiste : A. Graziosi, dir., *Diritto processuale di famiglia*, éd. G. Giappichelli.

(60) D. Fenouillet, *Le droit de la famille hors le Code civil : LPA* 21 sept. 2005.

(61) L. n° 89-462, 6 juill. 1989, tendant à améliorer les rapports locatifs et portant modification de la loi n° 86-1290 du 23 décembre 1986.

(62) Cf. L. n° 89-462, 6 juill. 1989, art. 14 et 15 ; sur lesquels, V. *infra*, n° 553.

(63) L'expression « droit non civil de la famille » fut utilisée notamment dans le cadre d'une publication d'un ouvrage collectif par la faculté de droit de Poitiers : *Le droit non civil de la famille*, préf. J. Carbonnier, PUF, 1983 ; plus récemment, cf. *Le lien familial hors du droit civil de la famille*, ss dir. M. Farge et I. Maria, éd. Institut Universitaire Varenne, 2014.

(64) Cf. C. santé publ., art. L. 2141-1 et s.

(65) C. action soc. et fam., art. L. 147-1 et s.

(66) Sur ce thème, en général, cf. E. Millard, *Famille et droit public. Recherches sur la construction d'un objet juridique*, LGDJ, 1995. – Geffroy, *La famille dans la jurisprudence administrative : D.* 1986, 1.

(67) La dimension fiscale du droit de la famille se révèle essentielle. Cf. F. Douet, *Précis de droit fiscal de la famille*, LexisNexis, 15e éd., 2016.

(68) Cf. déjà : J. Boulois, *Famille et droit constitutionnel*, in *Mél. P. Kayser*, PUAM, 1979, 147.

certaines libertés fondamentales, notamment dans le Préambule de la Constitution de 1946, mais également au travers de la jurisprudence du Conseil constitutionnel[(69)]. Depuis la création de la question prioritaire de constitutionnalité, des pans importants du droit de la famille ont d'ailleurs amené le Conseil à progressivement élaborer une jurisprudence relativement cohérente qui se caractérise notamment par un grand respect, dans les domaines considérés comme particulièrement sensibles, pour les prérogatives parlementaires[(70)].

3° La jurisprudence

21. – **Grands arrêts.** Sans prétendre trancher la question de savoir si la jurisprudence constitue une source du droit, ou s'il ne s'agit que d'une simple autorité, on peut dire que le droit de la famille a fourni à la Cour de cassation l'occasion de rendre des arrêts qui, incontestablement, ont « fait » jurisprudence. Toutes les figures des rapports entre la loi et la jurisprudence se retrouvent en droit de la famille, comme les arrêts précurseurs annonçant une évolution législative future[(71)], ceux qui anticipent l'entrée en application d'une disposition législative durant la période transitoire[(72)], qui s'en remettent à la compétence législative dans les domaines considérés comme politiquement sensibles[(73)], ou encore les créations prétoriennes fondées sur une interprétation *a contrario* d'une disposition du Code civil ouvrant à l'enfant naturel une action en recherche de paternité[(74)] jusque-là inconcevable[(75)]. De

(69) Pour la liberté matrimoniale, V. en particulier : *infra*, n° 58 ; ou encore, pour la construction prétorienne du régime juridique du PACS : Cons. const., 9 nov. 1999, n° 99-419 DC : *JCP G* 2000, I, 261, n°s 15 et s., obs. B. Mathieu et M. Verpeaux ; sur cette décision, cf. N. Molfessis, *La réécriture de la loi relative au PACS par le Conseil constitutionnel : JCP G* 2000, I, 210 ; sur cette décision, V. *infra*, n° 472.

(70) Sur ce point, cf. en particulier l'important article de F. Chénedé, *Le Droit à l'épreuve des droits de l'homme*, in *Mél. G. Champenois*, Lextenso-Defrénois, 2012, p. 139 qui, en se fondant sur une étude systématique de la jurisprudence du Conseil dans le domaine familial et une comparaison avec les arrêts de la Cour européenne des droits de l'homme, démontre le scrupuleux renvoi opéré vers les compétences législatives s'agissant de ces fameux domaines sensibles.

(71) Cf. par ex. le célèbre arrêt rendu par la première chambre civile de la Cour de cassation le 28 mars 2000 qui juge que « l'expertise biologique est de droit en matière de filiation, sauf motif légitime de ne pas y procéder » (Cass. 1re civ., 28 mars 2000, n° 98-12.806 : *Dr. famille* 2000, comm. 72, note P. Murat ; *JCP G* 2000, II, concl. Petit, note Monsallier-Saint Mleux ; *JCP G* 2001, I, 362, obs. L. Cadiet ; *JCP G* 2001, I, 332, obs. Y. Favier ; *RJPF* 2000, n° 5, p. 23, chron. J. Hauser ; *D.* 2000, 731, note T. Garé ; *D.* 2001, 976, obs. F. Granet-Lambrechts ; *D.* 2001, 2868, obs. C. Desnoyer ; *LPA* 5 sept. 2000, p. 8, note Nevejans-Bataille) ; sur lequel, V. *infra*, n° 687. La décision exprime un choix de politique jurisprudentielle en faveur de la vérité biologique dans le droit de la filiation qui, à bien des égards, préfigure l'esprit qui animera la réforme du droit de la filiation opérée par l'ordonnance n° 2005-759 du 4 juillet 2005. Dans le même ordre d'idées, en matière d'interdiction des conventions de mère porteuse et au sujet du détournement de l'institution de l'adoption : Cass. ass. plén., 31 mai 1991, *Grands arrêts de la jurisprudence civile*, Dalloz, 2015, n° 49. Les premières lois bioéthiques reprendront ce principe, en 1994, à l'article 16-8 du Code civil. Sur la prohibition des gestations pour autrui, V. *infra*, n° 849-858.

(72) À propos de l'établissement de la maternité hors mariage par l'indication du nom de la mère dans l'acte de naissance, avant même l'entrée en application du nouvel article 311-25 du Code civil, fixée au 1er juillet 2006 : Cass. 1re civ., 14 févr. 2006, n° 05-13.006 : *Bull. civ.* 2006, I, n° 73 ; *Dr. famille* 2006, comm. 107, note P. Murat ; *D.* 2006, 1140, obs. F. Granet-Lambrechts ; *D.* 2006, 1029, note G. Kessler ; *AJF* 2006, 162, obs. F. Chénedé ; *RJPF* 2006-5/25, note T. Garé ; *Defrénois* 2006, 1058, obs. J. Massip.

(73) Pour le mariage homosexuel, dans l'affaire dite du « mariage de Bègles », la Cour de cassation juge que « selon la loi française, le mariage est l'union d'un homme et d'une femme » : Cass. 1re civ., 13 mars 2007, n° 05-16.627 : *Bull. civ.* 2007, I, n° 113 ; *D.* 2007, 1389, rapp. Pluyette, note Agostini ; *D.* 2007, 1561, note Lemouland et Vigneau ; *JCP G* 2007, I, 170, n° 1, obs. Y. Favier ; *Defrénois* 2007, 781, obs. J. Massip ; *AJF* 2007, 227, obs. F. Chénedé ; *Dr. famille* 2007, comm. 76, note M. Azavant ; *RJPF* 2007-5/22, note A. Leborgne ; *RTD civ.* 2007, 287, obs. Marguénaud ; *RTD civ.* 2007, 315, obs. J. Hauser ; sur la formule « selon la loi française », cf. P. Deumier, obs. ss Cass. 1re civ., 13 mars 2007 : *RTD civ.* 2008, 438 ; *adde* H. Fulchiron, *Un homme, une femme : la Cour de cassation rejette le mariage homosexuel : D.* 2007, 1375.

(74) MM. Malaurie et Fulchiron parlent ainsi d'actions « inventées » par la jurisprudence, in *Droit de la famille*, Lextenso-Defrénois, 5e éd., 2016, n° 1074.

(75) Cf. l'interprétation *a contrario* de l'ancien article 334-9 du Code civil : Cass. 1re civ., 9 juin 1976 : *D.* 1976, 593, note P. Raynaud ; *JCP* 1976, II, 18494, note G. Cornu.

même, intéressant toujours la théorie des sources, c'est au sujet du droit de l'enfant de s'exprimer dans une instance civile le concernant que la Cour de cassation rendit des arrêts importants relatifs à l'invocabilité directe des dispositions d'une convention internationale(76) ou encore en matière gestation pour autrui qu'a été ordonné, pour la première fois, un réexamen du pourvoi en matière civile, suite à une condamnation de la France par la Cour européenne des droits de l'Homme(77).

22. - **Contentieux massif.** Le caractère massif du contentieux familial désigne son importance statistique et s'inscrit dans une perspective différente, car la quantité de jugements ou d'arrêts rendus ne signifie pas qu'ils « font » jurisprudence. L'autorité normative de la jurisprudence provient davantage de la qualité de juge du droit de la Cour de cassation(78) et de son aptitude à rendre des arrêts dits de « principe »(79). En droit de la famille, comme dans d'autres domaines, se trouvent des exemples célèbres d'arrêts d'assemblée plénière formulés en des termes si généraux que l'on croirait lire un article du Code civil, dans le but revendiqué de contrer des résistances de juridictions du fond(80). L'expression « contentieux massif » renvoie aussi à l'attente sociale que placent les citoyens dans l'institution judiciaire en matière familiale(81). Pour le citoyen ordinaire, les affaires familiales constitueront souvent la seule occasion de s'adresser à l'institution judiciaire. Par exemple, en matière familiale, ce sont 383 568 affaires nouvelles qui furent introduites(82) pour la seule année 2014. À cela s'ajoutent les affaires familiales, portées comme en matière de filiation ou de validité du mariage, devant le tribunal de grande instance statuant en formation collégiale.

B. – Les droits européens

1° Le droit européen des droits de l'homme

23. - **Évolution.** Certains articles de la Convention européenne des droits de l'homme(83), combinés à une interprétation dynamique de la Cour de Strasbourg,

(76) En l'occurrence, au sujet de l'effet direct de l'article 3, § 1 de la Convention internationale des droits de l'enfant et du fameux intérêt supérieur de l'enfant : Cass. 1re civ., 18 mai 2005, n° 02-20.613 : *Bull. civ.* 2005, I, n° 212 ; *Dr. famille* 2005, comm. 156, note A. Gouttenoire ; *JCP G* 2005, II, 10081, note F. Granet-Lambrechts et Y. Strickler ; *D.* 2005, 1909, note V. Égéa ; *RTD civ.* 2005, 585 ; obs. J. Hauser. – Cass. 1re civ., 14 juin 2005, n° 04-16.942 : *Bull. civ.* 2004, I, n° 245 ; *JCP G* 2005, II, 10115, concl. Petit et note C. Chabert ; *D.* 2005, 2790, 2e esp., note F. Boulanger ; *Rev. crit. DIP* 2005, 679, note D. Bureau.

(77) La procédure de réexamen a été créée à l'article L. 452-1 du Code de l'organisation judiciaire par la loi n° 2016-1547 du 18 novembre 2016 de modernisation de la Justice du XXIe siècle. Suite à la condamnation de la France par la Cour européenne des droits de l'Homme dans l'affaire *Mennesson* (CEDH, 26 juin 2014, ° 65192/11, *Mennesson c/ France* : *JCP G* 2014, n° 877, obs. A. Gouttenoire ; *D.* 2014, 1797, note F. Chénedé ; *D.* 2014, 1773, note H. Fulchiron et C. Bidaud-Garon ; *D.* 2014, 1787, obs. A. Gouttenoire et Ph. Bonfils ; *D.* 2014, 1806, note L. d'Avout ; *AJF* 2014, 499, note B. Haftel ; *AJF* 2014, 396, obs. A. Dionisi-Peyrusse ; *RTD civ.* 2014, 616, obs. J. Hauser ; *RTD civ.* 2014, 835, obs. J.-P. Marguénaud), la Cour de cassation a ordonné pour la première fois, dans cette affaire, le réexamen du pourvoi le 16 février 2018 (Cass. réexamen, 16 févr. 2018, n° 17 RDH 001 et n° 17 DRH 002 : *Dr. fam.* 2018, comm. 94, note H. Fulchiron).

(78) Sur ces questions, cf. P. Deumier, *Introduction générale au droit*, Lextenso-LGDJ, nos 347 et s.

(79) Sur cette notion, cf. C. Atias, *L'ambiguïté des arrêts dits de principe en droit privé* : *JCP G* 1984, I, 3145.

(80) Cf., pour la validité des libéralités consenties à une concubine adultère, l'arrêt dit *Mademoiselle Galopin* : Cass. ass. plén., 29 oct. 2004, n° 03-11.328 : *JCP G* 2005, II, 10011, note F. Chabas ; *JCP G* 2005, I, 187, n° 7, obs. R. Le Guidec ; *Contrats, conc. consom.* 2005, comm. 40, note L. Leveneur ; *Dr. famille* 2004, comm. 230, obs. B. Beignier ; *RTD civ.* 2005, 104, obs. J. Hauser : « N'est pas nulle comme ayant une cause contraire aux bonnes mœurs la libéralité consentie à l'occasion d'une relation adultère ». Sur cette jurisprudence, V. *infra*, n° 1094.

(81) Pour une étude empirique de sociologie, cf. Collectif Onze, *Au tribunal des couples*, éd. Odile Jacob, 2013.

(82) Selon les chiffres fournis par l'*Annuaire statistique de la Justice*, publié par le ministère de la Justice sur son site internet.

(83) En particulier l'article 8 qui protège le droit de mener une vie privée et familiale normale, l'article 12 qui protège le droit au mariage, ainsi que l'article 14 qui pose un principe de non-discrimination. Il convient d'ajouter l'article 5 du

constituent une source majeure et incontournable du droit de la famille(84). La Cour imposa notamment une égalité de traitement entre les enfants, y compris adultérins, appelant des réformes législatives, mais permit aussi de valider certains dispositifs de droit interne(85).

2° Le droit de l'Union européenne

24. - **Charte des droits fondamentaux de l'Union européenne.** Dotée d'une pleine normativité depuis le Traité de Lisbonne, la Charte des droits fondamentaux de l'Union européenne comporte plusieurs dispositions qui intéressent directement le droit de la famille, comme l'article 7 qui consacre le droit au respect de la vie privée et familiale ou l'article 24 qui énonce une série de droits de l'enfant(86).

25. - **Espace judiciaire européen.** Depuis le traité d'Amsterdam, la coopération judiciaire en matière civile connaît un développement exponentiel qui n'a pas épargné, loin s'en faut, le droit de la famille(87). Bien que réglant des questions relatives à la compétence des juridictions, aux conflits de procédures, à l'exécution des décisions et, bien évidemment, à la loi applicable, les règlements de l'Union européenne façonnent progressivement une certaine conception du droit de la famille, qui repose sur un pédocentrisme affirmé(88), une disponibilité accrue(89) et une abolition des entraves érigées devant la dissolution du lien matrimonial(90).

26. - **Rôle de la Cour de justice de l'Union européenne**. La Cour de justice de l'Union européenne, dans sa fonction d'interprétation des textes contribue également à ce mouvement, sans toujours susciter le même intérêt que la Cour

7e Protocole additionnel à la Convention européenne des droits de l'homme qui garantit quant à lui l'égalité des droits entre époux lors de la dissolution du mariage.

(84) Cf. F. Sudre (ss dir.), *Le droit au respect de la vie familiale au sens de la Convention européenne des droits de l'homme*, Bruylant, 2002.- F. Boulanger, *La vie familiale*, in R. Cabrillac, dir., *Libertés et droits fondamentaux*, éd. Dalloz, 2018.

(85) Cf. not., en matière d'accouchement sous X : CEDH, 13 févr. 2003, *Odièvre c/ France* : *JCP* G 2003, II, 10049.

(86) La Cour de justice de l'Union européenne utilise d'ailleurs désormais ce texte pour résoudre des difficultés procédurales. Cf. pour l'utilisation de l'article 24 de la Charte des droits fondamentaux de l'Union européenne à laquelle la Cour de justice de l'Union européenne commence à procéder, notamment pour hiérarchiser des fors de compétence juridictionnelle pourtant fongibles : CJUE, 3e ch., 16 juill. 2015, aff. C-184/14, *A. c/ B.* : *RTDE* 2015, 801, obs. V. Égéa.

(87) Sous l'angle du droit international privé, cf. S. Fulli-Lemaire, *Le droit international privé de la famille à l'épreuve de l'impératif de reconnaissance des situations*, th. Paris II, 8 déc. 2017, dir. Y. Lequette ; L. Rass-Masson, *Les fondements du droit international privé européen de la famille*, th. Paris II, 3 déc. 2015, dir. Y. Lequette.

(88) Cf. par ex., dans le règlement Bruxelles II bis, la force exécutoire des décisions rendues en matière de droit de garde ou de retour immédiat de l'enfant enlevé. Cf. V. Égéa, *Une source d'inspiration pour l'espace judiciaire civil européen : le règlement Bruxelles II bis*, in *L'espace judiciaire civil européen en marche*, ss dir. M. Douchy-Oudot et E. Guinchard, Dalloz, 2012, p. 35.

(89) Cf. par ex. la possibilité désormais offerte aux époux de choisir la loi applicable à leur divorce : cf. Règl. (UE) n° 1259/2010, 20 déc. 2010, mettant en œuvre une coopération renforcée dans le domaine de la loi applicable au divorce et à la séparation de corps, dit « Rome III » ; *adde* la *professio juris* permettant à la personne de choisir de son vivant sa loi nationale pour régir sa succession, dans le cadre du règlement (UE) n° 560/2012 du Parlement européen et du Conseil du 4 juillet 2012, relatif à la compétence, la loi applicable, la reconnaissance et l'exécution des décisions, et l'acceptation et l'exécution des actes authentiques en matière de succession et à la création d'un certificat successoral européen, dit « Règlement successions ».

(90) Cf., par ex., le large éventail des chefs de compétence juridictionnel fixé par l'article 3 du règlement dit « Bruxelles II bis » : Cons. UE, règl. (CE) n° 2201/2003, 27 nov. 2003, relatif à la compétence, la reconnaissance et l'exécution des décisions en matière matrimoniale et en matière de responsabilité parentale abrogeant le règlement (CE) n° 1347/2000.

européenne des droits de l'Homme, ce qui est regrettable car la jurisprudence de Luxembourg demeure essentielle. Par exemple, alors que l'efficacité internationale du divorce français par consentement mutuel sans juge suscitait des interrogations et incertitudes, tant théoriques que pratiques, la Cour a jugé que les Règlements Bruxelles II bis et Rome III sont exclusivement applicables « à des divorces prononcés soit par une juridiction étatique, soit par une autorité publique sous son contrôle »(91), mettant ainsi en avant l'importance du caractère judiciaire du divorce. De même, la Cour de justice de l'Union européenne a apporté une contribution majeure à la définition du mariage(92). Aux arrêts de la Cour de justice de l'Union européenne, il convient d'ajouter une autre source d'inspiration importante que constituent les conclusions des avocats généraux qui participent pour certaines à la citoyenneté européenne ou alimentent la discussion sur l'altérité sexuelle dans le mariage(93).

C. – Le droit international

27. – **Droits fondamentaux.** Les textes de droit international qui intéressent le droit de la famille sont nombreux, aussi bien en droit de l'Organisation des Nations Unies que dans d'autres cadres classiques d'élaboration de conventions internationales concernant le droit privé. Dans cette dernière perspective, la conférence de La Haye pour le droit international reste un cadre privilégié de négociation, de signature, de suivi et de diffusion de conventions internationales d'une importance théorique et pratique avérée. Il suffit pour s'en convaincre de songer à la Convention de La Haye du 25 octobre 1980 sur les aspects civils de l'enlèvement international d'enfants(94) ou encore à l'influence de la Convention de La Haye du 29 mai 1993 sur la protection des enfants et la coopération en matière d'adoption internationale sur l'actuelle rédaction des articles 370-3 et suivants du Code civil(95). Cela étant, l'influence la plus remarquable d'une convention internationale se manifesta à propos de la Convention internationale des droits de l'enfant, élaborée et adoptée dans le cadre de l'Organisation des Nations Unies(96), et dont certaines dispositions se révèlent désormais directement invocables dans une instance familiale ordinaire(97).

(91) CJUE, 20 déc. 2017, aff. C-372/16, *Soha Sahyouni* : *Dr. fam.* 2018, chron. 1, n° 6 et n° 12, obs. V. Egéa

(92) Elle le fit en jugeant qu'un État-membre devait reconnaître le mariage de l'un de ses ressortissants régulièrement célébrés par les juridictions d'un autre État-membre, pour la mise en œuvre de la liberté de circulation du citoyen européen fondée sur la directive n° 2004/38/CE du Parlement européen et du Conseil, du 29 avril 2004, relative au droit des citoyens de l'Union et des membres de leurs familles de circuler et de séjourner librement sur le territoire des États membres : CJUE, gde. ch., 5 juin 2018, aff. C-673/16, *Coman c/ Inspectoratul General pentru Imigrari.*

(93) Cf. sur ce point les conclusions de l'avocat général M. Wathelet dans l'affaire *Coman* (préc. aff. C-.673/16), rendues le 11 janvier 2018.

(94) Sur la mise en œuvre de laquelle, V. *infra*, n° 1346.

(95) Dans leur rédaction issue de la loi n° 2001-111 du 6 février 2011. Sur laquelle, cf. F. Monéger, *L'adoption internationale entre dans le Code civil* : *JCP G* 2001, I, 667.

(96) Sur ce texte, cf. V. Égéa, A. Leborgne et E. Putman, *La convention de New York sur les droits de l'enfant, vingt ans d'incidences théoriques et pratiques*, PUAM, 2012. – Ph. Bonfils et A. Gouttenoire, *Droit des mineurs*, Dalloz, coll. « Précis », 2e éd., 2014 ; V. *infra*, n° 1228.

(97) Sur le revirement opéré par la Cour de cassation dans ses arrêts des 18 mai 2005 et 14 juin 2005, V. *supra*, n° 21 et *infra*, n° 1227 et 1228.

II. – Les caractères du droit de la famille

28. – **L'importance du non-droit.** La théorie du non-droit trouve un champ particulièrement fertile en droit de la famille[98], non seulement parce que ce domaine relève d'autres systèmes normatifs que le droit, comme la religion ou la morale, mais aussi en raison de la place importante de l'intuition, de l'inconscient, voire d'une coutume individuelle ou collective qui commandent certaines relations familiales. Des dispositions du Code civil attestent de l'interaction entre la norme juridique et d'autres systèmes normatifs, comme l'article 371 dudit code qui dispose que « l'enfant, à tout âge doit honneur et respect à ses père et mère ».

29. – **Le rôle du juge en droit de la famille.** Le juge, la fonction de juger et la procédure occupent une place singulière en droit de la famille[99], lequel demeure à peu près incompréhensible sans une approche procédurale. Alors que la procédure reste souvent présentée comme un droit second, un droit subalterne, un droit servant, un droit sur le Droit, un droit sanctionnateur, elle joue un rôle plus essentiel en droit de la famille, contribuant à régir directement les structures et relations familiales. Le propos se vérifie aussi bien pour les règles procédurales que pour l'office du juge[100].

S'agissant, tout d'abord, des règles procédurales, des mécanismes comme la prescription, le changement du fondement juridique de la demande (passerelles), le droit de la preuve[101] sont mis en œuvre pour servir des finalités substantielles, au point de se confondre parfois avec ses dernières. En affirmant que l'expertise biologique est de droit en matière de filiation, sauf motif légitime de ne pas y procéder, la Cour de cassation ne se contente pas de poser une règle qui, à bien y regarder, ne concerne que la procédure et l'accès à une mesure d'instruction. L'arrêt du 28 mars 2000 qui consacre ce principe reste présenté comme exprimant le triomphe de la vérité biologique en droit contemporain de la filiation[102].

En ce qui concerne, ensuite, l'office du juge, il paraît bien évident que le juge appelé à connaître d'une situation familiale ne saurait toujours se borner à trancher entre deux prétentions qui s'opposent[103]. Le propos vaut pour le juge aux affaires familiales mais aussi pour le tribunal de grande instance statuant en formation collégiale ou pour le juge des enfants dans son office civil. L'importance des notions à contenu variable en cette matière[104], à commencer par le célèbre intérêt de l'enfant, accroît considérablement le champ de l'appréciation judiciaire et invite le juge à confectionner « sur mesure » une solution propre à telle situation familiale et à

(98) J. Carbonnier, *L'hypothèse du non-droit*, in *Flexible droit*, *op. cit.*, p. 25.

(99) Cf. L. Cadiet, *À la recherche du juge en droit de la famille*, in *Familles et justice*, ss dir. M.-Th. Meulders-Klein, Bruylant et LGDJ, Bruxelles-Paris, 1997, p. 235.

(100) Cf. V. Égéa, *La fonction de juger à l'épreuve du droit contemporain de la famille*, Lextenso, 2010. – A. Fautré-Robin, *Le juge et l'évolution contemporaine du droit de la famille*, thèse, Dijon, 2012.

(101) Cf. G. Vial, *La preuve dans le droit extrapatrimonial de la famille*, Dalloz, 2008.

(102) Cass. 1re civ., 28 mars 2000, n° 98-12.806, préc. ; sur cet arrêt V. *supra*, n° 21 et *infra*, n° 687.

(103) Cf. P. Murat, *L'autonomie de la volonté et le pouvoir du juge dans la formation des liens de famille*, thèse dactyl. Lyon III, 1991.

(104) Sur les incidences des notions à contenu variable sur l'office du juge, cf. C. Pomart, *La magistrature familiale*, L'Harmattan, 2003. – J. Carbonnier, *Les notions à contenu variable dans le droit de la famille*, Travaux du centre de logique juridique, Bruxelles, 1984, p. 99.

tel enfant. La place croissante de la matière gracieuse en général et de l'homologation en particulier participe en droit de la famille du même mouvement(105). Le juge rappelle ce que l'ordre juridique tolère et ce qu'il proscrit en homologuant ou en refusant d'homologuer une convention.

30. - **Liberté et égalité en droit de la famille.** Le droit de la famille s'articule aujourd'hui autour de la combinaison de deux principes directeurs : la liberté et l'égalité(106). La liberté s'exprime au travers de la garantie offerte à toute personne remplissant les conditions légales de pouvoir créer des liens familiaux et mener sereinement une vie familiale normale. Elle commande aussi l'essor de la disponibilité dans le divorce et la liquidation des intérêts patrimoniaux des couples, ou encore dans la détermination des modalités d'exercice de l'autorité parentale. L'égalité s'entend quant à elle d'une égalité entre les membres de la famille, en particulier dans le couple, mais aussi entre les familles.

III. – Les finalités du droit de la famille

31. - **Construire ou réguler ?** Déterminer l'objet du droit de la famille constitue une tâche bien délicate car la question suscite des querelles doctrinales vigoureuses. Le droit de la famille doit-il déterminer un ou plusieurs modèles familiaux, construisant une sorte d'idéal proposé, voire imposé, par l'ordre juridique aux citoyens ? Une telle approche repose sur une conception finalement constructiviste du droit de la famille. Inversement, le droit de la famille a-t-il pour objet, de manière plus pragmatique, d'accompagner les évolutions sociales et d'assurer que la vie familiale s'exerce, dans la mesure du possible, de manière sereine en garantissant les droits et libertés fondamentaux des membres de famille ? Le droit de la famille se contenterait de suivre les mœurs.

La question de l'objet du droit de la famille recèle une dimension fortement politique, au sens large du terme. Sans sombrer dans une présentation caricaturale du débat doctrinal, il n'est pas rare de constater qu'une évolution prétorienne ou légale fera l'objet de critiques dénonçant le suivisme du droit sur les mœurs, ou s'insurgeant contre le règne du fait accompli, qui emporterait avec lui la solidité des structures familiales. Inversement, une finalité plus constructiviste fait parfois l'objet de railleries fustigeant son caractère archaïque qui ne correspond plus à l'état actuel des rapports sociaux que le droit a pour vocation de régir.

Comme souvent face à ce type de débats, où « La Bastille et Versailles font cortèges ennemis »(107), la réponse se trouve sans doute entre les deux rives. Le droit contemporain de la famille reste en effet au milieu du gué et tente de concilier les deux finalités qui, au demeurant, ne sont pas nécessairement contradictoires. Sans renier sa capacité à fixer un modèle à atteindre, le droit de la famille détermine

(105) Cf. J. Hauser, *Le juge homologateur en droit de la famille*, in *Le conventionnel et le juridictionnel*, ss dir. P. Ancel et M.-C. Rivier, Economica, 2011, p. 114.
(106) Cf. V. Larribau-Terneyre, *La réception des principes de liberté et d'égalité en droit civil, du Code civil à aujourd'hui : un tableau impressionniste*, in *Mél. P. Catala*, Litec, 2001, p. 83. – F. Dekeuwer-Défossez, *Réflexions sur les mythes fondateurs du droit de la famille* : *RTD civ.* 1995, 249.
(107) Selon l'expression de J. Hauser, *in Une république familiale*, art. préc., spéc. p. 140.

plusieurs modèles familiaux. Pour autant, ces fameux modèles ne comportent plus simplement des structures familiales proposées aux membres de la famille – comme le mariage ou l'adoption par exemple –, mais insistent davantage sur la qualité de la vie familiale. Disposer des conditions juridiques utiles pour mener une vie familiale normale serait la garantie d'une sorte de « droit au bonheur »[(108)].

La distinction recoupe largement celle relative aux fonctions du droit de la famille. De manière classique en effet, la fonction symbolique du droit de la famille se distingue de la fonction opératoire.

32. – **La fonction symbolique du droit de la famille.** La fonction symbolique du droit de la famille se révèle essentielle[(109)]. Elle illustrerait la fonction anthropologique du droit[(110)], en prescrivant des comportements, en posant des interdits et en prononçant des sanctions. La fonction symbolique du droit de la famille charrie un lot important d'enjeux politiques et idéologiques, car affirmer que le droit de la famille remplit une fonction symbolique signifie également qu'il a pour vocation de déterminer un voire plusieurs modèles de famille et d'assigner des rôles à ses membres. Longtemps, le seul modèle consacré fut le mariage et la filiation légitime. Les vives querelles ayant accompagné les débats parlementaires lors de l'adoption du PACS puis du mariage entre personnes de même sexe suffisent à illustrer cette fonction symbolique du droit de la famille. Régulièrement, la dimension anthropologique du droit fut convoquée de manière plus ou moins explicite, tant par des juristes que des psychanalystes pour dénoncer la rupture anthropologique que créerait la modification des conditions d'accès au mariage.

33. – **Dualité de la fonction symbolique du droit de la famille.** Réduire la fonction symbolique du droit de la famille à la mise en place d'un modèle familial pèche par excès de simplification, tant cette fonction de la règle de droit, en général, se révèle riche et diversifiée. En matière familiale, la fonction symbolique du droit se développe dans deux directions. Le droit remplit une fonction symbolique, à l'échelon d'une société donnée à un moment donné, en déterminant un ou plusieurs types de structures et de relations familiales que le droit promeut ou qu'il proscrit. La fonction symbolique se déploie également dans une seconde direction, beaucoup plus individuelle, personnelle, voire intime, en tentant d'offrir une sorte de remède aux souffrances, angoisses et attentes d'une personne en particulier. Par exemple, en prescrivant aux époux d'être fidèles, l'article 212 du Code civil remplit une fonction symbolique, de manière générale, en façonnant un modèle idéal typique des relations conjugales. À l'échelle individuelle, pour l'époux trompé, l'édiction d'un tel devoir et la possibilité d'obtenir le divorce pour faute revêtent aussi une fonction symboliquement essentielle. Même si le prononcé d'un divorce pour faute aux torts exclusifs du conjoint ne comporte plus aucune incidence financière pour l'époux bafoué, il n'en demeure pas moins que dans nombre d'instances en divorce, l'attribution des torts et la reconnaissance par le juge de la faute commise par l'autre restent importantes

(108) Cf. déjà : E. du Pontavice, *Droit de la famille et droit au bonheur*, in *Mél. P. Voirin*, LGDJ, 1967, p. 678.
(109) P. Murat, in *Droit de la famille*, Dalloz Action, 2016-2017, n° 01.31.
(110) Sur laquelle, cf. A. Supiot, *Homo juridicus. Recherche sur la fonction anthropologique du droit*, Le Seuil, 2005.

et utiles psychologiquement. Le droit et le juge remplissent alors un office prophylactique.

34. - **La fonction opératoire du droit de la famille.** Le droit de la famille remplit également une fonction opératoire, qui n'est pas nécessairement incompatible avec la précédente. Il s'agit non tant de fixer un modèle, dans une approche constructiviste, que de fournir des outils et méthodes de résolution des conflits familiaux. Au demeurant, la fonction opératoire du droit de la famille ne se limite pas à trancher des conflits, mais consiste également à exercer un contrôle social sur la construction et la remise en cause des liens familiaux, ainsi que sur les relations familiales. Moins ambitieuse, la fonction opératoire du droit de la famille demeure aujourd'hui l'aspect essentiel de la matière et exprime probablement le passage d'un ordre public de direction à un ordre public de protection ou, dans une perspective voisine, le glissement de la réglementation à la régulation.

IV. – De quelques tendances actuelles du droit de la famille

35. - **Déjudiciarisation, privatisation, contractualisation.** Régulièrement, la question de la déjudiciarisation ressurgit en droit de la famille, en proposant de soustraire à la compétence matérielle du juge certaines de ses attributions. De la sorte, l'ordonnance n° 2015-1288 du 15 octobre 2015, entrée en application le 1er janvier 2016, a déjudiciarisé l'ancienne administration légale des biens du mineur, précisément exercée jusque-là « sous contrôle judiciaire ». Elle crée également une nouvelle mesure de protection judiciaire du majeur vulnérable, l'habilitation familiale, dont l'exécution échappe largement au contrôle du juge des tutelles. La loi n° 2016-1547 du 18 novembre 2016 de modernisation de la Justice du XXIe siècle, dite « Justice 21 » ou « J21 », a franchi un pas supplémentaire en direction de la déjudiciarisation en privatisant le divorce par consentement mutuel. Le changement reste fondamental, car le divorce concerne l'état civil des époux et échappe désormais à tout contrôle étatique, ce qui renforce la nature contractuelle du mariage. Le Conseil constitutionnel a validé cet aspect de la loi dans une décision n° 2016-739 DC du 17 novembre 2016. Le phénomène paraît d'autant plus marquant en droit de la famille que la matière demeura longtemps empreinte d'un ordre public de direction particulièrement affirmé.

La déjudiciarisation constitue un phénomène aux justifications ambiguës. Souvent présentée comme exprimant une noble volonté d'autonomie, en offrant aux citoyens le moyen d'organiser eux-mêmes leur situation juridique, elle paraît parfois animée par une recherche inavouée d'économie des deniers publics.

Ce faisant, la déjudiciarisation constitue vraisemblablement l'ultime étape d'un processus de privatisation d'une matière jadis indisponible et qui peut désormais faire l'objet de contrats[111]. En favorisant la conclusion d'accords, de conventions,

(111) Sur ce thème, cf. D. Borillo, *La famille par contrat*, éd. PUF, 2018 : l'auteur propose une généralisation du recours au contrat comme mode d'organisation de rapports familiaux, dès lors que l'on admet de dépasser une législation familiale conçue comme le reflet de la nature ; *adde*. S. Moracchini-Zeidenberg, *La contractualisation du droit de la famille : RTD civ.* 2016, p. 773 ; D. Fenouillet, P. de Vareilles-Sommières, *La contractualisation de la famille*, éd. Economica, 2002

en permettant de disposer dans une certaine mesure d'éléments de l'état des personnes et de l'état civil, l'équilibre classique entre la loi et la volonté a été modifié. Un temps, l'homologation permit de maintenir un contrôle étatique du respect de principes fondamentaux, tout en encourageant l'expression de la liberté contractuelle. En supprimant l'homologation judiciaire de la convention de divorce par consentement mutuel, la loi de modernisation de la Justice du 21e siècle invite sans doute le droit commun des obligations à la table familiale[(112)].

On peut encore parler d'une forme de déjudiciarisation[(113)] lorsque l'on évoque l'arbitrage comme mode de résolution des différends en matière familiale. Longtemps limités en droit de la famille, du moins dans sa dimension extrapatrimoniale, les débats doctrinaux relatifs à un éventuel recours à l'arbitrage sont désormais nourris[(114)]. La réforme de la clause compromissoire opérée par la loi n° 2016-1547 du 18 novembre 2016 de modernisation de la justice du XXIe siècle rend concevable l'insertion d'une telle stipulation dans certains actes en droit de la famille, comme une convention de PACS par exemple. L'inarbitrabilité classique de la matière[(115)] ne va plus de soi et l'on s'interroge désormais sur l'aptitude des procédures familiales à accueillir un éventuel recours à l'arbitrage[(116)]. Si ce mode de règlement des litiges devait se généraliser, il marquerait sans doute une nouvelle conception de la manière dont l'État et le droit conçoivent la manière d'organiser et de réguler les structures et les relations familiales.

36. – **Internationalisation et européanisation.** L'européanisation et l'internationalisation constituent deux phénomènes qui ne concernent pas le seul droit de la famille. En ce domaine pourtant, l'ampleur de ces deux phénomènes pèse avec une acuité particulière pour deux raisons.

D'une part, le phénomène s'avère d'autant plus remarqué que l'européanisation et l'internationalisation concernent à la fois les sources du droit de la famille, mais également les rapports familiaux eux-mêmes. La banalisation du transport international de passagers, le tourisme, l'immigration, la globalisation économique qui rend fréquentes les mutations professionnelles en dehors des frontières nationales, l'évolution des mœurs et des mentalités, entraînent une multiplication des mariages entre deux personnes de nationalités différentes, des naissances d'enfants à l'étranger, ou l'acquisition de biens familiaux dans un État autre que la France. Massif au sein de l'Union européenne, le phénomène se vérifie également à l'échelle mondiale. Contrairement au droit du commerce international par exemple, l'extranéité ne constitue pas, de manière classique, l'objet même du droit de la famille. L'internationalisation des rapports familiaux place le droit de la famille face à deux types de difficultés. Les premières se révèlent assez simples à résoudre car elles concernent une simple transposition dans l'ordre européen, voire international, de problématiques

(112) F. Chénedé, *Divorce et contrat à la croisée des réformes* : *AJ fam.* 2017, p. 26.

(113) L'arbitrage en effet constitue, d'un point de vue matériel, une manière d'exercer la fonction de juger. La *juris-dictio* de l'arbitre s'avère déterminante. La différence entre l'arbitre et le juge étatique s'avère plus organique que matérielle.

(114) Cf. par ex. H. Fulchiron et A. Devers, dir., *Arbitrage et famille* : *Dr. et pat.* déc. 2017, p. 26.

(115) Sur laquelle, cf. J.-B. Racine, *L'arbitrabilité des litiges de droit de la famille*, in *Arbitrage et famille*, *préc.*, p. 26 ; et P. Murat, *Arbitrage et évolution du droit français de la famille*, in *Arbitrage et famille*, *préc.*, p. 31.

(116) V. Egéa, *L'articulation entre l'arbitrage interne et certaines procédures en matière familiale*, in H. Fulchiron et A. Devers, *Arbitrage et famille*, *préc.*

bien connues en droit interne. Il s'agira par exemple de déterminer la juridiction compétente ou la loi applicable à un divorce ou à la liquidation des intérêts patrimoniaux d'un couple qui posséderait des biens situés sur le sol de différents États. Les secondes difficultés éprouvent véritablement le droit de la famille et concernent la situation de l'ordre juridique national face à des comportements opportunistes de membres de la famille qui, exploitant la diversité des normes, se rendent à l'étranger pour obtenir légalement une situation familiale que le droit français ne reconnaît pas. La conclusion par des couples de Français de convention de gestation pour autrui à l'étranger, et la rédaction d'un acte de naissance désignant ce couple comme parent, demeure de ce point de vue l'exemple le plus caractéristique. Le droit de la famille ne saurait se contenter ici de simplement déterminer la juridiction compétente ou la loi applicable. Sur le plan des méthodes, le centre de gravité du droit international privé se déplace alors vers la question centrale de la réception par l'ordre juridique national d'actes publics dressés à l'étranger ou de situations juridiques créées dans un autre État-membre de l'Union européenne(117).

D'autre part, l'européanisation se révèle d'autant plus marquante en droit de la famille que cette matière se trouve généralement présentée comme fortement marquée par les traditions et cultures nationales. Il suffit pour s'en convaincre de songer à la diversité législative qui se constate, aujourd'hui encore, au sujet de la condition de différence de sexe dans l'accès au mariage, entre des États par ailleurs relativement proches juridiquement comme la France, l'Allemagne et l'Italie. De même, le divorce demeurait jusqu'à récemment prohibé à Malte qui, pourtant, était déjà membre de l'Union européenne. Régulièrement, le droit de l'Union européenne se heurte à ces sensibilités nationales s'agissant de l'adoption de règlements dans le domaine de la coopération judiciaire en matière civile où l'unanimité des États membres est en principe requise. L'adoption de coopérations renforcées permet de ne soumettre aux règlements que les États membres qui manifestent la volonté de participer au texte, ce qui permet d'approfondir la construction de l'espace judiciaire civil européen mais présente l'inconvénient majeur d'entraîner un morcellement géographique du champ des différents textes(118).

(117) Le constat ne se limite d'ailleurs pas au seul droit extrapatrimonial de la famille et vaut, au-delà, en matière patrimoniale, notamment avec des instruments comme le certificat successoral européen, ou encore en matière de droit des entreprises en difficultés (cf. par ex. PE et Cons. UE, règl. n° 650/2012, 4 juill. 2012, relatif à la compétence, la loi applicable, la reconnaissance et l'exécution des décisions et des actes authentiques en matière de successions et à la création d'un certificat successoral européen). Depuis une quinzaine d'années, ces questions animent les débats doctrinaux autour de la méthode de la reconnaissance en droit international privé. Sur cette méthode, cf. en dernier lieu : L. d'Avout, *La méthode de la reconnaissance en droit international privé*, CFDIP, 21 mars 2016, à paraître ; *adde* P. Lagarde, *Développements futurs du droit international privé dans une Europe en voie d'unification : quelques conjectures : Rabels Z.* 2004, p. 225 ; *La reconnaissance, mode d'emploi*, in *Vers de nouveaux équilibres entre ordres juridiques : Mél. H. Gaudemet-Tallon*, Dalloz, 2008. – P. Mayer, *Les méthodes de la reconnaissance*, in *Le droit international privé : esprit et méthode : Mél. P. Lagarde*, Dalloz, 2008, p. 537. – S. Bollée, *L'extension du domaine de la reconnaissance unilatérale : Rev. crit. DIP* 2007, 307. – E. Pataut, *Le renouveau de la méthode de la théorie des droits acquis*, Travaux comité fr. DIP 2006-2008, p. 71.

(118) Cf., en dernier lieu, dans le domaine du droit patrimonial de la famille, l'adoption de deux règlements de coopération renforcée dans le domaine des régimes matrimoniaux et des partenariats enregistrés : Règl. (UE) n° 2016/1103, 24 juin 2016, mettant en œuvre une coopération renforcée dans le domaine de la compétence, de la loi applicable, de la reconnaissance et de l'exécution des décisions en matière de régimes matrimoniaux ; Règl. (UE) n° 2016/1104, 24 juin 2016, mettant en œuvre une coopération renforcée dans le domaine de la compétence, de la loi applicable, de la reconnaissance et de l'exécution des décisions en matière d'effets patrimoniaux des partenariats enregistrés ; pour un commentaire de ces deux règlements qui entreront en application en 2019, cf. S. Corneloup, V. Egéa, E. Gallant, F. Jault,

37. – **Essor du droit comparé.** La méthode comparative revêt un intérêt particulier en droit de la famille[119], même si la famille constitue un phénomène sociologique que l'on pourrait *a priori* croire universel. Si l'existence de la famille s'avère universelle, il n'en demeure pas moins que les structures et liens familiaux s'imposent inversement comme les marques des conceptions fondamentales d'une société donnée à un moment donné. Ne parle-t-on pas ainsi de famille occidentale ou de famille musulmane, de famille traditionnelle ? L'emploi des qualificatifs témoigne de la multiplicité et de la variabilité de la famille. À cette diversité de l'objet répond une pluralité de droits de la famille, d'autant qu'au sein même de l'Union européenne il n'existe pas de réglementation substantielle uniforme du droit de la famille. Partant, les droits de la famille constituent des terrains d'élection de la méthode comparative, que l'on retrouve aussi bien dans les études d'impact[120] qui précèdent la rédaction de certaines lois en ce domaine que dans le champ académique[121].

38. – **Droits, statuts, revendications et reconnaissance sociale.** Les débats relatifs à d'éventuelles réformes en droit de la famille s'inscrivent dans un contexte spécifique où les revendications formulées poursuivent davantage la recherche d'une reconnaissance sociale, facteur d'apaisement dans la construction d'une identité subjective que l'octroi de droits ou de statuts. Par exemple, la prétendue nécessité de consacrer un « statut » du beau-parent semble avant tout dictée par la volonté d'accorder une place et un rôle social à celui-ci dans les familles recomposées car, juridiquement, une bonne utilisation du mécanisme de la délégation-partage permet déjà de régler nombre de difficultés concrètes[122]. Les configurations familiales ne cessant d'évoluer, d'autres propositions sont faites[123] pour distinguer d'une part le beau-parent au sens strict, comme étant la personne qui entretient une relation de couple avec le parent de l'enfant dans le cadre d'une recomposition familiale par exemple et, d'autre part, en s'inspirant d'exemples de droit étranger, un co-parent qui participe quant à lui au projet parental[124] et devrait, à ce titre, se voir reconnaître des prérogatives juridiques particulières.

39. – **Législation familiale, droits fondamentaux et proportionnalité.** Le stimulant débat doctrinal relatif au contrôle dit de « proportionnalité »[125], qui

(dir.), *Le droit européen des régimes patrimoniaux des couples. Commentaire des règlements n° 20166/1103 et 2016/1104*, à paraître aux éditions SLC, coll. Trans Europe Experts.

(119) J.-J. Lemouland, *Quel apport du droit comparé au droit français des personnes et de la famille ?, in Mél. J. Hauser*, Dalloz et LexisNexis, 2012, p. 329.

(120) Cf. en particulier l'étude d'impact qui accompagna, en novembre 2012, le dépôt du projet de loi ouvrant le mariage et l'adoption aux personnes de même sexe, sur le site de l'Assemblée nationale et, en particulier le point n° 1.3. de ladite étude d'impact pour une analyse minutieuse des droits étrangers ayant déjà adopté le mariage homosexuel. www.assemblee-nationale.fr/14/projets/pl0344-ei.asp#P260_38943.

(121) Cf. par ex. : S. Corneloup (ss dir.), *Le divorce en Europe*, LexisNexis, 2013. – J. Rubellin-Devichi, *Des concubinages dans le monde*, éd. CNRS, 1990. – Pour les thèses récentes, cf. par ex. L. Lestienne-Sauvé, *Le beau-parent en droit français et en droit anglais*, Paris, LGDJ, 2013 ; L. Montillet de Saint-Pern, *La filiation, entre statut et rôle. Étude de droit français et anglais*, thèse, Paris II, 2013 ; A.-C. Réglier, *L'appréhension de la famille européenne*, thèse, Aix-Marseille, 2013 ; D. Sfendla, *Couple et famille. Étude comparative des systèmes juridiques français et marocain*, thèse, Toulon, 2016.

(122) V. *infra*, n°s 1451 et s.

(123) Par ex. M. Saulier, obs. sous Cass. 1re civ., 13 juill. 2017, n° 16-24.084, in *AJ fam.* 2017, 478.

(124) Cf. en particulier pour le projet parental et ses incidences en droit québécois : Code civil du Québec (CCQ), art. 538 et s.

(125) Sur ce débat doctrinal, cf. not. A. Bénabent, *Un contrôle de proportionnalité… un brin disproportionné : D.* 2016, 137. – F. Chénedé, *Contre-révolution tranquille à la Cour de cassation : D.* 2015, 796. – Collectif, *Regards d'universitaires sur la réforme de la Cour de cassation : JCP G* 2015, suppl.

désigne une appréciation concrète du contrôle de conventionalité, apparu suite à un arrêt rendu au sujet des conditions de formation du mariage[126], illustre la tension interne qui anime le droit de la famille. En effet, malgré sa privatisation croissante, une part d'ordre public de direction marque encore cette matière de son empreinte. La volonté individuelle reste encore impuissante à modifier les règles de constitution ou de remise en cause du lien familial. Même dans le domaine des relations familiales, l'indisponibilité persiste. Par exemple, le principe de la contribution parentale soustrait à la volonté individuelle qui peut simplement aménager les modalités de cette obligation.

Parallèlement, les aspirations individuelles et revendications diverses de « droit à... » se heurtent fréquemment à ces interdits qui demeurent. Faut-il craindre dès lors que ces dispositions ne viennent faire l'objet d'une remise en cause systématique à l'issue d'un contrôle de proportionnalité ? Depuis la consécration explicite de cette méthode juridictionnelle par la Cour de cassation, des craintes s'élèvent de voir un jour l'ensemble des dispositions d'ordre public en droit de la famille faire l'objet d'une éviction en raison d'une atteinte disproportionnée au droit au respect de la vie privée et familiale normale[127].

40. - **La quête de simplification.** Rares sont les réformes techniques qui affectent le droit de la famille que l'on ne tente pas de justifier par la volonté de simplifier cette matière[128]. Si, à première vue, le vœu de simplification du droit paraît fort louable en facilitant l'accès des destinataires de la norme à cette dernière, il se révèle en effet bien plus équivoque qu'il n'y paraît. La signification exacte de la simplification n'est pas évidente[129] car la prétendue simplification du droit se traduit souvent par une simplification ou un « allégement » des procédures, ou encore par une dématérialisation de démarches administratives[130], voire par la déjudiciarisation pure et simple de certains pans du contentieux familial[131]. Le droit récent de la famille fournit ainsi des exemples édifiants d'une prétendue simplification qui semble avoir produit l'effet inverse à celui escompté, faute d'une véritable réflexion fondamentale sur le droit substantiel de la famille, ses institutions, ses finalités et en raison d'une absence

(126) Cass. 1re civ., 4 déc. 2013, n° 12-26.066 ; *Dr. famille* 2014, comm. 1, note J.-R. Binet ; *D.* 2014, 179, note F. Chénedé ; *AJF* 2014, 124, obs. S. Thouret ; *RTD civ.* 2014, 88, obs. J. Hauser ; *D.* 2014, 153, obs. H. Fulchiron ; *RJPF* 2014-2/19, obs. A. Cheynet de Beaupré ; et sur cet arrêt, V. *infra*, n° 107.

(127) Cf. en particulier : Cass. 1re civ., 10 juin 2015, n° 14-20.790 : *D.* 2015, 2365, note H. Fulchiron : cassation d'un arrêt n'ayant pas répondu à une prétention tirée de l'atteinte que l'article 333, alinéa 2e du Code civil causerait au droit au respect de la vie privée et familiale. La Cour de cassation a depuis fait montre d'une plus grande réserve en jugeant par exemple que si le délai de prescription de l'action en contestation de paternité limite le droit d'une personne à faire reconnaître son lien de filiation, la fin de non-recevoir prévue à l'article 333 du Code civil poursuit un but légitime, en ce qu'elle tend à protéger les droits et libertés des tiers ainsi que la sécurité juridique (Cass. 1re civ., 6 juill. 2016, n° 15-19.853). *Adde.* Cass. 1re civ., 5 oct. 2016, n° 15-25.507 : à propos de l'article 320 du Code civil, la cour juge que ce texte constitue une ingérence dans l'exercice du droit au respect de sa vie privée et familiale garanti par l'article 8 de la Convention de sauvegarde des droits de l'homme et des libertés fondamentales, mais que l'obstacle opposé à la demanderesse est prévu par ce texte et poursuit un but légitime en ce qu'il tend à garantir la stabilité du lien de filiation et à mettre les enfants à l'abri des conflits de filiations.

(128) Cf. en particulier l'ordonnance n° 2015-1288 du 15 oct. 2015.

(129) Cf. P. Murat, *Rapport de synthèse*, in I. Maria, dir., *Simplification et modernisation du droit de la famille : mythe ou réalité*, éd. Connaissances et Savoirs, 2018.

(130) Cf. en dernier lieu pour le pré-enregistrement en ligne des documents nécessaires à la conclusion d'un pacte civil de solidarité. Sur ce point, cf. *infra* n° 487.

(131) Sur laquelle, cf. *supra* n° 35.

de précision du degré d'intervention de l'État dans les affaires familiales. Il suffit pour s'en convaincre de songer au divorce par consentement mutuel sans juge[(132)] ou à l'articulation entre le divorce et la liquidation du régime matrimonial[(133)]. La finalité affichée de simplification semble alors ravalée au rang de simple instrument visant à satisfaire d'autres objectifs tels que l'économie de deniers publics[(134)] ou un vain effort de conciliation entre des exigences contradictoires.

V. – Plan : structures familiales et relations familiales

41. – **Liens familiaux et relations familiales.** Le droit régit désormais la famille de deux manières différentes, mais qui demeurent absolument indissociables. Certaines règles concernent les structures familiales et permettent de déterminer la manière dont les liens de famille se font et se défont. Il s'agit alors de déterminer les conditions d'accès au mariage ou encore de poser des conditions légales pour adopter. Les structures familiales se composent donc de multiples liens de famille, parenté, alliance et même affection, et produisent des effets de droit. Deux personnes unies par un lien familial ne se trouvent plus dans une situation affective et juridique ordinaire, mais deviennent les membres d'une même famille qui entretiennent des relations dites « de famille ». Ainsi, les époux se doivent fidélité, les parents doivent élever leurs enfants... Les règles de droit qui prescrivent et sanctionnent le comportement que doivent adopter les membres de la famille ne s'inscrivent pas dans la même perspective que celles visant à créer ou détruire un lien familial. Il ne s'agit plus d'instituer un lien juridique particulier, mais de réguler les relations entre les membres de la famille. Ainsi, le droit réglemente non seulement les liens familiaux mais aussi les relations familiales, et le présent ouvrage retient la distinction pour présenter cette branche du droit.

42. – **Portée de la distinction entre les structures familiales et les relations familiales.** Bien qu'évidente, la distinction entre l'étude du droit régissant les structures familiales et celui régissant les relations familiales ne va pas de soi. Traditionnellement en effet, le lien familial, nécessairement juridique et nullement fondé sur la seule affection, impliquait de manière logique l'édiction de règles juridiques organisant les relations entre membres de la famille. La situation paraît beaucoup plus complexe désormais, sous l'effet conjugué de l'essor du pluralisme et d'une interprétation dynamique de la notion de vie familiale, opérée par la Cour européenne des droits de l'homme. À certains égards, la perspective s'inverse parfois et la consécration d'un lien familial résulte de l'existence de relations entre ses membres. Tel est le cas en matière de concubinage où, de manière généralement rétrospective, l'effectivité des relations nouées entre deux personnes permet de qualifier juridiquement leur situation de couple.

---

(132) Cf. *infra* n° 249 et s.
(133) Cf. *infra* n° 292 et s.
(134) Cf. là encore l'exemple du divorce par consentement mutuel sans juge.

Bibliographie

Publications récentes

- A. Batteur, *Droit des personnes, des familles et des majeurs protégés*, Lextenso, coll. « Manuel », 8e éd., 2015.
- A. Bénabent, *Droit de la famille*, Lextenso, coll. « Domat », 3e éd., 2014.
- Y. Buffelan-Lanore et V. Larribau-Terneyre, *Droit civil. Introduction, biens, personnes, famille*, Sirey, 19e éd., 2015.
- P. Courbe et A. Gouttenoire, *Droit de la famille*, Sirey, 2013.
- D. Fenouillet, *Droit de la famille*, Dalloz, coll. « Cours », 3e éd., 2013.
- Ph. Malaurie et H. Fulchiron, *Droit de la famille*, Lextenso, 8e éd., 2017.
- P. Murat (ss dir.), *Droit de la famille*, Dalloz Action, 2016-2017.
- F. Terré, D. Fenouillet, C. Goldie-Genicon, *Les personnes, la famille*, Dalloz, coll. « Précis », 9e éd., 2018.

Publications plus anciennes

- J. Carbonnier, *Droit civil*, PUF, coll. « Quadrige », 2004, t. 1 *Les personnes, la famille, les biens*.
- G. Cornu, *Droit civil. La famille*, Montchrestien, 8e éd., 2003.
- J. Hauser et D. Huet-Weiller, *Traité de droit civil*, t. 1, *Fondation et vie de famille* et t. 2, *Dissolution de la famille*, ss dir. J. Ghestin, LGDJ, 1998 (t. 1, 2e éd.) et 1991 (t. 2).

Revues juridiques

Pour les revues spécialisées

- *Actualité juridique Famille*, revue mensuelle publiée par les éditions Dalloz.
- *Droit de la famille*, revue mensuelle publiée par les éditions LexisNexis.
- *Revue juridique personnes famille*, revue mensuelle publiée par les éditions Lamy.

Pour les revues généralistes

- *La Semaine juridique édition générale*, en particulier la chronique *Droit de la famille*, ss dir. J. Rubellin-Devichi, par H. Bosse-Platière,
- C. Coutant-Lapalus, Y. Favier, M. Farge, A. Gouttenoire, M. Lamarche, P. Murat et M. Rebourg ; ainsi que la chronique *Droit des régimes matrimoniaux*, par G. Wiederkehr, M. Storck, Ph. Simler et A. Tisserand-Martin, publiée par les éditions LexisNexis.
- *La Semaine juridique édition notariale*, revue hebdomadaire publiée par les éditions LexisNexis.
- *Le Recueil Dalloz*, revue hebdomadaire publiée par les éditions Dalloz, cf. en particulier la chronique de MM. J.-J. Lemouland et D. Vigneau, *Droit du couple* ; de Mme M. Douchy-Oudot, *Contentieux familial* ; de MM. V. Brémond, M. Nicod, J. Revel, *Droit patrimonial de la famille* ; de Mme F. Granet-Lambrechts, *Droit de l'enfant* ; de M. Ph. Bonfils et Mme A. Gouttenoire, *Droit des mineurs* ; du groupe de recherche REGINE, *Droit et genre.*
- *Revue trimestrielle de droit civil*, revue trimestrielle publiée par les éditions Dalloz, cf. en particulier la chronique de Mme A.-M. Leroyer et de M. D. Mazeaud, *Droit des personnes et de la famille* ; et pour le droit patrimonial de la famille les chroniques de M. M. Grimaldi, *Droit des successions* et de M. B. Vareille, *Droit des régimes matrimoniaux.*
- *Revue trimestrielle de droit européen*, revue trimestrielle publiée par les éditions Dalloz, cf. en particulier la chronique de MM. E. Guinchard et V. Égéa, *Espace judiciaire européen en matière civile.*

PREMIÈRE PARTIE

LES STRUCTURES FAMILIALES

43. – **Importance du lien familial.** Sans se réclamer, d'un point de vue épistémologique, d'une quelconque appartenance à la pensée structuraliste, qui fit la gloire d'une partie de la vie intellectuelle et universitaire française, dans les années 1970, la référence aux structures familiales paraît indispensable pour présenter le droit de la famille. Une part essentielle du droit de la famille vise en effet à régir la manière dont les personnes sont reliées entre elles par un lien juridique particulier, le lien familial(1). En ce sens, le lien familial constitue l'un des nombreux liens interpersonnels que le droit a vocation à régir, à l'instar du lien juridique d'instance ou du lien de créance, mais il présente une irréductible singularité provenant de son indéfectible rapport avec des données naturelles. Le lien familial constitue souvent l'exact reflet juridique d'une réalité naturelle, voire biologique, parsemée d'événements tels que la naissance, l'engendrement, la mort ; alors que le lien juridique d'instance ou le lien de créance s'imposent avant tout comme des constructions intellectuelles largement abstraites de données naturelles. Le propos mérite évidemment d'être nuancé, car le droit de la famille comporte une part non négligeable de construction intellectuelle et de fiction, comme en atteste la parenté adoptive par exemple. Il n'en demeure pas moins que c'est précisément en raison de cette dissociation entre la nature et le droit que certains systèmes juridiques étrangers, fortement marqués par une source théologique, proscrivent l'adoption(2).

En droit, le lien familial s'avère essentiel car une personne physique, sujet de base de toute relation juridique, se trouve généralement reliée à d'autres personnes

(1) Sur la notion de lien familial, cf. not. A.-M. Leroyer, *Les nouveaux liens de famille : entre idéalisme et réalisme*, in *Les nouveaux rapports de droit*, ss dir. E. Jeuland et S. Messaï-Bahri, éd. IRJS, 2013, p. 129. – J.-Ph. Agresti, E. Putman et C. Siffrein-Blanc (ss dir.), *Lien familial, lien obligationnel, lien social*, t. 1, *Lien familial et lien obligationnel*, PUAM, 2013 ; t. 2, *Lien familial et lien social*, PUAM, 2014.

(2) Tel est le cas par exemple de la plupart des États de droit musulman, à l'exception notable de la Tunisie, non sans quelques tiraillements entre les sources (cf. R. Jelassi, *Les sources du droit tunisien de la famille ou l'histoire d'un volontarisme législatif contrarié : Dr. famille* 2015, dossier, n° 40). Ceci explique que les États de droit musulman qui prohibent l'adoption réglementent la *kafala*, cf. T. Oubrou, *Kafala et Charia : Dr. famille* 2008.

physiques, dont elle est issue, avec lesquelles elle partage une vie commune. La structure familiale constitue donc un réseau où s'entremêlent plusieurs liens familiaux, dès lors qu'un même individu se trouve inscrit dans un lien de parenté à la fois à l'égard de ses parents et de ses propres enfants, ainsi que dans un lien d'alliance à l'égard de son conjoint.

Le droit s'attache à scrupuleusement réglementer la manière dont les structures familiales se construisent et se détruisent, dans une finalité utilitaire. La personne unie par un lien familial se trouve en effet soumise à des règles juridiques particulières qui déterminent ses droits et obligations à l'égard des autres membres de la famille, comme par exemple le droit de réclamer des aliments, la vocation successorale, le droit de faire sanctionner une infidélité...

44. – **Liens familiaux et état des personnes.** Les structures et liens familiaux façonnent donc l'état des personnes(3). Qualifier juridiquement une personne de « marié » ou de « conjoint » signifie qu'elle demeure soumise à des règles juridiques particulières à l'égard de son époux, contrairement à une personne célibataire. L'état civil de la personne joue alors un rôle essentiel en permettant de démontrer la qualité de membre d'une famille d'un individu. Partant, l'établissement d'un lien familial, par exemple l'alliance, donne lieu à la rédaction d'un acte d'état civil qui démontre que les époux ont quitté le champ des relations juridiques ordinaires entre des tiers pour entrer sur le terrain du droit de la famille. Il en va de même pour les modifications d'acte d'état civil qui attestent inversement de la destruction du lien, par le décès, le divorce ou le jugement faisant droit à une contestation de paternité, par exemple. Ainsi, en régissant les structures familiales, le droit de la famille concerne au premier chef l'état des personnes. Techniquement l'acte d'état civil constitue l'outil juridique qui permet de prouver l'existence ou la disparition d'un lien familial. L'état civil constitue plus largement l'enjeu des règles juridiques relatives aux structures familiales. Certes l'introduction d'une instance en nullité du mariage peut être intimement guidée par un intérêt moral, plongeant ses racines dans la rancœur et la déception, ou encore par un intérêt financier, afin de ne plus être tenu par de chères obligations ; il n'en demeure pas moins que le demandeur soumet avant tout une prétention visant à obtenir une modification de son état civil. La satisfaction de l'intérêt moral et financier que procure l'anéantissement du mariage ne constitue qu'une incidence, parmi d'autres, de la modification de l'état civil des personnes.

45. – **Diversité des liens familiaux.** En dépit de la simplicité, presque intuitive, de l'accent mis sur les liens familiaux, le droit de la famille, dans sa vocation à régir les structures familiales, se heurte à un obstacle de taille, dès lors que les liens familiaux sont divers. Traditionnellement, la structure familiale ne pouvait s'élaborer que sur la base du lien d'alliance et du lien de parenté, ce dernier étant entendu comme étant la filiation légitime. Un modèle dominant, la famille fondée sur le mariage, faisait l'objet d'une promotion et d'une protection juridique et il n'était dès lors

(3) Sur la question, cf. E. Paillet, *Liens personnels, liens de famille*, in *Des liens et des droits : Mél. J.-P. Laborde*, Dalloz, 2015, p. 433.

point question de modifier l'état civil de concubins ou de l'enfant adultérin. Plus exactement, le droit reflétait une certaine chronologie naturelle, en établissant le lien d'alliance dont découlait le lien de filiation, comme la présomption de paternité le démontre. Le pluralisme des formes de vie familiales, conjugué à un puissant essor de la notion de vie familiale, de l'égalité et d'une forme d'autodétermination des membres de la famille, a considérablement modifié la donne. À côté du lien d'alliance, le droit réglemente des liens de « quasi-alliance », avec modification de l'état civil (PACS) ou non (concubinage). Les termes de « couple » ou de « conjugalité » renseignent sur cette prise en compte par le droit d'une pluralité des formes de couple. L'alliance ne constitue donc plus l'unique lien juridique du couple et l'affection entre concubins permet à son tour de faire naître une structure familiale.

Un constat identique peut assurément être dressé en ce qui concerne le lien de parenté. Le droit de la filiation a rompu avec le primat de la filiation légitime et régit désormais une pluralité de liens de parenté, dans le cadre d'une indifférenciation relative aux conditions juridiques de la naissance de l'enfant.

46. – **Lien familial horizontal et lien familial vertical.** En dépit de la diversité des liens familiaux désormais régis par le droit, il reste possible de les regrouper en deux ensembles. Le droit organise, d'un côté, la constitution et la destruction du lien de couple, entendu comme rattachant deux personnes qui se trouvent sur un même pan, horizontal, dans une chaîne généalogique et qui n'appartiennent pas *ab initio* à la même structure familiale. En ce sens, le couple constitue la rencontre affective de deux personnes issues de structures familiales différentes. Dans le même temps, avec la parenté, des règles de droit déterminent la manière dont un enfant est rattaché à un adulte, voire à deux adultes. Les personnes reliées entre elles par le droit s'inscrivent dans un ordre de distinction généalogique. L'enfant se trouve relié à ceux dont il est issu, mais aussi aux enfants qu'il a lui-même engendrés. Suivant l'ordre des générations, la parenté situe une personne dans un rapport vertical qui met en relation des personnes issues les unes des autres par le sang (filiation charnelle) ou par la volonté (adoption).

47. – **Plan.** La distinction qui s'opère entre ces liens familiaux horizontaux et verticaux amène à étudier, de manière somme toute chronologique, le lien de couple en premier lieu (Livre 1) et la parenté en second lieu (Livre 2).

LIVRE 1

LE LIEN DE COUPLE

Bibliographie

- C. Brunetti-Pons (ss dir.), *La notion juridique de couple*, Economica, 1998 ; *L'émergence d'une notion de couple en droit civil : RTD civ.* 1999, 27.
- H. Fulchiron (ss dir.), *Mariage-conjugalité ; parenté-parentalité*, Dalloz, 2009.
- A. Leborgne, *Réflexion sur la diversité des modes de conjugalité*, in *Mél. J. Sainte-Rose*, Bruylant, 2012, p. 675.
- H. Lécuyer, *La notion juridique de couple : Dr. et patrimoine* 1997, n° 53, p. 62.
- J.-J. Lemouland, *Le couple en droit civil : Dr. famille* 2003, étude 22.

48. – **Absence de définition juridique.** En dépit de son importance en droit, la notion de couple ne fait pas l'objet d'une définition juridique explicite. Nul article du Code civil ne pose de critère ou n'édicte de condition pour que la qualification de couple soit retenue, alors même, par exemple, que l'article 515-8 mentionne expressément une « vie de couple ». Une telle absence de définition légale s'explique sans doute par un paradoxe, au demeurant assez commun en droit de la famille. Longtemps en effet, la question de la définition juridique du couple ne se posa point[(1)], tant elle allait de soit. Il paraissait à peu près certain que relevaient de la qualification de « couple » l'homme et la femme unis par un lien matrimonial. À bien y regarder cependant, l'évidence ne suffit pas à expliquer cette absence de définition. La relation entre un Roi et sa favorite constituait-elle une relation de couple ? L'histoire de France recèle des exemples de relations que l'on qualifierait aujourd'hui volontiers de relations de « couple » sans pour autant qu'elles ne correspondent à l'évidence

(1) L'étymologie du terme couple renvoie au latin *copulatio* (fait de réunir). Historiquement, le terme de « couple » désigna d'abord une sorte de laisse, de lien permettant d'attacher deux animaux entre eux, puis le mot prend une signification moins agricole au XVe siècle en signifiant aussi l'accouplement, le commerce charnel entre deux êtres, comme dans le poème *Le Rossignol* au siècle suivant (G. Corrozet, *Le Rossignol*, éd. 1578, cité par Godefroy, *Dictionnaire de l'ancienne langue française*, éd. Garnier, coll. « Classique », V° *Couple*) :
« Quand de couple charnelle
Le rossignol départ de sa femelle ».
Ensuite, il prend sa signification moderne désignant la relation affective entre un homme et une femme, à partir du XVIIIe siècle.

précédemment évoquée[2]. Ce qui paraissait longtemps évident, expliquant l'absence de définition légale, demeurait la différence de sexe des membres du couple. On ne définissait point le couple, car il était bien indéniable qu'il s'agissait d'une relation entre un homme et une femme. Ensuite des qualificatifs étaient sollicités pour préciser davantage la situation : « couple illégitime », « couple mixte », « couple adultérin »... Plus que d'une absence de définition à proprement parler, le droit positif fait montre d'une véritable ambiguïté face à la notion. Après une première apparition, ancienne et inédite, dans la législation fiscale, le terme « couple » s'avère désormais expressément mentionné dans plusieurs textes, au sein même du Code civil ou dans le Code de la santé publique, sans que la notion ne fasse pour autant l'objet d'une acception légalement déterminée. Curieux paradoxe qui se retrouve au demeurant avec la notion même de famille[3] ! Face à ce silence de la loi, doctrine et jurisprudence s'efforcent, non sans peine, de préciser la notion. En répugnant à définir légalement le couple, le droit offre un opportun instrument de souplesse, en permettant d'adapter la notion aux évolutions sociales, car le silence de la loi tranche assurément avec l'importance sociale de la notion de couple.

49. – **Deux personnes sur un même plan de générations.** En dépit des incertitudes liées à l'absence de définition juridique du lien de couple, quelques certitudes demeurent. Le lien de couple ne peut exister qu'entre deux personnes qui se situent sur un même plan (horizontal), dans les structures familiales. Dit autrement, ne peut constituer un couple la relation affective entre deux personnes unies par un lien de filiation, telles que le père et sa fille par exemple. Dans cette dernière situation en effet, les deux personnes s'inscrivent dans un rapport vertical, dans un ordre de génération hiérarchisé, au sein d'une même structure familiale. L'exigence de deux personnes qui se trouvent sur un même plan – rapport horizontal – est dictée par la dimension affective et sexuelle du lien de couple. La prohibition de l'inceste, plus ancienne loi sociale selon Lévi-Strauss, prohibe le mariage – et par conséquent les relations sexuelles – avec les personnes qui appartiennent au même groupe familial que le sien. Ainsi, le couple ne réunit en son sein que deux personnes appartenant à des familles différentes.

50. – **Importance sociale de la notion de couple.** Affirmer que le couple revêt une importance sociale considérable relève du pléonasme. Les principaux couples des récits bibliques, qu'il s'agisse d'Adam et Ève, de Sarah et Abraham, de Marie et Joseph, mettent notamment l'accent sur la fonction procréatrice et sur le rôle du couple dans la perpétuation de l'espèce. Plus largement, la figure du couple est omniprésente dans l'art, la littérature, la psychologie... Les couples réels ou de fiction forgent des références communes, tels Charles Swann et Odette du Crécy. Ainsi, les couples mythiques des contes de fées sont conçus pour faire rêver les fillettes et structurent un imaginaire collectif où le prince et la princesse vivent heureux en ayant beaucoup d'enfants. Si la presse à scandale remplace plus tard le

(2) A. Walsch, *Histoire de l'adultère, XVIe - XIXe siècles*, éd. Perrin, 2008.
(3) V. *supra*, n°s 43 et s. (Introduction).

conte pour enfants et révèle à grand renfort de clichés photographiques la formation d'un nouveau couple, il n'en demeure pas moins que le couple fascine et passionne. Le couple mythique se trouve alors souvent remplacé par le couple maudit, le couple improbable ou le couple inespéré…

51. – **Le couple : florilège de définitions.** Une certaine perplexité naît à la lecture de la définition du couple retenue par l'INSEE dans ses études statistiques. En effet, ladite définition se révèle entièrement subjective et comporte en quelque sorte une nature déclarative. Ainsi, l'INSEE considère qu'une personne est en couple et la décompte dans cette catégorie statistique, dès lors qu'elle répond par l'affirmative à la question « êtes-vous actuellement en couple ? »(4). Au demeurant, la notion de couple ne se réduit pas à la communauté de toit puisque l'INSEE propose deux réponses positives à la fameuse question « êtes-vous actuellement en couple ? », à savoir « oui, avec une personne qui vit dans le même logement », d'une part, et « oui, avec une personne qui vit dans un autre logement », d'autre part. Pour les statisticiens, la dimension psychologique, c'est-à-dire le sentiment d'être en couple et de se considérer comme tel, s'avère donc déterminante. En dépit des apparences, une telle approche intéresse le juriste en démontrant que d'autres sciences sociales que le droit se fondent sur une approche éminemment subjective, voire psychologique ou sentimentale, de la notion de couple. Juridiquement aussi, il apparaît désormais que la volonté durable de s'engager dans une vie commune s'impose comme un critère déterminant(5).

52. – **Données statistiques : 32 millions de personnes en couple.** Selon la définition du couple retenue par l'INSEE, qui vient d'être rappelée(6), une personne est considérée comme étant en couple lorsqu'elle répond par l'affirmative à la question « êtes-vous actuellement en couple ? ». En adoptant cette définition(7), la France comptait 32 millions de personnes en couple en 2011. Comme il n'existe plus désormais une seule forme juridique de couple, le détail statistique ne manque pas d'intérêt. Ainsi, 73,1 % des couples sont mariés, 22,6 % sont concubins et 4,3 % ont conclu un pacte civil de solidarité (PACS). Dit autrement, on dénombrait près de 23 millions de couples mariés en 2011. Sans surprise, le taux de nuptialité dépend de l'âge des membres du couple. Avant l'âge de vingt-cinq ans en effet, 84 % des adultes en couple vivent en dehors des liens du mariage.

Si l'on s'intéresse maintenant aux nouveaux couples formés chaque année(8), le nombre de mariages célébrés en France pour l'année 2017 s'élève à 228 000(9). Pour l'année 2016, ont été conclus 192 000 pactes civils de solidarité (PACS), dont 7 000 conclus entre personnes de même sexe.

Comme le concubinage constitue une situation juridique de nature avant tout factuelle, il n'est pas aisé de recenser avec précision le nombre de nouveaux couples de concubins formés chaque année. On peine cependant à se fonder sur

(4) *Le couple dans tous ses états. Non-cohabitation, conjoints de même sexe, PACS : INSEE Première* févr. 2013, n° 1435.
(5) V. *infra*, n° 53, pour la définition juridique du couple proposée.
(6) V. *supra*, n° précédent.
(7) *INSEE Première* févr. 2013, n° 1435.
(8) V. *infra*, n° 474 pour le détail de ces chiffres pour la période 2007-2016.
(9) *Les tableaux de l'économie française*, éd. 2017, publiés en févr. 2018, sur le site de l'INSEE.

une constitution immédiate et instantanée du couple de concubins qui, bien souvent, se construit progressivement. C'est l'une des raisons pour lesquelles le taux de non-cohabitation des membres du couple de concubins s'avère plus élevé que pour les autres formes juridiques de couples[(10)].

53. – **Essai de définition juridique.** Une tentative de définition du couple peut être formulée. Au-delà du pluralisme juridique, il semble en effet que le couple peut se définir comme **un lien, reconnu par le droit, entre deux personnes animées d'une volonté durable de s'engager dans une vie commune[(11)], d'un point de vue affectif, sexuel et, le plus souvent matériel**. Le couple serait alors question de volonté et de sentiments, ce qui complique sensiblement la tâche du droit et des juristes, car il s'avère bien difficile de sonder les cœurs et les reins. Tel est au demeurant la limite de toute approche subjective. En effet, le couple se caractérise par une forme d'engagement affectif. Par exemple ne forme pas un couple, au sens juridique du terme, le lien entre deux étudiants qui vivent en colocation et partagent le loyer d'un appartement commun dans lequel chacun occupe une chambre. Une communauté de toit existe pourtant entre eux. En revanche, si ces deux étudiants entretiennent des relations affectives et sexuelles, en étant animés d'une volonté durable de s'engager dans une vie commune, alors la qualification de couple s'impose.

54. – **Conséquences juridiques de la définition du couple.** Si l'on retient la définition ci-dessus proposée[(12)], le droit intervient alors pour reconnaître ou consacrer ce lien entre deux personnes, davantage que pour l'instituer. Il s'agit ainsi de rendre opposable aux tiers l'existence de ce lien de couple. En définitive, tout est question de preuve et, en ce domaine, la plus grande force probante reste attachée à l'acte authentique ou, pour être plus exact, aux actes de l'état civil. Ainsi, le principal effet juridique de la célébration du mariage reste la modification de l'état civil des époux, attestée par la rédaction d'un acte de l'état civil, doté de la plus haute force probante offerte par le droit civil. L'ordre juridique positif organise donc la célébration du mariage, selon un véritable rituel républicain, afin de porter à la connaissance du plus grand nombre cette modification de l'état civil des époux[(13)]. Si le droit consent ainsi à une telle modification de l'état civil de deux personnes, c'est précisément parce que l'on suppose qu'elle est dictée par la volonté durable des époux – ou des futurs époux – de s'engager dans une vie commune, d'un point de vue affectif, matériel et sexuel. Un choix législatif, lui-même commandé par des considérations sociales, culturelles, politiques, religieuses, économiques ou encore historiques, s'exprime en faveur du mariage. Partant, une fois le mariage célébré, les

(10) Le taux de non-cohabitation s'élève à 0,1 % pour les couples de partenaires, 0,6 % pour les époux et 3,4 % pour les concubins (source : *INSEE Première* févr. 2013, n° 1435).

(11) Dans cette triple dimension de la vie commune (affective, sexuelle et matérielle), on peut raisonnablement penser que la dimension matérielle s'avère peut-être la moins déterminante. Ainsi, deux personnes qui entretiennent des relations sentimentales et sexuelles durables tout en maintenant une stricte indépendance matérielle entre elles constituent sans doute un couple. Dans cette perspective, le caractère volontariste du couple devient alors cardinal. En ce sens, on se rapprocherait alors de la définition du couple retenue par les statisticiens (V. *supra*, n° 51), dans laquelle constituent un couple les personnes qui déclarent être en couple. On saisit alors aisément l'étendue des difficultés rencontrées par le droit et les juristes lorsqu'ils tentent de définir le couple (V. *supra*, n° 48).

(12) V. *supra*, n° 53.

(13) Ceci n'est pas propre au demeurant au mariage, mais se vérifie pour tous les événements marquants de la vie d'une personne, qu'il s'agisse de la naissance ou du décès.

membres du couple voient leur état civil modifié et leur relation de couple est présumée. Ils n'auront donc pas à rapporter la preuve de leur volonté durable de s'engager dans une vie commune, d'un point de vue affectif, matériel et sexuel(14). Le fait de se marier laisse raisonnablement supposer que ces personnes ont la volonté de vivre ainsi une relation affective. Non seulement leur volonté se trouve présumée mais, de surcroît, le droit positif en tire toutes les conséquences en accordant une série d'incidences juridiques et fiscales à ces personnes unies par un lien particulier. C'est en ce sens qu'il convient de parler davantage d'une consécration du lien de couple que d'une véritable constitution. La reconnaissance d'un lien juridique de couple repose donc sur une approche foncièrement subjectiviste.

Le même raisonnement peut être utilisé en matière de pacte civil de solidarité. Contrairement au mariage, le pacte civil de solidarité est une convention et non une institution. En faisant enregistrer leur convention par le greffier du tribunal d'instance de leur lieu de résidence(15), les partenaires expriment là encore une volonté.

Cela étant, le développement des couples qui ne sont pas mariés démontre que la célébration du mariage ou l'enregistrement d'un pacte civil de solidarité ne suffit pas à emporter la qualification de couple. Le pluralisme des formes juridiques de vie en couple complique sensiblement la situation et, par conséquent, les modes de preuve de la volonté durable d'une communauté de vie seront variables selon le type de couple. Présumée avec le mariage et le pacte civil de solidarité, en raison de la nature institutionnelle du premier et contractuelle du second, la volonté d'engagement ne peut pas se déduire d'un acte juridique en matière de concubinage. Il conviendra alors d'induire l'existence d'une volonté durable de vie commune à partir des éléments concrets de la situation. L'objet de la preuve est ici l'affection qui existe entre deux personnes. Par exemple, l'aventure brève ne saurait être qualifiée, au sens juridique du terme, de relation de couple et n'engendre donc pas d'effets de droit. Sera en revanche qualifié comme tel l'engagement durable de deux personnes l'une vis-à-vis de l'autre, dès lors que naît un enfant, que ces personnes procèdent ensemble à des acquisitions communes… En dehors du mariage et du pacte civil de solidarité, la volonté d'engagement de ces personnes ne peut être connue que de manière rétrospective, *a posteriori*. Pour autant, à partir du moment

(14) Inversement, lorsque disparaît cette volonté qui caractérise le lien de couple, le droit en tire les conséquences en entraînant la dissolution du mariage. Tel est le cas avec le décès qui, par définition, ne permet plus à l'un des époux de manifester cette volonté. Le droit positif en tire les conséquences puisque selon l'article 229 du Code civil, le décès met fin au mariage. Il en va de même, dans un ordre d'idées pour le moins différent, avec le divorce. Par exemple, pour obtenir le divorce pour altération définitive du lien conjugal, une séparation de fait des époux d'une durée de deux ans s'avère requise. On peut raisonnablement penser ainsi que le droit tire précisément les conséquences de la disparition de la volonté durable des époux de s'engager dans une vie commune, d'un point de vue affectif, matériel et sexuel. La disparition de cette volonté – élément subjectif – se déduit de la présence d'un élément objectif – la séparation de fait d'une durée de deux ans. L'exemple le plus topique reste sans doute le mariage qualifié de « mariage blanc ». Selon une formule jurisprudentielle devenue célèbre (V. *infra*, n° 119, l'arrêt *Appietto*), le mariage est nul lorsque les époux se sont prêtés à la célébration du mariage dans un but étranger à l'institution matrimoniale, c'est-à-dire lorsqu'ils n'étaient pas animés, *ab initio*, par une volonté durable de s'engager dans une vie commune, d'un point de vue affectif, matériel et sexuel. Partant, la présomption de modification de l'état civil des époux n'a plus lieu d'être et le mariage est donc rétroactivement anéanti, sauf pour l'époux de bonne foi, c'est-à-dire pour celui qui, lui, était animé par cette volonté.

(15) La loi n° 2016-1547 du 18 novembre 2016, de modernisation de la justice du 21e siècle prévoit que la convention est enregistrée, depuis le 1er janvier 2017, par « l'officier de l'état civil de la commune dans laquelle [les partenaires] fixent leur résidence commune ».

où l'on détermine cette volonté d'engagement, certains effets de droit peuvent être accordés aux membres de ce couple.

55. – **Pas de couple sans volonté.** Il résulte de ce qui précède qu'en droit contemporain la notion de couple se distingue assurément par la dimension éminemment volontariste et subjective du lien qui unit deux personnes. Si la qualification juridique de couple nécessite la présence de deux personnes animées d'une volonté durable de s'engager dans une vie commune, plusieurs conséquences en découlent. Tout d'abord, nul ne saurait être rattaché à une autre personne par un lien de couple contre son gré. Ceci se vérifie sans difficulté avec la prohibition du mariage forcé par exemple. Le consentement s'impose donc comme une condition absolument indispensable, attestant de la dimension fortement subjective du couple. Ensuite, le rôle du temps demeure essentiel. La volonté et le sentiment de « faire couple » doivent exister *ab initio*, lors de la formation du couple mais aussi au quotidien, jusqu'à sa dissolution. Le lien juridique de couple n'est pas éternel. Plus exactement, ce lien juridique paraît de plus en plus facilement dissoluble, quelle que soit la forme juridique retenue, suscitant souvent des craintes face à l'essor de sa précarité et de sa fragilité. Enfin, en raison de la dimension fortement psychologique du lien de couple, le juriste doit fréquemment se contenter d'éléments objectifs qui constituent des indices, des révélateurs – au sens chimique du terme – de l'existence d'une volonté durable de s'engager dans une vie commune.

56. – **Plan.** Ce triple constat qui, au demeurant, appelle toute une série de conséquences secondaires, se vérifie pour les trois formes juridiques de couple que connaît le droit positif. Tenant compte du pluralisme des formes de vie en couple, elles seront abordées successivement en distinguant à chaque fois la constitution puis la dissolution du lien juridique étudié. Au-delà du constat de pluralisme des formes juridiques de vie en couple, il apparaît de manière assez évidente qu'en ce domaine le mariage fait toujours figure de modèle. C'est en quelque sorte par rapport à l'institution matrimoniale que sont bâtis les régimes juridiques des autres couples et, plus largement, que s'élabore le mode de raisonnement que l'on retrouve avec le pacte civil de solidarité et le concubinage. Telle est la démarche retenue pour la présentation et l'analyse du mariage (Titre 1) et des autres formes juridiques de couple (Titre 2) que sont le pacte civil de solidarité et le concubinage.

TITRE 1

LE MARIAGE

Bibliographie

- Y. Buffelan-Lanore, *Le mariage du droit canonique au droit contemporain*, in *Mél. G. Champenois*, Defrénois-Lextenso, 2013, p. 113.
- J. Carbonnier, *Terre et ciel dans le droit français du mariage*, in *Mél. Ripert*, Dalloz, 1950, p. 328.
- H. Fulchiron, *De l'institution aux droits de l'individu : réflexions sur le mariage au début du xxe siècle*, in *Mél. J. Foyer*, Economica, 2008, p. 395 ; (ss dir.), *Mariage – conjugalité ; parenté – parentalité*, Dalloz, 2009.
- R. Libchaber, *La notion de mariage civil*, in *Mél. Ph. Jestaz*, Dalloz, 2006, p. 327.
- S. Mirabail, *Le mariage : entre modernité et traditions : Dr. famille* 2018, étude 7.
- Collectif, *La liberté fondamentale du mariage*, PUAM, 2009.

57. - **Le mariage : une institution ?** En droit, le mariage est une institution. Fréquemment débattue et remise en cause, au profit d'une approche plus contractualiste, la nature institutionnelle du mariage s'impose pourtant à plusieurs égards. Affirmer que le mariage est une institution renvoie tout d'abord au sens commun, voire ironique, du terme « institution », entendu comme une sorte d'habitude, de monument de la vie sociale pour le moins inattaquable(1). En matière matrimoniale, le terme « institution » doit cependant être entendu dans son acception plus juridique. En droit privé(2), par contraste avec les techniques habituellement utilisées que sont le contrat ou l'obligation, l'institution se caractérise par l'importance de la durée ainsi que par le rôle spécifique des volontés des participants à la fondation et à la vie de l'institution. C'est-à-dire que le rôle de la volonté se trouve limité. Par exemple, les époux ne sauraient se dispenser, par une clause du contrat de mariage, de l'obligation de fidélité édictée par l'article 212 du Code civil ; alors même qu'en matière de contrat de vente – domaine contractuel et non plus institutionnel – la liberté contractuelle permet au vendeur et à l'acheteur de se mettre d'accord sur le moment de la livraison ou encore sur les modalités de paiement. Cornu considérait,

(1) Les récents débats, à la tribune du Parlement et dans la rue, relatifs à l'adoption en droit positif du mariage entre personnes de même sexe, démontrent la véracité de cette première acception du terme « institution » pour caractériser le mariage.
(2) La présente définition est tirée du *Vocabulaire juridique Capitant*, V° *Institution*, sens 6.

dans le même ordre d'idées mais de manière plus précise, que « si dans sa formation, le mariage est un contrat, il est, dans ses effets, une institution »(3), car « les conséquences que la loi fait elle-même découler de l'acte solennel du mariage constituent (...) un donné institutionnel »(4). Dit autrement, si les époux (ou futurs époux) doivent pleinement exprimer leur volonté pour adhérer au statut conjugal, les droits, devoirs et obligations qui découlent de ce statut demeurent édictés par la loi et ont un caractère indérogeable. La volonté individuelle ne saurait les évincer. Au demeurant, le rôle de la volonté individuelle s'avère également limité en ce qui concerne l'accès au statut matrimonial. Certes les futurs époux doivent impérativement consentir à la modification de leur état civil qu'engendre le mariage mais, pour autant, il existe des formes et une manière de procéder à respecter impérativement pour faire célébrer un mariage. Il en va de même d'ailleurs pour quitter le statut conjugal. Seuls la mort et le divorce constituent des causes légales de dissolution du mariage. Ceci signifie que les époux ne sauraient valablement par un contrat mettre fin au mariage et disposer ainsi de leurs états civils. L'état des personnes demeure indisponible. Le mariage en constitue l'une des plus remarquables illustrations. En droit, se marier consiste donc à adhérer à un statut conjugal impérativement organisé par la loi. De nos jours, cette adhésion est libre car elle relève de la liberté individuelle de chaque personne physique apte à exercer ses droits(5). Cette facette de la liberté individuelle est communément désignée comme constituant la liberté matrimoniale.

58. – **Liberté matrimoniale.** La liberté matrimoniale signifie que chacun est en principe libre d'adhérer ou non à l'institution matrimoniale, et de choisir son conjoint. Il s'agit d'une liberté fondamentale dont la valeur constitutionnelle a été reconnue par une décision du Conseil constitutionnel rendue le 13 août 1993. Signe de l'importance de la liberté matrimoniale, cette décision du Conseil constitutionnel la rattache à la liberté individuelle, dont le juge judiciaire est gardien selon l'article 66 de la Constitution. La liberté matrimoniale est également protégée par d'autres textes garantissant les droits fondamentaux. Tel est le cas de la Convention européenne des droits de l'homme qui garantit le « droit au mariage » en son article 12. Pour autant, en droit européen des droits de l'homme, « contrairement à la plupart des droits consacrés par la Convention, le droit de se marier ne fait pas l'objet des limitations spécifiques de la clause d'ordre public »(6). Alors que l'on pouvait initialement déduire de ce constat l'existence d'un droit de se marier défini selon les législations nationales, la Cour a progressivement dégagé une interprétation propre de l'article 12 de la Convention. De jurisprudence constante, la Cour de Strasbourg utilise une formule récurrente pour apprécier la légitimité des restrictions posées par un État partie à la Convention devant le droit au mariage. Elle veille en effet à ce que la « limitation ou la réduction ne soient pas telles que le droit serait atteint dans sa substance »(7). La liberté matrimoniale est également proté-

(3) G. Cornu, *Droit de la famille*, Montchrestien, *op. cit.*, n° 19.
(4) *Ibid.*
(5) Pour le mariage du majeur ou tutelle ou curatelle, V. *infra*, n°s 122 et 123.
(6) Selon A. Gouttenoire, in *GACEDH*, *op. cit.*, n° 48.
(7) Cf. en particulier : CEDH, *Rees F. c/ Suisse* ; B.L. *c/ R.-U.* ; *Frasik c/ Pologne* : *JCP* G 2010, n° 131, comm. Belda.

gée en des termes relativement voisins par la Charte des droits fondamentaux de l'Union européenne, par la Déclaration universelle des droits de l'homme et le Pacte international pour les droits civils et politiques du 19 décembre 1966.

Cons. const., 13 août 1993, n° 93-325 DC

(...)

107. Considérant que l'article 175-2 du Code civil tel qu'il est inséré dans ce code par le III de l'article 31 fait obligation à l'officier d'état civil de saisir le procureur de la République lorsqu'il existe des indices sérieux laissant présumer que le mariage n'est envisagé que dans un but autre que l'union matrimoniale ; que le procureur de la République dispose d'un délai de quinze jours durant lequel il peut décider qu'il sera sursis à la célébration du mariage pour une durée pouvant aller jusqu'à trois mois, sans que sa décision soit assortie d'une voie de recours ; qu'en subordonnant la célébration du mariage à de telles conditions préalables, ces dispositions méconnaissent **le principe de la liberté du mariage qui est une des composantes de la liberté individuelle** ; que dès lors que celles-ci ne sont pas séparables des autres dispositions de l'article 175-2 du Code civil, cet article doit être regardé dans son ensemble comme contraire à la Constitution ;

(...)

Convention européenne des droits de l'homme

Art. 12. – À partir de l'âge nubile, l'homme et la femme ont le droit de se marier et de fonder une famille selon les lois nationales régissant l'exercice de ce droit.

Charte des droits fondamentaux de l'Union européenne

Art. 9. – Le droit de se marier et le droit de fonder une famille sont garantis selon les lois nationales qui en régissent l'exercice.

Déclaration universelle des droits de l'homme

Art. 16. – 1. À partir de l'âge nubile, l'homme et la femme, sans aucune restriction quant à la race, la nationalité ou la religion, ont le droit de se marier et de fonder une famille. Ils ont des droits égaux au regard du mariage, durant le mariage et lors de sa dissolution.

2. Le mariage ne peut être conclu qu'avec le libre et plein consentement des futurs époux.

3. La famille est l'élément naturel et fondamental de la société et a droit à la protection de la société et de l'État.

Pacte international des droits civils et politiques

Art. 23. – 1. La famille est l'élément naturel et fondamental de la société et a droit à la protection de la société et de l'État.

2. Le droit de se marier et de fonder une famille est reconnu à l'homme et à la femme à partir de l'âge nubile.

3. Nul mariage ne peut être conclu sans le libre et plein consentement des futurs époux.

4. Les États parties au présent Pacte prendront les mesures appropriées pour assurer l'égalité de droits et de responsabilités des époux au regard du mariage, durant le mariage et lors de sa dissolution. En cas de dissolution, des dispositions seront prises afin d'assurer aux enfants la protection nécessaire.

59. – **Conséquences de la liberté matrimoniale.** Consacrer ainsi la liberté matrimoniale aux plus hauts échelons de la pyramide des normes signifie qu'une personne publique ou une personne privée ne saurait valablement priver une personne qui remplit les conditions légales requises du droit d'adhérer à l'institution du mariage. Le principe d'égalité entre les sexes commande que cette liberté

soit indistinctement garantie à l'homme et à la femme. Il n'est cependant question ici que de liberté dans l'adhésion au statut. La liberté matrimoniale se trouve garantie, même si le candidat au mariage fait l'objet d'une incarcération[8] ou qu'il est transsexuel[9]. Inversement, il n'existait pas, jusqu'à une décision constitutionnelle du 29 juillet 2016, de liberté constitutionnelle de mettre fin aux liens du mariage[10].

60. - **Liberté matrimoniale et fiançailles.** La liberté matrimoniale comporte également des répercussions plus inattendues. Le fait d'être fiancé[11], d'avoir promis un mariage futur, porte-t-il atteinte à la liberté matrimoniale ? Si l'on retient une conception très absolue de la liberté matrimoniale, le fiancé ou la fiancée pourrait parfaitement rompre les fiançailles et ne pas consentir au mariage promis. Après tout, les fiançailles constituent de simples promesses de mariage qui, au demeurant, ne sont pas régies par le Code civil. Partant, exerçant sa pleine liberté matrimoniale, le fiancé aurait parfaitement le droit de ne pas se marier. Jusqu'à l'instant fatidique où l'officier de l'état civil va recueillir le consentement des futurs époux, le fiancé conserverait dans cette conception le droit le plus absolu de ne pas se marier. S'il est évidemment possible en droit de briser librement ses fiançailles afin de ne pas porter atteinte à la liberté matrimoniale, la rupture ne doit cependant pas être fautive. Le comportement du fiancé qui exerce sa liberté matrimoniale en quittant ne doit pas porter atteinte aux espérances légitimes de l'autre[12]. En effet, le Conseil constitutionnel a également conféré une valeur constitutionnelle au principe édicté par le nouvel article 1240 (ancien art. 1382) du Code civil selon lequel tout fait quelconque de l'homme oblige celui par la faute duquel il est arrivé à le réparer[13]. La rupture des fiançailles s'avère donc parfaitement possible, mais elle ne doit pas revêtir un caractère fautif. La jurisprudence fourmille d'illustrations plus ou moins tristes, cocasses ou saugrenues de ces ruptures fautives qui ouvrent droit à réparation sur le fondement de l'ancien article 1382 du Code civil. Par exemple, a pu être jugée fautive la rupture des fiançailles cinq jours avant mariage[14], voire une heure avant la célébration[15], alors que tout est prêt[16]. La jurisprudence prescrit une certaine élégance,

(8) Par ex., CEDH, 5 janv. 2010, n° 22933, *Frasik c/ Pologne*. – CEDH, 5 janv. 2010, n° 240323, *Jaremowicz c/ Pologne* : *Dr. famille* 2010, comm. 37, note V. Larribau-Terneyre.

(9) CEDH, 11 juill. 2002, *Goodwin c/ R.-U.* : *Dr. famille* 2002, comm. 122, note A. Gouttenoire ; *JCP G* 2003, I, 109, n°s 8 et 22, obs. F. Sudre ; *D.* 2003, 2032, note Chavent-Lecler.

(10) Dans une décision du 29 juillet 2016, le Conseil constitutionnel saisi d'une question prioritaire relative à l'article 274, 1° du Code civil, se fonde sur les articles 2 et 4 de la Déclaration des droits de l'homme et du citoyen pour juger qu'il résulte de ces dispositions une liberté pour chacun de se marier ainsi qu'une liberté de mettre fin aux liens du mariage, composante de la liberté personnelle : Cons. const., 29 juill. 2016, n° 2016-557 QPC : *Dr. famille* 2016, comm. 194, note J.-R. Binet.

(11) L. Josserand, *Le problème de la rupture des fiançailles* : *D.* 1927, chron. p. 24.

(12) Cf. déjà, Cass. civ., 30 mai 1838 : *S.* 1838, I, 492, qui admet le principe de la réparation des ruptures fautives, même si la promesse de mariage ne revêt pas un caractère juridiquement contraignant, en se fondant sur l'obligation imposée par la loi de réparer le préjudice causé par une faute.

(13) Consacré successivement sur le fondement des articles 6 et 13 de la Déclaration des droits de l'homme et du citoyen de 1789 (Cons. const., 22 oct. 1982, n° 82-144 DC), puis sur le fondement de l'article 4 (Cons. const., 15 nov. 1999, n° 99-419 DC).

(14) Cass. 2e civ., 2 juill. 1970 : *D.* 1970, 743.

(15) CA Paris, 8 nov. 1957 : *D.* 1958, 45, note E. Blanc ; *RTD civ.* 1958, 232, obs. H. Desbois.

(16) On saisit sans mal ici le préjudice moral (tristesse, amertume...) et matériel (achat de la robe de mariée, frais de traiteur, alliances...) subi par l'être quitté. Cf. CA Rouen, 15 juin 2005, n° 2005-278689, *JD* : *Dr. famille* 2005, comm. 235,

un comportement loyal dans l'exercice du droit de rompre. La manière de rompre s'avère donc déterminante. En cas de faute, celui qui quitte l'autre de manière fautive s'expose au paiement de dommages-intérêts. La réparation du préjudice subi ne peut en effet que prendre la forme d'une réparation par équivalent, sans doute assez frustrante en ce domaine(17). La liberté matrimoniale commande en effet d'écarter toute réparation en nature qui consisterait à prononcer le mariage dans le cadre d'un jugement voire, pire, de forcer le fiancé à se marier.

61. - **Prohibition des clauses de célibat.** La garantie de la liberté matrimoniale condamne également et nécessairement les clauses de non-convol et autres clauses de célibat. Insérée dans des actes juridiques privés, comme une donation ou un contrat de travail, la clause de non-convol impose à l'une des parties à l'acte (salarié ou donataire par exemple) de ne pas se remarier pour bénéficier de la prestation objet de l'acte (emploi, libéralité). Un temps tolérées dans des circonstances très spécifiques(18) et à propos d'entreprises dites « de tendance »(19), ces clauses s'avèrent désormais en contradiction totale avec la liberté matrimoniale et, plus largement, avec les mœurs contemporaines. En ce sens, elles ne sauraient connaître aujourd'hui une quelconque efficacité juridique.

62. - **La structure familiale issue du mariage.** En tant que lien constitutif d'une structure familiale, l'alliance s'avère intimement liée à la volonté des époux, tant pour adhérer à l'institution conjugale que pour en sortir. La volonté d'engagement durable doit en principe exister *ab initio*, lors de la célébration du mariage et perdurer tout au long de la vie conjugale. À cette condition, l'état civil des époux se trouve modifié, créant ainsi la structure familiale : les époux cessent d'être deux personnes physiques juridiquement étrangères l'une à l'autre. Plus largement d'ailleurs, certains membres de la famille des époux subissent les conséquences juridiques du mariage. Il s'agit des alliés. Ainsi le gendre ne peut pas épouser sa belle-mère après

---

obs. V. Larribau-Terneyre (1er esp.) : *La future mariée et les invités ayant vainement attendu à la mairie le futur mari qui s'est dérobé au dernier moment à un projet commun de mariage et ne donne aucune explication à la soudaineté de son refus de dernière heure, l'abus de droit est caractérisé et mérite indemnisation sur le fondement de l'article 1382 du Code civil (actuel art. 1240 du Code civil). Le futur époux ne peut sérieusement soutenir avoir ignoré le projet de sa compagne. La retenue en mairie d'une date suppose une visite médicale personnelle et préalable et la publication des bans à la demande conjointe des deux futurs époux. De plus, le futur époux s'est fait accompagner par sa compagne pour le choix d'un costume et a participé la soirée suivant cet achat avec une amie commune à un dîner au cours duquel les convives ont durablement parlé du mariage. Enfin, un pasteur a confirmé avoir rencontré à leur domicile les futurs époux.* – *Adde*, pour une rupture à une semaine de la cérémonie, avec la prise en compte explicite dans un arrêt de la cour d'appel d'Aix-en-Provence de la réservation d'une salle pour cent vingt personnes et d'un groupe musical. Le préjudice matériel indemnisé réside dans les acomptes et remboursements d'un montant de 5 921 € déjà réglés par la fiancée, ainsi que dans la déception et l'humiliation infligées causant un préjudice moral évalué à 7 500 €.

(17) Cependant, l'exécution forcée demeure impossible et l'on peinerait à imaginer telle sanction en matière de promesse de mariage alors que, dans le même temps, même dans un domaine très différent comme les promesses unilatérales de vente, l'exécution forcée en nature peine à s'imposer en cas de rétractation du promettant avant la levée de l'option par le bénéficiaire.

(18) Dans une affaire concernant le licenciement d'une enseignante dans un établissement scolaire catholique, jugée au début des années 1970 par la cour d'appel d'Aix-en-Provence, les méandres jurisprudentiels qui se succédèrent durant presque dix ans (réunion d'une chambre mixte, résistance d'une cour d'appel de renvoi) suffisent à eux seuls à démontrer qu'à l'époque déjà la solution n'allait pas de soi. L'assemblée plénière trancha finalement en faveur de la validité de la clause : Cass. ass. plén., 9 mai 1978 : *JCP G* 1978, II, 19009, rapp. Sauvageot, note R. Lindon ; *D.* 1978, 541, concl. Schmelck, note Ph. Ardant ; *RTD civ.* 1978, 565, obs. R. Nerson ; *RTD civ.* 1979, 370, note G. Cornu. – *Adde* sur l'ensemble de cette affaire : V. Bedoura, *Le licenciement des maîtres dans les établissements confessionnels* : *D.* 1978, chron. p. 51.

(19) La formule « entreprise de tendance » désigne une entreprise marquée par une très forte identité, religieuse notamment, comme par exemple une école privée hors contrat, attachée par essence à des valeurs traditionnelles.

avoir divorcé de la fille de celle-ci. Cet empêchement à mariage provient précisément du lien juridique d'alliance. Une structure familiale particulière est donc créée par le mariage, ce qui signifie que des droits et obligations spécifiques[20] gouvernent désormais les liens entre ces personnes. La structure familiale fait donc naître des règles juridiques spécifiques gouvernant les relations familiales[21]. Par exemple, les candidats au mariage découvrent souvent avec une certaine stupéfaction que les gendres et brus doivent des aliments à leurs beaux-parents dans le besoin[22], et réciproquement.

63. – **Plan.** L'étude des relations familiales étant faite dans la seconde partie du présent ouvrage, il sera pour l'instant traité du mariage en tant qu'institution créant une structure familiale. Dans cette perspective, une approche chronologique permet aisément de saisir la naissance et la dissolution du lien d'alliance, en distinguant la formation du mariage (Chapitre 1) et la dissolution du mariage (Chapitre 2).

(20) Par le qualificatif de « spécifiques », on entend désigner des droits et obligations qui ne correspondent pas à ceux régissant les rapports entre personnes physiques dans une situation juridique ordinaire.

(21) V. *infra*, Partie 2, n°s 1026 et s.

(22) C. civ., art. 206 : « Les gendres et belles-filles doivent également, et dans les mêmes circonstances, des aliments à leur beau-père et belle-mère, mais cette obligation cesse lorsque celui des époux qui produisait l'affinité et les enfants issus de son union avec l'autre époux sont décédés ».

CHAPITRE 1

LA FORMATION DU MARIAGE

64. - **Présence de l'ordre public.** La formation du mariage démontre, s'il en était besoin, que le lien d'alliance intéresse au plus haut point un ordre public, que l'on qualifie volontiers d'ordre public de direction, dès lors qu'en édictant des conditions de formation du mariage, le droit positif entend bien façonner un ordre social. Une société qui accepte et régit la polygamie ou le mariage par procuration diffère anthropologiquement d'une société qui organise et admet le mariage homosexuel. Il n'est point question ici d'établir une quelconque hiérarchie, et d'autres sciences sociales que le droit ont précisément pour objet d'étudier la dimension sociologique ou anthropologique du mariage. Pour autant, le droit leur fournit assurément de précieuses ressources, car les règles juridiques qui déterminent la manière de former le mariage révèlent les conceptions d'une société donnée à un moment donné. Ceci explique d'ailleurs le caractère indérogeable de ces règles. Il n'est point question en ce domaine d'accorder une marge de création d'effets de droit à la volonté individuelle. Elle doit se contenter d'exprimer le consentement des futurs époux visant à adhérer à l'institution matrimoniale.

65. - **Contrôle de l'accès au mariage.** À l'instar de toute règle juridique, les dispositions du Code civil seraient dépourvues de toute effectivité si elles n'étaient point sanctionnées par le droit positif. Ce dernier veille scrupuleusement au respect de ces conditions, car l'ordre public et l'état des personnes sont en jeu puisque la formation du mariage crée une structure familiale. Le contrôle de l'accès au mariage s'opère en deux temps. A *priori*, c'est-à-dire avant la célébration du mariage et durant la cérémonie elle-même, un important dispositif existe afin de vérifier le respect par les futurs époux des conditions requises pour se marier, telles par exemple que la monogamie ou l'expression d'un consentement libre et éclairé. Outre ce contrôle préventif, on trouve un rigoureux contrôle *a posteriori* du respect des conditions du mariage, après sa célébration. Le mariage peut être annulé de manière rétroactive lorsque manquait dès la célébration du mariage l'une de ses conditions de formation essentielle. On considère alors que le mariage n'a jamais existé. Une sanction si sévère vise là aussi à protéger la nature institutionnelle du mariage.

66. - **Plan.** L'étude de la formation du mariage sera donc faite en distinguant l'édiction des conditions de formation du mariage (Section 1) et la sanction des conditions de formation (Section 2).

SECTION 1

L'ÉDICTION DES CONDITIONS DE FORMATION

67. - **Choix de l'ordre juridique.** L'édiction des conditions de formation du mariage constitue une question éminemment politique, au sens large du terme. Plus exactement, les conditions de formation du mariage reflètent les choix d'une société donnée à un moment donné. Les récents débats et les nombreuses controverses autour de la condition de différence de sexe dans l'accès au mariage, à l'occasion de la réforme du mariage dit « pour tous », suffisent à se convaincre de cette dimension fortement politique. L'étude des conditions de formation du mariage renseigne donc sur la conception du mariage retenue par un ordre juridique, voire promue par celui-ci. Ainsi il apparaît que depuis la loi n° 2013-404 du 17 mai 2013, la procréation ne constitue plus l'unique finalité du mariage. La quête d'une sorte de « droit au bonheur » devient aussi une considération primordiale. Plus exactement, l'accès au statut matrimonial a constitué une étape dans l'affirmation d'une égalité entre hétérosexuels et homosexuels. Ceci ne va pas sans soulever des difficultés, notamment au regard de certaines considérations biologiques, nécessairement irréductibles. Pour autant, le mouvement paraît profond et ne date pas, pour tout dire, de la loi n° 2013-404 du 17 mai 2013. Déjà en germe dans la jurisprudence de la Cour européenne des droits de l'homme, le changement de signification du mariage constitue l'aboutissement d'un processus plus long.

68. - **Catégories de conditions.** Partant de ce lien entre l'édiction des conditions de formation du mariage et l'expression d'une certaine conception de l'institution matrimoniale, il semble possible de regrouper les conditions de validité posées par le Code civil en plusieurs catégories. Ainsi, certaines conditions relèvent-elles d'un ordre biologique, d'autres d'un ordre sociologique et, enfin, certaines sont formelles.

§ 1. – Les conditions biologiques

69. - **Mariage et nature.** Même si en droit l'établissement d'un lien de couple résulte d'une construction intellectuelle et comporte une part de fiction, il n'en demeure pas moins que la célébration du mariage suppose le respect de certaines conditions d'ordre biologique, liées à la santé des époux (I). À cela s'ajoute le débat concernant la différence de sexe (II).

I. – Conditions liées à la santé

70. - **Suppression du certificat médical prénuptial.** La loi de simplification du droit n° 2007-1787 du 20 décembre 2007 a supprimé l'exigence de production du certificat médical prénuptial. Précédemment en effet, l'ancien article 63 du Code civil imposait que les futurs époux produisent un certificat médical effectué dans les deux mois précédant la célébration du mariage[1]. Cet examen médical pouvait offrir l'occasion de

(1) P. Voirin, *Le certificat d'examen médical prénuptial* : JCP G 1943, I, 322.

mettre en œuvre une politique de santé publique puisque des examens étaient proposés, voire imposés par la loi. Les résultats n'étaient communiqués qu'au candidat au mariage ayant subi les examens, mais non à son futur conjoint. Par respect pour l'intimité de la vie privée de la personne et pour préserver la liberté matrimoniale, les résultats des examens n'étaient nullement transmis à l'officier de l'état civil que l'on informait simplement de la réalisation de l'examen. On peut regretter la disparition de cette exigence qui ne constituait pas une atteinte considérable à la liberté individuelle et qui aurait pu permettre d'informer les futurs époux quant à certaines épidémies, voire de leur proposer des dépistages de maladies sexuellement transmissibles par exemple. Pour autant, les débats contemporains qui entourent les campagnes de vaccinations obligatoires démontrent que les impératifs de santé publique cèdent souvent le pas devant un individualisme qui s'autoproclame issu du droit à l'autodétermination.

71. - **Suppression du certificat de viduité.** La loi n° 2004-439 du 26 mai 2004 a supprimé le délai de viduité qui imposait à l'épouse d'attendre trois cents jours avant de pouvoir se remarier(2). Cette exigence, qui peut surprendre à une époque de triomphe de la vérité biologique, d'exaltation de la liberté individuelle et de l'égalité entre les sexes, s'expliquait par la volonté d'écarter tout doute quant à la paternité. Si un enfant vient à naître moins de trois cents jours après la dissolution du mariage, par décès ou divorce, il est possible que le mari soit le père de l'enfant. La période légale de conception, reflet d'une loi biologique dégagée jadis par Hippocrate(3), présume en effet que l'enfant a été conçu durant une période qui s'étend de cent quatre-vingts à trois cents jours avant sa naissance(4). Partant, imposer un délai de viduité de trois cents jours entre la dissolution d'un premier mariage et la célébration d'un second permettait d'éviter, selon la formule de Cornu, qu'une « nouvelle présomption de paternité venant recouvrir en partie la première ne fasse doute de la paternité de l'enfant »(5). Une telle explication d'ordre biologique entraînait deux séries de conséquences. D'une part, le point de départ du délai pouvait être repoussé au jour où les époux ont cessé de cohabiter. D'autre part, il était possible de déroger au respect du délai de viduité, et donc de faire célébrer un mariage moins de trois cents jours après la dissolution du premier, lorsque le risque de confusion entre les deux présomptions de paternité était exclu(6).

72. - **Point de vue de la Cour européenne des droits de l'homme.** La suppression du délai de viduité et, partant, de la possibilité de produire un certificat de viduité,

(2) Cf. C. civ., ancien art. 228 : « La femme ne peut contracter un nouveau mariage qu'après trois cents jours révolus depuis la dissolution du mariage précédent.

Ce délai prend fin en cas d'accouchement après le décès du mari. Il prend fin également si la femme produit un certificat médical attestant qu'elle n'est pas en état de grossesse.

Le président du tribunal de grande instance, dans le ressort duquel le mariage doit être célébré, peut, par ordonnance, sur simple requête, abréger le délai prévu par le présent article, lorsqu'il résulte avec évidence des circonstances que, depuis trois cents jours, le précédent mari n'a pas cohabité avec sa femme. La requête est sujette à communication au ministère public. En cas de rejet de la requête, il peut être interjeté appel ».

(3) Au Ve siècle avant notre ère. Pour une traduction française, cf. *Œuvres d'Hippocrate*, trad. fr. J.-B. Gardeil, Paris, éd. Gautret, 1848, spéc. chapitre 8, *Traité de la grossesse de huit mois*, p. 597.

(4) C. civ., art. 311, al. 1er : « La loi présume que l'enfant a été conçu pendant la période qui s'étend du trois centième au centre quatre-vingtième jour, inclusivement, avant la date de la naissance ».

(5) G. Cornu, *Droit civil, La famille*, Montchrestien, 8e éd., 2003, n° 184.

(6) Sur ces dérogations, V. par ex. G. Viney, *Cours droit civil, La famille*, éd. Les cours du droit, 1974-1975, p. 87.

paraît opportune au regard des exigences posées désormais par la Cour européenne des droits de l'homme. Selon cette juridiction, le droit de se marier, posé par l'article 12 de la Convention européenne des droits de l'homme, implique que les États se gardent de poser des limitations qui viendraient à « restreindre ou réduire d'une manière ou à un degré qui l'atteindraient dans sa substance même »(7). Même si un État partie à la Convention conserve en ce domaine une marge nationale d'appréciation, celle-ci ne saurait lui permettre d'« aller jusqu'à interdire en pratique l'exercice du droit de se marier »(8). En ce qui concerne le délai de viduité, est en cause le droit de se remarier qui constitue assurément l'une des déclinaisons du droit au mariage au sens de l'article 12 de la Convention européenne des droits de l'homme. Dans cette perspective, une disposition telle que l'ancien article 228, alinéa 1er du Code civil aurait pu être perçue comme portant ainsi une atteinte à l'exercice du droit de se remarier. La suppression de cette disposition par la loi n° 2004-429 du 26 mai 2004 a peut-être permis à la France d'échapper à une éventuelle condamnation par la Cour européenne des droits de l'homme(9). La solution paraît au demeurant bienvenue, car il n'est pas certain que le délai de viduité trouvait encore une véritable utilité et une justification suffisante à l'époque contemporaine, qui exalte une autodétermination de l'individu combinée à l'obsession de l'égalité et qui permet, techniquement, de trancher avec précision un conflit de paternités.

Prolongement statistique

73. – À propos du « remariage ». Le délai de viduité et, par voie de conséquence, le certificat de viduité concernaient très directement la question du « remariage », c'est-à-dire de la célébration d'un second mariage, suite à la dissolution du premier. Longtemps cette question ne s'est posée qu'en cas de veuvage, en raison de la prohibition du divorce tout d'abord puis, lorsque le divorce pour faute fût admis, pour des considérations morales et religieuses. Il n'était guère dans les mœurs de se remarier après un divorce.

La situation s'avère évidemment différente aujourd'hui et le remariage, suite à un divorce, devient banal. Ainsi 18,5 % des hommes qui se sont mariés(10) en 2016 avaient déjà été mariés précédemment. Le chiffre s'élève à 17,7 % pour les femmes. De même, près d'un mariage sur cinq célébré au début de cette décennie était un remariage. Un tiers des remariés ont divorcé depuis moins de cinq ans(11).

(7) CEDH, 17 oct. 1986, *Rees c/ Royaume-Uni*, Série A., n° 106 : *JDI* 1987, 796, chron. P. Rolland, spéc. § 50. – CEDH, 30 juill. 1998, *Sheffield et Horsham : RTDH* 1999, 646, note M. Levinet, spéc. § 66.

(8) CEDH, Gde ch., 11 juill. 2002, *Goodwin c/ Royaume-Uni : Dr. famille* 2002, comm. 133, obs. A. Gouttenoire ; *RTDH* 2003, 1157, note A. Marienburg-Wachsmann ; *RTD civ.* 2002, 862, obs. J.-P. Marguénaud ; *D.* 2003, 2032, note A.-S. Chavent-Leclère, spéc. § 103.

(9) Cf. en ce sens : CEDH, 18 déc. 1987, *F. c/ Suisse*, A. 128. La législation suisse de l'époque prévoyait alors un « délai de pénitence », c'est-à-dire une « interdiction de se remarier d'une durée de trois ans prononcée par le juge du divorce à l'encontre d'un ex-époux responsable de l'échec de la précédente union » (A. Gouttenoire et *alii*, in *GACEDH*). Au demeurant, la solution n'est pas nécessairement transposable au délai de viduité anciennement prévu par le droit français. Non seulement le délai était beaucoup plus bref (six mois et non trois ans) mais, de surcroît, le délai de viduité contenu précédemment dans le Code civil français ne comportait pas la dimension de sanction qu'impliquait le droit suisse. L'écoulement du temps imposé avant un remariage visait simplement à évincer les doutes quant à la paternité de l'enfant né de la femme mariée et non à sanctionner l'ex-époux auquel la rupture est imputable.

(10) On dénombre 236 826 mariages célébrés en 2011, selon l'INSEE (source : *INSEE Résultats* févr. 2013, n° 140).

(11) *INSEE Résultats* févr. 2013, n° 140.

II. – Les conditions liées à la différence de sexe

A. – Les données du problème

74. – **Prolégomènes.** La question de la différence de sexe entre les époux comme condition de célébration du mariage a suscité, c'est un euphémisme que de l'affirmer, des débats et des controverses importants. Au demeurant, la *disputatio* autour du mariage homosexuel ne date pas de la loi du 17 mars 2013 relative au mariage dit « pour tous ». Si aujourd'hui l'affaire paraît entendue et que l'actuel article 143 du Code civil dispose que « le mariage est contracté par deux personnes de sexe différent ou de même sexe », ceci ne va pas nécessairement de soi. Il suffit pour s'en convaincre de retracer à grands traits la genèse de l'admission en France du mariage homosexuel ou, pour être plus exact, du mariage entre personnes de même sexe.

Initialement en effet, l'article 144 du Code civil disposait que « l'homme avant dix-huit ans révolus, la femme avant quinze ans révolus, ne peuvent contracter mariage ». Suite à l'élévation de l'âge nuptial de la femme à dix-huit ans, en 2006, pour lutter contre les mariages forcés, le texte disposa que « l'homme et la femme ne peuvent contracter mariage avant dix-huit ans révolus ». Quoi qu'il en soit, il faut bien reconnaître que jusqu'à la fin des années 1990, la question d'un éventuel mariage homosexuel ne se posa guère. Il paraissait évident que le mariage supposait la présence d'un homme et d'une femme puisque le mariage constituait une institution poursuivant une finalité procréatrice. L'article 144 du Code civil, dans sa rédaction antérieure à celle issue de la loi n° 2006-399 du 4 avril 2006, pouvait donc s'interpréter comme posant à la fois une première condition liée à l'âge nuptial respectif des époux et une seconde, implicite mais néanmoins certaine, exigeant la différence de sexe[12]. Celle-ci allait de soi et s'imposait comme une évidence. Non seulement elle correspondait à l'esprit du code et des différentes lois en matière familiale mais, de surcroît, elle satisfaisait nécessairement la finalité procréatrice du mariage.

Cette interprétation classique du texte a progressivement été remise en question, notamment au regard de l'évolution de législations étrangères avant-gardistes qui ont admis assez tôt le mariage entre personnes de même sexe. En France cependant, la conception traditionnelle paraissait solidement ancrée et même la majorité parlementaire ayant fait adopter le pacte civil de solidarité expliqua à l'époque que le mariage était réservé aux hétérosexuels.

Le débat fut relancé par la poursuite des revendications de certaines associations visant à défendre les droits des homosexuels, s'inscrivant dans le sillage du mouvement américain pour les droits civiques, mais aussi de manière plus conjoncturelle et médiatique par l'affaire dite du « mariage de Bègles », à l'occasion de laquelle un maire célébra le mariage d'un couple homosexuel. Sciemment, le maire de Bègles passa outre l'opposition à mariage formée par le ministère public. La célébration d'un tel mariage reposait sur une interprétation différente de l'article 144 du Code civil, selon laquelle le texte ne comporterait qu'une exigence concernant

(12) Cette exigence était au moins posée de manière implicite.

l'âge nuptial et ne poserait aucune condition relative à la différence de sexe. Cette retentissante affaire eut le mérite d'amener la jurisprudence à livrer sa propre interprétation de l'article 144 du Code civil. Les juridictions du fond(13) se prononcèrent contre la validité du mariage dit « de Bègles » puis la Cour de cassation dans un arrêt de principe du 13 mars 2007 décida que « selon la loi française, le mariage est l'union d'un homme et d'une femme »(14) et que « ce principe n'est contredit par aucune des dispositions de la Convention européenne des droits de l'homme et de la Charte européenne des droits fondamentaux qui n'a pas en France de force obligatoire »(15). Partant, la Cour de cassation se ralliait à l'interprétation classique consistant à lire l'article 144 comme posant implicitement une condition de différence de sexe. Au demeurant, cet arrêt a été considéré par de nombreux commentateurs comme un appel lancé par la jurisprudence au législateur. Ainsi la formule « selon la loi française », utilisée dans l'attendu de principe, peut surprendre et signifierait ainsi que la condition de différence de sexe relève de la loi et des choix du législateur.

Dans un arrêt *Chapin et Charpentier c/ France*, du 9 juin 2016, la Cour européenne des droits de l'homme juge que la France a respecté les articles 8, 12 et 14 de la Convention européenne des droits de l'homme(16).

Cass. 1re civ., 13 mars 2007, n° 05-16.627

Attendu, selon l'arrêt confirmatif attaqué (Bordeaux, 19 avril 2005), que, malgré l'opposition notifiée le 27 mai 2004 par le procureur de la République près le tribunal de grande instance de Bordeaux, le maire de la commune de Bègles, en sa qualité d'officier d'état civil, a procédé, le 5 juin 2004, au mariage de MM. X... et Y... et l'a transcrit sur les registres de l'état civil ; que cet acte a été annulé, avec mention en marge des actes de naissance des intéressés ;

Sur le premier moyen, pris en ses deux branches :

Attendu que MM. X... et Y... font grief à l'arrêt d'avoir déclaré recevable l'action du ministère public, alors, selon le moyen :

1°/ qu'en vertu de l'article 184 du Code civil, tout mariage contracté en contravention aux dispositions contenues aux articles 144, 146, 146-1, 147, 161, 162 et 163, peut être attaqué par le ministère public ; qu'aucun de ces textes ne pose comme critère de validité du mariage la différence de sexe des époux ; qu'en déclarant recevable l'action du ministère public, la cour d'appel a violé l'article 184 du Code civil ;

2°/ qu'en dehors des cas spécifiés par la loi, le ministère public ne peut agir que pour la défense de l'ordre public à l'occasion des faits qui portent atteinte à celui-ci ; qu'en déclarant recevable l'action du ministère public, sans dire en quoi les faits qui lui étaient soumis, non contraires aux articles 144, 146, 146-1, 147, 161, 162 et 163 du Code civil, avaient porté atteinte à l'ordre public, la cour d'appel a privé sa décision de base légale au regard de l'article 423 du nouveau Code de procédure civile ;

(13) TGI Bordeaux, 19 avr. 2005 : *Dr. famille* 2004, comm. 166, note M. Azavant ; *D.* 2004, 2392, obs. E. Agostini ; *D.* 2004, 2965, obs. J.-J. Lemouland. – Confirmation en appel de l'annulation du mariage : CA Bordeaux, 19 avr. 2005 : *Dr. famille* 2005, comm. 124, note M. Azavant ; *D.* 2006, 1414, obs. D. Vigneau et J.-J. Lemouland ; *RTD civ.* 2005, 574, obs. J. Hauser.

(14) Cass. 1re civ., 13 mars 2007 : *Bull. civ.* 2007, I, n° 113 ; *D.* 2007, 1389, rapp. Pluyette, note Agostini ; *D.* 2007, 1561, note Lemouland et Vigneau ; *JCP G* 2007, I, 170, n° 1, obs. Y. Favier ; *Defrénois* 2007, 781, obs. J. Massip ; *AJF* 2007, 227, obs. F. Chénedé ; *Dr. famille* 2007, comm. 76, note M. Azavant ; *RJPF* 2007-5/22, note A. Leborgne ; *RTD civ.* 2007, 287, obs. Marguénaud ; *RTD civ.* 2007, 315, obs. J. Hauser. – Sur la formule « selon la loi française » et sur ses implications, cf. en particulier P. Deumier, obs. ss Cass. 1re civ., 13 mars 2007 : *RTD civ.* 2008, 438. – Outre les commentaires doctrinaux sous l'arrêt, cf. également la chronique de M. Fulchiron, *Un homme, une femme : la Cour de cassation rejette le mariage homosexuel* : *D.* 2007, 1375.

(15) L'absence de force obligatoire de la Charte européenne des droits fondamentaux était juridiquement exacte à l'époque, puisque le traité de Lisbonne n'était pas encore entré en application. Depuis le traité de Lisbonne, la Charte européenne des droits fondamentaux fait pleinement partie de l'ordre juridique français.

(16) Les principaux extraits de l'arrêt sont reproduits *infra*, n° 76.

Mais attendu qu'aux termes de l'article 423 du nouveau Code de procédure civile, le ministère public peut agir pour la défense de l'ordre public à l'occasion des faits qui portent atteinte à celui-ci ; que la célébration du mariage au mépris de l'opposition du ministère public ouvre à celui-ci une action en contestation de sa validité ; que le moyen n'est fondé en aucune de ses branches ;

Sur le second moyen, pris en ses cinq branches :

Attendu que MM. X... et Y... font grief à l'arrêt d'avoir annulé l'acte de mariage dressé le 5 juin 2004, avec transcription en marge de cet acte et de leur acte de naissance, alors, selon le moyen :

1°/ qu'en retenant que la différence de sexe constitue en droit interne français une condition de l'existence du mariage, cependant que cette condition est étrangère aux articles 75 et 144 du Code civil, que le premier de ces textes n'impose pas de formule sacramentelle à l'échange des consentements des époux faisant référence expressément aux termes « mari et femme », la cour d'appel a violé les textes susvisés ;

2°/ qu'il y a atteinte grave à la vie privée garantie par l'article 8 de la Convention lorsque le droit interne est incompatible avec un aspect important de l'identité personnelle du requérant ; que le droit pour chaque individu d'établir les détails de son identité d'être humain est protégé, y compris le droit pour chacun, indépendamment de son sexe et de son orientation sexuelle, d'avoir libre choix et libre accès au mariage ; qu'en excluant les couples de même sexe de l'institution du mariage et en annulant l'acte de mariage dressé le 5 juin 2004, la cour d'appel a violé les articles 8 et 14 de la Convention européenne de sauvegarde des droits de l'homme et des libertés fondamentales ;

3°/ que par l'article 12 de la Convention se trouve garanti le droit fondamental de se marier et de fonder une famille ; que le second aspect n'est pas une condition du premier, et l'incapacité pour un couple de concevoir ou d'élever un enfant ne saurait en soi passer pour le priver du droit visé par la première branche de la disposition en cause ; qu'en excluant les couples de même sexe, que la nature n'a pas créés potentiellement féconds, de l'institution du mariage, cependant que cette réalité biologique ne saurait en soi passer pour priver ces couples du droit de se marier, la cour d'appel a violé les articles 12 et 14 de la Convention européenne de sauvegarde des droits de l'homme et des libertés fondamentales ;

4°/ alors que si l'article 12 de la Convention vise expressément le droit pour un homme et une femme de se marier, ces termes n'impliquent pas obligatoirement que les époux soient de sexe différent, sous peine de priver les homosexuels, en toutes circonstances, du droit de se marier ; qu'en excluant les couples de même sexe de l'institution du mariage, et en annulant l'acte de mariage dressé le 5 juin 2004, la cour d'appel a violé les articles 12 et 14 de la Convention européenne de sauvegarde des droits de l'homme et des libertés fondamentales ;

5°/ que le libellé de l'article 9 de la Charte des droits fondamentaux de l'Union européenne s'écarte délibérément de celui de l'article 12 de la Convention européenne des droits de l'homme en ce qu'il garantit le droit de se marier sans référence à l'homme et à la femme ; qu'en retenant que les couples de même sexe ne seraient pas concernés par l'institution du mariage, et en annulant l'acte de mariage dressé le 5 juin 2004, la cour d'appel a violé l'article 9 de la Charte des droits fondamentaux de l'Union européenne ;

Mais attendu que, selon la loi française, le mariage est l'union d'un homme et d'une femme ; que ce principe n'est contredit par aucune des dispositions de la Convention européenne des droits de l'homme et de la Charte des droits fondamentaux de l'Union européenne qui n'a pas en France de force obligatoire ; que le moyen n'est fondé en aucune de ses branches ;

PAR CES MOTIFS :

REJETTE le pourvoi ;

Commentaires : *Bull. civ.* 2007, I, n° 113 ; *D.* 2007, 1389, rapp. Pluyette, note Agostini ; *ibid.*, 1561, note Lemouland et Vigneau ; *JCP G* 2007, I, 170, n° 1, obs. Y. Favier ; *Defrénois* 2007, 781, obs. J. Massip ; *AJF* 2007, 227, obs. F. Chénedé ; *Dr. famille* 2007, comm. 76, note M. Azavant ; *RJPF* 2007, n° 5, p. 22, note A. Leborgne ; *RTD civ.* 2007, 287, obs. Marguénaud ; *ibid.* 315, obs. J. Hauser ; *RTD civ.* 2008, 438, note P. Deumier.

75. - **Conseil constitutionnel.** C'est précisément l'interprétation faite par la Cour de cassation qui a été contestée dans le cadre d'une question prioritaire de constitutionnalité, lui offrant par la même occasion l'opportunité d'admettre qu'une telle saisine du Conseil pouvait bien concerner l'interprétation jurisprudentielle d'une norme(17). Dans une décision du 28 janvier 2011, le Conseil constitutionnel juge

(17) Jusque-là, la Cour de cassation considérait que l'interprétation jurisprudentielle d'une norme législative ne pouvait pas faire l'objet de la transmission d'une question prioritaire de constitutionnalité, cette dernière portant sur une

que « le dernier alinéa de l'article 75 et l'article 144 du Code civil ne font pas obstacle à la liberté des couples de même sexe de vivre en concubinage dans les conditions définies par l'article 515-8 de ce code ou de bénéficier du cadre juridique du pacte civil de solidarité régi par ses articles 515-1 et suivants ; que le droit de mener une vie familiale normale n'implique pas le droit de se marier pour les couples de même sexe ; que, par suite, les dispositions critiquées ne portent pas atteinte au droit de mener une vie familiale normale »[18]. Puis d'ajouter que « le législateur a, dans l'exercice de la compétence que lui attribue l'article 34 de la Constitution, estimé que la différence de situation entre les couples de même sexe et les couples composés d'un homme et d'une femme peut justifier une différence de traitement quant aux règles du droit de la famille ; qu'il n'appartient pas au Conseil constitutionnel de substituer son appréciation à celle du législateur sur la prise en compte, en cette matière, de cette différence de situation ». On constate aisément ici que le Conseil constitutionnel, comme la Cour de cassation avant lui, estime que la question de la différence ou de l'identité de sexe entre les époux relève de la compétence du législateur.

76. – **Cour européenne des droits de l'homme.** Compte tenu de l'essor de la jurisprudence dynamique de la Cour européenne des droits de l'homme, encore faut-il déterminer si le législateur national dispose d'une marge d'appréciation en ce domaine. La Cour de Strasbourg a répondu dans l'affirmative à cette question dans un arrêt *Schalck et Kopf* c/ *Autriche*, du 24 juin 2010. Elle décide en effet que « les États bénéficient d'une certaine marge d'appréciation pour décider de la nature exacte du statut conféré par les autres modes de reconnaissance juridique »[19]. La même solution a été répétée dans les arrêts *Hämäläinen* c/ *Finlande*[20], *Oliari et autres* c/ *Italie*[21], puis dans la célèbre affaire dite du mariage de Bègles par l'arrêt

disposition législative. Cette position avait suscité d'importantes critiques (cf. not. N. Molfessis, *La jurisprudence supra constitutionem* : *JCP* G 18 oct. 2010, n° 42). La cour rompt donc avec cette position à l'occasion précisément de l'interprétation de l'article 144 du Code civil, dans l'arrêt Cass. 1re civ., 16 nov. 2010 : *D.* 2011, 209, note Roux ; *D.* 2011, 1040, obs. Lemouland et Vigneau ; *JCP* G 2011, n° 29, obs. A. Gouttenoire ; *RTD civ.* 2011, 107, obs. J. Hauser.

(18) Cons. const., 28 janv. 2011, n° 2010-92 QPC : *AJF* 2011, 157, obs. F. Chénedé ; *Dr. famille* 2011, comm. 32, note Oeudraogo ; *Gaz. Pal.* 2011, 870, note Chemla ; *Rev. Lamy dr. civ.* 2011/80, n° 4175, obs. Gallois.

(19) CEDH, 24 juin 2010, n° 30141/04, *Schalck et Kopf* c/ *Autriche* : *JCP* G 2010, doctr. 859, n° 30, obs. F. Sudre ; *JCP* G 2011, doctr. 29, n° 1, obs. A. Gouttenoire ; *Dr. famille* 2010, comm. 143, obs. E. Lagarde ; *RTD civ.* 2010, 738, obs. J.-P. Marguénaud ; *RTD civ.* 2010, 765, obs. J. Hauser ; *D.* 2011, 1042, obs. J.-J. Lemouland et D. Vigneau ; spéc. § 61 pour l'absence de violation de l'article 12 de la Convention, par la loi autrichienne qui n'autorise pas le mariage entre personnes de même sexe : « Dès lors, prenant en compte l'article 9 de la Charte, la Cour ne considère plus que le droit de se marier consacré par l'article 12 de la Convention doive en toutes circonstances se limiter au mariage entre deux personnes de sexe opposé. C'est pourquoi on ne saurait dire que l'article 12 ne s'applique pas au grief des requérants. Néanmoins, en l'état actuel des choses, l'autorisation ou l'interdiction du mariage homosexuel est régie par les lois nationales des États contractants ».

(20) CEDH, 16 juill. 2014, n° 37359/09, *Hämäläinen* c/ *Finlande* : *Dr. famille* 2015, comm. 1, note J.-R. Binet. En l'espèce, l'identité de sexe entre les deux époux résultait d'un changement de sexe d'un transsexuel en cours de mariage. Initialement le couple était donc composé de deux personnes de sexes différents mais, du fait du changement de sexe, il unissait désormais deux personnes de même sexe, alors même que le droit finlandais n'autorise pas le mariage entre personnes de même sexe. La Cour conclut à l'absence de violation des articles 8 et 14 de la Convention en ces termes : « La Cour réitère sa jurisprudence selon laquelle l'article 8 de la Convention ne peut être compris comme imposant aux États contractants l'obligation d'ouvrir le mariage aux couples homosexuels (*Schalk et Kopf* c/ *Autriche*, n° 30141/04, § 101, *CEDH* 2010). Elle a également dit que la question de la réglementation des effets d'un changement de sexe sur le mariage relevait dans une large mesure, mais pas entièrement, de l'appréciation de l'État contractant concerné (*Christine Goodwin*, précité, § 103). En outre, la Convention n'exige pas davantage que des dispositions spéciales soient prises dans des situations telles que celle de l'espèce » (§ 71).

(21) CEDH, 21 juill. 2015, nos 18766/11 et 36030/11, *Oliari et a.* c/ *France* ; spéc. § 174 : « In view of the above considerations, the Court considers that in the absence of marriage, same-sex couples like the applicants have a particular

Chapin et Carpentier c/ France du 9 juin 2016[22]. Concrètement, cela signifie qu'un État partie à la Convention européenne des droits de l'homme n'a pas l'obligation de consacrer le mariage entre personnes de même sexe et que, par conséquent, un tel silence législatif ne constitue pas une violation des articles 8, 12 ou 14 de la Convention européenne des droits de l'homme.

CEDH, 5e sect., 9 juin 2016, n° 40183/07, *Chapin et Carpentier c/ France*

(...)

48. La Cour rappelle que les États demeurent libres au regard de l'article 14 combiné avec l'article 8 de n'ouvrir le mariage qu'aux couples hétérosexuels et qu'ils bénéficient d'une certaine marge d'appréciation pour décider de la nature exacte du statut conféré par les autres modes de reconnaissance juridique (*Schalk et Kopf* précité, § 108 et *Gas et Dubois* précité, § 66).

49. Elle relève que, si à l'époque des faits le mariage n'était pas ouvert en droit français aux requérants, ils pouvaient néanmoins conclure un pacte civil de solidarité, prévu par l'article 515-1 du Code civil, qui confère aux partenaires un certain nombre de droits et obligations en matière fiscale, patrimoniale et sociale (voir paragraphe 25 ci-dessus).

50. En cela, la situation se distingue de celle d'autres affaires où la Cour a conclu à la violation des articles 8 et 14 combinés, à savoir l'affaire *Vallianatos* précitée, où le pacte de vie commune n'était ouvert par la loi grecque qu'aux couples de sexe opposé et l'affaire *Oliari et autres*, où le droit italien ne prévoyait aucun mode de reconnaissance juridique des couples de même sexe.

51. Pour autant que les requérants font valoir les différences existant entre le régime du mariage et celui du pacte civil de solidarité, la Cour réitère qu'elle n'a pas à se prononcer en l'espèce sur chacune de ces différences de manière détaillée (*Schalk et Kopf* précité, § 109). Elle note en tout état de cause, comme elle l'a relevé dans cet arrêt, que ces différences correspondent dans l'ensemble à la tendance observée dans d'autres États membres et ne discerne nul signe indiquant que l'État défendeur aurait outrepassé sa marge d'appréciation dans le choix qu'il a fait des droits et obligations conférés par le pacte civil de solidarité (*ibidem*).

Au surplus, comme rappelé ci-dessus (paragraphe 39), la loi du 17 mai 2013 a ouvert le mariage aux couples homosexuels et les requérants sont désormais libres de se marier.

52. Dès lors, la Cour estime qu'il n'y a pas eu en l'espèce violation de l'article 8 combiné avec l'article 14 de la Convention.

(...)

77. - **Droit comparé.** L'évolution du droit français en direction de l'ouverture du mariage aux personnes de même sexe s'inscrit dans un mouvement plus large, qui se constate dans d'autres États, y compris en dehors de l'Union européenne. On peut citer ainsi l'Allemagne, les Pays-Bas, la Belgique, l'Espagne, le Royaume-Uni, l'Irlande, l'Afrique du Sud, l'Argentine, la Colombie, le Portugal, l'Islande, l'Uruguay, le Luxembourg, le Groenland, la Finlande. Les sources de la consécration du mariage homosexuel correspondent aux diverses traditions juridiques des États étrangers. Par exemple, en Irlande, État pourtant marqué par une tradition catholique affirmée, la loi ouvrant le mariage aux couples de même sexe fut précédée d'un référendum dégageant une majorité en faveur de ce type de mariage. De même aux États-Unis, l'ouverture du mariage aux personnes de même sexe provient d'un arrêt de principe

interest in obtaining the option of entering into a form of civil union or registered partnership, since this would be the most appropriate way in which they could have their relationship legally recognised and which would guarantee them the relevant protection – in the form of core rights relevant to a couple in a stable and committed relationship – without unnecessary hindrance. Further, the Court has already held that such civil partnerships have an intrinsic value for persons in the applicants' position, irrespective of the legal effects, however narrow or extensive, that they would produce (see Vallianatos, cited above, § 81). This recognition would further bring a sense of legitimacy to same-sex couples ».

(22) CEDH, 5e sect., 9 juin 2015, n° 40183/07, *Chapin et Carpentier c/ France : Dr. famille* 2016, alerte 61, obs. J. Couard.

de la Cour suprême[23]. Il en va de même, de manière plus surprenante sans doute, en Colombie[24].

Droit comparé : illustrations

Supreme Court of the United States, 26 juin 2015, *Obergefelle and al.* v. *Hodges, director, Ohio Department of Health and al.*, 576 US (2015), extraits[25] :

« Aucune union n'est plus profonde que le mariage, parce qu'il traduit les plus idéaux les plus élevés concernant l'amour, la fidélité, la dévotion, le sacrifice et la famille. En formant une union maritale, deux personnes deviennent quelque chose de plus grand que ce qu'ils étaient. Comme certains demandeurs l'ont démontré dans cette affaire, le mariage incarne un amour qui peut perdurer même au-delà de la mort. Cela serait se méprendre sur ces hommes et ces femmes que de dire qu'ils se sont montrés irrespectueux envers l'institution du mariage ».

Corte Constitucional de Colombia, Sala Plena, 28 avr. 2016, sentence SU-214/16, extraits[26] :

« Les principes de dignité humaine, de liberté individuelle et d'égalité impliquent que tout être humain peut contracter un mariage civil, en accord avec son orientation sexuelle. (...) Ce type de mariage constitue "une manière légitime et valide de matérialiser les principes et valeurs constitutionnels" ».

78. – **Cour de justice de l'Union européenne.** À son tour, la Cour de justice de l'Union européenne s'est trouvée confrontée à la question de la définition du mariage, ayant été invitée par la Roumanie à interpréter la directive 2004/38/CE du Parlement européen et du Conseil du 29 avril 2004, relative au droit des citoyens de l'Union et des membres de leurs familles de circuler et de séjourner librement sur le territoires des États membres. Afin de garantir la libre circulation des citoyens européens, les États membres doivent, selon la directive 2004/38/CE, favoriser l'entrée et le séjour des membres de leurs familles. L'article 7 de la directive 2004/38/CE accorde quant à lui aux citoyens européens et aux membres de leurs familles le droit de séjourner sur le territoire d'un autre État membre que celui dont les premiers ont la nationalité, à certaines conditions, telles par exemple que le fait de bénéficier d'une assurance-maladie complète dans l'État d'accueil. Si le principe d'une liberté de circulation et de séjour ne pose aucune difficulté, tant le droit de l'Union européenne demeure fondé sur les grandes libertés de circulation, la mise en œuvre de la directive pose plus de difficultés, notamment quand il s'est agi de savoir si le conjoint homosexuel relevait de la catégorie juridique des membres de la famille, dès

(23) Cour suprême des États-Unis, 26 juin 2015, *Obergefelle et al.* v. *Hodges, director, Ohio Department of Health et al.*, 576 US (2015) : *RJPF* 2015-9/16, note V. Égéa et J.-Ch. Roda.

(24) Corte Constitucional de Colombia, Sala Plena, 28 avr. 2016, sentence SU-214/16 : *Dr. famille* 2016, alerte 62, obs. J. Couard.

(25) Trad. J.-Ch. Roda, *in* note préc.

(26) Trad. J. Couard, *in* obs. préc.

lors que le droit de l'entrée et de séjour était invoqué à l'encontre des autorités d'un État membre, en l'occurrence la Roumanie, qui non seulement refuse le mariage entre personnes de même sexe mais qui, de surcroît, dispose à l'article 277 de son Code civil que « le mariage entre personnes de même sexe est interdit »(27) et que « les mariages entre personnes de même sexe conclus ou contractés à l'étranger par des citoyens roumains ou par des étrangers ne sont pas reconnus en Roumanie »(28). La Cour de justice de l'Union européenne juge que l'article 21, § 1 du Traité sur le fonctionnement de l'Union européenne doit être interprété en ce sens qu'il s'oppose à ce que les autorités compétentes de l'État membre dont le citoyen de l'Union a la nationalité refusent d'accorder un droit de séjour sur le territoire de cet État membre audit ressortissant, au motif que son droit national ne prévoit pas le mariage entre personnes de même sexe. Ce faisant, la Cour juge que les États membres doivent reconnaître le mariage de l'un de leurs ressortissants(29), régulièrement célébré dans un autre État membre(30), pour en déduire les incidences qui s'imposent quant au droit de circulation et de séjour. L'affaire offre surtout à la Grande chambre de la Cour de justice de l'Union européenne l'occasion de prendre position sur la définition du mariage au sens du droit de l'Union européenne, en jugeant que cette notion englobe le mariage entre personnes de même sexe.

CJUE, Gde ch., 5 juin 2018, aff. C-673/16,
Coman c/ Inspectoratul General pentru Imigrari

31. Ainsi qu'il ressort de la jurisprudence de la Cour, un ressortissant d'un État membre qui a, comme dans l'affaire au principal, en sa qualité de citoyen de l'Union, exercé sa liberté de circuler et de séjourner dans un État membre autre que son État membre d'origine peut se prévaloir des droits afférents à cette qualité, notamment de ceux prévus à l'article 21, paragraphe 1, TFUE, y compris, le cas échéant, à l'égard de son État membre d'origine (...).

32. Les droits reconnus aux ressortissants des États membres par cette disposition incluent celui de mener une vie familiale normale tant dans l'État membre d'accueil que dans l'État membre dont ils possèdent la nationalité, lors du retour dans cet État membre, en y bénéficiant de la présence, à leurs côtés, des membres de leur famille (...).

33. S'agissant de la question de savoir si les « membres de la famille », visés au point précédent, incluent le ressortissant d'un État tiers, de même sexe que le citoyen de l'Union, dont le mariage avec ce dernier a été conclu dans un État membre conformément au droit de celui-ci, il y a lieu de rappeler d'emblée que la directive 2004/38, applicable, ainsi qu'il a été relevé au point 25 du présent arrêt, par analogie dans des circonstances telles que celles en cause au principal, mentionne spécifiquement le « conjoint » en tant que « membre de la famille » à son article 2, point 2, sous a).

34. La notion de « conjoint », visée à cette disposition, désigne une personne unie à une autre personne par les liens du mariage (voir, en ce sens, arrêt du 25 juillet 2008, *Metock e.a.*, aff. C-127/08, EU :C :2008 :449, points 98 et 99).

35. Quant au point de savoir si cette notion inclut le ressortissant d'un État tiers de même sexe que le citoyen de l'Union, dont le mariage à ce dernier a été conclu dans un État membre conformément au droit de celui-ci, il convient de souligner, tout d'abord, que la notion de « conjoint », au sens de la directive 2004/38, est neutre du point de vue du genre et est donc susceptible d'englober le conjoint de même sexe du citoyen de l'Union concerné.

(27) C. civ. roumain, art. 277, § 1.
(28) C. civ. roumain, art. 277, § 2.
(29) § 45.
(30) En l'espèce, un ressortissant roumain s'était marié avec un Américain, à Bruxelles, où résidait le couple, conformément à ce que permet la loi belge.

36. Il importe ensuite de relever que, tandis que, aux fins de déterminer la qualification de « membre de la famille » d'un partenaire avec lequel le citoyen de l'Union a contracté un partenariat enregistré sur le fondement de la législation d'un État membre, l'article 2, point 2, sous b), de la directive 2004/38 renvoie aux conditions prévues par la législation pertinente de l'État membre dans lequel ce citoyen entend se rendre ou séjourner, l'article 2, point 2, sous a), de cette directive, applicable par analogie en l'occurrence, ne comporte, en revanche, pas un tel renvoi en ce qui concerne la notion de « conjoint », au sens de ladite directive. Il en découle qu'un État membre ne saurait invoquer son droit national pour s'opposer à la reconnaissance sur son territoire, aux seules fins de l'octroi d'un droit de séjour dérivé à un ressortissant d'un État tiers, du mariage conclu par celui-ci avec un citoyen de l'Union de même sexe dans un autre État membre conformément au droit de ce dernier.

B. – Débats autour de la loi du 17 mai 2013

Bibliographie

- A. Cheynet de Beaupré, *Mariage pour tous : l'effet papillon* : *RJPF* 2013, n° 2, p. 5.
- H. Fulchiron, *Le mariage pour tous. Un enfant pour qui ?* : *JCP* G 2013, 1123.
- J. Hauser, *La loi ouvrant le mariage aux couples de personnes de même sexe (et autres sujets)* : *JCP* G 2013, 1164.
- A. Leborgne, *Marions-les, marions-les* : *RJPF* 2013, n° 6, p. 8.
- A.-M. Leroyer, *La loi n° 2013-403 du 17 mai 2013 ouvrant le mariage aux couples de personnes de même sexe. Au passé, présent et futur* : *D.* 2013, 1697.
- D. Mazeaud et Y. Lequette (ss dir.), *L'ouverture du mariage aux personnes de même sexe*, LGDJ, 2014.
- C. Taubira, *Discours de présentation du projet de loi ouvrant le mariage aux couples de même sexe*, reproduit et commenté par L. Corbion-Condé, in *Les grands discours de la culture juridique*, dir. W. Mastor, J. Benetti, P. Egéa, X. Magnon, éd. Dalloz, 2017, n° 54.
- Revue *Droit de la famille*, juillet 2017, dossier spécial.

79. – **Une loi en débat.** Le vote de la loi n° 2013-404 du 17 mai 2013 ne s'est pas fait sans controverses et débats tant au Parlement, dans la presse, que dans la rue et au sein des foyers. Ce texte fait assurément partie de ceux pour lesquels La Bastille et Versailles font cortèges ennemis, selon la formule de M. Hauser(31). Surtout, si les débats parlementaires, particulièrement animés et denses, offrirent à la doctrine juridique la possibilité d'analyser et débattre(32) ; ils permirent plus largement aux intellectuels français et à l'opinion publique d'avoir l'occasion de s'exprimer dans les colonnes de gazettes académiques, dans les médias ordinaires, dans la rue ou par voie de pétitions(33). Après un contrôle de constitutionnalité effectué *a priori*, le texte a finalement été promulgué(34) et est entré en application dans la foulée.

(31) J. Hauser, *Une République familiale*, in *Le discours et le Code, Portalis, deux siècles après le Code Napoléon*, Paris, Litec, 2004, p. 139, spéc. p. 140 pour cette expression.

(32) La littérature juridique se révèle particulièrement dense et l'on citera ainsi, de manière non exhaustive, pour le projet de loi : J. Hauser, *Le projet de loi sur le mariage des personnes de même sexe. Le paradoxe de la tortue d'Achille* : *JCP* G 2012, 1185. – L. Aynès, *Le projet de loi ouvrant le mariage aux couples de personnes de même sexe : trop ou trop peu* : *D.* 2012, 275. – H. Fulchiron, *La reconnaissance de la famille homosexuelle : étude d'impact* : *D.* 2013, 100. – F. Dekewer-Défossez, *L'extension du mariage et de la filiation aux couples de même : tsunami annoncé en droit de la famille* : *Rev. Lamy dr. civ.* 2012, 98.

(33) Pétition réclamant par exemple la tenue d'un référendum, cf. B. Daugeron, *Mariage pour tous : retour sur la constitutionnalité du référendum* : *D.* 2013, 320.

(34) Sur la loi n° 2013-404 du 17 mai 2013, cf. en particulier : H. Fulchiron, *Le mariage pour tous. Un enfant pour qui ?* : *JCP* G 2013, doctr. 658. – J. Hauser, *Loi ouvrant le mariage aux couples de personnes de même sexe (et autres sujets)* :

80. – Altérité et identité sexuelle. L'article 143 du Code civil, dans sa rédaction issue de la loi n° 2013-404 du 17 mai 2013 dispose que « le mariage est contracté par deux personnes de sexe différent ou de même sexe ». Dans le cadre d'une saisine *a priori*, le Conseil constitutionnel a jugé cette disposition conforme à la Constitution[35]. Pour la seule année 2013, l'INSEE a recensé près de 7 000 mariages célébrés entre personnes de même sexe[36].

81. – Portée symbolique de la règle de droit ? D'un point de vue strictement juridique, une amélioration du régime juridique du pacte civil de solidarité aurait permis de placer les couples de personnes de même sexe dans une situation juridique identique à celle des couples mariés hétérosexuels, tant d'un point de vue civil et fiscal que s'agissant du droit aux prestations sociales. L'enjeu fondamental de la loi dite « mariage pour tous » se trouve sans doute ailleurs et concerne davantage la portée symbolique de la règle de droit que ses incidences strictement juridiques. L'ouverture du mariage aux personnes de même sexe opéra une rupture avec la finalité procréatrice du mariage au profit d'une conception dans laquelle la structure familiale, ici fondée sur le mariage, devient le cadre d'exercice des droits et libertés fondamentaux. D'un point de vue anthropologique, la portée d'une telle évolution demeure vertigineuse, car elle remet en cause une construction sociale et juridique qui se réclamait de données naturelles, inscrite dans une histoire séculaire, au profit d'une autre approche davantage basée sur la volonté.

L'émancipation du mariage de sa finalité procréatrice ne date en réalité pas du « mariage pour tous », mais de l'arrêt *Goodwin c/ Royaume-Uni* dans lequel la Cour européenne des droits de l'homme consacre le droit d'accéder au mariage pour le transsexuel, alors même que dans cette situation toute possibilité de procréer par les voies naturelles se trouve condamnée *ab initio*.

Les causes du violent débat qui déchira la France durant l'hiver 2013 résident sans doute dans la dimension symbolique de la règle juridique, renforcée ici par la modification du Code civil, lequel conserve une place particulière dans l'imaginaire collectif des citoyens français[37]. Ceci démontre une nouvelle fois, s'il n'était besoin, que le droit de la famille se caractérise par une très forte fonction symbolique, ici entretenue par des considérations religieuses, philosophiques et anthropologiques. Accorder ou refuser l'accès au mariage des homosexuels ne comporte pas seulement des incidences juridiques, mais constitue un choix

JCP N 2013, 1165. – A.-M. Leroyer, *La loi n° 2013-404 du 17 mai 2013 ouvrant le mariage aux couples de personnes de même sexe. Au passé, présent et futur* : *D.* 2013, 1697 ; *Dr. famille* 2013, dossier « Du mariage pour tous à la famille homosexuelle » ; *AJF* 2013, 331, dossier « Mariage, la réforme ! » ; *Defrénois* 2013, 719, dossier « La loi du 17 mai 2013 et la réforme du mariage ».

(35) Cons. const., 17 mai 2013, n° 2013-669 DC : *JO* 18 mai 2013 ; *JCP* G 2013, act. 588, obs. B. Mathieu. – Sur cette décision, cf. en particulier : F. Chénedé, *La nouvelle leçon de démocratie du Conseil constitutionnel* : *AJF* 2013, 332.

(36) *INSEE Première* janv. 2014, n° 1482, *Bilan démographique : trois mariages pour deux PACS*. Le chiffre est identique (7 000) pour l'année 2017, selon *Les tableaux de l'économie française pour 2017*, INSEE, févr. 2018.

(37) Cf. sur ce point la place occupée par le célèbre article de J. Carbonnier au sein du non moins célèbre ouvrage dirigé par P. Nora, *Les lieux de mémoires*, où le Code civil côtoie d'autres événements, lieux, fêtes, archives, monuments, qui façonnent la mémoire collective française, tels que Vézelay, Reims, le Panthéon, Le Louvre, La Marseillaise ; cf. J. Carbonnier, *Le Code civil*, in *Les lieux de mémoires*, ss dir. P. Nora, t. 2, vol. 2, *La Nation*, Paris, Gallimard, 1986, p. 17. L'article est repris *in* J. Carbonnier, *Écrits*, PUF, 2008, p. 662 et dans *Le Code civil 1804-2004, Le livre du bicentenaire*, Dalloz, 2004. Quant à l'ouvrage *Les lieux de mémoires*, une réédition des trois tomes a été publiée dans la collection « Quarto Gallimard » en 1997.

de société d'autant plus marqué symboliquement qu'il concerne la sexualité et intervient après des siècles de domination sociale, de répressions et d'insultes (38).

1° Mariages entre personnes de même sexe célébrés en France

82. – **Mariages célébrés en France.** La loi n° 2013-404 du 17 mai 2013, en ouvrant le mariage aux personnes de même sexe, a créé un nouvel article 202-1 du Code civil qui ne cesse de susciter des difficultés. Après avoir rappelé dans un alinéa premier que « les qualités et conditions requises pour pouvoir contracter mariage sont régies, pour chacun des époux, par sa loi personnelle », ce qui constitue une solution conforme aux règles habituelles du droit international privé en matière de conditions de fond du mariage, le texte prévoit une dérogation très discutable. Il dispose en effet que « toutefois, deux personnes de même sexe peuvent contracter mariage lorsque, au moins pour l'une d'elles, soit sa loi personnelle, soit la loi de l'État sur le territoire duquel elle a son domicile ou sa résidence le permet ». Concrètement, cela signifie par exemple qu'il est possible de célébrer en France le mariage d'un Français avec un ressortissant étranger dont la loi nationale prohibe pourtant le mariage homosexuel. Le texte porte donc une atteinte non négligeable au principe de permanence du statut personnel. En substituant le rattachement du domicile ou de la résidence au rattachement ordinaire en ce domaine, à savoir la loi nationale, l'article 202-1 du Code civil entend faire bénéficier les ressortissants étrangers des nouvelles dispositions de la loi française (39). Ceci n'est pas inédit en matière matrimoniale puisqu'en son temps, la rédaction de l'article 309 du Code civil répondait à des préoccupations somme toute similaires (40). Cela étant, la solution de l'article 202-1 du Code civil est inopportune dans la mesure où elle engendre une insécurité juridique importante. Le mariage d'un étranger en France, au mépris de sa loi nationale, c'est-à-dire en portant atteinte au statut personnel sur une question aussi importante que l'altérité sexuelle dans l'accès au mariage, a de bonnes chances de ne pas être reconnu dans l'État dont cette personne a la nationalité. Partant, le ressortissant étranger sera marié au regard du droit français mais toujours céliba-

---

(38) Sur ce point, cf. D. Eribon, *Réflexions sur la question gay*, Gallimard, coll. « Champs », 2e éd., 2012.

(39) Sur l'ensemble de la question du mariage « pour tous » en droit international privé, cf. D. Bureau, *Le mariage pour tous à l'aune de la diversité*, in *Mél. B. Audit*, LGDJ, 2014, p. 155. – V. Égéa, *Retour sur le mariage pour tous en droit international : RJPF* 2014-6/4. – H. Fulchiron, *Le mariage entre personnes de même sexe en droit international privé au lendemain de la reconnaissance du « mariage pour tous » : JDI* 2013, 1055 ; *Le « mariage pour tous en droit international privé » : le législateur français à la peine : JCP G* 2012, doctr. 1317. – S. Godechot-Patris et J. Guillaumé, *La loi n° 2013-404 du 17 mai 2013 ouvrant le mariage aux couples de personnes de même sexe, perspectives de droit international privé : D.* 2013, 1756. – A. Panet, *Le mariage homosexuel en France : célébration et reconnaissance : Dr. famille* 2013, étude 29. – M. Revillard, *Le mariage entre personnes de même sexe en droit international privé : Defrénois* 2013, 743. – A. Boiché, *Aspects de droit international privé : AJF* 2013, 362.

(40) Avant l'entrée en application du règlement « Rome III », l'article 309 du Code civil constituait une règle de conflit unilatérale qui soumettait le divorce à la loi française dès lors que les époux sont l'un et l'autre de nationalité française ou bien qu'ils ont l'un et l'autre leur domicile sur le territoire français ou, encore, lorsqu'aucune loi étrangère ne se reconnaît compétente alors que les tribunaux français sont compétents pour connaître du divorce. Inséré initialement à l'article 310 du Code civil par la loi n° 75-617 du 11 juillet 1975 réformant le divorce, le texte fut présenté à l'époque comme ayant pour finalité de permettre à deux époux étrangers, dont la loi nationale prohibait le divorce, de bénéficier des dispositions du droit français, dès lors qu'ils résidaient habituellement en France. Le texte entendait plus précisément permettre aux immigrés du Maghreb d'introduire une demande en divorce devant le juge français, magistrat de leur lieu de résidence habituelle, en invoquant la loi française.

taire au regard du droit étranger[41], ce qui le place dans une situation juridique « boiteuse ». Quelle sera par exemple la vocation successorale de son conjoint, en cas de décès, s'agissant de biens de l'époux décédé situés sur le territoire de l'État étranger ? Saisi précisément de ce grief invoquant une atteinte à la sécurité juridique, dans le cadre du contrôle *a priori* de constitutionnalité de la loi nouvelle[42], le Conseil constitutionnel a jugé, sans guère de justification, qu'il convenait de l'écarter[43].

83. – **Difficultés de mise en œuvre.** La mise en œuvre de l'article 202-1 du Code civil s'avère d'autant plus problématique que la France a signé plusieurs conventions internationales avec des États étrangers ayant précisément pour objet d'assurer la permanence du statut personnel des ressortissants des États signataires. Comment dès lors combiner ces engagements internationaux de la France avec la règle posée par l'article 202-1 du Code civil ? On pouvait raisonnablement penser qu'un respect élémentaire pour la hiérarchie des normes commanderait de faire prévaloir les conventions internationales sur l'article 202 du Code civil qui a valeur législative. Cette solution logique est d'ailleurs celle que préconisa le ministère de la Justice lui-même dans sa circulaire de présentation[44] de la loi du 17 mai 2013. Le texte comporte même une énumération complète de onze États avec lesquels des conventions internationales furent de la sorte signées par la France.

84. – **L'affaire du mariage de Chambéry.** Se détachant des préconisations du ministère de la Justice faites dans la circulaire du 29 mai 2013, lesquelles ne revêtent pas un caractère normatif, le tribunal de grande instance[45] puis la cour d'appel de Chambéry[46] ont prononcé la mainlevée d'une opposition à mariage formée par le ministère public au sujet d'un mariage entre un Français et un Marocain. Le ministère public entendait en effet faire prévaloir la convention bilatérale franco-marocaine du 10 août 1981 assurant la permanence du statut personnel. Saisie d'un pourvoi formé par le ministère public, la Cour de cassation juge que le mariage entre personnes de même sexe fait partie d'un nouvel ordre public international, et que la convention bilatérale réserve expressément une exception tirée de l'ordre public international. De manière très discutable, tant sur le fond que sur le plan des méthodes employées, la Cour de cassation livre un arrêt controversé qui présente l'inconvénient de méconnaître le statut personnel des ressortissants étrangers et engendre des situations boiteuses, au mépris de l'objectif de coordination qui caractérise ordinairement la règle de conflit.

(41) Au mieux, sera-t-il considéré comme ayant conclu un partenariat enregistré (on entend par partenariat enregistré les formes d'organisation contractuelle des relations, patrimoniales pour l'essentiel, du couple, comme le pacte civil de solidarité en France, sur ce point, V. *infra*, n°s 469 et s.), selon la théorie, classique en droit international privé, de l'équivalence des institutions. Telle est par exemple la solution retenue par le droit allemand.

(42) Cons. const., 17 mai 2013, n° 2013-669 DC, *Loi ouvrant le mariage aux couples de personnes de même sexe.*

(43) Cf. la formule lapidaire du considérant 30 : « que le grief tiré de l'atteinte à la sécurité juridique doit, en tout état de cause, être écarté ».

(44) Circ. 29 mai 2013, de présentation de la loi ouvrant le mariage aux couples de personnes de même sexe, JUSC1312445C ; sur laquelle, cf. Ch. Bidaub-Garon, *Mariage pour tous : la circulaire* : *JCP* G 2013, art. 729.

(45) TGI Chambéry : *Dr. famille* 2013, alerte 56, obs. V. Égéa.

(46) CA Chambéry, 3e ch., 22 oct. 2012, n° 13/02258 : *RJPF* 2014-1/17, obs. V. Égéa ; *Dr. famille* 2013, comm. 158, obs. J.-R. Binet.

Cass. 1re civ., 28 janv. 2015, n° 13-50.059

Attendu, selon l'arrêt attaqué (Chambéry, 22 octobre 2013), que le ministère public a formé opposition au mariage de M. X..., de nationalité française, et de M. Y..., de nationalité marocaine résidant en France, sur le fondement de l'article 55 de la Constitution, de l'article 5 de la Convention franco-marocaine, du 10 août 1981, relative au statut des personnes et de la famille et à la coopération judiciaire, et des articles 175-1 du Code civil, 422 et 423 du Code de procédure civile ; que MM. X... et Y... ont saisi le tribunal d'une demande tendant, à titre principal, à l'annulation, subsidiairement, à la mainlevée de l'opposition ;

Sur le premier moyen, ci-après annexé :

Attendu que le procureur général fait grief à l'arrêt d'écarter la Convention franco-marocaine au profit des principes supérieurs du nouvel ordre public international instaurés par la loi du 17 mai 2013 et en conséquence de ne pas reconnaître une supériorité du traité sur la loi suivant le principe habituel de la hiérarchie des normes ;

Attendu que le motif de droit énoncé par l'arrêt pour ne pas reconnaître la supériorité du traité sur la loi suivant le principe habituel de la hiérarchie des normes ne peut constituer un des termes d'une contradiction donnant ouverture à cassation ; que le moyen est donc irrecevable ;

Sur le second moyen :

Attendu que le procureur général fait grief à l'arrêt de donner mainlevée de l'opposition au mariage de MM. X... et Y..., alors, selon le moyen :

1°/ que, selon l'article 55 de la Constitution du 4 octobre 1958, « les traités ou accords régulièrement ratifiés ou approuvés ont, dès leur publication, une autorité supérieure à celle des lois, sous réserve, pour chaque accord ou traité, de son application par l'autre partie » ; que la Convention bilatérale franco-marocaine du 10 août 1981 a été régulièrement ratifiée par la France, traduite en droit français par le décret n° 83-435 du 27 mai 1983 et publiée au *Journal officiel* du 1er juin 1983, et a fait l'objet de réciprocité ; que dès lors, cette Convention a une valeur supra légale ; qu'ainsi, en écartant l'application de l'article 5 de la Convention prévoyant que « les conditions de fond du mariage tels que l'âge matrimonial et le consentement, de même que les empêchements, notamment ceux résultant des liens de parenté ou d'alliance, sont régies pour chacun des futurs époux par la loi de celui des deux États dont il a la nationalité », pour faire prévaloir les dispositions prévues à l'article 202-1, alinéa 2, du Code civil, instauré par la loi du 17 mai 2013 selon lesquelles « deux personnes de même sexe peuvent contracter mariage lorsque, pour au moins l'une d'elles, soit sa loi personnelle, soit la loi de l'État sur le territoire duquel elle a son domicile ou sa résidence, le permet », la cour d'appel a violé l'article 55 de la Constitution du 4 octobre 1958 ;

2°/ que, selon l'article 3 du Code civil, « ... les lois concernant l'état et la capacité des personnes régissent les Français même résidant en pays étrangers » ; que selon l'article 5 de la Convention franco-marocaine du 10 août 1981, « les conditions de fond du mariage tels que l'âge matrimonial et le consentement, de même que les empêchements, notamment ceux résultant des liens de parenté ou d'alliance, sont régis pour chacun des futurs époux par la loi de celui des deux États dont il a la nationalité » ; que selon l'article 4 de ladite Convention, « la loi de l'un des deux États désignés par la présente Convention ne peut être écartée par les juridictions de l'autre État que si elle est manifestement incompatible avec l'ordre public » ; que l'article 5 précité n'est pas contraire ni manifestement incompatible à la conception française de l'ordre public international tel qu'envisagé par la loi française du 17 mai 2013, en ce qu'il ne heurte aucun principe essentiel du droit français ni un ordre public international en matière d'état des personnes ; qu'en écartant l'application de la Convention franco-marocaine au profit de principes supérieurs d'un nouvel ordre public international, instaurés par la loi du 17 mai 2013, la cour d'appel a violé l'article 3 du Code civil ainsi que les principes du droit international privé ;

Mais attendu que si, selon l'article 5 de la Convention franco-marocaine du 10 août 1981 relative au statut des personnes et de la famille et à la coopération judiciaire, les conditions de fond du mariage telles que les empêchements, sont régies pour chacun des futurs époux par la loi de celui des deux États dont il a la nationalité, son article 4 précise que la loi de l'un des deux États désignés par la Convention peut être écartée par les juridictions de l'autre État si elle est manifestement incompatible avec l'ordre public ; que tel est le cas de la loi marocaine compétente qui s'oppose au mariage de personnes de même sexe dès lors que, pour au moins l'une d'elles, soit la loi personnelle, soit la loi de l'État sur le territoire duquel elle a son domicile ou sa résidence le permet ; que, par ce motif de pur droit, suggéré par la défense et substitué à ceux critiqués, l'arrêt se trouve légalement justifié ;

PAR CES MOTIFS :

REJETTE le pourvoi ;

Commentaires : *Rev. crit. DIP* 2015, 400, notes D. Boden, S. Bollée et B. Haftel, P. Hammje, P. de Vareilles-Sommières ; *JDI* 2015, comm. 6, note S. Godechot-Patris et J. Guillaumé ; *JDI* 2015, comm. 7, note Th. Vignal ; *JDI* 2015, comm. 8, note B. Mathieu ; *JCP* G 2015, art. 318, note L. Gannagé ; *D.* 2015, 1408, obs. J.-J. Lemouland et D. Vigneau ; *AJF* 2015, 172, note A. Boiché ; *Dr. famille* 2015, comm. 63, obs. A. Devers et M. Farge ; *RTD civ.* 2015, 91, obs. P. Puig ; *ibid.* 359, obs. J. Hauser ; *RJPF* 2015, n° 2, p. 15, note J. Dubarry.

2° Mariages entre personnes de même sexe célébrés à l'étranger

a) Mariage célébré par une autorité diplomatique ou consulaire française

85. - **Droit commun.** Conformément au droit commun en matière de célébration du mariage, les autorités diplomatiques et consulaires françaises en pays étrangers, c'est-à-dire les consulats et ambassades de France, ont compétence pour célébrer le mariage d'un ressortissant français situé à l'étranger et, surtout, pour rédiger l'acte de mariage. Cette compétence existe *a fortiori* pour célébrer le mariage de deux ressortissants français.

86. - **Conditions.** Pour qu'un consul de France puisse valablement procéder à la célébration du mariage de Français situés à l'étranger, certaines conditions doivent cependant être respectées. En effet, même si les représentations diplomatiques et consulaires constituent une émanation d'un État sur un sol étranger, bénéficiant à ce titre d'une véritable souveraineté, il n'en demeure pas moins que des règles de courtoisie internationale, dictées par des considérations diplomatiques et un indispensable souci de réciprocité, restreignent quelque peu le champ de compétence des diplomates français.

Ainsi, la célébration d'un mariage par les autorités diplomatiques françaises à l'étranger suppose, premièrement, que l'État sur le sol duquel se trouve ladite représentation française autorise les mariages consulaires. Tel n'est pas le cas du Canada, des États-Unis d'Amérique et de la Suisse. Ces États refusent en effet que des autorités diplomatiques ou consulaires présentes sur leurs sols célèbrent des mariages. Les autorités locales bénéficient en quelque sorte d'un monopole pour la célébration du mariage qui s'impose aux représentations étrangères. Le respect de cette première condition concerne l'ensemble des mariages que les autorités diplomatiques et consulaires françaises pourraient être amenées à célébrer et ne se limite pas exclusivement aux mariages entre personnes de même sexe.

Les autorités diplomatiques et consulaires françaises ne peuvent, deuxièmement, procéder à la célébration d'un mariage qu'à condition de respecter l'ordre public local, c'est-à-dire les conceptions fondamentales de l'ordre juridique étranger. Cette seconde condition concerne plus directement, mais pas exclusivement, le mariage entre personnes de même sexe puisque de nombreux États à travers le monde considèrent que ce type d'union demeure contraire à l'ordre public[(47)]. Lorsque le mariage entre personnes de même sexe est jugé contraire à l'ordre public local, les autorités françaises doivent refuser de le célébrer, même si les candidats au mariage ont tous les deux la nationalité française. Si certains critiquent cette exigence, estimant que rien ne pourrait en principe empêcher la célébration de ce mariage, le respect de la courtoisie internationale s'impose aussi comme une préoccupation fondamentale. Dans cette perspective, la règle nouvellement créée par la loi n° 2013-404 du 17 mai 2013 à l'article 171-9 du Code civil n'est pas inintéressante, quoique perfectible[(48)]. Elle permet

(47) Tel était au demeurant la situation du droit français jusqu'à la loi du 17 mai 2013, V. *supra*, n°s 74 et s.

(48) La règle nous paraît en effet perfectible, car elle se limite à la seule hypothèse où un Français ne pourrait pas faire célébrer son mariage en raison d'une contrariété à l'ordre public de l'identité de sexe. Or, il ne paraît pas concerner d'autres motifs qui pourraient entraîner une contrariété à l'ordre public empêchant le mariage. Il n'est sans doute pas opportun de réserver une telle vocation subsidiaire des officiers de l'état civil présents sur le sol français à cette unique condition. On peut y voir en effet, de manière pour le moins surprenante et paradoxale, une forme de discrimination (V. *infra*, n°s 154 et s.).

en effet de satisfaire à la fois la courtoisie internationale et la liberté matrimoniale en conférant une compétence subsidiaire aux officiers de l'état civil français situés sur le territoire de la République. Les futurs époux pourront ainsi s'adresser à l'officier de l'état civil de la commune de naissance ou de dernière résidence de l'un des époux ou de la commune dans laquelle l'un de leurs parents a son domicile ou sa résidence, voire, à défaut, par l'officier de l'état civil de la commune de leur choix.

b) Mariage célébré par une autorité étrangère

87. – **Reconnaissance.** En modifiant les dispositions du Code civil relatives à la différence de sexe dans l'accès au mariage, la loi n° 2013-404 du 17 mai 2013 a permis également la réception en France des unions homosexuelles régulièrement célébrées à l'étranger.

3° Impossibilité du mariage d'un Français

88. – **Protection.** Créé par la loi n° 2013-404 du 17 mai 2013, l'article 171-9 du Code civil a pour vocation d'assurer un égal accès des citoyens français au mariage entre personnes de même sexe, qu'ils aient leur domicile en France ou à l'étranger. Pour autant, un évident souci de courtoisie internationale et une indispensable protection des Français candidats au mariage résidant dans un État étranger très hostile à l'homosexualité, commandaient de permettre aux époux de faire célébrer leur union en France, même en l'absence de domicile ou résidence.

Code civil

Art. 171-9 (*Réd. L. n° 2013-404, 17 mai 2013*). – Par dérogation aux articles 74 et 165, lorsque les futurs époux de même sexe, dont l'un au moins a la nationalité française, ont leur domicile ou leur résidence dans un pays qui n'autorise pas le mariage entre deux personnes de même sexe et dans lequel les autorités diplomatiques et consulaires françaises ne peuvent procéder à sa célébration, le mariage est célébré publiquement par l'officier de l'état civil de la commune de naissance ou de dernière résidence de l'un des époux ou de la commune dans laquelle l'un de leurs parents a son domicile ou sa résidence établie dans les conditions prévues à l'article 74. À défaut, le mariage est célébré par l'officier de l'état civil de la commune de leur choix.

La compétence territoriale de l'officier de l'état civil de la commune choisie par les futurs époux résulte du dépôt par ceux-ci d'un dossier constitué à cette fin au moins un mois avant la publication prévue à l'article 63. L'officier de l'état civil peut demander à l'autorité diplomatique ou consulaire territorialement compétente de procéder à l'audition prévue à ce même article 63.

C. – Le respect de l'âge nuptial

89. – **Vie humaine.** Si la condition de respect de l'âge nuptial intéresse le grand âge (2°), elle concerne avant tout le jeune âge (1°), généralement désigné par l'expression « âge nubile ».

1° Jeune âge et mariage

a) Nécessité

90. – **Distinction initiale.** Jusqu'à une époque somme toute relativement récente, une distinction sexuée caractérisait l'âge nuptial, fixé à quinze ans pour la femme et à dix-huit ans pour l'homme. Ce faisant, le droit civil s'alignait sur la

majorité sexuelle retenue en droit pénal, dès lors que toute relation sexuelle avec un mineur de quinze ans[49] constitue l'infraction d'atteinte sexuelle sur mineur, même si ce dernier consent à l'acte. Toutefois en retenant le seuil de quinze ans pour la femme uniquement, le droit entendait traduire une réalité biologique selon laquelle à cet âge-là, la fertilité de la femme se trouve en principe acquise. À une époque où l'enfant né dans le mariage profitait d'un statut juridique favorable, le faire bénéficier de la légitimité présentait un véritable intérêt. La règle traduisait aussi le préjugé sexiste selon lequel la femme serait intellectuellement mature plus tôt que les hommes. Surtout, en retenant un seuil d'âge plus élevé pour l'homme, la règle exprimait une idée importante jadis, lorsque le salariat des femmes demeurait peu développé, selon laquelle l'homme en se mariant devait se montrer capable d'assumer financièrement les charges d'une vie de famille. Une telle distinction fondée sur le sexe des époux ne pouvait que sombrer dans un contexte où le droit positif exalte l'égalité, d'autant que l'aptitude d'un enfant de quinze ans à l'autonomie personnelle et financière que requiert le mariage correspond mal à l'allongement de la durée des études, tout en altérant le puissant principe d'autodétermination de la personne qui constitue de nos jours l'une des facettes de la liberté individuelle et du droit au respect de sa vie privée.

91. - **Dix-huit ans pour tous.** L'âge nuptial est désormais fixé à dix-huit ans pour tous, sans distinction selon le sexe des futurs époux. Cette élévation de l'âge nuptial de la femme de quinze à dix-huit ans provient de la loi n° 2006-399 du 4 avril 2006 qui visait notamment à lutter contre les mariages forcés[50]. Estimant que la femme âgée de moins de dix-huit ans risquait de subir des pressions et autres influences en vue de lui extorquer un consentement au mariage, le législateur a modifié l'ancien article 144 du Code civil : « l'homme et la femme ne peuvent contracter mariage avant dix-huit ans révolus ». La loi n° 2013-404 du 17 mai 2013, soucieuse de faire disparaître toute distinction sexuée des textes relatifs au mariage, a modifié à son tour l'article 144 du Code civil. Il dispose désormais que « le mariage ne peut être contracté avant dix-huit ans révolus ». Un tel alignement de l'âge nuptial sur l'âge de la majorité civile s'avère assurément bienvenu et présente l'indéniable avantage d'une mise en cohérence des seuils d'accession à la pleine capacité juridique.

b) Dispense

92. - **Motifs graves.** Même si l'âge nuptial est désormais fixé à dix-huit ans, l'article 145 du Code civil, dans une rédaction demeurée inchangée depuis une loi n° 70-1266 du 23 décembre 1970, dispose qu'il « est loisible au procureur de la République du lieu de célébration du mariage d'accorder des dispenses d'âge pour des motifs graves ». Ainsi le mariage d'un mineur est-il parfois possible mais demeure soumis à de strictes conditions. Il faut tout d'abord justifier de motifs

(49) Il faut comprendre par l'expression « mineur de quinze ans », le mineur âgé de moins de quinze ans.
(50) V. Larribau-Terneyre, *La loi contre la tradition : la lutte contre les mariages forcés par le relèvement de l'âge légal du mariage des femmes : Dr. famille* 2005, repère 5.

graves, souverainement appréciés par le procureur de la République, pour pouvoir obtenir une telle dispense. Tel est le cas par exemple de la situation de la jeune fille enceinte et qui souhaiterait impérativement être mariée avant son accouchement. La pratique révèle, sans surprise, qu'une dispense sera plus aisément accordée à un mineur proche de l'âge de dix-huit ans qu'à une personne plus jeune. Au demeurant, le procureur de la République n'accordera pas une telle dispense pour un mineur de moins de quinze ans, car ce seuil est celui de la majorité sexuelle en droit pénal. Encore faut-il ensuite, que le mineur consente au mariage, puisque la volonté constitue la plus fondamentale des conditions de formation du mariage(51). Enfin, comme le candidat au mariage ne dispose pas encore d'une pleine capacité juridique, en raison précisément de sa minorité civile, le consentement de ses parents(52) s'avère en principe indispensable. En ce domaine, les parents disposent d'un véritable pouvoir discrétionnaire(53), c'est-à-dire qu'ils peuvent s'opposer à la célébration du mariage sans avoir à se justifier par l'invocation d'un quelconque motif. En raison de son caractère discrétionnaire, le droit d'opposition des parents a fait l'objet de critiques proposant son abrogation(54).

93. – **Opportunité du maintien du texte.** La possibilité d'obtenir une telle dispense du ministère public se comprenait parfaitement dans un contexte d'inégalité juridique entre les différentes filiations. Non seulement la dispense exprimait une faveur pour la liberté matrimoniale mais, de surcroît, elle permettait à l'enfant qui viendrait à naître de cette union de bénéficier des effets de la légitimité. Dans cette perspective, le maintien de l'article 145 du Code civil présente beaucoup moins d'intérêt juridique depuis que l'ordonnance n° 2005-759 du 4 juillet 2005 a supprimé les distinctions entre les filiations. Partant, le principal intérêt du texte se trouve plutôt dans sa dimension symbolique(55). Au demeurant, il faut bien reconnaître que les demandes de dispense sont devenues statistiquement marginales, à l'heure où l'âge moyen du mariage est passé de 34,8 ans pour les hommes et 32,1 ans pour les femmes, en 2011 ; à 38,1 ans pour les hommes et 35,6 ans pour les femmes, en 2017(56). Il serait sans doute préférable de se contenter d'un alignement de l'âge nuptial sur l'âge de la majorité civile(57), sans dérogation possible. Il n'est pas certain en effet qu'avant dix-huit ans, la personne présente nécessairement l'indépendance financière et intellectuelle que requiert la vie matrimoniale. Faisant désormais partie des articles anecdotiques du Code civil, l'article 145 ne présente qu'un intérêt très résiduel, du moins dans une perspective strictement nationale.

(51) V. *supra*, nos 111 et s.

(52) Sur le consentement des ascendants autres que les parents, en cas de décès de ces derniers, cf. C. civ., art. 149 et s., sur lesquels V. *infra*, n° 177.

(53) Rouen, 26 juill. 1949 : *D.* 1951, 532, note Lebrun.

(54) I. Théry (ss dir.), *Couple, filiation et parenté aujourd'hui. Le droit face aux mutations de la famille et de la vie privée*, rapport à la ministre de l'Emploi et de la Solidarité et au garde des Sceaux, ministre de la Justice, éd. Odile Jacob et Doc. fr., 1998, spéc. proposition p. 103.

(55) Sur la dimension symbolique de la norme en droit de la famille, V. *supra*, Introduction, n° 32.

(56) Cf. *Les chiffres clés pour l'année 2017*, publiés en janv. 2018, sur le site de l'INSEE.

(57) Cette possibilité de dispense constitue l'une des dispositions qui troublent le moment de l'acquisition de la majorité civile.

c) *Lois étrangères fixant un âge nuptial différent*

94. - **Diversité des lois.** En droit comparé, de nombreuses lois étrangères fixent des âges nuptiaux différents de celui retenu en droit français, tantôt plus élevés, tantôt plus bas. Le seuil de l'âge nuptial que devra respecter l'officier de l'état civil est déterminé par la loi personnelle de chacun des époux. Dans les conflits de lois en effet, les conditions de fond de formation du mariage sont soumises à la loi personnelle de chacun des époux. Dégagée par la jurisprudence, la règle est aujourd'hui édictée expressément par l'article 202-1 qui, dans son premier alinéa, dispose que « les qualités et conditions requises pour pouvoir contracter mariage sont régies, pour chacun des époux, par sa loi personnelle ».

Partant, s'il devait célébrer le mariage d'un Français et d'une ressortissante étrangère dont la loi nationale fixe un âge nuptial nettement plus élevé que celui déterminé par le Code civil français, l'officier de l'état civil pourrait alors écarter la loi étrangère au nom de l'ordre public. On peut raisonnablement penser en effet qu'une loi étrangère déterminant un âge nuptial plus élevé que celui retenu par le Code civil français porte atteinte à la liberté matrimoniale(58).

Inversement, la loi étrangère peut retenir un âge nuptial plus bas que celui déterminé par le Code civil. Dans cette hypothèse, l'officier de l'état civil pourrait refuser de célébrer le mariage par respect pour l'ordre public. Plus exactement, la doctrine considère que, dans cette hypothèse, c'est l'absence de consentement qui permet d'écarter la loi étrangère(59). Il paraît désormais acquis en effet que le mineur n'a pas nécessairement la maturité, ni l'indépendance requises pour exprimer un consentement véritablement libre (V. *supra*, n° 90).

2° Grand âge et mariage

95. - **Indifférence du grand âge : le mariage du vieillard.** S'il existe un âge minimal pour se marier, la loi ne limite pas la liberté des personnes âgées de se marier. Le Code civil ne détermine en effet aucun âge maximal requis pour accéder au mariage. Mieux, il permet même dans certaines hypothèses le mariage *in extremis*, c'est-à-dire une célébration du mariage alors même que la mort de l'un des candidats au mariage paraît imminente(60).

Pour autant, et en dépit de cette absence d'âge maximal pour se marier, le grand âge reste indirectement pris en compte au travers des conditions liées au consentement(61). L'âge avancé d'une personne peut constituer en effet la cause d'une insanité d'esprit. Partant, le mariage encourt alors la nullité sur le fondement des articles 146 et 184 du Code civil qui soumettent la validité du mariage à l'exigence d'un consentement libre et éclairé(62).

(58) Sur la liberté matrimoniale, V. *supra*, n°s 58 et s.
(59) B. Bourdelois, *Rép. dr. int.* Dalloz, V° *Mariage*, n° 50.
(60) Sur le mariage *in extremis*, V. *infra*, n° 140.
(61) V., par ex., Cass. 1re civ., 28 mai 1980, n° 79-12.784 : *Bull. civ.* 1980, I, n° 159 : *JCP* G 1980, II, 19552, note G. Raymond : dans cette affaire, un homme né en 1902 et souffrant de troubles mentaux sévères à partir de la fin de l'année 1972, se marie le 27 avril 1974. Il décède le 1er septembre 1974, après avoir été placé sous tutelle le 4 juillet 1974. Rejet du pourvoi dirigé contre un arrêt qui avait prononcé la nullité du mariage pour défaut de consentement puisqu'il était établi que le mari présentait « un état de démence sénile » et qu'il « fallait s'occuper de lui comme un bébé ».
(62) V. *infra*, nos 111 et s.

§ 2. – Les conditions sociologiques

I. – La monogamie

96. – **La bigamie, empêchement absolu.** En posant la monogamie[63] en condition de validité du mariage, l'article 147 du Code civil érige un empêchement absolu à mariage. Le texte, inchangé depuis une loi du 27 mars 1803, dispose que l'« on ne peut contracter un second mariage avant la dissolution du premier ». L'empêchement à mariage ainsi créé est qualifié d'empêchement « absolu », car il exprime l'essence même de la structure familiale et ne saurait ainsi faire l'objet d'une quelconque dérogation. Mieux, l'empêchement de la bigamie est non seulement absolu, mais, de surcroît, il revêt un caractère bilatéral. Cela signifie qu'une femme célibataire de nationalité française ne saurait valablement épouser un homme dont la loi nationale admet la polygamie et qui serait déjà marié. La Cour de cassation l'a affirmé dans un arrêt du 24 septembre 2002[64]. Ainsi l'empêchement à mariage qui résulte de la loi nationale de l'épouse, en l'occurrence la loi française, rayonne dans l'ordre international au point d'évincer le statut personnel de l'autre époux. La loi française qui exige la monogamie l'impose donc non seulement à ses nationaux, mais aussi aux ressortissants étrangers qui viendraient à épouser un Français[65].

97. – **Ordre public au sens du droit international.** La réaction de l'ordre juridique du for à l'égard des lois ou jugements étrangers constitue un important révélateur, au sens chimique du terme, de ses conceptions fondamentales. Il est habituel d'affirmer en effet que l'ordre public au sens du droit international comporte un champ plus restreint que l'ordre public strictement interne. Dit autrement, certaines situations régulièrement formées à l'étranger pourront parfois être reconnues postérieurement en France, alors même que la constitution en France de telles situations serait absolument impossible. Ainsi en matière de polygamie, la Cour de cassation a pu faire preuve d'une certaine souplesse, dans un célèbre arrêt *Baaziz*, en reconnaissant un droit à pension retraite pour la seconde épouse algérienne, mariée en Algérie avec un homme déjà marié, conformément à sa loi nationale[66]. C'était donc reconnaître ici la validité du mariage au regard de la loi de son lieu de célébration, en l'occurrence la loi algérienne, et au regard des lois nationales des époux, également algériennes[67]. Pour reprendre l'attendu d'un arrêt de la Cour de cassation, « l'ordre public français ne fait pas obstacle à l'acquisition de droits en France sur le fondement d'une situation créée sans fraude à l'étranger en conformité avec la loi ayant compétence en vertu du droit international privé »[68]. Bien évidemment, il était impossible de faire célébrer de tels mariages sur le sol français ou bien de les célébrer à l'étranger si l'un des époux était de nationalité française. L'exception

(63) Sur la monogamie et la bigamie, cf. G. Endréo, *Bigamie et double mariage : RTD civ.* 1991, 264.
(64) Cass. 1re civ., 24 sept. 2002 : *JCP* G 2003, II, 10007, avis J. Sainte-Rose, note A. Devers.
(65) En ce sens déjà : H. Batiffol, note ss TGI Seine, 21 juin 1967 : *Rev. crit. DIP* 1968, 294.
(66) Cass. 1re civ., 6 juill. 1988 : *Rev. crit. DIP* 1989, 71, note Y. Lequette.
(67) On notera tout de même dans cette affaire que l'époux était initialement français, mais originaire d'Algérie, et qu'il acquit la nationalité algérienne postérieurement après son premier mariage avec une Française.
(68) Cass. 2e civ., 2 mai 2007, n° 06-11.418.

d'ordre public au sens du droit international joue de manière plus intense lorsque la situation se trouve fortement rattachée à l'ordre juridique français.

Postérieurement, la jurisprudence française a fait montre d'une plus grande sévérité, dans une situation tout à fait voisine, témoignant ainsi d'un durcissement de sa conception de la monogamie comme condition de formation du mariage(69). En atteste une affaire dans laquelle un Algérien se maria en France avec une Française puis, près de vingt ans plus tard, avec une Algérienne en Algérie, quelques semaines avant son divorce d'avec la première épouse. Une juridiction d'appel avait refusé de reconnaître des droits à pension de réversion à la seconde épouse. La Cour de cassation rejette le pourvoi en décidant que « la conception française de l'ordre public international s'oppose à ce que le mariage polygamique contracté en Algérie par celui qui savait être encore l'époux d'une Française produise ses effets en France »(70). Une telle solution nuit évidemment aux intérêts de la seconde épouse qui, en l'espèce, paraissait de bonne foi et invoquait dans son pourvoi une situation de bigamie n'ayant duré « que » six mois, c'est-à-dire la période séparant la date de célébration de son mariage avec cet homme bigame et le prononcé du divorce de ce dernier. D'autant que l'épouse ne pourra pas invoquer la putativité du second mariage puisque celui-ci n'est pas annulé. La rigueur s'est également exprimée au travers des situations dites de mariage validant dans le cadre, par exemple, de l'affaire dite du second mariage des époux zaïrois(71).

II. – L'exogamie

A. – Principe

98. – **Signification.** La condition d'exogamie, dite également « prohibition de l'inceste », impose aux candidats au mariage de ne pas appartenir au même groupe familial(72). Plusieurs justifications commandent l'interdiction du mariage avec les siens. Une évidente raison biologique exige tout d'abord l'exogamie afin d'éviter la consanguinité et les risques de malformations qui en résultent. Plus largement, les interdictions à mariage visent aussi à protéger une certaine conception des structures familiales, même en l'absence de risque de malformations génétiques. Tel est le cas par exemple en matière d'adoption. Le parent qui adopte un enfant ne saurait valablement l'épouser par la suite. Un tel mariage bouleverserait assurément les structures familiales en amalgamant un lien de parenté, nécessairement vertical, c'est-à-dire inscrit dans une distinction et une hiérarchie des générations, et un lien de couple, horizontal, qui se caractérise quant à lui en reliant des personnes issues de deux groupes familiaux différents. Le constat vaut au demeurant pour la fratrie, puisque les enfants du parent adoptant ne sauraient valablement épouser l'enfant

(69) Cass. 2e civ., 1er déc. 2011, n° 10-27.864 : *Rev. crit. DIP* 2012, 339.

(70) La Cour de cassation décide que l'arrêt d'appel a pu statuer ainsi « sans discrimination, ni atteinte au principe d'égalité ».

(71) Cass. 1re civ., 3 févr. 2004 : *Rev. crit. DIP* 2004, 395, obs. B. Ancel ; *D.* 2004, 3171, note G. Mahinga ; *D.* 2004, 2963, obs. J.-J. Lemouland ; *JCP G* 2004, II, 10074, note K. Bottini ; *Defrénois* 2004, 1067, note M. Revillard ; *Defrénois* 2004, 1129, obs. J. Massip ; *AJF* 2004, 144, obs. F. Bicheron ; *Dr. famille* 2004, comm. 47, obs. V. Larribau-Terneyre ; *RTD civ.* 2004, 267, obs. J. Hauser ; *D.* 2005, 1194, obs. P. Courbe.

(72) A. Batteur, *L'interdit de l'inceste, principe fondateur du droit de la famille* : *RTD civ.* 2000, 759.

adopté. En posant de telles interdictions à mariage, le droit a pour fonction d'attribuer aux différents membres de la famille une place et un rôle dans une structure familiale(73). Les conditions posées par le Code civil visent donc ici à préserver ces rôles et places d'une trop grande confusion, qui engendrerait sans doute des « passions troubles au sein d'une même famille »(74). Inversement quand ces risques de confusions et d'amalgames, d'ordre social et familial, paraissent moins évidents, le mariage se révèle parfois possible alors même qu'il existe un lien de sang. Ainsi les cousins germains peuvent-ils se marier entre eux.

99. – **Mariages prohibés.** Les interdictions à mariage commandées par cette exigence d'exogamie sont couramment dénommées « empêchements à mariage » et figurent aux articles 161 et suivants du Code civil, ainsi que dans certaines dispositions relatives aux effets de l'adoption(75). L'article 161 du Code civil dispose qu'« en ligne directe, le mariage est prohibé entre tous les ascendants et descendants et les alliés dans la même ligne ». On qualifie d'« absolu » cet empêchement à mariage entre ascendants et descendants, car aucune dispense ne saurait être ici obtenue(76). L'empêchement à mariage entre ascendant et descendant est dicté non seulement par une évidente considération génétique, précédemment évoquée, mais aussi par une importante raison d'ordre social. Il serait pour le moins troublant que le père épouse son fils ou sa fille ! Un empêchement à mariage existe également en ligne collatérale, l'article 162 du Code civil prohibant le mariage entre frère et sœur et l'article 163 celui entre l'oncle et la nièce. Il faut ajouter un dernier empêchement, contesté en jurisprudence(77), issu d'une lecture combinée des articles 161 et 164 du Code civil, à savoir le mariage entre alliés en ligne directe, c'est-à-dire entre le beau-père(78) et sa bru ou, désormais, son gendre ; et la belle-mère et son gendre ou sa belle-fille. Cela étant, il est possible d'obtenir une dispense présidentielle lorsque la personne qui a créé l'alliance est décédée.

Exemple

Manon a épousé Marc. Suite à son divorce, elle souhaite épouser Norbert, le père de Marc. Tant que ce dernier est en vie, le mariage de la belle-fille avec le beau-père se heurte à un empêchement. En revanche, si Marc décède, elle pourra obtenir une dispense délivrée par le Président de la République. En effet, c'est bien Marc qui a « créé l'alliance », selon la formule utilisée par l'article 164 du Code civil.

De même, si le mariage est dissous par le décès de Marc et non par un divorce, alors une dispense pourra être obtenue.

(73) La place et le rôle attribués par le droit dans la structure familiale ont pour incidence ensuite de prescrire un certain comportement que les membres de la famille demeurent juridiquement tenus de respecter dans leurs relations familiales (obligations alimentaires, fidélité, assistance...). Sur les relations familiales, V. *infra*, Partie 2, n°s 1026 et s.

(74) M.-C. Meyzeaud-Garaud, *L'influence des droits de l'Homme sur les empêchements à mariage* : *RJPF* 2014-5/6.

(75) Sur la filiation adoptive, V. *infra*, n°s 874 et s.

(76) Sur la possibilité d'une dispense, V. *infra*, n°s 101 et s.

(77) V. *infra*, n° 107.

(78) Le terme de « beau-père » ou de « belle-mère » au sens des présents développements vise les parents du conjoint et n'ont donc pas la signification qui est la leur dans les familles recomposées.

Si la règle ainsi posée par l'article 164 du Code civil et le critère de mise en œuvre retenu – la mort du conjoint qui a créé l'alliance – peuvent surprendre, ils s'expliquent cependant. En effet « l'on craint que [le] beau-père ne pousse son propre fils à divorcer pour aboutir à ses fins, mais que, si le mariage a été dissous par décès on doit pouvoir admettre une dispense »[(79)].

À cette première hypothèse de mariage entre alliés en ligne directe, il faut en ajouter une seconde qui concerne la situation dans laquelle le futur marié est le fils de l'ex-conjoint de la mariée, pour laquelle là encore l'article 161 du Code civil a vocation à s'appliquer[(80)].

100. – **Mariages prohibés (suite).** À ces empêchements édictés dans la partie du code relative aux conditions de formation du mariage, il faut ajouter ceux qui se trouvent au sein des dispositions relatives aux effets de l'adoption. Ainsi, l'article 356 du Code civil procède expressément à un renvoi aux articles 161 à 164 du même code[(81)], en prohibant le mariage de l'enfant adopté avec les membres de sa famille d'origine, dite « famille par le sang », qu'il s'agisse d'une adoption simple[(82)] ou d'une adoption plénière laquelle, par définition, rompt définitivement le lien de filiation originaire.

En matière d'adoption plénière, comme l'enfant adopté a, dans la famille de l'adoptant, les mêmes droits et les mêmes obligations que les autres enfants, il ne saurait épouser ces derniers[(83)].

En ce qui concerne l'adoption simple[(84)], le mariage est interdit tout d'abord entre l'adoptant, l'adopté et ses descendants. Cet empêchement revêt un caractère absolu et ne saurait faire l'objet d'une quelconque dispense.

Ensuite, le mariage ne peut en principe être célébré entre l'adopté et le conjoint de l'adoptant et, réciproquement entre l'adoptant et le conjoint de l'adopté. Pour autant, cette interdiction peut être levée par une dispense du Président de la République, lorsque la personne qui a créé l'alliance est décédée[(85)].

Enfin, le mariage est prohibé entre les enfants adoptifs d'un même individu et entre l'adopté et les enfants de l'adoptant. Cela étant, une dispense peut être accordée par le Président de la République, s'il existe des causes graves.

B. – Dispenses

101. – **Typologie des empêchements à mariage.** Au sein des empêchements à mariage, il convient d'opérer une distinction. Certains empêchements, qualifiés d'« absolus » ne peuvent jamais faire l'objet d'une dispense. Tel est le cas par exemple de l'empêchement à mariage entre ascendants et descendants en ligne

(79) J. Hauser, obs. ss Cass. 1re civ., 4 déc. 2013, n° 12-26.066 : *RTD civ.* 2014, 88. Au demeurant, il convient de préciser que la dispense peut également être obtenue en cas de dissolution du mariage par divorce, lorsque le décès survient postérieurement. L'article 164 du Code civil ne réserve nullement la possibilité d'une dispense à la seule dissolution du mariage par décès, contrairement à ce que la formule ici rapportée pourrait laisser penser.

(80) Selon une réponse ministérielle déjà citée : Rép. min. Justice : *JO* Sénat Q 15 mai 2014, p. 1147.

(81) C. civ., art. 356 : « L'adoption confère à l'enfant une filiation qui se substitue à sa filiation d'origine : l'adopté cesse d'appartenir à sa famille par le sang, sous réserve des articles 161 à 164 ».

(82) C. civ., art. 364, al. 2.

(83) C. civ., art. 358.

(84) C. civ., art. 366.

(85) Cf., sur cette notion de personne « qui a créé l'alliance », *supra*, n° 99.

directe, posé par l'article 161 du Code civil. D'autres en revanche sont qualifiés de « relatifs » car, en dépit de l'interdiction de principe édictée, le mariage peut tout de même être célébré. Pour ce faire, les candidats à mariage faisant l'objet d'un empêchement relatif devront obtenir une dispense délivrée par le Président de la République. Tel sera le cas par exemple de l'oncle et de la nièce.

102. - **Hypothèses de dispense.** La possibilité d'obtenir une dispense délivrée par le Président de la République est prévue par les articles 164 et 366 du Code civil. Ces dispositions sont clairement formulées comme des exceptions. L'article 164 du Code civil dispose ainsi que « néanmoins, il est loisible au Président de la République de lever, pour des causes graves, les prohibitions » que le texte énumère. Peut ainsi être levé l'empêchement à mariage entre alliés en ligne directe lorsque la personne qui a créé l'alliance est décédée. Ceci concerne par exemple le mariage de la belle-mère et de son gendre[(86)]. Le texte permet ensuite d'obtenir une dispense permettant de lever l'empêchement à mariage entre l'oncle et la nièce, la tante et le neveu. En matière d'adoption simple, une dispense présidentielle peut être délivrée pour lever l'empêchement à mariage entre les enfants adoptifs d'un même individu[(87)] ainsi qu'entre l'adopté et les enfants de l'adoptant[(88)]. Enfin, l'empêchement du mariage entre l'adopté et le conjoint de l'adoptant et, réciproquement, entre l'adoptant et le conjoint de l'adopté, peut lui aussi faire l'objet d'une dispense[(89)].

103. - **Critique de la dispense présidentielle.** La formulation même de l'article 164 du Code civil témoigne du caractère quelque peu archaïque de la dispense présidentielle, en indiquant qu'il est loisible au Président de lever l'empêchement. Curieuse disposition en effet qui permet au Président de la République, dans une forme civile du fait du Prince, de déroger à l'application d'une règle de droit que le pouvoir exécutif est pourtant censé faire appliquer. Il serait sans doute préférable de confier une éventuelle possibilité de déroger à la règle de principe à une autorité judiciaire. Ceci correspondrait davantage à une conception moderne des standards démocratiques. Au demeurant, dans le prolongement de cette première critique, il paraît parfaitement injustifiable que la décision présidentielle ne puisse faire l'objet d'aucun recours juridictionnel. En effet, même si le Conseil d'État juge que les recours contre les décisions du Président de la République prises sur le fondement de l'article 164 du Code civil relèvent de la compétence de l'ordre judiciaire[(90)], la possibilité d'un recours juridictionnel valablement formé contre une décision présidentielle de refus suscite des difficultés. Si la Cour de cassation n'a pour l'instant pas eu à se prononcer sur ce point, la cour d'appel de Paris a quant à elle rendu un arrêt très remarqué, le 3 avril 2008. Dans cette affaire, un oncle et sa nièce souhaitaient

(86) Sur cette hypothèse, V. *supra*, n° 99.
(87) C. civ., art. 366, 3°.
(88) C. civ., art. 366, 4°.
(89) C. civ., art. 366 *in fine*.
(90) CE, 12 oct. 2005 : *D.* 2006, 1433, note N. Glandier ; *Dr. famille* 2005, n° 259, note V. Larribau-Terneyre ; *RTD civ.* 2006, 91, obs. J. Hauser ; *AJF* 2005, 451, obs. F. Chénedé ; *RJPF* 2006-2/35, obs. A. Leborgne : « Les décisions que le président de la République est appelé à prendre en vertu de l'article 164 du Code civil sont, qu'elles accordent ou refusent l'autorisation sollicitée, indissociables des questions d'état des personnes relatives à la parenté et au mariage (...) ; il n'appartient donc qu'aux tribunaux civils de se prononcer sur la requête en annulation ».

se marier et sollicitèrent une dispense présidentielle afin de passer outre l'empêchement posé par l'article 163 du Code civil. Face au refus du Président de la République, ils saisirent un tribunal de grande instance qui jugea leur action irrecevable. En appel en revanche, la cour de Paris se reconnaît compétente pour juger d'une telle action[91]. En ce sens, l'arrêt s'avère remarquable, car il est le premier à retenir de manière aussi nette la compétence juridictionnelle pour apprécier une décision présidentielle jusque-là jugée discrétionnaire, insusceptible de recours et qui ne doit pas être motivée. Partant, la juridiction parisienne décide que le caractère discrétionnaire de la dispense porte atteinte à l'article 13 de la Convention européenne de sauvegarde des droits de l'homme qui « garantit un recours effectif devant une instance nationale à toute personne dont les droits et libertés sont reconnus par la Convention, comme l'est le droit fondamental au mariage ». Pour aboutir à cette solution, la cour d'appel de Paris décide que les juridictions civiles peuvent « apprécier l'existence d'une cause grave au sens de l'article 164 du code », ce qui constitue une évolution majeure. Les décisions du chef de l'État peuvent donc faire l'objet d'un contrôle. Une telle solution est assurément bienvenue. La possibilité même de la dispense présidentielle paraît aujourd'hui si anachronique que l'existence d'un contrôle juridictionnel des motifs de refus s'impose.

104. – **Appréciation des motifs graves.** Consacrer un contrôle uniquement juridictionnel (et non présidentiel) des motifs graves justifiant une dispense en cas d'empêchement à mariage paraît au demeurant réalisable au regard de la pratique actuelle. Une réponse du ministère de la Justice détaille en effet la procédure d'appréciation de ces motifs graves dans laquelle le Président de la République n'intervient qu'en aval, après une phase spécifiquement judiciaire. Ainsi, « les demandes de dispense sont instruites par le procureur de la République qui diligente des mesures d'investigations prises en charge par l'État. Dans ce cadre, les services de police ou de gendarmerie peuvent entendre toutes les parties concernées par la demande et en premier lieu les intéressés sur leur motivation. Le dossier est ensuite transmis, accompagné d'un rapport, à la Chancellerie qui propose au Président de la République soit un décret autorisant le mariage demandé, soit le rejet de la demande »[92]. Il paraît bien évident que cette dernière phase administrative, en aval, pourrait aisément être remplacée par un contrôle spécifiquement judiciaire. Au demeurant, la réponse ministérielle renseigne aussi sur les types de motifs considérés comme suffisamment graves pour justifier la délivrance d'une dispense. La cause grave peut être caractérisée par l'existence d'enfants nés ou à naître ou par une vie commune stable et d'une durée suffisante.

C. – Remise en cause prétorienne des empêchements à mariage

105. – **Influence des droits fondamentaux.** En dehors de l'admission par une juridiction du fond de sa compétence pour apprécier les motifs présidentiels de

(91) CA Paris, 3 avr. 2008, n° 07/20081 : *Dr. famille* 2008, n° 81, note V. Larribau-Terneyre ; *D.* 2010, 728, obs. D. Vigneau et J.-J. Lemouland ; *AJF* 2008, 256, obs. F. Chénedé ; *RTD civ.* 2008, 658, obs. J. Hauser ; *RJPF* 2008/7-8/17, obs. A. Leborgne.
(92) Rép. min. Justice : *JO* Sénat Q 15 mai 2014, p. 1147.

refus de dispense[93], la jurisprudence procède peu à peu à un véritable assouplissement des empêchements à mariage, en exploitant pour ce faire les libertés et droits fondamentaux. Le propos se vérifie aussi bien dans la jurisprudence de la Cour européenne des droits de l'homme que dans la jurisprudence de la Cour de cassation.

106. - **Cour européenne des droits de l'homme.** La Cour européenne des droits de l'homme a porté un sérieux coup aux empêchements à mariage prévus par les législations des États parties à la Convention, dans un arrêt *B. L. c/ Royaume-Uni*. Tout en reconnaissant que la législation anglaise poursuit un but légitime de protection de l'intégrité de la famille, et qu'une possibilité de dispense délivrée par le Parlement existe, la Cour juge que l'interdiction du mariage de certains alliés constitue une atteinte excessive au droit au mariage et viole l'article 12 de la Convention[94]. La Cour européenne justifie sa solution en se fondant sur l'intérêt de l'enfant qui risque de souffrir d'une perturbation si le mariage s'avère impossible.

107. - **Cour de cassation : acte 1.** L'affaiblissement prétorien de certains empêchements à mariage ne saurait être uniquement imputé à la Cour européenne des droits de l'homme. En effet, dans un arrêt très remarqué du 4 décembre 2013, la Cour de cassation a, elle aussi, altéré de manière significative l'empêchement à mariage entre le beau-parent et la belle-fille[95]. Dans cette affaire, une femme avait été mariée une première fois en 1969. Une fille était née de cette union en 1973. Après le divorce des époux en 1980, l'ex-épouse se marie avec le père de son ex-mari, en 1983. De manière assez curieuse, aucune opposition à mariage n'est alors formée. En 1990, le second mari consent une donation à sa petite-fille. Il décède en 2005 en laissant pour lui succéder son fils ainsi que l'ex-épouse de ce dernier, devenue sa propre épouse. Le défunt avait pris soin d'instituer son épouse légataire universelle. C'est sans doute la raison pour laquelle le fils (et donc le premier mari de madame) assigna l'épouse en nullité du second mariage contracté par son père. Sans surprise, la cour d'appel a accueilli cette demande en nullité en considérant que l'empêchement posé par les articles 161 et 164 du Code civil répondait à des finalités légitimes de sauvegarde de l'homogénéité de la famille en maintenant des relations saines et stables à l'intérieur du cercle familial, et que cette interdiction permettait également de préserver les enfants, qui peuvent être affectés, voire perturbés, par le changement de statut et de liens entre les adultes autour d'eux.

La Cour de cassation casse de manière spectaculaire cet arrêt d'appel. Pour ce faire, la première chambre civile procède au relevé d'office d'un moyen, comme le permet l'article 1015 du Code de procédure civile. Concrètement, cela signifie que la Cour de cassation ne se limite pas aux moyens du pourvoi mais soulève un moyen non invoqué par les parties, ce qui en dit long sur sa volonté de faire jurisprudence,

(93) CA Paris, 3 avr. 2008, n° 07/20081. V. *supra*, n° 103.

(94) CEDH, 13 sept. 2005, n° 36536/02, *B.L. c/ Royaume-Uni* : *Dr. famille* 2005, comm. 234, note A. Gouttenoire et M. Lamarche ; *RTD civ.* 2005, 735, obs. J.-P. Marguénaud ; *RTD civ.* 2005, 758, obs. J. Hauser. – *Adde*, CEDH, 12 avr. 2012, n° 43547/08, *Stübing c/ Allemagne* : *RTD civ.* 2012, 285, obs. J.-P. Marguénaud.

(95) Cass. 1re civ., 4 déc. 2013, n° 12-26.066 : *Dr. famille* 2014, comm. 1, note J.-R. Binet ; *D.* 2014, 179, note F. Chénedé ; *D.* 2014, 1342, obs. J.-J. Lemouland et D. Vigneau ; *AJF* 2014, 124, obs. S. Thouret ; *RTD civ.* 2014, 88, obs. J. Hauser ; *RTD civ.* 2014, 307, obs. J.-P. Marguénaud ; *D.* 2014, 153, obs. H. Fulchiron ; *RJPF* 2014-2/19, obs. A. Cheynet de Beaupré ; *Rev. Lamy dr. civ.* 2014/112, n° 5308, obs. F. Dekeuwer-Défossez ; *Gaz. Pal.* 19-21 janv. 2014, p. 30, obs. J. Casey. – *Adde*, M.-C. Meyzeaud-Garaud, *L'influence des droits de l'Homme sur les empêchements à mariage* : *RJPF* 2014-5/6.

de dire le droit[96]. La Cour de cassation casse l'arrêt d'appel pour violation de l'article 8 de la Convention européenne des droits de l'homme. En prononçant la nullité du mariage pourtant conclu en contravention avec l'article 161 du Code civil, la décision d'appel revêtait, selon la Cour de cassation, à l'égard de l'épouse « le caractère d'une ingérence injustifiée dans l'exercice de son droit au respect de sa vie privée et familiale, dès lors que cette union, célébrée sans opposition, avait duré plus de vingt ans ».

Un tel mode de raisonnement rompt avec la méthode et le style habituels des arrêts de la Cour de cassation et ne va pas sans rappeler, de manière assez évidente, l'appréciation menée par la Cour européenne des droits de l'homme. Un contrôle de proportionnalité inédit apparaît donc afin d'apprécier de manière concrète la conventionnalité d'un article du Code civil. L'arrêt d'appel qui, pourtant, appliqua de manière habituelle l'article 161 du Code civil est cassé car la nullité prononcée constitue une atteinte injustifiée dans l'exercice du droit au respect de la vie privée et familiale, dès lors qu'un temps relativement long s'écoula. Ainsi l'inexorable passage du temps permet à une situation objectivement illicite d'être en quelque sorte validée par une jurisprudence qui exploite les ressources, pourtant parfois floues, des droits et libertés fondamentaux. L'article 161 du Code civil en sort incontestablement affaibli, mais l'arrêt du 4 décembre 2013 ressurgit régulièrement dans le débat, qui passionne désormais une partie de la doctrine et des praticiens, portant sur la méthode de la proportionnalité dans l'exercice par la Cour de cassation de son office.

108. – Cour de cassation : acte 2. À l'occasion d'une affaire à certains égards proche de celle ayant donné lieu à l'arrêt rendu le 4 décembre 2013, la Cour de cassation va cette fois-ci rejeter le pourvoi d'une femme ayant épousé l'ex-mari de la mère[97] qui, précisément, invoquait une atteinte disproportionnée au droit au mariage et une ingérence injustifiée dans l'exercice du droit à la vie privée, en raison de l'annulation de l'union prononcée par une cour d'appel en se fondant sur l'article 161 du Code civil[98]. La Cour de cassation rappelle la finalité de la règle prohibant le mariage entre alliés en jugeant qu'elle « poursuit un but légitime en ce qu'elle vise à sauvegarder l'intégrité de la famille et à préserver les enfants des conséquences résultant d'une modification de la structure familiale ». Puis, elle rappelle très directement la place désormais occupée par le contrôle de proportionnalité en jugeant « qu'il appartient toutefois au juge d'apprécier si, concrètement, dans l'affaire qui lui est soumise, la mise en œuvre de ces dispositions ne porte pas au droit au respect de la vie privée et familiale garanti par la Convention une atteinte disproportionnée au regard du but légitime poursuivi »[99]. Pour rejeter enfin le

(96) S'il fallait encore s'en convaincre, soulignons que l'arrêt a été classé en P+B+I et qu'il était accompagné d'un communiqué de presse figurant notamment sur le site internet de la Cour de cassation.

(97) En l'espèce, le mari épouse après son divorce la fille de son ex-femme, née d'une précédente union. Précisons qu'une différence d'âge de cinquante ans existait entre les époux.

(98) Cass. 1re civ., 8 déc. 2016, n° 15-27.201 : *Dr. famille* 2017, comm. 24, note J.-R. Binet ; *Dr. famille* 2017, comm. 25, concl. L. Bernard de la Gatinais ; *JCP G* 2017, art. 166, note J. Hauser ; *JCP G* 2017, art. 186, obs. M. Lamarche ; *D.* 2017, 1082, obs. J.-J. Lemouland et D. Vigneau ; *D.* 2017, 953, note F. Chénedé ; *RTD civ.* 2017.102, obs. J. Hauser.

(99) Une formule similaire fut déjà employée quelques jours plus tôt en matière de filiation : Cass. 1re civ., 9 nov. 2016, n° 15-25.068 : *Dr. famille* 2017, comm. 9, note H. Fulchiron (qui parle de la mise en place d'un contrôle du contrôle) ; *Dr. famille* 2017, chron. 1, obs. nos 25 et s., obs. V. Égéa.

pourvoi, la première chambre civile juge qu'en l'espèce l'appréciation concrète a bien été menée puisque l'arrêt d'appel relève que l'intéressée a vécu, « alors qu'elle était mineure, durant neuf années, avec celui qu'elle a ultérieurement épousé et qui représentait nécessairement pour elle, alors qu'elle était enfant, une référence paternelle, au moins sur le plan symbolique ». La finalité de la règle qui vise à éviter des perturbations dans l'ordre généalogique apparaît ainsi de manière sous-jacente. Est également soulignée la prise en compte de la durée du mariage de huit ans au jour de la demande de nullité, et l'absence d'enfant né de cette union. Partant, la cour d'appel a pu en déduire que l'annulation du mariage ne constituait pas une atteinte disproportionnée au droit au respect de la vie privée et familiale, au regard du but légitime poursuivi.

109. – **Contrôle de proportionnalité et prohibition de l'inceste : quel épilogue ?** La lecture en parallèle des arrêts rendus par la première chambre civile de la Cour de cassation à trois ans d'intervalle ne manque pas de laisser perplexe[(100)], au regard de la prévisibilité des solutions en particulier et du risque de multiplication du contentieux. Dans cette perspective, comme le note M. Chénedé en commentant l'arrêt rendu le 8 décembre 2016, la lecture de l'avis du premier avocat général près la Cour de cassation présente un intérêt certain pour cerner la portée de l'arrêt rendu trois ans plus tôt, car celui-ci est présenté comme un arrêt singulièrement lié aux faits de l'espèce.

Prolongement théorique

Débat autour de l'arrêt du 4 décembre 2013

110. – L'arrêt rendu par la première chambre civile de la Cour de cassation le 4 décembre 2013 n'a pas manqué de susciter, à juste titre, de très vives réactions doctrinales. Ce n'est pas tant le fond de la solution qui a été vertement critiqué que le mode de raisonnement employé par la Cour de cassation. À cela s'ajoute le rôle d'exemple ou de « ballon d'essai », diront certains, que des magistrats de la Cour de cassation, soutenus, voire inspirés par une partie de la doctrine, font jouer à cet arrêt quand ils le citent. La Haute juridiction de l'ordre judiciaire a d'ailleurs été manifestement gênée par son propre arrêt puisque le communiqué de presse qui accompagne la décision prend soin de souligner « les circonstances de fait ont joué un rôle déterminant dans cette affaire » et de conclure en indiquant qu'« en raison de son fondement, la portée de cette décision est limitée au cas particulier examiné. Le principe de la prohibition du mariage entre alliés n'est pas remis en question ». Rappelons tout de même que le communiqué de presse n'a aucune valeur juridique et que si l'affaire présente un intérêt si factuel, il est tout de même curieux de voir l'arrêt classé en P+B+I, suite à un relevé d'office d'un moyen conformément à l'article 1015 du Code de procédure civile.

C'est à un véritable jugement en équité, fondé sur un contrôle de conventionnalité concret, que procède la Cour de cassation, puisqu'elle écarte volontairement la règle normalement applicable jugeant la mise en œuvre de cette dernière trop sévère au regard des circonstances de l'espèce. Une telle méthode n'est pas dénuée de danger.

(100) En ce sens, cf. not. les obs. crit. ss Cass. 1re civ., 8 déc. 2016, n° 15-27.201, de J.-J. Lemouland et D. Vigneau (préc. *supra*, note 137) ; et de F. Chénedé, note préc.

D'un point de vue théorique, cette liberté prétorienne prise par rapport au texte s'avère d'autant plus critiquable que l'éviction du texte est faite en se fondant sur un élément purement factuel, à savoir l'écoulement du temps.

L'arrêt du 4 décembre 2013 a souvent été présenté comme un prélude à la généralisation d'un contrôle dit « de proportionnalité » ou, plus exactement d'un « contrôle de conventionalité concret », dans les méthodes juridictionnelles utilisées par la Cour de cassation, laquelle suscite une très vive controverse doctrinale(101). Depuis, cette méthode a été utilisée dans le domaine familial avec des fortunes diverses, permettant de justifier parfois l'atteinte qu'une disposition cause au droit de mener une vie privée et familiale(102), mais aboutissant ailleurs à la cassation d'un arrêt n'ayant pas répondu à une prétention tirée de l'atteinte que l'article 333, alinéa 2e du Code civil causerait à cette liberté fondamentale(103).

§ 3. – Les conditions psychologiques relatives au consentement

I. – L'objet du consentement : une intention matrimoniale

A. – La nécessité d'une intention matrimoniale

111. – **Interdépendance.** Faute d'autonomie au sein de l'ordre juridique, le droit de la famille subit les influences d'autres branches du droit et, inversement, ces dernières sont affectées par les évolutions du droit de la famille. Partant, l'on ne saurait se limiter à la lecture du seul Code civil pour bien appréhender le droit de la famille, lequel se bâtit aussi hors les murs du code, dans la législation sociale, fiscale ou encore en droit des étrangers. Il suffit pour s'en convaincre de songer à ce dernier domaine. Le Code de l'entrée et du séjour des étrangers et du droit d'asile (C. étrangers) a modifié en effet la condition de résidence en France de l'époux étranger en vue d'obtenir la nationalité française.

112. – **Intention matrimoniale.** L'expression d'un consentement libre et éclairé ne suffit pas à former valablement le mariage. Le consentement au mariage concerne également le but poursuivi par les époux en se mariant. En principe les époux se marient pour obtenir une modification de leur état civil, dans le cadre d'une institution d'ordre public qui se caractérise par des droits et devoirs qui façonnent le statut matrimonial. De manière plus concrète cependant, toute une série de droits découle du mariage, en matière fiscale, sociale ou en droit de la nationalité. Il suffit pour s'en convaincre de songer à la vocation successorale du conjoint survivant, d'un point de vue civil et fiscal. Le conjoint survivant est mieux protégé par la loi, au jour du décès de son époux, que le concubin survivant, qui demeure un tiers

(101) Cf. not. A. Bénabent, *Un culte de la proportionnalité… un brin disproportionné* : *D.* 2016, 137. – F. Chénedé, *Contre-révolution tranquille à la Cour de cassation* : *D.* 2016, 796. – B. Louvel, *Réflexions à la Cour de cassation* : *D.* 2015, 1325. – Collectif, *Regards d'universitaires sur la réforme de la Cour de cassation* : *JCP G* 2015, suppl.

(102) Cass. 1re civ., 6 juill. 2016, n° 15-19.853 : au sujet de l'article 333 du Code civil. – Cass. 1re civ., 5 oct. 2016, n° 15-25.507 : au sujet de l'article 320 du Code civil.

(103) Cass. 1re civ., 10 juin 2015, n° 14-20.790 : *D.* 2015, 2365, note H. Fulchiron.

juridiquement par rapport à sa compagne ou son compagnon, ou encore par rapport au partenaire dans le cadre d'un pacte civil de solidarité. Pour bénéficier d'une vocation successorale qui se rapproche fiscalement de celle des époux, les partenaires de pacte civil de solidarité devront en effet se consentir des libéralités réciproques. En protégeant de la sorte le conjoint, la loi accorde encore une primauté, quoique déclinante, au mariage. Ce faisant, il s'agit de l'expression d'un choix politique en faveur d'un type d'organisation familiale. Il faut cependant reconnaître que ce statut privilégié tend tout de même à s'estomper dans la législation contemporaine.

Lorsqu'ils se marient, les époux doivent donc être animés d'une véritable intention matrimoniale, c'est-à-dire souhaiter se soumettre à l'ensemble du statut matrimonial, de caractère indivisible, et non pas chercher à obtenir tel avantage fiscal ou encore à acquérir plus rapidement la nationalité française. Comme le notent d'éminents auteurs, « on ne se marie pas à moitié, mais avec sa moitié »(104). Le mariage animé par la poursuite d'un but autre que l'adhésion à l'institution matrimoniale est nommé le mariage de complaisance, que l'on qualifie souvent, en droit des étrangers de mariage « blanc »(105), voire de mariage « gris »(106).

B. – Le contrôle de l'intention matrimoniale

113. – Le contrôle de l'intention matrimoniale, c'est-à-dire la vérification des buts poursuivis par les époux, s'effectue à deux moments. Il peut s'opérer, d'une part, avant la célébration du mariage. L'on parlera volontiers alors d'un contrôle à titre préventif qui intervient en amont, *a priori*, pour « vider » en quelque sorte la célébration du mariage d'un doute quelconque. Le contrôle de l'intention matrimoniale peut s'opérer, d'autre part, après la célébration du mariage. Le contrôle devient alors « curatif » et repose sur la sanction d'un comportement frauduleux.

Qu'il intervienne avant ou après la célébration du mariage, le contrôle de l'intention matrimoniale n'est pas aisé tant d'un point de vue pratique que théorique. D'un point de vue théorique, il convient en effet de combiner le nécessaire dispositif de lutte contre les mariages de complaisance avec la liberté matrimoniale qui, composante de la liberté personnelle protégée par les articles 2 et 4 de la Déclaration des droits de l'homme et du citoyen de 1789, a valeur constitutionnelle(107). Pour le Conseil constitutionnel, le législateur doit veiller à ne pas porter atteinte à la liberté matrimoniale lorsqu'il pose des exigences visant à éviter les mariages de complaisance. Ainsi a-t-il censuré une disposition selon laquelle le caractère irrégulier du séjour d'un étranger faisait obstacle par lui-même au mariage de l'intéressé(108). En revanche, furent jugés conformes à la Constitution les articles 171-5 et suivants du Code civil qui permettent notamment au procureur de la République de s'oppo-

(104) F. Terré et D. Fenouillet, *Droit de la famille*, *op. cit.*, n° 102.

(105) L'expression « mariage blanc » désigne la situation dans laquelle les deux époux se sont prêtés à la célébration du mariage dans un but autre que la recherche de l'institution matrimoniale.

(106) L'expression « mariage gris » désigne quant à elle le mariage dans lequel un seul des deux époux poursuit une finalité étrangère à l'institution matrimoniale, son conjoint étant quant à lui de bonne foi et animé d'une intention véritablement matrimoniale.

(107) Cons. const., 13 août 1993, n° 93-325 DC.

(108) Cons. const., 20 nov. 2003, n° 2003-484 DC : *D.* 2004, 1405, note D. Leducq ; *RTD civ.* 2003, 492, obs. J. Hauser.

ser, dans un délai deux mois, au mariage célébré à l'étranger, lorsqu'il en est requis par une autorité diplomatique ou consulaire(109).

Cons. const., 9 nov. 2006, n° 2006-542 DC

(...)

Consid. 12. Considérant qu'il résulte de tout ce qui précède qu'en établissant ces différentes procédures, le législateur a pris en compte la diversité des situations au regard du respect de la liberté du mariage ; qu'il a prévu des délais adaptés aux caractéristiques de chacune de ces situations et garanti des recours juridictionnels effectifs contre les décisions, explicites ou implicites, des autorités concernées ; qu'aucune de ces dispositions ne fait par elle-même obstacle à la célébration d'un mariage par l'autorité étrangère ; que, la transcription ayant pour seul objet et pour seul effet l'opposabilité du mariage aux tiers dans l'ordre juridique français, son absence ne prive le mariage d'aucun de ses effets civils entre les époux eux-mêmes, ni entre ceux-ci et leurs enfants.

(...)

Au demeurant, saisi dans le cadre d'une question prioritaire de constitutionnalité, le Conseil constitutionnel a jugé que la protection constitutionnelle de la liberté du mariage ne confère pas le droit de contracter mariage à des fins étrangères à l'union matrimoniale et, partant, que l'article 146 du Code civil était bien conforme à la Constitution(110).

114. - **Rôle déterminant du droit de la nationalité.** Les modalités de contrôle de l'intention matrimoniale dépendent très largement du droit de la nationalité. En ce domaine, différentes lois ont progressivement rendu plus difficile l'acquisition, grâce au mariage, de la nationalité française ou, à tout le moins, la qualité de résident en France. Le mariage n'exerce de plein droit aucun effet sur la nationalité française(111), mais l'étranger ou apatride qui contracte mariage avec un conjoint de nationalité française peut, après un délai de quatre ans à compter du mariage, acquérir la nationalité française par déclaration(112). Encore faut-il que depuis le mariage la communauté de vie tant affective que matérielle n'ait pas cessé entre les époux et que le conjoint français ait conservé sa nationalité(113).

115. - **Avant la célébration du mariage : contrôle préventif de l'intention matrimoniale.** Afin de déceler un éventuel détournement de l'institution matrimoniale, le Code civil indique que l'officier de l'état civil procède, avant la célébration du mariage, à l'audition commune des époux. Une circulaire du 22 juin 2010 précise les indices qui doivent être recherchés par l'officier de l'état civil lors de ces auditions. Des questions types devant être posées aux futurs époux sont ainsi formulées en annexes.

Pour autant, l'officier de l'état civil peut ne pas procéder à l'audition en cas d'impossibilité ou s'il apparaît, au vu des pièces que lui fournissent les époux, que cette audition n'est pas nécessaire au regard des articles 146 et 180 du Code civil.

Inversement, si l'officier de l'état civil a des doutes quant aux intentions de l'un des époux ou bien s'il estime que l'un des époux fait pression sur l'autre, il peut,

(109) Cons. const., 9 nov. 2006, n° 2006-542 DC.

(110) Cons. const., 22 juin 2012, n° 2012-261 QPC : *Dr. famille* 2012, comm. 132, note Larribau-Terneyre ; *AJF* 2012, 466, obs. Chénedé ; *RTD civ.* 2012, 510, obs. Hauser.

(111) C. civ., art. 21-1.

(112) C. civ., art. 21-2.

(113) C. civ., art. 21-2, al. 1er *in fine.*

s'il le juge nécessaire, demander à s'entretenir séparément avec l'un ou l'autre des futurs époux.

116. - **Après la célébration du mariage : sanction du défaut d'intention matrimoniale.** La sanction du défaut d'intention matrimoniale est double, puisqu'elle peut intervenir sur le plan civil et sur le plan pénal. En droit civil, le défaut d'intention matrimoniale est sanctionné par la nullité du mariage. En droit pénal, une infraction spécifique a été créée par la loi de n° 2011-672 du 16 juin 2011. Désormais, l'article L. 623-1 du Code de l'entrée et du séjour des étrangers et du droit d'asile punit en son alinéa premier le fait de contracter un mariage ou de reconnaître un enfant aux seules fins d'obtenir, ou de faire obtenir, un titre de séjour ou le bénéfice d'une protection contre l'éloignement, ou aux seules fins d'acquérir, voire de faire acquérir, la nationalité française, d'une peine de cinq ans d'emprisonnement et de 15 000 € d'amende. Le texte ajoute d'ailleurs que ces peines sont également encourues lorsque l'étranger qui a contracté mariage a dissimulé ses intentions à son conjoint.

117. - **Mariage blanc.** Le mariage est qualifié de « mariage blanc » lorsque les deux époux se sont prêtés à la célébration du mariage à des fins autres que matrimoniales. Le mariage encourt la nullité sur le fondement de l'article 146 du Code civil. Comme il s'agit d'une nullité absolue, tout intéressé peut agir. En règle générale, vont agir sur le fondement 146 du Code civil soit le ministère public soit, plus rarement, l'un des époux. Au demeurant, l'action du ministère public se heurte à une importante difficulté probatoire qui n'a pas échappé au ministère de la Justice. Dans une circulaire du 22 juin 2010, le ministère de la Justice précise en effet que le ministère public doit « établir que le consentement a été donné non dans l'objectif d'être engagée dans les véritables liens qui découlent du mariage, mais seulement afin d'en obtenir un ou plusieurs effets secondaires ; par exemple un titre de séjour, la nationalité française mais aussi une couverture maladie, une pension de réversion, ou d'autres avantages sociaux »(114).

Outre la nullité du mariage, les époux pourront être poursuivis sur le fondement de l'article L. 623-1 du Code de l'entrée et du séjour des étrangers et du droit d'asile. Là encore, l'efficacité de la sanction dépend avant tout des difficultés pour démontrer le défaut d'intention matrimoniale. Outre la peine d'emprisonnement et d'amende prévue à l'article L. 623-1 précité, l'essentiel du dispositif de lutte contre cette filière d'immigration frauduleuse réside aussi dans les peines complémentaires prévues par à l'article L. 623-2 du même code, à savoir : l'interdiction de séjour pour une durée de cinq ans au plus ; l'interdiction du territoire français, dans les conditions prévues par les articles 131-30 à 131-30-2 du Code pénal, pour une durée de dix ans au plus ou à titre définitif ; l'interdiction, pour une durée de cinq ans au plus, d'exercer l'activité professionnelle ou sociale à l'occasion de laquelle l'infraction a été commise, sous les réserves mentionnées à l'article 131-27 du Code pénal. Les personnes physiques condamnées au titre de l'infraction visée au troisième alinéa de l'article L. 623-1 encourent également la peine complémentaire de confiscation

(114) Circ. min. Justice CIV/09/10, 22 juin 2010.

de tout ou partie de leurs biens, quelle qu'en soit la nature, meubles ou immeubles, divis ou indivis.

118. - **Mariages « gris ».** La situation qualifiée de « mariage gris » s'avère quelque peu différente du mariage blanc, car un seul des époux se prête à la célébration du mariage en vue d'obtenir des effets qui ne sont pas matrimoniaux, alors que l'autre se prête de bonne foi à la célébration, persuadé des intentions véritables de son conjoint. Cette tromperie est désormais appréhendée également par les articles L. 623-1 du Code de l'entrée et du séjour des étrangers et du droit d'asile. Les mêmes peines principales et accessoires peuvent être prononcées. Sur le plan civil, le mariage encourt également la nullité et peut être anéanti sur le fondement des articles 146 ou 180 du Code civil.

119. - **Limiter les effets du mariage.** Une nuance mérite d'être introduite s'agissant de l'intention des époux puisque, depuis un arrêt de principe *Appietto* du 20 novembre 1963, la jurisprudence invite à distinguer entre la situation d'époux qui se prêtent à la cérémonie du mariage en vue d'atteindre un résultat étranger à l'institution matrimoniale, comme un accès plus rapide à la nationalité française par exemple, et la volonté des époux de limiter les effets légaux du mariage. Seule la première situation entraîne la nullité du mariage. Dans l'arrêt *Appietto*, les époux se prêtèrent à la cérémonie du mariage dans le seul but de légitimer l'enfant, ce qui constituait bien un effet du mariage – certes limité – mais ne poursuivait point une finalité étrangère à l'institution matrimoniale(115).

II. – Les qualités du consentement

120. - **Double qualité.** Le consentement que les époux expriment pour valablement se marier doit présenter deux qualités. Il s'agit, d'une part, d'un consentement libre (A) et, d'autre part, d'un consentement éclairé (B).

A. – Un consentement libre

121. - **Condition de la liberté matrimoniale.** Le plein exercice de la liberté matrimoniale suppose que les candidats au mariage adhèrent volontairement et sans la moindre pression à l'institution matrimoniale. Le droit refuse catégoriquement et justement les manifestations implicites de volonté et autres situations douteuses, en exigeant la présence personnelle des époux lors de la célébration afin que l'officier de l'état civil vérifie lui-même leur consentement au mariage. La suspicion à l'égard de tout mariage forcé, négation même de la liberté matrimoniale, commande une expression publique du consentement de chacun des époux, tenu de répondre à la fatidique question posée par l'officier de l'état civil « acceptez-vous de prendre pour époux ? ». Il n'est donc point de mariage sans consentement(116).

(115) Depuis que l'ordonnance du 4 juillet 2005 a supprimé les distinctions entre les filiations naturelle, légitime et adultérine, pour régir la filiation de manière générale, le bénéfice de la légitimité ne présente plus d'intérêts juridiques. Seule demeure la dimension symbolique, pour certains parents, d'une naissance dans le mariage. La jurisprudence *Appietto* mérite d'être replacée dans le contexte juridique et culturel de l'époque où elle fut rendue pour en saisir toute la portée.

(116) C. civ., art. 146.

122. - Mariage du majeur sous curatelle. Le mariage d'une personne sous curatelle n'est permis qu'avec l'autorisation du curateur ou, à défaut, celle du juge(117). La règle figurant ainsi à l'article 460 du Code civil a été déclarée conforme à la Constitution, à l'occasion d'une question prioritaire de constitutionnalité, dès lors que l'atteinte portée à la liberté matrimoniale n'est pas disproportionnée(118). Concrètement, le majeur placé sous curatelle doit donc obtenir l'autorisation de son curateur ou, à défaut, du juge, pour pouvoir se marier, mais le consentement au mariage doit être exprimé par le majeur lui-même. L'appréciation de l'aptitude psychologique à pouvoir se marier relève de l'appréciation souveraine des juges du fond(119).

123. - Mariage du majeur sous tutelle. Le mariage d'une personne placée sous tutelle ne peut quant à lui être célébré qu'avec l'autorisation du juge des tutelles ou du conseil de famille, dans les rares hypothèses où il a été constitué(120). Avant de délivrer ou refuser l'autorisation, le juge des tutelles ou le conseil de famille doit procéder à l'audition des futurs conjoints et au recueil, le cas échéant, de l'avis des parents et de l'entourage(121). Là encore, si la célébration du mariage nécessite une autorisation, dans le but de protéger le majeur sous tutelle, il n'en demeure pas moins qu'en cas de délivrance de cet acte, le majeur lui-même doit consentir au mariage, comme la Cour de cassation l'a jugé dans un arrêt volontairement destiné à une large publicité(122), car le consentement à mariage fait partie des actes strictement personnels qui, à l'instar de la reconnaissance d'un enfant ou d'une adoption, ne donnent pas lieu à assistance ou à représentation(123).

Cass. 1re civ., 2 déc. 2015, n° 14-25.777

Sur le moyen relevé d'office, après avertissement donné aux parties, conformément à l'article 1015 du Code de procédure civile :

Vu les articles 458 et 460 du Code civil ;

Attendu que, si le mariage d'un majeur en tutelle doit être autorisé par le juge des tutelles, il constitue un acte dont la nature implique un consentement strictement personnel et qui ne peut donner lieu à représentation ;

Attendu, selon l'arrêt attaqué, que M. X... a été placé sous tutelle ; que sa tutrice, Mme Z..., a saisi le juge des tutelles d'une requête tendant à voir autoriser le mariage du majeur protégé ;

Attendu que la cour d'appel a accueilli la demande ;

Qu'en statuant ainsi, alors que la demande d'autorisation, présentée par la tutrice, était irrecevable, la cour d'appel a violé les textes susvisés ;

(117) C. civ., art. 460, al. 1er.

(118) Cons. const., 29 juin 2012, n° 2012-260 QPC : *Dr. famille* 2012, comm. 136, note M. Bruggeman ; *ibid.*, comm. 148, note I. Maria ; *JCP* G 2013, 38, n° 1, obs. M. Lamarche ; *RTD civ.* 2012, 510, obs. J. Hauser ; *D.* 2012, 1899, note G. Raoul-Cormeil ; *D.* 2012, 2706, obs. D. Noguero.

(119) Cass. 1re civ., 5 déc. 2012, n° 11-25.158 : *D.* 2012, 2699, note J.-M. Plazy et D. Noguero ; *RTD civ.* 2012, 93, obs. Hauser.

(120) C. civ., art. 460, al. 2.

(121) C. civ., art. 460, al. 2.

(122) Cass. 1re civ., 2 déc. 2015, n° 14-25.777 : *Dr. famille* 2016, comm. 36, note I. Maria ; *JCP* G 2016, doctr. 35, n° 3, obs. M. Lamarche ; *RJPF* 2016-2/19, note S. Mauclair ; *RJPF* 2016, obs. V. Égéa ; *AJF* 2016, 107, obs. Th. Verheyde ; *RTD civ.* 2016, 83, obs. J. Hauser ; *D.* 2016, 875, note G. Raoul-Cormeil.

(123) Sur la notion controversée d'actes strictement personnels, J. Massip, *Tutelle des mineurs et protection juridique des majeurs*, Defrénois-Lextenso, 2009, spéc. nos 423 et s. – *Adde*, P. Salvage-Gerest, *Les actes dont la nature implique le consentement strictement personnel du majeur en tutelle : une catégorie à revoir d'urgence* : *Dr. famille* 2009, étude 17. – S. Moracchini-Zeidenberg, *L'acte personnel de la personne vulnérable* : *RTD civ.* 2012, 21. – C. Krief-Semitko, *L'adoption simple des majeurs protégés à l'épreuve de la Convention européenne des droits de l'homme* : *JCP* G 2012, 1353. – E. Mallet, *Actes à consentement strictement personnel et majeur protégé* : *JCP* N 2013,1210 et *Dr. famille* 2014, étude 4. – F. Fresnel et I. Maria, *Majeurs protégés et autorité parentale* : *LPA* 15 mai 2014, p. 6.

Et vu les articles L. 411-3 du Code de l'organisation judiciaire et 1015 du Code de procédure civile ;

PAR CES MOTIFS :

CASSE et ANNULE, en toutes ses dispositions, l'arrêt rendu le 15 janvier 2014, entre les parties, par la cour d'appel de Versailles ;

Commentaires : *Dr. famille* 2016, comm. 36, note I. Maria ; *JCP* G 2016, doctr. 35, n° 3, obs. M. Lamarche ; *RJPF* 2016, n° 2, p. 19, note S. Mauclair ; *RJPF* 2016-2/21, obs. V. Égéa ; *AJF* 2016, 107, obs. Th. Verheyde ; *RTD civ.* 2016, 83, obs. J. Hauser ; *D.* 2016, 875, note G. Raoul-Cormeil.

B. – Un consentement éclairé

124. – **Refus du consentement extorqué par violence.** Comme en droit commun, le consentement à mariage se trouve affecté d'un vice grave lorsque son expression résulte de l'exercice d'une violence physique ou morale. La violence physique concerne la menace d'atteinte à l'intégrité corporelle d'un époux visant à obtenir un consentement à mariage qui, sans cette menace, ne serait point donné. Le caractère public de la célébration du mariage permet, entre autres fonctions, de vérifier que le consentement ne résulte pas d'une menace quelconque. Il en va de même pour l'audition préalable des futurs époux. Beaucoup plus impalpable, la violence morale constitue aussi un vice du consentement. Contrairement à la solution de droit commun, le droit de la famille réserve ainsi une place singulière à la crainte révérencielle envers un ascendant(124), en disposant que « l'exercice d'une contrainte sur les époux ou l'un d'eux, y compris par crainte révérencielle envers un ascendant, constitue un cas de nullité du mariage »(125). Introduite dans le Code civil par la loi n° 2006-399 du 4 avril 2006, cette précision a pour finalité de lutter contre les mariages forcés. Toute la difficulté consiste en ce domaine à distinguer la véritable crainte révérencielle qui vicie le consentement en imposant un mariage dont une personne ne veut pas, de la simple peur de décevoir ou volonté de bien faire qui viendrait à animer le candidat au mariage, notamment pour des raisons culturelles ou religieuses. Le contexte social, familial et religieux dans lequel le candidat au mariage a grandi peut, de manière plus ou moins consciente, influencer son choix, sans pour autant que ceci ne constitue l'exercice d'une contrainte. L'*habitus* de classe ne se confond point avec la violence morale qui suppose un comportement contraignant adopté par une personne, un parent par exemple, à l'égard d'un candidat au mariage. La principale difficulté réside alors dans la preuve de la violence et, en ce domaine comme ailleurs, si l'aveu constitue la reine des preuves, il reste bien rare en pratique(126), amenant les juges du fond à apprécier davantage un contexte corroborant une suspicion de pression(127).

(124) Y. Guenzoui, *La crainte révérencielle* : *D.* 2010, 984.
(125) C. civ., art. 180, al. 2, dans sa rédaction issue de la loi n° 2006-399 du 4 avril 2006.
(126) Cf. cependant, pour un aveu par le père des pressions morales exercées sur sa fille : Colmar, 28 avr. 2005 : *Dr. famille* 2006, comm. 1, note V. Larribau-Terneyre.
(127) V., par ex., Bordeaux, 21 févr. 2006 : *Dr. famille* 2007, comm. 121, note V. Larribau-Terneyre, où le père avait non seulement exercé des pressions morales sur sa fille, mais avait également commis des violences physiques à l'encontre de cette dernière.

Prolongement internationaliste

Une nouvelle règle de conflit de lois pour lutter contre les mariages forcés

125. – En matière de formation du mariage, les conditions de fond sont soumises à la loi nationale de chacun des époux alors que les conditions de forme relèvent quant à elles de la loi du lieu de célébration. Ainsi, l'officier de l'état civil doit en principe consulter la loi personnelle de chacun des époux pour déterminer les conditions de fond devant être respectées. Jadis dégagée par la jurisprudence(128), cette règle de conflit de lois fut opportunément codifiée à l'occasion de la loi n° 2013-404 du 17 mai 2013, créant le mariage dit « pour tous ». La difficulté résulte cependant de la désignation par la règle de conflit d'une loi étrangère (loi nationale d'un époux) dont le contenu se révèle contraire aux conceptions françaises, en ce qui concerne les conditions de formation du mariage. La contrariété de la loi étrangère à l'ordre public aboutit en effet, lorsque l'union doit être célébrée en France, à écarter la loi étrangère au profit de la loi française(129). L'éviction se justifie parfaitement compte tenu du fort lien qui unit le mariage et l'ordre public. Pour autant, le détour par la loi étrangère fut considéré comme inopportun et inutile et la règle de conflit a fait l'objet d'une modification à l'occasion de la loi n° 2014-873 du 4 août 2014 relative à l'égalité réelle entre les hommes et les femmes. Désormais, l'article 202-1 du Code civil, après avoir rappelé que « les qualités et conditions requises pour pouvoir contracter mariage sont régies, pour chacun des époux, par sa loi personnelle », ajoute que « quelle que soit la loi personnelle applicable, le mariage requiert le consentement des époux, au sens de l'article 146 et du premier alinéa de l'article 180 du Code civil »(130). Ainsi, la loi française s'applique directement, par un amalgame entre loi de police et règle matérielle, en ce qui concerne le consentement à mariage, indépendamment de la loi nationale des époux.

126. – Rôle du droit pénal. Lorsqu'il est question de garantir le respect d'une règle de droit civil jugée particulièrement importante, le droit pénal se trouve fréquemment convoqué en soutien. Le constat se vérifie parfaitement pour le consentement à mariage et la lutte contre la violence physique et/ou morale en ce domaine. Ainsi, certaines infractions, comme les violences ayant entraîné la mort sans intention de la donner font l'objet d'une répression renforcée lorsqu'elles sont commises contre une personne afin de la contraindre à contracter un mariage ou à conclure une union ou en raison de son refus de contracter ce mariage ou cette union(131). Il en va de même, au demeurant, pour les violences ayant entraîné une mutilation(132) ou une incapacité de travail(133).

(128) Cf. encore récemment : jugeant que, selon l'article 3 du Code civil, il incombe au juge français, pour les droits indisponibles (en l'occurrence les conditions de fond du mariage), de mettre en œuvre la règle de conflit de lois et de rechercher le droit désigné par cette règle : Cass. 1re civ., 16 mars 2016, n° 15-14.365 : *Dr. famille* 2016, comm. 116, obs. A. Devers.

(129) Pour une illustration : Cass. 1re civ., 24 sept. 2014, n° 13-11.367 : *RJPF* 2014-12/15, obs. V. Égéa.

(130) Sur cette modification opérée par la loi n° 2014-873 du 4 août 2014, cf. H. Fulchiron, *Règle de conflit de lois et lutte contre les mariages forcés* : *JCP* G 2014, étude 171. – M. Farge, *La loi sur l'égalité réelle des hommes et des femmes condamne l'attachement de la Cour de cassation à la règle de conflit, note ss Cass. 1re civ., 30 avr. 2014, n° 13-16.507* : *Dr. famille* 2014, comm. 139. – *Adde*, démontrant le caractère inutile du passage par la loi étrangère : H. Gaudemet-Tallon, obs. ss Cass. 1re civ., 6 mars 2013, n° 11-23.174 : *D.* 2014, 1063.

(131) C. pén., art. 222-8, 6°.

(132) C. pén., art. 222-10, 6° bis.

(133) Cf. C. pén., art. 222-13, 6° bis et art. 222-13, 6° bis.

127. - **Refus du consentement obtenu par erreur.** L'article 180 du Code civil dispose également que s'il y a erreur dans la personne, ou sur des qualités essentielles de la personne, l'autre époux peut demander la nullité du mariage. De manière générale, l'erreur désigne une mauvaise perception de la réalité qui conduit la personne qui la subit à donner un consentement qu'elle n'aurait sinon point donné. Il faut bien reconnaître que l'erreur dans la personne demeure fort heureusement une hypothèse assez rare car il s'agit, comme le faisait déjà remarquer Pothier, d'une erreur sur la personne même du conjoint, c'est-à-dire une méprise complète à cause de laquelle une femme croit épouser Dupont, mais se marie en réalité à Dupond(134). Durant les deux premiers tiers du XIXe siècle, la jurisprudence retint une conception très extensive de la notion d'erreur dans la personne au sens de l'article 180 du Code civil, en se fondant sur la théorie psychologique de l'erreur qui aboutissait, non sans céder à un grand subjectivisme, à admettre comme cause de nullité du mariage l'erreur sur une qualité déterminante de la personne. La Cour de cassation va imposer cependant un retour à une interprétation restrictive du texte dans le célèbre arrêt *Berthon* en 1862, en excluant l'erreur sur le passé pénal du conjoint (condamné en l'espèce à des peines dites afflictives et infamantes) du champ de la notion d'erreur dans la personne du conjoint(135).

Il a donc fallu attendre près d'un siècle pour qu'à l'occasion de la réforme du divorce en 1975, l'opportunité soit saisie d'admettre la nullité du mariage pour erreur sur les qualités substantielles de la personne. L'article 180 du Code civil s'enrichit alors d'un second alinéa plus étoffé disposant que « s'il y a eu erreur dans la personne, ou sur des qualités essentielles de la personne, l'autre époux peut demander la nullité du mariage ». Encore faut-il déterminer ce que recouvre la notion d'erreur sur les qualités substantielles de la personne car, en ce domaine, la sensibilité et le regard que chacun porte sur le mariage rendent l'appréhension de la notion particulièrement délicate. Pour cette raison, il n'existe point d'énumération préétablie des qualités considérées comme substantielles, ni des qualités jugées plus secondaires ou accessoires. Face à ces difficultés, le droit s'attache moins à définir les qualités elles-mêmes qu'à préciser la manière dont il convient d'apprécier ladite nullité. Ici comme dans bien des domaines, deux options s'offrent en effet au juge saisi d'une demande en nullité du mariage pour cause d'erreur sur les qualités substantielles de la personne.

Il peut, tout d'abord, apprécier le caractère substantiel de l'erreur eu égard à l'institution matrimoniale, *in abstracto*, en raisonnant sur ce que le mariage représente de manière idéal-typique, pour le citoyen ordinaire à un moment donné dans une société donnée. Même si cette méthode juridictionnelle paraît objective et réaliste, elle se révèle d'une mise en œuvre très délicate dès lors que l'on s'interroge plus avant sur la manière de déterminer ce modèle *in abstracto*, car en ce domaine aucune méthode, d'ordre statistique ou sociologique

(134) Comp. pour une personne se faisant passer pour un proche d'H. de Toulouse-Lautrec, alors qu'il n'en était rien : CA Paris, 12 mars 1903 : *DP* 1903, 2, 191 ; S. 1904, 2, 47.

(135) Cass. req., 24 avr. 1862, *Berthon* : *DP* 1862, 1, 153, concl. Dupin ; S. 1862, 1, 342.

ne s'impose. Le défi demeure de taille pour le juge devant déterminer « l'état actuel des mœurs »[(136)].

Ensuite, le juge peut, inversement, apprécier le caractère substantiel de la qualité, *in concreto*, en tenant compte du ressenti de la victime de l'erreur. L'époux érigeait-il, en son for intérieur, ladite qualité au rang de qualité substantielle ? Subjective, cette méthode présente le mérite de correspondre à la situation factuelle exacte du couple, mais demeure redoutablement complexe à suivre de manière sûre, car sonder les cœurs et les reins reste une tâche largement divinatoire.

En définitive, les appréciations *in abstracto* et *in concreto* sont généralement amalgamées, car pour que l'erreur entraîne la nullité du mariage, il convient que la qualité invoquée soit considérée comme essentielle d'un point de vue subjectif par l'époux qui se prétend victime en alléguant notamment de ses convictions religieuses ou d'une sensibilité particulière ; ensuite ladite qualité doit être objectivement considérée comme objective. À l'occasion d'une affaire très (trop ?) médiatique relative à la virginité d'une épouse, en réponse à la demande du mari qui, se prétendant victime d'une erreur après avoir constaté que son épouse n'était point « chaste et prude », comme elle le prétendait avant le mariage, la cour d'appel de Douai jugea dans un arrêt infirmatif[(137)] que « le mensonge qui ne porte pas sur une qualité essentielle n'est pas un fondement valide pour l'annulation du mariage » et, précision importante, que « tel est particulièrement le cas quand le mensonge prétendu aurait porté sur la vie sentimentale passée de la future épouse et sur sa virginité, qui n'est pas une qualité essentielle en ce que son absence n'a pas d'incidence sur la vie matrimoniale »[(138)]. La dernière précision offre un intéressant critère d'appréciation du caractère substantiel de la qualité ayant fait l'objet d'une erreur, dès lors que relève de cette qualification une qualité dont l'absence aurait une incidence sur la vie matrimoniale. En commentant cet arrêt, M. Malaurie explicita le critère d'une incidence sur la vie matrimoniale en ces termes : « Selon cette conscience populaire (au sens de l'appréciation objective), la virginité de la femme n'est pas une qualité essentielle, car il lui semble qu'il n'est pas très difficile d'être heureux en vivant avec une femme qui n'était pas vierge lors du mariage, au contraire de la vie avec un mari impuissant ou un époux aliéné ».

L'époux qui invoque donc une erreur sur les qualités substantielles de son conjoint devra démontrer non seulement que cette mauvaise perception de

(136) La formule sert de justification dans certains arrêts, pour rejeter par exemple la demande en nullité formée par une épouse pieuse qui s'estimait victime d'une erreur sur une qualité substantielle de son mari, dès lors que ce dernier avait entretenu une relation avec une femme mariée durant sept ans : « en l'état actuel des mœurs, la liaison durablement entretenue par un époux avec une femme mariée ne pouvait pas constituer une cause de nullité du mariage » (Cass. 1re civ., 13 déc. 2005 : *RJPF* 2006, 3, p. 24, obs. A. Leborgne).

(137) Cf. le jugement du tribunal de grande instance de Lille qui prononce la nullité du mariage : TGI Lille, 1er avr. 2008 : *JCP* G 2008, II, 10122, note G. Raoul-Cormeil ; *Dr. famille* 2008, comm. 167, note V. Larribau-Terneyre ; *D.* 2008, 1389, note X. Labbée ; *D.* 2008, 1465, éditorial F. Rome ; *D.* 2008, 1788, note J.-J. Lemouland et D. Vigneau ; *RTD civ.* 2009, 98, obs. J. Hauser.

(138) CA Douai, 17 déc. 2008 ; l'arrêt infirme un jugement du tribunal de grande instance de Lille qui, lui, retint la nullité du mariage : TGI Lille, 1er avr. 2008, cf. not. *RTD civ.* 2008, 455, obs. Hauser ; *D.* 2008, 1389, note Labbée ; *D.* 2008, 1788, obs. Lemouland et Vigneau ; *Dr. famille* 2008, comm. 98, note Larribau-Terneyre. – *Adde*, Dekeuwer-Défossez, *Les sept voiles de la mariée* : *RJPF* 2008-7-8/10. – Murat, *Les époux sont dans de beaux draps* : *Dr. famille* 2008, repère 7. – Terré, *Le libre choix du conjoint* : *JCP* G 2008, act. 439. – Malaurie, *Mensonge sur la virginité et nullité du mariage* : *JCP* G 2008, act. 440 ; *RJPF* 2008-6/2, entretien avec A. Leborgne.

la réalité portait bien sur une qualité qu'il considère, dans son for intérieur, comme demeurant essentielle pour la vie matrimoniale, mais aussi qu'objectivement, en l'état actuel des mœurs, l'absence de ladite qualité comporte bien une incidence sur la vie matrimoniale. Tel ne saurait être le cas de nos jours pour une absence de virginité de l'un des époux au jour du mariage. En revanche, il a pu être jugé que constitue une erreur sur les qualités substantielles de la personne entraînant la nullité du mariage le fait pour un époux nourrissant des sentiments religieux profonds d'ignorer que son conjoint se trouvait précédemment marié religieusement et qu'il avait divorcé[(139)]. L'impuissance du mari découverte après la célébration du mariage peut justifier une nullité du mariage pour erreur sur les qualités substantielles[(140)]. Il en va de même pour le cas de l'épouse se livrant à la prostitution avant le mariage[(141)]. Encore faut-il que l'époux demandeur rapporte la preuve des faits allégués et du vice affectant son consentement[(142)].

128. - **Indifférence du dol.** Alors qu'en droit commun le dol constitue une cause de nullité des actes juridiques, parce qu'il entraîne une méprise sur l'engagement souscrit, il n'a pas pour effet d'anéantir le mariage de manière rétroactive. Le vieil adage *En mariage, trompe qui peut*, trouve encore à s'appliquer en ce domaine pour signifier que la distinction n'est guère évidente entre des présentations flatteuses de la personne par elle-même, propres à la séduction, et le dol.

§ 4. – Les conditions de forme

129. - **Solennité.** En raison de ses incidences sur l'état des personnes et de sa soumission à l'ordre public, le mariage se trouve soumis à un formalisme assez rigoureux, aussi bien avant sa célébration (I) que durant la cérémonie elle-même (II).

I. – Les formalités précédant la célébration du mariage

130. - **Finalités.** Les formalités qui précèdent la célébration du mariage poursuivent deux objectifs différents. Certaines visent en effet à vérifier en amont de la célébration du mariage qu'une intention matrimoniale anime bien les époux, et se réalisent à l'occasion de l'audition des époux (A) ; alors que d'autres formalités visent à porter le mariage à la connaissance de tous (B).

A. – L'audition des époux

131. - **Principe : l'audition commune.** Le moyen le plus simple pour vérifier l'intention matrimoniale des époux consiste à les interroger sur leur projet

(139) Cass. 1re civ., 2 déc. 1997 : *Dr. famille* 1998, comm. 35, note H. Lécuyer ; *RTD civ.* 1998, 654, obs. J. Hauser ; *Defrénois* 1998, 1017, obs. J. Massip.
(140) CA Paris, 26 mars 1982 : *Defrénois* 1982, 1240, obs. J. Massip.
(141) CA Nîmes, 8 févr. 2012 : *JurisData* n° 2012-004040 ; *JCP G* 2012, 592, obs. P.-J. Delage ; *AJF* 2012, 151.
(142) Cf., pour une absence de preuve par l'époux du fait que sa femme se prostituait avant le mariage et entretenait des relations avec le milieu du grand banditisme, et ne démontrait pas non plus le vice de son consentement : Cass. 1re civ., 31 janv. 2006 : *JCP G* 2006, II, 10140, note S. Ben Hadj Yahia.

et leurs attentes. Le droit mise de la sorte sur une audition préalable à la célébration du mariage dans le but de détecter d'éventuelles pressions exercées sur les époux, voire pour déceler un motif animant le couple qui ne se révèle point matrimonial. Ainsi, dans le but de lutter contre les mariages forcés, la loi n° 2003-1119 du 26 novembre 2003 a introduit dans le Code civil une nouvelle formalité qui consiste, pour l'officier de l'état civil, à auditionner les futurs époux avant la publication des bans(143). Le texte envisage tout de même des dérogations en cas d'impossibilité(144), d'une part, et quand au vu des pièces fournies, d'autre part, il apparaît que cette audition n'est pas nécessaire au regard des articles 146 et 180 du Code civil, c'est-à-dire lorsque ces éléments offrent la certitude que les candidats au mariage vont exprimer un consentement parfaitement libre et éclairé, tout en étant animés d'une véritable intention matrimoniale.

132. - **Exception : audition séparée.** En dépit du principe selon lequel l'officier de l'état civil procède à une audition commune des époux, le Code civil lui offre la possibilité de s'entretenir séparément avec l'un ou l'autre des époux, s'il l'estime nécessaire. La dérogation ainsi réservée par l'article 63, alinéa 3 du Code civil vise plus précisément à apprécier les éventuelles pressions que l'un des candidats au mariage pourrait exercer sur l'autre, sans doute le plus faible, le plus pauvre ou le plus influençable.

133. - **Audition du mineur.** Le droit positif prévoit la possibilité pour certains mineurs, dûment autorisés par le procureur de la République, de se marier. Encore faut-il recueillir, dans cette situation, le consentement de leurs représentants légaux, ce qui entraîne nécessairement l'édiction de formalités préalables supplémentaires. Ainsi, bien que l'enfant mineur se trouve, par définition, privé en principe de l'exercice de ses droits civils, il n'en demeure pas moins que l'audition du futur conjoint mineur se fait hors la présence de ses père et mère ou de son représentant légal et de son futur conjoint. En permettant de la sorte un face à face entre l'officier de l'état civil et le mineur, le droit positif entend offrir au premier l'occasion de s'assurer que le candidat au mariage, en dépit de son jeune âge, exprime un consentement véritablement libre et éclairé.

(143) C. civ., art. 63, al. 2, 2°.

(144) Si l'on songe bien sûr à des hypothèses d'impossibilité physique, qui rejailliront nécessairement sur la qualité du consentement éventuellement exprimé, la jurisprudence fournit également des illustrations relatives à une impossibilité que l'on pourrait qualifier d'administrative. Tel est le cas par exemple lorsque l'un des époux se trouve dans une situation d'attente à l'étranger de délivrance d'un visa par les autorités françaises. Ainsi, un officier de l'état civil contesta une ordonnance de référé lui enjoignant de procéder à la publication des bans et à la célébration du mariage, alors que l'audition n'avait pas pu se réaliser, l'un des époux – de nationalité algérienne – se heurtant à un refus de délivrance de visa. La Cour de cassation rejette le pourvoi : « Attendu que l'article 63 du Code civil, dans sa rédaction issue de la loi n° 2003-1119 du 26 novembre 2003, fait obligation à l'officier de l'état civil, avant de publier les bans, de procéder à l'audition commune des futurs époux, sauf en cas d'impossibilité ou s'il apparaît, au vu des pièces du dossier, que cette audition n'est pas nécessaire au regard de l'article 146 ; que la cour d'appel, en relevant que Mme Y... n'avait pu obtenir de visa, a souverainement retenu l'impossibilité que l'officier de l'état civil aurait dû constater, de procéder à l'audition commune des futurs époux » (Cass. 1re civ., 9 janv. 2007 : *Bull. civ.* 2007, I, n° 7, n° 05-14.720 ; *Dr. famille* 2007, comm. 53 [1re esp.], note V. Larribau-Terneyre ; *RTD civ.* 2007, 313, obs. J. Hauser ; *D.* 2007, 449, obs. I. Delaporte-Carré ; *AJF* 2007, 146, obs. F. Chénedé).

Prolongement pratique

Les modalités de réalisation de l'audition des futurs époux

134. – Au-delà de la consécration légale d'une obligation pesant sur l'officier de l'état civil d'auditionner les futurs époux, des hypothèses particulières soulèvent quelques difficultés que l'article 63 du Code civil s'efforce, non sans peine, de résoudre.

Tout d'abord, l'officier de l'état civil dispose de la faculté de déléguer à un ou plusieurs fonctionnaires titulaires du service de l'état civil de la commune la réalisation de l'audition commune ou des entretiens séparés(145).

Ensuite, lorsque l'un des époux réside à l'étranger, l'officier de l'état civil peut demander à l'autorité diplomatique ou consulaire territorialement compétente de procéder à son audition(146), laquelle autorité dispose également du pouvoir de déléguer à un ou plusieurs fonctionnaires titulaires chargés de l'état civil ou, le cas échéant, aux fonctionnaires dirigeant une chancellerie détachée ou aux consuls honoraires de nationalité française compétents, la réalisation de l'audition commune ou des entretiens séparés. Concrètement, le consul général de France peut déléguer à un diplomate de sa représentation le pouvoir d'auditionner le futur époux.

Enfin, lorsque l'un des futurs époux réside dans un pays autre que celui de la célébration, l'autorité diplomatique ou consulaire peut demander à l'officier de l'état civil territorialement compétent de procéder à son audition.

Le compte-rendu de l'audition du futur époux ou de l'époux qui réside dans un pays autre que celui de la célébration du mariage, prévue aux articles 63, 171-3, 171-7 et 171-8 du Code civil, est adressé sans délai à l'officier de l'état civil ou à l'autorité diplomatique ou consulaire qui l'a requise(147).

B. – La publicité de la célébration

135. – **Publication des bans.** La célébration future du mariage doit faire l'objet d'une publicité, c'est-à-dire qu'elle doit être portée à la connaissance des tiers. Une telle exigence témoigne, s'il en était besoin, de la dimension institutionnelle du mariage, fortement liée à l'ordre public. Elle se réalise concrètement par la publication des « bans ». Il s'agit d'un affichage sur la porte de la « maison commune », pour reprendre la terminologie surannée de l'article 63 du Code civil, c'est-à-dire la porte de la mairie du lieu du mariage et celle du lieu où chacun des futurs époux a son domicile ou, à défaut de domicile, sa résidence(148). En portant à la connaissance des tiers les noms, prénoms, professions et domicile des futurs époux, la publication des bans poursuit deux finalités. D'une part, il s'agit tout simplement d'informer la société dans son ensemble d'une modification de l'état civil des futurs époux. D'autre part, et de manière plus opératoire, la publication des bans a pour fonction de susciter d'éventuelles oppositions à mariage. Informé du projet de célébration du mariage, le tiers qui dispose d'un juste motif pour s'opposer au mariage projeté

(145) C. civ., art. 63, al. 5.
(146) C. civ., art. 63, al. 5.
(147) D. n° 2007-773, 10 mai 2007, pris pour l'application de la loi n° 2006-1376 du 14 novembre 2006, relative au contrôle de la validité des mariages et modifiant diverses dispositions relatives à l'état civil, art. 3.
(148) C. civ., art. 166.

pourrait faire valoir son opposition. Tel pourrait être le cas par exemple de l'épouse qui constaterait par voie d'affichage que son mari entend se marier avec une autre femme alors même que son propre mariage n'est pas dissous. Elle pourrait dès lors s'opposer au mariage pour cause de bigamie.

136. - **Dispense de publication.** Parce qu'elle a précisément pour fonction de porter à la connaissance des tiers un certain nombre d'informations dont le caractère privé, voire intime, est évident, la publication des bans ne constitue pas une exigence absolue. Il est parfois possible d'obtenir une dispense de publication des bans délivrée par le procureur de la République pour des causes graves, tirées par exemple de la grande notoriété des candidats au mariage. Plus exactement, le procureur de la République dans l'arrondissement duquel le mariage sera célébré peut dispenser pour causes graves de la publication et de tout délai ou dispenser de l'affichage de la publication seulement[(149)].

137. - **Contenu de l'affichage.** La publication des bans est effectuée par l'officier de l'état civil et énonce en principe les prénoms, noms, professions, domicile et résidence des futurs époux, ainsi que le lieu où le mariage devra être célébré[(150)]. Afin de permettre à l'officier de l'état civil de procéder efficacement audit affichage des bans, les futurs époux sont tenus de lui remettre un certain nombre de pièces énumérées minutieusement par l'article 63 du Code civil, telles que la justification de leur identité au moyen d'une pièce délivrée par une autorité publique. Par ailleurs, l'officier de l'état civil doit procéder à l'affichage des bans après avoir préalablement procédé à l'audition des futurs époux. De telles exigences ont principalement pour but de lutter contre les mariages frauduleux, c'est-à-dire les mariages habituellement qualifiés de mariages « blancs », voire « gris », dans lesquels l'un des époux ou les deux se prêtent à la célébration du mariage dans un but autre que la soumission à l'institution matrimoniale[(151)].

II. – La célébration proprement dite

138. - **Époux et officier de l'état civil.** La célébration du mariage est effectuée à la date choisie par les époux, au lieu où l'un d'eux a sa résidence ou son domicile (A) par un officier de l'état civil compétent (B). Ce dernier joue en effet un rôle déterminant lors de la célébration (C), ce qui engendre des difficultés en cas de mariage de Français à l'étranger (D). Curieusement enfin, le droit permet la célébration d'un mariage dit « posthume » (E).

A. – Date et lieu de la célébration

139. - **Lieu de célébration.** Traditionnellement[(152)], et jusqu'à la loi du 17 mai 2013, le Code civil imposait une célébration du mariage dans la commune où l'un des époux a son domicile ou sa résidence établi par au moins un mois d'habita-

(149) C. civ., art. 169.
(150) C. civ., art. 63, al. 1er.
(151) Sur ce point, V. *supra*, n° 113.
(152) La règle avait été créée par une loi du 21 juin 1907.

tion[153]. Bien qu'empreinte d'une évidente logique, cette règle suscitait des difficultés ou, pour être plus exact, pouvait engendrer des frustrations d'ordres symboliques, voire pratiques. Tel était le cas lorsque les futurs époux possédaient d'importantes attaches personnelles et familiales dans une commune mais étaient domiciliés dans une autre commune pour des raisons professionnelles. On comprend que ces candidats au mariage souhaitaient faire célébrer leur union dans la commune affectivement importante à leurs yeux. C'est la raison pour laquelle certains maires se montraient parfois très souples dans l'appréciation du critère de domiciliation sur le territoire de leur commune. Ainsi un parlementaire formula en 2013 une proposition de loi visant à étendre le champ des communes sur le territoire desquelles le mariage pourrait être célébré[154]. En définitive, la modification a été faite à l'occasion de la loi n° 2013-404 du 17 mai 2013. Désormais le mariage peut non seulement être célébré, au choix des époux, dans la commune ou l'un d'eux aura son domicile ou sa résidence, mais aussi de manière novatrice, au lieu où l'un de leurs parents aura son domicile ou sa résidence[155]. À cette occasion, l'article 165 du Code civil a été modifié de la même manière[156].

140. – **Date de célébration.** La détermination de la date de célébration du mariage est en principe libre. Pour autant, le mariage ne peut pas être célébré avant le dixième jour suivant la publication des bans[157]. Inversement, il ne saurait être célébré plus d'un an après la célébration des bans. À l'expiration de ce délai en effet, le mariage ne pourra être célébré qu'après une nouvelle publication des bans[158]. Cela signifie que, concrètement, le mariage doit être célébré au moins dix jours après la publication des bans et, au plus tard, un an après.

Prolongement pratique

Le cas du mariage *in extremis*

141. – Le Code civil régit une hypothèse spécifique dans laquelle, par dérogation au principe de célébration du mariage en mairie, le mariage peut être célébré au domicile ou à la résidence de l'un des époux. Communément désignée comme constituant le mariage *in extremis*[159], cette situation se trouve régie par l'article 75, alinéa 2 du Code civil qui dispose qu'en « cas d'empêchement grave, le procureur de la République du lieu du mariage pourra requérir l'officier de l'état civil de se transporter au domicile ou à la résidence de l'une des parties pour célébrer le mariage ». Le texte ajoute, qu'« en cas de péril imminent de mort de l'un des futurs époux, l'officier de l'état civil pourra s'y transporter avant toute réquisition ou autorisation du procureur de la République, auquel il devra ensuite, dans le plus bref délai, faire part de la nécessité de cette célébration hors de la maison commune ».

(153) C. civ., ancien art. 74. Le texte ajoutait « au moins d'habitation continue à la date de la publication prévue par la loi ».
(154) Prop. de loi AN n° 949, 17 avr. 2013 ; sur laquelle : *Dr. famille* 2013, alerte 32, obs. V. Égéa.
(155) C. civ., art. 74.
(156) C. civ., art. 165 : « Le mariage sera célébré publiquement lors d'une cérémonie républicaine par l'officier de l'état civil de la commune dans laquelle l'un des époux ou de l'un de leurs parents aura son domicile ou sa résidence à la date de la publication prévue à l'article 63, et, en cas de dispense de publication, à la date de la dispense prévue à l'article 169 ci-après ».
(157) C. civ., art. 64, al. 2 ; sur la publication des bans, V. *supra*, n°s 135 et s.
(158) C. civ., art. 65.
(159) Cf. M. Gendrel, *Les mariages* in extremis, thèse, Paris, 1958.

La possibilité de déroger à une célébration en mairie se trouve généralement commandée par des motifs médicaux lorsque le candidat au mariage n'a pas la possibilité physique pour se déplacer ou bien lorsque sa mort paraît très proche. Pour éviter toute tentative d'union opportuniste avec une personne en fin de vie, dans un but successoral par exemple, le procureur de la République joue un rôle essentiel. En cas de contestation, il incombe au tribunal de vérifier la réalité de l'intention matrimoniale des deux futurs époux, y compris en interprétant des signes qui auraient pu être émis par le candidat au mariage dans l'impossibilité de s'exprimer durant la cérémonie[160].

Le mariage célébré *in extremis* crée un véritable lien de couple, fondé sur l'alliance, même si l'état de santé de l'époux explique que souvent les unions ainsi célébrées sont hélas fréquemment interrompues par la survenance de la mort d'un conjoint. Le mariage *in extremis* s'impose ainsi comme un véritable mariage, certes célébré dans des circonstances formelles dérogatoires, mais qui produit l'ensemble des effets de droit attaché à ce lien juridique. En cela, le mariage *in extremis* se distingue du mariage posthume, dans lequel l'un des époux est décédé et qui ne constitue en réalité qu'un pseudo-mariage, dépourvu de véritables effets juridiques[161].

En pratique, la célébration de mariages *in extremis* reste singulièrement rare.

B. – Conditions relatives aux époux

142. – **Présence des époux.** La présence des époux lors de la célébration de leur mariage s'avère absolument indispensable. Si l'affirmation peut faire sourire tant elle paraît marquée par une exigence de bon sens, le droit comparé nous enseigne que le mariage par procuration, célébré hors la présence des époux, demeure relativement courant ailleurs. En ce qui concerne le droit français, la prohibition du mariage par procuration est d'autant plus impérieuse qu'elle relève pleinement du statut personnel puisque l'article 146-1 du Code civil dispose que le mariage d'un Français, même contracté à l'étranger, requiert sa présence. Le mariage célébré en violation de cette règle encourt la nullité[162].

Une telle exigence de comparution personnelle des époux provient d'une loi n° 93-1027 du 24 août 1993 qui avait précisément pour ambition de lutter contre les mariages dits « de complaisance », entendus comme constituant des unions ne visant qu'à permettre à l'un deux époux d'acquérir plus facilement la nationalité française. Partant, le texte s'insère dans un dispositif plus large de contrôle des finalités matrimoniales poursuivies par les époux[163].

(160) Cass. 1re civ., 22 janv. 1968 : *JCP* 1968, II, 15442.

(161) Sur le mariage posthume, V. *infra*, nos 159 et s.

(162) Cass. 1re civ., 28 mars 2006 : *D.* 2007, 1564, obs. J.-J. Lemouland et D. Vigneau : dans cette affaire, un homme de nationalité franco-algérienne épouse une femme algérienne, en Algérie, hors la présence de l'époux en 1997. Ce dernier saisit en 2000 un tribunal de grande instance français d'une demande en nullité du mariage. L'épouse reprochait à l'arrêt confirmatif d'appel d'avoir fait droit à la demande de son mari, estimant que l'action aurait dû être introduite dans l'année de la célébration du mariage, selon les prescriptions de l'article 190-1 du Code civil, alors en application (cet article fut abrogé par une loi n° 2003-1119 du 26 novembre 2003). La première chambre civile de la Cour de cassation rejette le pourvoi : « Mais attendu que la cour a décidé, à bon droit, d'une part, que la présence d'un français à son mariage, même contracté à l'étranger, constitue une condition de fond du mariage régie par sa loi personnelle, et, d'autre part, que l'article 146-1 du Code civil, expressément visé à l'article 184 du même code, est soumis au régime général de prescription prévu pour les actions en nullité de mariage, de sorte que le régime spécial de prescription de l'article 190-1 du Code civil, alors en vigueur, ne lui est pas applicable ».

(163) Sur lequel, V. *supra*, nos 132 et s. en ce qui concerne l'intention matrimoniale.

143. - **Époux ayant la double nationalité.** Un problème spécifique se pose lorsque l'un des époux, voire les deux, possède la double nationalité française et d'un État qui admet le mariage par procuration. Dans cette hypothèse, en cas de mariage de cette personne à l'étranger hors sa présence, le mariage n'est point valable(164), car la jurisprudence considère qu'il s'agit d'une condition de fond pour laquelle l'impérativité de la règle paraît particulièrement intense. La nationalité française, même si elle côtoie une seconde nationalité étrangère plus souple sur ce point, joue un rôle de rattachement par la proximité.

144. - **Sanction du défaut de comparution.** Si le mariage d'un Français venait à être célébré sur le territoire national ou à l'étranger, sans sa comparution personnelle, il encourrait la sanction d'une nullité absolue prévue par l'article 184 du Code civil(165). Cela signifie que la nullité du mariage pourra être demandée dans un délai de trente ans à compter de sa célébration, soit par les époux eux-mêmes, soit par tous ceux qui y ont intérêt, soit par le ministère public. La rigueur de cette sanction démontre bien l'importance pour le droit français de l'exigence d'une présence des époux à leur propre mariage. Au demeurant, l'on pourrait parfaitement imaginer une demande de nullité formée sur le fondement du défaut de consentement(166). Absent lors de la cérémonie du mariage, l'époux n'a pas pu exprimer valablement son consentement. Cette solution fut un temps retenue par certains juges du fond(167). Pour autant, et de manière concrète, le défaut de consentement est lui aussi sanctionné par une nullité absolue.

C. – L'officier de l'état civil et la cérémonie du mariage

145. - **Caractère républicain de la cérémonie.** En droit civil français, le mariage civil précède nécessairement un éventuel mariage religieux(168). La règle est commandée par le principe de laïcité, puisque les époux ne sont nullement tenus de faire célébrer leur mariage par un ministre du culte. Elle témoigne d'une conception civile du droit français qui ne se retrouve pas nécessairement en droit comparé, même au sein d'États voisins dont la tradition juridique reste par ailleurs sensiblement identique à celle du droit français(169). L'obligation d'une célébration civile du mariage est

(164) Cass. 1re civ., 15 juill. 1999 : *JCP G* 1999, IV, 2687 ; *Bull. civ.* 1999, I, n° 244 ; *Defrénois* 2000, 439, note J. Massip ; *Rev. crit. DIP* 2000, 207, note L. Gannagé. – Cass. 1re civ., 28 mars 2006 : *Bull. civ.* 2006, I, n° 184 ; *Defrénois* 2006, 1317, obs. J. Massip ; *Dr. famille* 2008, comm. 118, note V. Larribau-Terneyre ; *D.* 2007, somm. p. 1564, obs. J.-J. Lemouland et D. Vigneau.

(165) Sur les nullités comme sanction des conditions de formation du mariage, V. *infra*, nos 164 et s.

(166) Sur l'exigence d'un consentement à mariage, V. *supra*, nos 111 et s.

(167) Grenoble, 20 janv. 1998 : *JCP G* 1998, IV, 3538.

(168) Sur ce point, cf. Th. Revet, *De l'ordre des célébrations civile et religieuse du mariage* : *JCP G* 1987, I, 3309 ; de manière générale : cf. J.-Ph. Agresti, E. Putman et C. Siffrein-Blanc, *Lien familial, lien social, lien obligationnel*, t. 1, PUAM, 2013.

(169) Par ex. en Italie où, en vertu des accords de Villa Madama, signés entre la République italienne et l'État du Vatican en 1984 et ratifiés par une loi n° 121/1985, les époux ont la possibilité de faire célébrer leur mariage dans une église catholique devant un curé. Un mariage célébré dans ces conditions s'avère parfaitement valable. Le mariage civil apparaît alors comme l'une des modalités possibles de formation du lien matrimonial. Dans l'hypothèse où un mariage religieux est de la sorte célébré, sa validité suppose que le curé procède à la lecture, durant la cérémonie à l'église, de certains articles du Code civil italien, qu'il rédige l'acte de mariage, qu'il fasse procéder à sa signature par les époux et par leurs témoins. Dans les cinq jours qui suivent la célébration du mariage à l'église, le curé est tenu de transmettre l'acte au registre de l'état civil pour publication. La publication a un effet déclaratif puisque le mariage est réputé être valablement formé non pas du jour de sa publication, mais du jour de sa célébration à l'église. Sur ces modalités de célébration du mariage en Italie, cf. E. Calzolaio, *Le mariage en droit italien* : *RJPF* 2015-11/7.

sanctionnée pénalement puisque le ministre du culte qui viendrait à célébrer une union qui, n'ayant pas été au préalable célébrée civilement, encourrait une peine de six mois d'emprisonnement et 7 500 € d'amende(170). Le qualificatif « républicain » a été ajouté à l'article 165 du Code civil par la loi n° 2013-404 du 17 mai 2013 ouvrant le mariage et l'adoption aux couples de personnes de même sexe. Le texte parle désormais d'une cérémonie républicaine, mettant ainsi l'accent sur sa solennité tout en réaffirmant la priorité de principe du mariage civil sur le mariage religieux.

146. - **Compétence de l'officier de l'état civil.** Le mariage doit être célébré par un officier de l'état civil, à peine de nullité absolue. À cette première exigence s'en ajoute une seconde, puisque l'officier de l'état civil doit être territorialement compétent, excluant ainsi qu'un maire célèbre un mariage en quelque lieu où se trouveraient les époux. L'officier de l'état civil ne peut donc célébrer le mariage que sur le territoire de sa commune. Pour autant, l'incompétence territoriale n'entraîne pas la nullité du mariage quand elle n'a pas eu pour finalité de conférer au mariage un caractère clandestin et de constituer une fraude(171). Concrètement, la célébration du mariage se trouve en principe faite par le maire(172) ou, à défaut, par l'un de ses adjoints, voire par un conseiller municipal délégué à cette fin par le maire. Pour autant, un fonctionnaire territorial de la commune ne saurait procéder à la célébration du mariage.

147. - **Déroulement de la cérémonie.** La cérémonie du mariage, qui revêt une dimension symbolique importante, a pour finalité principale la rédaction d'un acte de l'état civil. La conséquence juridique essentielle du mariage demeure en effet la modification de l'état civil des personnes qu'il entraîne, puisque deux célibataires deviennent époux avec toutes les conséquences qui en découlent comme, par exemple, la solidarité des dettes ménagères(173). Le Code civil détaille scrupuleusement le rôle de l'officier de l'état civil afin de rendre le mariage public, de le porter à la connaissance des tiers, tout en informant les époux de leur nouvelle situation juridique. L'article 75 du Code civil dispose ainsi que le jour désigné par les parties, après le délai de publication, l'officier de l'état civil, à la mairie, en présence d'au moins deux témoins, ou quatre au plus, parents ou non des parties, fera lecture aux futurs époux des articles 212 et 213, du premier alinéa des articles 214 et 215, et de l'article 371-1 du présent Code civil. Partant, ce sont donc les principaux droits et obligations des époux, aussi bien de dimension personnelle – comme la fidélité ou la communauté de vie –, que patrimoniale – la contribution aux charges du mariage par exemple – qui sont lus. Il s'agit en somme de porter à la connaissance des époux les règles essentielles du régime matrimonial primaire impératif, lesquelles s'appliquent à tous les couples mariés quel que soit le régime matrimonial choisi, ainsi que les dispositions organisant les relations extrapatrimoniales des époux et qui expriment l'essence de la vie conjugale (communauté de vie, assistance).

(170) C. pén., art. 433-21 et 433-22.

(171) Paris, 3 mars 1998, *Dr. famille* 1999, comm. 76, note H. Lécuyer. – *Adde*, déjà : TGI Paris, 10 nov. 1992 : *D.* 1993, 467, note B. Beignier ; *RTD civ.* 1993, 562, obs. J. Hauser.

(172) Sachant que le maire ne saurait faire jouer une quelconque clause de conscience pour refuser la célébration d'un mariage, V. *infra*, Prolongement pratique.

(173) Sur ce point, V. *infra*, n°s 1119 et s.

L'officier d'état civil délivre ainsi une sorte de mode d'emploi à respecter pour favoriser des relations conjugales apaisées, car réussir son mariage ne signifie pas simplement organiser une belle cérémonie comblant les attentes des convives. Il s'agit surtout d'entretenir des relations affectives durables(174).

148. - **Lecture de l'article 220 du Code civil ?** La loi n° 2010-737 du 1er juillet 2010, portant réforme du crédit à la consommation, imposa un temps à l'officier de l'état civil de lire aux époux le subtil article 220 du Code civil, relatif à la solidarité des dettes ménagères. Les intentions du législateur étaient sans doute louables en tentant de mettre en garde les époux contre l'endettement excessif né de la conclusion de contrats relatifs à l'entretien du ménage et l'éducation des enfants, par un seul des deux époux. Pour autant, certains firent valoir qu'une telle lecture de l'article 220 du Code civil alourdissait et compliquait la cérémonie, érigeant par là même un obstacle devant le mariage, voire qu'il serait inopportun de mettre l'accent sur les aspects négatifs de l'union, à savoir l'endettement et le risque de péril financier dû au conjoint(175). Le bon sens populaire n'enseigne-t-il pas cependant que l'on se marie pour le meilleur et... pour le pire ? Il n'était donc pas choquant que cet article fût ainsi lu publiquement aux époux ! On pouvait même y voir une impérieuse nécessité à l'heure où l'endettement constitue une considération essentielle des systèmes juridiques occidentaux contemporains(176). Quant à considérer que la lecture de l'article 220 du Code civil lors de la cérémonie du mariage constituait un frein au mariage, l'argument laisse songeur puisque la désaffection statistique pour le mariage a été constatée depuis plusieurs dizaines d'années et qu'elle provient de causes juridiques, sociales, mais aussi culturelles diverses, bien plus complexes que la simple lecture d'un article du code par l'officier de l'état civil !

Las ! À l'occasion de la loi n° 2013-404 du 17 mai 2013 ouvrant le mariage et l'adoption aux personnes de même sexe, l'article 75 du Code civil a été une nouvelle fois modifié. L'officier de l'état civil n'a plus à lire désormais l'article 220 du Code civil aux futurs époux(177).

149. - **Rédaction préalable d'un contrat de mariage.** En revanche, le quatrième alinéa de l'article 75 du Code civil demeure inchangé à l'issue de la loi n° 2013-404 du 17 mai 2013, en disposant que « l'officier de l'état civil interpellera les futurs époux, et, s'ils sont mineurs, leurs ascendants présents à la célébration et autorisant le mariage, d'avoir à déclarer s'il a été fait un contrat de mariage et, dans le cas de l'affirmative, la date de ce contrat, ainsi que le nom et lieu de résidence du notaire qui l'aura reçu ». Concrètement, lorsque les époux font le choix de faire rédiger un contrat de mariage, l'acte ne peut être passé qu'en la forme authentique. Partant, la rédaction par le notaire du contrat de mariage précède nécessairement la cérémonie. C'est la raison pour laquelle le notaire rédacteur de l'acte remet aux futurs époux, avant la célébration du mariage, un acte, qui sera à son tour transmis à l'officier de l'état civil par les époux. Ainsi lorsque l'officier de l'état civil interpelle les

(174) Sur les relations juridiques entre époux, V. *infra*, nos 1070 et s.
(175) Cf. V. Égéa, obs. *in Dr. famille* juin 2013, alerte 31.
(176) Cf. B. Oppetit, *L'endettement et le droit*, in *Mél. A. Breton et F. Derrida*, Dalloz, 1991, p. 295.
(177) Cette dernière disposition a d'ailleurs été depuis modifiée à son tour, en 2014, afin d'exclure le jeu de la solidarité entre époux en cas de surendettement. Sur ce point, V. *infra*, nos 1147 et s.

époux d'avoir à déclarer s'il a été fait un contrat de mariage, il connaît en principe déjà la réponse ! Ladite interpellation conserve cependant un intérêt puisque le contrat de mariage reste modifiable d'un commun accord des parties jusqu'au moment de la célébration du mariage.

150. – **Recueil du consentement.** Enfin la dimension symbolique de la célébration du mariage est complète lorsque l'officier de l'état civil reçoit de chaque partie, l'une après l'autre, la déclaration qu'elles veulent se prendre pour époux. Puis, en cas de double réponse positive, il prononcera, au nom de la loi, qu'elles sont unies par le mariage, et il en dresse acte sur le champ.

151. – **Rédaction de l'acte de mariage.** Au-delà de l'aspect symbolique de la cérémonie de mariage, la conséquence juridique la plus importante de la célébration de l'union demeure la rédaction d'un acte de l'état civil : l'acte de mariage. De manière générale, les actes de l'état civil se définissent comme des actes juridiques écrits destinés à constater les événements les plus marquants de la vie des personnes physiques (naissance, mariage, décès, etc.) qui sont dressés sur des registres à partir des déclarations faites par les comparants à l'autorité publique(178). Partant, il s'agit d'attester de la modification de l'état civil de deux personnes. C'est la raison pour laquelle l'article 76 du Code civil énumère avec minutie les mentions énoncées par l'acte de mariage, à savoir :

– les prénoms, noms, professions, âges, dates et lieux de naissance, domiciles et résidences des époux ;

– les prénoms, noms, professions et domiciles des pères et mères ;

– le consentement des pères et mères, aïeuls ou aïeules, et celui du conseil de famille, dans le cas où ils sont requis ;

– les prénoms et noms du précédent conjoint de chacun des époux(179) ;

– la déclaration des contractants de se prendre pour époux, et le prononcé de leur union par l'officier de l'état civil ;

– les prénoms, noms, professions, domiciles des témoins et leur qualité de majeur ;

– la déclaration, faite sur l'interpellation prescrite par l'article précédent, qu'il a été ou qu'il n'a pas été fait de contrat de mariage, et, autant que possible, la date du contrat, s'il existe, ainsi que les noms et lieux de résidence du notaire qui l'aura reçu(180) ;

– s'il y a lieu, la déclaration qu'il a été fait un acte de désignation de la loi applicable conformément à la convention sur la loi applicable aux régimes matrimoniaux, faite à La Haye le 14 mars 1978, ainsi que la date et le lieu de la signature de cet acte et, le cas échéant, le nom et la qualité de la personne qui l'a établi.

152. – **Mention marginale sur l'acte de naissance.** Enfin, en marge de l'acte de naissance de chaque époux, il sera fait mention de la célébration du mariage et du

(178) G. Cornu (ss dir.), *Vocabulaire H. Capitant*, PUF, V° *État civil (acte de l')*.

(179) Une réponse ministérielle prescrit cependant de faire figurer ainsi le nom du précédent conjoint dans l'acte de mariage mais de ne pas le lire lors de la célébration du mariage, par respect pour la vie privée de personnes : Rép. min. n° 28817 : *JCP* G 1995, V, 121.

(180) Le texte ajoute que l'officier de l'état civil qui ne ferait pas figurer l'une des mentions énumérées encourrait l'amende fixée à l'article 50 du Code civil, dont le *quantum* s'élève de 3 € à 30 €.

nom du conjoint[181]. Cette exigence démontre là encore que la principale conséquence juridique de la célébration du mariage demeure la modification de l'état civil des personnes, bien qu'une même mention marginale se retrouve également en matière de conclusion d'un pacte civil de solidarité. Les mentions marginales portées sur les actes de naissance des époux et des partenaires liés par un pacte civil de solidarité visent principalement à porter à la connaissance des tiers, et en particulier des créanciers, la situation juridique nouvelle pour leur permettre notamment de se prévaloir de la solidarité des dettes des articles 220 et 515-4 du Code civil.

Prolongement pratique

Pas de clause de conscience pour le maire !

153. – Compte tenu des controverses pour le moins houleuses qui ont entouré les débats parlementaires à l'occasion du vote de la loi n° 2013-404 du 17 mai 2013, a rapidement surgi la question d'une éventuelle clause de conscience qu'un maire, hostile par conviction au mariage dit « pour tous » pourrait invoquer afin de refuser la célébration d'une union qui heurte ses croyances. L'on songe ainsi à un maire qui refuserait de célébrer un mariage entre deux hommes par exemple. La question de la clause de conscience des maires fut évoquée par le Président de la République lui-même alors que le texte était en cours de discussion au Parlement, puis des élus ne tardèrent pas, faute de clause de conscience figurant dans les dispositions issues de la loi n° 20132-404 du 17 mai 2013, à soulever une question prioritaire de constitutionnalité.

Dans sa décision rendue le 18 octobre 2013, le Conseil constitutionnel juge que les nouvelles dispositions s'avèrent conformes aux droits et libertés garantis par la Constitution[182], en ne permettant pas aux officiers de l'état civil de se prévaloir de leurs désaccords avec la loi n° 2013-404 du 17 mai 2013 pour se soustraire à l'accomplissement des attributions qui leur sont confiées par la loi pour la célébration du mariage.

Pour ce faire, le Conseil constitutionnel rappelle à juste titre que le maire intervient ici en qualité de représentant du pouvoir exécutif, garant de la continuité du service public : « Considérant qu'en ne permettant pas aux officiers de l'état civil de se prévaloir de leur désaccord avec les dispositions de la loi du 17 mai 2013 pour se soustraire à l'accomplissement des attributions qui leur sont confiées par la loi pour la célébration du mariage, le législateur a entendu assurer l'application de la loi relative au mariage et garantir ainsi le bon fonctionnement et la neutralité du service public de l'état civil ; qu'eu égard aux fonctions de l'officier de l'état civil dans la célébration du mariage, il n'a pas porté atteinte à la liberté de conscience »[183] ; et ajoute que : « Considérant que les dispositions contestées, qui ne méconnaissent ni le principe de pluralisme des courants d'idées et d'opinions, ni le principe de la libre administration des collectivités territoriales, ni aucun autre droit ou liberté que la Constitution garantit, doivent être déclarées conformes à la Constitution »[184].

(181) C. civ., art. 76 *in fine*.
(182) Cons. const., 18 oct. 2013, n° 2013-353 QPC : *RJPF* 2013-12/6, note E. Putman ; *Dr. famille* 2013, comm. 159, note Binet ; *JCP* G 2013, act. 1122, obs. Tukov ; *Nouv. Cah. Cons. const.* 2014, n° 43, 159, chron. Th. Piazzon ; décision QPC rendue suite à un renvoi du Conseil d'État. Sur la décision de renvoi, cf. CE, 18 sept. 2013, n° 368834, *M. M. et a.* : *RJPF* 2013-11/14, obs. V. Égéa ; *RTD civ.* 2013, 820, obs. J. Hauser. La question prioritaire de constitutionnalité fut soulevée à l'occasion du recours formé pour obtenir l'annulation de la circulaire du ministre de l'Intérieur du 13 juin 2013, faisant suite à la réforme du mariage. Sur cette circulaire : Circ. min., 13 juin 2013, NOR : INTK1300195C ; comm. *in* *RJPF* 2013-9/19, obs. A. Leborgne ; *Dr. famille* 2013, focus 43, obs. Lamarche ; *JCP* G 2013, act. 771, obs. Dieu.
(183) Consid. 10.
(184) Consid. 11.

D. – Le mariage des Français à l'étranger

154. – Règles de conflit. Les ressortissants français peuvent se marier à l'étranger, à condition de respecter les formes usitées dans le pays de célébration(185). En soumettant de la sorte les conditions de forme du mariage à la loi du lieu de célébration, le Code civil retient une règle de conflit classique. Dans un ordre d'idées voisin, les conditions de fond du mariage demeurent soumises à la loi nationale des époux. Pour cette raison, l'article 171-1 du Code civil dispose en son alinéa premier que la célébration n'est valable que si le ou les Français n'ont point contrevenu aux dispositions déterminant les conditions de fond du mariage, telles par exemple que la monogamie ou la présence personnelle des époux. Autrement dit, ces règles s'appliquent à titre de loi de police et de sûreté(186), car elles déterminent l'essence du mariage en droit français et que l'on ne saurait tolérer qu'en se mariant à l'étranger un Français contourne ces règles jugées fondamentales par son ordre juridique national. La même solution se retrouve au demeurant lorsque des autorités diplomatiques ou consulaires françaises célèbrent le mariage(187), sachant que ces autorités ne peuvent procéder à une telle union entre un Français et un étranger que dans les pays qui sont désignés par décret.

Certains États étrangers refusent en effet le mariage consulaire et accordent donc à leurs autorités nationales une compétence exclusive en ce domaine. La solution peut surprendre puisque les représentations étrangères bénéficient en principe d'une extraterritorialité qui devrait les abstraire, mais elle s'explique par des préoccupations d'ordre diplomatique. Ce faisant, la Suisse, le Canada et les États-Unis d'Amérique, refusent ainsi la célébration de mariages consulaires sur leur sol.

155. – Respect de l'ordre public local. Même si le principe n'apparaît pas explicitement dans une disposition du Code civil, il est généralement admis que la courtoisie internationale commande que les autorités diplomatiques d'un État (en l'occurrence françaises) s'abstiennent de célébrer des formes de mariage contrevenant à l'ordre public local, quand bien même l'on célèbre l'union dans le cadre extraterritorial d'une ambassade ou d'un consulat. Pour cette raison, et parce que le mariage entre personnes de même sexe demeure encore aujourd'hui contraire à l'ordre public dans une majorité d'États du monde, l'article 171-9 du Code civil permet aux époux de même sexe de faire célébrer leur mariage en France, même en l'absence de résidence ou domicile sur le territoire national, lorsqu'ils ont leur

---

(185) C. civ., art. 171-1, al. 1er.

(186) En droit international privé, les lois de police et de sûreté, dites aussi « lois d'application immédiate » se distinguent par un très haut degré d'impérativité. La notion est discutée, car l'on peine à établir une hiérarchie précise quand il s'agit de déterminer l'impérativité d'un texte puisque toute règle de droit revêt en principe un caractère impératif. Pour autant, l'on considère habituellement que constitue une loi de police « la disposition nationale dont l'observation a été jugée cruciale pour la sauvegarde de l'organisation politique, sociale ou économique de l'État, au point d'en imposer le respect à toute personne se trouvant sur le territoire ou à tout rapport juridique localisé dans celui-ci » (Ph. Francescakis, *Quelques précisions sur les « lois d'application immédiate » et leurs rapports avec les règles de conflit de lois : Rev. crit. DIP* 1966, 1 ; cette définition doctrinale, devenue très célèbre, fut ensuite reprise par la Cour de justice des Communautés européennes : CJCE, 23 nov. 1999, aff. C-369/96 et C-376/96, *Arblade : JDI* 2000, 493, note M. Luby ; *Rev. crit. DIP* 2000, 719, note M. Fallon). Techniquement, les lois de polices et de sûreté rendent inutile la consultation de la règle de conflit de lois française. En raison de leur impérativité et en présence d'un élément d'extranéité, elles s'appliquent d'office, avant même la consultation de la règle de conflit. Par rapport à la définition proposée par Francescakis, il s'agit de considérer ici que la nationalité française de l'un des époux rend immédiatement applicables les règles françaises imposant les conditions de fond du mariage, même lorsque la célébration intervient à l'étranger.

(187) C. civ., art. 171-1, al. 2.

domicile ou résidence dans un État qui n'autorise pas le mariage entre personnes de même sexe(188).

156. – **Mimétisme.** La célébration du mariage d'un Français à l'étranger ne saurait lui permettre d'échapper à certaines règles posées par son droit national. Ainsi, le candidat au mariage de nationalité française devra-t-il se soumettre à l'audition des futurs époux, conformément à l'article 63 du Code civil. La seule nuance concerne ici l'autorité procédant à ladite audition puisque cette dernière est faite soit par l'officier de l'état civil du lieu de domicile ou résidence en France du ou des futurs conjoints, soit par l'autorité diplomatique ou consulaire territorialement compétente en cas de domicile ou résidence à l'étranger(189). À l'instar de l'officier de l'état civil, l'autorité diplomatique ou consulaire doit saisir le procureur de la République quand il existe des indices sérieux laissant présumer que le mariage encourt la nullité. Le ministère public dispose alors, comme pour le mariage célébré en France, du pouvoir de s'opposer au mariage(190).

157. – **Certificat de capacité à mariage.** Le mariage de Français à l'étranger se distingue enfin par la nécessité pour l'époux français d'obtenir un certificat de capacité à mariage établi après l'accomplissement, auprès de l'autorité diplomatique ou consulaire compétente au regard du lieu de célébration du mariage, des prescriptions prévues à l'article 63 du Code civil(191), la production en vue de la publication des bans de pièces permettant aux époux de justifier de leur identité, de l'indication du nom des témoins... À l'occasion de la délivrance du certificat de capacité à mariage(192), l'agent diplomatique ou consulaire informe les époux non seulement de la nécessité de faire transcrire sur les registres de l'état civil français l'acte de mariage dressé à l'étranger, mais aussi des règles organisant ladite transcription.

158. – **Transcription de l'acte de mariage sur les registres français de l'état civil.** Pour être opposable aux tiers en France, l'acte de mariage d'un Français célébré à l'étranger par une autorité étrangère doit être transcrit sur les registres de

(188) C. civ., art. 171-9 (Réd. L. n° 2013-404, 17 mai 2013) : « Par dérogation aux articles 74 et 165, lorsque les futurs époux de même sexe, dont l'un au moins a la nationalité française, ont leur domicile ou leur résidence dans un pays qui n'autorise pas le mariage entre deux personnes de même sexe et dans lequel les autorités diplomatiques et consulaires françaises ne peuvent procéder à sa célébration, le mariage est célébré publiquement par l'officier de l'état civil de la commune de naissance ou de dernière résidence de l'un des époux ou de la commune dans laquelle l'un de leurs parents a son domicile ou sa résidence établie dans les conditions prévues à l'article 74. À défaut, le mariage est célébré par l'officier de l'état civil de la commune de leur choix.
La compétence territoriale de l'officier de l'état civil de la commune choisie par les futurs époux résulte du dépôt par ceux-ci d'un dossier constitué à cette fin au moins un mois avant la publication prévue à l'article 63. L'officier de l'état civil peut demander à l'autorité diplomatique ou consulaire territorialement compétente de procéder à l'audition prévue à ce même article 63 ».

(189) C. civ., art. 171-3.

(190) C. civ., art. 171-4 : « Lorsque des indices sérieux laissent présumer que le mariage envisagé encourt la nullité au titre des articles 144, 146, 146-1, 147, 161, 162, 163, 180 ou 191, l'autorité diplomatique ou consulaire saisit sans délai le procureur de la République compétent et en informe les intéressés.
Le procureur de la République peut, dans le délai de deux mois à compter de la saisine, faire connaître par une décision motivée, à l'autorité diplomatique ou consulaire du lieu où la célébration du mariage est envisagée et aux intéressés, qu'il s'oppose à cette célébration.
La mainlevée de l'opposition peut être demandée, à tout moment, devant le tribunal de grande instance conformément aux dispositions des articles 177 et 178 par les futurs époux, même mineurs ».

(191) C. civ., art. 171-5, al. 1er.

(192) C civ., art. 171-5, al. 2.

l'état civil français[193]. Trois conséquences découlent de cette règle. Tout d'abord, la nécessaire transcription accroît l'utilité du mariage célébré par une autorité consulaire dans lequel l'acte de l'état civil se trouve rédigé directement par une autorité française, ce qui permet dans certains États de pallier les fâcheuses incidences d'un fonctionnement douteux de certains services de l'état civil. Ensuite, l'opposabilité de l'acte de mariage ayant fait l'objet d'une transcription signifie en creux que les époux ne sauraient valablement opposer aux tiers un acte de l'état civil étranger, fut-il traduit en langue française. Enfin, en l'absence de transcription, le mariage d'un Français, valablement célébré par une autorité étrangère, produit ses effets civils en France, mais uniquement à l'égard des époux et des enfants[194].

E. – Le mariage posthume

159. - **Définition.** Le mariage posthume[195] constitue l'une des institutions singulièrement anecdotiques que l'on rencontre parfois en droit civil[196]. Son régime juridique est organisé par le Code civil, mais son importance statistique s'avère faible, voire ridiculement basse et, de surcroît, l'intérêt du mariage posthume demeure plus symbolique que véritablement juridique. En effet, l'article 171 du Code civil dispose que le Président de la République peut, pour des motifs graves, autoriser la célébration du mariage en cas de décès de l'un des futurs époux, dès lors qu'une réunion suffisante de faits établit sans équivoque son consentement. La célébration du prétendu mariage, qualifié de « posthume », s'avère donc profondément dérogatoire. Il est tout d'abord dérogé à l'exigence d'une comparution personnelle des futurs époux à la célébration du mariage[197]. Ensuite, et de manière encore plus décisive, on fait ici exception à la nécessité d'un consentement libre et éclairé au mariage. Rappelons en effet que la liberté matrimoniale, constitutionnellement protégée, a pour conséquence de permettre de renoncer à un projet de mariage jusqu'à ce que le consentement s'exprime devant l'officier de l'état civil[198], sauf à considérer que le Président de la République dispense ici les époux de l'accomplissement des cérémonies nuptiales en cas de certitude quant à l'existence du consentement[199].

160. - **Historique.** Lorsqu'il fut créé en 1959, le mariage posthume avait probablement un intérêt compassionnel qui a totalement disparu aujourd'hui. À l'époque en effet[200], il n'était guère question de pluralisme des formes juridiques de couple et la famille légitime occupait une place centrale, en recueillant encore toutes les faveurs du législateur. Partant, l'enfant avait un véritable intérêt juridique à être considéré comme né dans le mariage, d'un point de vue successoral notamment.

(193) C. civ., art. 171-5, al. 1er.

(194) C. civ., art. 171-5, al. 1er *in fine*.

(195) Cf. I. Corpart, *Mariage à titre posthume : une prérogative essentielle dépassée ?* : *JCP* N 2004, 1328. – P. Guiho, *Réflexions sur le mariage posthume*, in *Mél. Falletti*, Dalloz, 1971, p. 321.

(196) Cf. V. Égéa, *La place de l'occultisme en droit des personnes et de la famille*, *in* J.-Ch. Roda (ss dir.), *Droit et surnaturel*, Lextenso, 2015, p. 41.

(197) V. *supra*, n° 142.

(198) Sur ce point, V. *supra*, n° 150.

(199) Pour une analyse des pouvoirs du Président de la République en termes de grâce et de dispense, cf. B. Beignier, *Mariage posthume ou mariage avec un mort ?* : *Dr. famille* 2016, repère 6.

(200) P. Noirel, *Mariage 1960 : le mariage posthume* : *S.* 1960, p. 15.

On comprend dès lors que l'opinion publique de la fin des années 1950 fut particulièrement émue face au sort d'une jeune fille enceinte dont le fiancé, avec lequel elle devait se marier quinze jours plus tard, avait été emporté par la vague déferlant sur la ville de Fréjus suite à la rupture du barrage de Malpasset. Pour répondre à cette émotion populaire(201), une loi du 31 décembre 1959, « loi de circonstance »(202), créa l'article 171 du Code civil. Ceci démontre au demeurant que la législation d'émotion, souvent dénoncée comme constituant l'une des tendances néfastes du droit contemporain, s'avère en réalité relativement ancienne !

161. – **Procédure.** En matière de mariage posthume, il existe une subtile répartition du pouvoir d'appréciation entre le Président de la République et l'autorité judiciaire. Si l'appréciation de la persistance du consentement du candidat au mariage, décédé, a longtemps constitué une prérogative présidentielle(203), il apparaît aujourd'hui que la jurisprudence étend son pouvoir en ce domaine. La Cour de cassation a pu décider en effet, dans un arrêt remarqué, que s'il résulte de l'article 171 du Code civil que le Président de la République apprécie la réalité du consentement du futur époux décédé au moment des formalités officielles, il appartient au juge, saisi d'une demande d'annulation du mariage posthume, de vérifier si ce consentement a perduré jusqu'au décès(204). Quelques mois plus tard, la jurisprudence a étendu à nouveau son pouvoir d'appréciation en décidant qu'il appartient au juge de vérifier l'existence de formalités officielles dont le chef de l'État apprécie souverainement si elles sont de nature à marquer sans équivoque le consentement au mariage de l'époux décédé(205).

162. – **Des effets limités.** Les effets juridiques du mariage posthume restent aujourd'hui très limités. Les principales conséquences sont sans doute à rechercher du côté de la compassion, très symbolique, que le droit manifeste ainsi à l'égard du survivant éploré. En effet, l'article 171 du Code civil dispose expressément que ce mariage n'entraîne aucun droit de succession *ab intestat* au profit de l'époux survivant et aucun régime matrimonial n'est réputé avoir existé entre les époux. Dit autrement, le survivant ne bénéficie pas, au regard du droit civil à tout le moins, de la qualité de conjoint survivant. Le texte traite de la seule vocation successorale légale et le pouvoir exécutif estime que d'éventuelles libéralités consenties entre les futurs époux « posthumes » relèvent du régime fiscal des droits de mutation entre époux(206). En ce qui concerne la perception de prestations sociales et le bénéfice

(201) Cf. B. Beignier, *Mariage posthume ou mariage avec un mort ?*, art. préc.

(202) L'expression est de F. Terré et D. Fenouillet, *Droit civil, La famille*, Paris, Dalloz, coll. « Précis », 8e éd., 2011, n° 105.

(203) Ainsi, par ex., la Cour de cassation décida qu'est irrecevable la demande en nullité du mariage posthume, fondée sur le défaut de consentement du conseil de famille, dès lors que le régime de la tutelle auquel était soumis le futur époux a pris fin à son décès, et que son mariage posthume pouvait être contracté sans autre autorisation que celle du Président de la République (Cass. 1re civ., 6 déc. 1989 : *Bull. civ.* 1989, I, n° 380 : *JCP* G 1990, II, 21557, note F. Boulanger ; *D.* 1990, 225, obs. J. Hauser ; *Defrénois* 1990, 292, obs. J. Massip). Dans un ordre d'idées voisin, il appartient au chef de l'État d'apprécier souverainement que les certificats prénuptiaux marquent sans équivoque le consentement au mariage du défunt (Cass. 1re civ., 30 mars 1999 : *JCP* G 1999, IV, 1986 ; *Dr. famille* 1999, comm. 62, note H. Lécuyer ; *Bull. civ.* 1999, I, n° 114 ; *RTD civ.* 1999, 606, obs. J. Hauser ; *Defrénois* 1999, 1256, obs. J. Massip).

(204) Cass. 1re civ., 28 févr. 2006 : *Dr. famille* 2006, comm. 79 (1re esp.), note V. Larribau-Terneyre ; *RTD civ.* 2006, 283, obs. J. Hauser ; *D.* 2006, 2085, note G. Raoul-Cormeil ; *D.* 2006, 1417, obs. J.-J. Lemouland et D. Vigneau.

(205) Cass. 1re civ., 17 oct. 2007 : *Bull. civ.* 2007, I, n° 324 ; *Dr. famille* 2007, note V. Larribau-Terneyre ; *RTD civ.* 2008, 84, obs. J. Hauser.

(206) Rép. min. n° 88311 : *JOAN* Q 16 mai 2006, p. 5187.

d'une allocation veuvage[207] ou encore la perception d'un capital d'assurance-vie, le survivant peut recevoir un capital-décès[208] et une rente accident du travail[209]. L'article 171 du Code civil indique lui-même dans un alinéa deuxième que « les effets du mariage remontent à la date du jour précédant celui du décès de l'époux ». Cela étant, le principal avantage procuré par le mariage posthume ne concernait sans doute pas les époux eux-mêmes, ni d'ailleurs leurs relations avec les tiers, mais devait être cherché du côté des enfants. Bien que conçus hors mariage, ces derniers bénéficiaient de la qualité juridique d'enfant légitime. Depuis l'ordonnance n° 2005-759 du 4 juillet 2005 et la consécration d'une égalité véritable entre les différentes filiations, non seulement la filiation qualifiée jusque-là de légitime n'existe plus, mais, de surcroît, l'enfant ne tire plus aucun bénéfice juridique à naître dans le mariage. Par conséquent, la question de l'opportunité du maintien d'une disposition telle que l'article 171 du Code civil se pose aujourd'hui avec acuité.

163. - **Une opportunité discutable.** L'existence actuelle d'une disposition telle que l'article 171 du Code civil n'a guère de sens et il conviendrait d'abroger ce texte pour plusieurs raisons. Tout d'abord, le rôle d'appréciation attribué au Président de la République s'avère quelque peu anachronique. Signe d'une conception quasi monarchique de la fonction présidentielle sous la Cinquième République, une telle prérogative n'a que peu d'intérêt et peu de légitimité en droit civil. Ainsi de nombreux auteurs suggèrent que l'appréciation de l'existence du consentement relève complètement de la compétence de l'autorité judiciaire[210]. Une telle solution serait assurément plus conforme aux contours actuels de la séparation des pouvoirs en matière civile. Plus fondamentalement, au-delà de la question de l'appréciation de l'existence du consentement, c'est l'institution même du mariage posthume qui pourrait être supprimée sans aucun dommage pour le droit civil. À l'heure actuelle, le bénéfice de la légitimité n'a plus de sens, puisque la filiation légitime n'existe plus[211]. Quant aux effets de cette « caricature de mariage »[212], ils s'avèrent parcellaires et, à certains égards, assez symboliques. Plusieurs de ces effets sont aujourd'hui consacrés entre partenaires liés par un pacte civil de solidarité. Partant, si les futurs époux étaient déjà unis par une telle convention, l'intérêt du mariage posthume disparaît.

Plus fondamentalement, l'institution du mariage et la liberté matrimoniale elles-mêmes s'accordent aujourd'hui mal avec le mariage posthume. La formation du mariage repose totalement sur l'expression d'un consentement libre et éclairé qui entraîne une adhésion à un ensemble des droits et obligations façonnant une vie familiale à venir. Les principales conditions de formation du mariage, comme l'exigence d'une présence des époux ou l'expression d'un consentement, expriment cette idée. Aussi douloureuse que soit la situation de celui qui espérait légitimement se marier

(207) Cass. soc., 15 févr. 2001 : *Bull. civ.* 2001, V, n° 57 ; *D.* 2002, 535, obs. J.-J. Lemouland ; *RTD civ.* 2001, 563, obs. J. Hauser.
(208) Cass. 1re civ., 22 mai 2007 : *Defrénois* 2007, 1309, obs. J. Massip ; *AJF* 2007, 398, obs. F. Chénedé ; *D.* 2008, 1789, obs. J.-J. Lemouland et D. Vigneau.
(209) Cass. 2e civ., 10 juill. 2008 : *LPA* 6 oct. 2008.
(210) Par ex. : A. Gouttenoire et P. Courbe, *Droit de la famille*, Paris, Sirey, 2013, n° 180.
(211) Rappelons par exemple que la légitimité par mariage a ainsi été supprimée en 2005. Sur la légitimation, cf. F. Dekeuwer-Défossez, *Fossile ou zombie ? La légitimation à l'aube du troisième millénaire*, in *Mél. Gobert*, Economica, 2004, p. 219.
(212) P. Guiho, *Réflexions sur le mariage posthume*, in *Mél. Faletti*, Dalloz, 1971, p. 321.

et qui voit ses attentes brutalement brisées, la modification d'état civil qui résulte du mariage revêt une telle importance que le maintien dans le Code civil du semi-mariage que constitue le mariage posthume n'a aujourd'hui guère de sens. Ainsi est-il préférable de l'abroger purement et simplement, tout en prévoyant des dispositions parcellaires dans différents domaines, comme le recommandent avec pragmatisme certains auteurs[213].

SECTION 2

LA SANCTION DES CONDITIONS DE FORMATION

UNIVERSITÉ DE STRASBOURG - SERVICE DES BIBLIOTHÈQUES - BIBLIOTHÈQUE JURIDIQUE

164. - **Garantir l'essence du mariage.** Pour caractériser les sanctions des règles de formation du mariage, Cornu jugeait qu'elles forment un « système savant, sûr de sa fin et maître de ses effets »[214], ce qui amène nécessairement à garantir les conditions de formation du mariage par un arsenal de sanction étoffé et efficace. Seules des sanctions revêtant ces deux qualités peuvent en effet soutenir suffisamment les règles édictées et, partant, façonner et préserver l'institution matrimoniale. Conformément à la théorie générale des actes juridiques, la violation d'une règle de droit importante entraîne son anéantissement rétroactif, car on considère qu'il n'aurait jamais dû pénétrer l'ordre juridique affecté d'un tel vice. Il en résulte que la violation de certaines conditions de formation du mariage paraît indubitablement plus grave que l'irrespect d'autres. On ne saurait amalgamer ainsi l'atteinte que l'ordre juridique subit en cas de mariage célébré sans publication des bans et de mariage bigame. En matière de formation du mariage, les nuances et degrés s'expriment au travers de la distinction entre opposition à mariage et nullité du mariage (§ 1). La sanction la plus importante, aussi bien d'un point de vue statistique que purement juridique, reste la nullité du mariage (§ 2).

§ 1. – La distinction entre opposition à mariage et nullité du mariage

165. - **Plan.** L'opposition à mariage constitue une sanction préventive, dont le but consiste à empêcher la célébration d'une union affectée d'un vice (II). Pour bien saisir la distinction qui l'oppose à la nullité du mariage, il convient de procéder à quelques précisions terminologiques liminaires (I).

I. – Précisions terminologiques liminaires

166. - **Distinction.** Pour éviter une mise en œuvre trop aisée ou trop systématique de l'action en nullité, le droit positif utilise un mécanisme préventif : l'opposition à mariage. Il ne faut pas confondre les oppositions à mariage et la nullité du mariage.

(213) F. Terré et D. Fenouillet, *op. cit.*, n° 105. – I. Corpart, *Mariage à titre posthume : une prérogative présidentielle dépassée ? : JCP* N 2004, 1328.
(214) G. Cornu, *op. cit.*, n° 184.

Comme la nullité du mariage entraîne des conséquences particulièrement importantes pour l'état des personnes mais aussi pour la sécurité des transactions, elle demeure soumise, à juste titre, à un régime juridique spécifique qui ne relève donc pas du droit commun. Par ailleurs son champ s'avère cantonné en évitant autant que possible le recours à la nullité du mariage. L'opposition intervient en amont, avant la célébration du mariage et a pour objet de la paralyser. Face à une opposition à mariage, l'officier de l'état civil doit s'abstenir de célébrer le mariage. Par conséquent, il n'existe pas de mariage à annuler. Voici une première manière de limiter l'action en nullité du mariage.

La nullité du mariage intervient quant à elle en aval, après la célébration du mariage. Elle a pour objet d'anéantir un mariage vicié dès sa formation. Le vice qui affecte *ab initio* le mariage revêt une importance telle que l'ordre juridique ne saurait tolérer la poursuite de cette situation juridique illicite. Seul un motif très sérieux, c'est-à-dire l'inobservation d'une condition importante, peut justifier l'annulation du mariage.

La distinction entre opposition à mariage et nullité du mariage permet de saisir l'existence de deux catégories d'empêchements à mariage. Parmi les conditions de validité du mariage qu'il énumère(215), le droit positif considère certaines comme incontestablement plus importantes que d'autres. Par exemple, on ne saurait accorder la même importance à l'exigence de bigamie et à l'obligation de publier les bans. Il s'agit pourtant de deux conditions de formation du mariage. Cela étant, alors que la condition de bigamie reflète ce que l'ordre juridique considère comme le plus essentiel en matière matrimoniale, d'un point de vue anthropologique, l'exigence de publication des bans n'a pour finalité que la publicité de la célébration à venir. Ainsi l'ordre juridique souffre davantage en cas de mariage bigame que lorsqu'une union a été célébrée sans que les bans ne fussent régulièrement publiés. Seule la première situation sera sanctionnée par la nullité du mariage.

Ainsi convient-il de distinguer, car « toutes les conditions de formation du mariage ne sont pas des conditions de validité ». Les conditions les plus importantes, celles qui reflètent la conception du mariage d'un ordre juridique, sont des conditions de validité du mariage. Leur inobservation paraît si grave qu'elle vicie *ab initio* le mariage. Ce dernier encourt alors la nullité. De telles conditions de formation du mariage reçoivent alors la qualification d'empêchements prohibitifs.

Prolongement terminologique

L'empêchement à mariage « prohibitif »

167. – Également qualifié d'empêchement « simplement prohibitif », il revêt un degré de gravité moindre que l'empêchement dirimant. Il concerne des conditions de formation du mariage qui ne sont pas des conditions de validité du mariage, mais il intéresse finalement les tiers (défaut de publication, opposition). Par voie de conséquence, l'inobservation d'un empêchement prohibitif permettra seulement de faire obstacle à la célébration du mariage en notifiant une opposition à l'officier de l'état civil. Pour autant, la célébration du mariage intervient malgré tout, le vice qui l'affecte ne présentant pas un degré de gravité suffisant pour justifier l'annulation du mariage.

(215) V. *supra*, n°s 67 et s.

168. - **Empêchement dirimant.** La nullité est une sanction qui vient frapper les mariages célébrés en violation des empêchements les plus graves. On parlera alors d'empêchement dirimant pour signifier que la condition de formation du mariage constitue aussi une condition de validité. Les empêchements dirimants à mariage visent à façonner l'essence de l'institution matrimoniale promue et garantie par le droit positif.

169. - **Typologie des empêchements à mariage.** Comment déterminer si telle ou telle condition de formation du mariage, édictée par le Code civil, constitue un empêchement dirimant ou prohibitif ? Il est de bonne méthode ici de procéder par « soustraction »(216), en faisant la différence entre les empêchements à mariage recensés dans les chapitres du Code civil consacrés aux qualités et conditions requises pour se marier(217) ainsi qu'aux formalités relatives à la célébration du mariage(218), d'une part, et les empêchements énumérés comme causes de nullité aux articles 180 et suivants du Code civil, d'autre part. En raison de l'adage « Pas de nullité sans texte », seules les conditions de formation sanctionnées par une action en nullité constituent des empêchements dirimants. Les autres conditions de formation, qui ne sont pas sanctionnées par une action en nullité, composent la catégorie des empêchements prohibitifs.

Ainsi, sont des empêchements prohibitifs, qui pourront faire obstacle à la célébration du mariage :

- le défaut de publication des bans ;
- le défaut de remise des pièces exigées ;
- l'existence d'une opposition.

Constituent en revanche des empêchements dirimants qui justifient non seulement une opposition à mariage, mais également la nullité du mariage en cas d'inobservation :

- la bigamie ;
- l'inceste ;
- l'absence de consentement ;
- le consentement vicié (par la violence ou par l'erreur) ;
- le défaut d'autorisation familiale ;
- l'irrespect de l'âge nuptial ;
- le défaut de comparution personnelle des époux (mariage par procuration) ;
- la clandestinité.

170. - **De la distinction entre les nullités absolues et relatives.** Une dernière précision terminologique liminaire concerne les qualificatifs fréquemment usités en matière de formation du mariage puisqu'il convient de distinguer les nullités relatives des nullités absolues. Au sein des empêchements dirimants, dont l'inobservation entraîne la nullité du mariage, une gradation existe. Ainsi le défaut d'autorisation familiale et le consentement vicié, par l'erreur ou par la violence, pourront être sanctionnés par une nullité relative du mariage. Les autres empêchements

(216) La formule est de Cornu, *op. cit.*, n° 185.
(217) C. civ., art. 143 et s.
(218) C. civ., art. 165 et s.

(bigamie, inceste, absence de consentement, défaut d'âge nuptial) sont quant à eux sanctionnés par une nullité absolue. La distinction entre la nullité relative et absolue revêt un intérêt pratique et procédural. Dans les deux situations, l'inobservation d'une condition de formation du mariage s'avère suffisamment grave pour justifier un anéantissement rétroactif du mariage. Pour autant, l'absence d'autorisation familiale et le consentement vicié portent essentiellement atteinte à l'époux victime de l'irrespect d'une condition. Les autres exigences relèvent en revanche de l'essence même du mariage et intéressent au premier chef un ordre public, que certains auteurs qualifièrent de « notionnel »(219) pour insister sur la dimension anthropologiquement essentielle que véhiculent les règles édictées. Partant, ne peuvent en principe agir en nullité relative que les époux et, parfois, les membres de la famille dont l'autorisation était requise ou encore le ministère public. Le délai de prescription de l'action se trouve alors réduit à cinq ans. La nullité absolue, en revanche, vise à sanctionner une atteinte particulièrement grave à l'ordre public. Pour cette raison, les époux eux-mêmes, tout intéressé ou le ministère public peuvent agir dans un délai de trente ans à compter de la célébration du mariage. En élargissant de la sorte le champ des demandeurs et en retenant un long délai de prescription, l'ordre juridique entend lutter efficacement contre les situations les plus illicites et dessiner par là même l'essence de l'institution matrimoniale.

II. – L'opposition à mariage, sanction préventive

171. – **Plan.** Seront présentés successivement l'objet de l'opposition (A), les titulaires du droit d'opposition (B), la procédure d'opposition (C) et, enfin, l'issue de l'opposition (D).

A. – Objet de l'opposition

172. – **L'opposition : première acception.** La présence d'un empêchement simplement prohibitif doit en principe faire obstacle à la célébration du mariage, pour un temps à tout le moins. Encore faut-il que s'exprime une opposition à mariage précisément fondée sur l'existence de cet empêchement. Celui qui s'oppose va ainsi paralyser la célébration du mariage. Pour cette raison, on qualifie généralement l'opposition à mariage de sanction préventive, pour insister sur le moment de son intervention. Une opposition à mariage ne peut, par définition, intervenir qu'avant la célébration du mariage.

173. – **L'opposition : seconde acception.** Le qualificatif de « préventive » recèle également une seconde acception. Grâce à l'opposition, il s'agit aussi d'éviter des célébrations de mariages qui pourraient être annulés avec d'importantes conséquences pour l'état civil des personnes, la vie familiale ainsi que la sécurité juridique des époux et des tiers. Autrement dit, en bloquant en amont l'accès de cette situation illicite à la scène juridique, on évite de prononcer plus tard une nullité doulou-

(219) L'expression « ordre public notionnel » est utilisée notamment par M. J.-P. Gridel pour insister sur une utilisation judiciaire du mécanisme de l'ordre public visant à lutter contre les détournements de situations juridiques, *in* note ss Cass. 1re civ., 28 oct. 2003 : *D.* 2004, jurispr. p. 21.

reuse. Voici en quelque sorte une illustration de la formule populaire « mieux vaut prévenir que guérir ! ».

174. – **Rôle de l'officier de l'état civil.** Face à une opposition, l'officier de l'état civil doit surseoir à la célébration jusqu'à la mainlevée de l'opposition. Il en résulte une atteinte particulièrement grave à la liberté matrimoniale, ce qui explique que l'opposition à mariage s'avère strictement encadrée.

B. – Les titulaires du droit d'opposition

175. – **Énumération des titulaires du droit d'opposition.** En raison de l'atteinte que l'opposition à mariage fait subir à la liberté matrimoniale, il convient de l'admettre avec parcimonie. Une première manière de limiter les oppositions à mariage consiste à restreindre le nombre des titulaires du droit d'opposition. La loi qualifie donc certaines personnes pour agir, à l'instar des actions attitrées pour l'action en justice. Seules des personnes présentant un intérêt particulier sont ainsi qualifiées par la loi. En matière de formation du mariage il s'agit, d'une part, de certains membres de la famille, en raison de leur proximité supposée avec le candidat au mariage mais aussi, d'autre part, du ministère public, en raison de la dimension fortement publique du mariage et de ses répercussions sur l'état des personnes.

176. – **Droit d'opposition de certains membres de la famille.** Le Code civil énumère toute une série de membres de la famille titulaires du droit de s'opposer au mariage de l'un des leurs. Au demeurant, cette énumération s'avère pour le moins incomplète et reflète davantage les origines du droit d'opposition au mariage, à savoir l'ancienne puissance paternelle, discrétionnaire en ce domaine, que la physionomie actuelle des structures familiales. Peuvent en effet s'opposer au mariage :

– la personne déjà engagée par mariage avec l'une des deux parties contractantes(220) ;

– le père, la mère, et, à défaut de père et de mère, les aïeuls et aïeules peuvent former opposition à mariage de leurs enfants et descendants, même majeurs(221) ;

– à défaut d'aucun ascendant, le frère ou la sœur, l'oncle ou la tante, le cousin et la cousine germains, dans certains cas seulement(222).

177. – **Droit d'opposition limité de certains collatéraux.** Les hypothèses dans lesquelles ces collatéraux peuvent agir sont strictement énumérées par l'article 174 du Code civil. Non seulement leur droit d'agir s'avère subsidiaire puisqu'ils ne peuvent s'opposer qu'à défaut d'ascendants, mais il reste surtout cantonné à des hypothèses marginales.

D'une part, leur opposition n'est possible que lorsque le consentement du conseil de famille n'a pas été obtenu, s'agissant du mariage d'un mineur(223). Le

(220) C. civ., art. 172. Il s'agit ici d'empêcher la célébration d'un mariage bigame. Notons ici que le droit d'opposition n'est accordé qu'au conjoint, entendu comme le conjoint non divorcé, mais que le partenaire de PACS n'en bénéficie point. Bien au contraire, la célébration du mariage est une cause de dissolution du pacte civil de solidarité (C. civ., art. 515-7, al. 1er). Dans un contexte de rapprochement des différentes formes juridiques de couple, il s'agit de l'un des éléments qui marquent encore une primauté du mariage.

(221) C. civ., art. 173, al. 1er.

(222) C. civ., art. 174 ; cf. n° suivant.

(223) C. civ., art. 159.

nombre de mariages de mineurs ne cesse de décroître. Partant, pour que les collatéraux puissent s'opposer, plusieurs conditions doivent être réunies. Tout d'abord, une dispense d'âge doit avoir été délivrée par le ministère public. Ensuite, ce droit d'opposition suppose le décès des ascendants du mineur candidat au mariage. Enfin, le conseil de famille tenu d'autoriser les actes juridiques les plus graves effectués au nom et pour le compte de l'enfant, ne doit pas avoir donné son consentement. Autant dire que la réunion de toutes ces conditions cumulatives demeure extrêmement rare. Plus exactement, le mécanisme mis en place à l'article 174 du Code civil correspondait bien aux structures familiales et, plus largement, au droit positif du début du XXe siècle. À l'époque de la rédaction du texte(224), en 1933, la majorité civile était encore fixée à vingt et un ans et les époux se mariaient beaucoup plus jeunes que de nos jours. L'article 174 du Code civil constitue donc un texte désuet qui n'a plus véritablement d'utilité pratique s'agissant du droit d'opposition des collatéraux. Cette partie du texte pourrait sans difficulté majeure disparaître du Code civil. Mieux, l'incongruité de la disposition amène à s'interroger sur la pertinence du maintien d'une possibilité pour un mineur de se marier. Il pourrait être opportun d'abroger purement et simplement la faculté pour le ministère public de délivrer des dispenses d'âge en rendant impossible tout mariage d'un mineur(225).

D'autre part, les collatéraux peuvent s'opposer dans une seconde hypothèse qui conserve plus d'intérêt pratique que la première. En effet, les collatéraux énumérés par l'article 174 du Code civil pourront, à défaut d'ascendant là encore, former une opposition en cas de démence du futur époux. Au-delà de l'utilisation quelque peu surprenante désormais du terme de « démence »(226), la disposition entend permettre une protection du candidat au mariage dont le consentement pourrait ne pas être libre et éclairé. Pour autant, l'opportunité du mécanisme n'est pas certaine puisque l'audition des futurs époux par l'officier de l'état civil devrait en principe permettre de déceler cette éventuelle défaillance psychique. Encore faut-il pour cela que l'audition se réalise, ce qui n'est pas systématique(227), et que cet état mental se révèle lors de ce bref entretien, des périodes de lucidité plus ou moins brèves pouvant souvent jalonner un état de démence. De ce point de vue, le dispositif conserve une utilité. Un intéressant système est d'ailleurs organisé puisque le tribunal peut prononcer la mainlevée pure et simple de l'opposition, mais à condition que le collatéral opposant provoque la tutelle des majeurs et fasse statuer sur le projet de mariage dans le délai fixé par le jugement.

178. - **Droit d'opposition du ministère public.** Il était acquis en jurisprudence(228) que le ministère public a le droit – et même le devoir(229) – de s'opposer au mariage, quand l'une des conditions légales de sa formation n'est pas remplie. Un tel droit d'opposition était conçu comme une conséquence nécessaire du droit d'agir en nullité du mariage contracté en contradiction avec les dispositions de la

(224) L'article 174 du Code civil, dans sa rédaction actuelle, a été créé par une loi du 2 février 1933.
(225) Sur cette proposition de suppression, V. *supra*, n° 93.
(226) On parlera davantage aujourd'hui d'une « altération des facultés mentales ».
(227) V. *supra*, n°s 131 et s.
(228) Cass. req., 28 nov. 1877 : *DP* 1878, I, 209. – Cass. civ., 21 mai 1856 : *DP* 1856, I, 208.
(229) Selon la formule d'un arrêt ancien : Cass. req., 28 nov. 1877 : *DP* 1878, I, 209.

loi. Ainsi, disposant de la faculté de solliciter du juge l'anéantissement rétroactif du mariage vicié dès sa formation, le ministère public ne pouvait qu'être titulaire du droit de s'opposer afin de prévenir et d'empêcher l'apparition d'une telle situation. Soucieux de lutter contre les mariages de complaisance, le législateur contemporain a explicitement doté le ministère public du droit de s'opposer au mariage, de deux manières :

– premièrement, le ministère public peut s'opposer au mariage de sa propre initiative, aux termes de l'article 175-1 du Code civil. S'il est désormais énuméré *expressis verbis* parmi les titulaires du droit d'opposition, il n'en demeure pas moins que cette prérogative reste indubitablement liée au rôle du parquet dans l'action en nullité du mariage. En effet, l'article 175-1 du Code civil, issu de la loi n° 93-1027 du 24 août 1993, dispose que « le ministère public peut former opposition pour les cas où il pourrait demander la nullité du mariage », c'est-à-dire en cas d'empêchements dirimants[(230)] mais aussi lorsque le consentement à mariage n'est pas libre[(231)] ;

– deuxièmement, le ministère public peut être saisi en vue d'une opposition à mariage par l'officier d'état civil lorsqu'il existe des indices sérieux laissant présumer, le cas échéant au vu de l'audition des futurs époux, que le mariage est susceptible d'être annulé pour défaut de consentement ou pour violence[(232)]. En tant qu'organe du pouvoir exécutif, l'officier de l'état civil ne saurait en effet s'opposer de son propre chef au mariage dès lors que les formalités essentielles sont respectées. Il ne dispose pas d'un tel pouvoir d'appréciation. C'est la raison pour laquelle, en cas de doute ou de suspicion, l'officier de l'état civil doit sans délai saisir le ministère public. À partir de cette saisine, le ministère public dispose d'une option à trois branches. Il est tenu, dans un délai de quinze jours, soit de laisser procéder au mariage, soit de faire opposition à celui-ci, soit de décider qu'il sera sursis à sa célébration, dans l'attente des résultats de l'enquête à laquelle il fait procéder[(233)]. Afin de protéger la liberté matrimoniale, la durée du sursis décidé par le procureur de la République ne peut excéder un mois renouvelable une fois par décision spécialement motivée. Initialement en effet, c'est un délai de trois mois qui avait été prévu, mais le Conseil constitutionnel jugea que de telles dispositions méconnaissaient le « principe de la liberté du mariage, qui est une des composantes de la liberté individuelle »[(234)]. Si l'on comprend aisément qu'un bref délai soit nécessaire pour éviter une atteinte disproportionnée à la liberté matrimoniale, il n'est pas certain qu'un délai d'un mois, voire *a fortiori* de quinze jours, soit toujours suffisant en pratique pour mener à bien l'enquête diligentée par le ministère public[(235)]. D'autant que face à une décision de sursis, les futurs époux ne sont pas démunis et disposent d'un recours juridictionnel pour contester la décision de sursis ou son renouvellement devant le président du tribunal de grande instance, qui statue dans les dix jours[(236)].

(230) Sur ce point, V. *supra*, n° 169.
(231) C. civ., 180, al. 1er (Réd. L. n° 2006-399, 4 avr. 2006).
(232) C. civ., art. 175-2, al. 1er.
(233) C. civ., art. 175-2, al. 2.
(234) Cons. const., 13 août 1993, n° 93-325 DC.
(235) En ce sens : A. Leborgne, note ss Cons. const., 9 nov. 2006, n° 2006-542 DC : *RJPF* 2007-3/10.
(236) C. civ., art. 175-2. Le texte prévoit, *in fine*, que « la décision du président du tribunal de grande instance peut être déférée à la cour d'appel qui statue dans le même délai ».

La faculté de solliciter ainsi, dans un délai très bref, l'appréciation du juge judiciaire, gardien des libertés individuelles, selon l'article 66 de la Constitution, permet sans doute de protéger efficacement la liberté matrimoniale des futurs époux de bonne foi et pourrait donc permettre d'envisager un délai de sursis à la célébration du mariage plus long, afin de faciliter le travail d'enquête diligentée par le ministère public.

À l'expiration du sursis, le procureur de la République fait connaître par une décision motivée à l'officier de l'état civil s'il laisse procéder au mariage ou s'il s'oppose à sa célébration(237).

C. – Procédure d'opposition

179. – **Formalisme.** Pour former une opposition à mariage, les titulaires du droit d'opposition doivent respecter un formalisme minutieusement décrit dans le Code civil, pour éviter des oppositions fantaisistes ou malveillantes. La liberté matrimoniale ne saurait supporter de telles atteintes et le formalisme entend donc dissuader les opposants animés par la légèreté ou l'animosité. Ainsi, tout acte d'opposition doit d'abord énoncer la qualité qui donne à l'opposant le droit de la former(238). Il comporte également les motifs de l'opposition, reproduit le texte de loi sur lequel est fondée l'opposition et contient élection de domicile dans le lieu où le mariage doit être célébré(239). Dans l'hypothèse où le parquet forme opposition, en application de l'article 171-4 du Code civil, c'est-à-dire après saisine de l'autorité diplomatique ou consulaire, le ministère public fait élection de domicile au siège de son tribunal.

180. – **Signature.** D'autres dispositions relatives au formalisme de l'acte d'opposition ne se trouvent pas dans le chapitre du Code civil relatif aux oppositions à mariage(240), mais parmi les dispositions qui concernent les actes de mariage(241). Ainsi l'article 66 du Code civil dispose que les actes d'opposition au mariage seront signés sur l'original et sur la copie par les opposants ou par leurs fondés de procuration spéciale et authentique.

181. – **Signification.** En ce qui concerne la manière de porter l'acte d'opposition à la connaissance des futurs époux et de l'officier de l'état civil, l'article 66 du Code civil prévoit que les actes d'opposition seront signifiés, avec copie de la procuration à la personne ou au domicile des parties, et à l'officier de l'état civil, qui mettra son visa sur l'original. Un acte d'huissier s'avère donc nécessaire, même si l'opposition est faite par le ministère public(242).

182. – **Sanction.** Afin de garantir la portée de ces règles relatives au formalisme, l'article 176, alinéa 2 du Code civil prévoit qu'elles sont prescrites à peine de nullité et de l'interdiction de l'officier ministériel qui a signé l'acte contenant l'opposition.

(237) C. civ., art. 175-2, al. 4.
(238) C. civ., art. 176.
(239) C. civ., art. 176.
(240) C. civ., art. 172 et s.
(241) C. civ., art. 63 et s.
(242) CA Paris, 2 août 1996 : *JCP* G 1998, I, 101, n° 1, obs. M. Farge (irrecevabilité d'une opposition à mariage du ministère public formée par lettre recommandée avec demande d'avis de réception).

D. – Issue de l'opposition

1° Mainlevée

183. – **Modalités duales.** L'objet de la mainlevée consiste précisément à faire disparaître un obstacle de droit créant une situation de blocage de la réalisation d'un acte juridique(243). Il existe deux modalités de mainlevée d'une opposition à mariage. Tout d'abord, la renonciation de l'opposant constitue une mainlevée que l'on peut qualifier de volontaire et que l'article 67 du Code civil envisage implicitement en évoquant les « actes de mainlevée dont expédition » aura été remise à l'officier de l'état civil. Nul formalisme ne paraît exigé et ladite expédition pourrait prendre la forme d'une signification par huissier, voire résulter du comportement de l'opposant, lequel viendrait à assister à la cérémonie du mariage sans maintenir son opposition. La mainlevée peut aussi résulter d'un jugement et on la qualifiera alors de « mainlevée judiciaire », également envisagée par l'article 67 du Code civil. La demande de mainlevée de l'opposition doit être portée devant le tribunal de grande instance statuant en formation collégiale et, surtout se prononçant au fond et non en référé(244). Le tribunal de grande instance doit statuer dans les dix jours(245) et si un appel est formé, la cour devra statuer dans les dix jours et, même d'office si le jugement a donné mainlevée(246).

2° Caducité

184. – **Rôle du temps.** Les effets juridiques de l'opposition à mariage ne sauraient être perpétuels, car ceci paralyserait l'exercice de la liberté matrimoniale. C'est la raison pour laquelle l'acte d'opposition devient caduc et cesse ainsi de produire ses effets après une année révolue(247).

185. – **Renouvellement.** Pour autant, un renouvellement de l'acte d'opposition reste possible. Cette règle reçoit tout de même une exception lorsque la première opposition a été faite par un ascendant et que le tribunal a ordonné la mainlevée de l'opposition(248). Dans cette situation, aucune nouvelle opposition formée par un ascendant n'est recevable(249).

186. – **Cas de l'opposition du ministère public.** L'acte d'opposition formé par le ministère public n'encourt pas quant à lui la caducité. Formée par le ministère public, l'opposition ne cesse de produire ses effets que sur décision judiciaire(250).

3° Obstacle à la célébration

187. – **Empêchement.** Quand une opposition à mariage est régulièrement formée, elle érige un empêchement à mariage obligeant en principe l'officier de l'état

(243) Cf. G. Gornu (ss dir.), *Vocabulaire H. Capitant*, V° *Mainlevée*.
(244) CA Paris, 23 avr. 2003 : *D.* 2003, 2716, note J.-J. Lemouland.
(245) C. civ., art. 177.
(246) C. civ., art. 178.
(247) C. civ., art. 176.
(248) C. civ., art. 173, al. 1er.
(249) C. civ., art. 173, al. 2 et 176, al. 3.
(250) C. civ., art. 176, al. 4.

civil à surseoir à la célébration du mariage(251). L'officier de l'état civil ne disposant pas du pouvoir d'apprécier le bien-fondé de l'opposition à mariage(252), le devenir de la célébration dépendra soit de l'écoulement du temps, soit d'une décision judiciaire.

§ 2. – La nullité du mariage

Bibliographie

- J. Foyer, *Réflexions sur l'article 202 du Code civil*, in *Mél. Terré*, Dalloz, PUF, LexisNexis, 1999, p. 469.
- P. Hébraud, *Nullité du mariage et divorce*, in *Mél. Dauvillier*, Toulouse, 1979, p. 403.
- A. Lefebvre-Teillard, *Règle et réalité : la nullité du mariage à la fin du Moyen Âge : RD canon* 1983, 145.

188. – **La nullité : une sanction aux conséquences graves.** Parce qu'il concerne directement l'état des personnes et qu'il crée une structure familiale nouvelle, le mariage ne peut être annulé qu'avec la plus grande prudence. Comme le notait Cornu, « la fondation solennelle d'une famille (qui a commencé à vivre et peut-être à procréer) n'est pas n'importe quel acte »(253). Partant, les règles du droit commun applicables à la formation des actes juridiques sont adaptées à la spécificité matrimoniale. En restreignant les hypothèses de nullité du mariage, il s'agit également de protéger la liberté matrimoniale(254). Le droit restreint alors la possibilité d'annuler le mariage, en soumettant cette sanction à la nécessité d'un empêchement dirimant (I) et en consacrant une dualité des actions en nullité (II).

I. – Nécessité d'un empêchement dirimant

189. – **Notion d'empêchement dirimant.** La nullité du mariage entraîne un anéantissement rétroactif du lien entre les époux. Le mariage est censé ne jamais avoir existé car il était *ab initio* affecté d'un vice. Comme il a été indiqué précédemment, seules les transgressions des empêchements les plus graves, qualifiés de « dirimants », justifient la remise en cause d'une situation juridique aussi importante que le mariage. Autrement dit, seules les atteintes les plus graves à l'ordre public permettront de faire prononcer la nullité du mariage. Constituent ainsi des empêchements dirimants : la bigamie ; l'inceste ; l'absence de consentement ; le consentement vicié (par la violence ou par l'erreur) ; le défaut d'autorisation fami-

(251) Si l'officier de l'état civil célèbre le mariage, malgré une opposition régulièrement formée, plusieurs sanctions peuvent être prononcées contre lui. Ainsi, il encourt non seulement une interdiction (C. civ., art. 176, al. 2), mais également une peine d'amende d'un montant pouvant atteindre 3 000 € (C. civ., art. 68) et peut être condamné à supporter tous dommages-intérêts (C. civ., art. 68 *in fine*).

(252) CA Paris, 29 avr. 2003 : *D.* 2003, 2716, note J.-J. Lemouland. – CA Paris, 20 juin 1995 : *D.* 1995, 192.

(253) G. Cornu, *op. cit.*, n° 184.

(254) Sur laquelle, V. *supra*, n°s 58 et s.

liale ; l'irrespect de l'âge nuptial ; le défaut de comparution personnelle des époux (mariage par procuration) ; l'incompétence de l'officier de l'état civil ; le mariage clandestin.

190. - **Notion d'empêchement prohibitif.** Les empêchements qualifiés de « prohibitifs » s'inscrivent à un échelon plus bas sur l'échelle de gravité des conditions de formation du mariage, puisque leur violation n'entraîne pas le prononcé de la nullité du mariage, mais d'autres sanctions plus spécifiques. Constituent de la sorte des empêchements à mariage : le défaut de publication des bans sous réserve que le mariage ne souffre pas de clandestinité et la célébration en dépit d'une opposition régulièrement formée.

II. - Dualité des actions en nullité

191. - **Distinction des actions.** Si la nullité suppose la transgression d'un empêchement dirimant, le droit positif consacre une distinction entre deux actions différentes. Selon l'importance de la condition qui fait défaut, il conviendra d'introduire soit une action en nullité relative, soit une action en nullité absolue. La distinction entre les deux types d'action en nullité présente un évident intérêt procédural puisque les conditions mêmes de l'action en justice diffèrent selon le cas de nullité. Le propos se vérifie en particulier pour le délai de prescription de l'action, qui passe de cinq ans pour la nullité relative à trente ans pour la nullité absolue. Plus largement, la distinction revêt également un intérêt théorique. En distinguant au sein des empêchements dirimants à mariage ceux dont la transgression s'avère particulièrement grave, le droit positif exprime une conception précise de l'institution matrimoniale. Ainsi, les conditions de formation du mariage qui sont sanctionnées par une nullité absolue constituent assurément les éléments les plus fondamentaux du mariage. De ce point de vue, la sanction des conditions de formation du mariage illustre parfaitement la théorie des nullités que l'on qualifie ordinairement de « moderne ». La théorie moderne des nullités considère que l'intensité de la nullité dépend de l'intérêt que la règle violée entend protéger. Ainsi la nullité absolue sanctionne la violation d'une règle édictée dans l'intérêt général. La nullité relative poursuit quant à elle davantage une finalité protectrice. On considère que la règle violée visait la protection d'un intérêt particulier. Partant, si tout intéressé peut agir en nullité absolue afin de défendre l'intérêt général, seule la victime dont l'intérêt particulier a été atteint peut agir en nullité relative[255].

A. - Nullité relative

192. - La nullité relative peut être prononcée, d'une part, en cas de vice du consentement et, d'autre part, en cas d'absence d'autorisation familiale.

(255) De même, cette distinction entre nullité relative et absolue justifie ordinairement une dualité des délais de prescription applicables et détermine également la possibilité d'une confirmation. En principe, seules les nullités relatives peuvent être couvertes par une confirmation.

1° Nullité relative pour vice du consentement

193. – **Consentement vicié.** La nullité relative du mariage peut être demandée en cas de vice du consentement. Il faut bien distinguer cette situation du défaut de consentement. Dans l'hypothèse d'un vice du consentement, un consentement s'exprime, mais il s'avère entaché d'un vice. Les causes de ce vice du consentement sont doubles. D'une part, il peut s'agir soit d'un consentement vicié par la violence, c'est-à-dire un mariage forcé. Le consentement à mariage se trouve alors extorqué par violence ou menace. D'autre part, il peut s'agir d'un consentement vicié par l'erreur, le consentement n'étant alors pas éclairé car donné sur la foi d'une mauvaise perception par celui qui s'engage des éléments déterminant son engagement. L'exemple devenu classique en ce domaine consiste à dire que la femme pense épouser Dupont quand elle se marie avec Dupond. Une telle méprise sur la réalité constitue évidemment une erreur[(256)].

194. – **Demandeur.** Qui peut solliciter la nullité du mariage en cas de consentement vicié ? L'article 180, alinéa 2 du Code civil limite le champ des demandeurs à l'action en nullité du mariage pour vice du consentement[(257)]. Il s'agit donc d'une action attitrée. Seul peut agir le conjoint victime du vice du consentement, c'est-à-dire l'époux dont le consentement a été trompé ou surpris. Par voie de conséquence, et comme il s'agit d'une nullité dont la vocation est protectrice, l'autre conjoint ne saurait valablement réclamer la nullité. De même, les créanciers de l'époux victime ne peuvent pas agir par voie oblique pour solliciter une telle sanction. Dans un ordre d'idées quelque peu différent, la jurisprudence a jugé que les héritiers n'auraient pas la possibilité d'agir en nullité[(258)]. Pour autant, on peut souscrire à la proposition formulée par certains auteurs estimant que « leur intérêt pouvant être important, on devrait les admettre à continuer l'action commencée par l'intéressé, celui-ci ayant pris la décision »[(259)].

Prolongement pratique

Le droit d'action des enfants

195. – Si l'arrêt du 4 juillet 1995 a nettement fermé l'action en nullité du mariage aux enfants de l'un des époux, voire aux enfants communs, il convient de s'interroger sur les possibilités restant ouvertes à ces derniers pour tenter de faire valoir leurs intérêts.

On comprend aisément en effet que les intérêts patrimoniaux de l'enfant d'un membre du couple pourraient être facilement atteints par le mariage d'un de leurs parents dont le consentement aurait été vicié. Il suffit pour s'en convaincre de songer à la situation de la mère d'un enfant majeur, qui se trouverait à la tête d'un patrimoine conséquent, et consentirait à se marier sous la menace de son (futur) mari. Si le couple adopte le régime de la communauté universelle avec attribution intégrale au dernier survivant, les intérêts successoraux

(256) V. *supra*, n° 127.

(257) C. civ., art. 180, al. 2 : « S'il y a eu erreur dans la personne, ou sur les qualités essentielles de la personne, l'autre époux peut demander la nullité du mariage ».

(258) Cass. 1re civ., 4 juill. 1995, n° 93-15.005 : *RTD civ.* 1995, 866, obs. J. Hauser ; *D.* 1996, 233, note F. Boulanger ; *Defrénois* 1996, 321, obs. Massip ; *Defrénois* 1996, 407, obs. G. Champenois ; *RTD civ.* 1997, 205, obs. B. Vareille.

(259) M. Lamarche, *in* Dalloz Action *Droit de la famille* 2016-2017, n° 115.171.

de l'enfant sont directement menacés. Bien sûr l'enfant dispose aujourd'hui d'une action en retranchement de l'article 1527 du Code civil.

Pour autant, sur le terrain du vice du consentement, l'on pourrait songer également à deux perspectives :

– d'une part, si l'enfant ne peut pas agir en nullité du mariage, puisqu'il s'agit d'une action attitrée « exclusivement attachée à la personne et ne [pouvant] être exercée que par l'époux dont le consentement a été vicié », il n'en demeure pas moins que l'action en nullité relative du contrat de mariage, parce qu'elle a un caractère patrimonial, est transmise après le décès du conjoint (dans notre exemple la mère) à ses ayants cause à titre universel (dans notre exemple l'enfant né d'un premier lit). L'arrêt rendu le 4 juillet 1995 réserve expressément la possibilité de cette action en nullité relative du contrat de mariage.

Il s'agirait d'une première piste permettant d'atténuer l'atteinte aux intérêts successoraux de l'enfant en cas de prédécès de la mère, car c'est bien la dissolution du régime matrimonial de communauté universelle avec attribution intégrale au dernier survivant qui entraîne l'atteinte patrimoniale évoquée ;

– d'autre part, comme le ministère public dispose depuis la loi n° 2006-399 du 4 avril 2006 du droit d'agir en nullité relative du mariage pour violence, il est parfaitement envisageable de songer à un signalement fait par l'enfant au ministère public indiquant les faits de violence et autres pressions subies par l'épouse (dans notre exemple la mère). Sur la base de cet élément, le ministère public pourrait parfaitement introduire l'action en nullité relative en tant que partie principale. Ce type de saisine par le truchement du droit d'action du ministère public n'est pas inédit en droit des personnes et de la famille. On le retrouve notamment s'agissant de l'ouverture d'une mesure de protection judiciaire des majeurs, depuis la loi n° 2007-308 du 5 mars 2007 ou encore en matière de protection de l'enfance.

Dans cette hypothèse, l'introduction de l'action par le ministère public sera sans doute opportune pour l'enfant, en particulier d'un point de vue procédural. C'est en effet le ministère public qui assumera l'instruction et la recherche des éléments de preuve. Ceci est bienvenu puisqu'en pratique, il est souvent délicat, pour un membre de la famille notamment, de produire des éléments de preuve, coincé entre l'impossibilité morale et le conflit de loyautés, situation singulièrement inconfortable pour un enfant. Cela étant, faire reposer de la sorte l'issue de l'action sur le ministère public n'est pas dénué de risque, dès lors qu'il conserve la faculté de ne pas introduire l'action.

196. – **Action du ministère public.** Le principe selon lequel une nullité relative constitue une sanction protectrice d'un intérêt particulier devrait logiquement exclure le ministère public du champ des demandeurs. En matière civile en effet, l'article 423 du Code de procédure civile ne permet au ministère public d'agir qu'en défense de l'ordre public. Ainsi le ministère public ne pouvait agir en nullité pour vice du consentement sous l'empire de l'ancien article 180 du Code civil, modifié depuis par la loi n° 2006-399 du 4 avril 2006. Pour autant, à côté d'un ordre public de direction dont la finalité réside dans l'édification d'un certain ordre social, le droit contemporain a vu l'essor d'un ordre public de protection dans lequel le caractère impératif de la norme vise à protéger un intérêt particulier. Singulièrement prégnant en droit de la consommation, l'ordre public de protection attache une importance particulière à l'intégrité du consentement. Dans le domaine du droit de la famille, un souci de protection de l'intégrité du consentement s'est également manifesté afin de lutter contre les mariages forcés. Ainsi la loi n° 2006-399 du 4 avril

2006[260] a modifié l'article 180, alinéa 1er du Code civil qui dispose désormais que « le mariage qui a été contracté sans le consentement libre des deux époux, ou de l'un d'eux, ne peut être attaqué que par les époux ou par celui des deux dont le consentement n'a pas été libre, ou par le ministère public ». Le droit d'action du ministère public s'avère ainsi limité à la demande en nullité pour un consentement obtenu par violence, mais non pour erreur. La nullité du mariage en cas d'erreur est en effet régie par l'alinéa suivant qui ne mentionne que l'époux victime comme demandeur à l'action[261].

Ainsi le régime de l'action n'est pas identique selon que le consentement à mariage est vicié par la violence ou par l'erreur. Au-delà de l'évident intérêt pratique de cette distinction, lié à la détermination de la qualité de demandeur à l'action, cette dualité témoigne de l'importance que l'ordre juridique accorde aujourd'hui à la lutte contre les mariages forcés. Le droit d'action du ministère public sur le fondement de l'article 180, alinéa 1er du Code civil a précisément été consacré afin de lutter contre les mariages forcés. Il ne s'agit pas seulement de protéger l'époux victime, mais aussi d'assurer une protection de l'intérêt général et d'une conception du mariage. La violence exercée pour obtenir un consentement à mariage porte atteinte à la liberté matrimoniale qui fait incontestablement partie de l'ordre public matrimonial. C'est la raison pour laquelle cette nullité a pu être qualifiée de nullité relative d'ordre public[262]. En effet, il résulte de l'article 181 du Code civil que si le ministère public peut agir pour solliciter la nullité d'un mariage en raison d'un consentement vicié par la violence, il n'en demeure pas moins que l'action est enfermée dans un délai de prescription quinquennal. Ce sont en principe les actions en nullité relative qui sont enfermées dans un tel délai de prescription à compter du mariage.

197. - Prescription. La détermination du délai de prescription de l'action en nullité relative du mariage ainsi que de son point de départ posa naguère des difficultés. Face à un véritable silence des textes spéciaux concernant la formation du mariage, la jurisprudence se fonda sur l'article 1304 du Code civil pour appliquer aux actions en nullité pour vice du consentement un délai de prescription de cinq ans[263]. Parallèlement, l'ancien article 181 du Code civil disposait que « la demande en nullité n'est plus recevable, toutes les fois qu'il y a eu cohabitation continuée pendant six mois depuis que l'époux a acquis sa pleine liberté ou que l'erreur a été par lui reconnue ». Coexistaient donc deux délais de prescription, aux points de départ parfois difficiles à déterminer. La loi n° 2004-399 du 4 avril 2006 modifia l'article 181 du Code civil en contribuant, en partie seulement, à l'amélioration du régime juridique de cette action. Le délai de prescription est alors porté à cinq ans. Certes le délai quinquennal était déjà communément admis en ce domaine, mais le

(260) L. n° 2006-399, 4 avr. 2006, renforçant la prévention et la répression des violences au sein du couple ou commises contre les mineurs.

(261) C. civ., art. 180, al. 2 : « S'il y a erreur dans la personne, ou sur les qualités essentielles de la personne, l'autre époux peut demander la nullité du mariage ».

(262) F. Dekeuwer-Défossez, *Nullité pour erreur sur les qualités essentielles du conjoint : la leçon de la cour de Douai : Rev. Lamy dr. civ.* 2004, 3304.

(263) Cass. 1re civ., 17 nov. 1958 : *D.* 1959, 18, note Holleaux ; *JCP* 1959, II, 10949.

mérite de cette loi n° 2004-399 du 4 avril 2006 est de l'avoir explicitement consacré dans le Code civil. Malgré cette indéniable avancée, le dispositif demeurait difficilement opératoire en ce qui concerne la détermination du point de départ du délai quinquennal. Un triple point de départ était en effet prévu, l'article 181 du Code civil faisant courir le délai « à compter de la célébration du mariage ou de la cessation du défaut de liberté ou de la découverte de l'erreur ». Si la cessation du mariage constitue un moment facile à dater, il n'en va pas de même pour la cessation du défaut de liberté ni, *a fortiori* pour la découverte de l'erreur. Certains mensonges se révèlent progressivement, les douloureuses certitudes balayant peu à peu les premiers soupçons. Ainsi l'article 181 du Code civil a-t-il été rapidement modifié une seconde fois à l'occasion de l'importante réforme de la prescription en matière civile faite par loi n° 2008-561 du 17 juin 2008. Le point de départ s'avère désormais aisé à déterminer, le texte disposant que « la demande en nullité n'est plus recevable à l'issue d'un délai de cinq ans à compter du mariage ». Partant, même si la découverte de l'erreur intervient postérieurement à ladite date de célébration, ce point de départ s'impose en raison de son caractère objectif, facile à déterminer(264). Passé ce délai quinquennal qui court à compter de la célébration, le mariage ne pourra plus être remis en cause pour un vice du consentement. Si la sécurité juridique en sort assurément renforcée, des auteurs ont cependant critiqué un système qui ne protège pas suffisamment la liberté matrimoniale(265).

2° Nullité relative pour défaut d'autorisation

198. - **Raretés statistiques.** Les actions en nullité relative pour défaut d'autorisation des parents ou du conseil de famille demeurent en pratique extrêmement rares. Il faut dire que le mariage d'un mineur est lui-même devenu statistiquement marginal, au point que le maintien dans le Code civil de cette possibilité de faire célébrer le mariage d'une personne qui n'a pas atteint le seuil de la majorité civile paraît inopportun(266).

199. - **Demandeur à l'action.** La nullité relative pour défaut d'autorisation vise à protéger l'époux mineur au moment de la célébration du mariage qui avait besoin du consentement de ses représentants. C'est la raison pour laquelle seul peut agir en nullité relative « celui des deux époux qui avait besoin de ce consentement »(267). Il faut ajouter également d'autres demandeurs qualifiés par la loi pour agir, à savoir les personnes dont le consentement était requis, c'est-à-dire les parents ou, à défaut, les ascendants ou encore le conseil de famille. Ces demandeurs sont strictement énumérés par l'article 182 du Code civil.

200. - **Confirmation.** La confirmation d'un acte nul constitue un mécanisme caractéristique des nullités relatives. S'agissant du défaut d'autorisation en matière de formation du mariage, une telle confirmation s'avère parfaitement possible

(264) V. Larribau-Terneyre, *Du nouveau sur la prescription des actions en nullité du mariage : Dr. famille* 2008, comm. 97.
(265) V. Larribau-Terneyre, *L'effectivité de la liberté fondamentale du mariage : la protection du consentement*, in *La liberté fondamentale du mariage*, PUAM, 2009, p. 105.
(266) V. *supra*, n° 93.
(267) C. civ., art. 182 *in fine*.

permettant une validation postérieure. Plus exactement, l'approbation du mariage par ceux dont le consentement était requis érige un obstacle face à l'action en nullité. L'action en nullité ne peut plus être intentée ni par les époux, ni par les parents dont le consentement était requis, toutes les fois que le mariage a été approuvé expressément ou tacitement par ceux dont le consentement était nécessaire. Il s'agit là sans doute d'une nouvelle marque de l'incongruité du mariage des mineurs en droit positif. L'approbation du mariage par les ascendants avait sans doute une signification véritable au XIXe siècle, lorsque l'âge de la majorité civile était fixé à vingt et un ans et que la physionomie des relations familiales différait largement de celle que nous connaissons actuellement. Aujourd'hui anachronique, l'approbation postérieure mériterait d'être supprimée au même titre que la possibilité pour un mineur de se marier.

201. – **Prescription.** L'action en nullité relative du mariage pour défaut d'autorisation se prescrit par cinq ans. Pour autant, le point de départ du délai de prescription diffère selon la qualité du demandeur. Ainsi l'action ne peut plus être intentée ni par les époux, ni par les parents dont le consentement était requis, lorsqu'il s'est écoulé cinq années sans réclamation de leur part, depuis qu'ils ont eu connaissance du mariage(268). Elle ne peut être intentée non plus par l'époux, lorsqu'il s'est écoulé cinq années sans réclamation de sa part, depuis qu'il a atteint l'âge pour consentir lui-même au mariage, c'est-à-dire le seuil de la majorité civile(269).

B. – Nullité absolue

202. – **Causes de nullité absolue.** Seule la transgression de certains empêchements dirimants à mariage est sanctionnée par une nullité absolue. Il s'agit des empêchements les plus graves, dont l'existence a pour but de garantir le respect des conditions essentielles du mariage, à savoir le non-respect de l'âge nuptial, l'inceste, la bigamie, le défaut de consentement, le défaut de comparution personnelle, l'incompétence de l'officier de l'état civil, le mariage clandestin. En effet, si l'on compare les empêchements sanctionnés par une nullité relative et ceux sanctionnés par une nullité absolue, un constat s'impose avec évidence : l'inceste, la bigamie, la prohibition du mariage par procuration (nécessité d'une présence personnelle), autrement dit les empêchements sanctionnés par une nullité absolue expriment parfaitement l'essence de ce que doit être le mariage en droit positif. Inversement, le consentement vicié et le défaut d'autorisation à mariage témoignent bien de la volonté de protéger l'un des époux. Avec la nullité absolue, il s'agit donc bien de préserver et promouvoir une conception française et contemporaine du mariage. Dit autrement, on sanctionne ici une atteinte à l'ordre public et à l'intérêt général.

203. – **Demandeurs à l'action.** L'action en nullité absolue a pour but d'assurer la protection d'une règle édictée dans un intérêt général. Bien que cette affirmation, fondée sur la théorie dite « moderne » des nullités mérite d'être largement

(268) C. civ., art. 183.
(269) C. civ., art. 183.

nuancée à propos du régime des actes juridiques de manière générale, il n'en demeure pas moins que ses incidences procédurales se vérifient en matière de mariage. Le champ des demandeurs à l'action en nullité absolue s'avère en effet plus large qu'en matière de nullité relative. Tout intéressé doit pouvoir agir en défense de l'ordre public, dans le cadre d'une action qui ne manque pas d'évoquer le contentieux objectif(270). Partant, lorsque le mariage encourt la nullité pour l'une des causes qui viennent d'être énumérées, l'action en nullité absolue peut être intentée soit par les époux eux-mêmes, soit par tous ceux qui y ont intérêt, soit par le ministère public(271). Cela ne signifie pas que n'importe qui peut agir en nullité absolue. Une exigence élémentaire de respect de la sécurité juridique commande en effet que les époux aient la garantie qu'un tiers quelconque ne pourra pas remettre en cause leur lien matrimonial. Conformément aux conditions classiques de l'action en justice, seules les personnes qui présentent un intérêt à agir seront recevables. La précision mérite d'être faite car, trop souvent, l'action en nullité absolue fait l'objet d'une présentation trop schématique pour être exacte, en indiquant qu'elle serait ouverte à tous. Elle n'est ouverte qu'à tous ceux qui présentent logiquement un intérêt né et actuel. Admettre l'inverse aboutirait à obliger les époux à faire la preuve de la régularité de leur mariage en réponse à l'action en justice d'un tiers quelconque.

Trois précisions sont cependant apportées par le Code civil.

Tout d'abord, il convient d'ajouter à cette énumération des demandeurs la qualité à agir conférée par l'article 188 du Code civil au premier conjoint d'un époux bigame. Ce texte disposant que « l'époux au préjudice duquel a été contracté un second mariage, peut en demander la nullité, du vivant même de l'époux qui était engagé avec lui », il n'a pas à rapporter la preuve d'un intérêt spécifique à agir. On présume ici l'existence de cet intérêt à agir, à condition toutefois que ce premier époux n'ait pas divorcé(272).

Ensuite, l'article 187 du Code civil concerne plus précisément l'action en justice qui serait introduite par des collatéraux et celle des enfants nés d'un autre mariage. Il prévoit que leur action en nullité ne peut pas être intentée du vivant des deux époux(273) et uniquement lorsqu'ils ont un intérêt né et actuel.

Enfin, lorsque l'action en nullité est introduite pour clandestinité ou pour incompétence de l'officier de l'état civil, l'article 191 du Code civil qualifie pour agir les époux eux-mêmes, tous ceux qui ont un intérêt ainsi que le ministère public, c'est-à-dire les demandeurs énumérés à l'article 184 du Code civil. Le texte ajoute également « les père et mère » et « les ascendants ». Il faut sans doute en déduire que lorsque les père et mère ou les ascendants agissent en nullité absolue pour incompétence de l'officier de l'état civil ou pour clandestinité, leur intérêt à agir est

(270) On entend par contentieux objectif ici l'action dont le but est le rétablissement de la légalité.

(271) C. civ., art. 184.

(272) La jurisprudence jugea en effet que l'ex-conjoint divorcé d'un époux, n'ayant plus lors de son action en nullité du mariage pour bigamie la qualité de conjoint de ce dernier, ne peut se prévaloir des dispositions de l'article 188 du Code civil, mais doit justifier d'un intérêt pécuniaire ou moral pour agir. Cass. 1re civ., 31 janv. 1990 : *D.* 1990, 449, note J. Massip.

(273) La jurisprudence a cependant étendu le champ temporel du texte en admettant l'action en nullité du vivant des deux époux : Cass. civ., 25 mars 1889 : *DP* 1890, 1, 227.

présumé. Cette plus grande ouverture de l'action en justice s'explique sans doute par le caractère facultatif de la nullité pour incompétence de l'officier de l'état civil. La célèbre jurisprudence dite des « mariages de Montrouge » a décidé que l'incompétence de l'officier de l'état civil ne constitue qu'un cas de nullité facultative laissée à l'appréciation du juge.

Prolongement pratique

L'intérêt à agir en nullité absolue

204. – Il ne suffit pas d'affirmer que le demandeur en nullité absolue du mariage doit présenter un intérêt. Encore faut-il déterminer précisément la consistance dudit intérêt.

S'agissant d'une nullité absolue, ayant pour finalité de sanctionner l'inobservation d'une règle édictée dans l'intérêt général, se pose la question de savoir si le demandeur peut agir en rétablissement d'une légalité objective ? On songe immédiatement ici au contentieux de pure légalité au sens du recours pour excès de pouvoir.

Une réponse négative s'impose. Le demandeur doit bien présenter un intérêt que l'on qualifiera de strictement personnel pour être recevable.

De plus, sauf à être expressément qualifié par la loi pour agir, le demandeur doit présenter un intérêt né et actuel. Il s'agira la plupart du temps d'un intérêt patrimonial et, plus exactement, d'un intérêt successoral. C'est d'ailleurs la raison pour laquelle l'article 187 du Code civil pose une condition spécifique de recevabilité de l'action, tirée du décès des époux. Ainsi en raison de la promotion des droits du conjoint survivant par la loi n° 2001-1135 du 3 décembre 2001, les collatéraux qui se trouvent en concours avec le conjoint lors de l'ouverture de la succession sont évincés de celle-ci. Ils présentent un intérêt patrimonial pour réclamer la nullité du mariage[274].

Enfin, en ce qui concerne l'intérêt moral, celui-ci ne saurait suffire à justifier une action en nullité absolue.

205. – Prescription trentenaire de l'action. L'action en nullité absolue doit être introduite dans un délai de trente ans à compter de la célébration du mariage. L'article 184 du Code civil mentionne désormais *expressis verbis* le délai trentenaire. Tel n'était pas le cas avant la loi n° 2008-561 du 17 juin 2008 de réforme de la prescription en matière civile. L'ancien texte ne mentionnait pas le délai trentenaire, car il s'agissait tout simplement à l'époque du délai de prescription de droit commun en matière civile. Avec la réduction de trente à cinq ans du délai de prescription de droit commun, il s'est avéré nécessaire d'apporter cette précision. Quant à la détermination du point de départ de la prescription au jour de la célébration du mariage, elle s'impose pour d'évidentes raisons de commodité. Il serait bien délicat, s'agissant de durées aussi longues, de faire courir le délai à partir du jour où l'époux a découvert que son conjoint était bigame[275].

(274) Cass. 1re civ., 4 mai 2011, n° 09-68.983 : *Dr. famille* 2011, comm. 145, obs. V. Larribau-Terneyre ; *AJF* 2011, 330, obs. C. Siffrein-Blanc ; *RTD civ.* 2011, 515, obs. J. Hauser ; *D.* 2011, 2387, note G. Raoul-Cormeil ; *D.* 2012, 971, obs. J.-J. Lemouland et D. Vigneau ; *D.* 2012, 1033, obs. M. Douchy-Oudot.

(275) Pour une application erronée de ce délai de prescription trentenaire par une cour d'appel, cf. Cass. 1re civ., 19 oct. 2016, n° 15-50.098.

206. – Le divorce, obstacle à l'action en nullité ? Comme le délai trentenaire de prescription de l'action en nullité absolue du mariage s'avère relativement long, il est possible que le divorce vienne dissoudre durant cette période une union à la validité douteuse. Partant, une action en nullité absolue, introduite après un jugement prononçant le divorce des époux, est-elle recevable ? Contrairement à l'action en nullité, le divorce ne produit ses effets juridiques que pour l'avenir, ce qui signifie que jusqu'à la date où le jugement fait l'objet d'une transcription, le lien matrimonial demeure à l'égard des tiers. En se fondant sur les effets du divorce pour l'avenir, la jurisprudence a ainsi admis l'action en nullité introduite par le ministère public après le divorce(276). La solution s'explique aisément puisque l'article 423 du Code de procédure civile qualifie le ministère public pour agir en défense de l'ordre public et que l'action en nullité absolue poursuit précisément cette finalité. La réponse ne va pas de soi en revanche lorsque le demandeur à l'action est l'un des époux ou, pour être plus précis et tenir compte du jugement de divorce, l'un des ex-époux. Sa qualité d'ancien époux l'érige-t-il en demandeur à l'action, l'article 184 du Code civil qualifiant ainsi « les époux eux-mêmes » ou bien doit-il démontrer qu'il a intérêt à agir et introduire alors l'action comme « tous ceux qui y ont intérêt » ? La jurisprudence considère logiquement que l'ancien époux doit présenter un intérêt à agir car, n'ayant plus la qualité de conjoint, il ne peut se prévaloir des dispositions propres aux époux(277). La qualité de marié ou de divorcé du demandeur à l'action détermine la recevabilité de l'action. Plus exactement, alors que l'intérêt à agir est présumé lorsque l'époux demandeur demeure uni par le mariage, il doit être prouvé en cas d'action postérieure au divorce(278).

207. – Nullité pour bigamie et validité du premier mariage. La bigamie suppose par définition la célébration d'un second mariage alors que le premier n'a pas encore cessé. Il en résulte que le premier mariage des époux doit être valide et que les seconds époux pourront être tentés, afin de préserver leur union, d'exciper de la nullité du premier mariage. Si l'action en nullité du premier mariage aboutit, le second devrait logiquement conserver toute sa validité. L'article 189 du Code civil organise expressément cette situation en disposant que si les nouveaux époux opposent la nullité du premier mariage, la validité ou la nullité de ce mariage doit être jugée préalablement. La Cour de cassation en tire les conséquences procédurales qui s'imposent en exigeant qu'il soit sursis à statuer dans l'attente de la fin de la procédure relative à la nullité du premier mariage(279).

208. – Formalisme et nullités facultatives. Au sein de vices justifiant le prononcé d'une nullité absolue du mariage, l'incompétence de l'officier de l'état civil et la clandestinité sont soumises à un régime procédural qui diffère. Outre la possibilité pour les parents et ascendants de solliciter la nullité, sans être tenus de se prévaloir d'un intérêt spécifique, prévue par l'article 191 du Code civil, ces hypothèses

(276) Cass. 1re civ., 10 mars 1998 : *Dr. famille* 1998, comm. 147, note H. Lécuyer.
(277) Cass. 1re civ., 12 avr. 2012, n° 11-11.116 : *D.* 2012, 1125 ; *AJF* 2012, 412, obs. J. Antippas ; *RTD civ.* 2012, 511, obs. J. Hauser.
(278) En ce sens : J. Hauser, obs. préc. ss Cass. 1re civ., 12 avr. 2012, n° 11-11.116.
(279) Cf. en dernier lieu : Cass. 1re civ., 11 avr. 2018, n° 17-17.530 : *Dr. famille* 2018, comm. 145, obs. S. Dumas-Lavenac ; *Gaz. Pal.* 12 juin 2018, p. 19, note D. Sadi.

donnent lieu à des nullités qualifiées de « facultatives », c'est-à-dire laissées à l'appréciation du juge. Le principe a été posé par la Cour de cassation, à la fin du XIXe siècle, dans la célèbre affaire dite des mariages de Montrouge(280). Par ailleurs, l'article 196 du Code civil prévoit une possible confirmation du mariage clandestin, par possession d'état.

C. – Les effets de la nullité

209. – **Rétroactivité.** Le mariage nul est affecté d'un vice d'une telle gravité que sa célébration ne pouvait en principe pas avoir lieu. Partant, et conformément à la théorie des actes juridiques, le mariage nul est anéanti de manière rétroactive. La situation des époux se trouve replacée dans un *statu quo ante*. Comme le principal effet du mariage consiste en une modification de l'état civil des époux, la nullité entraîne logiquement un retour à l'état civil initial. Les époux redeviennent célibataires, leurs relations patrimoniales cessent d'être organisées par le régime matrimonial. Si l'on comprend sans mal que l'acte qui n'aurait jamais dû exister disparaisse de la scène juridique, il n'en demeure pas moins que la solution peut s'avérer singulièrement abrupte pour les époux eux-mêmes, mais aussi pour leurs enfants et pour les tiers qui ont contracté avec ceux qu'ils pensaient être régulièrement mariés. En somme, la rétroactivité de l'annulation du mariage peut entraîner, de manière quelque peu paradoxale, une atteinte à la sécurité juridique et aux prévisions des parties. Ce risque est d'autant plus grand que l'action en nullité absolue du mariage est enfermée dans un long délai de prescription trentenaire. Il est évident que lors d'une période d'une telle durée, les situations juridiques peuvent se consolider et nombre d'actes juridiques peuvent être conclus.

210. – **Atténuation de la rétroactivité de principe.** C'est la raison pour laquelle ce principe de rétroactivité de l'annulation du mariage connaît une importante atténuation. L'anéantissement rétroactif des effets du mariage nul et la remise en l'état du *statu quo ante* ne jouent pas avec la théorie du mariage putatif.

211. – **Essor de la théorie du mariage putatif.** La théorie du mariage putatif a connu un essor certain, au point que l'on a pu se demander si l'on n'assistait pas, en ce domaine, à une inversion dialectique(281). La nullité n'entraînerait en principe des effets que pour l'avenir et l'effet rétroactif serait devenu l'exception. Cette idée, largement partagée en doctrine(282), au moins depuis un article fondateur de Hébraud(283), trouve de sérieuses illustrations jurisprudentielles. Il suffit pour s'en convaincre de songer à un arrêt remarqué dans lequel la Cour de cassation décida que la prestation compensatoire pouvait être accordée en cas de nullité du mariage. Il en résulte un indéniable rapprochement des effets du divorce et des effets de la nullité du mariage. Est-ce à dire pour autant que la distinction entre divorce et nullité du mariage s'est estompée, voire qu'elle aurait disparu ? Il reste

(280) Cass. civ., 7 août 1883 : *DP* 1884, 1, 5.
(281) Selon le qualificatif de F. Terré et D. Fenouillet, *op. cit.*, n° 418.
(282) Ph. Malaurie et H. Fulchiron, *op. cit.*, n° 272 ; F. Terré et D. Fenouillet, *op. cit.*, n° 148.
(283) P. Hébraud, *Nullités du mariage et divorce*, in *Mél. Dauvillier*, Université des sciences sociales de Toulouse, 1979, p. 405.

d'usage en effet de distinguer le divorce dont les effets ne jouent que pour l'avenir et la nullité du mariage qui se caractérise par son effet rétroactif. Cela étant, l'atténuation croissante de l'effet rétroactif de la nullité du mariage ne permet pas de confondre divorce et nullité du mariage. Si leurs effets respectifs peuvent s'avérer similaires, il n'en demeure pas moins que le fondement même du divorce et de la nullité demeure radicalement différent. Le divorce constitue un mode de « démariage » et suppose un mariage parfaitement valable. La nullité s'inscrit dans une perspective différente. Il n'est point question de démariage ici puisque le mariage est intrinsèquement vicié. Les conditions de la dissolution du mariage par divorce et de son anéantissement par la nullité sont, par voie de conséquence, totalement différentes. On ne saurait déduire de la proximité des effets dans le temps une confusion entre deux mécanismes juridiques qui demeurent très différents, tant dans leur conception que dans leurs conditions de mise en œuvre. En droit, la nature juridique d'un mécanisme ou d'une institution ne se déduit pas seulement de son régime. Au demeurant, si les effets de la nullité dans le temps se rapprochent de ceux du divorce, c'est tout simplement par pragmatisme et réalisme. Conscient de la difficulté qui consiste à remettre en cause certaines situations durablement établies, la jurisprudence a fait preuve de souplesse par respect pour la sécurité juridique.

1° Principe : anéantissement rétroactif du mariage

212. – **Un acte réputé n'avoir jamais existé.** La nullité du mariage revêt un effet rétroactif, ce qui signifie que l'union étant initialement affectée d'un vice n'aurait jamais dû pénétrer dans l'ordre juridique. Le vice initial s'avère si grave que l'acte est anéanti depuis le début de son existence. Un tel effet rétroactif se révèle au demeurant parfaitement conforme au droit commun des actes juridiques.

2° Exceptions

a) À l'égard des époux : la théorie du mariage putatif

213. – **Origines historiques.** Le mariage putatif plongerait ses racines dans le droit canonique du XIIe siècle[284] où il supposait la réunion de trois conditions : la bonne foi des époux, tout d'abord ; une erreur de fait, ensuite ; une absence de fraude, enfin.

214. – **La bonne foi, condition de fond.** L'exigence d'une bonne foi de l'époux est expressément posée par l'article 201 du Code civil[285]. Issu de la loi n° 72-3 du 3 janvier 1972, le texte ne fait que reprendre une solution jurisprudentielle constante. La bonne foi de l'époux qui réclame le jeu de la putativité constitue une condition nécessaire et suffisante[286]. Conformément au droit commun, elle

(284) Ph. Malaurie et H. Fulchiron, *Droit de la famille*, *op. cit.*, n° 268.

(285) C. civ., art. 201 : « Le mariage qui a été déclaré nul produit, néanmoins, ses effets à l'égard des époux, lorsqu'il a été contracté de bonne foi ».
Al. 2 : « Si la bonne foi n'existe que de la part de l'un des époux, le mariage ne produit ses effets qu'en faveur de cet époux ».

(286) Cass. 1re civ., 14 juin 1957 : *D.* 1957, 557.

est toujours présumée[287], sachant que la jurisprudence fait montre en ce domaine d'une certaine souplesse. Pour preuve : il importe peu que l'empêchement à mariage méconnu ait été un empêchement absolu ou relatif. En effet, même pour la bigamie, empêchement absolu à mariage, le bénéfice de la putativité peut être accordé à un époux, dès lors que ce dernier était de bonne foi au moment de la célébration du mariage. Cela signifie concrètement que l'époux devait ignorer à cet instant l'absence de dissolution du premier mariage de son conjoint.

215. – **La demande expresse, condition procédurale.** D'un point de vue procédural, le bénéfice de la putativité doit être demandé par un époux. Il n'appartient donc pas aux juges qui ont prononcé la nullité d'un mariage de déclarer ce mariage putatif à l'égard de l'époux de bonne foi[288]. Au demeurant, en ce qui concerne l'instance, le caractère putatif du mariage annulé peut être reconnu soit par le jugement même qui annule le mariage, soit par un jugement ultérieur lorsque la décision prononçant la nullité de l'union n'a pas statué sur la putativité[289].

216. – **La non-rétroactivité, conséquence.** Quand un mariage nul est déclaré putatif, la rétroactivité de l'anéantissement du lien se trouve écartée. Malgré le vice qui affecte le mariage et en dépit de la destruction du lien, les effets civils produits par le mariage[290] avant la nullité perdurent à l'égard de l'époux de bonne foi. Ainsi l'épouse peut continuer à porter le nom du mari[291]. De même, l'époux de bonne foi va pouvoir, grâce au mariage putatif, bénéficier de la qualité de conjoint survivant au sens des articles L. 353-1 et suivants du Code de la sécurité sociale[292] et percevoir une pension de réversion. Pour cette raison, de nombreuses demandes en nullité du mariage sont introduites par des caisses de retraite[293].

La putativité, quand elle joue, a pour conséquence de rapprocher sensiblement le régime du mariage nul et les conséquences du divorce. La tendance remarquée en France, lorsque par exemple la Cour de cassation admit la possibilité d'ordonner le versement d'une prestation compensatoire suite à l'annulation d'un mariage[294], se constate dans d'autres États[295] puisque les droits suisse[296] et alle-

(287) Cass. 1re civ., 5 nov. 1913 : *DP* 1914, 1, 281, note Binet. – Paris, 23 déc. 1958 : *D.* 1959, 271. – Pour une application récente, cf. Cass. 1re civ., 15 févr. 2012, n° 11-10.095 : *D.* 2012, 975, obs. Lemouland et Vigneau ; *RTD civ.* 2012, 295, obs. J. Hauser. Dans cette dernière affaire, suite au décès de son mari, une femme dépose une requête auprès d'une caisse de retraite pour obtenir, en sa qualité de veuve, une pension de réversion. La caisse de retraite rejette la requête et assigne l'épouse en nullité du mariage pour bigamie. La demande est accueillie, mais l'arrêt d'appel juge que le mariage produit tout de même ses effets à l'égard de l'épouse. Le pourvoi de la caisse de retraite est rejeté aux motifs que la cour d'appel a estimé, par une appréciation souveraine, qu'il n'était pas établi qu'au jour de la célébration du mariage l'épouse eût été informée de la situation matrimoniale réelle de son mari, de sorte que la présomption de bonne foi ne pouvait être écartée.

(288) Cass. 1re civ., 15 oct. 1958 : *Bull. civ.* 1958, I, n° 432.

(289) Cass. 1re civ., 28 mai 1991 : *Bull. civ.* 1991, I, n° 169 ; *JCP* G 1991, IV, 290 ; *D.* 1992, 121, note J. Massip.

(290) Cass. req., 9 juill. 1935 : *DH* 1935, 43.

(291) Bordeaux, 16 juin 1937 : *DH* 1937, 539.

(292) Cass. soc., 9 nov. 1995 : *Bull. civ.* 1995, V, n° 296.

(293) Cass. 1re civ., 15 févr. 2012, n° 11-10.095 : *D.* 2012, 975, obs. Lemouland et Vigneau ; *RTD civ.* 2012, 295, obs. J. Hauser.

(294) Cass. 1re civ., 23 oct. 1990 : *Bull. civ.* 1990, I, n° 221 ; *JCP* G 1991, II, 21774, note F. Monéger ; *Defrénois* 1991, art. 34980, n° 1, obs. J. Massip ; *RTD civ.* 1991, 299, obs. J. Hauser ; *D.* 1991, 214, note Ch. Mascala : l'arrêt est précisément rendu au visa de l'article 270 du Code civil, texte central du droit de la prestation compensatoire après-divorce (sur lequel, V. *infra*, n° 382) et repose notamment sur une prise en compte de la disparité que crée la rupture du mariage résultant de la nullité du mariage.

(295) Sur ces éléments de droit comparé, cf. Ph. Malaurie et H. Fulchiron, *Droit de la famille*, *op. cit.*, spéc. n° 269.

(296) C. civ. suisse, art. 109 : « 1. L'annulation du mariage ne produit ses effets qu'après avoir été déclarée par le juge ; jusqu'au jugement, le mariage a tous les effets d'un mariage valable, à l'exception des droits successoraux du conjoint survivant.

mand ont purement et simplement supprimé la rétroactivité de la nullité du mariage. Il faut reconnaître que pareille solution brille par sa commodité, puisqu'il convient simplement d'appliquer les règles gouvernant les effets du divorce(297), comme le démontre la question de la liquidation du régime matrimonial. Lorsque les juges du fond constatent la bonne foi d'un époux, les intérêts patrimoniaux du couple se trouvent liquidés à son égard selon les règles du régime matrimonial.

Prolongement pratique

Partage de la pension de réversion d'un époux bigame

217. – Affirmer que la putativité évince le caractère rétroactif de la nullité ne va pas sans soulever des difficultés d'ordre pratique en ce qui concerne précisément la pension de réversion. En cas de bigamie en effet, laquelle des deux épouses pourra percevoir la pension de réversion ? S'agit-il de la première épouse, régulièrement mariée ou de la seconde bénéficiant de la putativité ?

La jurisprudence a retenu la solution du partage. Comme la seconde épouse, de bonne foi, bénéficie de la qualité de conjoint survivant, la pension de réversion est partagée entre les conjoints survivants non remariés au *prorata* de leur durée de vie respective de chaque mariage, et ce partage est opéré lors de la liquidation des droits du premier d'entre eux qui en fait la demande (Cass. soc., 9 nov. 1995 : *Bull. civ.* 1995, V, n° 296).

218. – **Cas particulier de la séparation de corps.** À la différence de la nullité du mariage, la séparation de corps n'entraîne pas un anéantissement du lien matrimonial, mais engendre un relâchement du lien. Ainsi, les époux demeurent mariés mais ne sont plus tenus de certaines obligations entre époux. Plus exactement, les époux ne sont plus tenus du devoir de communauté de vie(298). À ce titre, la séparation de corps est longtemps apparue comme étant un « divorce des catholiques », c'est-à-dire qu'elle permettait aux époux de se séparer légalement tout en respectant le principe d'indissolubilité du mariage, dicté par des considérations religieuses.

Partant, le recours à la théorie du mariage putatif en cas de séparation de corps a pu être posé. Par exemple, la seconde épouse d'un homme séparé de corps, qui était persuadée que son mari était divorcé peut-elle invoquer la théorie du mariage putatif ? La jurisprudence apporte une réponse positive à cette question(299). Mieux, le bénéfice de la putativité a même pu être accordé à l'époux séparé de corps lui-même(300). Ceci démontre une nouvelle fois qu'en matière de mariage putatif tout

2. Les dispositions relatives au divorce s'appliquent par analogie aux effets du jugement d'annulation en ce qui concerne les époux et les enfants.
3. La présomption de paternité du mari cesse lorsque le mariage est annulé du fait qu'il a été contracté pour éluder les dispositions sur l'admission et le séjour des étrangers ».

(297) Cf. pour le droit suisse l'article 109, § 2e ci-dessus reproduit.

(298) V. *infra*, n° 425 sur la séparation de corps.

(299) Cass. 1re civ., 20 nov. 2013, n° 12-25.897 : *RJPF* 2014-2, obs. V. Égéa ; en l'espèce, le mari est condamné par un jugement de séparation de corps à verser diverses sommes à titre d'aliments à son épouse et aux enfants. Il se remarie. La seconde épouse connaissait l'existence de ces obligations alimentaires encore dues par le mari. Une cour d'appel en déduit une connaissance de l'absence de dissolution du premier mariage. Cassation pour manque de base légale, car l'arrêt n'a pas constaté que la seconde épouse avait eu connaissance, au moment de la célébration du mariage, du maintien des liens matrimoniaux avec la première épouse.

(300) CA Aix-en-Provence, 29 mars 2004 : *JurisData* n° 2004-251026 : *Dr. famille* 2004, comm. 216, obs. V. Larribau-Terneyre.

repose sur la bonne foi des époux. En effet, il s'agit avec la séparation de corps non seulement d'une erreur de droit mais, qui plus est, en matière de bigamie, d'une cause de nullité absolue.

b) À l'égard des enfants

219. – Bénéfice de la légitimité. À l'égard des enfants, le mariage nul continue de produire ses effets. Cette exclusion de la rétroactivité pour les enfants n'a plus véritablement d'intérêt puisque la distinction entre enfants légitimes et naturels a disparu[(301)]. Elle en avait en revanche lorsque le texte fût rédigé en 1972. Précédemment en effet, le mariage nul produisait ses effets à l'égard des enfants qui perdaient donc le bénéfice de la légitimité. C'est la raison pour laquelle l'article 202 du Code civil a permis aux enfants nés d'un mariage nul de conserver le bénéfice de la légitimité.

Désormais le texte paraît quelque peu suranné. Depuis l'ordonnance n° 2005-759 du 4 juillet 2005 en effet, que les enfants soient issus d'un couple marié ou non, un même droit de la filiation s'applique et les mêmes droits et obligations en découlent[(302)]. Dit autrement, la situation juridique de l'enfant né durant le mariage sera la même suite à l'annulation du mariage de ses parents : il ne perd aucun droit et devient simplement l'enfant d'un couple de concubins. La règle figure pourtant toujours à l'article 202 du Code civil[(303)]. Une telle survivance n'a finalement qu'un intérêt symbolique en ce qu'elle constitue l'un des derniers textes marquant une primauté du mariage, dans un contexte exaltant le pluralisme des formes juridiques de couples. D'autant que la jurisprudence n'a pas érigé cette disposition en règle d'ordre public au sens du droit international, alors même qu'en ce domaine le texte pouvait avoir un intérêt face à des législations étrangères qui hiérarchisent les différents types de filiation. Ainsi, le juge français peut parfaitement appliquer une loi étrangère qui déclare un mariage inexistant, même à l'égard des enfants[(304)], faisant perdre à ces derniers le bénéfice de la légitimité.

---

(301) V. *infra*, n° 581.

(302) À l'exception de la situation, statistiquement marginale, de l'enfant incestueux, V. *infra*, n° 577.

(303) C. civ., art. 202 : « Il produit [le mariage] aussi ses effets à l'égard des enfants, quand bien même aucun des époux n'aurait été de bonne foi ». Sur ce texte : J. Foyer, *Réflexions sur l'article 202 du Code civil*, in *Mél. F. Terré*, Dalloz, 1999, p. 469 ; l'on pouvait s'attendre à une disparition de ce texte avec l'ordonnance du 4 juillet 2005. – Comp. par ex. pour la légitimation : F. Dekeuwer-Défossez, *Fossile ou Zombie ? La légitimation à l'aube du troisième millénaire*, in *Mél. M. Gobert*, Economica, 2004, p. 129.

(304) Cass. 1re civ., 16 juill. 1998 : *JCP* G 1999, II, 10032, note Muir-Watt ; *D.* 1999, 51, note B. Fauvarque-Cosson ; *D.* 1999, somm. p. 201, obs. F. Granet ; *D.* 1999, somm. p. 294, obs. Audit ; *Rev. crit. DIP* 1999, 509, note Lequette ; rejet du pourvoi formé contre CA Paris, 23 févr. 1996 : *D.* 1997, somm. p. 278, obs. Bottiau.

CHAPITRE 2

LA DISSOLUTION DU MARIAGE

Bibliographie

- S. Corneloup (ss dir.), *Droit européen du divorce*, LexisNexis, 2013.
- F. Ferrand et H. Fulchiron (ss dir.), *La rupture du mariage en droit comparé*, Société de législation comparée, 2015.
- H. Fulchiron (ss dir.), *Autour du projet de divorce par acte d'avocat enregistré par notaire : Dr. famille* juill. 2016, dossier, n°s 23 et s.
- A. Leborgne (ss dir.), *La réforme du divorce par la loi du 26 mai 2004, pacification et simplification ?*, PUAM, 2005.
- C. Lesbats, *Le droit notarial du divorce*, préf. R. Le Guidec, LexisNexis, 2017.
- I. Théry, *Le démariage*, éd. Odile Jacob, 1993.

220. – **Dissolubilité.** Le mariage a vocation à se dissoudre inéluctablement, ne serait-ce que par la survenance de la mort de l'un des époux. La question de l'indissolubilité du mariage, pourtant importante et qui anima de vifs débats juridiques et législatifs de la Révolution française jusqu'à la réforme du 11 juillet 1975, se trouve alors mal posée car le mariage s'avère nécessairement dissoluble. Évoquer la dissolubilité ou l'indissolubilité du mariage consiste en réalité à débattre de sa possible dissolution par divorce. Il s'agit de savoir si le droit positif admet ou non que le divorce puisse mettre fin, pour l'avenir, à un mariage régulièrement célébré. Longtemps l'influence de la religion sur le droit s'opposa à une telle perspective. En droit canon en effet, le mariage constitue un sacrement et il ne saurait pour cette raison être anéanti, l'homme ne pouvant séparer ce que Dieu a uni. Dans un contexte de droit civil laïcisé, la dissolubilité du mariage ne se heurte point à ce type d'obstacles.

221. – **Deux modes de dissolution.** Le Code civil n'admet que deux modes de dissolution du mariage, à savoir la mort et le divorce. Tout d'abord, la mort de l'un des époux, voire des deux conjoints simultanément(1) met fin au mariage et brise le lien juridique d'alliance qui unissait jusque-là les membres du couple, entraînant avec elle l'état civil des époux. La mort de l'un des conjoints entraîne donc une

(1) Par ex. les deux époux qui meurent dans le même accident d'avion.

modification de la structure familiale qui, elle-même, engendre de nouveaux effets de droits. Il suffit pour s'en convaincre de songer à la situation du conjoint survivant qui recueille la succession du défunt mais redevient aussi célibataire, juridiquement, du fait de la dissolution du mariage.

Le Code civil prévoit ensuite que le divorce constitue une seconde cause de dissolution du mariage. Le divorce s'impose comme une construction juridique, contrairement à la dissolution du mariage par décès qui constitue la traduction juridique, par une modification de la structure familiale, d'une réalité biologique : la mort d'une personne. Il en résulte que la dissolution du mariage par divorce dépend très largement d'un choix politique visant à faciliter l'accès au divorce ou, inversement, à le réduire autant que possible.

222. – **Dissolution du mariage, état civil et structures familiales.** Que la dissolution du mariage s'opère par la mort ou par le divorce, sa principale incidence juridique affecte l'état civil des personnes. Initialement marié, l'époux divorcé redevient célibataire, à l'instar du conjoint survivant lorsque la mort vient interrompre le mariage. La modification de l'état civil révèle et engendre une modification des structures familiales. En raison de l'incidence de la dissolution du mariage sur les structures familiales, il convient de procéder à une modification des actes de l'état civil des époux. En cas de décès, l'officier de l'état civil rédigera ainsi un acte de décès, dont il sera fait mention en marge de l'acte de naissance des époux. De même, le divorce ne produit ses effets à l'égard des tiers qu'à compter de la transcription du jugement sur les registres de l'état civil. Mieux, dans le Code Napoléon, le juge du divorce se bornait à autoriser le divorce et les époux devaient comparaître devant l'officier de l'état civil pour divorcer, comme ils le firent initialement pour faire célébrer leur union. Le divorce produisait alors l'ensemble de ses effets au jour du prononcé du divorce par l'officier de l'état civil(2). Le droit positif n'a conservé cette place singulière des actes de l'état civil que dans les rapports des époux divorcés à l'égard des tiers. En portant de la sorte à la connaissance de tous la fin du lien d'alliance, il s'agit encore aujourd'hui de signifier la disparition juridique d'une structure familiale.

223. – **Plan.** Les deux modes de dissolution du mariage envisagés par le Code civil seront donc successivement présentés en commençant par le divorce (Section 1), pour s'intéresser ensuite au décès d'un époux (Section 2).

SECTION 1

LA DISSOLUTION DU MARIAGE PAR LE DIVORCE

224. – **Situation dans le Code civil.** Le chapitre du Code civil intitulé « De la dissolution du mariage » ne comporte qu'un seul article 227, relativement bref, qui énumère les deux modes de dissolution que sont la mort de l'un des époux et le divorce. Ce dernier ne fait pas à proprement parler l'objet d'une définition générale et il

(2) Cf. Ph. Malaurie et H. Fulchiron, *Droit de la famille*, *op. cit.*, n° 835.

convient alors de se tourner vers les dispositions qui régissent les différents cas de divorce, ses effets et la procédure en cette matière, pour cerner précisément la notion. L'ensemble de ces dispositions figure aux articles 229 et suivants du Code civil. Au demeurant, l'absence de définition ne nuit pas nécessairement à la compréhension d'un mécanisme juridique. Après tout, la mort, qui est également présentée par l'article 227 du Code civil comme l'un des deux modes de dissolution du mariage, n'est pas davantage définie dans le Code civil. Mieux, la famille elle-même ne fait pas l'objet d'une définition légale. Outre les dispositions du Code civil, le divorce est largement régi par des règles de nature procédurale, lesquelles figurent dans le Code de l'organisation judiciaire et dans le Code de procédure civile. À l'instar du droit de la filiation, lorsqu'il s'agit de constituer ou de détruire le lien de parenté, le divorce dépend très directement du droit procédural. Il suffit pour s'en convaincre de songer au débat récurrent relatif à la déjudiciarisation du divorce qui mêle des arguments aussi bien substantiels, liés à l'essence même du mariage et du divorce, que procéduraux, tirés des modes de preuve, de la plus ou moins grande ouverture de l'action en justice ou bien encore du rôle du juge. Les discussions ayant entouré la mise en place, par la loi de modernisation de la justice du 21e siècle(3), d'un divorce par consentement mutuel par acte sous signature privée contresigné par avocats(4), illustrent parfaitement ce lien intime que le divorce entretient avec la procédure.

225. – **Politique du divorce.** De manière très différente, chacune de ces causes de dissolution recèle des enjeux d'ordre politique d'une importance fondamentale. Avec la mort et la détermination de la qualité de conjoint survivant, se pose la question de la conservation des biens dans la famille. Quant au divorce, l'accès plus ou moins grand à ce mode de dissolution du mariage révèle la conception qu'une société se fait du mariage. Pour preuve, durant une large partie du XIXe siècle, dominée par un attachement à la famille légitime et aux valeurs religieuses traditionnelles, le divorce était prohibé. Ce mariage indissoluble tranchait assurément ici avec l'admission du divorce durant la Révolution française. Cet exemple suffirait sans doute à prouver cette dimension foncièrement politique des débats relatifs au divorce. On peut ajouter un second exemple, plus contemporain, allant dans le même sens. Lorsque que fût envisagé dans un prétendu souci d'économie des deniers publics de « déjudiciariser » le divorce par consentement mutuel, ce qui ne manqua pas de provoquer une vive émotion de certains professionnels du droit, le ministre de la Justice de l'époque confia au recteur Guinchard le soin de rédiger un rapport consacré à la répartition du contentieux. La commission de travail conclut à l'inutilité d'une telle réforme en raison, d'une part, de l'impact budgétaire finalement assez modeste qu'aurait engendré cette déjudiciarisation et, d'autre part, de la dimension politique du divorce. Réformer le divorce revient à modifier le mariage. Quelques années plus tard, avec la loi de modernisation de la justice du 21e siècle, la volonté de recentrer les juridictions sur leurs missions essentielles(5) a emporté

(3) L. n° 2016-1547, 18 nov. 2016 de modernisation de la jsutice du XXIe siècle.
(4) Sur lequel, cf. H. Fulchiron (ss dir.), *Le divorce par consentement mutuel sans juge : Dr. famille* 2016, dossier 23 à 32.
(5) V. le titre IV du projet de loi définitivement adopté à l'Assemblée nationale le 12 octobre 2016, de modernisation de la justice du 21e siècle.

l'homologation par le juge aux affaires familiales de la convention de divorce par consentement mutuel, privatisant encore davantage le démariage.

226. – **Définition.** Faute de définition du divorce dans le Code civil, l'on peut proposer celle qui suit, largement inspirée du *Vocabulaire Cornu*(6) : le divorce est « une dissolution du mariage prononcée judiciairement, à la demande des époux ou de l'un d'eux, dans les cas et selon les formes déterminées par la loi, dont les effets juridiques ne valent que pour l'avenir ».

Plusieurs caractères résultent de cette définition.

227. – **Le divorce était nécessairement judiciaire... jusqu'en 2016** ! Tout d'abord, le divorce ne pouvait avoir qu'une nature judiciaire jusqu'à ce que la loi dite « Justice 21 » ne vienne créer un divorce par consentement mutuel par acte sous signature privée contresigné par avocats(7). Jusque-là, seul un jugement pouvait prononcer le divorce et dissoudre ainsi le lien matrimonial. Cela signifiait que, concrètement, les époux ne sauraient divorcer sous seing privé, en s'abstenant de tout contrôle social. Certes, l'intervention du juge pouvait être restreinte, comme en matière de divorce par consentement mutuel. Il n'en reste pas moins qu'une comparution devant le juge et une homologation de la convention des époux demeuraient absolument nécessaires. La compétence exclusive du juge judiciaire s'expliquait ici par l'incidence du divorce sur l'état civil des époux. Alors que ceux-ci étaient jusque-là mariés, relevant ainsi d'un statut juridique et social spécifique(8), le divorce change leur état civil en les faisant redevenir célibataires. Juridiquement, ces ex-époux deviennent des tiers l'un par rapport à l'autre. Le droit s'efforce d'ailleurs d'éviter au maximum la continuation de certains effets juridiques entre ex-époux après la dissolution du mariage. Preuve en est la volonté très nette de favoriser le paiement de la prestation compensatoire sous forme de capital. L'importance du contrôle social exercé sur l'état civil des époux, qu'exprimait le caractère judiciaire du divorce, provenait de la nature institutionnelle du mariage. Autrement dit, c'est parce que le mariage demeure une institution que le divorce a longtemps revêtu un caractère judiciaire. Ceci démontre, s'il en était besoin, que l'engagement matrimonial ne constitue pas un engagement juridique ordinaire.

La loi dite « Justice 21 » a sensiblement modifié la situation en créant le divorce par consentement mutuel sous signature privée contresigné par avocats, qui n'a plus à faire l'objet d'une homologation pour être efficace sous réserve d'une exception. Ce turbulent nouveau cas de divorce côtoie son vénérable aîné, le divorce par consentement mutuel « judiciaire », pour reprendre l'expression du code, qui perdure uniquement lorsqu'un enfant mineur demande une audition par le juge. Le nouveau cas de divorce ainsi mis en place n'a pas pour autant évincé les autres cas de divorce, de nature contentieuse, mais il offre une nouvelle perspective aux époux. Selon leur choix, certains époux seront divorcés grâce à une décision du juge aux affaires familiales qui tranchera entre leurs prétentions respectives. D'autres époux, en revanche, disposeront de leur état civil hors le regard de toute autorité judiciaire, la convention acquérant force exécutoire grâce à son dépôt au

(6) G. Cornu (ss dir.), *Vocabulaire juridique*, PUF, V° *Divorce*.

(7) Projet de loi de modernisation de la justice du 21e siècle, définitivement adopté par l'Assemblée nationale le 12 octobre 2016, art. 50, qui modifie les articles 229 et suivants du Code civil.

(8) Celui-ci sera étudié *infra*, nos 1070 et s., au titre des droits et obligations entre époux.

rang des minutes d'un notaire. Faut-il y voir une atteinte au principe d'égalité devant la loi ? Si l'on peut sérieusement en douter, dès lors que les époux disposent de plusieurs choix, il n'en demeure pas moins que ce nouveau cas de divorce incarne parfaitement le mouvement de privatisation croissant du droit de la famille et le recul de la régulation étatique des liens ainsi que des relations familiales. Ne serait-ce que d'un point de vue symbolique et politique, déterminer la place exacte du l'État dans la famille constitue une tâche essentielle, trop souvent négligée. On peut le regretter car il est à craindre qu'un tel recul du contrôle étatique ne s'accompagne, à terme, d'une régulation faite par d'autres systèmes normatifs que le droit, comme la religion, voire assurée par des disciplines telles que la psychothérapie de couples.

228. – **Sans juge, est-ce encore un divorce ?** D'une manière sans doute inattendue pour certains, le droit de l'Union européenne a apporté une contribution majeure à la détermination des caractères du divorce. Interrogée sur la question de savoir si une répudiation faite en Syrie devait être considérée comme un divorce au sens des règlements Bruxelles II bis et Rome III, la Cour de justice de l'Union européenne(9) répond par la négative en jugeant que ces textes ne s'appliquent qu'aux divorces prononcés soit par une juridiction étatique, soit par une autorité publique ou sous son contrôle(10), et non aux divorces privés. Les commentateurs français ont tôt fait d'appliquer les critères ainsi dégagés à Luxembourg au nouveau divorce par consentement mutuel pour souligner les risques de faible reconnaissance de ce dernier au sein de l'Union européenne. Il convient de préciser la portée de cet arrêt qui se borne à dire que la reconnaissance du divorce privé ne pourra pas se fonder sur les règlements Bruxelles II bis et Rome III. Autrement dit, l'efficacité européenne d'un divorce privé, son aptitude à être reconnu dans un État membre demeurent plus restreintes que pour celle d'un divorce judiciaire. La reconnaissance du divorce privé ne s'avère donc pas impossible mais ne saurait être faite par le biais de ces deux règlements. D'un point de vue pratique, le caractère judiciaire du divorce détermine donc son efficacité, ce qui demeure déterminant dans un contexte contemporain de mobilité des personnes et des familles. De manière plus fondamentale, l'arrêt *Sahyouni* présente l'avantage de rappeler qu'une question aussi importante que le divorce, parce qu'elle concerne l'état des personnes et – partant les structures familiales – ne saurait pour l'instant échapper à tout contrôle étatique et que si une privatisation doit intervenir, l'efficacité européenne des actes nationaux demeurera restreinte.

229. – **Le divorce ne vaut que pour l'avenir.** L'absence de rétroactivité constitue traditionnellement un second caractère du divorce. Par essence, le divorce entraîne une dissolution du mariage pour l'avenir. En ce sens, le divorce se différencie de l'annulation du mariage, laquelle se caractérise par son caractère rétroactif. Il n'est pas question en matière de divorce de considérer que le mariage n'a jamais existé en raison d'un vice qui l'affectait dès sa formation. Bien au contraire, le mariage demeure ici parfaitement valable, mais on rompt ce lien matrimonial

(9) CJUE, 1re ch., 20 déc. 2017, aff. C-372/16, *Sahyouni* : *Dr. famille* 2018, comm. 102, note A. Devers ; *JCP G* 2018, doctr. 228, n° 10, obs. M. Farge ; *Europe* 2018, comm. 102, obs. A. Rigaux ; *Procédures* 2018, comm. 44, obs. C. Nourissat ; *AJF* 2018, 119, obs. A. Boiché. – *Adde.* V. Égéa, Chronique *Un semestre de droit procédural de la famille* : *Dr. famille* 2018, spéc. nos 6 et 12.
(10) Cf. not. les § 39, 45, 48.

pour l'avenir seulement. Mieux, la durée du mariage s'avère parfois expressément prise en compte, pour déterminer le montant de la prestation compensatoire notamment. Ainsi le divorce concerne-t-il un mariage parfaitement valide juridiquement et qui sera rompu pour des raisons objectives, telles que la séparation de fait durant deux ans par exemple ou parfois plus subjectives, comme en matière de divorce pour faute. Parce qu'il entraîne la dissolution du mariage pour l'avenir, le divorce doit également être distingué de la séparation de corps qui est, elle aussi, organisée dans le Code civil. Le jugement prononçant la séparation de corps entraîne un relâchement du lien matrimonial, dans des cas et selon des modalités prévues par la loi, mais sans pour autant dissoudre le mariage. Cette forme d'union juridique demeure, c'est-à-dire que les époux sont toujours mariés, mais leurs obligations sont moins intenses. Tel est notamment le cas de l'obligation de communauté de vie. Ainsi la séparation de corps permet au couple marié de faire organiser de manière légale et judiciaire une vie séparée sans pour autant rompre le mariage, ce qui correspond particulièrement bien à des couples soucieux de demeurer mariés(11), pour des raisons personnelles et/ou confessionnelles, tout en étant moins liés par les obligations et devoirs fixés par le Code civil. Pour autant, il faut reconnaître que la réforme du 26 mai 2004 a très largement altéré l'utilité juridique de la séparation de corps, en opérant un passage quasi systématique vers la solution plus radicale du divorce.

230. – **Le divorce est formaliste.** Enfin, le divorce ne peut être prononcé que dans les cas et selon les formes déterminés par la loi. Autrement dit, en raison de son caractère procédural(12), le divorce est gouverné par un formalisme strict. Plus exactement, en droit français, le divorce ne peut être prononcé que pour cinq cas énumérés et régis par le Code civil qui sont le consentement mutuel par acte sous signature privé, le consentement mutuel judiciaire, l'acceptation du principe de la rupture, l'altération définitive du lien conjugal et, enfin, la faute. À ces cinq cas de divorce correspondent deux ensembles de règles procédurales. Le divorce par consentement mutuel par acte sous signature privée contresigné par avocat constitue l'unique cas de divorce déjudiciarisé. Le divorce par consentement mutuel judiciaire demeure quant à lui le seul cas de divorce gracieux(13) et, partant, judiciaire. Les trois autres cas de divorce – acceptation du principe de la rupture, altération définitive du lien conjugal et faute – sont des divorces contentieux soumis à un ensemble de règles procédurales unique. On parle d'ailleurs d'un « tronc commun procédural », pour insister sur l'unicité

(11) Ainsi 977 séparations de corps ont été prononcées en France pour l'année 2015 (Source : Ministère de la Justice / SG / SDSE / Exploitation statistique du RGC).

(12) Le qualificatif de « procédural » paraît préférable, depuis la loi Justice 21, au terme « judiciaire » car, en renvoyant à la procédure entendue comme une manière de procéder, de cheminer, par une discussion qui respecte un formalisme et des délais, il permet d'englober le nouveau divorce par consentement mutuel par acte sous signature privée contresigné par avocats. Ce nouveau cas de divorce demeure en effet soumis à des formes et délais. Supposant la rédaction d'une convention, il découle en principe d'une discussion entre les époux. D'ailleurs, chaque conjoint doit être assisté d'un avocat, ce qui est censé favoriser une telle négociation.

(13) Tel n'était pas le cas sous l'ère de la loi de 1975 qui regroupait parmi les divorces gracieux non seulement le divorce sur requête conjointe, ancienne dénomination de l'actuel divorce par consentement mutuel, mais aussi le divorce sur demande acceptée qui correspondrait aujourd'hui au divorce pour acceptation du principe de la rupture. Ce dernier a été classé par la loi du 26 mai 2004 parmi les divorces contentieux.

des règles applicables quel que soit le cas de divorce contentieux choisi par le demandeur(14).

231. – **Enjeux du divorce.** Les vigoureuses oppositions qui se sont exprimées à l'occasion de la discussion et du vote de la loi du 17 mai 2013 ne doivent pas faire oublier que la réglementation par le droit du divorce constitue une question politiquement très sensible. Il s'agit de ces questions juridiques à propos desquelles « la Bastille et Versailles font cortèges ennemis »(15). Deux questions suscitent ou ont suscité des passions diverses.

La première, sans doute réglée aujourd'hui, concerne le principe même de l'admission du divorce et, par voie de conséquence, intéresse directement la dissolubilité ou l'indissolubilité du mariage. On mesure à quel point cette question revêt une résonance religieuse importante. En considérant le mariage comme un sacrement, il pouvait paraître difficile pour une autorité civile, fût-elle judiciaire, de séparer ce qui avait été uni par Dieu. Ainsi la dimension religieuse, très présente dans la France du XIXe siècle, explique-t-elle en partie la prohibition du divorce à cette époque. Il faut ajouter une autre explication, plus juridique, tirée de la conception constructiviste du droit très marquée à l'époque. En régissant une famille légitime stable, placée sous l'autorité du mari, le droit civil entendait ainsi construire une société que l'on espérait être stable et ordonnée. Dans cette conception, le divorce rompt donc un lien qui devait être solidement établi pour des raisons d'ordre public de direction et, pour cette raison, il ne saurait être admis ou, du moins, toléré qu'avec la plus grande restriction. À l'heure actuelle, en droit français et, plus largement, en Europe occidentale et en Amérique du Nord, il n'est nullement question de revenir sur le principe d'une dissolubilité du mariage, communément admis et toléré.

La seconde question, qui n'est quant à elle pas réglée, concerne la plus ou moins grande ouverture du divorce. Une fois admis le principe de la dissolubilité du mariage, il reste à déterminer le degré d'exigence de l'ordre juridique pour permettre aux époux d'accéder au divorce. Cette seconde question est souvent désignée par le vocable un peu vague de « libéralisation » et consiste à apprécier les conditions requises par l'ordre juridique pour cette modification de l'état civil des époux. Un pas supplémentaire a été franchi avec l'adoption de la loi n° 2016-1547 du 18 novembre 2016, dite « Justice 21 » et la création à cette occasion du divorce par consentement mutuel par acte sous signature privée contresigné par avocats. Ce texte facilite encore davantage cette rupture du lien conjugal. Il s'agit alors d'une étape supplémentaire puisque l'histoire récente du divorce est celle d'un assouplissement progressif, opéré en cinq étapes principales.

232. – **Brève histoire du divorce en droit civil.** Il est ici possible de distinguer brièvement quatre principales étapes. La première concerne le droit révolutionnaire et le Code civil. Alors que les droits civils de l'Ancien Régime(16) n'admettaient pas le

(14) Sur la proposition de simplification de ce fameux tronc commun procédural, faite par la PLPRJ 2018-2022, V. *infra*, n° 286.

(15) Selon l'expression de J. Hauser, *Une république familiale*, in *Le discours et le Code. Portalis, deux siècles après le Code Napoléon*, Litec, 2004, spéc. p. 140.

(16) En droit canon, le divorce fut prohibé par le Concile de Trente en 1563, en réaction à la Réforme qui, elle, admettait le divorce. A. Gouttenoire et P. Courbe, *op. cit.*, n° 358.

divorce, qu'il s'agisse du droit écrit ou des coutumes, le divorce fut largement admis durant la Révolution[17], dans la loi du 20 septembre 1792. Le droit révolutionnaire, issu notamment de la Constitution de 1791, ne considère plus en effet le mariage comme un sacrement, mais simplement comme un contrat civil[18].

Le Code civil de 1804 va quant à lui maintenir le divorce, conséquence de la conception civile du mariage que retiennent les rédacteurs du code, tout en restreignant l'accès à ce mode de dissolution de l'union. Le divorce ne peut alors plus être prononcé que pour des causes déterminées ou du consentement mutuel des époux, à condition cependant de remplir des conditions de fond et de procédure très exigeantes.

Avec la Restauration de la monarchie, le divorce sera finalement aboli en 1816 par la loi dite « de Bonald », le catholicisme étant redevenu religion d'État.

En 1884, le divorce est rétabli en droit positif, par une loi dite « Naquet » mais il n'est possible que dans des conditions très restrictives. Seul le divorce pour faute était alors admis. Il n'était pas question dès lors de divorcer par consentement mutuel, les époux ne pouvant librement disposer de leur état civil. Par ailleurs, reflétant les conceptions culturelles et sociales de l'époque, la législation sur le divorce était alors particulièrement inégalitaire entre l'homme et la femme. L'adultère de la femme mariée constituait systématiquement une infraction pénale. Cette qualification ne concernait en revanche l'adultère du mari que s'il était commis au domicile conjugal. Au-delà de cette inégalité entre les sexes, l'adultère constituait une cause péremptoire de divorce. Cela signifie que le divorce devait nécessairement être prononcé en cas d'adultère. Au lendemain de la Seconde Guerre mondiale notamment, cet ensemble de normes est apparu comme correspondant assez mal aux attentes des époux. Entre 1884 et 1975, le droit civil français n'organisait en effet qu'un « divorce-sanction »[19]. Cette qualification désigne une conception du divorce qui repose sur l'idée de punition de l'époux ayant violé les droits et obligations qu'il était en principe tenu de respecter. Le divorce-sanction n'a aujourd'hui pas disparu. Non seulement il domine encore dans de très nombreux États, au sein même de l'Union européenne, mais, de surcroît, le droit civil français reconnaît encore cette forme de divorce avec le divorce pour faute. Cela étant, le droit civil contemporain consacre à côté du divorce-sanction d'autres types de divorces. Le pluralisme des types de divorces constitue le principal apport de l'importante réforme de 1975.

La loi n° 75-617 du 11 juillet 1975 constitue l'un des textes modernes les plus importants en droit de la famille[20], notamment en raison de la consécration de plusieurs types de divorces, dont un divorce sur requête conjointe. La loi de 1975 va

(17) La loi du 20 septembre 1792 prévoyait de nombreux cas de divorce : démence, condamnation à une peine criminelle, injures graves, abandon du conjoint pendant deux ans, consentement mutuel, incompatibilité d'humeur.

(18) Cette qualification de contrat civil provient notamment des idées des Lumières qui ont, au XVIIIe siècle, considéré que la liberté individuelle s'accordait mal avec un engagement perpétuel. Cf. A. Gouttenoire et P. Courbe, *op. cit.*, n° 358.

(19) Par voie de conséquence, les époux qui souhaitaient à cette époque divorcer d'un commun accord.

(20) Sur la loi du 11 juillet 1975, la littérature est très foisonnante, cf. en particulier : J. Carbonnier, *La question du divorce. Mémoire à consulter* : *D.* 1975, chron. p. 115. – J.-C. Groslière, *Le juge aux affaires matrimoniales* : *D.* 1976, chron. p. 73. – P. Raynaud, *Les divers visages du divorce* : *D.* 1976, chron. p. 141 – Plus largement : A. Bénabent, *Le divorce en France*, Litec, 1984. – J. Massip, *La réforme du divorce*, Defrénois, 2 t., 1976. – J. Carbonnier, *Droit et passion du droit sous la Ve République*, Flammarion, 1996 ; *Essai sur les lois*, Defrénois, 1985.

maintenir dans le Code civil le divorce-sanction, au travers d'un divorce pour faute renouvelé. Ainsi l'adultère ne constitue plus une cause péremptoire de divorce ni, *a fortiori*, une infraction pénale.

À l'occasion de la réforme du 26 mai 2004, une modification significative s'opère(21). En effet, alors que l'ancien divorce sur demande acceptée était classé parmi les divorces gracieux, seul le divorce par consentement mutuel relève désormais de cette qualification. Le changement est d'importance, car le divorce gracieux recueille manifestement toutes les faveurs du législateur. Il correspond certes particulièrement bien aux vœux de pacification et de simplification affichés à l'occasion de la réforme du 26 mai 2004. Comme souvent en droit de la famille, le divorce par consentement mutuel démontre que le fond et la procédure sont, en cette matière, totalement indissociables.

La procéduralisation dépasse sans doute le cadre de l'exercice de la fonction de juger et de la justice comme institution, lorsqu'il s'agit de fixer une manière de procéder caractérisée par une discussion jalonnée d'actes et soumise à des délais. En ce sens, le divorce par consentement mutuel par acte sous signature privée contresigné par avocat, créé par la loi de modernisation de la Justice du 21e siècle, du 18 novembre 2016, marque une dernière étape dans cette évolution dirigée vers une privatisation croissante du divorce. Ce nouveau cas de divorce est certes déjudiciarisé mais il n'échappe pas à une certaine forme de procéduralisation. En effet, si les époux peuvent effectivement disposer librement de leur état civil, hors la nécessité d'obtenir une homologation judiciaire de leur convention de divorce par consentement mutuel, il n'en demeure pas moins qu'ils doivent respecter un formalisme et des délais que le Code civil continue (pour combien de temps encore ?) de poser.

§ 1. – Les divorces par consentement mutuel

233. - **Faveurs législatives.** Le divorce par consentement mutuel recueille les faveurs du législateur. Le propos était sans doute vrai dans le cadre de la loi n° 75-617 du 11 juillet 1975 qui a rétabli cette forme de divorce qui repose sur le consentement des deux époux. Il s'impose avec évidence dans la loi n° 2004-439 du 26 mai 2004 qui a assoupli encore davantage les conditions du divorce par consentement mutuel et qui a organisé les procédures de divorce – gracieuse et contentieuse – avec la volonté de diriger un maximum de ruptures vers le divorce par consentement mutuel. Ainsi est-il toujours possible d'utiliser une « passerelle procédurale » pour basculer d'un divorce initialement contentieux vers un divorce par consentement mutuel. Il est encore question d'une faveur législative pour le divorce par consentement mutuel avec la loi de modernisation de la Justice du 21e siècle, dite « Justice 21 », du 18 novembre 2016, qui modifie profondément la donne en créant deux modalités différentes. Un divorce par consentement mutuel judiciaire demeure, à l'instar de ce qui existait depuis la

(21) L. n° 2004-439, 26 mai 2004.

loi n° 75-617 du 11 juillet 1975, mais il se trouve cantonné à une situation que l'on a souhaité volontairement rendre marginale, à savoir la demande d'homologation sollicitée d'un enfant mineur. À côté, se trouve une nouvelle modalité de divorce par consentement mutuel, totalement inédite en droit français car elle repose sur l'absence d'intervention quelconque de l'autorité judiciaire : le divorce par consentement mutuel par acte sous signature privée contresigné par avocats, déposé au rang des minutes d'un notaire. Bien que cette déjudiciarisation d'un contentieux massif intéressant l'état des personnes et l'ordre public constitue une évolution fondamentale du droit de la famille, on peut y voir encore une marque, d'une physionomie nouvelle il est vrai, de la faveur législative pour le divorce par consentement mutuel. Mieux, une telle déjudiciarisation s'impose manifestement comme l'ultime conséquence d'une évolution dont les ferments se trouvent dans la loi n° 75-617 du 11 juillet 1975, qui admet le principe d'une disponibilité de l'état des personnes, et qui s'accentua avec la loi n° 2004-439 du 26 mai 2004 qui, en tentant de simplifier, d'accélérer et de pacifier le divorce a, indirectement, remis en question l'opportunité même de l'intervention du juge.

De manière classique, la faveur législative pour le divorce par consentement mutuel trouve plusieurs explications. Le juge intervient en matière gracieuse pour homologuer la convention des époux réglant les conséquences de la rupture. On peut donc penser que le temps de l'instance et la durée consacrée par le juge aux affaires familiales à un divorce par consentement mutuel seront plus faibles que pour un divorce contentieux. La remarque vaut *a fortiori* pour un divorce par consentement mutuel déjudiciarisé qui, par définition, ne dépend plus de la durée de l'instance(22). Une telle préoccupation n'est évidemment pas anodine à l'heure où la situation des finances publiques paraît pour le moins compliquée(23). Au-delà de ces questions d'intendance, on perçoit traditionnellement le divorce par consentement mutuel comme étant plus « sain » que les divorces contentieux. En reposant sur l'accord des époux et, par conséquent, sur un minimum d'intelligence de leur part, il s'éloigne d'une culture du conflit qui appelle parfois des allégations assez sordides reprochées à l'autre époux(24) ainsi que des preuves d'un comportement fautif que d'aucuns jugeront indignes(25). Il suffit pour s'en convaincre de songer à la production en justice du journal intime de son conjoint ou encore au constat d'adultère(26). Dans un ordre d'idées voisin, le divorce par consentement mutuel

(22) Il est de ce point de vue tout à fait édifiant de constater que la logique et la terminologie procédurale disparaissent dans les nouvelles dispositions du Code civil, au profit de mécanismes directement inspirés non pas du droit commun des obligations, lui-même en pleine mutation, mais du droit de la consommation. Ainsi, à l'instar des dispositions protectrices de l'emprunteur profane en matière de prêt immobilier, le nouvel article 229-4 du Code civil prévoit, en matière de divorce, la nécessité de respecter un délai de réflexion : « L'avocat adresse à l'époux qu'il assiste, par lettre recommandée avec demande d'avis de réception, un projet de convention, qui ne peut être signé, à peine de nullité, avant l'expiration d'un délai de réflexion d'une durée de quinze jours à compter de la réception ».

(23) C'est au demeurant ce même argument d'intendance qui fut parfois avancé (et entendu) par les tenants d'une déjudiciarisation du divorce par consentement mutuel !

(24) Il est fréquent par exemple que des accusations d'attouchements sexuels du mari sur les enfants soient formulées à l'occasion de divorces particulièrement contentieux.

(25) Il en va ainsi du constat d'adultère ou de la production en justice du journal intime d'un conjoint (sur les preuves dans le divorce pour faute, V. *infra*, n°s 343 et 344).

(26) Suite à une jurisprudence, célèbre, relative à l'admission de la preuve de l'adultère par la production du journal intime de l'épouse, certains commentateurs réclamèrent précisément la suppression du divorce pour faute.

correspond particulièrement bien à certains postulats juridiques contemporains qui préfèrent la logique consensuelle et la négociation à une logique de conflit.

234. - **Un serpent de mer : la déjudiciarisation.** Régulièrement l'idée d'une déjudiciarisation du divorce par consentement mutuel refit surface[27], jusqu'à l'adoption de la loi de modernisation de la Justice du 21e siècle, le 18 novembre 2016. En cas d'accord des époux tant sur le principe de la rupture que sur les conséquences du divorce, il s'agissait de permettre une dissolution du lien matrimonial sans passer par le juge aux affaires familiales. Fut ainsi suggéré le divorce par consentement mutuel devant l'officier de l'état civil, afin de respecter une sorte de parallélisme des formes avec la célébration du mariage. Sous d'autres plumes, c'est le greffier, voire le notaire qui ont pu être appelés en renfort. Il s'agissait alors de transférer à cet officier public et ministériel les divorces par consentement mutuel, avec l'espoir que cette compétence retirée au juge aux affaires familiales contribue à « désengorger » les rôles des tribunaux. Parfois, sans remettre en cause la nature juridictionnelle du divorce, c'est l'audience devant le juge aux affaires familiales qui fut considérée comme inutile et stigmatisante[28].

En définitive, le divorce par consentement mutuel déjudiciarisé emprunte une autre voie puisqu'il s'effectue par acte sous signature privée contresigné par avocats, déposé au rang des minutes d'un notaire.

L'opportunité d'une telle déjudiciarisation demeure assurément discutable. En effet, le juge aux affaires familiales, dans son office gracieux, opère non seulement un contrôle de légalité de l'acte, mais aussi un contrôle d'opportunité en vérifiant que la convention préserve suffisamment les intérêts des époux. À ce titre, il possède un pouvoir d'appréciation très large, notamment pour refuser l'homologation dont ne disposent ni les avocats des époux, ni le notaire qui doit se borner à enregistrer l'acte. Cette étendue des pouvoirs du juge constitue une sérieuse garantie offerte à l'époux le moins influent, le moins fortuné ou le plus faible, face à la puissance de son conjoint. Une garantie est certes offerte puisque chacun des époux doit désormais être assisté de son avocat. Pour autant, derrière de prétendus accords peuvent se nicher des chantages et autres pressions, plus ou moins explicites, subtilement exercés par un époux sur l'autre. Cela étant, le principal argument qui convainc de l'inopportunité d'une déjudiciarisation du divorce se trouve, de manière quelque peu paradoxale, du côté du mariage. Comme l'a démontré le rapport dit « Guinchard », réformer le divorce revient à redéfinir le mariage[29]. De manière évidente, le mariage en général intéresse la société dans son ensemble. C'est la raison pour laquelle la célébration du mariage est publique, que l'acte de mariage prend la forme d'un acte de l'état civil. En imposant une homologation judiciaire de la convention conclue entre les époux, le législateur maintient un contrôle public sur

(27) Sur ce thème, cf. not. H. Fulchiron, *Vers un divorce sans juge ? (à propos des projets de divorce « notarial »)* : *D.* 2008, 365 ; *adde* P. Delmas-Goyon, *Le juge du 21e siècle*, rapp. officiel, déc. 2013 ; en réponse à une proposition faite à la fin de l'année 2007 par le ministre du Budget : S. Guinchard (ss dir.), *L'ambition raisonnée d'une justice apaisée*, Doc. fr., 2008 ; en ce qui concerne l'audience d'homologation, cf. I. Théry (ss dir.), *Couple, filiation et parenté aujourd'hui*, Odile Jacob, 1998.

(28) Cf. le rappel des différentes propositions fait par Me R. Barthélémy, in *Divorce sans juge : interrogeons nos pratiques* : *Dr. famille* 2016, dossier 27.

(29) S. Guinchard (ss dir.), *L'ambition raisonnée d'une justice apaisée*, Doc. fr., 2008.

le mariage. Au demeurant, le rapport Guinchard n'a pas manqué d'évaluer l'étendue de la prétendue « économie » de deniers publics qu'engendrera la déjudiciarisation du divorce par consentement mutuel. Il en ressort que moins d'une dizaine de postes de magistrats devrait ainsi être gagnée. On comprend dès lors que ces petites préoccupations d'intendance ne doivent pas l'emporter face à la définition même de l'institution matrimoniale. Car il n'est pas question ici de débattre sur telle ou telle condition d'accès au mariage, mais bien de se prononcer sur la nature juridique (contractuelle ou institutionnelle) de cette union. Au-delà de l'enjeu strictement juridique, ce qui se joue avec la déjudiciarisation du divorce relève de l'ordre symbolique, comme le démontrèrent, avec une intensité particulièrement vive, les débats entourant le mariage dit « pour tous ». L'on aurait tort de négliger cette dimension symbolique du droit de la famille et de l'intervention du juge, qui représente souvent une source de réconfort pour l'époux se trouvant dans une période de désarroi[30]. Certes impalpable et difficilement quantifiable, cette vocation thérapeutique de l'intervention du droit et du juge – donc de l'État – dans la dissolution du couple, participe aussi d'une régulation par le droit des rapports sociaux.

235. - **Dualité des divorces par consentement mutuel en droit positif.** En dépit des regrets et interrogations que suscite la déjudiciarisation du divorce par consentement mutuel, deux modalités de divorce par consentement mutuel se rencontrent désormais. D'une part, le classique divorce gracieux (I), c'est-à-dire le divorce par consentement mutuel judiciaire, ne concerne plus que la situation dans laquelle un enfant mineur demande à être auditionné, sollicitant ainsi une intervention du juge aux affaires familiales. D'autre part, il existe désormais un divorce par consentement mutuel par acte sous signature privée contresigné par avocats, déposé au rang des minutes d'un notaire (II) qui se distingue par son caractère hermétique puisque les époux ne peuvent pas basculer de ce cas de divorce-là vers un divorce judiciaire. Seule une intervention de l'enfant mineur permet, non sans quelques paradoxes, de réintroduire l'office gracieux du juge aux affaires familiales.

I. – Le divorce gracieux : le divorce par consentement mutuel judiciaire

236. - **En voie de marginalisation.** Le divorce par consentement mutuel désormais qualifié de « judiciaire »[31] a nourri jusqu'au 1er janvier 2017 une activité juridictionnelle intense. À partir de cette date et de l'entrée en application de l'article 50 de la loi de modernisation de la Justice du 21e siècle, dite « Justice 21 », le divorce par consentement mutuel judiciaire n'occupera plus qu'une place statistiquement marginale. Du moins, il s'essoufflera progressivement puisque les instances introduites sur le fondement du droit en vigueur jusqu'au 31 décembre 2016 continueront d'être soumises à ces règles. En définitive, le divorce par consente-

(30) Sur le caractère solennel qui doit entourer le prononcé du divorce, V. M. Juston, *Le divorce par consentement mutuel sans juge : une oprétation sans chirurgien* : *Dr. famille* 2016, dossier 25.

(31) Le qualificatif de « judiciaire » retenu par la loi de modernisation de la justice du 21e siècle, du 18 novembre 2016, a pour finalité d'opposer ce cas de divorce au divorce par consentement mutuel par acte sous signature privée contresigné par avocats.

ment mutuel judiciaire, qui se caractérise par une homologation de la convention de divorce faite par le juge aux affaires familiales, ne concernera plus que la situation dans laquelle un enfant mineur du couple sollicite l'intervention du magistrat dans son office gracieux.

237. - **Intérêt de la présentation.** En dépit de cette importante évolution, étudier le divorce par consentement mutuel conserve plusieurs intérêts. Tout d'abord, ces règles demeurent applicables aux saisines faites jusqu'au 31 décembre 2016 et qui perdurent en raison, par exemple, de l'exercice d'une éventuelle voie de recours. Ensuite, l'homologation reste nécessaire lorsque l'enfant mineur la sollicite. Enfin, une telle présentation du divorce par consentement mutuel judiciaire s'impose pour bien cerner, non sans quelques paradoxes, la teneur du divorce par consentement mutuel par acte sous signature privée contresigné par avocats.

A. – Conditions et procédures

238. - **Consensus.** Le divorce par consentement mutuel repose sur une concorde entre époux. Plus exactement, il suppose un accord complet des époux, c'est-à-dire qui porte non seulement sur le principe de la rupture, mais aussi sur l'intégralité des conséquences du divorce. Formellement ce consensus s'exprime dans une convention que les époux soumettent ensemble au juge en vue de la faire homologuer. En ce sens, le divorce par consentement mutuel exprime parfaitement les dogmes actuels sur lesquels repose le droit de la famille(32), à savoir la disponibilité croissante, la recherche d'une plus grande adhésion à la décision de justice, la recherche de solutions amiables et négociées.

239. - **Gracieux.** Dans le divorce par consentement mutuel, le juge intervient en matière gracieuse, c'est-à-dire pour opérer un contrôle de légalité, en l'absence de contentieux, selon la formule de l'article 25 du Code de procédure civile. Dans une approche dite « structurale » de la règle de droit, il s'agit pour reprendre l'analyse de Héron d'intervenir pour lever un obstacle juridique érigé devant la réalisation du droit(33). Partant, le juge aux affaires familiales homologue la convention s'il a acquis la conviction qu'elle préserve suffisamment l'intérêt des époux et des enfants.

240. - **Saisine du juge par requête.** La demande en divorce par consentement mutuel est présentée au juge aux affaires familiales par requête(34). Pour être recevable, cet acte introductif d'instance doit respecter un certain nombre de conditions formelles(35), ce qui n'est évidemment guère original. En revanche, la requête n'a pas à mentionner les motifs de la rupture. Ainsi est-elle fréquemment qualifiée de requête « silencieuse ». Il s'agit d'éviter une surenchère dans le conflit dès lors que l'un des époux viendrait à imputer la rupture au comportement de l'autre, ce dernier étant tenté de répondre à son tour par des allégations

(32) V. *supra*, n° 35.
(33) J. Héron et Th. Le Bars, *Droit judiciaire privé*, Lextenso, 2015, n° 332.
(34) CPC, art. 1089.
(35) À peine d'irrecevabilité, la requête comporte les mentions énumérées par l'article 58 du Code de procédure civile.

plus ou moins virulentes… La requête peut être présentée par les avocats respectifs des époux ou bien par un avocat choisi d'un commun accord[36]. En ce qui concerne les conditions temporelles, les époux ne sont plus tenus de respecter un délai de six mois à compter du mariage pour présenter leur requête. La remise de la requête au greffe saisit le juge aux affaires familiales, sachant que la requête vaut conclusions[37].

241. – **La convention de divorce.** La requête présentée par les époux au juge aux affaires familiales doit obligatoirement comporter en annexe « une convention datée et signée par chacun des époux et leur avocat portant règlement complet des effets du divorce et incluant notamment un état liquidatif du régime matrimonial ou la déclaration qu'il n'y a pas lieu à liquidation »[38]. La convention constitue l'acte le plus important dans le divorce par consentement mutuel. En effet, c'est par cette convention que les époux règlent, d'un commun accord, toutes les conséquences tant personnelles que patrimoniales de la dissolution de leur mariage. Le juge aux affaires familiales n'aura dès lors pas à trancher pour déterminer telle ou telle incidence du divorce, mais devra se contenter d'homologuer cette fameuse convention, dès lors qu'elle préserve suffisamment les intérêts des enfants et des conjoints. La convention permet donc au juge de statuer en matière gracieuse. À ce titre, elle doit porter un règlement complet des conséquences du divorce. C'est la raison pour laquelle l'article 1091 du Code civil insiste sur l'état liquidatif du régime matrimonial qui doit figurer dans la convention ou, si le patrimoine ne s'y prête pas, la déclaration qu'il n'y a pas lieu à liquidation. Les règles de la publicité foncière commandent que l'état liquidatif soit passé en la forme authentique devant notaire, lorsque la liquidation porte sur des biens soumis à publicité foncière[39], c'est-à-dire essentiellement lorsqu'elle porte sur des biens immobiliers.

242. – **Homologation de la convention.** L'homologation par le juge aux affaires familiales de la convention de divorce par consentement mutuel atteste, s'il en était besoin, de l'exercice d'une fonction de juger gracieuse. Pour ce faire, le juge aux affaires familiales convoque les époux à l'audience, par lettre simple, dans un délai d'au moins quinze jours avant la comparution[40]. Le jour de l'audience, il entend chacun des époux séparément puis les réunit et appelle leurs avocats[41].

(36) C. civ., art. 250, al. 1er. En pratique, avant la réforme opérée par la loi dite « Justice 21 », les époux avaient souvent recours aux services d'un seul avocat, par souci d'économie notamment. En dépit des apparences, cette solution n'était pas exempte d'inconvénients. Il ne faut pas s'y méprendre : si, dans de nombreuses situations, l'avocat unique constituait bien le signe d'une rupture véritablement amiable, il demeurait de nombreuses hypothèses dans lesquelles derrière un prétendu consensus, se nichaient en réalité des influences, pressions ou chantages d'un époux sur l'autre. L'avocat unique correspond alors assez mal à ces situations dans lesquelles il paraît plus opportun que chaque conjoint soit représenté par son propre avocat. Une telle proposition n'évince pas nécessairement une gestion consensuelle de la dissolution du mariage. Le consentement mutuel peut naître aussi d'une négociation menée entre les deux avocats respectifs des époux. De ce point de vue, il est appréciable que le divorce par consentement mutuel sans juge (sur lequel, V. *infra*, n° 255 et s.), en dépit des imperfections concernant sa conception même, nécessite que chaque époux soit assisté de son avocat. Il en va au demeurant de l'essence même de ce divorce original.

(37) CPC, art. 1092.

(38) CPC, art. 1091.

(39) CPC, art. 1091 *in fine*.

(40) CPC, art. 1092, al. 2.

(41) C. civ., art. 250, al. 2.

L'homologation constitue la phase cardinale du divorce par consentement mutuel. Concrètement, c'est elle qui va rendre le divorce effectif, puisque le jugement d'homologation a la valeur juridique d'une décision de justice, mais selon des modalités déterminées non pas par le juge mais par les époux eux-mêmes. En ce sens, on peut la considérer comme une modalité particulière d'exercice de la fonction de juger dans laquelle le pouvoir décisionnel se partage entre les époux et le juge[42]. Alors que les premiers déterminent par leur convention les normes qui régiront leurs relations, suite à la rupture du lien, le second confère toute l'autorité juridictionnelle à cet acte de volonté privée. Pour schématiser, l'on pourrait dire que les époux exercent d'une certaine manière la *jurisdictio* alors que le juge dispose de l'*imperium*.

L'homologation de la convention de divorce par consentement mutuel constitue une illustration parfaite de la fonction juridictionnelle gracieuse, telle que définie à l'article 25 du Code de procédure civile. Ce texte dispose que « le juge statue en matière gracieuse lorsqu'en l'absence de litige, il est saisi d'une demande dont la loi exige, en raison de la nature de l'affaire ou de la qualité du requérant, qu'elle soit soumise à son contrôle ». En l'occurrence, la nature de l'affaire n'est pas anodine puisqu'il s'agit, par le divorce, de modifier l'état civil des époux, c'est-à-dire de modifier les structures familiales. Un contrôle social s'impose donc et, dans la conception française, c'est l'autorité judiciaire qui, de manière opportune, est chargée de cette mission. En effet, même si l'audience est brève et souvent peu solennelle, la comparution devant un magistrat, fût-il un juge unique, revêt plusieurs intérêts. D'un point de vue juridique tout d'abord, l'intervention du magistrat permet de vérifier l'équilibre de la convention et la protection des intérêts des membres de la famille. D'un point de vue symbolique ensuite, la comparution devant un magistrat démontre que le mariage a la nature juridique d'une institution et qu'il s'agit ici de modifier les structures familiales ainsi que l'état civil des époux. Dit autrement, l'homologation judiciaire rappelle que l'affaire n'est pas anodine. Enfin, d'un point de vue psychologique, l'intervention du magistrat a souvent une vertu apaisante pour l'époux qui s'estime victime d'une rupture. Il n'est pas rare en pratique que ce conjoint se considère comme reconnu dans sa souffrance affective, voire psychologique, du seul fait de l'attention et l'écoute, même très brèves, accordées par le magistrat.

243. – **Étendue de l'homologation.** Pour homologuer la convention de divorce par consentement mutuel, le juge aux affaires familiales doit tout d'abord caractériser l'existence d'une volonté réelle de chacun des époux et vérifier que leur consentement s'exprime de manière libre et éclairée[43]. L'exigence d'un consentement libre et éclairé ne relève évidemment pas exclusivement du droit du divorce, mais constitue une condition de validité des actes juridiques, en général. L'originalité provient ici de la nécessité d'opérer une vérification judiciaire *a priori*, dans le cadre de l'homologation. Les pouvoirs du juge aux affaires familiales ne se limitent cependant

(42) Cf. V. Égéa, *La fonction de juger à l'épreuve du droit contemporain de la famille*, Lextenso-Defrénois, 2010.
(43) C. civ., art. 232, al. 1er.

pas au consentement, car il peut « refuser l'homologation et ne pas prononcer le divorce s'il constate que la convention préserve insuffisamment les intérêts des enfants ou de l'un des époux ».

Plusieurs issues sont donc concevables :

– première hypothèse : à l'issue de l'audience et après avoir apprécié l'acte présenté par les époux, le juge constate un consentement libre et éclairé des époux, ainsi qu'une convention équilibrée préservant suffisamment les intérêts des enfants et des époux. Il s'agit là de la situation qui se rencontre assez fréquemment(44). Dans cette hypothèse, les conditions légales sont réunies et le juge rend sur-le-champ un jugement dans lequel il homologue la convention réglant les conséquences du divorce et, par la même décision, prononce le divorce(45). L'ordonnance qui prononce le divorce par consentement mutuel n'est pas susceptible d'appel. Le délai du pourvoi en cassation est de quinze jours à compter de la décision qui homologue la convention des époux et prononce le divorce(46) ;

– deuxième hypothèse : si le juge constate que le consentement d'un époux n'a pas été donné de manière libre et éclairé, et/ou que la convention ne préserve pas suffisamment les intérêts des enfants ou des époux, il doit alors refuser l'homologation sollicitée. Pour autant, afin d'organiser provisoirement la vie familiale, le juge peut tout de même homologuer les mesures provisoires(47) que les parties s'accordent à prendre jusqu'à la date à laquelle le jugement de divorce passe en force de chose jugée, à condition que ces mesures soient conformes à l'intérêt du ou des enfants. Suite au refus d'homologation de la convention, les époux disposent d'un délai de six mois pour présenter une nouvelle convention(48). L'ordonnance refusant l'homologation doit mentionner expressément cette information et son contenu. Si, à l'issue du délai de six mois, les époux n'ont pas présenté une nouvelle convention, le juge constate d'office, par ordonnance, la caducité de la demande en divorce(49). Durant ce délai de six mois, les époux peuvent interjeter appel de l'ordonnance refusant l'homologation. L'appel suspend alors le délai ;

– troisième hypothèse : il s'agit de la situation intermédiaire dans laquelle, en l'état, la convention ne saurait faire l'objet d'une homologation mais où le refus complet d'homologation avec nécessité de présenter une nouvelle convention dans les six mois serait assurément une solution trop sévère. Le juge aux affaires familiales dispose du pouvoir, avec l'accord des parties, en présence du ou des avocats, de faire supprimer ou modifier les clauses de la convention qui lui paraîtraient contraires à l'intérêt des enfants ou de l'un des époux(50).

(44) Cf. l'enquête statistique menée par nos soins. Au fil des différents divorces, les avocats d'un ressort connaissent en principe relativement bien les attentes de tel ou tel juge aux affaires familiales et présentent généralement des conventions qui correspondent aux jurisprudences locales. In *La fonction de juger à l'épreuve du droit contemporain de la famille*, préc.
(45) C. civ., art. 250-1 et CPC, art. 1099, al. 3.
(46) CPC, art. 1103.
(47) C. civ., art. 250-2, al. 2.
(48) CPC, art. 1100, al. 2.
(49) CPC, art. 1101, al. 2.
(50) CPC, art. 1099, al. 2.

Prolongement pratique

Les motifs justifiant le refus d'homologation

244. – Les juges aux affaires familiales demeurent bien évidemment souverains pour accorder ou refuser l'homologation. Cela étant, il s'avère tout de même possible de déterminer les principaux motifs qui, au sein des multiples jurisprudences locales, justifient un refus d'homologation.

On peut citer ainsi la convention qui prévoirait une résidence alternée irréalisable, notamment pour des raisons d'éloignement géographique. Une telle modalité de résidence de l'enfant, assurément attentatoire à l'intérêt de l'enfant, justifie une ordonnance de refus d'homologation.

Il en va de même pour la convention qui dispenserait un parent de toute contribution à l'entretien ou à l'éducation de l'enfant, ou encore de l'époux qui abandonnerait de nombreux droits à l'autre, voire des hypothèses de chantage.

B. – Effets du divorce par consentement mutuel judiciaire

245. – **État civil.** Le principal effet du divorce par consentement mutuel concerne l'état civil des époux qui subit une modification. Les conjoints quittent leur statut matrimonial, redeviennent célibataires d'un point de vue juridique et cessent, par conséquent, d'être soumis aux droits et obligations entre époux. Cela signifie que le lien matrimonial est rompu et que, partant, la structure familiale se trouve profondément modifiée. À l'égard des tiers, la solidarité entre époux ne joue donc plus et chacun supporte seul les dépenses qu'il a exposées(51).

246. – **Effets du divorce et contenu de la convention.** Comme il est difficile de ne pas tenir compte des années de mariage et que le divorce n'a pas d'effet rétroactif, les nouvelles relations juridiques entre les ex-conjoints doivent tout de même être déterminées. Dans le cadre du divorce par consentement mutuel, divorce gracieux, ce sont les époux eux-mêmes qui régissent ces nouvelles relations, dans leur convention. Son contenu règle les effets du divorce au sujet de questions telles que la prestation compensatoire, le nom de l'épouse, le sort des donations et avantages matrimoniaux.

247. – **Date d'effet du divorce.** En principe, la date des effets du divorce par consentement mutuel est fixée par les époux eux-mêmes dans leur convention, en ce qui concerne les effets pécuniaires entre eux. Faute d'avoir procédé à une telle stipulation dans la convention, l'article 262-1 du Code civil prévoit que les effets interviendront à la date de l'homologation de la convention réglant l'ensemble des conséquences du divorce. S'agissant des effets du divorce à l'égard des tiers, le jugement est opposable à partir du jour où les formalités de transcription du jugement sur les actes de l'état civil ont été effectuées.

(51) Du moins, à compter du jour de la transcription du jugement de divorce.

C. – Remise en cause de la convention homologuée

248. – *Mutuus dissensus.* Il s'avère bien difficile de remettre en cause une convention de divorce par consentement mutuel, homologuée par le juge aux affaires familiales. En ce domaine, le droit commun des obligations n'occupe qu'une place limitée en se heurtant en effet à la force de chose jugée que confère l'homologation. Ainsi, seule une nouvelle convention(52), expression d'un *mutuus dissensus*(53), pourra utilement modifier la première, à condition de faire également l'objet d'une homologation(54). La liberté contractuelle permet aussi aux époux d'insérer dans leur convention de divorce une clause de révision permettant au juge aux affaires familiales de réviser la prestation compensatoire, en cas de changement important dans les ressources ou les besoins de l'une ou l'autre des parties(55).

1° Les tiers et la tierce opposition

249. – Tierce opposition. Les créanciers de l'un ou de l'autre époux qui viendraient à estimer que le jugement d'homologation porte atteinte à leurs intérêts, peuvent faire déclarer que la convention homologuée leur est inopposable en formant tierce opposition contre la décision d'homologation dans l'année qui suit l'accomplissement des formalités de mention en marge des actes de l'état civil(56). En dépit de l'affirmation de cette règle, l'issue se révèle en pratique particulièrement étroite. De manière logique et opportune, la voie de la tierce opposition n'est pas recevable sur le prononcé du divorce, mais reste possible en ce qui concerne ses conséquences(57). L'on pouvait cependant légitimement espérer que la tierce opposition se trouve largement ouverte lorsque les conséquences d'un divorce causent un préjudice aux tiers. La jurisprudence se montre pourtant très restrictive sur ce point et n'admet la tierce opposition qu'avec parcimonie.

Par exemple, a pu être cassé un arrêt d'appel qui avait admis la tierce opposition de la victime d'une infraction commise par le mari, qui voyait ses chances d'indemnisation du préjudice disparaître puisque l'époux avait fait homologuer une convention de divorce par consentement mutuel avec son épouse. En appel, la convention de divorce va être jugée inopposable à la créancière du mari, dès lors qu'elle a été conclue en fraude de ses droits. L'arrêt se fonde en particulier sur la chronologie des faits. Une cassation est pourtant prononcée pour manque de base légale au visa des articles 583 et 1104 du Code de procédure civile, en jugeant « qu'en se bornant à se référer à la chronologie des décisions intervenues dans l'instance pénale à l'issue de laquelle [l'époux] a été déclaré coupable des faits qui lui étaient reprochés et condamné à des dommages-intérêts, sans rechercher si, en concluant la convention homologuée par le juge du divorce, son épouse avait pu avoir conscience d'agir en fraude

(52) Cass. 2e civ., 5 juill. 2001 : *Dr. famille* 2002, comm. 30, note H. Lécuyer. – Cass. 2e civ., 21 mai 1997 : *Dr. famille* 1997, comm. 120, note H. Lécuyer. – Cass. 2e civ., 5 janv. 1994 : *Bull. civ.* 1994, II, n° 5 ; *Defrénois* 1994, 943 (2e esp.), note M.-C. Forgeard.

(53) Cf. C. civ., art. 279, al. 2.

(54) Cass. 1re civ., 10 mai 2006 : *Bull. civ.* 2006, I, n° 227 ; *Dr. famille* 2006, comm. 129, note V. Larribau-Terneyre ; *Defrénois* 2006, 1319, obs. J. Massip ; *RTD civ.* 2006, 541, obs. J. Hauser. – Cass. 1re civ., 11 janv. 2005 : *Bull. civ.* 2005, I, n° 16 ; *Defrénois* 2005, 1050, obs. J. Massip. – Cass. 2e civ., 10 mars 1998 : *D.* 1998, 601, note J. Massip. – Cass. 2e civ., 26 juin 1996 : *Bull. civ.* 1996, II, n° 184. – Cass. 2e civ., 17 mars 1993 : *Bull. civ.* 1993, II, n° 111. – Cass. 2e civ., 11 oct. 1989 : *Bull. civ.* 1989, II, n° 168.

(55) C. civ., art. 279, al. 3.

(56) CPC, art. 1104.

(57) Cass. 2e civ., 7 mars 2002 : *RTD civ.* 2002, 275, obs. J. Hauser ; *Gaz. Pal.* 15-19 août 2003, p. 11, obs. J. Massip.

des droits du créancier de son mari et s'il y avait collusion des époux, la cour d'appel n'a pas donné de base légale à sa décision au regard des textes susvisés »[(58)].

2° Voies de nullité n'ont lieu contre les jugements d'homologation

250. – **Une convention de caractère hybride.** Une importante question pratique consiste à déterminer si la convention homologuée peut être remise en cause par les époux, voire par des tiers, en se fondant sur les causes de nullité des actes juridiques. On songe en particulier ici à une éventuelle demande en nullité pour vice du consentement, tel que le dol par exemple, ou encore à une remise en cause qui se fonderait sur la rescision pour lésion, puisque la convention comportera le plus souvent un partage. L'hypothèse demeure bien plus fréquente qu'il n'y paraît car, même si le divorce par consentement mutuel repose par définition sur un consensus, et que le juge aux affaires familiales vérifie que la convention préserve l'intérêt des époux et des enfants, il reste des situations dans lesquelles un conjoint consent à la convention sous l'influence de l'autre ou bien sur des bases économiquement erronées, voire parfois volontairement faussées. Autrement dit, sous couvert de consensus, règne parfois l'influence de l'époux le plus riche, le plus influent, voire le plus fort[(59)]. Dans ces conditions, il paraît relativement juste d'admettre une remise en cause de la convention signée dans des conditions douteuses, conformément au droit commun des actes juridiques. Pour autant, la convention de divorce homologuée ne constitue pas un acte juridique ordinaire, mais se caractérise par une intervention du juge qui lui confère un caractère hybride, amalgamant les aspects contractuel et juridictionnel.

251. – **Indivisibilité.** La jurisprudence refuse une telle remise en cause de la convention homologuée, fondée sur le droit commun des actes juridiques, en raison de l'indivisibilité entre la convention et le jugement d'homologation[(60)], lequel purge l'acte de volonté privé de ses éventuels vices. La convention de divorce acquiert alors la même force que la décision de justice elle-même[(61)]. Partant, en application de l'adage *Voies de nullités n'ont lieu contre les jugements*, la convention homologuée ne peut être remise en cause qu'en se fondant sur les voies de recours ouvertes contre les décisions de justice par le Code de procédure civile. Invariablement, la jurisprudence retient depuis près de vingt-cinq ans deux formules récurrentes, qui ne manquent pas de nourrir de nombreux commentaires doctrinaux[(62)], en jugeant que « après son homologation par le jugement prononçant le divorce, la convention définitive revêt la

(58) Cass. 1re civ., 13 mai 2015, n° 14-10.501 : *RTD civ.* 2015, 592, obs. J. Hauser ; *AJF* 2015, 350, obs. P. Hilt.

(59) Pour cette raison, l'assistance de chaque époux par son avocat constitue une garantie bien utile.

(60) Cass. 2e civ., 6 mai 1997, « le prononcé du divorce et l'homologation définitive ont un caractère indissociable et ne peuvent plus être remis en cause hors des cas limitativement prévus par la loi ».

(61) Sur cette question, cf. not. A. Tisserand, *L'indésirable indivisibilité dans le divorce sur requête conjointe*, in *Mél. Huet-Weiller*, LGDJ, 1994, p. 497.

(62) M. Giacopelli-Mori, *L'autonomie de la volonté dans les conventions entre époux divorcés : RTD civ.* 2001, 505. – J. Hauser et A. Tisserand, *L'indésirable indivisibilité dans le divorce sur requête conjointe*, préc. – R. Guimbellot, *La convention définitive de divorce, en cas de divorce sur requête conjointe, peut-elle donner lieu à une action en rescision pour lésion ? : D.* 1981, chron. p. 227. – J. Hauser, *Le juge homologateur en droit de la famille*, in P. Ancel et M.-C. Rivier (ss dir.), *Le conventionnel et le juridictionnel*, Economica, 2001, p. 114. – R. Lindon et Ph. Bertin, *La convention définitive, tendon d'Achille du divorce sur requête conjointe : JCP G* 1979, I, 2962. – R. Lindont et Ph. Bertin, *La convention définitive dans le divorce sur requête conjointe, nouvelle étude du problème : JCP G* 1981, I, 3021. – D. Villani, *Quels sont les recours contre l'homologation d'une convention de divorce par consentement mutuel ? : D.* 1995, chron. p. 253. – *Adde*, V. Égéa, *La fonction de juger à l'épreuve du droit contemporain de la famille*, Defrénois-Lextenso, 2010.

même force exécutoire que celle d'une décision de justice et ne peut plus être remise en cause, hors des cas limitativement prévus par la loi »[63] et que « le prononcé du divorce et l'homologation de la convention définitive ont un caractère indissociable et ne peuvent plus être remis en cause hors des cas limitativement prévus par la loi »[64].

252. – **Refus des voies de nullité.** Appliquant de manière stricte l'adage *Voies de nullité n'ont lieu contre les jugements*, la jurisprudence française refuse donc une remise en cause de la convention homologuée, en dehors des cas limitativement énumérés par la loi. Elle entend ainsi préserver la sécurité juridique, en ne remettant pas en cause le divorce une fois prononcé. La solution se révèle sans doute discutable en raison de son caractère assurément large. S'il paraît bien indispensable de ne pas bouleverser l'état civil des personnes une fois le divorce prononcé et transcrit sur les registres d'état civil, les conséquences devraient pouvoir quant à elles faire l'objet d'une correction quand elles découlent de fraudes manifestes. La jurisprudence refuse pourtant la nullité pour dol[65] de la convention homologuée, la rescision pour lésion[66] et déclare même irrecevable l'action paulienne[67] dont l'objet vise pourtant à éradiquer la fraude, et l'action *de in rem verso* qui entend rétablir un équilibre rompu entre deux patrimoines[68]. Le recours en révision, qui constitue quant à lui une voie de recours extraordinaire[69] contre les jugements, se heurte également au principe d'indivisibilité entre le prononcé du divorce et l'homologation de la convention qui empêche l'exercice, même partiel, de ce recours contre l'homologation de la convention[70].

Prolongement théorique

De l'improbable remise en cause d'une convention homologuée

253. – La jurisprudence délivre donc une interprétation particulièrement restrictive afin de ne pas remettre en cause la convention homologuée. La doctrine s'efforça d'étudier les justifications d'une telle politique jurisprudentielle en proposant deux séries de justifications, au demeurant complémentaires.

(63) V., par ex., au sujet de l'action paulienne : Cass. 1re civ., 23 nov. 2011, n° 10-26.802 : *RTD civ.* 2012, 98, obs. J. Hauser.

(64) V., par ex., au sujet de la rescision pour lésion : Cass. 2e civ., 6 mai 1987 : *D.* 1987, 358, obs. J.-C. Groslière ; *Defrénois* 1987, 1069, obs. J. Massip ; *Defrénois* 1988, 1058, note M. Grimaldi ; *RTD civ.* 1989, 50, obs. J. Rubellin-Devichi.

(65) Cass. 1re civ., 18 mars 1992 : *Bull. civ.* 1992, II, n° 90 ; *Defrénois* 1993, 644, obs. L. Forgeard. – Cass. 2e civ., 13 nov. 1991 : *Bull. civ.* 1991, I, n° 303 ; *Defrénois* 1992, 721, obs. J. Massip.

(66) Cass. 1re civ., 1er juin 2011, n° 10-30.205 : *D.* 2011, 2891, obs. Ph. Delebecque ; *RTD civ.* 2012, 98 (2e esp.), obs. J. Hauser ; *RTD civ.* 2011, 578, obs. B. Vareille ; *AJF* 2011, 383, obs. P. Hilt ; *Defrénois* 2011, 1694, note C. Courtaigne-Deslandes. – Cass. 1re civ., 18 oct. 1994 : *RTD civ.* 1995, 337, obs. J. Hauser ; *Defrénois* 1995, 723, obs. J. Massip ; *Dr. famille* 1997, comm. 120, obs. H. Lécuyer. – Cass. 2e civ., 6 mai 1987 : *D.* 1987, 358, obs. J.-C. Groslière ; *Defrénois* 1987, 1069, obs. J. Massip ; *Defrénois* 1988, 1058, note M. Grimaldi ; *RTD civ.* 1989, 50, obs. J. Rubellin-Devichi.

(67) Cass. 1re civ., 23 nov. 2011, n° 10-28.802 : *RTD civ.* 2012, 98, obs. J. Hauser.

(68) Cass. 1re civ., 10 févr. 1998 : *Dr. famille* 1998, comm. 53, note H. Lécuyer : « Après avoir relevé que [l'épouse] avait renoncé à solliciter une prestation compensatoire dans la convention définitive homologuée par le jugement de divorce et à réclamer une récompense lors des opérations de liquidation de la communauté portant notamment sur le fonds de commerce litigieux, la cour d'appel en a à bon droit déduit que la requérante se trouvait irrecevable à remettre en cause ces accords revêtus de l'autorité de la chose jugée ».

(69) CPC, art. 527.

(70) Cass. 1re civ., 5 nov. 2008, n° 07-14.439 : *Dr. famille* 2008, comm. 170, obs. V. Larribau-Terneyre ; *RTD civ.* 2009, 100, obs. J. Hauser ; *Defrénois* 2009, 547, obs. J. Massip. – Comp. les propositions doctrinales pourtant faites en faveur de la recevabilité du recours en révision : R. Lindon et Ph. Bertin, *Le recours en révision contre l'homologation de la convention définitive dans le divorce sur requête conjointe* : *JCP* G 1982, I, 3082.

Plusieurs auteurs, par ailleurs sceptiques à l'égard de ce courant jurisprudentiel, considèrent que la Cour de cassation entend ainsi ériger le divorce par consentement mutuel en divorce « package, pour solde de tout compte »(71). La préoccupation anime en effet le droit contemporain du divorce, en particulier depuis la réforme opérée par la loi n° 2004-439 du 26 mai 2004, et vise à étouffer le contentieux d'après-divorce. Les modalités actuelles de versement de la prestation compensatoire en fournissent une autre illustration. Il en va de même au demeurant s'agissant du nouveau régime applicable aux donations de biens présents entre époux prenant effet au cours du mariage, qui vise manifestement à ne pas revenir sur ce qui a été fait. Dans un ordre d'idées voisin, cette cristallisation de la situation juridique par le biais de l'homologation de la convention de divorce par consentement mutuel, aboutit à la doter d'une « énergie inouïe », d'un point de vue juridique(72). « C'est fait, c'est fait », notent ainsi MM. Malaurie et Fulchiron(73), ce qui amène nécessairement à s'interroger sur les incidences de ce paradigme du divorce dans un contexte de déjudiciarisation. La même logique devrait difficilement pouvoir perdurer si, demain, le juge aux affaires familiales ayant perdu l'essentiel de sa compétence matérielle dans l'homologation de la convention de divorce. On peut raisonnablement penser, dans cette perspective, que les voies de nullité devraient de nouveau pouvoir être introduites, en invoquant le dol, la lésion ou la fraude. Encore faudra-t-il que les avocats, nouveaux pivots du divorce déjudiciarisé, se montrent particulièrement vigilants pour ne pas exposer leur responsabilité civile professionnelle. Il conviendra surtout de bien distinguer la nécessaire remise en cause des incidences de la rupture, en cas de fraude par exemple, et l'indispensable sanctuarisation du principe du divorce.

L'autorité de chose jugée des décisions gracieuses fournit parfois une autre explication, davantage procédurale, au courant jurisprudentiel ici évoqué. L'argument ne convainc pas une partie de la doctrine, qui considère que les décisions juridictionnelles rendues en matière gracieuses, tel le jugement d'homologation d'une convention de divorce, ne sont point revêtues de l'autorité de chose jugée(74). L'affirmation se trouve aujourd'hui largement nuancée par une doctrine majoritaire(75) et admettre l'inverse aboutirait, non sans quelques paradoxes, à faire rétracter le jugement ayant prononcé le divorce. En homologuant la convention, le juge aux affaires familiales, dans son office gracieux, opère une vérification de la légalité qui constitue un acte juridictionnel et sa décision doit ainsi se trouver revêtue de l'autorité de chose jugée. Plus que l'autorité de chose jugée, c'est sans doute la force de chose jugée qui constitue le fondement du courant jurisprudentiel ferme visant à fermer la porte à une remise en cause de la convention homologuée.

254. – **Les étroites perspectives offertes en droit positif.** Si, de toute évidence, la jurisprudence n'entend pas rendre aisée la remise en cause d'une convention homologuée, elle ne peut demeurer insensible aux situations les plus déséquilibrées. En tentant de systématiser la jurisprudence pour dégager une perspective

(71) J. Hauser, obs. préc. ss Cass. 1re civ., 5 nov. 2008, n° 07-14.439.
(72) Ph. Malaurie et H. Fulchiron, *Droit de la famille*, *op. cit.*, n° 617.
(73) Ph. Malaurie et H. Fulchiron, *Droit de la famille*, *op. cit.*, n° 617.
(74) Cf. en ce sens : Ph. Malaurie et H. Fulchiron, *Droit de la famille*, *op. cit.*, n° 617.
(75) Sur ce débat, cf. V. Égéa, *La fonction de juger à l'épreuve du droit contemporain de la famille*, Defrénois-Lextenso, 2010, nos 268 et s.

cohérente, ce qui constitue un exercice toujours ardu, il semble que l'utilisation des voies de nullité demeure vouée à l'échec, mais que les ressources du droit commun du partage méritent attention[(76)].

La Cour de cassation a entrouvert en effet la perspective d'un recours à la sanction de recel de communauté[(77)] qui, désormais, se trouve fréquemment invoquée dans la liquidation de régime matrimonial. Invoquer le recel de communauté offrirait donc une première perspective intéressante pour l'épouse se disant victime d'un dol ou d'un déséquilibre de la convention. Encore faudra-t-il en pratique l'invoquer au moment du partage qui suivra l'homologation de la convention.

Une seconde issue, provenant également du droit commun du partage, s'ouvre avec le recours au partage complémentaire que l'un des époux pourra désormais solliciter en cas d'omission d'un bien ou d'une dette[(78)], sans pour autant qu'une nouvelle convention de divorce ne soit exigée[(79)]. Ainsi, l'époux qui vient à constater, postérieurement à l'homologation de la convention de divorce par consentement mutuel qu'un bien commun ne figure pas dans l'actif net partagé, par oubli[(80)], pourra solliciter un partage complémentaire pour ce bien-là seulement, sans nouvelle homologation d'une convention de divorce[(81)]. Une combinaison s'opère ainsi entre les principes d'intangibilité de la convention initiale et d'indivisibilité du divorce, d'une part, et la correction du déséquilibre patrimonial initial, d'autre part.

---

(76) Cf. en ce sens, à propos de la sanction du recel de communauté, au moment du partage : J. Hauser, obs. ss. Cass. 1re civ., 1er juin 2011, n° 10-30.205, in *RTD civ.* 2012, 98 (2e esp.). – *Adde*, déjà : Cass. 1re civ., 6 mars 2001 : *RTD civ.* 20101, 342, obs. J. Hauser : « Si la convention définitivie homologuée, ayant la même force exécutoire qu'une décision de justice, ne peut être remise en cause, un époux divorcé demeure recevable à présenter une demande ultérieure tenant au partage complémentaire de biens communs omis dans l'état liquidatif homologué, à l'application éventuelle des sanctions du recel et au paiement de dommages-intérêts pour faute commise par son ex-conjoint lors de l'élaboration de la convention ».

(77) Cass. 1re civ., 1er juin 2011, n° 10-30.205 : *RTD civ.* 2012, 98 (2e esp.), obs. J. Hauser ; *D.* 2011, 2891, obs. Ph. Delebecque ; *RTD civ.* 2011, 578, note B. Vareille ; *AJF* 2011, 383, obs. P. Hilt ; *Defrénois* 2011, 1694, note C. Courtaigne-Deslandes : dans une affaire où le mari minora manifestement la valeur de parts sociales indiquée dans un acte de partage annexé à la convention de divorce par consentement mutuel, cassation pour manque de base légale d'un arrêt qui débouta l'épouse de sa demande fondée sur le recel et sur la rescision pour lésion : « En se déterminant ainsi, par des motifs hypothétiques, alors qu'il incombait au mari de prouver qu'il avait informé son épouse de la valeur réelle des actions communes dont il avait disposé, la cour d'appel, qui n'a pas recherché, comme il le lui était demandé, si [l'époux] avait porté le prix de cession à la connaissance de [l'épouse], n'a pas donné de base légale à sa décision ».

(78) Cass. 1re civ., 13 déc. 2012, n° 11-19.098 : *Bull. civ.* 2012, I, n° 258 ; *Dr. famille* 2013, comm. 27, note V. Larribau-Terneyre ; *RTD civ.* 2013, 95, obs. J. Hauser ; *RTD civ.* 2013, 657, obs. B. Vareille ; *Defrénois* 2013, 413, obs. J. Massip ; *JCP* N 2013, 1101, note M. Nicod ; *JCP* N 2014, 1343, obs. C. Lesbats. L'œuvre de moralisation des opérations de partage demeure forte dans cet arrêt et le rôle du notaire (et donc son éventuelle responsabilité) se révèlent essentiels puisque la Cour de cassation après avoir jugé, de manière classique, que « si la convention définitive homologuée ne peut être remise en cause, un époux divorcé demeure recevable à présenter une demande ultérieure tendant au partage complémentaire de biens communs ou de dettes communes omis dans l'état liquidatif homologué », elle se prononce ensuite sur la responsabilité du notaire, au visa de l'article 1382 du Code civil en ces termes : « il incombait au notaire, quelles que soient les compétences personnelles des parties, de s'enquérir auprès d'elles du point de savoir si les biens leur revenant en propre avaient été financés, en tout ou partie, par la communauté, et, le cas échéant, de se faire communiquer tout acte utile ».

(79) Cass. 2e civ., 27 janv. 2000 : *Bull. civ.* 2000, II, n° 18 ; *Dr. famille* 2000, comm. 86, note H. Lécuyer ; *RTD civ.* 2000, 553, obs. J. Hauser.

(80) Sur l'omission d'un bien et le partage complémentaire, cf. S. Cabrillac, *L'omission dans les conventions définitives homologuées* : *Dr. famille* 2000, chron. 11.

(81) Précédemment, la jurisprudence faisant montre d'une grande rigueur en exigeant une nouvelle convention de divorce homologuée : Cass. 2e civ., 18 mars 1992 : *Bull. civ.* 1992, II, n° 90 ; *Defrénois* 1993, 644, note M.-C. Forgeard.

II. – Le divorce par consentement mutuel par acte sous signature privée contresigné par avocats

Bibliographie

- S. Amrani-Mekki, L. Cadiet et J. Normand, *Théorie générale du procès*, PUF, 2e éd., 2013.
- J.-R. Binet (ss. dir.), *La loi de modernisation de la justice du 21e siècle : Dr. famille* janv. 2017, dossier, nos 2 et s.
- O. Boskovic (ss dir.), *La déjudiciarisation*, éd. Mare et Martin, 2013.
- G. Cerdeira Bravo de Mansilla, *Le projet de divorce notarial en Espagne : Dr. famille* 2015, étude 8.
- V. Égéa, *La fonction de juger à l'épreuve du droit contemporain de la famille*, Lextenso, 2010.
- Fulchiron (ss dir.), *Autour du projet de divorce par acte d'avocat enregistré par notaire : Dr. famille* juill. 2016, dossier, nos 23 et s.
- S. Guinchard (ss dir.), *L'ambition raisonnée d'une justice apaisée*, Doc. fr., 2008.

255. – **Révolution théorique et pratique.** La création par la loi n° 2016-1547 du 18 novembre 2016, de modernisation de la Justice du 21e siècle d'un divorce par consentement mutuel par acte sous signature privée contresigné par avocats déposé au rang des minutes d'un notaire, constitue une évolution majeure du droit de la famille[(82)], dont les incidences tant théoriques que pratiques demeurent bien incertaines. L'innovation consiste à avoir modifié l'article 229 du Code civil pour créer une nouvelle modalité de divorce par consentement mutuel, totalement déjudiciarisée. Les articles 229-1 et suivants du Code civil réglementent ensuite ce nouveau cas de divorce. Saisi dans le cadre d'un contrôle de constitutionnalité *a priori*, le Conseil constitutionnel déclare conforme à la Constitution les dispositions de la loi de modernisation de la Justice du 21e siècle relatives au divorce par consentement mutuel[(83)]. Un important décret n° 2016-1097 du 28 décembre 2016 a quant à lui modifié les dispositions du Code de procédure civile pour tenir compte de ce nouveau type de divorce, non sans une certaine forme de paradoxe, puisqu'il s'agissait précisément de faire sortir le divorce par consentement mutuel d'un cadre juridictionnel. Le nouveau divorce par consentement mutuel ayant été adopté de manière finalement très brève et sans nécessairement tenir compte de l'ensemble de ses incidences, le ministère de la Justice a apporté des interprétations importantes dans une circulaire du 26 janvier 2017[(84)]. Il ressort de

(82) Cf. not. Cl. Brenner, *Le nouveau divorce par consentement mutuel : retour à l'an II ? : JCP* N 2017, act. 262. – S. Ferré-André, *Nouveau regard sur le divorce après la loi du 18 novembre 2016. Le divorce sans juge entre évolution et régression : Defrénois* 2017, 125. – H. Fulchiron, *Divorcer sans juge. À propos de la loi n° 2016-1547 du 18 novembre 2016 de modernisation de la justice du 21e siècle : JCP G* 2016, art. 1267. – M. Grimaldi, *L'exit du juge dans le nouveau divorce : Defrénois* 2017, 102. – S. Thouret, *Le nouveau divorce par consentement mutuel ou le divorce sans juge : AJF* 2016, 569.

(83) Cons. const., 17 nov. 2016, n° 2016-739 DC : *Constitutions* 2016, 589, chron. G. Bergougnous ; *Constitutions* 2016, 591, chron. P. Bachschmidt ; *Constitutions* 2017, 97, chron. V. Égéa.

(84) Circ. 26 janv. 2017 de présentation des dispositions en matière de divorce par consentement mutuel et de successions issues de la loi n° 2016-1547 du 18 novembre 2016 de modernisation de la justice du 21e siècle et du décret n° 2016-1907 du 28 décembre 2016, relatif au divorce prévu à l'article 229-1 du Code civil et à diverses dispositions en

cet ensemble normatif un sentiment assez désagréable de précipitation et d'intérêt législatif modeste pour le droit de la famille, d'autant plus regrettable qu'il inquiéta certains professionnels du droit et suscita chez les citoyens, premiers destinataires de la norme, des croyances parfois infondées de réduction des délais ou des coûts d'un divorce. Une question aussi importante que le divorce qui, pour le citoyen ordinaire, constitue souvent la seule occasion de confrontation au droit et à la justice méritait sans doute que l'on s'attardât autant sur la manière de sortir du mariage que sur ses modalités d'accès.

256. - **Une nature contractuelle discutée.** Dans le cadre du divorce par acte sous signature privée contresigné par avocats et déposé au rang des minutes d'un notaire, la convention de divorce joue, aujourd'hui comme précédemment, un rôle essentiel. Compte tenu de la disparition de l'homologation par le juge aux affaires familiales, son importance croît. Un débat a pu naître afin de préciser la nature véritable du divorce par consentement mutuel. Le Code civil fixant largement le contenu de la convention, la liberté contractuelle ne saurait s'exprimer pleinement(85). Il convient de reconnaître que la détermination législative d'un contenu contractuel, pour le moins fréquente en matière de contrat de transport terrestre, de droit de la consommation ou de contrat de prêt immobilier, ne chasse pas pour autant la qualification contractuelle dès lors qu'un effet obligationnel existe(86). La convention de divorce par consentement mutuel demeure largement soumise au droit commun des contrats(87), et il convient sans doute de distinguer la convention elle-même et le processus global dont elle ne constitue qu'une étape. Le processus en lui-même se trouve organisé par le législateur qui détermine des actes, des modalités de notification, des délais à respecter, c'est-à-dire qui fixe une manière de procéder… que l'on se gardera de nommer « procédure », dans un contexte de déjudiciarisation manifeste, mais qui correspond en somme à sa définition même. Au sein de ce processus la convention de divorce occupe une place déterminante.

A. – Le processus de divorce par consentement mutuel par acte sous signature privée contresigné par avocats

1° De la rédaction à l'enregistrement de la convention

257. - **Rôle de la convention.** Sans surprise s'agissant d'un divorce par consentement mutuel, les époux doivent s'entendre par convention sur la rupture du mariage et sur ses effets. Comme dans le cadre d'un classique divorce par consentement mutuel judiciaire, le consensus doit ici régner et le contenu de la conven-

matière successorale (NOR : JUSC1638274C), sur laquelle : cf. V. Égéa, Chronique *Un semestre de droit procédural de la famille (juillet 2016-janvier 2017) : Dr. famille* 2017, chron. 1, spéc. n°s 10 et s.

(85) Cf. les vives critiques de J. Casey in *Le nouveau divorce par consentement mutuel : une réforme en clair obscur* : AJF 2017, p. 14.

(86) Cf. V. Poure, *La convention de divorce par consentement mutuel : un contrat à part, mais un contrat tout de même : Dr. famille* 2018, étude 5.

(87) Cf. F. Chénedé, *Divorce et contrat à la croisée des réformes* : AJF 2017, p. 26. – *Adde* pour les conditions de formation du contrat : J.-B. Belda, *Promesses et désillusions de la contractualisation du divorce : Rev. Lamy dr. civ.* mai 2018, art. 6445.

tion résultera le plus souvent d'une négociation menée de concert avec les avocats des époux, à condition de respecter le champ laissé par le législateur à la négociation des époux. À l'instar d'autres contrats spéciaux, la loi détermine en effet une partie du contenu de ce contrat. S'agissant des domaines laissés à la négociation des époux, l'une des innovations majeures, introduites par les nouvelles dispositions de manière opportune mais non sans soulever des interrogations pratiques, consiste à imposer la représentation de chaque époux par un avocat. En souhaitant de la sorte que chacun des époux soit assisté d'un avocat, le législateur a entendu protéger les intérêts de chacun lors de la négociation afin de rédiger une convention équilibrée.

Prolongement pratique

Déontologie et rôle de l'avocat recevant un couple souhaitant divorcer

258. – Quoique bienvenue, l'obligation pour chaque époux divorçant par consentement mutuel peut poser une difficulté d'ordre déontologique lors de la réception par l'avocat, dans le cadre d'un premier rendez-vous, d'un couple souhaitant divorcer par consentement mutuel. L'avocat ne pouvant plus désormais assister les deux époux, il devrait logiquement s'abstenir à ce stade de débuter une négociation qui nécessite en principe la présence de l'un de ses confrères, et préférer inviter l'un des deux époux à choisir un autre avocat. À défaut, l'un des époux pourrait se plaindre d'un éventuel conflit d'intérêts. Idéalement, la prudence devrait commander d'attirer l'attention des époux sur cette nécessité d'être chacun assisté d'un avocat, lors de la prise de rendez-vous elle-même.

259. – **Contenu de la convention.** La convention de divorce par consentement mutuel doit comporter, à peine de nullité, un certain nombre de mentions énumérées par l'article 229-3 du Code civil.

Code civil

Art. 229-3. – Le consentement au divorce et à ses effets ne se présume pas.

La convention comporte expressément à peine de nullité :

1° Les nom, prénoms, profession, résidence, nationalité, date et lieu de naissance de chacun des époux, la date et de le lieu de mariage, ainsi que les mêmes indications, le cas échéant, pour chacun de leurs enfants ;

2° Le nom, l'adresse professionnelle et la structure d'exercice professionnel des avocats chargés d'assister les époux ainsi que le barreau auquel ils sont inscrits ;

3° La mention de l'accord des époux sur la rupture du mariage et sur ses effets dans les termes énoncés par la convention ;

4° Les modalités de règlement complet des effets du divorce conformément au chapitre III du présent titre, notamment s'il y a lieu au versement d'une prestation compensatoire ;

5° L'état liquidatif du régime matrimonial, le cas échéant en la forme authentique devant notaire lorsque la liquidation porte sur des biens soumis à publicité foncière, ou la déclaration qu'il n'y pas lieu à liquidation ;

6° La mention que le mineur a été informé par ses parents de son droit à être entendu par le juge dans les conditions prévues à l'article 388-1 et qu'il ne souhaite pas faire usage de cette faculté.

260. – Délai de réflexion. Évident stigmate de la contractualisation du divorce, voire de la consumérisation du divorce, l'article 229-4 du Code civil impose un délai de réflexion à l'époux, à compter de la réception du projet de convention que lui adresse son avocat. Le texte dispose en effet que l'avocat adresse à l'époux qu'il assiste, par lettre recommandée avec demande d'avis de réception, un projet de convention qui ne peut être signé, à peine de nullité, avant l'expiration d'un délai de réflexion d'une durée de quinze jours à compter de la réception. Durant cette période de quinze jours, l'époux est censé réfléchir afin de bien mesurer les incidences du consentement qu'il s'apprête à donner.

261. – Contreseing des avocats. La convention de divorce prend la forme d'un acte sous signature privée contresigné par les avocats[88] des époux et établi dans les conditions du nouvel article 1374 du Code civil. Cette dernière disposition, issue de l'ordonnance n° 2016-131 du 10 février 2016, concerne l'acte sous signature privée contresigné par avocat et procède donc à la codification, voire à la sanctuarisation, de certaines règles jusque-là contenues aux articles 66-3-2 et 66-3-3 de la loi n° 71-1130 du 31 décembre 1971 portant réforme de certaines professions judiciaires et juridiques, créés par la loi n° 2011-331 du 28 mars 2011.

Prolongement pratique

Contreseing de l'avocat et délivrance du devoir de conseil

262. – Le nouvel article 229-1 du Code civil soumet la convention de divorce par consentement mutuel aux formalisme et conditions du nouvel article 1374 du Code civil, ce qui comporte une certaine ambiguïté qui devrait amener les avocats rédacteurs d'acte à une grande vigilance. L'article 1374 du Code civil précise en son alinéa premier la force probante de l'acte sous signature privée contresigné par avocat en disposant qu'il fait foi de l'écriture et de la signature des parties, tant à leur égard qu'à celui de leurs héritiers ou ayants cause. L'alinéa deuxième ajoute quant à lui que la procédure de faux prévue par le Code de procédure civile est applicable à cet acte. Enfin, le troisième alinéa dispose que cet acte est dispensé de toute mention manuscrite exigée par la loi.

À l'occasion de la réforme du droit des contrats, de la preuve et du régime des obligations, opérée par l'ordonnance n° 2016-131 du 10 février 2016, l'article 66-3-1 de la loi n° 71-1130 du 31 décembre 1971 n'a pas été codifié dans le Code civil. Ce texte dispose qu'en « contresignant un acte sous seing privé, l'avocat atteste avoir éclairé pleinement la ou les parties qu'il conseille sur les conséquences juridiques de cet acte ». Même si ce texte ne se trouve pas expressément mentionné dans le nouvel article 229-1 du Code civil, l'obligation pesant sur l'avocat rédacteur d'acte d'éclairer les parties sur les incidences juridiques de l'acte demeure.

Par exemple, il paraît indispensable de bien rappeler aux époux la distinction quant aux effets du divorce. En effet, si l'enregistrement de la convention au rang des minutes d'un notaire lui donne force exécutoire, lui faisant prendre effet dans les rapports entre époux en ce qui concerne leurs biens[89], à l'égard des tiers, la convention de divorce est opposable

(88) Sur cette question, V. Égéa, *Déjudiciarisation du divorce : brèves observations relatives à l'acte d'avocat : Dr. famille* 2016, dossier 29.

(89) V. C. civ., art. 229-4 (nouveau).

à partir du jour où les formalités de mention en marge prescrites par les règles de l'état civil ont été accomplies[(90)].

La rédaction d'une clause « pédagogique »[(91)] rappelant cette dualité temporelle ne serait pas inutile, afin d'éviter que les époux ne s'imaginent divorcés à l'égard des tiers une fois l'enregistrement effectué et que l'un d'eux ne procède à l'acquisition d'un bien durant la période, certes brève, qui s'écoule jusqu'à la modification des actes de l'état civil.

263. - **Enregistrement de la convention par le notaire**[(92)]. L'acte sous signature privée contresigné par avocat fait certes foi de l'écriture et de la signature des parties mais n'a pas date certaine. Un enregistrement de cet acte au rang des minutes d'un notaire se révèle donc indispensable, selon l'article 229-2 du Code civil, pour que l'acte ait date certaine. Pour autant, le notaire ne se trouve investi que d'une mission de vérification formelle de l'acte et ne dispose nullement d'un pouvoir de refuser l'enregistrement, voire de l'homologuer, dès lors que l'équilibre de la convention lui paraîtrait discutable. En ce sens, les incidences de l'enregistrement par le notaire ne sauraient être confondues avec l'effet substantiel d'une homologation par le juge aux affaires familiales qui, dans le cadre d'un divorce par consentement mutuel judiciaire classique, permet de purger l'acte de ses éventuels vices contractuels[(93)]. Le notaire doit en effet se borner à vérifier les exigences formelles de l'article 229-3 du Code civil et s'assurer également que le projet de convention n'a pas été signé avant l'expiration du délai de réflexion prévu à l'article 229-4 du Code civil, puis procéder à son enregistrement.

264. - **Indifférence de la présence d'enfants mineurs.** Si la déjudiciarisation du divorce par consentement mutuel ne présente pas, en elle-même, d'originalité au regard de l'évolution constatée dans d'autres États, le droit français se distingue cependant par le caractère indifférent de la présence d'enfants mineurs du couple. Comme cela a été rappelé[(94)], dans la plupart des États européens ayant fait le choix d'un divorce sans juge, la présence d'enfants mineurs constitue un obstacle érigé face à la possibilité de choisir cette modalité de divorce, dans un but évident de protection de l'intérêt de l'enfant[(95)]. De manière curieuse et assez dangereuse, le nouveau dispositif français permet aux époux d'opter pour un divorce par consentement mutuel par convention sous signature privée contresigné par avocat, même en présence d'enfants mineurs. Mieux, le texte dispose

(90) V. C. civ., art. 262 (nouveau).
(91) V. *infra*, le modèle de clause.
(92) Cf. une abondante littérature sur ce point, notamment : Ch. Blanchard, *La fonction du notaire dans le divorce déjudiciarisé* : *JCP* N 2017, art. 1002. – Cl. Brenner, *Le nouveau divorce par consentement mutuel : retour à l'an II ?* : *JCP* N 2017, art. 262.– J. Casey, *Le nouveau divorce par consentement mutuel : une réforme en clair obscur* : *AJF* 2017, 14. – S. David et P. Brunet, *Le rôle du notaire dans le nouveau divorce par consentement mutuel* : *AJF* 2017, 31. – M. Mekki, *Divorce hors le juge : le notaire doit-il devenir un greffier ?* : *JCP* N 2016, art. 160.
(93) V. *supra*, n° 251.
(94) V. H. Fulchiron, *L'enfant dans le divorce sans juge* : *Dr. famille* 2016, dossier 31.
(95) Sur l'intérêt de l'enfant, V. C. Brunetti-Pons, *Un divorce « sans juge » pour un droit « déréglé »* : *Dr. famille* 2016, dossier 28.

que si l'enfant demande à être entendu, alors le divorce par consentement mutuel devient judiciaire et l'homologation de la convention s'impose, ce qui a pu être perçu comme une occasion d'instrumentalisation malsaine de la place procédurale de l'enfant. La principale critique que l'on peut adresser à ce rôle potentiel de l'enfant s'avère peut-être moins juridique que symbolique, dès lors que le formulaire que les parents doivent faire remplir à l'enfant indique que ce dernier est pleinement informé que son choix rétablira le caractère judiciaire du divorce de ses parents[96]. Il semblait pourtant que la tendance contemporaine du droit de la famille consiste à scinder le contentieux du couple et ses incidences sur l'enfant !

Modèle de formulaire d'information des enfants mineurs dans le cadre d'un divorce par consentement mutuel par acte sous signature privée contrasigné par avocats, déposé au rang des minutes d'un notaire

Je m'appelle [prénoms et nom]
Je suis né(e) le [date de naissance]
Je suis informé(e) que j'ai le droit d'être entendu(e), par le juge ou par une personne désignée par lui, pour que mes sentiments soient pris en compte pour l'organisation de mes relations avec mes parents qui souhaitent divorcer.
Je suis informé(e) que j'ai le droit d'être assisté(e) d'un avocat.
Je suis informé(e) que je peux être entendu(e) seul(e), avec un avocat ou une personne de mon choix et qu'il sera rendu compte de cette audition à mes parents.
J'ai compris que, suite à ma demande, un juge sera saisi du divorce de mes parents.
Je souhaite être entendu(e) :
OUI NON
Date
Signature de l'enfant

2° L'articulation entre le divorce par consentement mutuel et le divorce contentieux

265. – **Les voies de l'articulation.** L'articulation entre le divorce par consentement mutuel « sans juge » et le divorce contentieux[97] charrie nombre de subtilités qui, d'un point de vue procédural, témoignent d'une certaine précipitation législative qui, hélas, fit l'économie d'une réflexion d'ensemble sur la procédure de divorce, qu'il soit gracieux, contentieux, voire déjudiciarisé. Si le constat se vérifie s'agissant du passage d'un divorce contentieux vers un divorce par consentement mutuel (*a*), il s'avère encore plus évident s'agissant du retour depuis un divorce consensuel vers un divorce contentieux (*b*).

(96) Le contenu du formulaire figure dans un arrêté du 28 décembre 2016 fixant le modèle de l'information délivrée aux enfants mineurs capables de discernement dans le cadre d'une procédure de divorce par consentement mutuel par acte sous signature privée contresigné par avocats, déposé au rang des minutes d'un notaire (NOR : JUSC1633188A).
(97) Sur lequel, V. *infra*, n° 335.

a) *Le passage d'un divorce contentieux vers un divorce par consentement mutuel*

266. – **Une prétendue passerelle.** La loi n° 2016-1547 du 18 novembre 2016, dite « Justice 21 » a modifié l'article 247 du Code civil qui, traditionnellement, constitue le siège des « passerelles » en matière de divorce.

Le terme de « passerelle », utilisé par la pratique, désigne le changement du fondement juridique d'une demande et, par définition, suppose donc l'existence d'une instance. Il s'agira par exemple, dans le cadre d'un divorce contentieux, du passage d'une demande initialement introduite pour faute, pour invoquer à la place une acceptation du principe de la rupture. Mécanisme classique de procédure civile, le changement juridique du fondement de la demande s'avère instrumentalisé en matière de divorce afin de favoriser le basculement vers les cas de divorce supposés être les moins conflictuels au sein des divorces contentieux.

L'article 247 du Code civil se situe précisément au sein d'une section intitulée « Des modifications du fondement juridique d'une demande en divorce ». Pour autant, les modifications introduites par la loi n° 2016-1547 du 18 novembre 2016, dite « Justice 21 », ne sauraient à proprement parler être considérées comme constituant une nouvelle forme de passerelle. En effet, en disposant désormais que les époux peuvent, à tout moment, quitter un divorce contentieux pour basculer vers un divorce par consentement mutuel, l'article 247 ne concerne pas véritablement le changement juridique du fondement juridique d'une demande, mais l'abandon pur et simple d'une instance juridictionnelle pour se diriger vers un processus amiable.

Au-delà de cette précision terminologique et procédurale liminaire, deux hypothèses d'abandon de l'instance juridictionnelle pour le processus amiable méritent d'être envisagées selon qu'une assignation a déjà été délivrée ou que les époux se trouvent toujours dans le délai de trente mois qui peut s'écouler entre la délivrance de l'ordonnance de non-conciliation et l'assignation en divorce contentieux[98].

267. – **Le basculement vers un divorce par consentement mutuel effectué après l'assignation en divorce.** Les époux initialement engagés dans une instance contentieuse peuvent la quitter pour se diriger vers le processus amiable que représente le divorce par consentement mutuel, après la délivrance de l'assignation.

Rappelons en effet que la procédure de divorce contentieux se déroule en deux phases. La première phase, de nature provisoire, débute par l'introduction d'une requête en divorce et s'achève par l'assignation en divorce, qui peut être signifiée à partir du moment où le juge aux affaires familiales délivre l'ordonnance de non-conciliation. Le demandeur, à compter de l'ordonnance de non-conciliation, dispose en effet d'un délai de trois mois pour assigner puis, à l'issue de cette période, chacun des deux époux (le demandeur initial comme le défendeur) peut assigner dans un délai de vingt-sept mois supplémentaire.

Partant si l'un des époux a assigné l'autre, l'instance en divorce s'avère introduite au principal et un désistement d'instance s'avère possible. Le désistement marque la fin de l'instance contentieuse, facilitant ainsi le passage vers un divorce par consentement mutuel. La solution du désistement d'instance s'avère au demeurant préconisée par le ministère de la Justice dans sa circulaire de présentation du divorce

(98) Sur la procédure de divorce contentieux, V. *infra*, n° 285 et s.

par consentement mutuel[99]. Le désistement d'instance présente l'avantage de constituer un acte procédural organisé par le Code de procédure civile et utilisé de manière très courante par la pratique.

268. – **Le basculement vers un divorce par consentement mutuel effectué entre l'ordonnance de non-conciliation et l'assignation.** Lorsque suite à la délivrance de l'ordonnance de non-conciliation, une assignation en divorce n'a pas encore été délivrée, les époux peuvent évidemment souhaiter abandonner le cadre judiciaire pour préférer le processus amiable. D'un point de vue procédural, la situation s'avère cependant assez incertaine puisque, par définition, l'instance au principal n'a pas encore été introduite mais que l'ordonnance de non-conciliation comporte fréquemment, voire quasi systématiquement, des mesures provisoires telles que la possibilité offerte à un époux d'occuper à titre gratuit le logement familial pour le temps de l'instance. Faute d'assignation, l'instance n'est pas encore introduite, ce qui évince logiquement la possibilité d'un désistement d'instance. Face à cette incertitude, certains songèrent à assigner pour faire naître l'instance pour immédiatement la quitter grâce à un désistement. Cohérente d'un point de vue procédural, la solution ne brille pourtant guère par sa simplicité. Aussi, ce sont des pratiques locales, issues d'accords ou de conventions plus ou moins formalisés entre les greffes de juridictions et les barreaux qui semblent envisager des solutions opératoires.

Prolongement pratique

Le sort des mesures provisoires ordonnées dans l'ONC en cas de basculement vers un processus amiable

269. – Lorsque l'un des époux a entamé une procédure de divorce contentieux puisque les époux s'entendent pour la quitter et s'orienter vers un processus amiable de divorce par consentement mutuel, la délivrance d'une assignation constitue un élément déterminant.

Lorsque suite à l'ordonnance de non-conciliation, une ordonnance a été délivrée, un désistement d'instance peut intervenir. En revanche, faute de véritable désistement d'instance, les mesures provisoires devraient en principe continuer à courir, ce qui peut présenter des incidences patrimoniales majeures, notamment en cas d'attribution à l'un des époux de la jouissance gratuite du logement familial.

Les greffes de certaines juridictions semblent avoir mis en place des pratiques locales, en partenariat avec les barreaux de leurs ressorts respectifs. Quoique louable d'un point de vue opératoire, une telle situation pose une difficulté liée aux morcellements territoriaux des solutions.

Il n'est sans doute pas inutile, dans un tel contexte, d'envisager le sort de ces mesures provisoires, durant la négociation du contenu de la convention de divorce par consentement mutuel.

(99) Circ. 26 janv. 2017, NOR : JUSC1638274C de présentation des dispositions en matière de divorce par consentement mutuel et de successions issues de la loi n° 2016-1547 du 18 novembre 2017 de modernisation de la justice du 21e siècle et du décret n° 2016-1907 du 28 décembre 2016, relatif au divorce prévu à l'article 229-1 du Code civil et à diverses dispositions en matière successorale, cf. en particulier la fiche n° 3, pt 2 pour le désistement d'instance ; sur cette circulaire, cf. not. J.-R. Binet, obs. in *Dr. famille* 2017, comm. 57. – V. Égéa, *Chronique semestrielle de droit procédural de la famille : Dr. famille* mars 2017, spéc. nos 10 et s.

b) Le retour depuis un divorce par consentement mutuel vers un divorce contentieux

270. – **Les critiques de l'article 1148-2, alinéa 2e du Code de procédure civile.** Le décret n° 2016-1907 du 28 décembre 2016, relatif au divorce par consentement mutuel « sans juge » a curieusement consacré dans le Code de procédure civile un article 1148-2, alinéa 2e permettant aux époux de quitter le divorce par consentement mutuel pour basculer vers un divorce contentieux.

Code de procédure civile

Art. 1148-2. – Dès qu'un enfant mineur manifeste son souhait d'être entendu par le juge dans les conditions prévues à l'article 388-1 du Code civil, la juridiction peut être saisie selon les modalités prévues aux articles 1088 à 1092.

Les époux peuvent également, jusqu'au dépôt de la convention de divorce au rang des minutes d'un notaire, saisir la juridiction d'une demande de séparation de corps ou de divorce judiciaire dans les conditions prévues aux articles 1106 et 1107.

Prolongement pratique

L'article 1148-2, alinéa 2e du Code de procédure civile présente-t-il de vrais risques procéduraux ?

271. – Le deuxième alinéa de l'article 1148-2 du Code de procédure civile a fait l'objet, à juste titre, de nombreuses critiques. À la lecture de cette disposition, il ne semble pas impossible en effet d'imaginer que durant la période s'écoulant entre la signature par les époux de la convention de divorce par consentement mutuel et l'enregistrement de celle-ci au rang des minutes d'un notaire, l'un des époux assigne l'autre en divorce contentieux, portant une sérieuse atteinte aux prévisions conventionnelles et au fruit de la négociation menée avec les avocats. D'un point de vue théorique, permettre de la sorte de basculer d'un processus amiable vers une instance contentieuse concorde assez mal avec les présupposés qui caractérisent les procédures familiales contemporaines. D'un point de vue pratique, il a été souligné que l'introduction d'une instance contentieuse rend incertain le sort de la convention pourtant signée.

La circulaire de présentation des nouvelles dispositions a tenté de dissiper ces inquiétudes procédurales en puisant de manière assez peu convaincante quelques solutions du côté du droit des contrats. Ainsi, la convention des époux serait-elle irrévocable et seules les obligations se trouveraient différées jusqu'au dépôt de l'acte au rang des minutes du notaire. Rappelons ici qu'une circulaire n'est pas dotée d'une véritable normativité et que, si cette interprétation devait s'imposer, l'on peinerait alors à saisir l'utilité d'une disposition telle que l'article 1148-2, alinéa 2e du Code de procédure civile. De toute évidence, le texte – de rang réglementaire – mériterait d'être abrogé[100].

Quoique théoriquement concevables, les risques procéduraux engendrés par le nouvel article 1148-2, alinéa 2e du Code de procédure civile devraient cependant demeurer limités, voire anecdotiques, en pratique. D'une part, pour que le basculement vers une instance contentieuse s'opère véritablement depuis un divorce consensuel, encore faudrait-il que l'avocat assignant de la sorte soit différent de l'avocat ayant rédigé puis contresigné la

(100) V. Égéa, *Chronique de droit procédural de la famille* : *Dr. famille* 2017, chron. 1, spéc. nos 13 et 14.

convention de divorce. En effet, en tant que rédacteur d'acte et en apposant son contreseing l'avocat s'engage à assurer l'efficacité de l'acte. L'introduction d'une instance contentieuse exprimerait précisément une inefficacité de l'acte.

Par ailleurs, si l'enregistrement de la convention s'avère effectué de manière rapide, le risque d'une introduction d'une instance contentieuse demeure limité.

Enfin et surtout, pour que le risque s'avère véritable, encore conviendrait-il qu'une ordonnance de non-conciliation ait déjà été délivrée et que l'on se trouve encore dans le délai de trente mois permettant d'assigner l'autre époux. Ceci démontre qu'il s'avère dès lors utile de clarifier *ab initio* la situation dans laquelle une ordonnance de non-conciliation a été délivrée avant que les époux se tournent vers un divorce par consentement mutuel[(101)].

B. – Effets du divorce par consentement mutuel par acte sous signature privée contresigné par avocats

1° Les effets du divorce en France

272. – **Effets entre les époux.** Entre les époux, l'enregistrement de la convention au rang des minutes d'un notaire lui confère date certaine et force exécutoire[(102)]. L'article 262-1 du Code civil comporte ainsi une nouvelle précision indiquant que lorsqu'il est constaté par consentement mutuel par acte sous signature privée contresigné par avocats déposé au rang des minutes d'un notaire, le divorce prend effet, dans les rapports entre époux, en ce qui concerne leurs biens, à la date à laquelle la convention réglant l'ensemble des conséquences du divorce acquiert force exécutoire, c'est-à-dire au jour de l'enregistrement, à moins que cette convention n'en stipule autrement. Cette dernière réserve permet de toute évidence de prévoir conventionnellement un report des effets du divorce à une date antérieure à la date d'enregistrement.

273. – **Effets à l'égard des tiers.** L'enregistrement de la convention au rang des minutes d'un notaire ne rend pas le divorce opposable au tiers. L'article 262 du Code civil a d'ailleurs été modifié en ce sens par la loi dite « Justice 21 » pour préciser désormais que « la convention ou le jugement est opposable aux tiers, en ce qui concerne les biens des époux, à partir du jour où les formalités de mention en marge prescrites par les règles de l'état civil ont été accomplies ». Un décret devrait venir préciser les modalités de modification des actes de l'état civil et la charge pesant pour ce faire sur le notaire. En tout état de cause, le délai séparant l'enregistrement de l'acte et la modification de l'état civil des époux devrait être le plus bref possible. Admettre l'inverse reviendrait en effet à ouvrir une périlleuse période d'insécurité juridique car si l'un des époux, voire les deux, conclut des actes juridiques avec un tiers à ce moment-là, on considère que le régime matrimonial perdure.

(101) V. *supra*, n° 268.
(102) C. civ., art. 229-3.

Prolongement pratique

Rédaction d'une clause relative aux effets du divorce

274. – *Les parties ont été avisées par leurs conseils de la date des effets du divorce. Entre les parties, le divorce prend effet à la date à laquelle la convention réglant l'ensemble des conséquences du divorce acquiert force exécutoire, c'est-à-dire au jour de l'enregistrement au rang de minute d'un notaire.*

NB : Ceci vaut sous réserve d'une stipulation contraire de la convention retenant une date différente (cf. C. civ., art. 262-1).

Le divorce ne prend effet à l'égard des tiers et ne devient opposable à ces derniers, en ce qui concerne les biens des époux, qu'à partir du jour où les formalités de mention en marge prescrites par les règles de l'état civil ont été accomplies.

275. – **Prestation compensatoire et retour du juge.** À l'instar d'une convention de divorce par consentement mutuel judiciaire, de physionomie classique, les époux peuvent s'entendre pour fixer le montant ainsi que les modalités d'une prestation compensatoire dans le cadre d'une convention contresignée par avocat. Dans cette hypothèse, une fois la convention enregistrée au rang des minutes d'un notaire, un retour du juge aux affaires familiales paraît envisageable(103) puisque l'article 279 du Code civil comporte désormais un cinquième alinéa qui réserve expressément la possibilité de solliciter une révision de la prestation compensatoire en cas de changement important dans les ressources ou les besoins de l'une ou l'autre des parties. Encore faut-il pour ce faire que les époux aient pris le soin de rédiger, dans leur convention de divorce, une clause réservant cette faculté de révision. D'ailleurs, sauf disposition particulière de la convention, les articles 280 et 280-1 du Code civil relatifs au sort de la prestation compensatoire en cas de décès du débiteur sont applicables aux prestations fixées dans le cadre d'un divorce par consentement mutuel par acte sous seing privé contresigné par avocats(104).

Prolongement pratique

Organiser dans la convention le devenir de la prestation compensatoire

276. – Usant des possibilités offertes par le Code civil lui-même, il serait de bonne méthode, pour les rédacteurs de convention de divorce par consentement mutuel contresignée, d'insérer des stipulations relatives à l'éventuelle faculté judiciaire de révision de la prestation compensatoire. De même, la volonté des époux peut évincer la mise en œuvre des articles 280 et 280-1 du Code civil, dans l'hypothèse d'un décès du débiteur.

277. – **Modalités d'exercice de l'autorité parentale et retour du juge.** Les stipulations de la convention de divorce enregistrée, relatives aux modalités d'exercice

(103) Sur le déplacement du moment de l'intervention du juge et une sorte de re-judiciarisation : cf. J. Casey, *Le nouveau divorce par consentement mutuel : une réforme en clair obscur* : AJF 2017, p. 14.
(104) C. civ., art. 279, al. 5.

de l'autorité parentale, pourront faire l'objet d'une modification judiciaire *a posteriori*. Situé au sein des dispositions relatives à l'autorité parentale[105], l'article 373-2-13 du Code civil prévoit expressément que les dispositions contenues dans la convention et relatives à l'exercice de l'autorité parentale peuvent être modifiées ou complétées à tout moment par le juge, à la demande des ou d'un parent, ou du ministère public, qui peut lui-même être saisi par un tiers, parent ou non. La solution s'avère opportune pour deux raisons.

D'une part, ce possible retour du juge constitue une garantie contre d'éventuelles stipulations qui prévoiraient un déséquilibre entre les prérogatives des parents ou consacreraient des modalités d'exercice manifestement contraires à l'intérêt de l'enfant, telles qu'une résidence alternée qui, pour des raisons géographiques et liées au transport, engendrerait une excessive fatigue de l'enfant. De ce point de vue, l'architecture générale du dispositif correspond assez bien à une tendance du droit contemporain que l'on retrouve dans d'autres domaines du droit civil et, en particulier, dans les réponses à l'inexécution contractuelle organisées par l'ordonnance du 10 février 2016 : une confiance est faite aux parties et un juge de l'excès, situé en retrait, a pour fonction de cantonner les comportements ou stipulations déraisonnables ou qui nuisent gravement à certains intérêts.

D'autre part, la possibilité de modifier de la sorte les stipulations initiales poursuit une finalité pragmatique en permettant de tenir compte des évolutions familiales, personnelles, voire scolaires de l'enfant et de ses parents. Une telle adaptation s'avère évidemment indispensable et, idéalement, l'adaptation devrait résulter d'un consensus entre les parents. D'ailleurs, un discret décret n° 2016-1906 du 28 décembre 2016 a entendu faciliter la procédure en dispensant en principe les parents de comparution devant le juge de l'homologation de leur convention modificative[106]. Pour cette raison, une éventuelle clause qui viendrait à exclure, dans la convention de divorce, le possible recours au juge aux affaires familiales pour modifier les modalités d'exercice de l'autorité parentale, figeant ainsi le contenu de l'acte, devrait de toute évidence être privée d'efficacité.

278. - **Voies de nullité contre la convention contresignée.** La déjudiciarisation de la plupart des divorces par consentement mutuel constitue l'élément le plus marquant de la réforme, ce qui rejaillit nécessairement sur le régime juridique relatif à une éventuelle remise en cause de l'acte[107]. En effet, le principe d'indivisibilité de la convention et du jugement d'homologation qui régna jusqu'à la fin de l'année 2016 sur le divorce par consentement mutuel, ne trouve évidemment plus à s'appliquer dans cadre d'un divorce sans juge. L'assimilation de l'acte privé au jugement de divorce, qui évinçait l'utilisation des voies de nullité contre la convention homologuée[108], n'a plus de raison de se retrouver dans le cadre d'un divorce par acte sous signature privée contresigné par avocats, ce qui emporte plusieurs conséquences :

– un partage complémentaire demeure possible, conformément au droit commun, ce qui ne pose pas de difficulté particulière ;

(105) Sur lesquelles, V. *infra*, n° 1311.

(106) Sur cette procédure d'homologation « allégée » de la comparution des parents, V. *infra*, n° 1278 et 1296.

(107) Sur cette question, V. S. Thouret, *Quelles voies de recours dans le nouveau divorce par consentement mutuel ? : Dr. famille* 2016, dossier 30.

(108) Sur ce point, V. *supra*, n° 248 et s..

– la nature purement contractuelle de la convention de divorce a pour incidence de permettre une utilisation des voies de nullité, comme par exemple l'erreur ou le dol ;

– le délai pour agir en nullité de la convention de divorce devrait être de cinq ans à compter de l'enregistrement de l'acte, mais l'on peut se demander si un report du point de départ du délai au jour de la découverte de l'erreur ne serait pas légitime ;

– une éventuelle nullité de l'acte, si elle venait à être prononcée, ne devrait pouvoir concerner que les conséquences du divorce mais non son principe même(109), sauf à créer une insupportable source d'instabilité dans l'état civil des époux(110) ;

– les tiers, et en particulier les créanciers d'un époux, pourraient introduire une action paulienne s'ils estiment que la convention de divorce a été conclue en fraude de leurs droits.

À bien y regarder, la principale situation dans laquelle une telle remise en cause paraît possible concerne la dissimulation par un époux d'un élément du patrimoine dans le but de minorer le montant de la prestation compensatoire. À supposer que les conditions du dol soient réunies, l'éventuelle nullité de la convention ne devrait atteindre que les dispositions relatives à la prestation compensatoire, dès lors qu'elle n'affecte qu'une clause du contrat au sens du nouvel article 1184 du Code civil. Il convient de considérer ici que le principe de la rupture est admis de manière irrévocable et une stipulation de la convention pourrait utilement rappeler la divisibilité devant exister entre les stipulations relatives au principe de la rupture et celles concernant les effets du divorce.

Prolongement pratique

La rédaction de clauses, outil de prévention d'une responsabilité de l'avocat rédacteur d'acte

279. – Le basculement du divorce dans l'ère du tout contractuel qu'opère la loi dite « Justice 21 » s'avère lourd de conséquences. Au-delà de l'aspect théorique et de la répercussion de cette évolution sur la définition même du mariage, la responsabilité des rédacteurs de la convention, c'est-à-dire les avocats, pourrait être mise en cause.

Si la présence de deux avocats tempère le risque d'atteinte à l'intégrité du consentement, il paraît prudent d'insérer des clauses dans la convention visant à prévenir une éventuelle mise en cause de la responsabilité du rédacteur d'acte, démontrant au passage qu'en ce domaine les conventions-types doivent être bannies au profit d'une confection sur-mesure. L'on songe notamment, mais non de manière exhaustive, à certaines stipulations.

Les **clauses de sincérité** des époux visant à leur faire indiquer l'étendue exacte de leur patrimoine s'avèrent absolument nécessaires. Sorte de déclaration sur l'honneur, elles pourront éviter qu'un époux ne prétende, une fois divorcé, avoir consenti à tel montant de prestation compensatoire en connaissant mal la consistance et la valeur du patrimoine de son ex-conjoint. Une formule pourrait consister à indiquer que :

Les époux attestent sur l'honneur que les éléments patrimoniaux, les ressources et charges, figurant dans la présente convention ou dans ses annexes, sont exacts et complets. Les parties

(109) V., en ce sens : H. Fulchiron, « *L'après-divorce sans juge* » : *remise en cause et modification de la convention passée par les époux* : *Dr. famille* 2016, dossier 32, spéc. n° 10-12.

(110) Il suffit pour s'en convaincre de songer à l'inextricable situation d'un époux dont le divorce serait annulé alors même qu'il se serait remarié ! Pour cette raison, la nullité ne devrait atteindre que les conséquences du divorce.

ont été avisées par leurs conseils qu'une déclaration fausse, exagérée ou incomplète pourra entraîner une remise en cause de la convention, sous leur propre responsabilité.

Les parties ont été informées par leurs conseils des peines prévues par le Code général des impôts en cas d'inexactitude de leurs déclarations et par le Code pénal en cas d'usage d'un faux.

Les **clauses relatives au consentement** des époux devraient également insister sur le caractère irrévocable du consentement au divorce et sur l'absence de pression exercée par l'autre conjoint ou ses proches :

D'un commun accord, les parties se sont librement entendues sur le principe de la rupture du mariage et sur le règlement de ses complets effets.

Enfin, en se prévalant des dispositions du Code civil relatives à la prescription libératoire, les époux pourraient insérer une **clause limitant à un an le délai de prescription de l'action en nullité de la convention**, comme le permet l'article 2254 du Code civil. Il paraît indispensable ici de prévoir une clause bilatérale, c'est-à-dire que le délai pour agir de l'époux doit être réduit comme celui de l'épouse.

2° Les effets du divorce à l'étranger

280. – **Prudence.** L'incertitude demeure concernant l'efficacité les effets à l'étranger du divorce par consentement mutuel enregistré en France, ce qui constitue un sérieux obstacle érigé face à cette forme de désunion dès lors qu'un élément d'extranéité existe. Un constat de prudence s'impose donc, ce qui s'avère regrettable à l'heure d'une internationalisation croissante des configurations familiales et des compositions de patrimoine. Au regard des finalités du droit international privé, qui tente d'établir un équilibre entre protection de l'ordre juridique national et coordination entre les différents ordres juridiques, il est regrettable que la réforme française ait indirectement érigé un nouveau type de frontière, assurément contraire à l'esprit de la matière. Le propos se vérifie tant en droit international privé commun qu'en droit européen.

281. – **En droit international privé commun.** Faute de jugement de divorce destiné à recevoir *exequatur*, le divorce sans juge enregistré en France peut souffrir d'un manque de reconnaissance à l'étranger. La difficulté ne concerne pas tant la modification de l'état civil des époux qui, en principe, doit faire l'objet d'une reconnaissance de plein droit, mais risque de se rencontrer lorsqu'il s'agira par exemple de procéder à l'étranger à des actes d'exécution consécutifs à la liquidation du régime matrimonial, notamment s'agissant de biens immobiliers situés à l'étranger.

282. – **En droit international privé européen.** Au sein de l'espace judiciaire privé européen, l'on a cru, un temps, que le divorce par consentement mutuel par acte sous signatures privées contresigné par avocat pourrait recevoir une certification délivrée par la chambre des notaires sur le fondement de l'article 509-3 du Code de procédure civile, afin d'en permettre une circulation sur le fondement du Règle-

ment Bruxelles II bis. La circulaire du ministère de la Justice apporta quelques précisions[111] quant à la reconnaissance et l'exécution de nouveaux accords de divorce par consentement mutuel au sein de l'espace judiciaire européen. Pour autant, c'était sans compter sur l'œuvre interprétative de la Cour de justice de l'Union européenne qui considère que la notion de divorce, au sens des Règlements Rome III et Bruxelles II bis concerne la dissolution prononcée par une autorité judiciaire ou sous le contrôle d'une autorité judiciaire[112], ce qui ravale le nouveau divorce français au rang de divorce « privé ». La reconnaissance et l'exécution de tels divorces privés ne s'effectue donc pas par le biais du Règlement Bruxelles II bis, mais selon les différents droits internationaux privés des États membres avec toute l'incertitude que cette démarche comporte.

§ 2. – Les divorces contentieux

283. – **Trancher les litiges.** Le qualificatif de « contentieux » qui caractérise trois cas de divorce, les distinguant du divorce par consentement mutuel, renvoie à l'office du juge. Il ne saurait être question ici d'homologuer une convention que lui soumettent les époux, mais bien de trancher entre deux prétentions qui s'opposent, de manière somme toute assez classique. L'obstacle érigé devant la réalisation des droits, en l'occurrence modifier son état civil, a une nature factuelle et non juridique[113]. Il s'agit de lever la résistance opposée par l'un des époux face aux prétentions de l'autre.

284. – **Plan.** Les trois divorces contentieux relèvent désormais de règles procédurales qui forment un véritable tronc commun (I), s'appliquant indistinctement. Au demeurant, la principale question procédurale concerne désormais l'articulation entre le divorce et la liquidation du régime matrimonial (II). Il convient enfin de présenter chacun des trois divorces contentieux (III).

I. – Le tronc commun procédural du divorce contentieux

285. – **Tronc commun procédural.** Dans la loi n° 2004-439 du 26 mai 2004, afin de simplifier et pacifier le divorce, ont été créées des règles communes aux

(111) Circ. 26 janv. 2017, NOR : JUSC1638274C de présentation des dispositions en matière de divorce par consentement mutuel et de successions issues de la loi n° 2016-1547 du 18 novembre 2017 de modernisation de la justice du 21e siècle et du décret n° 2016-1907 du 28 décembre 2016, relatif au divorce prévu à l'article 229-1 du Code civil et à diverses dispositions en matière successorale. Cf. en particulier la synthèse établie en fiche n° 10.

(112) CJUE, 20 déc. 2017, aff. C-372/16, *Soha Sahyouni* : *Dr. famille* 2017, chron. 1, n° 6 et n° 12, obs. V. Egéa ; *Dr. fam.* 2018, comm. 114, obs. A. Devers ; *JCP G.* 2018, doct. 228, n° 10, obs. M. Farge ; *Europe* 2018, comm. 102, note A. Rigaux.

(113) Une telle présentation de l'office du juge repose sur une approche dite « structurale » de la règle de droit, mise en évidence par Motulsky, puis par Héron et, désormais par Th. le Bars (cf. *in Droit judiciaire privé*, Montchrestien-LGDJ, 2015, nos 310 et s.). L'intervention du juge vise à lever un obstacle érigé devant la réalisation des droits, mais l'office du juge dépend de la nature dudit obstacle. S'il s'agit d'un obstacle de nature factuelle, provenant de la résistance d'une partie opposée aux prétentions de l'autre, alors le juge intervient en matière contentieuse. En revanche, s'il s'agit de lever un obstacle de nature juridique, artificiellement posé par la loi afin d'imposer un contrôle étatique sur une situation sociale déterminée, alors le juge intervient en matière gracieuse, au sens de l'article 25 du Code de procédure civile, qui dispose que « Le juge statue en matière gracieuse lorsqu'en l'absence de litige il est saisi d'une demande dont la loi exige, en raison de la nature de l'affaire ou de la qualité du requérant, qu'elle soit soumise à son contrôle ».

trois divorces contentieux (divorce accepté, divorce pour altération définitive du lien conjugal, divorce pour faute). Il s'agit d'éviter que, dès le début de l'instance, l'un des époux impute à l'autre dans un acte de procédure des prétendues fautes et autres reproches plus ou moins indignes, de crainte d'une réponse qui entraînerait une escalade dans l'intensité du conflit. Pour ce faire, la requête initiale qui va lancer l'instance en divorce contentieux doit demeurer silencieuse sur les faits à l'origine de la rupture, ainsi que sur le cas de divorce envisagé par l'époux qui saisit le juge. Ce n'est qu'au moment de l'assignation qui suivra l'ordonnance de non-conciliation que ces précisions seront faites. Le tronc commun procédural issu de la loi n° 2004-439 du 26 mai 2004 se compose pour l'instant de plusieurs phases.

286. – Vers une réforme du tronc commun procédural ? L'article 12 du projet de loi de programmation et de réforme de la justice pour la période 2018-2022 et de réforme pour la justice (dit « PLPRJ ») propose une nouvelle modification de la procédure de divorce contentieux, dans le but revendiqué de la simplifier et de l'accélérer. La principale proposition faite consiste à supprimer la tentative de conciliation qui, pour l'instant, constitue l'une des phases essentielles de l'actuel tronc commun procédural. Selon un schéma procédural désormais habituel en matière familiale et, plus largement, en procédure civile, il s'agirait de déplacer hors les murs des juridictions, dans les cabinets d'avocat(114), toute une phase préparatoire pour concentrer la fonction de juger en ce domaine sur le prononcé du divorce lui-même. Le projet de loi comporte d'ailleurs tous les signes, désormais classiques, de cette tendance procédurale de fond, que sont la mise en avant de la médiation et de la procédure participative(115), ainsi que le pouvoir du juge d'homologuer et des accords partiels, voire complets.

Le PLPRJ 2018-2022 constitue une nouvelle illustration de l'enjeu fondamental que comporte la simplification du droit de la famille(116). La simplification du droit de la famille et, plus exactement, de la procédure familiale, constitue un objectif qui paraît désormais animer toute réforme en cette matière. En soi, l'objectif s'avère évidemment louable quand il s'agit de faciliter l'accès du citoyen au service public de la Justice, c'est-à-dire lorsque la simplification constitue un moyen au service d'autres finalités. L'objectif devient en revanche plus contestable dès lors que la simplification s'impose comme une finalité en elle-même et non comme une modalité. Le louable objectif peut en effet s'imposer parfois comme la marque d'un retrait de l'intérêt étatique pour la régulation juridique des structures et relations familiales. Il s'agit alors d'un choix d'organisation d'une société qui, en lui-même, n'est pas plus condamnable qu'un autre, mais qui mériterait d'être clairement débattu et assumé. La question fondamentale en ce domaine consiste à déterminer quels sont les types de rapports sociaux qu'une société entend instituer, organiser et réguler, par le Droit ? De ce point de vue, il ne paraît pas incongru de considérer que, dans une société libérale et pluraliste, le droit de la famille et la procédure qui le sert, devraient comporter des degrés d'intervention étatique variables.

(114) Dans le projet de loi présenté au Sénat le 20 avril 2018, est proposé un nouvel article 233 al. 2e du Code civil qui disposerait que le divorce « peut être demandé par l'un des époux lorsque chacun d'eux, assisté d'un avocat, a accepté le principe de la rupture du mariage par acte sous signature privée contresigné par avocats ».

(115) Cf. par ex., dans le projet de loi présenté au Sénat le 20 avril 2018, est proposé un nouvel article 252 du Code civil qui disposerait que « La demande introductive d'instance comporte le rappel des dispositions relatives à (...) la médiation en matière familiale et à la procédure participative ».

(116) Sur cette question, cf. I. Maria (ss dir.), *La simplification et la modernisation du droit de famille : mythe ou réalité ?*, éd. Connaissances et Savoirs, 2018.

A. – La requête initiale

287. – **Première phase : la requête initiale.** L'instance en divorce contentieux débute par le dépôt d'une requête unilatérale ou conjointe qui va saisir le juge aux affaires familiales. Dès le dépôt de la requête initiale, le juge peut, si l'urgence le commande, prendre des mesures dites « urgentes », selon l'article 257 du Code civil, en ordonnant par exemple une résidence séparée des époux pour la durée de l'instance.

288. – **Juridiction compétente en droit interne.** Le divorce contentieux relève de la compétence matérielle du juge aux affaires familiales. L'article 1070 du Code de procédure civile détermine la compétence territoriale.

Code de procédure civile

Art. 1070. – Le juge aux affaires familiales territorialement compétent est :

– le juge du lieu où se trouve la résidence de la famille ;

– si les parents vivent séparément, le juge du lieu de résidence du parent avec lequel résident habituellement les enfants mineurs en cas d'exercice en commun de l'autorité parentale, ou du lieu de résidence du parent qui exerce seul cette autorité ;

– dans les autres cas, le juge du lieu où réside celui qui n'a pas pris l'initiative de la procédure.

En cas de demande conjointe, le juge compétent est, selon le choix des parties, celui du lieu où réside l'une ou l'autre.

Toutefois, lorsque le litige porte seulement sur la pension alimentaire, la contribution à l'entretien et l'éducation de l'enfant, la contribution aux charges du mariage ou la prestation compensatoire, le juge compétent peut être celui du lieu où réside l'époux créancier ou le parent qui assume à titre principal la charge des enfants, même majeurs.

La compétence territoriale est déterminée par la résidence au jour de la demande ou, en matière de divorce, au jour où la requête initiale est présentée.

289. – **Compétence internationale du juge.** Dès que le divorce présente un lien, même minime, avec un État autre que la France, le juge français doit fonder son éventuelle compétence sur le règlement Bruxelles II bis. Le propos se vérifie au demeurant même si les époux n'ont pas la nationalité d'un État membre de l'Union européenne mais qu'ils résident en France. Le règlement Bruxelles II bis constitue en matière familiale les règles communes du contentieux familial international, au-delà des rapports familiaux géographiquement situés au sein de l'espace judiciaire civil européen. Les règles de compétence sont énumérées par l'article 3 du règlement Bruxelles II bis, sans hiérarchie. Habituellement, on considère en effet que ces fors de compétence juridictionnelle présentent un caractère fongible. Il s'avère désormais indispensable pour le juge français, si une question de compétence internationale vient à se poser en matière de divorce ou de séparation de corps, de passer en revue les différents chefs de compétence juridictionnelle énumérés par l'article 3 du règlement Bruxelles II bis, et de se considérer comme apte à juger si l'un de ces textes le désigne. La démarche s'avère plus unilatérale que véritablement conflictuelle et les éventuels conflits entre deux ordres juridiques se régleront davantage par le biais de l'exception de litispendance internationale[117].

(117) L'exception de litispendance internationale présente en ce domaine une physionomie simple dans sa conception, mais rigide dans sa mise en œuvre puisqu'en cas de procédures parallèles introduites devant les juridictions de deux

La Cour de cassation française se montre en revanche extrêmement vigilante s'agissant de la primauté du droit de l'Union européenne en n'hésitant pas à casser des arrêts ayant retenu la compétence du juge français en se fondant sur les règles ordinaires de compétence, tels l'article 1070 du Code de procédure civile, voire les privilèges de juridiction des articles 14 et 15 du Code civil, alors même qu'un chef de compétence juridictionnelle européen désignait également les juridictions françaises. Autrement dit, le juge français est tenu de fonder d'abord sa compétence sur le texte européen puis, à défaut, sur les autres règles de compétence juridictionnelle, à savoir les dispositions du Code de procédure civile transposées dans l'ordre international puis, enfin, sur les privilèges de juridiction.

Au demeurant, les chefs de compétence juridictionnelle se révèlent si nombreux dans le règlement Bruxelles II bis que ce texte fondera fréquemment la compétence internationale du juge français en matière de divorce et de séparation de corps.

Cons. UE, régl. n° 2201/2003/CE, 27 nov. 2003, relatif à la compétence, la reconnaissance et l'exécution des décisions en matière matrimoniale et en matière de responsabilité parentale abrogeant le règlement (CE) n° 1347/2000, dit « Bruxelles II bis »

(...)

Article 3

1. Sont compétentes pour statuer sur les questions relatives au divorce, à la séparation de corps et à l'annulation du mariage des époux, les juridictions de l'État membre :

a) sur le territoire duquel se trouve :

– la résidence habituelle des époux, ou

– la dernière résidence habituelle des époux dans la mesure où l'un d'eux y réside encore, ou

– la résidence habituelle du défendeur, ou

– en cas de demande conjointe, la résidence habituelle de l'un ou l'autre époux, ou

– la résidence habituelle du demandeur s'il y a résidé depuis au moins une année immédiatement avant l'introduction de la demande, ou

– la résidence habituelle du demandeur s'il y a résidé depuis au moins six mois immédiatement avant l'introduction de la demande et s'il est soit ressortissant de l'État membre en question, soit, dans le cas du Royaume-Uni et de l'Irlande, s'il y a son « domicile » ;

b) de la nationalité des deux époux ou, dans le cas du Royaume-Uni et de l'Irlande, du « domicile » commun.

2. Aux fins du présent règlement, le terme « domicile » s'entend au sens des systèmes juridiques du Royaume-Uni et de l'Irlande.

(...).

290. - **Mesures urgentes : utilité.** Dans la requête initiale, l'époux demandeur peut solliciter des mesures d'urgence[118]. Ces dernières ne doivent pas être

États membres différents, également désignées par le règlement Bruxelles II bis, le juge saisi en second a l'obligation de se dessaisir au profit du premier. Les nombreux chefs de compétence juridictionnelle énumérés par le règlement Bruxelles II bis ont été conçus en contemplation du principe de confiance mutuelle entre les ordres juridiques nationaux qui présume que tous les ordres juridiques des différents États membres se valent en terme de protection des droits fondamentaux des justiciables. Partant, il importe peu d'être jugé par une juridiction de tel ou tel État membre, l'essentiel résidant dans la nécessité d'attraire le contentieux vers l'espace judiciaire civil européen. Sur cette conception de l'espace judiciaire civil européen, cf. V. Égéa, *Une source d'inspiration pour l'espace judiciaire civil européen : le règlement Bruxelles II bis*, *in* M. Douchy-Oudot et E. Guinchard (ss dir.), *L'espace judiciaire civil européen en marche*, Dalloz, 2012, p. 35. – M.-L. Niboyet, *La globalisation du procès civil international dans l'espace judiciaire européen et mondial* : *JDI* 2006, 937.

(118) C. civ., art. 257.

confondues avec les mesures provisoires prises à l'occasion de l'ordonnance de non-conciliation. En effet, les mesures urgentes au sens de l'article 257 du Code civil ont pour finalité d'éviter un péril imminent ou de faire cesser une situation illicite. Ainsi le juge aux affaires familiales, en tant que juge de l'urgence, peut-il autoriser l'époux demandeur à résider séparément, s'il y a lieu avec ses enfants mineurs. L'introduction d'une demande en divorce peut en effet cristalliser certaines passions ou encore constituer une issue face à une situation devenue intenable. Dans cette perspective, le juge peut aussi, pour la garantie des droits d'un époux, ordonner toutes mesures conservatoires telles que l'apposition de scellés sur les biens communs.

291. – **Maintien des règles du régime primaire impératif.** En dépit de cette possibilité de solliciter des mesures urgentes au sens de l'article 257 du Code civil, demeurent applicables les règles qui façonnent le régime matrimonial primaire(119), qualifié d'impératif. Ainsi, parmi les mesures dites « de crise », l'article 220-1 du Code civil dispose que si l'un des époux manque gravement à ses devoirs, mettant en péril les intérêts de la famille, le juge aux affaires familiales peut prescrire toutes les mesures urgentes que requièrent ces intérêts, en interdisant notamment à cet époux de faire, sans le consentement de l'autre, des actes de disposition sur ses propres biens ou sur ceux de la communauté.

292. – **Comparution du demandeur.** L'époux qui sollicite dans la requête initiale le prononcé de mesures d'urgence doit, sous réserve d'un éventuel empêchement, se présenter en personne(120) devant le juge.

B. – L'audience de conciliation

293. – **Deuxième phase : l'audience de conciliation.** Initialement conçue comme une occasion offerte au juge de tenter de réconcilier les époux, l'audience dite de conciliation a désormais pour unique fonction d'essayer de les mettre d'accord sur les mesures provisoires(121), c'est-à-dire sur les règles d'organisation de la vie familiale durant cette phase particulière qui se déroule jusqu'au prononcé du divorce. Les mesures provisoires prises durant l'audience de conciliation ne doivent pas être confondues avec les mesures urgentes que le juge aux affaires familiales pourrait être amené à prononcer dès le dépôt de la requête(122).

C. – L'ordonnance de non-conciliation

294. – **Troisième phase : l'ordonnance de non-conciliation.** L'ordonnance de non-conciliation, que la pratique nomme « ONC », constitue l'acte de procédure central en matière de divorce, car sa délivrance permet ensuite d'assigner en divorce. Le juge aux affaires familiales rend l'ordonnance de non-conciliation

(119) Sur lesquelles, V. *infra*, nos 1102 et s.
(120) CPC, art. 1006, al. 2 ; sous réserve de l'empêchement : cf. CPC, art. 1006, al. 3.
(121) Cf. C. Bouty, *Pour une suppression du préalable obligatoire de conciliation en matière de divorce* : D. 2008, 2728.
(122) Sur lesquelles, V. *supra*, n° 290.

s'il constate, à l'issue de l'audience de conciliation que le demandeur maintient sa demande. Le droit positif exprimant un vœu politique très affirmé en faveur du divorce consensuel, le juge aux affaires familiales doit cependant inciter les époux à régler à l'amiable les conséquences du divorce[123]. Pour cette raison, les époux doivent présenter pour l'audience de jugement un projet de règlement des effets du divorce. D'ailleurs, au titre des mesures provisoires, le juge aux affaires familiales peut proposer, voire enjoindre aux époux de recourir à la médiation familiale.

Prolongement pratique

De l'utilité de la médiation familiale

295. – La médiation familiale fait couramment l'objet d'une présentation au mieux assez caricaturale, au pire totalement fausse, dans le but plus ou moins avoué de discréditer ce processus. Elle ne consiste pas en effet à réaliser une thérapie de couple, mais vise à rétablir une discussion entre les époux afin d'apaiser le conflit qui les divise. Contrairement à la conciliation, le médiateur ne propose point de solution juridique et ne consigne pas un quelconque accord. Sa mission, en tant que professionnel des techniques de communication actives, consiste simplement (et c'est déjà beaucoup), à retisser un lien de communication rompu, afin d'amener les membres de la famille à mettre en évidence ce qui nourrit leur différend. À ce titre, la médiation familiale offre l'opportunité de faire le point au sujet de vieilles rancœurs, d'exprimer des non-dits jusque-là ressassés en silence, de briser des représentations appartenant davantage à l'ordre symbolique qu'à l'ordre du réel[124]. La médiation familiale concerne donc le conflit et vise à apaiser, voire à éteindre les braises qui l'alimentent. Idéalement, le conflit en s'éteignant emportera avec lui le litige et les époux jusque-là engagés dans un divorce contentieux s'orienteront plutôt vers un divorce par consentement mutuel. *A minima*, même si le processus de médiation familiale ne permet pas aux époux de conclure une convention à soumettre au juge aux affaires familiales pour homologation, il devrait entraîner une reprise du dialogue et de la communication entre époux, ce qui s'avère toujours satisfaisant pour l'intérêt de l'enfant et pour la sérénité des adultes.

296. – Mesures provisoires. Comme l'instance en divorce peut durer[125], il convient d'organiser les relations juridiques entre époux durant cette période, d'autant qu'elle reste souvent marquée par une tension plus ou moins vive au sein du couple. Dans les divorces contentieux, le juge aux affaires familiales détermine ainsi des mesures provisoires, mais il dispose pour ce faire du pouvoir de tenir compte des accords conclus entre les époux. Une énumération de ces fameuses mesures provisoires, qui ne paraît qu'énumérative et non limitative, apparaît à l'article 255 du Code civil, qui mentionne notamment la possibilité de statuer sur la résidence séparée des époux, d'ordonner la remise de

(123) C. civ., art. 252-3.
(124) Selon la distinction freudienne entre l'ordre symbolique, l'ordre réel et l'ordre imaginaire.
(125) Ainsi, ne serait-ce qu'à partir de l'ordonnance de non-conciliation, les époux disposent d'un délai de trente mois pour assigner, auquel il conviendra d'ajouter ensuite la durée de l'instance proprement dite.

vêtements et objets personnels, de fixer une pension alimentaire qui supplée le devoir de secours. Surtout, le juge conciliateur dispose du pouvoir de désigner, sur le fondement de l'article 255, 10° du Code civil, un notaire en vue d'élaborer un projet de liquidation du régime matrimonial et de formation des lots à partager(126). Trop peu utilisée en pratique, la désignation du notaire au titre des mesures provisoires revêt désormais une importance pratique fondamentale, car elle détermine largement les nouveaux pouvoirs liquidatifs du juge aux affaires familiales(127). Il est plus fréquent en pratique que le juge aux affaires familiales désigne un professionnel qualifié sur le fondement de l'article 255, 9° du Code civil. Dans cette perspective, la Cour de cassation(128) a pu juger qu'un avocat pouvait de la sorte être désigné sur le fondement de ce texte, car il s'agit alors de remplir une fonction confiée par le juge et non d'exercer une profession incompatible avec celle d'avocat.

Au sujet des mesures provisoires, la deuxième chambre civile de la Cour de cassation a jugé que la force de chose jugée attachée à une décision judiciaire dès son prononcé ne peut avoir pour effet de priver une partie d'un droit tant que cette décision ne lui a pas été notifiée(129).

Code civil

Art. 255. – Le juge peut notamment :

1° Proposer aux époux une mesure de médiation et, après avoir recueilli leur accord, désigner un médiateur familial pour y procéder ;

2° Enjoindre aux époux de rencontrer un médiateur familial qui les informera sur l'objet et le déroulement de la médiation ;

3° Statuer sur les modalités de la résidence séparée des époux ;

4° Attribuer à l'un d'eux la jouissance du logement et du mobilier du ménage ou partager entre eux cette jouissance, en précisant son caractère gratuit ou non et, le cas échéant, en constatant l'accord des époux sur le montant d'une indemnité d'occupation ;

5° Ordonner la remise des vêtements et objets personnels ;

6° Fixer la pension alimentaire et la provision pour frais d'instance que l'un des époux devra verser à son conjoint, désigner celui ou ceux des époux qui devront assurer le règlement provisoire de tout ou partie des dettes ;

7° Accorder à l'un des époux des provisions à valoir sur ses droits dans la liquidation du régime matrimonial si la situation le rend nécessaire ;

8° Statuer sur l'attribution de la jouissance ou de la gestion des biens communs ou indivis autres que ceux visés au 4°, sous réserve des droits de chacun des époux dans la liquidation du régime matrimonial ;

9° Désigner tout professionnel qualifié en vue de dresser un inventaire estimatif ou de faire des propositions quant au règlement des intérêts pécuniaires des époux ;

10° Désigner un notaire en vue d'élaborer un projet de liquidation du régime matrimonial et de formation des lots à partager.

(126) La littérature reste très abondante sur ce point, cf. notamment : J.-P. Gilles, *Le notaire face à la procédure de divorce : JCP* N 2012, 1389. – A. Cousin et A. Depondt, *Mission des articles 255, 9° et 10° du Code civil : impression d'un notaire : Dr. famille* 2008, étude 26. – P.-J. Claux et S. David, *Divorce : le notaire nommé expert au cours de la procédure : Defrénois* 2008, 1413. – S. Gaudemet et M. Klaa, *L'élaboration d'un projet de liquidation du régime matrimonial et de formation des lots à partager. Le notaire nommé au titre de l'article 255, 10° du Code civil : Defrénois* 2012, 1130.

(127) Sur ce point, V. *infra*, n° 313.

(128) Cass. 1re civ., 19 oct. 2016, n° 15-25.879 : *Dr. famille* 2017, comm. 12, note B. Beignier ; *Dr. famille* mars 2017, chron. 1, n° 17, obs. V. Égéa ; *AJF* 2016, 603, obs. J. Casey.

(129) Dans cette affaire, l'ordonnance ne fut pas signifiée de manière régulière : Cass. 2e civ., 14 sept. 2006, n° 04-20.602 : *Bull. civ.* 2006, II, n° 220.

Cass. 1re civ., 19 oct. 2016, n° 15-25.879 : *Dr. famille* 2017, comm. 12, note B. Beignier, *Dr. famille* mars 2017, chron. 1, n° 17, obs. V. Égéa ; *AJF* 2016, 603, obs. J. Casey

Attendu, selon les arrêts attaqués, que Mme X... et M. Y... se sont mariés le 25 avril 1998 ; que le premier arrêt a confirmé l'ordonnance de non-conciliation ayant notamment désigné Mme D..., avocate, en qualité de professionnel qualifié, en vue de dresser un inventaire estimatif des patrimoines et revenus de chacun des époux et de faire des propositions quant au règlement de leurs intérêts pécuniaires ; que le second a statué sur le fond, après avoir rejeté l'exception de nullité du rapport du technicien désigné ;

Sur la troisième branche du premier moyen, la première branche du deuxième moyen du pourvoi principal, et la seconde branche du moyen unique du pourvoi incident ci-après annexés :

Attendu que ces griefs ne sont manifestement pas de nature à entraîner la cassation

Sur le premier moyen, du pourvoi principal, pris en sa première branche :

Attendu que M. Y... fait grief à l'arrêt du 25 novembre 2010 de confirmer l'ordonnance du juge aux affaires familiales désignant Mme D... en qualité de professionnel qualifié alors, selon le moyen, que la profession d'avocat est incompatible avec celle d'expert judiciaire ; qu'en désignant un avocat en qualité de professionnel qualifié pour dresser l'inventaire estimatif des biens des époux et faire des propositions de règlement de leurs intérêts pécuniaires, la cour d'appel a violé l'article 115 du décret du 27 novembre 1991, ensemble l'article 255, 9°, du Code civil ;

Mais attendu que l'article 115 du décret n° 91-1197 du 27 novembre 1991, organisant la profession d'avocat, n'interdit pas la désignation d'un avocat en qualité de professionnel qualifié, au sens de l'article 255, 9°, du Code civil, dès lors que l'exercice de ces fonctions, confiées par un juge, ne caractérise pas celui d'une profession ; que le moyen n'est pas fondé ;

Sur le même moyen, pris en sa deuxième branche :

Attendu que M. Y... fait grief à l'arrêt du 2 juillet 2015 de rejeter l'exception de nullité du rapport de Mme D... alors, selon le moyen, que le défaut de prestation de serment de l'expert constitue une irrégularité de fond justifiant la nullité de l'expertise ; qu'en affirmant, pour débouter M. Y... de sa demande de nullité du rapport, que le défaut de prestation de serment de l'expert désigné constituait un vice de forme, la cour d'appel a violé l'article 6 de la loi n° 71-498 du 29 juin 1971, relative aux experts judiciaires, ensemble les articles 117 et 175 du Code de procédure civile ;

Mais attendu que l'arrêt énonce exactement que le défaut de prestation de serment d'un expert, qui ne figure pas au nombre des irrégularités de fond énumérées à l'article 117 du Code de procédure civile, constitue un vice de forme dont la nullité, aux termes de l'article 114, dernier alinéa, du même code, ne peut être prononcée qu'à charge, pour celui qui l'invoque, de prouver le grief que lui cause l'irrégularité ; que le moyen n'est pas fondé ;

Sur le troisième moyen, du pourvoi principal :

(...)

PAR CES MOTIFS :

REJETTE le pourvoi principal, en ce qu'il est dirigé contre l'arrêt rendu le 25 novembre 2010 ;

297. - **Modification des mesures provisoires.** Le caractère provisoire des mesures prises à l'occasion de l'ordonnance de non-conciliation signifie que, conformément au droit commun, cette décision juridictionnelle n'est pas revêtue de l'autorité de chose jugée(130). Le juge aux affaires familiales ne se trouve pas dessaisi en délivrant l'ordonnance et a la possibilité de modifier les mesures prescrites lorsque survient un élément nouveau.

Certaines décisions troublent quelque peu l'affirmation du caractère provisoire des mesures ainsi prises, en jugeant que le juge de la conciliation statue, même d'office, sur le régime matrimonial des époux(131), ce qui concerne incontestablement le fond. Au demeurant, ce pouvoir du juge conciliateur se trouve désormais expressément consacré à l'article 267 du Code civil, dans sa rédaction issue de l'ordonnance n° 2015-1288 du 15 octobre 2015.

(130) Cass. 2e civ., 4 mars 1998 : *Bull. civ.* 1998, II, n° 70.

(131) Cass. 1re civ., 24 févr. 2016, n° 15-14.887 : *Dr. famille* 2016, comm. 101, obs. J.-R. Binet ; *Dr. famille* 2016, chron. 3, spéc. n° 4, obs. V. Égéa ; *AJF* 2016, 217, obs. P. Hilt.

298. - **Recours contre l'ordonnance de non-conciliation.** L'ordonnance de non-conciliation est susceptible d'appel dans les quinze jours de sa notification, mais seulement quant à la compétence et aux mesures provisoires(132). Ce champ de l'appel se révèle parfaitement logique puisqu'en délivrant une ordonnance de non-conciliation, le juge aux affaires familiales ne statue pas sur le fond du divorce, mais se borne à constater l'impossible réconciliation et à organiser, pour un temps, la vie familiale des époux en cours de divorce. En raison de leur caractère provisoire, les mesures ordonnées dans ce cadre sont exécutoires dès la notification du jugement et l'appel n'en suspend point l'exécution(133).

299. - **Pouvoirs du juge conciliateur : le contrôle de la régularité internationale.** Si le législateur a ouvert la possibilité d'un appel contre l'ordonnance de non-conciliation sur la compétence du juge aux affaires familiales, dans les quinze jours de la notification de l'ordonnance de non-conciliation, il s'agissait principalement de permettre de régler une compétence interne. Se posa rapidement la question de l'étendue des pouvoirs du juge aux affaires familiales, au stade de la tentative de conciliation, face à une exception tirée de la chose jugée à l'étranger. Il paraît désormais acquis que le contrôle à titre incident de la régularité internationale d'un jugement étranger peut être opéré par tout juge devant lequel ce jugement est invoqué pour contester son pouvoir de juger(134), y compris le juge aux affaires familiales au stade de la tentative de conciliation(135).

300. - **Pouvoirs du juge conciliateur : la détermination du régime matrimonial.** Il entre dans les pouvoirs du juge aux affaires familiales, au stade de la tentative de conciliation, de se prononcer sur le régime matrimonial des époux(136).

301. - **Pouvoirs du juge conciliateur : la détermination de la valeur d'un bien.** Relevant d'office un moyen de droit, la Cour de cassation a pu juger au visa de l'article 255 du Code civil qu'il n'entre pas dans les pouvoirs du juge d'attribuer à l'un des époux la part du prix de vente d'un bien commun ou indivis(137).

(132) CPC, art. 1112.

(133) Cass. 2e civ., 8 juill. 1998 : *Bull. civ.* 1998, II, n° 239. – Cass. 2e civ., 19 févr. 1997 : *Bull. civ.* 1997, II, n° 47.

(134) Cass. 1re civ., 10 mai 2007, n° 06-12.476 : *D.* 2007, 2690, obs. M. Douchy-Oudot ; *RTD civ.* 2007, 552, obs. J. Hauser.

(135) Cass. 1re civ., 10 mai 2007, n° 06-11.323 : « le contrôle à titre incident de la régularité internationale d'un jugement étranger pouvant être opéré par tout juge devant lequel ce jugement est invoqué pour contester son pouvoir de juger, la cour d'appel qui a statué sur l'appel de l'ordonnance de non-conciliation d'un juge aux affaires familiales qui avait écarté une fin de non-recevoir tiré d'un jugement étranger de divorce, n'a pas excédé ses pouvoirs ».

(136) Cass. 1re civ., 24 févr. 2016, n° 15-14.887 (première branche du moyen unique) : cassation pour violation de l'article 255 du Code civil de l'arrêt qui, pour renvoyer les parties devant le juge du divorce pour qu'il soit statué sur la détermination de leur régime matrimonial, retient que le magistrat conciliateur n'est pas « compétent » pour se prononcer sur ce point.

(137) Cass. 1re civ., 24 févr. 2016, n° 15-14.887 (sur le moyen relevé d'office) : au stade de la tentative de conciliation, il avait été attribué à l'épouse la jouissance divise d'un véhicule, au titre des mesures provisoires, et il lui avait été alloué, à défaut de remise du véhicule par le mari et sur justification de sa vente, la moitié du prix. L'arrêt est cassé, pour avoir ainsi excédé ses pouvoirs et violé l'article 255 du Code civil.

Prolongement pratique

Quelle imposition sur les revenus des époux durant l'instance en divorce ?

302. – En matière d'imposition sur le revenu, l'année fiscale court du 1er janvier au 31 décembre, ce qui pose nécessairement une difficulté s'agissant de l'imposition des revenus perçus par les époux, ensemble ou séparément, pendant l'année où est prononcée l'ordonnance de non-conciliation, car en principe le couple marié est soumis à une imposition commune et, partant, doit procéder à une déclaration de revenus unique (cf. CGI, art. 6, 1, al. 2).

Le Code général des impôts tient compte de cette situation matrimoniale particulière, en permettant de déroger à certaines conditions au principe de l'imposition commune. Ainsi, les époux font l'objet d'impositions distinctes lorsqu'étant en instance de séparation de corps ou de divorce, ils ont été autorisés à avoir des résidences séparées (cf. CGI, art. 6, 4, *b*). Partant, les mesures provisoires prises par le juge aux affaires familiales pour le temps de l'instance en divorce, et en particulier l'autorisation à résider séparément, peuvent avoir des répercussions directes sur l'imposition sur le revenu des membres du couple.

Une question demeure néanmoins posée : cette dérogation au principe de l'imposition commune vaut-elle uniquement pour une résidence séparée autorisée par le juge aux affaires familiales dans l'ordonnance de non-conciliation, sur le fondement de l'article 255, 3° du Code civil ; ou bien vaut-elle également lorsque le magistrat autorise une telle résidence séparée dès la requête initiale, au titre des mesures urgentes de l'article 257 du Code civil.

La réponse, qui ne paraît pas clairement tranchée, dépend de l'interprétation large ou restrictive de l'article 6, 4, *b* du Code général des impôts(138).

D. – L'assignation en divorce

303. – Délais de saisine. En délivrant l'ordonnance de non-conciliation, le juge aux affaires familiales autorise le demandeur à assigner son conjoint. Les mesures provisoires ne constituent dès lors que des conséquences logiques de cet effet procédural de l'ordonnance. Le demandeur initial, c'est-à-dire l'époux qui a déposé la requête, dispose d'un délai de trois mois à compter de l'ordonnance de non-conciliation pour assigner en divorce. Passé ce délai, les deux époux peuvent assigner, sachant que faute d'assignation introduite dans un délai maximal de trente mois, l'ordonnance de non-conciliation et toutes les mesures provisoires se trouvent frappées de caducité(139). Autrement dit, à compter de l'ordonnance de non-conciliation, une assignation en divorce doit être signifiée et enrôlée dans les trente mois, mais durant les trois premiers mois, seul l'époux ayant déposé la requête initiale dispose du pouvoir d'assigner. Le délai ainsi fixé revêt un caractère impératif et, pour éviter que les mesures provisoires ne s'éternisent(140), la caducité vient sanctionner le défaut d'introduction de l'instance.

(138) Cf. F. Douet, *Précis de droit fiscal de la famille*, LexisNexis, 2015, nos 1271 et s.
(139) CPC, art. 1113, al. 2.
(140) Par définition, les mesures provisoires ne sont ordonnées que pour un temps et si elles viennent à être frappées de caducité, les règles antérieurement déterminées retrouvent leur empire. Il en va ainsi de la fixation judiciaire d'une

304. – **Contenu de l'assignation : indication du cas de divorce.** Contrairement à la requête initiale qui demeure silencieuse quant au cas de divorce choisi, voire quant aux griefs reprochés au conjoint, l'assignation doit quant à elle mentionner ces éléments indispensables à la formulation juridique de la demande.

305. – **Contenu de l'assignation : proposition de règlement pécuniaire.** L'assignation en divorce demeure bien évidemment soumise aux conditions que l'article 56 du Code de procédure civile impose pour toute assignation. Par ailleurs, elle doit répondre à des conditions propres et, en particulier, comporter une proposition de règlement des intérêts pécuniaires et patrimoniaux des époux. L'exigence se trouve garantie par une irrecevabilité, sanction procédurale particulièrement redoutable. En défense, l'autre époux peut donc soulever une fin de non-recevoir, pour dénier le droit d'action au demandeur, dès lors que ce dernier signifie une assignation ne comportant pas cette fameuse proposition de règlement des intérêts pécuniaires. Là encore, le législateur espère que cette exigence procédurale, à la fois formelle et substantielle, contribuera avec d'autres mécanismes à faire émerger, autant que possible, un consensus entre les époux.

Prolongement pratique

Peut-on conclure une convention participative après l'ONC ?

306. – Déjà évoquée à plusieurs reprises, la faveur pour une gestion consensuelle du divorce marque de son empreinte le droit contemporain et, en particulier, la loi n° 2004-439 du 26 mai 2004.

À ce titre, un point n'est pas clairement tranché. Les époux divorçant peuvent-ils conclure une convention participative, comme le permettent désormais les articles 2062 et suivants du Code civil et soumettre au juge pour homologation au sens de l'article 268 du Code civil une convention qui réglerait une partie des effets du divorce ?

On peut parfaitement imaginer que suite à l'ordonnance de non-conciliation et avant l'assignation en divorce, les époux arrivent à s'entendre sur l'un des effets du divorce dans le cadre d'une procédure participative. La loi n° 2016-1547 du 18 novembre 2016 de modernisation de la justice du 21e siècle[141] a apporté une réponse à cette interrogation[142].

Avant le vote de ce texte qui modifie l'article 2062 du Code civil, une controverse demeurait :

– si l'on considère que l'instance en divorce est introduite par la requête initiale, on pouvait penser que le juge aux affaires familiales restait saisi jusqu'au prononcé du divorce. Comme l'article 2062 du Code civil soumettait la conclusion d'une convention participative à l'absence de saisine d'un juge ou d'un arbitre, ce processus ne semblerait plus possible en raison de la saisine du juge aux affaires familiales ;

– si l'on considérait en revanche que l'instance est segmentée entre deux phases, le recours à la convention participative paraissait alors concevable. Il s'agirait alors de considérer que la requête introduit une phase procédurale provisoire que clôt l'ordonnance

contribution aux charges du mariage, remplacée pour un temps par des mesures provisoires. Lorsque ces dernières se trouvent frappées de nullité, les règles déterminées par le jugement initial redeviennent alors applicables : Cass. ch. mixte, 12 mai 2000 : *Bull. civ.* 2000, n° 2 ; *Dr. famille* 2000, comm. 105, note H. Lécuyer ; *D.* 2001, 2348, obs. S. Mirabail ; *RTD civ.* 2000, 549, obs. J. Hauser ; *RJPF* 2000-10/23, note P. Guerder.

(141) N. Fricero, *Les modes alternatifs de règlements des différends dans la loi de modernisation de la justice du 21e siècle : Dr. famille* 2017, dossier 10.

(142) V. Égéa, *Un semestre de droit procédural de la famille (juillet 2016-janvier 2017) : Dr. famille* 2017, chron. 1.

de non-conciliation. En délivrant cette dernière, le juge aux affaires familiales vide sa saisine et ne peut se prononcer que s'il est de nouveau saisi, au fond cette fois-ci, par l'assignation en divorce. Dans cette perspective, c'est le placement de l'assignation qui introduit l'instance en divorce. Ceci signifie que durant la période qui court de l'ordonnance de non-conciliation jusqu'à l'assignation, la conclusion d'une convention participative paraît bien réalisable, au regard de la lettre de l'article 2062 du Code civil.

Si un accord venait à être conclu dans le cadre de cette discussion, il pourrait être soumis au juge aux affaires familiales pour homologation au sens de l'article 268 du Code civil. On imagine mal en effet le magistrat refuser d'homologuer un accord au seul prétexte qu'il serait issu d'une convention participative. Dans ce cadre en effet, les motifs de refus d'homologation demeurent l'atteinte à l'intérêt de l'enfant ou de l'un des époux.

Admettre une telle interprétation, favorable à la convention de procédure participative, concorde particulièrement bien avec l'esprit et le but des textes, aussi bien en ce qui concerne la volonté de pacifier le divorce que l'essor du consensus en procédure civile.

Trois questions demeuraient cependant posées :

– tout d'abord, ne serait-il pas préférable de porter cet accord à la connaissance du juge par le biais de conclusions concordantes ? Si cette forme peut évidemment être opportunément utilisée, la requête en vue d'homologation présente tout de même l'avantage de véritablement « incarner » la conclusion d'un accord par les époux. Dans une perspective d'adhésion des justiciables et d'appropriation par ces derniers de leurs propres solutions, l'homologation paraît plus utile ;

– ensuite, les époux disposant de trente mois pour assigner, suite à l'ONC, l'éventuelle conclusion d'une convention de procédure participative durant cette période, aurait-elle pour effet de suspendre le cours de cette prescription ?

– enfin, l'article 2067 du Code civil disposait que la demande en divorce suite à la suite d'une convention de procédure participative était formée selon la procédure de droit commun, par exception à la règle posée à l'article 2066. Ce texte demeure inchangé au lendemain de la loi dite « Justice 21 ».

En tout état de cause, ces interrogations procédurales ont été levées puisque la condition temporelle précédemment posée par l'article 2062 du Code civil a été supprimée. Désormais, une convention de procédure participative peut être conclue même après la saisine d'un juge, pour organiser la mise en état du litige (C. civ., art. 2062) offrant à cet acte sa véritable place dans le paysage juridique contemporain.

Prolongement pratique

Assignation en divorce et litispendance internationale

307. – Le délai de trente mois dont disposent les époux pour assigner en divorce, à partir du prononcé de l'ONC, peut avoir des incidences importantes sur la résolution des situations de parallélisme procédural entre les juridictions de deux États membres de l'Union européenne. Une multitude de juridictions d'États membres différents peut être amenée à connaître du divorce d'un couple composé d'époux ayant chacun la nationalité d'un État membre de l'Union européenne, comme un couple franco-espagnol par exemple, voire d'un couple de Français résidant sur le territoire d'un autre État membre de l'Union européenne que la France. L'article 3 du règlement Bruxelles II bis multiplie en effet les chefs de compétence juridictionnelle en ce domaine.

Reste à connaître exactement le moment à partir duquel la juridiction d'un État membre est considérée comme étant valablement saisie. En effet, cette détermination se révèle essentielle puisque la juridiction d'un État membre, également désignée par le règlement, quand elle est saisie en second devra obligatoirement se dessaisir au profit de la première juridiction.

Dans l'hypothèse où le juge aux affaires familiales français viendrait à être le premier saisi sur le fondement du règlement Bruxelles II bis, qu'il rend une ordonnance de non-conciliation et que les époux n'assignent pas dans le délai de trente mois, par négligence ou par volonté dilatoire, la juridiction d'un autre État membre qui viendrait à être postérieurement saisie pourrait-elle être reconnue compétente ?

La Cour de justice de l'Union européenne a répondu à cette question au sujet d'une procédure française de séparation de corps dans laquelle le demandeur avait précisément laissé courir le délai de trente mois sans assigner en divorce.

Elle juge que « s'agissant de procédures de séparation de corps et de divorce engagées entre les mêmes parties devant des juridictions de deux États membres, l'article 19, paragraphes 1 et 3, du règlement (CE) n° 2201/2003 du Conseil, du 27 novembre 2003, relatif à la compétence, la reconnaissance et l'exécution des décisions en matière matrimoniale et en matière de responsabilité parentale abrogeant le règlement (CE) n° 1347/2000, doit être interprété en ce sens que, dans une situation, telle que celle en cause au principal, où la procédure devant la juridiction première saisie dans le premier État membre s'est éteinte après la saisine de la seconde juridiction dans le second État membre, les critères de la litispendance ne sont plus remplis et, par conséquent, la compétence de la juridiction première saisie doit être considérée comme n'étant pas établie »(143).

La solution se justifie aisément puisque la caducité de l'ordonnance de non-conciliation et des mesures provisoires prises dans cet acte juridictionnel vient éteindre la première procédure, faisant par là même disparaître le parallélisme des instances et, partant, la situation de litispendance.

Pour autant, il convient d'être particulièrement vigilant lors de la première saisine, car le délai français pour assigner, qui s'avère relativement long (trente mois), peut permettre à un demandeur malveillant de paralyser la compétence des autres juridictions des États membres de l'Union européenne désignées par le règlement Bruxelles II bis. Ceci accroît une nouvelle fois le risque de course à la première saisine, également désignée par l'expression « ruée vers les tribunaux » qui caractérise la multiplication de chefs de compétence juridictionnelle non hiérarchisés – dits « fongibles » – dans le règlement Bruxelles II bis(144).

E. – Le jugement de divorce

308. – **Modification de l'état civil.** Le principal effet substantiel du jugement de divorce consiste à modifier l'état civil des époux qui redeviennent célibataires. Juridiquement, les ex-époux se trouvent dans la position de deux tiers, de deux étrangers l'un par rapport à l'autre, ce qui signifie que cessent les obligations régissant jusque-là les relations familiales. Le juge aux affaires familiales, en prononçant le divorce, doit également déterminer les incidences juridiques de la rupture du lien sur le droit de l'épouse

(143) CJUE, 3e ch., 6 oct. 2015, aff. C-489/14 : *RTDE* 2015/4, obs. V. Égéa.
(144) Sur cette incidence de la multiplication des chefs de compétence juridictionnelle du règlement Bruxelles II bis sur l'essor de comportements procéduraux dictés qui s'apparentent à du *forum shopping*, V. *infra*, n° 431 (au sujet de la séparation de corps).

de conserver le nom de son ex-mari ou sur la fixation d'une prestation compensatoire. En tant que titre exécutoire, le jugement de divorce pourra permettre la mise en œuvre de voies civiles d'exécution, en l'absence d'exécution volontaire et spontanée.

309. - **Transcription.** Afin de rendre opposable le jugement aux tiers, il convient de procéder à sa transcription sur les registres de l'état civil, laquelle va engendrer une mention en marge de l'acte de naissance de chacun des époux précisant que le mariage a cessé. Les avocats des époux se trouvent donc dans l'obligation de procéder à la transcription du jugement sur les registres de l'état civil afin d'obtenir cette opposabilité.

310. - **Date des effets.** Si la transcription du jugement rend le divorce opposable aux tiers, le mariage cesse en principe entre les époux à la date de l'ordonnance de non-conciliation. Pour autant, le jugement peut prévoir, à la demande d'un époux, de procéder à un « report » des effets juridiques du divorce à une date antérieure à l'ordonnance de non-conciliation, en cas de cessation de la cohabitation et de la collaboration entre eux[145].

II. – L'articulation entre le divorce et la liquidation du régime matrimonial

311. - **Évolution.** Classiquement, l'étude de la liquidation du régime matrimonial relevait à juste titre des effets du divorce puisque selon la lettre de l'article 267 du Code civil en vigueur jusqu'au 1er janvier 2016, le juge aux affaires familiales en prononçant le divorce ordonnait la liquidation et le partage des intérêts patrimoniaux des époux. Faute d'un règlement amiable effectué par les époux eux-mêmes, une seconde instance en liquidation et partage des intérêts patrimoniaux du couple devait être introduite devant le tribunal de grande instance, statuant en formation collégiale. Tel n'est plus nécessairement le cas, la liquidation et le partage pouvant intervenir en amont, dans le cadre de l'instance en divorce, le juge aux affaires familiales disposant désormais, à certaines conditions, de pouvoirs liquidatifs accrus. Tout dépend en réalité de la manière dont ce magistrat a été saisi. Pour cette raison, il paraît désormais plus exact d'évoquer la liquidation et le partage dans des développements consacrés au tronc commun procédural, tant la question demeure liée à certains actes de procédure.

312. - **Ordonner la liquidation du régime matrimonial.** Le juge aux affaires familiales ne va pas se contenter de prononcer le divorce, mais il doit également ordonner la liquidation du régime matrimonial. Cette étape constitue en effet la conséquence directe de la dissolution du mariage. La liquidation est une opération juridique d'établissement des comptes et de détermination des droits en vue de procéder à un partage.

Le juge aux affaires familiales va donc ordonner de la sorte la liquidation du régime matrimonial. Désormais, il a matériellement compétence pour connaître de la liquidation et du partage des intérêts patrimoniaux des époux[146]. Sur ce point, une importante évolution s'est opérée depuis la loi du 11 juillet 1975. Sous l'empire

(145) Cf. sur le report de la date des effets du divorce, V. *infra*, nos 358 et s.
(146) COJ, art. L. 213-3.

de ce texte en effet, il existait une nette dissociation entre l'instance en divorce et la liquidation du régime matrimonial, qui s'expliquait par le fait que l'attribution des torts avait une conséquence directe sur les incidences patrimoniales de la rupture. Par exemple, celui aux torts exclusifs duquel le divorce était prononcé supportait la plupart des incidences patrimoniales de la rupture.

Ainsi une première instance se terminait par le prononcé du divorce, le juge ordonnant la liquidation et le partage du régime matrimonial. Puis, une seconde instance en partage des intérêts patrimoniaux du couple devait être introduite par assignation. Dans la loi n° 2004-439 du 26 mai 2004, cette dualité a été conservée de manière très nette, comme en atteste la répartition des compétences d'attribution. En disposant que « à défaut d'un règlement conventionnel par les époux, le juge, en prononçant le divorce, ordonne la liquidation et le partage de leurs intérêts patrimoniaux », l'ancien article 267 du Code civil, en vigueur jusqu'au 1er janvier 2016, faisait expressément référence au juge aux affaires familiales. L'article 267-1 du Code civil mentionnait quant à lui le tribunal, entendu comme étant la formation collégiale du tribunal de grande instance. Quelques pouvoirs, précisément définis, étaient énumérés, comme la possibilité de statuer sur le maintien dans l'indivision ou l'attribution préférentielle[(147)], le pouvoir d'accorder une avance sur la part de la communauté[(148)] et, surtout, la possibilité de statuer sur les désaccords persistants si le projet établi par le notaire désigné dans le cadre de l'article 255, 10° contenait des informations suffisantes[(149)].

Aussi pouvait-on déduire d'une telle architecture des articles 267 et 267-1 du Code civil que le tribunal de grande instance, siégeant en formation collégiale, était compétent en matière de liquidation et de partage des intérêts patrimoniaux entre époux, mais que le juge aux affaires familiales disposait quant à lui de quelques pouvoirs, à titre d'exception, comme la possibilité de statuer sur le maintien dans l'indivision, sur les demandes d'avance de part ou de biens indivis, ainsi que sur les attributions préférentielles. Il pouvait même statuer sur les désaccords subsistant entre époux, à condition qu'un notaire fût initialement désigné sur le fondement de l'article 255, 10° du Code civil et que le projet de liquidation du régime matrimonial ainsi établi contienne des informations suffisantes[(150)].

313. – **Désignation d'un notaire.** Après des controverses et incertitudes, la jurisprudence élargit les pouvoirs liquidatifs du juge du divorce, en jugeant qu'il pouvait désigner un notaire pour procéder à la liquidation[(151)]. Une telle évolution

(147) C. civ., art. 267, al. 2.

(148) C. civ., art. 267, al. 3.

(149) C. civ., art. 267, al. 4.

(150) À la veille de l'ordonnance n° 2015-1288 du 15 octobre 2015, la jurisprudence se montrait d'ailleurs restrictive en exigeant un rapport suffisamment dense. Cf. Cass. 1re civ., 23 sept. 2015, n° 14-21.525 : *Dr. famille* 2015, comm. 221, note Y. Puyo ; *Dr. famille* 2016, chron. 1, spéc. n° 19, obs. V. Égéa.

(151) Sur l'ensemble de la question, cf. V. Égéa, *Un an de droit procédural de la famille : Dr. famille* nov. 2013, chron. 1, spéc. nos 10 et s. – H. Poivey-Leclerc, *Observations d'un praticien à propos de la réforme du partage : Defrénois* 2012, 1138. – J. Casey, *Articulation du divorce et de la procédure de liquidation-partage : la Cour de cassation se fait législateur : Gaz. Pal.* 2012, 3340. – A. Depondt, *Divorce et partage : une même instance ? : AJF* 2013, 87. – *Adde*, les principaux arrêts qui ont marqué cette évolution jurisprudentielle : Cass. 1re civ., 11 sept. 2013, n° 12-18.512. – Cass. 1re civ., 7 nov. 2012, n° 12-17.394. – Cass. 1re civ., 7 nov. 2012, n° 11-10.449. – Cass. 1re civ., 7 nov. 2012, n° 11-17.377 : *Dr. famille* 2012, comm. 179, obs. V. Larribau-Terneyre ; *D.* 2013, 591, obs. C. Capitaine. – Cass. 1re civ., 12 avr. 2012, n° 11-20.195 : *Dr. famille* 2012, comm. 96, note V. Larribau-Terneyre ; *D.* 2012, 2011, note C. Brenner ; *Gaz. Pal.* 2012, n° 22-23, p. 7, obs. J. Casey ; *RTD civ.* 2012, 519, obs. J. Hauser.

prétorienne rompait avec les préconisations d'une circulaire du 16 juin 2010 recommandant le maintien de deux instances distinctes[(152)], l'une en divorce et l'autre en partage, combiné avec des pouvoirs liquidatifs attribués de manière exceptionnelle au juge du divorce. Louable dans sa volonté de concentrer un maximum de matière litigieuse dans une instance unique, cette évolution jurisprudentielle draina un important lot d'incertitudes, liées notamment à la manière de saisir le juge aux affaires familiales d'une demande en partage ou encore relatives à la difficulté de liquider les intérêts patrimoniaux du couple alors même que le montant de la prestation compensatoire reste inconnu.

314. – **Ordonnance du 15 octobre 2015.** L'ordonnance n° 2015-1288 du 15 octobre 2015 a modifié la situation procédurale par une réécriture, en apparence légère, de l'article 267 du Code civil[(153)]. Poursuivant un prétendu vœu de clarification et simplification, l'ordonnance n'a vraisemblablement pas atteint les objectifs poursuivis.

Code civil

Art. 267. – À défaut d'un règlement conventionnel par les époux, le juge statue sur leurs demandes de maintien dans l'indivision, d'attribution préférentielle et d'avance sur part de communauté ou de biens indivis.

Il statue sur les demandes de liquidation et de partage des intérêts patrimoniaux, dans les conditions fixées aux articles 1361 à 1378 du Code de procédure civile, s'il est justifié par tous moyens des désaccords subsistant entre les parties, notamment en produisant :

– une déclaration commune d'acceptation d'un partage judiciaire, indiquant les points de désaccord entre les époux ;

– le projet établi par le notaire désigné sur le fondement du 10° de l'article 255.

Il peut, même d'office, statuer sur la détermination du régime matrimonial applicable aux époux.

Contrairement à la rédaction antérieure du texte, l'actuel article 267 du Code civil ne dispose plus que le juge, en prononçant le divorce, ordonne la liquidation et le partage des intérêts patrimoniaux des époux. Partant, le juge aux affaires familiales vide en principe sa saisine en prononçant le divorce, ce qui signifie qu'une seconde instance en partage judiciaire doit être introduite devant le tribunal de grande instance. De la sorte, une dualité des instances se trouve réintroduite. Pour autant, l'article 267 du Code civil réserve expressément la possibilité de doter le juge aux affaires familiales de pouvoirs liquidatifs à l'occasion de l'instance en divorce.

315. – **Le juge du divorce, juge du partage ?** Les pouvoirs liquidatifs du juge du divorce dépendent de l'étendue de la demande. À l'occasion de l'instance en divorce, le juge aux affaires familiales peut statuer, à titre exceptionnel, sur les demandes de liquidation et de partage des intérêts patrimoniaux s'il est justifié par tous moyens des désaccords subsistants entre les parties. Formellement, le juge aux affaires familiales peut être saisi en ce sens par un acte conjonctif émanant des deux époux, la fameuse déclaration commune d'acceptation d'un partage judiciaire, indiquant les points de désaccord entre les époux. Un conjoint dispose également de la faculté de saisir unilatéralement le juge

(152) Circ. CIV10/10, 16 juin 2010, de présentation de l'article 14 de la loi n° 2009-526 du 12 mai 2009.
(153) S. Thouret, *Le juge du divorce et la liquidation* : AJF 2015, 598. – E. Buat-Ménard, *Accords et désaccords* : AJF 2015, 60.

aux affaires familiales d'une demande en partage des intérêts patrimoniaux en produisant le rapport établi par le notaire sur le fondement de l'article 255, 10° du Code civil.

316. – **Le recul opéré par le décret du 23 février 2016 : l'article 1116 du Code de procédure civile.** Pris pour application de l'ordonnance n° 2015-1288 du 15 octobre 2015, le décret n° 2016-185 du 23 février 2016 a inséré dans le Code de procédure civile un nouvel article 1116 qui, de manière paradoxale, restreint les pouvoirs liquidatifs du juge du divorce. Le texte dispose en effet que « les demandes visées au deuxième alinéa de l'article 267 du Code civil ne sont recevables que si les parties justifient par tous moyens de leurs désaccords subsistants et si cette justification intervient au moment de l'introduction de l'instance ». La possibilité, un temps espérée, de saisir le juge du divorce d'une demande en partage, effectuée par des conclusions concordantes ou discordantes paraît donc condamnée, puisqu'elle intervient nécessairement après l'introduction de l'instance. De même, les attentes placées dans la désignation du notaire sur le fondement de l'article 255, 10° du Code civil correspondent assez mal à la pratique actuelle.

Code de procédure civile

Art. 1116 ***(Réd. D. n° 2016-185, 23 févr. 2016).*** – Les demandes visées au deuxième alinéa de l'article 267 du Code civil ne sont recevables que si les parties justifient par tous moyens de leurs désaccords subsistants et si cette justification intervient au moment de l'introduction de l'instance. Toutefois, le projet notarié visé au quatrième alinéa de l'article 267 du Code civil peut être annexé ultérieurement aux conclusions dans lesquelles la demande de liquidation et de partage est formulée.

La déclaration commune d'acceptation prévue au troisième alinéa de l'article 267 du Code civil est formulée par écrit et signée par les deux époux et leurs avocats respectifs. Les points de désaccord mentionnés dans la déclaration ne constituent pas des prétentions au sens de l'article 4 du présent code.

317. – **Droit transitoire.** Les dispositions issues de l'ordonnance n° 2015-1288 du 15 octobre 2015 et, en particulier, l'article 267 nouveau du Code civil, sont entrées en application le 1er janvier 2016 et concernent également les requêtes en divorce déposées avant cette date mais qui n'avaient pas encore donné lieu ce jour-là à un acte introductif d'instance, c'est-à-dire à une assignation en divorce. L'article 1116 du Code de procédure civile concerne les requêtes en divorce introduites avant le 25 février 2016 mais qui, ce jour-là, n'ont pas donné lieu à un acte introductif d'instance.

III. – La conclusion de conventions partielles au cours d'un divorce contentieux

318. – **Un outil de pacification.** Soucieuse de favoriser la pacification des divorces contentieux, la loi du 26 mai 2004 a permis aux époux divorçant de conclure, durant la procédure de divorce, des conventions portant sur tout ou partie des effets du divorce, et de les soumettre parfois à l'homologation du juge aux affaires familiales(154). On parle à ce sujet de conventions « partielles », véritables îlots d'amiable,

(154) Cf. V. Larribau-Terneyre, *Les conventions de rupture, état des lieux : Dr. famille* 2015, dossier 4 ; avant la réforme opérée par la loi du 26 mai 2004 : F. Dekeuwer-Défossez, *Divorce et contrat, in La contractualisation de la famille*, ss dir. D. Fenouillet et P. de Vareilles-Sommières, Economica, 2002, p. 67. – Y. Puyo, *Étude comparative des conventions de divorce : Dr. famille* 2015, étude 19.

qui peuvent amener le juge à statuer en matière gracieuse, au sein des divorces contentieux.

319. - **Les conventions de l'article 265-2 du Code civil.** L'article 265-2 du Code civil constitue une reprise, opérée par la loi du 26 mai 2004, d'une disposition autrefois située au sein des textes relatifs aux régimes matrimoniaux. Quoique déplacée, la règle établie demeure inchangée sur le fond, en permettant aux époux divorçant, durant l'instance en divorce contentieux, de passer toute convention pour la liquidation et le partage de leur régime matrimonial. Il leur sera ainsi permis, par exemple, de s'entendre de manière amiable sur le partage d'un bien commun.

320. - **Convention de l'article 265-2 du Code civil : importance de l'introduction de l'instance.** L'article 265-2 du Code civil, tout en permettant aux époux divorçant de régler par convention tout ou partie de leur régime matrimonial, dispose que cette faculté leur est offerte durant l'instance. La Cour de cassation interprète de manière restrictive cette expression en jugeant qu'une convention comportant, ne serait-ce que pour partie, des stipulations relatives à la liquidation et au partage du régime matrimonial, ne peut être conclue avant l'assignation ou la requête conjointe en divorce(155). Partant, la convention que les époux auraient conclue avant l'introduction de l'instance s'avère frappée de nullité. L'interprétation restrictive de l'article 265-2 du Code civil a fait l'objet de critiques doctrinales dénonçant les paradoxes d'un droit positif que l'on présente comme résolument favorable aux solutions amiables et consensuelles, notamment grâce à une promotion sans cesse renouvelée de la convention de procédure participative, mais qui, dans le même temps, sanctionne d'une nullité l'acte issu d'un consensus, parce que conclu trop tôt.

Cass. 1re civ., 27 sept. 2017, n° 16-23.531

Dr. famille 2017, comm. 220, note J.-R. Binet ; Dr. famille 2017, comm. 245, note S. Torricelli-Chrifi ; Dr. famille 2018, chron. 1, Un semestre de droit procédural de la famille, n° 22, obs. V. Egéa ; AJ. fam. 2017, 592, note J. Houssier

Sur le premier moyen :

Attendu que Mme Y... fait grief à l'arrêt de déclarer nulle la convention signée par les parties, antérieurement à l'ordonnance de non-conciliation et qui prévoyait, d'une part, que le mari serait attributaire de la propriété d'un immeuble dépendant de la communauté, moyennant le paiement d'une soulte d'un certain montant, d'autre part, qu'il verserait une prestation compensatoire, alors, selon le moyen, que les époux peuvent conclure une convention réglant tout ou partie des conséquences du divorce avant que l'instance en divorce ne débute, la validité de celle-ci étant seulement conditionnée à son homologation par le juge auquel ils doivent la soumettre pendant l'instance ; qu'en retenant, pour juger que le protocole transactionnel conclu le 29 juin 2011 par M. Z... et Mme Y... était nul, qu'il avait été conclu avant le début de l'instance, soit avant la date de l'assignation en divorce du 18 mars 2013, en dépit de la circonstance que les époux n'avaient le pouvoir, avant cette dernière date, ni de convenir d'une modalité de liquidation de leur communauté, ni de transiger sur un droit à prestation compensatoire, quand ils disposaient d'un tel pouvoir et avaient seulement l'obligation de soumettre la convention ainsi conclue avant le début de l'instance au juge du divorce pour qu'il l'homologue, après que l'instance eut été initiée, la cour d'appel viole l'article 268 du Code civil ;

(155) Cass. 1re civ., 27 sept. 2017, n° 16-23.531 : *Dr. famille* 2017, comm. 220, note J.-R. Binet ; *Dr. famille* 2017, comm. 245, note S. Torricelli-Chrifi ; *Dr. famille* 2018, chron. 1, *Un semestre de droit procedural de la famille*, n° 22, obs. V. Egéa ; *AJ fam.* 2017, 592, note J. Houssier.

Mais attendu qu'aux termes de l'article 265-2 du Code civil, les époux peuvent, pendant l'instance en divorce, passer toutes conventions pour la liquidation et le partage de leur régime matrimonial ; qu'il s'en déduit qu'une convention comportant, ne serait-ce que pour partie, des stipulations relatives à la liquidation et au partage du régime matrimonial, ne peut être conclue avant l'assignation ou la requête conjointe en divorce ;

Et attendu qu'ayant relevé que la convention conclue entre les parties, avant l'introduction de l'instance, portait tant sur la prestation compensatoire que sur le partage de leur régime matrimonial, la cour d'appel en a exactement déduit qu'elle était nulle ; que le moyen n'est pas fondé ;

Sur le second moyen, ci-après annexé : (...)

Par ces motifs :

Rejette le pourvoi ;

321. – **Convention de l'article 268 du Code civil : des interrogations persistantes.** À l'occasion de la loi n° 2004-439 du 26 mai 2004, fut créé un nouvel article 268 du Code civil qui dispose que les époux peuvent, pendant l'instance, soumettre à l'homologation du juge des conventions réglant tout ou partie des conséquences du divorce. Il s'agissait ce faisant d'insérer une dose de consensualisme dans un divorce contentieux, dans une recherche de pacification des rapports entre époux divorçant. La faculté nouvelle de conclure ce type de convention ne devait cependant pas faire échapper l'accord des époux à un contrôle juridictionnel. Dès lors, l'alinéa 2e dispose que le juge, après avoir vérifié que les intérêts de chacun des époux et des enfants sont préservés, homologue les conventions en prononçant le divorce. En respectant des limites fixées par l'ordre public familial, il est possible d'organiser de cette manière une partie de l'après-divorce. Il faut reconnaître cependant que les conventions, que l'on qualifia au lendemain de la loi n° 2004-439 du 26 mai 2004 de convention « mixte » ou « hybride », n'ont pour l'instant pas connu le succès pratique escompté. Désormais, et au regard de l'arrêt rendu par la première chambre civile de la Cour de cassation le 27 septembre 2017[156], la question se pose de savoir si une éventuelle convention conclue avant l'introduction de l'instance encourt la sanction de la nullité. Au regard de la nécessité de faire homologuer une telle convention, une réponse négative paraît s'imposer.

IV. – Les trois cas de divorce contentieux

A. – Le divorce pour acceptation du principe de la rupture

322. – **Divorce accepté.** Le divorce pour acceptation du principe de la rupture ou « divorce accepté » est classé parmi les divorces contentieux alors même qu'il est déclenché par un accord des époux. En ce sens, c'est un divorce qui repose en partie, mais en partie seulement, sur le consensus. Les époux acceptent l'un et l'autre le principe de la rupture, c'est-à-dire l'échec de leur mariage. À ce titre, le divorce pour altération définitive du lien conjugal constitue une illustration du « divorce-faillite ». En revanche, contrairement au divorce par consentement mutuel, les époux ne sont pas ici d'accord sur tout. Les conséquences du divorce ne sont en effet pas déterminées par une quelconque convention des époux, mais par le juge aux affaires familiales. En ce sens, le divorce accepté revêt un caractère mixte. Il emprunte au divorce par consentement mutuel, car le principe du divorce est admis de manière

(156) Sur lequel, cf. *supra* n° 320.

consensuelle par les époux mais, parallèlement, il constitue un divorce contentieux puisque le juge détermine les conséquences de la rupture.

323. - **Phase amiable d'acceptation du principe de la rupture.** Pour rompre avec le système issu de la loi n° 75-617 du 11 juillet 1975 qui avait mis en place une procédure d'acceptation du principe de la rupture à la fois complexe et à l'issue incertaine, la réforme du 26 mai 2004 a retenu un système reposant sur l'idée d'un « divorce-faillite ». En effet, le divorce peut être demandé par l'un ou l'autre des époux, voire par les deux conjointement, lorsqu'ils acceptent le principe de la rupture du mariage sans considération des faits à l'origine de celle-ci(157). Soucieux de pacifier le divorce, le législateur a donc banni l'énonciation (ou dénonciation !) des faits à l'origine de la rupture. Seul compte désormais un élément objectif, aisé à constater : l'acceptation par les deux époux du principe de la rupture. Elle joue aujourd'hui un rôle central et, pour cette raison, une fois l'acceptation émise, elle ne peut plus être rétractée, même en cause d'appel(158). Saisie pour avis de la question de la force de cette rétractation, la Cour de cassation a décidé que « l'acceptation du principe de la rupture du mariage ne peut plus être remise en cause sauf vice du consentement »(159). Si cette rigueur peut *a priori* surprendre, elle s'explique par l'idée selon laquelle les époux ne doivent pas accepter le principe de la rupture à la légère. Dans le système issu de la loi n° 75-617 du 11 juillet 1975, la rétractation était possible et entraînait une caducité des mesures provisoires ainsi que l'obligation pour le demandeur de réintroduire une demande. Empêcher la rétractation constituait donc une nécessité dictée par des considérations de sécurité juridique. Désormais, le juge aux affaires familiales prononce le divorce quand il aura la conviction que chacun des époux a donné librement son accord(160).

324. - **Moment de l'acceptation.** Le divorce accepté relevant désormais du tronc commun procédural, la requête en divorce n'a pas à mentionner l'acceptation du principe. Partant, l'acceptation pourra, d'une part, se faire dès l'audience de conciliation. Le juge aux affaires familiales constate alors la double acceptation dans un procès-verbal et invite les époux à introduire l'instance pour qu'il prononce le divorce et statue sur ses conséquences(161). L'époux demandeur devra alors nécessairement assigner sur le fondement du divorce accepté(162).

D'autre part, l'acceptation pourra intervenir à tout moment de la procédure, au sens de l'article 247-1 du Code civil, c'est-à-dire après une assignation en divorce pour faute ou pour altération définitive du lien conjugal. Soucieux de favoriser un divorce consensuel, le législateur a créé en 2004 une passerelle au sein des divorces contentieux, pour permettre aux époux de basculer d'un divorce contentieux conflictuel (le divorce pour faute ou le divorce pour altération définitive du lien conjugal) vers le divorce contentieux le plus consensuel. L'acceptation des époux doit évidemment être formellement recueillie. Pour s'assurer de la réalité de leur

(157) C. civ., art. 233.
(158) C. civ., art. 233, al. 2.
(159) Cass., avis, 9 juin 2008, n° 08-0004 : *RTD civ.* 2008, 461, obs. J. Hauser.
(160) C. civ., art. 234.
(161) CPC, art. 1123, al. 3.
(162) C. civ., art. 257.

acceptation, les époux sont tenus d'annexer à leurs conclusions une déclaration d'acceptation.

325. – **Prononcé du divorce.** Le juge ayant acquis la conviction que chacun a donné librement son acceptation prononce le divorce sans autre motif que l'acceptation des époux. Il doit alors statuer sur les conséquences et effets du divorce, c'est-à-dire l'éventuelle prestation compensatoire, les modalités d'exercice de l'autorité parentale, le port du nom de l'ex-mari par l'épouse... Le divorce accepté a donc bien une nature mixte, puisqu'il est consensuel dans son principe mais contentieux dans ses conséquences.

B. – Le divorce pour altération définitive du lien conjugal

1° Loi du 11 juillet 1975 : création du divorce pour rupture de la vie commune

326. – **Genèse : le divorce pour rupture de la vie commune.** Le divorce pour altération définitive du lien conjugal a été inséré dans le Code civil par la loi n° 2004-439 du 26 mai 2004. Ce cas de divorce contentieux succède ainsi à l'ancien divorce pour rupture de la vie commune qui fut quant à lui créé par la loi n° 75-617 du 11 juillet 1975. À cette époque, la création du divorce pour rupture de la vie commune fit l'objet de très vives controverses en raison de son caractère foncièrement unilatéral, puisqu'un époux pouvait désormais décider de mettre fin au lien conjugal, sans avoir à imputer de faute à son conjoint ! Le divorce pour rupture de la vie commune suscita de violentes critiques à une époque où la faveur législative et doctrinale pour le mariage se révélait encore importante. Certaines présentations du divorce pour rupture de la vie commune qualifièrent ainsi ce divorce de « répudiation » pour mettre l'accent sur son caractère unilatéral. La terminologie se révèle sans doute excessive puisque la répudiation de droit musulman se caractérise par son caractère inégalitaire, seul l'homme pouvant la solliciter.

327. – **Divorce pour rupture de la vie commune : une restriction volontaire.** Partant, l'accès au divorce pour rupture de la vie commune fut volontairement limité. Un époux ne pouvait introduire une demande sur ce fondement qu'en se prévalant d'une séparation de fait de six ans. Par ailleurs, les incidences d'un divorce sollicité sur ce fondement furent volontairement alourdies, puisque l'époux demandeur supportait toutes les conséquences financières du divorce nécessairement prononcé à ses torts exclusifs. Ainsi perdait-il les avantages matrimoniaux et donations consentis, d'une part, et il était tenu de verser à son conjoint une pension alimentaire venant remplacer le devoir de secours évincé par le divorce, d'autre part. En somme, s'il était effectivement possible d'obtenir unilatéralement le divorce, sans avoir à imputer de faute à son conjoint, cette demande était financièrement lourde, expliquant probablement la faible utilisation statistique de ce cas de divorce. La volonté de restreindre l'utilisation du divorce pour rupture de la vie commune s'exprima aussi, sous l'empire de la loi de 1975, au travers de la clause d'exceptionnelle dureté, qui permettait à l'époux défendeur de répliquer à une demande en divorce pour rupture de la vie commune en invoquant les conséquences morales ou matérielles d'une gravité

exceptionnelle que le divorce engendrerait s'il était prononcé. Ainsi, la clause d'exceptionnelle dureté constituait-elle une défense au fond permettant de faire échec à la demande en divorce fondée sur l'altération définitive du lien conjugal, en dépit d'une séparation de fait ayant duré au moins six ans. Ce rappel historique permet de mettre l'accent sur deux caractères essentiels du divorce pour rupture de la vie commune, à savoir le caractère unilatéral et le caractère objectif du divorce, entendu comme étant détaché de l'imputation d'une faute quelconque.

2° Loi du 26 mai 2004 : création du divorce pour altération définitive du lien conjugal

a) Principe

328. – **Un divorce objectif et unilatéral.** La loi n° 2004-439 du 26 mai 2004, en réformant le divorce, a modifié le divorce pour rupture de la vie commune pour créer le divorce pour altération définitive du lien conjugal. Désormais, l'article 237 du Code civil dispose que le divorce peut être demandé par l'un des époux lorsque le lien conjugal est définitivement altéré. Ce cas de divorce contentieux se distingue donc toujours par son caractère unilatéral. Il peut être introduit à l'initiative d'un seul époux et ne nécessite nullement l'accord du conjoint sur le principe de la rupture. En somme, un époux peut « imposer » la rupture à l'autre, à condition que certains éléments factuels soient réunis, d'autant que le texte nouveau a supprimé la clause d'exceptionnelle dureté, en consacrant ainsi un véritable droit au divorce. Dans le même temps, comme la loi n° 2004-439 du 26 mai 2004 a rendu le divorce plus objectif en scindant l'imputation des torts et les incidences pécuniaires du divorce, l'époux qui introduit une demande fondée sur l'altération définitive de la vie conjugale ne supporte plus nécessairement les charges du divorce. Ainsi, s'il subit les conséquences financières de la disparité des niveaux de vie respectifs des époux, il pourra en principe obtenir une prestation compensatoire. En ce sens, le divorce pour altération définitive du lien conjugal constitue véritablement un cas de divorce objectif, qui pourra être prononcé lorsque sont réunies certaines conditions, démontrant ladite altération.

329. – **Conformité au droit au respect de la vie familiale de l'époux défendeur.** En raison de son caractère unilatéral, le divorce pour altération définitive du lien conjugal a suscité des interrogations relatives à la conformité du droit de l'époux défendeur de mener une vie familiale normale. Ainsi la Cour de cassation a-t-elle été amenée à apprécier cette conformité, saisie d'un pourvoi invoquant une atteinte disproportionnée au droit de mener une vie familiale normale. Plus exactement, un époux dont les convictions religieuses étaient manifestement tournées vers l'indissolubilité du mariage fit valoir que ce cas de divorce causait une telle atteinte. La Cour de cassation ne suit pas cette argumentation en jugeant non seulement que cette prétendue atteinte au droit de mener une vie familiale normale n'avait pas été invoquée devant les juridictions du fond mais aussi que « le prononcé du divorce pour altération définitive du lien conjugal, qui implique une cessation de la communauté de vie entre les époux séparés depuis deux ans lors de l'assignation en divorce, ne peut être contraire aux dispositions de l'article 8 de la Convention européenne de sauvegarde

des droits de l'homme et des libertés fondamentales »[163]. Pareille solution correspond à la lettre et à l'esprit de la loi n° 2004-439 du 26 mai 2004, qui s'orientent vers la consécration d'un véritable droit au divorce objectif. Admettre l'argument du pourvoi reviendrait en l'espèce, non sans quelques paradoxes, à recréer une clause d'exceptionnelle dureté pourtant évincée du Code civil à l'occasion de la réforme. Concrètement, l'époux défendeur qui souhaite s'opposer au divorce ne saurait invoquer de défense au fond tirée de ses convictions religieuses ni l'atteinte portée par la rupture à son droit de mener une vie familiale normale. Il devra se contenter de démontrer que les éléments requis pour révéler une altération définitive du lien conjugal ne sont pas réunis.

b) Éléments révélant l'altération définitive du lien conjugal

330. – **Altération révélée par une séparation de fait de deux ans.** Dans le système issu de la loi n° 2004-439 du 26 mai 2004, une séparation de fait des époux d'une durée d'au moins deux ans au jour de l'assignation laisse présumer une altération définitive du lien conjugal. L'existence d'une séparation de fait ayant duré au moins deux ans relève de l'appréciation souveraine des juges du fond[164].

331. – **Altération révélée par l'attitude procédurale du conjoint.** L'altération définitive du lien conjugal peut être également révélée par l'attitude procédurale du conjoint qui introduit une demande en divorce pour faute, rejetée par le juge. Une telle demande peut paraître pour le moins inélégante et démontre sans doute que les relations entre les époux semblent quelque peu dégradées puisque l'un d'eux reproche à l'autre la commission de fautes. C'est la raison pour laquelle en cas de rejet d'une demande en divorce pour faute, nonobstant les dispositions de l'article 238, alinéa 1er du Code civil, le divorce est prononcé pour altération définitive du lien conjugal. Il n'est dès lors pas nécessaire de justifier d'une séparation de fait ayant duré deux ans[165], le juge étant bien tenu de prononcer le divorce[166]. Partant, lorsqu'est démontrée l'existence d'une séparation de fait de plus de deux ans après l'assignation, le juge ne peut que prononcer la recevabilité de la demande[167].

Cass. 1re civ., 5 janv. 2012, n° 10-16.359

Attendu, selon l'arrêt attaqué (Amiens, 1er avril 2009), que M. X... et Mme Y... se sont mariés le 19 mai 2001 ; qu'autorisée par ordonnance de non-conciliation du 30 juin 2006, l'épouse a assigné, le 30 octobre 2006, son conjoint en divorce pour faute sur le fondement de l'article 242 du Code civil ; que M. X... a, reconventionnellement, formé une demande en divorce pour altération définitive du lien conjugal sur le fondement de l'article 238, alinéa 2, du Code civil ; que par jugement du 21 décembre 2007, le tribunal de grande instance de Beauvais a notamment rejeté la demande en divorce pour faute de l'épouse et prononcé le divorce pour altération définitive du lien conjugal ;

(163) Cass. 1re civ., 15 avr. 2015, n° 13-27.898 : *Dr. famille* 2015, comm. 114, note J.-R. Binet. – V. Égéa, *Un semestre de droit procédural de la famille* : *Dr. famille* 2015, chron. 3, spéc. nos 16-17.
(164) Cass. 1re civ., 25 nov. 2009, n° 08-17.117 : *AJF* 2010, 135, obs. S. David ; *Defrénois* 2010, 863, obs. J. Massip ; *RTD civ.* 2010, 88, obs. J. Hauser.
(165) Cass. 1re civ., 5 janv. 2012, n° 10-16.359 : *Dr. famille* 2012, comm. 41, note V. Larribau-Terneyre ; *AJF* 2012, 104, obs. S. David ; *RTD civ.* 2012, 99, obs. J. Hauser ; *D.* 2012, 635, obs. B. Vassallo.
(166) Sur ce caractère obligatoire : cf. V. Larribau-Terneyre, note préc. ss Cass. 1re civ., 5 janv. 2012, n° 10-16.359.
(167) Cass. 1re civ., 25 nov. 2009, n° 08-17.117, préc.

Sur le premier moyen, pris en ses diverses branches, ci-après annexé :

Attendu que le moyen n'est pas de nature à permettre l'admission du pourvoi ;

Sur le second moyen :

Attendu que Mme Y... fait grief à l'arrêt de prononcer son divorce pour altération définitive du lien conjugal sur le fondement de l'article 238, alinéa 2, du Code civil, alors, selon le moyen :

1°/ que le juge ne peut prononcer le divorce pour altération définitive du lien conjugal sans constater que les époux vivent séparés depuis au moins deux ans lors de l'assignation en divorce ; qu'en l'espèce, par motifs expressément adoptés du premier juge, la cour d'appel s'est bornée à recueillir une déclaration de M. X... selon laquelle « aucune réconciliation ne peut intervenir du fait de la séparation depuis plusieurs mois », sans même procéder par elle-même à aucune constatation de nature à établir que les époux étaient séparés depuis plus de deux ans à compter de l'assignation ; qu'elle a ainsi privé sa décision de base légale au regard des dispositions combinées des articles 238, alinéas 1er et 2 et 246, alinéa 2 du Code civil ;

2°/ qu'en présence d'une demande principale en divorce pour faute et d'une demande reconventionnelle en divorce pour altération définitive du lien conjugal, le juge ne saurait faire droit à la demande reconventionnelle en divorce pour altération définitive du lien conjugal, en se fondant sur une simple déclaration du demandeur reconventionnel sans constater par lui-même une séparation significative, en précisant à quel moment a cessé la cohabitation ; qu'en l'espèce, il ressort des mentions du jugement de première instance que les deux époux étaient encore domiciliés, à la date du jugement, soit le 21 décembre 1997, à la même adresse,... ; qu'à la date à laquelle la cour d'appel a statué, soit le 1er avril 2009, il n'existait même pas de séparation des époux égale à deux ans ; qu'en se bornant à faire état d'une simple déclaration du demandeur reconventionnel selon laquelle « aucune réconciliation ne peut intervenir du fait de la séparation depuis plusieurs mois », sans constater par elle-même une séparation significative, en précisant à quel moment avait cessé la cohabitation, la cour d'appel a, à nouveau, privé sa décision de base légale au regard des dispositions combinées des articles 238, alinéa 2 et 246, alinéa 2 du Code civil ;

Mais attendu qu'en cas de présentation d'une demande principale en divorce pour faute et d'une demande reconventionnelle en divorce pour altération définitive du lien conjugal, le rejet de la première emporte le prononcé du divorce du chef de la seconde ; que le moyen n'est fondé en aucune de ses branches ;

PAR CES MOTIFS :

REJETTE le pourvoi ;

Commentaires : *Dr. famille* 2012, comm. 41, note V. Larribau-Terneyre ; *AJF* 2012, 104, obs. S. David ; *RTD civ.* 2012, 99, obs. J. Hauser ; *D.* 2012, 635, obs. B. Vassallo.

c) Précisions procédurales

332. - **Invocation en appel.** La jurisprudence applique de manière stricte l'article 1077, alinéa 1er du Code de procédure civile qui dispose que la demande en divorce ne peut être fondée que sur un seul des cas prévus à l'article 229 du Code civil. Ainsi, dans une affaire où l'époux assigna initialement sa femme en divorce pour faute et où celle-ci forma une demande reconventionnelle aux torts exclusifs de son mari, le mari interjeta appel du jugement les ayant déboutés de leur demande en invoquant devant la cour d'appel le divorce pour altération définitive du lien conjugal. La cour fait droit à cette demande et, logiquement, l'arrêt fut cassé pour violation des articles 247, 247-1 et 247-2 du Code civil, ensemble l'article 1077 du Code de procédure civile. La demande est jugée irrecevable dès lors qu'une demande en divorce ne peut être fondée que sur un seul des cas prévus à l'article 229 du Code civil. L'époux qui souhaite modifier le cas de divorce invoqué ne peut pas non plus former de demande subsidiaire[168]. Seules les passerelles des articles 247, 247-1 et 247-2 du Code civil peuvent être utilisées.

(168) C. civ., art. 1077, al. 1er *in fine*.

Cass. 1re civ., 19 mars 2014, n° 12-17.646

Sur le moyen unique, pris en sa première branche :

Vu les articles 247, 247-1 et 247-2 du Code civil, ensemble l'article 1077 du Code de procédure civile ;

Attendu, selon l'arrêt attaqué, que M. X... a assigné en divorce son épouse, Mme Y..., sur le fondement de l'article 242 du Code civil, laquelle a formé une demande reconventionnelle en divorce aux torts exclusifs de celui-ci ; que relevant appel du jugement les ayant déboutés de leur demande, l'époux a demandé le divorce sur le fondement des articles 237 et 238 du Code civil ;

Attendu que, pour accueillir cette demande, l'arrêt relève que l'époux verse aux débats diverses attestations de voisins et amis qui certifient que les époux ne vivent plus ensemble depuis plus de deux années ;

Attendu qu'en statuant ainsi, alors que la nouvelle demande en divorce de l'époux, fondée sur l'altération définitive du lien conjugal, était irrecevable, la cour d'appel a violé les textes susvisés ;

PAR CES MOTIFS, sans qu'il y ait lieu de statuer sur les autres branches du moyen :

CASSE ET ANNULE, dans toutes ses dispositions, l'arrêt rendu le 16 janvier 2012, entre les parties, par la cour d'appel de Basse-Terre ; remet, en conséquence, la cause et les parties dans l'état où elles se trouvaient avant ledit arrêt et, pour être fait droit, les renvoie devant la cour d'appel de Basse-Terre, autrement composée ;

Commentaire : *AJF* 2014, 306, obs. S. Thouret

333. – **Passerelles depuis le divorce pour altération définitive du lien conjugal.** En matière de divorce, le mécanisme procédural de la passerelle se trouve instrumentalisé afin de servir la volonté législative de faveur pour un règlement consensuel du divorce(169). S'il ne fait guère de doute que le divorce par consentement mutuel se révèle par essence consensuel, puisqu'il repose sur un accord complet des époux et constitue désormais le seul divorce de nature gracieuse(170), voire déjudiciarisé depuis la loi dite « Justice 21 », le législateur présuppose que le divorce pour acceptation du principe de la rupture – quoique contentieux – demeure moins conflictuel que le divorce pour altération définitive du lien conjugal et, *a fortiori*, que le divorce pour faute. Le régime des passerelles s'en ressent en ne permettant un changement du fondement juridique de la demande que pour basculer vers un cas de divorce supposé moins conflictuel que celui initialement choisi. Ainsi des époux engagés dans un divorce pour altération définitive du lien conjugal pourront aisément, à tout moment de la procédure, divorcer par consentement mutuel par acte sous signature privée contresigné par avocats déposé au rang des minutes d'un notaire(171). Comme ce nouveau cas de divorce se distingue précisément par l'absence d'intervention d'une quelconque autorité judiciaire, il ne s'agit plus à proprement parler d'une véritable passerelle, qui constitue un changement du fondement juridique de la demande, mais davantage de l'abandon pur et simple d'une instance. En cas de mesure judiciaire de protection de l'un d'eux ou si un enfant mineur sollicite son audition, les époux disposent aussi de la faculté de demander au juge de constater leur accord pour voir prononcer leur divorce par consentement mutuel en lui présentant une convention réglant les conséquences de celui-ci(172). De même, lorsque le divorce aura été demandé pour altération définitive du lien conjugal, les époux pourront, à tout

(169) Sur ce point, cf. V. Égéa, *La fonction de juger à l'épreuve du droit contemporain de la famille*, Defrénois-Lextenso, 2010, spéc. n° 48.

(170) Avant la réforme opérée par la loi du 26 mai 2004, le divorce sur demande acceptée constituait également un divorce gracieux.

(171) C. civ., art. 247, réd. Loi de modernisation de la Justice du 21e siècle, adoptée en lecture définitive à l'Assemblée nationale le 12 octobre 2016.

(172) C. civ., art. 247.

moment de la procédure, demander au juge de constater leur accord pour voir prononcé le divorce pour acceptation du principe de la rupture du mariage[173].

334. – **Passerelle et demande reconventionnelle.** L'article 247-2 du Code civil prévoit une dernière possibilité permettant à l'époux ayant initialement introduit une demande fondée sur l'altération définitive du lien conjugal, de modifier le fondement juridique de sa demande. Le texte dispose en effet que si, dans le cadre d'une instance introduite pour altération définitive du lien conjugal, le défendeur demande reconventionnellement le divorce pour faute, le demandeur peut invoquer les fautes de son conjoint pour modifier le fondement de sa demande. Le sort de la demande initiale fondée sur l'altération définitive du lien conjugal demeurait incertain et il a été jugé que la faculté offerte à l'époux demandeur de former une nouvelle demande pour faute, en réponse à la demande reconventionnelle de son conjoint, ne saurait le contraindre à renoncer à sa demande principale en divorce pour altération du lien conjugal, pour le cas où cette demande reconventionnelle serait rejetée[174]. La demande en divorce pour faute vient en quelque sorte s'ajouter à la demande initiale pour altération définitive du lien conjugal sans pour autant la faire disparaître. La solution se comprend puisque la demande reconventionnelle fondée sur une faute le place dans une situation pour le moins inconfortable, lui faisant subir ce déplacement du débat vers le terrain de la faute. Ainsi admet-on dans cette hypothèse spécifique une dérogation au principe procédural « reconvention sur reconvention ne vaut » en permettant au demandeur initial de former à son tour une nouvelle demande fondée sur la faute. De même considère-t-on que la demande initiale fondée sur l'altération définitive du lien conjugal n'a pas disparu. Ne pas admettre ce régime procédural nuirait singulièrement au cas de divorce pour altération définitive du lien conjugal, en plaçant le demandeur qui prendrait le risque d'agir sur ce fondement à la merci d'une demande reconventionnelle de son époux fondée quant à elle sur la faute.

Cass. 1re civ., 11 sept. 2013, n° 11-26.751

Attendu, selon l'arrêt attaqué, que M. X... et Mme Y... se sont mariés le 5 février 1997 ; que l'époux a introduit une instance en divorce sur le fondement de l'article 237 du Code civil et que son épouse a formé une demande reconventionnelle en divorce aux torts de celui-ci, lequel a alors sollicité le prononcé du divorce aux torts partagés ; qu'un jugement a prononcé le divorce aux torts exclusifs de l'époux qu'il a condamné au paiement d'une prestation compensatoire ;

Sur le premier et le troisième moyens :

Attendu que ces moyens ne sont pas de nature à permettre l'admission du pourvoi ;

Mais sur le deuxième moyen, pris en sa première branche :

Vu les articles 246 et 247-2 du Code civil ensemble l'article 1077 du Code de procédure civile ;

Attendu que, pour rejeter la demande en divorce aux torts partagés formée par M. X..., l'arrêt retient que « si », conformément à l'article 247-2 du Code civil, « dans le cadre d'une instance introduite pour altération définitive du lien conjugal, le défendeur demande reconventionnellement le divorce pour faute, le demandeur peut invoquer les fautes de son conjoint pour modifier le fondement de sa demande », force est de constater que M. X... n'a pas modifié le fondement de sa demande initiale en divorce pour altération définitive du lien conjugal et qu'en application de l'article 1077, alinéa 1er du Code de procédure civile, toute demande en divorce fondée, à titre subsidiaire, sur un autre cas est irrecevable ;

(173) C. civ., art. 247-1.

(174) Cass. 1re civ., 11 sept. 2013, n° 11-26.751 : *Dr. famille* 2013, étude 1, spéc. n° 9, obs. V. Égéa ; *JCP* G 2013, 1130, note S. Thouret ; *LPA* 15 oct. 2013, note J. Massip ; *Gaz. Pal.* 27-29 oct. 2013, 21, note E. Mulon ; *D.* 2013, 2831, note T. Douville et L. Mauger-Vielpau ; *AJF* 2013, 633, obs. S. David ; *RTD civ.* 2013, 824 (2 esp.), obs. J. Hauser ; *D.* 2014, 689, obs. M. Douchy-Oudot.

Qu'en statuant ainsi, alors que l'article 247-2 du Code civil ouvre au demandeur la possibilité de solliciter le prononcé du divorce aux torts partagés pour le cas où la demande reconventionnelle en divorce pour faute de son conjoint serait admise, sans le contraindre à renoncer à sa demande principale en divorce pour altération du lien conjugal, pour le cas où cette demande reconventionnelle serait rejetée, de sorte que la demande de M. X... tendant au prononcé du divorce aux torts partagés ne pouvait être regardée comme une demande formée à titre subsidiaire au sens de l'article 1077, alinéa 1, du Code de procédure civile, la cour d'appel a violé, par fausse application, les textes susvisés ;

PAR CES MOTIFS :

CASSE ET ANNULE, dans toutes ses dispositions, l'arrêt rendu le 19 mai 2011, entre les parties, par la cour d'appel d'Aix-en-Provence ; remet, en conséquence, la cause et les parties dans l'état où elles se trouvaient avant ledit arrêt et, pour être fait droit, les renvoie devant la cour d'appel de Montpellier ;

Commentaires : *D. famille* nov. 2013, étude 1, spéc. n° 9, obs. V. Égéa ; *JCP* G 2013, 1130, note S. Thouret ; *LPA* 15 oct. 2013, note J. Massip ; *Gaz. Pal.* 27-29 oct. 2013, 21, note E. Mulon ; *D.* 2013, 2831, note T. Douville et L. Mauger-Vielpau ; *AJF* 2013, 633, obs. S. David ; *RTD civ.* 2013, 824 (2 esp.), obs. J. Hauser ; *D.* 2014, 689, obs. M. Douchy-Oudot.

335. – **Passerelle vers le divorce par consentement mutuel par acte sous signature privée contresigné par avocats.** Il convient d'ajouter désormais la possibilité offerte, depuis la loi n° 2016-1547 du 18 novembre 2016, dite « Justice 21 », de basculer depuis un divorce contentieux vers un divorce par consentement mutuel par acte sous signature privée contresigné par avocats(175). Au demeurant, il ne s'agit plus à proprement parler d'une passerelle laquelle constitue un changement du fondement juridique d'une prétention(176), mais davantage d'un abandon de la voie judiciaire pour se tourner vers un processus dissolution du mariage d'inspiration contractuelle. Le changement du fondement juridique de la demande suppose, par définition, de rester dans le cadre d'une instance judiciaire. La faculté de quitter une instance juridictionnelle pour se diriger vers un divorce « déjudiciarisé » figure donc de manière impropre à l'article 247 du Code civil. D'ailleurs, d'un point de vue pratique, la circulaire de présentation des dispositions en matière de divorce par consentement mutuel(177) préconise expressément un désistement d'instance(178) lorsque les époux envisagent de basculer vers un divorce par consentement mutuel, ce qui démontre bien que l'on se situe alors dans une perspective autre que le simple changement du fondement juridique d'une demande au sein d'une même instance.

C. – Le divorce pour faute

336. – **Définition.** Le droit français organise un divorce-sanction avec le divorce pour faute, ce qui signifie que la rupture du lien matrimonial répond au comportement de l'un des époux, voire des deux. Tenus de respecter les droits et obligations qui régissent le statut matrimonial(179), les époux demeurent sous la menace

(175) C. civ., art. 247.
(176) V. *supra*, n° 241.
(177) Circ. 26 janv. 2017, NOR : JUSC1638274C de présentation des dispositions en matière de divorce par consentement mutuel et de successions issues de la loi n° 2016-1547 du 18 novembre 2016 de modernisation de la justice du 21e siècle et du décret n° 2016-1907 du 28 décembre 2016, relatif au divorce prévu à l'article 229-1 du Code civil et à diverses dispositions en matière successorale, spéc. la fiche n° 3, pt 3.
(178) V. *supra*, n° 266 et s. pour une analyse procédurale de ce désistement.
(179) Sur lesquels, V. *infra*, nos 1070 et s.

d'une sanction spécifique : le divorce pour faute. Obtenir le prononcé d'un divorce pour faute aux torts exclusifs du conjoint se révélait naguère financièrement intéressant, puisque le « coupable » supportait toutes les incidences de la rupture du mariage. Ainsi était-il tenu de verser une prestation compensatoire. Par ailleurs, cet époux aux torts exclusifs duquel le divorce était prononcé perdait le bénéfice des avantages matrimoniaux et des donations entre époux. Depuis la loi n° 2004-439 du 26 mai 2004 et la déconnexion des torts et des conséquences du divorce, l'enjeu lié au prononcé des torts exclusifs n'a plus de portée[(180)]. Au fond, le prononcé de la faute et des torts revêt une dimension largement symbolique, laquelle présente souvent un intérêt pour nombre d'époux divorçant. C'est la raison pour laquelle la suppression du divorce pour faute, parfois envisagée, ne paraît pas opportune. L'époux qui voit prononcé contre son conjoint un divorce pour faute aux torts exclusifs, perçoit fréquemment cette décision judiciaire avec soulagement, persuadé d'être reconnu dans sa souffrance affective. À ce titre, cette vertu curative justifie à elle seule le maintien du divorce pour faute.

337. - **Texte.** L'article 242 du Code civil dispose que « le divorce peut être demandé par l'un des époux lorsque des faits constitutifs d'une violation grave ou renouvelée des devoirs et obligations du mariage sont imputables à son conjoint et rendent intolérable le maintien de la vie commune ».

1° Nécessité d'une faute

338. - **Conditions.** Le prononcé du divorce pour faute suppose la réunion de plusieurs conditions :

– une condition tient aux caractères de la faute, d'une part : il doit s'agir d'une violation grave ou bien renouvelée des droits et obligations du mariage. Partant, la jurisprudence considère que les juges du fond ne peuvent exiger que les faits invoqués comme cause de divorce présentent à la fois un caractère de gravité et celui de répétition, alors que ces caractères et donc ces conditions, sont alternatifs[(181)] ;

– une seconde condition concerne les conséquences de la faute, d'autre part. Les juges du fond, pour prononcer un divorce pour faute, doivent non seulement caractériser la première condition (c'est-à-dire soit une violation grave ou renouvelée), mais aussi une seconde condition qui est le maintien intolérable de la vie commune.

Seule la réunion de la première condition, tirée du caractère de la faute et de la seconde, relative aux conséquences de la faute, permet utilement de prononcer le divorce[(182)].

339. - **Diversité des fautes.** Les fautes causes de divorce au sens de l'article 242 du Code civil sont nombreuses et variées. La jurisprudence offre ainsi des exemples

(180) Le divorce pour faute a finalement été conservé par cette réforme, ce qui n'était pas acquis initialement car la question se posa, un temps, de procéder à une suppression du divorce pour faute. Cf. D. Fenouillet, *La suppression du divorce pour faute ou feu le pluralisme en droit de la famille !* : AJF 2001, 82.

(181) Cass. 2e civ., 25 oct. 1995 : *Bull. civ.* 1995, II, n° 256 ; *RTD civ.* 1996, 134, obs. J. Hauser. – Cass. 2e civ., 8 juill. 1999 : *Dr. famille* 1999, comm. 113, obs. H. Lécuyer. – Cass. 1re civ., 18 mai 2011 : *Dr. famille* 2011, comm. 165, obs. V. Larribau-Terneyre.

(182) V., par ex., Cass. 2e civ., 8 nov. 1995 : *Bull. civ.* 1995, II, n° 271 ; *Defrénois* 1997, 300, obs. J. Massip ; *RTD civ.* 1996, 367, obs. J. Hauser : cassation pour manque de base légale d'un arrêt d'appel qui, pour accueillir la demande en divorce du mari, se borne à énoncer que l'appartenance de la femme à une secte a eu un effet néfaste sur les relations conjugales, sans apporter la moindre précision sur la détérioration des relations conjugales retenue à la charge de la femme.

nourris de fautes, certaines paraissant d'une banalité hélas affligeante, d'autres se distinguant par une certaine originalité. En dépit de cette multitude, plusieurs types de fautes peuvent être énumérés.

Tout d'abord, un premier ensemble concerne l'adultère. La fidélité constitue bien évidemment une obligation entre époux prévue à l'article 212 du Code civil. Par voie de conséquence, la jurisprudence retient logiquement comme cause de divorce l'adultère, entendu dans sa signification la plus évidente, à savoir le fait d'entretenir une relation sexuelle avec une personne autre que son conjoint. Pour autant, la signification du terme « adultère » ne se limite pas en jurisprudence au seul manquement à l'exclusivité sexuelle. Ainsi la grande complicité intellectuelle avec un tiers, l'amitié intense, peuvent être considérées comme des infidélités(183), malgré leur absence de dimension sexuelle. S'agissant des relations sexuelles entre les époux cette fois-ci, la jurisprudence puis la loi ont successivement reconnu l'existence du viol entre époux. Ainsi le statut matrimonial n'entraîne pas en lui-même consentement à l'acte sexuel. Il est bien évident qu'imposer une relation sexuelle à son conjoint constitue une faute cause de divorce. Dans un ordre d'idées différent, la jurisprudence a jugé que l'abstinence sexuelle pouvait constituer elle aussi une faute cause de divorce au sens de l'article 242 du Code civil.

Ensuite, le manquement à l'obligation de vie commune des époux constitue un autre foyer de fautes causes de divorce. Ici encore plusieurs types de comportements sont caractérisés de faute par la jurisprudence. Le manquement à l'obligation de vie commune et, plus exactement, à l'obligation de cohabitation désigne non seulement le fait de quitter le domicile conjugal, mais peut aussi concerner le refus de suivre son conjoint à l'étranger(184) ou encore le refus de reprendre la vie commune(185). Peu importe au demeurant que le départ du domicile conjugal s'accompagne d'un adultère(186). Le seul fait de quitter la résidence de la famille peut constituer une faute dès lors que le caractère grave ou renouvelé s'avère constaté et que ceci entraîne le maintien intolérable de la vie commune(187).

Enfin, il convient d'ajouter toutes les hypothèses de violences, d'injures(188), de manque de respect(189), de déloyauté envers le conjoint(190).

(183) CA Paris, 13 févr. 1986 : *Gaz. Pal.* 1986, 1, 216, note J.-G. M.

(184) Cass. 2e civ., 12 sept. 2002 : *Bull. civ.* 2002, II, n° 180 ; *Defrénois* 2003, 117, obs. J. Massip ; *RJPF* 2002-12/26, note T. Garé ; *Dr. famille* 2003, comm. 26, obs. H. Lécuyer ; *RTD civ.* 2002, 784, obs. J. Hauser. – Cass. 1re civ., 11 mars 2009 : *RJPF* 2009-6/28, obs. T. Garé.

(185) Cass. 1re civ., 11 janv. 2005 : *Bull. civ.* 2005, I, n° 12.

(186) Le fait pour l'épouse d'être hébergée par un tiers constitue un comportement injurieux à l'égard de son mari, même si l'adultère n'est pas établi : Cass. 1re civ., 1er déc. 2010 : *JCP G* 2011, n° 1371, § 10, obs. A. Tisserand-Martin ; *Defrénois* 2011, 828, obs. J. Massip ; *RTD civ.* 2011, 112, obs. J. Hauser ; *Rev. Lamy dr. civ.* 2011/79, n° 4148, obs. Gallois ; *AJF* 2011, 48, obs. David.

(187) V. *supra*, n° 338, sur cette double condition.

(188) Cass. 2e civ., 14 nov. 2002 : *Bull. civ.* 2002, II, n° 256 ; *Defrénois* 2003, 615, obs. J. Massip ; *RTD civ.* 2003, 615, obs. J. Massip : insistance procédurière de l'épouse devant le juge des tutelles dans le but de faire placer son mari sous un régime de protection judiciaire.

(189) V., par ex. : Cass. 1re civ., 23 mai 2006 : *Bull. civ.* 2006, I, n° 260 ; *D.* 2007, 608, obs. Williatte-Pellitteri : disputes réciproques intenses accompagnées de violences verbales. – Cass. 1re civ., 9 mars 2011 : *AJF* 2011, 258, obs. Mblala Mbala ; *Dr. famille* 2011, comm. 123, obs. V. Larribau-Terneyre.

(190) Cass. 1re civ., 25 mars 2009 : *RJPF* 2009-6/28 : prélèvements réalisés par l'épouse, à l'insu de son mari lui reprochant son caractère intéressé, sur les comptes communs.

340. – **Moment de commission de la faute.** Pour que la faute soit retenue, peu importe le moment de sa commission. L'on ne saurait bien évidemment reprocher à un époux des fautes commises à l'égard de son conjoint avant la célébration de leur mariage. La question se pose en revanche pour la période qui débute avec l'introduction d'une demande en divorce. Malgré la dissolution du mariage qui se profile alors, la jurisprudence décide de manière constante que la demande en divorce ne confère pas aux époux, encore dans les liens du mariage, une immunité faisant perdre leurs effets normaux aux griefs postérieurs à l'ordonnance de non-conciliation ou à l'assignation(191).

341. – **Réconciliation des époux.** De manière logique, l'article 244 du Code civil dispose que « la réconciliation des époux intervenue depuis les faits allégués empêche de les invoquer comme cause de divorce ». La réconciliation des époux érige ainsi une véritable fin de non-recevoir(192), le juge aux affaires familiales étant tenu dès lors de déclarer la demande irrecevable(193). Sans surprise, une nouvelle demande pourra être formée en raison de faits survenus ou découverts depuis la réconciliation, les faits anciens pouvant alors être rappelés à l'appui de cette nouvelle demande(194). Durant une période de troubles dans la vie du couple, il n'est pas nécessairement aisé de caractériser avec exactitude une telle réconciliation. C'est la raison pour laquelle le Code civil dispose que le maintien ou la reprise temporaires de la vie commune ne sont pas considérés comme une réconciliation s'ils ne résultent que de la nécessité ou d'un effort de conciliation ou des besoins de l'éducation des enfants(195). Ainsi, outre le maintien ou la reprise de la vie commune, la réconciliation suppose la volonté chez l'époux offensé de pardonner en pleine connaissance de cause les griefs qu'il peut formuler à l'encontre de son conjoint(196).

342. – **Fautes du demandeur.** De même que l'introduction d'une demande en divorce ne confère pas aux époux une immunité qui les dispenserait de respecter les droits et obligations qui les lient encore, l'époux demandeur peut se voir reprocher par le défendeur d'avoir lui aussi commis des fautes causes de divorce. Le défendeur peut parfaitement former ainsi une demande reconventionnelle en divorce. Si les deux demandes sont accueillies, le divorce est prononcé aux torts partagés(197). Au demeurant, même en l'absence de demande reconventionnelle, le divorce peut être prononcé aux torts partagés des deux époux si les débats font apparaître des torts à la charge de l'un et l'autre(198). Dans un ordre d'idées voisin, la demande formulée par un époux n'est pas conditionnée à son « innocence ». Ainsi les fautes de l'époux qui a pris l'initiative du divorce n'empêchent pas d'examiner sa demande ;

(191) Cass. 1re civ., 5 mars 2008 : *Bull. civ.* 2008, I, n° 63 ; *D.* 2009, 53, obs. Douchy-Oudot ; *Dr. famille* 2008, comm. 162, obs. V. Larribau-Terneyre ; *AJF* 2008, 162, obs. David ; *RJPF* 2008-6/26, obs. T. Garé ; *RTD civ.* 2008, 280, obs. J. Hauser. – Cass. 1re civ., 9 juill. 2008 : *D.* 2009, 832, obs. Williatte-Pellitteri ; *AJF* 2008, 434, obs. Gallmeister ; *RTD civ.* 2008, 661, obs. J. Hauser. – Cass. 1re civ., 10 avr. 2010 : *AJF* 2010, 328, obs. Benillouche.

(192) Pour preuve, la jurisprudence qualifie d'ordre public le moyen tiré de la réconciliation, si bien qu'il peut être invoqué en tout état de cause (Colmar, 26 oct. 1956 : *D.* 1957, 157), même d'office (Cass. 2e civ., 30 nov. 1962 : *Bull. civ.* 1962, II, n° 765).

(193) C. civ., art. 244, al. 2.

(194) C. civ., art. 244, al. 2.

(195) C. civ., art. 244, al. 3.

(196) TGI Seine, 12 mars 1965 : *Gaz. Pal.* 1965, 1, 416.

(197) C. civ., art. 245, al. 2.

(198) C. civ., art. 245, al. 3.

elles peuvent, cependant, enlever aux faits qu'il reproche à son conjoint le caractère de gravité qui en aurait fait une cause de divorce.

2° Preuve de la faute

343. - **Liberté de la preuve**(199)**.** La preuve dans le divorce occupe une place particulière(200). Parmi les règles du tronc commun procédural, applicables aux différents divorces contentieux, l'article 259 du Code civil pose un important principe de liberté de la preuve. Il dispose en effet que les faits invoqués en tant que causes de divorce ou comme défenses à une demande peuvent être établis par tout mode de preuve. En ce sens, le texte ne fait que rappeler le principe régissant la preuve des faits juridiques. Il prend même soin de préciser expressément que l'aveu constitue en ce domaine un mode de preuve admissible. Conformément au droit commun, les faits se prouvent donc par tout moyen et il incombe au demandeur la charge de prouver la véracité des faits invoqués au soutien de sa prétention.

344. - **Limite tirée de la licéité de la preuve.** Le principe de liberté de la preuve se trouve étayé par d'autres dispositions. Ainsi, l'article 259-1 du Code civil dispose qu'un époux ne peut verser aux débats un élément de preuve qu'il aurait obtenu par violence ou fraude. La précision paraît quelque peu redondante puisque l'article 9 du Code de procédure civile prescrit aux parties de prouver conformément à la loi les faits nécessaires au succès de leurs prétentions, excluant ainsi les procédés probatoires illicites. Une telle répétition légale trouve sans doute une justification dans la source législative – et non réglementaire – du principe posé, mais aussi dans son caractère opératoire. Figurant au sein des dispositions qui organisent dans le Code civil la procédure en matière de divorce, l'article 259-1 du Code civil érige donc une limite face à la production de preuves illicites en raison de modalités de recueil parfois sordides. Pour autant, il faut reconnaître que le seuil d'exigence posé par la jurisprudence demeure relativement faible et que fut aisément admise la production d'un journal intime de l'épouse(201), d'un SMS reçu sur le téléphone portable professionnel du mari(202) voire, de manière sans doute discutable, le résultat du test sanguin d'un enfant du couple effectué lors d'une banale opération chirurgicale démontrant l'impossible paternité biologique du mari(203). En pratique, il paraît

(199) S. Godelain, *Réflexions sur l'appréciation des modes de preuve en matière de divorce pour faute : Rev. Lamy dr. civ.* 2007, n° 44.

(200) G. Vial, *La preuve en droit extrapatrimonial de la famille*, Dalloz, 2008. – V. Égéa, *La fonction de juger à l'épreuve du droit contemporain de la famille*, Lextenso, 2010. – F. Bicheron, *L'illicéité de la preuve en droit de la famille*, in *Mél. G. Champenois*, Lextenso, 2012, p. 37. – E. Albou, *Les modes de preuve électronique dans la procédure de divorce ou de séparation : AJF* 2019, 344. – S. Godelain, *Réflexions sur l'appréciation des modes de preuve en matière de divorce pour faute : Rev. Lamy dr. civ.* 2007, n° 44.

(201) Cass. 2e civ., 6 mai 1999 : *JCP* G 1999, II, 10201, note Th. Garé ; *Dr. famille* 1999, comm. 79, note H. Lécuyer ; *RTD civ.* 1999, 608, obs. J. Hauser.

(202) Cass. 1re civ., 17 juin 2009, n° 07-21.796 : *Bull. civ.* 2009, I, n° 132 ; *D.* 2009, 1758, obs. V. Égéa ; *JCP* G 2010, n° 1-2, doctr. 34, n° 5, obs. A. Gouttenoire ; *Dr. famille* 2009, comm. 124, note V. Larribau-Terneyre ; *Defrénois* 2010, 864, obs. J. Massip ; *RTD civ.* 2009, 514, obs. J. Hauser ; *D.* 2010, 1245, obs. L. Williatte-Pellitteri.

(203) Dans cette affaire il est vrai, les indications biologiques se trouvaient par ailleurs corroborées par des témoignages relatant des confidences faites par la mère à une amie, lui confiant que deux enfants du couple n'étaient point issus du mari mais d'un autre homme. Cass. 1re civ., 28 févr. 2006 : *Bull. civ.* 2006, I, n° 113 ; *RTD civ.* 2006, 267, obs. J. Hauser ; *Dr. famille* 2006, comm. 91, note V. Larribau-Terneyre ; *D.* 2006, 2379, note S. Mirabail ; *D.* 2007, 610, obs. L. Williatte-Pellitteri : « en matière de divorce, la preuve se fait par tous moyens ; la cour d'appel a pu, sans remettre en cause la filiation des enfants, appréciant souverainement les éléments de preuve qui lui étaient soumis, estimer que le grief d'infidélité invoqué à l'encontre de l'épouse était établi par le rapprochement des éléments biologiques et des témoignages versés aux débats ».

bien délicat de démontrer que le conjoint qui se prévaut d'un élément de preuve l'a obtenu par violence ou par fraude(204), en raison de la communauté de vie qui, par définition, efface une sphère d'intimité propre à chaque époux et rend facilement accessibles certains modes de preuve(205).

345. – **Limite tirée de l'efficacité de certains procédés probatoires.** En dépit du principe de liberté de la preuve des torts exclusifs de l'époux qui gouverne le divorce pour faute, une autre limite est proclamée par l'article 373-2-12, alinéa 3e du Code civil au sujet de l'enquête sociale, laquelle ne saurait être utilisée dans le débat sur la cause du divorce(206). Si le respect de la décence familiale se trouve parfois convoqué pour justifier l'impossible production de l'enquête sociale dans le divorce, cette prohibition s'explique également par la volonté de préserver l'efficacité d'une mesure avant tout destinée à la protection de l'enfant. En interdisant la production dans l'instance en divorce d'une enquête sociale ordonnée à l'occasion d'un contentieux entre les parents, il s'agit de permettre aux personnes interrogées par l'enquêteur social de lui répondre sereinement sans craindre de voir un jour leurs propos utilisés en dehors de leur contexte initial.

346. – **Interdiction du témoignage des descendants.** Les descendants ne peuvent jamais être entendus sur les griefs invoqués par les époux, selon la règle expressément énumérée par l'article 259 *in fine* du Code civil, dans sa rédaction issue de la loi n° 2004-439 du 26 mai 2004. Avant la réforme du divorce, le principe se retrouvait déjà au sein du Code de procédure civile, à l'article 205, alinéa 2, disposant que : « Toutefois, les descendants ne peuvent jamais être entendus sur les griefs invoqués par les époux à l'appui d'une demande en divorce ou en séparation de corps ». La disposition, assurément dérogatoire au principe selon lequel chacun doit concourir à la justice en vue de la manifestation de la vérité(207), ainsi que son application jurisprudentielle, ont suscité de nombreux commentaires.

La règle ainsi consacrée serait « inspirée par un souci de décence et de protection des intérêts moraux de la famille »(208) car, « du point de vue moral, il y a

(204) Sur la nécessité de prouver la violence ou la fraude ayant permis d'obtenir l'élément de preuve : cf. Cass. 2e civ., 29 janv. 1997 : *Bull. civ.* 1997, I, n° 28 ; *Dr. famille* 1997, comm. 85, note H. Lécuyer ; *D.* 1997, 296, note A. Bénabent ; *RTD civ.* 1997, 640, obs. J. Hauser.

(205) Comp. Cass. civ., 28 avr. 1949 : *Gaz. Pal.* 1949, 2, 98 : c'est à l'époux destinataire d'une lettre produite en justice par son conjoint qu'il appartient de rapporter la preuve de l'appréhension frauduleuse par son époux.

(206) Cf. pour des applications de ce principe : Cass. 1re civ., 13 déc. 2017, n° 16-25.256 : *JCP* G 2018, doctr. 228, spéc. n° 6, obs. P. Murat ; *adde* déjà : Cass. 2e civ., 5 juin 2003, n° 01-13.870 : *Dr. famille* 2003, comm. 145, note A. Gouttenoire ; *RTD civ.* 2003, 687, obs. J. Hauser ; *Defrénois* 2003, 1485, note J. Massip. Sur l'ensemble de la question, cf. V. Égéa, *La fonction de juger à l'épreuve du droit contemporain de la famille*, Lextenso, coll. « Doctorat et notariat », 2010. – G. Vial, *La preuve dans le droit extra-patrimonial de la famille*, Dalloz, 2008.

(207) C. civ., art. 10.

(208) Selon une formule retenue par la chambre criminelle de la Cour de cassation pour étendre cette prohibition, pourtant contenue dans le Code de procédure civile qui découle d'une source réglementaire, et l'appliquer en matière pénale : Cass. crim., 5 févr. 1980 : *Gaz. Pal.* 1980, 1er sem., jurispr. p. 286, obs. P. Malaval. La chambre criminelle juge que « la prohibition, formulée par l'article 205 du Code de procédure civile (...) figure dans un texte étranger à la procédure pénale, cette prohibition, inspirée par un souci de décence et de protection des intérêts moraux de la famille, n'est que l'expression, reprise de textes législatifs antérieurs, d'une règle fondamentale qui ne saurait être tournée par le recours à une poursuite pénale ». – On soulignera cependant que la chambre criminelle a récemment tempéré cette extension du texte à la procédure pénale, en approuvant une cour d'appel d'avoir condamné un mari pour des violences commises sur son épouse, prouvées par des attestations de tiers et par le témoignage de descendants. La chambre criminelle juge, pour ce faire, que « les dispositions de l'article 205 du Code de procédure civile, relatives au divorce, ne sont pas applicables devant la juridiction pénale en raison du principe de la liberté de la preuve » : Cass. crim., 2 juin 2015, n° 14-85.130 : *AJF* 2015, 403, obs. S. Thouret.

(...) quelque chose de choquant, dans un litige touchant à l'intimité familiale, (...) à mettre les enfants dans la pénible alternative, soit de se parjurer, soit de déposer à charge contre l'un de ses parents »[209]. Souvent en effet, les dispenses en matière familiale, en l'occurrence la dispense légale de l'obligation de témoigner dont bénéficient les descendants, restent liées à l'honneur et à la paix des familles[210]. De telles justifications morales ne pouvaient que servir une extension du texte à laquelle la jurisprudence a procédé de manière systématique. L'extension prétorienne du texte se fit dans deux directions différentes.

La prohibition du témoignage des descendants fut, d'une part, étendue personnellement en frappant le témoignage d'un tiers relatant les dires d'un descendant[211] ou la production d'une lettre[212], ou encore les déclarations des descendants recueillies en dehors de l'instance en divorce[213]. La jurisprudence refusa en revanche d'étendre la prohibition à la production d'une attestation par l'ascendant de l'un des époux[214].

La jurisprudence procéda, d'autre part, à une extension personnelle du champ de la prohibition du témoignage des descendants, en l'appliquant au-delà des enfants du couple en instance de divorce à l'enfant né « d'un premier lit »[215], mais aussi au conjoint[216], même divorcé[217], de l'enfant du couple, voire au concubin du descendant[218], en dépit de la nature factuelle de ce lien.

Prolongement théorique

La liberté de la preuve dans le divorce face au droit à la preuve

347. – On peut raisonnablement se demander quelle sera la pérennité de l'article 259 du Code civil, depuis que la Cour de cassation a consacré dans un arrêt du 5 avril 2012 l'existence d'un véritable droit à la preuve[219]. L'affirmation explicite d'un tel droit

(209) P. Malaval, obs. préc. ss Cass. crim., 5 févr. 1980.

(210) En ce sens : Ph. Théry, *La dispense en droit privé : Droits* 1996, t. 25, *La dispense*, p. 59 et s. et spéc. p. 64.

(211) Cass. 2e civ., 23 mars 1977 : *Bull. civ.* 1977, II, n° 93 ; *D.* 1978, jurispr. p. 5, note A. Moerpel.

(212) Cass. 2e civ., 23 janv. 2003 : *JCP* G 2003, I, 128, n° 23, obs. L. Cadiet ; *Gaz. Pal.* 29-30 oct. 2003, p. 35, obs. J. Massip ; *RTD civ.* 2003, 274, obs. J. Hauser. – Cass. 2e civ., 5 juill. 2001 : *JCP* G 2001, I, 362, n° 20, obs. L. Cadiet ; *RTD civ.* 2001, 861, obs. J. Hauser ; *Gaz. Pal.* 13-15 janv. 2002, p. 17, obs. J. Massip ; *Defrénois* 2001, 1349, obs. J. Massip.

(213) Cass. 1re civ., 1er févr. 2012, n° 10-27.460 : *Bull. civ.* 2012, I, n° 16 ; *JCP* N 2012, 1150, obs. Rivière ; *Dr. famille* 2012, comm. 61, note V. Larribau-Terneyre : « attendu qu'il résulte de l'article 205 du Code de procédure civile que les descendants ne peuvent jamais être entendus sur les griefs invoqués par les époux à l'appui d'une demande en divorce ou en séparation de corps ; que cette prohibition s'applique aux déclarations recueillies en dehors de l'instance en divorce ; que, dès lors, c'est à bon droit que l'arrêt retient que les déclarations des enfants recueillies lors de l'enquête de police ne peuvent être prises en considération ». – Cass. 1re civ., 4 mai 2011 ; n° 10-30.706 : *Bull. civ.* 2011, I, n° 79 ; *Dr. famille* 2011, comm. 149, note V. Larribau-Terneyre ; *RTD civ.* 2011, 750, obs. J. Hauser : cassation pour violation des articles 259 du Code civil et 205 du Code de procédure civile de l'arrêt qui se fonde sur les déclarations faites à des policiers par le fils du couple, pour retenir l'existence de relations adultères et donc injurieuses, entretenues par l'épouse, et prononcer ainsi le divorce aux torts partagés. – *Adde*, Cass. 2e civ., 22 juin 1994 : *Bull. civ.* 1994, II, n° 168.

(214) Cass. 1re civ., 12 juin 2014, n° 13-13.961 : *RTD civ.* 2014, 628, obs. J. Hauser.

(215) Cass. 2e civ., 5 févr. 1986 : *JCP* G 1986, IV, p. 101. – Cass. 2e civ., 19 janv. 1983 et Cass. 2e civ., 24 févr. 1983 : *Gaz. Pal.* 1983, 2e sem., pan. p. 185, note M. Grimaldi ; *D.* 1985, inf. rap. *p.* 149, obs. J.-C. Groslière.

(216) Cass. 2e civ., 30 sept. 1998 : *Bull. civ.* 1998, II, n° 250 ; *JCP* G 1998, IV, 3197 ; *JCP* N 1999, 279 ; *Dr. famille* 1999, comm. 6 (2e arrêt), note H. Lécuyer ; *RTD civ.* 1999, obs. J. Hauser. – *Adde*, Cass. 2e civ., 18 nov. 1987 : *Bull. civ.* 1987, II, n° 230.

(217) Cass. 1re civ., 14 févr. 2004 : *Dr. famille* 2006, comm. 90, note V. Larribau-Terneyre.

(218) Cass. 2e civ., 10 mai 2001 : *JCP* G 2001, I, 362, n° 20, obs. L. Cadiet ; *RTD civ.* 2001, 861, obs. J. Hauser ; *Defrénois* 2001, 1349, obs. J. Massip ; *D.* 2002, somm. p. 611, obs. J.-J. Lemouland ; *Gaz. Pal.* 13-15 janv. 2002, p. 16, obs. J. Massip.

(219) Cass. 1re civ., 5 avr. 2012, n° 11-14.177.

subjectif, qui contribue à alimenter l'averse incessante de droits subjectifs, selon la formule de Carbonnier, s'est faite dans un contexte familial. Pour démontrer le caractère rapportable d'une libéralité, il s'agissait ici de permettre la production de pièces adressées par un parent à ses descendants. La consécration, en matière civile, d'un droit à la preuve dont le plaideur serait titulaire et qui est rattaché aux articles 9 Code de procédure civile et 6 et 8 de la Convention européenne des droits de l'homme, a été particulièrement remarquée et commentée.

Poursuivant dans cette perspective, serait-il possible d'imaginer demain que l'un des époux remette en cause cette disposition, en se fondant sur son droit à la preuve ? Pourrait-il par exemple soulever une question prioritaire de constitutionnalité en considérant que le texte porte atteinte à son droit d'accéder au juge, en érigeant une barrière probatoire ? Dans un ordre d'idées voisin, qu'en serait-il s'il sollicite d'un juge aux affaires familiales un contrôle de conventionnalité en arguant de la contrariété de l'article 259 du Code civil aux exigences du procès équitable ? Si de tels arguments venaient à être admis, cela signifierait que les enfants seraient tenus d'apporter leur concours à la justice en vue de la manifestation de la vérité, dans le cadre de l'instance en divorce pour faute entre leurs parents.

Il convient d'apporter une réponse nuancée. Il semble peu probable à ce jour que l'article 259 soit bientôt déclaré contraire à un droit ou une liberté garanti par la Constitution ou encore que la jurisprudence l'écarte par respect pour l'article 6, § 1 de la Convention européenne des droits de l'homme. Tout en consacrant l'existence d'un droit à la preuve, la Cour de cassation française et la Cour européenne des droits de l'homme ont bien pris soin de prévoir une exigence de proportionnalité entre l'atteinte subie et les buts poursuivis. Ainsi dans ces affaires et, en particulier, dans l'arrêt du 5 avril 2012, s'il est exact d'affirmer que le droit au respect de la vie privée des descendants subit une atteinte, celle-ci ne s'avère admise que pour satisfaire, de manière proportionnelle, les exigences du procès équitable. Par voie de conséquence, dans une confrontation entre le droit à la preuve, d'un côté, et la protection de la morale et de la décence familiale que véhicule l'article 259 du Code civil, de l'autre, on peut raisonnablement penser que seules de très bonnes raisons pourraient justifier une atteinte à cette finalité.

§ 3. – Les effets du divorce

Bibliographie

- 106e Congrès des notaires de France, *Couples et patrimoine*, ACNF, 2010.
- V. Égéa, *Solidarités familiales à la suite du divorce* : *Dr. famille* 2016, dossier 22
- R. Le Guidec, *Observations sur le report de la dissolution du régime matrimonial*, in *Mél. G. Champenois*, Defrénois-Lextenso, 2012, p. 513.
- J.-L. Puygauthier, *La date de la dissolution du régime matrimonial après la réforme du divorce par la loi du 26 mai 2004* : *JCP* N 2005, n° 28, n° 1343, n° 21.

348. – **Du divorce-sanction au divorce-faillite.** Déjà Carbonnier décrivait « le glissement pratique du divorce-sanction, prévu par le code, au divorce-faillite, qui

s'est imposé aux juges »[220]. Ce glissement n'est pas sans importance, puisque dans le cadre d'un divorce-sanction, les effets du divorce dépendent directement du prononcé des torts. Moralement marqué, un divorce-sanction, comme le divorce pour faute avec attribution des torts exclusifs, visait à imputer à l'un des époux[221] la responsabilité de la rupture et, partant, à en tirer toutes les conséquences en rendant la séparation désavantageuse pour lui. Par exemple, l'époux aux torts exclusifs duquel le divorce était prononcé perdait le bénéfice des donations et avantages matrimoniaux.

La loi n° 2004-439 du 26 mai 2004 a fondamentalement rompu avec cette conception, en scindant de manière très nette l'attribution des torts et les conséquences du divorce. L'idée d'une telle scission divisa en son temps la doctrine. Ainsi les promoteurs d'une telle « déconnexion » des torts et des conséquences du divorce estimaient que cette solution présente l'avantage de ne pas engendrer un contentieux supplémentaire. Précédemment, un époux pouvait en effet être tenté « d'inventer » des fautes pour attribuer des torts à l'autre et en retirer un certain « bénéfice » en termes de conséquences du divorce. D'autres auteurs, en se fondant sur un argument tiré de la logique de responsabilité et la justice, préconisèrent le maintien d'une incidence de la faute sur les conséquences du divorce et sur l'attribution de la prestation compensatoire en particulier[222]. Non seulement il serait choquant de permettre au responsable de la rupture de continuer à bénéficier d'un effet du mariage, à savoir la solidarité entre époux[223] mais, de surcroît, vouloir dédramatiser la rupture peut s'avérer quelque peu illusoire si l'on considère que l'instance a aussi une vertu « psychothérapeutique », selon le qualificatif de Carbonnier et que par hypothèse le divorce marque l'échec du couple. Dans cette perspective, le caractère dramatique demeure inséparable du divorce lui-même. Pour autant, la loi n° 2004-439 du 26 mai 2004 a bien consacré le système de la déconnexion des torts et de conséquences, qui gouverne désormais la détermination des effets du divorce.

349. - **Plan.** Avant d'envisager les effets juridiques du divorce proprement dits (II), il faut s'attarder sur la question, fondamentale en pratique, de leur date (I).

I. - La date des effets du divorce

350. - **Subtilité.** La détermination de la date des effets du divorce reste déterminante en pratique. La décision qui prononce le divorce dissout le mariage à la date à laquelle elle prend force de chose jugée[224], les époux ne sont logiquement plus liés par des droits et obligations spécifiques à partir de cette date-là. Encore faut-il connaître le moment exact où le divorce passe en force de chose jugée (A), ce qui ne constitue pas toujours une tâche aisée. Une fois cette date connue, il est

(220) *Terre et ciel dans le droit français du mariage*, in *Le droit privé français au milieu du XXe siècle*, Paris, LGDJ, 1950, t. 1, p. 325.
(221) Voire aux deux en cas de divorce aux torts partagés.
(222) F. Terré (ss dir.), *Le droit de la famille*, Académie des sciences morales et politiques, 2001, p. 36.
(223) Ceci vise la situation dans laquelle l'auteur de la faute cause de divorce subirait objectivement une diminution de son niveau de vie, et pourrait donc solliciter l'octroi d'une prestation compensatoire. Il s'agit au demeurant de la situation que consacre le droit positif, en tempérant ceci il est vrai par le recours à l'équité, cf. C. civ., art. 270, al. 3.
(224) C. civ., art. 260.

bien évident que la date des effets du divorce intéresse au premier chef les relations des époux (C) entre eux puisque cesse par exemple l'obligation de contribuer aux charges de mariage. Elle concerne aussi les relations entre les époux et les tiers (B). Ainsi la solidarité des dettes ménagères ne pourra en principe plus être invoquée par un créancier qui viendrait à contracter avec l'un seulement des ex-conjoints[225]. L'étendue de son gage en sera d'autant plus restreinte.

A. – Date de dissolution du mariage

351. – **Jugement passé en force de chose jugée.** La date à laquelle le jugement de divorce prend force de chose jugée ne saurait se confondre avec la date du jugement lui-même. Une décision de justice acquiert force de chose jugée en cas d'expiration ou d'épuisement des voies de recours, ou encore par l'acquiescement.

Une décision de justice prend force de chose jugée, tout d'abord, à l'expiration des délais de recours, lorsque par exemple la partie succombante laisse filer la durée impartie pour interjeter appel. Elle acquiert force de chose jugée, ensuite, par l'épuisement des voies de recours, lorsqu'une voie de recours est utilisée et qu'aucune autre ne se trouve légalement prévue, par exemple à l'issue d'un arrêt de cassation. Enfin, une décision passe en force de chose jugée lorsque la partie succombante acquiesce à la décision rendue.

En pratique, les deux actes fréquemment utilisés pour déterminer la situation procédurale exacte sont le certificat de non-appel et l'acte d'acquiescement.

352. – **Date de la dissolution du mariage en cas d'appel.** Dans le divorce par consentement mutuel, l'appel ne peut être formé que contre la décision qui refuse d'homologuer la convention. En revanche, le jugement d'homologation ne saurait être frappé d'appel, ce qui demeure une solution cohérente puisque le juge aux affaires familiales intervient ici en matière gracieuse en faisant droit à la demande conjonctive des époux. L'appel contre le jugement de divorce concerne donc principalement les divorces contentieux. Ainsi, lorsqu'un appel est interjeté contre un jugement de divorce, son étendue conditionne directement la date de dissolution du mariage. En cas d'appel général et de manière logique, le mariage ne cesse qu'après épuisement des voies de recours. La détermination exacte du moment de cessation du mariage reste importante en pratique pour rendre exigible la prestation compensatoire. La teneur des conclusions devient donc essentielle pour déterminer l'étendue de l'appel et fixer en conséquence la date de cessation du mariage[226].

Prolongement pratique

De l'incidence des conclusions des parties sur la date de dissolution du mariage

353. – La date de dissolution du mariage est déterminée par les conclusions des parties et par le champ de l'appel. De cette détermination dépend le moment de l'exigibilité de la prestation compensatoire. Il convient en effet de se placer au jour où le mariage cesse juridiquement pour savoir si l'un des époux aura droit à une prestation

(225) Sous réserve de la théorie de l'apparence, V. *infra*, nos 1147 et s.
(226) En ce sens, J. Hauser, obs. ss Cass. 2e civ., 31 janv. 2013, n° 11-29.004 : *RTD civ.* 2013, 180.

compensatoire, ce qui conduit à retenir la date à laquelle le principe du divorce est acquis dans une décision définitive(227). Cette première date peut se distinguer d'une seconde qui est la date à laquelle une décision statuant sur la demande de prestation compensatoire acquiert force de chose jugée. Il convient alors de se placer à ce moment-là pour calculer la prestation compensatoire. Une telle distinction entre les deux moments peut apparaître lorsque l'appel interjeté est limité à certains chefs du jugement seulement.

À ce titre, il convient de distinguer plusieurs situations :

1) l'appel principal est limité aux conséquences du divorce et l'appel incident se cantonne lui aussi aux conséquences du divorce : le principe même du divorce ne se trouve pas contesté en appel et le mariage s'avère alors dissous lorsque le jugement de divorce passe en force de chose jugée, en ce qui concerne le principe de la rupture, c'est-à-dire théoriquement au jour de l'appel incident(228). En ne contestant pas le principe de la rupture, les parties acquiescent sur le chef de la décision et le mariage se trouve par conséquent dissous. Il convient alors de se placer à ce moment-là pour apprécier la rupture que la séparation fait naître dans les conditions de vie respectives des époux(229). En revanche, le moment de la prestation compensatoire se calcule en se plaçant au jour où l'arrêt d'appel limité aux conséquences de la rupture passe en force de chose jugée, après épuisement des voies de recours ;

2) l'appel principal est limité aux seules conséquences du divorce mais l'appel incident conteste également le principe de la rupture : le principe même du divorce se trouve contesté et le mariage ne sera dissous qu'avec l'épuisement des voies de recours. La situation s'avère ici plus simple puisque l'exigibilité de la prestation compensatoire et le calcul de son montant s'effectuent au même moment ;

3) l'appel principal est général, mais les conclusions des parties ne contestent en réalité que certains chefs du jugement : l'effet dévolutif de l'appel joue pour l'entier litige et la limitation des conclusions d'appel à certains chefs seulement du jugement ne vaut pas acquiescement aux chefs non contestés(230). Par conséquent, le mariage est dissous après l'arrêt d'appel, avec l'épuisement des voies de recours. Ici encore, la disparité dans les niveaux de vie respectifs, qui ouvrent droit à une prestation compensatoire, comme le montant de celle-ci s'apprécient après l'arrêt d'appel, à l'épuisement des voies de recours.

(227) En ce sens : J. Hauser, obs. ss Cass. 1re civ., 1er déc. 2010, n° 09-70.757. – Cass. 1re civ., 6 oct. 2010, n° 09-12.718. – Cass. 1re civ., 1er déc. 2010, n° 09-70.600. – Cass. 1re civ., 6 oct. 2010, n° 09-10.989. – Cass. 1re civ., 6 oct. 2010, n° 09-15.346 : *RTD civ.* 2011, 112.

(228) Cf. Cass. 1re civ., 23 mai 2012, n° 11-12.813 : *AJF* 2012, 462, obs. C. Elkouby-Salomon : « après avoir relevé que ni l'appel limité du mari, ni les conclusions d'appel incident limité de son épouse n'avaient remis en cause le prononcé du divorce, la cour d'appel en a exactement déduit que le jugement de divorce du 25 octobre 2000 était passé en force de chose jugée à la date de l'appel incident limité, le 11 février 2002 et que le délai de cinq ans de l'article 815-10, alinéa 2, du Code civil n'avait pu courir qu'à compter de cette date ; qu'ayant constaté que l'assignation délivrée par l'épouse le 30 novembre 2005 contenait une demande relative aux fruits et revenus de l'étude notariale, la cour d'appel a décidé, à bon droit, que cette demande, formée dans les cinq ans suivant la date à laquelle le jugement de divorce avait acquis force de chose jugée, avait interrompu la prescription et que M. X… était redevable de ces fruits et revenus depuis la date de la dissolution de la communauté ».

(229) Cf. par ex. Cass. 1re civ., 1er déc. 2010, n° 09-70.757, préc.

(230) Cass. 2e civ., 31 janv. 2013, n° 11-29.004 : *RTD civ.* 2013, 355 (2e esp.), obs. J. Hauser ; *Dr. famille* 2013, comm. 180, obs. S. Thouret : « dès lors que [le mari] avait interjeté un appel général de sorte que la dévolution s'était opérée pour le tout, peu important que les conclusions des parties n'aient critiqué que certains chefs de la décision, et alors que cette limitation, dans les conclusions, des chefs critiqués du jugement ne valaient pas acquiescement, la cour d'appel a exactement retenu que la décision quant au divorce n'était passée en force de chose jugée qu'après le prononcé de l'arrêt ».

354. – **Date de la dissolution du mariage en cas de pourvoi en cassation.** Les règles demeurent plus simples s'agissant du pourvoi en cassation. Le divorce constitue en effet l'une des matières où le pourvoi en cassation comporte, de manière dérogatoire(231), un effet suspensif(232). Logique, la solution s'explique par l'incidence du divorce sur l'état civil des époux. Admettre l'inverse reviendrait, non sans quelques paradoxes, à « remarier » les époux en cas de cassation d'un arrêt d'appel ayant ordonné le divorce. Ce qui vaut en matière mobilière, par le jeu des restitutions, ne saurait évidemment être admis s'agissant de l'état civil des personnes. Ainsi, quand le pourvoi en cassation conteste le jugement d'homologation ou bien l'arrêt d'appel en matière contentieuse, dans leurs chefs concernant le principe même du divorce, le mariage sera dissous soit au jour de l'arrêt de la Cour de cassation en cas de rejet du pourvoi ou de cassation sans renvoi, soit au jour de l'arrêt d'appel en cas de cassation avec renvoi. Au demeurant, pour éviter des pourvois opportunistes et dilatoires, l'article 1087 du Code de procédure civile écarte l'effet suspensif du pourvoi en cassation pour les dispositions de la décision critiquée qui concernent les pensions, la contribution à l'entretien et à l'éducation de l'enfant et l'exercice de l'autorité parentale. Dans l'hypothèse où le pourvoi se borne à contester les chefs de la décision concernant les effets du divorce seulement, le mariage est dissous au jour où la décision devient définitive pour ses chefs non contestés.

B. – Date des effets du divorce à l'égard des tiers

355. – **Information des tiers.** Face à ces risques d'atteinte aux droits des tiers, la publicité de cette modification de l'état civil joue un rôle important. Par définition, l'état civil a pour fonction de rendre compte des événements civils les plus marquants de la vie d'une personne, tels que la naissance, le mariage, le décès. À ce titre, le divorce, parce qu'il rompt le lien matrimonial, intéresse grandement l'état civil. C'est la raison pour laquelle l'article 262 du Code civil dispose que « le jugement de divorce est opposable aux tiers, en ce qui concerne les biens des époux, à partir du jour où les formalités de mention en marge prescrites par les règles de l'état civil ont été accomplies ». Concrètement, c'est une mention marginale qui est effectuée par l'officier de l'état civil.

Ces questions sont importantes en pratique, car elles concernent très directement la sécurité juridique. Ainsi la Cour de cassation a-t-elle utilement pu casser un arrêt d'appel qui avait retenu que l'état liquidatif contenu dans un jugement de divorce par consentement mutuel n'est opposable aux tiers qu'une fois effectuées les formalités de publicité foncière, alors que le partage de communauté, contenu dans la convention définitive homologuée par le juge du divorce, est opposable aux tiers à compter de l'accomplissement des formalités de publicité du jugement(233). En pratique, ce sont les avocats des époux qui font procéder à la transcription du jugement de divorce.

(231) Cf. CPC, art. 579.
(232) CPC, art. 1086 : Le délai de pourvoi en cassation suspend l'exécution de la décision qui prononce le divorce. Le pourvoi en cassation exercé dans ce délai est également suspensif.
(233) Cass. 1re civ., 12 avr. 2012, n° 11-13.456.

C. – Date des effets du divorce entre les époux

356. – **Types de divorce.** En ce qui concerne les effets du jugement de divorce dans les rapports entre les époux quant à leurs biens, il convient ici de distinguer selon le cas de divorce.

1° Divorces par consentement mutuel

357. – **Volonté des époux.** Si le divorce a été prononcé par consentement mutuel, la volonté des époux reste déterminante et le jugement de divorce prend effet à la date de l'homologation réglant l'ensemble des conséquences du divorce, sauf si la convention en dispose autrement ou à la date de l'enregistrement au rang des minutes d'un notaire pour le consentement mutuel par acte d'avocat.

2° Divorces contentieux

358. – **Principe.** Dans les divorces contentieux, prononcés pour acceptation du principe de la rupture, pour altération définitive du lien conjugal ou pour faute, le jugement de divorce prend effet à la date de l'ordonnance de non-conciliation. Pour autant, il est fréquent en pratique qu'au jour de l'ordonnance de non-conciliation, le couple soit déjà séparé de fait, parfois depuis fort longtemps. Durant la période qui s'écoule de la séparation de fait jusqu'à l'ordonnance de non-conciliation, il est donc tout à fait concevable que l'un des époux accroisse par son travail la masse commune, alors qu'il a été abandonné, parfois de manière peu courtoise. Il convient pour cette raison de prévoir un correctif, en permettant de fixer la dissolution du régime matrimonial à une date antérieure à l'ordonnance de non-conciliation. Ainsi, l'autre conjoint ne profitera pas de l'éventuel accroissement patrimonial effectué depuis la rupture, puisque la masse à partager sera calculée selon sa valeur au jour où ont été fixés les effets du divorce. On parle en pratique d'un « report » des effets du divorce à une date antérieure à l'ordonnance de non-conciliation. La pratique utilise aussi l'expression usuelle mais guère élégante « faire remonter » les effets du divorce à une date antérieure à l'ordonnance de non-conciliation.

359. – **Report à une date antérieure (ancien régime).** Avant la réforme du divorce effectuée par la loi n° 2004-439 du 26 mai 2004, le divorce prenait en principe effet, quant aux rapports patrimoniaux entre époux, dès la date de l'assignation[(234)]. Pour autant, un report à une date antérieure, à savoir au jour de la cessation de la cohabitation et de la collaboration des époux, était déjà possible. Cela étant, cette faculté de solliciter le report était moralement connotée puisque l'ancien article 262-1, alinéa 2 du Code civil précisait *in fine* que « celui auquel incombent les torts de la séparation ne peut pas obtenir ce report »[(235)]. En ce sens, le report de la date des effets du divorce constituait une mesure de sanction à l'égard de l'époux fautif. On ne pouvait admettre que celui qui quitte

(234) C. civ., ancien art. 262-1, al. 1er.
(235) Dans le même sens, cf. C. civ., ancien art. 1442, al. 2 (pour le régime de communauté légale.

profitât de l'enrichissement de la communauté engendré par le travail de l'époux abandonné[(236)].

360. – **Report à une date antérieure (nouveau régime).** Animée du souci de scinder l'attribution des torts et les conséquences du divorce, dans un but de pacification, la loi n° 2004-439 du 26 mai 2004 a modifié le mécanisme du report. Aujourd'hui, dans les divorces contentieux, le jugement de divorce prend en principe effet, dans les rapports entre époux en ce qui concerne leurs biens, à la date de l'ordonnance de non-conciliation. Le report à une date antérieure s'avère désormais objectif. Ainsi l'article 262-1, alinéa 3 du Code civil, dans sa rédaction issue de la loi n° 2004-439 du 26 mai 2004 dispose que « à la demande de l'un des époux, le juge peut fixer les effets du jugement à la date à laquelle ils ont cessé de cohabiter et de collaborer. Cette demande ne peut être formée qu'à l'occasion de l'action en divorce ». Il n'est donc plus question d'une sanction de l'époux fautif. Le texte permet simplement au juge de tirer les conséquences de la disparition de la communauté de vie.

361. – **Conditions du report.** La faculté de prononcer le report des effets patrimoniaux du divorce à une date antérieure à l'ordonnance de non-conciliation nécessite la réunion de deux conditions cumulatives. Sont requises une cessation de la cohabitation, d'une part, et la fin de la collaboration des époux, d'autre part. L'articulation entre ces deux conditions a suscité de nombreuses interrogations. En effet, si la preuve d'une cessation de la cohabitation est un fait en pratique assez simple à rapporter, au moyen d'attestations ou par la production d'un contrat de bail et autres factures, il n'en va pas de même pour les faits de collaboration qui pourraient se poursuivre au-delà de la séparation. Par exemple, peut-on considérer que les époux collaborent encore, en dépit d'une cessation de la communauté de vie, dès lors qu'ils continuent ensemble à rembourser le prêt immobilier ayant permis le financement de la résidence de la famille ? On saisit alors que la tâche probatoire de l'époux sollicitant le report pourrait s'avérer rapidement compliquée.

362. – **Faveur jurisprudentielle pour le report.** La jurisprudence a largement facilité la tâche probatoire de l'époux sollicitant le report, rendant ce dernier quasi automatique. Ainsi la Cour de cassation a-t-elle consacré à plusieurs reprises une présomption de cessation de la collaboration déduite de la fin de la cohabitation[(237)].

(236) Cf. ainsi un exemple édifiant (antérieur à la réforme du 13 juillet 1965) : Cass. req., 22 juill. 1945 : *D.* 1946-5 ; S. 1947-1-53, note G. Delaume. Dans cette affaire, une épouse quitte son mari peu de temps après le mariage et, quarante-deux ans plus tard, obtenait le partage égal de la communauté !

(237) Au visa de l'article 262-1, alinéa 2 du Code civil, dans sa rédaction issue de la loi n° 2004-439 du 26 mai 2004 : Cass. 1re civ., 16 juin 2011, n° 10-21.438 : *AJF* 2011, 373, obs. S. David ; *RJPF* 2011-11/31, obs. Th. Garé : cassation pour manque de base légale d'un arrêt qui refuse le report, alors que « la cessation de la cohabitation fait présumer la cessation de la collaboration et que le remboursement d'emprunts communs par un époux, qui résulte d'une obligation découlant du régime matrimonial, ne constitue pas un fait de collaboration ». – Cass. 1re civ., 8 juill. 2010, n° 09-12.238 : *Dr. famille* 2010, comm. 147, obs. V. Larribau-Terneyre ; *RTD civ.* 2010, 768, obs. J. Hauser ; *AJF* 2010, 436, obs. S. David : cassation pour manque de base légale d'un arrêt qui refuse le report « sans relever aucun élément justifiant de la réalité de la collaboration des époux après la date de leur séparation de fait ». – *Adde*, déjà, au visa de l'article 262-1 du Code civil, dans sa rédaction antérieure à la loi n° 2004-439 du 26 mai 2004 : Cass. 1re civ., 17 déc. 2008, n° 07-21.837 : *RTD civ.* 2009, 103, obs. J. Hauser ; *RJPF* 2009-3/23, obs. Th. Garé : cassation pour manque de base légale d'un arrêt qui refuse le report

Attendu de principe[(238)] – Création d'une présomption (Cass. 1re civ., 31 mars 2010, n° 08-20.729)

« Attendu que le jugement (prononçant un divorce contentieux) prend effet dans les rapports entre époux, en ce qui concerne leurs biens, à la date de l'ordonnance de non-conciliation ; qu'à la demande de l'un des époux, le juge peut fixer les effets du jugement à la date à laquelle ils ont cessé de cohabiter et de collaborer ; que la cessation de la cohabitation fait présumer la cessation de la collaboration. »

Il en résulte une inversion de la charge de la preuve très favorable à l'époux qui sollicite le report des effets du divorce. Il suffit en effet que ce dernier rapporte la preuve d'une cessation de la cohabitation pour que l'on en déduise la fin de la collaboration entre époux. Certes la présomption revêt un caractère simple et elle peut donc être renversée par le conjoint qui s'oppose au report[(239)]. Pour autant, comme le note M. Le Guidec, « la tâche paraît désespérée, sinon impossible »[(240)]. Il conviendra en effet de rapporter la preuve de faits révélant une collaboration entre époux qui serait intervenue postérieurement à la cessation de la cohabitation ; or, la jurisprudence apprécie de manière très restrictive de tels faits.

363. – **Faveur jurisprudentielle (suite) : appréciation restrictive des faits de collaboration.** Compliquant davantage la tâche de l'époux qui s'oppose au report de la date des effets du divorce entre époux, quant aux biens, la jurisprudence apprécie de manière très stricte les faits de collaboration postérieurs à la cessation de la cohabitation. La Cour de cassation se montre exigeante à l'égard des motivations des juges du fond et les cassations pour manque de base légale sont fréquentes en ce domaine. Ainsi, pour y échapper, les arrêts d'appel doivent caractériser l'existence de relations patrimoniales entre les époux, résultant d'une volonté commune[(241)], allant au-delà des obligations découlant du mariage ou du régime matrimonial[(242)]. Ceci démontre alors le maintien de la collaboration des époux. Tel est le cas par exemple lorsqu'après la séparation de fait des conjoints, l'épouse se porte coemprunteur, avec son mari, du prêt souscrit pour financer les travaux d'amélioration et d'aménagement de l'appartement que ce dernier venait d'acquérir[(243)]. Il en va de même lorsque les époux, après leur séparation de fait, ont acheté trois biens immobiliers et contracté des emprunts au-delà de cette période[(244)].

« sans relever aucun élément justifiant de la réalité de la collaboration des époux après la date de leur séparation de fait, alors que la cessation de la cohabitation fait présumer la cessation de la collaboration ».

(238) Dans les arrêts Cass. 1re civ., 8 juill. 2010, n° 09-12.238 : *Bull. civ.* 2010, I, n° 164, préc. et Cass. 1re civ., 16 juin 2011, n° 10-21.438 : *Bull. civ.* 2011, I, n° 113, préc.

(239) Cass. 1re civ., 31 mars 2010, n° 08-20.729 : « il incombe à celui qui s'oppose au report de prouver que des actes de collaboration ont eu lieu postérieurement la séparation des époux ».

(240) R. Le Guidec, *Observations sur le report de la dissolution du régime matrimonial*, art. préc., spéc. p. 516.

(241) V. par ex. Cass. 1re civ., 4 janv. 2017, n° 14-19.978 : *Dr. famille* 2017, comm. 43, obs. J.-R. Binet ; *AJF* 2017, 141, obs. A. de Guillemschidt-Guignot ; *RTD civ.* 2017, 361, obs. J. Hauser.

(242) Cass. 1re civ., 17 nov. 2010, n° 09-68.292. – Cass. 1re civ., 24 oct. 2012, n° 11-30.522.

(243) Cass. 1re civ., 17 nov. 2010, n° 09-68.292 : *JCP* G 2011, n° 29, § 6, obs. Coutant-Lapalus ; *JCP* G 2011, n° 503, § 13, obs. A. Tisserand-Martin ; *Dr. famille* 2011, comm. 6, obs. V. Larribau-Terneyre ; *Defrénois* 2011, 828, obs. J. Massip ; *AJF* 2011, 55, obs. P. Hilt ; *D.* 2011, 351, note Bonnet ; *D.* 2011, 622, obs. N. Auroy et C. Creton ; rejet du moyen tiré d'un manque de base légale en ces termes : « mais attendu que l'existence de relations patrimoniales entres les époux, résultant d'une volonté commune, allant au-delà des obligations découlant du mariage, ou du régime matrimonial, caractériser le maintien de la collaboration des époux ; qu'ayant relevé qu'après la séparation, l'épouse s'était portée co-emprunteur, avec son mari, du prêt souscrit pour financer les travaux d'amélioration et d'aménagement de l'appartement que ce dernier venait d'acquérir, la cour d'appel a pu déduire de ce fait la volonté des époux de poursuivre leur collaboration après la cessation de leur cohabitation ».

(244) Cass. 1re civ., 24 oct. 2012, n° 11-30.522.

Prolongement pratique

Collaboration entre époux et pratique bancaire

364. – L'on saisit *a priori* aisément le critère mis en place par la jurisprudence pour qualifier les faits de collaboration, à savoir une relation patrimoniale qui résulte d'une volonté commune, allant au-delà des obligations du mariage. Concrètement, cela signifie que le fait de collaboration dont il est question (souscription d'un emprunt commun, achat d'un bien immobilier en commun) doit être né postérieurement à la cessation de la cohabitation, sans être commandé par l'exécution des obligations résultant du régime matrimonial.

Pour autant, comme le souligne à juste titre M. Le Guidec(245), ceci comporte une part d'artifice car bien souvent l'intervention de l'époux à l'acte en question (souscription de prêt, acquisition) sera moins commandée par une véritable volonté de poursuivre une collaboration économique en dépit de la séparation, que par une exigence imposée par les établissements bancaires. Face à un couple marié mais qui n'est pas encore divorcé, la banque exigera bien souvent pour étendre son droit de gage l'intervention de l'autre époux.

La sagesse devrait alors commander ici de conseiller aux époux de ne pas prêter leur concours aux actes souscrits par leur conjoint, après la séparation factuelle. À défaut, celui qui signe l'acte risque de ne pas pouvoir solliciter ensuite le report des effets du divorce à une date antérieure à l'ordonnance de non-conciliation.

365. – Demande de report : régime procédural. Au-delà des conditions de fond du report, il convient de préciser le régime d'une telle demande formulée par un époux. L'article 262-1 du Code civil, dans sa rédaction issue de la loi n° 2004-439 du 26 mai 2004, dispose expressément que « cette demande ne peut être formée qu'à l'occasion de l'action en divorce ». Ainsi, le report ne saurait être sollicité dans une instance postérieure en liquidation et partage du régime matrimonial(246). Le report constitue donc une demande accessoire à la demande en divorce. C'est la raison pour laquelle il est possible de l'invoquer pour la première fois en cause d'appel, lorsque l'appel est général(247).

366. – Demande de report : rôle du juge. Saisi d'une demande de report, le juge du divorce doit bien évidemment apprécier la réalité de la cessation de la cohabitation et en déduire la fin de la collaboration. L'article 262-1 du Code civil précise que le report ne constitue cependant qu'une faculté pour le juge(248). Pour autant, exprimant une faveur pour le report, la jurisprudence a transformé cette simple faculté en véritable obligation en décidant que « si les conditions du report sont remplies, le juge ne peut le refuser que par une décision motivée »(249). Comme les

(245) R. Le Guidec, *Observations sur le report de la dissolution du régime matrimonial*, art. préc., spéc. p. 517.

(246) À supposer que l'instance en liquidation et partage du régime matrimonial soit véritablement une instance scindée du divorce, ce qui ne paraît plus forcément acquis (du moins en théorie) depuis le mouvement jurisprudentiel de 2012 (sur lequel, V. *supra*, n° 313).

(247) Cass. 1re civ., 11 févr. 2015, n° 13-26.390 : *RJPF* avr. 2015, obs. V. Égéa.

(248) C. civ., art. 262-1 : « À la demande de l'un des époux, le juge peut fixer les effets du jugement à la date à laquelle ils ont cessé de cohabiter et de collaborer ».

(249) Cass. 1re civ., 31 mars 2010, n° 08-20.729 : *Bull. civ.* 2010, I n° 80 ; *Dr. famille* 2010, comm. 74, note V. Larribau-Terneyre ; *JCP G* 2010, n° 410, obs. H. Bosse-Platière ; *JCP G* 2010, n° 911, note Y. Favier ; *AJF* 2010, 276, obs. S. David ; *Defrénois* 2010, 1365, note J. Massip. – Dans le même sens, plus récemment : Cass. 1re civ., 11 févr. 2015, n° 13-26.390, préc.

torts n'ont pas d'incidence sur le report des effets du divorce, on perçoit aisément que les motifs permettant au juge de ne pas faire droit à la demande demeurent très rares(250).

Prolongement pratique

Les intérêts concrets d'un report des effets du divorce

367. – L'intérêt du report des effets du divorce se fait surtout sentir dans le régime de communauté puisque la masse commune cessera d'exister à compter du jour de la cessation de cohabitation.

Cela signifie tout d'abord que le bien acquis après la date de report par un époux, fût-il celui qui abandonne l'autre, demeurera un bien dont il sera le propriétaire exclusif. On ne peut que recommander dès lors à l'autre époux d'invoquer cet élément pour déterminer le montant de l'éventuelle prestation compensatoire à laquelle il pourrait avoir droit.

Ensuite, l'époux qui viendrait à être abandonné devrait en principe avoir la garantie, par le biais du report, que les fruits de son industrie personnelle ne viendront pas accroître la masse commune, à condition qu'il s'abstienne de prêter son concours à un acte d'acquisition ou de financement conclu par son époux après la séparation de fait.

Ainsi la consistance des différentes masses de biens (biens communs, biens propres de chacun des époux, dettes communes, dettes propres de chacun des époux) sera figée à la date du report déterminée dans le jugement car ensuite le régime matrimonial n'existe plus. Pour autant, il n'est question ici que de préciser avec exactitude la consistance des différentes masses de biens. L'évaluation de la valeur des biens communs doit en revanche s'opérer au jour le plus proche du partage(251).

Enfin, les biens qui composent la masse commune tombent dans une indivision postcommunautaire à compter du jour du report déterminé dans le jugement. Partant, l'époux qui viendrait à améliorer le bien grâce à des deniers propres ne sera pas titulaire d'une récompense contre la communauté, mais d'une créance envers l'indivision qui sera évaluée selon les dispositions de l'article 815-13 du Code civil(252).

368. – **Occupation privative d'un bien.** L'article 262-1, alinéa 2 du Code civil concerne l'hypothèse dans laquelle l'un des époux viendrait à occuper à titre exclusif un bien immobilier durant la période qui s'écoule de la date du report – c'est-à-dire de la liquidation du régime matrimonial – jusqu'à l'ordonnance de non-conciliation. Dans cette hypothèse, le bien commun occupé devient en principe indivis puisque le régime matrimonial est dissous au jour du report. Ainsi, l'époux qui occupe le bien de manière privative et exclusive devrait être redevable d'une indemnité d'occupation sur le fondement de l'article 815-9 du Code civil. Pour autant, l'article 262-1,

(250) En ce sens : R. Le Guidec, *Observations sur le report de la dissolution du régime matrimonial*, art. préc., spéc. p. 518.

(251) Cass. 1re civ., 11 oct. 1989 : *Bull. civ.* 1989, I n° 321 ; *Defrénois* 1990, 877, obs. G. Champenois : « Les dispositions des articles 262-1 et 1442, al. 2 ne concernent que la date à laquelle la consistance de la communauté doit être déterminée, non celle de l'évaluation des biens communs, laquelle doit être faite au jour le plus proche du partage ».

(252) L'article 815-13 du Code civil ne manque pas d'intérêts pratiques dans une perspective liquidative car le texte renvoie à l'équité. Par cette référence à l'équité, il s'avère donc possible de tempérer les incidences rigoureuses du nominalisme monétaire, sans rester enfermé dans les règles subtiles de calcul du profit subsistant (cf. C. civ., art. 1469). Toute la difficulté, inhérente aux rares références faites à l'équité en droit privé concerne l'aléa judiciaire qu'elles comportent (sur l'ensemble de la question, cf. C. Albigès, *De l'équité en droit privé*, LGDJ, 2000).

alinéa 2 du Code civil dispose, de manière dérogatoire que « la jouissance du logement conjugal par un seul des époux conserve un caractère gratuit jusqu'à l'ordonnance de non-conciliation, sauf décision contraire du juge ». Cela signifie que, pour le logement conjugal, l'indemnité d'occupation ne sera due qu'à compter de l'ordonnance de non-conciliation. La solution simplifie opportunément les calculs d'indemnité d'occupation du logement familial qui, très souvent, empoisonnent le contentieux liquidatif. Au demeurant, la jurisprudence retient la même solution en jugeant que « la décision par laquelle le juge du divorce reporte ses effets patrimoniaux entre les époux à la date à laquelle ils ont cessé de cohabiter et de collaborer, n'a pas pour effet de conférer à l'occupation du logement conjugal par l'un d'eux un caractère onéreux avant la date de l'ordonnance de non-conciliation, sauf disposition en ce sens de la décision de report »[253]. L'indemnité d'occupation ne saurait donc être accordée de plein droit, même si une indivision succède effectivement à la communauté entre époux, et subsistent donc ici les devoirs et obligations du mariage tels que l'obligation de contribuer et de cohabiter, chacun des époux occupant le logement à ce titre[254].

369. – **Inopposabilité aux tiers.** Précisons pour terminer que les éléments qui précèdent ne concernent que les rapports patrimoniaux entre époux. La dissolution du régime matrimonial n'est donc pas opposable aux tiers.

II. – Les effets du divorce

370. – **Dualité.** En rompant le lien d'alliance, le divorce met fin de manière classique non seulement aux effets personnels, mais aussi aux effets patrimoniaux du mariage.

A. – Les effets personnels

371. – **Jeu de conséquences.** Le principal effet personnel du divorce réside dans une modification de l'état civil des époux, dont découlent ensuite d'autres conséquences. Ce jeu de conséquences connaît tout de même quelques limites entraînant une continuation de certains effets personnels au-delà du divorce.

1° Modification de l'état civil

372. – **Objet de la demande.** L'objet même de la demande en divorce consiste à obtenir une modification de l'état civil des époux. Jusque-là mariés, les époux redeviennent célibataires. En ce sens, le divorce concerne incontestablement l'état des personnes et, plus précisément, les structures familiales. Le divorce met fin, pour l'avenir, à un lien de couple : l'alliance. Avec le divorce, les époux redeviennent donc célibataires.

En raison de cette incidence majeure du divorce sur l'état civil des époux, l'on pouvait *a priori* imaginer que le divorce relèverait de la compétence matérielle du tribunal de grande instance, statuant en matière collégiale, comme en matière de contestation de la filiation par exemple. Le législateur ne fait plus ce choix qui exista jadis, sous l'ère de la loi du 11 juillet 1975, pour les divorces contentieux. Le

(253) Cass. 1re civ., 23 oct. 2013, n° 12-21.556.

(254) En ce sens : J. Hauser, obs. préc. ss Cass. 1re civ., 23 oct. 2013, n° 12-21.556.

juge aux affaires matrimoniales[(255)] connaissait alors du divorce sur requête conjointe[(256)]. Désormais, la compétence d'un juge unique trouve plusieurs justifications. Non seulement l'organisation interne des juridictions et des questions de gestion des deniers publics commandent ce choix législatif mais, de surcroît, la proximité offerte par le juge unique participe d'une volonté de simplifier et, sans doute, de banaliser le divorce. Pour autant, l'importance du divorce sur l'état civil se manifeste encore au travers de la faculté offerte de renvoyer l'affaire à la formation collégiale du tribunal de grande instance. Le juge aux affaires familiales peut lui-même procéder à un tel renvoi[(257)], qui revêt même un caractère obligatoire lorsque l'un des époux divorçant le sollicite[(258)]. La formation collégiale du tribunal de grande instance comportera alors le juge aux affaires familiales qui a ordonné le renvoi[(259)].

373. – Transcription du jugement. L'efficacité substantielle du jugement de divorce, qui consiste à modifier l'état civil des époux pour les rendre à nouveau célibataires, suppose d'être opposable aux tiers pour jouer pleinement. S'agissant de l'état civil d'une personne, il convient donc de modifier les actes de l'état civil qui constituent des registres publics ayant précisément pour objet de prouver les événements juridiques les plus marquants de la vie d'une personne physique. À l'égard des tiers, le divorce n'a d'effet qu'à compter de sa transcription sur les registres de l'état civil.

Prolongement pratique

Du bon usage de la transcription et de la signification du jugement

374. – Au regard de ce qui précède et de l'importance de la transcription du jugement de divorce, il convient pour les époux divorçant de solliciter explicitement dans le dispositif de leurs conclusions, une demande de transcription sur les registres de l'état civil, outre la demande en divorce.

Les demandes pourraient s'articuler de la manière suivante :

« (...)

Par ces motifs :

Plaise au juge :

– Prononcer le divorce aux torts exclusifs de Mme X...

– Ordonner la transcription du jugement sur les registres de l'état civil des époux

(...) »

Concrètement, dans un divorce contentieux, la transcription sera faite par l'une ou l'autre des parties.

Pour les divorces contentieux, il s'avère évidemment nécessaire de faire signifier le jugement à l'autre partie. En pratique, l'un des époux a fréquemment un intérêt à faire transcrire le jugement pour pouvoir se remarier avec son nouveau compagnon ou sa nouvelle compagne. Au-delà de cet aspect, ces formalités demeurent essentielles, car sans transcription et sans signification, les époux demeurent mariés pour les tiers et, en cas de décès, un (ex)-conjoint pourra solliciter sa part successorale en qualité de conjoint survivant. Dans une telle hypothèse, l'avocat qui n'a pas entrepris les diligences nécessaires pour garantir l'opposabilité du jugement de divorce engage bien évidemment une faute susceptible d'engager sa responsabilité civile professionnelle.

---

(255) Auquel a succédé le juge aux affaires familiales, à l'occasion de la loi n° 93-22 du 8 janvier 1993.
(256) Auquel à succédé l'actuel divorce par consentement mutuel, sur cette évolution, V. *supra*, n° 233.
(257) COJ, art. L. 213-4, al. 1er.
(258) COJ, art. L. 213-4, al. 2.
(259) COJ, art. L. 213-4, al. 3.

375. – **Modalités de transcription.** La transcription du jugement de divorce s'opère concrètement par l'apposition d'une mention en marge de l'acte de naissance de chacun des époux. Le mariage ne disparaît nullement de l'acte mais l'on précise en marge que cette union a été dissoute pour l'avenir.

2° Incidences personnelles de la modification de l'état civil

376. – **Liberté matrimoniale.** Redevenus célibataires par l'effet du divorce, les époux disposent de la faculté de se remarier. Généralement, le mariage envisagé concernera l'union de l'un des ex-époux ensuite avec un tiers, mais rien n'empêche les ex-époux de se remarier entre eux, voire de divorcer une seconde fois. La liberté matrimoniale commande en effet de telles solutions. Il n'existe plus désormais de délai de viduité[260] qui, jadis, imposait à l'épouse d'attendre un délai de trois cents jours avant de se remarier[261], pour éviter les doutes qui pourraient surgir pour déterminer le père d'un éventuel enfant, en cas de remariage précoce. La liberté matrimoniale amène également à condamner les éventuelles clauses de non-remariage, de célibat ou de viduité qui, insérées dans un acte tel qu'une libéralité, voire un contrat de travail, inciteraient l'époux divorcé à ne point se remarier[262]. Naguère tolérées lorsqu'elles étaient solidement justifiées par un « sentiment de bienfaisant intérêt à l'égard du légataire »[263], sans rancœurs ni jalousie[264] ; ou s'agissant du contrat de travail « lorsque les fonctions l'exigent impérieusement », ce qui visait principalement les entreprises de tendance[265]. De tels actes qui érigent le non-remariage en condition de l'acte portent atteinte, certes indirectement[266], à la liberté matrimoniale et ne sauraient désormais trouver une quelconque efficacité même s'il s'agit de « punir » le conjoint aux torts exclusifs duquel le divorce fut prononcé. La solution paraît même s'imposer aujourd'hui dans les entreprises dites de « tendance », où l'on admet sans mal la soumission du salarié à une obli-

(260) Sur le délai de viduité, V. *supra*, n° 71.

(261) Sur le délai de viduité, cf. en particulier : G. Marty et P. Raynaud, *Droit civil. Les personnes*, éd. Sirey, 3e éd., 1976, spéc. n° 83.

(262) Sur les clauses de célibat, la littérature reste assez dense. Cf. not. A. Bénabent, *La liberté individuelle et le mariage : RTD civ.* 1973, 440. – N. Coiret, *La liberté du mariage au risque des pressions matérielles : RTD civ.* 1985, 63. – A. Huet, *Les atteintes à la liberté nuptiale dans le mariage : RTD civ.* 1967, 45. – P. Voirin, *Marion pleure, Marion rit, Marion veut qu'on la marie : D.* 1963, chron. p. 247. – *Adde*, V. Égéa, *La fonction de juger à l'épreuve du droit contemporain de la famille*, Defrénois-Lextenso, 2010, nos 415 et s. – P. Murat, *L'autonomie de la volonté et le pouvoir du juge dans la formation des liens de famille*, thèse dactyl., Lyon III, 1991, nos 28 et s. – J. Raynaud, *Les atteintes aux droits fondamentaux dans les actes juridiques privés*, PUAM, 2003. – P. Hilt, *Le couple et la Convention européenne des droits de l'homme*, PUAM, 2004.

(263) Cass. req., 11 nov. 1912 : *DP* 1913, 1, 105, note G. Ripert ; S. 1914,1,185, note E. Naquet.

(264) Pour une clause de célibat insérée dans la libéralité faite par l'époux prémourant au conjoint survivant : T. civ. Châtellerault, 8 févr. 1949 : *D.* 1949, 467, note J. Carbonnier. La solution, ancienne, ne paraît plus véritablement s'appliquer encore en droit positif.

(265) Notamment au sujet d'une école confessionnelle : Cass. ass. plén., 19 mai 1978 : *D.* 1978, 541, concl. R. Schmelck, note Ph. Ardant ; *JCP* G 1978, II, 19009, note R. Lindon ; *RTD civ.* 1978, 667, obs. G. Cornu ; *RTD civ.* 1979, 379, obs. R. Nerson et J. Rubellin-Devichi : « il ne peut être porté atteinte sans abus à la liberté du mariage par un employeur que dans des cas très exceptionnels où les nécessités des fonctions l'exigent impérieusement ». Là encore, on peut douter de la possibilité de retenir de nos jours une telle solution, y compris pour le salarié d'une école privée confessionnelle car la conclusion du contrat de travail aurait pour conséquence un abandon de sa liberté matrimoniale, ce qui ne correspond guère aux paradigmes contemporains particulièrement scrupuleux en ce qui concerne la liberté individuelle.

(266) Cf. sur ce point : Ph. Malaurie et H. Fulchiron, *La famille*, *op. cit.*, n° 184 qui distinguent l'atteinte directe et l'atteinte indirecte à la liberté matrimoniale. Les auteurs notent ainsi, à juste titre, que « ces clauses ou ces dispositions ne tendent qu'indirectement à interdire ou à restreindre le mariage. Elles se bornent à subordonner l'octroi d'un avantage au célibat ou à la viduité à un choix matrimonial ; le mariage conclu en infraction d'une telle clause serait valable, mais entraînerait la perte de l'avantage ».

gation de réserve et de discrétion, mais en condamnant les clauses du contrat de travail imposant le célibat. Dans le contexte juridique et culturel contemporain, exaltant la liberté individuelle et les droits subjectifs, on peine à trouver une quelconque justification suffisante pour emporter la validité de la clause.

377. – **Disparition des obligations matrimoniales.** Juridiquement, les époux divorcés redeviennent des tiers et les droits et obligations, qui régissaient durant le mariage leurs relations personnelles, prennent fin. Avec le divorce, disparaissent ainsi, dans le domaine personnel, l'obligation de fidélité, d'assistance ou encore la communauté de vie. Dans cette perspective, la jurisprudence prend soin de rappeler régulièrement que l'introduction d'une demande en divorce ne confère pas aux époux une immunité les dispensant du respect des droits et obligations les liant. Le principe disparaît avec le divorce même si l'on constate en pratique, en dépit de l'affirmation solennelle faite par la Cour de cassation, un relâchement de l'intensité des droits et obligations des époux. Pour preuve, la convention signée par un époux en instance de divorce avec une agence matrimoniale n'est pas nulle comme ayant un objet contraire à l'ordre public et aux bonnes mœurs(267). L'époux qui contracte de la sorte manque assurément à une obligation de fidélité morale, voire au respect dû à son conjoint, et n'encourt pas véritablement de sanction spécifique dès lors que les torts exclusifs n'entraînent plus de conséquences véritables et que la convention conclue avec l'agence matrimoniale demeure valable.

Cass. 1re civ., 4 nov. 2011, n° 10-20.114

Vu l'article 1133 du Code civil ;

Attendu, selon l'arrêt attaqué, que M. X… a souscrit le 10 mai 2007 un contrat de courtage matrimonial, prévoyant des frais d'adhésion de 8 100 euros TTC, auprès de la société Centre national de recherches en relations humaines, exerçant sous l'enseigne Eurochallenges (la société) ; que celle-ci l'a assigné en paiement puis a soulevé la nullité de la convention ;

Attendu que pour annuler le contrat litigieux « aux torts » de M. X… et condamner ce dernier à verser des dommages-intérêts à la société, l'arrêt retient qu'il s'est présenté, lors de la signature de la convention, comme divorcé en cochant dans l'acte la case correspondante, bien qu'il ait été alors toujours engagé dans les liens du mariage puisque le jugement de divorce le concernant n'a été prononcé que le 22 avril 2008, soit près d'une année plus tard, ajoute que s'il avait avisé la société de sa situation, elle n'aurait pas manqué de l'informer de l'impossibilité de rechercher un nouveau conjoint en étant toujours marié, puis énonce que le contrat du 10 mai 2007 doit donc être annulé pour cause illicite comme contraire à l'ordre public de protection de la personne ainsi qu'aux bonnes mœurs, « un homme encore marié ne pouvant légitimement convoler en une nouvelle union » ;

Qu'en statuant ainsi alors que le contrat proposé par un professionnel, relatif à l'offre de rencontres en vue de la réalisation d'un mariage ou d'une union stable, qui ne se confond pas avec une telle réalisation, n'est pas nul, comme ayant une cause contraire à l'ordre public et aux bonnes mœurs, du fait qu'il est conclu par une personne mariée, la cour d'appel a violé le texte susvisé ;

PAR CES MOTIFS et sans qu'il y ait lieu de statuer sur les autres moyens :

CASSE ET ANNULE, dans toutes ses dispositions, l'arrêt rendu le 12 novembre 2009, entre les parties, par la cour d'appel de Nîmes ; remet, en conséquence, la cause et les parties dans l'état où elles se trouvaient avant ledit arrêt et, pour être fait droit, les renvoie devant la cour d'appel d'Aix-en-Provence ;

Commentaire : *D.* 2012, 971, obs. J.-J. Lemouland et D. Vigneau.

(267) Cass. 1re civ., 4 nov. 2011, n° 10-20.114 : *D.* 2012, 971, obs. J.-J. Lemouland et D. Vigneau.

3° Exceptions

378. – Empêchements à mariage. Les empêchements à mariage pour cause de parenté(268) qui prohibent par exemple l'union entre le gendre et sa belle-mère produisent encore leurs effets après le divorce. Ce moment constitue même la principale ère de déploiement des effets des empêchements puisque, durant l'union, le principe de monogamie évite déjà la célébration d'un tel mariage.

379. – Nom de l'épouse. En principe, à la suite du divorce, chacun des époux perd l'usage du nom de son conjoint(269). L'un des époux peut néanmoins conserver l'usage du nom de l'autre(270), soit avec l'accord de celui-ci, soit avec l'autorisation du juge, s'il justifie d'un intérêt particulier pour lui ou pour les enfants(271). Au sens de l'article 264 du Code civil, l'intérêt particulier fréquemment retenu relève de l'intérêt économique de l'épouse qui a patiemment constitué une clientèle civile ou commerciale en exerçant une profession indépendante sous le nom de son (ex)-mari. Plus rarement, l'intérêt particulier réside dans une volonté pour l'épouse qui élève des enfants mineurs portant le nom du mari, de porter elle-même ce nom. Il en va de même pour l'épouse qui continue à vivre dans le cadre qui était celui du couple(272). En revanche, la longue durée du mariage ne constitue pas en elle-même une justification suffisante(273). L'autorisation du conjoint doit en principe s'exprimer de manière explicite et, en l'absence d'un tel acte, l'époux peut faire enjoindre sous astreinte son épouse de faire retirer son nom sur des actes administratifs(274). Cela étant, l'autorisation peut prendre une forme plus implicite en ne s'opposant pas au port de son nom par son ex-épouse(275). Elle cesse en principe lors du remariage de l'épouse, ce qui n'est en principe pas le cas de l'autorisation judiciaire.

B. – Les effets patrimoniaux du divorce

380. – Généralité et singularité. Une fois rappelées les règles procédurales qui gouvernent la liquidation du régime matrimonial (1°), il faut souligner que parmi les effets patrimoniaux du divorce, découlant directement de la rupture du lien d'alliance, la prestation compensatoire occupe une place singulière (2°), aussi bien en raison de son régime juridique que par l'importance du contentieux qu'elle fait naître

(268) V. *supra*, n° 99.

(269) C. civ., art. 264, al. 1er.

(270) Sur le nom de l'épouse : A. Breton, *Le nom de l'épouse divorcée*, in *Mél. R. Rodière*, Dalloz, 1981, p. 17. – I. Corpart, *Réticence des juges face à la conservation du nom d'usage après divorce* : *RJPF* 2013-4/8. – M. Grimaldi, *Patrimoine et famille, l'attribution du nom* : *Defrénois* 1987, 1425.

(271) C. civ., art. 264, al. 2.

(272) Cass. 2e civ., 28 janv. 1999 : *RJPF* 1999-1/15, obs. S. Valory.

(273) CA Toulouse, 2 déc. 2008 : *JCP G* 2009, IV, 1524 ; *Juris-Data* n° 2008-003911.

(274) Cass. 1re civ., 23 févr. 2011, n° 10-15.433 : la cour d'appel, qui a relevé que le passeport de deux enfants portait le nom d'usage de X...-Y... et que la mère n'avait pas été autorisée à procéder à cette adjonction, a pu, sans encourir les griefs du moyen, lui faire injonction de faire retirer cette mention et, en vertu de son pouvoir discrétionnaire, assortir cette obligation d'une astreinte.

(275) Cass. 1re civ., 15 déc. 2010, n° 09-73.048 : cassation pour violation de l'article 4 du Code de procédure civile de l'arrêt d'appel qui, en prononçant un divorce, autorise l'épouse à conserver l'usage du nom de son conjoint après le divorce, en l'accolant au sien, jusqu'à la majorité du dernier enfant. Cassation : en statuant ainsi, alors que dans ses conclusions, l'époux qui ne s'opposait pas à ce que sa femme accole son nom marital à son nom de naissance, ne limitait pas cette autorisation dans le temps, la cour d'appel a méconnu l'objet du litige.

devant les juridictions[276]. Les autres effets patrimoniaux du divorce restent régis par des mécanismes plus classiques, largement dépendants aujourd'hui d'un important principe de dissociation entre l'attribution des torts du divorce et ses incidences. Le constat se vérifie aussi bien pour les donations et avantages matrimoniaux (3°), pour le logement de la famille (4°), que pour les dommages et intérêts (5°).

1° La liquidation du régime matrimonial

381. - **Le fond et la procédure.** La liquidation du régime matrimonial constitue le principal effet patrimonial du divorce. Sur le fond, elle relève du droit des régimes matrimoniaux et consiste à procéder à des opérations liquidatives selon les modalités de calcul déterminées par le contrat de mariage des époux ou, à défaut, par les règles du Code civil[277]. Du point de vue du droit de la famille, entendu de manière stricte, les principales difficultés s'agissant de la liquidation du régime matrimonial demeurent d'ordre procédural et concernent la détermination exacte des pouvoirs liquidatifs du juge du divorce, comme il a été dit précédemment[278].

2° La prestation compensatoire

382. - **Définition de la prestation compensatoire.** La prestation compensatoire a été créée par la loi n° 75-617 du 11 juillet 1975[279]. Son objet est aujourd'hui défini à l'article 270 du Code civil qui dispose, en son alinéa deuxième, que « l'un des époux peut être tenu de verser à l'autre une prestation destinée à compenser, autant qu'il est possible, la disparité que la rupture du mariage crée dans les conditions de vie respectives ». Ainsi la prestation compensatoire se caractérise par sa finalité indemnitaire[280]. Dans son fondement, elle se distingue donc de l'obligation alimentaire[281], quoique sa nature juridique ne s'avère pas toujours évidente à déterminer. En ce qui concerne en revanche son régime, comme il sera dit plus loin, la prestation compensatoire emprunte certains traits de l'obligation alimentaire. C'est la raison pour laquelle la prestation compensatoire est souvent dite « mixte »[282].

383. - **Réforme du droit de la prestation compensatoire.** Les règles organisant la prestation compensatoire résultent principalement d'une loi n° 2000-596 du 30 juin 2000 et, dans une moindre mesure, de la loi n° 2004-439 du 26 mai 2004. Le premier de ces textes a modifié assez profondément le droit de la prestation compensatoire[283].

(276) Au demeurant, l'importance contentieuse de la prestation compensatoire s'explique sans doute largement par son régime juridique !

(277) Lesquelles demeurent relativement élaborées, en permettant par exemple pour le calcul des récompenses de prévoir un système de valorisme monétaire. Cf. C. civ., art. 1469.

(278) Pour la présentation détaillée des pouvoirs liquidatifs du juge du divorce, notamment suite à l'ordonnance n° 2015-1288 du 15 octobre 2015, V. *supra*, n°s 311 et s.

(279) Il s'agissait alors d'insister sur son caractère compensatoire pour bien la distinguer de l'ancienne pension alimentaire dite « de l'article 301 », sur laquelle cf. G. Marty et P. Raynaud, *Droit civil. Les personnes*, *op. cit.*, n°s 302 et s.

(280) En réalité, comme il sera dit plus loin (V. *infra*, n°s 396 et 408), la nature juridique de la prestation compensatoire est mixte.

(281) D'ailleurs l'article 270 du Code civil dispose bien dans son premier alinéa que le divorce met fin au devoir de secours entre époux.

(282) Sur ces débats, cf. A. Sériaux, *La nature juridique de la prestation compensatoire ou les mystères de Paris* : *RTD civ.* 1997, 54.

(283) La jurisprudence connaît encore aujourd'hui des survivances de l'ancien droit de la prestation compensatoire, ce qui démontre la prégnance des problèmes de droit transitoire, V. par ex. Cass. 1re civ., 22 mars 2017, n° 14-29.480, obs. J. Hauser.

Pour bien cerner l'actuel droit de la prestation compensatoire, il reste indispensable de résumer brièvement les principaux traits de l'ancien régime. Précédemment, la prestation compensatoire était généralement versée sous forme de rente non révisable. Les héritiers du débiteur étaient tenus, dès lors qu'ils acceptaient la succession, de poursuivre le paiement. Le principe du paiement de la prestation compensatoire sous forme de rente entraînait nécessairement une poursuite des relations, certes restreintes, entre les ex-époux. Maintenir de la sorte un lien, aussi ténu soit-il, engendrait fréquemment un agaçant contentieux de l'après-divorce, récurrent et souvent passionné[(284)].

C'est la raison pour laquelle la loi n° 2000-596 du 30 juin 2000 a sensiblement modifié le droit de la prestation compensatoire. Le paiement sous forme de capital est désormais érigé en règle de principe[(285)].

a) Conditions d'attribution d'une prestation compensatoire

384. - **Disparité dans les conditions de vie.** Parce qu'elle a une nature indemnitaire, la prestation compensatoire est attribuée lorsque la rupture du mariage crée une disparité dans les conditions de vie respectives des époux[(286)]. En effet, sa fonction reste de compenser cette disparité. L'exemple classique demeure celui de l'épouse qui, pour se consacrer à l'entretien du ménage et l'éducation des enfants, procède durant le mariage à une sorte de sacrifice de sa carrière. Pour autant, une certaine diversité des situations se constate désormais.

La disparité dans les conditions de vie, créée par la rupture du mariage, est souverainement appréciée par les juges du fond. Ces derniers demeurent cependant tenus de relever la disparité dans leurs décisions[(287)]. La vigilance s'impose quand il s'agit de déterminer le moment où les magistrats doivent se placer pour apprécier l'existence de la disparité. Il convient pour ce faire de se placer au jour où la décision prononçant le divorce (jugement ou arrêt) acquiert force de chose jugée, dans ses chefs de jugement concernant le principe de la rupture, sachant que tout dépend de l'étendue d'un éventuel appel ou pourvoi en cassation[(288)] et donc du contenu des conclusions des parties.

385. - **Déclaration sur l'honneur.** Pour faciliter l'appréciation de la disparité des conditions de vie, les époux qui divorcent sont censés fournir[(289)] une déclaration sur l'honneur[(290)] qui certifie l'exactitude de leurs ressources, revenus, patrimoines et conditions de vie[(291)].

Cette innovation de la loi n° 2000-596 du 30 juin 2000 n'a pas connu le succès escompté, en raison notamment du rôle que la jurisprudence lui a fait jouer. En effet, la Cour de cassation décida que la déclaration sur l'honneur ne constituait point une condition de recevabilité de la demande[(292)], mais davantage un mode de preuve, parmi d'autres, du train de vie respectif des époux. Les juges du fond ne sont donc tenus que

(284) Sur les incidences de l'ancien régime et des propositions de réforme, cf. F. Dekeuwer-Défossez (ss dir.), *Rénover le droit de la famille*, rapport officiel, Doc. fr., 1999, p. 139.
(285) C. civ., art. 270, al. 2.
(286) C. civ., art. 270, al. 2.
(287) Cass. 1re civ., 23 juin 2010, n° 09-13.812.
(288) Sur ce point, V. *supra*, nos 351 et s.
(289) CPC, art. 1075-1.
(290) Sur laquelle, cf. H. Lécuyer, *La déclaration sur l'honneur : Dr. famille* 2003, chron. 6. – H. Lécuyer, *De la prestation compensatoire en général et de la déclaration sur l'honneur en particulier : Dr. famille* 2003, chron. 11. – A. Tisserand-Martin, *Devoir de loyauté et obligation d'information entre époux divorçant*, in *Mél. Ph. Simler*, Litec, Dalloz, 2007, p. 207.
(291) C. civ., art. 271.
(292) Cass. 1re civ., 11 janv. 2005 : *Dr. famille* 2005, comm. 55, note V. Larribau-Terneyre.

d'inviter les parties à fournir la déclaration sur l'honneur(293). Ils n'ont pas l'obligation en revanche de répondre au moyen tiré de la prétendue irrégularité en la forme de la déclaration sur l'honneur(294), ni à enjoindre une partie de la produire(295), ni à faire mention dans leur arrêt de ce que la déclaration sur l'honneur a été ou non produite(296).

b) Modalités de versement de la prestation compensatoire

386. – **Types de divorce.** Le droit pour l'époux subissant une rupture des conditions de vie de percevoir une prestation compensatoire, concerne tous les types de divorce, gracieux et contentieux. Les modalités d'attribution de la prestation compensatoire se distinguent en revanche puisque les époux déterminent eux-mêmes une éventuelle prestation compensatoire dans le divorce par consentement mutuel. Il s'agit même d'une clause particulièrement sensible et importante au sein de la convention soumise à homologation. Dans les divorces contentieux, c'est le juge qui détermine en principe si un époux a droit à une prestation compensatoire et, dans l'affirmative, qui en fixe le montant. Rappelons toutefois que nonobstant ce rôle essentiel du juge dans les divorces contentieux, les époux disposent de la faculté de conclure des conventions partielles, afin de régler une partie seulement des incidences du divorce ; et qu'ils peuvent donc, dans ce cadre, fixer de manière consensuelle une prestation compensatoire.

1) Principe : versement sous forme de capital

387. – **Une prestation compensatoire de caractère forfaitaire.** La principale innovation introduite par la loi n° 2000-596 du 30 juin 2000 résida dans l'affirmation du caractère forfaitaire de la prestation compensatoire, ayant pour corollaire un versement sous forme de capital. L'article 270 du Code civil ne laisse guère de doute sur ce point en mentionnant *expressis verbis* non seulement le caractère forfaitaire, mais également le paiement sous forme de capital. Une telle insistance législative témoigne de la volonté affichée de tarir au maximum le contentieux de l'après-divorce, comme la doctrine y invitait(297).

388. – **Critères pris en compte par le juge.** Les critères pris en compte par le juge sont énumérés à l'article 271 du Code civil, de manière non pas limitative mais simplement indicative. Régulièrement, la Cour de cassation apporte des éclaircissements sur les éléments à prendre en considération et sur la manière de le faire. Par exemple, le juge qui fixe la prestation compensatoire ne doit pas tenir compte, pour la détermination du montant de celle-ci, du fait que l'épouse occupe le domicile conjugal à titre gratuit depuis l'ordonnance de non-conciliation(298), mais il doit prendre en considération un immeuble acquis par un époux postérieurement au divorce(299).

(293) Cass. 2e civ., 28 mars 2002 : *Dr. famille* 2002, comm. 71, note H. Léguer ; *JCP* G 2003, II, 10044, note Th. Garé.
(294) Cass. 2e civ., 23 janv. 2003 : *JCP* G 2003, IV, 1423 ; *Dr. famille* 2003, comm. 72, note H. Lécuyer.
(295) Cass. 1re civ., 2 mars 2004 : *Dr. famille* 2004, comm. 121 (2e esp.), note V. Larribau-Terneyre.
(296) Cass. 1re civ., 8 juill. 2003 : *Dr. famille* 2003, comm. 119 (1re esp.), note H. Lécuyer ; *Defrénois* 2003, 1487, obs. J. Massip.
(297) A. Bénabent, *Assainir l'après-divorce*, in *Mél. Huet-Weiller*, *op. cit.*, p. 19. – *Adde*, sur la qualification juridique de la prestation compensatoire : A. Sériaux, *La nature juridique de la prestation compensatoire ou les mystères de Paris* : *RTD civ.* 1997, 54.
(298) Cass. 1re civ., 14 mars 2018, n° 17-15.991 : *RTD civ.* 2018, 369, obs. A.-M. Leroyer.
(299) Cass. 1re civ., 14 mars 2018, n° 17-15.524 : *RTD civ.* 2018, 369, obs. A.-M. Leroyer.

Code civil

Art. 271. – La prestation compensatoire est fixée selon les besoins de l'époux à qui elle est versée et les ressources de l'autre en tenant compte de la situation au moment du divorce et de l'évolution de celle-ci dans un avenir prévisible.

À cet effet, le juge prend en considération notamment :

– la durée du mariage ;

– l'âge et l'état de santé des époux ;

– leur qualification et leur situation professionnelles ;

– les conséquences des choix professionnels faits par l'un des époux pendant la vie commune pour l'éducation des enfants et du temps qu'il faudra encore y consacrer ou pour favoriser la carrière de son conjoint au détriment de la sienne ;

– le patrimoine estimé ou prévisible des époux, tant en capital qu'en revenu, après la liquidation du régime matrimonial ;

– leurs droits existants et prévisibles ;

– leur situation respective en matière de pensions de retraite en ayant estimé, autant qu'il est possible, la diminution des droits à retraite qui aura pu être causée, pour l'époux créancier de la prestation compensatoire, par les circonstances visées au sixième alinéa.

389. – **Constitution de garanties.** Le juge dispose du pouvoir[(300)], quand une demande est formulée en ce sens par l'un des époux, de subordonner le jugement de divorce à la constitution de garanties comme, par exemple, le versement d'une somme d'argent, une caution ou encore la souscription d'un contrat garantissant le paiement du capital attribué à titre de prestation compensatoire[(301)].

390. – **Attribution forcée d'un bien.** En ce qui concerne la détermination des modalités selon lesquelles s'exécutera la prestation compensatoire, le juge dispose de plusieurs possibilités. Ainsi, la prestation compensatoire en capital peut prendre la forme classique du versement d'une somme d'argent[(302)]. La prestation compensatoire peut également s'exécuter par l'attribution de droits réels, comme l'attribution d'un bien en propriété ou d'un droit temporaire ou viager d'usage, d'habitation ou d'usufruit, le jugement opérant cession forcée en faveur du créancier. La cession forcée de la propriété d'un bien constitue une modalité radicale d'exécution de la prestation compensatoire et, pour cette raison, se trouve soumise à des conditions précises.

Une limite légale tout d'abord exige l'accord de l'époux débiteur de la prestation compensatoire pour attribuer en propriété des biens qu'il a reçus par succession ou donation[(303)]. La jurisprudence a quant à elle posé d'autres conditions s'agissant de l'attribution forcée. Les juges du fond doivent préciser dans le dispositif de leur décision le montant de la prestation compensatoire, la valeur et la quotité des droits attribués à ce titre[(304)]. Il en va de même au demeurant pour la cession d'usufruit. Le principal apport prétorien réside dans l'affirmation du caractère subsidiaire de l'attribution en pleine propriété. Saisi d'une question prioritaire de constitutionna-

(300) C. civ., art. 274, 1°.

(301) Le Conseil constitutionnel a jugé une telle constitution de garantie conforme aux droits et libertés garantis par la Constitution : Cons. const., 29 juill. 2016, n° 2016-577 QPC.

(302) C. civ., art. 274, qui dispose par ailleurs que le prononcé du divorce peut être subordonné à la constitution des garanties prévues à l'article 277.

(303) C. civ., art. 274 *in fine* ; l'accord du conjoint n'est pas exigé en revanche pour un abandon en pleine propriété d'un bien qui appartenait à l'autre époux avant le mariage, sauf si ledit bien fut reçu par succession ou donation : Cass. 1re civ., 12 nov. 2009 : *Bull. civ.* 2009, I, n° 225 ; *JCP G* 2010, 34, n° 6, obs. H. Bosse-Platière ; *Dr. famille* 2010, comm. 15, note V. Larribau-Terneyre ; *AJF* 2010, 83, obs. S. David ; *Defrénois* 2010, 866, obs. J. Massip ; *RTD civ.* 2010, 90, obs. J. Hauser.

(304) Cass. 1re civ., 16 avr. 2008, n° 08-19.166.

lité arguant de la violation du droit de propriété par l'article 274, 2° du Code civil, le Conseil constitutionnel a émis une réserve d'interprétation en jugeant que l'atteinte au droit de propriété qui résulte de l'attribution forcée prévue par ce texte ne peut être regardée comme une mesure proportionnée au but d'intérêt général poursuivi que si elle constitue une modalité subsidiaire d'exécution de la prestation compensatoire en capital(305). Il en résulte que l'attribution forcée d'un bien en pleine propriété ne saurait être ordonnée par le juge que dans le cas où, au regard des circonstances de l'espèce, les modalités prévues au 1° n'apparaissent pas suffisantes pour garantir le versement de cette prestation.

Les modalités d'exécution de la prestation compensatoire sont donc hiérarchisées, ce qui emporte des incidences sur la motivation des décisions de justice. Compte tenu de la réserve d'interprétation formulée par le Conseil constitutionnel, les juges doivent constater, avant d'octroyer la prestation compensatoire par l'attribution forcée d'un bien, que les modalités prévues à l'article 274, 1° ne sont pas suffisantes pour garantir le versement de cette prestation(306). Par ailleurs, les juges du fond ont l'obligation d'indiquer dans leur décision la valeur du bien(307).

Saisie de la question de l'attribution forcée d'un bien à titre de prestation compensatoire, la Cour européenne des droits de l'homme a jugé également que l'attribution forcée d'un bien porte atteinte à l'article premier du premier protocole additionnel à la Convention européenne des droits de l'homme.

CEDH, 5e sect., 10 juill. 2014, n° 4944/11, *Milhau c/ France*

(...)

52. Par ailleurs, la Cour note que, depuis la loi du 11 juillet 1975, le législateur souhaite privilégier le versement de la prestation compensatoire sous forme de capital (paragraphes 27-30 ci-dessus). Il n'a jamais été exclu par les lois successives, en particulier par celle du 30 juin 2000, que le débiteur puisse proposer d'autres biens de son patrimoine d'une valeur correspondant au montant de la prestation compensatoire. La Cour relève d'ailleurs que le Conseil constitutionnel, saisi d'une question prioritaire de constitutionnalité sur les dispositions de l'article 274 du Code civil, certes ultérieures à l'époque des faits mais au contenu pertinent identique à celui de l'article 275 applicable en l'espèce, n'a validé la possibilité d'un versement par cession forcée de la propriété d'un bien que sous réserve d'un usage « subsidiaire » d'une telle modalité dans le cas où le versement d'une somme d'argent n'apparaît pas suffisant pour garantir le versement de cette prestation (paragraphe 30 ci-dessus). Le Gouvernement le reconnaît (paragraphe 38 ci-dessus).

53. Compte tenu de ce qui précède, la Cour estime qu'il y a eu rupture du juste équilibre devant régner entre les exigences de l'intérêt général de la communauté et les impératifs de la sauvegarde des droits fondamentaux de l'individu. En l'espèce, le requérant a « supporté une charge spéciale et exorbitante », que seule aurait pu rendre légitime la possibilité de proposer de s'acquitter de sa dette par un autre moyen mis à sa disposition par la loi, à savoir par le versement d'une somme d'argent ou le transfert de ses droits de propriété sur un ou plusieurs autres biens.

54. Partant, il y a eu violation de l'article 1 du Protocole n° 1.

(...)

Commentaires : *AJF* 2014, 497, obs. Régis ; *RTD civ.* 2014, 841, obs. J.-P. Marguénaud ; *RTD civ.* 2014, 869, obs. J. Hauser.

(305) Cons. const., 13 juill. 2011, n° 2011-151 QPC : *Dr. famille* 2011, comm. 148, obs. V. Larribau-Terneyre ; *AJF* 2011, 426, obs. Régis.

(306) Cass. 1re civ., 15 avr. 2015, n° 14-11.575 : *D.* 2015, 922. – Cass. 1re civ., 28 mai 2014, n° 13-15.760 : *JCP* G 2014, n° 953, note H. Bosse-Platière ; *D.* 2015, 649, obs. M. Douchy-Oudot ; *AJF* 2014, 558, obs. S. Thouret ; *RTD civ.* 2014, 630, obs. J. Hauser ; *RTD civ.* 2014, 688, obs. W. Dross.

(307) Cass. 1re civ., 15 avr. 2015, n° 14-11.575, préc.

2) Exception : versement sous forme de rente viagère

391. – Modalité exceptionnelle. À titre d'exception, la prestation compensatoire peut être versée sous forme de rente viagère. Il s'agit généralement d'une rente mensuelle qui, de par son caractère viager, dure en principe jusqu'au décès du créancier. Pour autant, le législateur a entendu limiter la possibilité du versement d'une prestation compensatoire sous forme de rente, en la ravalant au rang de modalité exceptionnelle. Il s'agit ainsi de prévenir et limiter le contentieux de l'après-divorce. Avant la réforme du droit de la prestation compensatoire, le versement sous forme de rente constituait inversement le principe et engendrait fréquemment des conflits et contentieux, parfois plusieurs années après le prononcé du divorce, entretenus par la quasi-impossibilité de faire procéder à une révision judiciaire du montant de la rente[308].

α) Fixation de la rente viagère

392. – Affirmation d'un caractère alimentaire[309]. En dépit de la volonté législative très nette de favoriser le paiement de la prestation compensatoire sous forme de capital, afin de tarir les contentieux d'après-divorce, le versement sous forme d'une rente viagère n'a pas été totalement supprimé du Code civil mais demeure de manière tout à fait exceptionnelle. La lettre de l'article 276, alinéa 1er du Code civil ne laisse guère de doute quant à ce caractère exceptionnel.

> « À titre exceptionnel, le juge peut, par décision spécialement motivée, lorsque l'âge ou l'état de santé du créancier ne lui permet pas de subvenir à ses besoins, fixer la prestation compensatoire sous forme de rente viagère. Il prend en considération les éléments d'appréciation prévus à l'article 271. »

En insistant sur le caractère exceptionnel de cette modalité de versement et en érigeant l'impossibilité pour le créancier de subvenir à ses besoins, l'article 276 du Code civil confère à cette rente viagère un fondement alimentaire, alors que de manière générale la prestation compensatoire vise à rétablir la disparité de niveaux de vie qui résulte du divorce. Avec une rente viagère, en revanche, la finalité change puisqu'il s'agit aussi et surtout d'assurer les moyens de subsistance de l'ex-conjoint.

Prolongement pratique

Distinction entre rente viagère et paiement fractionné

393. – Le paiement d'une prestation compensatoire sous forme de rente viagère, par exemple sous forme de versements mensuels, ne saurait être confondu avec le fractionnement en huit annuités d'un capital. Dans cette dernière hypothèse, il ne s'agit nullement d'assurer au créancier des moyens de subsistance, par le versement régulier d'une somme, c'est-à-dire de mettre en avant le fondement alimentaire du paiement. Le fractionnement du capital en huit annuités ne constitue qu'une modalité de versement d'une somme déterminée *ab initio* visant à faciliter l'exécution du paiement.

(308) Sous réserve de l'invocation d'une clause d'exceptionnelle gravité, prévue à l'ancien article 273 du Code civil, qui permettait à l'époux qui subissait véritablement d'insupportables incidences financières de solliciter une révision de la rente, sachant que le changement imprévu dans les ressources ou besoins des parties ne suffisait pas. La jurisprudence tenta de tempérer les incidences de cette quasi-impossibilité de réviser la rente, de manière finalement assez restreinte, en admettant la recevabilité d'un recours en révision contre une décision de divorce rendu suite la fraude l'un des époux : Cass. 2e civ., 4 mars 1992 : *D.* 1993, 213, note Piotraut ; *JCP* G 1993, II, 22092, note R. Martin.

(309) Sur la nature de la prestation compensatoire, cf. A. Sériaux, *La nature juridique de la prestation compensatoire ou les mystères de Paris : RTD civ.* 1997, 53.

394. - **Nécessité d'une demande du créancier.** La jurisprudence a précisé que seul le créancier pouvait demander l'allocation de la prestation compensatoire sous forme de rente viagère(310), renforçant encore le caractère exceptionnel de cette modalité de versement.

395. - **Nécessité d'une motivation spéciale du jugement.** Le juge qui entend ordonner le versement d'une prestation compensatoire sous forme de rente viagère doit scrupuleusement motiver sa décision. Si l'article 276 du Code civil exige de manière expresse une décision spécialement motivée, la jurisprudence relaie cette attente en cassant pour manque de base légale les arrêts dont les motifs ne mettent pas suffisamment en évidence l'impossibilité pour le créancier de subvenir à ses besoins(311) ou qui, inversement, caractérisent de faibles ressources mais demeurent silencieux sur l'âge ou l'état de santé de l'époux qui l'empêcherait de subvenir à ses besoins(312). Cela signifie concrètement que la motivation de la décision doit s'organiser en deux étapes, car il s'agira, d'une part, de caractériser la disparité des niveaux de vie créée par la rupture et, d'autre part, de mettre en évidence l'impossibilité pour l'époux créancier de subvenir à ses besoins en raison de son âge ou de son état de santé. La Cour de cassation se montre particulièrement vigilante et ne se satisfait pas de motivations faisant apparaître l'âge et les ressources des époux, en exigeant que les motifs mettent en évidence l'impossibilité pour le créancier de subvenir à ses besoins(313).

396. - **Rente minorée.** Le montant de la rente viagère peut être minoré, lorsque les circonstances l'imposent, par l'attribution d'une fraction en capital parmi les formes prévues à l'article 274 du Code civil(314). La prestation compensatoire revêt alors un caractère mixte, en combinant à la fois un paiement sous forme de capital et le versement d'une rente viagère.

β) Révision de la rente viagère

397. - **Conditions de révision de la rente.** La rente viagère a, par définition, vocation à durer. Ainsi, la nécessité de réviser la rente peut donc se faire sentir puisque les situations personnelles et patrimoniales des ex-époux n'ont pas vocation à être figées. L'article 276-3 du Code civil dispose que la prestation compensatoire fixée sous forme de rente peut être révisée, suspendue ou supprimée en cas

(310) Cass. 1re civ., 23 oct. 2013, n° 12-17.492 : *AJF* 2013, 707, obs. S. David ; *RTD civ.* 2014, 97, obs. J. Hauser : en l'espèce, l'épouse créancière de la prestation compensatoire demanda un versement sous forme de capital. L'arrêt d'appel, cassé par la Cour de cassation au visa de l'article 276 du Code civil, ordonna inversement le paiement d'une rente viagère aux motifs que « le principe d'une prestation compensatoire n'est pas discuté, Mme X... n'ayant qu'une très faible retraite et s'étant consacrée à l'éducation de l'enfant, les demandes exorbitantes de celle-ci auraient pour effet de priver M. Y... de tout droit sur un patrimoine qu'il a constitué par son travail, qu'il n'est pas établi qu'il soit en mesure de régler une somme importante en capital, ni que son âge lui permette d'obtenir un prêt ». Cassation : il résulte de l'article 276 du Code civil que seul le créancier pouvait demander l'allocation de la prestation compensatoire sous forme de rente viagère.

(311) Cass. 1re civ., 23 sept. 2015, n° 14-19.949 : *Dr. famille* 2015, comm. 198, note J.-R. Binet ; *Dr. famille* 2016, étude 1, spéc. n° 14, obs. V. Égéa. – Cass. 1re civ., 23 avr. 2003, n° 01-11.108 : *Dr. famille* 2003, comm. 71, note H. Lécuyer ; *RTD civ.* 2003, 485, obs. J. Hauser.

(312) Cass. 2e civ., 13 déc. 2001, n° 01-01.072 : *Dr. famille* 2002, comm. 32, note H. Lécuyer ; *RTD civ.* 2003, 275, obs. J. Hauser ; *RJPF* 2003-5/19, note T. Garé ; *Defrénois* 2003, 1085, obs. J. Massip.

(313) Par ex. : Cass. 1re civ., 23 sept. 2015, n° 14-19.949, préc.

(314) C. civ., art. 276, al. 2.

de changement important dans les ressources ou les besoins de l'une ou l'autre des parties[315]. Les juges du fond apprécient souverainement l'existence d'un tel changement important[316], sachant que la nouveauté du changement doit être caractérisée et qu'une demande de révision ne saurait donc être fondée sur un changement connu au moment du divorce et pris en compte dans la fixation initiale[317].

Prolongement pratique

La retraite du débiteur constitue-t-elle un changement dans les ressources ?

398. – Les demandes de révision de prestations compensatoires versées sous forme de rente sont souvent introduites, en alléguant d'une baisse des ressources du débiteur en raison de la situation nouvelle du retraité, alors même que le jugement de divorce avait été rendu à une époque où il était encore actif. Se pose alors la question de savoir si l'accès à la retraite constitue un changement dans les ressources, au sens de l'article 276 du Code civil ?

Pour répondre à cette interrogation, la jurisprudence procède à une distinction qui se révèle assez logique et opportune. Lorsque la retraite prochaine du débiteur avait été prise en compte dans la fixation initiale de la rente, sa survenance ne constitue pas un changement de ressources justifiant une révision[318]. Inversement, une révision pourra être ordonnée lorsqu'il s'agit d'une mise à la retraite anticipée du débiteur, laquelle n'avait pas été prise en considération lors de la fixation du montant de la prestation compensatoire, à condition qu'elle entraîne un changement important de ses ressources, justifiant la révision[319].

399. – **Éléments pris en compte.** Outre la mise à la retraite du débiteur, qui concerne bien évidemment sa situation professionnelle, des éléments de nature personnelle peuvent aussi être valablement invoqués au titre du changement important dans les ressources ou les besoins de l'une ou l'autre des parties, comme par exemple le remariage du débiteur et la naissance d'un nouvel enfant[320] ; ou comme le fait que l'ex-épouse créancière ait désormais un compagnon[321]. Ces élé-

(315) Cf. par ex. Cass. 1re civ., 28 mars 2018, n° 17-14.389 : *AJ fam.* 2018, 395, obs. S. Thouret, au sujet de la révision d'une prestation compensatoire sous forme de rente viagère prononcée avant la réforme opérée par la loi du 30 juin 2000. Dans cette affaire, la Cour de cassation rejette le pourvoi dirigé contre un arrêt qui accepta la révision, bien que les héritiers du débiteur aient consenti par acte notarié au maintien de la rente, dès lors que ce maintien procurait au créancier un avantage manifestement excessif au regard des critères de l'article 276 du Code civil.

(316) Cass. 1re civ., 11 juill. 2006, n° 05-19.862. – Cass. 1re civ., 28 juin 2005, n° 02-16.556. – Cass. 1re civ., 19 avr. 2005, n° 03-15.511 : rejet du moyen qui, sous couvert du grief non fondé de défaut de base légale, ne tend qu'à remettre en discussion l'appréciation souveraine par la cour d'appel de la réalité d'un changement important dans les ressources ou les besoins des parties.

(317) Cass. 1re civ., 3 nov. 2004, n° 02-18.509 : *Defrénois* 2005, 434, obs. J. Massip ; *RTD civ.* 2005, 112, obs. J. Hauser.

(318) En ce sens : Cass. 1re civ., 28 juin 2005, n° 02-16.556, préc. – Cass. 1re civ., 3 nov. 2004, n° 02-18.509, préc.

(319) En ce sens : Cass. 1re civ., 19 juin 2007 : *Dr. famille* 2007, comm. 164, note V. Larribau-Terneyre ; *RTD civ.* 2007, 759, obs. J. Hauser : « Mais attendu qu'ayant constaté, par motifs adoptés, que M. Z… avait été dans l'obligation de cesser son activité professionnelle dès la fin de l'année 1997 avec une mise en invalidité en 1998 et de faire valoir prématurément ses droits à la retraite alors qu'il pouvait espérer continuer une activité professionnelle indépendante prospère, la cour d'appel, qui n'était pas tenue de prendre en considération les revenus des biens indivis perçus par M. Z… devant donner lieu à partage dans le cadre des opérations de liquidation de la communauté, a souverainement estimé que cette mise à la retraite anticipée qui n'avait pas été prise en considération lors de la fixation du montant de la prestation compensatoire, entraînait un changement important dans les ressources de M. Z… justifiant une révision de la prestation compensatoire allouée sous forme de rente viagère ; d'où il suit que le moyen n'est pas fondé ».

(320) Cass. 1re civ., 28 juin 2005 : *Dr. famille* 2005, comm. 184, note V. Larribau-Terneyre.

(321) Cass. 1re civ., 25 avr. 2006 : *RJPF* 2006-9/28, obs. T. Garé ; *RTD civ.* 2006, 545, obs. J. Hauser.

ments ne permettent pas d'entraîner, par eux-mêmes et de manière automatique, une révision de la rente, mais le juge est tenu de rechercher s'ils ne constituent pas un changement important dans la situation du débiteur.

La jurisprudence a même pu juger que l'absence de liquidation dans un délai raisonnable de l'actif de communauté dont le montant devait permettre à chacun des époux de disposer d'un patrimoine conséquent, constituait un changement important dans les ressources d'un époux jusque-là débiteur d'une rente mensuelle justifiant la suspension de la rente viagère(322). Il faut dire qu'en l'espèce le jugement de divorce ordonnant le versement de cette prestation compensatoire avait été rendu plus d'une vingtaine d'années plus tôt. Le juge saisi de la demande de suspension de la rente y fit droit, pour une durée de trente-six mois sauf si la liquidation définitive du régime matrimonial intervenait avant l'expiration de ce délai(323).

400. - **Limite de la révision.** Même si la demande de révision ou de suppression de la rente demeure possible, elle ne saurait pour autant avoir pour effet de porter la rente à un montant supérieur à celui fixé initialement par le juge(324). Ainsi, la révision de la prestation compensatoire versée sous forme de rente ne peut avoir pour objet que de réduire le montant payé chaque mois.

Prolongement pratique

Quelle stratégie procédurale en cas de dissimulation d'un élément des ressources ?

401. - En matière de prestation compensatoire, la possibilité d'une révision, voire d'une suppression de la rente soulève une importante question de stratégie procédurale dans l'hypothèse où se révèle une dissimulation faite par un époux, portant sur ses éléments de ressources ou de besoins, et qui apparaîtrait postérieurement au jugement. L'instance en liquidation-partage du régime matrimonial, qui suit le divorce, pourra offrir des occasions pour que des éléments soient dévoilés, notamment dans le cadre des opérations d'expertise. L'époux victime de la dissimulation doit-il introduire une demande en révision de la rente ou bien un recours en révision ? Le recours en révision constitue en effet une voie de recours extraordinaire qui a précisément pour finalité de faire rétracter une décision contentieuse rendue sur des éléments frauduleux(325). Cela étant, le recours en révision souffre d'être enfermé dans un bref délai de deux mois qui court à compter de la découverte de la fraude. Partant, un époux débiteur d'une prestation compensatoire qui constate après le jugement de divorce que son ex-conjoint a dissimulé certaines de ses ressources, afin d'augmenter frauduleusement le montant de la rente versée chaque mois, peut-il fonder sa demande de révision sur les dispositions de l'article 276-3 du Code civil ?

La jurisprudence demeure assez claire sur ce point en distinguant nettement le champ de chacune des deux actions(326). Ainsi, quand une dissimulation est invoquée, ne sont pas

(322) Cass. 1re civ., 25 juin 2008, n° 07-14.209 : *RJPF* 2008-10/24, note Th. Garé ; *RTD civ.* 2008, 663, obs. J. Hauser ; *AJF* 2008, 345, obs. S. David ; *D.* 2009, 832, obs. Serra.

(323) La suspension de la rente viagère constitue en effet l'une des formes de révision de la rente, mais ne peut être ordonnée que pour une durée déterminée : Cass. 2e civ., 31 mai 1993 : *JCP* G 1994, 22208, note F. Boulanger.

(324) C. civ., art. 276-3, al. 2 (réd. L. n° 2000-596, 30 juin 2000).

(325) CPC, art. 595.

(326) Cass. 1re civ., 28 févr. 2006, n° 04-12.621 : *RTD civ.* 2006, 289, obs. J. Hauser ; *AJF* 2006, 205, obs. S. David ; en l'espèce, le jugement de divorce avait ordonné le versement par le mari à son ex-épouse d'une prestation compensatoire sous forme de rente viagère payée mensuellement. Au moment des opérations de liquidation du régime matrimonial, une expertise révèle que l'épouse avait dissimulé au juge du divorce certaines de ses ressources. Son ex-mari introduit alors une demande tendant à obtenir la suppression du versement de la rente mensuelle, en se fondant sur les dispositions de l'article 276-3 du Code civil. La cour d'appel ne fait pas droit à sa demande, faute d'un changement important dans les ressources ou les besoins des époux. La première chambre civile rejette le pourvoi en jugeant qu'une telle demande, fondée sur la dissimulation, devait donner lieu à un recours en révision.

recevables sur le fondement de l'article 276-3 du Code civil les demandes de révision, voire de suppression, de la rente. Il convient alors d'introduire un recours en révision, dans le délai de droit commun de deux mois à compter de la découverte de la dissimulation. Partant, la demande de révision ou de suppression ne peut être fondée sur les dispositions de l'article 276-3 du Code civil que lorsque le demandeur invoque un changement important intervenu dans la situation des parties postérieurement à la décision fixant la prestation compensatoire, qui ne provient pas d'une dissimulation ou d'une fraude. En somme, pour agir sur le fondement de l'article 276-3 du Code civil, le demandeur doit invoquer un changement qui ne résulte pas d'une manœuvre frauduleuse de son ex-conjoint. La même distinction entre les fondements respectifs des deux actions a également été retenue lorsque la dissimulation fut effectuée à l'occasion d'une précédente instance modificative[327].

Une telle distinction, au demeurant justifiée au regard des règles organisant le recours en révision, peut se révéler tout à fait redoutable pour l'époux qui se prétend victime de la dissimulation, en raison de la nécessité de former cette voie de recours dans les deux mois à partir de la découverte de la dissimulation. L'époux dissimulateur aura beau jeu en effet d'invoquer habilement l'introduction tardive du recours car en pratique, un certain délai peut s'écouler entre les premières suspicions et de véritables éléments de preuve de la dissimulation. On ne saurait que recommander d'agir promptement dans une telle situation.

Prolongement pratique

Stratégie procédurale et demande de révision face à l'autorité de chose jugée

402. – Une autre interrogation procédurale concerne les suites du rejet d'une demande de suppression de la rente viagère. Le demandeur ainsi débouté peut-il ensuite introduire une seconde instance visant cette fois-ci à réduire le montant de la rente mensuelle ? L'époux défendeur peut-il valablement invoquer une exception de chose jugée ?

La première chambre civile de la Cour de cassation a pu juger que les demandes de suppression et de réduction de la prestation compensatoire n'avaient pas le même objet[328]. Ce faisant, elle casse pour violation des articles 276-3 et 1351 du Code civil un arrêt d'appel qui jugea irrecevable une demande en réduction de la rente, alors qu'une première demande en suppression avait été rejetée.

En l'état de cette jurisprudence, l'exception de chose jugée ne saurait être valablement soulevée.

Pour autant, la prudence[329] consiste à conseiller au demandeur, qui souhaite introduire une demande en suppression, de formuler une demande subsidiaire visant à obtenir, à défaut, une réduction. Formuler de la sorte une demande subsidiaire permettra au demandeur de gagner du temps, en faisant l'économie de l'introduction d'une seconde instance. Ceci n'est pas inutile puisque la modification, quand elle est ordonnée, prend effet au jour de l'introduction de la demande.

(327) Cass. 1re civ., 4 nov. 2010, n° 09-14.712 : *Dr. famille* 2011, comm. 4, obs. V. Larribau-Terneyre ; *RTD civ.* 2011, 111, obs. J. Hauser ; *RJPF* 2011-1/13, obs. Th. Garé-Gallois.

(328) Cass. 2e civ., 20 mai 2010 : *Dr. famille* 2010, comm. 146, note V. Larribau-Terneyre.

(329) L'on sait que parfois la concentration des moyens tend à être confondue avec une concentration des demandes ! Mieux vaut se prémunir face à ce type de situations.

403. - **Date d'effet de la révision.** La prestation compensatoire judiciairement révisée, fixée en fonction du changement important dans les ressources du débiteur, prend effet à la date de la demande de révision[(330)]. Les rentes versées durant la période qui précède la demande ne sauraient donc être affectées par le jugement ordonnant la révision[(331)]. En revanche, la solution peut avoir des conséquences lourdes pour l'époux créancier, lorsque l'instance s'éternise. En effet, si la demande de révision aboutit, l'époux créancier sera probablement tenu de rembourser au débiteur une partie, voire la totalité des rentes perçues depuis la demande de révision formée par son ex-conjoint[(332)].

404. - **Révision des prestations compensatoires attribuées avant la loi du 30 juin 2000.** La loi du 30 juin 2000 dispose en son article 21-1 que la révision des rentes viagères attribuées avant son entrée en vigueur peut-être demandée en cas de changement important dans les ressources ou les besoins des parties, qu'elles aient été fixées par le juge ou par une convention des époux même en l'absence de clause particulière en ce sens[(333)].

c) Régime de la prestation compensatoire

1) Rapprochement du régime de l'obligation alimentaire

405. - **Insaisissabilité**. La jurisprudence a clairement jugé que si la prestation compensatoire a un caractère indemnitaire, elle a aussi un caractère alimentaire et qu'elle est donc insaisissable[(334)].

406. - **Exception de compensation.** Dans un ordre d'idées voisin, le caractère alimentaire de la prestation compensatoire prive le débiteur de la faculté d'invoquer la compensation[(335)].

407. - **Procédure collective**. Parce qu'elle présente pour partie un caractère alimentaire, la créance née d'une prestation compensatoire n'a pas à être déclarée au débiteur soumis à une procédure collective[(336)].

408. - **Absence de délais de paiement.** Enfin, le caractère mixte de la prestation compensatoire, à la fois alimentaire et indemnitaire, fait obstacle à l'octroi de délai de paiement sur le fondement de l'article 1244-1 du Code civil[(337)].

---

(330) Cass. 1re civ., 19 avr. 2005, n° 02-19.898 : *Dr. famille* 2005, comm. 133, obs. V. Larribau-Terneyre. – Cass. 1re civ., 19 avr. 2005, n° 03-16.604 ; *RTD civ.* 2005, 759, obs. J. Hauser ; *AJF* 2005, 439, obs. S. David.

(331) Cass. 1re civ., 19 avr. 2005, n° 02-19.898, préc.

(332) Cf. sur ce point les réserves émises par J. Hauser au sujet de la date d'effet du jugement de révision, désormais retenue par la jurisprudence : J. Hauser, obs. préc. ss Cass. 1re civ., 19 avr. 2005, n° 03-16.604.

(333) Cass. 1re civ., 19 avr. 2005, n° 03-16.604, préc. – Cass. 1re civ., 11 janv. 2005, n° 02-14.490 : *Dr. famille* 2005, comm. 31, note V. Larribau-Terneyre ; *AJF* 2005, 104, obs. S. David. – Cass. 1re civ., 19 oct. 2004 : *Dr. famille* 2005, comm. 31, note V. Larribau-Terneyre ; *RTD civ.* 2005, 107, obs. J. Hauser ; *AJF* 2004, 454, obs. S. David ; *Defrénois* 2005, 434, obs. J. Massip (1re esp.).

(334) Cass. 2e civ., 27 juin 1985 : *D.* 1986, 230, note C. Philippe. – Cass. 2e civ., 10 mai 2005 : *Bull. civ.* 2005, II, n° 66 ; *Defrénois* 2005, 1844, obs. J. Massip.

(335) Cass. 2e civ., 9 juill. 1997 : *Bull. civ.* 1997, II, n° 220 ; *JCP* G 1998, II, 10033, note E. Pataut ; *D.* 1998, 544, note Yamba ; *Dr. famille* 1997, comm. 161, note H. Lécuyer.

(336) Cass. 1re civ., 8 oct. 2003 : *Dr. famille* 2003, comm. 132 (arrêt n° 1), note H. Lécuyer ; *JCP* E 2004, p. 336 (arrêt n° 1), note S. Becqué-Ikowicz ; *Defrénois* 2004, 151, note J. Massip.

(337) Cass. 1re civ., 29 juin 2011, n° 10-16.096 : *Bull. civ.* 2011, I, n° 128 ; *Dr. famille* 2011, comm. 124, note V. Larribau-Terneyre ; *RTD civ.* 2011, 524, note J. Hauser.

2) Indépendance procédurale par rapport à l'obligation alimentaire

409. – **Initiative de la demande.** Même si l'une des parties, opposée au divorce, n'a demandé que le versement d'une pension alimentaire ou d'une contribution aux charges du mariage, le juge ne peut prononcer le divorce sans avoir, au préalable, invité les parties à s'expliquer sur le versement d'une prestation compensatoire(338).

3° Donations et avantages matrimoniaux

410. – **Effets insoupçonnés.** La loi n° 2004-439 du 26 mai 2004 a modifié de manière notable le régime juridique des donations et avantages matrimoniaux. En pratique, les incidences du nouveau régime ne cessent de se manifester dans le contentieux liquidatif contemporain et invitent à distinguer le régime antérieur à la loi n° 2004-439 du 26 mai 2004 (*a*) puis le droit positif (*b*).

a) Avant la loi du 26 mai 2004

411. – **Rôle des torts.** Avant la réforme du 26 mai 2004, le sort des donations et avantages matrimoniaux dépendait directement de l'attribution des torts. Ainsi, l'ancien article 267 du Code civil prévoyait que lorsque le divorce était prononcé aux torts exclusifs de l'un des époux, celui-ci perdait de plein droit toutes les donations et tous les avantages matrimoniaux que son conjoint lui avait consentis, soit lors du mariage, soit après. Le texte ajoutait que l'autre conjoint conservait les donations et avantages qui lui avaient été consentis, encore qu'ils aient été stipulés réciproques et que la réciprocité n'ait pas lieu. Le principe valait même pour les donations faites par contrat de mariage.

412. – **Révocabilité spéciale.** Outre le rôle de l'attribution des torts, les donations entre époux et les avantages matrimoniaux demeuraient soumis à un principe de révocabilité, dérogatoire par rapport au droit commun des libéralités(339). Ainsi, en dehors de la révocabilité de plein droit, chaque époux conservait la faculté de révoquer librement les donations consenties à son conjoint. La révocabilité concernait donc les divorces dans lesquels il n'existait pas d'attribution des torts, comme le divorce pour faute aux torts partagés ou le divorce sur demande acceptée. De même, les époux divorçant par requête conjointe conservaient la faculté d'organiser par convention le sort des donations et avantages matrimoniaux, la Cour de cassation jugeant que les donations faites pendant le mariage qui sont maintenues de façon expresse dans la convention définitive de divorce homologuée par le juge deviennent irrévocables(340). Une grande subtilité et une véritable imprévisibilité résultaient de l'ancien système, dès lors que souvent l'époux donataire invoquait, en réponse à la demande de révocation, le caractère rémunératoire de la libéralité.

(338) Cass. 1re civ., 31 oct. 2007 : *Bull. civ.* 2007, I, n° 336 ; *Dr. famille* 2007, comm. 220, note V. Larribau-Terneyre. – Cass. 1re civ., 25 avr. 2006 : *Bull. civ.* 2006, I, n° 199.

(339) Sur cette question, cf. H. Lécuyer, *L'irrévocabilité des donations*, in *Mél. P. Catala*, Litec, 2001, p. 405.

(340) Cass. 1re civ., 6 févr. 2008, n° 05-18.745 : *Dr. famille* 2008, comm. 41, obs. V. Larribau-Terneyre ; *Defrénois* 2008, 1116, obs. J. Massip. L'arrêt est rendu au visa des articles 268 et 279 du Code civil dans leur rédaction antérieure à la loi n° 2004-439 : « Attendu que pour débouter Mme Z… de sa demande et dire valable et devant produire tous ses effets l'acte notarié de révocation du 27 juin 1995, l'arrêt attaqué retient que les donations du 15 avril 1986 avaient conservé leur caractère révocable faute pour la convention de divorce d'avoir expressément stipulé que leur maintien était irrévocable ».

S'engageaient donc d'épuisantes discussions pour faire jouer un principe dérogeant à l'irrévocabilité ordinaire des donations. Soucieux d'apaiser et simplifier le divorce, le législateur a mis à fin à ce système dans la loi n° 2004-439 du 26 mai 2004.

b) Depuis la loi du 26 mai 2004

413. – **Nouveau critère**[341]**.** La réforme du 26 mai 2004 ayant volontairement scindé l'attribution des torts du divorce et les incidences de celui-ci, le critère de révocabilité de plein droit naguère utilisé a perdu de sa pertinence. À cette œuvre de pacification du divorce, il convient d'ajouter le retour des donations entre époux dans le champ du droit commun des libéralités, puisque la révocabilité se trouve désormais consacrée pour les donations de biens présents prenant effet durant le mariage, par l'article 1096 du Code civil, dans sa rédaction issue de la loi n° 2006-728 du 23 juin 2006 portant réforme du droit des successions et des libéralités[342]. Un nouveau critère de révocabilité des donations résulte désormais d'une combinaison des articles 265 et 1096 du Code civil. Le premier de ces textes dispose que le divorce est sans incidence sur les donations de biens présents quelle que soit leur forme. Encore convient-il de distinguer, car l'irrévocabilité nouvelle frappe les donations de biens présents qui prennent effet au cours du mariage. En revanche, la donation de biens à venir faite entre époux pendant le mariage est toujours révocable[343]. Partant, les donations de biens présents qui prennent effet en cours de mariage sont en principe irrévocables, sauf à invoquer certaines causes de révocation de droit commun comme l'inexécution des charges ou l'ingratitude, mais non pour cause de survenance d'un enfant[344].

414. – **Mise en œuvre.** La donation de biens présents prenant effet en cours de mariage, aujourd'hui irrévocable, emporte un appauvrissement actuel du donateur qui intervient dans une intention libérale durant le mariage. Il peut s'agir d'un acte de donation au sens strict du terme, par lequel un époux transfère à son conjoint à titre gratuit la propriété d'un bien, mais également d'autres actes comme, par exemple, le financement par un époux de la construction faite sur le terrain de l'autre. Inversement, la donation de biens à venir n'opère pas de transfert de propriété à titre gratuit durant le mariage. Il s'agit par exemple de la donation dite « au dernier vivant ». Ces donations-là demeurent révocables. À cette distinction première entre donation de biens présents et donation de biens à venir, il convient d'ajouter une troisième catégorie de libéralités : les donations de biens présents ne prenant pas effet au cours du mariage. Entrent dans cette catégorie l'attribution du bénéfice d'une assurance-vie ou encore la réversion d'usufruit, que la jurisprudence

(341) Sur le régime des libéralités entre époux issu de la loi du 26 mai 2004, cf. not. C. Brenner, *Brèves observations sur la révocation des donations entre époux après la loi du 26 mai 2004 : Defrénois* 2005, art. 38084. – M. Giray, *L'imbroglio des libéralités entre époux depuis la réforme du divorce : Dr. et patrimoine* mars 2005, p. 30. – J.-L. Puygautier, *Les libéralités et les avantages matrimoniaux après la réforme du divorce du 26 mai 2004 : JCP N* 2004, n° 45, n° 1538 et n° 46-47, n° 1548. – S. Valory, *Les mesures postérieures à la réforme de 2004 sur les donations entre époux et les avantages matrimoniaux : Dr. et patrimoine* nov. 2007, p. 62.

(342) Dans un ordre d'idées voisin, marquant le rapprochement du droit spécial des libéralités entre époux vers le droit commun, les donations déguisées entre époux ne sont désormais plus frappées de nullité : cf. C. civ., art. 1099.

(343) C. civ., art. 1096, al. 1er.

(344) C. civ., art. 1096, al. 3.

qualifie de donation à terme de biens présents, car le droit d'usufruit du bénéficiaire lui est définitivement acquis dès le jour de l'acte[345]. Pour ces donations de biens présents ne prenant pas effet au cours du mariage, la révocation demeure possible, de manière opportune. Admettre l'inverse reviendrait en effet, en cas de cession du bien grevé d'usufruit postérieure au divorce, à exiger l'intervention de l'usufruitier depuis divorcé.

415. – **Droit transitoire.** Au lendemain de la loi n° 2004-439 du 26 mai 2004, la doctrine se demanda si les nouvelles dispositions devaient s'appliquer à des donations consenties avant la réforme, mais pour un divorce intervenant après la date d'entrée en application de la loi nouvelle, soit le 1er janvier 2005. À l'occasion de la réforme du droit des successions et des libéralités, les doutes furent dissipés, grâce à des dispositions transitoires explicites. Au demeurant, la question ne se pose véritablement que pour les donations de biens présents qui prennent effet au cours du mariage, dès lors que les autres catégories de donations demeurent révocables. Ainsi la date de la donation de biens présents prenant effet au cours du mariage se révèle essentielle. Les actes passés avant le 1er janvier 2005 demeurent librement révocables. En revanche, l'irrévocabilité frappe les actes passés après le 1er janvier 2005, ce qui doit en principe susciter la plus grande vigilance de l'époux donateur qui doit être éclairé sur les incidences de l'acte passé[346].

416. – **Rôle de la volonté.** Face à l'essor de l'irrévocabilité des donations entre époux, la question du rôle de la volonté des époux a tôt fait de se poser[347]. L'acte de donation peut-il comporter une clause prévoyant une révocation de la donation consentie durant le mariage, par exemple en cas de divorce ? Une réponse affirmative paraissait *a priori* pouvoir s'imposer dès lors que la clause de révocabilité, pourtant contenue dans un contrat de mariage, reste valide[348] quand il s'agit de procéder à la reprise d'un bien apporté à la communauté. L'analogie s'arrête ici[349], la Cour de cassation refusant la possibilité d'une clause de révocation de la donation pour cause de divorce[350], dans le but de favoriser la sécurité juridique et, sans doute, de ne pas faire table rase des effets juridiques d'un acte qui, non seulement

(345) Cass. ch. mixte, 8 juin 2007, n° 05-10.727 : *Bull. civ.* 2007, ch. mixte, n° 6 ; *Dr. famille* 2007, comm. 151, note B. Beignier ; *RTD civ.* 2007, 695, obs. M. Grimaldi ; *RTD civ.* 2007, 588, obs. Th. Revet : « Mais attendu que la clause qui stipule la réserve de l'usufruit au profit des donateurs et du survivant d'entre eux, avec donation éventuelle réciproque, s'analysant en une donation à terme de biens présents, le droit d'usufruit du bénéficiaire lui étant définitivement acquis dès le jour de l'acte, la cour d'appel a exactement retenu que l'exercice de ce droit, différé au jour du décès du donateur, ne constituait pas la manifestation de la volonté de son bénéficiaire d'accepter la succession du défunt ».

(346) Quand il s'agit d'une donation faite en la forme notariée, le notaire rédacteur de l'acte se trouve tenu de délivrer à l'époux donateur un conseil sur le régime juridique de l'acte passé. Ne pas remplir ce devoir de conseil nuit à l'efficacité de l'acte et constitue une faute susceptible d'engager la responsabilité civile professionnelle de l'officier public. La situation sera plus délicate s'agissant de donations de biens présents qui prennent effet au cours du mariage qui ne sont pas rédigées en la forme notariée, comme par exemple le financement par un époux séparé de biens de l'acquisition faite par son conjoint.

(347) Sur l'ensemble de la question : B. Beignier, *Clause de révocation de la donation de biens présents en cas de divorce : marche arrière toute !* : *JCP* N 2012, act. 430.

(348) C. civ., art. 265, al. 3.

(349) Comme le note M. Grimaldi, une différence majeure distingue la reprise des apports à la communauté et la révocation de la libéralité faite au conjoint, dès lors que l'apport n'a pas pour objet, contrairement à la donation, d'opérer le transfert du bien d'un patrimoine vers un autre, mais simplement de rendre le bien commun. Cf. M. Grimaldi, obs. ss Cass. 1re civ., 14 mars 2012, n° 11-13.791 : *RTD civ.* 2012, 357.

(350) Cass. 1re civ., 14 mars 2012, n° 11-13.791 : *RTD civ.* 2012, 357, obs. M. Grimaldi ; *JCP* N 2012, act. 350, obs. H. Bosse-Platière ; *JCP* G 2012, 607, note C. Brenner ; *Dr. famille* 2012, comm. 83, obs. B. Beignier.

a été consenti dans une intention libérale mais, de surcroît, a déjà produit ses effets durant le mariage[351]. La clause paraît en revanche possible pour les donations de biens à venir, voire pour les donations à terme de biens présents, et peut prémunir le donateur des fâcheuses incidences d'un oubli de l'existence de la donation.

Cass. 1re civ., 14 mars 2012, n° 11-13.791

Vu l'article 265, alinéa 1er du Code civil, ensemble l'article 1096, alinéa 2, du même code ;

Attendu qu'il résulte de ces textes que le divorce est sans incidence sur une donation de biens présents faite entre époux et prenant effet au cours du mariage ;

Attendu, selon l'arrêt attaqué, que, par acte notarié du 28 juillet 2006, M. X... a fait donation à son épouse commune en biens, Mme Y..., d'un droit viager d'usage et d'habitation portant sur un appartement, une cave et un parking lui appartenant en propre, l'acte comportant une clause, intitulée « condition de non-divorce », aux termes de laquelle, « En cas de divorce ou de séparation de corps, ou, si une telle instance était en cours au jour du décès du donateur, la présente donation sera résolue de plein droit et anéantie » ; que, le 22 juillet 2008, M. X... a assigné son épouse en divorce pour altération définitive du lien conjugal et en constatation de la résolution de plein droit de la donation ;

Attendu que, pour décider que la clause de non-divorce stipulée à l'acte de donation est licite, que cette libéralité est privée d'effet en raison du prononcé du divorce et ordonner à Mme Y... de libérer les lieux occupés, l'arrêt énonce que si l'article 265 du Code civil, spécifique au divorce, prévoit, dans son premier alinéa, que le divorce est sans incidence sur les donations de biens présents quelle que soit leur forme, il n'interdit cependant pas aux époux de déroger par convention expresse à ce principe général, dont le caractère d'ordre public revendiqué par l'épouse ne ressort d'aucun élément, que s'il est exact que la condition de non-divorce est purement potestative en présence des dispositions des articles 237 et 238 de ce code instituant comme cause de divorce l'altération définitive du lien conjugal, cette nature ne condamne cependant pas la validité de cette clause qui échappe, selon l'article 947 du code précité, à la sanction de la nullité édictée par l'article 944 du même code, envers toutes les donations entre vifs sous des conditions dont l'exécution dépend de la seule volonté du donateur, qu'il résulte, enfin, des termes clairs et sans équivoque de la clause litigieuse que la donation est résolue en cas de divorce ou de séparation de corps, sans que son application soit réservée au seul jour du décès du donateur, que cette clause de non-divorce apparaît licite et que le prononcé du divorce des époux n'étant pas remis en cause devant la cour, la clause résolutoire de la donation est acquise ;

Qu'en statuant ainsi, alors que les dispositions impératives du premier des textes susvisés font obstacle à l'insertion, dans une donation de biens présents prenant effet au cours du mariage, d'une clause résolutoire liée au prononcé du divorce ou à une demande en divorce, la cour d'appel a violé les textes susvisés ;

Et attendu que la cassation entraîne l'annulation par voie de conséquence de la disposition de l'arrêt relative à la fixation du montant de la prestation compensatoire ;

PAR CES MOTIFS, et sans qu'il y ait lieu de statuer sur la première branche du moyen :

CASSE ET ANNULE, mais seulement en ce qu'il a déclaré licite la clause de non-divorce insérée dans l'acte de donation du 8 juillet 2006, dit que cette donation est privée d'effet du fait du divorce des époux, ordonné à Mme Y... de libérer les lieux qu'elle occupe et, à défaut, ordonné son expulsion et en ce qu'il a fixé le montant de prestation compensatoire, l'arrêt rendu le 4 novembre 2010, entre les parties, par la cour d'appel de Versailles ; remet, en conséquence, sur ces points, la cause et les parties dans l'état où elles se trouvaient avant ledit arrêt et, pour être fait droit, les renvoie devant la cour d'appel de Paris ;

Commentaires : *RTD civ.* 2012, 357, obs. M. Grimaldi ; *JCP* N 2012, act. 350, obs. H. Bosse-Platière ; *JCP* G 2012, 607, note C. Brenner ; *Dr. famille* 2012, comm. 83, obs. B. Beignier.

417. - **Avantages matrimoniaux.** La notion d'avantage matrimonial demeure à la fois subtile à définir, mais essentielle dans ses applications concrètes. De manière schématique, les avantages matrimoniaux désignent les intérêts pécuniaires qu'un

(351) La sécurité juridique des tiers sort évidemment renforcée d'une telle solution.

époux retire du fonctionnement du régime matrimonial. Avant la réforme du 26 mai 2004, les avantages matrimoniaux se trouvaient soumis à un régime juridique identique à celui des donations entre époux et leur maintien en dépit du divorce dépendait d'une combinaison à opérer entre l'attribution des torts et la volonté des époux. Désormais, le divorce est sans incidence sur les avantages matrimoniaux qui prennent effet au cours du mariage(352). L'irrévocabilité domine donc, à l'instar des règles applicables en matière de donation de biens présents prenant effet en cours de mariage. Inversement, le divorce emporte révocation de plein droit des avantages matrimoniaux qui ne prennent effet qu'à la dissolution du régime matrimonial ou au décès de l'un des époux. Les dispositions nouvelles, entrées en application le 1er janvier 2005, ont sensiblement modifié les solutions relatives aux effets du divorce en permettant par exemple à l'époux aux torts exclusifs duquel le divorce pour faute fut prononcé de conserver le bénéfice d'un avantage matrimonial(353).

418. - **Testament.** En ce qui concerne les dispositions à cause de mort consenties entre époux, l'article 265, alinéa 2 du Code civil pose un principe de révocabilité assorti d'une exception tirée de la volonté de l'époux testateur. Il dispose en effet que le divorce emporte révocation de plein droit des dispositions à cause de mort, accordées par un époux envers son conjoint par contrat de mariage ou pendant l'union, mais ajoute cependant que cette révocabilité joue sauf volonté contraire de l'époux qui les a consenties.

4° Le sort du logement familial

419. - **Sanctuaire.** Durant le mariage, le logement de la famille se trouve juridiquement sanctuarisé, car on le conçoit désormais comme l'indispensable berceau de la vie familiale, ce qui explique par exemple qu'un époux, fut-il propriétaire en propre de ce local d'habitation, ne saurait valablement en disposer seul(354). La protection du logement durant le mariage se poursuit non seulement au cours de l'instance en divorce(355) mais aussi, d'une certaine manière, postérieurement, quel que soit le titre en vertu duquel la famille occupait le local d'habitation.

a) En cas de location du logement

420. - **Cotitularité du bail.** Par principe, le droit au bail qui ne confère à son titulaire qu'un droit personnel et non un droit réel, se révèle relativement fragile. Pour protéger le logement de la famille, lorsque le logement est pris à bail, l'article 1751 du Code civil dispose, en son alinéa premier, que le droit au bail du local,

---

(352) C. civ., art. 265, al. 1er.

(353) Cass. 1re civ., 1er déc. 2010, n° 09-70.138 : *Bull. civ.* 2010, I, n° 250 ; *Defrénois* 2011, 828, obs. J. Massip : dans cette espèce, le divorce pour faute fut prononcé aux torts exclusifs de l'épouse, en raison d'un comportement de cette dernière jugé injurieux à l'égard de son mari, dès lors que durant le mariage elle se faisait héberger par un tiers. Le mari sollicita la révocation de l'avantage matrimonial résultant de l'adoption de la communauté universelle, ce que refusa une cour d'appel. Le pourvoi du mari est rejeté, la Cour de cassation jugeant que « l'instance avait été introduite le 9 février 2007 de sorte que la loi du 26 mai 2004 était applicable au divorce, les juges du fond, qui n'étaient pas tenus de répondre à des conclusions inopérantes, ont décidé à bon droit qu'en application de l'article 265 du Code civil, dans sa rédaction issue de cette loi, le divorce était sans incidence sur l'avantage résultant de l'adoption de la communauté universelle ».

(354) Sur ce point, V. *infra*, nos 1141 et s.

(355) Sur la protection du logement familial durant l'instance en divorce, V. *supra*, n° 296.

sans caractère professionnel ou commercial, qui sert effectivement à l'habitation des deux époux, quel que soit leur régime matrimonial et nonobstant toute convention contraire et même si le bail a été conclu avant le mariage, est réputé appartenir à l'un et à l'autre des époux. Une telle présomption de cotitularité du bail ne peut que comporter des incidences au moment du divorce.

421. – **Attribution judiciaire du bail.** La cotitularité ne peut, par définition, survivre au divorce qui vise précisément à mettre fin au mariage, lequel justifia le mécanisme dérogatoire de l'article 1751 du Code civil. Partant, en cas de divorce ou de séparation de corps, le droit au bail pourra être attribué, en considération des intérêts sociaux et familiaux en cause, par le juge aux affaires familiales, à l'un des époux, sous réserve des droits à récompense ou à indemnité au profit de l'autre conjoint. En mentionnant les intérêts sociaux, l'article 1751, alinéa 2 du Code civil fait implicitement référence à la profession exercée à domicile par l'un des conjoints. Le juge dispose alors du pouvoir d'attribuer le droit au bail à cet époux-là, quand bien même il n'aurait pas signé le contrat, ce qui concrètement revient à imposer au bailleur un changement forcé de débiteur(356), bien que le mécanisme soit qualifié d'opération de partage par la Cour de cassation(357). Les intérêts familiaux que le juge aux affaires familiales peut prendre en considération pour attribuer le droit au bail à un époux concernent principalement le lieu où se trouvent les enfants. Ainsi, lorsque le magistrat fixe la résidence des enfants au domicile de l'un des parents divorçant, il peut attribuer à ce dernier le droit au bail, pour éviter un déménagement qui risquerait de perturber encore davantage les enfants.

422. – **Incidence du divorce sur la solidarité des dettes locatives.** La cotitularité du bail comporte des incidences sur l'obligation à la dette locative puisque les époux doivent en répondre solidairement. La transcription du jugement de divorce fait cesser de plein droit la solidarité légale des dettes de loyer. Mieux, la Cour de cassation a étendu la solution à la solidarité conventionnelle en jugeant que la transcription du jugement de divorce y met fin(358), là encore sans que le bailleur ne soit appelé à l'instance ni nécessairement informé du changement de situation qui affecte les preneurs à bail.

b) En cas de propriété du logement

423. – **Le logement familial, bien propre d'un époux.** Lorsque le logement familial appartient en propre à un époux, dans un régime communautaire, ou bien personnellement dans un régime séparatiste, le juge aux affaires familiales dispose du pouvoir de le concéder à bail à l'autre conjoint, si certaines conditions se trouvent réunies. En somme, le magistrat peut ordonner la conclusion forcée d'un contrat et permettre à l'époux qui n'a pourtant pas la qualité de propriétaire de

(356) Partant, le consentement du bailleur n'est nullement requis.

(357) Cass. 3e civ., 23 mars 2011, n° 10-30.495 : *Bull. civ.* 2011, III, n° 44 : « Mais attendu qu'ayant retenu, à bon droit que l'attribution, lors de la liquidation du régime matrimonial pour cause de divorce, du droit au bail à l'époux qui en était cotitulaire ne constituait pas une cession de bail, mais un partage, la cour d'appel en a exactement déduit que le consentement exprès et par écrit du bailleur prévu dans le contrat en cas de cession, n'avait pas à être recueilli ».

(358) Cass. 3e civ., 22 oct. 2015, n° 14-23.726 : *Dr. famille* 2016, chron. 1, spéc. n° 15, obs. V. Égéa ; *Loyers et copr.* 2015, comm. 241, obs. Vial-Pedroletti ; *AJF* 2015, 682, obs. F. Bicheron.

jouir du logement, moyennant paiement d'un loyer. Une telle dérogation à la liberté contractuelle, laquelle implique en principe de pouvoir choisir son contractant, doit nécessairement reposer sur de solides justifications. Ainsi l'article 285-1 du Code civil soumet-il ce bail forcé à des conditions précises. Il convient tout d'abord que l'époux auquel le bail est ainsi concédé exerce seul ou en commun l'autorité parentale sur un ou plusieurs de leurs enfants lorsque ceux-ci résident habituellement dans ce logement. Sans surprise en ce domaine, la mesure doit ensuite être commandée par l'intérêt des enfants. Enfin, de manière prétorienne, la Cour de cassation a ajouté une troisième condition, d'ordre procédural, en exigeant que la demande de concession du logement soit faite durant l'instance en divorce[(359)]. En raison de l'atteinte qu'une telle mesure porte à la fois à la liberté contractuelle et au droit de propriété de l'époux, son champ doit demeurer strictement limité à sa seule finalité protectrice de l'intérêt des enfants mineurs. Ainsi, le juge fixe la durée du bail et peut le renouveler jusqu'à la majorité du plus jeune des enfants[(360)], qui constitue ainsi une borne temporelle faisant cesser la mesure de plein droit. Par ailleurs, même si ce bail se forme par le biais d'une décision de justice, ses effets demeurent soumis au droit commun et les causes habituelles de résiliation du bail d'habitation trouvent à s'appliquer. L'absence de paiement des loyers devrait de la sorte pouvoir justifier une résiliation du contrat. De manière plus spécifique en revanche, l'article 285-1 du Code civil dispose en son alinéa 3 que le juge peut résilier le bail si des circonstances nouvelles le justifient. Tel pourrait être le cas si une modification des modalités d'exercice de l'autorité parentale est ordonnée et que la résidence des enfants vient à être fixée chez l'autre parent.

5° Les dommages et intérêts

424. – **Distinction.** Entre ex-époux, des dommages et intérêts peuvent éventuellement être ordonnés sur deux fondements différents. Le premier fondement relève sans surprise du droit commun de la responsabilité extracontractuelle et va permettre à un époux de réclamer, au moment du divorce mais aussi durant le mariage, la réparation du préjudice causé par une faute de son conjoint. Le cas de divorce sollicité importe peu et l'attribution des torts n'a pas d'incidence[(361)], dès lors que la demande fondée sur l'article 1240 du Code civil (ex-art. 1382) demeure autonome et indépendante. Mieux, la Cour de cassation a même pu juger, au visa de l'article 12 du Code de procédure civile, qu'en l'absence de toute précision dans les conclusions sur le fondement de la demande, il lui incombait de l'examiner au regard des dispositions de l'article 1382 (désormais 1240) du Code civil[(362)]. Le second fondement

(359) Cass. 2e civ., 28 mars 2002, n° 00-18.050 : *Bull. civ.* 2002, II, n° 59 ; *Dr. famille* 2002, comm. 113, note H. Lécuyer ; *Defrénois* 2002, 1161, obs. J. Massip : « la demande de concession d'un bail sur un local servant de logement à la famille et de résidence habituelle à un ou plusieurs enfants communs qui appartient en propre ou personnellement à l'un des époux, ne peut être formée par l'autre conjoint, sur le fondement de l'article 285-1 du Code civil, après le prononcé du divorce ».

(360) C. civ., art. 285-1, al. 2.

(361) Cass. 1re civ., 23 mai 2012, n° 11-16.964 : au visa de l'article 1382 du Code civil, la Cour de cassation juge que les torts réciproques ne font pas obstacle à une demande de réparation d'un préjudice distinct de celui résultant de la dissolution du mariage (violation de la loi). – *Adde*, déjà : Cass. 1re civ., 9 janv. 2007, n° 06-12.221 (manque de base légale).

(362) Cass. 1re civ., 26 juin 2013, n° 12-14.463 : en l'espèce, le mari sollicita des dommages et intérêts pour réparer l'atteinte à son honneur, bafoué par les infidélités de son épouse et surtout par les mensonges de cette dernière.

sollicité pour obtenir des dommages et intérêts relève quant à lui du droit spécial puisque l'article 266 du Code civil[363] prévoit qu'un époux peut obtenir une telle réparation des conséquences d'une particulière gravité qu'il subit du fait de la dissolution du mariage soit lorsqu'il est défendeur à un divorce prononcé pour altération définitive du lien conjugal et qu'il n'avait lui-même fondé aucune demande en divorce, soit lorsque le divorce est prononcé aux torts exclusifs de son conjoint. Le champ du texte s'avère plus restreint, car il se limite aux seuls préjudices nés du divorce lui-même[364] et qu'une gravité particulière doit être caractérisée[365], le juge ne pouvant se contenter de motiver sa décision par la longue durée du mariage[366].

§ 4. – La séparation de corps

425. – **Définition.** La séparation de corps constitue un mode de relâchement judiciaire du lien matrimonial. Suite à une décision du juge aux affaires familiales, les époux demeurent mariés mais ne sont plus tenus de cohabiter. Autrement dit, la séparation de corps met fin à certains droits et obligations entre époux.

426. – **Fossile ou zombie ?**[367] La séparation de corps fut longtemps conçue comme le divorce « des catholiques », en permettant aux époux de ne plus vivre ensemble sans pour autant divorcer, respectant de la sorte le dogme canonique de l'indissolubilité du mariage. L'institution présentait également certains intérêts lorsque les conséquences du divorce pesaient sur l'époux responsable de la rupture, époque révolue depuis l'éclatante consécration du principe de dissociation des torts et des conséquences opérée par la loi n° 2004-439 du 26 mai 2004. En ce qui concerne la séparation de corps, la loi de 2004 réformant le divorce a retenu une solution assez ambiguë, puisqu'elle n'osa pas franchir le pas d'une suppression tout en façonnant un régime juridique guère favorable à une pérennité de l'institution à côté du divorce. Le droit positif érige la séparation de corps en antichambre du divorce, constituant une sorte

(363) D. Piwnica, *Les dommages et intérêts de l'article 266 du Code civil dans la loi du 26 mai 2004* : *JCP* G 2009, n° 45, 407.

(364) Ceci explique d'ailleurs que la demande formée sur le fondement de l'article 266 du Code civil ne puisse être formée qu'à l'occasion de l'action en divorce (C. civ., art. 266, al. 2).

(365) V., par ex., Cass. 1re civ., 12 sept. 2012, n° 11-12.140 : *JCP* G 2011, 1166, note J. Massip : un arrêt d'appel alloua au mari une somme de 2 000 € sur le fondement de l'article 266 du Code civil. Rejet du pourvoi : « Ayant relevé les circonstances dans lesquelles [l'épouse] avait quitté le domicile conjugal, la charge quotidienne, assumée par [le mari] depuis plus de cinq ans des deux jeunes enfants du couple dont l'un présente des troubles de la personnalité et les choix professionnels qu'il avait dû faire au détriment de sa carrière pour s'en occuper, la cour d'appel en a souverainement déduit que la dissolution du mariage causait à celui-ci un préjudice d'une particulière gravité qu'il convenait de réparer par l'allocation d'une somme de 2 000 euros de dommages-intérêts sur le fondement de l'article 266 du Code civil ».

(366) Cass. 1re civ., 1er juill. 2009, n° 08-17.825 : *Bull. civ.* 2009, I, n° 145 ; *Dr. famille* 2009, comm. 103, obs. V. Larribau-Terneyre ; *LPA* 28 janv. 2010, p. 11, note J. Massip ; *D.* 2009, 1897, obs. Le Douaron ; *RTD civ.* 2009, 705, obs. J. Hauser : un arrêt confirmatif attribua à l'épouse des dommages et intérêts sur le fondement de l'article 266 du Code civil, en énonçant qu'il apparaît que le mari a quitté son épouse après trente-neuf ans de mariage, dans des conditions difficiles et en recherchant une nouvelle compagne, ce qui a entraîné pour l'épouse un préjudice moral. Cassation pour manque de base légale : *en se déterminant ainsi, par des motifs insuffisants à caractériser les conséquences d'une particulière gravité subies par [l'épouse] du fait de la dissolution du mariage, la cour d'appel n'a pas donné de base légale à sa décision au regard de [l'article 266 du Code civil].*

(367) L'intitulé « fossile ou zombie ? » est ici emprunté à Mme Dekeuwer-Défossez, qui s'interrogea de la sorte au sujet de la légitimation, en 2004, afin de démontrer le caractère à la fois désuet et sans doute un peu obsolète d'une institution somme toute peu utilisée (F. Dekeuwer-Défossez, *Fossile ou zombie ? La légitimation à l'aube du troisième millénaire*, in *Mél. M. Gobert*, Economica, 2004, p. 219). Un constat identique mérite probablement d'être dressé pour la séparation de corps, dans sa physionomie contemporaine.

de période provisoire dans l'attente d'une rupture plus radicale du lien matrimonial, mais il ne permet pas à cette institution de constituer un véritable mode de « démariage » qui, dans une approche pluraliste, offrirait un choix pérenne aux époux. Ainsi placée au milieu du gué législatif, la séparation de corps semble donc s'éteindre discrètement, posant la question de l'opportunité de son maintien dans le code. À quoi bon conserver une institution qui, non seulement ne correspond plus aux conceptions sociales dominantes mais qui, surtout, souffre d'un régime juridique volontairement défavorable ? Un choix législatif plus tranché serait assurément opportun afin de savoir si l'on considère que la séparation de corps doit être maintenue parce qu'elle présente une indéniable utilité pour certains couples, mais il conviendrait alors de la doter d'un régime juridique autonome qui cesserait de se concevoir en contemplation du divorce. Inversement, une autre solution plus franche pourrait consister à tenir compte de l'essor d'une sorte de droit au divorce unilatéral, ayant définitivement eu raison de cette institution. En matière de « démariage » comme en matière de formation du couple, le pluralisme présente sans doute la vertu d'une grande adaptabilité aux situations individuelles, qui justifierait le maintien dans le Code civil d'une séparation de corps dotée d'un régime juridique rénové.

427. - **Plan.** Le Code civil réglemente tour à tour les conditions de la séparation de corps (I), ses effets (II), et enfin sa cessation (III).

I. – Les conditions de la séparation de corps

A. – Conditions de fond

428. - **Mimétisme.** La séparation de corps peut être prononcée à la demande de l'un des époux dans les mêmes cas et aux mêmes conditions que le divorce(368). Faisant ainsi œuvre de mimétisme législatif, le Code civil renvoie aux cas de divorce, à savoir l'acceptation du principe de la rupture, l'altération définitive du lien conjugal et la faute. À ces hypothèses faisant appel à l'office contentieux du juge aux affaires familiales, il convient d'ajouter la séparation de corps par consentement mutuel.

B. – Conditions procédurales

429. - Outre les classiques questions de compétence juridictionnelle qui ne présentent pas de singularité notable, les conditions procédurales de la séparation de corps se caractérisent par l'instrumentalisation dont elles font l'objet. Le traitement juridique des demandes en séparation de corps constitue un exemple éclatant d'utilisation de la procédure afin de promouvoir et garantir des finalités de fond, en l'occurrence l'essor d'une rupture unilatérale du mariage par un divorce dénué d'entraves.

1° Compétence juridictionnelle

430. - **Compétences juridictionnelles en droit interne.** Selon l'article 1070 du Code de procédure civile, le juge aux affaires familiales territorialement compétent est celui du lieu où se trouve la résidence de la famille. Si les parents vivent séparé-

(368) C. civ., art. 296.

ment, il s'agit du juge du lieu de résidence du parent avec lequel résident habituellement les enfants mineurs en cas d'exercice en commun de l'autorité parentale, ou du lieu de résidence du parent qui exerce seul cette autorité. Dans les autres cas, le juge du lieu où réside celui qui n'a pas pris l'initiative de la procédure. En cas de demande conjointe, le juge compétent est, selon le choix des parties, celui du lieu où réside l'une ou l'autre d'entre elles. La compétence territoriale est déterminée par la résidence au jour où la requête initiale est présentée.

431. - **Compétence internationale du juge français.** À l'instar du divorce, le droit européen détermine la compétence internationale du juge français, démontrant au passage le puissant mouvement de renouvellement des sources du droit international privé à l'œuvre depuis le traité d'Amsterdam. Les règles de compétence juridictionnelle présentées pour le divorce s'appliquent donc aussi en matière de séparation de corps(369).

2° Instrumentalisation de la procédure

432. - **Incidences des demandes reconventionnelles.** Le régime juridique des demandes reconventionnelles en matière de séparation de corps(370) reste largement favorable au divorce, puisque si l'on admet que l'époux contre lequel est présentée une demande en divorce peut former une demande reconventionnelle(371) en séparation de corps, le Code civil canalise l'appréciation judiciaire des deux demandes. En effet, lorsque la demande principale en divorce est fondée sur l'altération définitive du lien conjugal, la demande reconventionnelle ne peut tendre qu'au divorce. Dans cette hypothèse, se referme la faculté offerte à l'époux défendeur de former à son tour une demande sur le fondement de la séparation de corps. Inversement en revanche, le défendeur peut valablement former une demande reconventionnelle en divorce, en réponse à une demande initiale en séparation de corps. Autrement dit, le mécanisme procédural de la demande reconventionnelle se trouve largement instrumentalisé pour favoriser le divorce au détriment de la séparation de corps. La jurisprudence accentue au demeurant ce mouvement en jugeant qu'en cas d'assignation en séparation de corps suivie d'une demande reconventionnelle en divorce pour altération définitive du lien conjugal, il convient de se placer au jour de la date de la demande reconventionnelle pour apprécier si les conditions du divorce se trouvent bien remplies(372).

433. - **Ordre d'appréciation des demandes.** La volonté législative de favoriser le divorce, d'un point de vue procédural à tout le moins, se manifeste également dans la hiérarchie entre les demandes(373), artificiellement créée par la loi.

(369) V. *supra*, n° 289.

(370) Cf. S. Del Arco et J.-J. Lemouland, *Séparation et divorce dans la loi du 26 mai 2004 : Dr. famille* 2005, étude 5.

(371) L'article 64 du Code de procédure civile définit la demande reconventionnelle comme la demande « par laquelle le défendeur originaire prétend obtenir un avantage autre que le simple rejet de la prétention de son adversaire ».

(372) En l'occurrence, il s'agissait d'apprécier l'existence d'une séparation de deux ans : Cass. 1re civ., 28 mai 2015, n° 14-10.868 : *Bull. civ.* I, 2015 ; *Dr. famille* 2015, étude 3, *Un semestre de droit procédural de la famille*, spéc. n° 19 ; *Dr. famille* 2015, comm. 160, obs. J.-R. Binet ; *JCP G* 2015, n° 857, note J. Hauser ; *AJF* 2015, 491, obs. S. Thouret ; *D.* 2016, 674, obs. M. Douchy-Oudot ; *RTD civ.* 2015, 593, obs. J. Hauser.

(373) C. Watine-Drouin, *Du concours des demandes en divorce et en séparation de corps*, in *Mél. J. Foyer*, Economica, 2008, p. 1023.

En effet, lorsqu'une demande en divorce et une demande en séparation de corps sont concurremment présentées, le juge examine en premier lieu la demande en divorce[(374)]. Il doit prononcer celui-ci dès lors que les conditions en sont réunies[(375)]. À défaut, il statue sur la demande en séparation de corps, ce qui signifie que dans une telle situation de demandes concurrentes, la demande en séparation de corps ne revêt qu'un caractère subsidiaire. Une telle hiérarchie procédurale traduit un choix législatif de fond, substantiel, exprimé en faveur de la liberté individuelle de chaque époux de rompre l'union[(376)] au détriment de la faculté d'obtenir un simple relâchement du lien sans rupture de celui-ci. Pour preuve : lorsque les demandes en divorce et en séparation de corps sont fondées sur la faute, le juge les examine simultanément et, s'il les accueille, prononce à l'égard des deux conjoints le divorce aux torts partagés[(377)].

434. - **Changement du fondement juridique de la demande.** L'époux qui présente une demande en divorce peut lui substituer une demande en séparation de corps[(378)], y compris pour la première fois en cause d'appel[(379)]. Le changement de fondement juridique inverse, à savoir le passage d'une demande initiale en séparation de corps vers une demande en divorce, est interdit[(380)].

435. - **Assignation de divorce après une ordonnance de non-conciliation en séparation de corps.** La faveur législative pour le divorce trouve de sérieux relais du côté de la Cour de cassation. Saisie pour avis, cette dernière devait répondre à une question concernant l'hypothèse spécifique où un époux assigne son conjoint en divorce après une ordonnance de non-conciliation rendue suite à une requête initiale en séparation de corps, introduite par l'autre conjoint. Face à une telle situation procédurale, la Cour de cassation est d'avis que « hormis dans l'hypothèse où, lors de l'audience de conciliation, les époux ont accepté le principe de la séparation de corps, l'assignation en divorce délivrée par l'un d'eux, à l'expiration du délai imparti à l'autre par l'ordonnance de non-conciliation rendue sur une requête de ce dernier en séparation de corps, est recevable au regard des dispositions des articles 1076, 1111 et 1113 du Code de procédure civile »[(381)].

(374) C. civ., art. 297-1, al. 1er. Consultée pour avis, la Cour de cassation a estimé, dans l'hypothèse où une demande en séparation de corps pour faute fut présentée avant la réforme opérée par la loi n° 2004-439 du 26 mai 2004 et une demande en divorce pour altération définitive du lien conjugal, après, qu'il y avait lieu d'examiner en premier lieu la demande en divorce : Cass., avis, 3 avr. 2006 : *Bull. civ.* 2006, avis, n° 2 ; *Dr. famille* 2006, comm. 109, note V. Larribau-Terneyre ; *RTD civ.* 2006, 539, obs. J. Hauser.

(375) C. civ., art. 297-1, al. 1er.

(376) Cf. D. Fenouillet, *Le lien conjugal : LPA* 1er juill. 2004, p. 58, spéc. p. 64.

(377) C. civ., art. 297-1, al. 2.

(378) CPC, art. 1076.

(379) Cass. 1re civ., 25 sept. 2013, n° 12-22.362 : cassation pour violation de l'article 1076, alinéa 1er du Code de procédure civile de l'arrêt d'appel ayant jugé irrecevable la substitution d'une demande de séparation de corps à une demande initiale en divorce, aux motifs qu'elle était formulée pour la première fois en cause d'appel.

(380) CPC, art. 1076, al. 2 ; pour une application, cf. Cass. 1re civ., 16 avr. 2008, n° 07-14.891 : *Bull. civ.* 2008, I, n° 110 ; *Dr. famille* 2008, comm. 82, obs. V. Larribau-Terneyre ; *D.* 2009, 53, obs. M. Douchy-Oudot ; *RJPF* 2008-7/18, obs. Th. Garé ; *Defrénois* 2008, 1833, obs. J. Massip : cassation pour violation de l'article 1076, alinéa 2 du Code de procédure civile d'un arrêt confirmatif qui prononce le divorce des époux aux torts partagés, alors que le mari ayant initialement formé une demande en séparation de corps y substitua ensuite une demande en divorce.

(381) Cass., avis, 10 févr. 2014, n° 13-70.007 : *Bull. civ.* 2014, avis, n° 1 ; *D.* 2015, 652, obs. M. Douchy-Oudot ; *AJF* 2014, 481, obs. S. Thouret ; *RTD civ.* 2014, 344, obs. J. Hauser.

Prolongement pratique

Stratégie procédurale suite à l'ordonnance de non-conciliation

436. – L'époux qui a introduit une requête en séparation de corps a tout intérêt à assigner en séparation de corps dans les trois mois qui suivent l'ordonnance de non-conciliation. Passé ce délai, le conjoint peut en effet valablement l'assigner en divorce. Vraisemblablement, une assignation en divorce invoquant l'altération définitive du lien conjugal devrait pouvoir prospérer, car l'on peut raisonnablement considérer que, même en l'absence d'une séparation des époux de plus deux ans, la simple introduction de la requête atteste de l'altération définitive du lien conjugal. L'époux qui introduit une requête en séparation de corps doit donc impérativement mesurer lorsqu'il choisit cette perspective qu'il s'expose à voir le divorce finalement prononcé à brève échéance, soit lorsque le conjoint forme une demande reconventionnelle en divorce, que le juge appréciera en premier ; soit, une fois l'ordonnance de non-conciliation rendue, s'il n'assigne pas et que l'époux défendeur prend alors l'initiative de lui signifier une assignation en divorce.

Il en résulte que, stratégiquement, le choix du fondement juridique de la séparation de corps demeure essentiel. Si l'objectif poursuivi par l'époux demandeur consiste à ne pas rompre définitivement le mariage et à faire perdurer le relâchement des obligations du mariage, c'est-à-dire en somme de faire prononcer « un divorce des catholiques »(382), il a tout intérêt à saisir le juge aux affaires familiales d'une demande en séparation de corps par consentement mutuel, certes conjointe. Dans cette situation en effet, la conversion du jugement de séparation de corps en divorce ne sera possible qu'avec une nouvelle demande conjointe. En s'opposant alors à celle-ci, l'époux assure à la séparation de corps une pérennité certaine.

II. – Les conséquences de la séparation de corps

437. – **Mimétisme, encore.** À l'instar du renvoi auquel procède le Code civil s'agissant des conditions de la séparation de corps, il se contente pour l'essentiel de soumettre les conséquences de la séparation de corps aux règles gouvernant les incidences du divorce. En dépit de ce mimétisme législatif, certaines singularités caractérisent les conséquences personnelles (A) et patrimoniales (B) de la séparation de corps.

A. – Conséquences personnelles de la séparation de corps

438. – **Relâchement du lien sans rupture.** Le jugement de séparation de corps a pour principale conséquence juridique de réduire l'intensité des droits et obligations pesant sur les époux qui, au demeurant, restent bien mariés. Le lien matrimonial subsiste donc juridiquement, mais la vigueur de certains droits et obligations en découlant s'estompe. Plus exactement, la séparation de corps ne dissout pas le mariage, mais elle met fin au devoir de cohabitation(383), ce qui signifie concrètement que les époux pourront désormais avoir des domiciles distincts sans que cela

(382) En ce sens, cf. J. Carbonnier, *Droit civil, La famille*, PUF, 21e éd., 2003, n° 216, qui dressant avec amusement ce constat, y voyait une consécration républicaine d'une séparation de corps quasi inconvertible, selon les vœux des partis sensibles à l'influence de l'Église catholique.
(383) C. civ., art. 299.

constitue pour autant un manquement à l'obligation de communauté de vie. Pour cette raison, la séparation de corps apparaît désormais comme une antichambre du divorce, rupture plus radicale du lien matrimonial.

439. - **Port du nom.** Durant la séparation de corps, chacun des époux séparés conserve l'usage du nom de l'autre. Toutefois, le jugement de séparation de corps ou un jugement postérieur peut, compte tenu des intérêts respectifs des époux, le leur interdire(384).

B. – Conséquences patrimoniales de la séparation de corps

440. - **Vocation successorale.** En cas de décès de l'un des époux séparés de corps, l'autre époux conserve les droits que la loi accorde au conjoint survivant(385). Lorsque la séparation de corps est prononcée par consentement mutuel, les époux peuvent inclure dans leur convention une renonciation aux droits successoraux que la loi accorde aux conjoints survivants, à savoir l'option entre un quart en pleine propriété et la totalité en usufruit prévue aux articles 756 et suivants du Code civil(386) ainsi que le droit au logement viager. Seul le droit au logement temporaire de l'article 763 du Code civil paraît exclu de ce dispositif et ne saurait faire l'objet d'une éviction dans la convention de séparation de corps par consentement mutuel. Non seulement l'article 300 du Code civil ne mentionne nullement cette disposition mais, de surcroît, l'article 763, alinéa 3 luimême affirme que les dispositions relatives au droit au logement temporaire ont un caractère d'ordre public.

441. - **Changement forcé de régime matrimonial.** La séparation de corps entraîne toujours la séparation de biens(387). Le changement forcé de régime matrimonial qui s'opère ainsi, du moins lorsque les époux ne sont pas déjà mariés sous le régime séparatiste, ne paraît pas incongru puisque l'indépendance patrimoniale qui en résulte correspond bien à la situation d'époux dispensés de cohabiter. En ce qui concerne les biens, la date à laquelle la séparation de corps produit ses effets est déterminée conformément aux dispositions des articles 262 à 262-2 du Code civil, c'est-à-dire par renvoi aux règles gouvernant les effets du divorce et, en particulier, relatives à leur report à une date antérieure à l'ordonnance de non-conciliation(388).

(384) C. civ., art. 300.
(385) C. civ., art. 301.
(386) Sur cette option du conjoint survivant, V. *infra*, n° 454.
(387) C. civ., art. 302, al. 1er.
(388) Sur le report de la date de dissolution du régime matrimonial à une date antérieure à l'ordonnance de non-conciliation, en général : V. *supra*, nos 358 et s. – Pour une mise en œuvre des dispositions de droit positif sur ce point : Cass. 1re civ., 12 juin 2014, n° 13-16.044 : *Bull. civ.* 2014, I, n° 107 ; *Dr. famille* 2014, comm. 177, obs. J.-R. Binet ; *RTD civ.* 2014, 633, obs. J. Hauser : cassation pour violation, par fausse application, des articles 261-2 et 302 du Code civil, d'un arrêt d'appel qui refusa le report à une date, antérieure à l'ordonnance de non-conciliation, à laquelle les époux s'étaient séparés, car selon la cour d'appel « le jugement de séparation de corps prend effet dans les rapports entre époux en ce qui concerne leurs biens, à la date de l'ordonnance de non-conciliation lorsqu'il est prononcé pour altération définitive du lien conjugal, le législateur ayant rappelé qu'une telle demande ne pouvait être formée qu'à l'occasion de l'action en divorce, excluant ainsi *de facto* l'action en séparation de corps ». Cassation de cet arrêt pour violation, par fausse application des articles 261-2 et 302 du Code civil. – *Adde*, déjà : pour une application du report en matière de séparation de corps, avant la réforme opérée par la loi n° 2004-429 du 26 mai 2004, mais retenant une solution parfaitement transposable en droit positif : Cass. 2e civ., 27 févr. 2003, n° 01-15.156 : « Attendu qu'ayant relevé que la séparation de corps avait été prononcée sans énonciation des torts et griefs des époux et que [l'épouse] n'avait produit aux débats aucune preuve

Il en résulte que les actes effectués par un époux séparé de biens seul, durant cette période, restent inopposables au conjoint(389).

442. - **Maintien du devoir de secours.** Parce que la séparation de corps engendre simplement un relâchement de certaines obligations entre époux, et non une rupture du lien matrimonial, elle laisse subsister le devoir de secours. Concrètement, l'absence de cohabitation rend difficile, voire illusoire, une exécution de ce devoir en nature. Tenant compte de cette difficulté matérielle, inhérente à la disparition de la communauté de vie, le Code civil prévoit que le jugement prononçant la séparation de corps ou un jugement postérieur fixe la pension alimentaire qui est due à l'époux dans le besoin(390), sachant que l'état de besoin s'apprécie au jour où le juge statue(391). Le devoir de secours s'exécute donc par équivalent, *via* le versement d'une pension alimentaire.

443. - **Indifférence des torts.** Le principe de dissociation des torts et des conséquences, devenu cardinal en matière de divorce, se diffuse s'agissant du devoir de secours entre époux séparés de corps. Le Code civil dispose expressément en effet que la pension alimentaire est attribuée sans considération des torts(392), mais réserve tout de même l'exception tirée de l'ingratitude du créancier d'aliment afin d'éviter les injustices les plus flagrantes(393).

444. - **Formes de la pension alimentaire.** En principe, la pension alimentaire qui remplace le devoir de secours entre époux séparés de corps, est soumise aux règles gouvernant les obligations alimentaires. Le renvoi ainsi opéré vers le droit des aliments ne manque pas d'intérêt en ce qui concerne en particulier la possibilité de réviser la pension due, selon les changements importants survenus dans les ressources du créancier ou des charges du débiteur.

En dépit du renvoi ainsi effectué, une règle spéciale concerne la pension alimentaire entre époux séparés de corps. En effet, lorsque la consistance des biens de l'époux débiteur s'y prête, la pension alimentaire est remplacée, en tout ou partie, par la constitution d'un capital(394), selon les règles gouvernant la prestation compensatoire. Au demeurant, si le capital devient insuffisant pour couvrir les besoins du créancier, celui-ci peut demander un complément sous forme de pension alimentaire(395). La possibilité de quitter ainsi le champ d'une pension alimentaire pour basculer vers un versement sous forme de capital, explicitement soumis aux règles de la prestation compensatoire, alors même que les époux restent toujours mariés, témoigne une nouvelle fois de l'attraction du divorce sur la séparation de corps et la primauté législative du premier sur la seconde.

---

de l'adultère de son mari, la cour d'appel a, à bon droit, reporté les effets du jugement de divorce, dans les rapports entre époux, en ce qui concerne leurs biens, à la date où ils avaient cessé de cohabiter et de collaborer ».

(389) Cass. 1re civ., 23 oct. 2013, n° 12-17.896 : *D.* 2014, 522, obs. V. Brémond ; *AJF* 2013, 710, obs. S. Thouret ; *RTD civ.* 2014, 98, obs. J. Hauser.

(390) C. civ., art. 303, al. 1er.

(391) Cass. 1re civ., 8 févr. 2005, n° 03-15.441.

(392) C. civ., art. 303, al. 2.

(393) C. civ., art. 303, al. 2 *in fine.*

(394) C. civ., art. 303, al. 4.

(395) C. civ., art. 303, al. 4 *in fine.*

III. – La fin de la séparation de corps

445. – **Silence législatif au sujet de la mort.** Bien que le Code civil n'érige pas explicitement la mort en cause de cessation de la séparation de corps, il reste évident que le décès de l'un des époux séparés de corps emporte avec lui le lien matrimonial et, par conséquent, la séparation de corps.

446. – **Reprise de la vie commune.** De manière somme toute logique, la reprise volontaire de la vie commune par les époux met fin à la séparation de corps(396). Encore faut-il rendre la reprise de la vie commune opposable aux tiers dès lors que la séparation de corps, contrairement à la séparation de fait, provient d'une décision juridictionnelle. Pour être opposable aux tiers, la reprise volontaire de la vie commune doit, soit être constatée par acte notarié, soit faire l'objet d'une déclaration à l'officier d'état civil. Mention en est faite en marge de l'acte de mariage des époux, ainsi qu'en marge de leurs actes de naissance(397). Même en cas de reprise de la vie commune, l'une des incidences patrimoniales de la séparation de corps demeure puisque la séparation de biens subsiste(398), sauf si les époux adoptent un nouveau régime matrimonial suivant les règles de l'article 1397 du Code civil.

447. – **Conversion de la séparation de corps.** L'écoulement du temps a une influence sur la séparation de corps. Ainsi, lorsque la séparation de corps a duré deux ans, le jugement de séparation de corps est converti de plein droit en jugement de divorce(399), quand un époux le demande(400). La conversion constitue un curieux mécanisme puisque l'article 306 du Code civil dispose bien que la conversion concerne le jugement, comme si l'effet substantiel de ce dernier se trouvait modifié par une subtile combinaison entre l'écoulement du temps et la volonté d'un époux. Ceci démontre une nouvelle fois que l'on conçoit aujourd'hui la séparation de corps davantage comme une sorte d'antichambre du divorce ouvrant une période probatoire, que comme un relâchement du lien matrimonial ayant vocation à perdurer pour satisfaire les convictions personnelles des époux. Nonobstant ce constat, il est vrai que la conversion de la séparation de corps ne s'opère pas de plein droit à l'issue de cette période de deux ans. Encore faut-il qu'un époux sollicite ladite conversion(401). La faveur législative pour le divorce par consentement mutuel, qui marque profondément le droit contemporain du divorce, s'exprime aussi en matière de conversion de la séparation de corps, puisque dans tous les cas

(396) C. civ., art. 305, al. 1er.
(397) C. civ., art. 305, al. 2.
(398) C. civ., art. 305, al. 3.
(399) Sur les dispositions transitoires de la loi n° 2004-439 du 26 mai 2004, sur ce point, cf. Cass. 1re civ., 17 déc. 2008, n° 06-19.125 : *Bull. civ.* 2008, I, n° 287 ; *Dr. famille* 2009, comm. 13, note V. Larribau-Terneyre ; *D.* 2010, 1243, obs. Serra et Williatte-Pelliteri ; *AJF* 2009, 79, obs. S. David : « les dispositions de la loi n° 2004-439 du 26 mai 2004 concernant les demandes de conversion de la séparation de corps en divorce, et notamment l'article 33, V de cette loi, ne sont pas applicables aux actions en conversion lorsque le jugement de conversion a été prononcé antérieurement au 1er janvier 2005 ».
(400) C. civ., art. 306.
(401) En ce qui concerne les dépens, l'article 1136 du Code de procédure civile dispose que « les dépens de l'instance en conversion sont répartis comme ceux de l'instance en séparation de corps » et ajoute, dans un second alinéa que « les dépens afférents à l'instance d'appel sont traités comme ceux d'une instance nouvelle ». Partant, une cour d'appel peut parfaitement juger que chaque partie supportera ses dépens d'appel, alors même que le jugement de première instance, comme celui ayant prononcé la séparation de corps, a mis les dépens à la charge d'un seul époux (Cass. 1re civ., 28 nov. 2006, n° 05-14.035 : *Bull. civ.* 2006, I, n° 525 ; *AJF* 2009, 34, obs. I. Gallmeister).

de séparation de corps, celle-ci peut être convertie en divorce par consentement mutuel. La conversion offre ainsi une occasion procédurale de se diriger, une nouvelle fois, vers le divorce consensuel. Par un parallélisme des formes, la séparation de corps qui a été prononcée par consentement mutuel ne peut être convertie en divorce que par une nouvelle demande conjointe[402].

448. – **Incidences de la conversion.** Du fait de la conversion, la cause de la séparation de corps devient la cause du divorce et l'attribution des torts n'est pas modifiée[403]. Le juge fixe les conséquences du divorce. Les prestations et pensions entre époux sont déterminées selon les règles propres au divorce[404].

SECTION 2

LA DISSOLUTION DU MARIAGE PAR DÉCÈS

Bibliographie

- B. Beignier, *La loi du 3 décembre 2001 : le conjoint héritier : Dr. famille* 2002, chron. 8 ; *La loi du 3 décembre 2001 : achèvement du statut du logement familial : Dr. famille* 2002, chron. 5.
- I. Dauriac, *Le conjoint survivant dans la loi du 23 juin 2006 : JCP* N 2007, 1203.
- J. Hauser et Ph. Delmas Saint Hilaire, *Les quotités disponibles et la loi du 3 décembre 2001 : Defrénois* 2003, 739.
- M. Julienne, *L'assiette de l'usufruit du conjoint survivant : D.* 2013, 2283.
- L. Leveneur, *Pour le droit de retour de l'article 757-3, avec quelques modifications*, in *Mél. Simler*, Litec, Dalloz, 2006, p. 185.
- G. Raoul-Cormeil, *Les droits du conjoint survivant face aux conflits de famille : Dr. famille* 2014, étude 14.
- F. Vauvillé, *Les droits au logement du conjoint survivant : Defrénois* 2002, 1277.

§ 1. – La dissolution du mariage en cas de décès certain

449. – **Acte de décès.** La mort est un fait juridique que le Code civil ne définit pas, en se fondant implicitement sur sa signification commune, à savoir la cessation des fonctions vitales se manifestant par un arrêt du cœur. Juridiquement, la mort doit être médicalement constatée, car elle donne alors lieu à la rédaction d'un acte de décès qui engendre une perte de la personnalité juridique. Techniquement et de manière chronologique, le décès d'une personne sera constaté officiellement par un médecin dans un certificat médical indiquant la date, l'heure et le lieu du décès.

(402) C. civ., art. 307, al. 2.
(403) C. civ., art. 308, al. 1er.
(404) C. civ., art. 308, al. 2. Quand l'époux séparé de corps bénéficie d'une pension alimentaire, à l'occasion de la conversion, le juge doit inviter les époux à s'expliquer sur le versement d'une prestation compensatoire : Cass. 1re civ., 25 mai 2004, n° 02-10.424 : *Bull. civ.* 2004, I, n° 147.

Sur la foi de ce certificat médical de décès, l'officier de l'état civil dresse un acte de décès qui sera quant à lui remis au notaire chargé de l'ouverture de la succession.

La rédaction de l'acte de décès s'accompagne en principe de la délivrance par l'officier d'état civil d'un acte communément nommé « autorisation de fermeture du cercueil » qu'il s'avère plus exact de qualifier d'autorisation d'inhumer(405).

450. - **Une personne mariée redevenue célibataire.** Lorsque la personne qui décède est mariée, l'extinction de la personnalité juridique met logiquement et automatiquement fin au mariage, ce qui a pour conséquence de rendre célibataire le membre du couple survivant. Pour ce faire, et dans le but de rendre la situation juridiquement opposable aux tiers, encore faut-il procéder à une modification des actes de l'état civil qui s'opère par le biais d'une mention portée en marge de l'acte de naissance du conjoint survivant.

451. - **Incidences personnelles du veuvage.** Le décès d'une personne mariée, quand il donne lieu à la rédaction d'un acte de décès, modifie l'état civil du conjoint survivant. La personne veuve redevient en effet célibataire, ce qui signifie qu'elle retrouve notamment sa pleine liberté matrimoniale et peut de nouveau conclure un mariage ou un pacte civil de solidarité(406). Le délai de viduité qui imposait naguère à l'épouse d'attendre en principe trois cents jours avant de se remarier a été abrogé par la loi n° 2004-439 du 26 mai 2004(407). L'on suppose généralement que le conjoint survivant est censé connaître la volonté du défunt quant à l'organisation de ses funérailles, à défaut de dispositions exprimées par le *de cujus*(408) de son vivant. Dans un ordre d'idées voisin, le conjoint survivant est consulté immédiatement après pour connaître la volonté du défunt quant au don d'organes(409).

Conformément aux règles procédurales de droit commun, le conjoint survivant dispose de la faculté de poursuivre les instances en cours, introduites de son vivant par l'époux depuis décédé. Sans que le lien matrimonial ne se prolonge juridiquement par-delà la mort, le conjoint survivant peut agir en justice afin de défendre la mémoire du défunt à laquelle il serait porté atteinte par des écrits ou des paroles. En raison de la très forte dimension symbolique du nom de famille, la question de savoir si le conjoint survivant peut continuer à porter le nom du défunt se révèle essentielle.

452. - **Incidences du décès sur l'accès aux procréations médicalement assistées.** Soucieux de maintenir une apparence de vérité biologique, le droit positif réserve aux deux membres vivants d'un couple l'accès à une technique de procréation médi-

(405) Cf. CGCT, art. R. 2213-17 : « La fermeture du cercueil est autorisée par l'officier d'état civil du lieu de décès ou, en cas d'application du premier alinéa de l'article R. 2213-7, par l'officier d'état civil du lieu de dépôt du corps, dans le respect des dispositions de l'article L. 2223-42.

L'autorisation, établie sur papier libre et sans frais, est délivrée sur présentation du certificat de décès établi par le médecin ayant constaté le décès et attestant que celui-ci ne pose pas de problème médico-légal ».

(406) Au demeurant, le nombre de mariages successifs n'est nullement limité en droit français.

(407) Le délai de viduité était fixé précédemment à trois cents jours, ce qui correspondait au délai légal de conception. À une époque où le mariage constituait le seul mode de vie en couple recueillant les faveurs du législateur, l'on présumait ainsi de manière quelque peu artificielle que le délai de viduité permettait d'évincer d'éventuels conflits de paternités.

(408) L'expression *de cujus*, qui désigne habituellement le défunt, se trouve généralement employée en droit des successions et des libéralités.

(409) Il ne s'agit ici que de le consulter pour déterminer la volonté du défunt, lorsqu'elle n'est pas connue, mais il n'est en principe nullement question de lui conférer le droit de s'opposer à un éventuel prélèvement d'organe qui devrait en principe être la règle, sauf opposition expresse de la personne de son vivant.

calement assistée[410]. Ainsi, même si les gamètes du mari recueillis avant son décès ont fait l'objet d'une conservation par une technique de congélation, ils ne sauraient être utilisées *post-mortem*[411]. Le décès d'un membre du couple interrompt donc la possibilité pour le survivant de solliciter une procréation médicalement assistée.

453. – **Incidences patrimoniales du veuvage : la liquidation du régime matrimonial.** Le décès, en mettant juridiquement fin au mariage, appelle nécessairement une liquidation du régime matrimonial des époux. D'ailleurs, pour régler la succession du défunt, il convient d'abord de procéder à cette opération. La liquidation du régime matrimonial précède donc nécessairement la liquidation de la succession. Le choix d'un type de régime matrimonial se révèle alors essentiel. Par exemple, si les époux ont choisi de soumettre leurs relations patrimoniales au régime de la séparation de biens, dans leur contrat de mariage ou dans une modification postérieure de leur régime matrimonial, il est alors procédé à une répartition des biens entre le patrimoine de l'époux survivant et la masse successorale de l'époux décédé. Il ne s'agit pas à proprement parler d'une véritable opération de liquidation, laquelle concerne davantage la masse des biens communs, dans les régimes d'inspiration communautaire. Déterminer le contenu exact de la masse commune constitue alors une tâche essentielle puisque la communauté sera partagée en principe par moitié entre le conjoint survivant et la succession. Cette proportion peut s'avérer différente en fonction des clauses insérées dans le contrat de mariage. Une formule fréquente consiste par exemple à prévoir une communauté universelle avec attribution intégrale au dernier survivant. Le conjoint survivant recueille alors la totalité des biens communs, la dissolution du régime matrimonial remplissant ainsi une fonction de type successoral.

454. – **Incidences patrimoniales du veuvage : les droits du conjoint survivant.** La liquidation du régime matrimonial qui intervient suite au décès a pour principale vocation de déterminer l'étendue exacte de la succession du défunt, c'est-à-dire de connaître la consistance de l'actif à partager entre les héritiers. Ainsi la succession, entendue comme étant une masse de biens ayant jusque-là appartenu au défunt, doit elle aussi faire l'objet d'une liquidation, puis d'un partage. Désormais le conjoint survivant bénéficie d'une vocation successorale, de source légale, qui a permis de lui faire quitter la place de « pièce rapportée » qui le désignait jadis de manière quelque peu péjorative. La loi garantit ainsi une vocation successorale au conjoint survivant plus protectrice de ses intérêts, ce qui se révèle assez novateur puisque jusqu'à la loi n° 2001-1135 du 3 décembre 2001, ses droits dans la succession se trouvaient restreints, pour garantir une conservation des biens dans la famille par le sang. Les parents du défunt se trouvaient ainsi dans une position successorale légale bien plus favorable que celle du conjoint survivant. La modification opérée par la loi n° 2001-1135 du 3 décembre 2001, qui consiste à promouvoir la vocation successorale du conjoint survivant, révèle des mutations profondes qui affectent la famille. Elle exprime en particulier un resserrement de la famille sur le foyer composé du couple et de ses enfants, ainsi que le déclin corrélatif d'un groupe familial organisé

(410) Sur les conditions d'accès à la procréation médicalement assistée, V. *infra*, n°s 807 et s.
(411) C. santé publ., art. L. 2141-2.

autour du lignage et de la parenté par le sang. Au demeurant, la liberté testimoniale permet toujours à l'autre époux – le futur défunt – d'augmenter de son vivant les droits successoraux du conjoint survivant grâce à des libéralités, comme un testament par exemple. Le rôle de la volonté exprimée dans des libéralités a en effet subi une opportune promotion dans la loi n° 2006-728 du 23 juin 2006.

455. – **Vocation légale du conjoint successible**(412) **: en présence d'enfants communs.** En ce qui concerne la vocation légale du conjoint survivant, celui-ci dispose d'un choix. Il peut opter, à son choix, soit pour le recueil de l'usufruit de la totalité des biens existants ou bien pour la propriété du quart des biens lorsque tous les enfants sont issus des deux époux. L'option du conjoint survivant en présence d'enfants communs du couple figure à l'article 757 du Code civil.

Option du conjoint survivant en présence d'enfants communs

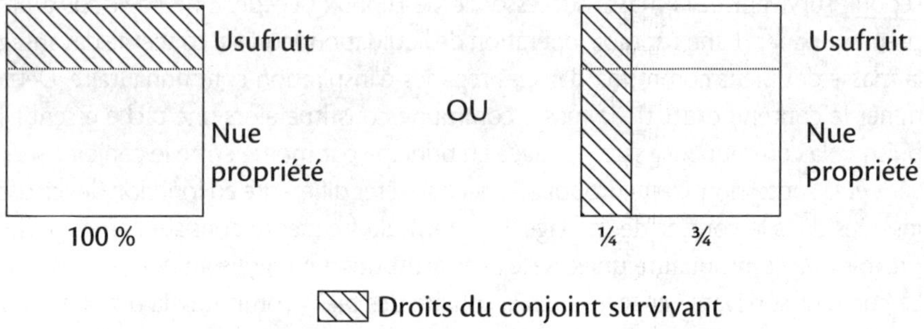

456. – **Vocation légale du conjoint successible : en présence d'enfants « d'un premier lit ».** L'option du conjoint successible disparaît cependant lorsque le défunt laisse pour lui succéder, outre son conjoint, un ou plusieurs enfants qui ne sont pas issus du couple, mais qui sont nés d'un « premier lit ». Ainsi, en présence d'un ou plusieurs enfants qui ne sont pas issus des deux époux, le conjoint successible recueille la propriété du quart.

Vocation successorale du conjoint survivant lorsque un ou plusieurs enfants ne sont pas issus du couple

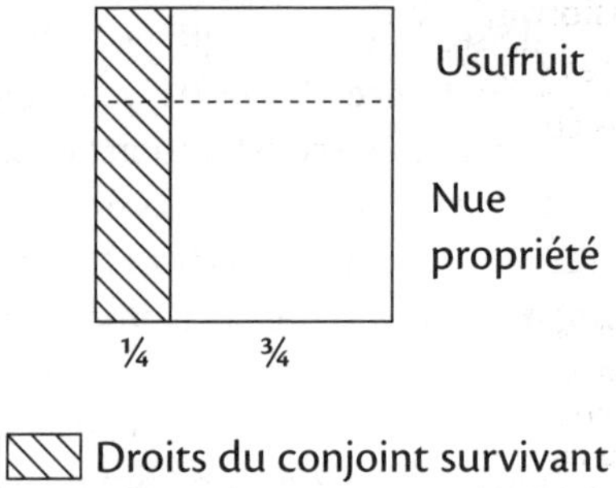

(412) Le Code civil emploie l'expression « conjoint successible » là où la pratique utilise ordinairement la formule « conjoint survivant ». Quoique la première expression s'avère juridiquement plus exacte, les deux se trouvent indistinctement employées dans les présents développements.

457. - **Droit au logement du conjoint successible.** Le veuvage, outre la peine affective qu'il cause, entraîne juridiquement une période qui peut se révéler particulièrement dangereuse pour les intérêts du survivant. La modification conséquente du droit des successions et des libéralités, opérée par les lois n° 2001-1135 du 3 décembre 2001 et n° 2006-728 du 23 juin 2006, a précisément entendu éviter qu'une brutale remise en cause du cadre de vie du survivant ne vienne lui causer un trouble supplémentaire. Pour ce faire, le droit positif garantit au survivant un droit au logement, afin de lui permettre de conserver repères et habitudes. Ladite garantie s'opère selon deux modalités différentes puisque le droit au logement peut être soit temporaire, soit viager, selon les dispositions des actuels articles 763 et 764 du Code civil.

Code civil

Art. 763. – Si, à l'époque du décès, le conjoint successible occupe effectivement, à titre d'habitation principale, un logement appartenant aux époux ou dépendant totalement de la succession, il a de plein droit, pendant une année, la jouissance gratuite de ce logement, ainsi que du mobilier, compris dans la succession, qui le garnit.

Si son habitation était assurée au moyen d'un bail à loyer ou d'un logement appartenant pour partie indivise au défunt, les loyers ou l'indemnité d'occupation lui en seront remboursés par la succession pendant l'année, au fur et à mesure de leur acquittement.

Les droits prévus au présent article sont réputés effets directs du mariage et non droits successoraux.

Le présent article est d'ordre public.

Art. 764. – Sauf volonté contraire du défunt exprimée dans les conditions de l'article 971, le conjoint successible qui occupait effectivement, à l'époque du décès, à titre d'habitation principale, un logement appartenant aux époux ou dépendant totalement de la succession, a sur ce logement, jusqu'à son décès, un droit d'habitation et un droit d'usage sur le mobilier, compris dans la succession, le garnissant.

La privation de ces droits d'habitation et d'usage exprimée par le défunt dans les conditions mentionnées au premier alinéa est sans incidence sur les droits d'usufruit que le conjoint recueille en vertu de la loi ou d'une libéralité, qui continuent à obéir à leurs règles propres.

Ces droits d'habitation et d'usage s'exercent dans les conditions prévues aux articles 627, 631, 634 et 635.

Le conjoint, les autres héritiers ou l'un d'eux peuvent exiger qu'il soit dressé un inventaire des meubles et un état de l'immeuble soumis aux droits d'usage et d'habitation.

Par dérogation aux articles 631 et 634, lorsque la situation du conjoint fait que le logement grevé du droit d'habitation n'est plus adapté à ses besoins, le conjoint ou son représentant peut le louer à usage autre que commercial ou agricole afin de dégager les ressources nécessaires à de nouvelles conditions d'hébergement.

458. - **Droit à pension.** Évidente expression d'une pérennité de la solidarité familiale par-delà le décès, l'article 767 du Code civil accorde un droit à pension au conjoint survivant, dans certaines conditions.

Code civil

Art. 767. – La succession de l'époux prédécédé doit une pension au conjoint successible qui est dans le besoin. Le délai pour la réclamer est d'un an à partir du décès ou du moment où les héritiers cessent d'acquitter les prestations qu'ils fournissaient auparavant au conjoint. Le délai se prolonge, en cas d'indivision, jusqu'à l'achèvement du partage.

La pension alimentaire est prélevée sur la succession. Elle est supportée par tous les héritiers et, en cas d'insuffisance, par tous les légataires particuliers, proportionnellement à leur émolument.

Toutefois, si le défunt a expressément déclaré que tel legs sera acquitté de préférence aux autres, il sera fait application de l'article 927.

§ 2. – Les modes de dissolution du mariage en cas d'absence ou de disparition

459. – Distinction. Souvent confondues dans le langage courant, l'absence et la disparition correspondent à deux situations juridiques différentes qui, chacune, charrie son lot de questions lorsque l'absent ou le disparu est marié. En droit, l'absence (I) repose sur une présomption de vie puisque l'on suppose que la personne qui a cessé de paraître à son domicile sans donner de nouvelles reste toujours en vie. Inversement, la disparition (II) se trouve fondée sur une présomption de mort. Il existe de très fortes raisons de penser que la personne a péri, mais son cadavre demeure introuvable.

I. – La cessation du mariage de l'absent

460. – Absence. En droit civil, le terme d'« absence » renvoie à la situation où une personne physique cesse de paraître au lieu de son domicile sans que l'on en ait de nouvelles[(413)]. On présume alors que la personne se trouve toujours en vie, mais il convient d'organiser la protection de ses intérêts. Pour ce faire, le juge des tutelles peut, à la demande des parties intéressées ou du ministère public, constater qu'il y a présomption d'absence. S'ouvre alors une période durant laquelle l'absent est représenté par la personne désignée par le juge. En ce qui concerne plus précisément les époux, une telle désignation d'un représentant n'est pas applicable si le conjoint peut pourvoir suffisamment aux intérêts de l'absent en application du régime matrimonial et, en particulier des mesures dites « de crise »[(414)]. Lorsque dix ans s'écoulent depuis le jugement de présomption d'absence, sans que le présumé absent ne reparaisse ni ne donne de nouvelles, l'absence peut être déclarée par le tribunal de grande instance, à la requête de toute partie intéressée ou du ministère public[(415)]. Le jugement déclaratif d'absence peut également être délivré lorsque la personne cesse de paraître à son domicile sans donner de nouvelles durant vingt ans[(416)].

461. – Effets de la déclaration d'absence sur le mariage. Parce que le jugement déclaratif d'absence emporte tous les effets juridiques d'un décès établi, à partir de sa transcription, il engendre une cessation du mariage de l'absent. Ainsi, le Code civil dispose expressément que le conjoint de l'absent peut contracter un nouveau mariage[(417)]. Une liquidation du régime matrimonial doit également s'effectuer avant l'ouverture de la succession de l'absent.

462. – Retour de l'absent. Il existe des situations dans lesquelles, à l'instar du colonel Chabert, l'absent reparaît ou, au moins, donne des nouvelles, ce qui ne va pas sans emporter des conséquences juridiques importantes. En principe, le juge-

(413) Sur l'absence, cf. not. G. Goubeaux, *À propos de la preuve de l'existence de la personne*, in *Mél. Wiederkehr*, Dalloz, 2009, p. 343.
(414) C. civ., art. 121, al. 2.
(415) C. civ., art. 122.
(416) C. civ., art. 122, al. 2.
(417) C. civ., art. 128, al. 3.

ment déclaratif d'absence est annulé et l'absent retrouve tous ses biens. Pour autant, une exception légale concerne opportunément le mariage, le Code civil précisant que le mariage de l'absent reste dissous, même si le jugement déclaratif d'absence a été annulé[(418)].

Prolongement pratique

Demande en divorce contre l'absent

463. – Compte tenu des délais relativement longs (dix et vingt ans) nécessaires pour que soit prononcé un jugement déclaratif d'absence), l'époux de l'absent peut-il introduire une demande en divorce contre l'absent ? Faute de jugement constatant la présomption d'absence, une telle action paraît difficilement concevable. En revanche, en présence d'un jugement constatant la présomption d'absence, la question se pose puisque ce jugement désigne un représentant de l'absent. Autrement dit, l'introduction d'une action contre le représentant de l'absent est-elle recevable ? Si le divorce par consentement mutuel et le divorce pour acceptation du principe de la rupture paraissent difficilement envisageables parce qu'ils nécessitent un accord des deux conjoints, antinomique avec la notion d'absence de nouvelles, fonder une demande sur le divorce pour faute et, surtout, pour altération définitive du lien conjugal paraît envisageable mais nécessite une réunion des conditions légales propres à chaque cas de divorce. Au demeurant, ces deux cas de divorce peuvent, chacun à leur manière, assez bien correspondre à la situation où un époux abandonne le domicile conjugal sans donner aucune nouvelle, voire cesse de paraître à son domicile dans des conditions plus mystérieuses.

II. – La cessation du mariage du disparu

464. – **Mort certaine mais absence de cadavre.** Contrairement à l'absence qui repose sur une présomption de vie, la disparition tient pour vrai le décès de la personne alors même que son corps n'a pas été retrouvé. Il s'agit par exemple de personnes vraisemblablement mortes dans l'explosion d'un site industriel, lors d'un crash aérien[(419)] ou d'un naufrage[(420)]. À la requête du procureur de la République ou des parties intéressées, peut être judiciairement déclaré le décès de tout Français disparu en France ou hors de France, dans des circonstances de nature à mettre sa vie en danger, lorsque son corps n'a pas pu être retrouvé[(421)].

(418) C. civ., art. 132.

(419) Comp. C. aviation, art. L. 142-3 : « Au cas de disparition sans nouvelles d'un aéronef, l'appareil est réputé perdu trois mois après la date de l'envoi des dernières nouvelles.
Le décès des personnes se trouvant à bord de l'aéronef peut, après expiration de ce délai, être déclaré par jugement par application des articles 87 à 89 du Code civil.
Il appartient au ministre chargé de l'aviation civile de déclarer, le cas échéant, la présomption de disparition et d'adresser au procureur général près la cour d'appel compétente les réquisitions nécessaires pour la constatation judiciaire des décès des personnes disparues.
Les intéressés peuvent également se pourvoir, conformément à l'article 90 du Code civil, à l'effet d'obtenir la déclaration judiciaire d'un décès. La requête, en ce cas, est communiquée par le ministère public au ministre chargé de l'aviation civile ».

(420) Par ex., Cass. 1re civ., 14 mars 1995 : *Bull. civ.* 1995, I, n° 126 ; *JCP* G 1995, I, 3874, n° 5, obs. B. Teyssié ; *RTD civ.* 1995, 323, obs. J. Hauser.

(421) C. civ., art. 88.

La requête doit être présentée au tribunal de grande instance du lieu de la mort certaine ou de la disparition, si celle-ci s'est produite sur un territoire relevant de l'autorité de la France, sinon au tribunal du domicile du disparu ou, à défaut au tribunal du lieu du port d'attache de l'aéronef ou du bâtiment qui le transportait[(422)].

465. – **Jugement déclaratif de décès.** Le tribunal de grande instance peut ordonner toute mesure d'information complémentaire s'il estime que le décès n'est pas suffisamment établi. Inversement, si le décès est déclaré, sa date doit être fixée en tenant compte des présomptions tirées des circonstances de la cause et, à défaut, au jour de la disparition, sachant que cette date ne doit jamais être indéterminée[(423)]. Le jugement déclaratif de décès a les mêmes incidences que le décès certain et, pour cette raison, le dispositif du jugement est transcrit sur les registres de l'état civil du lieu réel ou présumé du décès et, le cas échéant, sur ceux du lieu du dernier domicile du défunt. Les jugements déclaratifs de décès tiennent lieu d'actes de décès et sont opposables aux tiers. Ainsi, le mariage du disparu se trouve automatiquement dissous du fait de la perte de la personnalité juridique de l'un des époux. Les incidences classiquement attachées au décès de la personne mariée se retrouvent s'agissant du jugement déclaratif de décès. L'ex-époux du disparu redevient ainsi célibataire et dispose donc de la faculté de contracter à nouveau mariage, le régime matrimonial des époux se trouve dissous et il n'est pas possible de procéder à une procréation médicalement assistée après le jugement déclaratif de décès.

(422) C. civ., art. 89. Le texte ajoute qu'à défaut de tout autre tribunal compétent, le tribunal de grande instance de Paris est seul compétent.
(423) C. civ., art. 90.

TITRE 2

LES AUTRES FORMES JURIDIQUES DE COUPLE

466. - **Complexité.** Depuis près d'un demi-siècle, l'essor des formes juridiques de couple autres que le mariage constitue l'un des traits les plus marquants de l'évolution du droit français et, plus largement, des droits des États occidentaux(1). Le phénomène se retrouve même dans des États qui, comme le Maroc(2) ou la Pologne(3), restent marqués par une forte tradition religieuse(4). En tant que phénomène social et culturel, l'essor des couples hors mariage invite à résoudre une question juridique assez simple : une structure familiale peut-elle se bâtir juridiquement en dehors du mariage, en entraînant des effets de droit ?

Simple dans sa formulation, la question s'avère redoutable à résoudre pour plusieurs raisons. Tout d'abord, considérer de la sorte une relation hors mariage comme constitutive d'un lien juridique de couple amène nécessairement à s'aventurer, si ce n'est en direction du fascinant mais inquiétant non-droit, du moins vers la prise en compte de situations de fait. Habitués à la publicité foncière et aux actes de l'état civil, ou encore aux contrats écrits, les juristes se trouvent souvent dans une position assez inconfortable face aux situations de fait. D'ailleurs existe-t-il de véritables situations de fait ? Prise en compte par le droit, même de manière rétrospective, la situation de fait ne devient-elle pas à son tour juridique ? En ce domaine, le fait brut se trouve toujours juridicisé *a posteriori*, au moment de la rupture du couple, ou bien en cas de décès de l'un des ses membres.

(1) Cf. en particulier : P. Boucaud (ss dir.), *L'évolution du concept de famille en Europe depuis trente ans : étude pluridisciplinaire*, Bruylant, 2009.

(2) Cf. en particulier la thèse de Mme D. Sfendla, *Couple et famille. Étude comparative des systèmes juridiques français et marocain*, 20 mai 2016, Université de Toulon, ss dir. M. Douchy-Oudot.

(3) Cf. en particulier la thèse de Mme C. Pfeiffer-Chomiczawska, *Les rapports patrimoniaux entre concubins et leur liquidation. Étude comparative des droits français et polonais*, 12 déc. 2015, Université de Lodz (Pologne) et de Tours (France), ss dir. C. Pysziak-Sfafnicka et M. Oudin.

(4) Pour le droit polonais, il serait sans doute trop simpliste de se limiter à l'influence des conceptions familiales de l'Église catholique car ce droit a également été profondément marqué par le Code Napoléon puis, plus tard, par le Code soviétique de la famille de 1927 (cf. G. Mink, *La Pologne au cœur de l'Europe. De 1915 à nos jours*, éd. Buchet-Chastel, 2015, p. 32 pour l'influence du Code Napoléon et p. 240 pour la « soviétisation » de la société polonaise durant la période 1948-1956).

Ensuite, la question des couples hors mariage reste éminemment politique et, disons-le sans ambages, elle fut longtemps fort polémique. Si l'on rappelle sans relâche, et de manière finalement anecdotique, la maxime attribuée à Napoléon, selon laquelle « les concubins se désintéressant de la loi, la loi se désintéresse des concubins », il n'en demeure pas moins, de manière plus fondamentale, que faire produire des effets de droit aux relations de couple hors mariage a longtemps été perçu comme une menace pour l'institution matrimoniale.

Enfin, l'appréhension juridique des couples non mariés se heurte à l'insondable diversité des situations. Rien de commun en effet entre le couple adultérin qui maintient une relation clandestine mais intense, dans le secret de l'infidélité, et le concubinage de jeunes diplômés qui se sont rencontrés sur les bancs de l'université puis décident de vivre ensemble quelque temps afin d'éprouver leur projet de mariage. D'autres ne se marient pas par conviction, refusant de se soumettre à une institution matrimoniale moralement connotée, ou bien par indifférence, voire par lassitude, ayant déjà été mariés plusieurs fois. Entre le concubin militant, résigné, indifférent, adultérin, attentiste, les motivations intimes qui poussent à entretenir une relation de couple, sans pour autant se marier, restent multiples et insondables. D'ailleurs, les mêmes motivations n'animent pas nécessairement les deux membres du couple ! À ce premier inventaire, déjà bien garni, il convient d'ajouter les couples homosexuels qui, jusqu'à la loi n° 2013-404 du 17 mai 2013, ne pouvaient pas se marier. Le concubinage ne résultait dès lors pas nécessairement d'un choix véritable. Le pacte civil de solidarité pallia un temps les attentes des couples qui subissaient de la sorte le concubinage, mais rapidement cette convention fut largement conclue par des couples hétérosexuels aux motivations diverses et variées. À côté du pacte civil de solidarité qui constitue l'antichambre du mariage, il y eut des PACS fiscaux, successoraux, des PACS facilitant le rapprochement géographique d'un partenaire fonctionnaire... Le droit civil, familier de catégories et régimes juridiques relativement bien délimités, ou qui combine volontiers un droit commun et des dispositions spéciales, voire un régime impératif et des dispositions supplétives, a longtemps buté sur l'obstacle de la multiplicité des situations différentes. Comme souvent, l'évolution s'opéra alors progressivement de l'extérieur, depuis la Cour européenne des droits de l'homme, notamment par le biais d'une conception extrêmement large de la notion de vie familiale normale et d'une utilisation opportuniste du principe de non-discrimination.

467. - **Lien juridique de couple.** En dépit d'un paysage juridique et factuel un peu confus, des traits saillants se dégagent. De manière générale, le couple, même non marié, peut se définir comme un lien, reconnu par le droit, entre deux personnes animées d'une volonté durable de s'engager dans une vie commune, d'un point de vue affectif, sexuel et le plus souvent matériel[5]. Loin

(5) Sur cette définition de couple, V. *supra*, n° 53.

d'être aujourd'hui insensible, le droit tient compte de ce lien en soumettant les membres du couple à des droits et obligations spécifiques, construisant de la sorte des relations interpersonnelles particulières. Deux difficultés apparaissent alors.

Premièrement, les droits et obligations au sein du couple non marié ont une intensité variable. Parcellaires et limités, quoique présents, dans le concubinage, les droits et obligations des membres du couple se rapprochent sensiblement, pour le pacte civil de solidarité, de ceux qui régissent les couples mariés. La diversité des régimes juridiques s'ajoute alors à la multiplicité des situations factuelles.

Deuxièmement, le droit tient compte de certains liens de couple hors mariage, en modifiant l'état civil des membres du couple qui font le choix de procéder à une formalité d'enregistrement. Ainsi le pacte civil de solidarité fait l'objet d'une mention en marge de l'acte de naissance de chacun des partenaires. À l'instar du mariage, le pacte civil de solidarité constitue un lien juridique de couple dont l'existence peut facilement être démontrée par la production d'un extrait d'acte de naissance. Ce faisant, les tiers peuvent aisément savoir que les membres du couple ne sont plus juridiquement des tiers l'un par rapport à l'autre, mais qu'ils relèvent désormais d'un régime juridique spécifique, caractérisé notamment par une solidarité passive des dettes ménagères. Au demeurant, l'enregistrement du pacte présente également un intérêt pour les membres du couple eux-mêmes qui peuvent aisément connaître et aménager les règles de droit gouvernant leurs relations. Rien de tel, en revanche, en matière de concubinage où le droit définit cette relation de couple sans l'assortir, à juste titre, d'un régime juridique complet mais surtout sans modifier l'état civil des membres du couple. Les actes de naissance de concubins demeurent vierges de toute mention du lien de couple entretenu. Faute de preuve de leur état ainsi préconstituée, les concubins doivent rapporter *a posteriori* la preuve du caractère stable et durable de leur union. Tel n'est au demeurant pas le cas de certains droits voisins qui, comme le droit belge, organisent une déclaration de cohabitation.

468. – **Plan.** En dépit de la charge idéologique, certes atténuée, que véhicule encore aujourd'hui la question des couples non mariés, on peut objectivement considérer que de nombreuses structures familiales s'élaborent désormais en dehors du mariage. Pour autant, une constante apparaît en Europe, et la France ne se distingue pas de ses voisins sur ce point, puisque de manière récurrente les droits occidentaux connaissent deux formes juridiques de couples hors mariage. Certains couples font l'objet d'un enregistrement par une autorité publique, à l'instar du pacte civil de solidarité en France et cette formalité exprime l'adhésion à un statut juridique préalablement déterminé en entraînant, pour le droit français, une mention en marge de l'acte de naissance des membres du couple (Chapitre 1). À côté, demeurent des couples qui non seulement ne sont pas mariés mais, de surcroît, n'ont pas procédé à l'enregistrement d'un quelconque pacte, partenariat ou convention. On parlera alors, comme le Code civil, de concubinage (Chapitre 2), ou encore selon les expressions moins exactes juridiquement d'union libre, de vie maritale…

Prolongement bibliographique

- La réflexion doctrinale relative aux autres formes juridiques de couple se révèle particulièrement nourrie et intense. Parmi les très nombreuses publications, on citera de manière non exhaustive, au sujet du pluralisme : H. Fulchiron (ss dir.), *Mariage-conjugalité, Parenté-parentalité*, Dalloz, coll. « Thèmes et commentaires », 2009. - J. Hauser, *Le couple en concurrence : Dr. famille* 2016, étude 51. - A. Leborgne, *Réflexion sur la diversité des modes de conjugalité*, in *La diversité du droit, Mél. J. Sainte-Rose*, Bruylant, 2012, p. 675. – J.-J. Lemouland, *La diversité du droit contemporain de la famille : un trompe-l'œil*, in *Mél. J. Sainte-Rose*, préc., p. 729. - Y. Lequette, *Quelques remarques sur le pluralisme en droit de la famille*, in *Mél. G. Champenois*, Defrénois, 2012, p. 523. - - *adde*. pour les thèses : M. Saulier, *Le droit commun des couples*, éd. IRJS, 2017, t. 79, préf. A.-M. Leroyer.
- Au demeurant, le phénomène ne s'avère pas strictement français (pour une étude dense de droit comparé, cf. A.-C. Réglier, *L'appréhension de la famille européenne*, thèse, Aix-Marseille Université, 11 déc. 2013, ss dir. A. Leborgne), comme l'indiquait déjà Carbonnier dans un célèbre chapitre de l'*Esprit des lois*, intitulé *À chacun sa famille, à chacun son droit* (Defrénois, 2e éd., 1995, p. 181) ; les causes de l'essor du pluralisme y sont scrupuleusement décortiquées, de l'industrialisation au resserrement de la famille autour de son noyau, en passant par l'idéologie. Les incidences annoncées par l'auteur paraissent aujourd'hui assurément prémonitoires. Initialement, la réflexion sur le pluralisme est apparue principalement au sujet de l'établissement de la filiation naturelle, voire adultérine. Paradoxalement, ce sont peut-être les premières lois bioéthiques et les modifications du Code de la santé publique qui ont renouvelé la réflexion relative au pluralisme, à partir du milieu des années 1990. Rappelons que l'accès aux techniques d'assistance médicale à la procréation était alors réservé aux couples mariés ou aux couples de concubins vivant ensemble depuis plus de deux ans, à condition que ces couples soient composés d'un homme et d'une femme. Sur la notion de couple, cf. C. Brunetti-Pons, *Couple, concubinage et PACS. De l'émergence d'une hiérarchie des couples*, in *Regards civilistes sur la loi du 15 novembre 1999 relative au concubinage et au pacte civil de solidarité*, LGDJ, 2002, p. 37 ; du même auteur (ss dir.), *La notion juridique de couple*, Economica, 1998. – X. Labbée, *Le droit commun du couple*, Presses universitaires du Septentrion, 3e éd., 2012. – J. Hauser, *La concurrence des formes juridiques de vie en couple : Dr. famille* 2000, étude 12.
- Plus récemment, la réflexion a encore été renouvelée, à la fois en raison de la modification du régime juridique du pacte civil de solidarité, opérée par la loi n° 2006-728 du 23 juin 2006, qui a transformé ce contrat en « quasi-mariage » (selon l'expression, très juste, de Ph. Simler et P. Hilt, *in Le nouveau visage du PACS : un quasi-mariage : JCP* G 2006, I, n° 161) ; puis à l'occasion des intenses réflexions ayant précédé, accompagné et suivi l'adoption de la loi n° 2013-404 du 17 mai 2013, ouvrant le mariage et l'adoption aux personnes de même sexe. Cf. en particulier : H. Fulchiron, *Le partenariat est-il soluble dans le mariage (et réciproquement) ?*, in *Mél. J. Hauser*, Dalloz, LexisNexis, 2012, p. 128. – J. Béguin, *Réflexions sur la concurrence entre le mariage et le PACS : JCP* G 2011, n°s 1-2, act. 2. – S. Fulli-Lemaire, *La raison d'être du mariage au début du 21e siècle*, in *Les piliers du droit civil, Famille, Propriété, Contrat*, ss dir. N. Laurent-Bone, N. Pose et V. Simon, éd. Mare et Martin, 2014, p. 61 ; pour des approches comparatistes, cf. J. Flaus-Diem et G. Faure (ss dir.), *Du PACS aux nouvelles conjugalités, où en est l'Europe ?*, PUF, 2005. – J. Pousson-Petit, *Couples conjugaux et pluralismes culturels et juridiques en Europe*, in *Mél. C. Neirinck*, LexisNexis, 2015, p. 385.

CHAPITRE 1

LE PACTE CIVIL DE SOLIDARITÉ

469. – **Historique.** Le pacte civil de solidarité, communément désigné par l'acronyme PACS, est issu des revendications homosexuelles des années 1990, en France. Elles furent elles-mêmes inspirées d'exemples de législations étrangères – belge, danoise et hollandaise – qui créèrent assez tôt des règles spécifiques aux « partenariats enregistrés ». En ce domaine, les États d'Europe du Nord furent en effet les premiers à consacrer des partenariats enregistrés[(1)], dès 1989 pour le Danemark, puis en 1993 en Norvège, en 1994 en Suède, en 1996 en Islande. La particularité de ces premières formes historiques de partenariats enregistrés concerne leur ouverture aux seuls couples homosexuels. Il s'agissait ce faisant d'accorder une reconnaissance juridique et des droits et obligations aux couples de personnes de même sexe exclusivement, afin de créer un véritable statut à côté du mariage. Suivent ensuite d'autres États comme la Hongrie et les Pays-Bas qui, à leur tour, réglementent les partenariats enregistrés en 1997, mais en créant un statut ouvert aussi bien aux hétérosexuels qu'aux homosexuels. En créant le pacte civil de solidarité en 1999, la France s'inscrit dans le sillage de ces deux États. La liste des États européens qui réglementeront le partenariat enregistré ne cessera par la suite de s'étoffer en comptant notamment l'Allemagne et le Portugal en 2001, la Finlande en 2002, le Luxembourg en 2004, la Slovénie et le Royaume-Uni en 2005, la République tchèque en 2006, l'Autriche en 2010 et l'Irlande en 2011. Le Code civil italien réglemente quant à lui le partenariat enregistré, ouvert aux homosexuels, depuis une loi du 20 mai 2016[(2)].

La Cour européenne des droits de l'homme s'intéresse avec vigilance aux législations nationales qui créent et réglementent les partenariats enregistrés. La Grèce l'apprit aux dépens de sa loi du 26 novembre 2008 de « réformes concernant la famille, les enfants et la société ». Le texte institua pour la première fois une forme juridique de vie en couple, à côté du mariage, intitulée le « pacte de

(1) Sur cette évolution et les aspects de droit comparé, cf. A.-C. Réglier, *L'appréhension de la famille européenne*, thèse, Aix-Marseille Université, 11 déc. 2013, ss dir. A. Leborgne, spéc. n° 97.1.

(2) L. 20 mai 2016, n° 76 : *Gazzetta Ufficiale*, Serie Generale n° 118, 21 mai 2016 ; commenté par J. Couard in *Dr. famille* 2016, alerte 63. Ces unions civiles doivent être contractées devant un officier d'état civil en présence de deux témoins. Ouverte aux couples de personnes de même sexe et de sexe différent, et aux transsexuels, l'union civile ne saurait cependant être conclue entre des personnes unies par un lien de parenté ou par une personne souffrant d'infirmité mentale, selon la formule de l'article 1.4 de la loi. Sauf choix contraire des partenaires, un régime de communauté de biens s'applique. Les partenaires peuvent porter le même nom de famille. Une obligation d'assistance morale et matérielle est créée et, à l'exception de l'adoption, les règles applicables aux époux concernent les partenaires.

vie commune », caractérisée par un régime juridique relativement étoffé comportant une obligation alimentaire entre membres du couple ou, encore, une présomption de paternité. Pour autant, ce fameux pacte de vie commune se singularisait également en étant réservé exclusivement aux couples de personnes de sexe différent, excluant ainsi les homosexuels du dispositif. La condamnation de la Grèce(3) s'opère par une formule particulièrement sévère, la Cour jugeant qu'« à supposer même que l'intention du législateur ait été de renforcer la protection juridique des enfants nés hors mariage et indirectement l'institution du mariage, il reste qu'il a introduit (...) une forme de partenariat civil, à savoir le "pacte de vie commune", lequel exclut les couples de même sexe alors qu'il permet aux couples hétérosexuels, que ceux-ci aient ou non des enfants, de réglementer de nombreux aspects de leurs relations »(4), ce qui constitue une violation de l'article 8 de la Convention. Pour ce faire, elle constate l'existence d'une tendance, qualifiée de « claire », car « à deux exceptions près, lorsqu'un État membre du Conseil de l'Europe décide d'édicter une loi instituant un nouveau système de partenariat enregistré qui constitue une alternative au mariage pour les couples non mariés, les couples de même sexe y sont inclus »(5).

470. - **Définition.** Le Code civil lui-même définit le pacte civil de solidarité comme un contrat conclu entre deux personnes physiques majeures, de sexe différent ou de même sexe, pour organiser leur vie commune(6).

471. - **Nature contractuelle.** Il ressort clairement de la définition qui vient d'être rappelée que le pacte civil de solidarité a une nature contractuelle. En ce sens, le lien de couple que permet de créer le pacte civil de solidarité repose sur un acte juridique, comme en matière de mariage. Le concubinage quant à lui n'est qu'un fait juridique(7). Par conséquent, en matière de pacte civil de solidarité, les effets juridiques sont préalablement déterminés par une manifestation de volontés.

472. - **Évolution législative : rapprochement du mariage.** Le pacte civil de solidarité a été établi par une loi n° 99-944 du 15 novembre 1999 qui, en son temps, donna lieu à des débats parlementaires houleux. De cette agitation fut issu un régime assez mal conçu comportant même des mécanismes inédits et dangereux(8). Si bien que le Conseil constitutionnel dut procéder, dans le cadre d'un contrôle *a priori* et grâce à la méthode des réserves d'interprétation(9), à une véritable « réécriture »(10) du régime juridique initialement adopté par le Parlement. En dépit des efforts déployés par les sages de la rue de Montpensier, l'édifice juridique demeurait fragile et porteur de nombreuses incertitudes. Une modification du régime était nécessaire. Elle est intervenue à l'occasion de

(3) CEDH, Gde ch., 7 nov. 2013, aff. 29381/09 et 32684/09, *Vallianatos c/ Grèce* : *RJPF* 2014-1/16 ; *D.* 2013, 2888, note E. Laffaille.
(4) § 88.
(5) § 91.
(6) C. civ., art. 515-1.
(7) V. *infra*, n°s 541 et s.
(8) On songe ici à l'indivision en matière de PACS, sur laquelle, cf. Beignier, *PACS et indivision : visite aux enfers : Defrénois* 2000, 620. – Y. Flour, *Brèves remarques sur l'indivision entre partenaires d'un pacte civil de solidarité : Gaz. Pal.* 1999, doctr. p. 284. – G. Champenois, *Les présomptions d'indivision dans le PACS*, in *Mél. J. Rubellin-Devichi*, *op. cit.*, p. 83. – Ph. Simler, *Le régime matrimonial des concubins*, in *Mél. J. Rubellin-Devichi*, *op. cit.*, p. 75. – J. Charlin, *La fameuse indivision de l'article 515-5 du Code civil : JCP* N 2000, 1851.
(9) Sur laquelle, cf. Th. Di Manno, *Le juge constitutionnel et la technique des décisions « interprétatives » en France et en Italie*, Economica, 1997.
(10) Cf. sur ce point, N. Molfessis, *La réécriture de la loi relative au PACS par le Conseil constitutionnel : JCP* G 2000, I, 210. – G. Drago, *La Constitution en « réserves ». Commentaire de la décision du Conseil constitutionnel du 9 novembre 1999 portant sur la loi relative au pacte civil de solidarité : Dr. famille* déc. 1999, n° hors-série, p. 46.

la réforme du droit des successions et libéralités par la loi n° 2006-728 du 23 juin 2006. Ce texte, d'une importance capitale en droit patrimonial de la famille, a permis de corriger les graves imperfections que comportait le régime juridique initial, rapprochant ainsi davantage le pacte civil de solidarité du mariage. Un véritable « quasi-mariage » a en effet été créé par la loi n° 2006-728 du 23 juin 2006 qui ne s'est pas contentée de mettre fin à la dangereuse présomption d'indivision initialement prévue, mais a renforcé le socle d'obligations qui s'impose aux couples choisissant cette forme d'organisation patrimoniale. Une sorte de « régime primaire impératif » qui ressemble à celui qui caractérise le droit des régimes matrimoniaux a ainsi été créé, au point que certains auteurs évoquent désormais un « régime pacsimonial » ou encore un « régime patrimonial ». Le rapprochement du pacte civil de solidarité vers le mariage ne provient pas seulement de la législation civile. En raison de son objet, qui consiste à organiser les relations patrimoniales d'un couple, le pacte civil de solidarité s'avère intimement lié au droit fiscal.

Ce sont enfin des modifications du Code de l'organisation judiciaire qui, d'une certaine manière, ont encore rapproché le pacte civil de solidarité du mariage. La loi n° 2009-526 du 12 mai 2009 de simplification du droit a en effet donné compétence matérielle au juge aux affaires familiales pour statuer sur la liquidation des intérêts patrimoniaux et les indivisions des couples de partenaires et de concubins. Il en résulte que le juge aux affaires familiales devient, aux termes de cette disposition, le magistrat non seulement du divorce mais, plus largement, des conséquences patrimoniales de tous les couples, sans distinction. Une telle unité procédurale participe d'un rapprochement plus large du pacte civil de solidarité vers le mariage. Parallèlement, le législateur a procédé à un mouvement inverse de rapprochement du mariage vers le pacte civil de solidarité, en permettant l'accès à l'institution matrimoniale pour les personnes de même sexe, faisant perdre ainsi au mariage sa spécificité. Partant, certains auteurs considèrent désormais que le pluralisme juridique des formes de vie en couple n'a plus guère de signification et qu'il conviendrait de consacrer une seule et unique organisation de la vie conjugale[(11)].

473. – **Limites au rapprochement.** Malgré l'évident rapprochement du mariage et du pacte civil de solidarité qui vient d'être décrit, toute distinction entre ces deux formes de vie en couple n'a pas disparu. Outre les différences quant aux modes de formation du mariage qui témoignent d'une grande souplesse des formalités de conclusion d'un pacte civil de solidarité, les conséquences de la dissolution de ces deux formes de vie en couple ne sauraient se confondre. Le propos se vérifie aussi bien pour la dissolution par décès que suite à une rupture. En cas de divorce par exemple, l'époux qui souffre d'une disparité créée par la rupture du mariage pourra solliciter l'attribution d'une prestation compensatoire. La loi ne prévoit rien d'équivalent en matière de pacte civil de solidarité. Dans un ordre d'idées voisin, seuls les époux pourront bénéficier du statut légal

(11) Cf. *supra*, prolongement bibliographique sous n° 468.

de conjoint survivant et de ses incidences juridiques et fiscales. Les partenaires liés par un pacte civil de solidarité devront quant à eux, pour obtenir une protection en cas de décès, se consentir des libéralités croisées. La principale distinction concerne donc le domaine personnel, puisque l'adoption de l'enfant d'un membre du couple par l'autre membre du couple, avec partage de l'autorité parentale, n'est possible que pour les couples mariés, aux termes de l'article 365 du Code civil. Saisi dans le cadre d'une question prioritaire de constitutionnalité invoquant un grief d'atteinte à l'égalité, le Conseil constitutionnel a jugé la disposition conforme aux droits et libertés garantis par la Constitution[(12)]. Dans le domaine plus inattendu de l'incapacité à témoigner lors de l'établissement d'un testament authentique, la Cour de cassation a également pu rappeler, non sans une certaine solennité, que « l'alliance étant établie par le seul effet du mariage, la qualité de partenaire d'un pacte civil de solidarité n'emporte pas incapacité à être témoin lors de l'établissement d'un testament authentique instituant l'autre partenaire légataire »[(13)].

474. – **Statistiques.** Selon les données chiffrées fournies par le ministère de la Justice[(14)], il apparaît de manière évidente que le pacte civil de solidarité connaît un certain succès. Pour l'année 2016 en effet, ce sont 192 000 pactes qui ont été conclus[(15)], dont 7 000 pactes entre personnes de même sexe. Pour mémoire, rappelons que pour l'année 2016, le nombre de mariages[(16)] entre personnes de sexe différent s'est élevé à 225 612. Pour la même année, 7 113 mariages entre personnes de même sexe ont été célébrés. Le ministère de la Justice a recensé 79 386 ruptures[(17)]. Enfin, pour l'année 2015, il apparaît que 16 % des pactes civils de solidarité ont été conclus et enregistrés chez un notaire.

(12) Cons. const., 6 oct. 2010, n° 2010-39 QPC : *Dr. famille* 2010, repère 10, obs. V. Larribau-Terneyre ; *JCP* G 2010, n° 1145, note A. Gouttenoire et C. Radé ; *AJF* 2010, 487, note F. Chénedé ; *RTD civ.* 2010, 776, obs. J. Hauser. Cf. en particulier le considérant 9 : « qu'en maintenant le principe selon lequel la faculté d'une adoption au sein du couple est réservée aux conjoints, le législateur a, dans l'exercice de la compétence que lui attribue l'article 34 de la Constitution, estimé que la différence de situation entre les couples mariés et ceux qui ne le sont pas pouvait justifier, dans l'intérêt de l'enfant, une différence de traitement quant à l'établissement de la filiation adoptive à l'égard des enfants mineurs ». – *Adde*, sur l'ensemble de la question : C. Tzutzuiano, *L'adoption simple des couples homosexuels, au cœur d'un croisement des contrôles* : *Dr. famille* 2011, étude 17.

(13) Cass. 1re civ., 28 févr. 2018, n° 17-10.876 : *Dr. famille* 2018, comm. 120, note J.-R. Binet. Il est intéressant de noter que la cassation intervient ici pour violation de l'article 975 du Code civil, l'arrêt d'appel ayant jugé, manifestement sensible au rapprochement entre PACS et mariage, que « en l'état de l'évolution de la société et des nouvelles formes de conjugalités, il convient d'inclure dans la notion d'allié (au sens de l'article 975 du Code civil) le partenaire afin de respecter l'esprit protecteur de l'article 975 du Code civil ». Cette disposition frappe d'une incapacité d'être témoin lors de l'établissement d'un testament authentique, les légataires, leurs parents ou alliés jusqu'au quatrième degré inclusivement.

(14) Ces statistiques sont réalisables grâce au recueil de données chiffrées auquel les tribunaux d'instance ou les notaires qui enregistrent la déclaration sont tenus de procéder ; cf. sur cette obligation : L. n° 99-944, 15 nov. 1999, mod. par L. n° 2011-331, 28 mars 2011, art. 14-1. Ces statistiques, dérogatoires au regard des dispositions de la loi n° 78-17 du 6 janvier 1978 relative à l'informatique, aux fichiers et aux libertés, distinguent les données relatives aux pactes conclus : entre des personnes de sexe différent, entre des personnes de sexe masculin et entre des personnes de sexe féminin.

(15) INSEE, *Tableaux de l'économie française*, 2016.

(16) Source : *INSEE Résultats*, Les mariages en 2016, sur le site de l'INSEE. *Adde*, pour l'année 2012 et de manière plus détaillée : *INSEE Résultats* févr. 2013, n° 140, sur lesquels, V. V. Égéa in *Dr. famille* 2013, alerte 18.

(17) Source pour l'année 2015 : site du ministère de la Justice (ministère de la Justice / SG / SDSE-RGC et fichier des notaires). Le nombre de divorces s'est quant à lui élevé pour l'année 2015 à 123 668 (source : Ministère de la Justice / SG / SDSE / Exploitation statistique du RGC).

Prolongement statistique

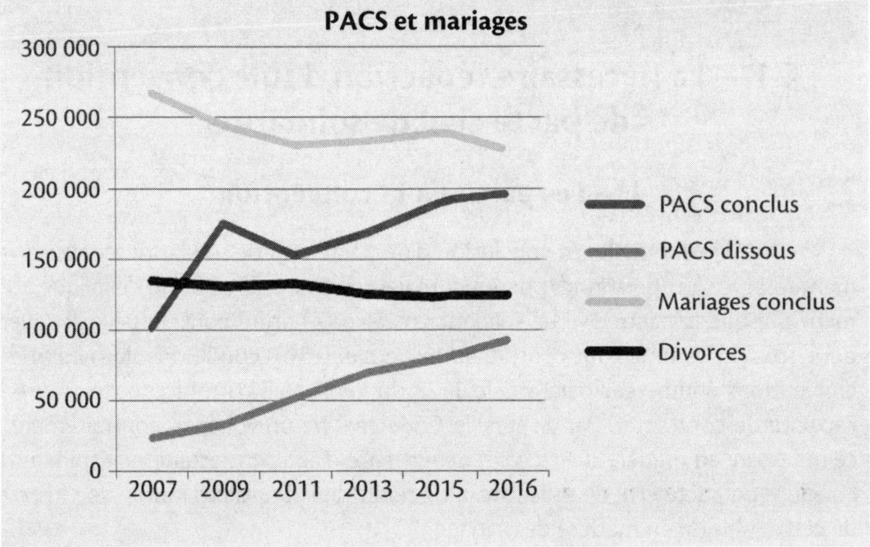

Bibliographie

- W. Baby, *Les effets patrimoniaux du PACS. L'invention d'une nouvelle forme de conjugalité*, Defrénois-Lextenso, coll. « Doctorat et notariat », 2013, t. 51.
- H. Bosse-Platière, *Indivision et communauté dans le régime des biens aujourd'hui*, in *Mél. en l'honneur du Professeur G. Goubeaux*, Dalloz-LGDJ, 2009, p. 37.
- H. Fulchiron, *Le nouveau PACS est arrivé ! : Defrénois* 2006, 1647.
- H. Fulchiron, *Le partenariat est-il soluble dans le mariage (et réciproquement) ?*, in *Mél. J. Hauser*, éd. LexisNexis et Dalloz, 2012, 125.
- J.-F. Pillebout et F. Collard, *Le PACS : Pacte civil de solidarité*, LexisNexis, 2016.
- Ph. Simler et P. Hilt, *Le nouveau visage du PACS : un quasi-mariage : JCP* G 2006, I, 161.

SECTION 1

LA FORMATION DU PACTE CIVIL DE SOLIDARITÉ

475. – **Mention sur les actes de l'état civil.** Les personnes qui entendent conclure un pacte civil de solidarité doivent en faire la déclaration soit au greffe du tribunal d'instance dans le ressort duquel elles fixent leur résidence commune, soit au notaire qui a rédigé l'acte. Le greffier comme le notaire doit procéder à l'enregistrement du pacte civil de solidarité et reste tenu d'effectuer les formalités

de publicité. En effet, la conclusion d'un pacte civil de solidarité sera mentionnée en marge des actes de naissance des partenaires.

§ 1. – La nécessaire rédaction d'une convention de pacte civil de solidarité

I. – Les parties à la convention

476. – **Majorité civile.** La conclusion d'un pacte civil de solidarité est exclusivement réservée aux personnes physiques majeures. Une telle solution s'explique aisément puisque le pacte civil de solidarité revêt une nature contractuelle. Il s'avère donc soumis, comme tout contrat, au respect des trois conditions de validité des conventions énumérées par l'article 1128 du Code civil parmi lesquelles figure la capacité de contracter. Par ailleurs, le Code civil ne prévoit pas, contrairement à ce qui existe en matière de mariage, de dispense d'âge permettant à un mineur de conclure un pacte civil de solidarité. Il ne serait sans doute pas inutile de s'inspirer de cette solution en matière de mariage[18].

477. – **Majeurs protégés.** Des règles assez subtiles régissent la conclusion d'un pacte civil de solidarité par une personne majeure protégée, c'est-à-dire faisant l'objet d'une mesure de tutelle ou de curatelle. Sans surprise, la personne placée sous un régime de protection doit exprimer sa volonté de conclure un pacte civil de solidarité[19], ce qui exclut les situations dans lesquelles le majeur protégé serait par exemple plongé dans le coma.

Deux éclaircissements doivent ici être opérés.

Le premier éclaircissement nécessaire concerne la distinction entre tutelle et curatelle, habituellement assez nette, qui s'estompe quelque peu lorsqu'il s'agit de la conclusion d'un pacte civil de solidarité. L'article 461 du Code civil dispose en effet que la personne en curatelle ne peut, sans l'assistance du curateur, signer la convention par laquelle elle conclut un pacte civil de solidarité. Sur ce point, la nécessité d'une assistance par le curateur ne surprend guère puisque la curatelle se définit précisément comme étant un régime fondé sur le mécanisme de l'assistance[20]. L'assistance est en revanche plus surprenante lorsqu'elle intervient dans le régime de la tutelle puisque ce dernier repose en principe sur une représentation du majeur protégé par le tuteur[21]. L'article 462 du Code civil prévoit pourtant, en son alinéa deuxième, que l'intéressé est assisté de son tuteur lors de la signature de la convention. Ainsi, bien qu'il s'agisse d'une tutelle, le tuteur assume ici une tâche d'assistance et non de représentation. Au demeurant, pour pouvoir valablement assister de la sorte

(18) Sur la nécessité de supprimer les dispenses en matière de respect de l'âge nuptial et l'inopportune possibilité de permettre le mariage de mineurs : V. *supra*, n°s 92 et 93.

(19) V. par ex., Cass. 1re civ., 15 nov. 2017, n° 16-24.832 : *JCP* G 2018, doctr. 228, spéc. n° 2, obs. M. Lamarche.

(20) L'assistance signifie concrètement que le curateur intervient à l'acte aux côtés du curatélaire. Ce dernier signe l'acte et le curateur appose son contreseing.

(21) La représentation signifie concrètement que le tuteur en tant que représentant du majeur protégé agit comme un mandataire de celui-ci, c'est-à-dire qu'il passe l'acte au nom, pour le compte et à sa place du tutélaire. Ce dernier n'appose plus sa propre signature sur l'acte.

le majeur protégé lors de la signature du pacte civil de solidarité, le tuteur doit préalablement obtenir une autorisation. L'article 462, alinéa 1er du Code civil dispose en effet que la conclusion d'un pacte civil de solidarité par une personne en tutelle est soumise à l'autorisation du juge ou du conseil de famille s'il a été constitué(22), après audition des futurs partenaires et recueil, le cas échéant, de l'avis des parents et de l'entourage. Les proches ont pour fonction ici, comme souvent dans le déroulement d'une mesure de protection(23), d'éclairer le juge des tutelles pour lui permettre de prendre une ordonnance la plus conforme aux intérêts du majeur. Il ne saurait être question pour eux de disposer d'une sorte de droit de veto leur permettant de faire échec au projet de PACS(24).

Le second éclaircissement nécessaire concerne la distinction établie dans le Code civil entre la signature du pacte civil de solidarité et son enregistrement. Si, dans le régime de la tutelle et de la curatelle, l'assistance s'avère nécessaire, elle ne l'est cependant que pour la signature de la convention d'un pacte civil de solidarité. En ce qui concerne en revanche la déclaration de pacte civil de solidarité auprès de l'officier de l'état civil ou devant le notaire instrumentaire, aucune assistance ni représentation n'est requise, précisent les articles 461 et 462 du Code civil.

478. - **Empêchements à PACS.** Comme en matière de mariage, la conclusion d'un pacte civil de solidarité n'est possible qu'entre des personnes qui n'appartiennent pas au même groupe familial. Ceci démontre au demeurant que le PACS a bien été conçu initialement comme un contrat ayant pour objet l'organisation d'une vie de couple(25), même si l'évolution prétorienne récente tend à en faire un contrat entre deux personnes entretenant une communauté de vie(26). Lors de la création du PACS, la précision d'empêchements à PACS s'avérait fort utile puisque dans les années 1990, certains projets suggéraient de prévoir un possible pacte d'intérêt commun non seulement entre membres d'un couple, mais aussi entre deux

(22) En pratique, la constitution du conseil de famille demeure très rare. Habituellement, c'est une tutelle simple qui est mise en place dans laquelle le tuteur sollicite du juge des tutelles l'autorisation de passer seul les actes graves qui intéressent le majeur protégé.

(23) Sur le rôle de la famille dans une mesure de protection, cf. not. V. Egéa, La place de la famille dans les procédures en matière de d'incapacité, in R. Desgorces et S. Moisdon-Chataigner, dir., *Procédures, majeurs protégés et juge au XXIe siècle*, colloque Rennes, 16 juin 2017, à paraître. - J. Hauser, Réforme des tutelles. Les acteurs de la protection : la famille et l'incapable majeur : *AJ fam.* 2007, 198. - F. Fresnel, Le rôle de la famille dans le cadre de la nouvelle loi sur la protection des majeurs : *AJ fam.* 2009, 16. - K. Lefeuvre, La place de la famille dans la loi du 5 mars 2007 portant réforme de la protection juridique des majeurs, in *Protéger les majeurs vulnérables*, dir. K. Lefeuvre et S. Moisdon-Chataigner, éd. Presses de l'EHESP, p. 31.

(24) En ce sens : Cass. 1re civ., 15 nov. 2017, n° 16-24.832 : *JCP* G 2018, doctr. 228, spéc. n° 2, obs. M. Lamarche.

(25) Cf. Cons. const., 9 nov. 1999, n° 99-419 DC, consid. 26 : « Considérant qu'il résulte de ces dispositions, éclairées par les débats parlementaires à l'issue desquels elles ont été adoptées, que la notion de vie commune ne couvre pas seulement une communauté d'intérêts et ne se limite pas à l'exigence d'une simple cohabitation entre deux personnes ; que la vie commune mentionnée par la loi déférée suppose, outre une résidence commune, une vie de couple, qui seule justifie que le législateur ait prévu des causes de nullité du pacte qui, soit reprennent les empêchements à mariage visant à prévenir l'inceste, soit évitent une violation de l'obligation de fidélité découlant du mariage ; qu'en conséquence, sans définir expressément le contenu de la notion de vie commune, le législateur en a déterminé les composantes essentielles ».

(26) Dans une affaire où deux hommes, menant une vie commune, souhaitaient conclure un PACS, alors qu'ils reconnaissaient que le lien qui les unissait correspondait à celui d'un père pour son fils du fait de leur écart d'âge important (44 ans), la Cour de cassation casse pour violation des articles 515-1 et 515-2, 1° du Code civil, un arrêt d'appel ayant refusé d'autoriser la conclusion du PACS par l'homme le plus âgé, placé sous le régime de la curatelle renforcée, au motif que la notion de filiation est étrangère à celle de couple. Sur la cassation de cet arrêt d'appel et ses incidences, V. *infra*, n° 479.

membres d'une même fratrie(27), c'est-à-dire entre un frère et une sœur par exemple. Une telle proposition n'a pas été consacrée dans le Code civil. Ainsi l'article 515-2 dispose qu'à peine de nullité, il ne peut y avoir de pacte civil de solidarité entre ascendant et descendant en ligne directe, entre alliés en ligne directe et entre collatéraux jusqu'au troisième degré inclus. Le Conseil constitutionnel, lors de son contrôle *a priori* de la constitutionnalité de la loi, jugea d'ailleurs qu'eu « égard à la nature des empêchements édictés par l'article 515-2 du Code civil, justifiés notamment par les mêmes motifs que ceux qui font obstacle au mariage, la nullité prévue par cette disposition ne peut être qu'absolue »(28).

479. - **Une vie commune, sans nécessité de relations sexuelles.** En attribuant pour finalité au contrat de PACS l'organisation d'une vie commune, l'article 515-1 du Code civil suscita une interrogation à laquelle répondit le Conseil constitutionnel : les partenaires concluant un PACS doivent-ils simplement mener une vie commune ou bien doivent-ils entretenir une relation de couple ? Autrement dit, les partenaires doivent-ils entretenir des relations sexuelles entre eux ? Dans une réserve d'interprétation très commentée, le Conseil constitutionnel apporta une réponse affirmative à cette interrogation en se fondant sur les empêchements à PACS édictés par le Code civil. La Cour de cassation s'est par la suite détachée de cette interprétation, en se fondant sur une interprétation littérale des articles du Code civil(29). Désormais, un pacte civil de solidarité peut être conclu entre deux personnes qui ne forment pas nécessairement un couple, c'est-à-dire n'entretiennent pas de relations sexuelles entre elles, à la double condition d'existence d'une vie commune et d'absence de tout empêchement légal à la conclusion d'une PACS. La conclusion d'un PACS suppose donc l'existence d'une vie commune qui, en général, correspond à une vie de couple, mais pas nécessairement. Tel était singulièrement le cas dans les faits ayant donné lieu à l'arrêt du 8 mars 2017, où deux hommes menaient depuis plus de vingt-quatre ans une vie commune, en reconnaissant que le lien les unissant correspondait à celui d'un père pour son fils, en raison de leur écart d'âge important, de quarante-quatre ans. La vie commune devient donc, à l'issue de cette évolution jurisprudentielle, la condition essentielle du PACS. Les causes indirectes d'une telle interprétation des textes résident sans doute dans l'adoption de la loi relative au mariage dit « pour tous »(30). En effet, lorsque le Conseil constitutionnel émit la réserve d'interprétation consacrant la condition de vie de couple dans le PACS, les couples de personnes de même sexe ne disposaient pas du droit de se marier. La consécration du PACS dans le Code civil visait précisément à pallier le manque d'organisation juridique des relations patrimoniales entre personnes de même sexe, tout en réservant l'institution du mariage aux seuls couples de personnes de sexe différent. Ériger la vie de couple en condition d'accès au PACS demeurait donc tout à fait conforme à l'intention législative de cette époque. La vie de couple devient,

(27) Cf. J. Hauser, *Du PIC au PACS : expertise génétique d'une loi* : *Dr. famille* 1999, n° hors-série, p. 255.
(28) Cons. const., 9 nov. 1999, n° 99-419 DC, consid. 27.
(29) Cass. 1re civ., 8 mars 2017, n° 16-18.685 : *AJF* 2017, 363, obs. P. Hilt ; sur cet arrêt : M. Saulier, *À quoi sert le PACS ?* : *D.* 2017, 1292.
(30) Cf. not. en ce sens : P. Hilt, obs. ss Cass. 1re civ., 8 mars 2017, n° 16-18.685 : *AJF* 2017, 363.

de manière mécanique, moins essentielle dans le PACS à partir du moment où les couples de personnes de même sexe disposent désormais du droit de se marier. Envisagée sous cet angle, la décision fort critiquée du 8 mars 2017 ne paraît pas incongrue car elle consacre une sorte de pluralisme des formes juridiques de vie en couple qui peut s'avérer opportune. Le mariage est une institution qui suppose une vie de couple, comme le démontrent les hypothèses de nullité du mariage pour impuissance, alors que le PACS ne constitue qu'un contrat ayant pour objet l'organisation de la vie commune de deux personnes qui, le plus souvent, entretiennent des relations de couple.

Cass. 1re civ., 8 mars 2017, n° 16-18.685 : *AJF* 2017, 363, note P. Hilt

Vu les articles 515-1 et 515-2, 1°, du Code civil ;

Attendu que, selon le premier de ces textes, un pacte civil de solidarité est un contrat conclu par deux personnes physiques majeures, de sexe différent ou de même sexe, pour organiser leur vie commune ; que, selon le second, il ne peut, à peine de nullité, y avoir de pacte civil de solidarité entre ascendant et descendant en ligne directe, entre alliés en ligne directe et entre collatéraux jusqu'au troisième degré ;

Attendu, selon l'arrêt attaqué, que M. X..., né le 25 mars 1926, sous curatelle renforcée, a saisi le juge des tutelles d'une demande tendant à être autorisé à conclure un pacte civil de solidarité avec M. Y..., à la suite du refus de son curateur de l'assister dans cette démarche ;

Attendu que, pour rejeter la demande, l'arrêt retient que la notion de filiation est étrangère à celle de couple et que la définition de leur relation par MM. Y... et X... ne correspond pas à celle du pacte civil de solidarité, les intéressés ayant déclaré que le lien qui les unissait était celui d'un père à son fils, du fait de leur écart d'âge important, de quarante-quatre ans ;

Qu'en statuant ainsi, alors qu'elle constatait, d'une part, l'existence d'une vie commune de vingt-quatre ans entre les intéressés, d'autre part, l'absence de tout empêchement légal à la conclusion d'un pacte civil de solidarité, la cour d'appel, qui n'a pas tiré les conséquences légales de ses constatations, a violé les textes susvisés ;

PAR CES MOTIFS :

CASSE ET ANNULE, en toutes ses dispositions, l'arrêt rendu le 8 septembre 2015, entre les parties, par la cour d'appel de Riom ; remet, en conséquence, la cause et les parties dans l'état où elles se trouvaient avant ledit arrêt et, pour être fait droit, les renvoie devant la cour d'appel de Lyon ;

480. – **Exigence d'un « PACS unique ».** Démontrant une nouvelle fois que le pacte civil de solidarité a bien pour finalité l'organisation d'une relation de couple, l'article 515-2, 2° du Code civil prévoit qu'à peine de nullité, il ne peut y avoir de pacte civil de solidarité entre deux personnes dont l'une au moins est engagée dans les liens du mariage. Au demeurant le mariage d'un partenaire, avec son partenaire ou avec une tierce personne, constitue l'une des causes de dissolution du pacte civil de solidarité. Pour une personne mariée, le mariage évince la possibilité de conclure un PACS. Dans un ordre d'idées voisin, il ne saurait, sous une même sanction de nullité absolue, y avoir de pacte civil de solidarité entre deux personnes dont l'une au moins est déjà liée par un pacte civil de solidarité. Comme en ce qui concerne les empêchements à pacte civil de solidarité tirés des liens familiaux, c'est une nullité absolue qui vient sanctionner ici ces empêchements.

II. – Les formes de la convention

481. – **Nécessité d'un écrit.** L'article 515-3, alinéa 3 du Code civil exige que les personnes qui concluent un pacte civil de solidarité produisent, à peine d'irrecevabilité, au

greffier du tribunal d'instance la convention passée entre elles(31). La convention peut être rédigée sous seing privé ou dans un acte notarié. Elle n'est pas conservée par le greffier qui se contente simplement de viser la convention, de la dater et de la restituer aux partenaires(32). Ce système, issu de la loi n° 2006-728 du 23 juin 2006, s'avère assurément plus simple que celui initialement organisé par la loi du 15 novembre 1999. L'ancien article 515-3 du Code civil imposait, à peine d'irrecevabilité, la production en double original de la convention passée entre eux. Ils devaient aussi joindre les pièces d'état civil permettant d'établir la validité de l'acte au regard de l'article 515-2 du Code civil ainsi qu'un certificat du greffe du tribunal d'instance de leur lieu de naissance attestant qu'elles n'étaient pas déjà liées par un pacte civil de solidarité.

482. – **Diversité des formes.** En matière de pacte civil de solidarité, la convention par laquelle les partenaires organisent leur vie commune peut être rédigée sous seing privé (A), par acte d'avocat (B) ou par acte notarié (C).

A. – Le pacte civil de solidarité rédigé sous seing privé

483. – **Par les partenaires eux-mêmes.** Le pacte civil de solidarité peut parfaitement être rédigé sous seing privé. En effet, le Code civil n'impose que la présence d'une convention écrite, peu importe la forme de celle-ci. Dans l'hypothèse d'une convention rédigée sous seing privé, on peut raisonnablement penser que les exigences élémentaires, telles que la date ou la signature de la convention, s'imposent.

484. – **Autojuridication.** La rédaction d'un pacte civil de solidarité sous seing privé ne va pas sans exposer les partenaires (ou futurs partenaires) à des dangers et à des risques de déconvenues, notamment lorsqu'ils téléchargent un acte-type sur internet. Comme l'automédication, l'autojuridication(33) présente l'inconvénient de ne pas correspondre exactement à la situation de celui qui s'y adonne. Dans ces hypothèses, les partenaires ne bénéficient pas, par définition, des conseils d'un professionnel du droit. La convention-type ainsi téléchargée et promptement complétée des noms des partenaires risque de ne pas correspondre avec exactitude à la situation personnelle, professionnelle et patrimoniale des signataires. Mieux vaut préférer le sur-mesure à un prêt-à-porter mal coupé ! Au demeurant, compte tenu des subtilités de certaines règles juridiques en matière de pacte civil de solidarité, notamment en ce qui concerne l'indivision entre partenaires, la convention-type présentera souvent l'inconvénient de ne pas suffisamment attirer l'attention des signataires sur les incidences de telle ou telle règle.

485. – **Nécessité d'un enregistrement par les partenaires eux-mêmes.** Les partenaires qui rédigent une convention de pacte civil de solidarité sous seing privé doivent faire procéder eux-mêmes à l'enregistrement du pacte auprès du greffe

(31) Le projet de loi de modernisation de la justice du 21e siècle, adopté par l'Assemblée nationale le 12 octobre 2016, prévoit que la convention soit produite à « l'officier de l'état civil de la commune dans laquelle [les partenaires] fixent leur résidence commune ».

(32) Cf. D. n° 2006-1806, 23 déc. 2006, relatif à la déclaration, la modification, la dissolution et la publicité du pacte de solidarité, art. 1er : *JO* 31 déc. 2006.

(33) Sur ce thème, cf. N. Molfessis, *Autojuridication. Comment et pourquoi les justiciables se passent de plus en plus de professionnels du droit ?*, *JCP G* 2012, doctr. 1292.

du tribunal d'instance ou, à partir du 1er janvier 2017, de l'officier de l'état civil[34]. À cette fin, ils doivent se présenter en personne devant le greffier et, désormais, devant l'officier de l'état civil[35]. Les partenaires doivent alors avoir parfaitement conscience de la date de prise d'effet du pacte de solidarité. Entre eux, le pacte civil de solidarité prend effet à compter de son enregistrement, qui lui confère date certaine[36]. À l'égard des tiers en revanche, le pacte n'est opposable qu'à compter du jour où les formalités de publicité sont accomplies. La signature du pacte par les parties ne fait pas naître immédiatement les effets de droit attachés à cette forme juridique de couple.

Prolongement pratique

Convention de PACS sous seing privé : vigilance dans la rédaction !

486. – Les futurs partenaires de pacte civil de solidarité doivent être conscients du fait que les risques juridiques sont grands en optant pour la rédaction d'une convention sous seing privé, notamment lorsque celle-ci s'inspire de modèles plus ou moins étoffés, présents sur internet. En effet, le pacte civil de solidarité ne prend pas effet avec la signature du pacte, mais :

– entre les partenaires : le pacte prend effet à compter de son enregistrement, qui lui confère date certaine ;

– à l'égard des tiers : le pacte n'est opposable qu'à compter du jour où les formalités de publicité sont accomplies.

Avec un pacte sous seing privé, les partenaires doivent eux-mêmes faire procéder à l'enregistrement du pacte, c'est-à-dire prendre contact avec le greffier du tribunal d'instance pour procéder à l'enregistrement du pacte à la date indiquée.

Dans certains tribunaux, les délais pour obtenir un tel rendez-vous sont relativement longs (plusieurs semaines, voire plusieurs mois). Pendant cette durée, il est essentiel que les partenaires ne s'imaginent pas être liés par la convention qu'ils auraient déjà signée.

C'est la raison pour laquelle on recommandera aux partenaires de procéder à la signature de la convention le jour même de son enregistrement au greffe.

Dans un ordre d'idées voisin, pour éviter toute difficulté, il convient que les partenaires évitent de passer des actes juridiques importants dans les jours qui suivent l'enregistrement de la convention, afin que les formalités d'enregistrement puissent être effectuées et que, par voie de conséquence, le pacte devienne opposable aux tiers. À défaut, des mécanismes tels que la solidarité entre les partenaires ne pourront pas être valablement invoqués.

B. – Pacte civil de solidarité par acte d'avocat

487. – **Évolution.** La convention de pacte civil de solidarité peut être également rédigée par acte d'avocat. Créé par la loi n° 2011-331 du 28 mars 2011, en marge de

(34) C. civ., art. 515-3, réd. Loi de modernisation de la Justice du 21e siècle, adoptée en lecture définitive le 12 octobre 2016 à l'Assemblée nationale.

(35) Sous réserve de l'hypothèse d'un empêchement grave. L'article 515-3, alinéa 2 du Code civil dispose en effet que « en cas d'empêchement grave, le greffier du tribunal d'instance se transporte au domicile ou à la résidence de l'une des parties pour enregistrer le pacte civil de solidarité ».

(36) C. civ., art. 515-3-1, al. 2.

la distinction traditionnelle entre acte authentique et acte sous seing privé, l'acte contresigné par un avocat constitue « une variété d'acte sous seing privé doté d'une force probante légèrement supérieure à l'acte sous seing privé "ordinaire" »(37). En effet, si l'acte contresigné par un avocat fait pleine foi de l'écriture et de la signature des parties(38), la procédure de faux prévue par le Code de procédure civile lui est applicable(39). Par ailleurs, l'acte sous seing privé contresigné par avocat est, sauf disposition dérogatoire expresse, dispensé de toute mention manuscrite exigée par la loi(40). Enfin et surtout, l'article 66-3-1 de la loi n° 71-1130 du 31 décembre 1971, dans sa rédaction issue de la loi n° 2011-331 du 28 mars 2011, dispose que « en contresignant un acte sous seing privé, l'avocat atteste avoir éclairé pleinement la ou les parties qu'il conseille sur les conséquences juridiques de cet acte »(41). Ceci s'avère essentiel s'agissant de la rédaction d'une convention de PACS.

La réforme du droit des contrats, du régime général des obligations et de la preuve des obligations, effectuée par l'ordonnance n° 2016-131 du 10 février 2016 consacre l'acte sous signature privé contresigné par avocat au nouvel article 1374 du Code civil. Il s'agit là d'une codification à droit constant des articles 66-3-2 et 66-3-3 de la loi n° 71-1130 du 31 décembre 1971, dans sa rédaction issue de la loi n° 2011-331 du 28 mars 2011. On précisera tout de même que l'article 66-3-1 de la loi n° 71-1130 du 31 décembre 1971 qui dispose qu'en « contresignant un acte sous seing privé, l'avocat atteste avoir éclairé pleinement la ou les parties qu'il conseille sur les conséquences juridiques de cet acte », n'est pas repris dans le Code civil. On ne saurait pour autant en déduire que cette obligation de l'avocat disparaît. Bien au contraire, la détermination du régime juridique de l'acte contresigné suppose de se référer, à partir du 1er octobre 2016, au Code civil, d'une part, et à la loi n° 71-1130 du 31 décembre 1971, d'autre part.

488. - **Rôle de l'avocat rédacteur d'une convention de PACS.** En apposant son contreseing, l'avocat rédacteur atteste donc avoir pleinement rempli son devoir de conseil, dans un domaine où certaines subtilités juridiques ne s'imposent pas avec la force de l'évidence. Il convient par conséquent de recommander la plus grande prudence à l'avocat qui viendrait à rédiger une convention de PACS, afin d'éviter une mise en cause ultérieure de sa responsabilité. À cette fin, on soulignera l'existence de formules publiées par certaines revues juridiques(42). Plusieurs points méritent, nous semble-t-il, de faire l'objet de clauses que nous qualifierions de « pédagogiques » parce qu'elles rappelleront les dispositions de la loi, notamment en matière d'obligation entre partenaires ou encore en ce qui concerne les causes et modalités de la rupture.

(37) J. Flour, J.-L. Aubert et E. Savaux, *Droit civil, Les obligations*, t. 3, *Régime de l'obligation*, Paris, Sirey, 2015, n° 26.

(38) L. n° 71-1130, 31 déc. 1971, portant réforme de certaines professions judiciaires et juridiques, modifiée à plusieurs reprises, notamment par la loi n° 2011-331 du 28 mars 2011, cf. plus précisément, l'article 66-3-2. La teneur de ce dernier texte est reprise, depuis le 1er octobre 2016, à l'article 1374, al. 1er du Code civil.

(39) L. n° 71-1130, 31 déc. 1971, préc., n° 66-3-2. La teneur de ce texte est reprise, depuis le 1er octobre 2016, à l'article 1374, al. 2 du Code civil.

(40) L. n° 71-1130, 31 déc. 1971, art. 66-3-3.

(41) Il convient de préciser que cette disposition demeure uniquement dans la loi n° 71-1130 du 31 décembre 1971 mais n'a nullement été reprise dans le Code civil, contrairement aux articles 66-3-2 et 66-3-3 de cette même loi qui se retrouvent à l'article 1374 du Code civil depuis le 1er octobre 2016.

(42) V., par ex., la formule proposée par Me C. Laporte, in *Dr. famille* 2013, form. 10.

Prolongement pratique

Responsabilité de l'avocat rédacteur de PACS : les clauses essentielles

489. – Afin de limiter les risques de mise en cause de sa responsabilité pour manquement au devoir de conseil tirée d'un manque d'efficacité de l'acte, l'avocat rédacteur de la convention, qui appose son contreseing sur l'acte, devra être particulièrement vigilant s'agissant de certaines clauses.

D'une part, il ne sera pas inutile d'insérer des clauses « pédagogiques » afin de rappeler expressément aux partenaires certaines prescriptions légales en matière d'obligations entre eux par exemple.

D'autre part, une vigilance soutenue doit être portée sur trois points :

– premièrement : le choix du régime des biens. Bien évidemment l'avocat rédacteur d'acte fera choisir aux partenaires entre le régime d'une stricte séparation ou d'une indivision d'acquêts. Cela étant, il ne s'agit pas seulement de se limiter à ce choix. Encore faudra-t-il préciser aux partenaires que l'indivision d'acquêts telle que prévue par l'article 515-5-1 du Code civil exclut le recours de l'un des partenaires contre l'autre au titre d'une contribution inégale.

Cela signifie qu'en l'absence de précision sur les quotes-parts respectives de chacun des partenaires, ils seront réputés propriétaires indivis par moitié. Si l'un des deux partenaires a en réalité financé seul le bien, il ne pourra pas se retourner contre son partenaire pour réclamer le remboursement de ce financement supplémentaire.

L'attention des partenaires doit expressément être attirée sur ce point, afin d'éviter que suite à une liquidation peu favorable au partenaire *solvens*, celui-ci ne se retourne contre l'avocat rédacteur d'acte qui aurait manqué à son devoir de conseil.

Bien évidemment, l'avocat rédacteur d'acte peut proposer aux partenaires d'exclure cette absence de recours d'un partenaire indivisaire contre l'autre. Quoique discutée, la possibilité d'une telle clause devrait être admise car elle aboutit à un retour au droit commun de l'indivision.

Une telle soumission à l'indivision de droit commun devrait bien évidemment faire l'objet d'un choix exprès dans une partie de l'acte que l'on intitulera par exemple « Régime des biens » ;

– deuxièmement : les causes et modalités de la dissolution du PACS. Il ne s'agira pas seulement ici de procéder à une clause « pédagogique » qui se bornerait à rappeler les prescriptions de la loi, en dressant la liste des différentes causes de dissolution du PACS énumérées par l'article 515-7 du Code civil (décès, mariage, rupture par déclaration conjointe, rupture unilatérale), mais de déterminer les modalités de chacune. Par exemple, la rupture amiable doit faire l'objet d'une déclaration auprès de l'officier de l'état civil ou auprès du notaire rédacteur de la convention. Dit autrement, les partenaires devront comprendre à l'issue de la lecture de cette clause qu'une simple séparation de fait ne met pas fin aux effets juridiques du PACS, même si la vie séparée se prolonge. Le PACS ne prendra fin qu'à l'accomplissement des formalités indiquées. D'où l'intérêt de les rappeler dans une clause.

Il en va de même pour la rupture unilatérale. Les modalités de cette rupture doivent être expressément indiquées dans une clause, c'est-à-dire que cette stipulation précisera que le PACS ne cessera de produire ses effets que si celui qui quitte l'autre fait signifier cette rupture unilatérale. Un acte d'huissier est donc imposé. Le rédacteur de la convention de PACS prendra soin de le rappeler. Faute de signification et sans remise d'une copie de la signification à l'officier de l'état civil, les effets juridiques du pacte perdurent ;

– troisièmement : la précision de la date de cessation du PACS. Ceci est lié à ce qui vient d'être dit sur les causes et modalités de dissolution du PACS. Le rédacteur de la convention de PACS devra prendre soin de bien rappeler les dates de cessation du PACS, dans l'une des stipulations rédigées, en distinguant, d'une part, la dissolution du pacte entre les partenaires qui prend effet au jour de son enregistrement et, d'autre part, l'opposabilité de la dissolution aux tiers. En effet, la dissolution du pacte civil de solidarité est opposable aux tiers à partir du jour où les formalités de publicité ont été accomplies.

À l'issue de la lecture de ces clauses, les partenaires devraient avoir présent à l'esprit que la séparation factuelle n'a pas d'incidences juridiques et que seules comptent la date d'enregistrement de la dissolution et la publicité de cette dernière.

Dans cette perspective, on ne pourra que recommander aux partenaires d'éviter de procéder à des acquisitions et autres actes juridiques importants durant la période qui précède l'accomplissement de ces formalités ;

– quatrièmement : les modalités d'enregistrement de la convention de PACS elle-même. Il est absolument indispensable, lorsque l'avocat rédige une convention de PACS, de stipuler expressément que les partenaires doivent procéder eux-mêmes à l'enregistrement de la convention auprès de l'officier de l'état civil (précédemment auprès du greffe du tribunal d'instance). L'avocat ne peut pas être mandaté pour procéder à ces formalités à leur place.

Le but de cette clause est de faire comprendre aux partenaires que les effets juridiques du PACS ne naissent pas avec la signature de la convention, faite dans le cabinet de leur avocat rédacteur, mais au moment de l'enregistrement de la déclaration de PACS par l'officier de l'état civil[43], laquelle ne peut se faire qu'en produisant la fameuse convention.

Le temps d'attente pour obtenir un rendez-vous en vue d'une déclaration de PACS peut durer plusieurs semaines, expliquant la possibilité parfois offerte de pré-enregistrer en ligne certains éléments[44]. Le rédacteur devrait faire signer la convention par les partenaires à une date la plus proche possible de l'enregistrement. Il précisera surtout, de manière explicite, dans une clause, que les partenaires ont l'obligation de procéder eux-mêmes à la déclaration de PACS, en produisant la convention, pour que le régime juridique produise ses effets. Il conviendrait aussi d'énumérer les pièces à fournir pour procéder à l'enregistrement, afin que l'officier de l'état civil ne le refuse, faute pour les partenaires de produire un extrait de leurs actes d'état civil, retardant encore davantage l'enregistrement du PACS.

(43) Pour un exemple de mise en cause de la sorte d'un rédacteur de convention de PACS, cf. CA Rennes, 1re ch., 13 mai 2014, n° 13/00907 : *RJPF* 2014-9/17, note V. Égéa. L'affaire ayant donné lieu à cet arrêt se déroula à l'époque où les notaires pouvaient rédiger des conventions de PACS (après le 1er janvier 2007) mais ne disposaient pas encore de l'obligation de procéder eux-mêmes à leurs enregistrements (ce qui est le cas depuis la loi du 28 mars 2011). Autrement dit, le notaire se trouvait à l'époque dans la même situation que l'avocat de nos jours, ce qui rend vraisemblable la transposition de la solution rendue par la cour d'appel de Rennes à la situation actuelle de l'avocat. En l'espèce, le notaire rédige la convention de PACS d'une femme et de son compagnon, très lourdement handicapé. En concluant un PACS, ce dernier entendait protéger fiscalement sa partenaire, qu'il institua à la même époque légataire universelle. Il entendait, grâce à sa qualité de pacsé, faire bénéficier sa partenaire survivante de l'exonération des droits de mutation à titre gratuit. Le notaire n'insista pas suffisamment sur la nécessité pour les partenaires de procéder eux-mêmes à l'enregistrement du pacte et sa facture comportait une rubrique « Frais d'enregistrement ». Les membres du couple se croyaient à tort unis par un lien juridique de PACS. Le compagnon lourdement handicapé se suicida peu de temps après, persuadé que sa compagne bénéficierait de l'exonération fiscale précédemment évoquée. Las ! Le PACS n'étant pas enregistré, la compagne fut fiscalement considérée comme un tiers et l'actif net taxé à 60 %. La faute du rédacteur d'acte, le préjudice et le lien de causalité ont donc été caractérisés sans difficulté. Par conséquent, lorsque le rédacteur de la convention de PACS n'a pas compétence pour procéder lui-même à son enregistrement, comme ce fut naguère le cas du notaire ou encore aujourd'hui de l'avocat, il doit insister sur la comparution personnelle des partenaires. C'est bien l'enregistrement et la publicité du pacte qui font naître les effets juridiques, y compris ici à l'égard de l'administration fiscale, mais non pas la simple signature de l'acte.

(44) A. 21 déc. 2017 : *JO* 28 déc. 2017, comm. J.-J. Lemouland et D. Vigneau, in *D.* 2018, 1104, spéc. p. 1114 et 1115.

C. – Pactes civils de solidarité authentiques

490. – **Proscription initiale.** De manière curieuse et en suscitant nombre de critiques, la loi n° 99-944 du 15 novembre 1999 qui créa le PACS, ne permit pas à l'époque que la convention fût notariée. Une telle éviction était assurément regrettable d'un point de vue théorique en évinçant un professionnel du droit patrimonial de la famille, chargé d'authentifier les actes, d'un champ qui correspondait particulièrement bien à ses compétences(45). On songe en particulier ici à la délivrance d'un devoir de conseil en matière fiscale notamment. Bien sûr, le notaire pouvait rédiger une convention de PACS, mais qui n'avait alors que la valeur d'un acte sous seing privé. Comme une exigence de production du double original existait dans cette réglementation initiale(46), le système demeurait assez complexe.

491. – **Apport de la loi du 23 juin 2006.** L'importante loi n° 2006-728 du 23 juin 2006 portant réforme des successions et des libéralités a sensiblement modifié les dispositions applicables aux PACS(47). Outre les modifications précédemment évoquées qui, substantiellement, rapprochent le PACS du mariage, le texte a consacré la possibilité d'un PACS notarié. La solution est évidemment bienvenue d'autant que le texte abandonne également la nécessité du double original.

492. – **Droit positif.** Il est donc désormais acquis que la convention de PACS peut être rédigée en la forme notariée, ce qui confère à l'acte les avantages de l'authenticité en termes de force probante ou s'agissant de la date certaine. Par ailleurs, le notaire rédacteur d'acte est débiteur envers les partenaires d'une obligation d'efficacité de l'acte qu'il rédige, laquelle implique notamment la délivrance des conseils. Gage de sécurité juridique, la convention en la forme notariée constitue également une occasion pour le notaire de délivrer aux (futurs) partenaires des conseils juridiques et fiscaux adaptés à leurs situations personnelles, professionnelles et à la composition de leurs patrimoines. Est-il besoin de rappeler qu'aucune formule « prêt-à-porter » téléchargée par les partenaires sur des sites internet à la fiabilité douteuse ne peut offrir ces avantages du « sur-mesure » conjugués à la sécurité de l'authenticité ? Mieux, depuis que le notaire rédacteur d'une convention de PACS a l'obligation de procéder à son enregistrement(48), la sécurité juridique paraît grandement servie puisque la période qui s'étend de la signature de la convention à son enregistrement sera très réduite(49).

III. – Le contenu de la convention

493. – **Objet de la convention.** La convention de PACS a pour objet l'organisation de la vie commune des partenaires, selon la formule de l'article 515-1 du Code civil. L'expression s'avère large, mais renvoie assurément à la manière dont

(45) B. Beignier, *À propos du pacte civil de solidarité : problème quant à l'acte authentique : Defrénois* 2000, 211.
(46) V. C. civ., ancien art. 515-3, al. 2.
(47) V. *supra*, n° 472.
(48) V. *infra*, n° 510.
(49) V. *supra*, n° 488 pour les difficultés concernant la rédaction par un professionnel du droit d'une convention de PACS, lorsqu'il ne dispose pas de la faculté de procéder à son enregistrement.

les partenaires vont organiser leur relation de couple, c'est-à-dire leur engagement affectif durable, notamment dans sa dimension patrimoniale. Il n'existe pas à proprement parler de mentions obligatoires ou de formule type.

494. - **Clauses.** En dépit du relatif silence du Code civil sur le contenu exact de la convention de PACS, la lettre des clauses dont il est question, ainsi que la structure même de l'acte peuvent sans trop de difficulté être déterminées. La convention comportera nécessairement l'identification des parties, en mentionnant, outre les éléments relatifs à leur état civil, la référence à une éventuelle mesure de protection judiciaire de type tutelle ou curatelle. Cet acte juridique devra également comporter des clauses, si ce n'est des parties entières, concernant le régime des biens ainsi que les pouvoirs des partenaires sur les biens. Idéalement, la convention aménagera par avance les incidences de la rupture.

A. – Clauses relatives à l'aide matérielle réciproque

495. - **Silence du code.** L'article 515-4 du Code civil fait peser sur les partenaires de PACS une aide matérielle réciproque, tout en réservant expressément la possibilité d'un aménagement conventionnel de ses modalités. À l'instar de l'article 214 du Code civil pour le mariage, l'article 515-4 du même code dispose en effet en son premier alinéa que « si les partenaires n'en disposent autrement, l'aide matérielle est proportionnelle à leurs facultés respectives ». Le Conseil constitutionnel a très explicitement jugé que si la liberté conventionnelle pouvait s'exprimer ici, elle ne concernait cependant que les modalités de l'aide et nullement son principe même. Ainsi, les partenaires pourront sans difficulté convenir de la manière dont l'aide sera assurée, mais non dispenser l'un d'entre eux, voire les deux, de cette obligation.

496. - **L'aide matérielle dans la jurisprudence du Conseil constitutionnel.** Dans sa célèbre décision relative au pacte civil de solidarité[50], dans laquelle le Conseil constitutionnel procéda à une véritable « réécriture » de la loi notamment par la technique de la réserve d'interprétation, le Conseil érige en obligation d'ordre public le principe d'une obligation d'aide matérielle pesant sur chaque partenaire, en ces termes :

> « Considérant, en sixième lieu, qu'aux termes du premier alinéa de l'article 515-4 nouveau du Code civil : "Les partenaires liés par un pacte civil de solidarité s'apportent une aide mutuelle et matérielle. Les modalités de cette aide sont fixées par le pacte" ; qu'en application des dispositions du deuxième alinéa de l'article 515-3 nouveau du Code civil, les parties doivent produire au greffier, à peine d'irrecevabilité, la convention passée entre elles, en double original ; que l'aide mutuelle et matérielle s'analyse en conséquence comme un devoir entre partenaires du pacte ; qu'il en résulte implicitement mais nécessairement que, si la libre volonté des partenaires peut s'exprimer dans la détermination des modalités de cette aide, serait nulle toute clause méconnaissant le caractère obligatoire de ladite aide ; que, par ailleurs, dans le silence du pacte, il appartiendra au juge du contrat, en cas de litige, de définir les modalités de cette aide en fonction de la situation respective des partenaires ».

(50) Cons. const., 9 nov. 1999, n° 99-419 DC ; sur laquelle : N. Molfessis, *La réécriture de la loi relative au PACS par le Conseil constitutionnel* : *JCP G* 2000, I, 210. – G. Drago, *La Constitution en « réserves ». Commentaire de la décision du Conseil constitutionnel du 9 novembre 1999 portant sur la loi relative au pacte civil de solidarité* : *Dr. famille* 1999, n° hors-série, p. 46.

Prolongement pratique

Exemples de clauses relatives à l'aide matérielle

497. – ***Quantum* de participation.** On pourrait songer à une clause ainsi rédigée :

« Article X. Aide matérielle réciproque.

Les partenaires s'engagent à une aide matérielle réciproque.

Ils conviennent de satisfaire cette obligation en versant chacun (deux tiers – ou indiquer une autre quotité) de leurs revenus professionnels mensuels afin de contribuer aux frais engagés par leur vie commune ».

498. – **Modalités d'exécution de l'obligation.** Dans d'autres situations la clause pourrait prendre la forme suivante.

« Article X. Aide matérielle réciproque.

Les partenaires s'engagent à une aide matérielle réciproque.

Le partenaire exécutera cette obligation en procédant au versement sur un compte commun des deux tiers de ses revenus professionnels mensuels.

Le partenaire est réputé satisfaire à cette obligation en procédant à l'entretien du ménage et à l'éducation des enfants nés ou à naître du couple. (NB : cette référence aux enfants doit évidemment être faite eu égard à la composition ou (re)composition de la famille). »

B. – Clauses relatives à l'obligation d'assistance réciproque

499. – **Difficile appréhension.** L'obligation d'assistance réciproque expressément consacrée par l'article 515-4 du Code civil n'est pas facile à appréhender, d'autant que le texte l'envisage comme étant conjuguée à l'aide matérielle en disposant que les partenaires s'engagent à « une aide matérielle et une assistance réciproques ». Sans doute peut-on interpréter cette formule à la lumière de la dualité d'obligations qui existe en matière matrimoniale. En ce domaine en effet, le célèbre article 212 du Code civil dispose que les époux se doivent mutuellement fidélité, respect, secours et assistance. L'on considère généralement que le secours revêt une dimension pécuniaire. Il s'agit de l'aide matérielle apportée par chacun des membres du couple, tenu de répondre des dépenses que la vie commune engendre nécessairement. Le devoir d'assistance désigne quant à lui le soutien moral, la réconfortante présence aux côtés de l'autre, au quotidien mais plus encore face aux difficultés telles que le chômage, le deuil ou la maladie.

500. – **Soutien moral.** On peut raisonnablement transposer cette distinction usuelle en matière de mariage aux obligations entre partenaires liés par un PACS. L'aide matérielle, comme ce dernier qualificatif l'indique, revêt une dimension pécuniaire, alors que l'assistance constitue un devoir moral. Il s'agira là encore pour le partenaire uni par un PACS de se trouver aux côtés de son partenaire, pour le soutenir au quotidien et, en particulier, face aux épreuves de la vie telles que le chômage, le deuil ou la maladie. L'assistance réciproque paraît, de ce point de vue, inhérente à la vie commune qui caractérise le PACS. À ce titre, l'aménagement dans une clause paraît difficile.

501. – **Rédaction de la clause.** En raison de sa dimension morale, l'obligation d'assistance peut difficilement être aménagée par une clause de la convention qui viendrait à en préciser les modalités. On peine à imaginer en effet une stipulation venant organiser la manière d'exécuter cette obligation qui se caractérise sans doute par son caractère spontané et quelque peu intuitif. C'est la raison pour laquelle on se bornera à une clause d'ordre pédagogique, laquelle aura simplement vocation à rappeler aux partenaires leurs droits et obligations.

Prolongement pratique

Exemple de clause relative à l'assistance réciproque

502. – **Rappel des dispositions légales.**

« Article Z. Assistance.

Les partenaires liés par un pacte civil de solidarité s'engagent à une assistance réciproque. »

503. – **Sanction.** Comme il sera étudié plus loin(51), la sanction d'une violation du devoir d'assistance paraît difficile à envisager. Le manquement à l'obligation d'assistance constituera sans doute souvent le signe d'un échec de la relation affective entre les membres du couple et annoncera probablement une dissolution future, amiable ou unilatérale du pacte civil de solidarité. Au demeurant, l'on pourrait également qualifier la violation du devoir d'assistance de faute contractuelle, engageant la responsabilité de celui qui la commet sur le fondement de l'ancien article 1147 (nouvel art. 1231-1) du Code civil. En effet, cette convention ayant pour objet l'organisation de la vie commune doit, comme n'importe quel contrat, être exécutée de bonne foi.

C. – Clauses relatives au régime des biens

504. – **Importance.** Les clauses relatives au régime des biens figurent sans doute parmi les stipulations les plus importantes de la convention de PACS. Elles vont déterminer très directement en effet le régime de la liquidation des intérêts patrimoniaux entre partenaires(52). Selon le régime des biens choisi, le partenaire indivisaire *solvens* pourra ou ne pourra pas exercer un recours contre l'autre. En organisant le régime des biens, ces clauses concernent les questions de propriété sur les biens et non les pouvoirs sur les biens.

505. – **Un régime légal supplétif de séparation de biens.** À défaut d'autres précisions dans la convention de PACS, le régime patrimonial que l'on pourrait qualifier de « supplétif », qui s'appliquera donc à défaut d'aménagement conventionnel, revêt une inspiration séparatiste. En effet, sauf disposition contraire de la convention, chacun des partenaires conserve l'administration, la jouissance et la

(51) V. *infra*, n° 1157.
(52) Sur la liquidation, V. *infra*, n° 532.

libre disposition de ses biens personnels(53). Partant, les biens sur lesquels aucun des partenaires ne peut justifier d'une propriété exclusive sont réputés appartenir indivisément, à chacun pour moitié(54).

506. - **La possible soumission volontaire à une indivision des acquêts.** Les partenaires disposent de la faculté de ne pas se soumettre au régime légal de séparation de biens pour préférer choisir une indivision dite « des acquêts », régime qualifié de cohérent et novateur(55). Cela étant, dans ce régime optionnel, prévu par l'article 515-5-1 du Code civil, les biens acquis par les partenaires ensemble ou séparément, postérieurement à l'enregistrement du pacte, sont réputés indivis par moitié, sans recours de l'un des partenaires contre l'autre au titre d'une contribution inégale. L'absence de recours constitue le cœur du régime patrimonial des partenaires. Elle marque sa spécificité. Cela signifie que le partenaire qui a financé seul un bien, réputé indivis par moitié, ne pourra pas réclamer à l'autre un remboursement. Les partenaires doivent avoir conscience de cette situation qui aura d'importantes répercussions sur la liquidation et le partage de l'indivision. On peut qualifier en effet l'indivision entre partenaires unis par un pacte civil de solidarité d'indivision « spéciale », en ce sens qu'elle déroge au droit commun. La conjugaison des articles 515-5-1, 515-5-2 et 515-5-3 du Code civil crée un régime patrimonial original qui se détache du droit commun de l'indivision, en raison précisément de l'absence de recours possible en cas de contribution inégale. Comme il vient d'être indiqué, il s'agit d'une indivision spéciale particulièrement conçue pour correspondre aux relations patrimoniales entre membres d'un couple. Ainsi, M. Bosse-Platière de noter que « du régime communautaire, on retrouve dans ce modèle légal conventionnel proposé aux partenaires, à la fois l'idée d'association et de partage des richesses et des pertes mais aussi l'idée d'indépendance »(56).

507. - **Propriété exclusive de certains biens.** L'indivision entre partenaires de PACS ne concerne que les biens acquis postérieurement à l'enregistrement du pacte. Ainsi chacun des partenaires conserve l'administration, la jouissance et la libre disposition se ses biens personnels(57). Corrélativement, chacun reste seul tenu des dettes personnelles nées avant ou pendant le pacte. La preuve de la propriété exclusive d'un bien peut s'effectuer par tous moyens. À ce titre, il est sans doute utile de procéder à un inventaire des biens possédés par chacun des partenaires avant la conclusion du pacte, qui pourra être annexé à la convention.

(53) C. civ., art. 515-5, al. 1er.
(54) C. civ., art. 515-5, al. 2.
(55) Les qualificatifs de « cohérent » et « novateur » sont employés, à juste titre, par le professeur Bosse-Platière dans sa présentation de la nature du régime conventionnel. Il note que ce régime « s'éloigne ainsi des conventions d'indivisions de concubinage jusqu'ici proposées par la pratique qui ne pouvaient qu'aménager conventionnellement le régime légal de l'indivision et qui n'ont guère connu de succès parce que les règles conventionnelles de l'invision ne sont guère adaptées à l'organisation patrimoniale d'une vie de couple », *in* P. Murat (ss dir.), *Droit de la famille*, Dalloz Action, 2014-2015, spéc. n° 151.211.
(56) H. Bosse-Platière, *Droit de la famille*, Dalloz Action, *op. cit.*, 152.111.
(57) C. civ., art. 515-5, al. 1er.

Code civil

Art. 515-5-2. – Toutefois, demeurent la propriété exclusive de chaque partenaire :

1° Les deniers perçus par chacun des partenaires, à quelque titre que ce soit, postérieurement à la conclusion du pacte et non employés à l'acquisition d'un bien ;

2° Les biens créés et leurs accessoires ;

3° Les biens à caractère personnel ;

4° Les biens ou portions de biens acquis au moyen de deniers appartenant à un partenaire antérieurement à l'enregistrement de la convention initiale ou modificative aux termes de laquelle ce régime a été choisi ;

5° Les biens ou portions de biens acquis au moyen de deniers reçus par donation ou succession ;

6° Les portions de biens acquises à titre de licitation de tout ou partie d'un bien dont l'un des partenaires était propriétaire au sein d'une indivision successorale ou par suite d'une donation.

L'emploi de deniers tels que définis aux 4° et 5° fait l'objet d'une mention dans l'acte d'acquisition. À défaut, le bien est réputé indivis par moitié et ne donne lieu qu'à une créance entre partenaires.

508. – **Extension conventionnelle de l'indivision d'acquêts ?** S'agissant de la rédaction d'une convention de pacte civil de solidarité, se pose la question d'une éventuelle extension matérielle de l'indivision d'acquêts. Les partenaires ont-ils la possibilité de soumettre volontairement à cette indivision certains biens qui, en principe, demeurent de leur propriété exclusive, au sens de l'article 515-5-2 du Code civil ? Par exemple, les partenaires peuvent-ils soumettre au régime de l'indivision les deniers perçus par chacun postérieurement à la conclusion du pacte ? On sait en effet que dans le régime matrimonial légal de communauté réduite aux acquêts, les gains et salaires de chacun des époux constituent de biens communs. Une telle extension de l'indivision paraît *a priori* concevable, dans un domaine marqué par une très forte présence de la liberté conventionnelle. Si une telle solution devait prospérer, en permettant aux partenaires d'étendre l'assiette de l'indivision d'acquêts jusqu'à certains biens pourtant qualifiés dans la loi de biens relevant de la propriété exclusive des partenaires, cela signifierait que les dispositions légales relatives au régime de séparation et à l'indivision d'acquêts n'ont qu'une valeur supplétive. Ceci semble parfaitement conforme à l'esprit des dispositions organisant le pacte civil de solidarité. Pour autant, une telle extension comporte sans doute des limites d'ordre matériel. Il nous semble difficile d'envisager une « indivision universelle » entre partenaires, laquelle comporterait l'ensemble des biens des membres du couple. En effet, une distinction doit être effectuée entre les différents types de biens énumérés par l'article 515-5-2 du Code civil. Ainsi, englober les biens créés et leurs accessoires, ou bien encore les deniers perçus par chacun des partenaires postérieurement à la conclusion du pacte, ne devrait guère poser de difficulté. En revanche, le caractère éminemment intime des « biens à caractère personnel », qui ne vont pas sans rappeler les biens propres par nature de l'article 1405 du Code civil, voire « les biens ou portions de biens acquis au moyen de deniers reçus par donation ou succession », exclut probablement de les englober dans le champ de l'indivision d'acquêts.

(58) La formule est sans doute ambiguë, car visant aussi bien les acquisitions onéreuses que gratuites, elle semblerait englober les sommes reçues par succession ou donation, ce qui paraît pour le moins incompatible avec le 5° de l'article 515-5-2 du Code civil.

§ 2. – Le nécessaire enregistrement de la convention de pacte civil de solidarité

509. – **Rôles du greffier puis de l'officier de l'état civil.** Lorsque la convention de pacte civil de solidarité a été rédigée dans un acte sous seing privé, la déclaration conjointe des partenaires était faite, jusqu'au 31 décembre 2016, au greffe du tribunal d'instance dans le ressort duquel ils fixent leur résidence commune. Depuis le 1er janvier 2017, la déclaration conjointe s'effectue devant l'officier de l'état civil de la commune dans laquelle les partenaires fixent leur résidence commune(59). Par le biais d'un processus de dématérialisation de certaines démarches administratives, les partenaires disposent même désormais de la possibilité de pré-enregistrer en ligne(60) les informations les concernant(61). L'officier de l'état civil doit vérifier que les conditions d'enregistrement de la déclaration sont remplies puis enregistrer la déclaration et faire procéder aux formalités de publicité(62), afin de rendre le PACS opposable aux tiers.

Un décret n° 2006-1807 du 23 décembre 2006 détaille avec minutie les données à caractère personnel que comportent les registres et énumère les finalités de ces derniers(63). Le texte insiste en particulier sur l'impossible « interconnexion » de ce registre avec d'autres(64), puisqu'il révèle l'orientation sexuelle des partenaires dès lors que figure l'identité du partenaire(65).

510. – **PACS notarié : rôle du notaire.** La loi n° 2011-331 du 28 mars 2011, qui créa l'acte sous seing privé contresigné par avocat, a ajouté un alinéa à l'article 515-3 du Code civil disposant que « lorsque la convention de pacte civil de solidarité est passée par acte notarié, le notaire instrumentaire recueille la déclaration conjointe, procède à l'enregistrement du pacte et fait procéder aux formalités de publicité prévues à l'alinéa précédent »(66). Il résulte clairement de cette disposition que le notaire n'a compétence en matière d'enregistrement de la déclaration de pacte civil de solidarité que lorsque la convention revêt la forme notariée. Il paraît même acquis que l'enregistrement ne peut être fait que par le notaire rédacteur de l'acte. En un sens, ceci est conforme aux principes généraux relatifs à la responsabilité du notaire rédacteur d'acte, selon lesquels le notaire doit assurer l'efficacité et l'utilité de l'acte rédigé. Il va sans dire qu'une déclaration de pacte civil de solidarité qui ne serait pas enregistrée et ne donnerait pas lieu à la rédaction d'une mention en marge de l'acte de naissance des partenaires priverait la convention de toute utilité, faute d'être opposable aux tiers.

(59) C. civ., art. 515-3 nouveau. Le texte ajoute qu'en cas d'empêchement grave à la fixation de cette résidence commune, la déclaration conjointe s'effectue devant l'officier de l'état civil de la commune où se trouve la résidence de l'une des parties.

(60) Sur le site www.service-public.fr.

(61) A. 21 déc. 2017 : *JO* 28 déc. 2017, comm. J.-J. Lemouland et D. Vigneau, in *D.* 2018,1104, spéc. p. 1114 et 1115.

(62) C. civ., art. 515-3, al. 4.

(63) D. n° 2006-1807, 23 déc. 2006, relatif à l'enregistrement, à la conservation et au traitement des données à caractère personnel relatives à la formation, la modification et la dissolution du pacte civil de solidarité : *JO* 31 déc. 2006.

(64) D. n° 2006-1807, 23 déc. 2006, relatif à l'enregistrement, à la conservation et au traitement des données à caractère personnel relatives à la formation, la modification et la dissolution du pacte civil de solidarité, art. 7 : *JO* 31 déc. 2006.

(65) Sur cette question, cf. CA Versailles, 28 avr. 2017, n° 16/01115 : *Dr. famille* 2017, comm. 149, note J.-R. Binet ; *Dr. famille* 2017, comm. 150, obs. B. Beignier ; *D.* 2018, 1104, obs. J.-J. Lemouland et D. Vigneau : un partenaire de PACS de nationalité française et algérienne, appelé à recueillir une succession en Algérie, souhaitait obtenir une suppression de la mention marginale.

(66) Sur ce texte, V. W. Baby, *Vive le PACS... authentique ! : Defrénois* 2010, art. 20003.

Certains commentateurs ont vu dans la compétence nouvelle du notaire en matière d'enregistrement du pacte civil de solidarité une « contrepartie » concédée au notariat pour compenser la création de l'acte sous seing privé contresigné par avocat. À l'instar du greffier, le notaire qui a reçu et enregistré la déclaration conjointe de conclusion d'un pacte civil de solidarité doit aviser sans délai l'officier de l'état civil détenteur de l'acte de naissance de chaque partenaire afin qu'il soit procédé aux formalités de publicité en marge de l'acte[67].

§ 3. – La modification de la convention de PACS

511. – **Parallélisme.** Il résulte de la nature contractuelle du pacte civil de solidarité la possibilité offerte aux partenaires de modifier leur convention initiale, pour l'adapter par exemple aux évolutions professionnelles, fiscales et patrimoniales, qui les affectent. Le parallélisme des formes domine ici puisque les partenaires qui rédigent de la sorte une convention modificative doivent désormais la remettre ou adresser la convention à l'officier de l'état civil ou au notaire qui a reçu l'acte initial afin d'y être enregistrée. La compétence de l'officier de l'état civil résulte ici de la loi dite « Justice 21 » adoptée en dernière lecture le 12 octobre 2016. Précédemment, la convention modificative devait être adressée au greffe du tribunal ou au notaire rédacteur. En ce qui concerne son contenu, la convention modificative peut ainsi permettre aux partenaires de choisir en cours d'union le régime de l'indivision ou, inversement, en sortir s'ils l'avaient initialement adopté. Dans cette seconde hypothèse, les partenaires devraient selon toute logique, et pour éviter des difficultés subséquentes, liquider l'indivision initiale.

Prolongement pratique

Fiscalité du PACS : attention aux pièges des droits de mutation à titre gratuit !

512. – Lorsqu'une donation est faite entre partenaires de PACS, des droits de mutation à titre gratuit sont dus. Cela étant, pour la perception des droits de mutation à titre gratuit entre vifs, il est effectué, à l'instar du régime applicable aux époux, un abattement de 80 742 € sur la part du partenaire lié au donateur par un pacte civil de solidarité (CGI, art. 790 F). Ainsi, pour une donation d'une valeur fiscale de 200 000 €, le solde taxable après abattement s'élève à 119 258 €.

Le solde taxable après abattement se situe donc dans la tranche taxée à 20 % (CGI, art. 777 : tranche comprise entre 31 865 € et 552 324 €), soit 119 276 × 20 % = 23 851 €.

Sans abattement, les droits dus à l'administration fiscale s'élèveraient à 40 000 €.

Il convient cependant d'être très vigilant s'agissant de la fiscalité en matière de droits de mutation à titre gratuit entre partenaires de PACS puisque l'article 790 F du Code général des impôts conditionne, dans un alinéa 2, le jeu de l'abattement précédemment évoqué.

(67) D. n° 2012-966, 20 août 2012, relatif à l'enregistrement de la déclaration, de la modification et de la dissolution du pacte civil de solidarité reçu par un notaire, art. 7 et s.

CGI, art. 790 F al. 2 : « Le bénéfice de cet abattement est remis en cause lorsque le pacte prend fin au cours de l'année civile de sa conclusion ou de l'année suivante pour un motif autre que le mariage entre les partenaires ou le décès de l'un d'entre eux ».

La portée de cette précision ne fait guère de doute. En conditionnant le jeu de l'abattement à un PACS qui perdure, il s'agit d'éviter une sorte de détournement des dispositions civiles relatives à la conclusion de ce type de contrat qui, en raison de leur souplesse, permettraient de gratifier aisément un tiers en bénéficiant de l'abattement. Il suffit pour s'en convaincre de songer à la conclusion d'un PACS entre deux personnes qui n'entendent nullement mener une vie de couple, mais où l'un des deux cherche à consentir une donation à l'autre à un moindre coût fiscal. Sans la disposition qui précède, un PACS qui ne durerait que le temps de consentir la donation suffirait, ce qui ne serait guère conforme à la finalité civile du contrat de PACS et constituerait une sorte de niche fiscale.

Pour éviter un tel détournement, en tenant compte de la souplesse inhérente à la conclusion et à la dissolution d'un contrat de PACS, l'abattement de l'article 790 F du Code général des impôts est remis en cause lorsque le pacte cesse dans l'année de sa conclusion ou l'année suivante, sauf si la dissolution résulte d'un mariage.

De ce point de vue, une différence fiscale apparaît nettement entre le mariage et le PACS puisque les époux bénéficient du même abattement, même si le mariage cesse rapidement après sa conclusion. Il faut cependant reconnaître ici que la formation et la dissolution d'un mariage s'avèrent plus lourdes, rigides et longues qu'en matière de PACS, expliquant la différence de traitement fiscal.

SECTION 2

LA DISSOLUTION DU PACTE CIVIL DE SOLIDARITÉ

513. – **Dualité.** Les causes de dissolution du pacte civil de solidarité sont doubles. La survenance de certains faits, comme la mort, ou certains actes juridiques, comme le mariage de l'un des partenaires, entraîne une dissolution de plein droit du pacte (§ 1). La dissolution du pacte civil de solidarité résulte alors de ce fait ou de cet acte, de manière indirecte. D'autres causes de dissolution visent directement à mettre un terme au pacte civil de solidarité. La volonté de l'un des partenaires, voire des deux, s'exprime alors dans le but de dissoudre le pacte civil de solidarité (§ 2).

§ 1. – Les causes de dissolution

I. – La dissolution de plein droit

514. – **Automatisme.** La dissolution du pacte civil de solidarité s'opère de plein droit lorsque survient le décès de l'un des partenaires (A) ou, hypothèse plus gaie, en cas de mariage (B).

A. – La dissolution par décès

515. – **Fin de la personnalité juridique.** La nature conventionnelle du pacte civil de solidarité comporte une incidence simple et évidente : le décès de l'un des partenaires dissout le pacte civil de solidarité[(68)]. La dissolution prend alors effet à la date du décès.

516. – **Publicité.** L'officier de l'état civil du lieu d'enregistrement du pacte civil de solidarité ou le notaire instrumentaire qui a procédé à l'enregistrement du pacte, informé du mariage ou du décès par l'officier de l'état civil compétent, enregistre la dissolution et fait procéder aux formalités de publicité[(69)]. Là se manifeste l'un des principaux intérêts de la mention du pacte en marge de l'acte de naissance des partenaires. L'officier de l'état civil rédigeant l'acte de décès connaîtra, grâce à la mention marginale sur l'acte de naissance, l'existence du pacte civil de solidarité.

517. – **Vocation successorale et droits de mutation.** En cas de dissolution du pacte civil de solidarité par décès, le partenaire survivant ne bénéficie d'aucune vocation successorale légale, contrairement au conjoint survivant[(70)]. Faute d'être institué par une libéralité, il ne bénéficie que du droit temporaire au logement prévu par l'article 763 du Code civil, auquel renvoie le troisième alinéa de l'article 515-6. Faute de vocation successorale légale, le partenaire survivant se trouve dans une situation juridique proche de celle d'un tiers, étranger à la famille du défunt. La protection juridique du partenaire survivant suppose donc la rédaction de libéralités. Plus exactement, les couples de partenaires qui entendent se prémunir en cas de décès et protéger le survivant ont donc tout intérêt à se léguer mutuellement leurs quotités disponibles au moyen de ce que la pratique nomme des testaments croisés[(71)]. Le droit fiscal encourage les partenaires à procéder à la rédaction de telles libéralités. En effet, le partenaire survivant bénéficie d'une exonération des droits de mutation par décès[(72)].

Code général des impôts

Art. 796-0 bis. – Sont exonérés de droits de mutation par décès le conjoint survivant et le partenaire lié au défunt par un pacte civil de solidarité.

(68) C. civ., art. 515-7, al. 1er.

(69) C. civ., art. 515-7, al. 2.

(70) La vocation successorale du conjoint survivant a été réformée par la loi du 3 décembre 2001 qui a procédé à une véritable promotion des droits successoraux légaux du conjoint survivant, jusque-là considéré comme « une pièce rapportée » dont la présence risquait de porter atteinte à la conservation et la transmission des biens dans la famille par le sang. Sur l'apport de la loi du 3 décembre 2001, V. *supra*, n° 454.

(71) Les testaments dits « croisés » sont deux actes autonomes et ne heurtent pas le principe de prohibition du testament conjonctif, car il ne s'agit pas de deux testaments faits dans un seul acte, mais de deux actes distincts où la personne qui a la qualité de légataire dans le premier acte se trouve dans la position de disposant dans le second acte, et réciproquement. Preuve de l'indépendance des deux actes, il reste parfaitement possible de révoquer l'un des deux testaments sans que ceci n'affecte nullement la validité du second, juridiquement indépendant. Seule l'identité des parties à l'acte emporte cette qualification, plus usuelle que véritablement juridique, de testaments « croisés ».

(72) En ce sens, le pacte civil de solidarité présente un intérêt fiscal qui le distingue très nettement du concubinage où, même en cas de libéralités croisées faites entre concubins, ces derniers restent juridiquement étrangers l'un à l'autre. Cela signifie que le concubin légataire universel sera taxé à 60 % de l'actif net successoral au titre des droits de mutation à titre gratuit.

B. – La dissolution par mariage

518. – **Mariage des partenaires entre eux.** Le mariage des partenaires entre eux met logiquement fin, de plein droit, au pacte civil de solidarité à compter de la célébration de l'union. En ce sens, cette disposition demeure l'une des rares marques de primauté du mariage sur les autres formes de vie en couple. Reste posée la question du régime des biens déjà acquis par les partenaires durant le pacte civil de solidité. En cas d'indivision, l'adoption par contrat de mariage d'un régime de séparation de biens ne devrait pas poser de difficultés particulières dès lors que le rédacteur d'acte prendra soin de mentionner expressément ladite indivision. La situation se complique en revanche lorsque les partenaires choisissent un régime d'inspiration communautaire, ne serait-ce qu'en adoptant le régime de communauté réduite aux acquêts. Si l'indivision perdure entre eux, ils devront bien avoir présent à l'esprit que les parts indivises de chaque partenaire restent dans leur patrimoine respectif et que le bien indivis ne devient pas commun du seul fait du mariage. Pour produire un tel effet, une clause du contrat de mariage se révèle alors indispensable.

519. – **Mariage d'un partenaire avec un tiers.** Le mariage de l'un des partenaires avec un tiers met fin de plein droit au pacte civil de solidarité, à compter du jour de la célébration de l'union. Là encore s'exprime une hiérarchie légale entre les formes juridiques de vie en couple puisque le mariage de l'un des membres du couple de partenaires dissout automatiquement le pacte civil de solidarité.

520. – **Publicité.** L'officier de l'état civil qui procède à la célébration du mariage connaît nécessairement l'état civil des partenaires puisque les candidats au mariage doivent produire un certain nombre de pièces, dont un extrait de leur acte de naissance.

II. – La dissolution volontaire

521. – **Nature contractuelle.** Le pacte civil de solidarité cesse également en raison d'une manifestation de volonté en ce sens, ce qui se justifie parfaitement eu égard à sa nature contractuelle. La cessation peut provenir soit d'une déclaration conjointe, laquelle exprime alors un *mutuus dissensus*(73) (A), soit d'une décision unilatérale lorsqu'un partenaire impose à l'autre une rupture (B).

A. – Déclaration conjointe

522. – **Consentement mutuel.** Les partenaires peuvent, d'un commun accord, mettre fin au pacte civil de solidarité, à l'instar de la faculté offerte aux époux de choisir le divorce par consentement mutuel(74). À la différence du divorce par consentement mutuel cependant, les partenaires doivent simplement procéder à une déclaration

(73) Sur lequel, cf. A. Siri, *Le mutuus dissensus*, PUAM, 2015.

(74) Il existe désormais deux types de divorce par consentement mutuel : le divorce par consentement mutuel judiciaire, tel qu'il existait déjà avant la réforme du divorce mais qui n'est désormais possible que si l'enfant mineur sollicite son audition ou si l'un des époux fait l'objet d'une mesure de protection judiciaire, et le divorce par consentement mutuel par acte sous signature privée contresigné par avocats. Sur les divorces par consentement mutuel, V. *supra*, n°s 233 et s.

conjointe de dissolution de leur pacte, mais ne sont pas tenus de fournir une quelconque convention réglant les effets de leur rupture. La déclaration des conjoints a seulement pour objet de porter la rupture à la connaissance de l'autorité publique, précédemment le greffier du tribunal d'instance et désormais l'officier de l'état civil, pour la transcrire ensuite sur les actes de l'état civil, la rendant ainsi opposable aux tiers.

523. – **Forme de la déclaration.** Formellement, la déclaration prend la forme d'un acte écrit et non d'une déclaration verbale. Le Code civil envisage deux modalités de remise puisque la déclaration peut faire l'objet soit d'une remise directe à l'officier de l'état civil, ce qui suppose une comparution personnelle des partenaires, soit lui être adressée(75).

524. – **Modification de l'état civil.** L'officier de l'état civil ou le notaire qui effectue à l'enregistrement de la dissolution fait procéder aux formalités de publicité(76). La dissolution du pacte civil de solidarité prend effet, dans les rapports entre les partenaires, à la date de son enregistrement(77). Les partenaires cessent d'être unis par le lien juridique de PACS et redeviennent donc célibataires.

525. – **Opposabilité de la dissolution aux tiers.** La dissolution du pacte civil de solidarité par déclaration conjointe devient opposable aux tiers à partir du jour où les formalités de publicité ont été accomplies(78). À compter de ce jour-là, la solidarité des dettes ménagères ne joue plus et un créancier ne saurait plus se tourner vers le partenaire avec lequel il n'a pas contracté.

Prolongement pratique

Le risque d'ignorance du maintien dans l'indivision

526. – Les partenaires de PACS ignorent en pratique trop souvent que leur séparation factuelle, chacun prenant un appartement distinct de l'autre par exemple, n'a aucune incidence sur la pérennité du pacte. Seul l'accomplissement des formalités de publicité met fin au pacte. Les partenaires doivent en avoir parfaitement conscience car, à défaut, une indivision d'acquêts peut continuer à perdurer entre eux, au-delà de la séparation de fait. Faute de précision dans l'acte d'acquisition, le bien acquis par un partenaire après la séparation pourra facilement être indivis.

B. – Décision unilatérale

527. – **Initiative individuelle.** La liberté individuelle, dont la valeur constitutionnelle fut rappelée à l'occasion de l'examen de la constitutionnalité de la loi n° 99-944 du 15 novembre 1999 créant le PACS(79), a permis à toute personne de rompre unilatéralement un pacte civil de solidarité.

(75) C. civ., art. 515-7, al. 4.
(76) C. civ., art. 515-7, al. 6.
(77) C. civ., art. 515-7, al. 7.
(78) C. civ., art. 515-7, al. 8.
(79) Cons. const., 9 nov. 1999, n° 99-419 DC ; sur laquelle : N. Molfessis, *La réécriture de la loi relative au PACS par le Conseil constitutionnel* : JCP G 2000, I, 210. – G. Drago, *La Constitution en « réserves ». Commentaire de la décision du Conseil constitutionnel du 9 novembre 1999 portant sur la loi relative au pacte civil de solidarité* : *Dr. famille* 1999, n° hors-série, p. 46.

528. – Formalisme. Dans le régime du PACS créé en 1999, le partenaire prenant l'initiative de la rupture se trouvait dans l'obligation, plus théorique que véritablement opératoire faute de sanction, de respecter un délai de préavis de deux mois. Le mécanisme qui correspondait certes à la nature contractuelle du pacte, lequel reste un contrat à durée indéterminée, comportait une dimension très illusoire, car la nécessité d'observer un tel délai s'accordait mal avec la réalité affective de la rupture, généralement plus spontanée. Surtout, à partir de la notification du préavis, aucune mesure provisoire ne venait organiser la vie des partenaires.

La réforme du PACS effectuée à l'occasion de la loi n° 2006-728 du 23 juin 2006 a mis fin à l'exigence de préavis. Depuis, le partenaire qui décide de mettre fin au pacte civil de solidarité le fait signifier à l'autre[80]. Formellement, la rupture devrait donc s'effectuer par acte d'huissier. Une copie de cette signification est remise ou adressée à l'officier de l'état civil[81] du lieu de son enregistrement ou au notaire instrumentaire qui a procédé à l'enregistrement du pacte.

529. – Responsabilité de l'auteur de la rupture. En raison de la disparition du délai de préavis qu'il convenait précédemment de respecter pour rompre unilatéralement un pacte civil de solidarité, un partenaire peut quitter l'autre de manière inattendue et spontanée. Le respect de la liberté individuelle commande que le principe de la rupture demeure totalement libre. Il convient cependant de proscrire des atteintes aux intérêts de l'autre partenaire commises à l'occasion de la rupture. À l'instar des solutions depuis longtemps dégagées en matière de rupture des fiançailles ou de rupture de concubinage, la rupture fautive du pacte engage la responsabilité de son auteur quand elle cause un préjudice à l'autre partenaire. Bien que possible en théorie, la mise en cause de la responsabilité délictuelle de l'auteur de la rupture, sur le fondement de l'article 1240 du Code civil, en cas de rupture brutale ou déloyale causant un préjudice, est plutôt rare, la jurisprudence publiée étant peu abondante en ce domaine[82].

§ 2. – Les incidences de la dissolution

530. – Changement d'état civil. La principale incidence juridique de la dissolution du pacte civil de solidarité concerne l'état civil des partenaires car, à compter de la modification des mentions marginales figurant sur les actes de naissance de chacun, ils redeviennent célibataires, sauf en cas de mariage où l'état d'époux s'impose.

531. – Incidences sur la structure familiale. La structure familiale subit cette modification de l'état civil des partenaires puisque, juridiquement, leur relation de couple cesse. En droit, les ex-partenaires redeviennent donc des tiers et, en matière

(80) C. civ., art. 515-7, al. 5.
(81) C. civ., art. 515-4, al. 4 (réd. Loi dite « Justice 21 »).
(82) Cf. parmi les rares décisions : CA Montpellier, 4 janv. 2011, n° 10/00781 : *Dr. famille* 2011, comm. 89, note V. Larribau-Terneyre. L'arrêt rappelle que la rupture ne peut donner lieu en elle-même à dommages-intérêts, sauf si les circonstances de la rupture établissent une faute de son auteur. La rupture fautive implique nécessairement une rupture brutale, et la faute consistant par exemple à créer, entretenir ou aggraver un état de dépendance du partenaire, pour ensuite l'abandonner.

de pacte civil de solidarité, les liens entretenus avec l'autre membre du couple demeurent plus parcellaires encore que suite au divorce d'un couple marié, car il n'existe pas ici de prestation compensatoire ou encore de possibilité de porter le nom de l'autre partenaire[(83)].

532. – **Liquidation des intérêts patrimoniaux.** La rupture du pacte civil de solidarité appelle en principe une liquidation des intérêts patrimoniaux des couples pacsés, effectuée selon les stipulations de la convention. La difficulté provient fréquemment en l'espèce de la concision de la convention au sujet des questions pécuniaires. Depuis le 1er janvier 2010, date d'entrée en application de la loi n° 2009-526 du 12 mai 2009, le juge aux affaires familiales bénéficie d'une compétence matérielle en matière de liquidation des indivisions et des intérêts patrimoniaux des couples unis par un pacte civil de solidarité[(84)]. Le type d'indivision choisi se révèle ici déterminant car l'indivision spéciale entre partenaires demeure soumise à un régime spécifique dans lequel les biens indivis « sont réputés indivis par moitié, sans recours de l'un des partenaires contre l'autre au titre d'une contribution inégale »[(85)]. Ainsi, dans le cadre de cette indivision dérogatoire au droit commun de l'indivision, qui constitue pourtant l'indivision ordinaire dans le pacte civil de solidarité, le partenaire qui a contribué davantage qu'à hauteur de la moitié, que l'on nommera le partenaire *solvens*, ne pourra pas réclamer la part de financement excessif.

(83) Le pacte civil de solidarité ne permettant pas, contrairement au mariage, de porter le nom du partenaire durant la vie de couple, il paraît logique que l'ex-partenaire ne puisse pas, *a fortiori*, bénéficier de la faculté de conserver le port du nom après la rupture.

(84) COJ, art. L. 213-3.

(85) C. civ., art. 515-5-1.

CHAPITRE 2

LE CONCUBINAGE

533. – **Caractéristique : un couple sans modification d'état civil.** Si le concubinage répond à la définition du couple précédemment proposée, à savoir « un lien, reconnu par le droit, entre deux personnes animées d'une volonté durable de s'engager dans une vie commune, d'un point de vue affectif, sexuel et, le plus souvent matériel »(1), ce qui pourrait le rapprocher du mariage et du pacte civil de solidarité, il se singularise cependant par une différence juridique majeure. À la différence du mariage et du pacte civil de solidarité, le concubinage ne modifie pas l'état civil des membres du couple, en raison de sa nature éminemment factuelle.

534. – **Diversité.** Désormais défini par l'article 515-8 du Code civil, le concubinage demeure une qualification juridique qui concerne une multitude de situations(2). La terminologie le démontre d'ailleurs. Si le Code civil utilise le terme « concubinage », il n'est pas rare de voir désigner ce fait juridique par les expressions « union libre » ou « vie matrimoniale ». La diversité des termes ne relève pas seulement de l'ordre de l'anecdote, mais prouve qu'il est difficile de désigner par un terme unique une réalité diverse(3). Au demeurant, l'emploi fréquent de qualificatifs que l'on accole au terme « concubinage » atteste également de cette difficile appréhension d'une réalité factuelle. On parlera ainsi du concubinage homosexuel, de concubinage adultérin, de concubinage stable…

535. – **Importance.** En raison de sa nature factuelle, le concubinage a longtemps fait l'objet d'une ignorance, voire d'un véritable mépris de l'ordre juridique. Dans une approche constructiviste, ce dernier visait en effet à assurer la primauté de la famille légitime, fondée sur le mariage. De manière schématique, l'on peut dire en effet que le droit partait du postulat selon lequel une famille fondée sur le mariage constituait l'échelon de base de l'ordre social. Il importait donc de s'assurer de la solidité et

(1) V. *supra*, n° 53.

(2) Cf. en ce sens, l'apport incontournable des travaux de J. Rubellin-Devichin, not. *L'attitude du législateur contemporain face aux mariages de fait : RTD civ.* 1984, 389 et surtout, *Des concubinages*, ss dir. J. Rubellin-Devichi, CNRS, 1986, 2 vol., préf. J. Carbonnier ; *adde*, *Des concubinages*, in *Mél. Rubellin-Devichi*, Litec, 2002.

(3) À ce titre, le Conseil constitutionnel, dans sa décision du 15 novembre 1999 relative à la loi créant le pacte civil de solidarité, n'a pas manqué de souligner cette idée de diversité en jugeant que la définition large du concubinage posée par l'article 515-8 du Code civil « a pour objet de préciser que la notion de concubinage peut s'appliquer indifféremment à un couple formé par des personnes de sexe différent ou de même sexe » (Cons. const., 9 nov. 1999, n° 99-419 DC, spéc. § 85).

de la prégnance de cette famille et de l'institution traditionnelle – le mariage – sur laquelle elle reposait. Il faut dire que pendant longtemps le concubinage est resté une situation statistiquement moins importante que le mariage. Le propos ne se vérifie plus désormais. Bien au contraire, le concubinage ne cesse de croître depuis un demi-siècle. Vivre en couple hors mariage (et hors PACS) est devenu une situation des plus banales, ce qui engendre nombre de difficultés appelant une résolution juridique efficace et de plus en plus étoffée. Les données statistiques témoignent de cette importance sociale nouvelle. En effet, début 2011, les couples de concubins représentaient 22,6 % des couples d'adultes(4), soit environ 7,5 millions de couples(5). Mieux, pour la première fois en 2006, le nombre d'enfants nés hors mariage en France a été plus important que celui des enfants nés dans le mariage. Le taux d'enfants nés hors mariage est passé de 48,4 % des naissances en 2005 à 60 % en 2017(6).

536. – **Juridicisation.** La progression d'un phénomène social appelle nécessairement une régulation. Comme le droit constitue sans doute le système normatif le plus efficace pour assurer une régulation sociale, pour maintenir la civilité, au sens du savoir-vivre ensemble, les règles juridiques relatives au concubinage se sont progressivement étoffées. Pour autant, il serait bien illusoire de conclure à l'existence d'un droit du concubinage, c'est-à-dire d'un ensemble de règles complet et cohérent applicable à la formation de ce lien juridique de couple, aux relations des concubins entre eux et des concubins à l'égard des tiers, ainsi qu'à la dissolution du concubinage et à ses conséquences. Le régime juridique du concubinage demeure très largement incomplet et parcellaire. Pour tout dire, il est à proprement parler inexistant et il convient de se tourner vers le droit commun pour trouver quelques règles ou solutions parcellaires. Partant, la juridicisation du concubinage résulte d'une méthode inductive, laquelle va permettre, à partir de solutions éparses et ponctuelles, de dessiner peu à peu, par la répétition, un semblant de régime juridique.

537. – **Juge unique.** Le législateur, pour sa part, contribue à rapprocher le concubinage des autres formes juridiques de couple. En effet, compétence matérielle a été donnée au juge aux affaires familiales pour connaître des difficultés nées à l'occasion de la rupture d'un concubinage. On songe en particulier ici au partage des indivisions entre concubins. La qualité de concubin des indivisaires engendre une compétence juridictionnelle particulière. Contrairement au droit commun de l'indivision, ce n'est pas le tribunal de grande instance dans sa formation collégiale qui se voit attribuer compétence ici, mais bien le juge aux affaires familiales. La dimension familiale de cette indivision entraîne donc une dérogation aux compétences juridictionnelles classiques. Comme le juge aux affaires familiales a également compétence matérielle pour juger des conséquences du divorce et des intérêts patrimoniaux des couples unis par un pacte civil de solidarité, il en résulte que ce magistrat est désormais érigé en juge des conséquences patrimoniales de la rupture des couples. C'est

(4) Source : *INSEE Première* févr. 2013, n° 1435, *Le couple dans tous ses états. Non-cohabitation, conjoints de même sexe, PACS*, en ligne sur le site internet de l'INSEE.

(5) *Ibid.* ; on ajoutera que cette enquête statistique révèle que 200 000 personnes déclarent vivre en couple avec une personne de même sexe que le leur.

(6) Source : INSEE, *Les chiffres des naissances hors mariage pour 2017*, publiés sur le site internet de l'INSEE, le 16 janv. 2018.

en ce sens que l'on peut parler d'un rapprochement, seulement procédural il est vrai, des trois formes juridiques de vie en couple.

538. - **Absence de formation et de dissolution.** Contrairement aux autres formes juridiques de couple, qui entraînent une modification de l'état civil des personnes et peuvent donc être précisément datées, le concubinage se constate, généralement *a posteriori*, plus qu'il ne s'institue. Les éléments caractéristiques permettant d'emporter la qualification légale de concubinage apparaissent souvent de manière progressive(7). On ne saurait évoquer utilement, pour le concubinage, la formation et la dissolution. La nature factuelle du concubinage ainsi que l'absence de modification de l'état civil qu'il engendre, qui concourent à la qualification du concubinage (Section 1), doivent être combinées à la mise en œuvre de véritables effets de droit (Section 2).

SECTION 1

LA QUALIFICATION DE CONCUBINAGE

539. - **Difficulté.** La question de la formation du concubinage pose un important problème au juriste. En raison de la nature factuelle de cette forme de vie en couple, les concubins ne peuvent se prévaloir d'un acte juridique, tel que l'acte de mariage, qui permettrait précisément de préconstituer la preuve d'une vie de couple. Au demeurant, l'enregistrement d'une convention de pacte civil de solidarité s'inscrit dans une perspective quelque peu voisine. Si le mariage et le pacte civil de solidarité entraînent une modification des actes de naissance des intéressés et qu'ils peuvent donc aisément être portés à la connaissance des tiers, il n'en va pas de même avec le concubinage où, par définition, tout est rétrospectif. C'est généralement en cas de difficulté et, le plus souvent en cas de rupture ou de décès, que la nécessité de prouver le concubinage se fait sentir avec le plus d'acuité.

540. - **Définition.** Le juriste dispose il est vrai désormais d'une définition du concubinage, édictée par l'article 515-8 du Code civil(8). Pour autant, cette définition légale du concubinage ne résout pas toutes les difficultés, car les critères qu'elle pose, comme la stabilité, la continuité ou encore la vie de couple, peuvent donner lieu à de nombreuses interprétations en raison de leur caractère flou.

§ 1. – Un fait juridique

541. - **Certitude.** La nature juridique factuelle du concubinage ne fait guère de doute(9). Une certitude existe donc et apparaît dans la lettre même de l'article 515-8 du Code civil : le concubinage n'est pas un acte juridique. En reprenant

(7) En ce sens : V. A. Bénabent, *Droit de la famille*, LGDJ-Lextenso, 2014, n° 704.
(8) C. civ., art. 515-8 : « Le concubinage est une union de fait, caractérisée par une vie commune présentant un caractère de stabilité et de continuité, entre deux personnes, de sexe différent ou de même sexe, qui vivent en couple ».
(9) Comp. cependant : A. Molière, *Et si le concubinage était un acte juridique ?* : *RTD civ.* 2018, 21.

une définition juridique courante, l'on peut dire qu'en matière de concubinage, les effets de droit ne sont pas préalablement déterminés. C'est la raison pour laquelle le droit peine à appréhender le concubinage[10] et qu'en ce domaine l'approche s'avère nécessairement rétrospective. Généralement la qualification de concubinage s'opère *a posteriori*, au moment de la dissolution du lien par décès ou par rupture.

542. - **Preuve du concubinage.** La question de la preuve du concubinage se pose alors avec acuité. Il existait naguère des certificats de concubinage, délivrés par les mairies du domicile du couple de concubins pour préconstituer une preuve de la vie en couple. La délivrance de certificats de concubinage n'a cependant pas connu le succès escompté, notamment en raison d'une multitude de pratiques. Faute d'une modalité unique de délivrance des certificats de concubinage, des pratiques administratives locales se sont développées, nuisant à l'efficacité de ce mode de preuve préconstitué. Là où telle commune était exigeante et posait telle ou telle condition, il était possible que dans la commune voisine la délivrance du certificat de concubinage ne fût qu'une simple formalité, l'acte étant par exemple délivré sur l'unique déclaration d'un seul des deux membres du couple. Progressivement la délivrance de certificats de concubinage est donc tombée en désuétude. De tels certificats ne sont quasiment plus délivrés aujourd'hui, faute de demandes en ce sens.

543. - **Preuve par tous moyens.** Conformément au droit commun, le concubinage, en raison de sa nature factuelle, se prouve par tous moyens. Il s'agira en pratique de produire des attestations, des factures adressées aux deux noms et à une seule et même adresse. Dans un ordre d'idées quelque peu différent, les impôts dits « locaux » sont généralement payables par les deux concubins. D'autres éléments emporteront très probablement la conviction du juge et, partant, la qualification de concubinage. Tel est le cas de la naissance d'un enfant commun. Ce fait juridique constitue un indice particulièrement probant de l'existence d'une vie de couple.

544. - **Place de l'enfant.** En ce sens, la place de l'enfant dans le couple non marié est devenue tout à fait centrale. À rebours d'une approche classique, on peut dire qu'en ce domaine, c'est l'enfant qui fait le couple. L'affirmation peut surprendre mais s'explique sans difficulté à la lecture de l'arrêt *Marckx* de la Cour européenne des droits de l'homme. Classiquement présenté comme étant l'un des grands arrêts de la Cour européenne des droits de l'homme en matière de droit à une vie privée et familiale normale, l'arrêt *Marckx* décide que « l'article 8 vaut donc pour la "vie familiale" de la famille "naturelle" comme de la famille "légitime" »[11]. Partant, il doit protéger la relation entre une mère célibataire et son enfant. Grâce à la présence d'un enfant, les relations hors mariage accèdent dans cette décision au champ de protection de l'article 8.

§ 2. – Une définition large

545. - **Codification.** La loi n° 99-944 du 15 novembre 1999 a consacré une définition du concubinage au sein même du Code civil. À cette époque, la rédaction

(10) Cf. L. Leveneur, *Les situations de fait en droit privé*, LGDJ, 1990.
(11) CEDH, 13 juin 1979, *Marckx c/ Belgique*, série A, n° 31, spéc. § 31.

de l'article 515-8 dudit code marqua une évolution notable qui, plus de quinze ans après, ne pose guère de difficulté. Jusque-là le concubinage échappait totalement à la loi et en grande partie au droit. Il était courant de dire que le concubinage ou l'union de fait ne constituait qu'une situation de fait. Progressivement pourtant, quelques critères étaient apparus, tirés notamment des nécessaires stabilité et continuité qui distinguent le concubinage de la relation éphémère. Ces critères se retrouvent dans l'article 515-8 du Code civil qui, de ce point de vue, fait œuvre de codification.

546. – **Innovation.** Pour autant, l'article 515-8 du Code civil marqua une véritable innovation en 1999 en envisageant expressément une reconnaissance du concubinage homosexuel, contrairement à certaines jurisprudences de la fin des années 1990[(12)]. Le débat a depuis largement évolué et la vigueur des discussions ayant agité le Parlement à l'époque paraît pour le moins obsolète au regard du contexte houleux dans lequel le mariage a été ouvert aux personnes de même sexe.

Code civil

Art. 515-8. – Le concubinage est une union de fait, caractérisée par une vie commune présentant un caractère de stabilité et de continuité, entre deux personnes, de sexe différent ou de même sexe.

547. – **Interprétation.** L'article 515-8 du Code civil propose une définition qui recèle plusieurs notions à contenu variable, telles que la continuité et la stabilité qui, volontairement, ne sont pas quantifiées. De même la notion de vie commune renvoie peut-être à une nécessaire cohabitation[(13)], mais l'on peut considérer également que la vie commune reçoit une acception plus large et qu'elle désigne en réalité la communauté de vie, entendue comme un engagement affectif durable ne nécessitant pas forcément une communauté de toit. En définitive, la définition se révèle suffisamment large, en reposant sur des notions floues, pour englober une multitude de situations. Le constat paraît gênant non seulement parce qu'en matière de concubinage l'appréciation et la qualification interviennent en général *a posteriori*, mais aussi parce que la définition a pour principale finalité de permettre de distinguer une véritable relation de couple susceptible de produire certains effets de droit, à commencer par une reconnaissance légale, des relations personnelles brèves et instables, impropres à engendrer des effets juridiques.

SECTION 2

LA FIN DU CONCUBINAGE

548. – **Situation de fait.** Le paradoxe juridique du concubinage contemporain se manifeste quand il cesse. En dépit d'une définition légale, le concubinage

(12) Cass. 3e civ., 17 déc. 1997 : *D.* 1998, 111, note J.-L. Aubert. – Cass. soc., 11 juill. 1989 : *D.* 1990, 582, note Ph. Malaurie.
(13) En ce sens : A. Bénabent, *Droit de la famille*, LGDJ-Lextenso, 2014, n° 702.

n'emporte pas d'effets juridiques spécifiques. Le propos se vérifie durant l'union[14], mais également et surtout au moment de la rupture. Comme les concubins ont juridiquement la qualité de tiers, la rupture qui ne constitue qu'un événement purement factuel, ne modifie en rien leur situation juridique. L'état civil des membres du couple, que le concubinage ne modifia point, reste inchangé. Initialement célibataires, ils le demeurent à l'issue du concubinage, même dans l'hypothèse où le concubinage cesse en raison de la célébration du mariage des concubins ou de leur conclusion d'un pacte civil de solidarité, puisque les membres du couple se trouvent dans la situation ordinaire de deux candidats au mariage.

549. - **Droit commun.** En raison du caractère factuel du concubinage et de sa rupture, le droit n'organise pas de régime juridique spécifique en cas de séparation du couple ou de décès d'un concubin. Les mécanismes du droit commun des obligations et du droit des biens se trouvent alors sollicités pour pallier cette lacune. Ceci n'a rien d'injuste et correspond parfaitement à la vocation du droit commun dans une situation où les membres du couple n'ont pas fait le choix, pourtant simple et efficace, de conclure un pacte civil de solidarité.

§ 1. – La fin du concubinage par rupture

I. – Indemnisation en cas de rupture fautive

550. - **Responsabilité extracontractuelle.** Le droit, constitutionnellement garanti[15], de la victime d'obtenir réparation des dommages résultant d'une faute, trouve naturellement application entre concubins puisque si chacun demeure libre de rompre la relation, encore faut-il le faire sans porter atteinte aux intérêts de l'autre[16]. Les solutions juridiques en matière de rupture du concubinage s'inscrivent dans la même logique que celles constatées à propos de la rupture des fiançailles[17] ou, dans un ordre d'idées différent, de la rupture des pourparlers contractuels[18]. Le concubin délaissé devra donc former sa demande d'indemnisation sur l'article 1240 du Code civil, en démontrant l'existence d'une faute, laquelle réside généralement dans la brutalité du départ ou, parfois, du comportement adopté durant la relation[19].

(14) V. *infra*, sur les relations juridiques entre concubins durant le concubinage.

(15) Cons. const., 22 oct. 1982, n° 82-144 DC : *D.* 1983, 189, note F. Luchaire ; *Gaz. Pal.* 1993, I, 60, note F. Chabas : le Conseil fonde alors sa décision sur les articles 6 et 13 de la Déclaration des droits de l'homme et du citoyen. – Cons. const., 9 nov. 1999, n° 99-419 DC : *JCP G* 2000, I, 280, obs. G. Viney : au sujet de la rupture fautive du pacte civil de solidarité, le Conseil constitutionnel fonde ici sa décision sur l'article 4 de la Déclaration des droits de l'homme et du citoyen.

(16) A. Gouttenoire, *Responsabilité civile et rupture unilatérale du concubinage*, in *Des concubinages. Droit interne, droit international, droit comparé : Mél. offerts à J. Rubellin-Devichi*, Litec, 2002, p. 257. – M. Muller, *L'indemnisation du concubin abandonné sans ressources : D.* 1986, 328.

(17) V. *supra*, n° 60.

(18) V. sur ce point le nouvel article 1112 du Code civil, dans sa rédaction issue de l'ordonnance n° 2016-131 du 10 février 2016.

(19) Cass. 1re civ., 29 nov. 1977 : *Bull. civ.* 1977, I, n° 449 : le concubin, par ailleurs marié, avait demandé à sa maîtresse de déménager pour le suivre, en lui interdisant de travailler et promettant de subvenir à ses besoins.

La jurisprudence a, par exemple, jugé fautif le départ du concubin, en coupant l'eau et l'électricité[20], ou encore le fait pour le concubin, divorcé de sa concubine mais continuant à vivre avec elle durant quarante ans de partir sans concertation, alors qu'il avait jusque-là continué à se comporter comme le mari et le père des enfants[21].

551. – **Conditions de la responsabilité.** Outre une faute qui doit être caractérisée[22], il convient de rapporter la preuve qu'elle a causé un préjudice subi par le concubin délaissé, pour donner lieu à l'allocation de dommages et intérêts.

Prolongement pratique

Illicéité de la clause ayant pour effet de dissuader le concubin de rompre

552. – Les rédacteurs d'actes doivent se montrer vigilants face à un couple de concubins, pour garantir l'efficacité de l'acte. Il ne fait évidemment aucun doute qu'une clause qui interdirait à l'un des concubins, voire aux deux, de rompre la relation, n'aurait guère d'utilité factuelle et heurterait de front le principe de liberté individuelle. L'objet même de la clause porte en lui son illicéité. Pour autant, la vigilance doit se porter aussi vers des clauses insérées dans des actes ayant un autre objet mais qui auraient, indirectement, pour effet de porter atteinte à la liberté des concubins, en les dissuadant de rompre. La jurisprudence fournit une illustration de ce type de clause. Deux concubins signèrent en effet un acte qualifié de « convention de concubinage », mais qui s'apparentait davantage à une convention portant sur la contribution à l'entretien des enfants[23], en prévoyant que le concubin qui n'a pas d'emploi ou qui renonce à son emploi pour élever ses enfants pourra exiger de l'autre une indemnité égale au moins à la moitié des revenus du travail de son concubin à condition que les enfants soient élevés à son foyer. Ladite convention sera déclarée nulle en appel.

Le pourvoi est rejeté, la Cour de cassation jugeant que « la convention signée par les concubins n'avait pas fixé le montant de la contribution à proportion des ressources de chacun des parents et des besoins des enfants mais à un montant forfaitaire, égal à la moitié des revenus du concubin, susceptible d'une part de placer l'intéressé dans l'impossibilité d'exécuter ses obligations à l'égard d'autres créanciers d'aliments, et, d'autre part, constituant par son caractère particulièrement contraignant un moyen de dissuader un concubin de toute velléité de rupture contraire au principe de la liberté individuelle »[24].

La liberté contractuelle, si souvent louée en droit de la famille, comporte donc d'opportunes limites, dont le respect de la liberté individuelle du concubin. Partant, est nulle toute clause ayant pour effet, y compris indirect, de le dissuader de rompre.

(20) Rouen, 29 janv. 2003 : *Dr. famille* 2003, comm. 69, obs. H. Lécuyer.

(21) Cass. 1re civ., 3 janv. 2006, n° 04-11.016 : *Defrénois* 2006, 1056, obs. J. Massip ; *AJF* 2006, 111, obs. F. Chénedé : « Attendu que si la rupture du concubinage ne peut en principe donner lieu à l'allocation de dommages-intérêts, il en est autrement lorsqu'il existe des circonstances de nature à établir une faute de son auteur ; que la cour d'appel relève, d'une part que [l'époux], en dépit du jugement de divorce dont il s'est ensuite prévalu pour échapper à ses obligations, a continué à se comporter en mari tant à l'égard de son épouse que des tiers, d'autre part que son départ intervenu sans concertation, après quarante ans de vie commune, a été brutal ; que de ces constatations, la cour d'appel, qui n'avait pas à suivre les parties dans le détail de leur argumentation et n'a fait qu'user de son pouvoir souverain d'appréciation de la valeur et de la portée des attestations produites, a pu déduire que [l'époux] avait commis une faute de nature à engager sa responsabilité civile et souverainement fixer le montant des dommages-intérêts alloués à [l'épouse] ».

(22) Cass. 1re civ., 30 juin 1992 : *Bull. civ.* 1992, I, n° 204 : cassation pour violation de l'article 1382 du Code civil (désormais article 1240) d'un arrêt d'appel ayant jugé que l'absence de faute ne dispensait pas un concubin de réparer le préjudice créé par l'exercice de son libre choix. Dans cette perspective, l'absence de dialogue préalable à la rupture ne suffit pas à caractériser une faute (Cass. 1re civ., 4 janv. 1995 : *D.* 1995, 251, note A. Bénabent ; *RTD civ.* 1995, 604, obs. J. Hauser).

(23) Sur ce type d'acte, V. *infra*, n° 930.

(24) Cass. 1re civ., 20 juin 2006, n° 05-17.475 : *RTD civ.* 2006, 735, obs. J. Hauser.

II. – Continuation et transfert du contrat de bail d'habitation

553. – **Protection.** Sans avoir signé le bail d'habitation portant sur le local où vivait le couple, le concubin délaissé peut bénéficier d'un transfert du droit au bail, lui garantissant une certaine stabilité de son cadre de vie. Contrairement aux époux et partenaires de PACS qui bénéficient d'une protection assurée par des dispositions du Code civil et de la loi du 6 juillet 1989, les textes concernant les concubins ne se trouvent que dans la seconde. Ainsi, en cas d'abandon du domicile par le locataire, le contrat de location continue au profit du concubin notoire qui vivait avec lui depuis au moins un an à la date de l'abandon du domicile. Le bailleur récalcitrant aura beau jeu en pratique de contester la notoriété du concubinage ou encore d'invoquer sa brève durée. En réponse, le concubin délaissé doit rapporter par tous moyens la preuve de ce fait juridique que constitue le concubinage notoire. Il pourra notamment produire des attestations de voisins, des factures établies à son nom et expédiées à l'adresse du local d'habitation, des pièces comme la preuve de la résiliation de son propre contrat de bail ou encore le dépôt d'une demande de mutation visant à se rapprocher du local.

III. – Liquidation des intérêts patrimoniaux des concubins

A. – Compétences juridictionnelles

554. – **Compétence matérielle du juge aux affaires familiales.** Initialement, la liquidation des intérêts patrimoniaux des concubins, parce qu'elle s'opérait grâce à des mécanismes du droit commun des obligations ou du droit des biens, relevait de la compétence juridictionnelle du tribunal de grande instance, siégeant en formation collégiale. Il importait peu alors que les parties aient entretenu préalablement une relation de couple, et ils étaient traités comme des tiers. La situation a été sensiblement modifiée par une loi n° 2009-526 du 12 mai 2009 de simplification et de clarification du droit et d'allégement des procédures qui a donné compétence en ce domaine au juge aux affaires familiales.

Code de l'organisation judiciaire

Art. L. 213-3. – Dans chaque tribunal de grande instance, un ou plusieurs magistrats du siège sont délégués dans les fonctions de juge aux affaires familiales.

Le juge aux affaires familiales connaît :

1° De l'homologation judiciaire du changement de régime matrimonial, des demandes relatives au fonctionnement des régimes matrimoniaux et **des indivisions** entre personnes liées par un pacte civil de solidarité ou **entre concubins**, de la séparation de biens judiciaire, sous réserve des compétences du président du tribunal de grande instance et du juge des tutelles des majeurs ;

2° Du divorce, de la séparation de corps et de leurs conséquences, de **la liquidation et du partage des intérêts patrimoniaux** des époux, des personnes liées par un pacte civil de solidarité et **des concubins**, sauf en cas de décès ou de déclaration d'absence ;

3° Des actions liées :

a) À la fixation de l'obligation alimentaire, de la contribution aux charges du mariage ou du pacte civil de solidarité et de la contribution à l'entretien et à l'éducation des enfants ;

b) À l'exercice de l'autorité parentale ;

c) À la révision de la prestation compensatoire ou de ses modalités de paiement ;

d) Au changement de prénom ;

e) À la protection à l'encontre du conjoint, du partenaire lié par un pacte civil de solidarité ou du concubin violent ou d'un ancien conjoint, partenaire lié par un pacte civil de solidarité ou concubin violent ;

f) À la protection de la personne majeure menacée de mariage forcé.

555. - **Portée.** Le juge aux affaires familiales constitue donc le magistrat de droit commun en matière de liquidation des intérêts patrimoniaux des couples, sans distinction selon leur qualité juridique. Un rapprochement entre les différentes formes juridiques de couple, par-delà le pluralisme, s'opère donc en ce domaine, il est vrai limité à une question procédurale.

556. - **Compétence territoriale au sein de l'espace judiciaire européen.** L'internationalisation des rapports familiaux et la dispersion géographique de certains patrimoines engendrent des interrogations procédurales importantes. Ainsi, un juge aux affaires familiales français n'est pas compétent pour statuer sur la liquidation d'une indivision entre concubins de nationalité française, dès lors que le bien immobilier se situe sur le territoire d'un autre État membre de l'Union européenne. Selon l'article 22 du règlement Bruxelles I (devenu art. 24 du règlement Bruxelles I bis), les juridictions du lieu de situation de l'immeuble disposent en effet d'une compétence exclusive en matière de droit réel immobilier(25). Justifiée au regard du principe de confiance mutuelle qui doit gouverner les rapports entre États membres au sein de l'espace judiciaire civil européen, la solution engendre cependant un éclatement du contentieux dès lors que, dans pareille situation, le juge aux affaires familiales français sera compétent pour juger des difficultés liquidatives concernant les biens immobiliers situés en France, alors que le juge étranger aura compétence pour statuer sur la liquidation de l'indivision portant sur un bien immobilier situé sur son sol.

B. – Liquidation de l'indivision entre concubins

557. - **Indivision et propriété exclusive.** Durant la vie de couple, chaque concubin conserve la propriété exclusive de ses biens et de ceux qu'il acquiert. Encore faut-il pouvoir démontrer cette propriété exclusive. À défaut, le bien est réputé indivis entre les concubins. Il en va de même si les membres du couple acquièrent délibérément ensemble un bien.

558. - **Droit commun.** L'indivision entre concubins ne présente *a priori* pas de particularités par rapport au droit commun, mais nourrit pourtant une activité jurisprudentielle soutenue(26). En effet, plusieurs difficultés peuvent naître suite à la rupture.

Tout d'abord, le concubin qui quitte l'autre entend souvent faire procéder à la vente de l'immeuble indivis, ce que refuse celui resté dans les lieux(27). Dans l'hypothèse où l'ex-concubin indivisaire est titulaire d'au moins deux tiers des droits indivis, il peut solliciter une autorisation judiciaire pour procéder à la vente, en suivant les modalités détaillées par l'article 815-5-1 du Code civil. En revanche, si chaque concubin se trouve être titulaire de la moitié des droits indivis, seul un partage peut permettre de sortir de l'indivision.

(25) Cass. 1re civ., 20 avr. 2017, n° 16-16.983 : *Dr. famille* 2017, chron. 2, nos 2 et s., obs. V. Égéa ; *Dr. famille* 2017, comm. 173, obs. A. Devers.
(26) J. Maury, *Brèves observations sur la liquidation d'une indivision après rupture d'un concubinage* : D. 2002, 1578.
(27) Cette hypothèse se trouve plus particulièrement développée dans l'article de Mme Maury (art. préc.), rédigé cependant avant la réforme du droit du partage judiciaire opéré par la loi n° 2006-728 du 23 juin 2006 et le décret n° 2006-1805 du 23 décembre 2006.

Ensuite, l'un des concubins indivisaires peut jouir de manière exclusive du bien, après le départ de l'autre. L'indivisaire occupant le bien indivis de manière exclusive devient alors redevable envers l'indivision, conformément au droit commun, d'une indemnité d'occupation(28).

Enfin, la question la plus délicate concerne souvent la revendication par le concubin *solvens* du remboursement de sommes qu'il aurait exposées au-delà de ce qu'il aurait dû, par exemple en remboursant seul le prêt ayant permis de financer l'acquisition. La difficulté provient fréquemment de la présomption de titularité des quotes-parts par moitié, qui découle du silence des actes d'acquisition quant à l'étendue du financement respectif par les indivisaires. Face à la multitude d'actes ne mentionnant pas l'étendue exacte des quotes-parts respectives de chaque indivisaire, ils sont présumés être coïndivisaires pour moitié, sans considération de leur financement réel. Le titre l'emporte sur la finance(29). La solution présente le mérite de la prévisibilité, mais n'apparaît pas nécessairement juste pour celui qui, par exemple, a remboursé seul le prêt ayant permis l'acquisition, l'amenant souvent à réclamer le remboursement de ce financement excessif. Pour régler cette question relative à la part contributive de chacun des concubins, le *solvens* peut invoquer un prêt consenti à son ancien compagnon, à condition de rapporter la preuve de l'existence d'une obligation de restitution, ce qui demeure très difficile ; ou bien encore de manière plus vraisemblable une répétition de l'indu, sachant que l'autre concubin invoquera sans doute l'intention libérale du *solvens* à son égard.

Cass. 1re civ., 19 mars 2014, n° 13-14.989

Sur le moyen unique, pris en sa première branche :

Vu les articles 815 et 1134 du Code civil ;

Attendu, selon l'arrêt attaqué, que, par un acte authentique du 12 septembre 1996, Mme X... et Mme Y... ont acquis ensemble un bien immobilier ; que celle-ci a sollicité le partage de l'indivision ;

Attendu qu'après avoir admis que les parties avaient renoncé à l'application de la clause d'accroissement au motif que le pacte civil de solidarité stipulait expressément le partage de l'immeuble indivis en cas de rupture, l'arrêt énonce que le partage d'un bien indivis entre concubins est proportionnel à la participation de chacun au financement de son acquisition, dès lors que l'acte d'achat ne mentionne pas leurs parts respectives, que tel est le cas en l'espèce, que si à défaut de précision dans l'acte d'acquisition, les acquéreurs sont réputés être propriétaires pour moitié chacun, cette présomption supportant la preuve contraire, qu'il est établi que le bien immobilier a été exclusivement financé par Mme Y... qui doit en conséquence être considérée comme la seule titulaire des droits sur cette indivision ;

Qu'en statuant ainsi, alors que les personnes qui ont acheté un bien en indivision en ont acquis la propriété, sans qu'il y ait lieu d'avoir égard à la façon dont cette acquisition a été financée, la cour d'appel a violé les textes susvisés ;

PAR CES MOTIFS et sans qu'il y ait lieu de statuer sur les autres griefs :

CASSE ET ANNULE, dans toutes ses dispositions, l'arrêt rendu le 11 décembre 2012, entre les parties, par la cour d'appel d'Aix-en-Provence ; remet, en conséquence, la cause et les parties dans l'état où elles se trouvaient avant ledit arrêt et, pour être fait droit, les renvoie devant la cour d'appel de Nîmes ;

Commentaire : *RJPF* sept. 2009, p. 38, obs. V. Égéa.

(28) C. civ., art. 815-9, al. 2.

(29) Cf. Cass. 1re civ., 19 mars 2014, n° 13-14.989 ; *RJPF* sept. 2008, p. 38, obs. V. Égéa. – Déjà entre concubins : Cass. 1re civ., 17 janv. 1995, n° 93-10.187 : *Bull. civ.* 1995, I, n° 35. – *Adde*, not. Cass. 1re civ., 19 mars 2008, n° 07-12.300 : *Bull. civ.* 2008, I, n° 89 ; *Defrénois* 2008, art. 38795, note R. Libchaber ; *Rev. Lamy dr. civ.* 2008/53, n° 3167, obs. V. Perruchot-Triboulet.

Prolongement pratique

Remise des clés de l'immeuble par le concubin qui le délaisse

559. – La jurisprudence a progressivement transformé la condition de jouissance privative, prévue par l'article 819 du Code civil pour donner lieu à une indemnité d'occupation, en occupation exclusive. Mme Maury(30) suggère ainsi de conseiller au concubin qui entend solliciter une indemnité d'occupation privative de déposer le trousseau de clés permettant d'accéder au bien indivis, chez un tiers, par exemple un notaire, afin de démontrer ainsi l'occupation exclusive faite par l'ex-concubin indivisaire.

560. – **Absence d'attribution préférentielle.** Le concubin n'ayant pas, par définition, la qualité de conjoint, il ne dispose pas de la faculté de solliciter une attribution préférentielle lors du partage. Non seulement les articles 832 et suivants du Code civil n'offrent cette faculté qu'à l'époux mais, de surcroît, il n'existe pas en matière de concubinage de renvoi opéré à ces dispositions, contrairement à ce que l'on trouve à l'article 515-6 du Code civil pour le pacte civil de solidarité(31).

C. – La liquidation d'une société créée de fait entre concubins

561. – **Comme Monsieur Jourdain.** À défaut de règles spécifiques permettant de procéder à la liquidation des intérêts patrimoniaux des concubins, le droit commun des sociétés se trouve à son tour souvent sollicité. Il s'avère fréquent en effet qu'un concubin invoque l'existence d'une société créée de fait pour réclamer un partage des intérêts patrimoniaux des membres du couple. La qualification de société créée de fait concerne la situation dans laquelle des personnes se sont comportées comme des associés, en l'absence de tout contrat de société(32). Les associés l'ont été sans le savoir, ce qui a pour conséquence d'appeler une nécessaire liquidation et un partage de ces intérêts communs.

562. – **Éléments du contrat de société.** Pour que l'existence d'une société créée de fait soit reconnue, encore faut-il que les éléments constitutifs du contrat de société soient caractérisés. Jadis, la jurisprudence fit montre d'un certain libéralisme en admettant par exemple que la mise en commun des ressources des concubins caractérisait bien l'existence d'une société créée de fait(33), avant de revenir à plus de rigueur(34). Désormais, pour qu'une demande fondée sur la société créée de fait

(30) C. Maury, art. préc., spéc. nos 21 et s.

(31) C. civ., art. 515-6 : « Les dispositions des articles 831, 831-2, 832-3 et 832-4 sont applicables entre partenaires d'un pacte civil de solidarité en cas de dissolution de celui-ci.

Les dispositions du premier alinéa de l'article 831-3 sont applicables au partenaire survivant lorsque le défunt l'a expressément prévu par testament.

Lorsque le pacte civil de solidarité prend fin par le décès d'un des partenaires, le survivant peut se prévaloir des dispositions des deux premiers alinéas de l'article 763 ».

(32) Sur la société créée de fait : F.-X. Lucas, *La société dite créée de fait*, in *Mél. Guyon*, Dalloz, 2003, p. 737.

(33) Cass. 1re civ., 26 juin 2001, n° 98-16.490 : « La cour d'appel, qui a constaté que [les concubins] avaient mis en commun leurs ressources financières pour la réalisation d'un projet immobilier commun, ce dont il résultait la volonté de s'associer et l'intention de participer aux bénéfices et aux pertes, a légalement justifié sa décision ».

(34) Cass. com., 23 juin 2004, nos 01-10.106 et 01-14.275 : *Bull. civ.* 2004, IV, nos 134 et 135 ; *Dr. famille* 2004, comm. 168, obs. V. Larribau-Terneyre ; *Dr. soc.* 2004, comm. 163, obs. F. G. Trébulle ; *JCP* G 2004, I, 1510, obs. F. Deboissy et G. Wic-

ait quelque chance de prospérer, il convient de démontrer l'existence de chacun des éléments du contrat de société, à savoir la présence d'apports mutuels, l'*affectio societatis*, ainsi que la volonté de participer aux bénéfices et aux pertes. Le caractère cumulatif des trois conditions[35] empêche de déduire l'existence d'un élément de la présence d'un autre.

563. – Modalités de liquidation d'une société créée de fait. La qualification de société créée de fait revêt surtout un intérêt commode pour procéder à la liquidation des intérêts patrimoniaux des membres du groupement, en l'occurrence des concubins, dès lors que la société créée de fait n'a pas de personnalité morale[36]. Il en résulte que la reprise des apports se fait en jouissance, dès lors que le concubin apporteur n'a en réalité pas transmis la propriété du bien, faute de personnalité juridique et donc de patrimoine de la société, mais a simplement procédé à une mise à disposition du bien. Seuls les accroissements de valeurs réalisés par le groupement lui-même constituent l'actif social et doivent être partagés. En revanche, les apports en industrie, pourtant fréquents entre concubins, lorsque l'un des deux effectue par exemple des travaux dans le logement du couple, ne donnent lieu ni à reprise, ni à remboursement[37], puisqu'ils contribuent à accroître la valeur du bien, donnant droit à une partie de la plus-value ainsi réalisée.

D. – La mise en œuvre de l'enrichissement injustifié (enrichissement sans cause)

564. – Flux sans cause. L'enrichissement injustifié, désormais codifié aux nouveaux articles 1303 et suivants du Code civil, provient d'une création prétorienne nommée « enrichissement sans cause » jusqu'au 1er octobre 2016, également nommé l'action *de in rem verso*. L'enrichissement injustifié, initialement fondé sur l'équité, permet de rétablir l'équilibre entre deux patrimoines lorsque l'appauvrissement de l'un est corrélé à l'enrichissement de l'autre, sans que ce mouvement de valeur ne trouve de cause. Il constitue un fondement juridique très fréquemment invoqué par des concubins soucieux de trouver, grâce à ce mécanisme, un outil permettant de régler leurs intérêts patrimoniaux. L'exemple classique reste

---

ker ; *RTD civ.* 2004, 487, obs. J. Hauser ; *AJF* 2004, 324, obs. F. Bicheron ; *D.* 2004, 2669, obs. D. Vigneau ; *LPA* 10 mars 2005, p. 8, obs. L.-G. Mahinga. – *Adde*, déjà dans le même sens : Cass. 1re civ., 12 mai 2004, n° 01-03.909 : *Bull. civ.* 2004, I, n° 131 ; *Dr. famille* 2004, comm. 168, obs. V. Larribau-Terneyre ; *Dr. soc.* 2004, comm. 163, obs. F. G. Trébulle ; *D.* 2004, 2928, obs. E. Lamazerolles ; *Rev. sociétés* 2005, 131, obs. F.-X. Lucas ; *RTD civ.* 2004, 487, obs. J. Hauser.

(35) V., par ex., Cass. 1re civ., 20 janv. 2010, n° 08-13.200 : *Bull. civ.* 2010, I, n° 11 ; *Rev. sociétés* 2010, 430, note B. Dondero ; *D.* 2010, 718, note F. Chénedé : dans cette affaire, un arrêt d'appel avait reconnu l'existence d'une société créée de fait entre deux concubins qui avaient acquis ensemble des biens immobiliers. Au visa de l'article 1832 du Code civil, l'arrêt d'appel est cassé pour manque de base légale : « En se déterminant ainsi alors que l'intention de s'associer en vue d'une entreprise commune ne peut se déduire de la participation financière à la réalisation d'un projet immobilier et est distincte de la mise en commun d'intérêts inhérents au concubinage, la cour d'appel n'a pas donné de base légale à sa décision ».

(36) Cf. F.-X. Lucas, art. préc.

(37) Cass. 1re civ., 19 avr. 2005, n° 01-17.226 : *Bull. civ.* 2005, I, n° 187 ; *Dr. famille* 2005, comm. 127, obs. V. Larribau-Terneyre ; *D.* 2006, 1414, obs. J.-J. Lemouland ; *RTD civ.* 2005, 576, obs. J. Hauser ; *Rev. sociétés* 2006, 111, obs. D. Poracchia ; *AJF* 2005, 281, obs. F. Chénedé : « Attendu que lors de la liquidation d'une société créée de fait, il n'y a lieu ni à la reprise, ni au remboursement des apports en industrie ; que la cour d'appel ayant retenu d'une part l'existence d'une société de fait entre les concubins, et relevé d'autre part que [le concubin] avait par son travail sur l'immeuble appartenant à sa compagne fait un apport en industrie à hauteur de 84 500 francs, a exactement décidé que cet apport, s'il donnait vocation à une partie de la plus-value sur l'immeuble, ne pouvait être repris, de sorte que [le concubin] ne détenait pas de créance du chef des travaux effectués ; que l'arrêt est légalement justifié ».

celui du concubin hébergé chez sa compagne, qui procède durant la vie de couple à des travaux d'amélioration du logement et finance l'achat de matériaux, avant que le couple ne se sépare(38). Dans cette hypothèse, le concubin peut-il réclamer le remboursement d'une partie, voire de la totalité des sommes correspondant à son industrie personnelle et aux matériaux correspondants ? Quoique fréquemment invoqué, l'enrichissement injustifié (enrichissement sans cause) se heurte toutefois à plusieurs obstacles.

565. - **Obstacles de fond.** Une première série d'obstacles se trouve du côté des défenses au fond que le concubin prétendument enrichi ne manquera pas de soulever. Tout d'abord, à défaut de règles organisant la contribution de chaque concubin aux dépenses de la vie courante, chacun doit en principe supporter les dépenses qu'il a exposées, ce qui laisse une place étroite pour l'enrichissement injustifié. Ce dernier ne pourra être valablement sollicité que pour les dépenses qui excèdent une participation normale aux besoins de la vie courante(39). Ensuite, l'intention libérale constitue un argument habile fréquemment soulevé face aux demandes fondées sur l'enrichissement injustifié. Il consiste non pas à nier les dépenses faites par le concubin, mais à considérer qu'elles ont trouvé leur cause dans une intention libérale qui l'animait durant la vie de couple. Enfin, la jurisprudence se montre assez vigilante face aux allégations de financement effectué par un concubin, en exigeant que la preuve des dépenses prétendument faites soit rapportée. Il convient en pratique que le concubin démontre l'étendue exacte des dépenses effectuées, notamment au moyen de factures.

566. - **Obstacle tiré du caractère subsidiaire de l'action.** Les plaideurs qui invoquent l'action *de in rem verso* oublient trop souvent que son caractère subsidiaire(40) constitue une subtilité procédurale qui la distingue et la rend périlleuse. En effet, l'enrichissement injustifié ne peut être invoqué qu'en dernier lieu, lorsque les autres fondements juridiques envisageables, qui poursuivent le même objet, ne peuvent aboutir.

§ 2. – La fin du concubinage par décès

I. – Absence de vocation successorale

567. - **Tiers.** En raison de sa nature juridique factuelle, le concubinage place les membres du couple dans une situation inconfortable en cas de décès. Juridiquement étrangers l'un à l'autre, ils ne sauraient se prévaloir d'une quelconque vocation successorale légale. Les concubins restent évidemment libres de se consentir des

(38) Pour une étude d'ensemble de la jurisprudence, V. *infra*, n° 1183 et s.

(39) V. *infra*, n° 1184.

(40) V., par ex., Cass. 1re civ., 9 déc. 2010, n° 09-16.795 : *RTD civ.* 2011, 107, obs. J. Hauser : dans cette affaire, le pourvoi reprochait à un arrêt d'appel de s'être fondé sur les règles gouvernant le contrat de prêt, alors que la concubine invoquait l'enrichissement sans cause (enrichissement injustifié). Le pourvoi de la concubine est rejeté : « attendu que la cour d'appel ayant retenu que [la concubine] qui invoquait l'existence d'un prêt, n'apportait pas la preuve d'une obligation de remboursement par [le concubin] des avances qu'elle lui avait consenties, l'action de *in rem verso* ne pouvait être invoquée à titre subsidiaire, de sorte que cette demande ne pouvait qu'être rejetée ».

libéralités. Fiscalement, les libéralités entre concubins entraînent des conséquences lourdes puisque le taux des droits de mutation à titre gratuit s'élève alors à 60 % de l'actif net transmis.

II. – Liquidation des indivisions

568. – **Droit commun.** Le droit commun s'applique pour liquider et partager les indivisions entre concubins. D'un point de vue procédural cependant, le juge aux affaires familiales bénéficie d'une compétence matérielle en matière de liquidation des intérêts patrimoniaux au sein de ces couples.

§ 3. – La fin du concubinage par mariage ou PACS

569. – **Du fait au droit.** Parce qu'il constitue une simple situation de fait, le concubinage cesse lorsque les membres du couple se marient ou concluent un pacte civil de solidarité. Un acte juridique régit désormais leurs relations de couple. Au demeurant, le concubinage disparaît si l'un des membres du couple se marie ou conclut un pacte civil de solidarité avec un tiers, démontrant au passage la précarité juridique du lien de concubinage.

LIVRE 2

LE LIEN DE FILIATION

570. - **Définition.** En droit, la filiation d'un enfant se définit comme le lien qui le rattache à son père et à sa mère, voire à l'un des deux seulement, qui produit des effets juridiques et l'inscrit dans une parenté et, plus largement, le fait appartenir à une structure familiale.

571. - **Une construction juridique.** Ainsi entendu, le lien de filiation et, plus largement, le lien de parenté, constituent des constructions intellectuelles, qui reposent généralement mais pas nécessairement sur une réalité biologique. Le droit de la filiation s'élabore traditionnellement en contemplation d'un modèle biologique d'engendrement : un homme et une femme conçoivent un enfant de manière naturelle, sans intervention d'une quelconque technique d'assistance à la procréation, et le droit les désigne alors comme le père et la mère. Les qualités biologiques de géniteur et génitrice concordent alors avec les qualités juridiques de père et de mère. Le fait biologique se trouve à la base et s'ajoute alors un fait juridique[1]. Génétiquement issu de ceux que le droit désigne comme père et mère, l'enfant s'inscrit plus largement dans un lien de parenté et intègre ainsi une structure familiale préexistante. L'état civil de l'enfant traduit alors cette appartenance à une famille et le droit en tient évidemment compte en créant des règles spécifiques relatives à la remise en cause de la structure familiale, afin de la rendre relativement stable. Plus largement, le droit organise alors les relations entre les membres d'une même famille en mettant par exemple en place une obligation parentale d'entretien ou en soumettant l'enfant à un devoir d'honneur et de respect à l'égard de ses parents.

Parce qu'il demeure une création juridique, c'est-à-dire une construction intellectuelle, le lien de filiation peut se distinguer totalement de la réalité biologique. L'adoption constitue l'exemple le plus évident de cette discordance. L'enfant adopté se trouve rattaché à son parent adoptant ; le droit lui conférant, par l'institution de l'adoption, une véritable filiation avec toutes les incidences qui en découlent. Pour autant, l'enfant adopté demeure génétiquement étranger à l'adulte qui l'adopte.

(1) En ce sens, cf. Ph. Malaurie et H. Fulchiron, *op. cit.*, n° 900.

572. – **La filiation : dimensions juridique, biologique et culturelle.** Réduire le lien de filiation à la question de la concordance ou de la discordance entre le droit et la génétique constitue une excessive simplification. Le lien juridique de filiation découle en effet d'une subtile combinaison, propre à chaque société à un moment donné, entre des enjeux juridiques, biologiques et culturels. L'anthropologie nous apprend que l'étude des structures de la parenté et, plus spécifiquement la question du lien de filiation, renseigne précisément sur une société donnée(2). Le lien de filiation ne s'organise juridiquement pas de la même manière dans une société antique grecque et dans un contexte occidental contemporain où l'être humain peut maîtriser sa fécondité par la contraception. De même, les sociétés soucieuses de lever des armées, dans un but de conquête ou de défense, organisaient la famille et en particulier le lien de filiation avec un évident objectif nataliste. De nos jours(3), dans les sociétés occidentales à tout le moins, les vertigineuses évolutions des sciences reproductives organisées sous le vocable « bioéthique » ont profondément et durablement modifié la perception du lien de filiation. Le rappeler peut paraître évident, mais pouvoir déjouer de manière scientifique les incidences de la stérilité constitue une véritable rupture anthropologique. Par exemple, avec le transfert d'embryon, une femme peut parfaitement porter un enfant génétiquement conçu à partir de gamètes qui ne sont pas les siens ni ceux de son conjoint. La discordance entre la dimension biologique et juridique de la filiation atteint alors un degré paroxystique, tout en revêtant les apparences d'une filiation par procréation naturelle, l'enfant semblant être issu des œuvres des adultes auquel on le rattache. Un tel lien de filiation pourra entraîner une difficulté supplémentaire si, un jour, l'enfant connaissant les conditions de sa naissance souhaite découvrir l'identité de ses géniteurs. La question de l'accès aux origines personnelles complique encore davantage l'appréhension contemporaine du droit de la filiation.

573. – **Parenté, parentalité, accès aux origines.** Juridiquement, le rapport à l'enfant en droit de la famille comporte désormais trois volets(4) : la parenté, la parentalité, l'accès aux origines personnelles.

---

(2) Cf. M. Godelier, *Métamorphoses de la parenté*, éd. Flammarion, coll. Champs essais, 2010, spéc. p. 115 s. et, en particulier p. 120, où l'auteur, anthropologue, explique que « (…) le champ de la parenté, dans toute société, est en quelque sorte balisé par deux séries de représentations. D'une part un vocabulaire d'une trentaine de mots en moyenne, appris et connus de tous les membres de la société et qui permettent à chacun, selon son sexe et sa génération, de situer les autres par rapport à soi ou par rapport à d'autres que soi au sein des types de rapports de parenté qui existent dans sa société et qui ont une logique propre. (…) À l'autre pôle, on trouve l'ensemble des représentations que la société se fait de ce qu'est un enfant, de la manière dont il est conçu, de la part qu'il reçoit de son père, de sa mère ou des ancêtres (et de quel côté), de ce qu'il sera un garçon ou une fille, etc. ».

(3) Sur l'ensemble de la question, avec des perspectives de renouvellement : C. Siffrein-Blanc, *La parenté en droit civil français, Étude critique*, PUAM, 2009, et en particulier les propositions de refonte du droit de la filiation faites dans la seconde partie. – *Adde*, dans une perspective de droit prospectif : P. Murat, *Prolégomènes à une hypothétique restructuration du droit des filiations*, in *Mél. J. Hauser*, LexisNexis et Dalloz, 2012, p. 405.

(4) D'autres présentations retiennent également une présentation tripartite, mais dont les éléments diffèrent. Ainsi le premier rapport officiel rédigé sous la direction de Mme Théry, en 1998, caractérise la filiation par sa complexité, en considérant qu'elle est faite de trois composantes : « la composante biologique (le parent biologique est le géniteur), la composante domestique (le parent domestique est celui qui élève l'enfant dans sa maison) et la composante généalogique (le parent généalogique est celui que le droit reconnaît comme tel, inscrivant l'enfant dans sa lignée »), avant d'ajouter « De plus en plus souvent, ces trois composantes se délient », *in* I. Théry (ss dir.), *Couple, filiation et parenté aujourd'hui. Le droit face aux mutations de la famille et de la vie privée*, rapport à la ministre de l'Emploi et de la Solidarité et au garde des Sceaux, ministre de la Justice, éd. Odile Jacob et Doc. fr., 1998, spéc. p. 169 et 170. Pour autant, la différence paraît purement terminologique, car la composante « domestique » du lien de filiation ici définie correspond assez exactement à la parentalité.

Le terme « parenté » concerne les structures familiales et désigne le lien juridique entre une personne et ceux dont elle est issue, dans un ordre de distinction généalogique et sexué. L'on évoquera ainsi la parenté maternelle pour désigner la branche dont la personne est issue par sa mère, en situant ainsi l'enfant par rapport à ses parents, puis à ses ascendants, mais aussi par rapport à ses propres descendants. À l'égard des ascendants du premier degré(5), la parenté s'exprime dans la filiation qui sera une filiation maternelle (maternité) ou paternelle (paternité). Il s'agit donc bien d'une distinction sexuée. La prégnance du contexte social et culturel demeure ainsi essentielle. Mme Labrusse-Riou évoque ainsi l'inscription d'un enfant à une place dans un « ordre généalogique culturellement construit »(6).

La parentalité, trop souvent confondue avec la parenté, s'inscrit dans une perspective différente, quoique voisine. La parentalité ne concerne pas les structures familiales, mais les relations familiales(7). Le terme désigne la prise en charge quotidienne de l'enfant pour subvenir à ses besoins, le protéger et l'éduquer. Ces prérogatives, exprimées en grande partie dans l'exercice de l'autorité parentale, peuvent parfaitement être exercées par d'autres personnes que les parents.

L'accès aux origines personnelles concerne quant à lui la réalité génétique de l'engendrement. Il s'agit de permettre à l'enfant, dans un souci de construction psychologique et en quête d'identité, de connaître ses origines personnelles, voire, idéalement, l'identité de ses géniteurs que le droit ne désigne pourtant pas comme ses parents, soit parce que l'enfant né sous X a été adopté, ou encore parce que cette personne a été conçue grâce aux gamètes d'un tiers donneur. Peut-on permettre un tel accès à des informations identifiantes, sans pour autant en tirer des conséquences sur le plan de la parenté ou, à tout le moins, de la parentalité ?

Longtemps, le modèle culturel, social et juridique dominant voulait que les trois aspects concordassent, ce qui ne soulevait guère de difficulté. L'enfant se trouvait juridiquement rattaché à ses parents, de préférence mariés, et le père puis plus tard les deux parents exerçaient des prérogatives que l'on engloberait aujourd'hui sous le vocable « parentalité ». La question de l'accès aux origines personnelles ne se posait pas véritablement, car la technique ne permettait pas d'établir avec certitude l'identité génétique d'une personne. Désormais, même si les trois volets concordent dans un nombre très important de situations, il reste parfaitement possible de rattacher l'enfant à ses parents juridiques, qui ne sont pas nécessairement ses géniteurs, tout en permettant l'exercice de prérogatives d'autorité parentale par d'autres personnes. Songeons par exemple à un couple de diplomates qui aurait eu recours, face à l'infertilité, à une insémination artificielle avec tiers donneurs, et qui serait envoyé en mission dans un pays en guerre. Les parents peuvent parfaitement décider, en bonne entente avec les grands-parents, de confier l'enfant à ces derniers, tout en

(5) L'expression « ascendants du premier degré » relève plutôt du droit des successions, c'est-à-dire du droit patrimonial de la famille. Elle désigne un ensemble de proches de la personne (le défunt en droit des successions) qui constitue la génération immédiatement antérieure, c'est-à-dire les parents ; et que l'on peut employer ici car, d'une part, la distinction entre le droit extrapatrimonial de la famille et le droit des successions demeure plus académique que véritablement opératoire et, d'autre part, par l'emploi de cette expression l'on évite une équivocité qui pourrait naître de l'emploi ici du terme « parent ».

(6) C. Labrusse-Riou, *La filiation en mal d'institution* : *Esprit* déc. 1996, p. 94.

(7) Cf. *infra*, n° 1153 et s.

leur conférant des prérogatives d'autorité parentale dans le cadre d'une délégation d'autorité parentale.

574. – **Structures familiales, parenté, filiation.** Consacrés aux structures familiales, les présents développements se concentrent sur la parenté, la filiation, ainsi que, dans une certaine mesure, sur l'accès aux origines personnelles. Le lien de parenté crée en effet un lien juridique entre des personnes, difficile à remettre en cause et qui perdure au-delà de la majorité civile de l'enfant(8). Dans la parenté, vaste suite d'inscriptions d'un enfant dans une distinction généalogique et sexuée, la filiation rattache juridiquement l'enfant à son père (filiation paternelle) et à sa mère (filiation maternelle). Le droit de la filiation concerne assurément les structures familiales en modifiant de manière durable l'état civil des personnes qui, lorsqu'un lien de parenté les unit, ne sont plus juridiquement étrangères l'une à l'autre, mais deviennent membres d'une même famille avec toutes les incidences qui en découlent (obligations alimentaires, empêchements à mariage et à PACS, vocation successorale...).

575. – **Sources législatives du droit de la filiation.** Permettant de construire une structure familiale, par l'établissement d'un lien interpersonnel, la filiation s'établit ou ne s'établit pas. Le contentieux se révèle binaire et exclusif. Un seul homme peut procéder à la reconnaissance d'un enfant. Si un autre vient par la suite à contester cette paternité, il conviendra préalablement de détruire la première pour établir la seconde. Le lien de filiation se présente donc comme binaire, répondant à une logique alternative assez simple. Encore faut-il déterminer les manières dont le droit admet l'établissement de ce lien qui, rappelons-le, constitue avant tout une construction intellectuelle. Inversement, le droit ne saurait, par souci de justice et de paix des familles, admettre que le lien de filiation, une fois établi juridiquement, puisse faire l'objet d'une remise en cause trop aisée, au gré des disputes et des caprices. Ainsi tout droit positif réglemente la manière dont le lien de filiation peut faire l'objet d'une modification. Compte tenu des incidences de ces règles juridiques sur l'état civil des personnes et, partant, de leurs répercussions sur l'ordre public, leur source reste législative.

576. – **Lois organisant le droit de la filiation.** Le droit de la filiation a connu une évolution législative remarquable qui suit les évolutions sociales et culturelles ayant caractérisé l'époque contemporaine. Jadis, le Code de 1804 accordait une place de choix à la filiation alors qualifiée de « légitime » au détriment des autres liens de filiation (naturel, adultérin, voire incestueux). Progressivement, ont disparu ces distinctions et les statuts juridiques hiérarchisés qui les accompagnaient. L'évolution s'opéra en plusieurs étapes. L'on doit ainsi à Carbonnier l'inspiration de la grande réforme du droit de la filiation opérée par la loi n° 72-3 du 3 janvier 1972, qui consacre une égalité nouvelle entre l'enfant légitime et l'enfant naturel(9). Désormais, l'établissement de la filiation naturelle ne se heurte plus à des obstacles car

(8) Contrairement à la parentalité, fonction de prise en charge quotidienne de l'enfant qui cesse avec la survenance de la majorité civile.

(9) Sur la loi n° 72-3 du 3 janvier 1972, cf. not. J. Carbonnier, *Essai sur les lois*, Defrénois, 1995 ; *Droit et passion du droit sous la Vᵉ République*, Flammarion, 2006. – G. Cornu, *La naissance et la grâce (à propos de la loi sur la filiation)* : *D.* 1971,

un principe d'égalité entre les filiations est solennellement exprimé[(10)]. D'un point de vue symbolique, ces nouvelles dispositions marquent une nette rupture avec un droit de la filiation jusque-là organisé pour assurer l'exclusive pérennité de la légitimité. Concrètement, l'évolution ne manque pas d'intérêts, successoraux notamment. Dans un ordre d'idées voisin, la loi n° 72-3 du 3 janvier 1972 permit, à certaines conditions, l'établissement de la filiation adultérine. Hors les murs du Code civil, le droit de la filiation dépend désormais largement des lois dites « bioéthiques » qui créent des dispositions non seulement dans le Code civil, mais aussi et surtout dans le Code de la santé publique. Les procréations médicalement assistées font de la sorte l'objet d'une minutieuse réglementation dans le Code de la santé publique que l'on ne saurait méconnaître sous peine d'ignorer l'une des principales discordances entre la réalité biologique et le lien de filiation juridique. Mieux, ces fameuses dispositions qui intéressent la bioéthique organisent volontairement la distinction du biologique et du juridique, démontrant au passage, s'il en était besoin, que le lien juridique de filiation demeure une construction intellectuelle. L'essentiel pour le législateur contemporain consiste à déterminer le degré de concordance ou de discordance entre le fait juridique et le fait génétique qu'il convient de consacrer.

577. – **Le droit positif : l'ordonnance du 4 juillet 2005**[(11)]. Même si le principe d'égalité entre les filiations naturelle et légitime fut solennellement affirmé par la réforme du 1972, le législateur ne franchit point le pas consistant à consacrer un droit unique de la filiation, comportant des règles organisant l'établissement et la destruction du lien de filiation, sans distinguer selon la situation matrimoniale des parents. Ce faisant, le droit de la filiation n'exprimait nullement une quelconque position rétrograde volontairement protectrice d'un ordre moral disparu, mais reflétait tout simplement les conceptions dominantes de l'époque. Un droit unique de la filiation ? L'état des mœurs ne s'y prêtait assurément pas dans les années 1970 et 1980. Sous les poussées conjuguées d'une jurisprudence de la Cour européenne des droits de l'homme particulièrement hostile à toute forme de distinction dans le domaine familial, en particulier lorsque l'enfant est en cause, et de l'évolution des conceptions sociales et culturelles dominantes, le Code civil a fait l'objet d'une réforme par voie d'ordonnance, durant l'été 2005. À cette occasion, disparaissent les qualificatifs de « légitime » et « naturel » qui, précédemment, caractérisaient les différentes filiations, commandant ainsi un régime juridique spécifique. Sauf en ce qui concerne la présomption de paternité qui, par définition, ne concerne que l'établissement de la filiation paternelle d'un homme marié, le droit de la filiation fait désormais l'objet d'une réglementation unique. Une exception notable perdure cependant, dans le but de protéger l'ordre public et l'intérêt général, puisque

165. – H. Mazeaud, *Une famille dans le vent, la famille hors mariage* : D. 1971, 99. – R. Savatier, *Le projet de loi sur la filiation : mystique ou réalisme ? Filiation naturelle et filiation légitime* : JCP G 1971, I, 2400 et 2403.

(10) C. civ., ancien art. 334 (réd. L. n° 72-3, 3 janv. 1972) : « L'enfant naturel a en général les mêmes droits et les mêmes devoirs que l'enfant légitime dans ses rapports avec ses père et mère. Il entre dans la famille de son auteur ».

(11) Sur l'ordonnance du 4 juillet 2005, cf. notamment : *Dr. famille* 2006, dossier spécial, études 1 à 11. – F. Dekeuwer-Défossez, *Le nouveau droit de la filiation : pas si simple !* : *Rev. Lamy dr. civ.* 2005/21, 878. – J. Hauser, *La réforme de la filiation et les principes fondamentaux* : *Dr. famille* 2006, étude 1. – A.-M. Leroyer, *Réforme de la filiation. Ordonnance n° 2005-759 du 4 juillet 2005 portant réforme de filiation* : RTD civ. 2005, 836. – P. Murat, *La filiation simplifiée* : *Dr. famille* 2005, alerte 72. – J. Vassaux, *Réforme de la filiation* : JCP N 2005, I, 1458.

l'enfant incestueux dit « absolu » ne saurait être rattaché à ses deux parents[12]. L'ordonnance du 4 juillet 2005 fut ensuite ratifiée par une loi du 16 janvier 2009 qui, discrètement mais de manière parfois substantielle[13], entraîna quelques évolutions notables, en particulier en matière d'accouchement sous X.

578. – **Rôle de la Cour européenne des droits de l'homme.** La Cour européenne des droits de l'homme a joué un rôle essentiel dans le façonnement du droit contemporain de la filiation, par le biais d'une interprétation particulièrement dynamique de l'article 8 de la Convention des droits de l'homme et de la notion de vie familiale[14] dont la protection doit être garantie. Il pèse alors sur les États une obligation de reconnaître l'existence d'un lien familial et d'en assurer le respect, c'est-à-dire de protéger et de développer les relations familiales effectives. Dès lors, les qualifications de filiation légitime ou naturelle ne pouvaient que sombrer face à cette approche. Ce fut chose faite dans le révolutionnaire arrêt *Marckx*[15] qui juge que la notion de vie familiale vaut aussi bien pour la famille légitime que naturelle.

« §. 31 (...) En garantissant le droit au respect de la vie familiale, l'article 8 (art. 8) présuppose l'existence d'une famille. La Cour marque son plein accord avec la jurisprudence constante de la Commission sur un point capital : l'article 8 (art. 8) ne distingue pas entre famille "légitime" et famille "naturelle". Pareille distinction se heurterait aux mots "toute personne" ; l'article 14 (art. 14) le confirme en prohibant, dans la jouissance des droits et libertés consacrés par la Convention, les discriminations fondées sur "la naissance". La Cour note au surplus que le Comité des Ministres du Conseil de l'Europe voit dans la mère seule et son enfant une famille parmi les autres (résolution (70) 15 du 15 mai 1970 sur la protection sociale des mères célibataires et de leurs enfants, par. I-10, par. II-5, etc.).

L'article 8 (art. 8) vaut donc pour la "vie familiale" de la famille "naturelle" comme de la famille "légitime". D'autre part, il n'est pas contesté que Paula Marckx a pris en charge sa fille Alexandra dès sa naissance et n'a cessé de s'en occuper, de sorte qu'il a existé et existe entre elles une vie familiale effective. (...) »

Depuis lors, la notion ne cesse à la fois de s'étendre dans son domaine et de se préciser quant à son contenu. Ainsi, en jugeant que le lien entre un enfant et son parent adultérin relève également de la notion de vie familiale[16], puis que l'enfant adultérin ne pouvait souffrir de discrimination successorale en raison de la nature de sa filiation[17], la Cour européenne des droits de l'homme a posé les fondations

(12) Sur l'impossibilité pour l'enfant né d'un inceste, entendu comme la relation de deux personnes entre lesquelles il existe un empêchement absolu à mariage, d'établir sa double filiation, V. *supra*, n° 99. – *Adde*, D. Fenouillet, *L'adoption de l'enfant incestueux par le demi-frère de sa mère, ou comment l'intérêt prétendu de l'enfant tient lieu de seule règle de droit* : *Dr. famille* 2003, étude 29. – D. Guevel, *Taire ses origines : la filiation incestueuse*, *in* P. Bloch et D. Depadt-Sebag (ss dir.), *L'identité génétique de la personne : entre transparence et opacité*, Dalloz, 2007, p. 73. – E. Viganoti, *La filiation de l'enfant issu d'un inceste absolu : vers la fin d'une discrimination ?* : *Dr. famille* 2010, étude 16. – Cf. déjà : A. Breton, *L'enfant incestueux*, in *Mél. M. Ancel*, Pedone, 1975, p. 309.

(13) Sur la loi du 16 janvier 2009, cf. not. : I. Corpart, *Reconnaissances maritales* : *AJF* 2012, 17. – F. Dekeuwer-Défossez, *La loi du 16 janvier 2009 sur la filiation : bien plus qu'une simple ratification !* : *Rev. Lamy dr. civ.* 2009/37, n° 58. – F. Granet-Lambrechts, *Ratification de l'ordonnance du 4 juillet 2005 réformant le droit de la filiation : les modifications* : *AJF* 2009, 76. – – J. Massip, *La loi du 16 janvier 2009 ratifiant l'ordonnance du 4 juillet 2005 réformant le droit de la filiation* : *Defrénois* 2009, 591.

(14) Sur laquelle, cf. F. Boulanger, La vie familiale, in R. Cabrillac, dir., *Libertés et droits fondamentaux*, éd. Dalloz, 2018 ; adde. déjà : F. Sudre, dir., *Le droit au respect de la vie familiale au sens de la Convention européenne des droits de l'Homme*, éd. Anthemis, coll. Droit et justice, 2002.

(15) CEDH, 13 juin 1979, *Marckx c/ Belgique*, série A, n° 31, spéc. § 31.

(16) Affirmation faite à plusieurs reprises : CEDH, 18 déc. 1986, *Johnston et al. c/ Irlande*, série A, n° 112 ; *AFDI* 1987, 239, obs. Coussirat-Coustère ; *JDI* 1987, 812, obs. P. Rolland. – CEDH, 27 oct. 1994, *Kroon c/ Pays-Bas*, série A, 297-C : *JCP G* 1995, I, 3823, obs. F. Sudre. – CEDH, 22 déc. 2004, *Merger et Cros c/ France* : *JCP G* 2005, I, 103, obs. F. Sudre.

(17) Au sujet de l'ancien article 760 du Code civil français qui accordait à l'enfant adultérin une part successorale plus faible que celle revenant à l'enfant légitime, dans le but de protéger l'institution matrimoniale et de dissuader les époux

d'une filiation organisée sans la moindre distinction reposant sur la qualité juridique des parents. Le législateur en tiendra compte, dans le domaine des successions et libéralités, dès la loi n° 2001-1135 du 3 décembre 2001, relative aux droits du conjoint survivant et des enfants adultérins et modifiant diverses dispositions du droit successoral(18) ; puis en droit de la filiation dans l'ordonnance du 4 juillet 2005.

579. – **La construction, par la Cour européenne des droits de l'homme, du droit de l'enfant de connaître ses origines.** Au-delà de l'égalité entre les enfants, l'appréciation d'une éventuelle atteinte au droit de mener une vie familiale normale conduit la Cour européenne des droits de l'homme à mesurer les incidences des conditions de l'action en établissement de la filiation, influençant directement les droits des États parties à la Convention des droits de l'homme.

La jurisprudence de la Cour européenne des droits de l'homme, élaborée sur le fondement de l'article 8 de la Convention, concerne également le droit de l'enfant à connaître ses origines génétiques. À quelques mois d'intervalle, la Cour de Strasbourg jugea que, « les personnes ont un intérêt vital, défendu par la Convention, à obtenir les informations qui leur sont indispensables pour découvrir la vérité sur un aspect important de leur identité personnelle » dans les affaires *Mikulic*(19) et *Odièvre*(20).

Dans la première affaire, l'absence de toute mesure procédurale de nature à contraindre le père prétendu à se plier à un test ADN, dans le cadre d'une action en recherche de paternité, n'est conforme au principe de proportionnalité que si le système en question offre d'autres moyens grâce auxquels une autorité indépendante peut statuer rapidement sur l'action en recherche de paternité(21), ce qui n'était pas le cas du droit croate à cette époque. L'inefficacité des tribunaux a maintenu la requérante dans un état d'incertitude prolongé quant à son identité personnelle, les autorités croates échouant à lui garantir le « respect » de sa vie privée auquel elle a droit en vertu de la Convention.

Dans la seconde affaire, relative au dispositif français d'accouchement sous X, la Cour européenne des droits de l'homme distingue l'accès aux origines personnelles et l'établissement du lien de filiation en relevant que « la question de l'accès à ses origines et de la connaissance de l'identité de ses parents biologiques n'est pas de même nature que celle de l'accès au dossier personnel établi sur un enfant pris en charge ou celle de la recherche des preuves d'une paternité alléguée. La Cour se trouve en effet dans le cas d'espèce en présence d'une personne dotée d'une filiation adoptive qui recherche une autre personne, sa mère biologique, qui l'a abandonnée dès sa naissance et qui a expressément demandé le secret de celle-ci »(22). Partant, la réglementation française de l'accouchement sous X, qui

---

de commettre l'adultère, la Cour européenne des droits de l'homme juge (§ 49) « que la Convention est un instrument vivant, à interpréter à la lumière des conditions actuelles. Or les États membres du Conseil de l'Europe attachent de nos jours de l'importance à l'égalité, en matière de droits de caractère civil, entre enfants issus du mariage et enfants nés hors mariage. En témoigne la Convention européenne de 1975 sur le statut juridique des enfants nés hors mariage, qui n'a pas été ratifiée par la France. Seules donc de très fortes raisons pourraient amener à estimer compatible avec la Convention une distinction fondée sur la naissance hors mariage ». Elle en déduit (§ 55) « qu'il n'y a pas de rapport raisonnable de proportionnalité entre les moyens employés et le but visé » et que « partant, il y a eu violation de l'article 1 du Protocole n° 1 combiné avec l'article 14 de la Convention ». CEDH, 1er févr. 2000, *Mazurek c/ France* : *Rec. CEDH* 2000, II ; *JCP* G 2000, II, 10286, note A. Gouttenoire-Cornut et F. Sudre ; *RTD civ.* 2000, 311, obs. J. Hauser ; *RTD civ.* 2000, 429, obs. J.-P. Marguénaud ; *JCP* G 2000, I, 278, obs. R. Le Guidec ; *Dr. et patrimoine* 2000, n° 82, p. 56, note Ph. Stoffel-Munck ; *Defrénois* 2000, 654, obs. J. Massip.

(18) *JO* 4 déc. 2001, p. 19279.

(19) CEDH, 7 févr. 2002, n° 53176, *Mikulic c/ Croatie* : *JCP* G 2002, I, 157, n° 13, obs. F. Sudre.

(20) CEDH, Gde ch., 13 févr. 2003 : *JCP* G 2003, II, 10049, note A. Gouttenoire et F. Sudre ; *Dr. famille* 2003, comm. 58, note P. Murat ; *RTD civ.* 2003, 276, obs. J. Hauser ; *RTD civ.* 2003, 375, obs. J.-P. Marguénaud. – *Adde*, Ph. Malaurie, *La Cour européenne des droits de l'homme et le « droit » de connaître ses origines* : *JCP* G 2003, I, 120.

(21) CEDH, 7 févr. 2002, n° 53176, *Mikulic c/ Croatie*, préc., spéc. § 64.

(22) CEDH, 13 févr. 2003, n° 42326/98, *Odièvre c/ France*, préc., spéc. § 43.

se singularise certes par l'impossibilité d'agir en recherche de maternité contre la femme ayant accouché sous X, tout en facilitant l'accès à des éléments relatifs à l'histoire personnelle de l'enfant, par l'intermédiaire du CNAOP, ménage un équilibre suffisant entre les intérêts en présence et ne porte pas atteinte au droit au respect de la vie privée de l'enfant.

580. – Portée du droit de connaître ses origines. L'élaboration du droit de l'enfant de connaître ses origines, au demeurant renforcé par la lettre de la Convention internationale des droits de l'enfant(23), rejaillit nécessairement sur le lien de filiation. Le constat se vérifie parfaitement au sujet de l'action en justice tendant à la reconnaissance d'une ascendance génétique, qui ne paraît pas irrecevable, à la lecture d'un arrêt assez ambigu de la Cour de cassation(24).

Dans cette affaire, la Cour de cassation refuse l'ouverture d'une telle action, faute pour le demandeur d'avoir mis en cause les héritiers de la personne dont on cherche à établir l'identité génétique, après son décès. Qu'adviendrait-il d'une telle demande en cas de mise en cause régulière des ayants droit du défunt ? À supposer que l'on admette la recevabilité de l'action, il conviendrait alors de reconnaître que son issue en terme de connaissance des origines de l'enfant demeurerait sans conséquences sur le lien de filiation, à l'instar de la situation de la personne née sous X qui, certes, dispose d'éléments permettant d'identifier la génitrice, mais bénéficie désormais d'une filiation adoptive ou se heurte à la prescription d'une action en établissement de la filiation. La scission entre les différents volets du rapport à l'enfant s'impose avec évidence dans de telles situations, démontrant une nouvelle fois que le fondement du rattachement de l'enfant à des adultes doit davantage se chercher du côté de la volonté que du sang.

Il en va de même, de manière plus explicite, en ce qui concerne la transcription sur les registres français de l'état civil des actes de naissance dressés à l'étranger suite à une gestation pour autrui. Dans les arrêts désormais célèbres de l'assemblée plénière(25) rendus le 3 juillet 2015, suite aux décisions non moins remarquées *Mennesson* et *Labassée* de la Cour européenne des droits de l'homme, la Haute juridiction française admet la transcription de ces fameux actes de naissance étrangers dès lors qu'ils ne sont pas « irréguliers ni falsifiés et que les faits qui y étaient déclarés correspondaient à la réalité ». L'ultime condition de transcription, la correspondance à la réalité, démontre s'il en était besoin que la transcription s'opère pour ne pas priver l'enfant du lien de filiation paternelle. Il en résulte ici une incidence sur le lien de filiation.

(23) CIDE, art. 7, § 1er : « L'enfant est enregistré aussitôt sa naissance et a dès celle-ci le droit à un nom, le droit d'acquérir une nationalité et, dans la mesure du possible, le droit de connaître ses parents et d'être élevé par eux » ; pour une mise en œuvre de cette disposition par la Cour de cassation française, cf. la célèbre affaire dite « Benjamin » : Cass. 1re civ., 7 avr. 2006, n° 05-11.285 : *Bull. civ.* 2006, I, n° 195 ; *Dr. famille* 2006, comm. 124, note P. Murat ; *D.* 2006, 1707, note J. Revel ; *D.* 2006, 2293, tribune B. Mallet-Bricout ; *AJF* 2006, 249, obs. F. Chénedé ; *RJPF* 2006-6/23, note M.-C. Le Boursicot. – *Adde*, P. Verdier, *L'affaire Benjamin : des effets de la reconnaissance paternelle d'un enfant né sous X* : *AJF* 2004, 358. – P. Salvage-Gerest, *Benjamin encore... une indispensable mise au point* : *AJF* 2005, 18 ; du même auteur : *Un autre regard sur l'affaire Benjamin* : *D.* 2007, chron. p. 879. L'affaire et l'important arrêt rendu par la Cour de cassation le 7 avril 2006 sont présentés *infra*, sous n° 900 dans les développements consacrés à l'adoption. Indiquons simplement à ce stade que la Cour de cassation casse pour violation des articles 7, § 1er CIDE et 335, 336, 341-1, 348-1 et 352 du Code civil, un arrêt d'appel ayant déclaré irrecevable la demande en restitution d'un enfant placé en vue de l'adoption, introduite par un homme ayant reconnu l'enfant avant sa naissance. Dans un attendu de principe, la première chambre civile juge ainsi : « Attendu que, selon [l'article 7, § 1er CIDE], applicable directement devant les tribunaux français, l'enfant a, dès sa naissance et dans la mesure du possible, le droit de connaître ses parents ; qu'il résulte des [articles 335, 336, 341-1 et 352 du Code civil] que la reconnaissance d'un enfant naturel prend effet à la date de naissance de l'enfant dès lors qu'il a été identifié, que la filiation est divisible et que le consentement à l'adoption est donné par le parent à l'égard duquel la filiation est établie ».

(24) Cass. 1re civ., 13 nov. 2014.

(25) Cass. ass. plén., 3 juill. 2015, nos 15-50.002 et 14-21.323 : *D.* 2015, 1819, note H. Fulchiron et C. Bidaud-Garon ; *D.* 2015, 1173, obs. D. Sindres ; *D.* 2015, 1919, obs. Ph. Bonfils et A. Gouttenoire ; *AJF* 2015, 496, obs. F. Chénedé ; *AJF* 2015, 364, obs. A. Dionisi-Peyrusse ; *RTD civ.* 2015, 581, obs. J. Hauser.

Le droit de connaître ses origines suscite enfin un débat en matière de procréation médicalement assistée exogène, c'est-à-dire avec l'intervention d'un tiers donneur. En ce domaine en effet, domine l'imposant principe d'anonymat selon lequel l'enfant et le couple de parents qui a recours à la technique de procréation médicalement assistée ne sauraient valablement connaître l'identité du donneur. Quelques voix s'élèvent désormais, en se fondant sur le droit de l'enfant de connaître ses origines, pour solliciter la levée de cet anonymat. Les promoteurs de telles propositions réclament cependant en général l'accès à la connaissance des origines, mais pas l'établissement d'un lien de filiation entre l'enfant et le géniteur. Admettre une telle paternité reviendrait à consacrer une inopportune primauté de la vérité biologique, dans un domaine où le rôle de la volonté de se voir rattaché l'enfant reste essentiel.

581. - **Principes du droit de la filiation : égalité, vérité, stabilité.** Plusieurs principes, parfois contradictoires, gouvernent le droit contemporain de la filiation.

Le premier, le principe d'égalité, ne se limite pas, loin s'en faut, à la question du rattachement de l'enfant, mais concerne l'ensemble du droit de la famille(26). En mettant fin aux traditionnelles distinctions entre filiations légitime, naturelle et adultérine, le droit contemporain a entendu soumettre le rattachement de l'ensemble des enfants à une situation juridique identique. On ne distingue plus selon la situation matrimoniale des parents pour déterminer la manière de rattacher juridiquement leur enfant. Ce faisant, l'essor du principe d'égalité qui s'établit progressivement en 1972 puis en 2005, rejaillit nécessairement sur le droit du mariage puisque cette dernière institution ne bénéficie plus de l'avantage de conférer à l'enfant la légitimité. En ce qui concerne le rattachement de l'enfant, la situation matrimoniale des parents ne revêt donc qu'une dimension symbolique, mais guère juridique. Jadis en revanche, en facilitant le rattachement de l'enfant né d'un couple marié et en protégeant l'homme marié face à l'introduction d'action en recherche de paternité adultérine, le droit de la filiation entendit préserver la famille fondée sur le mariage. Le droit de la filiation s'inscrivait donc dans une politique familiale plus large reposant sur le primat et la nécessaire stabilité de la famille légitime. L'époque contemporaine ayant substitué un autre modèle de politique familiale, ces distinctions furent emportées. Il faut cependant formuler une nuance puisqu'une catégorie d'enfants, au demeurant peu nombreux, reste soumise à un traitement juridique différent : les enfants incestueux. En interdisant le double rattachement (maternel et paternel) de ces enfants, le droit positif poursuit là encore une politique juridique déterminée en évitant que le droit de la filiation ne soit instrumentalisé au soutien de la transgression de l'interdit social fondamental. À bien y regarder, l'on pourrait considérer que certains enfants de nationalité étrangère présents sur le sol français demeurent soumis à des règles différentes en matière d'adoption internationale mais, comme il sera dit plus loin(27), la différence de nationalité place ces enfants dans une situation objectivement différente au sujet d'une question qui intéresse le statut personnel.

(26) V. *supra*, Introduction, n° 30.
(27) Cf. *infra* n° 877.

La vérité constitue également un principe gouvernant le droit de la filiation, non sans comporter quelques ambiguïtés. La vérité peut désigner la vérité biologique et signifie alors que les règles du droit de la filiation visent à faire correspondre le lien juridique à la réalité génétique. Le droit désigne les géniteurs de l'enfant comme parents. Les évolutions médicales et scientifiques réalisées dans le domaine de l'identification génétique des personnes rendent facile une telle concordance. Pour autant, la vérité comporte aussi une seconde signification en désignant la vérité dite sociologique, fréquemment nommée vérité « factuelle » ou « affective ». Le principe de vérité ne commande plus alors de désigner le géniteur comme parent, mais d'établir un lien de filiation entre celui qui se comporte effectivement comme parent et l'enfant. Il s'agit ainsi de tenir compte de la relation familiale effectivement vécue, au quotidien, pour établir un lien de filiation, même s'il ne correspond pas à la réalité biologique.

Le principe de stabilité gouverne, enfin, le droit de la filiation. La perspective se révèle alors différente et consiste à éviter une remise en cause trop facile ou systématique du lien juridiquement créé. L'état des personnes se trouve au cœur du droit de la filiation et emporte d'importantes incidences juridiques en matière de vocation successorale, de port du nom, d'attribution de l'autorité parentale. Partant, le droit ne saurait tolérer une instabilité assurément attentatoire à la sécurité juridique, ce qui explique que l'établissement et la contestation de la filiation demeurent soumis à de strictes conditions. Par exemple, la personne qui souhaite établir sa paternité à l'égard d'un enfant qui bénéficie déjà d'un tel lien devra préalablement obtenir l'anéantissement judiciaire du premier lien pour, ensuite, établir sa propre paternité.

582. – **Fondement du rattachement de l'enfant : la seule volonté ?** La possibilité scientifique de connaître avec exactitude le lien génétique existant ou pas entre deux individus a entraîné une reconstruction *a posteriori*, assez inexacte, du fondement justifiant le rattachement de l'enfant à ses parents. Certaines présentations prétendent que le fondement du rattachement de l'enfant à ses parents aurait été, jadis, le lien de sang. C'est occulter l'évidence selon laquelle pendant des siècles, le mystère angoissant de la filiation excluait précisément toute certitude biologique, contraignant à se tourner vers une forme de volonté. Carbonnier a démontré ainsi que la présomption de paternité fondait traditionnellement le mariage(28). En consentant au mariage, le mari acceptait par avance les enfants à naître de son épouse, en ayant ainsi confiance en sa fidélité. Le rattachement de l'enfant de la mère au mari de cette dernière, par le biais de la présomption de paternité, découle directement du consentement à mariage, l'incertitude régnant alors sur le lien de sang.

S'il est question de volonté davantage que de lien de sang, le constat s'impose également dans l'analyse faite par Colin au sujet de la reconnaissance de paternité qui, par définition, constitue l'expression d'une volonté ayant pour effet de rattacher l'enfant à l'auteur de l'acte juridique(29). Le rattachement de l'enfant à un adulte par

(28) J. Carbonnier, *Droit civil – La famille, op. cit.*, p. 251.
(29) A. Colin, *De la protection de la descendance légitime au point de vue de la preuve de la filiation : RTD civ.* 1902, 28.

le lien de filiation provient davantage de la combinaison entre une indéniable réalité biologique et l'expression d'une volonté. Aujourd'hui, les évolutions scientifiques, en rendant certaine et exacte la connaissance de l'identité génétique des personnes, ont quelque peu brouillé les pistes derrière l'illusion d'une prétendue simplicité. La volonté joue un rôle déterminant dans le rattachement juridique de l'enfant, y compris pour l'établissement de la filiation par l'effet de la loi. Certes le rattachement provient de la loi pour la présomption de paternité et pour l'indication du nom de la mère dans l'acte de naissance[30], pour autant, la présomption de paternité constitue encore une incidence directe du consentement à mariage ; quant à l'indication du nom de la mère dans l'acte de naissance de l'enfant, elle n'établit logiquement la filiation maternelle que si la mère ne conserve pas l'anonymat. Pour la femme qui accouche, révéler son identité constitue l'expression d'une volonté qui a pour incidence le rattachement de l'enfant. La volonté se combine une nouvelle fois ici avec le lien dit « de sang ». Cela étant, sans volonté, le lien de sang ne suffit pas, en droit, à rattacher l'enfant à son parent. Il en va bien sûr de même avec la reconnaissance, manifestation de la volonté de se voir rattacher l'enfant, avec l'adoption ou avec le consentement à une procréation médicalement assistée. L'expression de la volonté parentale s'exprime alors de manière brève et ponctuelle, classiquement, dans un acte juridique. À cela, il convient d'ajouter une seconde modalité d'expression de la volonté de se voir rattacher l'enfant, de manière plus durable en se comportant au quotidien comme un parent : la possession d'état.

583. – **Constructions juridiques.** Le lien de filiation constitue une construction juridique et peut donc parfaitement rattacher un enfant à des personnes qui ne sont pas ses géniteurs. L'adoption confère de la sorte une filiation à un enfant. Il convient donc de distinguer la filiation par procréation (Titre 1) de la filiation par adoption (Titre 2).

(30) Cf. sur ce point, Ph. Malaurie et H. Fulchiron, *Droit de la famille*, *op. cit.*, n° 919.

TITRE 1

LA FILIATION PAR PROCRÉATION

584. – **Droit et nature.** La filiation par procréation repose sur le fait biologique de l'engendrement. Un modèle classique et cohérent domine encore la construction intellectuelle que constitue la filiation, dans lequel l'enfant se trouve juridiquement rattaché à ceux que l'on suppose être ses géniteurs ou ceux qui se sont comportés comme tels. En ce sens, la filiation par procréation se distingue de la filiation par adoption qui s'appuie quant à elle sur un fondement électif, totalement détaché d'une quelconque concordance entre le lien juridique et la réalité biologique. La force du lien de filiation par adoption provient de la volonté des parents adoptants. La filiation par procréation repose pour sa part sur le fait biologique de l'engendrement combiné à la volonté des parents.

585. – **Évolution scientifique.** Longtemps la procréation ne consista qu'en un processus naturel, entendu comme excluant toute intervention médicale ou scientifique, même si l'esprit humain redoubla de créativité pour inventer des techniques plus ou moins fiables visant à favoriser la survenance d'enfants ou, plus fréquemment, servant de contraceptifs. Des dictons et croyances populaires attribuent depuis longtemps à la lune par exemple un rôle déterminant sur le sexe de l'enfant à naître. Les fautes et péchés des parents furent parfois considérés comme entraînant des punitions divines s'exprimant par des malformations de l'enfant. Les évolutions médicales et scientifiques contemporaines s'inscrivent évidemment dans une perspective radicalement différente, débarrassées de superstitions et croyances archaïques, bien que suscitant parfois une nouvelle foi scientiste aussi dogmatique que dangereuse. Depuis une quarantaine d'années, l'être humain a acquis la possibilité de maîtriser totalement la procréation, grâce à la contraception, et de remédier à l'infertilité et la stérilité, par la procréation médicalement assistée. Alors que la conception d'un enfant hors l'utérus de la mère aurait jadis été assimilée à une forme de sorcellerie, l'être humain maîtrise parfaitement aujourd'hui la fécondation d'un ovule en éprouvette, ce qui offre un remède à une partie de l'infertilité masculine. Au regard des incidences vertigineuses de cette maîtrise par l'être humain de sa propre reproduction, le droit réglemente à juste titre l'établissement du lien de filiation par procréation médicalement assistée.

586. – **Distinction.** Les règles de droit qui établissent le lien de filiation par procréation ne poursuivent pas les mêmes finalités selon que l'on se trouve face à une

procréation dite « naturelle » ou en présence d'une procréation médicalement assistée. En matière de procréation naturelle, le droit s'efforce dans un premier temps d'établir un lien de filiation juridique qui correspond à la réalité biologique puis, lorsque le temps s'écoule, crée un lien qui reflète la vérité sociologique. L'assistance médicale à la procréation s'inscrit dans la même perspective lorsqu'elle ne fait pas intervenir de tiers donneur d'ovocytes. En revanche, en présence d'un tiers donneur, le droit de l'assistance médicale à la procréation demeure organisé autour de deux principes directeurs qu'il s'agit de préserver absolument : la gratuité et l'anonymat, dans le but de conférer une filiation qui, en apparence, reflète une réalité biologique.

587. – **Plan.** Seront donc successivement étudiées la filiation par procréation naturelle (Chapitre 1) et la filiation par procréation médicalement assistée (Chapitre 2).

CHAPITRE 1

LA FILIATION PAR PROCRÉATION « NATURELLE »

588. – **Qualificatifs.** Les qualificatifs de « naturelle » ou « charnelle », accolés usuellement au terme « filiation », désignent la volonté de l'ordre juridique de faire correspondre la parenté juridique à une réalité biologique. Le droit s'efforce en effet de mettre en place des modes d'établissement et d'anéantissement du lien juridique de filiation qui permettent de désigner comme parents le géniteur et la génitrice, c'est-à-dire ceux qui ont engendré l'enfant. On parlera à ce sujet d'une vérité biologique. Le lien juridique de filiation rattache alors l'enfant à ceux dont il est biologiquement issu.

589. – **Place de la vérité affective.** Quoique parfaitement exacte, cette présentation s'avère cependant incomplète car il est des hypothèses, au demeurant assez fréquentes, dans lesquelles l'enfant sera juridiquement rattaché à des adultes qui ne sont pas ses géniteurs. Il suffit pour s'en convaincre de songer à la situation dans laquelle un homme rencontre la mère d'un enfant dont la filiation paternelle n'a pas été établie, alors que l'enfant serait âgé de quelques années. Si cet homme se comporte au quotidien comme le père de l'enfant, qu'il pourvoit à son entretien et son éducation, l'accompagne à l'école, aux activités sportives, le droit tient compte de cette attitude en permettant d'établir un lien de filiation. Ce rattachement juridique, issu d'un établissement par possession d'état, ne correspond manifestement pas à la réalité biologique, puisque l'homme désigné comme père n'est point le géniteur de l'enfant. On parlera alors d'une vérité affective, à laquelle le droit positif accorde une place certaine.

590. – **Paradoxe**. De manière quelque peu paradoxale, la situation qui vient d'être décrite relève des règles de la filiation dite « charnelle ». L'expression s'avère donc trompeuse, car elle vise aussi bien le rattachement de l'enfant à ses géniteurs que son rattachement à des adultes qui se comportent comme des parents. La vérité biologique ne correspond alors plus à ce qu'indique le lien de filiation juridique. L'on parlera pourtant de filiation « charnelle », car les règles d'établissement et de contestation de la parenté ainsi créée restent principalement bâties pour faire correspondre le lien juridique à la réalité biologique, tout

en aménageant une place à la relation affective, au comportement des membres de la famille. En définitive, la filiation « charnelle » devrait, pour être plus précis, être appréhendée de manière négative. La filiation « charnelle » désignerait alors l'ensemble des règles d'établissement et de contestation du lien de filiation qui ne relèvent ni de l'adoption, ni des procréations médicalement assistées. Curieux paradoxe ! En effet, dans le cadre d'une fécondation *in vitro* sans tiers donneur, l'enfant sera génétiquement issu de ceux que le droit désigne comme parents. Les règles applicables à ce lien de filiation seront pourtant abordées parmi les filiations dites « artificielles », car l'accès à ces techniques médicales reproductives est réglementé dans le Code de la santé publique, au même titre que l'accès à un transfert d'embryon ou à une insémination artificielle avec tiers donneur. Il convient donc de se départir de l'idée selon laquelle les qualificatifs de « charnel » et d'« artificiel » ne renvoient qu'à une exacte correspondance entre le lien juridique et la réalité biologique, car ils concernent surtout la source des règles de droit de la filiation. La filiation « charnelle » concerne en quelque sorte la filiation de droit commun, qui s'inspire en partie seulement de l'impératif de vérité biologique et se trouve logée dans le Code civil. La filiation « artificielle » relève quant à elle d'une part de la réglementation de l'adoption où la discordance entre le lien juridique et la réalité génétique s'avère évidente et, d'autre part, des dispositions relatives aux procréations médicalement assistées régies par le Code de la santé publique. Ces dernières règles concernent aussi bien des situations dans lesquelles l'enfant est génétiquement issu de ceux que le droit désigne comme parents que d'hypothèses dans lesquelles un des deux parents, voire les deux, ne sont pas les géniteurs de l'enfant.

591. – Autrement dit, une part d'artifice juridique existe au sein de la filiation dite « charnelle » et la vérité biologique peut se rencontrer en matière de filiation « artificielle ».

SECTION 1

L'ÉTABLISSEMENT DU LIEN DE FILIATION

592. – **Indisponibilité de l'état des personnes.** Soumis au principe d'indisponibilité de l'état des personnes, le lien de filiation fait l'objet d'une minutieuse réglementation. Le Code civil détermine à juste titre les conditions dans lesquelles le lien de filiation s'établit et se conteste. En ce domaine, si la volonté de se voir rattaché l'enfant demeure essentielle, elle ne saurait cependant organiser les modalités de l'inscription de l'enfant dans une famille. Le droit pose donc des conditions de délais, de forme, qualifie parfois certaines personnes pour agir en justice, afin d'obtenir la création d'un lien juridique entre une personne et son parent.

593. – **Droit à l'établissement du lien de filiation ?** Les modes d'établissement du lien de filiation limitent par définition la possibilité d'établir librement un lien de filiation. L'essor des droits fondamentaux amène donc à s'interroger sur l'exis-

tence d'un éventuel droit à l'établissement du lien de filiation. Une personne dispose-t-elle de la faculté d'exiger que l'État mette en œuvre les mesures nécessaires, avec précision et en temps utile, pour établir son lien de filiation ? De même, est-il possible de contester une disposition, française ou étrangère, qui viendrait restreindre, voire interdire, l'établissement d'un lien de filiation, comme ce fut jadis le cas pour la prohibition de l'action en recherche de paternité dirigée contre un homme marié ?

Comme souvent en droit de la famille, il convient de se tourner vers le droit international privé et l'exception d'ordre public, pour appréhender la teneur exacte du droit positif. Initialement, la Cour de cassation jugea que les lois étrangères qui prohibaient l'établissement de la filiation naturelle n'étaient pas contraires à la conception française de l'ordre public international dont la seule exigence était d'assurer à l'enfant les subsides qui lui sont nécessaires(1). Puis, elle fit jouer l'ordre public dit « de proximité »(2) en décidant que l'ordre public au sens du droit international s'oppose à l'application des lois étrangères normalement compétentes lorsqu'elle aurait pour effet de priver un enfant français ou résidant habituellement en France du droit d'établir sa filiation. Enfin, cette réserve tirée de l'ordre public de proximité a été supprimée par un arrêt rendu le 26 octobre 2011 qui juge que ces lois doivent faire l'objet d'une éviction dès lors qu'elles privent un enfant de son droit d'établir sa filiation paternelle(3). Une telle suppression de l'exigence de proximité, jusque-là requise pour écarter la loi étrangère pourtant désignée par la règle de conflit française, exprime l'essor de plus en plus marqué d'une sorte de droit à l'établissement de la filiation.

Initialement, furent progressivement abolies les restrictions érigées devant l'établissement de la filiation de l'enfant naturel, puis de l'enfant adultérin, en droit interne. Désormais l'exception d'ordre public international permet d'écarter les lois étrangères qui heurtent les conceptions françaises fondamentales, à savoir ici qui méconnaissent le droit de l'enfant d'établir sa filiation. Encore faut-il préciser que ladite filiation ne doit pas nécessairement correspondre à la réalité biologique.

§ 1. – Les modes d'établissement de la filiation

I. – L'établissement extrajudiciaire de la filiation

594. – **Différents modes d'établissement de la filiation.** L'article 310-3 du Code civil énumère les différents modes d'établissement de la filiation en disposant que « la filiation se prouve par l'acte de naissance de l'enfant, par l'acte de reconnaissance ou par l'acte de notoriété constatant une possession d'état ».

(1) Cass. 1re civ., 3 nov. 1988 : *Bull. civ.* 1988, I, n° 298 ; il en allait au demeurant de même pour les lois étrangères qui, à l'instar de la loi allemande, admettaient bien l'action en établissement de la filiation naturelle, mais dans des conditions nettement plus restrictives que celles posées par le droit français : Cass. 1re civ., 6 juill. 1999 : *Bull. civ.* 1999, I, n° 225 ; *Dr. famille* 2000, comm. 55, note H. Fulchiron ; *D.* 1999, 483, concl. J. Sainte-Rose ; *Defrénois* 2000, 109, obs. J. Massip.

(2) Sur cette notion, cf. par ex. : P. Courbe, *L'ordre public de proximité*, in *Mél. P. Lagarde*, Dalloz, 2005, p. 224. – J. Guillaumé, *Ordre public plein, ordre public atténué, ordre public de proximité : quelle rationalité dans le choix du juge ?*, in *Mél. P. Courbe*, Dalloz, 2012, 295. – *Adde*, plus largement sur les liens suffisants avec l'ordre juridique du for : N. Joubert, *La notion de liens suffisants avec l'ordre juridique (Inlandsbezeiehung) en droit international privé*, Litec, 2007.

(3) Cass. 1re civ., 26 oct. 2011, n° 09-71.369 : *JDI* 2012, 178, note J. Guillaumé.

A. – L'établissement de l'effet de la loi

595. - **Paternité et maternité.** Le Code civil réglemente deux modes d'établissement de la filiation par l'effet de la loi. Alors que l'indication du nom de la mère dans l'acte de naissance ne concerne par définition que la maternité (1°), la présomption de paternité (2°) vise quant à elle à rattacher l'enfant au mari de sa mère.

1° L'acte de naissance

596. - **Toutes les maternités.** L'article 311-25 du Code civil dispose que « la filiation est établie, à l'égard de la mère, par la désignation de celle-ci dans l'acte de naissance de l'enfant ». Cette formulation résulte de l'importante réforme du droit de la filiation opérée par l'ordonnance n° 2005-769 du 4 juillet 2005. À l'égard de la femme mariée, le texte ne se distingue guère par son originalité. Longtemps, par attachement pour la famille légitime, seule la maternité dite « légitime » était établie par la désignation de la mère dans l'acte de naissance. Suspectées de porter atteinte à la paix et la tranquillité des familles, les maternités naturelles s'établissaient plus difficilement, car la mère non mariée devait procéder à une reconnaissance de l'enfant. Autrement dit, jusqu'à l'ordonnance n° 2005-769 du 4 juillet 2005, l'établissement de la maternité par la désignation de la mère dans l'acte de naissance était réservé aux seules femmes mariées. Cela ne signifie pas que les mères non mariées qui accouchaient d'enfants n'apparaissaient pas dans l'acte de naissance de leur enfant. Sauf en cas d'accouchement sous X, ces mères étaient bien sûr désignées dans l'acte. Cela étant, cette désignation n'établissait pas automatiquement leur maternité. Le législateur tempéra cependant la rigueur de cette règle, à l'occasion de la réforme de 1972, en prévoyant que « l'acte de naissance portant l'indication de la mère vaut reconnaissance, lorsqu'il est corroboré par la possession d'état »(4). La possession d'état venait en quelque sorte consolider cette maternité hors mariage dans l'hypothèse(5), fréquente en pratique, où la mère n'avait pas procédé à une reconnaissance de l'enfant.

597. - **Apport de l'ordonnance du 4 juillet 2005.** Cette distinction entre les modes d'établissement de la maternité selon la situation matrimoniale de la mère, qui fit l'objet de critiques doctrinales(6) fondées notamment sur le droit

(4) C. civ., ancien art. 337. Ce jeu de la possession d'état visant à consolider l'établissement de la maternité était évidemment bienvenu. En pratique en effet, de nombreuses mères qui n'étaient pas mariées restaient dans l'ignorance complète de ce mode d'établissement de leur maternité, persuadées que la simple indication de leur nom dans l'acte de naissance de l'enfant suffisait. Pour cette raison, il était indispensable d'atténuer la rigueur de la règle, laquelle pouvait entraîner de fâcheuses incidences juridiques (successorales par exemple), en admettant que la possession d'état puisse soutenir ici la mention du nom de la mère dans l'acte de naissance de l'enfant qui constituait alors une sorte de commencement de preuve du lien de filiation. On mesure ici l'intérêt de la modification opérée par l'ordonnance n° 2005-759 du 4 juillet 2005 qui, en érigeant l'indication du nom de la mère dans l'acte de naissance de l'enfant, quelle que soit la situation matrimoniale de la mère, a mis fin à un inutile et inopportun recours à la possession d'état.

(5) Cf., pour un refus d'établissement de la maternité, en l'absence de possession d'état : Cass. 1re civ., 14 juin 2005 : *AJF* 2005, 328,

(6) Cf. I. Théry (ss dir.), *Couple, filiation et parenté aujourd'hui, op. cit.*, spéc. proposition p. 174 qui préconisait d'harmoniser les filiations maternelles en modifiant légèrement le sens de l'ancien article 337 du Code civil qui aurait pu être rédigé de la sorte : « l'acte de naissance portant l'indication du nom de la mère vaut reconnaissance à moins qu'il ne soit pas corroboré par la possession d'état ».

européen des droits de l'homme[7], a été abolie par l'ordonnance n° 2005-759 du 4 juillet 2005. Désormais, quelle que soit la situation matrimoniale de la mère, sa désignation dans l'acte de naissance de l'enfant établit la filiation à son égard[8], emportant deux conséquences principales. D'une part, la maternité n'est logiquement pas établie en cas d'accouchement sous X puisque dans cette hypothèse[9] la mère n'est point désignée dans l'acte de naissance de l'enfant. D'autre part, dans la situation statistiquement majoritaire où le nom de la mère figure bien dans l'acte de naissance de l'enfant, l'acte d'état civil remplit une double fonction probatoire et d'établissement du lien. Il prouve tout d'abord qu'un enfant, désigné dans l'acte par ses prénoms est né de la femme ainsi désignée. On retrouve alors la vocation première d'un acte de l'état civil qui constitue le mode de preuve des événements juridiques les plus marquants de la vie d'une personne physique (naissance, mariage, décès)[10]. Par ailleurs, l'acte de naissance constitue aussi, au-delà de sa seule fonction probatoire, un mode d'établissement de la maternité. Nonobstant la situation matrimoniale de la mère, à partir du moment où celle-ci ne conserve pas l'anonymat lors de l'accouchement, sa maternité se trouve établie à l'égard de l'enfant, c'est-à-dire que ce dernier se voit juridiquement rattaché à cette femme par la seule désignation de cette dernière dans l'acte de naissance, ce qui ne manque pas d'intérêt en matière d'attribution du nom de l'enfant[11], par exemple.

598. – **Portée de la nouvelle solution.** La nouvelle solution marque tout d'abord une insistance particulière sur les fondements du droit de la filiation, que l'on a décrit à juste titre comme basculant vers un droit de LA filiation[12], déconnecté de la situation matrimoniale des parents. En ce qui concerne la maternité à tout le moins, le mariage n'a plus de véritables incidences sur le rattachement de l'enfant. C'est l'une des manifestations les plus évidentes de l'essor du principe d'égalité entre les filiations. Dans un ordre d'idées voisin, la règle nouvelle modifie, de manière quelque peu paradoxale, le fondement du droit de la filiation. Il faut se souvenir en effet que, juridiquement, la filiation demeure une construction intellectuelle et un lien juridique. Encore faut-il en déterminer le fondement. En érigeant cette preuve de l'accouchement en mode de rattachement de l'enfant à sa mère, le droit contemporain exprime une faveur pour la vérité biologique. Le rattachement juridique constitue en effet un décalque de la réalité biologique. L'enfant est juridiquement rattaché à la femme qui l'a mis au monde. *Mater semper certa est* ! La volonté ne se manifeste plus de la même manière que précédemment. Naguère en effet, la mère se voyait juridiquement rattaché l'enfant suite à l'expression d'une volonté. Pour la mère mariée, cette

(7) V., par ex., F. Granet, *La filiation maternelle demain : entre mise en conformité à la Convention européenne des droits de l'homme et originalité persistante de la législation française*, in *Mél. Ph. Simler*, LexisNexis et Dalloz, 2006, 149.
(8) C. civ., art. 311-25.
(9) Selon les chiffres de l'INED, pour l'année 2010, ce sont 700 enfants qui sont nés sous X. en France. Sur le site de l'INED.
(10) V. *supra*, n° 151, sur les actes de l'état civil.
(11) V. *infra*, n°s 717 et s.
(12) En ce sens, V. J. Hauser, *Des filiations à la filiation* : *RJPF* 2005-9/9.

volonté s'exprimait en réalité lors du mariage qui constituait en quelque sorte un engagement de se voir rattachés les enfants nés ou conçus durant le mariage avec d'évidentes répercussions sur la paternité par le biais de la présomption de paternité. La mère non mariée devait en revanche exprimer sa volonté de se voir rattaché l'enfant soit par une reconnaissance de maternité, soit par son comportement quotidien, dans le cadre de la possession d'état. Désormais, la volonté d'établir un rattachement s'exprime différemment. C'est finalement en ne conservant pas l'anonymat lors de l'accouchement que les mères, quelle que soit leur situation matrimoniale, manifestent le souhait d'un rattachement de l'enfant.

599. - **Droit transitoire.** L'ordonnance n° 2005-759 du 4 juillet 2005 est entrée en application le 1er juillet 2006. Des précisions ont cependant été nécessaires afin de ne pas porter atteinte à la sécurité juridique. Tout d'abord, les enfants nés avant l'entrée en application de la loi nouvelle ne peuvent l'invoquer pour remettre en cause des successions déjà liquidées(13). Ensuite, l'application des nouvelles dispositions à des enfants nés avant le 1er juillet 2006 ne saurait avoir pour effet de remettre en cause leur nom(14). Enfin, les instances introduites sous l'empire des dispositions anciennes continuent d'être soumises à ces dernières(15). Une loi du 24 juillet 2006 est quant à elle intervenue pour préciser que le nouvel article 311-25 du Code civil, issu de l'ordonnance du 4 juillet 2005, est sans incidence sur l'acquisition de la nationalité française par des enfants majeurs à la date du 1er juillet 2006(16).

600. - **Anticipation jurisprudentielle.** En dépit de ces dispositions transitoires et de l'entrée en application de l'ordonnance du 4 juillet 2005 fixée au 1er juillet 2006, la Cour de cassation s'est livrée à une anticipation jurisprudentielle en appliquant la solution nouvelle dès un arrêt du 14 février 2006(17).

---

(13) Ord. 4 juill. 2005, art. II, 1°.
(14) Ord. 4 juill. 2005, art. II, 3°.
(15) Ord. 4 juill. 2005, art. III.
(16) C. Neirinck, *La nationalité à l'épreuve de l'établissement de la filiation et de sa preuve* : *Dr. famille* 2011, comm. 55.
(17) Cass. 1re civ., 14 févr. 2006, n° 05-13.006 : *Bull. civ.* 2006, I, n° 73 ; *Dr. famille* 2006, comm. 107, note P. Murat ; *D.* 2006, 1140, obs. F. Granet-Lambrechts ; *D.* 2006, 1029, note G. Kessler ; *AJF* 2006, 162, obs. F. Chénedé ; *RJPF* 2006-5/25, note T. Garé ; *Defrénois* 2006, 1058, obs. J. Massip : cassation pour violation des articles 8 et 14 de la Convention européenne des droits de l'homme d'un arrêt qui, dans un contentieux relatif à une action déclaratoire de nationalité française, refuse de faire droit à la demande de nationalité au motif que le grand-père des demandeurs, né en Algérie en 1931, n'avait pas été reconnu par sa mère, de nationalité française. Cassation : « En statuant ainsi, alors que [l'arrière grand-mère des demandeurs] était désignée en tant que mère dans l'acte de naissance du [grand-père], ce dont il résultait que la filiation maternelle de celui-ci était établie, la cour d'appel a violé les [articles 8 et 14 de la Convention EDH] ». – *Adde*, Cass. 1re civ., 25 avr. 2006, n° 04-19.341 : au sujet là encore de l'action déclaratoire de nationalité française : cassation au visa de l'article 455 du Code de procédure civile de l'arrêt d'appel qui ne répond pas aux conclusions « par lesquelles [la fille] soutenait que le nom de la mère dans l'acte de naissance suffisait à établir la filiation légitime mais non la filiation naturelle et qu'une telle discrimination était contraire aux dispositions des articles 8 et 14 de la Convention européenne des droits de l'homme ». – Cass. 1re civ., 25 avr. 2006, n° 05-19.341 : toujours à propos d'une action déclaratoire de nationalité française, le demandeur fut débouté en appel, faute de rapporter la preuve d'une reconnaissance faite par sa mère, de nationalité française. Cassation au visa des articles 8 et 14 de la Convention européenne des droits de l'homme : « En statuant ainsi, alors que [la mère de nationalité française] était désignée en tant que mère dans l'acte de naissance [du fils de nationalité béninoise], ce dont il résultait que la filiation maternelle de celui-ci était établie, la cour d'appel a violé les [articles 8 et 14 de la Convention EDH] ».

2° La présomption de paternité

Bibliographie

- V. Bonnet, *Réflexions sur la présomption de paternité du 21e siècle dans ses rapports avec le mariage* : D. 2013, 107.
- J. Carbonnier, *Droit civil – La famille*, PUF, 2004, spéc. p. 256.
- G. Champenois, *La paternité*, in *Le Code civil, un passé, un présent, un avenir*, Dalloz, 2004, p. 359.
- A. Lefebvre-Teillard, *Pater is est quem nuptiae demonstrant : jalons pour une histoire de la présomption de paternité* : *Rev. hist. fac. dr.* 1991, 331.

601. – **Un mode d'établissement réservé à l'homme marié.** La présomption de paternité est un mode d'établissement de la filiation réservé à l'homme marié. Traditionnellement en effet, avant que les évolutions scientifiques ne bouleversent profondément les modalités de l'engendrement, il ne faisait guère de doute que la femme ayant accouché de l'enfant ne pouvait être que sa mère. L'ancien adage *Mater semper certa est* exprimait pleinement cette idée, mais signifiait aussi en creux que la certitude de la paternité, elle, n'était jamais acquise. Comment, pour l'homme persuadé d'être le père de l'enfant, s'assurer que tel est bien le cas ? Jusqu'aux récentes évolutions de l'identification génétique, une telle certitude ne pouvait jamais être acquise et l'établissement de la paternité de l'homme marié s'opérait donc par le biais d'une présomption : *pater is est quem nuptiae demonstrant*. L'actuel article 312 du Code civil dispose également que « l'enfant conçu ou né pendant le mariage a pour père le mari ». Même si la paternité peut désormais être établie – ou exclue – avec certitude, il n'en demeure pas moins que la présomption de paternité constitue encore le mode principal d'établissement de la paternité de l'homme marié. Une évidente commodité explique cette situation. La maternité étant établie aujourd'hui par la mention du nom de la mère dans l'acte de naissance, lorsque cette femme est mariée la présomption de paternité permet de rattacher de manière simple l'enfant au mari de la mère. Ainsi, dès la rédaction de son acte de naissance, l'enfant né d'un couple marié est en principe rattaché à son père et à sa mère par le jeu d'une combinaison entre l'indication du nom de la mère dans l'acte de naissance et la présomption de paternité. Partant, la présomption de paternité ne peut concerner que l'enfant né d'un couple marié. Elle sert à établir la paternité de l'homme marié et de lui seul.

602. – **Fondements de la présomption de paternité.** Les fondements de la présomption de paternité révèlent la nature de ce mode d'établissement de la filiation et renseignent sur l'évolution du droit de la famille. La doctrine n'a pas ménagé ses efforts pour tenter de dégager les fondements du mécanisme. Sans doute d'ailleurs n'existe-t-il pas un fondement unique, mais une conjonction de causes rendant nécessaire la consécration d'une telle règle juridique. Aujourd'hui, la présomption de paternité qui figure aux articles 312 et suivants du Code civil provient assurément d'un héritage historique, d'une commodité probatoire et d'un véritable choix politique. Avant de détailler ces fondements

actuels de la présomption de paternité, il convient de procéder à un bref rappel des différentes justifications qui parsèment l'histoire de l'analyse doctrinale du droit de la famille. Le devoir de fidélité entre époux fut classiquement présenté comme le fondement de la présomption de paternité. Dans le mariage, l'adultère étant prohibé, l'enfant de la femme mariée ne pouvait logiquement qu'être issu des œuvres du mari. La justification tirée du devoir de fidélité est cependant contestable dès lors que l'adultère ne constituait pas une cause d'exclusion de la présomption et que cette dernière s'avère parfois écartée alors que subsiste le devoir de fidélité, comme en cas de séparation de corps par exemple(18). Le devoir de communauté de vie a pu lui aussi être invoqué comme fondement de la présomption de paternité, de manière discutable là encore puisque la présomption vaut également pour l'enfant conçu avant le mariage, c'est-à-dire à une époque où les (futurs) époux n'étaient pas encore soumis à une telle obligation de vie commune. On doit à Colin enfin d'avoir dégagé l'idée selon laquelle en se mariant l'homme accepterait par avance les enfants mis au monde par son épouse(19). Un fondement plus général fut également proposé considérant que la présomption de paternité reposait sur une volonté de protéger la famille légitime(20).

603. - **Justification contemporaine de la présomption de paternité.** Il est rare qu'en droit un mécanisme juridique poursuive une finalité unique et, à ce titre, l'on peut raisonnablement considérer que plusieurs fondements justifient aujourd'hui la présomption de paternité.

Tout d'abord, si ce mode d'établissement de la filiation paternelle perdure dans le Code civil, avec une formulation inchangée depuis 1804, ceci provient précisément d'une sorte de continuité historique. Même si les propositions doctrinales fondant la présomption de paternité sur les devoirs du mariage, qu'il s'agisse de la fidélité ou de la communauté de vie, s'avèrent contestables par certains aspects, elles correspondent tout de même à une logique propre à l'institution matrimoniale et qui repose sur la confiance entre époux. En effet, la confiance entre les époux constitue un élément central du mariage et se traduit par la consécration de devoirs tels que la fidélité bien évidemment, mais aussi la communauté de vie ou l'assistance ; ainsi que des pouvoirs, comme la faculté pour un époux de contracter seul des dépenses nécessaires à l'éducation des enfants(21). En considérant que la confiance entre époux constitue un élément central de l'institution matrimoniale, il n'est pas totalement incongru de fonder la présomption de paternité sur le devoir de fidélité ou l'obligation de communauté de vie ; ni d'ailleurs sur l'acceptation du mari des enfants qui naîtront de son épouse. Comme le soulignait le premier rapport rédigé sous la direction de Mme Théry, « le mariage et la présomption de pater-

(18) Cf. F. Terré et D. Fenouillet, *op. cit.*, n° 439. – Dans le même sens : P. Courbe et A. Gouttenoire, *op. cit.*, n° 975.
(19) A. Colin, *De la protection de la descendance légitime au point de vue de la preuve de la filiation : RTD civ.* 1902, 282.
(20) P. Raynaud, *La présomption de paternité légitime dans la jurisprudence récente*, in *Mél. P. Roubier*, Dalloz, 1961, t. 2, p. 217.
(21) C. civ., art. 220.

nité qu'il implique constituent en quelque sorte une reconnaissance *a priori* des enfants à naître de l'épouse »[22].

Ensuite, un fondement complémentaire est dicté par des commodités pratiques. Bien qu'il existe des épouses infidèles, il n'en demeure pas moins que, fréquemment, l'enfant né d'une femme mariée a bien pour géniteur le mari. C'est le *plerumque fit*, la probabilité qui justifie alors la présomption de paternité qui, comme son nom l'indique, constitue initialement un mode de preuve de la paternité. Si les évolutions scientifiques permettent effectivement d'établir ou d'exclure une paternité avec certitude, l'accès à la preuve biologique n'est pas libre en droit français puisque seul un magistrat peut ordonner une expertise biologique[23]. La présomption de paternité, en reposant sur une vraisemblance, offre un moyen assez commode d'établir un lien entre le mari et l'enfant de son épouse.

Enfin, à ces deux premiers fondements (continuité historique / commodité probatoire) vient s'ajouter un troisième, tiré d'un choix politique. La présomption de paternité constitue l'un des derniers mécanismes, avec la prestation compensatoire et la pension de réversion, permettant de distinguer nettement le mariage du pacte civil de solidarité. En terme de politique juridique, la présomption de paternité se justifie parfaitement dès lors que l'on souhaite établir une distinction entre les différentes formes de couple. Ceci ne signifie nullement que le mariage comporterait une quelconque supériorité juridique sur le pacte civil de solidarité, dès lors que la présomption de paternité se conteste désormais selon les modalités de droit commun. De même, le partenaire de PACS qui ne saurait se prévaloir d'une présomption de paternité ne souffre pas d'une discrimination car il peut sans aucune difficulté – comme l'homme marié – reconnaître l'enfant né de sa partenaire au moment de la naissance, voire avant s'il l'estime nécessaire. Dans cette perspective, la présomption de paternité se justifie par la volonté de distinguer, d'une manière peut-être davantage symbolique que juridique, le mariage des autres formes de couple. Un tel choix paraît justifié eu égard à l'importance historique de la présomption de paternité et en raison de sa commodité pratique.

a) Principe : l'enfant a pour père le mari de sa mère

604. – **Jeu des présomptions.** L'article 312 du Code civil dispose que l'enfant conçu ou né pendant le mariage a pour père le mari. La loi déduit d'un fait connu (la naissance de l'enfant d'une femme mariée) un fait inconnu (l'établissement de la paternité du mari). Encore faut-il combiner la présomption de paternité avec la présomption de conception de l'enfant. Cette autre présomption légale figure à l'article 311 du Code civil[24] en ces termes : « La loi présume que l'enfant a été conçu pendant la période qui s'étend du trois centième au cent quatre-vingtième jour, inclusivement, avant la date de la naissance ». Un deuxième alinéa ajoute que : « La conception est présumée avoir eu lieu à un moment quelconque de cette période, suivant ce qui est demandé dans l'intérêt de l'enfant ».

(22) I. Théry (ss dir.), *Couple, filiation et parenté aujourd'hui, op. cit.*, p. 173.
(23) C. civ., art. 16-11, al. 2.
(24) C. civ., art. 311.

La présomption légale de conception de l'enfant reflète parfaitement en droit une loi biologique dégagée par Hippocrate, selon laquelle un enfant qui naît a été conçu dans la période qui s'étend du 180e au 300e jour avant sa naissance. Cette loi biologique tient donc compte des naissances prématurées et des naissances tardives chez l'être humain.

À partir de ce jeu de présomptions, il est possible de dégager trois hypothèses :
- tout d'abord, l'enfant a été conçu et il est né durant le mariage de sa mère ;
- ensuite, l'enfant est né durant le mariage de sa mère et a été conçu avant ;
- enfin, l'enfant a été conçu durant le mariage de sa mère et il est né après.

On notera d'emblée qu'une quatrième hypothèse, il est vrai très rare en pratique, semble échapper au champ des textes. Il s'agit de la situation dans laquelle l'enfant a été conçu avant le mariage, mais naît après ce dernier. Songeons par exemple à l'hypothèse d'un mariage brutalement écourté par le décès accidentel du mari, quelques jours après sa célébration. La présomption légale de conception, en faisant « remonter » le moment de la conception jusqu'à dix mois (300 jours) avant la naissance, permettra parfois de tenir pour vrai le fait que l'enfant a été conçu durant le bref mariage, lorsque l'enfant a été conçu peu de temps avant le mariage. Échappe cependant au jeu de ces présomptions la situation dans laquelle une femme enceinte de huit mois se marie et où l'époux décède dans les jours qui suivent le mariage. Présumé avoir été conçu dans une période qui s'étend du trois centième au cent quatre-vingtième jour avant la date de naissance, l'enfant ne devrait en principe pas bénéficier de la présomption de paternité, mais une jurisprudence ancienne fit jouer la légitimité dans cette hypothèse(25) et l'on peut désormais penser qu'une reconnaissance paternelle anténatale(26) présente ici un intérêt certain.

1) Enfant conçu et né durant le mariage de sa mère

605. – *Plerumque fit.* L'enfant conçu et né durant le mariage de sa mère constitue la situation la plus simple, que la loi considère comme étant somme toute ordinaire. Il y a de fortes raisons de penser ici que l'enfant né et conçu durant le mariage de sa mère est issu des œuvres du mari. La présomption de paternité déploie alors tous ses effets, dès lors que la mère ne conserve pas l'anonymat au moment de son accouchement, ce qui là encore demeure la situation largement majoritaire. L'indication du nom de la mère dans l'acte de naissance de l'enfant va établir la filiation maternelle et, comme cette femme est mariée, la paternité de son mari sera également établie, à condition que cet homme soit désigné dans l'acte comme étant le père de l'enfant(27). L'enfant bénéficie alors d'un double rattachement, sans qu'il ne soit besoin de procéder à une quelconque reconnaissance de paternité ou de maternité. Il s'agit bien ici d'une filiation établie par « l'effet de la loi », selon la formule de l'article 310-1 du Code civil.

Même s'il est aisé d'établir ainsi la double filiation de l'enfant conçu et né durant le mariage de sa mère, il n'en demeure pas moins que la filiation paternelle peut être contestée par le mari, selon les conditions du droit commun(28).

606. – Exceptions. Même si l'enfant est né et conçu durant le mariage, la présomption de paternité pourra toutefois être écartée dans deux situations envisa-

(25) Cass. civ., 2 juill. 1936 : *DP* 1936, I, 118, note Gaudin de Lagrange.
(26) Sur laquelle, V. *infra*, n° 631.
(27) Le texte repose sur le présupposé selon lequel dans la majorité des situations c'est le mari qui procède à la déclaration de la naissance en qualité de père mais aussi d'époux de la mère.
(28) Sur l'action en contestation de paternité, V. *infra*, nos 727 et s.

gées par l'article 313 du Code civil, à savoir lorsque la mère vit légalement séparée de son mari ou bien lorsque l'acte de naissance ne désigne pas le mari en qualité de père[29].

2) Enfant né durant le mariage de sa mère mais conçu avant

607. – **Jeu de la présomption.** Lorsque l'enfant est né durant le mariage de sa mère mais qu'il a été conçu avant, c'est-à-dire qu'il naît dans les cent quatre-vingts jours qui suivent la célébration du mariage, la présomption de paternité s'applique également. La nature juridique de présomption apparaît ici nettement car l'enfant a été conçu à un moment où sa mère, pas encore mariée, n'était pas tenue par un devoir de fidélité ni par une obligation de communauté de vie. Il n'en demeure pas moins que la présomption trouve à s'appliquer pour plusieurs raisons. La première relève encore de la forte probabilité que l'enfant d'une femme mariée qui naît durant le mariage ait pour père le mari, même si sa conception précède le mariage[30]. Une autre raison, tirée de la dignité du mariage et de l'unité de la famille fut naguère dégagée par la jurisprudence, dans un arrêt *Degas*, à une époque où seuls les enfants nés plus de cent quatre-vingts jours après le mariage bénéficiaient de la présomption de paternité. L'article 312 du Code civil, dans sa version de 1804 réservait alors la présomption de paternité au seul enfant conçu durant le mariage.

Cass. civ., 8 janv. 1930, *Épx Degas c/ Cts Degas*

(...) Mais attendu que tout enfant né au cours du mariage a la qualité d'enfant légitime, quelle que soit la date de sa conception ; que s'agissant d'un enfant conçu avant le mariage, ladite qualité lui est reconnue, moins à raison de l'intention présumée chez ses parents de lui conférer par mariage le bénéfice d'une légitimation qu'en vue de sauvegarder par une fiction légale la dignité du mariage et l'unité de la famille ; que de telles considérations suffisent à expliquer qu'entre enfants nés au même foyer et jouissant de la même possession d'état, la loi n'ait voulu introduire aucune distinction fondée sur la date respective de leur conception ; qu'elles s'opposent à ce qu'à défaut de désaveu du mari, exercé sous les conditions et dans les délais strictement fixés par les articles 314 et 316 du Code civil, des tiers intéressés, fussent-ils les descendants d'un premier lit, puissent, au risque du scandale, contester une légitimité dont la naissance de l'enfant au cours du mariage, constitue, vis-à-vis d'eux, le titre essentiel.

Commentaires : *DP* 1930, 1, 51, note G. P. ; S. 1930, 1, 257, note F. Gény ; *Grands arrêts de la jurisprudence civile*, Dalloz, n° 37.

608. – **Prospérité législative.** La solution dégagée dans la jurisprudence *Degas*, permettant de tempérer la rigueur de la présomption de paternité mise en place par le Code civil de 1804, connaîtra ensuite une consécration législative lors de la réforme du droit de la filiation opérée par la loi n° 72-3 du 3 janvier 1972. À cette occasion, si l'article 312, alinéa 1er continua de disposer que l'enfant conçu pendant le mariage a pour père le mari, fut aussi créé un nouvel article 314, alinéa 1er du Code civil ainsi rédigé : « L'enfant né avant le cent quatre-vingtième jour du mariage est légitime et réputé l'avoir été dès

(29) Sur l'exclusion de la présomption de paternité, V. *infra*, nos 772 et s.
(30) Terré et Fenouillet, *op. cit.*, n° 444.

sa conception »[31]. L'ordonnance n° 2005-759 du 4 juillet 2005 modifia quant à elle l'article 312 du Code civil afin d'étendre expressément la présomption de paternité à l'enfant né durant le mariage : « L'enfant conçu ou né durant le mariage a pour père le mari ».

3) Enfant conçu durant le mariage de sa mère mais né après

609. – **Principe.** Dès 1804, la présomption de paternité concerna les enfants conçus dans le mariage. L'actuelle formulation de l'article 312 du Code civil mentionne encore expressément l'enfant conçu durant le mariage de sa mère. Si le mariage prend fin par le décès de l'époux, la présomption légale de conception de l'article 311 du Code civil a pour conséquence de présumer l'enfant né jusqu'au trois centième jour qui suit le décès. Dans l'hypothèse où le mariage vient à cesser par divorce, la présomption de paternité continue de courir mais sera écartée lorsque l'enfant est né plus de trois cents jours après la date de l'homologation de la convention réglant l'ensemble des conséquences du divorce par consentement mutuel ou des mesures provisoires prises en application de l'article 250-2 du Code civil[32]. Lorsque le mariage est dissous par un divorce contentieux, la présomption de paternité est écartée quand l'enfant est né plus de trois cents jours après la date des mesures provisoires prises en application de l'article 250-2 du Code civil, ou bien de l'ordonnance de non-conciliation, et moins de cent quatre-vingts jours depuis le rejet définitif de la demande ou de la réconciliation.

b) Exception : l'exclusion de la présomption de paternité

610. – **Différentes hypothèses.** Dans plusieurs situations factuelles, dans lesquelles la paternité du mari de la mère paraît douteuse, le droit écarte la présomption de paternité. En dépit du mariage de la mère, la paternité de son époux ne s'établit plus. Le Code civil considère ainsi que la paternité du mari se révèle douteuse lorsque l'acte de naissance ne mentionne pas cet homme en qualité de père (1) et lorsque le couple est en cours de dissolution (2).

1) Hypothèse 1 : silence de l'acte de naissance

611. – **Évolution.** L'article 313 du Code civil, dans sa rédaction issue de la loi n° 2009-61 du 16 janvier 2009, dispose que la présomption de paternité est écartée lorsque l'acte de naissance de l'enfant ne désigne pas le mari en qualité de père. Ce faisant, le texte marque l'aboutissement d'une évolution législative car avant la loi n° 72-3 du 3 janvier 1972, la présomption de paternité établissait la filiation du mari de la mère, même lorsque son nom n'était pas mentionné dans l'acte de naissance de l'enfant. La réforme opérée par la loi du 3 janvier 1972 a tenu compte des doutes entourant une paternité, à l'époque qualifiée de « légitime ». Sous l'ère de

(31) Dans le droit de la filiation mis en place par la loi du 3 janvier 1972, il était tout de même possible au mari de la mère de désavouer l'enfant né avant le cent quatre-vingtième jour du mariage. Outre la possibilité générale de désavouer l'enfant en démontrant sa non-paternité ouverte par l'ancien article 312, alinéa 2 du Code civil, le mari pouvait désavouer l'enfant en se fondant spécifiquement sur la date de naissance de l'enfant (C. civ., ancien art. 314, al. 3 : « il pourra même le désavouer sur la seule preuve de la date de l'accouchement, à moins qu'il n'ait connu la grossesse avant le mariage, ou qu'il ne se soit, après la naissance, comporté comme le père »).

(32) Sur le divorce par consentement mutuel, V. *supra*, n° 233 et s.

ce texte, la présomption de paternité était écartée quand l'enfant, inscrit sans l'indication du nom du mari dans l'acte de naissance, n'avait de possession d'état qu'à l'égard de sa mère[33].

612. - **Une présomption écartée de plein droit.** La mise à l'écart de la présomption de paternité, en raison du silence de l'acte de naissance, joue de plein droit, ce qui signifie qu'il n'est nul besoin d'intenter une action en justice en ce sens[34]. L'éviction de plein droit de la présomption de paternité peut évidemment s'avérer très problématique pour l'homme dont l'identité ne figure pas dans l'acte de naissance et qui ne procède pas à une reconnaissance de l'enfant, persuadé à tort de l'établissement automatique de sa paternité en raison de son mariage avec la mère de l'enfant.

Dans une telle situation, le rétablissement de la présomption de paternité[35] s'avère relativement aisé puisque tout d'abord, l'article 314 du Code civil dispose que « la présomption de paternité se trouve légalement établie de plein droit si l'enfant a la possession d'état à l'égard du mari et s'il n'a pas de possession d'état déjà établie à l'égard d'un tiers ». Ensuite, une action en rétablissement de la présomption de paternité pourra être intentée. Enfin, le mari de la mère pourra tout simplement procéder à la reconnaissance de l'enfant, ce qui constitue la solution la plus commode, à supposer bien évidemment que la paternité d'un tiers n'ait pas déjà été établie.

2) Hypothèse 2 : mère légalement séparée de son mari

613. - **Paternité douteuse.** Dans plusieurs hypothèses expressément énumérées par le Code civil, la mère de l'enfant peut être toujours mariée, mais la paternité du mari paraît douteuse en raison d'une situation conjugale du couple qui laisse supposer une discorde, voire une absence de communauté de vie. Ainsi, l'on écarte la présomption de paternité, en cas de demande en divorce ou en séparation de corps, lorsque l'enfant est né plus de trois cents jours après la date soit de l'homologation de la convention réglant l'ensemble des conséquences du divorce ou des mesures provisoires prises en application de l'article 250-2, soit de l'ordonnance de non-conciliation, et moins de cent quatre-vingts jours depuis le rejet définitif de la demande ou la réconciliation.

614. - **Divorce gracieux.** Depuis la réforme du 26 mai 2004, le droit positif ne qualifie plus de divorce gracieux que le divorce par consentement mutuel. Même si les époux s'entendent sur le principe du divorce et organisent à l'amiable les conséquences de la rupture, il n'en demeure pas moins que la paternité du mari reste douteuse dans cette hypothèse. Concrètement, il ne s'avère pas impossible que les époux vivent déjà dans des résidences séparées. Par conséquent, la présomption de paternité est écartée de plein droit lorsque l'enfant est né plus de trois cents jours après l'homologation de la convention réglant l'ensemble des conséquences du divorce, car on présume ici que le postulat selon lequel la mère a conçu l'enfant avec son mari n'a plus lieu d'être. Lorsque le juge aux affaires familiales refuse d'homologuer la convention, il peut toutefois ordonner des mesures provisoires dans

(33) C. civ., ancien art. 313-1 (réd. L. 3 janv. 1972).
(34) Cf. sous l'ère de la loi n° 72-3 du 3 janvier 1972 : Cass. 1re civ., 7 juin 1989 : *JCP* G 1989, IV, 293 ; *D.* 1989 (1re esp.), somm. p. 362, obs. D. Huet-Weiller ; *D.* 1990, 33, note J. Massip.
(35) Sur le rétablissement de la présomption de paternité, V. *infra*, nos 617 et s.

l'attente de l'homologation d'une nouvelle convention que les époux doivent lui présenter dans les six mois[(36)]. De la sorte, pourront par exemple être ordonnées des mesures telles que la résidence séparée des époux, la rencontre d'un médiateur familial ou encore la remise de vêtements ou objets personnels[(37)]. Dans cette hypothèse, lorsque l'enfant naît de l'épouse plus de trois cents jours à compter de l'ordonnance statuant sur ces mesures provisoires, la présomption de paternité du mari est écartée de plein droit.

615. – **Divorce contentieux.** Dans les divorces contentieux, il n'est bien sûr pas question d'homologuer une convention réglant l'intégralité des effets de la rupture[(38)]. Dès lors, le moment procédural le plus déterminant demeure le prononcé de l'ordonnance de non-conciliation, à partir de laquelle un époux peut assigner. Par voie de conséquence, et démontrant le lien très étroit qui unit le droit substantiel et la procédure en matière familiale, si l'enfant naît de la mère mariée plus de trois cents jours après l'ordonnance de non-conciliation, la paternité du mari est considérée comme douteuse ou, à tout le moins, ne bénéficie plus du *plerumque fit*, justifiant dès lors la mise à l'écart de la présomption de paternité.

616. – **Absence de divorce.** Le même raisonnement qui commande la mise à l'écart de la présomption de paternité en cas de demande en divorce joue dans l'hypothèse où le couple viendrait à se réconcilier ou encore lorsque la demande en divorce est rejetée. L'article 313 du Code civil pose en effet *in fine* une seconde borne temporaire, issue de la présomption légale de conception en disposant que la présomption de paternité ne sera pas écartée si l'enfant est né plus de cent quatre-vingts jours depuis le rejet définitif de la demande en divorce ou la réconciliation.

c) Retour au principe : le rétablissement de la présomption de paternité

617. – **Modalités.** La mise à l'écart de la présomption de paternité n'est pas irréversible, le Code civil prévoyant trois modalités de rétablissement de la présomption de paternité.

1) Rétablissement légal en cas de possession d'état

618. – **Paternité probable.** La possession d'état désigne une réunion de faits, c'est-à-dire le comportement d'un adulte vis-à-vis d'un enfant, qui a pour fonction soit d'établir une paternité ou une maternité, soit de consolider une filiation, grâce à l'écoulement du temps[(39)]. On peut raisonnablement penser que le mari de la mère, n'apparaissant pas dans l'acte de naissance de l'enfant mais qui se comporte au quotidien comme un père le ferait pour son enfant, est vraisemblablement le

(36) C. civ., art. 250-2 et sur cette question, V. *supra*, n° 303.

(37) C. civ., art. 254 et 255.

(38) Quoique les dispositions issues de la loi n° 2004-439 du 26 mai 2004 de réforme du divorce favorisent la conclusion de conventions partielles au sein des divorces contentieux, c'est-à-dire incitent les époux à régler à l'amiable les points sur lesquels un consensus se dégage et à faire homologuer ces conventions matériellement limitées à un ou plusieurs points simplement. Sur ces conventions partielles, cf. C. civ., art. 286 (réd. L. n° 2004-439, 26 mai 2004) et V. *supra*, n° 386.

(39) Sur cette fonction de la possession d'état, V. *infra*, n° 662.

véritable père de l'enfant, notamment lorsque l'enfant ne bénéficie pas d'une filiation paternelle déjà établie à l'égard d'un tiers. L'article 324 du Code civil envisage expressément cette situation en prévoyant un rétablissement de la présomption de paternité par le biais d'une possession d'état.

Code civil

Art. 314 ***(Réd. L. n° 2009-61, 16 janv. 2009).*** – Si elle a été écartée en application de l'article 313, la présomption de paternité se trouve rétablie de plein droit si l'enfant a la possession d'état à l'égard du mari et s'il n'a pas une filiation paternelle déjà établie à l'égard d'un tiers.

619. – **Modalités.** L'article 314 du Code civil se révèle singulièrement silencieux quant aux modalités permettant le rétablissement de la présomption de paternité grâce à une possession d'état qui, par nature, demeure factuelle. Une possession d'état, entendue comme une réunion de faits, suffit-elle ou bien est-il de surcroît nécessaire de faire procéder à sa constatation officielle par le biais d'un acte de notoriété ou d'un jugement ? Aucune constatation officielle de la possession d'état ne paraît requise aux termes de l'article 314 du Code civil. De même, une circulaire du 30 juin 2006 précise que « contrairement aux solutions antérieurement préconisées (...), il n'est pas nécessaire de procéder à la rectification judiciaire de l'acte de naissance ». Pour autant, le même texte indique que « l'acte de naissance devra être actualisé sur instructions du procureur de la République du lieu de conservation de l'acte... par l'apposition d'une mention marginale »[(40)]. La constatation officielle de la possession d'état paraît donc s'imposer pour des raisons de commodités pratiques. Dans cette perspective, la circulaire du 30 juin 2006 précise que « la possession d'état, tant qu'elle n'est pas constatée dans un tel acte [de notoriété], est insuffisante et ne saurait, en elle-même, établir le lien de filiation, que l'enfant soit né dans le mariage [présomption de paternité écartée par application de l'article 313] ou en dehors »[(41)]. Les circulaires n'ont certes pas de valeur normative. Il n'en reste pas moins qu'en pratique elles demeurent souvent scrupuleusement suivies au sein des juridictions et dans les services de l'état civil. Une discordance apparaît donc entre, d'une part, la lettre et l'esprit des textes qui n'imposent nullement la délivrance d'un acte de notoriété constatant une possession d'état dans le but de rétablir la présomption de paternité[(42)] et, d'autre part, les nécessités pratiques qui érigent la constatation officielle de la possession d'état dans un acte de notoriété en élément incontournable. Sans acte de notoriété, il ne serait concrètement pas possible de faire actualiser l'acte de naissance de l'enfant, sur instruction du procureur de la République.

(40) Circ. CIV/13/06, 30 juin 2006, de présentation de l'ordonnance n° 2006-759 du 4 juillet 2005, portant réforme de la filiation.

(41) Circ. CIV/13/06, 30 juin 2006, de présentation de l'ordonnance n° 2006-759 du 4 juillet 2005, portant réforme de la filiation.

(42) En ce sens, cf. F. Terré et D. Fenouillet, *op. cit.*, n° 457 ; les auteurs soulignent que les articles 310-1 et 310-3 du Code civil n'exigent un acte de notoriété que lorsque la possession d'état est invoquée seule, comme preuve autonome du lien de filiation ; ils n'auraient dès lors pas vocation à s'appliquer à la preuve de la possession d'état en dehors de ce cas (*ad notam* n° 1, p. 416).

Prolongement pratique

De l'inutilité concrète du rétablissement par possession d'état

620. – Au-delà des doutes qui entourent les modalités de rétablissement de la présomption de paternité par une possession d'état, l'utilité pratique de cette démarche ne paraît en pratique nullement acquise. Le rétablissement de plein droit par le biais d'une possession d'état suppose en effet, selon l'article 314 du Code civil, que l'enfant n'ait pas déjà une filiation établie à l'égard d'un tiers et qu'elle se réalisera concrètement par une actualisation de l'acte de naissance de l'enfant. Partant, il paraît bien plus commode pour le mari de la mère de procéder tout simplement à une reconnaissance de cet enfant qui ne bénéficie pas déjà d'une filiation paternelle déjà établie.

On pourra considérer que cette manière de rétablir la présomption de paternité repose sur un titre et, par voie de conséquence, que le lien de filiation ainsi créé souffre d'une certaine fragilité et pourra toujours être contesté. Ceci est exact, mais il n'en demeure pas moins que la possession d'état ne se trouve pas à l'abri d'une remise en cause, en discutant de l'absence de caractère continu et paisible par exemple.

Procéder à une reconnaissance de l'enfant paraît bien constituer une solution plus commode en pratique, rapide et à moindre coût.

2) Action en rétablissement de la présomption de paternité

621. – **Simplification procédurale.** L'article 329 du Code civil, dans sa rédaction issue de l'ordonnance n° 2005-759 du 4 juillet 2005, organise une action en justice ayant pour objet le rétablissement de la présomption de paternité et qui se révèle plus simple que précédemment. Avant la réforme en effet, l'action en rétablissement de la présomption de paternité se distinguait par une curieuse dualité puisqu'elle se prescrivait en trente ans quand l'un des parents introduisait l'action, mais en deux ans à compter de la majorité de l'enfant, lorsque ce dernier se trouvait en position de demandeur.

622. – **Action attitrée.** En droit positif, peuvent agir en rétablissement de la présomption de paternité les époux ainsi que l'enfant lui-même.

623. – **Prescription.** L'action en rétablissement de la présomption de paternité est ouverte à l'enfant pendant les dix ans qui suivent sa majorité(43). L'article 329 se révèle explicite sur ce point, mais demeure plus silencieux sur le délai de prescription de l'action quand elle est introduite par les époux. Naguère, ces derniers pouvaient agir dans un délai de trente ans. Désormais, à défaut d'être enfermée dans un délai de prescription spécial, l'action en rétablissement de la présomption de paternité introduite par un époux se prescrit conformément au droit commun par dix ans à compter du jour où la personne a été privée de l'état qu'elle réclame(44). Les délais de prescription actuels paraissent bienvenus en mettant fin à l'une des incongruités procédurales les plus remarquées dans l'ancien droit de la filiation, en faisant

(43) C. civ., art. 329.
(44) C. civ., art. 321.

coexister un délai trentenaire et un délai biennal pour la même action, selon la qualité du demandeur.

624. – **Objet de la preuve.** Que l'action soit introduite par l'enfant devenu majeur ou par les époux, le demandeur devra démontrer que le mari de la mère est le père de l'enfant[45]. S'agissant d'un fait juridique, la preuve est libre et le juge conserve ici un pouvoir souverain d'appréciation des éléments qui lui sont présentés. En ce domaine, l'expertise biologique constitue une preuve particulièrement efficace en raison de sa grande fiabilité technique. Elle fût admise en ce domaine avant l'ordonnance n° 2005-759 du 4 juillet 2005 par l'arrêt de principe du 28 mars 2000, et ce mode de preuve a manifestement vocation à occuper une place centrale dans l'action en rétablissement de la présomption de paternité, dès lors qu'il n'est plus exigé du demandeur la démonstration d'une réunion de fait rendant vraisemblable la paternité, mais uniquement la preuve de la paternité du mari. L'expertise biologique s'avère alors particulièrement efficace à apporter une telle démonstration et, même dans l'hypothèse où le mari refuserait de se soumettre à ladite expertise, le juge peut en tirer toutes les conséquences et pourrait à ce titre rétablir la présomption initialement écartée[46].

Prolongement pratique

Action en rétablissement de la présomption et ordre des demandes

625. – En pratique, une vigilance accrue s'impose pour le praticien qui entend introduire une action en rétablissement de la présomption de paternité. En effet, des obscurités procédurales persistent dans le Code civil, en dépit des évolutions opérées par l'ordonnance n° 2005-759 du 4 juillet 2005 en direction d'une plus grande simplification des actions en justice relatives à la filiation. La principale difficulté concerne la situation dans laquelle l'enfant de la femme mariée aurait déjà une filiation paternelle établie à l'égard d'un homme autre que le mari de la mère. Tel serait le cas si l'acte de naissance de l'enfant demeurait silencieux quant à l'identité du père et qu'un homme autre que le mari de la mère venait à reconnaître postérieurement l'enfant.

Dans cette hypothèse, le mari de la mère doit-il se contenter d'introduire une action en rétablissement de paternité qui, si elle aboutit, entraînerait nécessairement une mise à l'écart de la reconnaissance faite par un tiers ? Ou bien est-il tenu de contester d'abord la paternité établie à l'égard de l'auteur de la reconnaissance pour, ensuite, faire rétablir la présomption de paternité ?

(45) Antérieurement à l'ordonnance n° 2005-759 du 4 juillet 2005, il s'agissait de démontrer que « dans la période légale de la conception, une réunion de fait a eu lieu entre eux, qui rend vraisemblable la paternité du mari » (C. civ., ancien art. 313-2, al. 2). Autrement dit, il s'agissait de rétablir la raison d'être de la présomption, à savoir que la communauté de vie entre les époux laisse raisonnablement supposer que la mère a conçu l'enfant avec son époux.

(46) Comp. avant l'ordonnance n° 2005-759 du 4 juillet 2005 : Bordeaux, 9 sept. 2003 : *Dr. famille* 2004, comm. 33, obs. P. Murat. Il s'agissait à l'époque de démontrer une réunion de fait des époux, d'une part, rendant, d'autre part, vraisemblable la paternité du mari. Partant, il est jugé que le refus du mari de se soumettre à l'expertise ne saurait être interprété comme établissant la réunion de fait alors que cet élément n'est pas corroboré par d'autres éléments. Une telle solution nous semble désormais condamnée puisque l'objet de la preuve a été modifié à l'occasion de la réforme. S'agissant désormais de démontrer seulement la paternité (ou inversement l'absence de paternité du mari), l'expertise génétique a vocation à être sollicitée. Cela signifie que, comme dans l'action en recherche de paternité (sur laquelle, V. *infra*, n°s 684 et s.), le juge doit pouvoir tirer toutes les conséquences d'un refus du mari de la mère de se soumettre à l'expertise, notamment en rétablissant ainsi la présomption.

En d'autres termes, le principe chronologique posé par l'article 320 du Code civil[47] concerne-t-il l'action en rétablissement de la présomption de paternité ?

Une réponse affirmative semble s'imposer, rompant ainsi avec les solutions jurisprudentielles dégagées avant l'ordonnance n° 2005-759 du 4 juillet 2005. Précédemment, la Cour de cassation décida en effet, au visa de l'ancien article 311-12 du Code civil, que le rétablissement de la présomption de paternité impliquait nécessairement la mise à l'écart simultanée de la reconnaissance[48]. Cette solution nous semble désormais condamnée[49] par la lettre même des textes. S'il est exact de rappeler que l'article 329 du Code civil, dans sa rédaction actuelle, ne mentionne nullement la nécessité de contester la paternité déjà établie avant de procéder au rétablissement de la présomption de paternité, il n'en demeure pas moins que l'article 315 qui énumère les modes de rétablissement de la présomption renvoie expressément au principe chronologique de l'article 320 lorsque le mari entend procéder à une reconnaissance de l'enfant de son épouse. Il paraît difficile de considérer que le principe chronologique trouve à s'appliquer lorsque le rétablissement procède d'une reconnaissance, mais nullement lorsqu'il est issu d'une action en justice. Une telle solution porterait assurément un coup sérieux à la stabilité de l'état des personnes et à la sécurité juridique de l'auteur de la reconnaissance. En outre, elle marquerait une faveur pour un établissement de la paternité grâce au mariage, c'est-à-dire à la légitimité, qui ne correspond guère aux actuels postulats égalitaristes du droit de la famille.

L'absence de renvoi explicite au principe chronologique dans le cadre de l'action en rétablissement de la présomption de paternité provient sans doute davantage d'une articulation des textes un peu maladroite que d'une faveur pour la légitimité de l'enfant.

Il en résulte que d'un point de vue procédural, il serait sans doute de bonne méthode de procéder à une double demande. Le mari de la mère qui entend faire rétablir la présomption de paternité devrait ordonner ses demandes de la manière suivante : à titre principal, il doit contester la paternité déjà établie, à titre subsidiaire, il doit solliciter le rétablissement de la présomption de paternité.

Admettre une telle solution signifie que l'action en rétablissement de la présomption de paternité obéit au régime de droit commun en matière de filiation et que, par voie de conséquence, la demande ne saurait aboutir lorsque la reconnaissance du tiers est confortée par une possession d'état conforme de cinq ans (C. civ., art. 333). Partant, le mari de la mère qui souhaite faire rétablir la présomption de paternité doit agir rapidement.

3) Rétablissement de la présomption de paternité par la reconnaissance de l'enfant

626. – Modalité nouvelle. En énumérant les modes de rétablissement de la présomption de paternité, l'article 315 du Code civil mentionne désormais explicitement la possibilité offerte au mari de la mère de « reconnaître l'enfant dans les conditions prévues aux articles 316 et 320 ». Le premier de ces textes concerne la reconnaissance d'un enfant[50], de manière générale, et le second consacre le principe chronologique selon lequel tant qu'elle n'a pas été contestée en justice, la filia-

(47) C. civ., art. 320 : « Tant qu'elle n'a pas été contestée en justice, la filiation légalement établie fait obstacle à l'établissement d'une autre filiation qui la contredirait ».

(48) Cass. 1re civ., 25 juin 1991 : *Bull. civ.* 1991, I, n° 208 ; *RTD civ.* 1992, 72, obs. D. Huet-Weiller ; *Gaz. Pal.* 1992, 1, 139, note J. Massip.

(49) *Contra* : Ph. Malaurie et H. Fulchiron, *op. cit.*, n° 1156.

(50) Sur la reconnaissance, V. *infra*, nos 630 et s.

tion légalement établie fait obstacle à l'établissement d'une autre filiation qui la contredirait. Autrement dit, la reconnaissance de l'enfant par le mari de la mère, faite en cas de mise à l'écart de la présomption de paternité, telle qu'elle figure dans l'article 315 du Code civil, vise en réalité deux situations différentes. Dans la première, l'enfant ne bénéficie pas d'une filiation déjà établie. En revanche dans la seconde situation, une paternité se trouve déjà établie.

À proprement parler, la reconnaissance de l'enfant par le mari de la mère ne constitue pas un mode de rétablissement de présomption de paternité mais un mode autonome d'établissement de la filiation, ce qui démontre l'importance prise par cet acte dans l'ordonnance n° 2005-759 du 4 juillet 2005 et, corrélativement, la fin de la faveur de principe accordée à la filiation naguère qualifiée de « légitime ».

627. – **Reconnaissance par le mari en l'absence d'une filiation déjà établie.** Dans l'hypothèse où l'enfant ne bénéficie pas d'une paternité déjà établie, le mari de sa mère a tout intérêt à procéder à une reconnaissance qui demeure simple, rapide et commode à dresser. Elle s'avère de ce point de vue préférable à un rétablissement de la présomption de paternité par le biais d'une possession d'état, en raison des incertitudes provenant de la lettre des textes[(51)] mais aussi des faiblesses inhérentes à la possession d'état[(52)].

Prolongement pratique

Formalisme : quel type de reconnaissance choisir lorsque la présomption de paternité est écartée ?

628. – Le mari qui souhaite établir sa paternité, en cas de mise à l'écart de la présomption de paternité, a tout intérêt comme il vient d'être dit à procéder à une reconnaissance de l'enfant. Formellement, il serait de bonne méthode de reconnaître l'enfant devant un officier de l'état civil qui, idéalement, sera celui du lieu de naissance de l'enfant. Une telle reconnaissance sera en effet immédiatement mentionnée en marge de l'acte de naissance de l'enfant matérialisant ainsi le lien nouvellement créé et, partant, modifiant la structure familiale. La reconnaissance de paternité faite devant notaire reste évidemment réalisable, dans le cadre d'un testament authentique notamment, mais ne présente pas les mêmes avantages en terme de publicité, fragilisant ainsi une paternité qu'il s'agissait pourtant de rendre moins douteuse.

629. – **Reconnaissance par le mari en présence d'une filiation déjà établie.** En renvoyant expressément aux articles 316 et 320 du Code civil, l'article 315 réserve l'hypothèse d'une mise à l'écart de la présomption de paternité et de l'établissement corrélatif de la paternité d'un tiers. Face à une telle situation, le droit commun trouve à s'appliquer, ce qui signifie que le principe chronologique devra être respecté et que, par conséquent, il conviendra d'abord de contester en justice la

(51) V. *infra*, n° 637.

(52) La possession d'état suppose en effet la réunion de plusieurs éléments factuels qui doivent présenter certains caractères (stabilité, continuité, univocité…) et, pour cette raison, peut engendrer des discussions et controverses. De même, dans le cadre d'une possession d'état utilisée pour rétablir une présomption de paternité, le point de départ de la possession d'état demeure incertain.

filiation déjà établie, dans le cadre d'une action en contestation, avant de procéder à la reconnaissance par le mari de la mère.

La possibilité nouvelle offerte au mari de la mère de reconnaître l'enfant en cas de mise à l'écart de la présomption de paternité, s'impose comme l'un des symboles les plus évidents des mutations affectant le droit de la famille en général et le mariage en particulier. De manière traditionnelle, la reconnaissance par le mari de l'enfant de son épouse était tout simplement inenvisageable, car ce mode d'établissement ne concernait que la filiation dite « naturelle » et la présomption de paternité constituait le cœur du mariage, comme le démontra Carbonnier. Dans un cadre d'égalité entre les filiations, la possibilité pour un homme marié de reconnaître l'enfant de son épouse se justifie, mais elle signifie que la présomption de paternité a perdu une grande part de sa portée fondamentale pour ne constituer finalement qu'une sorte de règle de preuve, rendant commode l'établissement de la paternité du mari de la mère. On peut y voir un signe supplémentaire de la banalisation juridique du mariage qui apparaît désormais comme une institution se distinguant surtout symboliquement, alors que naguère le statut matrimonial plaçait les membres de la famille dans une situation qui, en droit, était volontairement favorisée.

B. – L'établissement de la filiation par la reconnaissance

630. – **Double caractère de la reconnaissance.** On doit à Colin[53] d'avoir mis en évidence, dans un article demeuré très célèbre, le double caractère de la reconnaissance qui serait à la fois un aveu, donc un mode de preuve, mais aussi un engagement, c'est-à-dire un acte juridique manifestant une volonté. Ainsi désignait-il ces deux caractères par les expressions « reconnaissance-confession » et « reconnaissance-admission ». Désormais, la reconnaissance se distingue sans doute par sa dimension volontaire. L'auteur de la reconnaissance exprime le souhait que l'enfant lui soit juridiquement rattaché.

631. – **Enjeux de la reconnaissance en droit de la filiation.** L'ordonnance n° 2005-759 du 4 juillet 2005 a renforcé le rôle de la reconnaissance d'un enfant. Mise sur un pied d'égalité ici avec la présomption de paternité, la reconnaissance d'enfant devient un mode d'établissement de la filiation qui concerne tous les enfants quelle que soit la situation matrimoniale de leurs parents. En pratique d'ailleurs, de nombreux services de l'état civil incitent très vivement les futurs parents et, en particulier, les futurs pères à procéder à des reconnaissances de paternité anténatales, afin de stabiliser au plus tôt le futur état civil de l'enfant. Autre signe de l'importance actuelle de la reconnaissance d'enfant, comme il sera dit plus loin, un conflit de paternités doit être soulevé par le procureur de la République lorsque la présomption de paternité est contredite par une reconnaissance de paternité anténatale[54].

632. – **Enjeux de la reconnaissance en général.** La reconnaissance d'un enfant constitue un acte juridique essentiel, non seulement en droit de la filiation bien sûr, mais aussi dans des matières qui sont liées à cette question de la parenté juridique. Tel est le cas par exemple en matière de droit des successions où la reconnaissance joue un rôle essentiel. Ainsi, les enfants du défunt qui s'attendaient à voir l'actif net partageable laissé par leur père être réparti entre eux devront parfois compter avec

(53) A. Colin, *La protection de la descendance illégitime au point de vue de la preuve de la filiation : RTD civ.* 1902, 257.
(54) V. *infra*, n°s 742 et s. au sujet de l'article 336 du Code civil.

la présence d'un autre héritier, reconnu dans un testament authentique, ce qui peut les inciter à contester ladite reconnaissance. Dans un ordre d'idées différent, comme le droit positif ne soumet pas la reconnaissance d'un enfant à une condition de véracité biologique, les membres d'un couple d'intention, ayant eu recours aux services d'une mère porteuse, pourraient essayer de se voir rattaché l'enfant en procédant à sa reconnaissance. Cette importance de la reconnaissance d'enfant, en général, s'explique par la combinaison de deux éléments, à savoir la souplesse des conditions de la reconnaissance d'un côté et la force de ses effets juridiques de l'autre. La reconnaissance d'un enfant constitue un mode simple, rapide et sans coût qui crée un lien de filiation, au même titre qu'un jugement établissant la filiation, à l'issue d'une procédure devant le tribunal de grande instance, voire au-delà.

633. - **Plan.** La reconnaissance d'enfant sera étudiée au travers de l'étude de ses conditions (1°) puis de ses effets (2°).

1° Conditions de la reconnaissance d'enfant

a) Conditions de fond

634. - **Indifférence de la situation matrimoniale de l'auteur de la reconnaissance.** L'ordonnance n° 2005-759 du 4 juillet 2005 a élargi le champ matériel de la reconnaissance d'enfant. Jusque-là, en raison de la primauté de la famille légitime et de la présomption de paternité, seul l'enfant né hors mariage pouvait faire l'objet d'une reconnaissance de paternité ou de maternité. L'ordonnance n° 2005-759 du 4 juillet 2005 ne distingue plus entre les enfants en permettant la reconnaissance de l'enfant né dans le mariage. On peut y voir l'une des expressions les plus manifestes de la volonté de consacrer une égalité effective entre les filiations, voire de mettre en place tout simplement une seule filiation.

Prolongement théorique

Précisions sur l'élargissement du champ de la reconnaissance

635. - On peut raisonnablement penser que l'élargissement matériel du champ de la reconnaissance d'enfant s'avère en réalité davantage symbolique que véritablement opératoire. Il s'agit en quelque sorte d'une manifestation de l'égalité établie par le législateur. En pratique en effet, la reconnaissance ne concerne dans la majorité des cas que les pères non mariés. En matière de reconnaissance, c'est la paternité de l'homme non marié qu'il s'agit d'établir, pour deux raisons.

En premier lieu, le père marié verra en effet sa paternité établie par la combinaison de l'indication du nom de la mère dans l'acte de naissance de l'enfant – qui établit la maternité – et par la présomption de paternité. Comme la femme désignée comme mère dans l'acte de naissance est mariée, la paternité de son mari se présume. Finalement, la reconnaissance de paternité d'un homme marié n'intervient que dans les hypothèses, statistiquement marginales, où la présomption de paternité ne joue pas. Il s'agit tout d'abord des hypothèses énumérées par l'article 313 du Code civil(55), c'est-à-dire lorsque l'acte de naissance ne désigne

(55) Sur lesquelles, V. *supra*, n°s 611 et s.

pas le mari en qualité de père, en cas de divorce ou de séparation de corps lorsque l'enfant est né plus de trois cents jours après la date soit de l'homologation de la convention réglant l'ensemble des conséquences du divorce ou des mesures provisoires, soit de l'ordonnance de non-conciliation et moins de cent quatre-vingts jours depuis le rejet définitif de la demande ou la réconciliation. Il s'agit ensuite de la situation dans laquelle la femme mariée viendrait à accoucher sous X. Le lien entre indication du nom de la mère dans l'acte de naissance de l'enfant et présomption de paternité sera alors rompu, faute de désignation de la mère, obligeant son mari à reconnaître l'enfant pour se le voir rattaché.

En second lieu, la maternité n'est en pratique quasiment jamais établie par reconnaissance. Comme il a été indiqué précédemment, depuis la réforme opérée par l'ordonnance n° 2005-759 du 4 juillet 2005, toutes les femmes, quelle que soit leur situation matrimoniale, voient leur maternité établie par indication de leur nom dans l'acte de naissance de l'enfant. Ce faisant, la reconnaissance de maternité ne présente plus l'intérêt qui était naguère le sien pour établir la maternité. L'indication du nom de la mère dans l'acte de naissance, fût-elle mariée ou non, est suffisante.

636. - **Absence d'une filiation déjà établie.** En vertu de ce qu'il convient de nommer le principe chronologique, une reconnaissance d'enfant ne peut être faite qu'en l'absence d'une filiation déjà légalement établie. Autrement dit, le précédent établissement d'une filiation érige un obstacle devant la reconnaissance ultérieure. Au demeurant, le principe chronologique joue également au profit de la reconnaissance. Ainsi un homme qui souhaiterait établir sa paternité alors qu'un autre a déjà reconnu l'enfant devra notamment contester le lien créé par ladite reconnaissance. Un conflit de paternités[56] doit même pareillement être élevé désormais lorsqu'une reconnaissance anténatale viendrait à contredire une présomption de paternité qui, par définition, ne produit effet qu'après la naissance de l'enfant.

637. - **Caractère subsidiaire de la reconnaissance.** Liée au principe chronologique, la subsidiarité de la reconnaissance par rapport à l'acte de naissance apparaît clairement dans l'article 316 du Code civil. Ce n'est qu'à défaut d'une filiation établie par l'indication du nom de la mère dans l'acte de naissance ou par la présomption de paternité qu'elle peut l'être par la reconnaissance.

638. - **Reconnaissance de l'enfant à naître.** La reconnaissance de l'enfant simplement conçu, également qualifiée d'« anténatale », s'avère parfaitement possible, dans l'intérêt de l'enfant. Il s'agit d'une expression de l'adage *Infans conceptus pro nato habetur quoties de commodis ejus agitur*. Par exemple, le géniteur de l'enfant à naître qui se sait condamné à très brève échéance par une maladie incurable peut reconnaître l'enfant *in utero* afin d'en faire son héritier et de lui transmettre son nom.

639. - **Absence d'autorisation.** L'auteur de la reconnaissance n'a pas à obtenir d'autorisation de l'autre parent (la mère dans l'immense majorité des cas), ni *a fortiori* de l'enfant, pour procéder à la reconnaissance de ce dernier. En ce sens, la reconnaissance de paternité ou de maternité en droit français se caractérise par une certaine souplesse, que ne connaissent pas de nombreux droits étrangers.

(56) C. civ., art. 336-1.

640. - Reconnaissance par un mineur ou un majeur protégé. La reconnaissance d'un enfant fait partie des actes dont la nature implique un consentement strictement personnel qui ne peut jamais donner lieu à assistance ou représentation de la personne protégée(57). Cela signifie que le majeur sous tutelle ou sous curatelle peut procéder seul à une telle reconnaissance et ne doit pas être assisté du curateur, ni représenté par le tuteur. Encore faut-il que la personne présente un degré de lucidité suffisant(58), ce qui exclut logiquement le majeur plongé dans le coma(59) par exemple. La reconnaissance d'enfant est considérée comme un acte si intime que les mécanismes d'intervention d'un tiers pour protéger la personne vulnérable ne trouvent lieu à s'appliquer ici. L'article 458 du Code civil énumère ainsi expressément en son alinéa second la reconnaissance d'enfant dans cette catégorie juridique des actes dont la nature implique un consentement strictement personnel.

Code civil

Art. 458. – Sous réserve des dispositions particulières prévues par la loi, l'accomplissement des actes dont la nature implique un consentement strictement personnel ne peuvent jamais donner lieu à assistance ni représentation de la personne protégée.

Sont réputés strictement personnels la déclaration de naissance d'un enfant, sa reconnaissance, les actes de l'autorité parentale relatifs à la personne de l'enfant, la déclaration de choix ou du changement de nom d'un enfant et le consentement donné à sa propre adoption ou à celle de son enfant.

La même solution s'applique également pour les mineurs. Même sans être émancipé, le mineur peut procéder seul à la reconnaissance d'un enfant, sans l'intervention de son représentant légal.

Cette solution de droit français, qui qualifie la reconnaissance d'enfant d'acte dont la nature implique un consentement strictement personnel, ne se retrouve pas dans certaines législations étrangères. En droit suisse par exemple l'article 260 A, I, alinéa 2 du Code civil dispose que : « Le consentement du représentant légal est nécessaire si l'auteur de la reconnaissance est mineur ou s'il est sous curatelle de portée générale ou encore si l'autorité de protection de l'adulte en a décidé ainsi ».

641. - Reconnaissance de l'enfant incestueux. L'enfant incestueux, issu des œuvres de personnes entre lesquelles il existe un empêchement absolu à mariage, ne peut pas voir établi son double lien de filiation(60). Par conséquent, la reconnaissance de l'enfant incestueux par l'un de ses parents est ici soumise à l'absence de filiation déjà établie par l'autre parent. Ainsi si le père de l'enfant incestueux à naître procède à une reconnaissance *in utero*, celle-ci sera en principe valable, sauf dans l'hypothèse où la mère aurait déjà elle-même procédé à une reconnaissance de cet enfant. En revanche, si la mère accouche sans conserver son anonymat, sa désignation dans l'acte de naissance de l'enfant établit automatiquement sa maternité,

(57) Sur cette catégorie d'actes juridiques : C. Moracchini-Zeidenberg, *L'acte personnel de la personne vulnérable* : *RTD civ.* 2012, 21.

(58) La solution est classiquement admise depuis 1804 : Aubry et Rau, par Ponsard, t. 1, n° 518, t. 7, n° 307. – Planiol et Ripert, t. 2, par Rouast, n° 830. – Beudant et Lerebours-Pigeonnière, n°s 1833 à 1835.

(59) En sens inverse, avant la réforme opérée par la loi du 5 mars 2007, de manière isolée, critiquée à juste titre par la doctrine : Juge tutelles Quimperlé, ord., 16 oct. 1999 : *JCP* G 2000, II, 10252, note T. Garé ; *Defrénois* 2000, 668, obs. J. Massip.

(60) Sur ce point, V. *supra*, n° 577.

privant dès lors le géniteur de la possibilité de reconnaître l'enfant. Dans cette situation, une éventuelle reconnaissance, si elle venait à être faite, encourrait vraisemblablement une nullité absolue.

Cass. 1re civ., 6 janv. 2004, n° 01-01.600

Attendu que M. Y... soutient que le pourvoi formé par le procureur général près la cour d'appel de X... encourt la déchéance en application de l'article 980 du nouveau Code de procédure civile ; que le mémoire ampliatif lui a été signifié à personne le 17 mai 2001, alors qu'il avait déjà constitué avocat ;

Mais attendu qu'il n'est pas établi que le procureur général ait su que M. Y... avait constitué avocat le 28 mars 2001 ; que le pourvoi est recevable ;

Sur le moyen unique :

Vu l'article 334-10 du Code civil ;

Attendu qu'en vertu de ce texte, s'il existe entre les père et mère de l'enfant naturel un des empêchements à mariage pour cause de parenté, la filiation étant déjà établie à l'égard de l'un, il est interdit de l'établir à l'égard de l'autre ;

Attendu que Y... est née le 7 février 1990, ayant été préalablement reconnue par Mme Y... ; qu'elle l'a été ensuite par M. Y... ;

que les deux parents ayant la même filiation paternelle, la seconde reconnaissance a été annulée par un jugement du 12 septembre 1991 sur le fondement de l'article 334-10 du Code civil ; que le 23 juillet 1998, M. Y... a déposé une requête aux fins d'adoption simple de l'enfant ;

Attendu que pour accueillir cette demande, la cour d'appel a retenu que la loi n'interdisait pas l'adoption de son propre enfant et que l'adoption simple, ne manifestant pas une filiation biologique, ne pouvait être assimilée à la reconnaissance d'un enfant dont les père et mère connaissent un des empêchements à mariage prévu par les articles 161 et 162 du Code civil ;

Attendu qu'en statuant ainsi, alors que la requête en adoption présentée par M. Y... contrevient aux dispositions d'ordre public édictées par l'article 334-10 du Code civil interdisant l'établissement du double lien de filiation en cas d'inceste absolu, la cour d'appel a violé le texte susvisé ;

PAR CES MOTIFS :

CASSE ET ANNULE, dans toutes ses dispositions, l'arrêt rendu le 22 janvier 2001, entre les parties, par la cour d'appel de X... ;

b) Conditions de forme

642. – **Nécessité d'un acte authentique.** La nécessité de faire une reconnaissance d'enfant dans un acte authentique résulte expressément de l'article 316 du Code civil qui énumère non seulement une reconnaissance faite dans l'acte de naissance, mais aussi par un acte reçu par l'officier de l'état civil ou par tout autre acte authentique. Une telle exigence formelle s'explique aisément eu égard aux incidences de la reconnaissance d'enfant sur l'état civil des personnes. Il s'agit donc d'un acte juridique dont les conséquences, telles que le port du nom, la vocation successorale ou encore l'obligation alimentaire, intéressent en premier lieu l'ordre public. Ainsi, les reconnaissances d'enfant qui viendraient à être faites dans des actes sous seing privé seraient nulles d'une nullité absolue[61].

Au-delà pourtant de cette exigence formelle, des différences existent au regard de la publicité entre les trois types d'actes énumérés.

643. – **Reconnaissance faite dans l'acte de naissance.** La reconnaissance peut être faite lorsque l'officier de l'état civil dresse l'acte de naissance de l'enfant, c'est-à-

(61) Cf. par ex., pour une reconnaissance d'enfant faite dans un acte sous seing privé reproduit dans un arrêt qui en a vérifié la sincérité : Cass. 1re civ., 14 janv. 2003, n° 00-22.385 : *Defrénois* 2003, 619, obs. J. Massip : au visa de l'ancien article 335 du Code civil, la Cour de cassation juge qu'une « reconnaissance de paternité ne peut résulter d'un acte sous seing privé, même reproduit dans un arrêt qui en a vérifié la sincérité » ; pour une reconnaissance de paternité faite dans le cadre d'une lettre manuscrite écrite par le père prétendu et remise à son avocat : TGI Créteil, 21 févr. 2002 : *Dr. famille* 2002, comm. 97, note Murat ; *D.* 2002, 1710, note F. Granet.

dire dans les trois jours de la naissance. Dans cette hypothèse, l'officier de l'état civil porte mention de la reconnaissance en marge de l'acte de naissance. Cette modalité de reconnaissance ne concerne en pratique que le père qui viendrait à déclarer la naissance de l'enfant puisque l'indication du nom de la mère dans l'acte de naissance suffit à établir la maternité. Lorsque l'officier de l'état civil porte ainsi mention d'une reconnaissance, il doit en aviser l'autre parent, c'est-à-dire en pratique la mère, par lettre recommandée avec demande d'avis de réception[(62)]. Si ce parent ne peut être avisé, l'officier de l'état civil en informe le procureur de la République, qui fait procéder aux diligences utiles[(63)]. L'intérêt de cette modalité de reconnaissance réside dans sa relative publicité. Par la mention portée en marge de l'acte de naissance et par l'information délivrée à l'autre parent, la reconnaissance est révélée, ce qui établit la paternité d'une manière moins clandestine que la reconnaissance faite dans un testament authentique par exemple. Dans un ordre d'idées quelque peu différent, la reconnaissance faite dans l'acte de naissance présente l'avantage d'être dressée par l'officier d'état civil du lieu de naissance de l'enfant. Sont donc évincées les éventuelles difficultés de transmission que pourrait rencontrer un officier de l'état civil recevant une reconnaissance qu'il devrait adresser aux services de l'état civil du lieu de naissance de l'enfant, lorsque cet endroit n'est pas connu.

644. – **Reconnaissance faite dans un acte reçu par l'officier d'état civil.** L'officier d'état civil peut dresser une reconnaissance de paternité ou de maternité, même en dehors de la rédaction d'un acte de naissance, suite aux dires du parent comparant. Tel sera par exemple le cas lorsque le délai de trois jours pour déclarer la naissance de l'enfant aura expiré. Il en va de même quand l'acte de naissance a été dressé il y a longtemps et qu'un père souhaite reconnaître un enfant dont la filiation paternelle n'est pas déjà établie. Dans cette hypothèse d'une reconnaissance faite dans un acte reçu par l'officier d'état civil, ledit acte énonce les prénoms, nom, date de naissance ou, à défaut, âge, lieu de naissance et domicile de l'auteur de la reconnaissance[(64)]. Par ailleurs, l'acte indique les date et lieu de naissance, le sexe et les prénoms de l'enfant ou, à défaut, tous renseignements utiles sur la naissance, sous réserve des dispositions relatives à l'accouchement sous X[(65)]. L'acte de reconnaissance est inscrit à sa date sur les registres de l'état civil[(66)]. Seules les mentions relatives à l'identité du déclarant sont portées en marge de l'acte de naissance de l'enfant[(67)].

645. – **Fonction pédagogique de l'officier de l'état civil.** L'article 62 du Code civil ajoute dans son cinquième et dernier alinéa que lors de l'établissement de l'acte de reconnaissance, il est fait lecture à son auteur des dispositions des articles 371-1 et 371-2 du même code. Ces deux dispositions concernent la définition de l'autorité parentale et édictent les obligations pesant sur les parents. En procédant à cette lecture, l'officier de l'état civil remplit une fonction pédagogique, afin de rappeler aux

(62) C. civ., art. 57-1.
(63) C. civ., art. 57-1, al. 2.
(64) C. civ., art. 62, al. 1er.
(65) C. civ., art. 62, al. 2.
(66) C. civ., art. 62, al. 3.
(67) C. civ., art. 62, al. 4.

parents leurs obligations au titre de l'autorité parentale et de l'administration légale. Le même système se retrouve au demeurant en matière de formation du mariage, l'officier de l'état civil étant tenu à cette occasion de lire aux futurs époux un certain nombre d'articles du Code civil relatifs aux droits et obligations entre époux, mais aussi l'article 371-1 du même code[(68)].

2° Effets de la reconnaissance d'enfant

646. – **Acte juridique.** La reconnaissance d'enfant est un acte juridique unilatéral et, à ce titre, elle crée des effets de droit. Pour autant, alors que cet acte juridique se forme de manière relativement simple[(69)], il entraîne des effets juridiques très conséquents en rattachant l'enfant à un adulte. Ce faisant, la reconnaissance d'enfant modifie les structures familiales avec toutes les incidences juridiques qui en découlent.

a) Établissement rétroactif de la filiation

647. – **Lien de parenté.** La reconnaissance de paternité ou de maternité a pour principal effet d'établir un lien de filiation entre l'enfant qui en est l'objet et l'auteur de la reconnaissance. En ce sens, la reconnaissance s'impose comme un mode d'établissement de la filiation. L'enfant sera désormais juridiquement rattaché à l'auteur de la reconnaissance, désigné comme étant son parent. De nombreux effets juridiques en découlent comme la création d'empêchements à mariage et à PACS entre l'enfant et son parent, d'obligations alimentaires réciproques ou encore d'une vocation successorale. Si l'enfant reconnu est mineur, le parent auteur de la reconnaissance devient titulaire de l'autorité parentale et de l'administration légale afin de protéger la personne de l'enfant ainsi que son patrimoine. Par ailleurs, l'établissement de la filiation peut entraîner le port du nom du parent par l'enfant.

À la différence des autres incidences juridiques du lien de filiation nouvellement établi, comme la création d'empêchements à mariage par exemple, la transmission du nom à l'enfant ne découle pas automatiquement de la reconnaissance de filiation. Deux limites tempèrent en effet cette automaticité de la transmission du nom.

La première limite provient des dispositions de l'article 311-21 du Code civil relatives à la transmission du nom à l'enfant. Il résulte de ce texte que la reconnaissance par le père peut être dressée simultanément à l'établissement de la maternité de l'enfant. On songe en particulier ici à la situation, fort habituelle, dans laquelle le père reconnaît l'enfant lorsqu'il déclare la naissance de ce dernier. Plus anecdotique serait l'hypothèse d'une double reconnaissance de l'enfant faite par le père et par la mère en même temps, quoique dans deux actes distincts en raison du caractère divisible de la reconnaissance. Cette hypothèse paraît fort marginale puisqu'en principe la maternité sera établie par l'indication du nom de la mère dans l'acte de naissance et que, faute de lien de filiation établi, l'enfant fera vraisemblablement l'objet d'une admission en qualité de pupille de l'État.

Pour autant, en cas d'établissement simultané de la filiation, l'enfant prend le nom choisi par les parents ou, en cas de désaccord, le nom de son père.

En revanche, lorsque la filiation n'est pas établie simultanément, l'enfant prend le nom du parent à l'égard duquel sa filiation est établie en premier. Dans cette hypothèse, la reconnaissance de l'enfant n'entraîne la transmission automatique du nom de l'auteur de l'acte que si elle intervient en premier. On songe en particulier ici au cas de la reconnaissance anténatale. Rappelons que l'article 311-23 du

(68) C. civ., art. 75, al. 1er. Sur ce point, V. *supra*, n° 147.
(69) V. *supra*, n° 642.

Code civil permet toutefois aux parents d'un enfant âgé de moins de treize ans, en cas d'absence de simultanéité de l'établissement de la filiation, de faire la déclaration de choix d'un nom.

La seconde limite à une transmission automatique du nom suite à une reconnaissance provient de l'âge de l'enfant. Il résulte en effet de l'article 311-23, alinéa 4 du Code civil que si l'enfant a plus de treize ans, son consentement personnel au changement de nom s'avère nécessaire.

648. – **Caractère déclaratif.** Même si la reconnaissance de filiation peut être effectuée plusieurs années après la naissance de l'enfant, il n'en demeure pas moins qu'elle ne crée pas ce lien. En procédant à une reconnaissance de filiation, l'auteur de l'acte déclare le lien de filiation préexistant. Ainsi la reconnaissance d'enfant fait-elle partie des actes déclaratifs et non constitutifs. Il en résulte un **effet rétroactif de la reconnaissance**, dont les effets juridiques « remontent » au jour de la naissance de l'enfant reconnu, voire au jour de sa conception s'il en va de son intérêt.

La rétroactivité de la reconnaissance de paternité ou de maternité revêt des intérêts pratiques qui sont loin d'être négligeables. Par exemple, si une succession est réglée entre la naissance de l'enfant et sa reconnaissance, il conviendra de procéder à une nouvelle liquidation. En effet, l'enfant est réputé être héritier du défunt depuis sa naissance, voire sa conception, il convient de procéder à une nouvelle répartition de l'actif net.

Dans un ordre d'idées voisin, un changement de régime matrimonial des parents, opéré avant la reconnaissance de l'enfant pourrait être remis en cause, comme l'illustre la jurisprudence(70).

Prolongement pratique

Rétroactivité de la reconnaissance et incidences de sa contestation

649. – À l'instar de tout lien de filiation, la paternité ou maternité établie par reconnaissance peut être contestée en justice. Si l'action en contestation aboutit, le jugement se bornera à déclarer l'existence d'une situation juridique préalable, mais ne crée pas à proprement parler de situation nouvelle. Par conséquent, le jugement comporte un effet rétroactif. La filiation établie par la reconnaissance sera réputée ne pas avoir existé depuis la naissance de l'enfant et non depuis le jour où le jugement passe en force de chose jugée. L'auteur de la reconnaissance pourra donc obtenir le remboursement des sommes indûment versées à l'enfant, au titre d'une obligation parentale d'entretien à laquelle il n'était en réalité nullement tenu. Cette solution trouve cependant une importante limite en cas de reconnaissance dite de « complaisance », c'est-à-dire lorsque l'auteur de l'acte savait pertinemment ne pas être le parent – entendu ici comme étant le géniteur – de l'enfant. Dans cette hypothèse, on considère alors que le versement des frais d'entretien ne constituait pas l'exécution d'une obligation civile, mais d'une obligation naturelle. Comme en droit français, les obligations naturelles ne peuvent faire l'objet d'une répétition, l'auteur d'une reconnaissance de complaisance, animé par des considérations morales, ne pourra pas réclamer au véritable parent le remboursement des frais exposés en toute connaissance de cause.

b) Divisibilité de la reconnaissance

650. – **Caractère personnel.** La reconnaissance d'un enfant constitue un acte juridique unilatéral personnel et solennel, voire strictement personnel puisque

(70) Cass. 1re civ., 12 déc. 2000 : *Bull. civ.* 2000, I, n° 318 ; *D.* 2001, 3496, note T. Garé ; *JCP* G 2001, II, 10478, note J. Casey ; *Dr. famille* 2001, comm. 32, note B. Beignier ; *RTD civ.* 2001, 120, obs. J. Hauser ; *RTD civ.* 2001, 425, obs. B. Vareille.

même le mineur ou le majeur protégé peut l'effectuer sans assistance ni représentation[71]. Il résulte de ce caractère personnel que la reconnaissance n'établit la filiation qu'à l'égard de l'auteur de l'acte[72]. Ainsi la reconnaissance de paternité faite par le mari n'établit pas la maternité de son épouse à l'égard de l'enfant. Le lien de filiation créé par la reconnaissance est qualifié de divisible[73]. En pratique d'ailleurs, les officiers de l'état civil qui rédigent un acte de naissance comportant une reconnaissance de paternité prennent soin de préciser dans l'acte que l'auteur de l'acte a reçu cette information.

Une hypothèse d'école mérite quelque attention. Il s'agit de savoir si, dans le cas où l'acte de naissance de l'enfant ne mentionnerait aucun de ses parents, la reconnaissance par la mère mariée entraînerait également, par le biais de la présomption de paternité, l'établissement de la paternité[74]. La situation paraît pour le moins anecdotique dès lors que l'indication du nom de la mère dans l'acte de naissance établit automatiquement la maternité. Pour autant, si cette situation venait tout de même à se présenter, l'on pourrait *a priori* penser que la présomption de paternité ne saurait jouer puisque l'article 313 du Code civil dispose que « la présomption de paternité est écartée lorsque l'acte de naissance de l'enfant ne désigne pas le mari en qualité de père ». On peut cependant considérer, avec Mme Fenouillet et M. Terré, que dans cette situation un rétablissement de la présomption de paternité par la possession d'état serait concevable, selon les dispositions de l'article 314 du Code civil. Au-delà du caractère anecdotique, voire inédit, d'une telle situation, elle s'avère tout de même révélatrice des incertitudes qui entourent l'actuelle architecture des modes d'établissement de la filiation et, en particulier, de la signification de la présomption de paternité. Cette dernière paraît véritablement tributaire de l'indication du nom de la mère mariée dans l'acte de naissance de l'enfant.

c) Irrévocabilité de la reconnaissance

651. – **Gravité de l'aveu.** L'irrévocabilité de la reconnaissance démontre que cet acte constitue un aveu, lequel ne peut pas faire l'objet d'une rétractation. La reconnaissance de paternité ou de maternité constitue assurément un acte juridique dont les incidences sont très graves. En rattachant un enfant à un adulte, cet acte juridique modifie en effet les structures familiales, avec d'importantes conséquences juridiques. L'état civil et, par voie de conséquence, l'ordre public, sont ici en cause. C'est la raison pour laquelle il convient de ne pas admettre des reconnaissances de filiation faites par fantaisie, rancune ou autre malveillance. Pour autant, comme le droit français, à la différence de droits étrangers, ne soumet la reconnaissance à aucune autorisation ou consentement préalable, la sécurité juridique commande d'éviter une remise en cause trop aisée de la filiation établie par une reconnaissance. Ainsi la reconnaissance de paternité ou de maternité revêt un caractère irrévocable. La dénégation de l'aveu initial sera privée d'effet, même si elle est formulée avec l'accord de la mère[75].

652. – **Nécessité d'une action en contestation.** Comme la reconnaissance de paternité ou de maternité est irrévocable, la filiation établie par cet acte ne peut

(71) V. *supra*, n° 640.
(72) C. civ., art. 316, al. 2.
(73) Cf. C. civ., art. 316, al. 4 : « L'acte [de reconnaissance] comporte les énonciations prévues à l'article 62 et la mention que l'auteur de la reconnaissance a été informé du caractère divisible du lien de filiation ainsi établi ».
(74) Question posée par Mme Fenouillet et M. Terré, in *Droit de la famille*, *op. cit.*, n° 495.
(75) Cass. 1re civ., 4 juill. 1995 : *D.* 1996, somm. p. 153, obs. F. Granet.

être remise en cause que dans le cadre d'une action classique en contestation de paternité ou de maternité.

653. – L'éventuelle nullité de la reconnaissance. À cela il convient d'ajouter l'hypothèse, très rare en pratique, d'une reconnaissance qui serait entachée d'une nullité soumise au droit commun des actes juridiques. Ainsi la reconnaissance faite sous seing privé encourt une nullité absolue. La même sanction pourra être prononcée en cas de violation d'une règle de fond essentielle comme, par exemple, la reconnaissance d'un enfant incestueux dont la filiation aurait déjà été établie à l'égard de l'autre parent ou encore lorsque l'enfant qui viendrait à être reconnu bénéficiait préalablement d'une filiation. Dans un ordre d'idées quelque peu différent, la reconnaissance qui porterait atteinte à l'ordre public serait entachée elle aussi d'une nullité absolue. Sur le fondement de l'article 423 du Code de procédure civile, le ministère public peut vraisemblablement solliciter la nullité absolue de la reconnaissance de maternité faite par la mère d'intention d'un enfant né d'une mère porteuse à l'étranger(76). Enfin, en cas de vice du consentement, comme la violence ou le dol, la reconnaissance encourt une nullité relative.

La nullité de la reconnaissance est dotée d'un effet rétroactif. À ce titre, le jugement doit faire l'objet d'une mention sur les registres de l'état civil en marge de l'acte de naissance et en marge de la reconnaissance. Plusieurs commentateurs considèrent par ailleurs que l'auteur d'une reconnaissance annulée devrait pouvoir solliciter une répétition des frais d'entretien et d'éducation qu'il a exposés pour l'enfant(77). La solution vaut assurément pour celui qui procède de bonne foi à la reconnaissance. Elle paraît en revanche bien plus discutable pour celui (ou celle) qui effectuerait sciemment un tel acte sachant qu'il encourt la nullité. Tel pourrait être le cas de la mère d'intention procédant à la reconnaissance d'un enfant né d'une mère porteuse à l'étranger.

Prolongement pratique

Nullité de la reconnaissance d'un enfant né de mère porteuse

654. – En matière de gestation pour autrui faite à l'étranger, si le compagnon d'une mère d'intention vient à établir sa paternité, conformément à la jurisprudence nouvelle de la Cour de cassation(78), la reconnaissance faite par sa compagne paraît assurément contraire à l'ordre public en l'état actuel des solutions françaises. Une éventuelle demande de remboursement des frais exposés par la compagne se heurterait probablement à de sérieuses difficultés. Tout d'abord, auprès de qui la mère d'intention devrait-elle solliciter un tel remboursement ? Son compagnon (le père d'intention) ? La mère porteuse ? Si le couple est marié ou pacsé, la solidarité des dettes du ménage complique encore davantage la situation, puisqu'en payant la mère d'intention n'a fait que contribuer à la dette pesant sur son mari. Pour la concubine, la qualification d'obligation naturelle devrait être retenue. La mère d'intention, en exposant des frais d'entretien et d'éducation pour l'enfant né d'une mère porteuse, objet de la reconnaissance annulée, a sans doute exécuté un devoir de conscience, excluant ainsi une répétition.

(76) Sur ce point, V. *infra*, n°s 863 et s.
(77) Cf. A. Gouttenoire et P. Courbe, *op. cit.*, n° 1023.
(78) Cass. ass. plén., 3 juill. 2015, n°s 15-50.002 et 14-21.323 : *D.* 2015, 1819, note H. Fulchiron et C. Bidaud-Garon ; *D.* 2015, 1173, obs. D. Sindres ; *D.* 2015, 1919, obs. Ph. Bonfils et A. Gouttenoire ; *AJF* 2015, 496, obs. F. Chénedé ; *AJF* 2015, 364, obs. Dionisi-Peyrusse ; *RTD civ.* 2015, 581, obs. J. Hauser. – Et sur l'évolution de la jurisprudence dans son ensemble, V. *infra*, n°s 867 et s.

Prolongement pratique

Révocation d'un testament contenant une reconnaissance de paternité

655. – Si la reconnaissance se distingue par son caractère irrévocable, une difficulté demeure lorsqu'elle figure dans un testament authentique. En effet, un testament, quelle que soit sa forme (olographe, authentique, mystique, international) peut toujours être révoqué par son auteur. Ainsi la reconnaissance de paternité faite dans un testament authentique, par la suite révoqué par le testateur, se trouve-t-elle anéantie du fait de cette révocation ?

La question divise la doctrine. Certains auteurs estiment en effet que la reconnaissance suit le sort du testament révoqué qui la contient(79), l'acte n'étant parfait que par le décès du testateur. D'autres en revanche considèrent que la reconnaissance constitue en quelque sorte un second acte, effectué à l'occasion de la rédaction du testament et dans le corps de celui-ci(80). Partant, l'éventuelle révocation du testament n'atteindrait point la reconnaissance qu'il contient. Une telle solution est par ailleurs commandée par la nature d'aveu de la reconnaissance. En droit de la preuve, l'aveu sincère et exact d'un fait ne peut valablement être révoqué. Par voie de conséquence, l'efficacité juridique de la reconnaissance perdurerait malgré la révocation du testament qui la contient. Il convient dès lors d'admettre l'autonomie de l'aveu effectué devant le notaire qui, faut-il le rappeler, est avant tout un officier public et ministériel. En ce sens, l'aveu fait devant notaire ne saurait être révocable, à l'instar de la reconnaissance faite devant un juge ou un officier d'état civil qui, lui aussi, endosse la qualité d'officier public. Il ne paraît pas non plus incongru d'admettre que la reconnaissance bénéficie d'une autonomie au sein d'un autre acte juridique. Après tout, de très nombreuses reconnaissances sont faites à l'occasion de la rédaction de l'acte de naissance de l'enfant, le père comparaissant devant l'officier de l'état civil. Matériellement l'acte de naissance et la reconnaissance figurent dans le même acte mais, juridiquement, il s'agit bien de deux actes distincts. Alors que le premier atteste de la naissance d'un enfant à un endroit donné et à un moment précis, le second procède à l'aveu de la paternité de cet enfant.

Retenir cette solution de la survie de la reconnaissance à la révocation du testament qui la contient appelle tout de même deux précisions pratiques :

– d'une part, et de manière générale : admettre cette solution signifie que l'enfant pourrait se prévaloir d'une reconnaissance contenue dans un testament authentique, en raison de l'existence propre de cet acte. Encore faut-il bien évidemment que l'enfant ait connaissance de cet acte qui, en principe, ne lui est révélé qu'à l'ouverture de la succession. Tout semble alors reposer sur le comportement du testateur et sur sa volonté de dévoiler l'existence de la reconnaissance faite par testament, et l'on mesure à quel point il serait utile dans cette hypothèse de préférer une reconnaissance faite devant l'officier de l'état civil, pour d'évidentes raisons de publicité ;

– d'autre part, et pour l'hypothèse plus spécifique de révocation du testament : le notaire chargé de l'ouverture de la succession devra prendre soin lors de la consultation du fichier central de déclaration des dernières volontés (FCDDV) de bien relever l'ensemble des testaments successivement inscrits, afin de vérifier la survivance éventuelle d'une reconnaissance initialement faite dans un testament authentique depuis maintes fois modifié et révoqué, donnant lieu à autant d'inscriptions sur le fichier. La même précaution pourrait également être faite à l'échelon régional dans le cadre d'une consultation des dispositions testamentaires éventuellement faites dans d'autres États membres de l'Union européenne, en utilisant le réseau de l'Association du réseau européen des registres testamentaires (ARERT).

(79) H. L. et J. Mazeaud, *Leçons de droit* civil, t. 1, vol. 3, *La famille*, par L. Leveneur, Montchrestien, 1995, n° 932.

(80) J. Hauser et D. Huet-Weiller, *Traité de droit* civil, ss dir. J. Ghestin, *Fondation et vie de famille*, LGDJ, 1993, n° 746. – P. Courbe et A. Gouttenoire, *op. cit.*, n° 1018.

d) Opposabilité de la reconnaissance

656. – **Principe de l'opposabilité *erga omnes*.** L'opportunité de procéder à une reconnaissance de filiation réside assurément dans le haut degré d'efficacité de l'acte, puisque le lien de filiation qu'elle établit est opposable *erga omnes* : non seulement et de manière logique à l'enfant et à l'auteur de la reconnaissance mais aussi, plus largement, à tous (héritiers, tiers...). La sécurité juridique commande une telle solution et c'est d'ailleurs l'une des raisons pour lesquelles la reconnaissance ne peut s'effectuer que dans un acte authentique(81).

657. – **Conséquences de l'opposabilité *erga omnes*.** Plusieurs conséquences pratiques résultent de cette opposabilité absolue du lien de filiation établi par la reconnaissance.

Tout d'abord, on ne saurait réclamer à l'enfant d'autre preuve de son lien de filiation. Conséquence directe de l'opposabilité *erga omnes* du lien établi par la reconnaissance, l'enfant prouvera sa filiation par la seule production soit d'un extrait d'acte de naissance lorsque la reconnaissance a été faite à l'occasion de la déclaration de naissance, soit d'une copie intégrale de son acte de naissance, laquelle comportera en marge la reconnaissance faite indépendamment de la déclaration de naissance.

Ensuite, conformément à l'article 320 du Code civil, celui qui entend faire établir un autre lien de filiation doit, à titre préalable, contester la reconnaissance. Concrètement, c'est une action en contestation de filiation qui devra être introduite, dans les délais qui lui sont propres(82), et en respectant les conditions spécifiques de cette action.

Enfin, comme la reconnaissance est opposable *erga omnes* et qu'en droit français l'autre parent n'a pas à autoriser un tel acte, il convient de favoriser la sécurité juridique et d'éviter des aveux de paternité fantaisistes ou malveillants. C'est la raison pour laquelle l'article 57-1 du Code civil facilite l'information du parent dont la filiation est déjà établie, pour lui permettre de rapidement introduire une action en contestation de filiation si nécessaire. Rappelons en effet que l'écoulement du temps rend inattaquable la filiation établie par ce titre(83) pourtant douteux.

Code civil

Art. 57-1. – Lorsque l'officier de l'état civil du lieu de naissance d'un enfant porte mention de la reconnaissance dudit enfant en marge de l'acte de naissance de celui-ci, il en avise l'autre parent par lettre recommandée avec demande d'avis de réception.

Si ce parent ne peut être avisé, l'officier de l'état civil en informe le procureur de la République, qui fait procéder aux diligences utiles.

(81) Par définition en effet, l'acte authentique bénéficie d'une opposabilité absolue (*erga omnes*), car il est reçu ou dressé par un officier public et fait foi par lui-même jusqu'à inscription de faux.
(82) Sur ces délais, V. *infra*, nos 748 et s.
(83) Sur ce point, V. *infra*, nos 750 et 764.

II. – L'établissement de la filiation par la possession d'état

Bibliographie

- *Avant l'ordonnance du 4 juillet 2005 :*
- D. Huet-Weiller, *L'établissement de la filiation naturelle par la possession d'état (Commentaire de la loi du 25 juin 1982 modifiant l'article 334-8 du Code civil) : D.* 1982, chron. p. 185
- M.-Th. Meulders-Klein, *Réflexions sur les destinées de la possession d'état d'enfant*, in *Mél. D. Huet-Weiller*, Strasbourg et Paris, PU Strasbourg et LGDJ, 1994, p. 319.
- J. Vidal, *Observations sur le rôle et la notion de possession d'état dans le droit de la filiation*, in *Mél. P. Hébraud*, éd. Université des sciences sociales de Toulouse, Toulouse, 1981, p. 887.
- *Après l'ordonnance du 4 juillet 2005 :*
- F. Millet, *La vérité affective ou le nouveau dogme de la filiation : JCP* G 2006, I, 112.
- S. Mirabail, *Les différents rôles de la possession d'état en matière de filiation : Dr. famille* mars 2014, étude 2.
- P. Murat, *L'action de l'ordonnance du 4 juillet 2005 sur la possession d'état : Dr. famille* 2006, étude 5.
- G. Vial, *La preuve en droit extrapatrimonial de la famille*, Paris, Dalloz, 2008.

A. – Données de base sur la possession d'état

658. – Signification de la possession d'état. De manière générale, la possession d'état peut se définir comme « le fait, pour un individu, de se comporter comme ayant un état et d'être considéré comme l'ayant, même si en droit il ne l'a pas, auquel la loi attache des effets variables »[(84)]. En droit de la filiation, la possession d'état désigne donc le comportement d'un adulte qui agit comme s'il était le parent de l'enfant, en l'éduquant, en pourvoyant à son entretien, adoptant ainsi l'attitude exigée d'un parent envers son enfant. La possession d'état désigne des relations quotidiennes entre un adulte et un enfant. Il s'agit ainsi d'une filiation vécue, également qualifiée de filiation affective. Le Code civil aide à la compréhension de la notion en définissant la possession d'état au sein des dispositions générales relatives à la filiation comme la réunion suffisante de faits qui révèlent un lien de filiation et de parenté entre une personne et la famille à laquelle elle est dite appartenir.

Code civil

Art. 331-1. – La possession d'état s'établit par la réunion suffisante de faits qui révèlent un lien de filiation et de parenté entre une personne et la famille à laquelle elle est dite appartenir.

Les principaux faits sont :

1° Que cette personne a été traitée par celui ou ceux dont on la dit issue comme leur enfant et qu'elle-même les a traités comme son ou ses parents ;

2° Que ceux-ci ont, en cette qualité, pourvu à son éducation, à son entretien ou à son installation ;

3° Que cette personne est reconnue comme leur enfant, dans la société et par la famille ;

4° Qu'elle est considérée comme telle par l'autorité publique ;

5° Qu'elle porte le nom de celui ou ceux ont on la dit issue.

(84) Cornu (ss dir.), *Vocabulaire juridique*, Assoc. Capitant, V° *Possession d'état*.

659. - *Nomen, tractatus, fama.* Les éléments énumérés à l'article 331-1 du Code civil, dans sa rédaction issue de la l'ordonnance n° 2005-759 du 4 juillet 2005, renvoient au célèbre triptyque *nomen, tractatus, fama* qui compose la possession d'état. Il est d'usage en ce domaine de considérer traditionnellement que la possession d'état suppose la réunion de ces trois éléments constitutifs.

Tout d'abord, le *nomen* formait habituellement l'élément constitutif de la possession d'état le plus marquant(85). Pour autant, l'ordonnance n° 2005-759 du 4 juillet 2005 l'a relégué au dernier rang des éléments significatifs, tenant ainsi compte des évolutions opérées dans le choix du nom de l'enfant par la loi n° 2002-305 du 4 mars 2002(86). Malgré ce changement d'importance, il demeure que si l'enfant porte le nom de celui dont on le dit issu, cela constitue un indice très fort d'une filiation vraisemblable. Symboliquement et psychologiquement, le port du nom conserve une importance considérable, entretenant nombre de contentieux. Ceci s'explique par le rôle du nom dans l'unité de la famille. L'on parle bien désormais du « nom de famille » qui a chassé le nom « patronymique », qualificatif jugé trop sexiste. Au-delà de l'essor d'une légistique du politiquement correct, l'expression « nom de famille » présente le grand avantage de mettre l'accent sur le fait que le nom constitue un signe de l'unité d'un groupe, voire de solidarité(87). Le bon sens populaire considérera que font partie de la même famille ceux qui portent le même nom. Il ne faut cependant pas se méprendre sur ce point, car le port du nom ne constitue en réalité qu'une conséquence de l'existence de liens familiaux qui préexistent et ne s'impose pas en lui-même comme un élément constitutif. Ainsi, le nom révèle l'existence du lien familial mais ne constitue pas lui-même un lien.

Ensuite, le *tractatus* renvoie au traitement réciproque de l'enfant et du parent. Il s'agit de tenir compte ici de la manière dont ils se sont comportés l'un envers l'autre. L'article 331-1 du Code civil, dans sa rédaction issue de l'ordonnance n° 2005-759 du 4 juillet 2005, érige d'ailleurs le *tractatus* au premier rang des éléments de la possession d'état, en énumérant parmi eux le fait que « cette personne a été traitée par celui ou ceux dont on la dit issue comme leur enfant et qu'elle-même les a traités comme son ou ses parents » et que « ceux-ci ont, en cette qualité, pourvu à son éducation, à son entretien ou à son installation ».

Enfin, la *fama* désigne la renommée, la réputation. Le fait que l'adulte et l'enfant soient considérés comme unis par un lien de filiation dans la société, par la famille et par l'autorité publique constitue un élément de la possession d'état. Seront notamment déterminants ici les différents documents administratifs(88).

660. - Fondements de la possession d'état. La possession d'état constitue une présomption légale qui permet de déduire de faits connus, à savoir le comportement d'un adulte, un fait inconnu qui est la filiation de l'enfant. Il paraît vraisemblable en effet que celui qui se comporte au quotidien comme le père de l'enfant, en pourvoyant à son éducation et à son entretien par exemple, soit effectivement

(85) V. F. Terré et D. Fenouillet, *op. cit.*, n° 508.
(86) En ce sens : F. Terré et D. Fenouillet, *op. cit.*, n° 508.
(87) V. A. Bénabent, *La famille, op. cit.*, n°s 1201 et s.
(88) En ce sens : F. Terré et D. Fenouillet, *op. cit.*, n° 508.

son parent. Là où Demolombe y voyait « la meilleure des preuves »[89], Cornu désignait quant à lui la possession d'état comme étant « presque toujours [un] reflet de la réalité, miroir plutôt que paravent, faveur naturelle plutôt qu'artifice en trompe-l'œil »[90]. En matière de possession d'état, il est souvent question d'une réalité que l'on qualifie de « sociologique » ou encore d'« affective ». En effet, la possession d'état désigne une filiation vécue au quotidien. En principe, la réalité sociologique, c'est-à-dire la possession d'état, concorde avec la vérité biologique. Celui qui exerce les prérogatives de l'état de parent se trouve bien être le géniteur de l'enfant. Il n'en va cependant pas toujours ainsi et celui qui se comporte au quotidien comme le père de l'enfant n'est pas nécessairement son géniteur. Face à cette discordance entre vérité affective et vérité biologique, le droit effectue donc un choix. Comme il sera dit plus loin, l'écoulement du temps va progressivement laisser place à la vérité affective.

661. - **Qualités de la possession d'état.** Parce que la possession d'état constitue une présomption jouant un rôle central dans la constitution du lien de filiation, elle doit présenter certaines qualités, désormais énumérées par l'article 311-2 du Code civil. Ce texte dispose que la possession d'état doit être continue, paisible, publique et non équivoque. La continuité désigne le caractère habituel des faits requis. En ce domaine, le pouvoir d'appréciation des juges du fond reste important. Le triptyque « paisible, publique et non équivoque », lui aussi soumis à l'appréciation des magistrats, désigne une possession d'état que l'on peut qualifier de sereine. Rappelons que la possession d'état est censée révéler une filiation, supposant ainsi qu'elle ne soit pas viciée, car ceci jette le doute sur sa véracité.

662. - **Significations de la possession d'état.** En droit positif, la possession d'état remplit deux fonctions différentes. Premièrement, lorsqu'elle intervient à titre autonome, la possession d'état permet d'établir le lien de filiation. Déjà présent depuis la loi n° 72-3 du 3 janvier 1972, ce rôle de la possession d'état dans l'établissement du lien de filiation sort renforcé de l'ordonnance n° 2005-759 du 4 juillet 2005 qui pose notamment des conditions formelles relatives à sa constatation dans un acte de notoriété. Deuxièmement, la possession d'état peut intervenir pour consolider une filiation déjà établie par un titre, tel qu'une reconnaissance de paternité par exemple. Dans cette perspective, le lien existe déjà et il n'est donc plus question de l'établir. Lorsque la possession d'état concorde avec le titre, ce qui signifie que l'homme désigné comme parent par la reconnaissance se comporte au quotidien comme le père de l'enfant, on peut raisonnablement en déduire qu'il est bien le père de l'enfant. Il convient dès lors de placer cette paternité, manifestement véridique, à l'abri d'une éventuelle contestation. Pour cette raison, une possession d'état d'une durée de cinq ans conforte le titre en rendant le lien de filiation inattaquable. On dit alors communément que la possession d'état « verrouille » le lien de filiation. Cette seconde signification de la possession d'état, comme élément confortant un titre, sera donc étudiée avec l'action en contestation de filiation[91].

(89) G. Demolombe, *Traité*, n° 477.
(90) C. Cornu, *La famille*, *op. cit.*, n° 207.
(91) V. *infra*, nos 764 et 765.

B. – La possession d'état à titre autonome

663. – **Une fonction d'établissement du lien de filiation.** Le qualificatif « autonome » signifie ici que la possession d'état n'intervient pas pour conforter un titre qui a déjà permis d'établir un lien de filiation. Ici, la possession d'état autonome constitue alors en elle-même un mode d'établissement autonome et extrajudiciaire de la filiation. Si cette fonction existe depuis les lois du 3 janvier 1972 et 25 juin 1982, son champ et ses conditions de mise en œuvre ont été singulièrement modifiés l'ordonnance n° 2005-759 du 4 juillet 2005.

Prolongement pratique

Précisions relatives au rôle de la possession d'état dans l'établissement du lien de filiation

664. – Par conséquent, la possession d'état s'inscrit dans une logique inverse de celle qui gouverne habituellement le droit de la famille. En cette matière en effet, la constitution d'un lien de famille entraîne en principe des relations juridiques particulières entre les membres du groupe familial ainsi constitué. Par exemple, la reconnaissance de paternité établit un lien de filiation et, plus largement, de parenté entre l'enfant, l'auteur de la reconnaissance et la famille de ce dernier. Il en résulte des relations juridiques spécifiques telles que l'attribution de l'autorité parentale et de l'administration légale, la vocation successorale, les obligations alimentaires ou encore les empêchements à mariage. Toutes les règles qui organisent les relations juridiques entre membres de la famille prescrivent donc un comportement spécifique, différent de celui auxquels doivent se conformer des tiers, juridiquement étrangers l'un à l'autre.

En matière de possession d'état, la logique est inverse. Un lien de filiation découle du comportement de personnes entre lesquelles il n'existe pas de lien familial. La logique qui anime la possession d'état s'avère donc fondamentalement rétrospective alors qu'en principe le droit de la famille repose sur une logique de l'établissement, tournée vers l'avenir.

D'importantes conséquences pratiques en résultent, notamment sur le terrain probatoire. Réunion de faits exprimant un certain comportement, la possession d'état se prouve par tous moyens, et sont régulièrement produites des factures payées par le parent relatives à la cantine scolaire par exemple, des attestations rédigées par des voisins ou un responsable de club de sport fréquenté par l'enfant, ainsi que des photographies montrant la présence et la joie du parent à Noël pour l'ouverture des cadeaux ou lors des anniversaires de l'enfant.

665. – **L'établissement de la filiation par possession d'état avant l'ordonnance du 4 juillet 2005.** Initialement, la possession d'état ne fut admise comme mode de preuve du lien de filiation qu'à titre complémentaire, pour pallier l'absence de titre. S'il semble que ce mode de preuve ait déjà été admis avant la loi n° 72-3 du 3 janvier 1972(92), c'est bien à ce dernier texte que l'on doit d'avoir érigé la possession d'état en mode de preuve de la filiation. Pour autant, cette réforme n'a pas fait disparaître toutes les difficultés. Dans le système issu de la loi n° 72-3 du 3 janvier 1972 en effet, si la possession d'état figurait bien parmi les dispositions communes

(92) V. G. Cornu, *La famille*, *op. cit.*, n° 207.

aux filiations légitime et naturelle, il faut reconnaître qu'elle n'apparaissait ensuite que parmi les textes organisant l'établissement de la filiation naturelle. Il fallut donc attendre une loi n° 82-536 du 25 juin 1982[93] pour que les doutes s'estompassent. Il résulta de cette réforme une nouvelle rédaction de l'ancien article 334-8 du Code civil énumérant expressément la possession d'état parmi les modes d'établissement de la filiation naturelle[94]. À la même époque, l'assemblée plénière de la Cour de cassation jugea également que l'article 334-8 du Code civil dans sa rédaction antérieure à la réforme du 25 juin 1982 ne faisait pas obstacle à la constatation, en vertu de l'article 311-3 du même code (c'est-à-dire en vertu des dispositions générales) de la possession d'état d'enfant naturel[95]. Si la possession d'état constituait donc un mode de preuve des filiations légitimes et naturelles avant l'ordonnance n° 2005-759 du 4 juillet 2005, il convient de préciser qu'elle jouait un véritable rôle de présomption sans autre formalité. Comme le notait Cornu « celui qui a la possession d'état n'a pas à agir en justice pour réclamer un état qu'il possède »[96]. La présomption légale le plaçait donc dans une position de défendeur et il appartenait au demandeur contestant cette filiation de remettre en cause la possession d'état. L'ordonnance n° 2005-759 du 4 juillet 2005 va précisément intervenir pour imposer une officialisation de la possession d'état et ainsi l'ériger en véritable mode d'établissement de la filiation.

666. – **L'établissement de la filiation par possession d'état après l'ordonnance du 4 juillet 2005.** L'ordonnance n° 2005-759 du 4 juillet 2005 a accordé à la possession d'état une place paradoxale au sein des modes d'établissement de la filiation. Compte tenu de l'essor important du champ de la reconnaissance[97], la possession d'état paraît dotée d'une place secondaire face à l'expression de la volonté de se voir rattaché l'enfant manifestée dans la reconnaissance de paternité ou de maternité. Cela étant, la possession d'état semble dans le même temps renforcée par le formalisme nouveau qui l'entoure, l'érigeant en véritable mode d'établissement de la filiation autonome, au-delà de son simple rôle de présomption plaçant son titulaire dans la position procédurale du défendeur. Désormais, le parent qui entend établir sa paternité – voire très rarement sa maternité – par possession d'état, devra nécessairement la faire constater dans un acte de notoriété.

667. – **Constatation officielle de la possession d'état.** La possession d'état ne constitue désormais une preuve de la filiation que si elle est constatée dans un acte de notoriété[98]. Autrement dit, il ne suffit plus que l'enfant porte le nom de l'adulte auquel on le dit rattaché, que ces deux personnes se traitent réciproquement comme parent et enfant, ou encore d'être considérées comme telles par l'au-

(93) L. n° 82-536, 25 juin 1982, modifiant l'article 334-8 du Code civil relatif à l'établissement de la filiation naturelle.
(94) C. civ., ancien art. 334-8 (réd. L. n° 82-536, 25 juin 1982) : « La filiation naturelle est légalement établie par reconnaissance volontaire.
La filiation naturelle peut aussi se trouver légalement établie par la possession d'état ou par l'effet d'un jugement ».
(95) Cass. ass. plén., 9 juill. 1982 : *JCP* 1983, II, 19993, concl. Cabannes ; *Gaz. Pal.* 1982, II, 513, note J. Massip ; *RTD civ.* 1982, 584, obs. R. Nerson et J. Rubellin-Devichi.
(96) G. Cornu, *La famille*, *op. cit.*, n° 207.
(97) Sur cet essor, V. *supra*, n° 634 et le prolongement théorique sous ce numéro.
(98) C. civ., art. 310-1 et 310-3.

torité publique et la famille. Encore faut-il, pour que le lien de filiation s'établisse grâce à la possession d'état, que cette dernière soit officiellement constatée. Deux modalités de constatations sont concevables. Non seulement la possession d'état peut être constatée à l'occasion d'une véritable action en justice, dite action en possession d'état. Elle peut aussi être constatée de manière plus souple dans le cadre d'un acte de notoriété délivré par le juge d'instance(99).

1° Délivrance d'un acte de notoriété constatant la possession d'état

668. – **Juridiction compétente.** Si l'acte de notoriété est ici délivré par le juge d'instance(100), il ne s'agit pas pour autant d'une véritable action en justice à l'occasion de laquelle ce magistrat exerce la fonction de juger. Il convient davantage d'y voir, selon les classifications processualistes, un acte judiciaire non juridictionnel(101). En effet, l'article 317 du Code civil dispose en son alinéa 1er que chacun des parents ou l'enfant peut demander au juge du tribunal d'instance du lieu de naissance de l'enfant ou de leur domicile que lui soit délivré un acte de notoriété qui fera foi de la possession d'état jusqu'à preuve contraire. L'acte de notoriété est établi sur la foi des déclarations d'au moins trois témoins et, si le juge l'estime nécessaire, de tout autre document produit qui atteste une réunion suffisante de faits au sens de l'article 311-1 du Code civil.

669. – **Rôle du ministère public.** Une importante question d'ordre procédural se pose s'agissant de la délivrance d'un acte de notoriété par le tribunal d'instance. Il s'agit de savoir si le ministère public doit ou non avoir communication du dossier. En principe en effet, l'article 425 du Code de procédure civile impose que le ministère public ait communication des affaires relatives à la filiation. La solution est commandée par des exigences tirées de l'ordre public puisque l'état des personnes se trouve au cœur de l'action. Partant, la communication du dossier au ministère public permet à ce dernier d'agir comme partie jointe dans une action relative à la filiation. On pouvait donc raisonnablement penser qu'une telle communication du dossier s'imposait également en matière de délivrance d'un acte de notoriété constatant une possession d'état. La création d'un lien de filiation résulte en effet de cet acte qui, par voie de conséquence, concerne assurément l'état des personnes. La jurisprudence retient pourtant la solution inverse, non sans une certaine cohérence procédurale il est vrai. Dans un arrêt certes rendu au visa des anciennes dispositions, la Cour de cassation décide que les dispositions de l'article 425 du Code de procédure civile n'ont pas lieu de s'appliquer aux demandes d'acte de notoriété adressées au juge des tutelles(102). On peut raisonnablement estimer que la solution demeure valable et s'applique donc aux demandes adressées au tribunal d'instance. Ainsi, dans le cadre d'une demande adressée au juge d'instance en vue

(99) Les modalités de contestation du lien de filiation établi par une possession d'état à titre autonome sont étudiées au titre de la contestation du lien de filiation. V. en particulier *infra*, nos 772 et s.

(100) C. civ., art. 317.

(101) Le juge d'instance se trouve donc ici dans une situation somme toute assez proche de celle du notaire qui délivre un acte de notoriété après le décès, sur les déclarations des prétendus héritiers du défunt.

(102) Cass. 1re civ., 4 juill. 2007, n° 05-20.204 : *Bull. civ.* 2007, I, n° 256 ; *Dr. famille* 2007, comm. 169, obs. P. Murat ; *RTD civ.* 2007, 751, obs. J. Hauser ; *Defrénois* 2007, 1639, obs. J. Massip.

d'obtenir la délivrance d'un acte de notoriété, le ministère public n'aura pas transmission du dossier et ne bénéficie donc pas de la possibilité de se constituer partie jointe. La solution s'explique par le fait qu'en délivrant l'acte de notoriété, le juge d'instance n'exerce pas la fonction de juger. Il agit davantage ici comme un administrateur. C'est la raison pour laquelle l'article 1157-2 du Code de procédure civile place le ministère public dans un rôle « d'exécutant qui veille aux suites de l'acte et à la bonne tenue de l'état civil »[103] en disposant que le juge qui délivre l'acte de notoriété constatant la possession d'état d'enfant en donne aussitôt avis au procureur de la République du lieu où est détenu l'acte de naissance de l'intéressé. Le texte ajoute que le procureur de la République fait procéder à la mention du lien de filiation ainsi établi en marge de l'acte de naissance de l'enfant[104]. On peut penser, comme certains commentateurs l'ont souligné à juste titre, qu'il serait opportun d'associer systématiquement le ministère public aux demandes de délivrance d'acte de notoriété en lui confiant la mission de recueillir des renseignements sur la situation concernée[105], compte tenu des incidences de l'acte de notoriété sur l'établissement de la filiation.

2° La constatation de la possession d'état dans un jugement

670. - **Action en justice.** L'article 330 du Code civil prévoit la possibilité d'introduire une action en justice visant précisément à faire constater la possession d'état. Au reste, la même demande peut être formulée en défense à une action en contestation d'un acte de notoriété. Dans le cadre de l'article 330 du Code civil, le juge d'instance exerce véritablement la fonction de juger et l'action demeure enfermée dans le délai de prescription décennal de l'article 321 du même code.

671. - **Demandeur.** Conformément au droit commun, toute personne qui présente un intérêt à agir peut introduire une action en constatation de la possession d'état devant le tribunal d'instance.

672. - **Objet de la preuve.** Le demandeur doit présenter au juge la preuve des faits démontrant le bien-fondé de sa prétention. En tant que fait juridique, la possession d'état se prouve par tous moyens, à condition de respecter le principe de licéité de la preuve. Concrètement, l'existence, la continuité et la stabilité de la possession d'état se trouvent généralement rapportées par des attestations, la production de pièces comme des factures et autres documents à usage domestique, des photographies...

III. – L'établissement judiciaire de la filiation

673. - **Mode d'établissement subsidiaire.** Parmi les modes d'établissement de la filiation, l'article 310-1 du Code civil prévoit dans un alinéa second la possibilité que la filiation puisse également être établie par jugement. D'emblée, ce mode d'établissement de la filiation, que l'on qualifie de judiciaire, voire de contentieux,

(103) P. Murat, note ss Cass. 1re civ., 4 juill. 2007, préc.
(104) CPC, art. 1157-1, al. 2.
(105) P. Murat, note préc.

paraît subsidiaire par rapport aux modes extrajudiciaires. En effet, ce n'est qu'en cas de litige que le recours au juge devient nécessaire. Dans l'hypothèse où la mère de l'enfant et celui qu'elle dit être le père s'entendent sur ce point, la reconnaissance par cet homme de l'enfant demeure bien évidemment le moyen le plus rapide et de plus commode pour établir la paternité. L'établissement judiciaire de la filiation suppose donc l'existence d'un conflit, d'une résistance factuelle de l'un des intéressés, par exemple le prétendu père, qui refuse de reconnaître l'enfant. Dès lors, l'intervention d'un juge se révèle nécessaire précisément pour lever cet obstacle factuel(106). L'action en justice ayant pour objet l'établissement de la filiation constitue donc un exemple typique de l'office contentieux du juge, qui tranche entre deux prétentions s'opposant.

674. - **Exclusivité judiciaire.** Faute de résulter de l'un des modes extrajudiciaires, la filiation doit nécessairement être établie par jugement en raison du rôle de la parenté dans la construction d'une structure familiale. Il est en effet ici question de modifier l'état civil de l'enfant, bien sûr, mais aussi de l'adulte auquel il sera rattaché si l'action aboutit. Lorsque la filiation est judiciairement établie, l'enfant entre dans la famille de celui que le jugement désigne comme parent, avec toutes les conséquences qui en résultent, comme la création d'empêchement à mariage et à PACS, d'obligations alimentaires, d'une vocation successorale ainsi que, dès lors que l'enfant est mineur, l'attribution de l'autorité parentale et l'administration légale.

675. - **Plan.** L'action en établissement de la filiation peut concerner indistinctement la recherche d'une paternité ou d'une maternité, entraînant par voie de conséquence l'édiction de règles communes (A). Au-delà de ces principes communs et des règles transcendantes, l'action en justice visant à établir une filiation comporte néanmoins quelques singularités (B) selon qu'il s'agit de rechercher une paternité ou, plus rarement, une maternité dès lors que la mère dispose de la faculté d'accoucher de manière anonyme (accouchement dit « sous X »). Au demeurant, les particularités restent essentiellement dictées par l'existence du dispositif d'accouchement sous X, mais ne modifient pas la physionomie générale de l'action en établissement de la filiation, dans sa conception générale.

A. - Généralités relatives à l'action en établissement de filiation

676. - **Rattachement d'un enfant né vivant et viable.** Conformément aux règles qui gouvernent l'acquisition de la personnalité juridique(107), l'enfant que l'on entend rattacher à un adulte dans le cadre d'une action en établissement de la filiation doit être né vivant et viable(108). Ainsi une action en recherche de paternité ou de maternité ne saurait être introduite pour voir rattaché un enfant dit « mort-né », dès lors que celui-ci n'a pas la personnalité juridique. Au demeurant, cet enfant ne dispose pas d'une existence juridique véritable puisqu'il n'est pas

(106) Cette approche dite structurale de la règle de droit et de l'office du juge, qui s'inscrit dans le sillage de la pensée de Motulsky, a été mise en évidence par Héron puis par Th. Le Bars, *in Droit judiciaire privé*, Lextenso-Montchrestien, 2015, n°s 46 et s.
(107) Sur lesquelles, cf. B. Teyssié, *Les personnes*, LexisNexis, 2010, n°s 12 et s.
(108) C. civ., art. 318.

possible de lui faire dresser un acte de naissance. Devra en effet être dressé un acte d'état d'enfant sans vie qui, depuis un décret n° 2008-800 du 20 août 2008, nécessite un certificat médical d'accouchement.

677. - **Compétence matérielle.** L'action en établissement de la filiation relève de la compétence matérielle exclusive du tribunal de grande instance(109). Cela signifie que dans l'hypothèse où une juridiction pénale doit connaître d'une infraction qui porte atteinte à la filiation d'une personne, il ne peut être statué sur l'action pénale qu'après le jugement passé en force de chose jugée sur la question de la filiation(110).

678. - **Détermination des demandeurs à l'action.** En principe, seul l'enfant a qualité pour agir en établissement de la filiation, qu'il s'agisse d'une action en recherche de paternité, de loin la plus fréquente en pratique, ou, plus rarement, d'une action en recherche de maternité. Durant la minorité de l'enfant cependant, seul le parent à l'égard duquel la filiation a été établie peut agir en établissement de la filiation. Cela signifie concrètement que pour un enfant dont la paternité n'a pas été établie mais pour lequel la mère est désignée par l'acte de naissance, seule cette dernière peut agir contre le prétendu père, durant la minorité de l'enfant.

679. - **Absence de filiation ou parent décédé.** Dans l'hypothèse où l'enfant mineur ne dispose pas d'une filiation ou bien en cas de décès du parent à l'égard duquel la filiation est établie, une tutelle doit en principe avoir été ouverte afin de protéger l'enfant. Ainsi le tuteur pourra agir au nom de l'enfant en établissement judiciaire de la filiation, mais à condition d'y avoir été préalablement autorisé par le conseil de famille ou par le juge des tutelles(111).

680. - **Défendeur à l'action.** L'action en établissement de filiation doit logiquement être dirigée contre celui – ou celle – que l'on prétend être le parent de l'enfant. La règle ainsi posée par l'article 328 du Code civil comporte deux conséquences. Premièrement, il n'est pas possible pour l'enfant devenu majeur ou pour son représentant durant la minorité d'agir contre un défendeur indéterminé, espérant ainsi que le tribunal de grande instance puisse par exemple ordonner une série d'expertises biologiques contre les pères potentiels. Deuxièmement, en cas de décès du parent prétendu, l'action peut être introduite contre ses héritiers, ce qui peut présenter un intérêt successoral, ou contre l'État à défaut d'héritiers ou en présence d'héritiers renonçants(112).

681. - **Place de l'expertise biologique**(113). Même si le principe selon lequel l'expertise biologique est de droit en matière de filiation, sauf motif légitime de ne pas y procéder, fut initialement consacré à l'occasion d'une action en contestation de filiation, il demeure parfaitement applicable en matière d'établissement judiciaire du lien. Le recours à l'expertise biologique pose d'ailleurs moins de difficultés en ce domaine où il s'agit d'établir une paternité au profit de l'enfant qui n'en bénéficie

(109) C. civ., art. 318-1.
(110) C. civ., art. 319.
(111) C. civ., art. 464, al. 3.
(112) C. civ., art. 328.
(113) Cf. not. O. Matocq, *Le rapport d'expertise biologique dans le droit de la filiation deviendra-t-il le passage obligé ?* : *Dr. famille* 2006, étude 7.

point, alors que dans le cadre de la contestation de filiation, l'action vise à anéantir un lien déjà existant. Concrètement, si l'une des parties sollicite du tribunal qu'il ordonne une telle expertise, aucune preuve ou présomption préalable ne saurait désormais être exigée. Il est désormais acquis que la demande d'expertise doit être faite dans le cadre d'une instance au fond, conformément à l'article 16-11 du Code civil, et qu'une telle mesure ne saurait être ordonnée par le juge des référés sur le fondement de l'article 145 du Code de procédure civile. La solution vaut tant pour l'expertise génétique (ADN)(114) que pour l'examen comparé des sangs(115).

682. – **Prescription.** L'action en établissement de la filiation se prescrit en dix ans. Le délai court à compter de la naissance de l'enfant lorsque l'action est introduite, en son nom et pour son compte, par le parent dont la filiation se trouve déjà établie. Si une telle action n'est point introduite avant que l'enfant atteigne l'âge de dix-huit ans et que ce dernier souhaite agir en établissement de la filiation, une fois devenu majeur, le délai de prescription fait l'objet d'une suspension durant la minorité. L'enfant majeur dispose donc d'un délai de dix ans à compter de sa majorité pour introduire une action en établissement de la filiation.

Prolongement théorique

Conformité à l'ordre public français des lois étrangères prévoyant une imprescriptibilité de l'action en établissement de la filiation

683. – En matière de filiation, la règle de conflit de lois française désigne la loi nationale de la mère au jour de la naissance de l'enfant(116). Partant, quand elles sont compétentes, les juridictions françaises peuvent fréquemment être amenées à appliquer des lois étrangères retenant un délai de prescription de l'action différent. Ainsi en droit allemand, l'action en établissement de la filiation revêt un caractère imprescriptible. Saisie par un pourvoi reprochant à un arrêt d'appel d'avoir appliqué la loi allemande et déclaré ainsi la paternité d'un homme décédé en 2010 à l'égard de deux enfants nées en 1957 et 1960, d'une mère de nationalité allemande(117), la première chambre civile rejette en jugeant que « si l'article 1600 d. du Code civil allemand ne soumettait pas l'exercice de l'action en constatation judiciaire de paternité à un délai de prescription, à la différence du droit français, cette circonstance était, à elle seule insuffisante à caractériser une contrariété à l'ordre public international français conduisant à l'éviction de la loi allemande »(118).

Ce faisant, la jurisprudence actuelle paraît donc revenir sur une position ancienne qui, inversement, consistait à déclarer contraire à l'ordre public international la loi belge qui retenait naguère le caractère imprescriptible des actions en contestation d'état(119).

(114) Cass., 1re civ., 8 juin 2016, n° 15-16.696 : *Dr. famille* 2016, comm. 173, note H. Fulchiron ; *AJ fam.* 2016.388, obs. M. Saulier ; *D.* 2017.729, obs. F. Granet-Lambrechts ; *RTD civ.* 2016, 597, obs. J. Hauser.

(115) Cass., 1re civ., 12 juin 2018, n° 17-16.793 : *Dr. famille* 2018, chron. « un semestre de droit procédural de la famille », obs. V. Egéa, à paraître ; *AJ fam.* 2018, 397, obs. J. Houssier ; précédemment, cf. en sens inverse : Cass., 1re civ., 4 mai 1994, n° 92-17.911 : *D.* 1994, 545, note J. Massip ; *RTD civ.* 1994.575, obs. J. Hauser.

(116) C. civ., art. 311-14.

(117) D'où l'application de l'article 311-14 du Code civil français qui dispose que la filiation est régie par la loi personnelle de la mère au moment de la naissance de l'enfant.

(118) Cass. 1re civ., 7 oct. 2015, n° 14-14.702 : *RJPF* 2015-12/20, note B. Gardey de Soos.

(119) Cass. 1re civ., 13 nov. 1979, n° 78-12.634.

B. – Singularités des deux actions en établissement de la filiation

1° L'action en recherche de paternité

a) L'action en recherche de paternité avant l'ordonnance du 4 juillet 2005

684. – **Une restriction initiale.** Par attachement à la famille légitime, le Code civil de 1804 ne permettait pas l'établissement judiciaire de la paternité alors qualifiée de « naturelle ». Progressivement, l'action en recherche de paternité naturelle fut admise mais enfermée dans des conditions relativement strictes[(120)] alors que dans le même temps a été créée une action alimentaire permettant tout de même à la mère de l'enfant d'obtenir des subsides de la part du probable père. Dans le système mis en place par la réforme de 1972, les restrictions érigées devant la recevabilité de l'action en recherche de paternité naturelle demeurent puisque le Code civil énumérait alors des cas d'ouverture spécifiques et prévoyait dans le même temps des fins de non-recevoir[(121)].

Code civil

Ancien art. 340 (Réd. L. n° 72-3, 3 janv. 1972). – La paternité hors mariage peut être judiciairement déclarée :

1° Dans le cas d'enlèvement ou de viol, lorsque l'époque des faits se rapportera à celle de la conception ;

2° Dans le cas de séduction, accomplie à l'aide de manœuvres dolosives, abus d'autorité, promesse de mariage ou de fiançailles ;

3° Dans le cas où il existe des lettres ou quelque autre écrit émanant du père prétendu, propres à établir la paternité d'une manière non équivoque ;

4° Dans le cas où le père prétendu et la mère ont vécu pendant la période légale de la conception en état de concubinage, impliquant, à défaut de communauté de vie, des relations stables et continues ;

5° Dans le cas où le père prétendu a pourvu ou participé à l'entretien, à l'éducation ou à l'établissement de l'enfant en qualité de père.

685. – **Une ouverture relative.** Il faut attendre la loi du 8 janvier 1993 pour que l'accès à l'action en recherche de paternité se banalise grâce à une suppression des cas d'ouverture et des fins de non-recevoir, sans pour autant que l'on assiste à la disparition totale des obstacles érigés devant l'action du demandeur. En effet, ce dernier devait préalablement démontrer l'existence de présomptions ou indices graves, afin que le juge examine l'offre de preuve de la paternité qui lui était soumise, sans pouvoir l'écarter *a priori*[(122)].

Code civil

Ancien art. 340 (Réd. L. n° 93-22, 8 janv. 1993). – La paternité hors mariage peut être judiciairement déclarée.

La preuve ne peut être rapportée que s'il existe des présomptions ou indices graves.

(120) L. 16 nov. 1912 ; L. 15 juill. 1955.

(121) C. civ., ancien art. 340 (réd. L. n° 72-3, 3 janv. 1972).

(122) Cf. G. Cornu, *op. cit.*, n° 261, qui note qu'avec la loi du 8 janvier 1993, « s'il existe des présomptions ou indices graves, [le juge] doit accueillir la preuve de la paternité ; il est tenu d'examiner l'offre d'une telle preuve, sans pouvoir l'écarter *a priori* sous prétexte qu'elle n'entrerait pas dans l'un de ces cas [d'ouverture de l'action en recherche de paternité naturelle] ».

Cela signifie que, sous l'ère de ce texte, la mère de l'enfant qui souhaitait agir contre l'homme qu'elle pensait être le père de l'enfant et entendait, à ce titre, solliciter une expertise biologique, devait au préalable démontrer par tous moyens l'existence de présomptions ou indices. L'accès à la preuve biologique n'était donc pas de droit pour le demandeur. Ainsi, la jurisprudence jugea que l'admission de la preuve par l'examen des sangs exige que la demanderesse fournisse d'ores et déjà de sérieuses présomptions et, par voie de conséquence, que la recherche de ces présomptions n'était ni de la compétence du juge des référés ni de celle du juge de la mise en état, mais de la compétence du juge du fond(123). Quoique plus ouverte que précédemment, l'action en recherche de paternité naturelle demeurait donc soumise à des conditions plus restrictives que les conditions habituelles d'une action en justice. L'exigence d'une démonstration préalable de présomptions ou indices graves était critiquable, notamment au regard des évolutions scientifiques constatées dans le domaine de l'identification génétique et de l'essor constant des naissances hors mariage. Elle paraissait d'autant plus discutable dans les années 1990 que le principe d'égalité entre les enfants, sans distinction selon la situation juridique de leur parent, ne cessait lui-même de croître. En ce qui concerne enfin la procédure, la démonstration préalable d'indices graves ou présomptions brouillait quelque peu la distinction entre deux phases différentes de l'instance, à savoir l'appréciation de la recevabilité de la demande et l'appréciation du bien-fondé de la demande. Conditionner la recevabilité de la demande à la preuve d'indices graves ou de présomption, n'était-ce pas déjà apprécier le bien-fondé de la prétention de la mère ?

686. - **Le rôle de la jurisprudence dans l'ouverture de l'action.** Tenant compte de ces critiques, la jurisprudence a rapidement tempéré la portée du texte, en permettant de déduire la preuve de la paternité des indices ou présomptions eux-mêmes(124). Une telle solution se révèle assurément plus conforme aux principes de procédure civile qui gouvernent l'instance, en utilisant les présomptions et indices graves pour apprécier le bien-fondé de la prétention et, par voie de conséquence, en établissant la paternité(125). Un pas supplémentaire va cependant être franchi, de

(123) Toulouse, 21 juin 1994 : *D.* 1995, 98, note S. Mirabail ; *JCP* G 1996, II, 22585, note Ardeef ; *JCP* G 1995, I, 3813, obs. Bernigaud ; *D.* 1995, somm. p. 223, obs. Granet-Lambrechts.

(124) Cass. 1re civ., 11 févr. 1997, n° 95-13.215 : *Dr. famille* 1997, comm. 57, note P. Murat ; *D.* 1997, 502, note J. Massip ; *D.* 1998, somm. p. 29, obs. F. Granet. – Dans le même sens : Cass. 1re civ., 27 janv. 1998 : *D.* 1998, somm. p. 356, obs. F. Granet.

(125) Dans l'affaire ayant donné lieu à la première décision citée ci-dessus (Cass. 1re civ., 11 févr. 1997, n° 95-13.215), le pourvoi du prétendu père, défendeur à l'action en recherche de paternité, reprochait à l'arrêt d'appel d'avoir établi la filiation paternelle, alors selon le pourvoi « que l'analyse sanguine ne permettait pas d'exclure sa paternité et qu'un témoin avait affirmé qu'il semblait redouter celle-ci, éléments qui ne permettaient pas de déduire avec une certitude suffisante l'existence d'un lien de filiation ». Le pourvoi reprochait ainsi à l'arrêt d'avoir également établi la paternité « en déduisant de son affirmation selon laquelle il "n'avait jamais cherché à nier, et seulement fait part de ses doutes et de sa consternation quant aux conditions de sa paternité" qu'il ne contestait pas sérieusement être le père de l'enfant ». Le pourvoi est cependant rejeté, la Cour de cassation jugeant que « celle-ci peut être faite par tous moyens et donc résulter de ces présomptions ou indices eux-mêmes ; que la cour d'appel n'a fait qu'user de son pouvoir souverain d'appréciation de la portée des éléments de preuve qui lui étaient soumis en estimant, hors toute dénaturation, que la preuve de la paternité de celui-ci était rapportée ». Les éléments de preuve fournis sont donc utilisés à juste titre pour apprécier si la prétention de la mère de l'enfant est bien fondée et plus seulement pour juger de la recevabilité de la demande. L'exacte utilisation des preuves s'avère au demeurant explicite dans la seconde décision, inédite il est vrai mais néanmoins révélatrice, puisque le pourvoi reprochait précisément à l'arrêt d'appel d'avoir violé l'article 340 du Code civil dans sa rédaction applicable au litige « en énonçant que les conditions de recevabilité de l'action en recherche de paternité naturelle, qui étaient réunies, entraînaient "en conséquence" le bien-fondé de cette action ». Le pourvoi est là aussi rejeté, la Cour de cassation jugeant que « [l'article 340 du Code civil] exige des présomptions ou indices graves pour rendre admissible la preuve de la paternité naturelle, celle-ci pouvant être faite par tous moyens et

manière prétorienne, lorsque la Cour de cassation décide que l'expertise biologique est de droit en matière de filiation.

687. – **Une rupture prétorienne : l'expertise biologique de droit.** Devenues techniquement très fiables, les méthodes d'identification biologique d'une personne, par un examen comparé des sangs mais aussi par le biais d'une expertise génétique, occupent une place centrale en droit de la filiation. Cet essor intéresse bien sûr au plus haut point l'action en recherche de paternité en permettant de révéler, avec une quasi-certitude, la vérité biologique. Par ailleurs, comme il vient d'être expliqué, l'accès à la preuve de la paternité a longtemps été conditionné à l'établissement préalable de présomptions ou indices graves, voire naguère à des adminicules, véritables cas d'ouverture de l'action, strictement énumérés. L'important arrêt de principe rendu le 28 mars 2000, jugeant que l'expertise biologique est de droit en matière de filiation, sauf motif légitime de ne pas y procéder(126), a certes été rendu à propos d'une action en contestation de paternité, il n'en demeure pas moins que la généralité de son attendu de principe rend la solution parfaitement transposable à l'action en établissement de paternité. Rapidement d'ailleurs la première chambre civile a retenu le même principe d'expertise biologique de droit dans le cadre de l'action en établissement de filiation, au visa de l'article 340 du Code civil, vidant ainsi de toute portée la soumission de la recevabilité de l'action à la démonstration préalable de présomptions ou indices préalables.

Cass. 1re civ., 8 janv. 2002, n° 99-14.195

Sur le moyen unique, pris en sa seconde branche :

Vu les articles 340 et 342-4 du Code civil ;

Attendu que l'expertise biologique est de droit en matière de filiation, sauf s'il existe un motif légitime de ne pas y procéder ;

Attendu que, par acte du 26 février 1996, Mme Y… X…, de nationalité française, a assigné M. X… en déclaration de paternité naturelle de l'enfant Z… dont elle était accouchée le 29 mars 1994 à Évry ;

Attendu que l'arrêt attaqué a fait droit à la demande sans ordonner l'expertise sanguine sollicitée par M. X… et à laquelle Mme Y… X… déclarait ne pas s'opposer ;

Attendu qu'en statuant ainsi, sans donner aucun motif de nature à justifier son refus d'ordonner cette expertise, la cour d'appel a violé les textes susvisés ;

PAR CES MOTIFS, et sans qu'il y ait lieu de statuer sur la première branche du moyen :

CASSE ET ANNULE, dans toutes ses dispositions, l'arrêt rendu le 11 février 1999, entre les parties, par la cour d'appel de Paris ; remet, en conséquence, la cause et les parties dans l'état où elles se trouvaient avant ledit arrêt et, pour être fait droit, les renvoie devant la cour d'appel d'Orléans ;

Commentaire : *D.* 2002, 2023, obs. F. Granet.

688. – **Nécessité d'une réforme.** La jurisprudence ayant largement altéré la condition préalable tirée de présomptions ou indices graves, l'action en recherche de paternité hors mariage s'avérait au début des années 2000 bien plus ouverte que

donc résulter de ces présomptions ou indices eux-mêmes ; qu'en l'espèce, les juges du fond ont analysé les attestations produites et retenu que M. X… et Mme Y… entretenaient des relations au moment de la conception de l'enfant, que M. X… a toujours admis celui-ci comme étant son fils, précisant qu'il avait l'intention de "régulariser la situation" et de le reconnaître, qu'il subvenait à ses besoins matériels et qu'il partageait sa vie avec Mme Y… ; qu'ils ont encore relevé que les consorts X… avaient reconnu l'existence de relations stables entre M. X… et Mme Y… en associant celle-ci ou sa famille à l'annonce du décès de celui-là ; qu'ils ont enfin constaté que l'expertise sanguine démontre qu'il n'existe pas d'éléments d'exclusion de la paternité de M. X… ; qu'en l'état de ces énonciations, l'arrêt est légalement justifié ».

(126) V. *infra*, n° 752.

ne le prescrivait l'article 340 du Code civil. Il paraissait donc utile de tenir compte dans la loi de ces interprétations jurisprudentielles et de l'essor statistique sans cesse constaté des naissances hors mariage. Ce fut chose faite avec l'ordonnance n° 2005-759 du 4 juillet 2005.

b) L'action en recherche de paternité après l'ordonnance du 4 juillet 2005

689. – **Droit commun.** L'action en recherche de paternité demeure soumise aux conditions générales de l'action en établissement de la filiation(127), dont elle constitue le modèle. Statistiquement d'ailleurs, la plupart des actions en établissement de la filiation portées devant les tribunaux sont des actions en recherche de paternité.

690. – **Action attitrée.** L'action en établissement de la paternité constitue une action attitrée et doit, en principe, être introduite par l'enfant(128). Durant sa minorité, l'action peut être introduite en son nom par le représentant légal, sa mère le plus souvent, à condition que la maternité de cette dernière soit établie(129). En cas de décès de l'enfant(130), ses héritiers peuvent introduire l'action. La loi ne qualifie pas en revanche le prétendu père pour introduire une action visant à établir sa paternité à l'égard de l'enfant(131), car elle n'aurait pas d'intérêt véritable puisqu'il lui suffit de procéder à une reconnaissance de l'enfant pour établir son lien de filiation, dès lors que l'enfant n'a pas de paternité déjà établie.

691. – **Communication au ministère public.** Le ministère public doit avoir communication des affaires quand une action en recherche de paternité est introduite. La règle, d'ordre public, résulte de l'article 425-1° du Code de procédure civile et s'explique par les incidences de ce type d'actions en justice sur l'état civil des personnes. Quand elle aboutit, l'action en recherche de paternité modifie l'état civil de l'enfant et du défendeur, lequel devient juridiquement le père, ce qui transforme les structures familiales préexistantes. Le lien que l'action en recherche de paternité entretient avec l'ordre public explique que l'exigence de communication du dossier au ministère public reste particulièrement rigoureuse. En effet, même si la cause a été communiquée au ministère public en première instance, elle doit de nouveau être transmise au procureur général en cas d'éventuel appel(132).

692. – **Délai de prescription.** L'action en recherche de paternité doit, conformément au droit commun, être introduite dans un délai de dix ans qui commence à courir à compter de la naissance de l'enfant. Durant la minorité de l'enfant, le délai est suspendu, ce qui signifie que devenu majeur, il peut agir jusqu'à l'âge de

(127) Sur ces conditions, V. *supra*, n°s 676 et s.

(128) L'article 327, alinéa 2 du Code civil est explicite en disposant que « l'action en recherche de paternité est réservée à l'enfant ».

(129) Si la mère est elle-même mineure, elle peut agir seule sans représentation de son propre représentant légal (comp. pour la reconnaissance d'enfant faite par un mineur, sans assistance ni représentation : V. *supra*, n° 640).

(130) Le terme « enfant » ne doit pas être confondu en l'espèce avec l'*infans*, car dans le cadre de l'action en recherche de paternité, l'enfant qui entend saisir le tribunal de grande instance peut parfaitement être un enfant majeur, à condition de respecter bien évidemment le délai de prescription.

(131) Le père dispose en revanche de la possibilité d'agir en recherche de maternité, en qualité de représentant légal du mineur, à condition que sa paternité soit établie et que la maternité ne le soit point. Ceci demeure rare en pratique.

(132) Cass. 1re civ., 15 mai 2008, n° 07-17.407 : *Bull. civ.* 2008, I, n° 134 ; *AJF* 2008, 299, obs. F. C. ; *D.* 2008, 53, obs. M. Douchy-Oudot.

vingt-huit ans. Ce faisant, le délai de prescription nouveau constitue une évolution majeure par rapport aux dispositions antérieures à l'ordonnance n° 2005-759 du 4 juillet 2005. Naguère en effet, non seulement le demandeur était tenu d'agir dans un délai biennal mais, de surcroît, il ne s'agissait pas d'un délai de prescription mais d'un délai préfix, lequel ne pouvait donc pas être suspendu ni interrompu.

693. - **Preuve.** La preuve de la paternité se trouve au cœur de l'action en recherche de paternité. Ainsi, le tribunal prononcera la paternité du défendeur lorsqu'il aura acquis la conviction que ce dernier est bien le père de l'enfant. La paternité et la non-paternité constituent des faits juridiques et peuvent donc se prouver par tous moyens, tels que des témoignages, indices ou présomptions. L'expertise biologique, devenue de droit en matière de filiation, demeure cependant le mode de preuve d'une paternité le plus fiable et, pour cette raison technique, le plus usité en pratique. Creusant le sillon entamé de manière très remarquée par l'arrêt du 18 mars 2000, la jurisprudence a consacré dès 2002 le principe de l'expertise de droit en matière d'action en recherche de paternité[133]. Ainsi la mère qui introduit une action en recherche de paternité au nom de son enfant mineur, n'a pas à démontrer préalablement l'existence de présomptions ou indices graves pour accéder à la preuve biologique. De même, le prétendu père, en qualité de défendeur, peut parfaitement solliciter une telle expertise, pour dénier sa paternité.

694. - **Refus de l'expertise biologique *post mortem*.** La règle selon laquelle l'expertise biologique est de droit en matière de filiation se heurte cependant à une importante limite résultant de l'article 16-11, alinéa 2 du Code civil[134]. Au sujet de l'expertise biologique qui serait pratiquée *post mortem*, c'est-à-dire sur le cadavre du prétendu père décédé, le texte précise en effet, *in fine* que « sauf accord exprès de la personne manifesté de son vivant, aucune identification par empreintes génétiques ne peut être réalisée après sa mort ». Autant dire que les personnes qui, de leur vivant, consentent à leur future exhumation en vue d'une identification génétique, se font rares ! Cette disposition reflète une certaine hypocrisie du législateur qui, tout en posant solennellement le principe d'interdiction des expertises biologiques *post mortem*, prévoit tout de même une exception fondée sur un consentement de la personne que l'on sait être pour le moins illusoire. Il aurait sans doute été préférable de poser un principe clair consacrant soit une interdiction, fondée sur le respect dû aux morts, soit une possible exhumation fondée sur un prétendu « droit » de l'enfant à l'établissement de sa filiation.

695. - **Constitutionnalité de l'action en recherche de paternité ?** La question de l'éventuelle absence de conformité de l'action en recherche de paternité a été assez habilement soulevée devant un juge de la mise en état par un homme assigné par la mère d'un enfant mineur, sur le fondement de l'article 327 du Code

(133) Cf. Cass. 1re civ., 8 janv. 2002, n° 99-14.195, préc.

(134) C. civ., art. 16-11, al. 2 : « En matière civile, cette identification ne peut être recherchée qu'en exécution d'une mesure d'instruction ordonnée par le juge saisi d'une action tendant soit à l'établissement ou la contestation d'un lien de filiation, soit à l'obtention ou la suppression de subsides. Le consentement de l'intéressé doit être préalablement et expressément recueilli. Sauf accord exprès de la personne manifesté de son vivant, aucune identification par empreintes génétiques ne peut être réalisée après sa mort ».

civil. Il souleva une question prioritaire de constitutionnalité(135) que la première chambre civile de la Cour de cassation refusa de transmettre au Conseil constitutionnel(136), faute d'être nouvelle et parce qu'elle ne présentait pas de caractère sérieux. La première chambre civile juge en effet que « la question posée ne présente pas de caractère sérieux au regard du principe d'égalité entre les hommes et les femmes, dès lors que la maternité hors mariage est susceptible d'être judiciairement déclarée, comme la paternité hors mariage et dans les mêmes conditions procédurales, y compris en cas d'accouchement dans le secret, lequel ne constitue plus une fin de non-recevoir à l'action en recherche de maternité »(137).

2° L'action en recherche de maternité

a) Principes

696. – **Rareté de l'action.** Même si l'action en recherche de maternité repose théoriquement sur les mêmes principes directeurs que l'action en recherche de paternité, elle demeure en pratique d'une utilisation très marginale, si bien que l'établissement judiciaire de la filiation concerne quasi exclusivement le père. La rareté pratique de l'action en recherche de maternité s'explique par l'adage *Mater semper certa est* que le droit positif consacre au travers de l'établissement automatique de la maternité par la seule indication du nom de cette dernière dans l'acte de naissance de l'enfant. Depuis que la mention de l'identité de la mère est devenue le mode d'établissement de la maternité, sans distinction selon la situation matrimoniale des parents, demeurent très rares les hypothèses dans lesquelles un enfant ne se voit pas juridiquement rattaché à sa mère dès sa naissance. Trois types de situations factuelles sont ainsi concernés, à savoir tout d'abord l'accouchement anonyme(138), ensuite, les abandons d'enfant(139) et, enfin, les hypothèses d'atteintes volontaires à l'état civil, naguère constitutives des enlèvements, suppositions ou substitutions d'enfant.

697. – **Droit commun.** Le droit commun de l'action en établissement de la filiation, précédemment décrit, s'applique dans les rares hypothèses où une action en recherche de maternité peut être introduite. Ainsi par exemple, le demandeur doit-il agir dans un délai de dix ans et le dossier sera transmis au ministère public.

(135) Devant le juge de la mise en état, la question était formulée en ces termes : « L'article 327 du Code civil instituant l'action en recherche judiciaire de paternité hors mariage, en ce qu'il empêche tout homme géniteur de se soustraire à l'établissement d'une filiation non désirée, est-il contraire à la Constitution, ensemble les articles 1 et 4 de la Déclaration des droits de l'homme et du citoyen de 1789, l'article 3 du préambule de la Constitution du 27 octobre 1946 et l'article 1er de la Constitution du 4 octobre 1958 ? ».

(136) Cass. 1re civ., 28 mars 2013, n° 13-40.001.

(137) De manière plus procédurale que substantielle, la question est également jugée non sérieuse, car ni le mémoire qui la soutient ni la question elle-même n'exposent en quoi le texte critiqué méconnaîtrait les principes fondés sur les dispositions de l'article 4 de la Déclaration des droits de l'homme et du citoyen.

(138) Le nombre d'accouchements anonymes a baissé de 6 %, passant entre les années 2010 et 2011, de 666 à 628, avec cependant de très grandes diversités géographiques constatées pour l'ensemble du territoire de la République (cf. Observatoire national de l'enfance en danger [ONED], *La situation des pupilles de l'État, enquête, 31 déc. 2011*, Doc. fr., 2013).

(139) Le terme « abandon » est utilisé dans son acception courante et non dans sa signification spécifiquement juridique. Selon les données chiffrées fournies par l'Observatoire national de l'enfance en danger pour l'année 2011, le nombre d'enfants trouvés (c'est-à-dire abandonnés par leur mère ayant manifestement accouché en dehors des services médicaux ou hospitaliers) s'élève à huit (ONED, *La situation des pupilles de l'État, enquête, 31 déc. 2011*, Doc. fr., 2013).

698. – **Demandeur.** Conformément aux règles régissant l'action en établissement de la filiation, l'action en recherche de maternité est attitrée. L'article 328 du Code civil réserve l'action à l'enfant ou, s'il est décédé, à ses héritiers. Ces derniers peuvent poursuivre l'action engagée par leur auteur avant son décès ou encore l'introduire avant l'expiration du délai qui était imparti au défunt pour agir[140]. Durant sa minorité, l'enfant sera représenté en principe par son père, unique représentant légal, à condition toutefois que la filiation paternelle soit établie, ce qui ne va pas de soi dès lors que la mère accouche dans l'anonymat[141], car le géniteur ignore parfois la date et le lieu de naissance de l'enfant. Partant, si l'enfant n'a pas de filiation paternelle établie, l'éventuelle action en recherche de maternité doit donc être introduite, durant la minorité de l'enfant, par son tuteur, après autorisation du conseil de famille, puisqu'il s'agit incontestablement d'une action visant à faire valoir des droits extrapatrimoniaux[142]. Les mêmes solutions de représentation de l'enfant par son tuteur s'appliquent également dans l'hypothèse où une filiation paternelle aurait été établie, mais où le père est depuis décédé ou hors d'état de manifester sa volonté.

b) Incidence de l'accouchement anonyme sur l'action en recherche de maternité

Bibliographie

- C. Bernard-Xemard, *Naître sans mère... et le père ?*, in *Mél. G. Champenois*, Lextenso, 2012, p. 27.
- F. Dreiffus-Neitter, *L'accouchement sous X*, in *Mél. D. Huet-Weiller*, PU Strasbourg et LGDJ, 1994, p. 99.
- F. Granet, *L'établissement judiciaire de la filiation depuis la loi n° 93-22 du 8 janvier 1993 : D.* 1994, chron. p. 21.
- Ph. Malaurie, *La Cour européenne des droits de l'homme et le « droit » de connaître ses origines : JCP* G 2003, I, 120.
- B. Mallet-Bricout, *Réforme de l'accouchement sous X, Quel équilibre entre les droits de l'enfant et les droits de la mère biologique ? : JCP* G 2002, I, 119.
- C. Neirinck, *L'accouchement sous X : le fait et le droit : JCP* G 1996, I, 3922.
- E. Poisson-Drocourt, *L'accouchement sous X*, in *Mél. J. Foyer*, Economica, 2008, p. 811.
- B. Trillat, *L'accouchement anonyme : de l'opprobre à la consécration*, in *Mél. D. Huet-Weiller*, PU Strasbourg et LGDJ, 1994, p. 513.
- G. Vial, *La recevabilité des actions relatives à la filiation dans la loi n° 2009-61 du 16 janvier 2009 : Dr. famille* 2009, étude 18.

1) Débats autour de l'accouchement anonyme

699. – **Reconnaissance légale.** Une loi n° 93-22 du 8 janvier 1993 a consacré la pratique de l'accouchement anonyme, également appelé « accouchement sous X », en insérant dans le Code civil un article 326 ainsi rédigé : « Lors de l'accouchement, la mère peut demander que le secret de son admission et de son identité soit préservé ».

(140) C. civ., art. 322.
(141) V. *infra*, n° 710 au sujet de la situation juridique du géniteur face à l'accouchement anonyme.
(142) C. civ., art. 408, al. 2.

2) L'accouchement sous X comme fin de non-recevoir à l'action en recherche de maternité (avant la loi du 16 janvier 2009)

700. - **Irrecevabilité de l'action.** En consacrant dans le Code civil la pratique de l'accouchement sous X, la loi n° 93-22 du 8 janvier 1993 a garanti la possibilité pour la mère de conserver l'anonymat, par une sanction procédurale particulièrement efficace. L'ancien article 341 du Code civil disposait en son alinéa premier que « la recherche de la maternité est admise sous réserve de l'application de l'article 341-1 », ce dernier texte indiquait quant à lui que « lors de l'accouchement, la mère peut demander que le secret de son admission et de son identité soit préservé ». L'ordonnance n° 2005-759 du 4 juillet 2005 conserva quant à elle cette architecture aux articles 325 et 326 du Code civil. En procédure, la fin de non-recevoir constitue une défense, c'est-à-dire un acte par lequel le défendeur fait valoir ses prétentions, exerçant ainsi son droit d'agir en justice. À la différence des défenses au fond qui visent à discuter le fond des demandes pour les faire juger mal fondées, et des nullités de procédure qui sanctionnent un vice formel, la fin de non-recevoir a pour finalité de dénier au demandeur le droit d'action. Il s'agira par exemple de sanctionner par une fin de non-recevoir l'écoulement du délai de prescription ou le défaut d'intérêt à agir. La fin de non-recevoir constitue donc une défense particulièrement efficace en paralysant l'examen du fond de la prétention. Ce détour par la procédure civile démontre que l'ancien article 325 du Code civil, en empêchant rigoureusement d'agir contre une femme ayant accouché dans l'anonymat, exprimait un choix de politique législative en faveur de l'accouchement sous X. Il offrait en effet à la femme ayant fait le choix d'accoucher dans l'anonymat la certitude qu'aucune action en justice ne tenterait d'établir un lien de filiation dont elle exprimait le refus en mettant l'enfant au monde dans ces conditions. L'article L. 147-7 du Code de l'action sociale et des familles, dans sa rédaction issue de la loi n° 93-22 du 22 janvier 2002, toujours en vigueur, dispose en effet que « l'accès d'une personne à ses origines est sans effet sur l'état civil et la filiation. Il ne fait naître ni droit ni obligation au profit ou à la charge de qui que ce soit ».

701. - **Connaissance des origines.** Afin de tempérer les incidences pour le moins rigoureuses de la faculté offerte à la femme d'accoucher dans l'anonymat, un ensemble de règles a été mis en place par une loi n° 2002-93 du 22 janvier 2002 relative à l'accès aux origines des personnes adoptées et pupilles de l'État[143]. Même si l'action en recherche de maternité se heurte alors à une fin de non-recevoir, empêchant le rattachement juridique de l'enfant à sa génitrice, le dispositif issu de la loi n° 2002-93 du 22 janvier 2002 a pour finalité de permettre à l'enfant de connaître, dans la mesure du possible, ses origines personnelles. Une dissociation se crée alors entre le lien juridique de parenté – en l'occurrence maternelle – et la connaissance des origines, en partant du postulat selon lequel un individu né sous X peut parfaitement accéder à des informations personnelles sans pour autant qu'un lien de filiation ne soit établi. Il s'agissait de ménager à la fois les intérêts de la génitrice souhaitant accoucher dans l'anonymat, de l'enfant en quête de connaissance de ses origines

(143) L. n° 2002-93, 22 janv. 2002, relative à l'accès aux origines des personnes adoptées et pupilles de l'État : *JO* 23 janv. 2002, p. 1519.

mais aussi de l'éventuelle famille adoptive. À cette fin, la loi n° 2002-93 du 22 janvier 2002 a créé le Conseil national pour l'accès aux origines personnelles (CNAOP).

702. – **Les missions du CNAOP.** Les missions du Conseil national pour l'accès aux origines personnelles sont déterminées par l'article L. 147-1 du Code de l'action sociale et des familles. Tout d'abord, il a pour mission de faciliter, en liaison avec les départements et les collectivités d'outre-mer, l'accès aux origines personnelles(144).

Ensuite, il a pour mission d'assurer l'information des départements, des collectivités d'outre-mer et des organismes autorisés et habilités pour l'adoption sur la procédure de recueil, de communication et de conservation des renseignements relatifs aux origines personnelles de l'enfant né sous X. Il s'agit notamment des informations relatives à la femme qui a demandé le secret de son anonymat et, le cas échéant, de la personne qu'elle a désignée comme étant l'auteur de l'enfant(145). Sont concernés aussi les renseignements relatifs aux origines de l'enfant et aux raisons et circonstances de sa remise aux services de l'aide sociale à l'enfance ou à un organisme autorisé et habilité pour l'adoption.

Enfin, le CNAOP a une fonction consultative, il peut émettre des avis et formuler des propositions utiles relatives à l'accès aux origines personnelles.

703. – **Rôle d'intermédiaire du CNAOP.** Pour mener à bien sa tâche qui consiste à faciliter l'accès aux origines personnelles, le CNAOP joue un rôle d'intermédiaire entre la femme ayant accouché dans l'anonymat qui souhaiterait lever le secret de son identité et l'enfant en quête de connaissance de ses origines. Ainsi, la mère qui fait une déclaration de levée du secret est informée que cette déclaration sera communiquée à la personne concernée (l'enfant) si celle-ci fait elle-même une demande d'accès à ses origines.

704. – **Incitation à fournir des renseignements.** La loi n° 2002-93 du 22 janvier 2002 a également modifié l'article L. 222-6 du Code de l'action sociale et des familles pour insérer un alinéa qui entend favoriser le dépôt par la femme qui accouche dans l'anonymat de renseignements la concernant, en insistant sur l'importance pour toute personne de connaître ses origines et son histoire.

Code de l'action sociale et des familles

Art. L. 222-6. – Toute femme qui demande, lors de son accouchement, la préservation du secret de son admission et de son identité par un établissement de santé est informée des conséquences juridiques de cette demande et de l'importance pour toute personne de connaître ses origines et son histoire. Elle est donc invitée à laisser, si elle l'accepte, des renseignements sur sa santé et celle du père, les origines de l'enfant et les circonstances de la naissance ainsi que, sous pli fermé, son identité. Elle est informée de la possibilité qu'elle a de lever à tout moment le secret de son identité et, qu'à défaut, son identité ne pourra être communiquée que dans les conditions prévues à l'article L. 147-6. Elle est également informée qu'elle peut à tout moment donner son identité sous pli fermé ou compléter les renseignements qu'elle a donnés au moment de la naissance. Les prénoms donnés à l'enfant et, le cas échéant, mention du fait qu'ils l'ont été par la mère, ainsi que le sexe de l'enfant et la date, le lieu et l'heure de sa naissance sont mentionnés à l'extérieur de ce pli. Ces formalités sont accomplies par les personnes visées à l'article L. 223-7 avisées sous la responsabilité du directeur de l'établissement de santé. À défaut, elles sont accomplies sous la responsabilité de ce directeur.

(144) C. action soc. et fam., art. L. 147-1.
(145) C. action soc. et fam., art. L. 147-5, 1°.

705. – **Réversibilité du secret.** En droit français, la mère dispose de la faculté de revenir sur sa décision de conserver l'anonymat, dans un délai de deux mois(146) et doit alors, si elle entend établir sa maternité à l'égard de l'enfant, procéder à la reconnaissance de ce dernier, selon le droit commun.

706. – **Cour européenne des droits de l'homme : conformité du dispositif français d'accouchement anonyme.** Dans un célèbre arrêt *Odièvre c/ France* rendu le 13 février 2003, la Cour européenne des droits de l'homme a validé le dispositif français d'accouchement anonyme. La décision reste fameuse tout d'abord au regard de la méthode d'interprétation employée, puisque la Cour de Strasbourg rejette le grief d'inconventionnalité en se fondant notamment, de manière très discutable, sur un prétendu consensus qui aurait existé à l'époque entre les États européens, alors que la France était à peu près le seul État à organiser de la sorte l'accouchement anonyme ! Sur le fond, l'arrêt *Odièvre c/ France* a profondément marqué le droit français de la filiation en jugeant que le dispositif alors mis en place, en particulier avec la loi n° 2002-93 du 22 janvier 2002, « tente ainsi d'atteindre un équilibre et une proportionnalité suffisante entre les intérêts en cause »(147).

CEDH, 13 févr. 2003, *Odièvre c/ France*

§. 44. L'expression « toute personne » de l'article 8 de la Convention s'applique à l'enfant comme à la mère. D'un côté, il y a le droit à la connaissance de ses origines qui trouve son fondement dans l'interprétation extensive du champ d'application de la notion de vie privée. L'intérêt vital de l'enfant dans son épanouissement est également largement reconnu dans l'économie générale de la Convention (voir, parmi beaucoup d'autres, les arrêts *Johansen* c. *Norvège*, 7 août 1996, *Recueil* 1996-III, p. 1008, § 78, *Mikulić* précité, § 64, ou *Kutzner* c. *Allemagne*, n° 46544/99, § 66, CEDH 2002-I). De l'autre, on ne saurait dénier l'intérêt d'une femme à conserver l'anonymat pour sauvegarder sa santé en accouchant dans des conditions médicales appropriées. En l'espèce, la mère de la requérante n'est jamais allée voir le bébé à la clinique et s'en est séparée, semble-t-il, avec une indifférence absolue (paragraphe 12 ci-dessus), et il n'est pas allégué qu'elle ait exprimé par la suite le moindre désir de connaître sa fille : il n'appartient pas à la Cour de porter un jugement sur cette attitude, mais seulement de la constater. La Cour se trouve en l'espèce en présence de deux intérêts privés difficilement conciliables, qui touchent d'ailleurs non une adulte et une enfant, mais deux adultes jouissant chacune de l'autonomie de sa volonté.

En sus de ce conflit d'intérêts, la problématique de l'accouchement anonyme ne saurait se poser sans que la question de la protection des tiers, essentiellement les parents adoptifs et le père ou le restant de la famille biologique, ne soit soulevée. La Cour note à cet égard que la requérante a aujourd'hui près de trente-huit ans, qu'elle a été adoptée dès l'âge de quatre ans, et que la levée non consensuelle du secret de sa naissance pourrait comporter des risques non négligeables, non seulement pour sa mère elle-même, mais aussi pour sa famille adoptive qui l'a élevée, pour son père et pour sa fratrie biologique, qui tous ont également droit au respect de leur vie privée et familiale.

§. 45. L'intérêt général n'est pas non plus absent dans la mesure où la loi française s'inscrit, depuis longtemps, dans le souci de protéger la santé de la mère et de l'enfant lors de la grossesse et de l'accouchement, et d'éviter des avortements, en particulier des avortements clandestins, ou des abandons « sauvages ». Le droit au respect de la vie, valeur supérieure garantie par la Convention, n'est ainsi pas étranger aux buts que recherche le système français.

Dans ces conditions, la question à laquelle la Cour doit répondre – le droit de savoir signifie-t-il l'obligation de divulguer – prend toute sa dimension dans l'examen de la loi du 22 janvier 2002, en particulier au regard de la marge d'appréciation de l'État.

(...)

(146) C. civ., art. 351, al. 2.
(147) § 49.

§. **48.** En l'espèce, la Cour observe que la requérante a eu accès à des informations non identifiantes sur sa mère et sa famille biologique lui permettant d'établir quelques racines de son histoire dans le respect de la préservation des intérêts des tiers.

§. **49.** Par ailleurs, le système mis en place par la France récemment, s'il conserve le principe de l'admission de l'accouchement sous X, renforce la possibilité de lever le secret de l'identité qui existait au demeurant à tout moment avant l'adoption de la loi du 22 janvier 2002. La nouvelle loi facilitera la recherche des origines biologiques grâce à la mise en place d'un Conseil national pour l'accès aux origines personnelles, organe indépendant, composé de magistrats, de représentants d'associations concernées par l'objet de la loi et de professionnels ayant une bonne connaissance pratique des enjeux de la question. D'application immédiate, elle peut désormais permettre à la requérante de solliciter la réversibilité du secret de l'identité de sa mère sous réserve de l'accord de celle-ci de manière à assurer équitablement la conciliation entre la protection de cette dernière et la demande légitime de l'intéressée, et il n'est même pas exclu, encore que cela soit peu probable, que, grâce au nouveau conseil institué par le législateur, la requérante puisse obtenir ce qu'elle recherche.

La législation française tente ainsi d'atteindre un équilibre et une proportionnalité suffisante entre les intérêts en cause. La Cour observe à cet égard que les États doivent pouvoir choisir les moyens qu'ils estiment les plus adaptés au but de la conciliation ainsi recherchée. Au total, la Cour estime que la France n'a pas excédé la marge d'appréciation qui doit lui être reconnue en raison du caractère complexe et délicat de la question que soulève le secret des origines au regard du droit de chacun à son histoire, du choix des parents biologiques, du lien familial existant et des parents adoptifs.

Partant, il n'y a pas eu violation de l'article 8 de la Convention.

707. – **Conseil constitutionnel : conformité à la Constitution des dispositions relatives à l'accouchement anonyme**[148]. Le Conseil constitutionnel a été saisi d'une question prioritaire de constitutionnalité concernant les articles L. 147-6 et L. 222-6 du Code de l'action sociale et des familles. Le requérant estimait en effet que ces textes méconnaissaient le droit au respect de la vie privée et le droit de mener une vie familiale normale, en autorisant une femme à accoucher sans révéler son identité et en ne permettant la levée du secret qu'avec l'accord de cette femme ou, en cas de décès, dans le seul cas où elle n'a pas exprimé préalablement une volonté contraire. Le Conseil constitutionnel juge cependant que les deux dispositions ne sont contraires à aucun droit ou liberté que la Constitution garantit en considérant qu'elles poursuivent un objectif à valeur constitutionnelle de protection de la santé, en évitant des accouchements clandestins, tout en facilitant la connaissance par l'enfant de ses origines personnelles.

Cons. const., 16 mai 2012, n° 2012-248 QPC

(...)

6. Considérant, que les dispositions de l'article L. 222-6 du Code de l'action sociale et des familles reconnaissent à toute femme le droit de demander, lors de l'accouchement, la préservation du secret de son identité et de son admission et mettent à la charge de la collectivité publique les frais de son accouchement et de son hébergement ; qu'en garantissant ainsi un droit à l'anonymat et la gratuité de la prise en charge lors de l'accouchement dans un établissement sanitaire, le législateur a entendu éviter le déroulement de grossesses et d'accouchements dans des conditions susceptibles de mettre en danger la santé tant de la mère que de l'enfant et prévenir les infanticides ou des abandons d'enfants ; qu'il a ainsi poursuivi l'objectif de valeur constitutionnelle de protection de la santé ;

(148) Cons. const., 16 mai 2012, n° 2012-248 QPC : *JCP G* 2012, act. 630 ; *Dr. famille* 2012, comm. 120, note C. Neirinck.

7. Considérant que la loi du 22 janvier 2002 susvisée a donné une nouvelle rédaction de l'article L. 222-6 du Code de l'action sociale et des familles afin, notamment, que les femmes qui accouchent en demandant le secret de leur identité soient informées des conséquences juridiques qui en résultent pour l'enfant ainsi que de l'importance, pour ce dernier, de connaître ses origines et qu'elles soient incitées à laisser des renseignements sur leur santé, celle du père, les origines de l'enfant et les circonstances de sa naissance ; que les dispositions de l'article L. 147-6 du même code, issues de cette même loi, organisent les conditions dans lesquelles le secret de cette identité peut être levé, sous réserve de l'accord de la mère de naissance ; que cet article confie en particulier au Conseil national pour l'accès aux origines personnelles la tâche de rechercher la mère de naissance, à la requête de l'enfant, et de recueillir, le cas échéant, le consentement de celle-ci à ce que son identité soit révélée ou, dans l'hypothèse où elle est décédée, de vérifier qu'elle n'a pas exprimé de volonté contraire lors d'une précédente demande ; que le législateur a ainsi entendu faciliter la connaissance par l'enfant de ses origines personnelles ;

8. Considérant qu'en permettant à la mère de s'opposer à la révélation de son identité même après son décès, les dispositions contestées visent à assurer le respect de manière effective, à des fins de protection de la santé, de la volonté exprimée par celle-ci de préserver le secret de son admission et de son identité lors de l'accouchement tout en ménageant, dans la mesure du possible, par des mesures appropriées, l'accès de l'enfant à la connaissance de ses origines personnelles ; qu'il n'appartient pas au Conseil constitutionnel, de substituer son appréciation à celle du législateur sur l'équilibre ainsi défini entre les intérêts de la mère de naissance et ceux de l'enfant ; que les dispositions contestées n'ont pas privé de garanties légales les exigences constitutionnelles de protection de la santé ; qu'elles n'ont pas davantage porté atteinte au respect dû à la vie privée et au droit de mener une vie familiale normale ;

9. Considérant que les articles L. 147-6 et L. 222-6 du Code de l'action sociale et des familles ne sont contraires à aucun autre droit ou liberté que la Constitution garantit,

DÉCIDE :

Article 1er. – Les articles L. 147-6 et L. 222-6 du Code de l'action sociale et des familles sont conformes à la Constitution.

Article 2. – La présente décision sera publiée au Journal officiel de la République française et notifiée dans les conditions prévues à l'article 23-11 de l'ordonnance du 7 novembre 1958 susvisée.

3) Après la loi du 16 janvier 2009 : recevabilité de l'action dirigée contre la femme ayant accouché sous X

708. – Loi de ratification. La réforme du droit de la filiation intervenue en 2005 a été faite par voie d'ordonnance, ce qui signifie que le gouvernement fut habilité par le Parlement à intervenir dans le domaine législatif de l'article 34 de la Constitution. Lorsque le gouvernement adopte ainsi des règles dans le champ législatif par voie d'ordonnance, cette dernière doit en principe faire l'objet d'une ratification par le Parlement. Ainsi une loi n° 2009-61 du 16 janvier 2009 est venue ratifier l'ordonnance n° 2005-759 du 4 juillet 2005 portant réforme du droit de la filiation, en apportant des modifications discrètes mais néanmoins significatives aux dispositions nouvelles, notamment en ce qui concerne l'accouchement anonyme. Si la loi de ratification du 16 janvier 2009 conserve inchangé l'article 325 du Code civil, permettant ainsi à la femme de conserver l'anonymat et le secret de son identité lors de son accouchement, elle a néanmoins supprimé la fin de non-recevoir érigée face à l'action en recherche de maternité par l'ancien article 326 du Code civil. Concrètement, cela signifie que la femme qui accouche dans l'anonymat ne bénéficie plus de cette protection procédurale du secret, une action en recherche de maternité pouvant désormais être dirigée contre elle(149). La modification législative prétend assurer ainsi une

(149) Cf. M.-C. Le Boursicot, *L'abrogation de la fin de non-recevoir à la recherche de maternité résultant du secret de l'accouchement : RJPF* 2009-4/8. – J. Massip, *La loi du 16 janvier 2009 ratifiant l'ordonnance du 4 juillet 2005 réformant le droit de la filiation : Defrénois* 2009, 591. – G. Vial, *La recevabilité des actions relatives à la filiation dans la loi n° 2009-61 du 16 janvier 2009 : Dr. famille* 2009, étude 18.

promotion du droit de l'enfant à connaître ses origines, alors même que la conventionalité du dispositif français issu de la loi de 2002 a été reconnue par la Cour européenne des droits de l'homme dans son célèbre arrêt *Odièvre*.

709. – **Appréciation critique des nouvelles dispositions.** La suppression de la fin de non-recevoir tirée de l'accouchement anonyme se révèle lourde de conséquences pour le reste du dispositif subtilement mis en place par les lois de 1993, 2002 et par l'ordonnance n° 2005-759 du 4 juillet 2005 elle-même. En effet, tout en permettant désormais l'action en recherche de maternité contre une femme ayant accouché dans l'anonymat, le droit positif maintient les dispositions incitant la femme à laisser des informations la concernant et conserve les mécanismes favorisant la réversibilité du secret. On peut cependant craindre que la suppression de la fin de non-recevoir ne porte atteinte à ces efforts déployés pour transmettre des informations relatives aux origines personnelles de l'enfant. Si une femme qui accouche dans l'anonymat souhaite avoir la certitude que sa maternité ne sera jamais établie, elle risque de ne pas laisser d'informations à destination de l'enfant, de crainte que ces éléments ne servent un jour à introduire une action contre elle, en la désignant comme défendeur.

Comme trop souvent hélas en droit de la famille, le système mis en place ne satisfait ni les tenants du droit à l'anonymat de la mère, ni les promoteurs du droit à la connaissance des origines de l'enfant, ni d'ailleurs par voie de conséquence, l'intérêt général. Il serait assurément préférable d'établir un choix clair, d'ordre politique, en faveur d'une solution et non de se limiter à des tentatives de conciliation qui ne se révèlent satisfaisantes pour personne.

710. – **Place du père face à l'accouchement sous X.** Longtemps le géniteur d'un enfant né sous X n'a pas pu disposer de la faculté d'établir son lien de paternité. L'on considérait en effet, dans une formule constituant une fiction à la pertinence discutable, que l'enfant était né d'une femme n'ayant pas accouché ! Alors que la divisibilité s'avère en principe inhérente au lien de filiation, le géniteur subissait ici les incidences du choix de la mère d'accoucher sous X. Une telle impossibilité d'établir le lien de paternité fut considérée comme injuste pour le géniteur et pour l'enfant, mais concordait de surcroît assez mal avec le caractère divisible du lien de filiation.

En visant l'article 7.1 de la Convention internationale des droits de l'enfant (CIDE) qui garantit à l'enfant le droit, dans la mesure du possible, de connaître ses origines, la Cour de cassation a cassé un arrêt d'appel qui, dans une affaire où le géniteur reconnut l'enfant par une reconnaissance anténatale, refusa de lui restituer l'enfant placé en vue de l'adoption. La Cour de cassation juge que « l'enfant ayant été identifié par [le géniteur] à une date antérieure au consentement à l'adoption, la reconnaissance prénatale avait établi la filiation paternelle de l'enfant avec effet au jour de sa naissance, de sorte que le conseil de famille des pupilles de l'État, qui était informé de cette reconnaissance, ne pouvait plus, le 26 avril 2001, consentir valablement à l'adoption de l'enfant, ce qui relevait du seul pouvoir de son père naturel, la cour d'appel, qui a méconnu le droit de l'enfant de connaître son père déclaré »[150].

(150) Cass. 1re civ., 7 avr. 2006 : *Bull. civ.* 2006, I, n° 195 ; *JCP* G 2006, I, 199, n° 1, obs. J. Rubellin-Devichi ; *Dr. famille* 2006, comm. 124, note P. Murat ; *D.* 2006, 2293, note Poisson-Crocourt ; *RTD civ.* 2006, 273, obs. P. Rémy-Corlay ; *RTD civ.* 2006, 292, obs. J. Hauser ; *Defrénois* 2006, 1127, obs. J. Massip ; l'arrêt rendu le 7 avril 2006, dans l'affaire dite « Benjamin », est reproduit *infra*, sous n° 901 dans le passage relatif à l'adoption.

§ 2. – Les conséquences de l'établissement du lien de filiation

711. - **Effet rétroactif.** L'établissement du lien de filiation intéresse l'état des personnes, ce qui signifie que même s'il vient à être établi tardivement, le lien de filiation est censé avoir existé depuis la naissance de l'enfant. Ainsi, l'établissement du lien de filiation revêt un caractère déclaratif et non pas constitutif ce qui, techniquement, lui confère un effet rétroactif.

712. - **Structure familiale.** Qu'il soit judiciaire ou extrajudiciaire, l'établissement du lien de filiation vise à rattacher un enfant à des adultes et, par conséquent, modifie la structure familiale. Il en résulte une modification de l'état civil de l'enfant et des parents qui appartiennent désormais à un même groupe familial, une même parenté, mais plus largement, des conséquences indirectes en découlent.

I. – La modification de l'état civil, conséquence directe de l'établissement de la filiation

713. - **Parenté.** L'établissement de la filiation inscrit l'enfant dans une parenté, c'est-à-dire dans un ordre de distinction généalogique. L'enfant se trouve à une place généalogique hiérarchiquement inférieure à ses parents et supérieure à ses propres enfants. Le droit de la famille, quand il concerne les structures familiales, vise à attribuer à chaque membre d'une même famille une place spécifique par rapport aux autres.

714. - **État civil.** Techniquement, la transformation des structures familiales entraînée par l'établissement du lien de filiation se réalise par la modification de l'état civil des intéressés. L'acte de naissance de l'enfant comportera ainsi, par exemple, la reconnaissance faite à l'occasion de la déclaration de naissance, par le père de l'enfant. De même, l'acte de naissance dudit père comportera une mention marginale relative à la reconnaissance de l'enfant. La modification de l'état civil rend la situation familiale opposable aux tiers, de plein droit.

II. – Les conséquences indirectes de l'établissement de la filiation

A. – Les conséquences en matière personnelle

1° Création d'empêchement à mariage et à PACS

715. - **Parenté.** L'établissement d'un lien de filiation a pour conséquence de créer des empêchements à mariage entre ascendants et descendants. L'enfant ne pourra pas épouser son père ou sa mère, ni ses ascendants de rangs plus élevés (grands-parents, voire arrières grands-parents)(151). Une telle proscription a pour finalité l'interdit de l'inceste. Juridiquement, elle protège des structures familiales organisées,

(151) C. civ., art. 161 ; sur lequel, V. *supra*, n° 99.

pour ce qui concerne la parenté, selon une distinction généalogique. Admettre l'inverse aboutirait à perturber sérieusement les structures de la parenté.

716. – **Collatéraux.** De la même manière, l'enfant dont la filiation s'établit ne pourra pas épouser ses frères et sœurs[152]. Un empêchement à mariage et à PACS existe également à l'égard de l'oncle et de la tante[153].

2° Transmission et choix du nom de famille

717. – **Symbolisme.** Les règles permettant de déterminer le nom de famille que portera l'enfant, suite à l'établissement du lien de filiation, témoignent parfaitement des mouvements de fond qui affectent le droit de la famille en général. Égalité, disponibilité et tâtonnement législatif caractérisent en effet le système français de transmission du nom de famille, ce dernier comportant un aspect symbolique particulièrement marqué. Le contentieux se nourrit souvent d'intérêts liés au port du nom de famille qui exprime, pour la conscience populaire à tout le moins, l'appartenance à un groupe familial. Les règles et usages juridiques qui déterminent les modalités de transmission d'un nom de famille reflètent également l'organisation des rapports interpersonnels dans un État donné à un moment donné.

718. – **Complexité.** Les dispositions actuelles du Code civil qui régissent la transmission et le choix du nom de famille proviennent d'une série de réformes qui poursuivirent une même finalité : favoriser l'égalité entre parents. Traditionnellement, l'enfant portait le nom de son père et l'on parlait d'ailleurs du nom patronymique et non pas du lien de famille. La notion de « nom de famille » apparaît en effet avec la volonté d'accorder à la mère un rôle si ce n'est identique, du moins proche de celui joué par le père. La première étape de cette évolution vers une absence progressive de distinction reste la loi n° 85-1372 du 23 décembre 1985 qui permit à toute personne majeure d'ajouter à son nom, à titre d'usage, le nom de celui de ses parents qui ne lui a pas transmis le sien. L'avantage du nom d'usage consiste à offrir à la personne de porter les noms de chacun de ses parents. Deux limites existent cependant puisque cette faculté ne concerne que les personnes majeures, d'une part, et, d'autre part, le nom d'usage ne se transmet pas aux descendants. Il faut donc attendre une loi n° 2002-304 du 4 mars 2002 puis une loi n° 2003-516 du 18 juin 2003 pour que le nom de famille remplace le nom patronymique et qu'une égalité véritable se mette en place. À cela, il convient d'ajouter l'apport de la loi n° 2013-404 du 17 mai 2013 ouvrant le mariage et l'adoption aux couples de personnes de même sexe qui, indirectement, modifie également le système de transmission du nom. Poursuivant des finalités simples, le régime juridique mis en place s'avère en réalité relativement complexe, car il vise à garantir l'égalité tout en favorisant le choix des parents.

719. – **Rôle du choix.** Au fil de cette évolution législative, le choix des parents devient le critère déterminant d'attribution de nom de famille de l'enfant. Si porter le nom du père ne va donc plus de soi, il n'en demeure pas moins que le choix des parents se heurte à certaines limites dictées par un évident souci de commodité pratique.

(152) C. civ., art. 162 ; sur cet empêchement à mariage en ligne collatérale, V. *supra*, n° 100.
(153) C. civ., art. 163 ; sur ce texte, V. *supra*, n° 100.

720. – **Choix du nom en cas de double filiation.** Lorsque la filiation d'un enfant est établie à l'égard de ses deux parents au plus tard le jour de la déclaration de sa naissance ou par la suite mais simultanément, ces derniers choisissent le nom de famille qui lui est dévolu : soit le nom du père, soit le nom de la mère, soit leurs deux noms accolés dans l'ordre choisi par eux dans la limite d'un nom de famille pour chacun d'eux(154). En l'absence de déclaration conjointe à l'officier de l'état civil mentionnant le choix du nom de l'enfant, celui-ci prend le nom de celui de ses parents à l'égard duquel sa filiation est établie en premier lieu et le nom de son père si sa filiation est établie simultanément à l'égard de l'un et de l'autre. En cas de désaccord entre les parents, signalé par l'un d'eux à l'officier de l'état civil, au plus tard au jour de la déclaration de naissance ou après la naissance, lors de l'établissement simultané de la filiation, l'enfant prend leurs deux noms, dans la limite du premier nom de famille pour chacun d'eux, accolés selon l'ordre alphabétique. Lorsqu'il a déjà été fait application de cette faculté de choix à l'égard d'un enfant commun, le nom précédemment dévolu ou choisi vaut pour les autres enfants communs. Une évidente exigence d'unité de la structure familiale commande une telle solution.

721. – **Port du nom en cas de filiation unique.** Lorsque la filiation n'est établie qu'à l'égard d'un parent, l'enfant prend le nom de ce parent(155). La règle peut paraître sévère pour le parent qui établit sa filiation en second. Pour cette raison, l'article 311-23 du Code civil prévoit, en son alinéa deuxième, que lors de l'établissement du second lien de filiation puis durant la minorité de l'enfant, les parents peuvent, par déclaration conjointe devant l'officier de l'état civil, choisir soit de lui substituer le nom de famille du parent à l'égard duquel la filiation a été établie en second lieu, soit d'accoler leurs deux noms, dans l'ordre choisi par eux, dans la limite d'un nom de famille pour chacun d'eux. Le changement de nom est mentionné en marge de l'acte de naissance. Une limite existe cependant puisque lorsqu'un enfant commun du couple porte déjà un nom, la déclaration de changement de nom ne peut avoir d'autre effet que de donner le nom précédemment dévolu ou choisi. De manière classique, si l'enfant a plus de treize ans, son consentement personnel est nécessaire.

3° Autorité parentale

722. – **Relativement à la personne de l'enfant.** L'établissement du lien de filiation à l'égard d'un enfant mineur a pour conséquence de conférer aux parents l'exercice de l'autorité parentale relativement aux biens de l'enfant(156). La titularité de ce droit-fonction cesse à la majorité de l'enfant.

B. – Les conséquences en matière patrimoniale

1° Vocation successorale

723. – **Ascendants et descendants.** La loi crée entre les parents et leurs enfants une vocation successorale légale, ce qui signifie que faute de libéralités

(154) C. civ., art. 311-21.
(155) C. civ., art. 311-23.
(156) Pour une présentation détaillée du droit de l'autorité parentale, V. *infra*, n°s 1199 et s.

organisant la transmission du patrimoine du défunt, elle s'opérera selon les dispositions du Code civil. On dit alors que les ascendants et descendants sont des héritiers présomptifs. Pour autant, la vocation successorale ne revêt plus un caractère réciproque dans le lien de parenté. En effet, si les descendants ont bien la qualité de réservataire, les ascendants quant à eux ne bénéficient plus d'une réserve légale depuis la réforme du droit des successions et libéralités effectuée par la loi n° 2006-728 du 23 juin 2006. En pratique, de nombreux contentieux qui éclatent en droit de la filiation restent entretenus par un intérêt strictement successoral.

2° Obligations alimentaires

724. – **Réciprocité.** En matière de parenté, une obligation alimentaire existe entre les ascendants et les descendants. Ainsi, l'enfant doit des aliments à ses ascendants (parents, grands-parents et arrières grands-parents) dans le besoin, lorsqu'il possède des ressources, et réciproquement. Une seule nuance existe s'agissant des aliments dus par les parents à leur enfant, qui prend la dénomination d'obligation parentale d'entretien et présente des particularités[157].

725. – **Incidences de l'effet déclaratif.** Comme l'établissement de la filiation revêt un effet déclaratif, les parents doivent des aliments à leurs enfants depuis la naissance de ces derniers. L'établissement de la paternité d'un homme peut ainsi comporter des lourdes incidences pécuniaires si la mère de l'enfant, agissant au nom de ce dernier, réclame le remboursement d'une partie des frais qu'elle a jusque-là exposés seule.

3° Administration légale

726. – **Relativement aux biens de l'enfant.** Lorsque le lien de filiation d'un enfant s'établit, les parents deviennent titulaires de l'administration légale, c'est-à-dire du volet patrimonial de l'autorité parentale[158]. Le Code civil parle d'autorité parentale relative aux biens de l'enfant.

SECTION 2

LA CONTESTATION DU LIEN DE FILIATION

727. – **Lien avec l'état des personnes.** Le lien de filiation concerne directement l'état des personnes et, partant, l'ordre public. En rattachant un enfant à un adulte, voire à deux, le lien de filiation le fait juridiquement entrer dans la famille de cet adulte, ce que démontre l'acte de naissance de l'enfant. C'est d'ailleurs la raison pour laquelle les jugements en établissement de la filiation doivent nécessairement ordonner leur transcription sur les registres de l'état civil. Rien ne servi-

(157) V. *infra*, n° 1206 pour cette obligation.
(158) Pour une présentation détaillée du droit de l'administration légale, V. *infra*, n°s 1238 et s.

rait en effet de parvenir à faire établir la paternité d'un homme si, concrètement, l'état civil de l'enfant ne portait pas mention de ce lien nouveau. L'essentiel réside dans la modification de l'état civil de l'enfant et, de manière corrélative, de l'adulte auquel on le rattache.

728. - **Exclusivité judiciaire.** L'importance de l'état civil en ce domaine explique que la contestation d'un lien de filiation ne peut s'opérer que par le biais d'une décision de justice. À l'instar du jugement qui établit une paternité, la décision de justice qui fait droit à une demande de contestation d'un lien de filiation légalement établi doit nécessairement être transcrite sur les registres de l'état civil pour avoir une véritable efficacité. Parce que la contestation d'un lien de filiation a précisément pour objet d'anéantir une structure familiale jusque-là légalement établie, le juge peut seul ordonner une telle modification de l'état civil.

729. - **Office contentieux du juge.** En dépit de l'important mouvement de libéralisation du droit de la famille précédemment décrit, et malgré une tendance assez sensible en cette matière à la déjudiciarisation, il n'en demeure pas moins que la contestation du lien de filiation demeure de la compétence exclusive du juge. Il n'est point question en ce domaine, contrairement à ce que l'on rencontre avec le divorce par consentement mutuel ou en matière de relations familiales, de permettre aux membres de la famille de conclure une quelconque convention pour la soumettre ensuite à l'homologation du juge. Dans un ordre d'idées quelque peu voisin, la notion d'intérêt de l'enfant, pourtant omniprésente en droit contemporain, n'a pas véritablement sa place dans le contentieux de la contestation du lien de filiation. Au demeurant, le constat d'éviction de la notion d'intérêt de l'enfant n'a rien de surprenant puisque l'action en contestation de la filiation, à l'image du lien de filiation lui-même, repose sur une logique binaire. Ainsi un lien de filiation s'établit ou pas. Il en va de même pour la contestation du lien qui s'accorde donc assez mal avec la recherche d'équilibre et les compromis réalisables grâce à l'emploi d'une notion à contenu variable comme celle d'intérêt de l'enfant. Par conséquent, lorsque le tribunal de grande instance se trouve saisi d'une action en contestation d'un lien de filiation établi, il tranche le litige de manière classique, c'est-à-dire en statuant de manière contentieuse. Ainsi, le juge dans un contentieux opposant l'amant de la mère au mari de cette dernière, tranchera ce conflit de paternité, sans doute grâce aux résultats d'une expertise biologique ordonnée par ses soins, en disant laquelle des deux prétentions est bien fondée ; mais il ne s'agira nullement pour cette juridiction d'homologuer une éventuelle convention que le mari et l'amant auraient conclu dans l'intérêt de l'enfant et prévoyant une paternité alternée entre eux. Une telle solution n'aurait évidemment aucun sens dès lors qu'il s'agit d'établir une structure familiale, car modifier l'état civil de l'enfant suppose de la stabilité et de la sécurité.

730. - **Plan.** De manière chronologique et logique, seront présentés les conditions (§ 1) et les effets (§ 2) de la contestation du lien de filiation.

§ 1. – Les conditions de la contestation du lien de filiation

Bibliographie

- F. Dekeuwer-Défossez, *Le nouveau droit de la filiation : pas si simple : Rev. Lamy dr. civ.* 2005, n° 21, p. 34.
- A. Gouttenoire, *Les actions relatives à la filiation après la réforme du 4 juillet 2005 : Dr. famille* 2006, étude 6.
- J. Hauser, *Des filiations à la filiation : RJPF* 2005, n° 9, p. 6.
- J. Massip, *Le nouveau droit de la filiation : Defrénois* 2006, 91 ; *La loi du 16 janvier 2009 ratifiant l'ordonnance du 4 juillet 2005 réformant le droit de la filiation : Defrénois* 2009, 591 ; *Rôle du ministère public en matière de filiation. Les frontières de l'ordre public et de la fraude à la loi : AJF* 2012, 34.
- G. Vial, *La recevabilité des actions relatives à la filiation dans la loi n° 2009-61 du 16 janvier 2009 : Dr. famille* 2009, étude 18.
- E. Viganoti, *Modes d'établissement de la filiation : AJF* 2012, 12.

731. - **Indisponibilité de l'état des personnes.** Visant à remettre en cause l'état des personnes, la contestation d'un lien de filiation juridiquement établi demeure nécessairement judiciaire. Des conditions rigoureuses encadrent cette action.

732. - **Droit commun et droit spécial.** L'action en contestation de la filiation se trouve soumise à des principes généraux qui la gouvernent. Pour autant, le type de lien qu'il s'agit de remettre en cause (maternité ou paternité) rejaillit sur les conditions de l'action en justice. Ainsi convient-il de distinguer les principes gouvernant l'action en contestation en général (I) et les différentes hypothèses de contestation (II).

I. – Les principes gouvernant l'action en contestation

733. - **Restriction et ouverture.** Les principes gouvernant l'action en contestation témoignent de la délicate combinaison à laquelle procède le droit de la filiation. D'un côté, les conditions d'ouverture de l'action font l'objet d'une restriction puisqu'il s'agit d'une action attitrée (A), enfermée dans des délais spécifiques (B) et connaissant une certaine altération des principes directeurs du procès (C). De la sorte, les conditions de l'action en contestation du lien de filiation visent à garantir la stabilité de l'état des personnes. Parallèlement, l'accès à la preuve biologique a été largement ouvert (D), ce qui témoigne de l'importance prise en cette matière par la recherche de la vérité biologique.

A. – Une action attitrée

1° Restriction des demandeurs

734. - **Probabilité.** Dans le cadre d'une action en contestation de filiation, la qualité de demandeur dépend de la solidité réelle ou supposée du lien que l'on souhaite anéantir. Ainsi, lorsque le titre qui établit la filiation, comme une reconnaissance

de paternité par exemple, est corroboré par une possession d'état conforme à ce fameux titre, c'est-à-dire lorsque celui qui a reconnu l'enfant se comporte effectivement au quotidien comme le père, il y de fortes raisons pour considérer que cet homme se trouve bien être le géniteur. Du moins, s'il ne l'est pas biologiquement, il a marqué par son comportement, lequel combine une reconnaissance initiale et une attitude quotidienne, une volonté assez évidente de se voir juridiquement rattaché l'enfant. Le droit, soucieux de protéger la stabilité d'une situation caractérisée par la volonté de se voir rattaché l'enfant, en tient compte en rendant plus compliquée l'action en contestation. Le constat se vérifie pour le délai de prescription de l'action qui sera raccourci lorsque le titre est corroboré par une possession d'état(159), mais aussi en ce qui concerne la qualité de demandeur à l'action.

a) Détermination des demandeurs en cas de titre corroboré

735. - **Restriction des demandeurs.** Lorsque le titre est corroboré par une possession d'état, l'article 333, alinéa 1er du Code civil dispose que seuls peuvent agir l'enfant, l'un de ses père et mère ou celui qui se prétend le parent véritable. Bien évidemment, durant la minorité de l'enfant, l'action est introduite par son représentant légal. Une telle restriction du droit d'action se justifie aisément. La concordance entre le titre et la possession d'état rend la filiation vraisemblable ou, à tout le moins, exprime une volonté de l'adulte de se voir rattaché juridiquement l'enfant. Si l'on considère qu'une telle volonté fonde aujourd'hui juridiquement le lien de filiation, il paraît opportun de protéger ce dernier face à des actions fantaisistes ou rancunières. L'exigence d'une possession d'état conforme au titre ne signifie nullement que celui qui est juridiquement désigné comme père soit effectivement le géniteur. Après tout, il est possible de reconnaître un enfant que l'on sait ne pas être le sien, puis de se comporter ensuite comme le véritable parent. Ceci démontre qu'en restreignant les demandeurs à l'action en contestation de filiation, il s'agit avant tout de protéger la stabilité d'un lien qui exprime au moins une vérité affective et sociologique, voire qui reflète, au mieux, une vérité biologique.

Prolongement pratique

Absence d'intérêt à agir du légataire

736. - Le légataire de l'une des personnes légalement qualifiées à agir aux termes de l'article 333 du Code civil peut-il introduire une action en contestation de paternité ? Si la question mérite d'être posée dès lors que le descendant dispose de la sorte du droit d'agir, selon l'article 322 du Code civil, une réponse négative a cependant été apportée par la jurisprudence s'agissant du légataire(160). Ainsi, en cas de possession d'état conforme au titre, suite au décès de

(159) Sur ce point, V. *infra*, n° 775.

(160) Cass. 1re civ., 2 avr. 2014, n° 13-12.480 : *Dr. famille* févr. 2015, étude 1, spéc. n° 19, obs. V. Égéa ; *JCP* G 2014, doctr. 958, obs. P. Murat ; *Dr. famille* 2014, comm. 97, note C. Neirinck. En l'espèce, une enfant née en 1976 est reconnue par sa mère puis par le mari de celle-ci lors du mariage avec la mère en 1984. Le père décède en 2005 et laisse pour lui succéder sa fille et sa sœur, instituée légataire universelle. Cette dernière agit en contestation de la reconnaissance de paternité. Par une substitution de motifs fondée sur l'article 1015 du Code de procédure civile, la Cour de cassation rejette le pourvoi en jugeant que « le légataire universel du titulaire de l'action prévue par l'article 333 du Code civil, n'étant pas un héritier de celui-ci au sens de l'article 322 du même code, n'a pas qualité pour exercer cette action ».

l'auteur de la reconnaissance, la personne qu'il a instituée légataire universel ne peut pas agir en contestation de filiation. On peut raisonnablement penser, en revanche, qu'en l'absence d'une possession d'état venant corroborer le titre, le légataire pourrait agir en contestation de paternité s'il présente un intérêt personnel à agir, d'ordre pécuniaire notamment.

b) Détermination des demandeurs en cas de titre nu

737. – **Moindre vraisemblance.** L'expression « titre nu » désigne la situation dans laquelle le titre qui fonde la filiation, une reconnaissance de paternité par exemple, n'est pas corroboré par une possession d'état. Tel est le cas d'un homme qui viendrait à reconnaître un enfant mais ne se comporterait pas ensuite comme le père. L'absence de possession d'état conforme au titre rend le lien de filiation plus douteux, ce qui justifie que sa remise en cause devienne alors plus aisée. C'est la raison pour laquelle l'article 334 du Code civil dispose qu'« à défaut de possession d'état conforme au titre, l'action en contestation peut être engagée par toute personne qui y a un intérêt dans le délai prévu à l'article 321 du Code civil ».

738. – **Intérêt à agir.** Faute d'une possession d'état confortant le titre, la filiation paraît douteuse et sa remise en cause se trouve facilitée. Édicter cependant, comme le fait l'article 334 du Code civil, que toute personne qui y a un intérêt peut contester le lien de filiation établi, ne signifie pas que n'importe qui peut agir de la sorte. Encore faut-il en effet que, conformément au droit commun, le demandeur présente un intérêt matériel ou moral à agir.

Prolongement pratique

Exemple d'intérêt à agir : l'intérêt pécuniaire du demi-frère

739. – Dans l'hypothèse où un homme viendrait à reconnaître un enfant qu'il sait pertinemment ne pas être le sien, pour répondre par exemple, à une sollicitation en ce sens de sa compagne (mère de l'enfant), si cet homme était déjà le père d'un premier enfant, ce dernier a un intérêt successoral évident à contester cette filiation, en l'absence d'une possession d'état.

Prolongement pratique

Exemple d'intérêt à agir : l'ex-épouse de l'auteur de la reconnaissance de paternité

740. – Sous l'empire des dispositions antérieures à l'ordonnance n° 2005-759 du 4 juillet 2005, une solution qui illustre parfaitement cette notion d'intérêt à agir a pu être rendue au sujet de l'intérêt à agir de l'ex-épouse de l'auteur d'une reconnaissance de paternité[161].

(161) Cass. 1re civ., 7 janv. 1992 : *Bull. civ.* 1992, I, n° 1 ; *D.* 1993, somm. p. 126, obs. Delecourt ; *D.* 1993, 165, obs. F. Granet-Lambrechts ; *Defrénois* 1992, 725, obs. J. Massip.

Selon toute vraisemblance, la solution alors dégagée trouve toujours à s'appliquer en droit positif. Ainsi, a-t-il pu être jugé que l'ex-épouse de l'auteur de la reconnaissance présentait un intérêt à agir du fait de la réduction de la pension qu'elle obtenait de celui-ci, suite à la reconnaissance qu'il avait souscrite.

741. – **À propos de l'intérêt à agir des grands-parents.** Les grands-parents ne sont pas des demandeurs qualifiés par la loi qui auraient, par principe, intérêt à agir en contestation du lien de filiation de leur petit-enfant(162). À l'instar des autres demandeurs, les grands-parents doivent en effet avoir un intérêt, moral ou matériel, à agir en contestation du lien de filiation. La jurisprudence a pu dégager naguère cette règle qui, de toute évidence, s'avère toujours d'actualité sous l'ère de l'ordonnance n° 2005-759 du 4 juillet 2005. Partant, s'il a pu être jugé que la seule volonté de la grand-mère maternelle de voir respecter la vérité biologique ne constitue pas un intérêt légitime(163), il a été en revanche décidé que la grand-mère maternelle d'une enfant, qui a fait l'objet d'une reconnaissance par le second mari de la mère, a un intérêt à agir en contestation de cette reconnaissance, comme ayant la garde de l'enfant sur décision du juge des enfants(164). Dans un ordre d'idées quelque peu différent, présente aussi un intérêt à agir en contestation du lien de filiation la grand-mère privée de toute relation avec sa petite-fille(165).

2° Action du ministère public

a) Généralité du droit d'action

742. – **La possession d'état : élément indifférent.** L'article 336 du Code civil habilite de manière assez large le ministère public à contester un lien de filiation légalement établi. Peu importe alors que le lien soit établi par un titre nu ou par un titre corroboré par une possession d'état, le ministère public disposant d'un droit d'action général, mais néanmoins conditionné.

743. – **Conditions d'action du ministère public.** La filiation légalement établie peut être contestée par le ministère public à certaines conditions, précisées par l'article 336 du Code civil. Ainsi peut-il agir si des indices tirés des actes eux-mêmes la rendent invraisemblable ou en cas de fraude à la loi, sachant que l'intérêt supérieur de l'enfant ne saurait justifier un état civil et une filiation conférés en fraude à la loi(166). Les deux conditions ainsi posées ne constituent qu'une simple

(162) Cf. CA Paris, 17 avr. 1992 : *D.* 1993, somm. p. 164, obs. F. Granet-Lambrechts : les grands-parents n'ont aucun intérêt moral « de principe » à contester la reconnaissance de leurs petits-enfants, notamment lorsqu'ils ne sont pas les ascendants de l'auteur de la reconnaissance.

(163) CA Paris, 17 avr. 1992, préc.

(164) CA Dijon, 21 oct. 1998 : *D.* 1999, somm. p. 1999, obs. F. Granet ; *RTD civ.* 1999, 828, obs. J. Hauser.

(165) Cass. 1re civ., 15 mai 2001 : *RJPF* 2001-10/34, obs. Blanc.

(166) Cass. 1re civ., 17 nov. 2010, n° 09-68.399 : *JCP G* 2011, n° 302, note D. Martel ; *Dr. famille* 2011, comm. 7, note C. Neirinck : « ayant relevé que M. X... avait produit au consulat de France une déclaration mensongère attestant d'un faux accouchement de son épouse, c'est à bon droit que l'arrêt retient que l'intérêt supérieur de l'enfant ne saurait justifier

traduction plus précise des modalités du droit d'action général du ministère public tel que prévu aux articles 422 et 423 du Code de procédure civile.

L'article 422 du Code de procédure civile dispose en effet que le ministère public agit d'office dans les cas spécifiés par la loi. Les dispositions des articles 336 et 336-1 du Code civil, relatives à la contestation par le ministère public du lien de filiation établie, constituent vraisemblablement un cas d'action spécifié par la loi, au sens de l'article 422 du Code de procédure civile. Même si cette interprétation se révèle discutable, l'article 423 du Code de procédure civile permet lui aussi au ministère public d'agir de manière large, comme partie principale en matière civile, quand il s'agit de défendre l'ordre public en disposant qu'en dehors des cas d'action spécifiés par la loi, il peut agir pour la défense de l'ordre public à l'occasion des faits qui portent atteinte à celui-ci. En filigrane, se dessine bien une atteinte à l'ordre public lorsqu'il est question d'indices tirés des actes eux-mêmes qui rendent invraisemblable la filiation, puisque les actes d'état civil intéressent sans conteste l'ordre public(167).

744. – **Importance de l'action du ministère public en cas de gestation pour autrui.** Même si l'article 336 du Code civil permet au ministère public d'agir comme partie principale en contestation d'une filiation légalement établie, il n'en demeure pas moins qu'en pratique de telles actions demeurent assez rares. Si le droit d'agir du ministère public se rencontre parfois en cas de falsification d'un acte de l'état civil étranger(168), l'action en justice du ministère public demeure la plus remarquée en matière de gestation pour autrui, notamment lorsqu'il s'agit de s'opposer à la transcription d'actes de naissance d'enfants nés de la sorte à l'étranger, voire pour solliciter la nullité d'une transcription déjà faite(169).

b) Hypothèse de l'article 336-1 du Code civil

745. – **Conflit de paternités.** Introduit par la loi n° 2009-61 du 16 janvier 2009 de ratification de l'ordonnance n° 2005-759 du 4 juillet 2005, l'article 336-1 du Code civil concerne une hypothèse spécifique d'action en contestation de paternité, à savoir la situation dans laquelle une contradiction viendrait à apparaître lorsqu'un homme déclare la naissance de l'enfant. Si l'enfant a d'ores et déjà fait l'objet d'une reconnaissance anténatale par un autre homme, il dispose d'une filiation. Il convient alors de trancher ce conflit de paternités. Pour ce faire, l'article 336-1 du Code civil organise une répartition des tâches entre l'officier de l'état civil et le procureur de la République en disposant que lorsqu'il détient une reconnaissance paternelle prénatale dont les énonciations relatives à son auteur sont contredites par les informations concernant le père que lui communique le déclarant, l'officier de l'état civil compétent(170), établit l'acte de naissance au vu des informations communiquées par le déclarant. Il doit en aviser sans délai le procureur de la République qui élève le conflit de paternité sur le fondement de l'article 336 du Code civil.

un état civil et une filiation conférés en fraude à la loi, étant observé en outre que l'enfant, de nationalité marocaine et résidant au Maroc, reste titulaire d'un acte de naissance marocain ».

(167) Sur l'importance des actes de l'état civil, V. *supra*, not. n°s 54 et 151.

(168) Cf. Cass. 1re civ., 17 nov. 2010, préc.

(169) Sur une étude détaillée de ces actions du ministère public en matière de gestation pour autrui et une présentation des évolutions jurisprudentielles internes et européennes en ce domaine, V. *infra*, n°s 844 et s.

(170) C'est-à-dire l'officier de l'état civil du lieu de naissance de l'enfant, selon l'article 55 du Code civil.

Code civil

Art. 336-1 ***(Réd. L. 16 janv. 2009).*** – Lorsqu'il détient une reconnaissance paternelle prénatale dont les énonciations relatives à son auteur sont contredites par les informations concernant le père que lui communique le déclarant, l'officier de l'état civil compétent en application de l'article 55 établit l'acte de naissance au vu des informations communiquées par le déclarant. Il en avise sans délai le procureur de la République qui élève le conflit de paternité sur le fondement de l'article 336.

746. – **Droit commun.** L'action introduite par le ministère public dans cette hypothèse constitue bien *in fine* une action qui répond aux règles de l'article 336 du Code civil. Les dispositions de l'article 336-1 du Code civil facilitent donc la résolution précoce d'un conflit de paternités, par le biais de l'action du ministère public. Dans une telle hypothèse en effet, comme le conflit de paternités est élevé dans la foulée de la rédaction de l'acte de naissance, aucune possession d'état continue et univoque n'existe. Le tribunal de grande instance saisi dans ces conditions ordonnera probablement une expertise biologique afin de déterminer avec exactitude le père de l'enfant.

Prolongement pratique

Difficulté de mise en œuvre

747. – Même si l'introduction par le ministère public d'une action en contestation de paternité en cas d'existence d'une reconnaissance anténatale qui contredit les énonciations faites par l'homme qui déclare la naissance de l'enfant permet de rapidement purger le contentieux en déterminant le véritable père de l'enfant, il n'en demeure pas moins que le mécanisme se heurte à des difficultés de mise en œuvre. Pour aviser utilement le ministère public, l'officier de l'état civil doit en effet connaître l'existence d'une reconnaissance anténatale de paternité, ce qui ne pose pas de difficulté dans l'hypothèse où ladite reconnaissance a été faite devant le même service de l'état civil. En revanche, si la reconnaissance a été effectuée devant un autre service de l'état civil, l'officier de l'état civil qui rédige l'acte de naissance peut l'ignorer. Connaître l'existence de la reconnaissance anténatale suppose que les registres de l'état civil soient connectés entre eux, ce qui n'est pas toujours le cas. La situation s'avère encore plus incertaine lorsque la reconnaissance anténatale n'est pas effectuée devant un officier de l'état civil mais qu'elle revêt une forme notariée. Rien n'indique dans une telle situation que l'officier de l'état civil connaîtra l'existence de la reconnaissance de paternité anténatale. Ceci pose une nouvelle fois la question de l'opportunité d'une reconnaissance de paternité faite devant notaire restant par définition inconnue durant fort longtemps, alors que précisément cet acte juridique devrait avoir pour finalité de créer un lien de filiation, c'est-à-dire une situation ayant vocation à être opposable à tous.

B. – La prescription de l'action

748. – **Rôle de la possession d'état.** L'existence d'une possession d'état conforme au titre fondant la filiation rend cette dernière vraisemblable. Le droit en tient compte non seulement en restreignant le champ des demandeurs à l'action en contestation de paternité, mais aussi en modifiant le délai de prescription

de l'action en contestation. L'incidence de la possession d'état sur la prescription de l'action est double puisque la présence d'une possession d'état conforme au titre peut non seulement réduire la durée du délai de prescription mais peut aussi, parfois, ériger une véritable fin de non-recevoir face à l'action.

749. – **Possession d'état et réduction du délai de prescription.** Tout en disposant que les actions relatives à la prescription se prescrivent par dix ans à compter du jour où la personne a été privée de l'état qu'elle réclame ou a commencé à jouir de l'état qui lui est contesté, l'article 321 du Code civil précise « sauf lorsqu'elles sont enfermées par la loi dans un autre délai ». Ainsi l'action en contestation de filiation se prescrit selon le délai décennal de droit commun, lorsque le lien qu'il s'agit de remettre en cause a été établi par un titre nu, à défaut de possession d'état conforme au titre(171). En revanche, quand une possession d'état corrobore le titre, le droit favorise la stabilité de cette situation dans laquelle la filiation paraît vraisemblable(172), en réduisant le délai de prescription à cinq ans(173). Le délai de prescription ainsi raccourci commence à courir à compter du jour où la possession d'état a cessé ou du décès du parent dont le lien de filiation est contesté.

750. – **La possession d'état, « verrou » à l'action en contestation.** La conformité de la possession d'état au titre permet de favoriser la stabilité du lien de filiation d'une seconde manière, très efficace, qui consiste à verrouiller l'action. Ainsi l'article 333, alinéa 2 du Code civil prévoit que « nul, à l'exception du ministère public, ne peut contester la filiation lorsque la possession d'état conforme au titre a duré au moins cinq ans depuis la naissance ou la reconnaissance si elle a été faite ultérieurement ». À partir du moment où la possession d'état concorde au titre durant cinq ans, l'action en contestation de filiation ne sera plus recevable quand bien même le lien juridique de filiation ne refléterait pas la réalité génétique. L'écoulement du temps conforte ici la filiation vécue et l'on parle souvent en pratique, pour désigner les incidences de la possession d'état, d'une vérité sociologique ou factuelle.

C. – Principes directeurs du procès

751. – **Altération.** Certains principes directeurs du procès sont altérés dans le cadre de l'action en contestation de la filiation. Tel est le cas du principe de publicité des débats puisque les affaires en matière de filiation demeurent instruites et jugées à huis clos. De même, les dossiers relatifs à la contestation de la filiation doivent nécessairement faire l'objet d'une transmission au ministère public.

(171) C. civ., art. 334 : « À défaut de possession d'état conforme au titre, l'action en contestation peut être engagée par toute personne qui y a intérêt dans le délai prévu à l'article 321 du Code civil ».

(172) L'on citera ici le mot de Ph. Malaurie pour qui « le vrai père, c'est celui qui aime… pendant cinq ans ! » (Colloque, Université de Lyon III, 28 nov. 2005).

(173) C. civ., art. 333, al. 1er : « Lorsque la possession d'état est conforme au titre, seuls peuvent agir l'enfant, l'un de ses père et mère ou celui qui se prétend le parent véritable. L'action se prescrit par cinq ans à compter du jour où la possession d'état a cessé ou du décès du parent dont le lien de filiation est contesté ».

D. – Rôle central de la preuve biologique[174]

752. – **Expertise biologique de droit.** L'action en contestation de filiation a offert à la Cour de cassation l'occasion de consacrer l'une des solutions les plus célèbres du droit contemporain de la famille, dans un style qui ne va pas sans rappeler la généralité d'un article du Code civil[175], en jugeant que « l'expertise biologique est de droit en matière de filiation, sauf motif légitime de ne pas y procéder »[176]. Concrètement, cela signifie que si l'une des parties sollicite une expertise biologique – examens comparés des sangs ou analyses comparées des ADN respectifs – le tribunal saisi au principal[177] (et non le juge des référés) doit y faire droit et ordonner ladite expertise. L'accès à la preuve biologique s'en trouve donc facilité puisque la juridiction ne saurait exiger la production de présomptions ou indices préalables pour ordonner cette mesure d'instruction. La solution s'avère d'autant plus remarquable qu'en droit français, ne peuvent être produites en justice que les expertises biologiques ordonnées par le juge[178] saisi au fond. La règle selon laquelle l'expertise biologique est de droit en matière de filiation connaît toutefois une exception lorsqu'il existe des motifs légitimes de ne pas y procéder, que les juges du fond sont tenus de solidement caractériser pour échapper à une cassation[179].

Au-delà de son intérêt procédural et pratique évident, l'arrêt rendu le 28 mars 2000 présente une dimension théorique essentielle en constituant l'expression la plus évidente de la place centrale de la vérité biologique dans le droit contemporain de la filiation. À ce titre, l'arrêt annonçait déjà certaines des évolutions réalisées par l'ordonnance n° 2004-759 du 4 juillet 2005.

Cass. 1re civ., 28 mars 2000, n° 98-12.806

Sur le moyen unique :

Vu les articles 339 et 311-12 du Code civil, ensemble l'article 146 du nouveau Code de procédure civile ;

Attendu que l'expertise biologique est de droit en matière de filiation, sauf s'il existe un motif légitime de ne pas y procéder ;

Attendu que Mme X... a donné naissance, le 29 octobre 1994, à un enfant prénommé Emmanuel Jean-Marc qui a été reconnu dans l'acte de naissance par M. Y... ; que, le 26 juin 1995, elle a formé une action en contestation de cette reconnaissance et sollicité une expertise sanguine ;

Attendu que pour la débouter de sa demande, l'arrêt attaqué énonce que Mme X... ne rapporte pas la preuve du caractère mensonger de la reconnaissance et qu'une expertise médicale ne peut être ordonnée en vue de suppléer la carence de la partie dans l'administration de la preuve ;

Attendu qu'en statuant ainsi, la cour d'appel a violé les deux premiers des textes susvisés par refus d'application et le troisième, par fausse application ;

(174) F. Bicheron, *L'illicéité de la preuve en droit de la famille*, in *Mél. G. Champenois*, Lextenso, 2012, p. 37.

(175) Certains auteurs proposent d'ailleurs de consacrer explicitement dans le Code civil un véritable droit à l'expertise biologique qui serait, selon cette proposition, plus conforme avec les exigences posées par la Cour européenne des droits de l'Homme et concorderait davantage avec l'évolution du droit contemporain de la filiation : Cf. P. Hilt, Pour une réécriture de l'article 16-11 du Code civil : RTD civ. 2017, 27.

(176) Cass. 1re civ., 28 mars 2000, n° 98-12.806 : *Dr. famille* 2000, comm. 72, note P. Murat ; *JCP* G 2000, II, concl. Petit, note Monsallier Saint-Mleux ; *JCP* G 2001, I, 362, obs. L. Cadiet ; *JCP* G 2001, I, 332, obs. Y. Favier ; *RJPF* 2000, n° 5, p. 23, chron. J. Hauser ; *D.* 2000, 731, note T. Garé ; *D.* 2001, 976, obs. F. Granet-Lambrechts ; *D.* 2001, 2868, obs. C. Desnoyer ; *LPA* 5 sept. 2000, p. 8, note Nevejans-Bataille.

(177) Cf. C. civ. art. 16-11 ; pour l'impossibilité de voir ordonnée une expertise ADN par un juge des référés saisi sur le fondement de l'article 145 du Code civil, cf. Cass., 1re civ., , 8 juin 2016, n° 15-16.696 : *Dr. famille* 2016, comm. 173, note H. Fulchiron ; *RTD civ.* 2016, 597, obd. J. Hauser ; *AJ fam.* 2016, 388, obs. M. Saulier ; pour l'impossibilité de voir ordonné un examen comparé des sangs, cf. Cass., 1re civ., 12 juin 2018, n° 17-16.793 : *Dr. famille* 2018, chron. 1, obs. V. Egéa, à paraître ; *AJ fam.* 2018, 397, obs. J. Houssier.

(178) C. civ., art. 16-11.

(179) Cf. Cass. 1re civ., 29 mai 20013, n° 12-15.901.

PAR CES MOTIFS :

CASSE ET ANNULE, dans toutes ses dispositions, l'arrêt rendu le 2 octobre 1997, entre les parties, par la cour d'appel de Paris ; remet, en conséquence, la cause et les parties dans l'état où elles se trouvaient avant ledit arrêt et, pour être fait droit, les renvoie devant la cour d'appel de Versailles.

Commentaires : *Dr. famille* 2000, comm. 72, note P. Murat ; *RJPF* 2000, n° 5, p. 23, chron. J. Hauser ; *D.* 2000, 731, note T. Garé ; *JCP* G 2000, II, concl. Petit, note Monsallier Saint-Mleux ; *JCP* G 2001, I, 362, obs. L. Cadiet ; *JCP* G 2001, I, 332, obs. Y. Favier ; *D.* 2001, 976, obs. F. Granet-Lambrechts ; *D.* 2001, 2868, obs. C. Desnoyer ; *LPA* 5 sept. 2000, p. 8, note Nevejans-Bataille.

753. – **Prolongement pratique : stratégie procédurale : devant quel juge solliciter une expertise biologique ?** En cas de doute sur la filiation d'un enfant, les résultats d'une expertise biologique peuvent évidemment fournir un élément de preuve essentiel pour la suite de l'instance, qu'il s'agisse de contester ou d'établir un lien de filiation. Pour cette raison, la tentation a pu être grande de solliciter du juge des référés, avant tout procès, une ordonnance prescrivant une telle expertise, en se fondant sur l'article 145 du Code de procédure civile. Si la jurisprudence fit un temps droit à ce type de demande(180), l'introduction de l'article 16-11 du Code civil referma cette perspective procédurale, pour l'expertise ADN à tout le moins. Il fut ainsi jugé qu'une expertise ADN ne saurait être ordonnée par le juge des référés saisi dans le cadre d'une demande d'expertise *in futurum*(181). Un doute demeurait au sujet de l'examen comparé des sangs. La Cour de cassation a jugé dans un arrêt du 12 juin 2018 que, comme pour l'expertise ADN, l'examen comparé des sangs doit être sollicité non pas auprès du juge des référés sur le fondement de l'article 145 du Code civil mais à titre de mesure d'instruction dans le cadre de l'instance au principal, introduite devant le juge saisi du fond de l'affaire(182). Autrement dit, quel que soit le type d'expertise biologique sollicité, la demande doit être portée devant le tribunal saisi pour statuer au fond et non devant le juge du provisoire. Il s'agit ce faisant d'éviter que des saisines de juge des référés ne soient faites avant tout procès, dans le but de satisfaire la curiosité du demandeur ou pour apaiser ses angoisses.

754. – **Interdiction de l'exhumation à des fins d'identification génétique.** À l'occasion de la première révision des lois dites de « bioéthique », la loi n° 2004-800 du 6 août 2004 modifia l'article 16-11 du Code civil pour poser un principe d'interdiction de l'exhumation à des fins d'identification génétique d'une personne(183). Non sans une certaine hypocrisie, frisant un involontaire cynisme, le

(180) Cass., 1re civ., 4 mai 1994, n° 92-17.911 : *D.* 1994, 545, note J. Massip ; *RTD civ.* 1994, 575, obs. J. Hauser.

(181) Cass., 1re civ., 8 juin 2016, n° 15-16.696 : *Dr. famille* 2016, comm. 173, note H. Fulchiron ; *RTD civ.* 2016.597, obd. J. Hauser ; *AJ fam.* 2016, 388, obs. M. Saulier.

(182) Cass., 1re civ., 12 juin 2018, n° 17-16.793 : *Dr. famille* oct. 2018, chron. 1, obs. V. Egéa, à paraître ; *AJ fam.* 2018, 397, obs. J. Houssier : dans cette affaire, un arrêt d'appel fait droit à une demande d'examen comparé des sangs présentée en référé sur le fondement de l'article 145 du CPC, en jugeant que « si une mesure d'identification d'une personne par ses empreintes génétiques ne peut être ordonnée en référé mais seulement à l'occasion d'une instance au fond relative à la filiation, le juge des référés peut, en présence d'un motif légitime, prescrire un examen comparé des sangs ». Cassation sans renvoi, au visa des articles 16-11 et 310-3 du Code civil, ensemble l'article 145 du CPC : « dès lors que les expertises biologiques en matière de filiation poursuivent une même finalité et présentent, grâce aux évolutions scientifiques, une fiabilité similaire, cette jurisprudence (relative à l'expertise ADN, c'est à dire Cass., 1re civ., 8 juin 2016, n° 15-16.696, préc) doit être étendue aux examens comparés des sangs ».

(183) Ce faisant, la loi répondait à l'émotion populaire suscitée par l'exhumation du cadavre d'Yves Montand : CA Paris, 4 juill. 1996 : *Dr. famille* 1997, comm. 4, note P. Murat ; *JCP* G 1998, I, 101, n° 3, obs. J. Rubellin-Devichi ; *D.* 1998, 122, note Ph. Malaurie.

texte réserve toutefois une exception tirée de l'accord donné par la personne de son vivant, afin de consentir à son exhumation future. La question de la conformité de ce texte à la Convention européenne des droits de l'homme se trouve au cœur de la célèbre affaire *Pascaud c/ France* où la Cour européenne des droits de l'homme condamne il est vrai la France pour violation du droit de connaître ses origines, mais dans un contexte factuel très spécifique(184). Le Conseil constitutionnel jugea quant à lui que le texte ne portait nullement atteinte à un droit ou une liberté garanti par la Constitution(185).

II. – Les différentes hypothèses de contestation

755. – **Distinction.** Les actions en contestation de filiation reposent sur une distinction entre les situations dans lesquelles la filiation est établie par un titre et celles où la possession d'état joue ce rôle.

A. – La contestation d'une filiation établie par un titre

756. – ***Summa divisio.*** La possession d'état ne joue pas seulement un rôle d'établissement de la filiation mais intervient aussi dans une seconde fonction, totalement différente, pour consolider une filiation déjà établie par un titre. En matière d'action en recherche de filiation, la présence ou l'absence d'une possession d'état conforme au titre revêt les aspects d'une véritable *summa divisio.*

1° La contestation d'une filiation établie par un titre nu

757. – **Signification de l'expression « titre nu ».** L'expression « titre nu » désigne la situation dans laquelle la filiation est établie par un titre, c'est-à-dire une reconnaissance de filiation faite dans l'acte de naissance ou séparément, sans qu'une possession d'état ne vienne conforter ce titre. Il s'agit par exemple de l'hypothèse où un homme reconnaît un enfant mais ne se comporte pas ensuite comme le père. Partant, la solidité du lien de filiation paraît pour le moins douteuse.

758. – **Prescription décennale.** En présence d'un titre qui n'est pas corroboré par une possession d'état conforme, l'action en contestation se prescrit selon le délai décennal de droit commun(186).

759. – **Point de départ de la prescription.** La prescription décennale commence à courir à compter du jour où la personne a été privée de l'état qu'elle réclame ou a commencé à jouir de l'état qui lui est contesté, selon l'article 321 du Code civil. Dans certaines situations, la détermination du point de départ de la prescription ne pose pas de difficulté. Il en va ainsi de l'hypothèse où un homme reconnaît l'enfant mais ne se comporte ensuite jamais comme le père. Faute de possession d'état conforme au titre, le délai de prescription décennal commence à courir du jour de

(184) CEDH, 16 juin 2011, n° 19535/08, *Pascaud c/ France* : *JCP* G 2011, II, 797, obs. L. Milano ; *AJF* 2011, 429, obs. F. Chénedé ; *RTD civ.* 2011, 526, obs. J. Hauser ; *RJPF* 2011-10/41, note T. Garé.

(185) Cons. const., 30 sept. 2011, n° 2011-173 QPC : *JCP* G 2012, I, 31, n° 5, obs. A. Gouttenoire ; *AJF* 2011, 549, obs. F. Chénedé ; *RJPF* 2011-12/38, obs. T. Garé ; *RJPF* 2012-1/13, obs. E. Putman ; *D.* 2012, 1038, obs. M. Douchy-Oudot.

(186) C. civ., art. 334.

la naissance de l'enfant. À l'égard de ce dernier, le délai de prescription de l'action en contestation de filiation commence à courir du jour de sa majorité. Concrètement, faute de possession d'état conforme au titre qui établit sa filiation, l'enfant devenu majeur peut agir jusqu'à l'âge de vingt-huit ans.

760. – **Point de départ du délai et incidence des nouveaux textes.** Le délai de prescription décennal provient de la réforme du droit de la filiation opéré par l'ordonnance n° 2005-759 du 4 juillet 2005. Naguère en effet, l'action en contestation de la filiation était enfermée dans un délai trentenaire. Tant que l'action en contestation n'a pas encore été engagée, un risque d'instabilité juridique peut cependant naître d'une telle réduction du délai de prescription. La jurisprudence a été amenée à préciser le point de départ au regard de l'entrée en application des textes nouveaux, en jugeant que la loi substituant le délai de prescription décennal au délai de prescription trentenaire étant entrée en vigueur le 1er juillet 2006, le nouveau délai courait à compter de cette date(187).

Prolongement pratique

La prescription de l'action en contestation et l'application des lois étrangères

761. – Le juge français peut être amené à appliquer des lois étrangères, lorsque la règle de conflit française désigne un ordre juridique étranger. En matière de filiation, cette situation n'a rien de marginal puisque la loi applicable en matière de filiation est la loi nationale de la mère au jour de la naissance de l'enfant. S'est posée la question de la conformité à l'ordre public international français d'une loi étrangère édictant l'imprescriptibilité des actions en contestation d'état. La jurisprudence a jugé qu'une loi étrangère désignée par la règle de conflit de lois française, qui édicterait l'imprescriptibilité des actions en contestation d'état est contraire à l'ordre public international français et ne peut en conséquence recevoir application devant les juridictions françaises(188).

Un autre problème concerne la conformité aux droits et libertés fondamentaux d'un délai légal de prescription de l'action en contestation de filiation qui, lui, serait relativement bref. La Cour européenne des droits de l'homme s'est penchée sur cette situation dans un arrêt *K. c/ République tchèque* du 8 janvier 2007, en jugeant que n'est pas contraire à l'article 8 de la Convention européenne des droits de l'homme une législation qui prévoit qu'une contestation de paternité doit être exercée dans un certain délai (en l'occurrence six mois), et non de façon illimitée, en considération de l'intérêt de l'enfant(189).

2° La contestation d'une filiation établie par un titre corroboré

762. – **Signification de l'expression « titre corroboré ».** L'expression « titre corroboré » désigne la situation dans laquelle le titre qui établit la filiation est conforté par une possession d'état conforme. Tel est le cas par exemple de celui qui reconnaît un enfant puis se comporte au quotidien comme un père le ferait

(187) Cass. 1re civ., 6 mars 2013 : *Bull. civ.* 2013, I, n° 37 ; *AJF* 2013, 238.
(188) Cass. 1re civ., 13 nov. 1979 : *Gaz. Pal.* 1980, 2, 764, note J. M.
(189) CEDH, sect. V., 8 janv. 2007, req. n° 39277/06, *K. c/ Rép. tchèque.*

pour son fils, en assumant les frais d'entretien et d'éducation, et en s'occupant de l'enfant, qui d'ailleurs porte son nom, se voyant alors considéré aux yeux des tiers comme étant le père de l'enfant. Lorsque le titre se trouve de la sorte corroboré par une possession d'état, cette dernière joue un rôle de consolidation du lien juridique de filiation créé par le titre.

763. – **Recherche d'équilibre.** Face à une action en contestation visant à anéantir un lien de filiation établi par un titre corroboré d'une possession d'état, le droit tente de ménager un équilibre entre, d'une part, la nécessaire recherche d'un lien juridique qui reflète la vérité biologique et, d'autre part, l'indispensable protection de la paix et de la stabilité des familles dès lors que la filiation paraît vraisemblable. Pour assurer ce fragile équilibre, le Code civil utilise la possession d'état, c'est-à-dire la filiation souvent qualifiée de « vécue ». Pour autant, la prise en compte de cette vérité sociologique n'intervient pas ici pour établir le lien de filiation, mais pour conforter une filiation déjà établie. Il convient ainsi de ne pas confondre les deux fonctions techniques de la possession d'état car celle-ci peut servir, d'une part, à établir un lien de filiation, quand elle est constatée par un acte de notoriété. D'autre part, la possession d'état, quand elle existe, peut avoir un autre rôle qui consiste à conforter une filiation déjà établie par un titre. Techniquement, ce rôle de la possession d'état, qui consiste à conforter une filiation établie par un titre, s'exprime non seulement au travers de la réduction du délai de prescription et la limitation des demandeurs à l'action, mais aussi par la possibilité de placer le lien de filiation à l'abri d'une action en contestation en brandissant une fin de non-recevoir.

764. – **Délai quinquennal.** Par dérogation au délai décennal de principe en matière d'action d'état, lorsque la possession d'état est conforme au titre, l'action en contestation de filiation se prescrit par cinq ans. Une telle réduction du délai de prescription favorise la filiation dite « sociologique » en compliquant la recevabilité de l'action. Le délai de prescription quinquennal commence à compter du jour où la possession d'état a cessé ou du décès du parent dont le lien de filiation est contesté.

Exemple 1

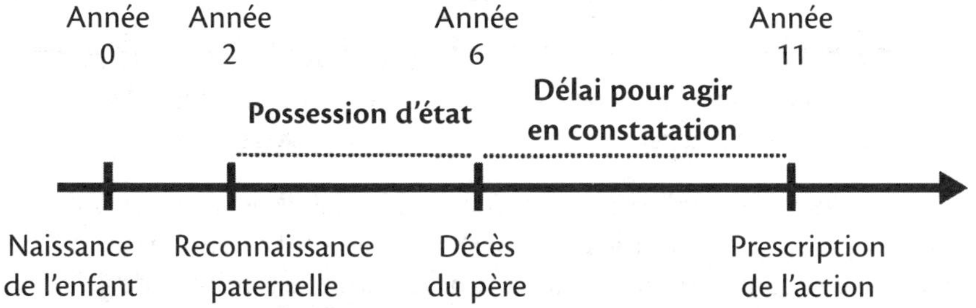

Dans l'exemple qui précède, un homme reconnaît un enfant âgé de deux ans, dont la filiation paternelle n'est pas déjà établie, puis se comporte au quotidien comme étant le père de cet enfant qu'il sait ne plus être le sien, durant quatre ans, puis décède brutalement. À compter du jour du décès du père, peuvent agir en contestation de paternité durant un délai de cinq ans, la mère, l'enfant (représenté par sa mère), le prétendu parent ou le ministère public.

765. – **Filiation inattaquable.** La possession d'état permet également de verrouiller le lien de filiation établi par un titre, quand elle dure cinq ans.

Code civil

Art. 333, al. 2. – Nul, à l'exception du ministère public, ne peut contester la filiation lorsque la possession d'état conforme au titre a duré au moins cinq ans depuis la naissance ou la reconnaissance si elle a été faite ultérieurement.

Le délai quinquennal de l'article 333, alinéa 2 du Code civil ne constitue pas à proprement parler un véritable délai de prescription mais s'impose davantage comme un délai préfix, institué à peine de déchéance du droit. Alors qu'en principe une fin de non-recevoir tirée de l'expiration du délai de prescription doit être soulevée par l'une des parties au procès et que le juge ne peut pas la soulever d'office, il ne devrait pas en aller de même en ce qui concerne le délai quinquennal de l'article 333, alinéa 2 du Code civil(190). Partant, à partir du moment où cinq années continues de concordance entre le titre et la possession d'état sont caractérisées, la filiation établie de la sorte devient tout simplement inattaquable et il sera possible d'invoquer une fin de non-recevoir face à l'action en contestation de filiation qui viendrait à être introduite. Opérant un contrôle de conventionnalité concret, également qualifié de contrôle de proportionnalité, la Cour de cassation a jugé que si l'application du délai limitant le droit de la personne de faire reconnaître son lien de filiation paternelle constitue une ingérence dans l'exercice du droit au respect de sa vie privé familiale, la fin de non-recevoir poursuit un but légitime, en ce qu'elle tend à protéger les droits et libertés des tiers ainsi que la sécurité juridique(191).

Exemple 2

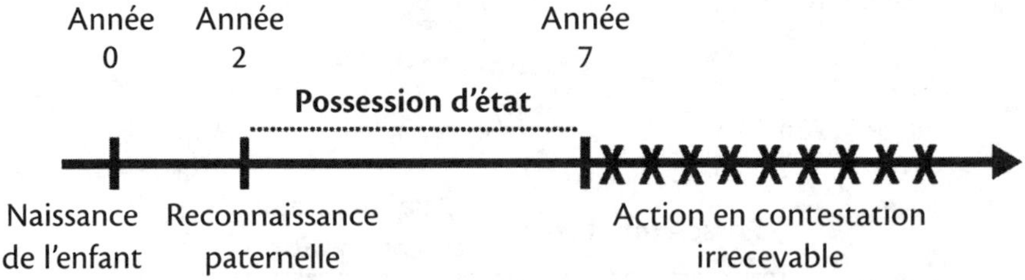

En reprenant l'exemple précédent d'un homme qui reconnaît un enfant âgé de deux ans qu'il sait ne pas être le sien et qui ne bénéficie pas d'une filiation paternelle établie, puis se comporte au quotidien comme le père de l'enfant et décède brutalement. Si le décès survient après cinq ans de possession d'état conforme au titre,

(190) Sur ce point, cf. P. Courbe et A. Gouttenoire, *op. cit.*, n° 1097.

(191) Cass., 1re civ., 6 juill. 2016, n° 15-19.853 : *Dr. famille* 2016, comm. 200, note Y. Bernand ; *Dr. famille* 2017, chron. 1, n° 20, obs. V. Egéa.

alors la filiation est inattaquable et l'action en contestation éventuellement introduite se heurtera à une fin de non-recevoir.

En revanche, si le père décède quatre ans après, comme dans l'exemple qui figure plus haut, une action en contestation de filiation peut valablement être introduite dans un délai de cinq ans à compter du jour du décès.

766. – **Faveur pour la vérité affective.** Le délai préfix institué par l'article 333, alinéa 2 du Code civil exprime une faveur pour la vérité affective, dite également « vérité sociologique »(192). Il s'agit de considérer que la relation vécue, l'affection, peut valablement fonder un lien de filiation et donc une structure familiale, quand elle dure.

767. – **Limites.** Assurément opportune, la faveur pour la vérité affective qu'exprime l'article 333, alinéa 2 du Code civil comporte cependant certaines limites. On peut ainsi douter que l'homme qui rencontre la mère d'un mineur ne bénéficiant pas d'une filiation paternelle établie et qui reconnaît l'enfant, en sachant pertinemment qu'il n'est pas le sien, continuera à se comporter comme le père après une éventuelle rupture(193). Pour autant, à partir du moment où il a reconnu l'enfant en se comportant ensuite comme un père durant cinq ans, la possession d'état va permettre de verrouiller le lien de filiation, le rendant inattaquable, indépendamment de la relation de couple.

Prolongement pratique

Les moyens de contourner le « verrou » de la possession d'état

768. – Dans l'hypothèse précédemment décrite où une filiation qui ne correspond nullement à la vérité biologique devient en principe inattaquable en raison d'une possession d'état conforme au titre durant cinq ans, existe-t-il des moyens de contourner ce fameux « verrou » ? La lettre de l'article 333, alinéa 2 du Code civil invite à répondre par la négative en disposant de manière ferme que « nul, à l'exception du ministère public, ne peut contester la filiation lorsque la possession d'état conforme au titre a duré au moins cinq ans depuis la naissance ou la reconnaissance si elle a été faite ultérieurement ». Pour autant, certains auteurs soulignent, à juste titre, que dans une telle situation « l'une des portes de sortie consistera à discuter des qualités et de la durée de la possession d'état de cinq ans »(194), en illustrant ceci par un arrêt rendu le 15 mai 2013(195). Dans l'affaire ayant donné lieu à cet arrêt, la mère d'une enfant reprochait à l'arrêt d'appel d'avoir déclaré recevable l'action en contestation introduite par son ex-mari, ordonné une expertise biologique, dit qu'il

(192) F. Millet, *La vérité affective ou le nouveau dogme de la filiation* : *JCP* G 2006, I, 112.

(193) Comp. les faits de l'espèce ayant donné lieu à un très intéressant arrêt de la cour d'appel de Douai du 6 juin 2013 (*D.* 2013, 2958, note H. Fulchiron ; *D.* 2014, 843, note J.-Ch. Galloux et H. Gaumont-Prat ; *RTD civ.* 2014, 101, note J. Hauser), qui sera étudié par la suite (V. *infra*, n° 770). L'arrêt d'appel indique ainsi qu'« il résulte en l'espèce de l'acte de naissance de Nicolas S. qu'il est né le 20 décembre 1988 de Pierre S. et de son épouse Sabine B. Le divorce des époux S./B. a été prononcé le 31 mars 2003, et Nicolas S. soutient dans ses écritures qu'à compter de cette date, il n'a plus vu son père. Dans une attestation en date du 10 mai 2010, Pierre S. affirme qu'il n'est pas le père biologique de Nicolas S., ce que confirme Sabine B., qui précise que c'est à l'âge de vingt et un ans, que son fils a appris, de Pierre S. lui-même, que ce dernier n'était pas son père biologique ». Dans sa note précitée sous l'arrêt, M. Fulchiron précise par ailleurs que dans cette affaire, les membres du couple s'étaient rencontrés alors que la mère était déjà enceinte et que le mari a reconnu l'enfant à naître durant la grossesse.

(194) P. Courbe et A. Gouttenoire, *op. cit.*, n° 1097.

(195) Cass. 1re civ., 15 mai 2013, n° 11-27.125.

n'était pas le père de l'enfant, et condamné cette femme à rembourser à son ex-mari une certaine somme en remboursement des pensions alimentaires qu'il avait payées depuis le divorce. Selon la mère, la filiation était devenue inattaquable en raison d'une possession d'état conforme au titre depuis plus de cinq ans. Le pourvoi est cependant rejeté, la Cour de cassation approuvant l'arrêt d'appel d'avoir considéré que l'enfant ne bénéficiait pas d'une possession d'état conforme au titre, en ces termes :

« Attendu qu'ayant relevé, par une appréciation souveraine des éléments de preuve soumis à son examen, d'une part, que Mégane avait eu des doutes sur sa filiation dès l'âge de 8 ans, d'autre part, que l'information selon laquelle elle n'était pas la fille de M. X... s'était propagée, depuis le cercle familial et celui des relations professionnelles, dans l'entourage social, notamment dans la localité de Saint-Cyr-sur-Mer, enfin, qu'en 2004, Mme Y... avait demandé au juge aux affaires familiales de suspendre le droit de visite et d'hébergement de M. X..., Mégane refusant de se rendre chez ce dernier, la cour d'appel, qui n'était pas tenue de s'expliquer sur les éléments de preuve qu'elle écartait, a pu en déduire que Mégane ne bénéficiait pas d'une possession d'état conforme à son titre de naissance, de sorte qu'était recevable l'action en contestation de paternité ; que les moyens ne peuvent être accueillis ».

Une certaine souplesse se constate donc dans l'appréciation des éléments constitutifs de la possession d'état. Tel est notamment le cas lorsque la Cour de cassation note que l'arrêt d'appel releva que « Mégane avait eu des doutes sur sa filiation dès l'âge de 8 ans ». L'on sait en effet à quel point l'appréciation d'un élément probatoire d'ordre subjectif, voire psychologique, demeure délicate, *a fortiori* lorsqu'il s'agit d'un enfant âgé de huit ans. L'appréciation des éléments de la possession d'état permet donc au juge du fond d'atténuer les incidences pour le moins rigides du verrou créé par une prétendue conformité durant cinq ans. Il convient toutefois de ne pas permettre au juge du fond de contourner par ce biais l'esprit de l'article 333, alinéa 2 du Code civil qui entend ménager une place certaine à la vérité dite « affective ». Pour cette raison, il paraît indispensable de n'admettre une telle éviction de la possession d'état que lorsque des éléments objectifs viennent compléter les doutes et autres éléments probatoires d'ordre psychologique. Dans la présente affaire, la Cour de cassation note ainsi que la cour d'appel avait relevé que la mère avait demandé au juge aux affaires familiales de suspendre le droit de visite et d'hébergement de son ex-mari, l'enfant refusant de se rendre chez ce dernier. Contrairement à la prise en compte des doutes d'un enfant de huit ans sur sa filiation, l'introduction d'une telle action en justice constitue un élément plus objectif permettant d'altérer le caractère paisible et continu de la possession d'état. Encore faut-il que la saisine du juge aux affaires familiales n'ait pas été faite dans une perspective purement stratégique visant à affaiblir la possession d'état, ce qui ne semble pas avoir été le cas en l'espèce, l'instance tendant à suspendre le droit d'hébergement ayant été introduite par la mère qui se prévalait précisément d'une conformité de la possession d'état au titre. L'on frôlait une attitude procédurale pour le moins contradictoire de la part de la mère !

769. – **QPC : refus de renvoi au Conseil constitutionnel.** En raison du rôle joué par la possession d'état et par l'écoulement du temps dans l'action en contestation de filiation, la Cour de cassation a rapidement été saisie d'une question prioritaire de constitutionnalité concernant l'article 333 du Code civil. Dans un arrêt du 24 février 2011, la première chambre civile refuse de transmettre la question prioritaire de constitutionnalité au Conseil constitutionnel, faute de caractère sérieux, le texte répondant à une situation objective particulière dans

laquelle se trouvent toutes les personnes bénéficiant d'une possession d'état, en distinguant selon la durée de celle-ci, afin de stabiliser leur état. Mieux, la première chambre civile justifie opportunément son refus de transmission en mettant en avant le but recherché par le texte, à savoir de rechercher un équilibre entre les composantes biologique et affective de la filiation, dans le respect de la vie privée et familiale des intéressés(196).

Cass. 1re civ., 24 févr. 2011, n° 10-40.068

Attendu que la question transmise est ainsi rédigée :

Les dispositions de l'article 333 du Code civil sont-elles conformes aux droits et libertés constitutionnellement garantis et en particulier au principe d'égalité des articles 1er et 6 de la Déclaration des droits de l'homme et du citoyen de 1789, au droit à un recours effectif de l'article 16 de ladite Déclaration et au droit au respect de la vie privée et familiale prévu à l'article 2 de cette Déclaration ?

Attendu que la disposition n'a pas déjà été déclarée conforme à la Constitution dans les motifs et le dispositif d'une décision du Conseil constitutionnel ;

Attendu que la question ne portant pas sur l'interprétation d'une disposition constitutionnelle dont le Conseil constitutionnel n'aurait pas encore eu l'occasion de faire application n'est pas nouvelle ;

Et attendu que la question posée ne présente pas un caractère sérieux, en ce que l'article 333 du Code civil, qui réglemente les conditions et les délais de l'action en contestation de la filiation, répond à une situation objective particulière dans laquelle se trouvent toutes les personnes bénéficiant d'une possession d'état, en distinguant selon la durée de celle-ci, afin de stabiliser leur état, dans un but d'intérêt général et en rapport avec l'objet de la loi qui a recherché un équilibre entre les composantes biologique et affective de la filiation, dans le respect de la vie privée et familiale des intéressés ;

D'où il suit qu'il n'y a pas lieu de la renvoyer au Conseil constitutionnel ;

PAR CES MOTIFS :

DIT N'Y AVOIR LIEU A RENVOYER au Conseil constitutionnel la question prioritaire de constitutionnalité ;

Commentaires : *D.* 2011, 1585, obs. F. Granet-Lambrechts ; *AJF* 2011, 213, obs. F. Chénedé ; *RTD civ.* 2011, 334, obs. J. Hauser.

770. – **Justifications de la fin de non-recevoir.** Le second alinéa de l'article 333, alinéa 2 du Code civil incarne à lui seul les hésitations du droit de la filiation, qui tente non seulement de faire correspondre la parenté juridique à une réalité biologique, désormais accessible techniquement, mais aussi de protéger des situations juridiques éprouvées par l'écoulement du temps, face à des volontés de remise en cause tardives, fantaisistes ou dictées par un brusque changement d'avis de certains membres de la famille. La vérité affective et la filiation vécues doivent nécessairement jouer un tel rôle dans la consolidation du lien juridique, au travers de la prise en compte de la possession d'état. Au demeurant, certaines juridictions du fond n'hésitent pas à justifier la fin de non-recevoir posée par l'article 333, alinéa 2 du Code civil en invoquant l'intérêt de l'enfant, justification suprême lorsqu'un mécanisme juridique concerne l'enfance. Ainsi la cour d'appel de Douai a jugé que l'interdiction posée par l'article 333, alinéa 2 du Code civil de faire disparaître un lien de filiation établi depuis plus de cinq années, pour ne laisser subsister, comme le demande l'appelant, que la filiation maternelle ne paraît pas porter une atteinte disproportionnée au respect de la vie privée et familiale de l'enfant, dès lors qu'il est de

(196) Sur cet aspect, V. *supra*, n° 763.

l'intérêt d'un enfant de s'inscrire dans deux lignées plutôt qu'une(197), non sans susciter les critiques de certains auteurs(198).

Prolongement pratique

L'équilibre entre vérité biologique et stabilité du lien : un avenir incertain

771. – Par le truchement de la possession d'état, l'écoulement du temps permet de rendre inattaquable un lien de filiation établi par un titre, même si cette filiation juridique ne correspond pas à la vérité biologique. L'article 333 du Code civil ménage de ce point de vue un équilibre salué par la doctrine et rappelé par la Cour de cassation. Il n'en demeure pas moins que des interrogations sont à juste titre formulées quant à l'avenir de la fin de non-recevoir que comporte le second alinéa de l'article 333 du Code civil. Le propos ne vise évidemment pas à réclamer un triomphe exclusif de la vérité biologique, chacun s'accordant sur l'indispensable prise en compte de la relation vécue, de l'affection qui constitue désormais un véritable lien constitutif d'une structure familiale, aux côtés des traditionnels liens d'alliance et de parenté. Pour autant, la solution peut aboutir, comme il a été indiqué précédemment, une fois les cinq années de concordance de la possession d'état au titre, à faire perdurer un lien juridique de filiation pourtant dépourvu de toute réalité factuelle, la possession d'état rattachant l'enfant à celui que le droit désigne comme son père ayant disparu avec la fin de la relation de couple entretenue par cet homme avec la mère de l'enfant. Certains auteurs qualifient alors cette filiation paternelle de branche morte du lien de filiation. L'expression s'avère parfaitement exacte dès lors que le lien de filiation se révèle par principe divisible et que l'on pourrait considérer que la possession d'état conforme constitue en quelque sorte la sève qui irrigue cette branche que constitue le lien de filiation. La figure de l'arbre utilisée en Occident pour représenter la structure familiale fondée sur le lien de filiation se généralisa au XVIe siècle(199), essentiellement pour permettre aux aristocrates de légitimer une haute lignée, en s'inspirant des arbres de généalogie bibliques. Les évolutions médicales et scientifiques contemporaines ayant rendu certaine la connaissance de la filiation génétique, serait-il possible de mettre juridiquement fin à un lien de filiation qui ne serait plus qu'une branche morte ? Pour ce faire, il a été admis en jurisprudence de discuter les éléments de la possession d'état pour démontrer que celle-ci était viciée et que, partant, fait défaut sa concordance avec le titre. M. Fulchiron(200) propose une solution qui pourrait être consacrée dans la loi et qui consisterait à permettre à l'enfant devenu majeur de contester la filiation de son père,

(197) CA Douai, 6 juin 2013 : *D.* 2013, 2958, note H. Fulchiron ; *D.* 2014, obs. Galloux et H. Gaumont-Prat ; *RTD civ.* 2014, 101, obs. J. Hauser.

(198) Cf. notamment la note critique d'Hugues Fulchiron sous cet arrêt (*Vérité contre stabilité des filiations ?*, note préc. ss CA Douai, 6 juin 2013), dans laquelle l'auteur juge contestable l'affirmation selon laquelle il est de l'intérêt de l'enfant de s'inscrire dans deux lignées plutôt qu'une. Ceci procède en effet d'une appréciation *in abstracto* de l'intérêt de l'enfant, dans un contexte où prévaut la vérité biologique. Peut-on encore valablement justifier le maintien d'un lien de filiation qui non seulement n'est qu'une « branche morte » mais, de surcroît, ne correspond pas à la vérité biologique ? L'on renverra également à la lecture de cette note pour les propositions de réforme formulées *in fine*.

(199) F. Noudelmann, *Les airs de famille. Une philosophie des affinités*, Gallimard, coll. « NRF », 2012, spéc. le chapitre « Arborescences », p. 94 et s. L'auteur démontre que la représentation des structures de la parenté, sous forme d'arbre, se généralisa au XVIe siècle, dans les familles puissantes, mais que précédemment d'autres figures furent sollicitées pour représenter ces structures. Ainsi, à Rome, un *stemma* (guirlande) ornait les murs de l'atrium ou du vestibule avec des noms et des images. Le *stemma* représentait d'ailleurs des origines divines. Plus tard, si des motifs végétaux ornèrent effectivement les murs des châteaux, on trouvait également d'autres métaphores comme le cosmos et les astres, le corps humain, avec ses membres et ses fluides, la maison et ses habitants, la chaîne avec ses maillons.

(200) H. Fulchiron, *Vérité contre stabilité des filiations ?* note préc. ss CA Douai, 6 juin 2013 : *D.* 2013, 2958.

lorsque ce lien de filiation a été verrouillé durant sa minorité en raison d'une possession d'état conforme durant au moins cinq ans avant de s'interrompre, faisant de cette paternité juridique une branche morte. La proposition se révèle intéressante lorsque la possession d'état a également cessé durant la minorité de l'enfant. On ne peut que souscrire à l'observation selon laquelle « serait ainsi atteint un plus juste équilibre entre les intérêts en présence : intérêt de l'enfant à faire tomber une filiation morte ; intérêt de la collectivité à assurer la stabilité de l'état des personnes ; intérêt, aussi, de celui qui s'est toujours occupé de l'enfant comme le sien »(201).

D'aucuns pourraient faire valoir que l'enfant n'aurait aucun intérêt concret à agir de la sorte en contestation de paternité, perdant sa vocation successorale si l'action aboutit. Si l'observation se révèle assurément exacte dans la plupart des situations, elle demeure trop générale pour condamner la proposition faite. Non seulement l'enfant peut présenter un intérêt moral évident à contester cette filiation paternelle, branche morte devenue inattaquable par l'écoulement du temps mais, de surcroît, l'intérêt matériel de l'enfant peut s'avérer également présent. L'enfant devenu majeur est un débiteur d'aliments potentiel à l'égard de son père, l'obligation alimentaire ayant, faut-il le rappeler, un caractère réciproque. Ainsi, il ne souhaitera probablement pas payer d'éventuels frais d'hébergement en maison de retraite à l'égard de celui qui se comporta comme son père tant qu'il était en couple avec sa mère puis cessa toute relation une fois la rupture sentimentale consommée. On aura beau jeu d'alléguer que l'exception d'ingratitude du créancier d'aliments pourrait dans cette hypothèse être sollicitée. Il n'en demeure pas moins que le jeu de cette défense au fond demeure soumis à l'appréciation du juge et que couper la branche morte s'impose comme une solution assurément plus sûre. Par ailleurs, si une évidence démographique amène à concevoir l'intérêt successoral comme permettant à l'enfant d'hériter de son père, il convient de rappeler que le parent demeure également un héritier présomptif de son enfant lorsque ce dernier vient à décéder. Ainsi l'enfant majeur pourrait souhaiter, en contestant cette filiation paternelle, s'assurer que celui qui n'a plus entretenu de lien avec lui ne sera pas désigné comme héritier potentiel, préférant que l'intégralité de l'actif soit recueillie par sa mère survivante et ses collatéraux.

B. – La contestation d'une filiation établie par une possession d'état

772. – **La possession d'état comme mode d'établissement de la filiation.** L'ordonnance n° 2005-759 du 4 juillet 2005 a créé un ensemble de règles relatives au lien de filiation qui utilise la possession d'état de deux manières différentes. D'une part, la possession d'état peut servir à consolider une filiation déjà établie par un titre, en rendant ce lien vraisemblable(202). D'autre part, la possession d'état constitue désormais un mode autonome d'établissement de la filiation. Partant, lorsqu'un lien de filiation a été établi par la possession d'état, se pose indubitablement la question des modalités de sa contestation. Il convient alors de distinguer selon que la possession d'état a été constatée par un acte de notoriété (1°) ou bien par un jugement (2°).

(201) Fulchiron, note préc.
(202) Sur cette fonction de consolidation assignée à la possession d'état, V. *supra*, nos 763-765.

1° L'action en contestation d'une possession d'état constatée dans un acte de notoriété

773. - **Demandeurs.** En raison de la souplesse qui caractérise les modalités de délivrance d'un acte de notoriété constatant une possession d'état, le droit facilite la remise en cause de cet acte. Ainsi, le champ des demandeurs se révèle relativement large puisque la filiation établie par la possession d'état constatée par un acte de notoriété peut être contestée par toute personne qui y a intérêt, selon l'article 335 du Code civil. De ce point de vue, l'action en contestation d'une possession d'état constatée dans un acte de notoriété répond au droit commun de l'action en contestation et, plus précisément, à l'article 334 du Code civil.

774. - **Qualité de demandeur du ministère public.** Conformément au droit commun des actions en matière de filiation, le ministère public peut introduire une action en contestation de la filiation établie par une possession d'état constatée dans un acte de notoriété, sous réserve que des indices tirés des actes eux-mêmes rendent la filiation invraisemblable ou bien en cas de fraude à la loi(203).

Par exemple, dans une affaire où le ministère public s'opposa à la mention sur les registres de l'état civil d'un acte de notoriété constatant la possession d'état des membres d'un couple marié à l'égard d'une enfant née d'une gestation pour autrui au Minnesota, la Cour de cassation a pu juger en 2011 qu'« en l'état du droit positif, il est contraire au principe de l'indisponibilité de l'état des personnes, principe essentiel du droit français, de faire produire effet à une convention portant sur la gestation pour le compte d'autrui, nulle d'une nullité d'ordre public aux termes des articles 16-7 et 16-9 du Code civil ; que ce principe fait obstacle aux effets en France d'une possession d'état invoquée pour l'établissement de la filiation en conséquence d'une telle convention, fût-elle licitement conclue à l'étranger, en raison de sa contrariété à l'ordre public international français »(204).

775. - **Prescription.** L'action en contestation d'une possession d'état constatée dans un acte de notoriété doit être introduite dans un délai de dix ans à compter de la délivrance dudit acte(205).

776. - **Communication au ministère public.** Les actions en contestation de la possession d'état constatée dans un acte de notoriété doivent être communiquées au ministère public, en application de l'article 425 du Code de procédure civile(206).

---

(203) C. civ., art. 336 ; sur le droit d'action en contestation de filiation du ministère public, sur le fondement de l'article 336 du Code civil, V. *supra*, n°s 742-744.

(204) Cass. 1re civ., 6 avr. 2011, n° 09-17.130 : *D.* 2011, 1522, note Berthiau et L. Brunet ; *D.* 2011, 1585, note F. Granet-Lambrechts ; *D.* 2011, 1995, obs. A. Gouttenoire ; *JCP* G 2011, art. n° 441, note F. Vialla et Ph. Reynier ; *AJF* 2011, 262, obs. F. Chénedé ; *RTD civ.* 2011, 340, obs. J. Hauser ; *Rev. crit. DIP* 2011, 722, note P. Hammje ; dans cette affaire, l'acte de notoriété avait été délivré par un juge des tutelles le 3 décembre 2003, c'est-à-dire avant la réforme opérée par l'ordonnance n° 2005-759 du 4 juillet 2005. Pour autant, la valeur d'exemple de cette affaire demeure entière en droit positif où le ministère public peut toujours agir en contestation de la filiation établie par une possession d'état constatée dans un acte de notoriété, du moins en ce qui concerne la filiation maternelle de la mère d'intention, depuis les arrêts d'assemblée plénière du 3 juillet 2015 (n°s 14-21.323 et 15-50.002).

(205) C. civ., art. 335. Précisons que ce délai de prescription décennal provient de la loi n° 2009-61 du 16 janvier 2009 de ratification de l'ordonnance n° 2005-759 du 4 juillet 2005. Initialement en effet, dans la rédaction de l'article 335 du Code civil issu de l'ordonnance n° 2005-759 du 4 juillet 2005, un délai quinquennal était prévu. Le délai de dix ans désormais mentionné correspond opportunément au délai de droit commun des actions en matière de filiation déterminé à l'article 321 du Code civil. Précédemment en effet, l'on peinait à trouver une justification sérieuse au délai quinquennal qui rendait la filiation établie par une possession d'état constatée dans un acte de notoriété rapidement inattaquable, alors même que les modalités de délivrance d'un acte de notoriété demeuraient fort légères.

(206) Cf. Cass. 1re civ., 24 oct. 2012, n° 11-10.769, rendu au visa de l'article 425, 1° du Code de procédure civile : « Attendu que le ministère public doit avoir communication des affaires relatives à la filiation ; que cette règle, d'ordre public, est applicable à une action en annulation d'un acte de notoriété établissant une filiation naturelle par possession d'état ».

777. – **Rapporter une preuve contraire.** L'article 335 du Code civil précise que la possession d'état constatée dans un acte de notoriété peut être contestée par toute personne qui a un intérêt, en rapportant la preuve contraire. Il s'agira en pratique de démontrer que la possession d'état était entachée d'un vice, tel que son caractère équivoque ou interrompu par exemple. En invoquant un vice entachant la possession d'état, il s'agit alors de remettre en cause sa qualité. Un autre moyen, plus radical, de rapporter la preuve contraire au sens de l'article 335 du Code civil consiste à démontrer l'absence de possession d'état. Assurément efficace, une telle allégation amène tout de même à s'interroger sur la teneur des dires des témoins à partir desquels l'acte de notoriété a été délivré.

778. – **Place incertaine de l'expertise biologique.** Compte tenu de la place centrale occupée par l'expertise biologique en droit de la filiation(207), la preuve contraire au sens de l'article 335 du Code civil peut-elle être rapportée par ce biais ? Concrètement, le demandeur qui introduit une action en contestation de la filiation établie par une possession d'état constatée dans un acte de notoriété peut-il solliciter du juge qu'il ordonne une expertise biologique ? En considérant que l'action a pour objet d'anéantir un lien de filiation, une réponse affirmative devrait s'imposer. Le plan interne du Code civil commanderait une telle solution en faisant figurer l'article 335 du Code civil dans une section relative aux actions « en contestation de la filiation »(208). L'admission de l'expertise biologique dans le cadre de cette action en justice suscite au demeurant la réserve du ministère de la Justice(209) en raison de la dimension sociologique de la possession d'état. Il convient de reconnaître que la preuve biologique permet assurément ici de purger le contentieux en mettant fin à des discussions parfois byzantines sur le caractère équivoque de la possession d'état, par exemple. Pour autant, une réserve mérite sans doute d'être formulée, appelant plutôt une réponse négative, en raison d'une certaine antinomie fondamentale entre la possession d'état, reflet de la filiation affective et d'une réalité qualifiée de sociologique, d'une part, et l'expertise biologique, qui exprime inversement la primauté de la génétique, d'autre part. Admettre l'expertise biologique dans le cadre d'une action en contestation de la filiation établie par une possession d'état constatée dans un acte de notoriété revient à hiérarchiser nettement les deux types de vérités en ce domaine. Il s'agit donc d'un choix de politique jurisprudentielle.

2° L'action en contestation d'une possession d'état constatée dans un jugement

779. – **Le droit commun, faute d'action spécifique.** Il n'existe pas d'action en justice ayant spécifiquement pour objet de contester un lien de filiation établi par une possession d'état constatée dans un jugement, ce qui commande l'application des dispositions du droit commun. Partant, celui qui entend contester ainsi la filiation établie par une possession d'état constatée dans un jugement devrait pouvoir former une tierce opposition contre ladite décision de justice.

(207) Sur cette importance, V. *supra*, n° 687.
(208) Sur cet argument, cf. P. Courbe et A. Gouttenoire, *op. cit.*, n° 1106.
(209) Circ. min. Justice, 30 juin 2006, de présentation de l'ordonnance n° 759-2005 du 4 juillet 2005 portant réforme de la filiation, CIV 2006-13 C1/30-06-2006, spéc. n° 3.2.3.

780. – Conditions de la tierce opposition. Conformément aux règles procédurales de droit commun, la voie de la tierce opposition peut être formée contre le jugement dans un délai de dix ans à compter dudit jugement par toute personne dont les intérêts sont lésés par cette décision de justice, à condition de n'avoir été ni partie ni représentée dans l'instance. Tel pourrait être le cas par exemple de celui qui se prétend être le véritable parent. Le point de départ du délai devrait logiquement être le jour où le jugement passe en force de chose jugée mais, comme le relèvent justement certains auteurs(210), l'un des résultats de l'objectif de stabilité du lien poursuivi par l'ordonnance n° 2005-759 du 4 juillet 2005 pourrait aboutir à préférer comme point de départ le début de la possession d'état. Si une telle perspective se révélait exacte, alors la filiation établie par une possession d'état ayant duré plus de dix ans et constatée ensuite par un jugement ne pourrait plus être contestée, l'action étant alors prescrite.

On remarquera ici que l'allongement du délai de prescription de l'action en contestation spécifiquement organisée par l'article 335 du Code civil se révèle bienvenu puisqu'en retenant une durée décennale(211), un délai de prescription unique se constate, la tierce opposition étant enfermée dans le même délai.

781. – Objet de la preuve. Comme dans le cadre d'une contestation de la filiation établie par une possession d'état constatée dans un acte de notoriété, la tierce opposition formée contre un jugement constatant la possession d'état devrait amener le demandeur à remettre en cause les qualités de cette dernière ou encore à démontrer les vices qui l'affectent.

S'il s'agit de démontrer que la possession d'état est affectée de vices, la voie du recours en révision formée contre le jugement ne pourrait-elle pas être sollicitée ? La question se pose notamment lorsqu'il apparaît que le jugement a été rendu sur la base d'attestations erronées, voire falsifiées. La situation paraît correspondre assez exactement aux hypothèses dans lesquelles le recours en révision est ouvert. Il n'en demeure pas moins qu'en pratique cette voie de recours risque d'être très délicate à mettre en œuvre. La démonstration d'un cas d'ouverture du recours en révision s'avérera probablement difficile à établir et, par ailleurs, cette voie de rétractation demeure enfermée dans un bref délai de deux mois qui altère sérieusement son utilité pratique.

782. – Incertitudes relatives à l'action en contestation de droit commun. Une autre difficulté provient de l'éventuelle contestation de la filiation établie par une possession d'état constatée dans un jugement, en se fondant sur l'action de droit commun, à savoir l'article 334 du Code civil. Il faudrait alors considérer que le jugement constitue un titre et qu'à défaut précisément de possession d'état conforme à ce titre, qui lui-même constate une possession d'état, la filiation pourrait être contestée dans un délai de dix ans par tout intéressé.

§ 2. – Les effets de la contestation du lien de filiation

783. – État des personnes. Quand une action en contestation de la filiation aboutit, l'état des personnes se trouve nécessairement modifié. Ainsi, la principale

(210) P. Courbe et A. Gouttenoire, *op. cit.*, n° 1108.
(211) Le passage d'un délai de prescription quinquennal dans l'ordonnance n° 2005-759 du 4 juillet 2005 à un délai décennal a été opéré par la loi de ratification n° 2009-61 du 16 janvier 2009.

incidence consiste à anéantir le lien juridique de filiation qui existait jusque-là, ce qui entraîne une modification des structures familiales.

784. – **Caractère rétroactif.** La contestation du lien de filiation affecte directement les structures familiales et, pour cette raison, elle comporte un caractère rétroactif. Il ne saurait être question en ce domaine de paternités successives. La sécurité juridique souffrirait assurément d'une telle situation. Pour autant, le lien de filiation contesté a généralement produit des effets de droit, ce qui ne va pas sans soulever là aussi des difficultés pratiques. Le principe d'anéantissement rétroactif du lien de filiation (I) charrie avec lui nombre de conséquences pratiques (II).

I. – L'anéantissement rétroactif du lien de filiation

A. – Le principe

785. – **Anéantissement du lien.** L'action en contestation de filiation concerne très directement le lien de parenté et, partant, les structures familiales. Par conséquent lorsque l'action aboutit, celui qui était jusque-là juridiquement désigné comme le parent de l'enfant ne l'est plus. Le rattachement cesse, ce qui ne signifie pas pour autant que l'enfant se voit corrélativement conférer un autre lien de filiation qui viendrait se substituer à celui anéanti. L'anéantissement du lien de filiation ne constitue en effet qu'un préalable à l'éventuel établissement d'un autre lien de filiation.

786. – **Mention en marge de l'acte de naissance.** En raison de son lien avec l'état des personnes, le jugement qui fait droit à la demande de contestation du lien de filiation doit être porté en marge de l'acte de naissance de l'enfant.

787. – **Caractère déclaratif.** Par une sorte de parallélisme avec les règles et principes qui gouvernent l'établissement du lien de filiation, la contestation revêt un caractère rétroactif, car le jugement a ici un effet déclaratif. En faisant droit à la demande de contestation du lien, le tribunal consacre une situation juridique préexistante mais ne procède pas à sa création. Ainsi, les effets du jugement « remontent » au jour de la naissance de l'enfant et l'on considère que ce dernier n'a jamais été juridiquement rattaché à celui que l'on désignait jusque-là comme son parent.

B. – Les conséquences

1° Fin de l'administration légale et de l'autorité parentale

788. – **Enfant mineur.** Lorsque la filiation qui vient à être contestée avec succès concerne un enfant mineur, l'anéantissement rétroactif du lien de filiation met fin à l'administration légale et à l'autorité parentale dont était jusque-là titulaire la personne désignée comme parent. Sauf si un autre lien de filiation vient à être établi, se substituant alors au lien anéanti, un seul parent assume désormais l'administration légale des biens de l'enfant ainsi que les prérogatives d'autorité parentale concernant la personne de l'enfant. Ceci suppose bien évidemment que l'enfant ait bénéficié d'un double lien de filiation, avant la contestation. Ainsi, l'administration légale des biens de l'enfant

devra en principe s'exercer sous contrôle judiciaire. Le parent désormais seul titulaire de l'administration légale devra donc obtenir une autorisation du juge aux affaires familiales s'il entend procéder à des actes de disposition concernant les biens de l'enfant. En ce qui concerne en revanche l'autorité parentale, il en devient le seul titulaire.

2° Cessation de la vocation successorale

789. – **Héritier présomptif.** Le Code civil désigne les ascendants et descendants parmi les héritiers présomptifs, c'est-à-dire les personnes ayant une vocation, issue de la loi et non d'un testament, à recueillir une partie, voire la totalité de la succession du défunt. Les descendants sont plus exactement des héritiers réservataires, ce qui signifie que les libéralités consenties par le défunt de son vivant ne peuvent porter sur une partie de son patrimoine qui sera nécessairement dévolue à ses enfants ou à leurs descendants. Réciproquement les ascendants sont des héritiers, non réservataires désormais, désignés par la loi pour recueillir une partie ou la totalité de la succession de leur enfant lorsque ce dernier décède sans laisser de postérité. L'anéantissement rétroactif du lien de filiation met fin à cette vocation successorale.

790. – **Intérêt à agir et vocation successorale.** En pratique, l'intérêt successoral incite souvent des héritiers présomptifs à agir en contestation de la filiation. Tel est le cas par exemple si l'auteur d'une reconnaissance de complaisance laisse pour lui succéder deux autres enfants, nés d'un premier lit. Ces derniers pourront être tentés d'agir en contestation de la filiation afin de mettre fin à la vocation successorale de cet enfant reconnu tardivement par leur propre père.

3° Cessation des obligations alimentaires

a) Principe

791. – **Réciprocité.** Le lien de parenté engendre une obligation alimentaire réciproque qui lie les parents. Ainsi le parent doit-il des aliments à son enfant dans le besoin et réciproquement. La force obligatoire de l'obligation alimentaire s'explique précisément par le lien de parenté. Il n'est dès lors guère surprenant que la disparition rétroactive du lien de filiation entraîne la cessation de l'obligation alimentaire.

792. – **Répétition.** En raison du caractère rétroactif de l'anéantissement du lien de filiation, l'obligation alimentaire qui a été jusque-là exécutée se trouve dépourvue de cause. Ainsi le débiteur qui s'est acquitté du paiement de l'obligation alimentaire peut valablement prétendre à une répétition, c'est-à-dire à un remboursement des sommes qu'il a exposées. Tel est notamment le cas pour l'obligation parentale d'entretien qui constitue l'obligation alimentaire due par les parents au profit de leurs enfants. Il n'est pas rare en pratique de voir celui qui était persuadé être le père de l'enfant et dont la paternité vient à être contestée avec succès, réclamer de la sorte un remboursement des sommes indûment versées sur le fondement de l'obligation parentale d'entretien.

b) Exceptions

793. – **Obligation morale.** Dans certaines hypothèses toutefois, celui dont le lien de filiation a été contesté ne pourra pas obtenir un remboursement des sommes par lui exposées au titre de l'obligation parentale d'entretien. Tel est notamment le cas de

la personne qui procède à une reconnaissance dite « de complaisance », c'est-à-dire qui reconnaît un enfant qu'il sait pertinemment ne pas être le sien. Dans cette hypothèse, l'on considère alors que le paiement n'a pas été fait en exécution d'une obligation civile, mais qu'il procède d'un devoir dit « de conscience »[(212)], afin de satisfaire une préoccupation morale. La théorie générale des obligations permet alors de procéder à une novation de cette obligation dite naturelle – car guidée par un devoir de conscience – en obligation civile[(213)], ce qui exclut la possibilité d'une répétition.

4° La disparition de principe du port du nom

a) Principe

794. – **Intérêt de l'enfant.** L'anéantissement rétroactif du lien de filiation a une incidence sur le nom porté par l'enfant, lequel constitue l'une des facettes les plus symboliques de la parenté. Si l'enfant portait jusqu'à la contestation du lien de filiation le nom de celui dont la paternité vient à être anéantie, il perd alors le droit de porter ce nom. La solution s'explique par la logique quelque peu binaire du lien de filiation, mais aussi par la recherche d'une sorte de cohésion de la structure familiale cimentée autour de la transmission d'un nom de famille. La jurisprudence justifie une telle perte du port du nom par l'intérêt supérieur de l'enfant[(214)].

b) Exceptions

795. – **Enfant majeur.** La contestation du lien de filiation a une incidence sur le nom de l'enfant majeur qui devrait, en principe, perdre le droit de porter le nom de celui qui n'est juridiquement plus son parent. L'article 61-3, alinéa 2 du Code civil prévoit tout de même une exception en disposant que « l'établissement ou la modification du lien de filiation n'emporte cependant le changement du nom de famille des enfants majeurs que sous réserve de leur consentement ».

796. – **Enfant âgé de plus de treize ans.** En principe, la modification du nom d'un enfant âgé de plus de treize ans nécessite son consentement[(215)]. Cela étant, cette règle connaît une dérogation, l'article 61-3, alinéa 1er du Code civil disposant que « tout changement de nom de l'enfant de plus de treize ans nécessite son consentement personnel lorsque ce changement ne résulte pas de l'établissement ou d'une modification d'un lien de filiation ». Cela signifie que même si l'enfant mineur est âgé de plus de treize ans, son consentement au changement de nom n'est pas requis et s'imposera alors comme une incidence de l'anéantissement du lien de filiation.

II. – Atténuations de l'anéantissement du lien

797. – **Intérêt de l'enfant.** Les incidences juridiques de l'anéantissement du lien de filiation reflètent le caractère binaire de l'action en contestation, puisque la

(212) Cf. D. Laszlo-Fenouillet, *La conscience*, LGDJ, 1993.
(213) Sur ce mécanisme, cf. R. Bout, in *Rép. civ.* Dalloz, V° *Obligation naturelle*.
(214) Cass. 1re civ., 17 mars 2010, n° 08-14.619.
(215) C. civ., art. 61-3, al. 1er.

parenté s'établit ou ne s'établit pas. En ce domaine, il n'est en principe point question de tenir compte de l'intérêt de l'enfant, fût-il supérieur[216], pour organiser des solutions nuancées ou de compromis. La structure familiale et l'état des personnes se trouvent au cœur de la question de la contestation du lien de filiation et l'on imagine dès lors assez mal l'intérêt de l'enfant commander une paternité successive qui verrait en alternance le mari de la mère et l'amant de cette dernière être désignés comme pères, par périodes de quelques semaines chacun...

798. - **Consolation.** En dépit de la nécessaire indifférence de principe du contentieux de la contestation du lien de filiation à la notion d'intérêt de l'enfant, il pourrait se révéler douloureux, voire injuste de priver subitement de tout lien avec l'enfant[217] celui qui était jusque-là persuadé de sa paternité. Le droit prévoit donc, à l'article 337 du Code civil[218], une solution justement qualifiée par Cornu de « consolation »[219] en permettant au tribunal qui accueille l'action en contestation de fixer dans l'intérêt de l'enfant les modalités des relations[220] de celui-ci avec la personne qui l'élevait[221]. Il s'agit d'une faculté pour le tribunal de grande instance statuant en formation collégiale qui, de cette manière, peut atténuer sur le champ des relations familiales les conséquences par trop rigides et sévères de la disparition d'un lien familial[222]. Celui qui se comportait jusque-là comme le père pourra ainsi obtenir un droit de visite et d'hébergement et continuer à entretenir des relations personnelles avec l'enfant.

(216) V. *supra*, n° 29 pour l'intérêt de l'enfant et *infra* n°s 1225 et s. pour les normes protectrices des droits fondamentaux de l'enfant.

(217) Encore faut-il avoir véritablement élevé l'enfant pour pouvoir invoquer l'article 337 du Code civil, ce qui n'est pas le cas lorsque l'enfant est en réalité élevé par ses grands-parents. Cf. CA Paris, 16 déc. 1976 : *D.* 1977, 133, note J. Massip (l'arrêt est rendu au visa de l'ancien article 311-13 du Code civil).

(218) C. civ., art. 337 : « Lorsqu'il accueille l'action en contestation, le tribunal peut, dans l'intérêt de l'enfant, fixer les modalités des relations de celui-ci avec la personne qui l'élevait » ; avant l'ordonnance n° 2005-759, le texte se trouvait à l'ancien article 311-13 du Code civil.

(219) G. Cornu : *La famille, op. cit.*, n° 211.

(220) Sur les relations entre parents et enfant, de manière générale, V. *infra*, n°s 1197 et s. ; – pour une application concrète : V., par ex., tout en annulant la reconnaissance de l'enfant faite par la concubine transsexuelle de la mère, la cour d'appel d'Aix-en-Provence a pu juger que « le juge aux affaires familiales peut en considération de situations exceptionnelles accorder un droit de visite à des personnes autres que les parents et grands-parents, y compris hors de la parentèle. En l'espèce, les liens affectifs existant entre l'enfant et le transsexuel conduisent à reconnaître à ce dernier un droit de visite et d'hébergement dans l'intérêt de l'enfant » : CA Aix-en-Provence, 12 mars 2002 : *Dr. famille* 2002, comm. 100, note P. Murat.

(221) Il s'agit alors de corriger, selon la formule de Mme Dekeuwer-Défossez, le « hiatus » créé entre « la filiation biologique et juridique d'une part et [la] vérité familiale et sociale de l'autre », *La filiation en question*, in *Inventons la famille !*, Bayard, 2001, p. 13.

(222) Mme Granet-Lambrechts évoque ainsi une « vérité-charité », obs. ss Cass. 1re civ., 17 mai 1993 : *D.* 1994, somm. p. 114 (1re esp.).

CHAPITRE 2

LA FILIATION PAR PROCRÉATION MÉDICALEMENT ASSISTÉE

799. – **Droit et nature.** La procréation médicalement assistée se caractérise par une dissociation entre le droit et la nature. D'un point de vue juridique, le lien de filiation constitue en effet une construction intellectuelle qui, par conséquent, peut parfois ne pas correspondre à une vérité biologique, comme en matière d'adoption par exemple. En ce qui concerne la procréation médicalement assistée, l'originalité provient d'une procréation de l'enfant qui ne s'opère pas de manière naturelle, mais grâce à une intervention médicale et scientifique.

800. – **Débats et questions dites « de société ».** La procréation médicalement assistée suscite des débats passionnés, tant dans les cercles juridiques que scientifiques mais, plus largement, s'impose souvent comme une question dite « de société », apte à concerner chaque citoyen. L'intérêt public pour ces questions, exprimé récemment à l'occasion du débat citoyen précédent la révision des lois bioéthiques, s'avère évidemment bienvenu, tant la question de la procréation médicalement assistée demeure fondamentale d'un point de vue juridique et anthropologique. Paraît davantage contestable l'instrumentalisation idéologique dont la procréation médicalement assistée fait l'objet, lorsque la passion évince l'exactitude et la sérénité de l'analyse.

801. – **États généraux de la bioéthique.** Les lois dites « bioéthiques » de 1994 et de 2011 prévoient leur propre caractère provisoire, en comportant l'obligation pour le Parlement de procéder à un examen d'ensemble dans un délai fixé par la loi elle-même. Ainsi la loi n° 2011-814 prévoyait-elle un délai de sept ans, et c'est la raison pour laquelle le Comité consultatif national d'éthique a ouvert, conformément à l'article L. 1412-1-1 du Code de la santé publique, le 18 janvier 2018, les États généraux de la bioéthique, phase de large discussion et débats, préalable à la révision de la loi. Les États généraux de la bioéthique se sont déroulés au cours du premier semestre de l'année 2018 et ont donné lieu à un rapport très attendu, publié par le Comité consultatif national d'éthique le 5 juin 2018. Preuve de l'importance particulière qu'occupe la question de la procréation dans les mentalités collectives, le rapport du Comité consultatif national d'éthique précise *ab initio* que le thème

de la procréation – comme celui de la fin de vie d'ailleurs – ne relève pas véritablement de la bioéthique mais y a été inclus après discussion par le Comité dans les États généraux afin de « profiter de cette consultation citoyenne pour recueillir les opinions de la société sur ces deux thèmes »[1].

802. – **Proscription et prescription.** La procréation médicalement assistée fait l'objet d'une stricte réglementation qui, à juste titre, met l'accent sur la fonction anthropologique du droit, laquelle consiste à placer des limites et des interdits face aux évolutions scientifiques, afin de protéger l'humanité de l'être humain lui-même. Ainsi, à « l'impossible le droit a substitué l'interdit »[2]. Il s'agit de préserver l'être humain face aux évolutions de la science. Pour ce faire, le droit autorise certaines techniques d'assistance médicale à la procréation (Section 1), mais proscrit la gestation pour autrui (Section 2).

SECTION 1

L'ASSISTANCE MÉDICALE À LA PROCRÉATION

Bibliographie

- D. Borillo, *La Famille par contrat. La construction politique de l'alliance et de la parenté*, PUF, 2018.
- V. Depadt-Sebag, *Le don de gamètes ou d'embryon dans les procréations médicalement assistées : d'un anonymat imposé à une transparence autorisée :* D. 2004, 891.
- C. Labrusse-Riou, *Écrits de bioéthique*, PUF, 2007.
- M.-T. Meulders-Klein, *Le droit de l'enfant face au droit à l'enfant et les procréations médicalement assistées : RTD civ.* 1988, 645.
- J. Rubellin-Devichi, *Les procréations assistées : RTD civ.* 1987, 457.
- A. Supiot, *Homo juridicus, Essai sur la fonction anthropologique du Droit*, Le Seuil, 2005.
- F. Terré, *Réflexions sur la loi bioéthique*, éd. Mare et Martin, 2012.
- J. Testart, *Faire des enfants demain*, Le Seuil, 2014.

803. – **Définition.** L'assistance médicale à la procréation fait l'objet d'une définition qui s'opère hors les murs du Code civil, au sein du Code de la santé publique, ce qui constitue déjà un premier indice de la particularité du processus de rattachement de l'enfant. En ce domaine en effet, l'enfant issu d'une procréation médicalement assistée pourra être rattaché à ceux qui ont manifesté une volonté parentale. Pour autant, l'accès à ce mode de conception de l'enfant, marqué par une indispensable intervention médicale et scientifique, fait l'objet d'une minutieuse réglementation. Le droit accepte donc de tirer

(1) Comité consultatif national d'éthique, rapport, 5 juin 2018, p. 9.
(2) Selon la formule d'A. Supiot, in *Homo juridicus*, Le Seuil, 2005, p. 205.

toutes les incidences de certaines assistances médicales à la procréation seulement. En ce sens, la filiation par procréation médicalement assistée constitue l'un des exemples les plus saillants de la volonté et la possibilité du droit de maîtriser les évolutions scientifiques, ce qui demeure sans doute sa fonction anthropologique première[3]. Les techniques accessibles selon la réglementation française sont énumérées à l'article L. 2141-1 du Code de la santé publique.

Code de la santé publique

Art. L. 2141-1, al. 1er. – L'assistance médicale à la procréation s'entend des pratiques cliniques et biologiques permettant la conception *in vitro*, la conservation des gamètes, des tissus germinaux et des embryons, le transfert d'embryons et l'insémination artificielle. La liste des procédés biologiques utilisés en assistance médicale à la procréation est fixée par arrêté du ministre chargé de la santé après avis de l'Agence de la biomédecine. Un décret en Conseil d'État précise les modalités et les critères d'inscription des procédés sur cette liste. Les critères portent notamment sur le respect des principes fondamentaux de la bioéthique prévus en particulier aux articles 16 à 16-8 du Code civil, l'efficacité, la reproductibilité du procédé ainsi que la sécurité de son utilisation pour la femme et l'enfant à naître. L'Agence de la biomédecine remet au ministre chargé de la santé, dans les trois mois après la promulgation de la loi n° 2011-814 du 7 juillet 2011 relative à la bioéthique, un rapport précisant la liste des procédés biologiques utilisés en assistance médicale à la procréation ainsi que les modalités et les critères d'inscription des procédés sur cette liste.

804. – **Principes fondamentaux.** L'étendue et la portée des techniques envisagées dans le premier alinéa de ce texte demeurent vertigineuses puisqu'en quelques dizaines d'années l'être humain a acquis la possibilité scientifique de contrôler sa propre reproduction, en dehors d'un rapport charnel. Certes, le contrôle des naissances a toujours constitué une préoccupation des États, comme en témoignent les politiques natalistes et les débats ayant entouré la légalisation de l'avortement et de la contraception. Pour autant, avec l'assistance médicale à la procréation, la perspective s'avère différente et philosophiquement plus marquée encore, puisqu'il ne s'agit plus simplement de réguler ou d'encourager les naissances, mais de maîtriser le processus reproductif, en remédiant à l'infertilité. Le renvoi opéré par l'article L. 2141-1 du Code de la santé publique aux articles 16 à 16-8 du Code civil s'avère particulièrement bienvenu. Si les méthodes d'assistance médicale à la procréation sont désormais parfaitement maîtrisées d'un point de vue technique, il n'en demeure pas moins qu'elles ne peuvent être mises en œuvre que dans le respect des principes de dignité de la personne, de gratuité et d'anonymat.

805. – **Finalité.** Désormais l'enjeu fondamental en matière d'assistance médicale à la procréation ne concerne plus la possibilité d'un accès à ces techniques, ni la consécration de principes généraux. Les lois dites bioéthiques de 1994, 2004 et 2011 ont, de ce point de vue, assez bien rempli leur office. En revanche, la question essentielle concerne aujourd'hui l'indispensable respect de la finalité de ces techniques, rappelée par l'article L. 2141-2 du Code de la santé publique.

(3) Cf. A. Supiot, *Homo juridicus, essai sur la fonction anthropologique du droit*, Le Seuil, 2005, spéc. p. 179 à 221.

Code de la santé publique

Art. L. 2141-2, al. 2. – L'assistance médicale à la procréation a pour objet de remédier à l'infertilité d'un couple ou d'éviter la transmission à l'enfant ou à un membre du couple d'une maladie d'une particulière gravité. Le caractère pathologique de l'infertilité doit être médicalement diagnostiqué.

Prolongement théorique

Débats autour de la finalité de l'assistance médicale à la procréation

806. – La tentation d'utiliser ces techniques à d'autres fins que le remède à l'infertilité ou l'obstacle à la transmission d'une maladie grave, se fait parfois sentir. Une technique initialement conçue pour remédier à l'infertilité peut-elle faire l'objet d'une utilisation dans un autre but ? Lorsque la réponse se trouve colorée par une référence aux droits et libertés fondamentaux et, en particulier, au principe d'égalité de traitement, la question devient épineuse, comme en atteste l'actuel débat relatif à la congélation des cellules ovariennes. Il est techniquement possible désormais de prélever des cellules ovariennes sur une jeune femme, pour procéder à leur congélation, afin notamment de prévenir du risque de stérilité qui pourrait résulter de certains traitements médicamenteux, anti-cancéreux notamment. Grâce à cette technique, une jeune malade du cancer peut avoir la certitude que si elle souffre de stérilité à cause des traitements chimiothérapiques subis, elle pourra en cas de rémission se faire implanter ses propres cellules ovariennes et lutter ainsi contre sa stérilité. En ce sens, cette technique répond parfaitement aux critères posés par le Code de la santé publique et fait d'ailleurs l'objet d'une autorisation en France. Pourtant, des voix se sont élevées pour demander une généralisation de l'accès à cette technique de congélation à toutes les femmes, notamment par le biais d'une prise en charge financière par l'assurance maladie. Dans ces revendications, le critère de l'accès ne dépend plus d'un critère thérapeutique, visant à prévenir une probable stérilité, mais du principe d'égalité, puisqu'il paraît discriminatoire de ne pas permettre à toutes les femmes de bénéficier de l'accès à cette technique. Comme souvent dans ce type de situations, des anecdotes médiatiquement exagérées achèvent de paralyser toute réflexion sereine sur la question. Ainsi l'on insista à la fois sur le financement par certaines entreprises multinationales de la congélation des cellules ovariennes de leurs salariées, afin de leur permettre de mener leur carrière de manière « optimale » entre vingt-cinq et quarante ans, pour envisager ensuite une maternité tardive, grâce aux cellules congelées, tout en dénonçant parallèlement la situation de femmes françaises contraintes de franchir les Pyrénées pour pouvoir faire congeler leurs cellules ovariennes dans des cliniques espagnoles. La véritable question, fondamentale, se trouve rarement posée. Peut-on admettre qu'une formidable évolution scientifique permettant à une jeune femme atteinte d'un cancer de procréer une fois guérie puisse être utilisée à d'autres fins, qu'il s'agisse de séquencer la vie d'une femme entre activité professionnelle puis maternité, ou encore pour répondre à une situation de célibat qui dure ?

§ 1. – Les conditions légales de l'assistance médicale à la procréation

I. – Les conditions relatives à la technique sollicitée

A. – Les techniques accessibles

807. – **Diversités : PMA, AMP, IAD, IAC...** En matière de procréation médicalement assistée, domine l'emploi des acronymes, ce qui exprime sans doute une volonté juridique du mettre à distance le caractère médical et scientifique du processus de conception de l'enfant. Au-delà de la diversité des acronymes(4), une constante demeure puisqu'en matière d'assistance médicale à la procréation, la science et la médecine interviennent dans le processus de conception de l'enfant.

1° Les techniques qualifiées d'« endogènes »

808. – **Qualification.** La qualification d'endogène signifie que les gamètes utilisés dans ces techniques médicales proviennent du couple sollicitant la procréation médicale et non d'un donneur. Il s'agit en quelque sorte d'aider médicalement la réalisation d'une fécondation qui ne s'effectue pas de manière naturelle suite à un rapport sexuel.

a) L'insémination artificielle

809. – **Définition.** L'insémination artificielle qualifiée d'endogène signifie que le couple qui a recours à cette technique peine à procréer lors d'un rapport charnel et la femme fait l'objet d'une insémination artificielle avec le sperme de son mari, ou de son compagnon. Contrairement à la fécondation *in vitro*, la fécondation s'opère ici *in utero*, fréquemment par la combinaison entre l'insémination elle-même et une stimulation ovarienne qui se réalise par des injections d'hormones.

b) La fécondation in vitro

810. – **Une fécondation extra-utérine.** La fécondation *in vitro* s'inscrit dans une perspective différente puisque les gamètes qui servent à concevoir l'embryon proviennent des membres du couple. Il s'agit donc bien d'une technique endogène, sauf que la rencontre des gamètes ne s'opère pas *in utero*, mais *in vitro*, c'est-à-dire selon la formule familièrement usitée en ce domaine « en éprouvette ». Une fois que l'ovule est fécondé *in vitro*, l'embryon est implanté dans l'utérus de la femme pour une gestation classique. La science permet ici de réaliser la rencontre initiale des gamètes qui n'a pas pu se faire naturellement.

(4) L'acronyme « PMA » désigne les procréations médicalement assistées et, par rapport à l'AMP, assistance médicale à la procréation, comporte une dimension légèrement plus juridique. L'expression procréation médicalement assistée permet de distinguer cette forme de procréation de la procréation dite « charnelle », entendue comme ne faisant pas intervenir la médecine, c'est-à-dire une conception classique de l'enfant lors d'un rapport sexuel. L'expression « assistance médicale à la procréation » met davantage l'accent sur la technique médicale du processus. Enfin, les acronymes IAC et IAD ont pour finalité de mettre l'accent sur le caractère endogène ou exogène de la technique employée.

2° Les techniques « exogènes », dites « avec tiers donneur »

811. - **Définition.** Les techniques de procréation médicalement assistées avec tiers donneur, contrairement à celles dites « endogènes », ne consistent pas à obtenir une fécondation à partir des gamètes du couple, mais font intervenir un tiers donneur. Généralement, ces procréations médicalement assistées exogènes concernent un seul donneur, un donneur de sperme ou une donneuse d'ovule, mais il arrive parfois, de manière cependant rare, que deux donneurs interviennent et il s'agit alors d'un don d'embryon. Le droit réglemente très strictement le don d'embryon, car l'enfant qui va être porté par la femme, puis rattaché à son couple, n'a génétiquement aucun lien avec les adultes désignés comme parents. Le droit intervient pour instituer de toute pièce, par le biais d'une fiction, un lien de filiation qui ne correspond nullement à la vérité biologique, à l'instar de sa fonction en matière d'adoption. À la différence de l'adoption, la femme porte un enfant qui lui demeure génétiquement étranger et qui, pourtant, lui sera nécessairement rattaché par un lien de filiation. Ainsi, la particularité des techniques de procréation médicalement assistée avec tiers donneur réside dans une dissociation totale ou au moins partielle entre le lien de filiation juridique et la parenté biologique. Non seulement cette dissociation se trouve au cœur du mécanisme mais, de surcroît, le droit entretient volontairement dans ce domaine la fiction créée par le rattachement juridique, ce qui ne va pas sans soulever des difficultés puisque des voies s'élèvent désormais pour remettre en cause la place du principe d'anonymat. Ceci démontre que, contrairement aux procréations médicalement assistées endogènes, qui ne posent pas de difficultés majeures car elles ne constituent qu'un palliatif scientifique de difficiles procréations par les voies naturelles, la procréation médicalement assistée avec tiers donneur, parce qu'elle fait précisément intervenir un élément reproductif extérieur au couple, soulève bien plus de difficultés morales et appelle donc une réglementation plus encadrée.

Alors que la procréation médicalement assistée endogène ne relève pas du monopole des établissements autorisés, il n'en va pas de même pour les procréations avec tiers donneurs.

812. - **Hypothèses.** L'article L. 2141-7 du Code de la santé publique énumère les hypothèses dans lesquelles l'assistance médicale à la procréation peut être sollicitée, sans que le principe de subsidiarité de ces techniques par rapport aux techniques endogènes, naguère consacré par les lois bioéthiques de 1994, ne se retrouve depuis la révision opérée par une loi du 6 août 2004.

Code de la santé publique

Art. L. 2141-7. – L'assistance médicale à la procréation avec tiers donneur peut être mise en œuvre lorsqu'il existe un risque de transmission d'une maladie d'une particulière gravité à l'enfant ou à un membre du couple, lorsque les techniques d'assistance médicale à la procréation au sein du couple ne peuvent aboutir ou lorsque le couple, dûment informé dans les conditions prévues à l'article L. 2141-10, renonce à une assistance médicale à la procréation au sein du couple.

813. - **Enjeux.** En faisant intervenir un tiers dans la conception de l'enfant, qui demeurera anonyme et totalement étranger au lien de filiation créé, la procréation

médicalement assistée avec donneur comporte des enjeux importants. Le premier, si évident qu'on ne le citera que pour mémoire, concerne la volontaire dissociation entre le lien de filiation juridique et le lien génétique. Certes l'assistance médicale à la procréation ne constitue pas le seul domaine où apparaît cette dissociation. Il suffit pour s'en convaincre de songer à l'adoption et à la reconnaissance de complaisance. Le deuxième enjeu concerne la place du donneur face au lien juridique ainsi créé. Contrairement à la reconnaissance de complaisance, où le véritable père va pouvoir contester la filiation établie, le donneur de sperme ne dispose pas de la faculté d'une telle remise en cause. Inversement, l'enfant ne saurait partir efficacement en quête de son géniteur. Cela signifie que l'accès aux origines génétiques s'avère fermé. Un troisième enjeu intéresse plus spécifiquement le don d'embryon. Peut-on véritablement procéder au don d'un être humain en devenir ? La réponse à cette question renvoie souvent *in fine* à un conflit de croyances. Évoquer le don renvoie au transfert de propriété, donc au commerce juridique et à la notion de chose. Mais le don repose aussi nécessairement sur la gratuité de l'opération. Compte tenu de l'importance de ces enjeux, il n'existe pas de consensus entre les États parties au Conseil de l'Europe au sujet de l'assistance médicale à la procréation avec tiers donneur.

a) Les dons de gamètes

814. – **Don de gamètes.** Dans la plupart des cas, l'assistance médicale à la procréation ne fait intervenir qu'un seul tiers donneur de gamètes, soit un donneur de sperme, soit une donneuse d'ovocyte. Le Code de la santé publique lui-même définit le don de gamètes comme « l'apport par un tiers de spermatozoïdes ou d'ovocytes en vue d'une assistance médicale à la procréation »[(5)]. Techniquement, le Code de la santé publique réglemente ces dons[(6)]. Juridiquement, le donneur doit avoir déjà procréé[(7)] et il doit bien évidemment exprimer par écrit un consentement au don, qui demeure révocable à tout moment jusqu'à l'utilisation des gamètes. S'il fait partie d'un couple, le consentement de l'autre membre du couple doit faire l'objet d'un recueil dans les mêmes conditions.

La loi n° 2011-814 du 7 juillet 2011 a cependant tempéré l'exigence d'une procréation préalable du donneur, en ajoutant un troisième alinéa à l'article L. 1244-2 du Code de la santé publique, précisant que lorsqu'il est majeur, le donneur peut ne pas avoir procréé. Il se voit alors proposer le recueil et la conservation d'une partie de ses gamètes ou de ses tissus germinaux en vue d'une éventuelle réalisation ultérieure, à son bénéfice, d'une assistance médicale à la procréation, dans les conditions du droit commun. Ce recueil et cette conservation sont subordonnés au consentement du donneur.

815. – **Anonymat et gratuité du don de gamètes.** Le don de gamètes se trouve soumis à deux principes fondamentaux qui se révèlent essentiels : l'anonymat et la gratuité. Preuve de leur importance, ces principes sont consacrés au sein du Code civil, dans le célèbre Chapitre II du Titre premier du Livre premier, intitulé « Du

(5) C. santé publ., art. L. 1244-1.
(6) Par ex., l'article L. 1244-3 du Code de la santé publique interdit l'insémination artificielle par sperme frais provenant d'un donneur ou le mélange de spermes. De même, l'article L. 1244-4 du Code de la santé publique dispose que le recours aux gamètes d'un même donneur ne peut délibérément conduire à la naissance de plus de dix enfants.
(7) C. santé publ., art. L. 1244-2.

respect du corps humain ». Ainsi l'article 16-6 du Code civil pose le principe de gratuité, en disposant que « aucune rémunération ne peut être allouée à celui qui se prête à une expérimentation sur sa personne, au prélèvement d'éléments de son corps ou à la collecte de produits de celui-ci »[(8)]. Le principe d'anonymat se trouve quant à lui posé de manière explicite à la fois par l'article L. 1211-5 du Code de la santé publique et par l'article 16-8 du Code civil, lequel dispose que « aucune information permettant d'identifier à la fois celui qui a fait don d'un élément ou d'un produit de son corps et celui qui l'a reçu ne peut être divulguée. Le donneur ne peut connaître l'identité du receveur ni le receveur celle du donneur ». Le texte réserve cependant une hypothèse dans un second alinéa puisqu'en cas de nécessité thérapeutique, seuls les médecins du donneur et du receveur peuvent avoir accès aux informations permettant l'identification de ceux-ci.

b) Le don d'embryon

816. - **Gravité.** Le don – ou transfert – d'embryon constitue une technique aux incidences biologiques et juridiques particulièrement graves puisqu'il s'agit d'implanter dans l'utérus d'une femme stérile, dont le mari ou compagnon souffre également de stérilité, un embryon provenant de l'ovule d'une autre femme, fécondé par le sperme d'un autre homme. La femme à qui l'embryon est transféré n'a donc aucun lien génétique avec lui et, pourtant, le droit accepte l'établissement dans cette hypothèse d'un lien de filiation. À l'instar de l'adoption, les parents juridiques ne sont pas les géniteurs de l'enfant qui leur est rattaché. Contrairement à l'adoption, la mère juridique va accoucher, après l'avoir porté, d'un enfant qui n'est pas biologiquement le sien. L'apparence d'une véritable filiation biologique demeure donc très forte en ce domaine, alors que le processus de procréation met en cause deux personnes tierces.

817. - **Restrictions.** Le transfert d'embryon doit nécessairement rester réservé à des situations exceptionnelles, expliquant le caractère restrictif de ses conditions. En principe, un embryon ne peut être conçu *in vitro* avec des gamètes ne provenant pas d'un au moins des membres du couple. L'embryon conçu *in vitro* et implanté dans l'utérus de la femme comporte donc un lien génétique avec ceux que le droit va désigner comme parents. Pour autant, la situation se complique lorsque les deux membres du couple souffrent de stérilité puisqu'il sera alors parfois bien difficile de concevoir, même *in vitro*, un embryon provenant des gamètes d'au moins un membre du couple. Face à une telle situation de double stérilité, le droit autorise le transfert d'embryon, technique par laquelle le couple receveur accueille un embryon conçu *in vitro* par les gamètes d'autres personnes. En pratique, lorsqu'un couple sollicite une fécondation *in vitro*, avec ou sans tiers donneur, l'on procède souvent à la fécondation d'un nombre d'ovocytes pouvant rendre nécessaire la conservation d'embryon. Si l'implantation de l'un de ses embryons réussit, ils demeurent donc des embryons qualifiés de « surnuméraires » qui vont pouvoir être transférés si les membres du couple y consentent. L'article L. 2141-5 du Code de la santé publique

(8) Sur la gratuité des éléments du corps humain : cf. A. Leborgne, D. Goubeau et J.-B. Perrier, *La gratuité des éléments du corps humain*, in *La gratuité*, ss dir. V. Égéa et F. Putman : *Rev. Lamy dr. civ.* déc. 2013.

dispose ainsi que les deux membres du couple peuvent consentir par écrit à ce que les embryons conservés soient accueillis par un autre couple. Le couple accueillant de la sorte l'embryon transféré doit non seulement remplir les conditions nécessaires pour accéder à l'assistance médicale à la procréation, mais aussi se heurter à un échec des techniques médicales à la procréation au sein du couple, ou bien encore s'ils y renoncent[9]. Par ailleurs, l'accueil de l'embryon est subordonné à une décision de l'autorité judiciaire, qui reçoit préalablement le consentement écrit du couple à l'origine de sa conception. Le juge s'assure que le couple demandeur remplit les conditions prévues à l'article L. 2141-2 du Code de la santé publique et fait procéder à toutes investigations permettant d'apprécier les conditions d'accueil que ce couple est susceptible d'offrir à l'enfant à naître sur les plans familial, éducatif et psychologique. L'autorisation d'accueil est donnée pour trois ans.

818. – **Anonymat et gratuité du transfert d'embryon.** Les deux principes gouvernant les procréations médicalement assistées, l'anonymat et la gratuité, trouvent parfaitement à s'appliquer en matière de transfert d'embryon. Le couple accueillant l'embryon et celui y ayant renoncé ne peuvent connaître leur identité respective[10]. Seule une nécessité thérapeutique peut permettre à un médecin d'accéder aux informations médicales non identifiantes concernant le couple ayant renoncé à l'embryon. Aucun paiement, quelle qu'en soit la forme, ne peut être alloué au couple ayant renoncé à l'embryon[11].

B. – Les techniques prohibées

1° La gestation pour autrui[12]

819. – **Ordre public.** Compte tenu de la vigueur des débats houleux concernant la gestation pour autrui, cette technique fait l'objet de développements spécifiques[13]. Nous nous contenterons, pour mémoire, de rappeler que l'assemblée plénière de la Cour de cassation[14] puis les premières lois dites « bioéthiques » ont consacré une ferme interdiction des gestations pour autrui faites en France. La généralité de la formulation de l'article 16-7 du Code civil se révèle explicite en disposant que « toute convention portant sur la procréation ou la gestation pour le compte d'autrui est nulle ». Le caractère onéreux ou gratuit du processus importe peu. Par ailleurs, le texte condamne aussi bien la procréation pour le compte d'autrui où la mère porteuse donnerait – ou vendrait – également un ovule, que la gestation pour autrui, processus dans lequel la femme porterait un embryon qui lui aurait été implanté. Le principe de prohibition des gestations pour autrui relève de l'ordre public et justifia longtemps le refus de transcription sur les registres français de l'état civil d'actes de naissance d'enfants nés par gestation pour autrui à l'étranger, lorsque

(9) C. santé publ., art. L. 2141-6.
(10) C. santé publ., art. L. 2141-6, al. 3.
(11) C. santé publ., art. L. 2141-6, al. 4.
(12) Pour une étude détaillée des évolutions jurisprudentielles en matière de gestation pour autrui, V. *infra*, n° 844 s. .
(13) V. *infra*, n°s 844 et s.
(14) Cass. ass. plén., 31 mai 1991 : *JCP* G 1991, II, 21752, comm. J. Bernard, concl. Dontenwille, note F. Terré ; *D.* 1991, 417, rapp. Y. Chartier, note D. Thouvenin ; *Defrénois* 1991, 1267, obs. J.-L. Aubert ; *RTD civ.* 1991, 517, obs. D. Huet-Weiller.

l'acte étranger désignait comme parents un couple d'intention de français. L'assemblée plénière de la Cour de cassation a quelque peu tempéré cette position s'agissant de l'établissement de la paternité[15]. Peu après, la première chambre civile[16] a quant à elle décidé que les actes de l'état civil faits en pays étranger font foi, sauf si des éléments tirés de l'acte lui-même établissent que cet acte est irrégulier ou falsifié et que les faits qui y sont déclarés ne correspondent pas à la réalité, laquelle s'agissant de la mère est la réalité de l'accouchement.

2° Le clonage

820. – **Identité génétique.** Le clonage, technique qui consiste à reproduire génétiquement à l'identique un être humain ou animal, demeure fermement et opportunément interdit en droit français. L'article 16-4, alinéa 3 du Code civil dispose qu'« est interdite toute intervention ayant pour but de faire naître un enfant génétiquement identique à une autre personne vivante ou décédée ». Au demeurant, le clonage à des fins thérapeutiques fait aussi l'objet d'une interdiction[17].

II. – Les conditions tenant aux couples de parents

A. – Les conditions tenant à la composition du couple

1° La nécessité d'un couple

821. – **Époux, concubins, partenaires de PACS.** La loi réserve aux couples l'accès à la procréation médicalement assistée, excluant de la sorte les personnes célibataires du dispositif. Il s'agit d'un choix législatif puisque d'autres États européens acceptent le recours à l'insémination artificielle d'une femme célibataire à partir du sperme d'un tiers donneur. Peu importe en revanche la qualité juridique du couple, qui peut être marié, uni par un pacte civil de solidarité ou concubins. Naguère, une distinction se faisait puisque les époux pouvaient accéder à la procréation médicalement assistée à compter de leur mariage, alors que les concubins et partenaires de PACS devaient rapporter la preuve d'une communauté de vie ayant duré au moins deux ans. Désormais, la condition de durée a disparu et le Code de la santé publique exige simplement et de manière logique que l'homme et la femme formant le couple soient vivants et en âge de procréer.

2° L'altérité sexuelle

822. – **Distinction.** En dépit du puissant mouvement d'égalité des statuts entre les couples homosexuels et hétérosexuels, qui s'exprime jusque dans les conditions d'accès au mariage, les techniques de procréation médicalement assistées

(15) Cass. ass. plén., 3 juill. 2015, n°s 15-50.002 et 14-21.323 : *D.* 2015, 1819, note H. Fulchiron et C. Bidaud-Garon ; *D.* 2015, 1173, obs. D. Sindres ; *D.* 2015, 1919, obs. Ph. Bonfils et A. Gouttenoire ; *AJF* 2015, 496, obs. F. Chénedé ; *AJF* 2015, 364, obs. Dionisi-Peyrusse ; *RTD civ.* 2015, 581, obs. J. Hauser.

(16) Cass. 1re civ., 14 mars 2018, n° 17-50.021 : *Dr. famille* 2018, comm. 150, note H. Fulchiron. – Cass. 1re civ., 29 nov. 2017, n° 16-50.061 : *Dr. famille* 2018, étude 2, note H. Fulchiron. – Cass. 1re civ., 5 juill. 2017, nos 15-28.597, 16-50.025, 16-16.901, 16-16.455, 16-16.495 et 16-20.052 ; *Dr. famille* 2017, étude 13 ; *Dr. famille* 2017, étude 14 ; *D.* 2017, 1737, note H. Fulchiron ; *AJF* 2017, 375, note F. Chénedé ; *AJF* 2017, 482, note A. Dionisi-Peyrusse.

(17) C. santé publ., art. L. 2151-4 : « Est également interdite toute constitution par clonage d'un embryon humain à des fins thérapeutiques ».

demeurent réservées aux seuls couples composés d'un homme et d'une femme. La procréation médicalement assistée repose donc sur une fiction de concordance entre les liens juridiques de filiation et la réalité génétique, laquelle se traduit par une recherche d'apparence d'altérité sexuelle. Il s'agit de faire juridiquement « comme si » l'enfant était né des relations entre un homme et une femme, ce qui distingue désormais le lien de filiation ainsi créé et l'adoption, dès lors qu'un couple de personnes de même sexe marié peut adopter.

823. – **Débats.** La condition d'altérité sexuelle dans l'accès à la procréation médicalement assistée suscite de nombreux débats et constitue la cible des revendications de certaines associations de promotion des droits des homosexuels. Prolongeant les querelles apparues au moment de la réforme du mariage par la loi n° 2013-404 du 17 mai 2013, les débats actuels concernent la question de l'égalité des statuts. Il est vrai que le rattachement de l'enfant par l'adoption à un couple de personnes de même sexe se révèle aujourd'hui possible, à condition que les adoptants aient la qualité juridique d'époux. Le double rattachement asexué est donc possible. En réalité, la principale difficulté de ce débat concerne l'ombre de la gestation pour autrui, projetée sur la question de la procréation médicalement assistée. Admettre la procréation médicalement assistée entre personnes de même sexe ne concernerait en définitive que les couples de femmes. Si ces dernières peuvent bénéficier du transfert d'embryon ou, plus simplement, d'une insémination artificielle avec tiers donneur, comment justifier dès lors qu'un couple d'hommes ne puisse accéder à la gestation pour autrui ? Le refus d'ouvrir la procréation médicalement assistée aux couples de personnes de même sexe s'explique par la crainte de devoir admettre la gestation pour autrui au profit de deux hommes. Certains États permettent cependant l'insémination artificielle avec tiers donneur pour une femme seule, indépendamment de son orientation sexuelle, sans pour autant autoriser la gestation pour autrui.

3° La communauté de vie

824. – **Vie familiale.** En matière d'assistance médicale à la procréation, le droit français repose sur une fiction selon laquelle l'enfant se trouve considéré comme né du couple, y compris en présence d'un donneur, voire d'un transfert d'embryon. La fiction n'a dès lors de pertinence que s'il existe une altérité sexuelle dans le couple ainsi qu'une communauté de vie qui perdure. Pour cette raison qui consiste à tenir compte des apparences, font obstacle à l'insémination ou au transfert des embryons le décès d'un des membres du couple, le dépôt d'une requête en divorce ou en séparation de corps ou la cessation de la communauté de vie, ainsi que la révocation par écrit du consentement de l'homme ou la femme auprès du médecin chargé de mettre en œuvre l'assistance médicale à la procréation.

4° Le consentement

825. – **Nécessité.** Avant de pouvoir accéder à une procréation médicalement assistée, les membres du couple doivent exprimer leur demande par écrit[18]. Ils doivent

(18) C. santé publ., art. 2141-10.

plus exactement consentir par écrit au transfert d'embryon ou à l'insémination[19]. Le nécessaire recueil d'un consentement se trouve ensuite réaffirmé à plusieurs reprises, notamment pour permettre la conservation d'embryons surnuméraires[20], leur utilisation à des fins de recherche[21] ou encore leur accueil par un autre couple[22].

826. - **Formalisme.** Le consentement des membres du couple à la procréation médicalement assistée s'opère en deux temps. Tout d'abord, les membres du couple forment une demande auprès d'une équipe médicale, qui va procéder à des entretiens avec le couple, dont les finalités et le contenu se trouvent détaillés à l'article L. 2141-10 du Code de la santé publique. Ensuite, à l'issue du dernier entretien, le couple dispose alors d'un délai de réflexion d'un mois à l'expiration duquel la demande doit être confirmée par écrit.

827. - **Formalisme renforcé.** Outre les conditions de droit commun requises pour l'accès à la procréation médicalement assistée, les membres du couple doivent exprimer leur consentement par acte authentique – dressé par le juge ou le notaire – quand ils envisagent de recourir à une technique médicale d'assistance à la procréation nécessitant l'intervention d'un tiers donneur. Le formalisme renforcé vise à faire prendre conscience aux membres du couple des incidences médicales, juridiques et symboliques de la procréation médicalement assistée avec tiers donneur. D'ailleurs cette exigence se retrouve non seulement dans le Code de la santé publique, ce qui n'est guère surprenant, mais aussi à l'article 311-20 du Code civil, exprimant de la sorte le caractère solennel et incontournable de ce recueil du consentement. Encore faut-il, logiquement, que la communauté de vie perdure pour que l'efficacité du consentement demeure entière. Ainsi est-il privé d'effets en cas de décès, de dépôt d'une requête en divorce ou de séparation de corps ou de cessation de la communauté de vie, intervenant avant la réalisation de la procréation médicalement assistée. Il en va de même en cas de révocation faite par écrit.

Code civil

Art. 311-20. – Les époux ou les concubins qui, pour procréer, recourent à une assistance médicale nécessitant l'intervention d'un tiers donneur, doivent préalablement donner, dans des conditions garantissant le secret, leur consentement au juge ou au notaire, qui les informe des conséquences de leur acte au regard de la filiation.

Le consentement donné à une procréation médicalement assistée interdit toute action aux fins d'établissement ou de contestation de la filiation à moins qu'il ne soit soutenu que l'enfant n'est pas issu de la procréation médicalement assistée ou que le consentement a été privé d'effet.

Le consentement est privé d'effet en cas de décès, de dépôt d'une requête en divorce ou en séparation de corps ou de cessation de la communauté de vie, survenant avant la réalisation de la procréation médicalement assistée. Il est également privé d'effet lorsque l'homme ou la femme le révoque, par écrit et avant la réalisation de la procréation médicalement assistée, auprès du médecin chargé de mettre en œuvre cette assistance.

(19) C. santé publ., art. L. 2141-2, al. 2.
(20) C. santé publ., art. L. 2141-3 al. 2.
(21) C. santé publ., art. L. 2141-3, al. 3.
(22) C. santé publ., art. L. 2141-5 ; le texte ajoute au demeurant, dans un second alinéa, qu'en cas de décès d'un membre du couple, le membre survivant est consulté par écrit sur le point de savoir s'il consent à ce que les embryons conservés soient accueillis par un autre couple.

Celui qui, après avoir consenti à l'assistance médicale à la procréation, ne reconnaît pas l'enfant qui en est issu engage sa responsabilité envers la mère et envers l'enfant.

En outre, sa paternité est judiciairement déclarée. L'action obéit aux dispositions des articles 328 et 331.

B. – Les conditions relatives à la santé du couple

828. – **Nécessité médicale.** L'accès à la procréation médicalement assistée dépend de la situation médicale du couple, puisqu'en droit français ces techniques constituent soit un remède à l'infertilité, soit un moyen de prévenir la transmission d'une maladie grave. Les conditions relatives à la santé du couple ont une importance cruciale à l'heure où l'on s'interroge sur la finalité des techniques de procréation médicalement assistée et que certains discours réclament un accès plus large, dans un but de convenance personnelle[(23)].

1° Remédier à l'infertilité d'un couple

829. – **Définition téléologique.** En droit français, l'assistance médicale à la procréation fait l'objet d'une définition qui repose sur le but de ces techniques. L'article L. 2141-2 du Code de la santé publique dispose en effet que « l'assistance médicale à la procréation a pour objet de remédier à l'infertilité du couple ». Une telle définition par l'objet ne manque pas d'intérêt, car elle permet d'éviter un détournement des techniques de procréation médicalement assistée qui permettrait de satisfaire, par exemple, une tentation eugénique en choisissant le sperme du donneur selon les critères physiques ou d'intelligence, ou encore en sollicitant tardivement ces techniques pour éviter les incidences d'une grossesse sur une carrière professionnelle.

830. – **Infertilité et stérilité.** Le choix législatif du terme « infertilité » se relève opportun, car il est plus large que celui de « stérilité ». Une personne, sans souffrir d'une stérilité au sens médical du terme, peut rencontrer des difficultés pour procréer avec son conjoint ou son compagnon.

831. – **Caractère pathologique.** Pour que le couple composé d'un homme et d'une femme puisse valablement accéder à une technique d'assistance médicale à la procréation, le caractère pathologique de l'infertilité doit être médicalement diagnostiqué. Les mystères qui entourent la conception d'un enfant font que l'infertilité provient parfois d'une cause psychologique.

2° Éviter la transmission de maladies d'une particulière gravité

832. – **Prévention.** Si l'assistance médicale à la procréation constitue évidemment un remède à l'infertilité, elle peut également être sollicitée par un couple qui ne souffre pas d'infertilité, mais où la conception d'un enfant de manière naturelle risque de transmettre une maladie grave à l'enfant ou à l'un des parents[(24)]. Tel peut être par exemple le cas de la séropositivité de l'un des parents, même si les progrès

(23) V., par ex., en matière de congélation des cellules ovariennes, *supra*, sous n° 804.
(24) C. santé publ., art. L. 2141-2.

de la trithérapie permettent aujourd'hui de réduire sensiblement les risques de transmission du virus.

§ 2. – Les effets juridiques de l'assistance médicale à la procréation

833. – **Distinction.** La distinction importante entre les deux types de procréations médicalement assistées, endogènes et faites avec tiers donneurs, comporte des incidences notables en ce qui concerne le rattachement de l'enfant aux membres du couple ayant eu recours à cette technique reproductive.

I. – Rattachement de l'enfant né d'une procréation médicalement assistée endogène

834. – **Droit commun de la filiation.** La procréation médicalement assistée de type endogène concerne les conditions de conception de l'enfant. Une aide médicale vient pallier les insuffisances de la nature au moment de la conception, mais ne fait pas intervenir un tiers, génétiquement étranger au membre du couple. L'enfant ainsi conçu se trouve issu des gamètes des membres du couple ayant eu recours à cette technique. Par conséquent, le reste de la grossesse et la naissance de l'enfant se déroulent de manière classique, sans qu'il soit véritablement possible de distinguer selon la manière dont l'enfant a été conçu. Partant, une fois l'enfant né, il sera réputé être issu des œuvres de ses parents et fera l'objet d'un rattachement soumis au droit commun.

835. – **Rattachement de l'enfant aux membres d'un couple marié.** Si le couple ayant eu recours à une technique de procréation médicalement assistée endogène est marié, alors l'enfant fait l'objet d'un rattachement assez simple et automatique puisque l'indication du nom de la mère dans l'acte de naissance suffit à établir la maternité. Comme la mère est mariée, la présomption de paternité permet d'établir la paternité du mari.

836. – **Rattachement de l'enfant aux membres d'un couple non marié.** Dans l'hypothèse où les membres du couple qui ont eu recours à la procréation médicalement assistée ne sont pas mariés, le rattachement de l'enfant s'opère là encore en appliquant le droit commun de la filiation. Selon toute vraisemblance, l'établissement de la maternité s'opère par l'indication du nom de la mère dans l'acte de naissance, sauf à imaginer un éventuel accouchement anonyme(25).

837. – **Incidences du rattachement de l'enfant.** Que l'enfant soit rattaché à un couple marié ou non marié, les incidences juridiques demeurent identiques et relèvent tout simplement du droit commun(26). Comme l'enfant conçu de manière

(25) Il s'agit d'une hypothèse d'école, car on imagine assez mal que la mère, compte tenu des difficultés rencontrées dans sa quête de maternité, décide d'accoucher sous X au terme de sa grossesse.

(26) Sur le droit commun en matière d'effets de l'établissement de la filiation, V. *supra*, n°s 711 et s.

charnelle rattaché à ses parents, l'enfant né d'une procréation médicalement assistée endogène intègre la famille de ses parents juridiques, dont il est au demeurant issu génétiquement. Des empêchements à mariage et à PACS naissent donc entre l'enfant et les membres de la famille de ses parents. Une vocation successorale et des obligations alimentaires sont créées. L'enfant porte le nom que les parents choisissent en application de l'article 311-21 du Code civil. Enfin, les parents sont investis de l'autorité parentale et de l'administration légale. En ce sens, les conditions de conception de l'enfant s'avèrent totalement indifférentes d'un point de vue juridique, ce qui s'explique puisqu'il est biologiquement issu des parents qui ont manifesté la volonté d'établir un lien de filiation, soit en révélant l'identité de la mère, soit en procédant à une reconnaissance.

II. – Le rattachement de l'enfant né d'une procréation médicalement assistée avec tiers donneur

838. – **Singularité.** L'intervention d'un tiers donneur, voire de deux tiers, dans la conception de l'enfant modifie sensiblement les règles de rattachement de l'enfant à ses parents. Il convient en effet, dans une telle situation, de combler juridiquement la distorsion volontairement créée entre la réalité biologique et le rattachement juridique de l'enfant. Pour ce faire, comme l'établissement de la filiation repose ici sur une fiction, le droit verrouille de manière assez rigoureuse toute possibilité de recréer la distorsion que la science a permise. Pour ce faire, les règles de rattachement de l'enfant conçu par une procréation médicalement assistée avec tiers donneur présentent une grande singularité en combinant un établissement forcé de la filiation à l'égard du couple, tout en prohibant la recherche de filiation menée contre le donneur.

A. – L'établissement forcé de la filiation à l'égard du couple

1° Principe

839. – **Rôle de la volonté initiale.** L'accès d'un couple à la procréation médicalement assistée avec tiers donneur nécessite le recueil d'un consentement par acte authentique(27). En dépit des apparences, les incidences de ce consentement rayonnent bien au-delà de la seule demande d'une technique médicale puisque le Code civil dispose que ce consentement interdit toute action aux fins d'établissement ou de contestation du lien de la filiation(28). Les membres du couple qui sollicitent une procréation médicalement assistée avec tiers donneur se verront donc nécessairement rattaché l'enfant. La précision ne vaut, dans la grande majorité des situations, que pour le père puisque l'indication du nom de la mère dans l'acte de naissance établit la maternité(29). Lorsque la procréation a été faite grâce à un don de sperme, l'homme qui a consenti à cette technique se verra nécessairement rattaché l'enfant. Celui qui, après avoir consenti à l'assistance médicale à

(27) Sur ce formalisme, V. *supra*, n°s 825-827.
(28) C. civ., art. 311-20, al. 2.
(29) Sous réserve d'un éventuel accouchement sous X, assez théorique en ce domaine.

la procréation, ne reconnaît pas l'enfant qui en est issu engage sa responsabilité envers la mère et l'enfant. Par ailleurs, sa paternité est judiciairement déclarée. En ce sens, le consentement à la procréation médicalement assistée vaut, de manière indirecte, reconnaissance de l'enfant issu de cette technique, en dépit de la discordance entre la génétique et le lien de filiation juridique.

840. – **Paradoxe ?** La création d'une telle filiation, que certains auteurs qualifient d'« obligatoire »[30] ou nomment « paternité forcée »[31], concorde mal avec un certain primat de la vérité biologique en droit contemporain de la filiation. Le droit intervient ici pour imposer une filiation qui, sciemment, entre en discordance avec la génétique. Une fiction se trouve imposée. Le constat n'a cependant rien de véritablement surprenant, tant eu égard aux procréations médicalement assistées elles-mêmes, qu'en ce qui concerne la filiation, de manière générale. L'efficacité des techniques d'assistance médicale à la procréation, parce qu'elles reposent sur une dissociation entre la réalité biologique et l'établissement du lien de filiation, dépend de l'aptitude du droit à imposer une fiction. Il s'agit d'une incidence de la volonté législative d'admettre la procréation médicalement assistée, tout en l'encadrant par des principes comme la gratuité ou l'anonymat, ou encore le caractère forcé de l'établissement du lien. En ce qui concerne ensuite la filiation de manière générale, le singulier établissement forcé de la filiation de l'enfant conçu par procréation avec tiers donneur, illustre une nouvelle fois l'importance souvent sous-estimée du rôle de la volonté dans la parenté. Certes la vérité biologique occupe une place centrale dans l'établissement ou la contestation du lien de filiation, mais il n'en demeure pas moins que la volonté se révèle essentielle dans le rattachement de l'enfant. Ceci vaut bien évidemment pour l'adoption et pour la reconnaissance de paternité, mais aussi pour la possession d'état. Pour une mère qui accouche, le fait de révéler son identité constitue aussi une expression de sa volonté de se voir rattaché l'enfant. En ce sens, les incidences du consentement à la procréation médicalement assistée avec tiers donneur ne paraissent pas si extravagantes qu'il n'y paraît. Elles constituent une autre expression, dans un domaine spécifique, du rôle constitutif de la volonté dans l'établissement du lien de filiation.

2° Dérogations

841. – **Dualité d'hypothèses.** Il existe cependant deux dérogations à l'établissement forcé du lien de filiation, lorsque les membres du couple ont consenti à une procréation médicalement assistée avec tiers donneur. La première dérogation vise la situation où il serait soutenu, avec succès, que l'enfant n'est pas issu de la procréation médicalement assistée. Cette hypothèse, expressément visée à l'article 311-20, alinéa 2 du Code civil concerne la situation dans laquelle la mère aurait conçu l'enfant avec un autre homme. Il faut reconnaître alors que l'enfant n'est pas issu de procréation assistée et que l'action en établissement ou contestation de la filiation redevient possible, conformément au droit commun. Le régime singulier

(30) Ph. Malaurie et H. Fulchiron, *op. cit.*, n° 1055.
(31) P. Courbe et A. Gouttenoire, *op. cit.*, n° 1177.

ne trouve alors pas de raisons de s'appliquer. Encore faudra-t-il rapporter la preuve que l'enfant n'est pas issu de la procréation médicalement assistée, tâche difficile en pratique puisqu'il conviendra de déterminer le rôle procédural exact de chaque personne impliquée dans cette situation. La seconde dérogation concerne le consentement privé d'effet. L'expression « consentement privé d'effet » désigne la caducité du consentement provenant du décès d'un membre du couple, de la cessation de la communauté de vie ou encore le dépôt d'une requête en divorce ou en séparation de corps[32].

B. – La prohibition de l'établissement de la filiation à l'égard du donneur

842. – **Fruit du secret.** L'établissement de la filiation à l'égard du donneur se heurte à une première difficulté factuelle et à une seconde, de nature juridique.

La difficulté factuelle réside dans l'impossibilité de connaître le donneur, résultant du principe d'anonymat. À supposer que l'enfant souhaite établir le lien de filiation à l'égard du donneur, encore faut-il déterminer l'identité de ce défendeur potentiel. Le principe d'anonymat, solidement ancré et pénalement garanti, vise précisément à empêcher une telle identification. L'intérêt des procréations médicalement assistées commande d'ailleurs cette solution, car admettre l'inverse aboutirait, non sans quelques paradoxes, à décourager les potentiels donneurs, toujours à la merci d'une éventuelle action en établissement du lien qui, lorsqu'elle aboutit, comporte des incidences – financières notamment – non négligeables. La solution se révèle opportune pour le couple de parents qui obtient de la sorte la garantie que leur lien de parenté fait l'objet d'une protection, bien qu'il ne concorde pas avec la réalité biologique.

La difficulté juridique provient quant à elle de la consécration d'un interdit puisque l'article 311-19 du Code civil condamne purement et simplement une éventuelle action en justice en disposant que « en cas de procréation médicalement assistée avec tiers donneur, aucun lien de filiation ne peut être établi entre l'auteur du don et l'enfant issu de la procréation ». Là encore, cette véritable fin de non-recevoir se trouve commandée par les mêmes finalités, à savoir ne pas dissuader les donneurs, protéger la sécurité des couples de parents, tarir une source de perturbation psychologique de l'enfant.

843. – **Débats.** La solution retenue par le droit français, quoique solidement ancrée, fait l'objet de vifs débats. Comme toujours dans ce type de situations, l'anecdote médiatique prend trop souvent le pas sur la précision juridique, généralement à grand renfort d'interprétation discutable de droits fondamentaux formulée de manière nécessairement floue. Les voix qui s'élèvent pour réclamer la possibilité d'une action en établissement de paternité contre le donneur, voire contre les donneurs, se font rares. Plus fréquemment, le droit de l'enfant de connaître ses origines est brandi pour exiger que l'enfant puisse connaître, si ce n'est l'identité du donneur, du moins des éléments qui

(32) C. santé publ., art. L. 2141-2, al. 2.

faciliteraient une construction psychologique prétendument plus apaisée. En face, sont convoqués d'aussi louables impératifs tirés de la protection du donneur et des couples de parents, ou encore la protection de l'intérêt psychologique de l'enfant. Ceci élude probablement la véritable question qui consiste à savoir si l'admission initiale d'une complète et volontaire dissociation entre la réalité biologique et le lien de filiation juridique n'implique pas nécessairement une situation qui condamne les parents au secret, situation psychologiquement peu confortable, soit expose l'enfant à de lourds questionnements. Aucune solution ne pourra soulager les deux difficultés et un choix de politique juridique s'impose. Celui opéré par le droit français, parce qu'il repose sur le rôle central de la volonté, de manière assez cohérente avec le reste du droit de la filiation, ne paraît ni incongru, ni foncièrement attentatoire aux droits fondamentaux d'un enfant qui, certes, ne connaît pas l'identité exacte du donneur, mais bénéficie tout de même d'un lien de filiation à l'égard d'un couple qui fit une démarche juridiquement lourde, symboliquement forte et médicalement éprouvante.

SECTION 2

LA GESTATION POUR AUTRUI

Bibliographie

- B. Ancel, *L'épreuve de vérité – Propos de surface sur la transcription des actes de naissance des enfants issus d'une gestation pour autrui délocalisée*, in *Le droit entre tradition et modernité : Mél. à la mémoire de P. Courbe*, Dalloz, 2012, p. 1.
- S. Bollée, *La gestation pour autrui en droit international privé : Travaux comité fr. DIP* 2012-2014, p. 215.
- M. Fabre-Magnan, *La gestation pour autrui : fiction et réalités*, Fayard, 2013.
- H. Fulchiron et Ch. Bidaud-Garon, *Dans les limbes du droit – À propos de la situation des enfants nés à l'étranger avec l'assistance d'une mère porteuse : D.* 2013, 2349.
- S. Godechot-Patris, *L'enfant venu d'ailleurs face à l'interdit. Perspective de droit international privé*, in *Au-delà des codes : Mél. en l'honneur de M.-S. Payet*, Dalloz, p. 291.
- G. Kessler, *La consolidation des situations illicites dans l'intérêt de l'enfant : Dr. famille* 2005, étude 16.
- P. Raynaud, *L'enfant peut-il être objet de droit ? : D.* 1988, chron. p. 109.

844. – **Dissociation.** Les évolutions médicales ont rendu concevable la réalisation d'une gestation pour le compte d'autrui, c'est-à-dire l'engagement d'une femme à porter un enfant pour le compte d'une autre, voire d'un couple, qualifié de « couple d'intention ». Avec une gestation pour autrui, également qualifiée de « maternité pour autrui », « maternité de substitution » ou, de manière plus familière, de « mère porteuse », une dissociation apparaît entre le lien juridique de filiation et le fait biologique de la grossesse.

845. - **Dualité.** Au-delà de cette première approche visant à définir la gestation pour autrui, une multitude de situations factuelles existe. En effet, la mère porteuse peut s'engager à porter l'embryon sans être donneuse d'ovule. Il s'agit d'une gestation pour autrui, au sens strict du terme. Dans une situation plus complète, la mère porteuse peut également donner, voire vendre, son ovule au couple d'intention, et il s'agit alors non seulement d'une gestation pour autrui, mais aussi d'une procréation pour autrui.

846. - **Phénomène de la frontière**(33). En matière de gestation pour autrui, le phénomène de la frontière se manifeste avec acuité, puisque cette pratique fait l'objet d'une ferme prohibition en France (§ 1), et que certains couples d'intention n'hésitent pas à se rendre à l'étranger, où la gestation pour autrui demeure autorisée, pour contourner l'interdiction (§ 2).

§ 1. – La prohibition des gestations pour autrui faites en France

847. - **Du prétoire au Code.** Le principe français de prohibition des gestations pour autrui faites en France a fait l'objet d'une élaboration progressive, d'abord apparue en jurisprudence (I) puis consacrée solennellement dans le Code civil (II).

I. – L'élaboration du principe de prohibition

848. - **Impulsion jurisprudentielle.** Aujourd'hui solennellement édicté par l'article 16-7 du Code civil, le principe de prohibition des gestations pour autrui a initialement été dégagé par l'assemblée plénière de la Cour de cassation. Ce faisant, l'article 16-7 du Code civil constitue un exemple de texte inspiré par la jurisprudence.

A. – Une consécration prétorienne initiale

849. - **Silence des textes.** Les évolutions scientifiques relatives à la médecine reproductive se sont considérablement accélérées dans les dernières décennies du XXe siècle. Une telle rapidité explique le silence initial des textes et, partant, le rôle créateur joué par la jurisprudence.

850. - **Associations organisant les gestations pour autrui.** Juridiquement, les associations constituent des personnes morales de droit privé, qui poursuivent un

(33) La littérature est très abondante sur ce thème. Outre les références déjà citées précédemment en bibliographie, l'article fondateur de J.-J. Lemouland, *Le tourisme procréatif* : LPA 28 mars 2001, n° 62, p. 24 ; et depuis, cf. not. : B. Ancel, *L'épreuve de vérité. Propos de surface sur la transcription des actes de naissance issus d'une gestation pour autrui délocalisée*, in *Le droit entre tradition et modernité : Mél. P. Courbe*, Dalloz, 2012, p. 1. – A.-M. Frison-Roche, *L'impossibilité de réguler l'illicite : la convention de maternité de substitution* : D. 2014, 2184. – H. Fulchiron, *La lutte contre le tourisme procréatif : vers un instrument de coopération internationale* : *JDI* 2014, 563. – C. Neirinck, *La gestation pour autrui pratiquée à l'étranger et l'état civil français de l'enfant qui en est né* : *Dr. famille* 2011, étude 14. – D. Sindres, *Le tourisme procréatif et le droit international privé DIP* : *JDI* 2015, doctr. 4.

but non lucratif et dont l'existence résulte d'un contrat d'association mais aussi d'une déclaration en préfecture. Partant, le but poursuivi par l'association doit être conforme à l'ordre public. Ainsi, le mouvement jurisprudentiel visant à prohiber les gestations pour autrui en France s'exprima tout d'abord au travers de la nullité des contrats d'association ayant pour but de mettre en relation des parents d'intention et des mères françaises. De tels groupements de personnes se constituèrent en effet dans les années 1980, en prospérant dans le silence de la loi. Ainsi, dans une affaire ayant donné lieu à un arrêt de la Cour de cassation[34], devenu célèbre, rendu le 13 décembre 1989, l'association « Alma Mater » se proposait de faciliter la solution des problèmes qui se posaient alors aux couples dont la femme souffrait de stérilité et aux mères porteuses, en jouant un rôle d'intermédiaire[35]. La première chambre civile rejette le pourvoi formé contre l'arrêt ayant prononcé la nullité de l'association « Alma Mater », en se fondant sur le principe d'indisponibilité de l'état des personnes et sur le détournement de l'objet de l'institution de l'adoption.

Cass. 1re civ., 13 déc. 1989, n° 88-15.655

(...)

Mais attendu qu'il résulte des constatations des juges du fond que l'objet même de l'association est de favoriser la conclusion et l'exécution de conventions qui, fussent-elles verbales, portent tout à la fois sur la mise à la disposition des demandeurs des fonctions reproductrices de la mère et sur l'enfant à naître et sont donc nulles en application de l'article 1128 du Code civil ; que ces conventions contreviennent au principe d'ordre public de l'indisponibilité de l'état des personnes en ce qu'elles ont pour but de faire venir au monde un enfant dont l'état ne correspondra pas à sa filiation réelle au moyen d'une renonciation et d'une cession, également prohibées, des droits reconnus par la loi à la future mère ; que l'activité de l'association, qui tend délibérément à créer une situation d'abandon, aboutit à détourner l'institution de l'adoption de son véritable objet qui est, en principe, de donner une famille à un enfant qui en est dépourvu ; que c'est dès lors à bon droit que l'arrêt attaqué a décidé, sur le fondement de l'article 3 de la loi du 1er juillet 1901, que cette association était nulle en raison de l'illicéité de son objet ; que la première branche du moyen est donc sans fondement ;

851. - **Nullité de la convention de gestation pour autrui.** Quelques mois plus tard, le procureur général près la Cour de cassation va former un pourvoi dans l'intérêt de la loi, portant cette fois-ci directement sur le processus de gestation pour le

(34) Cass. 1re civ., 13 déc. 1989, n° 88-15.655 : *JCP* G 1990, II, 21526, note A. Sériaux ; *D.* 1990, 273, rapp. J. Massip ; *RTD civ.* 1990, 254, obs. J. Rubellin-Devichi ; *Defrénois* 1990, 743, obs. J.-L. Aubert.

(35) Cf. sur ce point, les motifs de l'arrêt de la Cour de cassation (Cass. 1re civ., 13 déc. 1989, n° 88-15.655), résumant les faits de l'espèce : « Attendu, selon les juges du fond, que l'association "Alma Mater" a pour objet de faciliter la solution des problèmes qui se posent aux couples dont la femme est stérile, désireux d'accueillir un enfant à leur foyer et aux "mères porteuses" volontaires ; qu'il est proposé à la "mère porteuse" d'être inséminée artificiellement par la semence du mari ou du concubin, de porter et de mettre au monde l'enfant qui sera déclaré sur les registres de l'état civil sans indication du nom de la mère, reconnu par le père et accueilli au foyer de celui-ci en vue de son adoption par l'épouse ou la compagne ; que l'association intervient tout au long de ce processus qualifié de "prêt d'utérus" ou de "don d'enfant" ; qu'ainsi après avoir contrôlé la réalité de la stérilité du couple demandeur et des facultés de fécondation de la "mère porteuse", généralement recrutée par elle, l'association fait procéder à l'insémination, surveille la grossesse et l'accouchement, s'occupe de faire diligenter la procédure d'adoption ; qu'elle verse ensuite à la mère une somme forfaitaire – qui, en 1987, était fixée à 60 000 francs – remise par le couple demandeur dès le début de la grossesse ; que l'arrêt confirmatif attaqué (Aix-en-Provence, 29 avril 1988) estimant que cette association avait un objet illicite, contraire aux lois et aux bonnes mœurs, en a prononcé la nullité sur le fondement de l'article 3 de la loi du 1er juillet 1901 ».

compte d'autrui(36). L'assemblée plénière(37) rend alors, le 31 mai 1991, une décision fondamentale qui pose le principe de prohibition des conventions ayant pour objet la gestation pour le compte d'autrui, non sans avoir préalablement entendu, dans le cadre d'un *amicus curiae*, le professeur de médecine Jean Bernard(38). L'arrêt vise les articles 6, 1128(39) et 353 du Code civil et se fonde sur les principes d'indisponibilité du corps humain et de l'état des personnes(40), ainsi que sur le détournement de l'institution de l'adoption. Est ainsi cassé, dans l'intérêt de la loi seulement, l'arrêt de la cour d'appel de Paris ayant prononcé l'adoption de l'enfant conçu par le biais d'une gestation pour autrui(41), dès lors que « la convention par laquelle une femme s'engage, fût-ce à titre gratuit, à concevoir et à porter un enfant pour l'abandonner à la naissance contrevient tant au principe d'ordre public de l'indisponibilité du corps humain qu'à celui de l'indisponibilité de l'état des personnes ». La formulation retenue par l'assemblée plénière, qui envisage aussi bien une gestation pour autrui onéreuse que faite à titre gratuit, se révèle volontairement large et traduit ainsi la volonté de poser une interdiction ferme. En atteste également le visa des articles 6 et 1128 (ancien) du Code civil.

Cass. ass. plén., 31 mai 1991

Sur le pourvoi dans l'intérêt de la loi formé par M. le Procureur général près la Cour de cassation :

Vu les articles 6 et 1128 du Code civil, ensemble l'article 353 du même Code ;

Attendu que, la convention par laquelle une femme s'engage, fût-ce à titre gratuit, à concevoir et à porter un enfant pour l'abandonner à sa naissance contrevient tant au principe d'ordre public de l'indisponibilité du corps humain qu'à celui de l'indisponibilité de l'état des personnes ;

Attendu selon l'arrêt infirmatif attaqué que Mme X..., épouse de M. Y..., étant atteinte d'une stérilité irréversible, son mari a donné son sperme à une autre femme qui, inséminée artificiellement, a porté et mis au monde l'enfant ainsi conçu ; qu'à sa naissance, cet enfant a été déclaré comme étant né de Y..., sans indication de filiation maternelle ;

Attendu que, pour prononcer l'adoption plénière de l'enfant par Mme Y..., l'arrêt retient qu'en l'état actuel des pratiques scientifiques et des mœurs, la méthode de la maternité substituée doit être considérée comme licite et non contraire à l'ordre public, et que cette adoption est conforme à l'intérêt de l'enfant, qui a été accueilli et élevé au foyer de M. et Mme Y... pratiquement depuis sa naissance ;

Qu'en statuant ainsi, alors que cette adoption n'était que l'ultime phase d'un processus d'ensemble destiné à permettre à un couple l'accueil à son foyer d'un enfant, conçu en exécution d'un contrat tendant à l'abandon à sa naissance par sa mère, et que, portant atteinte aux principes de l'indisponibilité du corps humain et de l'état des personnes, ce processus constituait un détournement de l'institution de l'adoption, la cour d'appel a violé les textes susvisés ;

PAR CES MOTIFS :

CASSE ET ANNULE, mais seulement dans l'intérêt de la loi et sans renvoi, l'arrêt rendu le 15 juin 1990 par la cour d'appel de Paris.

Commentaires : *JCP* G 1991, II, 21752, comm. J. Bernard, concl. Dontenwille, note F. Terré ; *D.* 1991, 417, rapp. Y. Chartier, note D. Thouvenin ; *Defrénois* 1991, 1267, obs. J.-L. Aubert ; *RTD civ.* 1991, 517, obs. D. Huet-Weiller.

(36) Dans cette affaire en effet, le couple d'intention avait bien eu recours aux services d'intermédiaire de l'association *Alma Mater*, avant la dissolution de celle-ci. Pour autant, la question de l'illicéité de l'objet de l'association étant résolue, se trouvait au cœur du pourvoi celle de la validité de la convention elle-même.

(37) Cass. ass. plén., 31 mai 1991 : *JCP* G 1991, II, 21752, comm. J. Bernard, concl. Dontenwille, note F. Terré ; *D.* 1991, 417, rapp. Y. Chartier, note D. Thouvenin ; *Defrénois* 1991, 1267, obs. J.-L. Aubert ; *RTD civ.* 1991, 517, obs. D. Huet-Weiller.

(38) Cf. la communication du professeur Bernard, publiée in *JCP* G 1991, II, 21752.

(39) C. civ., ancien art. 1128 (réd. antérieure à l'ordonnance n° 2016-131 du 10 février 2016).

(40) Pour une critique de l'utilisation par la Cour de cassation de la qualification de « principes » au sujet de l'indisponibilité du corps humain et de l'état des personnes, cf. M. Gobert, *Réflexions sur les sources du droit et les « principes » d'indisponibilité du corps humain et de l'état des personnes : RTD civ.* 1992, 507.

(41) CA Paris, 15 juin 1990 : *JCP* G 1991, II, 21563, note B. Edelman et C. Labrusse-Riou ; *RTD civ.* 1990, 458, obs. J. Rubellin-Devichi.

B. – Une consécration législative solennelle

852. – **Lois dites « bioéthiques ».** Les lois de juillet 1994, communément qualifiées de « lois bioéthiques » ont été votées pour protéger l'humanité de l'être humain face à des évolutions scientifiques jugées potentiellement dangereuses. À cette occasion, a été rédigé un article 16-7 du Code civil qui dispose que « toute convention portant sur la procréation ou la gestation pour le compte d'autrui est nulle ». Lors des révisions du texte intervenues en 2004 et 2011, le principe de prohibition, manifestement inspiré par la jurisprudence[(42)] n'a pas été modifié.

853. – **Exégèse.** La rédaction de l'article 16-7 du Code civil n'est évidemment pas anodine et exprime un refus très net par le droit français des gestations pour autrui, de manière générale. En disposant en effet que « toute convention » est nulle, l'article 16-7 du Code civil entend proscrire aussi bien les gestations pour autrui qui seraient rémunérées que les processus, vus avec davantage de bienveillance par certains, qui interviendraient à titre gratuit[(43)]. Le bénévolat prétendument revendiqué par certaines candidates à la gestation pour autrui n'efface donc point, en droit français, l'illicéité de l'ensemble de la démarche. Par ailleurs, le texte frappe bien de nullité la « procréation ou la gestation pour le compte d'autrui ». Ainsi sont nulles non seulement les conventions par lesquelles la mère porteuse assume la gestation d'un embryon qui lui est génétiquement étranger, que cet embryon provienne ou pas des gamètes d'un, voire des deux membres du couple d'intention, mais aussi les processus dans lesquels elle s'engage non seulement à porter l'enfant mais se trouve aussi dans la position d'une donneuse d'ovule (procréation pour autrui). Peu importe que la mère porteuse ne soit que la gestatrice ou bien qu'elle assume à la fois la charge de gestatrice et de génitrice. À bien y regarder, l'on peut même interpréter le texte, avec certains auteurs, comme interdisant aussi une éventuelle paternité pour autrui[(44)].

854. – **Débats autour de la gestation pour autrui.** La gestation pour autrui et, d'un point de vue juridique, l'article 16-7 du Code civil, suscitent des débats passionnés. Il faut dire que cette question appartient à ce que l'on nomme d'une manière aussi maladroite qu'imprécise les « questions de société », voire les questions « d'éthique » que le droit appréhende parfois. La qualification se révèle assurément inexacte car en tant que science sociale, le droit a, par essence, vocation à traiter des questions de société même lorsqu'il s'agit de matières très techniques et *a priori* éloignées de la science ou de la reproduction. Il s'agit en réalité d'une question de degré puisque poser une règle de droit pour interdire la gestation pour autrui concerne plus directement et immédiatement la protection de l'humanité de l'être humain, que dans des matières techniques intéressant davantage la sécurité des transactions par exemple. À dire vrai, les débats en ce domaine aboutissent souvent à confronter des conflits de croyances, nourris à grands renforts d'arguments tirés de la religion, la philosophie, les droits de l'homme (ou ceux de l'enfant !), la

(42) Sur ce point, V. *supra*, n° 805.
(43) En ce sens déjà, cf. Cass. ass. plén., 31 mai 1991, préc.
(44) En ce sens, cf. D. Fenouillet, *op. cit.*, n° 815.

psychanalyse. Entre légitimation d'une opinion et véritable démonstration, le départ se révèle souvent difficile à opérer.

855. – **États généraux de la bioéthique.** Le rapport remis à l'issue des États généraux de la bioéthique[45] le 5 juin 2018 synthétise la teneur des débats en matière de gestation pour autrui[46].

856. – **Remède à la stérilité et expression du droit à disposer de son corps.** Il est difficile de contester que la maternité pour autrui pourrait constituer un remède à la stérilité pour la jeune femme qui, par exemple, aurait subi une ablation de l'utérus sans avoir eu d'enfant. Il paraît pour autant difficile d'admettre une remise en cause de l'actuel principe de prohibition en se fondant sur ce seul argument. Admettre cette logique pourrait amener demain à légaliser du clonage qui, lui aussi, pourrait être vu comme une réponse à la stérilité. La libre disposition de la personne sur son corps a également pu être invoquée pour plaider en faveur d'une remise en cause de l'interdit français. Dans un contexte contemporain marqué par l'essor de l'individualisme et l'affranchissement progressif de toute une série de limites biologiques imposées à l'homme, cet argument reste déterminant. Encore faudrait-il pour être parfaitement pertinent que l'argument tiré de la volonté de la personne exprime un consentement libre et éclairé, ce qui n'est pas certain. Bien souvent, la dépendance économique pousse les mères porteuses à accepter de porter les enfants d'autrui.

857. – **L'argument historique et religieux.** L'argument historique qui tente de trouver dans des exemples tirés de l'Antiquité, voire de la Bible, peine également à convaincre. Si l'on trouve effectivement sous l'Antiquité des exemples d'esclaves portant les enfants de leur maîtresse, il est anachronique de plaider en faveur d'une admission de la gestation pour autrui en droit contemporain. Trop souvent les juristes pèchent par un excès de simplification en invoquant le droit romain puisque la notion contemporaine de personne, titulaire de droits subjectifs, n'existait pas à Rome. Vaine est la tentative de transposer à l'époque contemporaine des situations qui auraient existé sous l'Antiquité, alors même que les notions de personnes ou de patrimoine ne comportaient pas la signification que nous leur connaissons aujourd'hui. Inversement, l'esclavage constitue une notion évidemment inconnue du droit contemporain. Or, comme cela est rappelé[47], les exemples bibliques attestent le lien entre maternité pour autrui et servitude. À cela, il convient d'ajouter que si l'Ancien Testament relate l'épisode de la stérilité de Saraï et la gestation d'Ismaël par la servante égyptienne Agar, il n'en demeure pas moins que, précisément, le texte biblique met en évidence l'une des difficultés potentielles de la gestation pour autrui, car une importante rivalité va apparaître entre les deux femmes[48].

(45) Sur lesquels, V. *supra* n° 799.
(46) *États généraux de la bioéthique*, rapport de synthèse, 5 juin 2018, spéc. p. 124 et 125.
(47) F. Terré et D. Fenouillet, *op. cit.*, n° 822.
(48) Genèse, 16,4.

858. - **Fonction anthropologique de la règle de droit**[49]. La prohibition des gestations pour autrui mérite d'être conservée dans le Code civil, car elle exprime la fonction anthropologique première de la règle de droit qui consiste à protéger l'humanité de l'être humain. Même pratiquée à titre gratuit, la gestation pour autrui consiste à utiliser le corps d'autrui afin de satisfaire un désir individualiste d'enfant. Le processus exprime donc une conception utilitariste de la personne humaine (de la mère porteuse et de l'enfant), davantage conçu comme étant un moyen que comme une fin. En cela, la gestation pour autrui semble contraire à une conception contemporaine de la personne humaine, reposant sur le principe de dignité. Comme les techniques modernes de reproduction permettent précisément de réaliser de telles gestations pour autrui, le Droit a pour fonction de poser un interdit afin de protéger l'être humain face à de nouvelles formes de servitudes. Que l'on ne s'y trompe pas en effet, si quelques cas anecdotiques expriment sans doute des élans altruistes et bénévoles, la gestation pour autrui demeure souvent le fruit d'une domination symbolique, voire économique. Le progressisme en ce domaine consiste précisément à poser des limites face à ce qui porte atteinte à l'essence de l'Humanité, à savoir un individu sujet de droits, protégé des aspirations d'autrui que les évolutions scientifiques rendent possibles.

II. – Les sanctions de la prohibition

A. – Les sanctions civiles

859. - **Nullité absolue.** La convention organisant la gestation ou la procréation pour le compte d'autrui constitue un acte juridique qui encourt une nullité absolue. Selon la théorie de la nullité des actes juridiques, c'est en effet l'ordre public qu'il convient de protéger. Ceci explique que tout intéressé peut agir en nullité et que la convention ne saurait faire l'objet d'une quelconque confirmation. Avant la réforme du droit de la prescription libératoire par la loi n° 2008-561 du 17 juin 2008, la qualification juridique de nullité absolue présentait également un intérêt au regard de la prescription de l'action en justice qui était alors enfermée dans un délai trentenaire. Désormais, l'action en nullité absolue d'un acte juridique se trouve elle aussi enfermée dans un délai quinquennal de droit commun, à l'instar de l'action en nullité relative.

860. - **Incidences concrètes.** Au-delà de cette application assez classique des règles gouvernant la validité des actes juridiques, il n'en demeure pas moins que si une convention organisant la gestation pour le compte d'autrui a effectivement été conclue, un enfant sera probablement né. Si une nullité absolue anéantit rétroactivement l'acte juridique, quelle est la situation concrète de l'enfant ? La question demeure délicate et l'arrêt rendu le 31 mai 1991 nous enseigne qu'une éventuelle adoption de l'enfant par la mère d'intention devrait elle aussi être remise en cause. Ainsi la nullité de la convention pourrait-elle constituer un élément nouveau permettant d'introduire un recours en révision ? De même, la mère porteuse qui a

(49) Sur ce thème : A. Supiot, *Homo juridicus*, éd. Seuil, 2005.

accouché de l'enfant devrait logiquement pouvoir procéder à une reconnaissance de l'enfant, à supposer qu'elle le souhaite. L'on pourrait songer à une éventuelle action en recherche de maternité, voire de paternité qui serait introduite. Plus vraisemblablement, et à défaut d'une filiation paternelle établie à l'égard du père biologique, l'enfant pourra être considéré comme dépourvu de filiation et admis comme pupille de l'État en vue de son adoption.

B. – Les sanctions pénales

861. – **Infraction d'entremise.** Le droit pénal soutient le principe de prohibition des gestations pour autrui consacré par le droit civil, en incriminant l'infraction d'entremise en vue d'une gestation pour autrui. Plus exactement, est tout d'abord puni de six mois d'emprisonnement et 7 500 € d'amende le fait de provoquer soit dans un but lucratif, soit par don, promesse, menace ou abus d'autorité, les parents ou l'un d'entre eux à abandonner un enfant né ou à naître(50). Ensuite, est puni d'un an d'emprisonnement et de 15 000 € d'amende le fait, dans un but lucratif, de s'entremettre entre une personne désireuse d'adopter un enfant et un parent souhaitant abandonner son enfant né ou à naître(51). Ces dernières peines, enfin, peuvent être prononcées pour sanctionner le fait de s'entremettre entre une personne ou un couple désireux d'accueillir un enfant et une femme acceptant de porter en elle cet enfant en vue de le leur remettre(52). L'infraction d'entremise concerne spécifiquement la gestation pour autrui et ne concerne que la personne qui viendrait à s'entremettre entre le couple d'intention et la mère porteuse. Curieusement, les principaux intéressés par le processus de gestation pour autrui semblent échapper à la sanction pénale, sauf à être considérés comme complices, du moins lorsqu'elle sera fondée sur l'article L. 227-12 du Code pénal.

Prolongement théorique

Les sources du droit illustrées

862. – La consécration en droit positif du principe de prohibition des gestations pour autrui constitue assurément l'une des plus significatives illustrations contemporaines de plusieurs thèmes fondamentaux des sources du droit. Tel est le cas tout d'abord de la jurisprudence d'impulsion, puisque dans l'étude classique des rapports entretenus par la jurisprudence et la loi, existent des exemples emblématiques de ces relations parfois tumultueuses. De ce point de vue, l'arrêt d'assemblée plénière du 31 mai 1991 constitue l'exemple type d'une solution jurisprudentielle ensuite consacrée dans la loi et, pourrait-on ajouter, pas n'importe quelle loi puisque l'article 16-7 du Code civil provient de la première loi bioéthique. Ainsi convient-il d'ajouter cet arrêt à la liste des décisions qui inspirent le législateur interne. Ici l'inspiration consiste à suivre ce qui fut dégagé par la Cour de cassation, là où, inversement, il s'agira parfois de contrer par la loi la solution dégagée par la jurisprudence. Le plus bel exemple de jurisprudence dite de « provoca-

(50) C. pén., art. L. 227-12, al. 1er.
(51) C. pén., art. L. 227-12, al. 2.
(52) C. pén., art. L. 227-12, al. 3. Le texte ajoute que si ces faits ont été commis à titre habituel ou dans un but lucratif, les peines sont portées au double.

tion » demeure de ce point de vue l'arrêt dit *Perruche*, qui donna lieu à la rédaction du célèbre article 1er de la loi n° 2002-303 du 4 mars 2002, dite loi « Kouchner » voire « loi anti-Perruche », disposant que « nul ne peut se prévaloir d'un préjudice du seul fait de sa naissance ».

Par ailleurs, la reprise législative du principe de prohibition des gestations pour autrui a été faite à l'occasion des lois dites « bioéthiques » de 1994 qui constituent des textes législatifs particuliers. L'objet du texte exprime évidemment ce particularisme car il n'est pas acquis que l'éthique, notion de philosophie morale, ait vocation à intégrer en tant que telle la loi. En ce qui concerne la légistique, les lois bioéthiques se singularisent par leur caractère expérimental volontairement assumé. Conscient de la rapidité des évolutions scientifiques, le législateur a prévu en 1994 que les lois bioéthiques seraient révisées au bout de cinq ans. La révision est finalement intervenue en 2004, puis en 2011 (sur les réflexions précédant cette dernière révision, cf. F. Terré et C. Puigelier [ss dir.], *La loi bioéthique*, éd. Mare et Martin). Notons que lors de ces différentes révisions, l'article 16-7 du Code civil n'a nullement été modifié.

Les réflexions relatives à l'impérativité d'une norme trouvent également une intéressante illustration avec le principe de prohibition des gestations pour autrui. Non seulement l'article 16-7 du Code civil est rédigé en termes très généraux, marquant ainsi le rejet par l'ordre juridique de toute forme de gestation pour autrui(53), mais l'arsenal des sanctions juridiques témoigne également de la volonté d'assurer la pleine effectivité de la prohibition. En droit civil, la convention qui viendrait à porter sur une gestation pour autrui serait frappée d'une nullité absolue, exprimant ainsi l'idée selon laquelle l'intérêt général est atteint par un tel acte. Mieux, le droit pénal intervient également pour soutenir le principe de prohibition en incriminant des infractions spécifiques d'entremise en vue de la conclusion d'une convention de gestation pour autrui.

Un dernier point enfin érige la prohibition des gestations pour autrui au rang de parangon de certains débats relatifs aux sources du droit. Il s'agit de la place des droits fondamentaux et du droit étranger en matière de gestation pour autrui.

§ 2. – Les difficultés issues de gestations pour autrui faites à l'étranger(54)

863. – **La force probante des actes d'état civil dressés à l'étranger.** En droit international privé, la courtoisie internationale commande qu'en principe un État ne soumette pas la reconnaissance d'un acte de l'état civil étranger à une quelconque procédure de vérification préalable. L'ordre juridique français ne connaît donc pas de procédure à respecter pour que la force probante d'un acte de l'état civil rédigé à l'étranger soit reconnue sur le sol national(55). Il met cependant en place un mécanisme de transcription des actes d'état civil rédi-

(53) Sur ce point et l'interprétation de l'article 16-7 du Code civil, V. *supra*, n° 853.

(54) Cf. les références bibliographiques déjà citées *supra*, avant le n° 844.

(55) Cf. C. civ., art. 47 : « Tout acte de l'état civil des Français et des étrangers fait en pays étranger et rédigé dans les formes usitées dans ce pays fait foi, sauf si d'autres actes ou pièces détenus, des données extérieures ou des éléments tirés de l'acte lui-même établissent, le cas échéant après toutes vérifications utiles, que cet acte est irrégulier, falsifié ou que les faits qui y sont déclarés ne correspondent pas à la réalité ».

gés à l'étranger sur les registres français[56]. À l'occasion de cette transcription, le ministère public peut former une opposition, notamment en cas d'irrégularité ou de fraude[57]. Il peut également, suite à une transcription, agir pour en demander la nullité.

864. - **Diversité législative.** Exploitant la diversité des systèmes juridiques, certains couples de Français en mal d'enfant n'ont pas hésité à contourner l'interdiction posée par l'article 16-7 du Code civil afin d'avoir recours aux services d'une mère porteuse dans un État où cette technique reproductive fait l'objet d'une autorisation[58]. Au regard du droit de l'État où la gestation a été faite, le couple de Français, que l'on qualifiera de couple d'intention, peut régulièrement être désigné comme étant les parents de l'enfant, en dépit des conditions dans lesquelles l'enfant a été conçu et porté.

865. - **Difficultés pour la transcription.** Pour les couples de Français ayant recours au service d'une mère porteuse à l'étranger, les difficultés apparaissent lors du retour en France, quand il s'agit de faire transcrire sur les registres français les actes dressés à l'étranger. À ce moment-là, le ministère public dispose en effet du pouvoir de s'opposer à la transcription d'un acte de l'état civil dressé à l'étranger, afin de défendre l'ordre public français. Le contenu de l'acte est alors en cause. Dans un ordre d'idées voisin, le ministère public peut également saisir les juridictions françaises d'une demande en nullité d'une transcription déjà faite.

866. - **Situation concrète de l'enfant.** Dans les situations de retour en France d'un couple d'intention et de l'enfant conçu à l'étranger par gestation pour autrui, la situation s'avère d'autant plus délicate juridiquement qu'il n'est plus simplement question ici d'adopter des postures de principe en faveur ou contre la gestation pour autrui. La réalité factuelle rattrape en effet le juriste qui se trouve face à la présence d'un enfant qui, de fait, est élevé par ses parents, lesquels disposent d'un acte de l'état civil rédigé en conformité avec les règles en vigueur dans l'État de rédaction. Il va sans dire que l'enfant n'est nullement responsable de cette situation, mais qu'il dispose pourtant d'un droit au respect d'une vie privée et familiale normale. Ces éléments suffisent-ils à consacrer juridiquement un lien de parenté ? Dans l'affirmative, à l'égard d'un seul parent ou des deux ? Des prérogatives de parentalité suffisent-elles ? Apporter des réponses affirmatives à ces interrogations, n'est-ce pas renier des principes essentiels du droit français ? Ces questionnements suscitent de très vifs débats doctrinaux, relancés par plusieurs affaires et arrêts emblématiques.

867. - **Saga judiciaire.** Dans un arrêt très remarqué rendu le 25 octobre 2007, la cour d'appel de Paris[59] a, en se fondant sur l'intérêt supérieur de l'enfant, dénié au ministère public la qualité pour agir en nullité de la transcription des actes de

(56) Concrètement, cette transcription est faite sur des registres centraux tenus à Nantes.
(57) Cf. C. civ., art. 47, *in fine*.
(58) Tel est le cas par exemple de l'Inde, de certains États fédérés aux États-Unis, de l'Ukraine, de la Grèce…
(59) CA Paris, 25 oct. 2007 : *Dr. famille* 2007, alerte 87, obs. M. Lamarche ; *AJF* 2007, 478, obs. F. Chénedé ; *LPA* 2008, n° 145, p. 11, note J. Vasseur-Lambry.

naissance de jumelles nées en Californie d'une mère porteuse[60], mais dont les actes de naissance américains désignaient les membres d'un couple d'intention français comme parents légaux des enfants. La première chambre civile va néanmoins casser cet arrêt au visa des articles 16-7 du Code civil et 423 du Code de procédure civile, dans un arrêt de principe du 17 décembre 2008[61]. La Cour de cassation juge que le ministère public présentait bien un intérêt à agir en nullité des transcriptions sur les registres français de ces actes de l'état civil californien, dès lors que les énonciations inscrites sur lesdits actes ne pouvaient résulter que d'une convention portant sur la gestation pour autrui.

868. – **Saga judiciaire (suite).** Devant la cour d'appel de renvoi, le débat a moins concerné l'intérêt à agir du ministère public que les incidences concrètes pour la situation factuelle des enfants d'une absence de transcription de ces fameux actes de l'état civil ainsi que le respect de l'ordre public[62]. L'arrêt d'appel juge en effet que la décision californienne qui désigne le père d'intention comme « père génétique » et son épouse comme « mère légale », a validé indirectement une convention de gestation pour autrui, nulle selon l'article 16-7 du Code civil français. Partant, il est décidé que l'arrêt de la Cour supérieure de l'État de Californie entre en contrariété avec la conception française de l'ordre public international et que, sans qu'il soit nécessaire de rechercher si une fraude à la loi a été réalisée, il y a lieu d'annuler la transcription, sur les registres du service central d'état civil français, des actes de naissance américains qui désignent Mme X. comme mère des enfants. Ce faisant, la cour d'appel de renvoi se rallia à la position de la Cour de cassation en consacrant à son tour de manière explicite la contrariété des gestations pour autrui, fussent-elles faites à l'étranger, à l'ordre public au sens du droit international.

869. – **Saga judiciaire (suite : second pourvoi).** La Cour de cassation va rejeter le pourvoi formé contre cet arrêt dans l'un des trois arrêts rendus sur la question le 6 avril 2011.

Cass. 1re civ., 6 avr. 2011, n° 10-19.053

(...)

Mais attendu qu'est justifié le refus de transcription d'un acte de naissance établi en exécution d'une décision étrangère, fondé sur la contrariété à l'ordre public international français de cette décision, lorsque celle-ci comporte des dispositions qui heurtent des principes essentiels du droit français ; qu'en l'état du droit positif, il est contraire au principe de l'indisponibilité de l'état des personnes, principe essentiel du droit français, de faire produire effet, au regard de la filiation, à une convention portant sur la gestation pour le compte d'autrui, qui, fût-elle licite à l'étranger, est nulle d'une nullité d'ordre public aux termes des articles 16-7 et 16-9 du Code civil ;

(60) Dans cette affaire, les enfants furent conçues *in vitro* avec les gamètes du couple d'intention français. Les embryons furent implantés ensuite dans l'utérus de la mère porteuse. Il s'agissait donc d'une gestation pour autrui, mais non d'une procréation pour le compte d'autrui.

(61) Cass., 1re civ., 17 déc. 2008, n° 07-20.468 : *Dr. famille* 2009, comm. 15, note P. Murat ; *D.* 2009, 166, obs. V. Égéa ; *D.* 2009, 773, obs. F. Granet-Lambrechts ; *D.* 2009, 332, avis D. Sarcelet ; *D.* 2009, 340, note L. Brunet ; *Gaz. Pal.* 2009, n°s 70 et 71, p. 39, note A. Gabriel.

(62) CA Paris, 18 mars 2010 : *JCP G* 2010, n° 798, obs. A. Mirkovic ; *Dr. famille* 2010, comm. 23, note M. Farge ; *RTD civ.* 2010, 317, obs. J. Hauser ; *D.* 2010, 1210, obs. V. Égéa ; *D.* 2010, 1683, note G. Geouffre de la Pradelle ; *D.* 2010, 1904, obs. A. Gouttenoire ; *D.* 2010, 1585, obs. F. Granet-Lambrechts ; *AJF* 2010, 233, note F. Chénedé.

Que dès lors, la cour d'appel a retenu à bon droit que dans la mesure où il donnait effet à une convention de cette nature, le jugement « américain » du 14 juillet 2000 était contraire à la conception française de l'ordre public international, en sorte que les actes de naissance litigieux ayant été établis en application de cette décision, leur transcription sur les registres d'état civil français devait être annulée ; qu'une telle annulation, qui ne prive pas les enfants de la filiation maternelle et paternelle que le droit californien leur reconnaît ni ne les empêche de vivre avec les époux X... en France, ne porte pas atteinte au droit au respect de la vie privée et familiale de ces enfants au sens de l'article 8 de la Convention européenne des droits de l'homme, non plus qu'à leur intérêt supérieur garanti par l'article 3, § 1 de la Convention internationale des droits de l'enfant ; que le moyen n'est pas fondé ;PAR CES MOTIFS :

REJETTE le pourvoi ;

(...)

Commentaires : *JCP* G 2011, n° 441, note F. Vialla et Reynier ; *AJF* 2011, 262, obs. F. Chénedé ; *RTD civ.* 2011, 340, obs. J. Hauser ; *D.* 2011, 1522, note Berthiau et L. Brunet ; *D.* 2011, 1995, obs. A. Gouttenoire ; *Rev. crit. DIP* 2011, 722, note P. Hammje.

870. – **Saga judiciaire (suite : l'arrêt de la Cour européenne des droits de l'homme).** Évoquer l'arrêt *Mennesson c/ France* rendu par la Cour européenne des droits de l'homme(63) le 26 juin 2014, ainsi que l'arrêt *Labassée*(64), ne constitue pas une tâche aisée, en raison à la fois des simplifications excessives dont les décisions furent victimes dans la presse généraliste et des querelles doctrinales souvent passionnées qu'elle fit naître qui, parfois, nuisent à une lecture sereine et objective de la décision. Partant, il s'avère pour le moins erroné d'affirmer que la Cour européenne des droits de l'homme condamne dans cet arrêt la France à reconnaître les gestations pour autrui faites à l'étranger. La décision véhicule bien plus de subtilités, lesquelles témoignent sans doute si ce n'est d'une certaine gêne de la Cour, du moins de la construction progressive de solutions. En ce qui concerne tout d'abord la prétendue atteinte au droit au respect de la vie familiale subie par les parents d'intention, la Cour européenne des droits de l'homme juge que la situation à laquelle conduit la conclusion de la Cour de cassation française ménage un juste équilibre entre les intérêts des requérants et ceux de l'État, pour autant que cela concerne leur droit au respect de la vie familiale(65). Pour ce faire, elle juge que les membres du couple et les jumelles ont pu s'établir tous les quatre en France peu de temps après la naissance des enfants, qu'ils sont en mesure d'y vivre ensemble dans des conditions globalement comparables à celles dans lesquelles vivent les autres familles et qu'il n'y a pas lieu de penser qu'il y a un risque que les autorités décident de les séparer en raison de leur situation au regard du droit français(66). Ainsi, la Cour de Strasbourg écarte la prétendue atteinte à la vie familiale des membres du couple d'intention.

En revanche, la condamnation de la France va être prononcée en raison de l'atteinte que sa position jurisprudentielle ferait subir à la vie privée, non pas du couple d'intention, mais des enfants nées de la gestation pour autrui elle-même. La nuance

(63) CEDH, 26 juin 2014, n° 65192/11, *Mennesson c/ France* : *JCP* G 2014, n° 877, obs. A. Gouttenoire ; *D.* 2014, 1797, note F. Chénedé ; *D.* 2014, 1773, note H. Fulchiron et C. Bidaud-Garon ; *D.* 2014, 1787, obs. A. Gouttenoire et Ph. Bonfils ; *D.* 2014, 1806, note L. d'Avout ; *AJF* 2014, 499, note B. Haftel ; *AJF* 2014, 396, obs. A. Dionisi-Peyrusse ; *RTD civ.* 2014, 616, obs. J. Hauser ; *RTD civ.* 2014, 835, obs. J.-P. Marguénaud.

(64) CEDH, 26 juin 2014, n° 65941/11 : les références des commentaires sont identiques à celles figurant à la note précédente, les deux arrêts étant généralement commentés ensemble.

(65) CEDH, 26 juin 2014, *Mennesson c/ France.*, préc., spéc. § 94.

(66) CEDH, 26 juin 2014, *Mennesson c/ France*, préc., spéc. § 92.

se révèle assez subtile et risque, concrètement, d'aboutir à une solution somme toute voisine à celle qui résulterait d'une condamnation pour atteinte à la vie familiale des membres du couple. Pour autant, cette subtilité ne manque pas d'intérêt en ce qui concerne les positions adoptées depuis, tant par la Cour européenne des droits de l'homme[67] elle-même que, dans le sillage de cet arrêt, par la Cour de cassation française[68].

CEDH, 26 juin 2014, n° 65192/11, *Mennesson c/ France*

(...)

96. Comme la Cour l'a rappelé, le respect de la vie privée exige que chacun puisse établir les détails de son identité d'être humain, ce qui inclut sa filiation (paragraphe 46 ci-dessus) ; un aspect essentiel de l'identité des individus est en jeu dès lors que l'on touche à la filiation (paragraphe 80 ci-dessus). Or, en l'état du droit positif, les troisième et quatrième requérantes se trouvent à cet égard dans une situation d'incertitude juridique. S'il est exact qu'un lien de filiation avec les premiers requérants est admis par le juge français pour autant qu'il est établi par le droit californien, le refus d'accorder tout effet au jugement américain et de transcrire l'état civil qui en résulte manifeste en même temps que ce lien n'est pas reconnu par l'ordre juridique français. Autrement dit, la France, sans ignorer qu'elles ont été identifiées ailleurs comme étant les enfants des premiers requérants, leur nie néanmoins cette qualité dans son ordre juridique. La Cour considère que pareille contradiction porte atteinte à leur identité au sein de la société française.

97. Par ailleurs, même si l'article 8 de la Convention ne garantit pas un droit d'acquérir une nationalité particulière, il n'en reste pas moins que la nationalité est un élément de l'identité des personnes (*Genovese* c/ *Malte*, n° 53124/09, § 33, 11 octobre 2011). Or, comme la Cour l'a relevé précédemment, bien que leur père biologique soit français, les troisième et quatrième requérantes sont confrontées à une troublante incertitude quant à la possibilité de se voir reconnaître la nationalité française en application de l'article 18 du Code civil (paragraphe 29 ci-dessus). Pareille indétermination est de nature à affecter négativement la définition de leur propre identité.

98. La Cour constate en outre que le fait pour les troisième et quatrième requérantes de ne pas être identifiées en droit français comme étant les enfants des premiers requérants a des conséquences sur leurs droits sur la succession de ceux-ci. Elle note que le Gouvernement nie qu'il en aille de la sorte. Elle relève toutefois que le Conseil d'État a souligné qu'en l'absence de reconnaissance en France de la filiation établie à l'étranger à l'égard de la mère d'intention, l'enfant né à l'étranger par gestation pour autrui ne peut hériter d'elle que si elle l'a institué légataire, les droits successoraux étant alors calculés comme s'il était un tiers (paragraphe 37 ci-dessus), c'est-à-dire moins favorablement. La même situation se présente dans le contexte de la succession du père d'intention, fût-il comme en l'espèce le père biologique. Il s'agit là aussi d'un élément lié à l'identité filiale dont les enfants nés d'une gestation pour autrui pratiquée à l'étranger se trouvent privés.

(67) CEDH, 21 juill. 2016, n°s 9063 et 10410/14, *Foulon et Bouvet c/ France : JCP* G 2016, art. 965, obs. F. Sudre ; *Dr. famille* 2016, comm. 201, note H. Fulchiron ; *AJF* 2016, 407, obs. A. Dionisi-Peyrusse ; *D.* 2016, 2152, note A.-B. Caire ; *RTD civ.* 2016, 819, obs. F. Sudre : l'arrêt est intéressant car il tient compte de l'évolution jurisprudentielle faite en France par les arrêts d'assemblée plénière du 3 juillet 2015 (n°s 14-21.323 et 15-50.002, sur lesquels, V. *infra*, n° 872) ; *adde.* depuis : CEDH, 19 janv. 2017, n° 44024/13, *Laborie c/ France : Dr. famille* 2017, comm. 34, note H. Fulchiron ; *D.* 2017, 1229, note A.-B. Caire ; *D.* 2017, 1011, obs. H. Gaudemet-Tallon et F. Jault-Seseke ; *AJF* 2017, 93, obs. A. Dionisi-Peyrusse ; *adde*, surtout l'arrêt CEDH, 24 janv. 2017, n° 25358, *Paradiso et Campanelli c/ Italie : Dr. famille* 2017, étude 4, note A. Dionisi-PEyrusse ; *JCP* G 2017, art. 323, note Fulchiron ; *JCP* G 2017, art.331, obs. A. Gouttenoire ; *D.* 2017, 663, chron. F. Chénedé ; *D.* 2017, 897, note A.-B. Caire ; *D.* 2017, 897, note L. de Saint-Pern ; *RTD civ.* 2017, 367, obs. J. Hauser ; *D.* 2017, 1011, obs. H. Gaudemet-Tallon et F. Jault-Seseke ; *adde*, également : H. Fulchiron et C. Bidaud-Garon, *Reconnaissance ou reconstruction ? À propos de la filiation des enfants nés de GPA, au lendemain des arrêts Labassée, Mennesson et Campanelli-Paradiso de la Cour européenne des droits de l'homme : Rev. crit.* DIP 2015, 1 : précisons ici que l'article traite du « premier » arrêt *Campanelli-Paradiso* rendu par la Cour européenne des droits de l'homme, arrêt de chambre (2e sect.), du 27 janv. 2015 (CEDH, 2e sect., 27 janv. 2015, n° 25358/12, *Paradiso et Campanelli c/ Italie : AJ fam.* 2015, 265, ,obs. E. Viganotti ; *RTD civ.* 2015, 325, obs. J.-P. Marguénaud). L'arrêt *Paradiso et Campanelli* cité précédemment dans la présente note est l'arrêt de Grande chambre rendu le 24 janvier 2017 dans la même affaire. Sur ce point, cf. la chronique de J.-P. Marguénaud relative à l'élaboration progressive de solutions par la Cour européenne des droits de l'homme, au sujet des arrêts *Laborie c/ France* et *Paradiso et Campanelli c/ Italie*, in *RTD civ.* 2017, 335.

(68) V. *infra*, n° 872.

99. Il est concevable que la France puisse souhaiter décourager ses ressortissants de recourir à l'étranger à une méthode de procréation qu'elle prohibe sur son territoire (paragraphe 62 ci-dessus). Il résulte toutefois de ce qui précède que les effets de la non-reconnaissance en droit français du lien de filiation entre les enfants ainsi conçus et les parents d'intention ne se limitent pas à la situation de ces derniers, qui seuls ont fait le choix des modalités de procréation que leur reprochent les autorités françaises : ils portent aussi sur celle des enfants eux-mêmes, dont le droit au respect de la vie privée, qui implique que chacun puisse établir la substance de son identité, y compris sa filiation, se trouve significativement affecté. Se pose donc une question grave de compatibilité de cette situation avec l'intérêt supérieur des enfants, dont le respect doit guider toute décision les concernant.

100. Cette analyse prend un relief particulier lorsque, comme en l'espèce, l'un des parents d'intention est également géniteur de l'enfant. Au regard de l'importance de la filiation biologique en tant qu'élément de l'identité de chacun (voir, par exemple, l'arrêt *Jäggi* précité, § 37), on ne saurait prétendre qu'il est conforme à l'intérêt d'un enfant de le priver d'un lien juridique de cette nature alors que la réalité biologique de ce lien est établie et que l'enfant et le parent concerné revendiquent sa pleine reconnaissance. Or, non seulement le lien entre les troisième et quatrième requérantes et leur père biologique n'a pas été admis à l'occasion de la demande de transcription des actes de naissance, mais encore sa consécration par la voie d'une reconnaissance de paternité ou de l'adoption ou par l'effet de la possession d'état se heurterait à la jurisprudence prohibitive établie également sur ces points par la Cour de cassation (paragraphe 34 ci-dessus). La Cour estime, compte tenu des conséquences de cette grave restriction sur l'identité et le droit au respect de la vie privée des troisième et quatrième requérantes, qu'en faisant ainsi obstacle tant à la reconnaissance qu'à l'établissement en droit interne de leur lien de filiation à l'égard de leur père biologique, l'État défendeur est allé au-delà de ce que lui permettait sa marge d'appréciation.

101. Étant donné aussi le poids qu'il y a lieu d'accorder à l'intérêt de l'enfant lorsqu'on procède à la balance des intérêts en présence, la Cour conclut que le droit des troisième et quatrième requérantes au respect de leur vie privée a été méconnu.

Commentaires : *JCP G* 2014, n° 877, obs. A. Gouttenoire ; *D.* 2014, 1797, note F. Chénedé ; *D.* 2014, 1773, note H. Fulchiron et C. Bidaud-Garon ; *D.* 2014, 1787, obs. A. Gouttenoire et Ph. Bonfils ; *D.* 2014, 1806, note L. d'Avout ; *AJF* 2014, 499, note B. Haftel ; *AJF* 2014, 396, obs. A. Dionisi-Peyrusse ; *RTD civ.* 2014, 616, obs. J. Hauser ; *RTD civ.* 2014, 835, obs. J.-P. Marguénaud.

871. - **Vers un réexamen suite à la condamnation de la France.** L'affaire Mennesson est la première condamnation de la France en matière civile qui va permettre la mise en œuvre de la procédure de réexamen par l'Assemblée plénière(69), suite à une condamnation par la Cour européenne des drois de l'Homme, consacrée par la loi n° 2016-1547 du 18 novembre 2016 de modernisation de la Justice du XXIe siècle, à l'article L. 452-1 du Code de l'organisation judiciaire.

872. - **Fin de la saga judiciaire ou nouvel épisode ? Les arrêts d'assemblée plénière.** Dans deux arrêts très remarqués rendus le 3 juillet 2015, l'assemblée plénière de la Cour de cassation(70) a fait évoluer la jurisprudence française, manifestement sous l'influence des décisions de la Cour européenne des droits de l'homme précédemment évoquées. Dans les deux affaires, était posée la question d'une transcription sur les registres français d'état civil(71), d'actes de naissance d'enfants nés en Russie d'une mère porteuse russe et d'un père d'intention français. Dans la première

(69) Admettant pour la première fois qu'il y a lieu de procéder à un tel réexamen du pourvoi, cf. Cass. réexamen, 16 févr. 2018, n° 17 RDH 001 et n° 17 DRH 002 : *Dr. famille* 2018, comm. 94, note H. Fulchiron.

(70) Cass. ass. plén., 3 juill. 2015, nos 15-50.002 et 14-21.323 : *D.* 2015, 1819, note H. Fulchiron et C. Bidaud-Garon ; *D.* 2015, 1173, obs. D. Sindres ; *D.* 2015, 1919, obs. Ph. Bonfils et A. Gouttenoire ; *AJF* 2015, 496, obs. F. Chénedé ; *AJF* 2015, 364, obs. A. Dionisi-Peyrusse ; *RTD civ.* 2015, 581, obs. J. Hauser ; *adde*, I. Corpart, *La gestation pour autrui de l'ombre à la lumière. Entre droit français et réalités étrangères* : *Dr. famille* 2015, étude 14.

(71) Il s'agissait plus exactement des registres consulaires, lesquels sont tenus par les représentations consulaires françaises à l'étranger et concernent en principe les actes d'état civil de Français établis durablement ou de manière plus ponctuelle à l'étranger.

espèce, l'assemblée plénière rejette le pourvoi formé contre un arrêt d'appel ayant jugé que la convention de gestation pour autrui ne faisait pas obstacle à la transcription sur les registres français d'état civil de l'acte de naissance russe, dès lors que l'acte de naissance n'était ni irrégulier ni falsifié et que les faits qui y étaient déclarés correspondaient à la réalité. Dans la seconde espèce, une cassation pour violation de la loi est cette fois-ci prononcée au visa des articles 47 du Code civil, 7 du décret du 3 août 1962 modifiant certaines règles relatives à l'état civil et 8 de la Convention européenne des droits de l'homme. Ici l'arrêt d'appel jugea qu'il existait un faisceau de preuves de nature à caractériser l'existence d'un processus frauduleux, comportant une convention de gestation pour le compte d'autrui conclue par le ressortissant français et la mère porteuse russe, justifiant le refus de transcription de l'acte de naissance étranger sur les registres français de l'état civil. L'assemblée plénière casse cet arrêt en jugeant qu'en statuant ainsi, alors qu'elle n'avait pas constaté que l'acte était irrégulier, falsifié ou que les faits qui y étaient déclarés ne correspondaient pas à la réalité, la cour d'appel a violé les textes susvisés.

L'assemblée plénière modifie ainsi la solution jurisprudentielle jusque-là retenue en France, dès lors qu'une convention de gestation pour autrui faite à l'étranger ne constitue plus, en elle-même, un obstacle à la transcription de l'acte de naissance étranger sur les registres d'état civil français. Une telle solution ne vaut qu'à l'égard du père d'intention puisqu'elle repose entièrement sur une idée d'exactitude des énonciations de l'acte de naissance étranger. Dans les deux espèces ayant donné lieu aux arrêts du 3 juillet 2015, les actes de naissance russes mentionnaient bien en effet la mère porteuse comme mère de l'enfant et le ressortissant français comme père. Dans l'un des arrêts rendu le 5 juillet 2017[(72)], la première chambre civile de la Cour de cassation juge que le père d'intention n'a pas à attester de sa filiation biologique par une expertise génétique[(73)].

Cass. ass. plén., 3 juill. 2015, n° 15-50.002

Sur le moyen unique :

Attendu, selon l'arrêt attaqué (Rennes, 16 décembre 2014), que Y... X..., reconnue par M. X... le 1er février 2011, est née le 30 mai 2011, à Moscou ; que son acte de naissance, établi en Russie, désigne M. Patrice X..., de nationalité française, en qualité de père, et Mme Lilia Z..., ressortissante russe, qui a accouché de l'enfant, en qualité de mère ; que le procureur de la République s'est opposé à la demande de M. X... tendant à la transcription de cet acte de naissance sur un registre consulaire, en invoquant l'existence d'une convention de gestation pour autrui conclue entre M. X... et Mme Z... ;

Attendu que le procureur général fait grief à l'arrêt d'ordonner la transcription, alors, selon le moyen :

(72) (...) Sur ces arrêts, V. *infra*.

(73) Cass. 1re civ., 5 juill. 2017, n° 15-28.597 (trois autres arrêts relatifs à la même thématique ont été rendus le même jour, les références des commentaires doctrinaux sous l'ensemble des ces arrêts figurent *infra*, n° 873) : dans cette affaire, le procureur de la République s'oppose à la transcription en France d'un acte de naissance d'enfant né de gestation pour autrui en Californie. La cour d'appel de Rennes rejette la demande de transcription des parents d'intention en jugeant qu'en l'absence de certificat médical délivré dans le pays de naissance attestant de la filiation biologique paternelle, d'expertise biologique judiciaire et d'éléments médicaux sur la fécondation artificielle pratiquée, la décision rendue le 17 septembre 2010 par une juridiction californienne le déclarant parent légal des enfants à naître est insuffisante à démontrer qu'il est le père biologique. Se posait donc la question de l'exactitude de l'acte au sens de l'article 47 du Code civil liée à la preuve de la paternité biologique. La Cour de cassation casse cet arrêt au visa des articles 47 du Code civil et 8 de la Convention européenne des droits de l'homme : En statuant ainsi, alors, d'une part, que la transcription des actes de naissance sur les registres de l'état civil français n'était pas subordonnée à une expertise judiciaire, d'autre part, qu'elle constatait que le jugement californien énonçait que le patrimoine génétique de M. Y... avait été utilisé, sans relever l'existence d'éléments de preuve contraire, de sorte que ce jugement avait, à cet égard, un effet de fait et que la désignation de M. Y... dans les actes comme père des enfants était conforme à la réalité, la cour d'appel a violé (les articles 47 du Code civil et 8 de la Convention européenne des droits de l'homme).

1°/ qu'en l'état du droit positif, il est contraire au principe de l'indisponibilité de l'état des personnes, principe essentiel du droit français, de faire produire effet, au regard de la filiation, à une convention portant sur la gestation pour le compte d'autrui, qui, fût-elle licite à l'étranger, est nulle d'une nullité d'ordre public aux termes des articles 16-7 et 16-9 du Code civil, tel qu'affirmé par la jurisprudence de la Cour de cassation ;

2°/ qu'est justifié le refus de transcription d'un acte de naissance établi en exécution d'une décision étrangère, fondé sur la contrariété à l'ordre public international français de cette décision. Cette solution, qui ne prive pas l'enfant de sa filiation paternelle, ni de la filiation maternelle que le droit de l'État étranger lui reconnaît, ni ne l'empêche de vivre au foyer de M. Patrice X..., ne porte pas atteinte au droit au respect de la vie privée et familiale de cet enfant au sens de l'article 8 de la Convention européenne des droits de l'homme, non plus qu'à son intérêt supérieur garanti par l'article 3 § 1 de la Convention internationale des droits de l'enfant ;

Mais attendu qu'ayant constaté que l'acte de naissance n'était ni irrégulier ni falsifié et que les faits qui y étaient déclarés correspondaient à la réalité, la cour d'appel en a déduit à bon droit que la convention de gestation pour autrui conclue entre M. X... et Mme Z... ne faisait pas obstacle à la transcription de l'acte de naissance ; que le moyen n'est pas fondé ;

PAR CES MOTIFS :

REJETTE le pourvoi ;

Commentaires : *D.* 2015, 1819, note H. Fulchiron et C. Bidaud-Garon ; *D.* 2015, 1173, obs. D. Sindres ; *D.* 2015, 1919, obs. Ph. Bonfils et A. Gouttenoire ; *AJF* 2015, 496, obs. F. Chénedé ; *AJF* 2015, 364, obs. Dionisi-Peyrusse ; *RTD civ.* 2015, 581, obs. J. Hauser.

Cass. ass. plén., 3 juill. 2015, n° 14-21.323

Mais sur le premier moyen :

Vu l'article 47 du Code civil et l'article 7 du décret du 3 août 1962 modifiant certaines règles relatives à l'état civil, ensemble l'article 8 de la Convention de sauvegarde des droits de l'homme et des libertés fondamentales ;

Attendu qu'il résulte des deux premiers de ces textes que l'acte de naissance concernant un Français, dressé en pays étranger et rédigé dans les formes usitées dans ce pays, est transcrit sur les registres de l'état civil sauf si d'autres actes ou pièces détenus, des données extérieures ou des éléments tirés de l'acte lui-même établissent, le cas échéant après toutes vérifications utiles, que cet acte est irrégulier, falsifié ou que les faits qui y sont déclarés ne correspondent pas à la réalité ;

Attendu, selon l'arrêt attaqué, que Y... X..., reconnu par M. X... le 10 mars 2011, est né le 27 août 2011 à Moscou ; que son acte de naissance, établi en Russie, désigne M. Dominique X..., de nationalité française, en qualité de père, et Mme Kristina Z..., ressortissante russe qui a accouché de l'enfant, en qualité de mère ; que le procureur de la République s'est opposé à la demande de M. X... tendant à la transcription de cet acte de naissance sur un registre consulaire, en invoquant l'existence d'une convention de gestation pour autrui conclue entre M. X... et Mme Z... ;

Attendu que, pour refuser la transcription, l'arrêt retient qu'il existe un faisceau de preuves de nature à caractériser l'existence d'un processus frauduleux, comportant une convention de gestation pour le compte d'autrui conclue entre M. X... et Mme Z... ;

Qu'en statuant ainsi, alors qu'elle n'avait pas constaté que l'acte était irrégulier, falsifié ou que les faits qui y étaient déclarés ne correspondaient pas à la réalité, la cour d'appel a violé les textes susvisés ;

PAR CES MOTIFS :

CASSE et ANNULE, mais seulement en ce qu'il rejette la demande de transcription de l'acte de naissance de Y... X..., l'arrêt rendu le 15 avril 2014, entre les parties, par la cour d'appel de Rennes ; remet, en conséquence, sur ce point, la cause et les parties dans l'état où elles se trouvaient avant ledit arrêt et, pour être fait droit, les renvoie devant la cour d'appel de Paris ;

873. – **Quelle solution à l'égard de la mère (ou du second père) d'intention ?** Certains purent craindre cependant que les arrêts du 3 juillet 2015 qui entendaient limiter la transcription aux seuls actes de naissance exacts à l'égard du père biologique ne marquassent le début d'une admission bien plus large de la parenté à l'égard du couple d'intention. Demeurait en effet posée la question de la situation juridique des enfants à l'égard de la mère d'intention. En se fondant sur l'idée d'exactitude sur laquelle reposent les arrêts du 3 juillet 2015, il semble que la

transcription ne devrait pas être possible lorsque les actes de naissance étrangers mentionnent la mère d'intention française comme mère juridique de l'enfant né d'une mère porteuse. C'est en ce sens que la première chambre civile de la Cour de cassation (74) s'est clairement prononcée dans une série d'arrêts rendus le 5 juillet 2017, en rappelant l'exigence de réalité posée par l'article 47 du Code civil (75), puis en jugeant que concernant la désignation de la mère dans les actes de naissance, la réalité, au sens de ce texte, est la réalité de l'accouchement. Autrement dit, le refus de transcription est justifié lorsque l'acte de naissance désigne la mère d'intention comme mère, alors même qu'elle n'a pas accouché de l'enfant. Au demeurant, exerçant un contrôle de conventionnalité concret, nommé souvent « contrôle de proportionnalité », la première chambre civile juge qu'un tel refus de transcription ne porte pas une atteinte disproportionnée au droit au respect de la vie privée et familiale des enfants, au regard du but légitime poursuivi. Pour juger de la sorte, la Cour de cassation prend notamment en compte le fait que l'adoption permet, si les conditions légales en sont réunies et si elle est conforme à l'intérêt de l'enfant, de créer un lien de filiation entre les enfants et l'épouse de leur père (76), dès lors que la gestation pour autrui à l'étranger ne fait pas, en elle-même, obstacle au prononcé de l'adoption (77). Une perspective, depuis confirmée (78), paraît donc offerte pour tenter de concilier le respect de l'exigence d'exactitude et l'organisation juridique de la situation de l'enfant à l'égard de celle qui l'élève.

(74) Cass 1re civ., 5 juill. 2017 (4 arrêts), nos 16-16.901, 16-16.495, 16-20.052 et 15-28.597 : *Dr. famille* 2017, étude 13, note J.-R. Binet ; *JDI* 2017,1291, note J. Guillaumé ; *Rev. crit. DIP* 2018, 143, note S. Bollée ; *AJF* 2017, 482, note A. Dionisi-Peyrusse ; *D.* 2017, 1737, note H. Fulchiron ; F. Chénedé, *AJF* 2017, 375.

(75) Pour la lettre de cet article,.V. *supra*, note sous n° 872.

(76) Cf. not. Cass. 1re civ., 5 juill. 2017, n° 15-28.597.

(77) Cf. not. Cass. 1re civ., 5 juill. 2017, n° 16-16.455 : il s'agissait ici pour le mari du père de l'enfant né de la procréation pour autrui à l'étranger d'adopter l'enfant.

(78) Cass. 1re civ., 29 nov. 2017, n° 16-50.061 : *AJF* 2018, 122, obs. A. Dionisi-Peyrusse. – Cass. 1re civ., 14 mars 2018 : *AJF* 2018, 198, obs. A. Dionisi-Peyrusse , *RTD civ.* 2018, 377.

TITRE 2

LA FILIATION PAR ADOPTION

Bibliographie

- H. Bosse-Platière, *Premières réflexions pour une indispensable reconstruction du droit de l'adoption*, in *Mél. R. Le Guidec*, LexisNexis, 2014, p. 589.
- G. Champenois, *L'adoption et la loi du 17 mai 2013. Quelques observations sur l'ouverture de l'adoption aux couples de personnes de même sexe* : *Defrénois* 2013, 731.
- A. Gouttenoire (ss dir.), *40 propositions pour adapter la protection de l'enfance et l'adoption aux réalités d'aujourd'hui*, rapport au ministère des Affaires sociales et de la Santé et au ministère délégué chargé de la famille, Doc. fr., 2014.
- J. Hauser, *L'adoption à tout faire* : *D.* 1987, 205.
- P. Murat, *L'ouverture de l'adoption aux couples de même sexe... ou l'art de se mettre au milieu du gué* : *Dr. famille* 2013, étude 24 ; *La loi du 6 juillet 1996 relative à l'adoption : une réforme technique dans la continuité de l'institution* : *Dr. famille* 1996, étude 2.
- J. Rubellin-Devichi, *L'adoption à la fin du xx*^e^ *siècle*, in *Mél. P. Catala*, Litec, 2001 ; *Permanence et modernité de l'adoption après la loi du 5 juillet 1996* : *JCP G* 1996, I, 3979.

874. - **Définition.** L'adoption[(1)] se définit comme une institution juridique permettant à une décision juridictionnelle gracieuse de créer un lien de filiation entre un adulte, voire un couple d'adultes, et un enfant qui leur est biologiquement étranger. De ce point de vue, l'institution de l'adoption illustre parfaitement la finalité du droit contemporain de la famille, en permettant d'établir un lien juridique entre des personnes pour créer une structure familiale en assignant à chacun une place et un rôle spécifiques, éventuellement dissocié de la réalité biologique, ce qui démontre que la structure familiale résulte en droit de la volonté des intéressés exercée dans un cadre déterminé selon des choix législatifs.

875. - **Droit comparé.** À l'instar du mariage, voire de manière plus prononcée encore, le droit de l'adoption révèle les conceptions fondamentales d'une société donnée. Ainsi, sa faible importance sous l'Ancien droit s'expliquait par la place centrale occupée, dans l'organisation des rapports familiaux, par la volonté de conserver

(1) Du latin *adoptio (ad optio)* qui signifie « par le choix », « par l'option »

les biens dans la famille par le sang. De nos jours, une diversité se constate encore puisque la plupart des droits inspirés par la tradition musulmane interdisent l'adoption (2). L'*open adoption*, que permettent les droits américain et canadien, constitue quant à elle une forme de contrat entre les deux familles (3) qui reflète une conception libérale, contractualiste et privatisée, des relations entre les personnes.

876. – **Brève histoire de l'adoption.** Dans la Rome antique, l'adoption constituait un mode courant d'intégration d'un enfant dans une famille aussi important que la naissance (4). Elle remplissait des fonctions diverses, en permettant non seulement de compenser les aléas de la démographie, mais aussi de modifier l'ordre des successibles ou encore de donner à un citoyen le fils auquel il avait droit (5). Si l'historiographie peine à déterminer la fréquence exacte des adoptions à Rome, l'importance de ce mode de rattachement de l'enfant reste généralement utilisée pour démontrer la conception d'un lien parental conçu, dans ce système juridique, comme essentiellement volontaire (6). L'adoption perdra de son importance dans l'Ancien droit avant de connaître un intérêt législatif sous la Révolution. Pour autant, le droit civil de 1804 crée une institution aux conditions de mise en œuvre très restrictives et il faut attendre le XXe siècle pour que l'adoption connaisse une nouvelle vigueur.

877. – **Sources du droit de l'adoption.** Les normes juridiques qui régissent actuellement l'adoption en France résultent d'une combinaison entre plusieurs textes. La distinction entre l'adoption simple et l'adoption plénière, ainsi que la physionomie générale du Titre VIII du Livre premier du Code civil, proviennent de la loi n° 66-500 du 11 juillet 1966. Le dispositif a depuis fait l'objet de modifications successives, parcellaires et ponctuelles, réalisées pour l'essentiel par une loi n° 93-22 du 8 janvier 1993, par une loi n° 96-604 du 5 juillet 1996, par la loi n° 2013-404 du 17 mai 2013 ouvrant le mariage et l'adoption aux couples de personnes de même sexe puis, en dernier lieu, par la loi n° 2016-297 du 14 mars 2016 relative à la protection de l'enfant. À cela s'ajoute l'importance en ce domaine du droit international, puisque la Convention de La Haye du 29 mai 1993 sur la protection des enfants et la coopération en matière d'adoption internationale, ratifiée par la France, a abouti à la création par une loi n° 2011-111 du 6 février 2011 d'un *corpus* complet de règles

(2) L'adoption reste prohibée dans la plupart des États de droit musulman, notamment au Maghreb, à l'exception de la Tunisie et de la Turquie. Cf. sur ce point, cf. N. Boulenar Azzenou, *Recueil légal (kafala) et droit(s) positif(s) : Dr. famille* janv. 2009, dossier 3. Dans ces États, il existe en revanche un recueil légal de l'enfant, la *kafala*, définie comme une institution traditionnelle de droit musulman par laquelle un adulte, le *kafil*, prend l'engagement de prendre en charge un enfant (le *maklouf*) qui n'est pas le sien, pour assurer sa protection et son éducation, comme un père le ferait pour son fils. Sur ce point, cf. Ph. Bonfils et A. Gouttenoire, *Droit des mineurs*, Dalloz, 2014, n°s 439 et s. En raison de sa proximité à la fois avec la délégation d'autorité parentale et la tutelle, certains adultes ayant recueilli des enfants par *kafala* au Maroc ou en Algérie ont ensuite tenté de faire prononcer, en vain, une adoption en France. Sur ce point, V. *infra*, n° 960. Sur la *kafala* en général et ses multiples implications en droit français, cf. le colloque de l'Université de Bordeaux IV, publié dans la revue *Droit de la famille*, janv. 2009.

(3) Cf. sur ce point, M.-C. Le Boursicot, obs. ss TGI Montargis, 28 mai 2009, n° 08/00264 : *RJPF* 2007-7/8.

(4) Cf. Y. Thomas, *À Rome, pères citoyens et cité des pères*, in *Histoire de la famille*, ss dir. A. Burguière, C. Klapisch-Zuber, M. Segalen et F. Zonabend, t. 1, *Mondes lointains*, préf. C. Lévi-Strauss, Armand Colin, 1986, p. 253 et s., spéc. p. 254 et 255.

(5) Dans la conception romaine du droit de la famille, le mari prend, selon une formule légale, une femme « pour avoir des fils ». Partant, la femme reste avant tout perçue comme un *venter*, c'est-à-dire un ventre entendu à la fois comme la matrice (la femme) et ce qu'il contient (le fils).

(6) En ce sens : Y. Thomas, art. préc., p. 255.

permettant de résoudre les conflits de lois en matière de filiation adoptive et de déterminer les effets en France des adoptions prononcées à l'étranger. Les conventions et chartes européennes ou internationales qui consacrent des droits fondamentaux – telles que la Convention internationale des droits de l'enfant, la Charte des droits fondamentaux de l'Union européenne ou la Convention européenne des droits de l'homme – en dépit de leur objet bien plus large que l'adoption rejaillissent tout de même sur ce lien de filiation. Pour dresser un tableau tout à fait complet des sources du droit de l'adoption, il conviendrait d'ajouter le rôle aussi impalpable que déterminant de la pratique administrative, notamment en ce qui concerne la délivrance de l'agrément à l'adoption.

878. – **Inexistence d'un droit à l'adoption.** Même si le droit français, à l'image des autres droits européens, autorise et réglemente l'adoption, il n'existe pas de droit à l'adoption qui permettrait à un adulte d'exiger la création d'un lien de parenté adoptive, même s'il arrivait à rapporter une incontestable preuve médicale de sa stérilité. L'État contrôle scrupuleusement la création d'un lien de filiation adoptive et la volonté, indispensable fondement de l'institution, ne constitue qu'une condition nécessaire et ne saurait dégénérer en désir d'enfant opposable aux autorités administratives ou juridictionnelles nationales. Touchant incontestablement à l'état civil des personnes et rattachant un enfant à un adulte, par intégration dans une structure familiale préexistante, l'adoption demeure un acte grave, soumis à de strictes conditions. L'absence de droit à l'adoption a été solennellement affirmée tant par la Cour européenne des droits de l'homme que par le Conseil constitutionnel. L'absence de droit à l'adoption et, partant, de droit à l'enfant directement opposable, explique que le tribunal de grande instance, saisi d'une requête en adoption, demeure libre de refuser de faire droit à la demande, même si les conditions légales d'âge ou de consentement s'avèrent parfaitement remplies et même en présence d'un agrément administratif patiemment obtenu par l'adoptant, dès lors qu'il juge le projet d'adoption inopportun car risquant de compromettre la vie familiale.

L'absence de droit à l'adoption explique aussi la nécessité pour l'adoptant d'obtenir, dans certaines situations, un agrément administratif. Une telle rigueur fait parfois l'objet d'un cruel ressentiment des candidats à l'adoption et peut même susciter une impression d'injustice, qui s'ajoute à la douleur psychologique causée par la stérilité, lorsque l'adoptant constate que ce poids pesant de l'intervention étatique demeure totalement absent en matière d'établissement de la filiation par le sang où la parenté résulte d'une conception de l'enfant par les voies naturelles. Quoique compréhensible dans ces ressorts psychologiques, un tel regard sur le droit de l'adoption, relayé parfois par de sensationnels éclairages médiatiques insistant sur le « parcours du combattant des adoptants », se révèle en partie inexact, d'un point de vue juridique. L'inexactitude résulte d'un bref regard porté sur une réalité juridique. D'une part, il s'avère en pratique rare qu'un tribunal refuse de prononcer l'adoption lorsque toutes les conditions légales sont réunies et que l'adoptant présente un projet sérieux. D'autre part, le principal obstacle érigé devant la demande d'adoption ne doit pas être recherché du côté d'une attitude au mieux tatillonne, au pire mesquine, des services administratifs ou des juridictions, mais provient davantage du manque cruel d'enfants à adopter par rapport au nombre de projets d'adoptions sérieux et viables. Particulièrement saisissant pour les adoptions dites « internes », le constat se vérifie également, quoique de manière plus mesurée, en ce qui concerne les adoptions internationales. Enfin, s'il s'agit de comparer, de manière quelque peu artificielle, l'étendue du contrôle étatique exercé sur le lien de filiation, il s'avère inexact d'affirmer que la parenté par le sang échappe à tout contrôle. Certes, la conception de l'enfant ne se trouve soumise, dans une société démocratique, à aucun contrôle préalable ni aucune autorisation. Régenter les naissances constitue le propre de certains régimes dictatoriaux et totalitaires, en marquant l'immixtion de l'État dans la sphère la plus intime des personnes physiques. Pour autant, une fois l'enfant conçu par les voies naturelles, le droit positif exerce un contrôle par le biais de l'assistance éducative, au besoin sous la menace d'un retrait de l'autorité parentale, voire d'une peine d'emprisonnement pour abandon de famille. Après tout, le débiteur d'aliment demeure le seul qui, en droit français des obligations, peut faire l'objet d'une forme de contrainte par corps. Ceci démontre, s'il en était besoin, que de mauvais parents peuvent subir un légitime et opportun contrôle étatique sur la manière dont il exercent leurs prérogatives parentales, et qu'ils peuvent même voir l'enfant quitter la structure familiale créée par la filiation, par le biais d'un contrôle qui s'exerce *a posteriori*, une fois la parenté établie. En matière d'adoption en revanche, le contrôle intervient *a priori*, pour tenter de limiter les risques ultérieurs de mauvaises relations familiales et d'atteinte aux intérêts de l'enfant.

879. - **Adoption simple et adoption plénière.** Le droit français se caractérise par la coexistence de deux types d'adoption. L'adoption plénière rompt totalement les liens entre l'enfant et sa famille d'origine. L'adoption simple constitue quant à elle une institution hybride, régie pour l'essentiel par des renvois législatifs opérés vers les dispositions relatives à l'adoption simple, mais qui se singularise sur un point essentiel puisque l'enfant reste juridiquement dans sa famille d'origine et y conserve tous ses droits[(7)], notamment héréditaires. Pour autant, l'adoption simple confère également à l'enfant une seconde filiation – adoptive – qui s'ajoute en quelque sorte à la première.

880. - **Sociologie.** Parce qu'elle rompt totalement les liens entre l'enfant et sa famille d'origine, l'adoption plénière se trouve généralement demandée par un adoptant qui ne peut avoir d'enfant et souhaite, grâce à cette institution, construire une cellule familiale. L'adoption simple répond quant à elle à des attentes différentes et concerne davantage les membres d'une même famille qui ne cherchent pas à composer un foyer, mais poursuivent une finalité fiscale ou successorale, par exemple. Ainsi a-t-on pu souligner, pour critiquer cet utilitarisme, que l'adoption simple constituait une adoption à « tout faire »[(8)] et qu'elle méritait probablement davantage de considération. Les évolutions contemporaines des structures et rela-

(7) C. civ., art. 364.
(8) J. Hauser, *L'adoption à tout faire* : D. 1987, 205.

tions familiales semblent renforcer l'attrait de l'adoption simple, notamment dans le cadre des recompositions familiales.

881. – **Plan.** La filiation conférée par adoption mérite que l'on présente les conditions (Chapitre 1) et les effets de l'institution (Chapitre 3), mais son caractère fortement judiciarisé amène à détailler aussi la procédure en ce domaine (Chapitre 2).

CHAPITRE 1

LES CONDITIONS DE L'ADOPTION

882. - **Droit commun et droit spécial.** Le législateur a élaboré l'adoption simple par référence au modèle que constitue l'adoption plénière, en procédant le plus souvent par de simples renvois aux articles régissant cette dernière. Au-delà des conditions communes aux adoptions simple et plénière (Section 1), il existe des conditions propres à chacune (Section 2).

SECTION 1

LES CONDITIONS COMMUNES AUX ADOPTIONS SIMPLE ET PLÉNIÈRE

883. - **Personnes intéressées.** Les conditions communes aux adoptions simple et plénière concernent non seulement les parents adoptants, mais également l'enfant lui-même.

§ 1. – Les conditions relatives aux parents adoptants

I. – Adoption par une seule personne

A. – Conditions d'âge

1° Âge minimal de l'adoptant

a) Principe

884. - **Âge minimal.** L'adoption ne peut en principe être demandée que par une personne âgée de plus de vingt-huit ans(1). Une telle exigence d'âge minimal se révèle opportune dès lors que ce seuil contribue à maintenir une distinction généalogique entre l'adoptant et l'enfant. Elle doit en principe contribuer également à garantir que l'adoptant présente une certaine maturité.

(1) C. civ., art. 343-1.

b) Dérogation

885. – **Enfant du conjoint.** L'exigence d'un âge minimal de l'adoptant de vingt-huit ans n'est en revanche pas requise en cas d'adoption de l'enfant du conjoint. La dérogation ainsi prévue à l'article 343-2 du Code civil s'explique par la volonté de préserver la distinction généalogique, précédemment évoquée(2). Le mariage crée en effet un lien d'alliance entre le parent de l'enfant adopté et le conjoint adoptant, évinçant ainsi le risque d'une confusion de l'ordre généalogique.

2° Différence d'âge entre l'adoptant et l'adopté

a) Principe

886. – **Distinction généalogique.** À l'instar de la différence d'âge qui doit en principe exister entre les membres d'un couple marié adoptant et l'enfant adopté(3), l'adoption par une personne seule est soumise à une exigence de différence d'âge posée par l'article 344 du Code civil. Ainsi, l'adoptant doit avoir quinze ans de plus que les enfants qu'il se propose d'adopter, afin de respecter une distinction entre l'ordre des générations.

b) Dérogations

887. – **Dérogation en cas d'adoption de l'enfant du conjoint.** Le droit ramène à dix ans la différence d'âge entre l'enfant et l'adoptant lorsque ce dernier propose d'adopter l'enfant de son conjoint.

888. – **Dérogation pour justes motifs.** Le Code civil prévoit une seconde dérogation à la condition de différence d'âge de quinze ans, qui confère un large pouvoir au tribunal puisque ce dernier peut, s'il y a de justes motifs, prononcer l'adoption lorsque la différence d'âge s'avère inférieure à quinze, voire dix ans(4). Tel fut le cas par exemple pour l'adoption d'un frère par sa sœur, alors qu'il était âgé de treize ans de moins qu'elle(5).

B. – Consentement du conjoint

889. – **Adoption par un seul membre du couple.** Si l'adoptant est marié et non séparé de corps, le consentement de son conjoint est nécessaire à moins que ce conjoint ne soit dans l'impossibilité de manifester sa volonté(6). Il s'agit d'un consentement au projet d'adoption de l'époux, qui sera le seul parent adoptant, mais non d'une expression de volonté qui érigerait le conjoint en co-adoptant. Autrement dit, l'adoption ne crée un lien de filiation qu'entre l'enfant et le parent adoptant, mais nullement à l'égard du conjoint de ce dernier. Pour cette raison, le consentement du conjoint n'a pas à s'exprimer selon le formalisme de l'article 348-3, alinéa 1er du

(2) V. *supra*, n° 573.
(3) Sur laquelle, V. *infra*, n° 895. L'alinéa second de l'article 344 du Code civil permet au Tribunal, dans cette hypothèse, de prononcer l'adoption malgré une différence d'âge moindre, pour de justes motifs.
(4) C. civ., art. 344, al. 2.
(5) CA Paris, 10 févr. 1998 : *Dr. famille* 1998, comm. 83, note P. Murat ; *JCP* G 1998, II, 10130, note C. Philippe ; *RTD civ.* 1998, 893, obs. J. Hauser.
(6) C. civ., art. 343-1, al. 2.

Code civil[(7)] qui exige un recueil soit par un notaire, soit par une autorité diplomatique ou consulaire française, soit par le service de l'aide sociale à l'enfance lorsque l'enfant lui a été remis.

II. – Adoption par un couple marié

890. – Exception. En dépit des apparences, l'adoption d'un enfant par les deux membres d'un couple, en raison de son caractère conjonctif, ne va pas de soi. Ayant pour finalité de conférer à l'enfant un lien de filiation et, partant, de l'inscrire dans une parenté reposant sur une distinction généalogique, l'adoption n'a d'effet en principe qu'entre l'adopté et un seul adulte. Le principe demeure clairement posé par l'article 346 du Code civil qui édicte de manière solennelle que nul ne peut être adopté par plusieurs personnes. Faut-il rappeler qu'une adoption conjonctive, voire collective, rattachant l'enfant à plusieurs adultes pourrait singulièrement compliquer les structures de la parenté. Pour cette raison, la seule exception à ce principe concerne l'adoption faite par deux époux, dont l'article 346 du Code civil édicte immédiatement le principe pour en tempérer la vigueur. Lorsque l'enfant fait l'objet d'une adoption par les deux membres d'un couple marié, le risque de confusion dans les structures familiales tend à disparaître puisque le droit reconstitue de la sorte une apparence de filiation biologique, car deux adultes mariés sont désormais désignés juridiquement comme parents d'un enfant mineur.

L'exclusivité accordée par le droit français aux seuls couples mariés, édictée à l'article 346 du Code civil, ne consacre pas un principe essentiel reconnu par le droit français et ne relève donc pas de l'ordre public au sens du droit international, ce qui signifie que l'*exequatur* d'un jugement étranger prononçant l'adoption par un couple non marié ne saurait être refusé pour ce motif[(8)].

A. – Nécessité d'un mariage

891. – Mariage. L'adoption peut être demandée par deux époux non séparés de corps, mariés depuis plus de deux ans ou âgés l'un et l'autre de plus de vingt-huit ans[(9)]. L'enfant se trouve alors rattaché aux deux membres du couple. Une telle limitation de l'adoption conjointe aux seuls couples mariés respecte les droits et libertés

(7) En ce sens : Cass. 1re civ., 13 mai 2007 : *Bull. civ.* 2007, I, n° 108 ; *Dr. famille* 2007, comm. 123, note Eschylle.
(8) Cass. 1re civ., 7 juin 2012, nos 11-30.261 et 11-30.262 : *JCP* G 2012, p. 856, avis Petit, et p. 857, note F. Chénedé ; *JCP* N 2012, 1314, note Azincourt ; *JCP* N 2012, p. 1358, n° 10, obs. H. Péroz ; *RTD civ.* 2012, 522, obs. J. Hauser ; *D.* 2012, 1973, obs. L. d'Avout. Dans ces deux arrêts, rendus avant la réforme du droit français du mariage et de l'adoption opérée par la loi n° 2013-404 du 17 mai 2013, la Cour de cassation refuse toutefois la transcription des actes de l'état civil étranger rattachant l'enfant à deux parents adoptifs de même sexe, dès lors qu'était alors « contraire à un principe essentiel du droit français de la filiation, la reconnaissance en France d'une décision étrangère dont la transcription sur les registres de l'état civil français, valant acte de naissance, emporte inscription d'un enfant comme né de deux parents du même sexe ». Ces deux arrêts ont cassé deux décisions de la cour d'appel de Paris qui accueillirent les actes de l'état civil étranger : CA Paris, 24 févr. 2011 : *Dr. famille* 2011, comm. 87, note M. Farge. Sur renvoi après cassation, dans la première affaire (pourvoi n° 11-30.261), la cour d'appel de Versailles tient compte d'une manière habile de la modification opérée par la loi n° 2013-404 du 17 mai 2013, en accordant l'*exequatur*, en se fondant sur le nouvel article 6-1 du Code civil qui dispose que « le mariage et la filiation adoptive emportent les mêmes effets, droits et obligations reconnus par les lois (...) que les époux ou parents soient de sexe différent ou de même sexe » (CA Versailles, 1re ch., 1re sect., 20 juin 2014, n° 13/03655 : *RTD civ.* 2014, 637, obs. J. Hauser ; *AJF* 2014, 237, obs. B. Haftel). La référence aux couples mariés de personnes de même sexe ne se révélait en effet pas pertinente en l'espèce, faute de mariage. Sur les incidences de la loi n° 2013-404 du 17 mai 2013 sur l'adoption internationale, cf. P. Salvage-Gerest, *Les incidences de la loi du 17 mai 2013 sur l'adoption internationale : Dr. famille* 2013, dossier n° 33.
(9) C. civ., art. 343.

garantis par la Constitution, dès lors que le droit de mener une vie familiale normale n'implique pas que la relation entre un enfant et la personne qui vit en couple avec son père ou sa mère ouvre droit à l'établissement d'un lien de filiation adoptive[(10)]. La solution française ne permettant pas à la compagne de la mère de l'enfant d'adopter ce dernier a été jugée conforme aux droits et libertés garantis par la Convention européenne des droits de l'homme[(11)]. En revanche, l'Autriche a été condamnée par la Cour européenne des droits de l'homme dès lors que sa législation ouvrait une adoption conjointe aux concubins hétérosexuels et pas aux concubins homosexuels[(12)].

892. - **Indifférence de l'altérité sexuelle.** Depuis la réforme du mariage et de l'adoption faite par la loi n° 2013-404 du 17 mai 2013, le couple adoptant peut indifféremment être composé d'un homme et d'une femme, mais aussi désormais de deux personnes de même sexe[(13)]. Le Conseil constitutionnel a validé cette modification, en jugeant notamment que ne constitue pas un principe fondamental reconnu par les lois de la République le caractère bilinéaire de la filiation fondé sur l'altérité sexuelle, dès lors que la législation républicaine antérieure à la Constitution de 1946 relative aux conditions de l'adoption et aux conditions d'établissement de la maternité et de la paternité a toujours compris des règles limitant ou encadrant les conditions dans lesquelles un enfant peut voir établis les liens de filiation à l'égard du père ou de la mère dont il est issu. De même, furent rejetés les griefs tirés d'une prétendue atteinte à l'intérêt supérieur de l'enfant et au principe d'égalité entre les filiations. Répondant à un autre grief formulé à l'encontre de la nouvelle loi, le Conseil constitutionnel juge à cette occasion qu'il n'existe pas un droit à l'enfant.

Cons. const., 17 mai 2013, n° 2013-669 DC

(...)

En ce qui concerne l'adoption par des personnes de même sexe ou au sein d'un couple de personnes de même sexe :

46. Considérant que, selon les requérants, la possibilité conférée à deux personnes de même sexe d'adopter un enfant porte atteinte au « principe de valeur constitutionnelle de la filiation bilinéaire fondée sur l'altérité sexuelle », proclamé par les lois de la République, ainsi qu'au droit constitutionnel de tout enfant à voir sa filiation établie à l'égard de son père et de sa mère ; que l'adoption par deux personnes de même sexe porterait en outre atteinte au droit de l'enfant de mener une vie familiale normale ainsi qu'à la protection de l'intérêt supérieur de l'enfant ; qu'il en résulterait également une méconnaissance des stipulations de l'article 3-1 de la Convention internationale relative aux droits de l'enfant ;

47. Considérant qu'ils soutiennent encore que, lorsque l'enfant est adopté en la forme plénière par deux personnes de sexe différent, l'effacement de la filiation antérieure garantirait la préservation du secret de l'adoption et ferait entrer l'enfant dans la famille de l'adoptant « comme un enfant biologique » ; que la possibilité d'une adoption par deux personnes de même sexe conduirait au contraire nécessairement à révéler l'orientation sexuelle des adoptants et la nature adoptive de la filiation ; qu'il en résulterait une atteinte au droit à la protection de la vie privée et à l'égalité devant la loi ;

(10) Cons. const., 6 oct. 2010, n° 2010-39 QPC.

(11) CEDH, 15 mars 2012, n° 19554, *Gas et Dubois c/ France* : *AJF* 2012, 163, obs. F. Chénedé ; *Dr. famille* 2012, comm. 82, obs. C. Neirinck ; *Procédures* 2012, 148, obs. N. Fricero ; *JCP G* 2012, n° 589, obs. A. Gouttenoire et F. Sudre ; *RTD civ.* 2012, 306, obs. J. Hauser.

(12) CEDH, Gde. ch., 19 févr. 2013, n° 19010/07, *X. et a. c/ Autriche.*

(13) Cf. G. Champenois, *L'adoption et la loi du 17 mai 2013. Quelques observations sur l'ouverture de l'adoption aux couples de personnes de même sexe* : *Defrénois* 2013, 731. – P. Murat, *L'ouverture de l'adoption aux couples de même sexe… ou l'art de se mettre au milieu du gué* : *Dr. famille* 2013, étude 24.

48. Considérant qu'ils font enfin valoir que, compte tenu notamment des difficultés que rencontreront les couples de personnes de même sexe pour adopter, la possibilité d'un établissement de la filiation à l'égard de deux personnes de même sexe incitera ces couples à recourir à l'étranger à la procréation médicalement assistée et à la gestation pour le compte d'autrui en fraude à la loi française ;

– Quant aux griefs tirés de l'atteinte au principe d'égalité et au droit de mener une vie familiale normale

49. Considérant, en premier lieu que, d'une part, en permettant l'adoption par deux personnes de même sexe ou au sein d'un couple de personnes de même sexe, le législateur, compétent pour fixer les règles relatives à l'état et à la capacité des personnes en application de l'article 34 de la Constitution, a estimé que l'identité de sexe des adoptants ne constituait pas, en elle-même, un obstacle à l'établissement d'un lien de filiation adoptive ; qu'il n'appartient pas au Conseil constitutionnel de substituer son appréciation à celle du législateur sur la prise en compte, pour l'établissement d'un lien de filiation adoptive, de la différence entre les couples de personnes de même sexe et les couples formés d'un homme et d'une femme ;

50. Considérant que, d'autre part, en vertu de l'article 356 du Code civil, l'adoption plénière confère à l'enfant une filiation qui se substitue à sa filiation d'origine ; que le principe d'égalité impose que les enfants adoptés en la forme plénière bénéficient, dans leur famille adoptive, des mêmes droits que ceux dont bénéficient les enfants dont la filiation est établie en application du titre VII du livre Ier du Code civil ; qu'une telle exigence est satisfaite par les dispositions de l'article 358 du Code civil précité ;

51. Considérant, en outre, que la liberté proclamée par l'article 2 de la Déclaration de 1789 implique le respect de la vie privée ; que, toutefois, aucune exigence constitutionnelle n'impose ni que le caractère adoptif de la filiation soit dissimulé ni que les liens de parenté établis par la filiation adoptive imitent ceux de la filiation biologique ; que, par suite, le grief tiré de ce que la possibilité d'une adoption par deux personnes de même sexe porterait atteinte au principe d'égalité et au droit à la protection de la vie privée doit être écarté ;

52. Considérant, en deuxième lieu, que les dispositions contestées n'ont ni pour objet ni pour effet de reconnaître aux couples de personnes de même sexe un « droit à l'enfant » ; qu'elles ne soustraient pas les couples de personnes de même sexe aux règles, conditions et contrôles institués en matière de filiation adoptive ; qu'en effet, ces dispositions ne modifient pas la règle, fixée par le premier alinéa de l'article 353-1 du Code civil, aux termes duquel : « Dans le cas d'adoption d'un pupille de l'État, d'un enfant remis à un organisme autorisé pour l'adoption ou d'un enfant étranger qui n'est pas l'enfant du conjoint de l'adoptant, le tribunal vérifie avant de prononcer l'adoption que le ou les requérants ont obtenu l'agrément pour adopter ou en étaient dispensés » ; qu'il n'est pas davantage dérogé à la règle, fixée par le premier alinéa de l'article L. 225-2 du Code de l'action sociale et des familles, aux termes duquel : « Les pupilles de l'État peuvent être adoptés soit par les personnes à qui le service de l'aide sociale à l'enfance les a confiés pour en assurer la garde lorsque les liens affectifs qui se sont établis entre eux justifient cette mesure, soit par des personnes agréées à cet effet, soit, si tel est l'intérêt desdits pupilles, par des personnes dont l'aptitude à les accueillir a été régulièrement constatée dans un État autre que la France, en cas d'accord international engageant à cette fin ledit État » ; que s'appliquent également les dispositions de son article L. 225-17 qui prévoit : « Les personnes qui accueillent, en vue de son adoption, un enfant étranger doivent avoir obtenu l'agrément prévu aux articles L. 225-2 à L. 225-7 » ; qu'ainsi, les couples de personnes de même sexe qui désirent adopter un enfant seront soumis, comme ceux qui sont formés d'un homme et d'une femme, à une procédure destinée à constater leur capacité à accueillir un enfant en vue de son adoption ;

53. Considérant, d'une part, que la conformité à la Constitution d'une loi déjà promulguée peut être appréciée à l'occasion de l'examen des dispositions législatives qui la modifient, la complètent ou affectent son domaine ; qu'en l'espèce les dispositions contestées affectent le domaine des articles L. 225-2 et L. 225-17 du Code de l'action sociale et des familles ; que les dispositions relatives à l'agrément du ou des adoptants, qu'ils soient de sexe différent ou de même sexe, ne sauraient conduire à ce que cet agrément soit délivré sans que l'autorité administrative ait vérifié, dans chaque cas, le respect de l'exigence de conformité de l'adoption à l'intérêt de l'enfant qu'implique le dixième alinéa du Préambule de la Constitution de 1946 ; que, sous cette réserve, les dispositions des articles L. 225-2 et L. 225-17 du Code de l'action sociale et des familles ne méconnaissent pas les exigences du dixième alinéa du Préambule de 1946 ;

54. Considérant, d'autre part, que les dispositions contestées ne dérogent pas aux dispositions de l'article 353 du Code civil, selon lesquelles l'adoption est prononcée par le tribunal de grande instance à la requête de l'adoptant si les conditions de la loi sont remplies « et si l'adoption est conforme à l'intérêt de l'enfant » ; que ces dispositions, applicables que les adoptants soient de même sexe ou de sexe différent, mettent en œuvre l'exigence résultant du dixième alinéa du Préambule de la Constitution de 1946 selon laquelle l'adoption ne peut être prononcée que si elle est conforme à l'intérêt de l'enfant ;

55. Considérant qu'il résulte de ce qui précède que le grief tiré de ce que les dispositions contestées méconnaîtraient le dixième alinéa du Préambule de 1946 doit être écarté ; qu'il en va de même du grief tiré de ce que les droits de l'enfant seraient inégalement protégés selon qu'ils sont adoptés par des parents de même sexe ou par des parents de sexe différent ;

56. Considérant, en premier lieu, que la tradition républicaine ne saurait être utilement invoquée pour soutenir qu'un texte législatif qui la contredit serait contraire à la Constitution qu'autant que cette tradition aurait donné naissance à un principe fondamental reconnu par les lois de la République ; que la législation républicaine antérieure à la Constitution de 1946 relative aux conditions de l'adoption et aux conditions d'établissement de la maternité et de la paternité a toujours compris des règles limitant ou encadrant les conditions dans lesquelles un enfant peut voir établir les liens de filiation à l'égard du père ou de la mère dont il est issu ; que notamment, l'action en recherche de paternité a vu son régime juridique modifié par la loi du 16 novembre 1912 sur la déclaration judiciaire de paternité naturelle et que l'action en recherche de paternité des enfants adultérins a été interdite jusqu'à la loi n° 72-3 du 3 janvier 1972 sur la filiation ; que de même les règles relatives à l'adoption de l'enfant mineur ont été modifiées par la loi du 19 juin 1923 sur l'adoption ; qu'ainsi, en tout état de cause, doit être écarté le grief tiré de la méconnaissance d'un principe fondamental reconnu par les lois de la République en matière de « caractère bilinéaire de la filiation fondé sur l'altérité sexuelle » ; qu'il en va de même du grief tiré de la méconnaissance d'un principe constitutionnel garantissant le droit de tout enfant de voir sa filiation concurremment établie à l'égard d'un père et d'une mère ;

57. Considérant en deuxième lieu, que, si les dispositions de l'article 55 de la Constitution confèrent aux traités, dans les conditions qu'elles définissent, une autorité supérieure à celle des lois, elles ne prescrivent ni n'impliquent que le respect de ce principe doive être assuré dans le cadre du contrôle de la conformité des lois à la Constitution ; qu'ainsi, en tout état de cause, doit être rejeté le grief tiré de la méconnaissance de la Convention internationale relative aux droits de l'enfant ;

58. Considérant, en troisième lieu, que l'éventualité d'un détournement de la loi lors de son application n'entache pas celle-ci d'inconstitutionnalité ; qu'il appartient aux juridictions compétentes d'empêcher, de priver d'effet et, le cas échéant, de réprimer de telles pratiques ;

59. Considérant qu'il résulte de ce qui précède que l'ouverture de l'adoption par des couples de personnes de même sexe et au sein de ces couples n'est pas contraire aux exigences constitutionnelles précitées ; que les dispositions des articles 1er et 13 de la loi déférée, qui ne méconnaissent aucune autre exigence constitutionnelle, doivent être déclarées conformes à la Constitution ;

(...)

893. – Solution antérieure. Avant la réforme opérée par la loi n° 2013-404 du 17 mai 2013, un couple de personnes de même sexe ne pouvait pas adopter un enfant. L'adoption étant réservée aux seuls couples mariés, nécessairement constitués naguère d'un homme et d'une femme, l'impossible adoption découlait des conditions d'accès au mariage. La Cour de cassation dut connaître de cette question au travers des incidences d'une éventuelle adoption d'un enfant par la compagne homosexuelle de la mère. L'adoption réalisant un transfert de l'autorité parentale(14), elle aboutirait à priver la mère biologique de ses prérogatives sur l'enfant et deviendrait donc antinomique et contradictoire(15). Ainsi la jurisprudence

(14) Sauf, selon l'article 365 du Code civil pour l'adoption de l'enfant du conjoint où s'opère un partage de l'autorité parentale, ce qui posait précisément problème en l'espèce puisqu'à l'époque les couples de personnes de même sexe ne pouvaient pas accéder au mariage. Sur la conformité de cette solution aux droits et libertés garantis par la Convention européenne des droits de l'homme, V. *supra*, n° 891, l'arrêt *Gas et Dubois c/ France*.

(15) Cass. 1re civ., 20 févr. 2007, nos 04-15.676 et 06-15.647 : *Bull. civ.* 2007, I, nos 70 et 71 ; *Dr. famille* 2007, comm. 80, note P. Murat ; *JCP* G 2007, II, 10068, note C. Neirinck ; *D.* 2007, 1047, obs. D. Vigneau ; *D.* 2007, 731, note I. Delaporte-Carré ; *Defrénois* 2007, 791, obs. J. Massip ; *RTD civ.* 2007, 325, obs. J. Hauser.
Dans la première affaire, deux femmes ont conclu un pacte civil de solidarité. L'une d'elles met au monde deux filles qu'elle reconnaît et consent à l'adoption simple des enfants par sa compagne. La cour d'appel refuse de prononcer l'adoption. La Cour de cassation rejette le pourvoi en jugeant que « ayant retenu à juste titre que Mme Y..., mère des enfants, perdrait son autorité parentale sur eux en cas d'adoption par Mme X..., alors qu'il y avait communauté de vie, puis relevé que la délégation de l'autorité parentale ne pouvait être demandée que si les circonstances l'exigeaient, ce qui n'était ni établi, ni allégué, et qu'en l'espèce, une telle délégation ou son partage étaient, à l'égard

justifia le refus de l'adoption au sein du couple homosexuel, nécessairement non marié à cette époque, par ses incidences sur le partage de l'autorité parentale. Par le biais des conditions de reconnaissance en France d'un jugement étranger, la jurisprudence(16) refusa également de consacrer l'adoption par un couple homosexuel, en jugeant contraire à un principe essentiel du droit français de la filiation, la reconnaissance en France d'une décision étrangère dont la transcription sur les registres de l'état civil français, valant acte de naissance, emporte inscription d'un enfant comme né de deux parents du même sexe.

B. – Différence d'âge

894. – **Principe de distinction généalogique.** L'article 344 du Code civil pose expressément une condition de différence d'âge devant distinguer, dans l'ordre des générations, les membres du couple adoptant, d'une part, et l'enfant à adopter, d'autre part. Il dispose en effet que les adoptants doivent avoir quinze ans de plus que les enfants qu'ils se proposent d'adopter.

895. – **Dérogations.** Le second alinéa de l'article 344 du Code civil réserve toutefois deux dérogations. La première, relative à l'adoption de l'enfant du conjoint, ne concerne pas l'hypothèse qui nous intéresse ici d'adoption par le couple marié lui-même, et elle sera donc étudiée dans le cadre de l'adoption par une personne seule. La seconde dérogation peut en revanche jouer au profit d'un couple adoptant, puisque le tribunal dispose de la faculté, s'il y a de justes motifs, de prononcer l'adoption lorsque la différence demeure inférieure à quinze ans.

§ 2. – Conditions tenant à l'enfant à adopter

I. – Qualité d'enfant adoptable

896. – **En droit interne.** Tous les enfants ne peuvent pas faire l'objet d'une adoption. La qualité juridique d'enfant adoptable dépend de la loi nationale de l'enfant. Certains droits étrangers interdisent en effet l'institution de l'adoption, laquelle s'avère inapte à créer valablement un lien de parenté. L'on parlera alors d'enfant dont la loi nationale interdit l'adoption ou encore d'enfant au statut prohibitif. Par qualité d'enfant adoptable, il ne sera question dans les présents développements que de règles organisant l'adoption des enfants de nationalité française.

---

d'une adoption, antinomique et contradictoire, l'adoption d'un enfant mineur ayant pour but de conférer l'autorité parentale au seul adoptant, la cour d'appel, qui a procédé à la recherche prétendument omise, a légalement justifié sa décision ».
Dans la deuxième affaire, une partenaire de PACS sollicite l'adoption simple de l'enfant de sa partenaire. La cour d'appel fait droit à cette demande aux motifs que les deux partenaires apportent toutes deux à l'enfant des conditions matérielles et morales adaptées et la chaleur affective souhaitable et qu'il est loisible à Mme Y... de solliciter un partage ou une délégation d'autorité parentale. L'arrêt d'appel est cassé au visa de l'article 365 du Code civil car « cette adoption réalisait un transfert des droits d'autorité parentale sur l'enfant en privant la mère biologique, qui entendait continuer à élever l'enfant, de ses propres droits, de sorte que, même si [la mère Y.] avait alors consenti à cette adoption, en faisant droit à la requête la cour d'appel a violé [l'article 365 du Code civil] ».

(16) Cass. 1re civ., 7 juin 2012, nos 11-30.261 et 11-30.262, préc.

897. – Énumération. Trois catégories juridiques d'enfants mineurs adoptables sont énumérées par l'article 347 du Code civil.

Code civil

Art. 347 (*Réd. L. n° 2016-297, 14 mars 2016*). – Peuvent être adoptés :

1° Les enfants pour lesquels les père et mère ou le conseil de famille ont valablement consenti à l'adoption ;

2° Les pupilles de l'État ;

3° Les enfants déclarés abandonnés dans les conditions prévues par aux articles 381-1 et 381-2.

De manière curieuse, l'article 347 du Code civil, dans sa rédaction issue de la loi n° 2016-297 du 14 mars 2016, conserve au 3° l'expression « enfants déclarés abandonnés », alors que la déclaration judiciaire d'abandon de l'ancien article 350 du Code civil se trouve abrogée par la même loi. La rédaction se révèle d'autant plus surprenante que si l'on s'attendait à voir mentionner « les enfants déclarés judiciairement délaissés » et non les « enfants déclarés abandonnés », la référence aux articles 381-1 et 381-2 du Code civil s'avère exacte en renvoyant bien à ce nouveau statut de l'enfant, le délaissement, qui remplace l'abandon. Il est possible d'interpréter cette imprécision terminologique comme le signe d'une certaine continuité avec le droit antérieur.

A. – Enfants dont les représentants légaux ont consenti à l'adoption

898. – Acte grave. Le consentement des représentants légaux à l'adoption de l'enfant constitue un acte particulièrement grave puisque son objet réside dans une modification volontaire des structures familiales. Il s'agit donc de permettre un changement de l'état civil de l'enfant. Pour cette raison, le droit positif encadre très strictement la condition tirée du consentement des représentants légaux, non seulement en limitant le champ des personnes pouvant passer un tel acte, mais aussi en entourant sa conclusion de l'indispensable respect d'un strict formalisme.

899. – Consentement du père et de la mère. L'article 348 du Code civil qualifie le père et la mère de l'enfant mineur(17) parmi les personnes pouvant logiquement consentir à l'adoption de leur enfant. En mentionnant le père et la mère, le Code civil maintient ainsi une distinction sexuée qui pourrait *a priori* paraître quelque peu surprenante en droit positif. Ainsi, les parents de même sexe seraient exclus de la faculté de consentir à l'adoption de leur enfant. La solution se justifie parfaitement car la double parenté d'époux de même sexe ne peut résulter, en droit français, que de l'adoption(18) et il conviendrait alors de la révoquer pour ensuite consentir à une éventuelle seconde adoption. Dans un ordre d'idées différent, la conjonction « et » employée par les articles 347 et 348 du Code civil pose l'exigence d'un cumul des deux consentements paternel et maternel. L'adoption ne pourra pas être prononcée si l'un des parents s'y oppose,

(17) Le consentement des parents n'est évidemment pas requis s'agissant de l'adoption simple d'un enfant majeur, qui dispose de la pleine capacité juridique du fait de sa majorité civile et ne se trouve donc plus sous l'autorité de ses parents. Cass. 1re civ., 20 mars 2013, n° 12-16.401 : *Bull. civ.* 2013, I, n° 49 ; *Dr. famille* 2013, comm. 67 (2e esp.), note C. Neirinck ; *RTD civ.* 2013, 589, obs. J. Hauser.

(18) Ailleurs, en droit californien par exemple, l'admission de la gestation pour autrui permet d'autres modes d'établissement de la filiation, comme par exemple les mentions de l'acte de naissance de l'enfant.

ou bien encore en cas de divergence entre eux. En mentionnant le père et la mère, l'article 347 du Code civil exige un consentement donné par les parents de l'enfant, sans tenir compte des modalités d'exercice de l'autorité parentale. Un parent qui exerce seul l'autorité parentale ne saurait ainsi consentir valablement à l'adoption de son enfant, dès lors que le consentement de l'autre parent demeure requis, même s'il n'exerce pas l'autorité parentale. D'autres dispositions du Code civil illustrent le fait que le consentement à l'adoption doit être délivré par les parents sans considération des modalités d'exercice de l'autorité parentale. L'article 348 du Code civil évoque bien l'établissement de la filiation et non l'exercice de l'autorité parentale. Dans cette perspective, seule une perte des droits d'autorité parentale semble évincer la nécessité de requérir le consentement du parent qui se serait vu retirer l'autorité parentale. De même, en cas de délégation de l'exercice de l'autorité parentale[(19)], l'article 377-3 du Code civil dispose expressément que le droit de consentir à l'adoption du mineur n'est jamais délégué, ce qui illustre parfaitement une nouvelle fois l'idée selon laquelle le consentement doit être donné par les parents titulaires de l'autorité parentale, qu'ils l'exercent ou non.

900. – Consentement donné par un seul parent. Le consentement à l'adoption est donné par un seul parent, dans deux situations différentes. D'une part, et de manière exceptionnelle, le consentement à l'adoption pourra être donné par un seul des deux parents, lorsque l'autre est décédé ou dans l'impossibilité de manifester sa volonté, ou encore s'il a perdu ses droits d'autorité parentale[(20)]. D'autre part et de manière logique, lorsque la filiation n'est établie qu'à l'égard d'un de ses auteurs, celui-ci donne le consentement à l'adoption[(21)].

Prolongement théorique et pratique

Le consentement du père d'un enfant né sous X

901. – La question du consentement à l'adoption donné par un seul parent se pose avec une acuité particulière dans l'hypothèse où la mère de l'enfant accouche en conservant l'anonymat. L'accouchement sous X n'érige plus un obstacle devant le droit du père de consentir à l'adoption de l'enfant, du moins lorsque cet homme l'a reconnu avant sa naissance. Désormais, il résulte du caractère divisible de la filiation que la paternité de cet homme se trouve constituée par sa reconnaissance de paternité et qu'il dispose seul du pouvoir de consentir à l'adoption. Tel est l'apport du célèbre arrêt rendu par la première chambre civile de la Cour de cassation, dans l'affaire dite *Benjamin*[(22)] où l'enfant avait été placé en vue de l'adoption suite à un consentement du conseil de famille, le père ayant alors sollicité une restitution de l'enfant.

(19) Sur laquelle, V. *infra*, n°s 1369 et s.
(20) C. civ., art. 348, al. 2.
(21) C. civ., art. 348-1.
(22) Déjà présenté plus haut, V. *supra*, n° 580.

Cass. 1re civ., 7 avr. 2006, n° 05-11.285

Vu l'article 7.1 de la Convention de New York du 26 janvier 1990 relative aux droits de l'enfant, ensemble les articles 335, 336, 341-1, 348-1 et 352 du Code civil ;

Attendu que, selon le premier de ces textes, applicable directement devant les tribunaux français, l'enfant a, dès sa naissance et dans la mesure du possible, le droit de connaître ses parents ; qu'il résulte des autres dispositions visées que la reconnaissance d'un enfant naturel prend effet à la date de naissance de l'enfant dès lors qu'il a été identifié, que la filiation est divisible et que le consentement à l'adoption est donné par le parent à l'égard duquel la filiation est établie ;

Attendu que le 13 mars 2000, M. X... a reconnu devant l'officier d'état civil l'enfant dont était enceinte Mme D. ; que le 14 mai 2000 est né Benjamin Damien Y..., sa mère ayant demandé le secret de l'accouchement ; que l'enfant a été remis, ce même jour, au service de l'Aide sociale à l'enfance, admis à titre provisoire comme pupille de l'État puis, à titre définitif, le 17 juillet 2000 et placé, en vue de l'adoption, à effet du 28 octobre 2000 au foyer de M. et Mme Z... ; que le 26 juin 2000, M. X... a entrepris auprès du procureur de la République une démarche pour retrouver son enfant ; que l'ayant ultérieurement identifié, il a saisi le 18 janvier 2001 la cellule d'adoption du Conseil général d'une demande de restitution ; que le conseil de famille a donné son consentement à l'adoption projetée, le 26 avril 2001 ; que le tribunal de grande instance de Nancy a été saisi, par les époux Z..., d'une requête en adoption plénière et par M. X... d'une demande en restitution de l'enfant ; que, par deux jugements du 16 mai 2003, le tribunal a, d'une part, rejeté la requête en adoption, celle-ci étant jugée contraire à l'intérêt supérieur de l'enfant d'être élevé par son père qui l'avait reconnu, et, d'autre part, après avoir admis les interventions volontaires des époux Z... et de l'association Enfance et familles d'adoption, ordonné la restitution de Benjamin Damien Y... à M. X..., son père naturel ;

Attendu que, pour déclarer irrecevable la demande de restitution formée par M. X..., donner effet au consentement du conseil de famille à l'adoption et pour prononcer l'adoption plénière de Benjamin Damien Y... par les époux Z..., le premier arrêt retient d'abord que la reconnaissance s'est trouvée privée de toute efficacité du fait de la décision de la mère d'accoucher anonymement, l'identification de l'enfant par sa mère, contenue dans la reconnaissance, étant devenue inopérante et ensuite que la reconnaissance paternelle n'est jamais devenue effective, l'enfant n'ayant été identifié qu'après son placement en vue de l'adoption ; que le second arrêt énonce, d'une part, que le consentement à adoption, donné le 26 avril 2001, par le conseil de famille, est régulier, la réclamation de M. X... ayant été faite le 19 janvier 2001, à une date où le placement antérieur en vue de l'adoption faisait obstacle à toute demande de restitution et d'autre part que l'adoption plénière est conforme à l'intérêt de l'enfant ;

Qu'en statuant ainsi, alors que, l'enfant ayant été identifié par M. X... à une date antérieure au consentement à l'adoption, la reconnaissance prénatale avait établi la filiation paternelle de l'enfant avec effet au jour de sa naissance, de sorte que le conseil de famille des pupilles de l'État, qui était informé de cette reconnaissance, ne pouvait plus, le 26 avril 2001, consentir valablement à l'adoption de l'enfant, ce qui relevait du seul pouvoir de son père naturel, la cour d'appel, qui a méconnu le droit de l'enfant de connaître son père déclaré, a violé les textes susvisés ;

PAR CES MOTIFS, et sans qu'il soit nécessaire de statuer sur les autres griefs :

DÉCLARE IRRECEVABLE le pourvoi incident du pourvoi n° V 05-11.285 ;

CASSE ET ANNULE, dans toutes ses dispositions, les arrêts 405/04 et 406/04 rendus le 23 février 2004, entre les parties, par la cour d'appel de Nancy ; remet, en conséquence, la cause et les parties dans l'état où elles se trouvaient avant lesdits arrêts et, pour être fait droit, les renvoie devant la cour d'appel de Reims ;

Commentaires : *Bull. civ.* 2006, I, n° 195 ; *JCP* G 2006, I, 199, n° 1, obs. J. Rubellin-Devichi ; *Dr. famille* 2006, comm. 124, note P. Murat ; *D.* 2006, 2293, note Poisson-Crocourt ; *RTD civ.* 2006, 273, obs. P. Rémy-Corlay ; *RTD civ.* 2006, 292, obs. J. Hauser ; *Defrénois* 2006, 1127, obs. J. Massip.

902. – **Consentement du conseil de famille.** Faute de représentants légaux de l'enfant ou bien si ces derniers ne peuvent pas manifester leur volonté, le consentement à l'adoption doit être délivré par le conseil de famille. L'article 348-2 du Code civil énumère ainsi plusieurs de ces situations, à savoir le décès des père et mère de l'enfant, l'impossibilité pour eux de manifester leur volonté, la perte de

leurs droits d'autorité parentale[23] ou bien encore l'absence d'établissement de la filiation[24]. Si une telle énumération paraît évidemment indispensable pour préserver la sécurité juridique, compte tenu des graves incidences sur l'état civil du consentement à l'adoption, il n'en demeure pas moins que l'interprétation restrictive qu'en livre la jurisprudence ne va pas sans soulever des difficultés. Dans une affaire où une enfant avait été recueillie dans le cadre d'une *kafala* prononcée au Maroc, suivie d'un jugement ayant déclaré l'enfant « délaissée » par sa mère, faute de pouvoir subvenir à ses besoins, elle fut recueillie par un couple résidant en France puis acquit la nationalité française. Relevant d'office un moyen de pur droit sur le fondement de l'article 1015 du Code de procédure civile, la Cour de cassation rejette le pourvoi formé contre un arrêt ayant refusé de prononcer l'adoption alors qu'un conseil de famille avait pourtant consenti à l'adoption. Pour rejeter ainsi le pourvoi, la première chambre civile juge qu'il en résulte que la mère de l'enfant n'ayant pas perdu ses droits d'autorité parentale, le conseil de famille ne pouvait, faute de constatation de l'impossibilité pour celle-ci de manifester sa volonté, valablement consentir à l'adoption de l'enfant. Certes la solution s'avère somme toute assez rigide, en évinçant la possibilité d'adopter l'enfant qui vit *de facto* avec le couple l'ayant recueilli ; elle se justifie toutefois car, dans le cadre de l'adoption internationale, la nécessité de recueillir le consentement du représentant légal de l'enfant, en l'occurrence la mère, constitue une condition indispensable qu'il serait facile de contourner par le biais de la déclaration de nationalité française.

Cass. 1re civ., 4 déc. 2013, n° 12-26.161

Sur le moyen unique, pris en ses trois branches :

Attendu, selon l'arrêt attaqué (Nouméa, 25 juin 2012), que par ordonnance du 10 novembre 2004, le juge des affaires des mineurs du tribunal de Taroudant (Maroc) a attribué aux époux X... la *kafala* de l'enfant Abdellah Y..., né le 27 mars 2003 à Igherm Taroudant (Maroc), fils de Mme Khadija Y..., après qu'un jugement du 13 mai 2003 du même tribunal a déclaré l'enfant « délaissé » par sa mère, faute pour celle-ci de pouvoir subvenir à ses besoins ; que l'enfant a ensuite été autorisé à quitter le Maroc avec les époux X... ; que le 17 mars 2010, Mme X... a souscrit une déclaration de nationalité française au nom de l'enfant sur le fondement de l'article 21-12, 1°, du Code civil ; que le 3 août 2010, les époux X... ont sollicité l'adoption plénière de l'enfant après qu'un conseil de famille eut, en France, donné son consentement le 8 juillet 2011 et désigné un tuteur *ad hoc* aux fins de représenter l'enfant ;

Attendu que les époux X... font grief à l'arrêt de rejeter leur requête, alors, selon le moyen :

1°/ que les lois concernant l'état et la capacité des personnes régissent les Français à compter du jour où ils acquièrent la nationalité française, qui est seule prise en considération par les tribunaux français ; que la cour d'appel qui, après avoir relevé que l'enfant Abdellah X... avait acquis la nationalité française par une déclaration souscrite le 17 mars 2010, ce dont il résultait qu'à l'égard du juge français son statut personnel était, à compter de ce jour, celui édicté par la loi française, a néanmoins jugé, pour déclarer nul le consentement à l'adoption donné par le conseil de famille et ainsi écarter la requête en adoption plénière de l'enfant présentée par les époux X..., que le statut prohibitif de l'enfant, né au Maroc d'une mère marocaine et de père inconnu, demeurait inchangé tant que son lien de filiation n'était pas rompu avec sa mère, a violé les articles 3 et 347 du Code civil ;

(23) C. civ., art. 348-2, al. 1er.
(24) C. civ., art. 348-2, al. 2.

2°/ que peut réclamer la nationalité française, sans commettre de fraude à sa loi personnelle d'origine, l'enfant qui, depuis au moins cinq années, même au titre d'une *kafala*, est recueilli en France et élevé par une personne de nationalité française ; que la cour d'appel qui, après avoir relevé que l'enfant Abdellah X... avait acquis la nationalité française au titre des dispositions de l'article 21-12 du Code civil, a néanmoins jugé, pour écarter la requête en adoption plénière de cet enfant présentée par les époux X..., qu'en raison de ce que l'enfant avait été recueilli au titre d'une *kafala* le changement de nationalité nécessitait l'autorisation préalable de l'autorité consulaire marocaine, de sorte qu'en procédant sans cette autorisation, au nom de l'enfant, à une déclaration d'acquisition de la nationalité française Mme X... avait excédé les pouvoirs conférés au titre de la *kafala* et qu'ainsi la demande d'adoption était faite en fraude de la loi marocaine, a violé l'article 21-12 du Code civil ;

3°/ que peut être adopté l'enfant déclaré abandonné par suite du désintérêt manifeste de ses parents, lequel résulte de l'absence d'entretien avec lui des relations nécessaires au maintien de liens affectifs ; qu'en se bornant à relever, pour dire que l'enfant Abdellah X... n'avait pas été abandonné par sa mère et ainsi rejeter la requête en adoption de ce dernier, que le jugement de délaissement pris par les autorités marocaines à la demande de la mère de l'enfant n'évoquait ni désintérêt volontaire de celle-ci ni abandon moral de l'enfant, mais son impossibilité de subvenir à ses besoins matériels, ce qui ne serait pas assimilable au désintérêt volontaire que constate en droit français la décision d'abandon, sans constater que la mère avait entretenu avec l'enfant des relations nécessaires au maintien d'un lien affectif, seules à même d'écarter l'existence d'un abandon, la cour d'appel a privé sa décision de base légale au regard des articles 347-3 lire 347 3° et 350 du Code civil ;

Mais attendu que les conditions de l'adoption de l'enfant devenu français sont régies par la loi française conformément à l'article 3 du Code civil ; qu'en vertu de l'article 348-2 du même code, le consentement à l'adoption ne peut être donné par le conseil de famille que lorsque les père et mère de l'enfant sont décédés, dans l'impossibilité de manifester leur volonté ou s'ils ont perdu leurs droits d'autorité parentale ou encore lorsque la filiation de l'enfant n'est pas établie ;

Et attendu qu'il ressort des énonciations de l'arrêt que la filiation de l'enfant à l'égard de sa mère était établie, que le consentement de celle-ci à l'adoption n'avait pas été recueilli, et que les époux X... établissaient seulement que l'enfant avait été déclaré « délaissé » par le tribunal de première instance de Taroudant faute pour sa mère de pouvoir subvenir à ses besoins et non en raison d'un désintérêt volontaire de celle-ci à l'égard de l'enfant ; qu'il en résulte que, la mère de l'enfant n'ayant pas perdu ses droits d'autorité parentale, le conseil de famille ne pouvait, faute de constatation de l'impossibilité pour celle-ci de manifester sa volonté, valablement consentir à l'adoption de l'enfant ; que, par ce motif de pur droit, substitué, dans les conditions de l'article 1015 du Code de procédure civile, à ceux critiqués, la décision déférée se trouve légalement justifiée ;

PAR CES MOTIFS :

REJETTE le pourvoi ;

Commentaires : *Bull. civ.* 2013, I, n° 235 ; *JCP* G 2014, 43, n° 6, obs. H. Bosse-Platière ; *Dr. famille* 2014, comm. 19, note M. Farge ; *RTD civ.* 2014, 104, obs. J. Hauser.

903. – **Consentement de l'enfant de plus de treize ans.** L'enfant âgé de plus de treize ans doit consentir personnellement à son adoption plénière selon le formalisme concernant le recueil du consentement des parents[25].

904. – **Formalisme.** Le consentement que doivent exprimer les parents et l'enfant âgé de plus de treize ans est donné devant un notaire français ou étranger, devant les agents diplomatiques ou consulaires français[26]. Lorsque l'enfant fait l'objet d'une remise au service de l'aide sociale à l'enfance, ce dernier peut également recueillir le consentement.

(25) C. civ., art. 345, al. 3.
(26) C. civ., art. 348-3, al. 1er.

905. – **Rétractation.** Les parents qui consentent à l'adoption de leur enfant disposent d'un délai de rétractation de deux mois[(27)]. Formellement, la rétractation doit être faite par lettre recommandée avec demande d'avis de réception adressée à la personne ou au service qui a reçu le consentement à l'adoption[(28)]. Une fois expiré le délai de deux mois[(29)], les parents peuvent encore demander la restitution de l'enfant à condition que celui-ci n'ait pas été placé en vue de l'adoption[(30)].

Le délai de rétractation ainsi posé a été jugé conforme à l'article 8 de la Convention européenne des droits de l'homme, car il poursuit la recherche d'un juste équilibre et une proportionnalité suffisante entre les intérêts de la mère biologique, ceux de l'enfant, qui doivent primer, et ceux de la famille d'adoption[(31)].

906. – **Refus abusif de consentement.** Le Code civil envisage une solution à l'éventuel refus de consentement d'un parent, voire du conseil de famille, qui revêt un caractère abusif et érige de la sorte un obstacle face à une adoption pourtant satisfaisante pour l'intérêt de l'enfant. En effet, le tribunal peut prononcer l'adoption s'il estime abusif le refus de consentement opposé par les parents ou par l'un d'eux seulement, lorsqu'ils se sont désintéressés de l'enfant au risque d'en compromettre la santé ou la moralité[(32)]. Les critères sont identiques à ceux définissant l'abandon de famille, remplacé dans le délaissement d'enfant[(33)] par la loi n° 2016-297 du 14 mars 2016. S'inspirant elle aussi des critères de l'abandon de famille, la Cour de cassation jugea que le désintérêt prévu par l'article 348-6 du Code civil doit être volontaire[(34)].

Prolongement pratique

L'adoption de l'enfant recueilli par *kafala* : les problèmes du statut prohibitif et du consentement à l'adoption

907. – Les tribunaux français peuvent-ils prononcer l'adoption d'un enfant recueilli par *kafala* au Maroc ou en Algérie, par un adulte de nationalité française ou résidant en France ? La question est devenue classique en droit international privé. Rappelons que la *kafala* est un recueil légal de l'enfant par un adulte que l'on retrouve dans certains États de droit musulman où l'adoption se trouve prohibée[(35)]. Comme l'article 370-3, alinéa 2 du Code civil dispose que l'adoption d'un mineur étranger ne peut être prononcée si sa loi personnelle prohibe cette institution, sauf si ce mineur est né et réside habituellement en France,

(27) C. civ., art. 348-3, al. 2. Au demeurant, suite à une rétractation, il ne saurait y avoir d'éventuelle confirmation du consentement initial et un éventuel nouveau consentement à l'adoption doit respecter ce formalisme : Cass. 1re civ., 24 févr. 1998 : *Dr. famille* 1998, comm. 134, note P. Murat ; *Defrénois* 1998, 1025, obs. J. Massip.

(28) C. civ., art. 348-3, al. 2.

(29) Pour les incidences de l'écoulement du délai de deux mois sur la possibilité pour le conseil de famille de consentir à l'adoption et sur la nullité de la reconnaissance ultérieure de l'enfant par son géniteur : Cass. 1re civ., 1er juin 2011, n° 10-19.028 : *Bull. civ.* 2011, I, n° 105 ; *Dr. famille* 2011, comm. 127 (2e esp.), note C. Neirinck ; *JCP* G 2011, doctr. 839, n° 6, obs. A. Gouttenoire ; *JCP* G 2012, doctr. 31, n° 6, obs. Y. Favier ; *D.* 2012, 1437, obs. F. Granet-Lambrechts.

(30) C. civ., art. 348-3, al. 3.

(31) CEDH, 10 janv. 2008, *Kearns c/ France* : *D.* 2008, 415, obs. Guiomard ; *RTD civ.* 2008, 353, obs. J.-P. Marguénaud ; *RTD civ.* 2008, 285, obs. J. Hauser.

(32) C. civ., art. 348-6, al. 1er. Le second alinéa précise qu'il « en est de même en cas de refus abusif de consentement du conseil de famille ».

(33) Sur le délaissement d'enfant, V. *infra*, nos 925 à 931.

(34) Cass. 1re civ., 16 déc. 1980 : *Bull. civ.* 1980, I, n° 298 ; *JCP* G 1990, II, 21443, note P. Salvage-Gerest.

(35) V. *supra*, sous n° 875 pour une présentation plus détaillée du mécanisme de la *kafala*.

l'adoption de ces enfants fut jugée impossible aussi bien dans le cadre d'une adoption plénière[36] que simple[37]. La Cour de cassation jugea par ailleurs que la règle de conflit de lois ainsi posée ne portait pas atteinte à l'intérêt supérieur de l'enfant[38].

Le statut dit « prohibitif » de l'enfant constituant l'obstacle érigé face à la réalisation d'une adoption, la possibilité d'acquérir la nationalité française dans les conditions de l'article 21-12 du Code civil[39] fut prise en compte par la Cour européenne des droits de l'homme pour déclarer que le dispositif français ne portait pas atteinte au droit au respect de la vie familiale garanti par l'article 8 de la Convention européenne des droits de l'homme[40].

En pratique, comme le préconise d'ailleurs une circulaire du ministère de la Justice, l'acquisition de la nationalité française constitue le moyen de faire perdre à l'enfant son statut prohibitif et, devenu français, de le rendre adoptable.

Encore faut-il dans cette hypothèse qu'un consentement à l'adoption puisse être délivré et que, plus largement, toutes les conditions légales de l'adoption soient remplies[41].

En pratique, il convient donc de solliciter du juge la composition d'un conseil de famille pour, précisément, consentir à l'adoption de cet enfant devenu français.

B. – Enfant pupille de l'État

908. – Qualité juridique de pupille. La qualité juridique de pupille de l'État concerne la nécessité pour l'État et la collectivité nationale de prendre en charge la protection de certains enfants, tels que les orphelins, les enfants trouvés ou les mineurs volontairement remis par leurs parents à un service d'aide sociale à l'enfance. La protection de l'enfant relève alors de la compétence du conseil départemental, dont le président prend d'ailleurs un arrêté d'admission de l'enfant en qualité de pupille de l'État, acte administratif d'une grande importance en matière d'adoption.

Prolongement théorique

Distinction entre les enfants pupilles de l'État et les enfants pupilles de la Nation

909. – La qualité juridique de pupille de l'État se distingue de celle de pupille de la Nation. Le statut de pupille de la Nation concernait traditionnellement les enfants victimes

(36) Cass. 1re civ., 9 juillet 2008 : *Bull. civ.* 2008, I, n° 198 ; *Dr. famille* 2008, 133, note M. Farge ; *Defrénois* 2008, 2181, note M. Revillard ; *Defrénois* 2008, 2429, obs. J. Massip ; *RTD civ.* 2008, 665, obs. J. Hauser.

(37) Cass. 1re civ., 10 oct. 2006 : *Bull. civ.* 2006, I, nos 431 et 432 (deux arrêts) : *JCP G* 2007, II, 10072, note M. Farge ; *Dr. famille* 2007, 96, not M. Farge ; *Defrénois* 2007, 133, note M. Revillard ; *Defrénois* 2007, 307, obs. J. Massip.

(38) Cass. 1re civ., 25 févr. 2009, n° 08-11.033 : *Bull. civ.* 2009, I, n° 41 : *Dr. famille* 2008, 82, note M. Farge ; *JCP G* 2009, II, 10072, note A. Gouttenoire ; *RTD civ.* 2009, 308, obs. J. Hauser ; *Defrénois* 2009, 1156, obs. J. Massip.

(39) Depuis modifié par la loi n° 2016-297 du 14 mars 2016.

(40) CEDH, 4 oct. 2012, n° 43631/09, *Harroudj c/ France : Dr. famille* 2012, 187, note M. Farge ; *D.* 2012, 2947, note P. Hammje ; *JCP G* 2012, act. 1145, obs. G. Gonzalez ; *JCP G* 2013, 38, n° 5, obs. Y. Favier ; *JCP G* 2013, 64, n° 37, obs. F. Sudre ; *RTD civ.* 2013, 105, obs. J. Hauser ; *adde* CEDH, 16 déc. 2014, n° 52265/10, *Chbihi Loudoudi c/ Belgique : JCP G* 2015, act. 63, obs. G. Gonzalez ; *adde*, dans le même sens, recommandant l'utilisation de l'article 21-12 du Code civil : Rép. min. n° 2068 : *JOAN Q* 27 nov. 2012, p. 7006.

(41) Cf. Circ. 22 oct. 2014, relative aux effets juridiques du recueil légal en France : *BO Justice* n° 2014-11, 28 nov. 2014 (JUSC1416688C).

de guerre, c'est-à-dire les enfants dont les parents étaient morts pour la France, et a hélas connu un regain d'utilité suite aux attaques terroristes de 2015. Le gouvernement rappela alors qu'une loi n° 90-86 du 25 janvier 1990, portant diverses dispositions relatives à la sécurité sociale et à la santé, a permis aux enfants dont un parent, voire les deux, est victime d'un acte de terrorisme de solliciter le statut de pupille de la Nation qui a principalement pour objet de permettre à l'enfant de moins de vingt et un ans de bénéficier d'aides financières, visant notamment à couvrir ses frais d'entretien, de soin ou encore d'éducation, comme l'aurait fait son parent s'il était encore en vie ; mais aussi d'être adopté par la Nation. La collectivité nationale prend donc à sa charge les frais qu'implique la vie de cet enfant victime par ricochet d'actes de terrorisme. Les articles L. 461 et suivants du Code des pensions d'invalidité et victimes de la guerre organisent le statut de pupille de la Nation.

910. – **Enfants concernés.** L'admission en qualité de pupille de l'État suppose que l'enfant se trouve dans une situation de danger nécessitant sa protection. L'article L. 224-4 du Code de l'action sociale et des familles énumère ainsi six situations dans lesquelles les enfants sont admis en qualité de pupille de l'État. Il en résulte une distinction entre les enfants dont la filiation n'est pas établie, comme l'enfant né sous X par exemple, et les enfants qui bénéficient d'une filiation légalement établie mais que les parents ont volontairement remis à un service d'aide sociale à l'enfance ou dont l'autorité parentale a fait l'objet d'un retrait.

Code de l'action sociale et des familles

Art. L. 224-4 *(Réd. L. n° 2016-297, 14 mars 2016)*. – Sont admis en qualité de pupille de l'État :

1° Les enfants dont la filiation n'est pas établie ou est inconnue, qui ont été recueillis par le service de l'aide sociale à l'enfance depuis plus de deux mois ;

2° Les enfants dont la filiation est établie et connue, qui ont expressément été remis au service de l'aide sociale à l'enfance en vue de leur admission comme pupilles de l'État par les personnes qui ont qualité pour consentir à leur adoption, depuis plus de deux mois ;

3° Les enfants dont la filiation est établie et connue, qui ont expressément été remis au service de l'aide sociale à l'enfance depuis plus de six mois par leur père ou leur mère en vue de leur admission comme pupilles de l'État et dont l'autre parent n'a pas fait connaître au service, pendant ce délai, son intention d'en assumer la charge ; avant l'expiration de ce délai de six mois, le service s'emploie à connaître les intentions de l'autre parent ;

4° Les enfants orphelins de père et de mère pour lesquels la tutelle n'est pas organisée selon le chapitre II du titre X du livre Ier du Code civil et qui ont été recueillis par le service de l'aide sociale à l'enfance depuis plus de deux mois ;

5° Les enfants dont les parents ont fait l'objet d'un retrait total de l'autorité parentale en vertu des articles 378 et 378-1 du Code civil et qui ont été recueillis par le service de l'aide sociale à l'enfance en application de l'article 380 dudit code ;

6° Les enfants recueillis par le service de l'aide sociale à l'enfance en application des articles 381-1 et 381-2 du Code civil.

911. – **Données statistiques.** Selon le rapport publié par l'Observatoire national de la protection de l'enfance[42] en juin 2018, le nombre de pupilles de l'État s'élevait au 31 décembre 2016 à 2 626, dont 982 étaient confiés en vue de l'adoption. Le taux variait alors de 2 enfants sur 100 000 en Haute-Saône à 54 pour 100 000 dans le

(42) ONPE, *La situation des pupilles de l'État*, publié en juin 2018 sur le site www.onpe.gouv.fr ; les statistiques fournies ont été établies au 31 décembre 2016.

Pas-de-Calais. Le même rapport indique que 46 % des pupilles bénéficient de cette qualité suite à une décision judiciaire, alors que 44 % ont fait l'objet d'une remise par leurs parents et que 10 % sont orphelins.

1° Délivrance de l'arrêté d'admission

912. – **Arrêté provisoire d'admission en qualité de pupille.** Lorsque l'enfant fait l'objet d'une remise à un service d'aide sociale à l'enfance, un procès-verbal de remise doit être rédigé. Cette exigence ne concerne pas l'enfant recueilli suite à une décision judiciaire prononçant le retrait de l'autorité parentale ou déclarant l'enfant délaissé, puisque précisément le jugement suffit. La rédaction du procès-verbal constitue une étape importante, car l'enfant est alors déclaré pupille de l'État à titre provisoire et l'organisation d'une tutelle s'impose alors. Durant cette période provisoire, le parent qui a remis l'enfant à un service d'aide sociale à l'enfance dispose de deux mois pour le récupérer, s'il le souhaite. Le délai est porté à six mois pour le parent n'ayant pas confié l'enfant au service(43). Au-delà de ces délais, la décision d'accepter ou de refuser la restitution d'un pupille de l'État reste, sous réserve des dispositions de l'article 352 du Code civil, prise par le tuteur, avec l'accord du conseil de famille. En cas de refus, les demandeurs peuvent saisir le tribunal de grande instance(44).

913. – **Arrêté (définitif) d'admission en qualité de pupille de l'État.** À l'expiration des délais de l'admission provisoire, ou bien lorsque les jugements en prononçant le retrait de l'autorité parentale ou déclarant l'enfant délaissé passent en force de chose jugée, l'enfant est admis en qualité de pupille de l'État par arrêté du président du conseil départemental, selon les termes de l'article L. 224-8 du Code de l'action sociale et des familles, dans sa rédaction qui résulte d'une loi n° 2013-673 du 27 juillet 2013(45).

Comme il sera détaillé plus loin(46), la précédente version du texte fut en effet déclarée contraire au droit à un recours effectif garanti par l'article 16 de la Déclaration des droits de l'homme et du citoyen de 1789, par le Conseil constitutionnel(47), ce qui emporta des incidences sur le contenu de l'arrêté d'admission ainsi que sur ses modalités de délivrance. L'ancien article L. 224-8 du Code de l'action sociale et des familles disposait en effet qu'un recours contre l'arrêté d'admission en qualité de pupille pouvait être introduit devant le tribunal de grande instance, dans les trente jours suivant la date de l'acte administratif, par les parents de l'enfant ou par les personnes proches de lui notamment pour avoir assuré sa garde, de droit ou de fait, et qui demandent à en assumer la charge. Le Conseil constitutionnel a jugé le texte contraire au droit à un recours juridictionnel effectif, car cette disposition ne définissait pas les cas et conditions dans lesquels celles des personnes qui présentent un lien plus étroit avec l'enfant sont effectivement à même d'exercer ce recours. De même, le point de départ du délai de prescription n'étant pas précisément déterminé, le délai pouvait s'écouler alors que les personnes pourtant qualifiées

(43) C. action soc. et fam., art. 224-6, al. 4 : « Lorsqu'un enfant pupille de l'État est restitué à l'un de ses parents, le président du conseil départemental propose un accompagnement médical, psychologique, éducatif et social du parent et de l'enfant pendant les trois années suivant cette restitution, afin de garantir l'établissement des relations nécessaires au développement physique et psychologique de l'enfant ainsi que sa stabilité affective ».

(44) C. action soc. et fam., art. 224-6, al. 3.

(45) Cf. V. Égéa, obs. in *Dr. famille* 2013, alerte 51. – C. Neirinck, note *in Dr. famille* 2013, comm. 137.

(46) V. *infra*, n° 915.

(47) Cons. const., 27 juill. 2012, n° 2012-268 QPC : *JCP* G 2013, 700, obs. Y. Favier ; *RTD civ.* 2013, 364, obs. J. Hauser ; *RJPF* 2013-5/36, obs. A. Cheynet de Beaupré ; *D.* 2013, 1436, obs. F. Granet-Lambrechts ; *D.* 2013, 1106, note M. Douchy-Oudot.

par la loi pour contester l'arrêté, demeuraient dans l'ignorance de la rédaction de cet acte administratif. Sans attendre le 1er janvier 2014, date d'abrogation du texte déterminée par le Conseil constitutionnel, la version actuelle de l'article L. 224-8 du Code de l'action sociale et des familles fut adoptée en urgence par le Parlement. Il résulte des nouvelles dispositions une plus grande précision des personnes qualifiées par la loi pour introduire un recours, et une obligation de notification de l'acte aux personnes qui ont manifesté un intérêt pour l'enfant auprès du service de l'aide sociale à l'enfance. Sécurisant ainsi l'écoulement du délai de prescription, la notification permet de fixer avec certitude le point de départ du délai de trente jours qui, opportunément, commence à courir à compter de la réception.

Code de l'action sociale et des familles

Art. L. 224-8 *(Réd. L. n° 2013-673, 27 juill. 2013)*. – I. – L'enfant est admis en qualité de pupille de l'État par arrêté du président du conseil départemental pris soit après la date d'expiration des délais prévus aux 1° à 4° de l'article L. 224-4 en cas d'admission en application de ces mêmes 1° à 4°, soit une fois le jugement passé en force de chose jugée lorsque l'enfant est admis dans les conditions prévues aux 5° ou 6° du même article.

II. – L'arrêté mentionné au I peut être contesté par :

1° Les parents de l'enfant, en l'absence d'une déclaration judiciaire d'abandon ou d'un retrait total de l'autorité parentale ;

2° Les membres de la famille de l'enfant ;

3° Le père de naissance ou les membres de la famille de la mère ou du père de naissance, lorsque l'enfant a été admis en application du 1° de l'article L. 224-4 ;

4° Toute personne ayant assuré la garde de droit ou de fait de l'enfant.

L'action n'est recevable que si le requérant demande à assumer la charge de l'enfant.

III. – L'arrêté mentionné au I est notifié aux personnes mentionnées au 1° du II, ainsi qu'à celles mentionnées aux 2° à 4° du même II qui, avant la date de cet arrêté, ont manifesté un intérêt pour l'enfant auprès du service de l'aide sociale à l'enfance. Cette notification, qui est faite par tout moyen permettant d'établir une date certaine de réception, mentionne les voies et délais de recours ainsi que la juridiction compétente. Elle précise que l'action n'est recevable que si le requérant demande à assumer la charge de l'enfant.

IV. – Le recours contre l'arrêté mentionné au I est formé, à peine de forclusion, devant le tribunal de grande instance dans un délai de trente jours à compter de la date de la réception de sa notification.

V. – S'il juge la demande conforme à l'intérêt de l'enfant, le tribunal prononce l'annulation de l'arrêté mentionné au I et confie l'enfant au demandeur, à charge, le cas échéant, pour ce dernier de requérir l'organisation de la tutelle, ou lui délègue les droits de l'autorité parentale. Dans le cas où il rejette le recours, le tribunal peut autoriser le demandeur, dans l'intérêt de l'enfant, à exercer un droit de visite dans les conditions qu'il détermine.

2° Recours contre l'arrêté d'admission

914. – **Juridiction compétente.** Même si l'arrêté d'admission en qualité de pupille de l'État est pris par le président du conseil départemental et qu'il constitue donc un acte administratif, le recours que les proches de l'enfant souhaiteraient introduire relève de la compétence matérielle du tribunal de grande instance et non du tribunal administratif. Cette règle d'attribution se justifie en raison de la compétence de principe dont dispose le tribunal de grande instance en matière d'état des personnes en général et d'adoption en particulier.

915. – **Ancien article L. 224-8 du Code de l'action sociale et des familles : contrariété aux droits fondamentaux.** Le recours contre l'arrêté d'admission en qualité de pupille de l'État relevait précédemment d'un article L. 224-8 du Code de l'action sociale et des familles, abrogé par le Conseil constitutionnel(48). L'ancienne

(48) Cons. const., 27 juill. 2012, n° 2012-268 QPC : *JCP G* 2013, 700, obs. Y. Favier ; *RTD civ.* 2013, 364, obs. J. Hauser ; *RJPF* 2013-5/36, obs. A. Cheynet de Beaupré ; *D.* 2013, 1436, obs. F. Granet-Lambrechts ; *D.* 2013, 1106, note M. Douchy-Oudot.

rédaction du texte permettait certes aux proches de l'enfant de former un recours contre l'arrêté d'admission du président du conseil départemental, dans un délai d'un mois à compter de la prise dudit arrêté. Encore fallait-il pour que le recours fût effectif que le requérant ait eu connaissance de l'existence de l'arrêté. En pratique, il demeurait donc possible que le proche de l'enfant ne prenne connaissance de l'arrêté qu'une fois le délai d'un mois écoulé. Saisi d'une question prioritaire de constitutionnalité relative à la conformité de cette ancienne rédaction de l'article L. 224-8 du Code de l'action sociale et des familles, le Conseil constitutionnel la jugea non conforme aux droits et libertés garantis par la Constitution, violant plus exactement l'article 16 de la Déclaration des droits de l'homme et du citoyen en portant atteinte au droit à un recours juridictionnel. Quelques mois plus tard, la Cour de cassation jugea, dans un ordre d'idées voisin, que ce texte n'était pas conforme aux exigences du procès équitable au sens de l'article 6, § 1er de la Convention européenne des droits de l'homme(49). Il devenait donc indispensable de procéder à une nouvelle rédaction de l'article L. 224-8 du Code de l'action sociale et des familles.

916. - **Nouvel article L. 224-8 du Code de l'action sociale et des familles : conformité aux droits fondamentaux ?** Pour tenir compte de la censure du texte par le Conseil constitutionnel, une nouvelle rédaction de l'article L. 224-8 du Code de l'action sociale et des familles a été votée. Désormais, l'arrêté d'admission en qualité de pupille doit être porté à la connaissance des proches de l'enfant, par des mesures de publicité ou par une notification, afin qu'ils puissent valablement – s'ils le souhaitent – introduire un recours dans un délai d'un mois. En dépit de cet évident progrès en faveur de la connaissance par les proches de l'enfant de l'arrêté d'admission en qualité de pupille, visant à les mettre en mesure d'introduire en toute connaissance de cause un recours dans le délai mensuel légal, des regrets ont pu être formulés s'agissant de la nouvelle rédaction de l'article L. 224-8 du Code de l'action sociale et des familles. En effet, les mesures de publicité et les notifications ne doivent être adressées qu'aux personnes ayant manifesté un intérêt pour l'enfant auprès du service de l'aide sociale à l'enfance avant la date de l'arrêté, ce qui réduit sensiblement le champ de ces modalités de publicité et, partant, restreint la possibilité d'introduire valablement un recours. Malgré les critiques doctrinales, la loi n° 2016-297 du 14 mars 2016 relative à la protection de l'enfant n'a pas modifié la lettre de l'article L. 224-8 du Code de l'action sociale et des familles.

917. - **Issue.** Lorsque le tribunal de grande instance fait droit à la demande d'annulation de l'arrêté d'admission en qualité de pupille, il va confier l'enfant au demandeur, à charge, le cas échéant, pour ce dernier de requérir l'organisation de la tutelle, ou bien il lui délègue les droits de l'autorité parentale. Pour cette raison, l'action se trouve réservée aux personnes qui ont manifesté un intérêt pour l'enfant et qui demandent à assumer la charge de l'enfant.

Dans le cas où le tribunal de grande instance rejette le recours, il peut autoriser le demandeur, dans l'intérêt de l'enfant, à exercer un droit de visite dans les conditions qu'il détermine.

(49) Cass. 1re civ., 9 avr. 2013, n° 11-27.071.

918. – **Illustrations.** La jurisprudence offre des illustrations de ces recours formés par les membres de la famille contre l'arrêté d'admission en qualité de pupille.

Cass. 1re civ., 13 déc. 2013, n° 12-35.157

Attendu, selon l'arrêt attaqué (Caen, 25 octobre 2012), que Léo X… est né le 2 mars 2009 de M. X… et Mme Y… ; que le 16 novembre 2010, ces derniers ont signé un procès-verbal de remise de l'enfant au service de l'aide sociale à l'enfance en consentant à son adoption ; que le 16 janvier 2011, le conseil général de la Manche a pris un arrêté d'admission en qualité de pupille de l'État ; que Mme Z…, grand-mère paternelle du mineur, a exercé un recours contre cet arrêté, sollicitant à titre subsidiaire l'organisation d'un droit de visite à son profit ;

Attendu qu'il est fait grief à l'arrêt, après avoir rejeté le recours contre l'arrêté d'admission en qualité de pupille de l'État, d'octroyer à Mme Z… un droit de visite ;

Attendu que, sous couvert de griefs non fondés de violation de la loi et de manque de base légale, le moyen ne tend qu'à remettre en cause l'appréciation souveraine de la cour d'appel qui, après avoir ordonné une mesure d'investigation et relevé que Mme Z… était attachée à l'enfant dont elle s'était occupée pendant la prime enfance et dont elle reconnaissait les besoins, a estimé qu'il était de l'intérêt de celui-ci de conserver des liens avec sa grand-mère paternelle ; que le moyen n'est pas fondé ;

PAR CES MOTIFS :

REJETTE le pourvoi ;

919. – **Incidences sur l'obligation alimentaire.** L'obligation alimentaire due par l'adopté à ses père et mère dans le besoin, en raison du caractère réciproque des obligations alimentaires, cesse dès qu'il est admis en qualité de pupille de l'État ou qu'il se trouve pris en charge dans les délais prescrits par l'article L. 132-6 du Code de l'action sociale et des familles[50].

C. – Enfant déclaré abandonné ou délaissé

920. – **Réforme.** Alors que la loi n° 2016-297 du 14 mars 2016 relative à la protection de l'enfant[51] a abrogé l'ancienne déclaration judiciaire d'abandon de l'article 350 du Code civil pour le remplacer par une déclaration judiciaire de délaissement de l'enfant, régie par les nouveaux articles 381-1 et 381-2 du même code, la référence à l'abandon demeure à l'article 347 du Code civil, texte qui énumère les catégories d'enfants mineurs adoptables. Ainsi convient-il de distinguer la déclaration judiciaire d'abandon qui exista jusqu'à la loi n° 2016-297 du 14 mars 2016 (1°) puis la déclaration judiciaire de délaissement qui se rencontre aujourd'hui (2°).

1° Jusqu'à la loi du 14 mars 2016 : la déclaration judiciaire d'abandon

921. – **Notion d'abandon.** En cas de désintérêt manifeste des parents pour leur enfant, ce dernier peut faire l'objet d'une déclaration judiciaire d'abandon qui a pour

(50) C. civ., art. 367 *in fine*.

(51) Sur cette loi, cf. A. Gouttenoire et F. Eudier, *La loi du 14 mars 2016 relative à la protection de l'enfant : une loi impressionniste* : JCP G 2016, doctr. 479. – I. Corpart, *Le renforcement du dispositif de protection de l'enfant par la loi du 14 mars 2016 : de nouvelles perspectives dans la continuité* : Dr. famille 2016, étude 14. – E. Mallet, *Vers une meilleure protection de l'enfant : la loi du 14 mars 2016* : JCP N 2016, n° 13, act. 444. – F. Capelier, *Réforme de la protection de l'enfant* : AJF 2016, 195. – *Adde*, sur la proposition de loi : C. Brunetti-Pons, *La proposition de loi sur la protection de l'enfant, ses apports, les limites de ses ambitions et ses manques* : Gaz. Pal. 17-18 juin 2015, p. 4. – I. Corpart, *Une nouvelle proposition de loi déclinée autour de l'intérêt de l'enfant et de sa protection* : RJPF 2014-12/5. – Et sur la première lecture au Sénat de la proposition de loi : M.-C. Le Boursicot, *Beaucoup d'efforts… pour seulement une toute « petite » loi relative à la protection de l'enfant* : RJPF 2015/3-30.

incidence de le rendre adoptable. Compte tenu de la gravité d'une telle situation et de ses incidences potentielles sur l'état civil de l'enfant, la notion d'abandon(52) demeure strictement encadrée puisqu'elle suppose tout d'abord un recueil de l'enfant par un particulier, un établissement ou un service de l'aide sociale à l'enfance. Ensuite, le tribunal doit caractériser un désintérêt manifeste des parents pour leur enfant, pendant l'année qui précède l'introduction de la demande en déclaration d'abandon. La notion de désintérêt manifeste ne fait pas l'objet d'une définition dans le Code civil, afin de laisser au tribunal de grande instance le soin, singulièrement délicat, d'apprécier la situation. Tout au plus l'article 350 du Code civil offre-t-il au magistrat une directive d'interprétation en disposant que sont considérés comme s'étant manifestement désintéressés de leur enfant les parents qui n'ont pas entretenu avec lui les relations nécessaires au maintien de liens affectifs. Fort de ce pouvoir souverain d'appréciation que lui laissent les notions à contenu variable de « désintérêt manifeste » et de « relations nécessaires au maintien des liens affectifs », la jurisprudence a jugé que l'intérêt de l'enfant ne constituait pas une condition suffisante pour déclarer judiciairement l'enfant abandonné(53), dès lors que le désintérêt manifeste n'était point établi. La jurisprudence a par ailleurs précisé que le désintérêt des parents devait revêtir un caractère volontaire pour entraîner la qualification d'abandon, c'est-à-dire se révéler manifeste et conscient, sans nécessairement qu'une faute des parents ne s'avère requise. Les parents peuvent donc invoquer en défense le caractère involontaire de leur désintérêt(54), tiré par exemple de leur grande détresse(55), sachant que le tribunal de grande instance demeure bien évidemment libre dans l'appréciation de ces pré-

(52) Sur la notion d'abandon, cf. Y. Patureau, *Le désintérêt de l'enfant déclaré judiciairement abandonné : D.* 1978, chron. p. 167.

(53) Cass. 1re civ., 16 juill. 1992 : *Bull. civ.* 1992, I, n° 230 ; *Defrénois* 1993, 297, obs. J. Massip.

(54) Cass. 1re civ., 6 mars 1985 : *Bull. civ.* 1985, I, n° 88 ; *RTD civ.* 1986, 730, obs. J. Rubellin-Devichi.

(55) Cf. pour une mise en œuvre concrète : Cass. 1re civ., 23 juin 2010, n° 09-15.129 : *LPA* 22 oct. 2010, note C. Siffrein-Blanc ; *D.* 2011, 1585, obs. F. Granet-Lambrechts ; *AJF* 2010, 433, obs. F. Chénedé. La Cour de cassation rejette un pourvoi formé pour manque de base légale contre un arrêt d'appel qui jugea que « [la mère] a, pendant la période de référence, été hospitalisée à plusieurs reprises, celle-ci a bénéficié de nombreux congés d'essai au cours desquels elle n'a fait aucune tentative pour établir des relations avec Gabrielle, soit par demande de visite, soit par appel téléphonique, soit par envoi de courriers ou colis et qu'il n'est pas démontré que ses troubles psychologiques l'empêchaient de chercher à établir avec sa fille des liens affectifs et aient été de nature à troubler son jugement et sa volonté dans ses décisions concernant le sort de Gabrielle, a estimé que [la mère] ne rapportait pas la preuve d'une grande détresse, décidé de déclarer abandonnée l'enfant Gabrielle X… et délégué l'autorité parentale sur cette enfant à l'aide sociale à l'enfance du Cher ». Ce faisant, la motivation est jugée suffisante par la Cour de cassation qui retient en ce domaine le pouvoir souverain d'appréciation des juges du fond. Dans cette même affaire, la Cour européenne des droits de l'homme jugea que les autorités françaises n'ont pas porté atteinte à l'article 8 de la Convention européenne des droits de l'homme : « 109. Dès lors, la Cour estime que le délai d'un an ne paraît pas, en soi, contraire aux exigences de l'article 8. Elle observe néanmoins qu'il en est résulté la situation critiquée par la requérante, dans laquelle le réexamen de la requête en déclaration d'abandon a été fait alors qu'une adoption plénière était déjà intervenue sur la base du jugement annulé. Pour autant, la Cour remarque que cette situation est également imputable au fait que l'appel contre la déclaration d'abandon n'a été interjeté par la requérante que tardivement, à savoir en octobre 2008, ce qui ne peut s'expliquer uniquement par l'absence de notification faite au curateur. En effet, elle note que la requérante s'était vue notifier la décision dès le 10 mai 2005, à une époque où elle ne présentait plus aucun trouble justifiant une mesure de curatelle, selon les conclusions du rapport d'expertise psychiatrique daté du 12 avril 2005. La Cour considère donc qu'au moment où l'adoption plénière a été prononcée, la requérante avait été mise en état d'effectuer en temps utiles les recours contre la déclaration d'abandon.

110. Or, compte tenu de son abstention et de la quasi-absence de manifestations d'intérêt pour G. antérieurement, la Cour considère que les autorités locales ont pu estimer qu'il était déraisonnable, du point de vue de l'intérêt de la mineure, de conserver plus longtemps la situation d'abandon et de prise en charge provisoire. Dès lors, elle juge que l'État n'a pas davantage outrepassé sa marge d'appréciation en considérant que l'intérêt supérieur de l'enfant commandait le prononcé de l'adoption plénière dès le 5 avril 2006 ». – CEDH, 26 sept. 2013, n° 4962/11, *Zambotto Perrin c/ France* : *JCP* G 2014, 43, n° 5, obs. A. Gouttenoire ; *Dr. famille* 2014, comm. 6, obs. C. Neirinck ; *RTD civ.* 2013, 829, obs. J. Hauser.

tentions parentales. Les critères d'appréciation se révèlent éminemment subjectifs, ce qui explique en partie l'abrogation par la loi n° 2016-297 du 14 mars 2016 de la notion d'abandon au profit de celle, plus objective, de délaissement(56).

922. - **Insuffisance de certains comportements parentaux.** Certains parents pourraient invoquer des éléments ponctuels, voire éphémères, pour démontrer leur prétendu intérêt pour l'enfant. Conscient de ces tentatives, le législateur a précisé dans un troisième alinéa de l'article 350 du Code civil que la simple rétractation du consentement à l'adoption, la demande de nouvelles ou l'intention exprimée mais non suivie d'effet de reprendre l'enfant n'est pas une marque d'intérêt suffisante pour motiver de plein droit le rejet d'une demande en déclaration d'abandon. De manière opportune, fut ajoutée la règle selon laquelle ces démarches n'interrompent pas le délai d'un an qui sert de référence pour apprécier le désintérêt parental. Admettre l'inverse reviendrait, d'une manière assurément préjudiciable à l'intérêt de l'enfant, à instrumentaliser des soi-disant marques d'intérêts, finalement assez brèves, pour anéantir la période dite de référence.

923. - **Illustration.** La jurisprudence utilise donc la marge d'appréciation volontairement laissée grâce aux termes de l'article 350 du Code civil. Il a pu être jugé ainsi que le désintérêt de la mère était bien caractérisé dans une affaire où, durant une période de référence d'un an, bien que ce parent fut hospitalisé à plusieurs reprises, elle bénéficia tout de même de nombreux congés d'essai au cours desquels elle n'a procédé à aucune tentative pour établir des relations avec sa fille, soit par demande de visite, soit par appel téléphonique, soit par envoi de courriers ou de colis(57). Inversement, une jurisprudence ancienne retint à propos d'une mère qui refusa de signer un acte d'abandon et réclama la restitution de l'enfant, que son comportement témoignait d'un maintien du lien affectif dès lors qu'elle alla rendre visite aux enfants durant la période de référence en leur apportant des vêtements et écrivit pour prendre de leurs nouvelles(58).

924. - **Révocabilité de la déclaration judiciaire d'abandon.** Les parents d'un enfant déclaré judiciairement abandonné peuvent en demander la restitution lorsque l'enfant n'a pas été placé en vue de l'adoption(59).

2° Depuis la loi du 14 mars 2016 : la déclaration judiciaire de délaissement

a) Notion de délaissement d'enfant

925. - **Le délaissement : origines.** La nécessité de pallier les insuffisances de la notion d'abandon explique la consécration légale de la notion de délaissement. Comme l'explique le rapport dit *Gouttenoire*(60), la conception subjective de la

---

(56) Sur ce point, V. *infra*, n°s 925 à 931.
(57) Cass. 1re civ., 23 juin 2010, n° 09-15.129, préc.
(58) Cass. 1re civ., 12 févr. 1985 : *Bull. civ.* 1985, I, n° 56.
(59) Cass. 1re civ., 2 juin 1987 : *Bull. civ.* 1987, I, n° 176.
(60) A. Gouttenoire (ss dir.), *40 propositions pour adapter la protection de l'enfance et l'adoption aux réalités d'aujourd'hui*, rapport au ministre des Affaires sociales et de la Santé et au ministre délégué à la famille, Doc. fr., févr. 2014. – Pour une présentation résumée du rapport, cf. A. Gouttenoire, *40 propositions pour adapter la protection de l'enfance et l'adoption aux réalités d'aujourd'hui* : *Dr. famille* 2014, dossier n° 5.

notion de désintérêt manifeste a fragilisé la déclaration judiciaire d'abandon. Un important pouvoir d'appréciation judiciaire en découle en effet, susceptible d'entraîner des grandes disparités. Le rapport *Gouttenoire* illustrait ainsi l'affirmation par une étude(61) de la jurisprudence des cours d'appel révélant par exemple que telle cour jugea que le délaissement de l'enfant par un parent consommateur de stupéfiants n'était pas volontaire, là où une autre souligne que l'alcoolisme des parents relève de leur volonté et prononce l'abandon. De plus, les déclarations d'abandon concernaient souvent des enfants âgés de plus de cinq ans. À l'instar de nombreux autres rapports(62), le rapport *Gouttenoire* préconisa donc de renforcer la lisibilité et l'efficacité de la déclaration judiciaire d'abandon. Pour ce faire, le rapport recommande de préférer à la notion de désintérêt celle de délaissement(63), qu'il définit de manière objective, en partant de l'intérêt de l'enfant(64), et formule une proposition d'article en partie reprise dans le Code civil par la loi n° 2016-297 du 14 mars 2016, relative à la protection de l'enfant.

926. – **Définition légale du délaissement d'enfant.** Conformément à la proposition n° 21 du rapport *Gouttenoire*, la loi n° 2016-297 du 14 mars 2016 procède à l'abrogation de l'article 350 du Code civil relatif à la déclaration judiciaire d'abandon. Pour autant, les nouvelles dispositions légales se distinguent de la proposition faite dans le rapport *Gouttenoire*, car si les règles relatives à la procédure de déclaration judiciaire de délaissement sont sensiblement identiques à la proposition doctrinale, un nouvel article 381-1 du Code civil se concentre sur la seule définition du délaissement. Ensuite, le nouvel article 381-2 du Code civil détermine les règles procédurales. Le premier de ces textes dispose qu'« un enfant est considéré comme délaissé lorsque ses parents n'ont pas entretenu avec lui les relations nécessaires à son éducation ou à son développement pendant l'année qui précède l'introduction de la requête, sans que ces derniers en aient été empêchés par quelque cause que ce soit ».

b) Déclaration judiciaire de délaissement d'enfant

927. – **Demande.** L'article 381-2, alinéa 1er du Code civil dispose que le tribunal de grande instance déclare délaissé l'enfant recueilli par une personne, un établissement ou un service départemental de l'aide sociale à l'enfance qui se trouve dans la situation de délaissement définie à l'article 381-1 du Code civil pendant l'année qui précède l'introduction de la demande en déclaration judiciaire de délaissement parental. La demande en déclaration de délaissement parental est obligatoirement transmise, à l'expiration du délai d'un an durant lequel les parents n'ont pas entretenu de relations avec lui, par la personne, l'établissement ou le service départemental de l'aide sociale à l'enfance qui a recueilli l'enfant, après que des mesures

(61) M.-C. Le Boursicot, *Quand le délaissement parental devient un abandon d'enfant* : *Rev. Lamy dr. civ.* 2010/69, p. 35.

(62) En particulier : Rapport de l'IGAS sur « les conditions de reconnaissance du délaissement parental et ses conséquences pour l'enfant », 2009 ; ainsi que le rapport de la Commission spéciale chargée d'examiner la proposition de loi dite *Tabarot*. Prop. de loi n° 3739 (rectifiée) sur l'enfance délaissée présentée par Mme Tabarot, enregistrée à la présidence de l'Assemblée nationale le 21 septembre 2011. Ledit rapport fut quant à lui enregistré le 8 février 2012.

(63) A. Gouttenoire (ss dir.), rapp. préc., p. 65 à 70 et proposition n° 21.

(64) A. Gouttenoire (ss dir.), rapp. préc., p. 68.

appropriées de soutien aux parents leur ont été proposées. La demande peut également être présentée par le ministère public agissant d'office ou, le cas échéant, sur proposition du juge des enfants.

928. – **Indifférence de certains comportements parentaux.** S'inspirant du dispositif qui existait précédemment dans la procédure de déclaration judiciaire d'abandon, l'article 381-2, alinéa 2 du Code civil dispose que « la simple rétractation du consentement à l'adoption, la demande de nouvelles ou l'intention exprimée mais non suivie d'effet de reprendre l'enfant ne constituent pas un acte suffisant pour rejeter de plein droit une demande en déclaration de délaissement parental et n'interrompent pas le délai mentionné [à l'article 381-2 al. 1er du Code civil] ». Opportune, la disposition a pour finalité de contrecarrer les brèves manifestations des parents qui n'auraient pour but que de neutraliser la procédure de déclaration judiciaire d'abandon et n'exprimeraient pas un sincère intérêt pour l'enfant.

929. – **Intérêt d'un membre de la famille pour l'enfant.** Le délaissement parental n'est pas déclaré si, au cours du délai d'un an, un membre de la famille a demandé à assumer la charge de l'enfant et si cette demande est jugée conforme à l'intérêt de ce dernier(65).

930. – **Jugement en déclaration judiciaire de délaissement.** Le délaissement parental peut être déclaré à l'endroit des deux parents ou d'un seul(66). Lorsqu'il déclare l'enfant délaissé, le tribunal délègue par la même décision l'autorité parentale sur l'enfant à la personne, à l'établissement ou au service départemental de l'aide sociale à l'enfance qui a recueilli l'enfant ou à qui ce dernier a été confié(67).

931. – **Tierce opposition.** La tierce opposition n'est recevable qu'en cas de dol, de fraude ou d'erreur sur l'identité de l'enfant(68).

II. – Condition d'âge

A. – Principe

932. – **Seuil d'âge.** L'adoption n'est permise qu'en faveur des enfants âgés de moins de quinze ans, accueillis au foyer du ou des adoptants(69).

933. – **Consentement de l'enfant âgé de plus de treize ans.** S'il a plus de treize ans, l'enfant doit consentir personnellement à son adoption plénière(70), en respectant le formalisme de l'article 348-3 du Code civil(71).

(65) C. civ., art. 381-2, al. 3.
(66) C. civ., art. 381-2, al. 4.
(67) C. civ., art. 381-2, al. 5.
(68) C. civ., art. 381-2, al. 6.
(69) C. civ., art. 345, al. 1er.
(70) C. civ., art. 345, al. 3.
(71) Le texte dispose en son alinéa premier que le consentement est donné devant un notaire français ou étranger, ou devant les agents diplomatiques ou consulaires français. Le texte ajoute que le consentement peut également être reçu par le service de l'aide sociale à l'enfance lorsque l'enfant lui a été remis.

B. – Exceptions

934. – **Correction de la rigueur du seuil d'âge.** Toutefois, si l'enfant a plus de quinze ans et a été accueilli avant d'avoir atteint cet âge par des personnes qui ne remplissaient pas les conditions légales pour adopter ou s'il a fait l'objet d'une adoption simple avant d'avoir atteint cet âge, l'adoption plénière pourra être demandée, si les conditions en sont remplies, pendant la minorité de l'enfant et dans les deux ans qui suivent sa majorité(72).

SECTION 2

LES CONDITIONS SPÉCIFIQUES À CHAQUE ADOPTION

935. – **Distinctions.** L'adoption simple et l'adoption plénière constituent certes deux modalités d'une même institution, mais ne se distinguent pas seulement par une différence de degré. S'il faut souscrire à la présentation habituellement faite selon laquelle l'adoption plénière rompt définitivement avec la famille d'origine alors que l'adoption simple maintient quelques effets juridiques entre l'enfant et sa famille biologique, il n'en demeure pas moins que les finalités poursuivies par ceux qui choisissent l'une ou l'autre adoption se révèlent sensiblement différentes. L'adoption simple concerne généralement les membres d'un même groupe familial, lorsqu'il s'agit par exemple d'adopter l'enfant du conjoint ou encore d'utiliser cette institution pour consolider juridiquement la situation factuelle d'un beau-parent dans une famille recomposée, sans pour autant que l'institution ait vocation à nécessairement consacrer des liens affectifs, fussent-ils anciens et bien établis(73). L'institution, par son caractère intra-familial, s'avère alors choisie, par exemple, pour des raisons successorales ou, plus largement, pour bâtir juridiquement de cette manière une cohérence familiale. Institution mise au service d'une sorte de montage juridique familial, l'adoption simple présente l'intérêt de correspondre à des attentes multiples. D'ailleurs sociologiquement, les adoptants dans le cadre d'une adoption simple sont généralement plus âgés que dans le cadre d'une adoption plénière. Le propos se vérifie *a fortiori* pour l'âge de l'enfant adopté qui, dans le cadre d'une adoption plénière, doit nécessairement avoir moins de quinze

(72) C. civ., art. 345, al. 2.

(73) Comme le jugea la Cour de cassation dans un arrêt rendu le 12 janvier 2011, dans une affaire où un couple de parents divorce puis la mère épouse un autre homme qui adopte l'enfant. Le père se remarie lui aussi de son côté et sa seconde femme sollicite également l'adoption simple de l'enfant, le père décédant durant l'instance. La cour d'appel fait droit à cette demande, en jugeant « qu'il convenait d'écarter l'application de l'article 346 du Code civil non conforme en l'espèce aux articles 8 et 14 de la Convention européenne des droits de l'homme dès lors qu'il s'agissait d'officialiser et de conforter juridiquement une situation familiale et des liens affectifs anciens et bien établis et que le refus de cette deuxième adoption aboutirait à une discrimination entre les deux "beaux-parents" ». Cet arrêt d'appel est cassé pour refus d'application de l'article 346 du Code civil, la Cour de cassation jugeant que « le droit au respect de la vie privée et familiale n'interdit pas de limiter le nombre d'adoptions successives dont une même personne peut faire l'objet, ni ne commande de consacrer par une adoption, tous les liens d'affection, fussent-ils anciens et bien établis » (Cass. 1re civ., 12 janv. 2011, n° 09-16.527 : *Bull. civ.* 2011, I, n° 9 ; *JCP* G 2011, art. 415, note H. Bosse-Platière et A. Gouttenoire ; *Dr. famille* 2011, comm. 20, note C. Neirinck ; *RTD civ.* 2011, 337, obs. J. Hauser).

ans. Avec l'adoption plénière en effet, la finalité poursuivie demeure plus univoque et consiste à conférer une filiation à un enfant jeune. Généralement choisie par des couples stériles, l'adoption plénière constitue véritablement une filiation basée sur la référence à la parenté dite « par le sang ». Il s'agit fréquemment de constituer juridiquement un lien entre l'enfant et des adultes que la nature n'a pas réussi à établir. Dans le cadre d'une adoption plénière, la vocation successorale ou le port du nom ne paraissent généralement pas recherchés pour eux-mêmes, contrairement à l'adoption simple, mais procèdent de l'établissement d'un lien de filiation à part entière.

936. - **Particularisme.** Utilisées à des fins différentes, l'adoption simple et l'adoption plénière sont soumises logiquement, au-delà de conditions communes, à des conditions spécifiques. Au demeurant, l'édiction de conditions propres à chaque institution contribue aussi à une utilisation différente.

§ 1. – Les conditions spécifiques à l'adoption simple

937. - **Faveur pour l'adoption simple.** Si l'adoption simple reste soumise aux conditions de droit commun précédemment présentées, d'autres conditions spécifiques la distinguent et témoignent d'une certaine faveur pour cette forme d'adoption.

938. - **Indifférence de l'âge.** L'adoption simple est permise quel que soit l'âge de l'adopté(74), ce qui se justifie au regard des finalités généralement poursuivies au travers de cette institution(75). Si l'enfant est âgé de plus de treize ans, il doit consentir personnellement à l'adoption simple(76), en respectant le formalisme de l'article 348-3 du Code civil.

939. - **Adoption d'un majeur vulnérable.** Le majeur vulnérable, pour lequel une mesure de protection judiciaire (tutelle, curatelle) a été ouverte, dispose du pouvoir de consentir seul à sa propre adoption simple, sans qu'une assistance de son curateur ou une représentation par son tuteur soit requise. Ce faisant, le consentement du majeur à sa propre adoption appartient à la catégorie contestée des actes juridiques strictement personnels, au sens du célèbre article 458 du Code civil(77). Après avoir consacré le principe d'absence d'assistance ou de représentation, le texte énumère d'ailleurs dans un second alinéa les actes réputés strictement personnels parmi lesquels figure le consentement du majeur à sa propre adoption.

(74) C. civ., art. 360, al. 1er.
(75) Sur lesquelles, V. *supra*, n° 880.
(76) C. civ., art. 345, al. 3, par renvoi de l'article 361 du Code civil.
(77) Sur ce texte, en particulier sur ses incidences en matière d'adoption : Cf. P. Salvage-Gerest, *Les actes dont la nature implique le consentement strictement personnel du majeur sous tutelle : une catégorie à revoir d'urgence* : *Dr. famille* 2009, étude 17. – S. Krief-Semitko, *L'adoption simple des majeurs protégés à l'épreuve de la Convention européenne des droits de l'homme* : *JCP G* 2012, 1353. – Sur l'article 458 du Code civil en général : cf. S. Moracchini-Zeidenberg, *L'acte personnel de la personne vulnérable* : *RTD civ.* 2012, 21. – E. Mallet, *Actes à consentement strictement personnel et majeur protégé* : *JCP N* 2013, 1210 et *in Dr. famille* 2014, étude 4.

Encore faut-il bien que le majeur vulnérable présente des aptitudes intellectuelles minimales lui permettant d'organiser son raisonnement, un jugement ou d'exprimer une volonté élaborée[78].

940. – **Enfant adopté de manière plénière.** S'il est justifié de motifs graves, l'adoption simple d'un enfant ayant fait l'objet d'une adoption plénière est permise[79].

941. – **Adoption simple de l'enfant par le conjoint de l'adoptant.** L'enfant précédemment adopté par une seule personne, en la forme simple ou plénière, peut l'être une seconde fois, par le conjoint de cette dernière, en la forme simple[80].

942. – **Consentement de l'adopté.** L'enfant âgé de plus de treize ans doit consentir personnellement à l'adoption[81]. Il s'agit d'un acte grave que le représentant du mineur de plus de treize ans ne saurait valablement effectuer à sa place.

§ 2. – Les conditions spécifiques à l'adoption plénière

943. – **Institution solennelle.** En raison de la rupture totale des liens entre l'enfant adopté et sa famille d'origine que provoque l'adoption plénière qui, par ailleurs, demeure irrévocable, elle se trouve soumise à des conditions spécifiques et rigoureuses.

I. – Condition relative à l'enfant à adopter

A. – Conditions d'âge

944. – **Consentement de l'enfant âgé de plus de treize ans.** S'il a plus de treize ans, l'enfant doit consentir personnellement à son adoption plénière[82], en respectant le formalisme de l'article 348-3 du Code civil.

B. – Placement de l'enfant en vue de l'adoption

945. – **Nécessité.** En raison de sa finalité et parce qu'elle ne concerne que les enfants âgés de moins de quinze ans et qu'elle ne saurait faire l'objet d'une rétractation, l'adoption plénière se caractérise par sa gravité et commande le respect de conditions rigoureuses. Ainsi, le placement de l'enfant auprès des parents adoptants durant au moins six mois, en vue de l'adoption, se révèle indispensable. L'article 345 du Code civil pose expressément cette condition en disposant que l'adoption n'est

(78) Cf. en ce sens pour une impossibilité liée à l'autisme du majeur, au visa de l'article 501 du Code civil, dans sa rédaction antérieure à la loi n° 2007-308 du 5 mars 2007 : Cass. 1re civ., 8 oct. 2008, n° 07-16.094 : *Bull. civ.* 2008, I, n° 223 ; *JCP* G 2009, II, 10012, note Y. Favier ; *Dr. famille* 2008, 173, note P. Murat ; *D.* 2008, 2663, obs. V. Égéa ; *D.* 2008, 2832, note Norguin ; *RTD civ.* 2008, 655, obs. J. Hauser ; *D.* 2009, 2190, obs. J.-M. Plazy ; *Defrénois* 2008, 2431, obs. J. Massip.
(79) C. civ., art. 360, al. 2.
(80) C. civ., art. 360, al. 3.
(81) C. civ., art. 360, al. 4.
(82) C. civ., art. 345, al. 3.

permise qu'en faveur des enfants âgés de moins de quinze ans, accueillis au foyer du ou des adoptants depuis au moins six mois. Le deuxième alinéa tempère cependant cette exigence en permettant l'adoption plénière, si l'enfant a plus de quinze ans et a été accueilli avant d'avoir atteint cet âge par des personnes qui ne remplissaient pas les conditions légales pour adopter ou s'il a fait l'objet d'une adoption simple avant d'avoir atteint cet âge, pendant la minorité de l'enfant et dans les deux ans suivant sa majorité.

946. – **Consentement de l'enfant âgé de plus de treize ans.** Quoiqu'il ne s'agisse pas d'une condition propre à l'adoption plénière, l'enfant âgé de treize ans ou plus doit consentir personnellement à son adoption plénière. Ce consentement est donné selon les formes prévues au premier alinéa de l'article 348-3 du Code civil. Il peut être rétracté à tout moment jusqu'au prononcé de l'adoption.

947. – **Conséquences du placement de l'enfant.** En principe, le placement en vue de l'adoption érige un obstacle face à toute restitution de l'enfant à sa famille d'origine. L'impossible restitution de l'enfant placé en vue de l'adoption, solennellement affirmée par l'article 352, alinéa 1er du Code civil, reçoit cependant un tempérament s'agissant de la situation spécifique d'un accouchement anonyme, lorsque le père de l'enfant a procédé à une reconnaissance anténatale. Il s'agit de la solution dégagée par la Cour de cassation dans le célèbre arrêt de l'affaire dite *Benjamin*, rendu le 7 avril 2006, qui juge que seul le père dispose de la faculté, dans une telle situation de consentir au placement à l'adoption de l'enfant(83). Outre l'impossible restitution de principe de l'enfant à sa famille d'origine, le placement en vue de l'adoption fait échec à toute déclaration de filiation et à toute reconnaissance. En ce sens, le placement constitue un acte grave, qui préfigure en principe la future adoption et dont les effets juridiques ne sauraient être contournés par une reconnaissance de filiation de complaisance. En revanche, si le placement en vue de l'adoption cesse ou si le tribunal a refusé de prononcer l'adoption, les effets de ce placement sont rétroactivement résolus(84).

C. – Possible adoption de l'enfant du conjoint

948. – **Apparence.** Contrairement à l'adoption simple, qui constitue souvent une institution utilisée dans un cadre intrafamilial, l'adoption plénière concerne des enfants qui, en principe, ne font pas partie du groupe familial des adoptants, sauf quand il s'agit d'adopter l'enfant du conjoint. Classiquement, l'adoption de l'enfant du conjoint, par exemple de l'enfant d'une « mère célibataire », selon l'expression naguère usitée, permettait d'obtenir un effet juridique de légitimation de l'enfant, à une époque où les différentes filiations se trouvaient hiérarchisées. L'adoption plénière de l'enfant du conjoint a pour incidence d'établir un lien de parenté entre le couple marié, dont l'un des membres demeure le géniteur, et l'enfant, ce qui permet de créer une apparence de filiation biologique. Il s'agit en quelque sorte de procéder comme si l'enfant était né dans le mariage des époux. De ce point de vue, la

(83) V. *supra*, n° 580.
(84) C. civ., art. 358, al. 2.

différence ou l'identité de sexe des époux importe peu, depuis la loi n° 2013-404 du 17 mai 2013, ce qui signifie que le conjoint homosexuel peut adopter l'enfant de son conjoint, lorsque certaines conditions posées par le Code civil sont réunies.

949. – **Exclusivité matrimoniale.** La possibilité de faire prononcer l'adoption plénière de l'enfant du conjoint ne concerne que le mariage et ne saurait être étendue aux autres formes de couples, qu'il s'agisse du concubinage ou du pacte civil de solidarité. En ce sens, la possibilité d'adopter l'enfant du conjoint constitue l'une des dernières règles de distinction du mariage par rapport aux autres formes juridiques de couple.

950. – **Conditions.** Quoique permise dans son principe, l'adoption de l'enfant du conjoint s'avère tout de même soumise à des conditions strictes afin de garantir la stabilité de l'état des personnes. En effet, dans les situations nombreuses où un divorce intervient et que la filiation de l'enfant se trouve établie à l'égard des deux ex-époux, il convient de maintenir la pérennité du lien de parenté. Partant, l'article 345-1 du Code civil énumère des hypothèses, qui toutes se caractérisent par l'existence d'un lien de parenté unique à l'égard du conjoint. Ainsi, l'adoption plénière de l'enfant du conjoint est permise lorsque l'enfant n'a de filiation légalement établie qu'à l'égard de cet époux. La logique commande cette solution qui signifie que, concrètement, le conjoint adopte l'enfant dont la filiation n'est établie qu'à l'égard de son époux. Peu importe au demeurant la nature du lien de filiation déjà établi. L'on songe évidemment à une filiation biologique, dans l'hypothèse par exemple où la maternité de l'épouse a été établie par l'indication de son nom dans l'acte de naissance de l'enfant, et que le mari de la mère, rencontré postérieurement, adopte l'enfant. Cela étant, la loi n° 2013-404 du 17 mai 2013 a explicitement précisé que l'adoption de l'enfant du conjoint peut également être prononcée lorsque l'enfant a fait l'objet d'une adoption plénière par ce seul conjoint et n'a de filiation établie qu'à son égard(85). Ainsi, dans l'hypothèse où un homosexuel viendrait à adopter un enfant, en France ou à l'étranger, son conjoint pourrait ensuite adopter lui aussi cet enfant. Partant, il s'agit bien de créer, par l'adoption, un double lien de filiation sans distinction sexuée, ce qui constitue une modification fondamentale de la définition juridique de la parenté(86). Par ailleurs, l'adoption plénière de l'enfant du conjoint s'avère également possible lorsque l'autre parent s'est vu retirer totalement l'autorité parentale. En effet, le retrait d'autorité parentale, en privant un parent de la jouissance de ses prérogatives, a pour incidence de rendre l'enfant adoptable(87). De manière logique et dans le but de ne pas créer de morcellement dans le rapport juridique à l'enfant, le retrait partiel de l'autorité parentale ne permet pas de rendre l'enfant du conjoint adoptable. Enfin, l'enfant du conjoint peut également être adopté lorsque l'autre parent que le conjoint est décédé et n'a pas laissé d'ascendants au premier degré ou lorsque ceux-ci se sont manifestement désintéressés de l'enfant. Dans une telle hypothèse, le rattachement de l'enfant au conjoint de son parent survivant permet de reconstituer une cellule familiale, par ailleurs devenue largement inexistante du fait des décès des ascendants ou de leur désintérêt pour l'enfant.

(85) C. civ., art. 345-1, 1° bis.
(86) Sur l'importance de la distinction sexuée dans la définition classique de la parenté, V. *supra*, n° 573.
(87) Sur ce point, V. *infra*, n° 1257.

II. – Délivrance d'un agrément administratif

951. – **Hypothèses concernées par l'agrément.** L'adoption plénière de certains enfants nécessite en principe, pour être prononcée, que l'adoptant – ou le couple d'adoptants – ait obtenu un agrément administratif préalable. L'agrément administratif se trouve ainsi requis pour l'adoption d'un pupille de l'État ainsi que pour l'adoption d'un enfant étranger.

952. – **Sources.** La nécessité de se prévaloir de la sorte d'un agrément résulte de l'article L. 225-2, alinéa 2 du Code de l'action sociale et des familles, dans sa rédaction issue de la loi n° 2013-403 du 17 mai 2013, auquel il convient d'ajouter les dispositions d'un décret n° 2006-981 du 1er août 2006 relatif à l'agrément des personnes souhaitant adopter un pupille de l'État ou un enfant étranger. Le texte dispose que l'agrément est accordé pour cinq ans, dans un délai de neuf mois, par le président du conseil départemental après avis d'une commission dont la composition est fixée par voie réglementaire. Le délai court à compter de la date à laquelle la personne confirme sa demande d'agrément dans les conditions fixées par voie réglementaire. L'agrément est délivré par un arrêté dont la forme et le contenu sont définis par décret pour l'accueil d'un ou de plusieurs enfants simultanément. Une notice, dont la forme et le contenu sont définis par décret, décrivant le projet d'adoption des personnes agréées, est jointe à l'agrément. Cette notice peut être révisée par le président du conseil départemental sur demande du candidat à l'adoption. L'agrément est caduc à compter de l'arrivée au foyer d'au moins un enfant français ou étranger, ou de plusieurs simultanément.

953. – **Recours.** Le refus d'agrément, fondé par exemple sur l'appartenance des requérants aux témoins de Jéhovah[(88)] ou sur l'orientation sexuelle d'un célibataire[(89)], constitue un acte administratif, que le candidat à l'adoption peut donc contester devant les juridictions de l'ordre administratif. Avant l'ouverture de l'adoption aux personnes de même sexe, le refus de délivrance de l'agrément fondé sur l'orientation sexuelle suscita des débats et controverses. Finalement, la Cour européenne des droits de l'homme a condamné la France pour violation de l'article 14 de la Convention européenne des droits de l'homme[(90)].

954. – **Portée de l'agrément.** L'article 353-1, alinéa 1er du Code civil prescrit au tribunal de grande instance de vérifier, avant de prononcer l'adoption d'un pupille de l'État, d'un enfant étranger ou d'un enfant remis à un organisme autorisé pour l'adoption, que le requérant a obtenu l'agrément pour adopter. Pourtant, le tribunal ne se trouve pas lié par l'absence d'agrément puisqu'il peut, même en cas de refus d'agrément ou s'il n'a pas été délivré dans le délai légal, prononcer l'adoption s'il estime que les requérants sont aptes à accueillir l'enfant et que celle-ci est conforme à son intérêt[(91)]. Juge de l'opportunité de l'adoption, le tribunal dispose également du pouvoir de refuser l'adoption à une personne pourtant agréée par l'administration.

(88) CE, 24 avr. 1992 : *D.* 1993, 234, note I. Rouvière-Perrier ; *RTD civ.* 1992, 550, obs. J. Hauser.
(89) CE, 9 oct. 1996 : *D.* 1997, 117, note Ph. Malaurie ; *RTD civ.* 1997, 408, obs. J. Hauser.
(90) CEDH, 22 janv. 2008, *E.B. c/ France* : *D.* 2008, 31, obs. E. Royer.
(91) C. civ., art. 353-1, al. 2.

CHAPITRE 2

LA PROCÉDURE D'ADOPTION

955. - **Contrôle de la légalité et de l'opportunité.** Les règles qui façonnent la procédure d'adoption restent toutes conçues pour favoriser le contrôle par le tribunal de la légalité et de l'opportunité du projet soumis à son appréciation du tribunal. Le constat se vérifie tant pour l'instance en adoption elle-même (Section 1) que pour le jugement (Section 2).

SECTION 1

L'INSTANCE EN ADOPTION

§ 1. – Les institutions juridictionnelles intervenant en matière d'adoption

I. – Règles de compétences juridictionnelles

A. – Compétence matérielle

956. - **Tribunal de grande instance.** Les demandes aux fins d'adoption doivent être portées devant le tribunal de grande instance[1], statuant en matière collégiale. L'attribution de cette compétence matérielle correspond exactement aux solutions classiques, qui ne se vérifient certes pas en matière de divorce, selon lesquelles les affaires relatives aux structures familiales relèvent habituellement du tribunal de grande instance et celles qui concernent les relations entre membres de la famille relèvent de la compétence du juge aux affaires familiales.

957. - **Matière gracieuse.** Le tribunal de grande instance statue en matière gracieuse, au sens de l'article 25 du Code de procédure civile. Ainsi, il doit être saisi par requête par l'adoptant et vérifier dans un délai de six mois le respect des conditions

(1) CPC, art. 1166.

posées par la loi. Il s'agit en particulier des conditions d'âge et de consentement édictées par le Code civil. Par ailleurs, le tribunal vérifie si l'adoption est conforme à l'intérêt de l'enfant. Intervenant en matière gracieuse, le tribunal apprécie véritablement l'opportunité du projet d'adoption eu égard bien sûr à l'intérêt de l'enfant mais aussi, plus largement, à la vie familiale de l'adoptant déjà parent d'autres enfants. L'article 353, alinéa 2 du Code civil exige en effet du tribunal de grande instance qu'il vérifie, dans le cas où l'adoptant a des descendants, si l'adoption n'est pas de nature à compromettre la vie familiale. Notion à contenu variable qui vient côtoyer l'intérêt de l'enfant, la compromission de la vie familiale relève de l'appréciation souveraine des juges du fond.

958. - **Élévation du contentieux**(2). En dépit de l'affirmation selon laquelle le tribunal saisi d'une demande d'adoption statue en matière gracieuse, certaines circonstances l'amènent parfois à statuer en matière contentieuse, ce qui implique de trancher entre deux prétentions qui s'opposent. Le tribunal de grande instance statue ainsi en matière contentieuse lorsqu'il passe outre le consentement des parents à l'adoption(3), comme le permet l'article 348-6 du Code civil, en cas de désintérêt pour l'enfant compromettant sa santé ou sa moralité.

La distinction entre matière gracieuse et contentieuse ne revêt pas uniquement un intérêt théorique, lié à la définition de l'acte juridictionnel, mais comporte aussi et surtout des incidences pratiques véritablement opératoires. Ainsi, les jugements en matière gracieuse ne sont en principe pas rendus publiquement, sauf lorsque la loi en dispose autrement comme en matière d'adoption par exemple. La notification des jugements s'opère alors, à l'initiative du greffe, par lettre recommandée avec demande d'avis de réception(4). De même, le délai d'appel est d'un mois en matière contentieuse, mais de quinze jours seulement en matière gracieuse(5).

B. – Compétence territoriale

959. - **Alternatives.** Le Code de procédure civile détermine plusieurs chefs de compétence juridictionnelle(6). Est ainsi compétent le tribunal du lieu où demeure le requérant lorsque celui-ci demeure en France. La solution ne suscite guère de difficulté puisqu'il est ici question de matière gracieuse ce qui exclut, par définition, la présence d'un défendeur, évinçant ainsi la compétence de principe du tribunal du lieu du défendeur. D'autres chefs de compétence territoriale se trouvent également prévus. De la sorte, peut être territorialement compétent le tribunal du lieu où demeure la personne dont l'adoption est demandée lorsque le requérant demeure à l'étranger. Enfin, le requérant peut choisir de saisir n'importe quel tribunal en France, lorsque lui-même et la personne dont l'adoption est demandée demeurent à l'étranger.

(2) L'expression procédurale « élévation du contentieux » désigne la situation dans laquelle une affaire inialement jugée en matière gracieuse devient contentieuse. Sur cette notion, cf. not. P. Callé, *L'élévation du contentieux : Procédures* 2003, chron. 6.
(3) Cass. 1re civ., 5 janv. 1999 : *Dr. famille* 1999, comm. 38, obs. P. Murat ; *RGDP* 1999, 72, obs. A. Gouttenoire-Cornut.
(4) CPC, art. 675, al. 2.
(5) CPC, art. 538.
(6) CPC, art. 1166.

II. – Rôles du ministère public en matière d'adoption

A. – Rôles classiques

960. – **Nécessité de solliciter l'avis du ministère public.** L'adoption, de par ses incidences sur l'état civil des personnes et les structures familiales, concerne très directement l'ordre public[7], ce qui explique l'important rôle dévolu au ministère public en cette matière. De manière plus pragmatique, la nécessité de solliciter un avis du ministère public en matière d'adoption s'explique aussi par les règles procédurales de droit commun qui imposent la communication au parquet des affaires gracieuses[8]. Ceci n'est au demeurant guère surprenant puisque précisément le juge intervient en matière gracieuse lorsque la loi soumet une matière particulière au contrôle obligatoire du juge, généralement pour des motifs tirés de l'ordre public, justifiant parfaitement le nécessaire recueil de l'avis du ministère public. En matière d'adoption, l'affaire est instruite et jugée en chambre du conseil, après avis du ministère public[9]. Une consultation de ce dernier s'impose également dans la procédure relative à la révocation de l'adoption simple[10]. L'avis du ministère public concerne en principe la légalité de l'adoption. Ainsi, dans les affaires de *kafala*, le ministère public rappelle généralement dans ses avis le principe de permanence du statut personnel des enfants dont la loi nationale prohibe l'adoption. Pour autant, la frontière entre légalité et opportunité demeure ténue en matière gracieuse dès lors que la notion d'intérêt de l'enfant relève assurément des conditions légales posées en matière d'adoption, mais constitue par son contenu indéterminé un efficace instrument d'appréciation de l'opportunité de l'adoption. Partant, l'avis du ministère public a trait indirectement, par le truchement de la notion d'intérêt de l'enfant, à l'opportunité même de l'adoption, voire du type d'adoption, puisqu'il peut par exemple préconiser une adoption simple alors que la requête sollicitait une adoption plénière. Il lui suffit de justifier son avis en se fondant sur l'intérêt de l'enfant pour mêler ainsi une appréciation de la légalité et de l'opportunité de l'adoption.

961. – **Le ministère public, partie principale.** Dans la procédure d'adoption strictement dite, visant à établir le lien de filiation de l'enfant, le ministère public n'a pas qualité pour agir comme partie principale. Une telle action n'aurait pas de sens puisque la requête en vue de l'adoption doit être déposée par celui qui réclame la qualité de parent adoptant. Cela étant, le ministère public peut agir comme partie principale pour introduire une demande de révocation de l'adoption simple[11], lorsque l'adopté est mineur[12]. Dans un ordre d'idées différent, qui ne concerne pas directement la création en France du lien de parenté, le ministère public peut également intervenir comme partie principale pour s'opposer à la transcription d'un

(7) Cf. CPC, art. 425 : le ministère public doit avoir communication : « 1° Des affaires relatives à la filiation, à l'organisation de la tutelle des mineurs, à l'ouverture ou à la modification des mesures judiciaires de protection juridique des majeurs ainsi que des actions engagées sur le fondement des instruments internationaux et européens relatives au déplacement illicite international d'enfants. (...) ».
(8) CPC, art. 798.
(9) CPC, art. 1170.
(10) CPC, art. 1177.
(11) Sur la révocation de l'adoption simple, V. *infra*, n°s 1017 et s.
(12) C. civ., art. 370.

jugement d'adoption étranger sur les registres français de l'état civil, voire pour solliciter la nullité d'une telle transcription. La possibilité d'action se rencontre par exemple lorsque le ministère public soupçonne que les parents français désignés comme adoptants ont eu recours aux services d'une mère porteuse à l'étranger, dans le but de contourner la prohibition posée par le droit français(13).

B. – Rôle de transmission de certaines requêtes

962. – **Une conséquence de l'absence de représentation obligatoire.** Par dérogation au principe de représentation de requérant par un avocat, la personne qui a recueilli l'enfant à son foyer avant l'âge de quinze ans peut former elle-même la demande par simple requête adressée au procureur de la République, qui doit la transmettre au tribunal. La situation procédurale du ministère public devient alors assez originale puisque sa tâche consiste à transmettre la requête afin de saisir le tribunal, faute d'assistance du requérant par un avocat, tout en demeurant tenu de donner son avis sur l'application de la loi. Ainsi, le ministère public ne devient pas le représentant des adoptants, ni partie principale à l'instance(14).

963. – **Distinction des rôles.** L'originalité du rôle du ministère public, en matière de transmission de certaines requêtes en vue de l'adoption, commande de bien distinguer ses différentes manifestations. La tâche de transmission ne concerne que quelques requêtes seulement, alors que l'avis demeure indispensable dans toutes les adoptions. Partant, il doit assurer la transmission de la requête, même s'il considère que le projet d'adoption s'avère inopportun. De même, la requête ne devrait pas faire l'objet d'une transmission tardive, au moment par exemple de la délivrance de son avis(15).

§ 2. – L'instance proprement dite

I. – Saisine du tribunal

A. – Qualité de parties

1° Les demandeurs

964. – **Adoptant.** En matière d'adoption, la requête doit être présentée par l'adoptant.

965. – **Poursuite de l'instance en cours.** Dans le cadre d'une demande d'adoption plénière, si l'adoptant décède, après avoir régulièrement recueilli l'enfant en vue de son adoption, la requête peut être présentée en son nom par le conjoint survivant ou l'un des héritiers de l'adoptant. Il s'agit d'une application somme toute assez classique du principe de poursuite par les héritiers présomptifs du défunt des instances en cours introduites par ce dernier avant le décès.

(13) Sur les gestations pour autrui faites à l'étranger, V. *supra*, nos 863 et s.

(14) Cass. 1re civ., 31 janv. 1990, n° 87-18.955 : *Bull. civ.* 1990, I, n° 29 ; *JCP* G 1990, IV, 119 ; *Gaz. Pal.* 1990, 481, note B. Sturlese ; *D.* 1991, 105, note F. Boulanger.

(15) Sur la critique des retards en ce domaine, cf. P. Salvage-Gerest, *Droit de la famille*, Dalloz Action, 2014-2015, n° 221.321.

966. - **Décès de l'enfant.** Dans l'hypothèse dramatique où l'enfant décède après avoir été régulièrement recueilli en vue de son adoption, mais avant l'introduction de la requête par l'adoptant, cet acte introductif peut toutefois être présenté. Les effets du jugement se révèlent alors surtout symboliques puisque le jugement produit effet le jour précédant le décès et emporte uniquement modification de l'état civil de l'enfant. Un jugement d'adoption rendu de la sorte après le décès de l'enfant a principalement pour finalité de reconstituer, par le biais du nom, une fiction d'unité familiale.

967. - **Défaut de motivation.** De manière singulière par rapport aux principes directeurs du procès, le jugement qui prononce l'adoption ne se trouve pas soumis à l'obligation de motivation(16). Une jurisprudence ancienne de la cour d'appel de Paris a cependant tempéré ce particularisme procédural s'agissant du deuxième degré de juridiction, de manière opportune eu égard aux cas d'ouverture à cassation. Elle jugea en effet que la disposition selon laquelle le jugement prononçant l'adoption n'est pas motivé est inopérante à l'égard des décisions de la cour d'appel statuant dans le même sens, les motifs de droit sur lesquels reposent de telles décisions étant indispensables pour assurer le contrôle de la Cour de cassation en cas de pourvoi(17).

2° La position procédurale des tiers

968. - **Consultation du dossier.** À condition de présenter un intérêt légitime, les tiers peuvent, conformément au droit commun(18), être autorisés à consulter le dossier de l'affaire et à s'en faire délivrer une copie.

969. - **Intervention volontaire.** En matière d'adoption, l'action en justice se trouve en principe réservée aux seuls adoptants, d'autant que le tribunal intervient en matière gracieuse et que l'on sollicite une modification judiciaire de l'état civil des personnes. Des personnes intéressées par le sort de l'enfant peuvent-elles tout de même se joindre à l'instance pour faire valoir leur propre prétention ? Si l'on songe instinctivement à une éventuelle intervention volontaire des grands-parents par le sang de l'enfant, qui ne souhaitent guère que celui-ci quitte la structure familiale, d'autres interrogations apparaissent depuis l'ouverture de l'adoption au couple marié de même sexe. De même, dans l'hypothèse où l'adoptant aurait déjà des enfants « par le sang », ces derniers peuvent voir avec suspicion la probable arrivée de l'enfant adopté dans la structure familiale, car elle bouleverse, par exemple, leurs attentes successorales. Naguère, quelques rares arrêts du fond jugèrent recevable l'intervention volontaire des descendants de l'adoptant, ce qui paraît bien opportun pour apprécier l'éventuelle compromission de la vie familiale que pourrait causer l'adoption. Désormais, une telle intervention volontaire ne comporte plus d'utilité puisque le tribunal se trouve tenu de mettre en cause les descendants de l'adoptant(19). La voie de l'intervention volontaire paraît aujourd'hui singulièrement fermée, ce qui s'explique parfaitement eu égard aux incidences de l'adoption sur l'état civil des personnes ainsi que par le rôle procédural joué par le ministère public.

(16) C. civ., art. 353, al. 5.
(17) CA Paris, 22 sept. 1972 : *D.* 1974, 199, note I. Foulon-Piganiol.
(18) CPC, art. 29.
(19) CPC, art. 332, al. 2 ; sur la mise en cause, V. *infra*, n° 970.

Des signes prétoriens de la fermeture de l'intervention forcée se manifestent ponctuellement mais de manière remarquée. Ainsi, la Cour de cassation a rendu le 8 juillet 2009, un arrêt par lequel est rejeté un pourvoi formé contre un arrêt ayant déclaré irrecevable l'intervention volontaire des grands-parents d'un enfant né sous X d'une mère décédée ensuite, dès lors qu'en l'absence de filiation établie entre leur fille et l'enfant, ils n'avaient pas qualité pour intervenir à l'instance en adoption, faute de présenter un intérêt et une qualité pour agir[20]. Plus récemment, la Cour de cassation s'est prononcée au sujet de l'intervention volontaire d'une association dont l'objet statutaire consistait à « conduire et développer des actions d'intérêt général à caractère familial et social centrées autour de la défense de l'intérêt des enfants nés, à naître ou à venir et pour la protection de l'enfant sous quelque forme que ce soit »[21]. Ladite association entendait intervenir volontairement devant une cour d'appel qui devait statuer sur l'adoption de l'enfant d'une femme mariée par l'épouse de celle-ci. La création d'un lien de parenté à l'égard d'un couple marié de personnes de même sexe se trouvait donc au cœur de cette affaire. Pour autant, l'arrêt ne concerne que la dimension procédurale de l'affaire en rejetant le pourvoi de l'association qui reprochait à l'arrêt d'appel d'avoir dit son intervention irrecevable. La première chambre civile juge en effet que l'association se bornant à s'opposer à la demande d'adoption et à la confirmation du jugement, la cour d'appel en a exactement déduit qu'elle n'élevait aucune prétention à son profit. Elle renvoie ensuite au pouvoir souverain d'appréciation porté sur l'intérêt à agir, ce qui demeure conforme aux solutions classiques. Partant, c'est dans l'exercice de son pouvoir souverain d'appréciation que la cour d'appel a estimé que cette association qui n'invoquait aucun autre intérêt que la défense des intérêts collectifs dont elle se prévalait, ne justifiait pas d'un intérêt légitime à intervenir dans une procédure d'adoption. Les rares arrêts dans lesquels la jurisprudence se prononce sur l'intérêt à agir d'un intervenant volontaire dans la procédure d'adoption font montre d'une rigueur certaine et, pour tout dire, assez bienvenue dès lors que le ministère public, partie jointe, demeure le garant naturel de la protection de l'intérêt de l'enfant en ce domaine. Le constat paraît encore valable, en dépit d'un arrêt rendu le 1er juin 2011, qui suscita une certaine perplexité en admettant une intervention volontaire du père et de la mère biologiques d'un enfant, qui ne l'avaient toutefois pas reconnu immédiatement mais postérieurement à son placement en vue de l'adoption. Comme la validité de ces reconnaissances fit l'objet d'une contestation, qui aboutit au prononcé de leur nullité, les deux intervenants volontaires ne présentaient pas de liens juridiques avec l'enfant. Partant, le tribunal de grande instance juge recevables les interventions volontaires des géniteurs et des grands-parents par le sang, tout en prononçant l'adoption. Pour autant, on ne saurait extrapoler plus que de raison la portée de ce jugement et de l'arrêt d'appel confirmatif, dès lors que, finalement, la Cour de cassation rejeta le pourvoi et que, sur le fond, la recevabilité de l'intervention volontaire porte la marque d'une recherche d'opportunité pour permettre aux géniteurs de faire valoir leurs prétentions alors même que le cœur des difficultés concernait la nullité des reconnaissances faites.

Cass. 1re civ., 8 juill. 2009, n° 08-20.153

Sur le premier moyen, pris en ses deux branches, et le deuxième moyen :

Attendu que C..., est né le 12 décembre 2005 à Paris, sa mère ayant demandé le secret de son identité ; que l'enfant a été remis le 14 décembre 2005 au service de l'aide sociale à l'enfance en vue de l'adoption ; qu'immatriculé définitivement comme pupille de l'État le 15 février 2006, il a été placé en vue de son adoption, le 3 mai 2006, chez les époux Z..., ; que ceux-ci ayant formé une requête en adoption plénière de l'enfant, les époux X..., soutenant être ses grands-parents maternels, ont déclaré intervenir volontairement à l'instance, s'opposant à l'adoption et disant vouloir assumer la charge de l'enfant ; qu'ils ont fait appel du jugement du 6 juin 2007 ayant déclaré leur intervention irrecevable et ayant prononcé l'adoption plénière de C..., par les époux Z..., et dit qu'il porterait désormais les prénoms et nom de C... Z..., ;

(20) Cass. 1re civ., 8 juill. 2009, n° 08-20.153 : *Dr. famille* 2009, comm. 108, note P. Murat ; *JCP* G 2009, n° 31, p. 11, obs. Y. Favier ; *D.* 2009, 1973, obs. Le Douaron ; *AJF* 2009, 350, obs. F. Chénedé.
(21) Cass. 1re civ., 16 mars 2016, n° 15-10.577.

Attendu qu'il est fait grief à l'arrêt attaqué (Paris, 10 avril 2008 rectifié par Paris, 15 mai 2008) d'abord d'avoir déclaré l'intervention volontaire des époux X..., irrecevable puis d'avoir prononcé l'adoption plénière, alors, selon les moyens :

1°/ que l'intervention volontaire est recevable lorsqu'elle se rattache aux prétentions des parties par un lien suffisant, et que l'intervenant élève une prétention à son profit ; que la demande des grands-parents biologiques, qui prétendent à la reconnaissance de leurs droits à l'égard de leur petit fils, se rattache par un lien suffisant à la requête sollicitant l'adoption plénière de cet enfant, de sorte qu'en statuant comme elle l'a fait, la cour d'appel a violé les articles 325 et 329 du Code de procédure civile ;

2°/ que la loi n° 2009-61 du 16 janvier 2009, ratifiant l'ordonnance du 4 juillet 2005 portant réforme de la filiation, a supprimé l'interdiction d'exercer une action en recherche de maternité à l'encontre de celle qui a accouché dans l'anonymat ; que, dès lors, l'action en recherche de maternité est ouverte à C... ; que le prononcé de l'adoption plénière qui ferait obstacle à ce droit de voir établir sa filiation maternelle, et, en conséquence, son lien de parenté avec ses grands-parents, est contraire à son intérêt, de sorte que la cour d'appel a violé l'article 353 du Code civil ;

3°/ que la possession d'état s'établit par des faits qui révèlent le lien de parenté entre l'enfant et la famille à laquelle il appartient ; que, la reconnaissance de ce lien par l'autorité publique est suffisant dès lors que d'autres éléments constitutifs ont été rendus impossibles par des circonstances exceptionnelles ; que la cour d'appel, qui n'a pas recherché si ce lien était suffisant à rattacher la demande des grands-parents biologiques à la requête en adoption plénière de l'enfant, a privé sa décision de base légale au regard des articles 311 1 du Code civil et 325 du Code de procédure civile ;

Mais attendu que l'intervention des époux X..., qui, en s'opposant à l'adoption plénière et en prétendant assurer la charge de l'enfant ou, au moins, créer des liens avec lui, forment des demandes propres, est une intervention principale ; qu'elle suppose la réunion d'un intérêt et d'une qualité pour agir ; que l'arrêt retient, d'abord, par motifs propres et adoptés, que, pour leur conférer qualité pour agir, doivent être établis le lien de filiation qui les unit à D... X..., et celui allégué entre celle-ci et C... ; puis, que le nom de la mère ne figure pas dans l'acte de naissance de l'enfant et que celle-ci a, au contraire, souhaité que son identité ne soit pas connue, aucune reconnaissance ou possession d'état n'ayant en conséquence existé ; encore, que l'action n'est pas une contestation, prescrite, de l'immatriculation de l'enfant comme pupille de l'État, le 15 février 2006 ou de son placement, le 3 mai 2006, en vue de l'adoption ; que la cour d'appel a exactement déduit de ces éléments, sans que la modification, par la loi n° 2009-61 du 16 janvier 2009, de l'article 326 du Code civil soit susceptible de modifier cette situation, qu'en l'absence de filiation établie entre leur fille et C..., les époux X..., n'avaient pas qualité pour intervenir à l'instance en adoption ;

D'où il suit que les moyens ne sont pas fondés ;

Sur les troisième et quatrième moyens, pris en toutes leurs branches :

Attendu que le rejet des premier et deuxième moyens rend ces griefs sans objet ; que les moyens doivent être rejetés ;

PAR CES MOTIFS :

REJETTE le pourvoi ;

Commentaires : *Dr. famille* 2009, comm. 108, note P. Murat ; *JCP* G 2009, n° 31, p. 11, obs. Y. Favier ; *D.* 2009, 1973, obs. Le Douaron ; *AJF* 2009, 350, obs. F. Chénedé.

Cass. 1re civ., 16 mars 2016, n° 15-10.577

Sur le moyen unique :

Attendu, selon l'arrêt attaqué (Versailles, 11 décembre 2014), que Mme X... et Mme Y... se sont mariées le 10 juin 2013 ; que le 16 juin suivant, cette dernière a donné naissance à l'enfant A... Y... ; que le 11 octobre 2013, Mme X... a déposé une requête aux fins d'adoption plénière de l'enfant de sa conjointe puis a interjeté appel du jugement qui a rejeté cette demande ; que l'association Juristes pour l'enfance est intervenue volontairement devant la cour d'appel ;

Attendu que l'association Juristes pour l'enfance fait grief à l'arrêt de déclarer irrecevable son intervention volontaire alors, selon le moyen :

1°/ que l'intervention volontaire est principale lorsqu'elle élève une prétention au profit de celui qui la forme ; qu'en l'espèce l'association JPE dont l'objet est notamment « de conduire et développer une action d'intérêt général à caractère familial et social centrée autour de la défense de l'intérêt des enfants nés, à naître ou à venir, et pour la protection de l'enfance sous quelque forme que ce soit » et en particulier « d'être à l'initiative de toute action (...) pour la défense des enfants (...) », invoquait un droit propre consistant à ce que ne soit pas prononcée « une adoption qui constituerait un détournement de cette institution » et par suite la confirmation du jugement ayant débouté la demande d'adoption de Mme X... ;

qu'en retenant que la demande de l'association « tend (ait uniquement) à s'opposer à l'adoption sollicitée et à la confirmation du jugement ; qu'elle n'élève donc aucune prétention à son profit » au motif que le « Ministère public était resté partie jointe », la cour d'appel a violé les articles 66 et 329 du Code de procédure civile ensemble les articles 6 et 13 de la Convention européenne de sauvegarde des droits de l'homme ;

2°/ que, subsidiairement, à considérer que l'action soit accessoire dès lors que le ministère public était dans la cause, l'intervention est admise quand bien même l'intervenant ne justifierait pas d'un intérêt direct inséparable de celui de l'une des parties ; qu'en disant irrecevable la demande de l'association JPE aux motifs inopérants que « étant tiers au jugement qui ne lui a pas été notifié, elle ne justifie d'aucun lien avec l'enfant, la demanderesse à l'adoption ou sa conjointe qui lui permettrait de s'immiscer dans la procédure d'adoption » soit en exigeant qu'elle ait un intérêt direct et inséparable de celui de l'une des autres parties, la cour d'appel a violé les articles 66, 330 du Code de procédure civile ensemble les articles 6 et 13 de la Convention européenne de sauvegarde des droits de l'homme ;

3°/ qu'en toute hypothèse, l'intervention volontaire est recevable lorsqu'elle se rattache aux prétentions des parties par un lien suffisant ; qu'en l'espèce, pour dire l'action de l'association JPE irrecevable la cour d'appel a considéré que l'association JPE ne justifiait d'aucun lien avec l'enfant, la demanderesse à l'adoption ou sa conjointe ; qu'en exigeant un lien de connexité, non entre la demande d'adoption plénière et la demande en intervention, mais entre l'association JPE et la demanderesse ou sa conjointe ou encore l'enfant en cause, la cour d'appel a violé l'article 325 du Code de procédure civile ensemble les articles 6 et 13 de la Convention européenne de sauvegarde des droits de l'homme ;

4°/ que justifie d'un intérêt direct l'association qui agit dans la défense des intérêts collectifs dont elle a la charge au regard de son objet social ; que l'intervention peut se produire au cours d'une procédure gracieuse aussi bien qu'au cours d'une procédure contentieuse ; qu'en l'espèce il est constant que l'association JPE a pour objet « de conduire et développer une action d'intérêt général à caractère familial et social centrée autour de la défense de l'intérêt des enfants nés, à naître ou à venir, et pour la protection de l'enfance sous quelque forme que ce soit » ; qu'en disant l'association irrecevable aux motifs inopérants que l'intérêt collectif défendu « n'est pas légitime au regard de la nature de l'affaire relative à l'état d'un enfant, instruite et débattue en chambre du conseil, après avis du ministère public », la cour d'appel a violé les articles 66, 325, 328 et 554 du Code de procédure civile ensemble les articles 6 et 13 de la Convention européenne de sauvegarde des droits de l'homme ;

5°/ que l'intervention d'un tiers est recevable même en matière d'adoption du moment que ce tiers justifie d'un intérêt à intervenir et qu'elle se rattache aux prétentions des parties par un lien suffisant ; qu'en disant irrecevable dans une procédure d'adoption l'intervention d'une association dont l'objet est « de conduire et développer une action d'intérêt général à caractère familial et social centrée autour de la défense de l'intérêt des enfants nés, à naître ou à venir, et pour la protection de l'enfance sous quelque forme que ce soit » aux motifs que l'intérêt collectif défendu « n'est pas légitime au regard de la nature de l'affaire relative à l'état d'un enfant, instruite et débattue en chambre du conseil, après avis du ministère public » soit en ajoutant une condition à la recevabilité de l'intervention que la loi ne contient pas, la cour d'appel a violé les articles 325, 328, 554 et 1170 du Code de procédure civile ensemble les articles 6 et 13 de la Convention européenne de sauvegarde des droits de l'homme ;

Mais attendu qu'ayant relevé que l'association Juristes pour l'enfance se bornait à s'opposer à la demande d'adoption et à la confirmation du jugement, la cour d'appel en a exactement déduit qu'elle n'élevait aucune prétention à son profit ;

Et attendu que c'est dans l'exercice de son pouvoir souverain que la cour d'appel a estimé que cette association, qui n'invoquait aucun autre intérêt que la défense des intérêts collectifs dont elle se prévalait, ne justifiait pas d'un intérêt légitime à intervenir dans une procédure d'adoption ;

D'où il suit que le moyen, qui manque en fait dans ses deuxième et troisième branches, n'est pas fondé pour le surplus ;

PAR CES MOTIFS :

REJETTE le pourvoi ;

970. – **Mise en cause des tiers.** Conformément au droit commun, les tiers peuvent être mis en cause par le tribunal, dans le cadre de la procédure d'adoption. Le Code de procédure civile dispose expressément qu'en matière gracieuse, le juge peut ordonner la mise en cause des personnes dont les droits ou les charges risquent d'être affectés par la décision à prendre[22]. La prudence commande ainsi

(22) CPC, art. 332, al. 2.

de mettre en cause les grands-parents par le sang de l'adopté, afin de les consulter sur le projet d'adoption. Mieux, la mise en cause des descendants de l'adoptant paraît indispensable puisque le tribunal doit vérifier si l'adoption n'est pas de nature à compromettre la vie familiale(23).

B. – Formes de la saisine

971. – **Requête.** En matière d'adoption, la demande est formée par requête(24) remise au greffe du tribunal de grande instance, conformément au droit commun.

972. – **Contenu de la requête.** La requête doit préciser si la demande tend à une adoption plénière ou à une adoption simple. Pour autant, le tribunal peut prononcer l'adoption simple, même s'il est saisi d'une requête aux fins d'adoption plénière, à condition d'obtenir l'accord du requérant, ce qui exprime une maîtrise par le requérant de la matière litigieuse.

Cass. 1re civ., 5 nov. 2008, n° 07-20.426

Attendu que Valérie X... est décédée le 2 novembre 2001 en laissant trois enfants dont Morgane, née le 9 juillet 1999, placée, dès sa naissance, en famille d'accueil chez les époux Y... ; que cet enfant ayant été déclarée pupille de l'État le 15 mars 2002, un jugement du 4 avril 2005 a prononcé son adoption plénière par les époux Y... ; que, sur tierce opposition de sa grand-mère maternelle et de son mari (les époux Z...-A...), qui, ainsi que leurs deux autres petites filles, avaient maintenu des liens affectifs avec Morgane durant son placement, le jugement d'adoption plénière du 4 avril 2005 a été rétracté en lui substituant une adoption simple ;

Sur le premier moyen :

Attendu que les époux Y... font grief à l'arrêt confirmatif attaqué d'avoir jugé recevable la tierce opposition des époux Z...-A... formée contre le jugement du 4 avril 2005, alors, selon le moyen, que la tierce opposition à l'encontre du jugement d'adoption n'est recevable qu'en cas de dol ou de fraude imputable aux adoptants, c'est-à-dire en cas de manœuvres pratiquées dans le dessein de tromper afin d'obtenir le prononcé de l'adoption ; qu'en affirmant que les époux Y... avaient agi en fraude des droits de M. et Mme Z...-A... pour en déduire que la tierce opposition de ces derniers à l'encontre du jugement d'adoption plénière de Morgane, du 4 avril 2005, était recevable, sans rechercher si les époux Y... avaient « manœuvré » afin d'obtenir le prononcé de l'adoption de Morgane, bien qu'ils se soient entretenus avec les époux Z...-A... de la procédure d'adoption en cours, comme ces derniers l'avaient eux-mêmes reconnus, et les avaient ainsi mis en mesure de faire valoir leurs droits devant ce même tribunal, ce qui excluait que l'élément intentionnel du dol ou de la fraude soit caractérisé, la cour d'appel a privé sa décision de base légale au regard de l'article 353-2 du Code civil ;

Mais attendu que la cour d'appel a estimé que le fait pour les époux Y... d'avoir omis d'informer le tribunal d'un fait déterminant, constitué par le maintien des liens affectifs et relationnels existant entre Morgane, sa grand-mère maternelle et son époux, et ses deux autres sœurs, circonstances qui pouvaient conduire le tribunal à prononcer une adoption simple afin de ne pas rompre les liens affectif et patrimonial avec la famille maternelle, était constitutif d'une réticence dolosive qui rendait recevable la tierce opposition des époux Z...-A... ; que le moyen n'est pas fondé ;

Mais sur le second moyen :

Vu l'article 1173 du Code de procédure civile ;

Attendu que s'il est saisi d'une requête aux fins d'adoption plénière, le tribunal ne peut prononcer l'adoption simple qu'avec l'accord du requérant ;

Attendu que par jugement du 3 juillet 2006, le tribunal de grande instance a reçu la tierce opposition des grands-parents, rétracté le jugement d'adoption plénière du 4 avril 2005 et prononcé l'adoption simple de Morgane par les époux Y... ; que la cour d'appel a confirmé cette décision ;

(23) Selon l'article 353 du Code civil.
(24) CPC, art. 1168.

Attendu qu'en statuant ainsi, alors que les requérants avaient seulement conclu à l'irrecevabilité de la tierce opposition et à l'infirmation du jugement de rétractation du 3 juillet 2006, sans présenter de demande subsidiaire ou manifester leur accord pour le prononcé d'une adoption simple de l'enfant, la cour d'appel a violé le texte susvisé ;

PAR CES MOTIFS :

CASSE ET ANNULE, mais seulement en ce qu'il a confirmé l'adoption simple de Morgane par M. et Mme Y... et dit qu'elle portera les nom et prénoms de Y... Morgane, Nina, l'arrêt rendu le 3 septembre 2007, entre les parties, par la cour d'appel de Grenoble ; remet, en conséquence, sur ces points, la cause et les parties dans l'état où elles se trouvaient avant ledit arrêt et, pour être fait droit, les renvoie devant la cour d'appel de Grenoble, autrement composée ;

Commentaire : *Procédures* 2009, comm. 17, note M. Douchy-Oudot.

973. – **Représentation par un avocat.** Conformément aux règles qui gouvernent la procédure en matière gracieuse, la requête doit en principe être présentée au greffe du tribunal de grande instance par un avocat. Pour autant, la représentation ne s'avère pas obligatoire dans l'hypothèse spécifique où la personne dont l'adoption est demandée a été recueillie au foyer du requérant avant l'âge de quinze ans(25). Le requérant dispose alors de la possibilité de former lui-même la demande par simple requête adressée au procureur de la République qui doit la transmettre au tribunal(26).

II. – Le déroulement de l'instance

A. – Instruction du dossier

974. – **Confidentialité.** L'adoption touchant incontestablement à la vie privée, l'affaire est instruite en chambre du conseil(27).

975. – **Mesures d'instruction.** Même si le tribunal statue en matière gracieuse, il convient de mettre le dossier en état d'être jugé, notamment grâce à la délivrance de l'avis du ministère public sous forme de conclusions portées à la connaissance du requérant, mais aussi plus largement par le biais d'investigations ordonnées par le magistrat désigné comme rapporteur. S'il y a lieu, il peut ainsi être fait procéder à une enquête par toute personne qualifiée(28). De même, le juge peut commettre un médecin aux fins de procéder à tout examen qui lui paraîtrait nécessaire. En somme, le tribunal dispose de la faculté, assez classique, de faire procéder aux mesures d'instruction utiles, conformément au droit commun. Dans l'hypothèse spécifique où l'adoption concerne un pupille de l'État, le tribunal peut recueillir les renseignements relatifs à cet enfant, dans les conditions prévues aux articles L. 221-7 et L. 221-8 de ce même code.

Code de l'action sociale et des familles

Art. L. 221-7. – Le procureur de la République peut, à l'occasion d'une procédure d'adoption, prendre connaissance des dossiers concernant les enfants recueillis par le service. En toutes matières, le service de l'aide sociale à l'enfance peut, de sa propre initiative ou sur la demande de ce magistrat, lui fournir tous renseignements relatifs aux pupilles. Les renseignements ainsi obtenus ne peuvent être révélés à l'occasion d'une procédure quelconque, ni mentionnés dans une décision de justice. Ils ne peuvent être communiqués qu'aux magistrats de l'ordre judiciaire.

(25) CPC, art. 1168, al. 2.
(26) Sur le rôle du ministère public dans la transmission de la requête, V. *supra*, n° 963.
(27) CPC, art. 1170.
(28) CPC, art. 1171, al. 1er.

Art. L. 221-8. – Dans tous les cas où la loi ou des règlements exigent la production de l'acte de naissance, il peut y être suppléé, s'il n'a pas été établi un acte de naissance provisoire dans les conditions prévues à l'article 58 du Code civil et s'il y a lieu d'observer le secret, par un certificat d'origine dressé par le représentant de l'État dans le département ou son représentant.

Toutefois, est communiqué aux magistrats de l'ordre judiciaire qui en font la demande à l'occasion d'une procédure pénale, le lieu où est tenu l'état civil d'un pupille de l'État, ou d'un ancien pupille, ou le lieu où est tenue l'identité du ou des parents ou de la personne qui a remis le pupille ou l'ancien pupille.

Ces renseignements ne peuvent être révélés au cours de cette procédure ou mentionnés dans la décision à intervenir ; toutes mesures sont, en outre, prises pour qu'ils ne puissent être portés, directement ou indirectement, à la connaissance de l'intéressé ou de toute personne non liée, de par ses fonctions, par le secret professionnel mentionné aux articles 226-13 et 226-14 du Code pénal.

976. – **Office du juge.** Le tribunal saisi d'une requête en adoption vérifie le respect des conditions légales de l'adoption(29), exerçant ainsi un contrôle de légalité. À cela s'ajoute un contrôle d'opportunité puisqu'il doit vérifier que le projet est satisfaisant pour l'intérêt de l'enfant(30), mais aussi apprécier un éventuel risque de compromission de la vie familiale(31). La juridiction est tenue de se prononcer dans un délai de six mois à compter de la requête ou de sa transmission(32).

B. – Audience de jugement

977. – **Publicité.** Le jugement d'adoption est rendu en audience publique(33), contrairement à l'instruction de l'affaire et aux débats, qui s'effectuent en chambre du conseil.

978. – **Motivation du jugement.** Les dispositions relatives à la motivation du jugement se trouvent dans le Code civil qui dispose, en son article 353, alinéa 5 que « le jugement prononçant l'adoption n'est pas motivé »(34). Il faut en déduire *a contrario* que le jugement qui refuse l'adoption doit quant à lui être motivé, ce qui paraît logique, ne serait-ce que pour interjeter appel.

SECTION 2

LE JUGEMENT D'ADOPTION

§ 1. – L'effet substantiel du jugement d'adoption

979. – **Force de chose jugée et modification de l'état civil.** Dans les quinze jours de la date à laquelle elle est passée en force de chose jugée, la décision prononçant l'adoption plénière est transcrite sur les registres de l'état civil du lieu de naissance

(29) CPC, art. 1171 ; C. civ., art. 353, al. 1er.
(30) CPC, art. 353, al. 1er.
(31) CPC, art. 353, al. 2.
(32) CPC, art. 353 ; C. civ., art. 1171.
(33) CPC, art. 1174.
(34) Une jurisprudence ancienne décida que la règle s'applique aux décisions du tribunal, mais non aux arrêts statuant sur l'appel d'une décision de rejet : CA Paris, 22 sept. 1972 : *D.* 1974, 199, note Foulon-Piganiol.

de l'adopté, à la requête du procureur de la République[35]. Lorsque l'adopté est né à l'étranger, la décision doit faire l'objet d'une transcription sur les registres du service central d'état civil du ministère des Affaires étrangères. La transcription énonce le jour, l'heure et le lieu de la naissance, le sexe de l'enfant ainsi que ses nom de famille et prénoms, tels qu'ils résultent du jugement d'adoption ainsi que les prénoms, nom, date et lieu de naissance, profession et domicile du ou des adoptants. Elle ne contient aucune indication relative à la filiation réelle de l'enfant. Ces formalités demeurent absolument essentielles, car la transcription tient lieu d'acte de naissance à l'adopté, ce qui signifie que l'existence juridique de cette nouvelle structure familiale, fondée sur un lien de parenté, devient dès lors opposable aux tiers[36]. Encore convient-il, de manière corrélative, de considérer l'acte de naissance originaire comme étant anéanti. Ainsi, l'acte de naissance originaire conservé par un officier de l'état civil français et, le cas échéant, l'acte de naissance établi en application de l'article 58 du Code civil sont, à la diligence du procureur de la République, revêtus de la mention « adoption » et considérés comme nuls.

§ 2. – Les voies de recours ouvertes contre le jugement d'adoption

980. – **Appel.** Conformément aux règles procédurales de droit commun en matière gracieuse[37], les personnes auxquelles le jugement d'adoption a été notifié peuvent interjeter appel[38]. Au demeurant, et de manière quelque peu surprenante *a priori*, l'adoptant lui-même peut interjeter appel lorsque, conjoint de la mère de l'enfant, son intérêt à relever appel résulte de la modification de ses relations avec l'adopté du fait de l'introduction d'une procédure de divorce entre les époux[39]. En revanche, le père de l'enfant admis en qualité de pupille de l'État, pour lequel le consentement à l'adoption a été donné de manière régulière, est irrecevable à former appel contre le jugement prononçant l'adoption, son consentement n'étant pas nécessaire pour parvenir à l'adoption, il ne peut en effet être considéré comme partie en cause[40].

981. – **Tierce opposition.** La tierce opposition à l'encontre du jugement d'adoption n'est recevable qu'en cas de dol ou de fraude imputable aux adoptants[41]. La loi n° 2013-404 du 17 mai 2013 a précisé la signification du dol, en ajoutant un alinéa à l'article 353-2 du Code civil, selon lequel constitue un dol au sens du premier alinéa la dissimulation au tribunal du maintien des liens entre l'enfant adopté et un tiers, décidé par le juge aux affaires familiales sur le fondement de l'article 371-4. Plus largement, les cas d'ouverture et les conditions de recevabilité de la tierce opposition

(35) C. civ., art. 354.
(36) Sur les structures familiales et l'état civil, V. *supra*, n° 574.
(37) CPC, art. 546.
(38) Cass. 1re civ., 24 févr. 1982 : *Bull. civ.* 1982, I, n° 90. – Cass. 1re civ., 26 mai 1982 : *Bull. civ.* 1982, I, n° 196. – *Adde*, pour le formalisme : Cass. 2e civ., 5 janv. 1983, II, 20043, note Le Ninivin.
(39) Cf. infirmant un jugement d'adoption : Aix-en-Provence, 5 mars 2002 : *Dr. famille* 2003, n° 117, note Gaillard.
(40) CA Paris, 5 févr. 1980 : *Gaz. Pal.* 1980, I, 241.
(41) C. civ., art. 353-2.

ont progressivement fait l'objet de précisions jurisprudentielles. Ainsi, il a pu être jugé que l'adopté lui-même pouvait former tierce opposition contre le jugement d'adoption, dès lors qu'il n'est pas partie à la procédure d'adoption et que le jugement ne lui a pas été notifié[(42)].

(42) Nancy, 17 mai 2004 : *JCP G* 2005, II, 10002, note M. Garnier ; *Dr. famille* 2005, comm. 28, note P. Murat.

CHAPITRE 3

LES EFFETS DE L'ADOPTION

982. – **L'adoption confère une filiation à l'enfant.** Le prononcé de l'adoption confère à l'enfant adopté une filiation, à l'instar de la filiation dite « naturelle », par le sang ou par procréation médicalement assistée. Les enfants se trouvent donc, eu égard à la structure familiale, dans une situation similaire sans qu'il soit nécessaire d'établir de distinction entre eux.

983. – **Parenté.** En conférant une filiation à l'enfant, l'adoption le rattache juridiquement à des adultes désormais désignés comme étant ses parents. En ce sens, l'adoption reflète assez bien la finalité du droit contemporain de la famille qui paraît bien se limiter désormais à attribuer des rôles et des fonctions aux membres de la famille, au sein du groupe familial. Le rattachement de l'enfant à des adultes a pour incidence de l'inscrire dans une lignée généalogique, ce qui explique les conditions tirées d'une différence d'âge entre l'adoptant et l'adopté, afin de reconstituer de manière quelque peu artificielle un apparent respect de l'ordre des générations. Traditionnellement, le jugement d'adoption avait pour conséquence d'inscrire également l'enfant dans un ordre de filiation sexué, à savoir une maternité ou une paternité. La perspective se révèle désormais plus floue compte tenu du double rattachement possible de l'enfant à deux parents adoptants de même sexe, notamment en cas d'adoption de l'enfant du conjoint. De manière générale, le jugement d'adoption concerne les structures familiales, en créant un lien de parenté entre l'enfant et son parent adoptant.

984. – **État civil.** En pratique, le changement des structures parentales qu'entraîne le jugement d'adoption se trouve révélé par la modification des actes de l'état civil de l'enfant et de l'adoptant, qui s'effectue une fois que le jugement est passé en force de chose jugée[1].

(1) V. *supra*, n° 979.

SECTION 1

EFFETS PROPRES À L'ADOPTION PLÉNIÈRE

985. – **Choix du qualificatif.** Le qualificatif de « plénière » se révèle particulièrement opportun puisque cette adoption se caractérise par une rupture complète des liens entre l'enfant et sa famille d'origine.

§ 1. – Rupture complète des liens avec la famille d'origine

I. – Principe

A. – Affirmation du principe

986. – **Substitution.** L'adoption plénière a pour incidence de créer un lien de parenté entre l'enfant adopté et l'adoptant, avec une rupture corrélative de son rattachement initial à sa famille d'origine. L'adoption confère donc à l'enfant une filiation qui se substitue à sa filiation d'origine[2]. Comme le précise le Code civil lui-même, l'enfant cesse d'appartenir à sa famille par le sang[3], ce qui prouve bien que la filiation constitue une construction juridique élaborée en abstraction par rapport à la réalité biologique, en se fondant sur la volonté.

987. – **Détermination de la date des effets juridiques.** L'adoption produit ses effets à compter du jour du dépôt de la requête en adoption[4]. Les effets juridiques de l'adoption, à savoir la création d'un lien de parenté substitué au lien originel, remontent donc au jour du dépôt de la requête, ce qui signifie qu'en cas de décès de l'adoptant après le dépôt de la requête, le tribunal de grande instance ne se trouve pas dessaisi et qu'il a l'obligation de statuer en vérifiant la légalité et l'opportunité de l'opération au jour où elle doit produire ses effets[5].

Au demeurant, la même solution a pu faire l'objet d'une extension prétorienne, dans une hypothèse où le décès intervient avant le dépôt de la requête, mais après l'envoi au directeur de l'action sociale de l'enfant l'une lettre faisant clairement état de la demande d'adoption plénière[6].

B. – Conformité du principe à la Convention européenne des droits de l'homme

988. – **Rupture complète des liens : conformité à la Convention européenne des droits de l'homme.** En raison de la rupture radicale et définitive entre l'enfant et sa famille par le sang que provoque l'adoption plénière, se pose la ques-

(2) C. civ., art. 356.
(3) C. civ., art. 356.
(4) C. civ., art. 355.
(5) Paris, 26 janv. 1978 : *JCP* G 1980, II, 19324, note Chartier. – Cass. 1re civ., 3 févr. 1981 : *JCP* G 1982, II, 19771, note Chartier.
(6) Paris, 24 avr. 1992 : *JCP* G 1992, IV, 2338.

tion de sa conformité aux droits et libertés garantis par la Convention européenne des droits de l'homme et, en particulier, au droit de mener une vie privée et familiale normale. La Cour européenne des droits de l'homme fut amenée à connaître de cette question au sujet de l'adoption en droit allemand, institution singulièrement proche de l'adoption plénière du droit français, dans une affaire où la mère biologique de deux fillettes prématurées, sans filiation paternelle établie, consentit très tôt à leur adoption(7). La mère reprochait aux juridictions allemandes de ne pas avoir fait droit à sa requête aux fins de rencontre et d'information au sujet de ses filles biologiques. La Cour européenne des droits de l'homme refuse d'apprécier l'affaire sous l'angle du droit à une vie familiale normale, jugeant que la génitrice n'a vécu que trois semaines avec les fillettes, pour préférer se placer sur le terrain du droit à la vie privée, puisque son identité se trouvait directement concernée. L'impossibilité, en droit allemand, pour une mère biologique d'obtenir un droit d'information au sujet de ses enfants ne porte pas atteinte, selon la Cour de Strasbourg, au droit au respect de la vie privée de la génitrice, dès lors que cette ingérence se justifie dans une société démocratique par l'intérêt des enfants de s'épanouir au sein de leur famille adoptive et de construire une vie familiale à l'abri des tentatives de contacts de la part des parents biologiques. Transposer cette solution à l'adoption plénière du droit français ne soulève pas de difficultés particulières, validant ainsi la rupture complète que ce lien de filiation entraîne. Il n'en demeure pas moins que la dimension casuistique de l'arrêt rendu par la Cour européenne des droits de l'homme suscite encore des interrogations puisque l'on peut penser, avec M. Hauser, que l'on reste dans l'incertitude pour les cas d'adoption d'enfants plus âgés qui seraient restés avec leur parent d'origine plus longtemps(8). La solution demeure en effet fondée en partie sur la brève durée de trois semaines passées par les fillettes aux côtés de la génitrice.

II. – Dérogation en cas d'adoption de l'enfant du conjoint

989. – **Particularités.** En raison de ses particularités et de son aptitude à recréer juridiquement une apparence de parenté biologique, l'adoption plénière de l'enfant du conjoint demeure soumise à un régime spécifique. Ainsi, par dérogation au principe de rupture des liens, l'adoption de l'enfant du conjoint laisse subsister sa filiation d'origine à l'égard de ce conjoint et de sa famille(9). Elle produit, pour le surplus, les effets d'une adoption par deux époux.

III. – Maintien des empêchements à mariage avec des membres de la famille d'origine

990. – **Prohibition de l'inceste.** En dépit de la puissance du droit qui permet de conférer à l'enfant une parenté qui, juridiquement, se substitue à sa filiation

(7) CEDH, 5e sect., 5 juin 2014, n° 31021/08, *I.S. c/ Allemagne* : *AJF* 2014, 426, obs. E. Viganotti ; *RJPF* 2014-9/30, note M.-C. Le Boursicot ; *RTD civ.* 2014, 869, obs. J. Hauser.
(8) J. Hauser, obs. ss CEDH, 5e sect., 5 juin 2014, préc.
(9) C. civ., art. 356.

originelle, la réalité biologique demeure. Elle commande ainsi que l'enfant ne puisse se marier avec ses proches parents par le sang. Même si l'enfant adopté de manière plénière cesse d'appartenir à sa famille par le sang, les empêchements à mariage visés aux articles 161 à 164 du Code civil perdurent. Ainsi l'enfant adopté ne pourra pas contracter mariage avec l'un de ses ascendants ou descendants en ligne directe, ni avec l'un de ses alliés en ligne directe(10). De même, demeure prohibé le mariage entre l'enfant adopté et ses frères et sœurs biologiques(11). Enfin, le mariage ne saurait être célébré entre l'enfant adopté de manière plénière et son oncle ou sa tante par le sang, c'est-à-dire avec le collatéral de son parent biologique. Comme les textes relatifs à l'adoption renvoient aux dispositions des articles 161 à 164 du Code civil, l'on peut raisonnablement considérer que trouve à s'appliquer ce dernier article, qui concerne la faculté offerte au Président de la République de lever, pour des causes graves, les prohibitions au mariage entre alliés en ligne directe lorsque la personne qui a créé l'alliance est décédée, ainsi qu'entre oncle et neveu ou nièce.

§ 2. – Création d'un nouveau lien de parenté

991. – **Caractère irrévocable.** Contrairement à l'adoption simple qui, dans certaines conditions désormais très strictes, peut faire l'objet d'une révocation, l'adoption plénière demeure irrévocable, ce qui souligne encore davantage, s'il en était besoin, la gravité des effets de cette institution. L'irrévocabilité se trouve acquise lorsque le jugement qui prononce l'adoption passe en force de chose jugée(12). Par ailleurs, elle se diffuse car le consentement à l'adoption et le jugement qui le constate et prononce l'adoption étant indivisibles, la contestation du consentement ne peut se faire qu'au moyen d'une remise en cause directe par l'exercice des voies de recours en conformité avec l'article 460 du Code de procédure civile(13), et non sur le fondement des articles 1109 et suivants du Code civil.

992. – **Tempéraments.** La possibilité de prononcer une seconde adoption introduit un léger tempérament, certes indirect, au caractère irrévocable de l'adoption plénière. Encore faut-il justifier de motifs graves pour obtenir un second jugement d'adoption.

Code civil

Art. 360, al. 2. – S'il est justifié de motifs graves, l'adoption simple d'un enfant ayant fait l'objet d'une adoption plénière est permise.

(10) C. civ., art. 161.
(11) C. civ., art. 162.
(12) Cass. 1re civ., 7 mars 1989 : *Bull. civ.* 1989, I, n° 111.
(13) Cass. 1re civ., 27 nov. 2001, n° 00-10.151 : *Bull. civ.* 2001, I, n° 292 ; *Dr. famille* 2002, comm. 57, note P. Murat ; *RTD civ.* 2002, 82, obs. J. Hauser.

I. – Effets personnels

A. – Port du nom de l'adoptant

993. – **Nom conféré.** L'adoption plénière confère à l'enfant adopté le nom de famille de l'adoptant[14].

994. – **Nom de l'enfant du conjoint.** En raison de sa spécificité, l'adoption plénière de l'enfant du conjoint se trouve soumise à des règles particulières en ce qui concerne le nom conféré à l'enfant adopté. En cas d'adoption de l'enfant du conjoint, l'adoptant et son conjoint choisissent par déclaration conjointe le nom de famille dévolu à l'enfant. Ils peuvent choisir soit le nom de l'un d'eux, soit leurs deux noms accolés dans l'ordre choisi par eux, dans la limite d'un nom de famille pour chacun d'eux[15]. Cette faculté de choix ne peut être exercée qu'une seule fois[16]. Faute de déclaration conjointe choisissant le nom de l'enfant, celui-ci prend le nom de l'adoptant et de son conjoint, dans la limite du premier nom de famille pour chacun d'eux, accolés selon l'ordre alphabétique[17].

995. – **Nom de l'enfant adopté par deux époux.** Lorsque l'enfant est adopté de manière plénière par deux époux, ces derniers disposent d'une faculté de choix du nom similaire à celle offerte en cas d'adoption de l'enfant du conjoint. Ainsi, les époux adoptants doivent-ils choisir, par déclaration conjointe, le nom de famille dévolu à l'enfant. Ils peuvent retenir soit le nom de l'un d'eux, soit leurs deux noms accolés dans l'ordre choisi par eux, dans la limite d'un nom de famille pour chacun d'eux[18]. Cette faculté de choix ne peut être exercée qu'une seule fois[19]. À défaut de déclaration conjointe mentionnant le choix du nom de famille de l'enfant, ce dernier prend le nom de chacun des deux adoptants, dans la limite du premier nom de famille pour chacun d'eux, accolés selon l'ordre alphabétique[20]. Dans le but d'assurer une unité familiale par le port du nom, l'article 357, alinéa 5 du Code civil prévoit que le nom transmis à un enfant commun par les adoptants, entendus comme étant leur enfant par le sang, doit également être conféré à l'enfant adopté. Ainsi l'enfant adopté portera le même nom de famille que les enfants biologiques de son parent adoptant.

996. – **Possible modification du prénom de l'enfant.** En prononçant l'adoption plénière de l'enfant, le tribunal peut, comme dans le cadre d'une adoption simple, modifier les prénoms de l'enfant[21].

997. – **Éventuelle modification du nom de l'adopté.** Le nom de famille de l'adopté se trouvant conféré à l'enfant par le jugement qui prononce l'adoption, la question des modalités d'une éventuelle modification de ce nom demeure posée.

(14) C. civ., art. 357.
(15) C. civ., art. 357, al. 2.
(16) C. civ., art. 357, al. 3.
(17) C. civ., art. 357, al. 4.
(18) C. civ., art. 357, al. 2.
(19) C. civ., art. 357, al. 3.
(20) C. civ., art. 357, al. 4.
(21) C. civ., art. 357, al. 7.

Ainsi, en cas d'erreur affectant le nom transmis, le président du tribunal de grande instance peut-il être valablement saisi sur le fondement de l'article 99 du Code civil ? La Cour de cassation a cassé pour violation de l'(ancien) article 1351 du Code civil un arrêt d'appel ayant répondu à cette question par l'affirmative. Pour ce faire, la première chambre civile juge que « le jugement d'adoption n'ayant fait l'objet d'aucune voie de recours, ses dispositions relatives au nom de l'adopté ne pouvaient, en l'absence de toute erreur matérielle, être modifiées ».

Prolongement pratique

Modifications et recours relatifs au nom de l'adopté

998. – Le jugement d'adoption comporte plusieurs effets substantiels dont le plus évident demeure la constitution d'un nouveau lien de parenté conféré à l'enfant. Les autres effets du jugement constituent des conséquences de la création du lien de filiation adoptive. Il en va ainsi du nom de famille conféré à l'enfant adopté. Partant, en cas d'erreur affectant le nom conféré à l'enfant adopté, la modification que l'adoptant entend solliciter concerne très directement le jugement lui-même. Afin d'obtenir une modification de ce nom, il conviendra d'utiliser les voies de recours ouvertes contre les jugements et, en particulier, la voie de l'appel, mais non de saisir le président du tribunal de grande instance sur le fondement de l'article 99 du Code civil. De même, s'il s'agit simplement de rectifier une erreur matérielle, une requête en rectification pourra être présentée à la juridiction ayant rendu la décision, conformément au droit commun.

B. – Les autres effets personnels de l'adoption plénière

999. – **Égalité des filiations.** L'adoption plénière crée un véritable lien juridique de filiation entre l'enfant adopté et le parent adoptant. Une telle affirmation pose immédiatement la question des incidences juridiques exactes du lien ainsi créé. L'institution crée, en effet, une sorte de dissociation entre la référence classique à la biologie comme support du lien de filiation et les conséquences que le droit attache à la parenté. L'aptitude du droit à créer une structure juridique se révèle pleinement lorsque le Code civil[22] dispose que l'adopté a, dans la famille de l'adoptant, les mêmes droits et les mêmes obligations qu'un enfant dont la filiation est établie en application du titre intitulé « De la filiation ». La règle a pour but de marquer le rôle central de la volonté dans la constitution du lien juridique de parenté, ainsi que la possible dissociation entre la réalité biologique et l'établissement de la filiation. La filiation abusivement dite filiation « par le sang » ou « biologique » ne désigne qu'une modalité du rattachement de l'enfant, au demeurant largement fondée sur la volonté, dès lors qu'aucune exigence de conformité à la réalité biologique ne se trouve posée de manière absolue, puisque le droit tient compte de la possession d'état et admet les reconnaissances de paternité mensongères. Il serait dès lors surprenant que le droit crée une distinction reposant sur la réalité biologique, laquelle

(22) C. civ., art. 358.

placerait les enfants ayant fait l'objet d'une adoption plénière dans une situation discriminatoire par rapport aux enfants certes rattachés à leur père par une reconnaissance, par exemple, mais de manière complaisante. La réalité biologique ne fournit pas un critère suffisamment pertinent pour rendre compte de la diversité des liens de filiation, alors que la volonté, exprimée par le biais de la reconnaissance, de la possession d'état et, bien évidemment, de la requête en vue de l'adoption, remplit plus efficacement cette fonction. Le droit contemporain en tient compte au travers du principe d'égalité entre les filiations.

Prolongement historique

Primauté de l'enfant adopté sur l'enfant adultérin

1000. – Même si l'enfant adultérin bénéficie désormais d'un statut juridique identique à celui des autres enfants et, en particulier, de l'enfant né d'un couple marié, la vocation successorale défavorable qui fut naguère la sienne révèle en creux la vigueur de l'assimilation de l'enfant adopté à l'enfant par le sang. La solution dégagée par la Cour de cassation démontre la puissance créatrice du droit, s'agissant de créer un lien de filiation qui, juridiquement, ne correspond pas à la réalité biologique. Dans un arrêt du 8 novembre 1982, la Cour de cassation devait se prononcer sur une affaire où un époux adopta l'enfant de son épouse et conçut, durant le mariage, un enfant avec une autre femme(23). Des problèmes liquidatifs étaient nés au moment de l'ouverture de la succession et l'enfant adultérin reprocha à l'arrêt d'appel d'avoir réduit ses droits successoraux, par application des articles 760 et 915 du Code civil. Dans son pourvoi, cette enfant soutenait qu'en « vertu du principe d'ordre public, découlant notamment des articles 757 et 913 du Code civil, de l'égalité de tous les enfants, qu'ils soient légitimes, naturels ou adoptifs, dans les droits successoraux y compris les droits à réserve de leurs parents, la lettre et l'esprit des articles 760 et 915 du même code, dérogatoires à ce principe, commandent leur application au seul cas limitatif prévu d'un concours avec les seuls enfants légitimes issus du mariage, au cours duquel a été conçu l'enfant naturel ».

La Cour de cassation rejette le pourvoi en jugeant que l'adoption au cours du mariage avait conféré à l'adoptée en vertu des textes alors en vigueur la qualité d'enfant commun des deux époux de telle sorte qu'elle devait être assimilée à l'enfant légitime issu du mariage et bénéficier de la protection prévue, en faveur des victimes de l'adultère par les articles 760 et 915 du Code civil.

L'arrêt démontre la part de fiction que comporte l'assimilation des enfants adoptés de manière plénière aux enfants nés dans le mariage.

II. – Les effets patrimoniaux de l'adoption plénière

1001. – **Vocation successorale.** Le principe d'égalité complète entre l'enfant ayant fait l'objet d'une adoption plénière et les enfants « biologiques »(24)

(23) Cass. 1re civ., 8 nov. 1982 : *Bull. civ.* 1982, I, n° 322 ; *Defrénois* 1983, art. 33032, note Y. Flour et M. Grimaldi ; *RTD civ.* 1983, 569, obs. J. Patarin.

(24) Sur le qualificatif de « biologique », ici employé par commodité de langage, cf. le numéro précédent. Il s'agit de désigner par ce terme l'enfant rattaché à ses parents par l'un des modes d'établissement régis par le Titre VII, intitulé « De la filiation ».

de l'adopté ne constitue pas simplement une noble déclaration de principe, aussi solennelle qu'illusoire et abstraite, mais se traduit aussi par des incidences concrètes directement opératoires. Ainsi, en raison du lien de filiation conféré à l'enfant, se crée une vocation successorale entre l'adopté et l'adoptant. L'enfant devient un héritier présomptif de l'adoptant et aura vocation à recueillir sa succession, en tant qu'héritier du premier ordre, lors du décès de l'adoptant. Inversement, si l'enfant vient à décéder en premier, l'adoptant a vocation à hériter de l'enfant adopté, lorsque ce dernier ne laisse ni descendant ni conjoint survivant. L'assimilation de l'enfant adopté de manière plénière à l'enfant « par le sang » justifie également la création d'une vocation successorale à l'égard des autres ascendants, qu'il s'agisse des grands-parents, voire des arrière-grands-parents. La création du lien de filiation par le biais de l'adoption plénière est parfaitement opposable aux ascendants autres que les parents.

1002. – **Obligations alimentaires.** En raison du lien de filiation créé par l'adoption plénière, des obligations alimentaires naissent entre l'adopté et l'adoptant, d'une part, mais également, de manière plus large, entre l'enfant et la famille de l'adoptant qu'il intègre. Le parent doit des aliments à l'enfant, lesquels prennent la forme d'une obligation parentale d'entretien pouvant perdurer au-delà de la majorité de l'enfant. Réciproquement, l'enfant adopté est tenu par une dette alimentaire à l'égard de son parent qui se trouverait dans le besoin, du moins si ses ressources le permettent. Plus largement, l'adopté doit, comme tout enfant, des aliments à ses parents et alliés qui sont dans le besoin.

1003. – **Autorité parentale et administration légale.** Durant la minorité de l'enfant adopté, le parent adoptant devient titulaire de l'autorité parentale relativement à la personne de l'enfant et de l'administration légale des biens de l'enfant, conformément au droit commun[25].

SECTION 2

EFFETS PROPRES À L'ADOPTION SIMPLE

1004. – **Un lien de filiation spécifique.** L'adoption simple se singularise par son caractère hybride, dès lors qu'elle crée un véritable lien de parenté entre l'adoptant et l'adopté, sans pour autant rompre totalement les liens entre ce dernier et sa famille d'origine. L'on enseigne classiquement que l'adoption simple ne rompt pas totalement les liens entre l'adopté et sa famille d'origine, ce que le Code civil exprime à l'article 364 en disposant que l'adopté reste dans sa famille d'origine et y conserve tous ses droits, notamment ses droits héréditaires. En dépit de cette absence de rupture complète des liens entre l'adopté et sa famille d'origine, l'adoption confère tout de même à l'enfant une véritable filiation à l'égard de l'adoptant. Elle l'inscrit donc en principe dans une autre structure familiale, par un lien de distinction chronologique et, en principe, sexué. Les incidences

(25) Sur l'administration légale et l'autorité parentale, V. *infra*, n°s 1199 et s.

juridiques qui ordinairement singularisent le lien de parenté se retrouvent en matière d'adoption simple. Le constat se vérifie pour l'autorité parentale et l'administration légale, la vocation successorale ou encore les obligations alimentaires. La conséquence la plus évidente de cette création d'un véritable lien de parenté apparaît à l'article 369 du Code civil qui, pour éviter toute ambiguïté, dispose que l'adoption conserve tous ses effets, nonobstant l'établissement ultérieur d'un lien de filiation.

§ 1. – Une double filiation conférée à l'enfant

I. – Le nom de famille de l'enfant adopté

A. – Principe

1005. – **Ajout du nom**(26). L'adoption simple confère le nom de l'adoptant à l'adopté en l'ajoutant au nom de ce dernier(27). Toutefois, si l'adopté est majeur, il doit consentir à cette adjonction. Le système de l'adjonction du nom révèle parfaitement le caractère souple de l'adoption simple qui ne rompt pas totalement les liens entre l'enfant et sa famille d'origine. Pour autant, il ne va pas sans soulever des difficultés lorsque l'adopté ou l'adoptant porte déjà un double nom, puisqu'il convient nécessairement de limiter le nombre de noms portés par l'enfant. Ainsi lorsque l'adopté et l'adoptant, ou d'un d'eux, portent un double nom de famille, le nom conféré à l'adopté résulte de l'adjonction du nom de l'adoptant à son propre nom, dans la limite d'un seul nom pour chacun d'eux(28). Le choix du nom ainsi que de l'ordre des deux noms appartient à l'adoptant, qui doit recueillir le consentement personnel de l'adopté âgé de plus de treize ans. En cas de désaccord ou à défaut de choix, le nom conféré à l'adopté résulte de l'adjonction en seconde position du premier nom de l'adoptant au premier nom de l'adopté. L'article 363 du Code civil réglemente ensuite le port du nom de l'adopté simple par deux époux, poursuivant là aussi la volonté de ne pas multiplier les noms conférés à l'enfant. Le troisième alinéa dispose en effet qu'en cas d'adoption par deux époux, le nom ajouté à celui de l'adopté est, à la demande des adoptants, celui de l'un d'eux, dans la limite d'un nom. Si l'adopté porte un double nom de famille, le choix du nom conservé et de l'ordre des noms adjoints appartient aux adoptants, qui doivent recueillir le consentement personnel de l'adopté âgé de plus de treize ans. En cas de désaccord, ou à défaut de choix, le nom conféré à l'enfant résulte de l'adjonction en seconde position du premier nom des adoptants selon l'ordre alphabétique, au premier nom de l'adopté.

1006. – **Port du nom : le rôle du tribunal.** La détermination du nom conféré à l'enfant peut buter sur des difficultés que les règles édictées aux premiers alinéas de l'article 363 du Code civil ne permettent pas nécessairement de résoudre. Par le recours à des critères légaux préétablis, comme le premier nom de l'adoptant ou encore l'ordre

(26) Sur le nom de famille de l'adopté simple : cf. Cl. Lapoyade-Deschamps, *Le nom de famille(s) de l'adopté simple : Dr. famille* 1998, chron. 15. – J. Massip, *L'adopté en la forme simple peut-il conserver son nom d'origine ? : Dr. famille* 2010.
(27) C. civ., art. 363, al. 1er.
(28) C. civ., art. 363, al. 2.

alphabétique, les solutions proposées peuvent se révéler discutables, appelant ainsi une correction judiciaire de leur rigueur légale. Ainsi l'adoptant dispose de la faculté de demander au tribunal de ne conférer à l'adoptant que le nom de l'adoptant ou, en cas d'adoption de l'enfant du conjoint, de dire que l'adopté conservera son nom d'origine. En faisant droit à cette demande, le jugement a pour incidence de constituer, par le truchement du nom, une cohésion familiale lorsque l'adopté ne porte que le nom de l'adoptant, en lui permettant de ne porter que le nom de famille de ce groupe. Une telle faculté s'avère évidemment opportune, en permettant d'adapter, grâce au nom de famille, l'institution de l'adoption simple à des finalités diverses. S'il s'agit ainsi de l'adoption d'un enfant relativement jeune, visant à créer une cellule famille à part entière, en l'intégrant par exemple dans une fratrie « par le sang », le port du seul nom de l'adopté constitue une solution bienvenue. Preuve supplémentaire d'une certaine flexibilité admise en matière d'adoption simple, en cas d'adoption par deux époux, le nom de famille substitué à celui de l'adopté peut, au choix des adoptants, être soit celui de l'un d'eux, soit leurs deux noms accolés dans l'ordre choisi par eux et dans la limite d'un seul nom pour chacun d'eux. Au demeurant, cette demande peut être formée postérieurement à l'adoption. Si l'adopté est âgé de plus de treize ans, son consentement personnel à cette substitution du nom devient nécessaire. En dépit des ressources offertes par l'article 363 du Code civil, une certaine rigueur demeurait puisque le texte n'envisage expressément qu'une adjonction du nom de l'adoptant à celui de l'adopté. Se posa donc la question de savoir si, inversement, le juge disposait de la possibilité d'adjoindre le nom d'origine de l'adopté au nom de l'adoptant. Proposant une interprétation souple de l'article 363 du Code civil, la Cour de cassation répond par l'affirmative en jugeant que ce texte n'exclut pas la possibilité pour le juge de décider que le nom d'origine de l'adopté suivra celui de l'adoptant(29).

B. – Les limites

1007. – Restriction. Malgré les tempéraments judiciaires qui limitent la rigueur des règles relatives au port du nom de l'adopté, le tribunal de grande instance n'a pas le pouvoir de permettre à l'enfant de conserver exclusivement son nom d'origine, sauf dans l'hypothèse d'une adoption par le conjoint de son parent. La Cour de cassation l'a rappelé, saisie d'un pourvoi dirigé contre un arrêt d'appel qui permit à l'adopté majeur de conserver son seul nom d'origine, aux motifs « que si la loi ne prévoit pas expressément la possibilité pour l'adopté de conserver son seul nom d'origine, elle ne le prohibe pas davantage et que l'appelant n'avait donné son consentement à son adoption par le mari de sa mère que dans la mesure où il conservait son nom patronymique ». La cassation de cet arrêt est prononcée pour violation de l'article 363 du Code civil, la première chambre civile jugeant que l'adoption simple confère le nom de l'adoptant à l'adopté en l'ajoutant au nom de ce dernier et que le tribunal peut toutefois décider que l'adopté ne portera que le nom de l'adoptant(30). Si l'interprétation restrictive ici menée peut surprendre

(29) Cass. 1re civ., 6 oct. 2010, n° 09-15.092 : *Bull. civ.* 2010, I, n° 192 ; *Dr. famille* 2010, comm. 186, obs. P. Murat ; *RTD civ.* 2010, 757, obs. J. Hauser ; *Defrénois* 2010, 819, obs. J. Massip.

(30) Cass. 1re civ., 22 févr. 2005, n° 03-14.332 : *Bull. civ.* 2005, I, n° 92 ; *Dr. famille* 2005, comm. 72, note P. Murat ; *RTD civ.* 2005, 361, obs. J. Hauser ; *Defrénois* 2005, 1057, obs. J. Massip.

compte tenu de la souplesse par ailleurs constatée en matière de port du nom de l'adopté, elle s'explique cependant par le nécessaire respect des termes d'un article dérogatoire, mais aussi par l'essence même de l'adoption simple qui demeure un moyen de conférer une filiation à l'enfant avec la plupart des incidences, dont le port du nom, qui en découlent. Il ne serait toutefois par inutile qu'une modification des textes intervienne pour clarifier le régime du nom de l'adopté simple, afin d'éviter des doutes et interprétations.

1008. - **Droit commun.** En ce qui concerne le nom de l'adopté majeur, la Cour de cassation[(31)] a été saisie pour transmission d'une question prioritaire de constitutionnalité au Conseil constitutionnel, au sujet de la conformité de l'article 363 du Code civil au principe selon lequel « la Nation assure à l'individu et à sa famille les conditions nécessaires à leur développement », contenu dans le dixième paragraphe du Préambule de la Constitution de 1946. Jouant pleinement le rôle de filtrage qui lui était alors dévolu, l'assemblée plénière de la Cour de cassation refuse la transmission de la question soulevée, en jugeant qu'il résulte des dispositions de l'article 61-3 du Code civil, qui s'appliquent en matière d'adoption simple, que le nom de l'adopté majeur ne peut être modifié sans son consentement exprès. La consécration de la pleine application de l'article 61-3 du Code civil, c'est-à-dire du droit commun, éclaire le régime du nom de l'adopté simple. Pour autant, la Cour de cassation ne mentionne expressément que le second alinéa du texte, laissant sans réponse la question de savoir, comme le souligne M. Hauser[(32)], si le consentement de toutes les parties ne pourrait pas opérer de même, quel que soit l'âge de l'adopté.

Cass. ass. plén., 8 juill. 2010, n° 10-40.003

(...)

Attendu que la question, en deux branches, transmise est ainsi rédigée :

1. – L'article 353-2 du Code civil – qui indique que la tierce opposition à l'encontre d'un jugement d'adoption n'est recevable qu'en cas de dol ou de fraude imputable aux adoptants – est-il conforme au principe constitutionnel selon lequel « la loi garantit à la femme, dans tous les domaines, des droits égaux à ceux de l'homme » ?

2. – L'article 363 du Code civil – qui dispose que l'adoption simple confère le nom de l'adoptant à l'adopté en l'ajoutant au nom de ce dernier – est-il conforme au principe constitutionnel selon lequel « La Nation assure à l'individu et à la famille les conditions nécessaires à leur développement » ?

Mais attendu que la question, ne portant pas sur l'interprétation d'une disposition constitutionnelle dont le Conseil constitutionnel n'aurait pas encore eu l'occasion de faire application, n'est pas nouvelle ;

Et attendu que la question posée ne présente pas un caractère sérieux dans la mesure où, d'abord, en ce qui concerne la règle de fond édictée par l'article 363 du Code civil, il résulte des dispositions de l'article 61-3, alinéa 2, du Code civil, qui s'appliquent en matière d'adoption, que le nom de l'adopté majeur ne peut être modifié sans son consentement exprès, ensuite, en ce qui concerne la règle de procédure édictée par l'article 353-2 du Code civil, les dispositions de cet article ne contiennent aucune distinction entre homme et femme quant à l'exercice de cette voie de recours ;

D'où il suit qu'il n'y a pas lieu de la renvoyer au Conseil constitutionnel ;

PAR CES MOTIFS :

DIT N'Y AVOIR LIEU À RENVOYER au Conseil constitutionnel la question prioritaire de constitutionnalité ;

Commentaire : *RTD civ.* 2010, 757, obs. J. Hauser.

(31) Cass. ass. plén., 8 juill. 2010, n° 10-40.003 : *RTD civ.* 2010, 757, obs. J. Hauser.
(32) J. Hauser, obs. préc. ss Cass. ass. plén., 8 juill. 2010.

1009. – **Incidences sur le nom des enfants de l'adopté.** La création d'un lien de parenté nouveau, que provoque l'adoption simple, ne va pas sans entraîner des incidences juridiques importantes pour les descendants de l'adopté(33), dès lors que la filiation se définit précisément comme l'inscription d'un enfant dans un ordre chronologique(34). En ce qui concerne plus exactement le port du nom, si le nom de l'adopté se trouve modifié par l'adjonction du nom de l'adoptant, la même modification rejaillit-elle sur les enfants de l'adopté ? La Cour de cassation apporte une réponse affirmative à cette interrogation, en précisant par ailleurs qu'un tel changement ne nécessite pas le consentement des enfants de moins de treize ans au moment de l'adoption(35).

Cass. 1re civ., 8 oct. 2008, n° 07-18.811

(...)

Sur le moyen unique, pris en ses quatre branches, du pourvoi n° S 07-18.811 :

Attendu que M. Loïc X...-Y... fait grief à l'arrêt attaqué d'avoir rejeté sa requête demandant qu'il soit jugé que ses trois enfants, auxquels le nom de X...-Y... avait été attribué d'office, pourraient conserver leur patronyme d'origine, en l'occurrence X..., alors, selon le moyen :

1°/ que l'adoption simple n'a pas pour effet de conférer le nom de l'adoptant aux enfants déjà nés de l'adopté ; qu'en estimant que le nom de M. Y..., conféré à son fils adoptif M. Loïc X..., avait par voie de conséquence été transmis aux enfants déjà nés de ce dernier, quand ceux-ci ne pouvaient se voir opposer les effets d'une adoption simple à laquelle, pas plus que leur mère, ils n'avaient consenti, de sorte qu'ils devaient conserver leur nom d'origine, la cour d'appel a violé l'article 363 du Code civil, ensemble les articles 366 et 61-3 du même code ;

2°/ qu'en toute hypothèse, doit être respecté le droit de l'enfant de préserver son identité, dont le nom est l'une des composantes ; qu'en estimant que le nom de M. Y..., conféré à son fils adoptif M. Loïc X..., avait par voie de conséquence été transmis aux enfants déjà nés de ce dernier, quand afin de préserver leur identité, il convenait de les autoriser à conserver leur nom d'origine, la cour d'appel a violé l'article 8 de la Convention de New York du 20 novembre 1989 relative aux droits de l'enfant, ensemble l'article 8 de la Convention européenne des droits de l'homme ;

3°/ qu'en toute hypothèse, toute décision relative au changement de nom de l'enfant, qui a pour effet de porter atteinte à une composante de son identité, doit être adoptée en considération de son intérêt supérieur ; qu'en estimant que le nom de M. Y..., conféré à son fils adoptif M. Loïc X..., avait par voie de conséquence été transmis aux enfants déjà nés de ce dernier, sans rechercher si la protection de leur intérêt supérieur n'imposait pas, afin de préserver leur identité, la conservation de leur nom d'origine, la cour d'appel a violé l'article 3 de la Convention de New York du 20 novembre 1989 relative aux droits de l'enfant ;

4°/ qu'en toute hypothèse, l'enfant a le droit d'être entendu dans toute procédure judiciaire ou administrative l'intéressant, soit directement, soit par l'intermédiaire d'un représentant ou d'une organisation appropriée ; qu'en affirmant que le changement de nom imposé aux enfants de M. X..., en raison de l'adoption simple dont ce dernier avait fait l'objet, ne nécessitait pas leur consentement, par application de l'article 61-3 du Code civil, la cour d'appel a violé l'article 12 de la Convention de New York du 20 novembre 1989 relative aux droits de l'enfant ;

Mais attendu, d'abord, qu'après avoir rappelé qu'aux termes de l'article 366 du Code civil, le lien de parenté résultant de l'adoption s'étend aux enfants de l'adopté, la cour d'appel a exactement décidé que, dès lors que le nom de famille de l'adopté avait été modifié à la suite de son adoption simple par M. Y..., le nom de ses enfants

(33) Évoquer les incidences juridiques de l'adoption sur les enfants de l'adopté suppose bien évidemment que l'enfant adopté soit lui-même parent, ce qui ne constitue pas une situation anecdotique dès lors que l'adoption simple concerne principalement des majeurs, V. sur ce point *supra*, n° 935.

(34) V. *supra*, n° 573 pour la définition du lien de parenté.

(35) Cass. 1re civ., 8 oct. 2008, n° 07-18.811 : *Bull. civ.* 2008, I, n° 220 : *JCP* G 2008, II, avis Mellottée ; *D.* 2008, 2598, obs. V. Égéa ; *RTD civ.* 2008, 652, obs. J. Hauser ; *Defrénois* 2008, 2417, obs. J. Massip ; *Dr. famille* 2009, comm. 6, note P. Murat.

mineurs nés avant cette adoption, à laquelle ils n'avaient pas à consentir, était par voie de conséquence modifié de la même façon ; ensuite, que ce changement de nom ne nécessitait pas le consentement personnel des enfants de l'adopté dès lors qu'il ressort du dossier de procédure qu'ils étaient âgés de moins de 13 ans au moment du jugement d'adoption ; enfin, que le respect du droit de l'enfant de préserver son identité et sa vie privée et familiale ne s'oppose pas à tout changement de nom ; d'où il suit que le moyen, qui est nouveau et mélangé de fait en ses deux dernières branches, n'est pas fondé ;

PAR CES MOTIFS :

Commentaires : *Bull. civ.* 2008, I, n° 220 ; *JCP* G 2008, II, avis Mellottée ; *D.* 2008, 2598, obs. V. Égéa ; *RTD civ.* 2008, 652, obs. J. Hauser ; *Defrénois* 2008, 2417, obs. J. Massip ; *Dr. famille* 2009, comm. 6, note P. Murat.

II. – Place de l'adopté dans ses familles

A. – Dans sa famille d'origine

1010. – **Originalité.** Toute l'originalité de l'institution de l'adoption simple provient de la pérennité du rattachement de l'adopté à sa famille d'origine. Le Code civil consacre expressément cette singularité en disposant que l'adopté reste dans sa famille d'origine et y conserve tous ses droits, notamment ses droits héréditaires(36). Comme en matière d'adoption plénière, les prohibitions au mariage s'appliquent entre l'adopté en la forme simple et les membres de sa famille d'origine.

B. – Dans sa famille d'adoption

1011. – **Autorité parentale et administration légale.** Dans le cadre de l'adoption simple, l'adoptant se trouve seul investi à l'égard de l'adopté des droits d'autorité parentale, y compris celui de consentir au mariage de l'adopté, à moins qu'il ne soit le conjoint du père ou de la mère de l'adopté. Dans ce dernier cas, l'autorité parentale devient partagée, puisque l'adoptant a l'autorité parentale concurremment avec son conjoint, lequel en conserve seul l'exercice(37). Pour que l'autorité parentale s'exerce de manière conjointe, encore faut-il que le parent et son conjoint adoptant adressent au greffier en chef du tribunal de grande instance une déclaration conjointe aux fins d'un exercice en commun de cette autorité.

1012. – **Empêchements à mariage.** L'enfant adopté en la forme simple intègre la famille de l'adoptant d'une manière qui se diffuse juridiquement au-delà du seul lien de parenté à l'égard de l'adoptant. Le propos se vérifie notamment pour les enfants biologiques de l'adopté et de l'adoptant qui, par définition, demeurent génétiquement étrangers à l'autre famille mais qui, cependant, se heurtent à un empêchement à mariage. L'article 366 du Code civil dispose ainsi que le lien de parenté résultant de l'adoption s'étend aux enfants de l'adopté. Ainsi le mariage se trouve prohibé entre l'adoptant, l'adopté et ses descendants, mais également entre l'adopté et le conjoint de l'adoptant, réciproquement entre l'adoptant et le conjoint de l'adopté ; entre les enfants adoptifs d'un même individu ; entre l'adopté et les enfants de l'adoptant. Pour autant, le Président de la République peut, pour des causes graves, lever par dispense l'empêchement à mariage entre les enfants adoptifs du même individu

(36) C. civ., art. 364, al. 1er.
(37) C. civ., art. 365.

ainsi que l'empêchement entre l'adopté et les enfants de l'adoptant. Dans un ordre d'idées voisin, l'empêchement à mariage entre l'adopté et le conjoint de l'adoptant et, réciproquement entre l'adoptant et le conjoint de l'adopté, peut être levé par dispense du Président de la République pour cause grave, à condition toutefois que la personne qui a créé l'alliance soit décédée.

1013. – **Particularités de l'obligation alimentaire.** Sans originalité eu égard à la nature juridique du lien créé par l'adoption, l'article 367 du Code civil dispose *ab initio* que l'adopté doit des aliments à l'adoptant s'il est dans le besoin et, réciproquement, l'adoptant doit des aliments à l'adopté. Pour autant, et de manière plus singulière, témoignant au passage de l'absence de rupture juridique totale de l'adopté et sa famille d'origine, une subsidiarité se trouve mise en place puisque les père et mère de l'adoptant demeurent tenus de fournir des aliments à l'enfant, mais uniquement s'il ne peut les obtenir de l'adoptant. Les parents d'origine se trouvent en quelque sorte dans la position de débiteurs de second rang, obligés à la dette en cas de défaillance ou d'absence de ressources du parent adoptant. Le caractère hybride de l'adoption simple trouve ici une nouvelle illustration particulièrement évidente. Pour autant, la jurisprudence a précisé que si les père et mère d'un enfant ayant fait l'objet d'une adoption simple ne sont tenus qu'à titre subsidiaire de lui fournir des aliments, cette subsidiarité n'est pas exclusive d'une contribution partielle(38). En ce qui concerne le caractère réciproque de l'obligation alimentaire dans l'adoption simple, l'obligation pesant sur l'adopté de fournir des aliments à ses père et mère cesse dès lors qu'il a été admis en qualité de pupille de l'État(39) ou pris en charge au sens du Code de l'action sociale et des familles(40).

1014. – **Vocation successorale(41).** Le principe d'assimilation juridique de l'enfant adopté aux enfants biologiques a pour incidence que l'adopté et ses descendants ont, dans la famille de l'adoptant, les mêmes droits successoraux que les autres enfants(42). Un tempérament s'observe cependant, puisque l'article 368, alinéa 2 du Code civil prend soin de préciser que l'adopté et ses descendants n'ont pas la qualité d'héritiers réservataires à l'égard des ascendants de l'adoptant.

1015. – **Recueil de la succession de l'adopté.** Afin d'assurer une forme de conservation des biens dans la famille de l'adoptant, un droit de retour légal se trouve organisé par l'article 368-1 du Code civil qui dispose que dans la succession de l'adopté, à défaut de descendants et de conjoint survivant, les biens donnés par l'adoptant ou recueillis dans sa succession retournent à l'adoptant ou à ses

(38) Cass. 1re civ., 14 avr. 2010, n° 09-12.456 : *Bull. civ.* 2010, I, n° 94 ; *JCP G* 2010, n° 17, act. 469, obs. H. Bosse-Platière ; *Dr. famille* 2010, comm. 115, note P. Murat ; *RTD civ.* 2010, 545, obs. J. Hauser ; *Defrénois* 2010, 1368, obs. J. Massip : « Mais attendu que, si les père et mère de l'adopté ne sont tenus qu'à titre subsidiaire de lui fournir des aliments, cette subsidiarité n'est pas exclusive d'une contribution partielle ; qu'ayant constaté la faiblesse des revenus de M. Z... pour faire face à l'entretien quotidien de trois personnes, la cour d'appel a décidé, à bon droit et sans se contredire, que la part des besoins de l'enfant non assumée par M. Z..., qu'elle a souverainement évaluée, devait être mise à la charge de M. Y... ; que le moyen n'est pas fondé ».

(39) Sur l'admission en qualité de pupille de l'État, V. *supra*, nos 908 et s.

(40) C. civ., art. 367 *in fine*.

(41) Sur laquelle : C. Lacour, *L'incidence de la loi du 23 juin 2006 sur la succession de l'adopté simple* : *Dr. famille* 2007, étude 35. – V. David-Balestriero, *La succession de l'adopté après la loi du 23 juin 2006* : *Defrénois* 2007, 1085. – G. Delavaquerie, *Calcul des droits de l'adopté simple dans la succession de l'ascendant de l'adoptant* : *Defrénois* 2010, 525.

(42) C. civ., art. 368.

descendants, s'ils existent encore en nature lors du décès de l'adopté, à charge de contribuer aux dettes. Le droit de retour s'opère cependant sous réserve des droits acquis par les tiers, pour ne pas bouleverser la stabilité de leur situation juridique. De manière corrélative, un second droit de retour légal profite à la famille d'origine de l'adopté simple, puisque les biens que ce dernier avait reçus à titre gratuit de ses père et mère retournent à ces derniers ou à leurs descendants. Le droit de retour légal des biens de l'adopté simple exprime, dans le domaine patrimonial, le caractère hybride de l'adoption simple. Une fois exercés les droits de retour légaux, l'actif laissé par l'adopté se divise, pour le surplus, par moitié entre la famille d'origine et la famille de l'adoptant. La solution se trouve commandée, là encore, par le principe selon lequel l'adopté simple reste dans sa famille d'origine(43).

Prolongement pratique

La situation fiscale de l'adopté simple pour la perception des droits de mutation à titre gratuit

1016. – Jusqu'à la loi du n° 2016-297 du 14 mars 2016, l'adopté simple se trouvait dans une situation fiscale désavantageuse s'agissant du régime des transmissions à titre gratuit. Désormais, l'article 786 du Code général des impôts a été modifié en ce que les transmissions à titre gratuit entre adoptants et adoptés simples sont soumises aux mêmes droits successoraux que celles des autres descendants lorsque le décès de l'adoptant survient durant la minorité de l'enfant.

§ 2. – Le caractère révocable de l'adoption simple

1017. – **Recul de la révocabilité.** Bien que l'adoption simple conserve en droit positif un caractère révocable, la loi n° 2016-297 du 14 mars 2016 le limite dans le but revendiqué de sécuriser le lien filial de l'adoption simple. Dans le rapport *Gouttenoire* qui inspira en partie la réforme du droit de la protection de l'enfance, l'adoption simple est conçue comme une mesure de protection de l'enfance et, pour cette raison, plusieurs propositions d'amélioration furent faites, parmi lesquelles figurait la réduction des possibilités de révocation de l'adoption simple(44).

I. – Justifications de la révocabilité

1018. – **Singularité.** L'adoption simple se singularise par son caractère révocable qui signifie que le lien de filiation créé peut faire l'objet d'une remise en cause. L'affirmation peut surprendre dans un contexte qui promeut une forme

(43) Expressément formulé par l'article 364, alinéa 1er du Code civil au sujet d'ailleurs des droits et, notamment des droits héréditaires de l'enfant, sachant que le texte concerne plutôt la situation dans laquelle l'adopté recueille la succession. Pour autant, le principe posé demeure si caractéristique de l'adoption simple qu'il ne paraît pas incongru de le considérer comme la principale justification de la règle successorale posée à l'article 368-1, alinéa 2 du Code civil qui concerne quant à elle le recueil de la succession de l'adopté simple prédécédé.
(44) A. Gouttenoire (ss dir.), rapp. préc., proposition n° 29.

de stabilité du lien de filiation qui, parfois, confine à l'indissolubilité tant le primat de la vérité biologique se révèle pesant. En matière d'adoption précisément, la vérité biologique se trouve par essence évincée au profit d'une fiction exprimant l'aptitude du droit à instituer des structures familiales. Pour autant, la justification du caractère révocable de l'adoption simple se trouve ailleurs, puisque l'adoption plénière qui n'a pas, non plus, de lien avec la vérité biologique se distingue quant à elle par son irrévocabilité.

1019. – **Institution hybride.** La révocabilité de l'adoption simple se justifie davantage par le caractère hybride de cette institution qui, tout en créant un lien de parenté, ne rompt pas les liens entre l'enfant et sa famille d'origine. Si l'enfant continue d'appartenir à sa famille d'origine malgré le prononcé de l'adoption simple, ce qui atténue les effets d'une révocation de cette dernière, il n'en demeure pas moins que révoquer une adoption simple constitue un acte particulièrement grave, car il s'agit de rompre pour l'avenir un lien de filiation.

1020. – **Apport de la loi du 14 mars 2016.** La loi n° 2016-297 du 14 mars 2016 procède à une réécriture de l'article 370 du Code civil qui restreint les possibilités d'obtenir une révocation de l'adoption simple, suivant en cela l'une des propositions du rapport *Gouttenoire*(45). Plus exactement, la révocation de l'adoption simple se trouve largement restreinte durant la minorité de l'enfant.

II. – Les conditions de la révocabilité

1021. – **Motifs graves.** Seuls des motifs graves peuvent justifier une révocation de l'adoption simple. Les juges du fond apprécient souverainement l'existence de tels motifs graves. Ainsi, le fait de tenir de manière habituelle des propos fortement désobligeants à l'égard du parent adoptif s'avère incompatible avec le maintien de lien de filiation adoptive(46). Constitue également un motif grave justifiant la révocation d'une adoption simple la mésentente profonde entre les époux adoptants ayant des conséquences particulièrement graves pour les enfants(47). En revanche, l'adoptant ne saurait se prévaloir d'une fraude dont il est l'auteur pour solliciter la révocation d'une adoption simple(48).

1022. – **Demandeurs.** La révocation de l'adoption pour des motifs graves, lorsque l'adopté est majeur, constitue une action personnelle que peuvent seulement introduire l'adoptant ou l'adopté(49). En tant qu'action personnelle, la révocation d'une adoption simple peut, lorsqu'elle a été intentée par l'adoptant ou l'adopté de leur vivant, être poursuivie par leurs héritiers. L'héritier de l'adopté ne saurait en revanche introduire un recours en révision contre un jugement prononçant la révocation d'une

(45) A. Gouttenoire (ss dir.), rapp. préc., proposition n° 29.
(46) Bordeaux, 7 mars 2002 : *Dr. famille* 2002, comm. 83, note P. Murat ; *RTD civ.* 2002, 797, obs. J. Hauser.
(47) Limoges, 26 nov. 1992 : *D.* 1994, 207, note Berry.
(48) Cass. 1re civ., 28 févr. 2006 : *Bull. civ.* 2006, I, n° 125, *RTD civ.* 2006, 296, obs. J. Hauser. – Cass. 1re civ., 19 nov. 1991 : *Bull. civ.* 1991, I, n° 316.
(49) C. civ., art. 370, al. 1er (réd. L. n° 2016-297, 14 mars 2016) ; précédemment le deuxième alinéa de l'article 370 du Code civil disposait que la demande de révocation faite par l'adoptant n'était recevable que si l'adopté était âgé de plus de quinze ans.

adoption simple, quand l'adopté ne l'a pas fait de son vivant[50]. Lorsque l'adopté est mineur, les possibilités de révocation de l'adoption simple ont été largement restreintes par la loi n° 2016-297 du 14 mars 2016. Désormais en effet, l'article 370, alinéa 2 du Code civil dispose que : « Lorsque l'adopté est mineur, la révocation de l'adoption ne peut être demandée que par le ministère public ». Une stabilité du lien de filiation créé par l'adoption simple se trouve ainsi recherchée, car l'adoption simple s'impose comme une mesure de protection de l'enfant préférable à l'assistance éducative qui reste marquée par son caractère provisoire et l'absence de prise en compte des liens créés à l'occasion de la mesure. Avant la loi n° 2016-297 du 14 mars 2016, le champ des demandeurs potentiels d'une révocation de l'adoption simple demeurait plus large puisque pouvaient la solliciter le ministère public, les père et mère par le sang ou, à leur défaut, un membre de la famille d'origine jusqu'au degré de cousin germain inclus[51]. En droit positif, seul le ministère public conserve la faculté de solliciter la révocation d'une adoption simple, dans l'intérêt de l'enfant.

1023. – **Obligation de motivation.** Sans surprise eu égard aux incidences majeures de la révocation et en raison de l'exigence de motifs graves, le jugement qui révoque une adoption simple doit être motivé[52].

1024. – **Mentions et transcriptions.** Le jugement qui prononce la révocation d'une adoption simple comporte une incidence directe sur les structures familiales, exprimée par une modification des actes d'état civil de l'adopté et de l'adoptant. Concrètement, il convient donc de mentionner le dispositif du jugement en marge de l'acte de naissance ou de la transcription du jugement d'adoption[53].

1025. – **Effets pour l'avenir.** À la différence de la contestation d'un lien de filiation, faite sur le fondement de l'article 333 du Code civil, qui revêt un caractère rétroactif[54], la révocation d'une adoption simple n'a d'effets que pour l'avenir. Elle fait cesser pour l'avenir tous les effets de l'adoption, à compter du jour de la demande de révocation[55], à l'exception de la modification des prénoms[56]. L'absence de rétroactivité comporte de multiples incidences, notamment quand une succession s'ouvre avant la demande de révocation, puisque les vocations successorales des héritiers s'apprécient au jour de l'ouverture de la succession[57]. L'adopté considéré comme héritier lors de l'ouverture de la succession peut, ensuite, voir prononcée une révocation de l'adoption tout en conservant sa vocation successorale, même si la liquidation et le partage n'ont pas encore été faits.

(50) Cass. 1re civ., 6 déc. 2005 : *Bull. civ.* 2005, I, n° 477 ; *RTD civ.* 2006, 100, obs. J. Hauser.
(51) C. civ., ancien art. 370, al. 3.
(52) C. civ., art. 370-1.
(53) C. civ., art. 370-1 ; pour la réalisation de cette mention marginale, le texte renvoie aux dispositions de l'article 362 du Code civil.
(54) À l'exception il est vrai de la contestation d'un lien de paternité établi grâce à une reconnaissance de complaisance où le père « de complaisance » ne pourra pas réclamer le remboursement des sommes par lui exposées pour l'entretien et l'éducation de l'enfant.
(55) Cass. 1re civ., 21 juin 1989 : *Bull. civ.* 1989, I, n° 249.
(56) C. civ., art. 370-2.
(57) Cf., pour une illustration relative à l'exercice par l'enfant adopté d'une action en retranchement : Cass. 1re civ., 9 juill. 2013, n° 12-19.013 : *JCP G* 2015, 101, n° 1 ; *JCP N* 2015, 1089, n° 1, obs. R. Le Guidec ; *Dr. famille* 2014, comm. 143, note C. Neirinck ; *Dr. famille* 2014, comm. 144, note B. Beignier et M. Nicod.

DEUXIÈME PARTIE

LES RELATIONS FAMILIALES

1026. – Incidences de la structure familiale. Quand une structure familiale existe, le droit soumet les personnes unies par un lien familial à des règles juridiques particulières. Un « devoir être » spécifique découle donc de l'établissement d'un lien familial, prescrivant certains comportements. Les alliés se doivent ainsi mutuellement des aliments, ce qui signifie par exemple qu'un gendre doit des aliments à sa belle-mère dans le besoin(1). Les règles juridiques qui organisent les relations familiales consistent donc à prescrire un comportement attendu entre membres d'une même famille, selon la place juridiquement attribuée à chacun dans la structure familiale. Ainsi, le lien d'alliance ne fait pas naître les mêmes droits et obligations que le lien de filiation. Dans un ordre d'idées quelque peu différent, l'intensité des droits et obligations varie selon la proximité des personnes au sein de la structure familiale(2). Au-delà de ces nuances, une constante demeure dès lors que le droit soumet les relations familiales à des règles spécifiques prescrivant un comportement différent de celui qui doit exister, de manière ordinaire, entre deux « tiers », juridiquement étrangers l'un à l'autre.

1027. – Rapports avec l'état civil. À la différence des règles juridiques relatives aux structures familiales dont la finalité reste l'établissement, la modification, voire la destruction d'un lien familial, les règles concernant les relations familiales n'ont pas pour objet l'état civil. En prescrivant que les époux se doivent mutuellement respect, fidélité, secours et assistance, ou encore que l'enfant à tout âge doit honneur et respect à ses parents, le Code civil n'indique pas comment modifier l'état civil en rattachant un enfant à son parent, ou en faisant sortir du célibat juridique

(1) C. civ., art. 206.

(2) Cf., par ex., en matière d'aliments, le caractère subsidiaire de l'obligation des grands-parents par rapport à l'obligation parentale d'entretien. Ainsi, l'obligation que les articles 203 et, désormais, 371-2 du Code civil mettent à la charge des père et mère n'exclut celle que les articles 205 et 207 imposent aux autres ascendants que dans la mesure où les parents peuvent y faire face (Cass. 1re civ., 6 mars 1990 : *Bull. civ.* 1990, I, n° 58 ; *JCP* G 1990, II, 21664 [2e esp.], note Th. Garé. – Cass. 1re civ., 6 mars 1974 : *D.* 1974, 329, note Gaury ; *Defrénois* 1990, 944, obs. J. Massip).

les époux, mais il intervient au second plan, en aval pour tenir compte de l'existence ou de la disparition d'une structure familiale. Autrement dit, la détermination d'une structure familiale précède la prescription de règles relatives aux relations familiales.

L'affirmation qui précède mérite tout de même d'être nuancée au regard de l'essor du lien d'affection. En matière de concubinage par exemple, faute d'acte juridique préalablement établi, qui prouve la volonté de fonder un lien de couple – à l'instar de la célébration d'un mariage ou de la conclusion d'une convention de PACS –, la caractérisation du lien de couple s'opère de manière rétrospective. La chronologie intellectuelle qui commande d'établir d'abord une structure familiale pour en déduire ensuite l'étendue des droits et obligations entre membres de la même de la famille se trouve alors quelque peu inversée. L'existence du lien de couple se déduit de l'observation régulière, stable et continue d'un certain comportement. Il en résulte une organisation juridique assez restreinte des relations devant exister entre membres du couple de concubins. À l'exception notable et justifiée de la protection de l'intégrité corporelle des membres du couple de concubins, par le biais d'un dispositif unifié de lutte contre les violences au sein des couples(3), il n'existe pas de réglementation complète et globale des droits et obligations entre membres d'un couple non marié.

1028. - **Rapport avec la notion de vie familiale.** La notion de droit à une vie familiale normale, dont la Cour européenne des droits de l'homme entend rigoureusement protéger l'exercice, intéresse au premier chef les relations familiales. Notion autonome du droit européen des droits de l'homme, le droit à une vie familiale normale ne se confond pas avec les relations familiales, car il désigne davantage la faculté d'établir un lien familial – de couple ou de parenté, y compris fondé sur l'affection – ainsi que le droit de nouer et entretenir des relations avec les membres de la famille(4). Au sens des présents développements, le droit des relations familiales ne constitue donc qu'une composante, une facette du droit de mener une vie familiale normale.

1029. - **Le couple et l'enfant.** Suivant une démarche classique en ce domaine, les règles juridiques relatives aux relations familiales seront présentées en distinguant le couple et l'enfant. Chronologiquement, le couple précède en principe l'enfant. Avant de présenter l'enfant et sa famille (Livre 2), l'on s'intéressera donc aux relations entre membres du couple (Livre 1).

(3) Sur laquelle, V. *infra*, nos 1031 et s.

(4) Cf. en ce sens, l'analyse de la notion de « vie familiale » proposée par F. Sudre pour qui, au fil de ses arrêts, la Cour européenne des droits de l'homme semble signifier que la notion de vie familiale comporte soit une parenté combinée à une effectivité, ou bien une parenté combinée à une apparence de famille (cf. F. Sudre, *La « construction » par le juge européen du droit au respect de la vie familiale*, in F. Sudre [ss dir.], *Le droit au respect de la vie familiale au sens de la CEDH*, Bruylant, 2002, p. 11), à cela Mme Gouttenoire suggère l'ajout d'une troisième combinaison permettant de saisir désormais la notion. La vie familiale désignerait aussi la parenté et la volonté contrariée d'établir un lien (A. Gouttenoire, in *Grands arrêts de la Cour européenne des droits de l'homme*, PUF, 2015, n° 49).

LIVRE 1

LES RELATIONS ENTRE MEMBRES DU COUPLE

1030. – **Par-delà la diversité des couples.** Le pluralisme des formes juridiques de couple ne concerne pas seulement les modes d'établissement ou de remise en cause du lien de couple, mais commande également l'édification de règles différentes sur le terrain des relations entre membres du couple. De ce point de vue, le mariage continue d'offrir un ensemble complet de droits et obligations organisant les relations entre époux, aussi bien sur le plan personnel que patrimonial. Le constat demeure évident par rapport au concubinage. Il se révèle plus relatif s'agissant du pacte civil de solidarité puisque le régime juridique de ce dernier tend à se rapprocher sensiblement du mariage. Au-delà de cette diversité, certaines règles concernent indistinctement les couples mariés et ceux qui ne le sont pas, car elles poursuivent un impératif de protection de l'intégrité de la personne physique considéré à juste titre comme primordial. Il s'agit de l'ensemble des règles juridiques organisant un dispositif de lutte contre les violences dans le couple, voire dans l'ex-couple, qui forme un droit commun (Titre 1) concernant aussi bien le mariage, le PACS, que le concubinage. En dehors du dispositif commun de lutte contre les violences, les relations juridiques entre membres des couples relèvent d'un droit spécial propre à chaque type de couple (Titre 2).

TITRE 1

LES RELATIONS DANS LE COUPLE : LE DISPOSITIF COMMUN DE LUTTE CONTRE LES VIOLENCES

1031. - **Indifférence du type de couple.** La lutte contre les violences au sein du couple constitue une finalité que revendique le droit positif[1] en ne se limitant pas à un seul type d'organisation juridique du couple. Tenant compte du pluralisme[2], le dispositif de lutte contre les violences conjugales concerne indistinctement les couples mariés, les couples de concubins et les couples unis par un pacte civil de solidarité. Mieux, ces dispositions appréhendent également les violences qui viendraient à être commises par un ex-époux, un ex-partenaire de PACS ou un ex-concubin.

1032. - **Statistiques.** Les données chiffrées disponibles en matière de violence conjugale témoignent de la triste ampleur du phénomène. Leur importance s'avère d'autant plus préoccupante qu'il existe un important chiffre « noir », puisque de nombreuses victimes ne portent pas plainte, faisant ici échapper une partie de ces situations à une révélation statistique ; mais aussi en raison de la nature de certaines formes de violence particulièrement difficiles à prendre en compte. Tel est le cas notamment des violences morales qu'il s'avère compliqué de caractériser, de prouver et de recenser[3]. En dépit de ces difficultés dans le recueil de l'information, il apparaît que chaque année ce sont près de 216 000 femmes qui sont victimes de violences conjugales. On dénombre également 174 décès, dont 148 décès de

(1) Cf. M. Pichard et C. Viennot, *Le traitement juridique et judiciaire des violences conjugales*, éd. Mare et Martin, 2016. – E. Bazin : *Rép. proc. civ.* Dalloz, V° *Violences familiales*.

(2) Un parallèle peut ici être fait avec le constat identique que l'on peut dresser, quoique les matières soient évidemment différentes, en droit de la protection juridique des majeurs. La loi n° 2007-308 du 5 mars 2007 qui a profondément modifié le droit naguère qualifié de « droit des incapacités » appréhende en effet sans distinction les couples, quelle que soit leur forme juridique, s'agissant de l'ouverture et de la gestion d'une mesure de protection judiciaire (tutelle, curatelle ou encore l'habilitation familiale, depuis l'ordonnance n° 2015-1288 du 15 octobre 2015 et la loi n° 2016-1547 du 18 novembre 2016 dite « Justice 21 »).

(3) Cf., sur ce point, l'enquête de l'INSEE publiée au mois de juillet 2016, consacrée aux atteintes psychologiques et agressions verbales entre conjoints, qui révèle que les atteintes de ce type restent plus fréquentes et plus graves à l'encontre des femmes. En 2014 et 2015, 12,7 % des femmes et 10,5 % des hommes âgés de dix-huit à soixante-quinze ans déclarent avoir subi des atteintes psychologiques ou des agressions verbales de la part de leur conjoint ou ex-conjoint. Il s'agit de propos dévalorisants et d'insultes, de menaces, de manifestations de jalousie, de tentatives d'isolement de la famille ou des amis. Cf. *INSEE Première* juill. 2016, n° 1607.

femmes, suite à des violences conjugales. Au sein de l'Union européenne, le chiffre des violences s'élève à 12 millions de victimes dont 3,3 millions subissent des violences sexuelles.

1033. – **Réaction du droit positif : droit interne.** Face à l'ampleur du phénomène[(4)] qui vient d'être rappelé, plusieurs textes ont été votés depuis une quinzaine d'années, afin de perfectionner le dispositif existant. Tout d'abord, la première étape de cette amélioration du droit positif a été marquée par la loi n° 2004-439 du 26 mai 2004 réformant le divorce[(5)] et par la loi n° 2006-399 du 4 avril 2006 renforçant la prévention et la répression des violences au sein du couple ou commises contre des mineurs[(6)]. Le premier texte instaura à l'époque, dans un article 220-1, alinéa 3 du Code civil, le mécanisme dit du « référé-violence », permettant d'obtenir en urgence une mesure d'éviction du conjoint violent du domicile conjugal, à l'issue d'un débat contradictoire, et ce même si cet époux était propriétaire en propre du local d'habitation. Le dispositif se limitait cependant aux seuls époux[(7)]. La seconde loi renforça quant à elle les dispositions pénales permettant de lutter contre les violences au sein du couple, tant sur le terrain de la prévention que de la répression. Ensuite, la loi n° 2010-769 du 9 juillet 2010 relative aux violences faites spécifiquement aux femmes constitua la deuxième étape importante[(8)]. Ce dernier texte, en s'inspirant d'une loi espagnole du 31 juillet 2003, permet au juge aux affaires familiales de délivrer en urgence une ordonnance de protection, aussi bien au sein d'un couple marié que pour des concubins ou partenaires unis par un pacte civil de solidarité. Mesure provisoire reposant sur une logique d'éloignement du conjoint violent, l'ordonnance de protection entend apporter une réponse rapide à une situation de violence au sein du couple ou commise par un ancien membre du couple, généralement dans l'attente d'une décision au fond rendue en matière de divorce ou statuant sur les modalités d'exercice de l'autorité parentale. Dans ce cadre, le juge aux affaires familiales peut ordonner toute une série de mesures allant de l'interdiction de rencontrer la victime à l'obligation de déposer une arme auprès d'un service de police ou de gendarmerie. L'originalité de l'ordonnance de protection se dévoile déjà puisque c'est un juge civil qui peut prendre ici,

(4) Sur une approche sociologique et psychologique du phénomène des violences conjugales, notamment dans une perspective comparatiste avec des études nord-américaines, cf. M. Herzog-Evans, *Violence dite « domestique » : une responsabilité sociétale et peu de perspectives de traitement* : AJF 2014, 217.

(5) Sur laquelle, V. *supra*, n° 232.

(6) Sur ce texte, cf. M. Rebourg, *Prévention et répression des violences dans le couple ou contre les mineurs (loi du 4 avril 2006)* : JCP G 2006, act. 775. – M. Azavant, *Regard civiliste sur la loi du 4 avril 2006 renforçant la prévention et la répression des violences au sein du couple* : *Dr. famille* 2006, étude 40. – I. Corpart, *Haro sur les violences conjugales* : *Rev. Lamy dr. civ.* 2007/35, n° 2403. – A.-M. Leroyer, *Regards civilistes sur la loi relative aux violences au sein du couple* : *RTD civ.* 2006, 402. – D. Viriot-Barrial, *À propos de la loi n° 2006-399 du 4 avril 2006 renforçant la prévention et la répression des violences au sein du couple ou commises contre les mineurs* : D. 2006, 2350 ; plus largement, cf. E. Bazin : *Rép. proc. civ.* Dalloz, V° *Violences familiales*.

(7) Pour l'inapplicabilité de l'ancien article 220-1, alinéa 3 du Code civil en dehors du mariage, cf. TGI Lille, 21 févr. 2006 : *Dr. famille* 2006, comm. 141, note I. Corpart.

(8) Sur laquelle : cf. V. Larribau-Terneyre, *Premiers éclairages sur l'application de la loi du 9 juillet 2010 dans le temps et au fond* : *Dr. famille* 2011, comm. 51. – V. Larribau-Terneyre, *La protection civile contre les violences étendues aux couples non mariés et séparés* : *Dr. famille* 2010, comm. 142. – M. Lamarche, *Que restera-t-il du mariage ?* : *Dr. famille* 2010, étude 72. – I. Corpart, *Intensification de la lutte contre les violences au sein du couple, commentaire de la loi n° 2010-769 du 9 juillet 2010* : *Dr. famille* 2010, étude 28. – A. Bourrat-Guéguen, *Vers l'instauration d'un dispositif efficace de lutte contre les violences au sein du couple ?* : JCP G 2010, 805. – C. Ambroise-Casterot et N. Fricero, *La loi du 9 juillet 2010 relative aux violences faites aux femmes : nouvelles armes juridiques* : RJPF 2010-9/11.

en se fondant sur l'urgence, des mesures de nature coercitive. Au demeurant, l'ordonnance rendue par un juge civil n'évince pas l'éventuelle réponse aux violences conjugales que peuvent apporter le ministère public, d'une part, et le juge pénal, d'autre part. Puis le mécanisme de l'ordonnance de protection ainsi que le dispositif pénal de lutte contre les violences au sein du couple ont été encore perfectionnés par la loi n° 2014-873 du 4 août 2014 pour l'égalité réelle entre les femmes et les hommes. Des modifications d'ordre technique, relatives à la durée de la mesure, ont été apportées par le décret n° 2015-282 du 11 mars 2015. Enfin, dans un ordre d'idées voisin(9), la loi n° 2016-297 du 14 mars 2016, relative à la protection de l'enfance a modifié l'article 378-1 du Code civil, relatif aux situations permettant d'ordonner un retrait d'autorité parentale(10), pour ajouter la situation dans laquelle l'enfant est témoin de pressions ou de violences, à caractère physique ou psychologique, exercées par l'un des parents sur la personne de l'autre.

1034. – **Réaction du droit positif : droits européens.** Les dispositifs français de lutte contre les violences conjugales s'inscrivent dans un contexte législatif européen qui, lui aussi, s'avère animé de la même volonté(11). Le Conseil de l'Europe, tout d'abord, a adopté une convention du 11 mai 2011, sur la prévention et la lutte contre la violence à l'égard des femmes et la violence domestique, dite convention d'Istanbul. Elle définit les violences contre les femmes comme une violation des droits humains, encourage la prévention des violences et prévoit notamment l'obligation pour les États parties de veiller à ce que les ordonnances de protection soient disponibles pour les victimes de toutes les formes de violences. Entrée en application le 1er août 2014, la convention a été signée par quarante-cinq États et ratifiée par trente et un d'entre eux(12). L'Union européenne a signé la Convention d'Istanbul le 13 juin 2017. À cela s'ajoute la jurisprudence de la Cour européenne des droits de l'homme qui condamne la passivité des États parties à la Convention dans la mise en œuvre effective des dispositifs de lutte contre les violences conjugales(13). En droit de l'Union européenne ensuite, une directive du 13 décembre 2011 permit aux décisions de protection rendues par les juridictions d'un État membre

(9) Sur le lien entre violences conjugales et autorité parentale, cf. A. Dionisi-Peyrusse et M. Pichard, *La prise en compte des violences conjugales en matière d'autorité parentale* : *AJF* 2018, 34.

(10) Sur le retrait de l'autorité parentale, V. *infra*, n° 1257 s.

(11) Sur l'ensemble de la question, cf. B. Ancel, *Les violences conjugales saisies par le droit européen : évolution ou révolution ?* : *RTDE* 2013, 701.

(12) Dix ratifications étaient nécessaires pour l'entrée en application de la convention. Le dernier État à avoir ratifié le texte est la Belgique (ratification du 14 mars 2016). La France a ratifié la convention d'Istanbul le 4 juillet 2014.

(13) En se fondant sur l'article 8 (CEDH, 24 avr. 2012, n° 57693/10, *Kalucza c/ Hongrie*. – CEDH, 14 oct. 2010, n° 55164/08, *A. c/ Croatie*. – CEDH, 12 juin 2008, n° 71127/01, *Bevacqua c/ Bulgarie*) ou sur les articles 2 et 3 de la Convention européenne des droits de l'homme (CEDH, 28 juin 2016, *Halime Kilic c/ Turquie*. – CEDH, 22 mars 2016, n° 646/10, *M. G. c/ Turquie*. – CEDH, 13 nov. 2014, *Durmaz c/ Turquie*. – CEDH, 30 oct. 2012, n° 43994/05, *E. M. c/ Roumanie*. – CEDH, 26 mars 2013, n° 33234/07, *Valiuliene c/ Lituanie*. – CEDH, 9 juin 2009, n° 33401/02, *Opuz c/ Turquie*, en particulier le § 132 sur le champ large du phénomène des violences au sein du couple). Parfois, la Cour combine également à ces premiers fondements l'article 13 de la Convention européenne des droits de l'homme qui consacre le droit à un recours effectif, pour condamner des États n'ayant pas efficacement garanti à la victime la possibilité de bénéficier d'un recours pour solliciter la réparation du dommage moral subi du fait des violences (cf. en ce sens : CEDH, 31 mai 2007, *Kontrovà c/ Solvaquie*). Désormais, les articles 2 et 3 sont régulièrement combinés à l'article 14, dès lors que la passivité d'un État partie à la Convention EDH dans la mise en œuvre de dispositifs de lutte contre les violences conjugales crée un climat propice à cette violence (cf. arrêt *Opuz*, préc., § 191 et s.) et qu'une tolérance répétée à l'égard de ces faits reflète une attitude discriminatoire envers une requérante, en tant que femme (CEDH, 28 mai 2013, n° 3564/11, *Eremica c/ République de Moldavie*, spéc. 89 ; *adde*. en dernier lieu : CEDH, 23 mai 2017, n° 49645/09, *Balsan c/ Roumanie*, spéc. § 85 et s.).

de l'Union de circuler librement en bénéficiant d'un système de reconnaissance mutuelle. C'est enfin le règlement (UE) n° 606/2013 du 12 juin 2013, entré en application le 12 janvier 2015, qui permet à une décision prononcée par les juridictions d'un État membre et statuant sur l'éloignement d'être reconnue et exécutée librement sur le territoire des autres États membres de l'Union[14].

1035. – **Plan.** Même si le droit civil et le droit pénal reposent schématiquement sur une même logique, à savoir l'évitement, deux modalités différentes se constatent. Alors que les dispositions contenues dans le Code civil et le règlement (UE) n° 606/2013 mettent en place un évitement par l'éloignement, à titre préventif, du conjoint violent, le droit pénal emploie l'évitement dans une logique répressive dans le cadre de mesures privatives de liberté. Seront donc abordés successivement le droit civil (Chapitre 1) puis le droit pénal (Chapitre 2).

(14) Sur ce texte, V. *infra*, n°s 1058 et s.

CHAPITRE 1

LES MESURES DE PROTECTION POUVANT ÊTRE PRISES PAR LE JUGE CIVIL

1036. - **Essor de l'ordonnance de protection.** Les données statistiques fournies par le ministère de la Justice témoignent de l'essor du recours à l'ordonnance de protection[1]. Ainsi, pour l'année 2016, ce sont près de 3 500 demandes qui ont été faites, soit une augmentation de 50 % depuis 2012. Le taux d'appel demeure relativement modeste en se situant vers 10 % environ.

SECTION 1

LES MODALITÉS DE DÉLIVRANCE D'UNE ORDONNANCE DE PROTECTION

§ 1. – Conditions matérielles

I. – L'exercice de violences

1037. - **Signification large du terme « violences ».** Une ordonnance de protection peut être sollicitée lorsque s'exercent des violences au sein du couple par un ancien conjoint, un ancien partenaire lié par un pacte civil de solidarité ou un ancien concubin. La condition ainsi posée par l'article 515-9 du Code civil renvoie à une signification large du terme de violence qui s'entend non seulement des violences physiques, mais aussi des violences morales et/ou sexuelles. À cette conception large du terme de « violences » répondent des difficultés de preuve puisque les violences morales demeurent en pratique relativement complexes à démontrer[2].

1038. - **Le critère de la mise en danger.** Pour autant, la preuve de violences ainsi exercées ne suffit pas, en elle-même, pour accéder à l'ordonnance de protection.

(1) Ministère de la Justice, *Références statistiques de la Justice*, 2016.
(2) V. *supra*, n° 1036 pour les données statistiques.

Encore faut-il que lesdites violences mettent en danger la personne qui en est victime, ou bien qu'elles exposent un ou plusieurs enfants. Là aussi, le terme de danger comporte une certaine malléabilité en désignant de manière générale le risque d'une atteinte grave à un intérêt de la personne. Pour autant, par son caractère flou, la notion de danger offre assurément une marge d'appréciation conséquente au juge aux affaires familiales.

1039. – **Appréciation souveraine.** S'agissant de l'appréciation des conditions d'octroi d'une ordonnance de protection, les juges du fond paraissent disposer d'un pouvoir souverain d'appréciation (3).

II. – La menace d'un mariage forcé

1040. – **Droit spécial.** Bien que constituant une hypothèse de violence, essentiellement morale et sexuelle, la menace d'un mariage forcé n'en constitue pas moins une hypothèse envisagée de manière spécifique par le Code civil. L'article 515-13 dudit code réserve en effet l'hypothèse de la délivrance en urgence d'une ordonnance de protection à la personne majeure menacée de mariage forcé. L'édiction d'une hypothèse spéciale de délivrance de l'ordonnance de protection se justifie pleinement puisqu'il reste préférable, en matière de mariage forcé, de s'inscrire dans une perspective préventive, en intervenant avant la célébration de l'union (4). Le recours à l'ordonnance de protection en cas de menace d'un mariage forcé demeure proportionnellement plus faible que pour les autres hypothèses de violence (5).

§ 2. – Conditions personnelles

1041. – **Indifférence du type de couple.** L'ordonnance de protection peut être délivrée lorsque des violences sont exercées au sein du couple, sans distinction selon le type de couple concerné. Le droit positif a mis en place un véritable droit commun qui ne procède à aucune distinction entre les époux, les partenaires et les concubins, et entend répondre aux violences exercées au sein du couple de manière générale. L'article 515-9 du Code civil retient d'ailleurs cette terminologie large de « couple ».

1042. – **Violences exercées par l'ex-membre du couple.** Dans un ordre d'idées voisin, et dans le but d'étendre le champ de la protection, le Code civil prévoit que l'ordonnance de protection peut être délivrée lorsque les violences sont exercées par un ancien conjoint, un ancien partenaire lié par un pacte civil de solidarité ou un ancien concubin (6). Le dispositif permet donc de répondre aux hypothèses où la personne quittée entend exercer des menaces, pressions et violences par rancœur, vengeance ou en espérant de la sorte « reconquérir » l'autre...

(3) Cass. 1re civ., 5 oct. 2016, n° 15-24.180 : *Dr. famille* 2016, comm. 245, note C. Berthier ; *AJF* 2016, 537, obs. A. Sannier.
(4) Sur la lourde mise en œuvre des dispositions relatives à la nullité du mariage, V. *supra*, nos 188 et s.
(5) Pour l'année 2015, une ordonnance de protection n'aurait été délivrée qu'à quatre reprises pour cause de menace de mariage forcé. Cf. C. de Rocquigny du Fayel, *Regard d'un procureur sur l'ordonnance de protection* : *AJF* 2017, 224.
(6) C. civ., art. 515-9.

§ 3. – Conditions procédurales

I. – Déroulement de la procédure

1043. – **Compétence matérielle.** Le juge aux affaires familiales est matériellement compétent(7) pour délivrer une ordonnance de protection.

1044. – **Compétence territoriale.** Aucune disposition spécifique ne venant régler la question de la compétence territoriale du juge aux affaires familiales, il convient d'appliquer les règles générales de l'article 1070 du Code de procédure civile(8).

1045. – **Saisine du juge.** L'article 515-10 du Code civil détermine en son premier alinéa les modalités de saisine du juge aux affaires familiales. Ainsi, la personne en danger doit en principe saisir le juge aux affaires familiales et peut, à cette fin, se faire assister si besoin. Le Code civil prévoit une seconde modalité dans laquelle le ministère public dispose du pouvoir, avec l'accord de la personne en danger, de saisir le juge aux affaires familiales.

1046. – **Formes de la saisine.** Le juge aux affaires familiales peut être saisi soit par requête, soit par assignation en la forme des référés(9).

Code de procédure civile

Art. 1136-3. – Dans les cas prévus aux articles 515-9 et 515-13 du Code civil, le juge est saisi par une requête remise ou adressée au greffe.

Outre les mentions prescrites par l'article 58 du présent code, la requête contient un exposé sommaire des motifs de la demande et, en annexe, les pièces sur lesquelles celle-ci est fondée. Ces exigences sont prescrites à peine de nullité.

À moins qu'il ne soit l'auteur de la requête, le ministère public en est aussitôt avisé par le greffier.

Chaque partie est convoquée par le greffier à l'audience.

La convocation des parties, à l'exception du ministère public, est faite par lettre recommandée avec demande d'avis de réception ou par la voie administrative, en cas de danger grave et imminent pour la sécurité d'une personne concernée par une ordonnance de protection ou lorsqu'il n'existe pas d'autre moyen de notification.

Le demandeur peut également être convoqué verbalement contre émargement.

La convocation adressée au défendeur vaut citation. Elle comprend en annexe une copie de la requête et des pièces qui y sont annexées.

Le ministère public est avisé de la date de l'audience par le greffier.

Art. 1136-4. – Le demandeur peut également former sa demande par assignation en la forme des référés. Dans ce cas, outre les mentions prescrites par l'article 56 et l'indication de la date d'audience en application de l'article 485, la demande contient en annexe, à peine de nullité, les pièces sur lesquelles la demande est fondée.

1047. – **Dissimulation de l'adresse de la victime.** Le nécessaire respect du formalisme des actes de procédure concorde assez mal avec la faculté offerte par le Code civil à la victime de dissimuler son domicile. Habituellement, l'indication du domicile du demandeur constitue en effet l'une des mentions obligatoires des actes introductifs d'instance. Pour autant, il s'avère parfois indispensable de ne pas communiquer l'adresse du demandeur à l'auteur présumé des violences, pour éviter

(7) C. civ., art. 515-9.
(8) En ce sens : A. Matteoli, *Quelques questions juridiques soulevées par l'application de l'ordonnance de protection par les juges aux affaires familiales* : *AJF* 2017, 222.
(9) Pour un modèle d'assignation en la forme des référés en vue de la délivrance d'une ordonnance de protection, cf. E. Chaillié, in *AJF* 2017, 236.

d'éventuelles représailles ou pressions qui suivraient l'introduction de l'instance. Ainsi, le demandeur qui sollicite l'autorisation de dissimuler son domicile ou sa résidence est dispensé d'en indiquer l'adresse dans son acte introductif d'instance, sous réserve de porter cette information à la connaissance de l'avocat qui l'assiste ou le représente ou du procureur de la République près du tribunal de grande instance, auprès duquel il élit domicile[10]. L'acte mentionne alors cette élection de domicile. L'avocat ou le procureur de la République auprès duquel il est élu domicile communique sans délai l'adresse du demandeur au juge. Le greffe ainsi que la personne à laquelle l'adresse est communiquée pour les besoins de la procédure ne peuvent la porter à la connaissance du défendeur ou de son représentant[11].

1048. – **Convocation des parties.** L'efficacité du dispositif de lutte contre les violences conjugales nécessite la délivrance rapide d'une ordonnance de protection afin de répondre au danger. Ainsi, dès la réception de la demande d'ordonnance de protection, le juge aux affaires familiales convoque, par tous moyens adaptés, pour une audition, la partie demanderesse et la partie défenderesse, assistées le cas échéant d'un avocat, ainsi que le ministère public[12]. Ces auditions peuvent avoir lieu séparément et elles peuvent se tenir en chambre du conseil.

1049. – **Preuves.** En matière d'ordonnance de protection, les règles probatoires diffèrent du droit commun en reposant sur un système fondé sur la vraisemblance et non sur l'exigeante démonstration de la vérité du fait allégué[13]. Le demandeur doit produire des éléments qui rendent vraisemblables la commission des faits de violence allégués et le danger auquel la victime ou un ou plusieurs enfants sont exposés[14].

Les éléments ainsi produits font l'objet d'un débat contradictoire, ce que certains regrettèrent lors de la création de l'ordonnance de protection, estimant que le but poursuivi par la mesure justifiait de retenir une mesure unilatérale et donc une éviction temporaire du principe de la contradiction. Le législateur ne fit pas le choix d'une procédure unilatérale, considérant que le contenu de la mesure de protection et le système de vraisemblance probatoire nécessitaient que le défendeur puisse discuter des éléments produits.

La preuve constitue l'un des principaux obstacles érigés devant l'efficacité de l'ordonnance de protection. Non seulement la commission de certaines violences, comme les violences morales, se révèle difficile à démontrer, mais, de surcroît, certains magistrats ne se contentent pas en pratique d'éléments rendant vraisemblables l'exercice des violences et le danger, et exigent la véritable preuve de ces éléments pour délivrer une ordonnance de protection. Dans cette perspective, une grande diversité des pratiques paraît exister, renforcée par le pouvoir souverain d'appréciation des juges du fond[15], ce qui incite souvent certains avocats à fournir de véritables éléments de preuve et non de simples vraisemblances, ce qui retarde parfois la procédure.

(10) CPC, art. 1136-5, al. 1er.
(11) CPC, art. 1136-5, al. 2.
(12) C. civ., art. 515-10, al. 2.
(13) En droit de la preuve civile, joue en principe l'adage selon lequel *Idem est non esse et non probari* (Ne pas prouver équivaut à ne pas être).
(14) C. civ., art. 515-11.
(15) Cf. Cass. 1re civ., 5 oct. 2016, n° 15-24.180, préc.

1050. – **Oralité de la procédure et des débats.** La procédure est orale(16). De même, la procédure aux fins de mesures de protection des victimes de violence est instruite et jugée en chambre du Conseil, sauf décision contraire du juge aux affaires familiales(17).

1051. – **Assistance facultative.** Les parties disposent de la faculté de se faire assister et représenter par un conseil ou de se défendre elles-mêmes(18).

II. – Dénouement de la procédure

1052. – **Appréciation des éléments fournis.** Au vu des éléments produits et débattus contradictoirement devant lui, le juge aux affaires familiales délivre une ordonnance de protection s'il estime qu'il existe des raisons sérieuses de considérer comme vraisemblables la commission des faits de violence allégués et le danger auquel un ou plusieurs enfants sont exposés.

1053. – **Modalités de connaissance par le défendeur de l'ordonnance de protection.** Une fois rendue, l'ordonnance de protection doit être portée à la connaissance du défendeur. Deux modalités restent envisagées par le Code de procédure civile. L'ordonnance est notifiée par voie de signification, à moins que le juge, soit d'office soit à la demande d'une partie, ne décide qu'elle sera notifiée par le greffe par lettre recommandée avec demande d'avis de réception, ou par la voie administrative, en cas de danger grave et imminent pour la sécurité d'une personne concernée par une ordonnance de protection ou lorsqu'il n'existe pas d'autre moyen de notification. Toutefois, la notification au ministère public est faite par remise avec émargement ou envoi contre récépissé(19). La notification de l'ordonnance prononçant une mesure de protection reproduit les dispositions des articles 227-4-2 et 227-4-3 du Code pénal et, lorsqu'elle est faite à une personne mariée, rappelle les dispositions des articles 1136-13 et 1136-14 du Code de procédure civile(20). Ces éléments visent à garantir l'efficacité de l'ordonnance de protection.

SECTION 2

L'ORDONNANCE DE PROTECTION PROPREMENT DITE

§ 1. – Le contenu de l'ordonnance de protection

1054. – **Diversité des mesures.** L'éventail des mesures que le juge aux affaires familiales peut prescrire dans le cadre d'une ordonnance de protection se trouve

(16) CPC, art. 1136-6, al. 2.
(17) CPC, art. 1074.
(18) CPC, art. 1136-6, al. 1er.
(19) CPC, art. 1136-9, al. 1er.
(20) CPC, art. 1136-9, al. 2 (réd. D. n° 2017-890, 6 mai 2017).

énuméré par le Code civil. La liste légale ainsi dressée revêt un caractère limitatif et le juge aux affaires familiales ne saurait prononcer, dans le cadre d'une ordonnance de protection, que l'une des mesures prévues à l'article 515-11 du Code civil[21]. La solution se justifie tant au regard du caractère dérogatoire des règles gouvernant la délivrance d'une ordonnance de protection qu'en raison d'une garantie offerte par le droit pénal[22] en cas de non-respect des mesures énumérées à l'article 515-11 du Code civil.

Code civil

Art. 515-11. – L'ordonnance de protection est délivrée, dans les meilleurs délais, par le juge aux affaires familiales, s'il estime, au vu des éléments produits devant lui et contradictoirement débattus, qu'il existe des raisons sérieuses de considérer comme vraisemblables la commission des faits de violence allégués et le danger auquel la victime ou un ou plusieurs enfants sont exposés. À l'occasion de sa délivrance, le juge aux affaires familiales est compétent pour :

1° Interdire à la partie défenderesse de recevoir ou de rencontrer certaines personnes spécialement désignées par le juge aux affaires familiales, ainsi que d'entrer en relation avec elles, de quelque façon que ce soit ;

2° Interdire à la partie défenderesse de détenir ou de porter une arme et, le cas échéant, lui ordonner de remettre au service de police ou de gendarmerie qu'il désigne les armes dont elle est détentrice en vue de leur dépôt au greffe ;

3° Statuer sur la résidence séparée des époux en précisant lequel des deux continuera à résider dans le logement conjugal et sur les modalités de prise en charge des frais afférents à ce logement. Sauf circonstances particulières, la jouissance de ce logement est attribuée au conjoint qui n'est pas l'auteur des violences, même s'il a bénéficié d'un hébergement d'urgence ;

4° Préciser lequel des partenaires liés par un pacte civil de solidarité ou des concubins continuera à résider dans le logement commun et statuer sur les modalités de prise en charge des frais afférents à ce logement. Sauf circonstances particulières, la jouissance de ce logement est attribuée au partenaire lié par un pacte civil de solidarité ou au concubin qui n'est pas l'auteur des violences, même s'il a bénéficié d'un hébergement d'urgence ;

5° Se prononcer sur les modalités d'exercice de l'autorité parentale et, le cas échéant, sur la contribution aux charges du mariage pour les couples mariés, sur l'aide matérielle au sens de l'article 515-4 pour les partenaires d'un pacte civil de solidarité et sur la contribution à l'entretien et à l'éducation des enfants ;

6° Autoriser la partie demanderesse à dissimuler son domicile ou sa résidence et à élire domicile chez l'avocat qui l'assiste ou la représente ou auprès du procureur de la République près le tribunal de grande instance pour toutes les instances civiles dans lesquelles elle est également partie. Si, pour les besoins de l'exécution d'une décision de justice, l'huissier chargé de cette exécution doit avoir connaissance de l'adresse de cette personne, celle-ci lui est communiquée, sans qu'il puisse la révéler à son mandant ;

6° bis Autoriser la partie demanderesse à dissimuler son domicile ou sa résidence et à élire domicile pour les besoins de la vie courante chez une personne morale qualifiée ;

7° Prononcer l'admission provisoire à l'aide juridictionnelle de la partie demanderesse en application du premier alinéa de l'article 20 de la loi n° 91-647 du 10 juillet 1991 relative à l'aide juridique.

Le cas échéant, le juge présente à la partie demanderesse une liste des personnes morales qualifiées susceptibles de l'accompagner pendant toute la durée de l'ordonnance de protection. Il peut, avec son accord, transmettre à la personne morale qualifiée les coordonnées de la partie demanderesse, afin qu'elle la contacte.

Lorsque le juge délivre une ordonnance de protection en raison de violences susceptibles de mettre en danger un ou plusieurs enfants, il en informe sans délai le procureur de la République.

(21) Cass. 1re civ., 13 juill. 2016, n° 14-26.203 : *Dr. famille* 2016, comm. 218, note J.-R. Binet ; *RTD civ.* 2016, 825, obs. J. Hauser ; *AJF* 2016, 538, obs. A. Sannier.

(22) C. pén., art. 227-4-2 et 227-4-3, qui renvoient aux ordonnances de protection prises dans le cadre de l'article 511-9 du Code civil.

Cass. 1re civ., 13 juill. 2016, n° 15-24.180 : *Dr. famille* 2016, comm. 218, note J.-R. Binet ; *RTD civ.* 2016, 825, obs. J. Hauser ; *AJF* 2016, 538, obs. A. Sannier

Mais sur le quatrième moyen :

Vu l'article 515-11 du Code civil ;

Attendu que, lorsqu'il est saisi d'une demande de protection sur le fondement des articles 519-9 et 519-10 du Code civil, le juge aux affaires familiales ne peut prononcer que les mesures limitativement énoncées à l'article 515-11 ; que la cour d'appel, saisie de l'appel d'une décision de cette nature, statue dans la limite des pouvoirs de ce juge ;

Attendu que, saisie de l'appel d'une ordonnance de protection rendue par un juge aux affaires familiales, à la requête de M. X... qui soutenait avoir été victime de violences de son épouse, Mme Y..., l'arrêt condamne le mari à verser des dommages-intérêts pour avoir provoqué de façon abusive l'hospitalisation sous contrainte de son épouse ;

Qu'en statuant ainsi, la cour d'appel a excédé ses pouvoirs et violé le texte susvisé ;

Et vu les articles L. 411-3 du Code de l'organisation judiciaire et 1015 du Code de procédure civile ;

PAR CES MOTIFS :

CASSE ET ANNULE, sauf en ce qu'il a dit n'y avoir lieu à mesures de protection, l'arrêt rendu le 16 octobre 2014, entre les parties, par la cour d'appel de Versailles ;

DIT n'y avoir lieu à renvoi ;

Rejette la demande de dommages-intérêts formée par Mme Y...

§ 2. – Recours contre l'ordonnance de protection

I. – Modification du contenu de l'ordonnance de protection

1055. – **Rétractation et mainlevée.** De par son caractère provisoire, l'ordonnance de protection peut faire l'objet d'une mainlevée ou d'une modification. L'article 515-12 du Code civil consacre ce principe en disposant que le juge aux affaires familiales peut, à tout moment, supprimer ou modifier tout ou partie des mesures énoncées dans l'ordonnance de protection, en décider de nouvelles, accorder à la personne défenderesse une dispense temporaire d'observer certaines des obligations qui lui ont été imposées ou encore rapporter l'ordonnance de protection. Encore convient-il, pour ce faire, de respecter certaines conditions de procédure. Le juge aux affaires familiales peut modifier de la sorte les mesures à la demande du ministère public ou de l'une ou l'autre des parties, ou après avoir fait procéder à toute mesure d'instruction utile, et après avoir invité chacune d'entre elles à s'exprimer. L'article 1136-12 du Code de procédure civile dispose quant à lui, en son premier alinéa, que la demande aux fins de mainlevée ou de modification de l'ordonnance de protection ou de dispense temporaire de certaines de ses obligations ainsi que celle tendant à voir rapporter l'ordonnance ou prononcer de nouvelles mesures sont formées, instruites et jugées dans les mêmes conditions que la requête initiale.

II. – Appel contre l'ordonnance de protection

1056. – **Possibilité d'un appel.** Dans un délai de quinze jours à compter de sa notification, l'ordonnance de protection est susceptible d'appel [23]. À l'occasion d'un appel, l'appelant peut formuler une demande de modification ou de mainlevée de

(23) CPC, art. 1136-11.

l'ordonnance, par requête remise au greffe de la cour. Il est alors statué sur cette demande, selon le cas, par le premier président de la cour d'appel, le conseiller de la mise en état ou la formation de jugement[24].

1057. – **Caractère exécutoire à titre provisoire.** L'ordonnance qui statue sur la demande de mesures de protection des victimes de violences est exécutoire à titre provisoire à moins que le juge en dispose autrement[25]. Pour autant, la caducité frappe les mesures si, dans un délai de six mois, aucune requête en divorce ou en séparation de corps n'est déposée ou si l'ordonnance ne fait pas l'objet d'une modification.

SECTION 3

L'EFFICACITÉ DE L'ORDONNANCE DE PROTECTION

§ 1. – L'efficacité territoriale de la mesure de protection

1058. – **Droit de l'Union européenne.** L'efficacité territoriale de l'ordonnance de protection se déploie au-delà des frontières nationales, au sein de l'espace judiciaire civil européen, grâce au discret règlement n° 606/2013 du 12 juin 2013 relatif à la reconnaissance mutuelle des mesures de protection en matière civile[26]. Le texte a pour finalité de faciliter la reconnaissance transfrontière des décisions ordonnées par l'autorité d'émission de l'État membre d'origine conformément à son droit national et imposant à la personne à l'origine du risque encouru une ou plusieurs obligations[27], telles que l'interdiction d'entrer dans le lieu où la personne protégée réside ou encore la réglementation de ses contacts avec la personne protégée. Cela signifie qu'une ordonnance de protection rendue par un juge aux affaires familiales français sera reconnue dans les autres États membres sans qu'il soit nécessaire de recourir à une procédure spéciale, et jouira de la force exécutoire sans qu'une déclaration constatant la force exécutoire ne soit nécessaire[28]. Encore faut-il, pour donner cette force exécutoire européenne à l'ordonnance de protection, que le juge aux affaires familiales remplisse un formulaire dont le modèle est joint en annexe du règlement[29]. La demande de certification doit être adressée par requête au juge aux affaires familiales qui a rendu l'ordonnance et non au greffier en chef de la juri-

(24) CPC, art. 1136-12, al. 2.
(25) CPC, art. 1137, al. 1er.
(26) PE et Cons. UE, règl. (UE) n° 606/2013, 12 juin 2013, relatif à la reconnaissance mutuelle des mesures de protection en matière civile ; sur lequel, cf. not. J. Jehl, *Union européenne : vers un renforcement de la protection (civile) des victimes de violences* : JCP G 3 juin 2013, 652 ; D. Porcheron, *Le principe de reconnaissance mutuelle au service des victimes de violences (Règlement [UE] n° 606/2013 du Parlement européen et du Conseil du 12 juin 2013 relatif à la reconnaissance mutuelle des mesures de protection en matière civile)* : Rev. crit. DIP 2016, 267.
(27) Règl. n° 606/2013, 12 juin 2013, art. 3.
(28) Règl. n° 606/2013, 12 juin 2013, art. 4, § 1.
(29) Règl. n° 606/2013, 12 juin 2013, art. 5 et s.

diction, selon l'article 509-1 du Code de procédure civile[30]. Une fois certifiée de la sorte, l'ordonnance de protection pourra être exécutée sur le territoire des autres États membres de l'Union européenne[31], sous réserve d'un éventuel refus fondé sur les motifs restrictifs énumérés par l'article 13 du règlement. Le règlement est entré en application le 11 janvier 2015.

§ 2. – L'efficacité temporelle de la mesure de protection

1059. – **Durée limitée.** Les mesures prescrites dans l'ordonnance de protection se caractérisent, pour certaines, par une atteinte à la liberté individuelle de celui à l'égard de qui elle est prononcée. L'atteinte se révèle d'autant plus remarquable que le juge aux affaires familiales se contente en principe de simples éléments de vraisemblance pour ordonner lesdites mesures, ce qui implique une nécessaire limitation dans le temps de ces mesures par essence provisoires. Elle devient donc caduque, passé un certain délai, sauf continuation judiciairement prononcée.

I. – La caducité des mesures ordonnées

1060. – **Caducité.** Les mesures contenues dans l'ordonnance de protection sont en principe prises pour une durée maximale de six mois à compter de la notification de l'ordonnance[32]. Passé ce délai, une caducité vient frapper ces mesures, leur faisant ainsi perdre toute efficacité.

II. – La continuation des mesures ordonnées

1061. – **Continuation en cas d'instance en divorce.** Dans le couple marié, l'introduction d'une procédure aux fins de mesures de protection des victimes de violences préfigure souvent une demande en divorce. Pour cette raison, les mesures contenues dans l'ordonnance de protection continuent de produire leurs effets[33], en cas d'introduction d'une demande en divorce ou en séparation de corps avant l'expiration du délai de six mois[34]. Provisoires, elles ne cessent que lorsqu'une décision statuant sur la demande en divorce ou en séparation de corps passe en force de chose jugée, à moins que le juge saisi de cette demande n'en décide autrement. Pour autant, et de manière opportune, certaines mesures de l'ordonnance de protection, comme l'autorisation de résidence séparée ainsi que la détermination des modalités d'exercice de l'autorité parentale ou de la contribution aux charges du mariage, cessent avec l'ordonnance de non-conciliation dans laquelle le juge aux affaires familiales peut également statuer sur ces éléments pour la durée de l'instance en divorce. De manière bienvenue, le décret n° 2015-282 du 11 mars 2015 a également

(30) Sur lequel, cf. V. Égéa, obs. ss Cass. 1re civ., 4 nov. 2015, n° 14-20.050 : *Dr. famille* 2016, chron. 1, spéc. nos 3 et s.
(31) À l'exception du Danemark.
(32) C. civ., art. 515-12.
(33) CPC, art. 1136-13, al. 1er.
(34) C. civ., art. 515-12.

ajouté que les mesures de l'ordonnance de protection continuent de produire leurs effets quand leur prononcé intervient alors qu'une procédure de divorce ou en séparation de corps est en cours[35].

1062. – **Continuation en cas d'instance relative à l'exercice de l'autorité parentale.** De la même manière, les mesures prises dans l'ordonnance de protection continuent de produire leurs effets quand le juge aux affaires familiales a été saisi d'une requête relative à l'exercice de l'autorité parentale[36]. Une telle prolongation de l'efficacité substantielle de l'ordonnance de protection se révèle importante lorsque les mesures concernent les membres d'un couple non marié ou encore dans le contentieux de l'après-divorce. Le décret n° 2015-282 du 11 mars 2015 a par ailleurs encore renforcé cette efficacité en prévoyant une continuation des mesures contenues dans l'ordonnance de protection lorsque le prononcé de cette dernière intervient alors qu'une procédure relative à l'exercice de l'autorité parentale se déroule. Toutefois, les mesures relatives aux modalités d'exercice de l'autorité parentale et à la contribution à l'entretien de l'enfant, prises dans le cadre d'une ordonnance de protection, cessent de produire effet quand leur prononcé intervient avant la décision statuant, même à titre provisoire, sur la demande relative à l'autorité parentale[37]. Dans cette hypothèse, les mesures de l'ordonnance de protection cessent de produire effet à compter de la notification de celle-ci.

Prolongement pratique

Concentration du contentieux

1063. – Pour éviter une multiplication des procédures devant plusieurs juges aux affaires familiales, les articles 1136-13 et 1136-14 du Code de procédure civile prévoient une opportune possibilité de regrouper le contentieux en attribuant compétence à un seul magistrat. Ainsi le premier texte dispose qu'à compter de l'introduction de la procédure de divorce ou de séparation de corps, la demande aux fins de mesures de protection ainsi que les demandes de modification doivent être présentées au juge saisi du divorce. L'article 1136-14 du Code de procédure civile prévoit quant à lui un dispositif similaire, en son alinéa 2, puisqu'à compter de l'introduction de la procédure relative à l'exercice de l'autorité parentale, la demande aux fins de mesures de protection est portée devant le juge aux affaires familiales saisi de la procédure relative aux modalités d'exercice de l'autorité parentale.

Dans les deux hypothèses, la demande est formée, instruite et jugée selon les règles propres à la procédure aux fins de mesures de protection des victimes de violences. Partant, le juge aux affaires familiales statue par décision séparée.

(35) CPC, art. 1136-13 (réd. D. n° 2015-282, 11 mars 2015).
(36) C. civ., art. 515-12.
(37) CPC, art. 1136-14 (réd. D. n° 2015-282, 11 mars 2015).

C H A P I T R E 2

LES MESURES DE PROTECTION POUVANT ÊTRE PRISES PAR LE JUGE PÉNAL

1064. – **Signalement.** Pour que le ministère public engage des poursuites pénales et que le juge pénal prononce des mesures de protection contre l'auteur supposé de violences au sein du couple, un signalement doit avoir été fait. En pratique, le signalement s'effectue auprès d'un service de police ou de gendarmerie, voire auprès du procureur de la République, mais la mesure de protection ne sera accessible que si le signalement est fait par la victime, un témoin ou une personne ayant connaissance des violences[1]. Normalement, l'exigence d'un certificat médical n'est pas requise, mais il demeure souhaitable d'en présenter un. Un récépissé de la plainte et la déclaration seront alors remis à la personne.

1065. – **Mesures prises avant le procès.** Dans une perspective de prévention, des mesures de protection de la victime et des enfants peuvent être prises, notamment afin de dissimuler l'adresse de la victime. Pour le temps de l'enquête, cette dernière est domiciliée auprès du service de police ou de gendarmerie. Plus largement et à titre provisoire, peuvent être ordonnées des mesures telles que l'éviction du domicile, l'interdiction de rencontrer la victime, l'interdiction de fréquenter certains lieux ou encore l'obligation d'un suivi thérapeutique. À l'instar de l'esprit qui anime le pouvoir dont dispose le juge aux affaires familiales pour délivrer une ordonnance de protection[2], il convient d'intervenir au plus vite pour faire cesser rapidement le trouble.

1066. – **Circonstances aggravantes.** De manière classique, le fait que la victime de certaines infractions ait la qualité de conjoint ou de concubin de l'auteur des faits constitue une circonstance aggravante[3]. Toutes les atteintes à la personne peuvent donc être sanctionnées de la sorte, quand elles sont commises au sein du couple. Par ailleurs, le jugement de condamnation pourra également, à certaines conditions, prononcer un retrait de l'autorité parentale à l'encontre de l'auteur de l'infraction[4].

(1) Sur le rôle des associations d'aide aux victimes dans le dépôt de plainte, cf. F. Lauféron, *La place des associations dans la lutte contre les violences familiales* : *AJF* 2014, 215.
(2) Sur lequel, V. *supra*, n°s 1037 et s.
(3) Cf. par ex., pour l'incrimination de torture et actes de barbarie : C. pén., art. 222-3, 4 ter.
(4) Sur ce point, V. *infra*, n°s 1257 et s.

1067. – **Sursis avec mise à l'épreuve.** Dans le cadre d'une peine accompagnée d'un sursis avec mise à l'épreuve, certaines obligations, spécifiquement liées au contexte conjugal de la commission de l'infraction, peuvent être décidées par la juridiction de condamnation ou par le juge de l'application des peines(5). Il s'agit par exemple de l'obligation de s'abstenir de paraître au domicile du couple ou aux abords immédiats de celui-ci.

1068. – **Apport de la loi du 4 août 2014.** La loi n° 2014-873 du 4 août 2014 pour l'égalité réelle entre les femmes et les hommes a créé de nouvelles infractions(6) telles que le harcèlement par message web, notamment sur les réseaux sociaux(7), le délit général de harcèlement(8), en particulier quand il est commis par un partenaire actuel ou un ex-partenaire, et s'exprime par des propos ou des comportements. Le même texte crée un dispositif de « téléphone portable grave danger »(9) qui va permettre à la victime de disposer d'un système de téléprotection permettant d'alerter les autorités publiques, voire d'être géolocalisée. Il exclut également la possibilité d'une médiation pénale(10), sauf si la victime en fait la demande expresse. Enfin, la loi n° 2014-873 du 4 août 2014 crée un stage de responsabilisation, à l'instar de ce qui existe pour certaines infractions au Code de la route, dans le but de prévenir une éventuelle récidive des auteurs de violences conjugales. L'originalité du dispositif réside dans la possibilité d'ordonner ce stage à toutes les étapes de la procédure pénale, y compris lorsqu'une action civile n'a pas été mise en mouvement.

(5) C. pén., art. 132-45, 19°.

(6) Cf. V. Dervieux, *La loi du 4 août 2014 et le droit de la famille* : AJF 2014, 486.

(7) C. pén., art. 222-16 : « Les appels téléphoniques malveillants réitérés, les envois réitérés de messages malveillants émis par la voie des communications électroniques ou les agressions sonores en vue de troubler la tranquillité d'autrui sont punis d'un an d'emprisonnement et de 15 000 euros d'amende ».

(8) C. pén., art. 222-33-2-2.

(9) CPP, art. 41-3-1.

(10) Sur cette question, un temps discutée lors de l'élaboration de la loi n° 2014-873 du 4 août 2014, cf. M. Juston, *Violences conjugales et affaires familiales* : AJF 2014, 489.

TITRE 2

LES RELATIONS JURIDIQUES DANS LES COUPLES : LE DROIT SPÉCIAL

1069. – **Importance de la qualification juridique.** En dehors du dispositif commun de lutte contre les violences au sein du couple, la qualification juridique revêt une importance cardinale pour déterminer l'étendue et l'intensité des droits et obligations entre membres du couple. Ainsi, le mariage se distingue par l'existence d'un régime juridique complet et cohérent organisant les relations entre les époux, aussi bien dans les domaines patrimonial que personnel, durant l'union, voire suite à un divorce. Inversement, le concubinage reste marqué par une absence de régime juridique et par l'existence, au mieux, de quelques règles spécifiques qui demeurent parcellaires et incomplètes. Le pacte civil de solidarité quant à lui tend à se rapprocher du mariage en offrant aux partenaires un régime assez étoffé que la convention conclue peut largement compléter, à condition de faire l'objet d'une scrupuleuse rédaction[1].

(1) Sur laquelle, V. *supra*, n°s 488 et s.

CHAPITRE 1

LES RELATIONS JURIDIQUES ENTRE MEMBRES DU COUPLE MARIÉ

1070. - **Conséquence du mariage.** La formation du mariage va engendrer des effets de droit. L'expression du consentement à mariage entraîne une soumission des époux à un ensemble de droits et obligations qui vont gouverner leurs relations. S'il n'est plus question aujourd'hui d'un don de soi[1], au sens canonique du terme, la modification de l'état civil des conjoints signifie qu'ils ne sont plus deux personnes juridiquement étrangères l'une à l'autre. Aux obligations ordinaires qui régissent tout rapport entre deux personnes physiques (ne pas nuire à autrui, respecter la vie privée...) s'ajoutent des droits et devoirs spécifiques qui singularisent le lien juridique d'alliance.

1071. - **Nature institutionnelle du mariage.** La particularité du mariage réside dans sa nature d'institution. Par conséquent, les effets juridiques qui résultent de la formation du mariage sont préalablement déterminés par la loi, ce qui signifie que les époux ne peuvent y déroger, par exemple par une clause du contrat de mariage. La volonté individuelle qui pourrait s'exprimer dans un acte juridique se heurte ici à une institution façonnée par la loi. Ainsi, les époux ne sauraient valablement insérer dans leur contrat de mariage, ou dans tout autre acte juridique, une clause déterminant le nombre d'infidélités toléré chaque année ! Une telle stipulation, si elle vient à être convenue, ne saurait être efficace, parce qu'elle méconnaît le devoir de fidélité édicté par l'article 212 du Code civil. Au demeurant, les époux sont censés respecter également ces droits et obligations dans leur comportement quotidien. C'est sans doute cela « réussir son mariage », selon l'expression populaire, puisque la violation grave ou renouvelée des droits et obligations entre époux peut entraîner un divorce pour faute, quand elle rend intolérable le maintien de la vie commune[2].

1072. - **Paradoxe.** Les droits et obligations entre époux revêtent un caractère contraignant, en limitant la liberté des époux, tant dans la rédaction d'éventuelles clauses du contrat de mariage qu'en prescrivant un certain comportement. Cela

(1) Comp. M. Douchy-Oudot, *Propos impertinents sur l'amour conjugal*, in *Mél. J. Hauser*, LexisNexis, Dalloz, 2012.
(2) C. civ., art. 242 ; sur lequel, V. *supra*, n°s 337 et s.

étant, cet ensemble de droits et d'obligations crée aussi un statut protecteur des intérêts de chaque époux. Par exemple, grâce à cet ensemble de règles, le conjoint bénéficie d'une protection face aux dettes de son époux qui n'auraient pas pour objet l'entretien du ménage ou l'éducation des enfants. Ainsi l'épouse d'un mari dispendieux ne devra en principe nullement répondre des dépenses fantaisistes, voire compulsives faites par son conjoint.

1073. – **Nature matrimoniale.** En se mariant, chaque membre du couple quitte la qualité juridique de célibataire pour acquérir celle d'époux et se trouve alors soumis à des droits et obligations indérogeables. La qualité d'époux dure juridiquement de la célébration de l'union jusqu'au jour de la dissolution du lien matrimonial, qu'il s'agisse d'une dissolution par décès ou par divorce. Ainsi, il est de jurisprudence constante que l'introduction en divorce ne confère pas une immunité qui viendrait les dispenser du respect des droits et obligations du mariage(3). Ceci atteste bien, une fois de plus, du caractère institutionnel du mariage.

1074. – **Réciprocité et égalité entre les sexes.** Les droits et devoirs entre époux sont regroupés dans un Chapitre 6 intitulé « Des devoirs et des droits respectifs des époux ». La présence du qualificatif « respectif », loin d'être anodine, témoigne de l'ancienne inégalité entre le mari et la femme, jadis caractéristique des relations entre époux(4). Dans le Code civil de 1804, en effet, le mari, en tant que « chef de famille », assurait seul la direction de la famille, aussi bien dans sa dimension personnelle que patrimoniale. Par exemple, le mari choisissait le domicile de la famille et l'épouse était tenue de le suivre en quelque lieu qu'il se trouve. Dans un ordre d'idées voisin, l'homme était le seul titulaire des prérogatives juridiques relatives à l'éducation et l'entretien de l'enfant, dans le cadre de la « puissance paternelle » à laquelle l'autorité parentale, accordant les mêmes prérogatives aux deux époux, succéda en 1970. Dans le domaine patrimonial, la prédominance du mari se vérifiait également. Ainsi l'épouse ne pouvait exercer de profession sans l'accord de son conjoint, ni même ouvrir de compte en banque. Il fallut attendre une loi du 18 février 1938 pour que l'incapacité juridique de la femme mariée fût supprimée. L'égalité entre époux sera définitivement consacrée dans le Code civil avec la réforme du droit des régimes matrimoniaux opérée par la loi n° 65-570 du 13 juillet 1965. Elle est désormais solennellement inscrite notamment à l'article 5 du 7e Protocole additionnel de la Convention européenne des droits de l'homme(5).

(3) Par ex. : Cass. 1re civ., 9 juill. 2008, n° 07-19.714 : *RTD civ.* 2008, 661, obs. J. Hauser ; *D.* 2009, 833, obs. Williatte-Pelliteri : dans cette affaire, un arrêt d'appel déboute une épouse d'une demande reconventionnelle en divorce pour faute, en jugeant que l'adultère du mari, plus d'un an après la constatation de l'adultère de l'épouse et la séparation des époux, ne peut être à l'origine de la désunion et ne constitue pas une violation grave des devoirs et obligations du mariage. Cassation de cet arrêt pour violation de l'article 242 du Code civil. La première chambre civile rappelle que l'introduction de la demande en divorce ne confère pas aux époux, encore dans les liens du mariage, une immunité faisant perdre leurs effets normaux aux torts invoqués et en déduit qu'il est possible d'invoquer, à l'appui d'une demande en divorce, des griefs postérieurs à l'ordonnance de non-conciliation ou à l'assignation. Dans le même sens : Cass. 1re civ., 5 mars 2008 : *Bull. civ.* 2008, I, n° 63 ; *JCP* G 2008, IV, 1630. – Cass. 1re civ., 20 sept. 2006 : *Bull. civ.* 2006, I, n° 410.

(4) Sur cette analyse du terme « respectif », cf. A. Bénabent, *Droit de la famille*, *op. cit.*, n° 266.

(5) Conv. EDH, 7e Prot. add., art. 5 : « Les époux jouissent de l'égalité de droits et de responsabilités de caractère civil entre eux et dans leurs relations avec leurs enfants au regard du mariage, durant le mariage et lors de sa dissolution ».

Prolongement historique

Les droits et devoirs des époux (rédaction initiale)

C. civ., ancien art. 213. – Le mari doit protection à la femme, la femme obéissance à son mari.

C. civ., ancien art. 214. – La femme est obligée d'habiter avec son mari, et de la suivre partout où il juge à propos de résider ; le mari est obligé de la recevoir, et de lui fournir tout ce qui est nécessaire pour les besoins de la vie, selon ses facultés et son état.

1075. – **Le cœur et l'argent.** Les relations juridiques entre membres du couple mariées sont façonnées par des droits et obligations de dimension personnelle (Section 1), mais également patrimoniale (Section 2).

SECTION 1

LES DROITS ET DEVOIRS DE DIMENSION PERSONNELLE

1076. – **Nuances.** Les droits et devoirs de dimension personnelle se trouvent édictés dans un même chapitre du Code civil précisément intitulé « Des droits et devoirs respectifs des époux ». Pour autant, la nuance domine en ce domaine car ils n'ont pas forcément le même champ d'application. Parmi les articles 212 et suivants du Code civil, certaines dispositions déterminent les droits et devoirs des époux entre eux. Ainsi, dans une formule célèbre lue par l'officier de l'état civil lors de la célébration d'un mariage, les époux se doivent mutuellement respect, fidélité, secours et assistance. Chacun dispose alors, de par sa qualité d'époux, de prérogatives qu'il peut opposer à l'autre. D'autres articles obligent en revanche les époux à respecter des droits et obligations dans un intérêt plus large, qui dépasse le champ de leur relation de couple pour concerner l'intérêt de la famille. L'article 213 du Code civil dispose ainsi que : « Les époux assurent ensemble la direction morale et matérielle de la famille ». Il est moins question alors d'offrir des prérogatives à un époux face à l'autre que d'obliger les époux à agir ensemble, dans la finalité explicite d'assurer une direction de la famille. Ainsi convient-il de bien distinguer l'obligation commune de direction de la famille (§ 1) et les obligations réciproques (§ 2).

§ 1. – L'obligation commune de direction de la famille

1077. – **Codirection.** Il peut paraître aujourd'hui évident que les époux assurent ensemble la direction morale et matérielle de la famille ou encore d'ajouter qu'ils pourvoient à l'éducation des enfants et préparent leur avenir, comme l'édicte l'article 213 du Code civil. Pourtant, cette obligation commune de direction de la famille se révèle relativement récente et résulte du puissant mouvement d'essor de l'égalité entre époux qui commença au milieu des années 1960. La formulation actuelle de l'article 213 du Code civil provient de la réforme du droit de l'autorité parentale opérée par la loi n° 70-459 du 4 juin 1970 et met fin à la prédominance masculine du « chef de famille ». Le mari ne décide plus seul et les décisions importantes par lesquelles s'exerce cette fameuse direction morale et matérielle de la famille doivent être prises de concert. Concorde et consensus constituent donc les modalités de décision, dans un intérêt commun qui transcende les intérêts individuels de chacun des époux. Du moins, si les décisions les plus importantes, c'est-à-dire celles qui engagent le patrimoine familial de manière durable et grave ou qui expriment une conception fondamentale de la vie familiale (religion, scolarité des enfants), doivent être prises de concert, la codirection de la famille signifie aussi que chaque conjoint dispose du pouvoir de décider seul, de manière quasi spontanée, s'agissant de choix mineurs qui participent également de cet intérêt de la famille.

1078. – **Sanction.** Il n'est pas aisé de faire respecter l'obligation commune de direction de la famille, non seulement parce que les organisations propres à chaque couple se révèlent très variables et dépendent de la personnalité de chacun, mais aussi parce que cette obligation recoupe en partie des règles plus techniques issues du droit des régimes matrimoniaux ou des obligations alimentaires. Ainsi convient-il de distinguer, car s'il est difficile de contraindre juridiquement un époux à dialoguer, ou encore de susciter le consensus s'agissant de la direction morale de la famille, des dispositions spécifiques permettent toutefois d'annuler certains actes juridiques passés par un époux individuellement. Tel est le cas par exemple de l'époux qui disposerait seul des droits par lesquels est assuré le logement de la famille, en vendant son bien propre affecté à cet usage. Un tel comportement porte non seulement atteinte à l'obligation de direction matérielle commune de la famille, mais l'autre conjoint pourra également solliciter la nullité de l'acte sur le fondement de l'article 215, alinéa 3 du Code civil. Dans un ordre d'idées voisin, le droit des obligations alimentaires permet de contraindre un parent à contribuer aux frais d'entretien et d'éducation des enfants, de manière particulièrement efficace puisque l'abandon de famille constitue une infraction pénale pouvant donner lieu à une peine d'emprisonnement. En dehors du champ patrimonial et pour se cantonner au domaine personnel qui fait l'objet des présents développements, une atteinte à la codirection morale de la famille peut justifier le prononcé d'un divorce pour faute, si les conditions de l'article 242 du Code civil sont réunies.

§ 2. – Les droits et devoirs réciproques

1079. – **Matrice.** Au sein des droits et devoirs réciproques de dimension personnelle édictés par le Code civil, la communauté de vie occupe une place singulière car elle constitue l'obligation fondamentale, véritable matrice dont découlent en quelque sorte les autres obligations.

I. – La communauté de vie, une obligation fondamentale

1080. – **Délicate définition.** L'article 215 du Code civil dispose en son alinéa 1er que « les époux s'obligent mutuellement à une communauté de vie »(6), ce qui, en dépit des apparences, ne facilite guère la définition de cette obligation. La communauté de vie ne saurait en effet se réduire à la simple cohabitation des deux époux sous le même toit. Plus large que la cohabitation, la communauté de vie désigne davantage une volonté de maintenir un engagement affectif durable, laquelle peut exister même en présence de deux résidences séparées. En cela, la communauté de vie au sens de l'article 215 du Code civil ne va pas sans rappeler l'adage de Loysel : « boire, manger et coucher ensemble, c'est mariage ce me semble ». Cela étant, la communauté de vie n'exige pas nécessairement la réunion cumulative d'une communauté de lit, de toit ou d'intérêts. L'article 215, alinéa 1er du Code civil se contente de disposer, d'une manière à la fois plus large et moins loquace que « les époux s'obligent à une communauté de vie ». Pour caractériser une communauté de vie, demeure avant tout essentiel le maintien d'une volonté commune et réciproque d'engagement des époux l'un vis-à-vis de l'autre.

1081. – **Rôle essentiel.** L'obligation de communauté de vie réciproque exprime l'essence du mariage mieux que n'importe quel autre devoir. De manière générale en effet, le couple désigne une volonté d'engagement affectif durable, laquelle s'exprime – pour le mariage – dans le cadre d'une institution juridique. Le maintien d'une communauté de vie se révèle donc consubstantiel à la pérennité du mariage. L'on peut même considérer que les autres obligations découlent de la communauté de vie.

1082. – **Délicate sanction.** L'on comprend dès lors que faire respecter le devoir de communauté de vie se révèle assurément compliqué, voire tout simplement impossible. On concevrait mal en effet qu'un époux puisse contraindre l'autre, éventuellement sous astreinte, à respecter ce devoir. En réponse à un abandon de domicile conjugal, l'époux délaissé pourrait, par une sorte d'exception d'inexécution qui témoigne de la survenance plausible d'un divorce, suspendre l'exécution de ses propres obligations et, en particulier, de son devoir de secours ou de son obligation de contribuer aux charges du mariage(7). La principale sanction d'une violation de la communauté de vie se traduira donc indirectement au travers de la qualification d'abandon du domicile conjugal qui pourra donner lieu à un divorce pour faute, lorsque ce comportement revêt les caractères posés par l'article 242 du Code civil(8). Ainsi l'éventuelle sanction d'une violation de l'obligation de communauté de vie interviendra postérieurement dans le cadre d'un divorce pour faute.

(6) Sur la communauté de vie, cf. not. G. Henaff, *La communauté de vie du couple en droit civil : RTD civ.* 1996, 551. – M.-C. Manigne, *La communauté de vie* : *JCP* G 1976, I, 2803.

(7) En ce sens : Cass. 1re civ., 16 oct. 1984 : *Bull. civ.* 1984, I, n° 264 : un arrêt d'appel accueille une demande en contribution aux charges du mariage formée par l'épouse contre son mari, en jugeant que l'article 214 du Code civil qui oblige chaque conjoint à contribuer aux charges du mariage peut recevoir application nonobstant l'absence de vie commune, sans qu'il soit nécessaire de rechercher le responsable de la séparation. Cassation pour violation de l'article 214 du Code civil, car si l'action en contribution aux charges du mariage n'implique pas l'existence d'une communauté de vie entre les conjoints, il appartient aux juges du fond de tenir compte, à cet égard, des circonstances de la cause ; *adde*, dans le même sens : Cass. 1re civ., 16 févr. 1983 : *D.* 1984, 39, note J. Revel. – Cass. 1re civ., 6 janv. 1981 : *Bull. civ.* 1981, I, n° 4.

(8) V. *supra*, n° 338.

On comprend dès lors que le respect scrupuleux par un époux de l'obligation de communauté de vie pourrait constituer une source de menace. Il suffit pour s'en convaincre de songer à la situation de l'épouse battue par son mari qui n'oserait pas quitter le domicile conjugal de crainte de se voir reprocher un abandon. Le législateur envisage cette situation d'un triple point de vue :

Tout d'abord, en droit de la nationalité, l'exigence d'une communauté de vie ininterrompue durant cinq ans, requise pour pouvoir solliciter une acquisition de la nationalité française par mariage, peut être suspendue en cas de violence commise par le conjoint.

Ensuite, dans le cadre de l'introduction d'une demande en divorce, un époux peut demander à être autorisé à résider séparément, soit dans le cadre des mesures urgentes qui peuvent être ordonnées suite au dépôt de la requête initiale, soit au titre des mesures provisoires que le juge aux affaires familiales peut prendre dans l'ordonnance de non-conciliation(9).

Enfin, le juge aux affaires familiales peut être saisi en vue d'obtenir la délivrance d'une ordonnance de protection qui permettra d'évincer le conjoint présumé violent du domicile conjugal ou, inversement, d'autoriser la victime à quitter les lieux(10).

1083. - **Composantes de la communauté de vie.** La communauté de vie se compose de trois principaux éléments qui sont tout d'abord une communauté de toit ; ensuite, une communauté de lit et, enfin, une communauté d'intérêts.

A. – Une communauté de toit

1084. - **Modes de vie.** La plupart des époux vivent sous le même toit et la cohabitation exprime souvent, de manière au moins symbolique, la vie commune du couple marié. Le devoir de cohabitation était d'ailleurs naguère codifié puisque l'épouse était tenue de suivre son mari au lieu choisi par ce dernier(11). De même, la célébration du mariage constituait classiquement le moyen pour les jeunes gens de quitter le domicile paternel pour s'établir en constituant à leur tour un ménage(12). De nos jours, quoique statistiquement majoritaire, la cohabitation des époux ne constitue pourtant pas un élément indispensable à l'existence d'une communauté de vie. Ainsi les époux peuvent avoir deux résidences séparées sans pour autant que la communauté de vie ne disparaisse. Au demeurant, le motif expliquant que les époux aient deux résidences séparées importe peu et pourra se justifier aussi bien par des contraintes professionnelles(13) qu'en raison d'un choix dicté par une conception singulière du lien de couple. La communauté de vie permet ainsi de prendre en compte différentes manières d'envisager la vie en couple, d'un point de vue matériel, l'essentiel demeurant la volonté de maintenir un engagement affectif durable, lequel caractérise une intention matrimoniale(14).

(9) Sur les mesures provisoires et les mesures urgentes, dans le cadre d'une instance en divorce, V. *supra*, n°s 290 et 296.

(10) Sur l'ordonnance de protection, V. *supra*, n°s 1054 et s.

(11) V. C. civ., ancien art. 213, al. 1er : Le mari, chef de famille, a la choix de la résidence du ménage ; la femme est obligée d'habiter avec son mari, celui-ci est tenu de la recevoir.

(12) Sur le changement de signification sociologique du mariage, cf. not. F. Maillochon, *La passion du mariage*, PUF, 2016.

(13) Cass. 1re civ., 12 févr. 2014, n° 13-13.873 : *Bull. civ.* 2014, I, n° 25 ; *Dr. famille* 2014, comm. 72, note J.-R. Binet ; *RTD civ.* 2013, 340, obs. J. Hauser ; *JCP G* 2014, 953, n° 1, obs. C. Coutant-Lapalus ; *D.* 2015, 452, obs. O. Boskovic : l'espèce démontre que l'absence de communauté de toit peut avoir une incidence importante car, si elle vient à entraîner une cessation de la communauté de vie, l'époux de nationalité étrangère ne pourra pas solliciter efficacement l'acquisition de la nationalité française par mariage. La Cour de cassation rappelle dans cet arrêt que « pour des motifs d'ordre professionnel, les époux peuvent avoir un domicile distinct, sans qu'il soit pour autant porté atteinte à la communauté de vie ».

(14) Cf. Cass. 1re civ., 8 juin 1999 : *Dr. famille* 1999, comm. 110 (1re esp.), note H. Lécuyer ; *Defrénois* 1999, 1256, obs. J. Massip.

1085. – Abandon du domicile conjugal. Même si la communauté de toit ne constitue pas un élément indispensable pour caractériser la communauté de vie, il n'en demeure pas moins que lorsque la cohabitation a été choisie par les époux et qu'elle existe, le fait pour un époux d'y mettre fin unilatéralement constitue un abandon du domicile conjugal et, par voie de conséquence, une faute au sens de l'article 242 du Code civil[(15)].

B. – Une communauté de lit

1086. – Notion de devoir conjugal. L'expression « communauté de lit » désigne pudiquement ce que l'on nommait naguère le devoir conjugal, c'est-à-dire l'obligation d'entretenir des relations sexuelles entre époux[(16)]. La communauté de vie entre époux suppose donc l'existence de relations sexuelles entre les époux. Bien évidemment, la loi ne réglemente nullement la fréquence desdites relations et, *a fortiori*, ne prévoit pas de possibilité de faire respecter sous astreinte ce fameux devoir conjugal. Une exécution forcée s'avère impossible en raison de l'atteinte à la liberté individuelle, à l'intégrité du corps humain et à la dignité de la personne, que ne manquerait pas de constituer une telle sanction. L'absence de relations sexuelles entre époux pourra constituer une faute cause de divorce au sens de l'article 242 du Code civil[(17)] et, inversement, l'excès de relations sexuelles pourra donner lieu à la même sanction[(18)].

1087. – Viol entre époux. Longtemps, l'exigence d'une communauté de vie a été conçue comme entraînant un consentement à l'acte sexuel, ce qui n'était guère satisfaisant s'agissant de la protection des droits et libertés fondamentaux des époux et, en particulier, de la femme. Désormais, le droit pénal reconnaît l'incrimination de viol entre époux[(19)].

1088. – Révélateur. Il en résulte que la communauté de lit ne doit pas nécessairement être perçue comme une condition requise pour emporter la qualification de communauté de vie, mais constitue davantage un révélateur. L'absence de relations sexuelles entre époux témoignera souvent d'une disparition de l'engagement affectif durable qui se trouve au cœur de la communauté de vie.

C. – Une communauté d'intérêts

1089. – Intérêts affectifs et matériels. La communauté d'intérêts renvoie à une obligation de collaboration entre époux, quel que soit son domaine[(20)]. Ainsi les

(15) Sur ce point, V. *supra*, n° 338.

(16) Cf. J.-M. Bruguière, *Le devoir conjugal, philosophie du Code et morale du juge* : D. 2000, 10. – C. Saint-Alary-Houin, *La sexualité dans le droit civil contemporain* : *Ann. Univ. Sc. soc. Toulouse* 1985, t. XXXIII, p. 7.

(17) Cf. dans la jurisprudence du fond : CA Aix-en-Provence, 6e ch. B., 3 mai 2011 : *JCP* G 2011, 1156, note L. Pizarro. – CA Bastia, 27 févr. 2008 : *JCP* G 2008, IV, 2404. – CA Paris, 9 févr. 2005, n° 04/01023 ; dans la jurisprudence de la Cour de cassation, cf. par ex. un arrêt, rendu il est vrai avant la réforme du divorce opérée par la loi n° 75-617 du 11 juillet 1975, jugeant que le mari qui refuse de consommer le mariage après cinq années de vie conjugale, alors que sa répugnance pourrait être surmontée par un traitement de psychothérapie, manifeste ainsi une indifférence injurieuse : Cass. 2e civ., 10 déc. 1963 : *JCP* 1964, II, 13360, note J. A.

(18) TGI Bernay, 3 juin 1981 : *Gaz. Pal.* 1981, 2, 299.

(19) La reconnaissance du viol entre époux s'opéra d'abord en jurisprudence, à propos des viols commis avec violence (Cass. crim., 5 sept. 1990, n° 90-83.786 : *Bull. crim.* 1990, n° 313 ; *D.* 1991, 13, note Angevin ; *JCP* G 1991, II, 21629, note M.-L. Rasst ; *RTD civ.* 1991, 301, obs. J. Hauser), puis de manière plus large à propos de toute relation sexuelle non consentie (Cass. crim., 11 juin 1992, n° 91-86.346 : *Bull. crim.* 1992, n° 232 ; *JCP* G 1993, II, 22043, note Th. Garé ; *D.* 1993, 117, note M.-L. Rassat) avant d'être expressément consacrée au sein du Code pénal à l'occasion de la loi n° 2006-399 du 4 avril 2006, à l'article 222-22.

(20) En ce sens, A. Bénabent, *Droit de la famille*, *op. cit.*, n° 276.

effets du divorce peuvent être reportés, dans le divorce contentieux, à une date antérieure à celle de l'ordonnance de non-conciliation : celle où ils ont cessé de cohabiter et de collaborer. À partir du moment où les époux ne vivent plus sous un même toit et cessent de collaborer, ceci révèle une disparition de leur communauté de vie et exprime la fin de leur volonté d'engagement affectif durable.

II. – Les autres obligations réciproques de dimension personnelle

A. – L'obligation de fidélité

Bibliographie

- V. Balestriero, *Le devoir de fidélité pendant la procédure de divorce* : LPA 8 nov. 1995, p. 18.
- S. Ben Hadj Yahia, *La fidélité et le droit*, LGDJ, 2013.
- C. Chabault, *De la relativité de l'adultère dans le divorce pour faute* : *Dr. famille* 1998, chron. 11.
- F. Dekeuwer-Défossez, *Impressions de recherche des fautes causes de divorce* : D. 1985, 219.
- M. Douchy-Oudot, *Propos impertinents sur l'amour conjugal*, in *Mél. J. Hauser*, Dalloz, LexisNexis, 2012.
- G.-A. Likillimba, *La fidélité en droit privé*, PUAM, 2003.
- C. Philippe, *Quel avenir pour la fidélité ?* : *Dr. famille* 2003, étude 16.
- G. Ruffieux, *Les sanctions des obligations familiales*, Dalloz, 2014.
- M.-C. Villa-Nys, *Réflexions sur le devenir de l'obligation de fidélité dans le droit civil de la famille* : *Dr. et patrimoine* 2000, n° 85, p. 88.

1090. – **Signification large.** Inscrite à l'article 212 du Code civil, l'obligation mutuelle de fidélité entre époux demeure caractéristique du mariage en distinguant cette forme juridique de couple. Même si l'obligation de fidélité semble constituer le devoir du mariage le plus célèbre ou, à tout le moins, le plus symbolique[21], sa signification exacte n'est pas nécessairement bien déterminée, faute de définition légale et en raison de l'évolution des mœurs. Au sens strict, la fidélité désigne l'obligation pesant sur chaque époux de respecter une exclusivité sexuelle et de n'entretenir de relations sexuelles qu'avec son conjoint. L'obligation de fidélité proscrit donc l'adultère. L'on est proche dès lors du « don de soi » des canonistes. Pour autant, l'obligation de fidélité au sens de l'article 212 du Code civil revêt, outre cette dimension sexuelle, une signification plus large, en englobant aussi une obligation de fidélité morale due au conjoint. Une grande complicité intellectuelle envers une personne autre que le conjoint peut être constitutive d'un adultère moral, quand elle s'accompagne d'un désintérêt pour l'autre[22]. Il en va de même pour un adultère qui n'a pas encore été consommé, par exemple lorsque l'un des époux échange des mails et des photographies sur un site de rencontre[23].

(21) Notamment en raison de l'importance de la fidélité dans le mariage en droit canon.
(22) CA Paris, 13 févr. 1986 : *Gaz. Pal.* 1986, I, 216, note J.-G. M.
(23) Cass. 1re civ., 30 avr. 2014, n° 13-16.649 : *Dr. famille* 2014, comm. 95, obs. J.-R. Binet.

1091. – **Délicate sanction.** La fidélité concerne incontestablement l'intimité de chaque membre du couple ainsi que son intégrité morale et corporelle. Il n'est dès lors pas aisé de garantir le respect de l'obligation de fidélité. On ne saurait valablement contraindre juridiquement l'époux volage à demeurer fidèle.

1092. – **Évolution des sanctions.** En matière d'adultère, le droit organise donc des sanctions *a posteriori* qui ont évolué en suivant un changement des mœurs et des conceptions familiales dominantes. À l'époque où la famille légitime recueillait toutes les faveurs législatives, l'obligation de fidélité était conçue non seulement comme la traduction dans la loi civile d'un commandement religieux mais, plus largement, comme un moyen de garantir la prééminence du mariage. Ainsi l'obligation de fidélité se révélait indissociable de la présomption de paternité. Comme souvent lorsqu'il s'agit de mettre l'accent sur le caractère fondamental d'une obligation civile, l'on convoquait alors le renfort du droit pénal pour punir les atteintes à l'obligation de fidélité. L'adultère constituait non seulement une faute cause de divorce mais aussi un délit pénal, d'ailleurs puni plus sévèrement quand il était commis par l'épouse. La réforme du 11 juillet 1975 va dépénaliser l'adultère qui ne sera plus accompagné que d'une sanction civile(24), le prononcé du divorce pour faute lorsque les conditions posées par l'article 242 du Code civil sont réunies.

1093. – **Fin des sanctions indirectes : la vocation successorale de l'enfant adultérin.** Progressivement, les sanctions indirectes qui visent à inciter les époux à la fidélité ont été abandonnées. Ainsi, jusqu'en 2001, l'enfant adultérin, fruit d'une transgression par l'un de ses parents – voire les deux – de l'obligation de fidélité, ne bénéficiait pas de la même vocation successorale légale que l'enfant légitime ou naturel. L'ancien article 760 du Code civil n'accordait en effet à l'enfant adultérin qu'une part successorale équivalente à la moitié de ce à quoi il aurait eu droit si tous les enfants du défunt, y compris lui-même, eussent été légitimes. L'on entendait dissuader par ce biais la commission de l'adultère et protéger de la sorte la famille légitime. L'inconvénient d'une telle sanction indirecte de l'obligation de fidélité ne manqua pas d'être souligné dès lors que l'enfant adultérin subissait les conséquences du comportement fautif de son parent. La France fut condamnée par la Cour européenne des droits de l'homme(25) et ne tarda pas à modifier les dispositions successorales relatives à l'enfant adultérin(26) afin d'aligner sa vocation légale sur celle des autres enfants(27).

1094. – **Fin des sanctions indirectes : la validité de la donation consentie à une concubine adultère.** La nullité de certaines libéralités consenties à une concubine adultère constituait une autre sanction indirecte visant traditionnellement à la fois à

(24) Y. Mayaud, *L'adultère, cause de divorce depuis la loi du 11 juillet 1975 : RTD civ.* 1980, 464 et s.

(25) CEDH, 1er févr. 2000, *Mazurek c/ France* : *JCP* G 2000, II, 10286, obs. A. Gouttenoire et F. Sudre ; *JCP* G 2000, I, 278, n° 1, obs. R. Le Guidec ; *RTD civ.* 2000, 429, obs. J. Hauser ; *RTD civ.* 2000, 429, obs. J.-P. Marguénaud ; *Defrénois* 2000, 654, obs. J. Massip.

(26) L. n° 2001-1135, 3 déc. 2001.

(27) La loi n° 2011-1135 du 3 décembre 2001 concerne les successions ouvertes après son entrée en application, fixée au 1er juillet 2002, et ce faisant la France a de nouveau été condamnée par la Cour européenne des droits de l'homme en raison de ces dispositions transitoires privant encore certains enfants adultérins de leur attente légitime quant au recueil de biens successoraux : CEDH, 28 juin 2013, n° 16574/08 : *RTD civ.* 2013, 358, obs. J. Hauser ; *RTD civ.* 2013, 333, obs. J.-P. Marguénaud.

prévenir et à sanctionner l'adultère. Cette sanction a fait l'objet d'un effritement d'origine prétorienne. À partir de la fin du XIXe siècle, la jurisprudence utilisa la cause de la libéralité faite à une concubine adultère comme critère permettant d'apprécier la validité de l'acte. Ainsi, lorsque la libéralité visait à entretenir ou maintenir une relation adultère, la cause de l'acte se révélait contraire aux bonnes mœurs et, partant, la libéralité encourait la nullité. La donation ou le testament étaient en revanche valablement formés si le disposant était animé d'une réelle intention libérale. L'inconvénient d'un tel critère, fondé sur la cause subjective de l'acte juridique, réside dans sa délicate mise en œuvre puisqu'il s'avère pour le moins compliqué de sonder les cœurs et les reins. La Cour de cassation a mis fin à cette ère jurisprudentielle, marquant le recul de l'une des sanctions indirectes de l'obligation de fidélité. Dans un premier arrêt très remarqué du 3 février 1999, la première chambre civile jugea que « n'est pas contraire aux bonnes mœurs la cause de la libéralité dont l'auteur entend maintenir la relation adultère qu'il entretient avec le bénéficiaire »(28). La généralité des termes employés par l'arrêt, expression d'un style quasi législatif, témoigne de la volonté de la première chambre d'opérer un revirement de jurisprudence qui n'alla toutefois pas sans susciter des résistances de cours d'appel. L'assemblée plénière de la Cour de cassation a donc été amenée à décider à son tour que « n'est pas nulle comme ayant une cause contraire aux bonnes mœurs, la libéralité consentie à l'occasion d'une relation adultère »(29). Depuis, la jurisprudence se révèle constante(30).

1095. – **Étroitesse des sanctions civiles.** Outre le prononcé d'un divorce pour faute, auquel l'adultère pourra donner lieu si les conditions de l'article 242 du Code civil sont réunies, la violation de l'obligation de fidélité reste susceptible d'entraîner deux autres sanctions civiles.

D'une part, en dehors du divorce, la violation de l'obligation de fidélité ouvre parfois droit à une réparation du préjudice moral subi sur le fondement de l'article 1240 du Code civil(31). L'époux qui se prétend victime d'un préjudice moral causé par le comportement volage de l'autre devra donc rapporter la preuve d'une faute spécifique, liée par exemple aux circonstances particulièrement infamantes de l'adultère. Une telle réparation, quoique rarement sollicitée en pratique, semble toujours exister en droit positif. En ce qui concerne en revanche le complice(32) de l'adultère – l'amant ou la maîtresse –, la jurisprudence considère désormais que le seul fait d'entretenir une relation avec une personne mariée ne constitue pas une faute de nature à engager la responsabilité à l'égard de l'autre conjoint(33).

(28) Cass. 1re civ., 3 févr. 1999 : *JCP* G 1999, II, 10083, note M. Billiau et G. Loiseau ; *D.* 1999, 307, obs. M. Grimaldi ; *D.* 1999, 267, rapp. Savatier, note Langlade ; *adde* Cass. 1re civ., 16 mai 2000 : *Defrénois* 2000, 1049, note J. Massip ; *Defrénois* 1999, 814, obs. G. Champenois.

(29) Cass. ass. plén., 29 oct. 2004, n° 03-11.328 : *JCP* G 2005, II, 10011, note F. Chabas ; *JCP* G 2005, I, 187, n° 7, obs. R. Le Guidec ; *Contrats, conc. consom.* 2005, comm. 40, note L. Leveneur ; *Dr. famille* 2004, comm. 230, obs. B. Beignier ; *RTD civ.* 2005, 104, obs. J. Hauser.

(30) Cass. 1re civ., 25 janv. 2005 : *Bull. civ.* 2005, I, n° 35 ; *RTD civ.* 2005, 368, obs. J. Hauser ; *RTD civ.* 2005, 439, obs. M. Grimaldi.

(31) Sur l'ensemble de la question, cf. J. Vassaux, *Règlement de comptes entre époux infidèles : divorce pour faute et dommages-intérêts* : *RJPF* 1999-1/17.

(32) Sur la question, cf. G. Ruffieux, *Les sanctions des obligations familiales*, Dalloz, 2014, n° 61.

(33) Sachant que l'action ne saurait désormais être introduite par l'épouse trompée à l'égard de la maîtresse du mari : cf. Cass. 2e civ., 5 juill. 2001, n° 99-21.445 : *Bull. civ.* 2001, II, n° 136 ; *JCP* G 2002, II, 10139, note D. Houtcieff ; *D.* 2002, 1318, obs. Ph. Delebecque ; *Defrénois* 2003, 119, obs. J. Massip ; *RTD civ.* 2001, 856, obs. J. Hauser ; *RTD civ.* 2001, 893,

D'autre part, l'adultère a déjà pu être considéré comme constituant un cas d'ingratitude du donataire, permettant de révoquer la donation que l'époux trompé lui avait consentie[(34)].

1096. - **Rôle essentiel du divorce pour faute.** La principale sanction de l'obligation de fidélité demeure le divorce pour faute, ce qui invite d'ailleurs à la prudence lorsqu'il s'agit d'envisager sa suppression. Le prononcé d'un divorce pour faute, avec attribution des torts exclusifs à l'époux volage, même s'il n'entraîne plus d'incidences juridiques et patrimoniales, conserve une vertu curative symbolique souvent réconfortante pour le conjoint bafoué. Comme l'introduction d'une demande en divorce ne dispense en principe pas les époux de respecter les obligations auxquelles ils restent soumis durant l'instance[(35)], le recours à l'article 242 du Code civil offrirait ainsi la dernière sanction de l'infidélité[(36)]. Des nuances se constatent cependant, car la Cour de cassation se refuse parfois à casser des arrêts qui n'ont pas retenu l'infidélité commise durant l'instance[(37)], notamment après l'ordonnance ayant autorisé les époux à résider séparément, car le devoir de fidélité paraît nécessairement moins contraignant dans de telles circonstances, selon certains arrêts.

B. – L'obligation de respect

1097. - **Signification.** Le devoir de respect mutuel entre époux a rejoint le célèbre triptyque fidélité, secours et assistance, à l'occasion de la loi n° 2006-399 du 4 avril 2006. Pour saisir la signification exacte de l'obligation de respect, il convient de rappeler que la loi du 4 avril 2006 avait pour objet de lutter contre les mariages forcés et contre les violences conjugales. Déjà l'intitulé et l'objectif de la loi renseignent sur la consistance de l'obligation de respect. Juridiquement, le respect au sens de l'article 212 du Code civil ne va pas sans recouper le respect au sens commun du terme, que l'on peut définir comme le fait de ne pas porter atteinte[(38)]. En matière matrimoniale, le respect mutuel entre conjoints signifie que chacun doit s'abstenir de porter une atteinte quelconque à l'autre ou à ses intérêts, quelle que soit la forme de l'atteinte. Respecter le conjoint oblige à ne pas lui porter d'atteintes morales, par exemple du fait d'injures, de mensonges, de déloyauté ou de contrainte ; ni d'atteintes corporelles ou sexuelles.

obs. P. Jourdain ; *adde* déjà : Cass. 1re civ., 4 mai 2000, n° 95-21.567 : *JCP* G 2000, II, 10356, note T. Garé ; *RTD civ.* 2000, 810, obs. Hauser.

(34) Cass. 1re civ., 25 oct. 2017, n° 16-21.136 : *Dr. famille* 2017, comm. 247, obs. B. Beignier ; *D.* 2018, 1104, obs. J.-J. Lemouland et D. Vigneau – Cass. 1re civ., 19 mars 1985 : *Bull. civ.* 1985, I, n° 99, n° 84-10.237 ; *RTD civ.* 1986, 626, obs. J. Patarin.

(35) Sur cette jurisprudence constante, V. *supra*, n° 340.

(36) Par ex., pour une infidélité durant l'instance qui empêche la reprise de la vie commune : Cass. 2e civ., 4 juin 1997 : *Dr. famille* 1997, comm. 176, note H. Lécuyer.

(37) Cass. 2e civ., 22 mars 1995 : *D.* 1996, 64 (1re esp.), obs. E. Blary-Clément. – Cass. 2e civ., 29 avr. 1994 : *Bull. civ.* 1994, I, n° 123 ; *JCP* G 1994, IV, 1592 ; *RTD civ.* 1994, 571, obs. J. Hauser.

(38) Sur l'obligation de respect, cf. V. Depadt-Sebag, *L'obligation de respect de l'article 212 du Code civil* : *RJPF* 2014-1/6. – *Adde* Cass. 1re civ., 9 mars 2011, n° 10-10.154 : rejetant le pourvoi formé contre un arrêt d'appel qui prononça le divorce d'époux aux torts partagés sur le fondement de l'article 242 du Code civil en retenant que « depuis plusieurs années, les époux n'ont pas su échapper à une désaffection réciproque, à un manque de respect et d'attention qui lui ont conduits à s'éloigner sans qu'ils aient suffisamment cherché à mettre en œuvre les moyens et pratiquer les concessions nécessaires au maintien de la vie commune ».

1098. – **Opportunité.** L'obligation de respect recoupe donc d'autres obligations réciproques entre époux, comme l'assistance ou la communauté de vie, ce qui pose la question de l'opportunité de la modification de l'article 212 du Code civil opérée par la loi n° 2006-399 du 4 avril 2006. L'énumération existante ne suffisait-elle pas ? La consécration textuelle de l'obligation de respect est saluée par certains auteurs qui soulignent que « son introduction dans l'article 212 – de plus en tête des devoirs conjugaux – a valeur de consécration du mouvement qui a progressivement conduit en même temps à l'égalité des époux et au maintien de la personnalité de chacun »(39). Même si l'exécution forcée en nature de l'obligation de respect ne paraît guère concevable, la modification de l'article 212 du Code civil revêt un intérêt d'ordre pédagogique, dès lors que cet article fait l'objet d'une lecture par l'officier de l'état civil lors de la cérémonie du mariage. À cette occasion, se dessine de manière solennelle un modèle idéal typique des relations entre époux, ce qui ne manque pas d'intérêt à une époque où l'on dénonce souvent le déclin de l'institution matrimoniale.

C. – L'obligation d'assistance

1099. – **Soutien moral.** L'obligation d'assistance fait souvent l'objet d'une confusion avec le devoir de secours entre époux. Il faut reconnaître que la lettre de l'article 212 du Code civil brouille quelque peu la distinction en liant le secours et l'assistance, au sein d'une énumération qui comporte non seulement des obligations personnelles (fidélité, respect, assistance), mais aussi une obligation patrimoniale, le secours. Même si les époux se doivent secours et assistance selon l'article 212 du Code civil, le champ respectif des deux obligations doit être précisé. Alors que le secours revêt une dimension patrimoniale, l'assistance se caractérise par sa dimension personnelle. L'assistance désigne le soutien moral que chaque époux doit apporter à l'autre en raison de la vie commune et, en particulier, face à l'adversité, au deuil, à la maladie, au chômage et à l'échec. Intimement liée à la communauté de vie, l'assistance consiste à être moralement présent aux côtés du conjoint. Partant, l'assistance a une consistance variable selon le mode de vie conjugale adopté par chaque couple et en raison des personnalités respectives de chaque conjoint.

1100. – **Vigueur de l'obligation d'assistance.** À l'instar des autres obligations de nature personnelle, une exécution forcée en nature du devoir d'assistance n'est point concevable. L'obligation d'assistance détermine plutôt une sorte de modèle à atteindre, en constituant une maxime générale. Quoique rarement invoquée en pratique, la violation de l'obligation d'assistance peut donner lieu au divorce pour faute, lorsque les conditions de l'article 242 du Code civil sont réunies, ce qui recoupe souvent le champ de l'obligation de respect(40). L'obligation d'assistance a une consistance dans les rapports des époux entre eux et ne saurait valablement être invoquée par des tiers pour diminuer l'intensité de leurs propres obligations(41).

(39) A. Bénabent, *Droit de la famille*, *op. cit.*, n° 282.
(40) Sur laquelle, V. *supra*, n°s 1097 et 1098.
(41) Cf. A. Bénabent, *op. cit.*, n° 280.

D. – L'usage du nom du conjoint

1101. – **Règle coutumière.** En dépit des apparences, aucun texte du Code civil français[42] n'impose à l'épouse de prendre l'usage du nom de son mari. Même avant l'intense période de modification du droit de famille en cours depuis un demi-siècle, l'usage du nom du mari par son épouse provenait d'une règle coutumière, laquelle tirait sa force de sa répétition. De nos jours, cette coutume perdure et l'épouse conserve son nom mais peut user du nom du mari. Réciproquement, le mari peut user du nom de l'épouse et une prérogative identique se retrouve bien évidemment pour les couples de personnes de même sexe.

SECTION 2

LES DROITS ET DEVOIRS DE DIMENSION PATRIMONIALE

1102. – **Rôle du régime matrimonial.** Le régime matrimonial désigne l'ensemble des règles organisant les rapports pécuniaires des époux entre eux et à l'égard des tiers. Il s'agira par exemple de règles permettant de déterminer auquel des deux époux appartient tel ou tel bien, ou encore de savoir si un époux peut conclure seul un acte juridique portant sur un bien commun. À l'égard des tiers, les règles du régime matrimonial permettent de déterminer l'étendue du droit de gage, ce qui s'avère fondamental pour le créancier d'un époux, en lui permettant de savoir si les biens communs répondent ou non de la dette contractée par un seul.

1103. – **Dualité des sources du régime matrimonial.** Tout couple marié a nécessairement un régime matrimonial dont la source peut cependant varier. Soit les époux ont fait le choix d'organiser par un contrat de mariage leur régime matrimonial, et l'on parlera alors d'une source conventionnelle, soit ils se sont abstenus de le faire et les règles du Code civil suppléent alors la volonté des époux. Dans cette seconde hypothèse, on parlera d'un régime légal. Statistiquement, 83 % des couples mariés n'adoptent pas de régime matrimonial conventionnel[43], et se trouvent donc soumis au régime supplétif légal de communauté réduite aux acquêts. En effet, depuis la réforme opérée par la loi n° 65-570 du 13 juillet 1965, le régime supplétif – applicable aux époux qui n'ont pas adopté de régime conventionnel – est le régime de la communauté réduite aux acquêts[44]. Les époux disposent d'une liberté de choix, qui doit s'exercer en considération de leurs situations respectives tant d'un point de vue patrimonial que personnel et professionnel. La liberté des conventions matrimoniales permet non seulement de choisir – ou de ne pas choisir – un régime matrimonial conventionnel, d'en façonner le contenu, mais aussi

(42) Il n'en va pas de même dans certains États européens, comme en Italie par exemple.
(43) Cf. rapport INSEE, *Plus ou moins mariés : l'évolution du mariage et des régimes matrimoniaux en France : Économie et Statistiques* janv. 2014, n° 462 et 463, p. 125.
(44) Cf. R. Cabrillac, *Faut-il conserver le régime de communauté réduite aux acquêts ?*, in *1965-1985-2015 : cinquante ans de droit des régimes matrimoniaux. Bilan et perspectives*, ss dir. V. Égéa, PUAM, 2017, p. 51.

d'en changer durant le mariage. La seule limite à l'exercice de la liberté des conventions matrimoniales provient, d'une part, de l'article 1388 du Code civil et, d'autre part, de l'obligation qui leur est faite de respecter le régime primaire dit « impératif ». Cette qualification exprime le caractère d'ordre public de règles auxquelles la liberté individuelle ne saurait efficacement déroger.

1104. – **Existence d'un régime supplétif.** En dépit de la liberté offerte aux époux de choisir le régime matrimonial qui convient le mieux à leur situation personnelle et professionnelle, le Code civil consacre une série de règles auxquelles les époux ne peuvent pas déroger dans leur contrat de mariage initial ou à l'occasion d'une modification postérieure. Pour cette raison, cet ensemble de règles est désigné par l'expression de « régime primaire impératif ». Il figure essentiellement aux articles 202 et suivants du Code civil. Par exemple, l'article 214 du Code civil qui oblige les époux à contribuer aux charges du mariage relève de ce régime primaire impératif, ce qui signifie qu'un contrat de mariage pourra certes aménager les modalités d'exécution de cette obligation mais ne pourra nullement déroger au principe même de la contribution, en dispensant un époux de toute participation. Ainsi, que le régime matrimonial puise sa source dans la loi ou dans une convention, il ne s'agira que de règles venant s'ajouter au socle constitué par le régime primaire impératif.

1105. – **Une fondation, deux édifices.** Le régime primaire constitue donc une sorte de fondation sur laquelle vont être bâtis soit un régime matrimonial d'inspiration séparatiste, soit un régime matrimonial d'inspiration communautaire. Le régime primaire, ou « statut impératif de base » découle de la volonté législative de soumettre tous les ménages aux mêmes règles sur certains points essentiels[45]. L'expression « régime matrimonial » désigne habituellement l'ensemble formé par la combinaison du régime primaire impératif et du régime matrimonial choisi.

1106. – **Régimes matrimoniaux d'inspiration séparatiste.** Les époux peuvent tout d'abord choisir un régime matrimonial d'inspiration séparatiste, lequel se caractérise par une stricte distinction du patrimoine de chacun des époux. Dans ce type de régime, chacun des époux conserve un patrimoine exclusif (règle de propriété) qu'il gère et administre seul et dont il peut en principe[46] librement disposer (règle de pouvoir). Il n'existe donc pas dans ces régimes matrimoniaux de masse de biens communs et il convient donc que chaque époux puisse rapporter la preuve d'une propriété exclusive de ses biens, ce qui ne va pas sans soulever des difficultés concrètes s'agissant de meubles acquis en cours de mariage. Faute de pouvoir démontrer une telle propriété exclusive, le bien est réputé indivis, en application du droit commun de l'indivision. Par ailleurs, la séparation hermétique des patrimoines de chaque époux a une conséquence simple, provenant elle aussi du droit commun : lorsque des mouvements de valeurs existent entre les patrimoines respectifs des époux, ils

(45) Sur cette finalité, cf. R. Cabrillac, *Droit des régimes matrimoniaux*, Lextenso-Montchrestien, 2015, spéc. n°s 32 et s.
(46) Sous réserve des dispositions de l'article 215, alinéa 3 du Code civil visant à protéger le local d'habitation affecté au logement de la famille et les meubles meublants dont il est garni, qui relèvent du régime primaire impératif. Sur cette disposition, V. *infra*, n°s 1141-1142.

donnent lieu à des créances entre eux[47]. Les régimes matrimoniaux d'inspiration séparatiste, parce qu'ils reposent sur une distinction des deux patrimoines et une indépendance accrue des pouvoirs de chaque époux sur ses biens, ont pour finalité de favoriser une gestion indépendante des biens et sont généralement préconisés lorsque les époux ne souhaitent pas, pour des raisons professionnelles essentiellement, exposer le patrimoine de leur conjoint au droit de gage de leurs propres créanciers. Ainsi les régimes séparatistes sont-ils fréquemment choisis par des époux qui exercent des professions non salariées, travailleur indépendant, commerçant, exploitant agricole ou chef d'entreprise. Statistiquement, le régime de la séparation de biens connaît un certain essor et concernerait désormais près de 15 % des couples mariés[48].

1107. – **Typologie des régimes d'inspiration séparatiste.** Le Code civil réglemente deux régimes matrimoniaux d'inspiration séparatiste, sachant que chacun peut être aménagé par des clauses spécifiques. La séparation de biens constitue le premier régime matrimonial d'inspiration séparatiste. Figurant aux articles 1536 et suivants du Code civil, le régime matrimonial de séparation de biens demeure de conception assez simple en étant fondé sur l'existence de deux patrimoines exclusifs de chaque époux, sans présence d'une quelconque masse commune. Dans sa conception la plus originelle, la séparation de biens signifie que la situation patrimoniale de chaque époux demeure peu affectée par le mariage, chacun conservant son patrimoine exclusif, et les biens acquis durant le mariage dont on ne parvient pas à prouver la propriété tombent en indivision. Bien sûr, ce modèle général peut être aménagé ou tempéré par des clauses spécifiques du contrat de mariage. Il n'est pas rare en pratique que les époux procèdent à l'adjonction d'une société d'acquêts. On parlera alors de l'adoption d'un régime de séparation de biens avec adjonction d'une société d'acquêts. Un tel régime a le mérite d'introduire une dose de gestion commune ainsi qu'une masse – certes restreinte – de biens communs et pourra par exemple comporter le logement de la famille. Un autre régime d'inspiration séparatiste, la participation aux acquêts[49], est habituellement présenté comme reposant sur une hybridation des régimes d'inspiration communautaire et d'inspiration séparatiste. Inspiré du droit allemand et introduit dans le Code civil par la loi n° 65-570 du 13 juillet 1965, le régime de participation aux acquêts fonctionne durant le mariage sur la base d'une séparation entre les patrimoines des époux. Au moment de la dissolution du régime, en revanche, on calcule l'enrichissement respectif de chacun des époux en comparant le montant du patrimoine final avec le patrimoine initial. L'époux qui s'est le moins enrichi a droit à une créance de participation à l'égard de ce conjoint, ce qui lui permet de profiter de son enrichissement.

1108. – **Régimes matrimoniaux d'inspiration communautaire.** Les régimes matrimoniaux d'inspiration communautaire reposent sur une logique d'association entre les époux, plus ou moins poussée selon le régime choisi ou les clauses

(47) Et non à des récompenses propres aux régimes d'inspiration communautaire, s'agissant des mouvements de valeur entre la communauté et les patrimoines propres de chaque époux, V. *infra*, n°s 1108 et s.
(48) Rapport INSEE, *Plus ou moins mariés : l'évolution du mariage et des régimes matrimoniaux en France*, préc.
(49) J.-F. Pillebout, *La participation aux acquêts. Le contrat de mariage du chef d'entreprise*, LexisNexis, 3e éd., 2014.

insérées dans le contrat de mariage. Techniquement, ce choix d'organisation patrimoniale se traduit par la coexistence de trois masses de biens. À côté des deux patrimoines propres de chaque époux se trouve une troisième masse de biens – les biens communs – composée des biens et dettes qui seront partagés entre les époux ou leurs ayants droit au moment de la dissolution du régime. Par ailleurs, depuis les lois n° 65-570 du 13 juillet 1965 et n° 85-1372 du 23 décembre 1985, les époux disposent des mêmes pouvoirs pour la gestion de ces biens et l'on parle alors d'un système de cogestion(50). Au-delà des incertitudes relatives à la nature juridique de la communauté, consistant en particulier à savoir si elle a la personnalité juridique(51), l'importance de cette masse de biens communs demeure variable selon le degré d'association recherché. Ainsi dans la communauté réduite aux acquêts, régime matrimonial légal et supplétif applicable à tous les couples mariés qui n'ont pas fait le choix d'une organisation conventionnelle de leurs relations patrimoniales, la masse commune comporte les acquêts faits par les époux ensemble ou séparément durant le mariage, c'est-à-dire les acquisitions de biens mais aussi les gains et salaires perçus en cours d'union. Dans le régime de communauté universelle(52), en revanche, la logique d'association entre les époux s'avère encore plus poussée et la masse commune comporte non seulement les acquêts faits par les époux, mais également l'ensemble de leurs biens présents et à venir, à l'exception des biens propres par nature au sens de l'article 1404 du Code civil.

1109. – **Régime primaire : des droits et des devoirs.** Au-delà des nuances apportées par le choix de tel ou tel régime matrimonial, les époux restent donc soumis à un socle commun de règles organisant leurs relations patrimoniales, composé de pouvoirs (§ 1) et d'obligations (§ 2).

§ 1. – Les pouvoirs pécuniaires de chaque époux

I. – L'autonomie bancaire

A. – L'autonomie consacrée par le Code civil

1110. – **Égalité entre époux.** L'autonomie bancaire(53), consacrée à l'article 221 du Code civil, joue dans les rapports entre l'époux et le tiers dépositaire des fonds, c'est-

(50) Carbonnier parlait ainsi d'un « aigle » à deux têtes pour désigner la cogestion égalitaire par les deux époux des biens communs.

(51) La question, quoique classique, ne paraît toujours pas tranchée avec certitude. Considérant que la communauté serait une société civile, cf. la thèse de J. Carbonnier, *Le régime matrimonial, sa nature juridique sous le rapport des notions de société et d'association*, thèse, Bordeaux, 1932 ; *adde* G. Cornu, *Les régimes matrimoniaux*, PUF, 1997, n° 38. D'autres auteurs estiment que la communauté n'a pas la personnalité juridique (F. Terré et Ph. Simler, *Droit civil. Les régimes matrimoniaux*, Dalloz, 2015, n° 269. – Ph. Malaurie et L. Aynès, *Droit des régimes matrimoniaux*, Lextenso-Defrénois, 2015, n° 34) et se rapprocherait davantage d'une forme d'indivision, voire d'une sorte de patrimoine d'affectation (R. Cabrillac, *Droit des régimes matrimoniaux*, *op. cit.*, n° 141).

(52) Sur laquelle, cf. P. Catala, *Variations autour de la communauté universelle* : *Defrénois* 1996, 209.

(53) Sur laquelle : J. Couard, *L'indépendance financière des époux face aux techniques bancaires*, *in* V. Égéa (ss dir.), *1965-1985-2015. Cinquante ans de droit des régimes matrimoniaux. Bilan et perspectives*, PUAM, 2017, p. 77. – D.-R. Martin (ss dir.), *La portée de l'indépendance bancaire des époux*, in *Indépendance financière et communauté de vie*, colloque LERADP, LGDJ, 1989, p. 191.

à-dire le banquier(54), et résulte du mouvement d'essor de l'égalité entre époux constatée au milieu du xxe siècle ainsi que du développement de la pratique bancaire(55). À l'époque où l'épouse était juridiquement incapable, elle ne pouvait pas se faire ouvrir un compte en banque sans l'autorisation de son mari, ni même procéder au retrait de sommes déjà présentes sur un compte. Les lois des 22 septembre 1942 et 1er septembre 1943 avaient permis à l'épouse, devenue juridiquement capable depuis une loi de 1938, de se faire ouvrir un compte en banque ayant pour objet de faire face aux besoins du ménage, en considérant que, ce faisant, elle représentait son époux. Il faut donc attendre la loi n° 65-570 du 13 juillet 1965 pour que l'épouse acquière une autonomie bancaire à l'égard des tiers, ce qui signifie que le banquier ne saurait valablement exiger une quelconque autorisation du mari. Chacun des époux peut se faire ouvrir, sans le consentement de l'autre, tout compte de dépôt ou tout compte de titres en son nom personnel(56). Ainsi, peu importe la nature du compte (de titres, de dépôt, compte-chèque, compte sur livret) et la qualité juridique du dépositaire, dès lors qu'il s'agit d'un établissement de crédit effectuant des opérations de banque ou de bourse.

B. – L'autonomie garantie par la présomption bancaire

1111. – **Modalité de réalisation.** L'autonomie bancaire des époux se manifeste surtout dans les rapports entretenus par chaque époux à l'égard des tiers dépositaires, et c'est la raison pour laquelle l'article 221 du Code civil dispose en son second alinéa qu'à l'égard du dépositaire, le déposant est toujours réputé, même après la dissolution du mariage, avoir la libre disposition de ses fonds et titres en dépôt. Ainsi le banquier ne saurait exiger que l'époux rapporte la preuve du statut matrimonial ni, *a fortiori*, de démonstration de l'accord de l'autre conjoint. Même si l'article 221 du Code civil, à la différence du texte suivant, ne fait aucune référence à une exigence de bonne foi de l'époux, la doctrine considère habituellement qu'en ce domaine la fraude corrompt tout et qu'en cas de concert frauduleux entre l'époux et le dépositaire, ce dernier ne saurait valablement invoquer le jeu de la présomption(57). La présomption bancaire protège donc le banquier qui n'engagera pas sa responsabilité si un époux se présente seul pour faire certaines opérations sur son compte. Ainsi la présomption a été conçue pour déployer ses effets dans les rapports entre l'époux et le banquier. La question s'est cependant posée de savoir s'il serait concevable de l'invoquer dans les rapports entre époux, par exemple en réponse à une demande de restitution des fonds dirigée par le mari séparé de biens à l'égard de sa femme ayant encaissé des sommes qu'il considère lui appartenir exclusivement. En principe, ce sont les règles du régime matrimonial, voire de propriété, qui trouveront à s'appliquer, ce qui signifie que l'époux devra rapporter la preuve d'une propriété exclusive des fonds(58), ce qui ne sera guère aisé en pratique.

(54) C. Grare-Didier et M. Pichard, *L'argent en compte et la famille*, in *Mél. G. Champenois*, Lextenso, 2012, p. 381.
(55) C. Watine-Drouin, *Les comptes bancaires des époux*, in *Clés pour le siècle*, Dalloz, 2000, p. 1479.
(56) C. civ., art. 221, al. 1er.
(57) R. Cabrillac, *Droit des régimes matrimoniaux*, *op. cit.*, n° 80. – A. Colomer, *Droit civil. Régimes matrimoniaux*, Litec, 2005, n° 85. – F. Terré et Ph. Simler, *op. cit.*, n° 93 ; *contra* cependant : Ph. Malaurie et L. Aynès, *Les régimes matrimoniaux*, *op. cit.*, n° 82, qui considèrent que la présomption est irréfragable et que la bonne ou la mauvaise foi du banquier est indifférente.
(58) Cf. R. Cabrillac, *Droit des régimes matrimoniaux*, *op. cit.*, n° 81. – Ph. Malaurie et L. Aynès, *Les régimes matrimoniaux*, *op. cit.*, n° 82.

Prolongement pratique

Diverses applications de la présomption bancaire

1112. – À titre d'exemple, et en application de la présomption bancaire de l'article 221, alinéa 2 du Code civil, il a pu être décidé qu'une banque n'engage pas sa responsabilité en portant sur le compte personnel de la femme un chèque émis à l'ordre des deux époux et endossé par les deux[59].

En revanche, engage sa responsabilité à l'égard de l'époux titulaire du compte la banque qui, par sa négligence, permet à l'épouse de procéder à des retraits des fonds déposés sur le compte ouvert au seul nom du mari. La banque demeure toutefois, dans cette hypothèse, fondée à se prévaloir du bénéfice de la subrogation[60].

1113. – **Champ restrictif de la présomption.** La présomption doit être interprétée strictement, en ne concernant que les opérations visées par l'article 221, alinéa 2 du Code civil et que les personnes mentionnées par cette disposition.

1114. – **Jeu de la présomption et rôle des procurations.** Initialement conçue comme un corollaire de l'essor des prérogatives juridiques de l'épouse et de son droit d'ouvrir seule un compte bancaire, la présomption bancaire ne trouve à s'appliquer que si l'époux se révèle titulaire du compte. Concrètement le banquier ne peut exiger de l'épouse titulaire, voire cotitulaire avec son mari, la production d'une autorisation ou d'une justification quelconque qui émanerait de son époux. Encore faut-il bien évidemment que l'épouse revête la qualité de titulaire du compte puisque le dépositaire des fonds ne demeure tenu d'effectuer des opérations de banque ou de bourse qu'à l'égard du seul titulaire, ce qui ne va pas sans soulever des difficultés en cas de procuration. La pratique bancaire a souvent recours, par facilité et à la demande des titulaires de compte eux-mêmes, à des procurations, c'est-à-dire à des actes de mandat par lesquels le titulaire du compte donne mandat à un mandataire, son conjoint notamment, pour effectuer des actes tels que des retraits, virements ou dépôts. En l'absence d'une procuration préalable ou d'une ratification postérieure de l'opération, le banquier engage sa responsabilité s'il prête son concours à des opérations effectuées sur le compte de l'époux titulaire par son conjoint. Pour autant, la jurisprudence admet dans cette hypothèse le recours subrogatoire de la banque contre l'époux qui a effectué l'opération sans procuration[61].

1115. – **Durée de la présomption.** L'actuelle rédaction de l'article 221 du Code civil provient de la loi n° 85-1372 du 23 décembre 1985 qui mit fin à une controverse jusque-là tenace, quelques mois après que la jurisprudence eut adopté, par une

(59) Cass. com., 21 nov. 2000 : *JCP* G 2002, I, 103, n° 23, obs. M. Storck ; *RTD com.* 2001, 199, obs. M. Cabrillac.

(60) Cass. 1re civ., 8 juill. 2009, n° 08-17.300 : *JCP* G 2010, 353, obs. E. Naudin ; *JCP* N 2003, 1007, note V. Brémond ; *D.* 2009, 170, note V. Égéa ; *D.* 2009, 360, note F. Chénedé : « L'article 221 du Code civil réserve à chaque époux la faculté de se faire ouvrir un compte personnel sans le consentement de l'autre, d'autre part, que le banquier dépositaire ne doit, aux termes de l'article 1937 du même code, restituer les fonds déposés qu'à celui au nom duquel le dépôt a été fait ou à celui qui a été indiqué pour les recevoir ; que la cour d'appel a relevé que si les opérations effectuées par Mme X... ont été rendues possibles par les négligences de la banque, celle-ci était fondée à se prévaloir du bénéfice de la subrogation dès lors que l'épouse n'avait pas le pouvoir de disposer des fonds déposés sur le compte ouvert au seul nom du mari ».

(61) Cass. 1re civ., 8 juill. 2009, n° 08-17.300, préc.

sorte d'anticipation, la même solution(62). Le texte, comme la jurisprudence avant lui, prévoit qu'à l'égard du déposant le dépositaire est toujours réputé, même après la dissolution du mariage, avoir la libre disposition de ses fonds et titres en dépôt. Même après le décès, la présomption d'autonomie bancaire joue et il conviendra de la faire cesser par une mesure judiciaire de blocage, le simple fait pour les héritiers de porter le décès à la connaissance du banquier ne suffisant pas. La solution vaut au demeurant aussi bien pour des fonds déposés avant qu'après la dissolution du mariage.

II. – L'autonomie de gestion

1116. – **Présomption.** L'article 222 du Code civil édicte une présomption qui permet de garantir l'autonomie de gestion de chaque époux, en disposant que si l'un des époux se présente seul pour faire un acte d'administration, de jouissance ou de disposition sur un bien meuble qu'il détient individuellement, il est réputé, à l'égard des tiers de bonne foi, avoir le pouvoir de faire seul cet acte(63). La gestion quotidienne des biens de la famille, voire des biens personnels d'un époux, serait en effet singulièrement compliquée si le tiers contractant avec l'époux se trouvait en mesure d'exiger le consentement de l'autre conjoint. Par souci de souplesse et pour permettre à chaque conjoint de bénéficier d'une aire de liberté de gestion, la loi n° 65-570 du 13 juillet 1965 créa donc l'article 222 du Code civil. Il s'agissait à l'époque d'assurer une promotion des prérogatives juridiques de l'épouse et une égalité entre les sexes. La présomption de pouvoir protège non seulement l'époux face aux tiers et assure ainsi son autonomie, mais elle vise aussi à préserver la croyance légitime du tiers qui contracte de bonne foi avec un seul époux. C'est précisément dans ce dernier but que fut élaborée la présomption : même s'il contracte avec l'épouse, le tiers a la certitude que sa responsabilité ne pourra pas être mise en cause, en se réfugiant derrière la présomption.

1117. – **Champ.** La présomption de l'article 222 du Code civil couvre les actes juridiques à titre onéreux(64) relatifs aux meubles corporels, voire incorporels(65), détenus par un époux individuellement.

1118. – **Exclusion.** L'article 222 du Code civil limite en son alinéa 2 le champ de la présomption en excluant les meubles meublants garnissant le logement de la famille puisque cette affectation implique la nécessité d'un double consentement

(62) Cass. ass. plén., 4 juill. 1985, n° 83-17.155, *Edberg* : *JCP* G1985, II, 20457, rapp. A. Ponsard ; *Defrénois* 1985, 1130, note G. Champenois ; *D.* 1985, 421, note D. Martin ; *RTD civ.* 1985, 709, obs. J. Rubellin-Devichi et p. 754, obs. J. Patarin.

(63) C. civ, art. 222, al. 1er.

(64) S'agissant des actes à titre gratuit, dans le régime de communauté, le consentement du conjoint demeure requis (C. civ., art. 1422). Dans un régime séparatiste, soit l'époux passe seul un acte à titre gratuit sur un bien dont il a la propriété exclusive et qui n'est pas affecté au logement de la famille, et la présomption n'a pas d'utilité particulière dès lors que la situation ne pose pas de problème ; soit le bien est la propriété exclusive de l'autre conjoint et il s'agit alors de la conclusion d'un acte de disposition à titre gratuit portant sur la chose d'autrui alors que, sans surprise, le jeu de la présomption suppose bien évidemment une détention utile et de bonne foi ; soit enfin, il s'agit d'un bien indivis et le droit de l'indivision suppose une unanimité s'agissant des actes de disposition effectués à titre gratuit.

(65) La terminologie suggère cette extension aux meubles incorporels puisqu'il est question dans l'article 222 du Code civil de « détention », ce qui se révèle plus large que la possession au sens de l'article 2276 du même code. En faveur d'une telle analyse : Ph. Malaurie et L. Aynès, *Les régimes matrimoniaux*, Defrénois, 2015, n° 83. L'extension de la présomption aux meubles incorporels est par ailleurs communément admise par la doctrine.

des époux[66]. Ne sont pas davantage concernés les meubles corporels dont la nature fait présumer la propriété par l'autre conjoint, c'est-à-dire le linge à usage personnel ou encore les instruments du travail[67]. Habituellement, la doctrine considère que les meubles corporels soumis à immatriculation, comme les navires ou aéronefs, échappent au jeu de la présomption, sauf en ce qui concerne les véhicules automobiles pour lesquels l'immatriculation s'apparenterait davantage à une formalité administrative.

§ 2. – Les obligations pécuniaires des époux

I. – La contribution aux charges du mariage

A. – La notion de contribution aux charges du mariage

1119. – **Évolution.** L'obligation de contribuer aux charges du mariage et la lettre de l'article 214 du Code civil ont fidèlement suivi l'essor de l'égalité entre les époux qui a caractérisé le droit de la famille durant la seconde moitié du XXe siècle. Initialement en effet, le Code civil de 1804 chargeait le seul mari de recevoir son épouse et de lui fournir tout ce qui était nécessaire pour les besoins de la vie, selon ses facultés et son état, avant que les lois de 1942 et surtout de 1965 ne rendent l'obligation réciproque en la faisant peser sur les deux époux « en proportion de leur faculté respective ». Pour autant, le mari jouait encore un rôle prédominant en devant fournir à son épouse tout ce qui est nécessaire pour le besoin de la vie, à charge pour elle de contribuer par ses apports en dot ou en communauté, ou encore par son activité au foyer ou sa collaboration à la profession du mari. Il faut attendre 1975 pour que la rédaction actuelle de l'article 214 du Code civil soit retenue : « Si les conventions matrimoniales ne règlent pas la contribution des époux aux charges du mariage, ils y contribuent à proportion de leurs facultés respectives ».

1120. – **Signification.** L'obligation de contribuer aux charges du mariage présente une certaine originalité la distinguant de l'obligation de secours et d'une obligation alimentaire. Elle ne consiste pas seulement à assurer la subsistance du conjoint[68], mais vise à faire face aux dépenses engendrées par la vie conjugale et, plus largement, par la vie familiale, de manière assez large puisque sont concernées non seulement les dépenses dites « vitales », telles que la nourriture, le logement ou les soins, mais aussi des dépenses plus superflues, sans lesquelles l'intégrité physique n'est nullement menacée, comme par exemple les frais de loisirs et les dépenses d'agrément. La contribution aux charges du mariage dépend en effet très largement du train de vie du ménage. L'obligation de contribuer aux charges du mariage s'exprime donc au travers de modalités diverses, par le versement de sommes d'argent, par une exécution en industrie ou un apport en nature. Ainsi, constitue un mode d'exécution de l'obligation de contribuer aux charges du

(66) V. *infra*, n°s 1141-1146.
(67) C. civ., art. 1404.
(68) Cass. 1re civ., 23 juin 1970. *Bull. civ.* 1970, I, n° 220.

mariage le fait pour un époux de rembourser seul les échéances du prêt immobilier ayant permis de financer l'acquisition du logement de la famille[69] ou le paiement de l'impôt sur le revenu par des deniers prélevés sur le compte joint principalement alimenté par les revenus du mari[70].

B. – L'exécution de la contribution aux charges du mariage

1121. – **Contribution spontanée.** Au quotidien, la contribution aux charges du mariage s'exécute en principe de manière assez spontanée, par la mise en commun d'une partie – voire de la totalité – des gains et salaires de chaque époux. Peu importe ici le régime matrimonial choisi puisque l'obligation de contribuer aux charges du mariage relève du régime primaire impératif. Est également indifférente l'organisation retenue entre les époux pour contribuer de la sorte. Ainsi peuvent-ils choisir de faire verser leurs salaires sur un compte joint affecté spécifiquement à ce type de dépenses, ou bien encore régler chacun certaines dépenses sachant que la contribution aux charges du mariage peut également s'effectuer en nature par l'industrie personnelle d'un époux par exemple. L'essentiel consiste à participer à proportion de ses facultés respectives, la manière de le faire demeurant assez indifférente. En pratique et lorsque la vie conjugale se déroule correctement, la contribution aux charges du mariage s'exécute de manière assez spontanée et constitue une suite naturelle de la communauté de vie.

1122. – **Exécution forcée.** La contribution aux charges du mariage se révèle parfois défaillante et son exécution nécessite alors la mise en œuvre de mécanismes tendant à une exécution forcée que facilite le Code des procédures civiles d'exécution[71]. L'article L. 161-3 dudit code prévoit en effet la possibilité d'un recouvrement par le comptable public, pour le compte de l'époux créancier, des sommes dues en exécution de la contribution aux charges du mariage[72]. La décision du juge aux affaires familiales constitue donc un titre directement exécutoire, ce qui rend personnellement tenu tout tiers détenteur des sommes pour le compte de l'époux débiteur.

(69) Cass. 1re civ., 12 juin 2013, n° 11-26.748. – Cass. 1re civ., 14 mars 2006, n° 05-15.980 : *D.* 2013, 2242, obs V. Brémond ; *AJF* 2013, 448, obs. B. de Boysson : cassation pour manque de base légale au visa des articles 1537 et 214 du Code civil d'un arrêt d'appel qui n'a pas recherché, comme il le lui était demandé, si le paiement par l'épouse des échéances d'emprunts nécessaires à l'acquisition du logement familial ne participait pas de l'exécution de son obligation de contribuer aux charges du mariage à proportion de ses facultés ; *adde* déjà : Cass. 1re civ., 15 mai 2013, n° 11-26.933 : *Dr. famille* 2013, comm. 110, note B. Beignier ; *RTD civ.* 2013, 582, obs. J. Hauser ; *AJF* 2013, 383, obs. S. Blanc-Pélissier ; *D.* 2013, 2242, obs. V. Brémond : rejet d'un pourvoi dirigé contre un arrêt qui a décidé que le paiement des dépenses afférentes à l'acquisition et à l'aménagement de ce bien participait de l'exécution par le mari de son obligation de contribuer aux charges du mariage et a constaté que le mari avait disposé de revenus confortables tandis que ceux de son épouse, qui avait travaillé de manière épisodique, avaient été beaucoup plus faibles et irréguliers. – Cass. 1re civ., 14 mars 2006, n° 05-15.980 : *Bull. civ.* 2006, I, n° 160, *JCP* G 2006, I, 193, obs. G. Wiederkher ; *AJF* 2006, 293, obs. P. Hilt.

(70) Cass. 1re civ., 25 juin 2008, n° 07-17.349 : *RJPF* 2008-11/21, obs. F. Vauvillé ; *RTD civ.* 2008, 529, obs. B. Vareille : rejet du pourvoi dirigé contre un arrêt ayant constaté que les impôts du couple avaient été prélevés sur un compte joint, principalement alimenté par les revenus du mari, et que ce dernier n'avait supporté pendant les cinq années de la vie commune aucune contribution aux frais de logement qui constituaient, en l'absence d'enfants, l'essentiel des charges du mariage, la cour d'appel a pu en déduire qu'une convention était intervenue entre les époux, en vertu de laquelle, pendant toute la durée de la vie commune, les impôts de l'un et de l'autre avaient été supportés par les revenus du mari de sorte que celui-ci ne pouvait en remettre en cause l'équilibre.

(71) C. civ., art. 214, al. 2.

(72) Il s'agit d'une application du recouvrement direct des créances alimentaires organisé par la loi n° 75-618 du 11 juillet 1975.

1123. – Compétence matérielle. En matière de contribution aux charges du mariage, le Code de l'organisation judiciaire attribue une compétence matérielle au juge aux affaires familiales.

Code de l'organisation judiciaire

Article L. 213-3, 3° – Dans chaque tribunal de grande instance, un ou plusieurs magistrats du siège sont délégués dans les fonctions de juge aux affaires familiales.

Le juge aux affaires familiales connaît :

1° De l'homologation judiciaire du changement de régime matrimonial, des demandes relatives au fonctionnement des régimes matrimoniaux et des indivisions entre personnes liées par un pacte civil de solidarité ou entre concubins, de la séparation de biens judiciaire, sous réserve des compétences du président du tribunal de grande instance et du juge des tutelles des majeurs ;

2° Du divorce, de la séparation de corps et de leurs conséquences, de la liquidation et du partage des intérêts patrimoniaux des époux, des personnes liées par un pacte civil de solidarité et des concubins, sauf en cas de décès ou de déclaration d'absence ;

3° Des actions liées :

a) À la fixation de l'obligation alimentaire, **de la contribution aux charges du mariage**(73) ou du pacte civil de solidarité et de la contribution à l'entretien et à l'éducation des enfants ;

b) À l'exercice de l'autorité parentale ;

c) À la révision de la prestation compensatoire ou de ses modalités de paiement ;

d) Au changement de prénom ;

e) À la protection à l'encontre du conjoint, du partenaire lié par un pacte civil de solidarité ou du concubin violent ou d'un ancien conjoint, partenaire lié par un pacte civil de solidarité ou concubin violent ;

f) À la protection de la personne majeure menacée de mariage forcé.

Prolongement pratique

Stratégie procédurale relative à la contribution forcée aux charges du mariage

1124. – L'article L. 213-3, 3° a) du Code de l'organisation judiciaire donne une compétence matérielle au juge aux affaires familiales s'agissant de la contribution aux charges du mariage. Ce magistrat doit être saisi par une assignation(74) en la forme des référés, selon l'article 1137, alinéa 1er du Code de procédure civile, ce qui signifie que la procédure emprunte la souplesse des référés, mais que le juge rend une décision au fond qui préjudicie au principal et non pas une décision provisoire. Les référés en la forme constituent des figures procédurales hybrides qui mêlent la manière de procéder du contentieux provisoire mais donnent lieu à une décision au fond. Par ailleurs, le juge aux affaires familiales peut également être saisi par requête remise ou adressée au greffe, conjointement ou par une partie seulement (CPC, art. 1137, al. 2). Le contenu de ladite requête est détaillé par le second alinéa de l'article 1137 du Code de procédure civile.

Dans les quinze jours de la requête, le greffe convoque le défendeur à l'audience par lettre recommandée avec demande d'avis de réception(75). Toutefois, lorsque la requête mentionne que l'adresse du défendeur est la dernière adresse connue, le greffe invite le requérant à procéder par voie de signification(76). Le greffe avise par tous moyens l'auteur de la demande des lieu, jour et heure de l'audience(77).

(73) Nous soulignons.
(74) Cf. CPC, art. 1138, al. 4 qui fait expressément référence à l'assignation.
(75) CPC, art. 1138, al. 1er.
(76) CPC, art. 1138, al. 2.
(77) CPC, art. 1138, al. 3.

À peine de nullité, l'assignation ou la convocation doivent mentionner la faculté offerte aux parties de se défendre elles-mêmes ou de se faire assister ou représenter d'un avocat. Ces actes de procédure doivent aussi mentionner que la procédure est orale.

1125. – **Mise en œuvre de la sanction pénale.** Le fait pour une personne de ne pas exécuter une décision judiciaire ou une convention judiciaire homologuée[(78)] lui imposant de verser au profit d'un conjoint une contribution en raison de l'une des obligations prévues par le Code civil, comme la contribution aux charges du mariage, en demeurant plus de deux mois sans s'acquitter intégralement de cette obligation, constitue un délit pénal d'abandon de famille, puni de deux ans d'emprisonnement et de 15 000 € d'amende[(79)]. Dans un ordre d'idées voisin, le droit pénal intervient également au soutien d'une exécution efficace de l'obligation de contribuer aux charges du mariage en assimilant cette dernière au paiement d'aliments s'agissant de l'infraction d'organisation frauduleuse de l'insolvabilité. Il résulte donc d'une combinaison des articles L. 314-7 et L. 314-9 du Code pénal que l'époux débiteur d'une dette de contribution aux charges du mariage, prononcée par le juge aux affaires familiales, qui organise ou aggrave son insolvabilité soit en augmentant le passif, soit en diminuant l'actif de son patrimoine, ou encore en dissimulant des revenus ou des biens, en vue de se soustraire à l'exécution de son obligation, encourt trois ans d'emprisonnement et 45 000 € d'amende.

1126. – **Indifférence de la séparation de fait.** La contribution aux charges du mariage concerne les dépenses engendrées par la vie conjugale et, à ce titre, ne cesse qu'avec la dissolution juridique du lien de couple, par le divorce ou par le décès. La séparation de fait des époux demeure donc sans incidence sur l'obligation de contribuer aux charges du mariage qui perdure lors de cette période. La solution se vérifie même lorsque la séparation résulte du rejet par le juge aux affaires familiales d'une demande en divorce, puisque l'article 258 du Code civil lui permet de régler la contribution aux charges du mariage.

1127. – **Détermination des « facultés respectives ».** La notion de « facultés respectives » au sens de l'article 214 du Code civil reçoit une signification large en englobant bien évidemment les gains et salaires de chacun des époux ou encore les revenus de ses biens propres, mais aussi la capacité d'industrie personnelle des membres du couple. Les travaux effectués par un mari bricoleur relèvent ainsi de ses facultés de contribution aux charges du mariage. Plus largement encore, les facultés respectives englobent aussi les potentialités de chacun des époux. Ainsi, a pu être

(78) Encore faut-il qu'il s'agisse d'une véritable homologation, caractérisée par un entier contrôle juridictionnel, la chambre criminelle de la Cour de cassation jugeant en effet, au visa de l'article 227-3 du Code pénal, que « ne peut servir de base à une poursuite pour abandon de famille un jugement qui, se bornant à donner acte de l'offre d'une pension alimentaire, ne présente pas un caractère exécutoire » (Cass. crim., 13 déc. 2017, n° 16-83.256 : *AJF* 2018, 117, obs. F. Berdeaux).

(79) C. pén., art. L. 227-3, al. 1er. On notera, ce qui ne manque pas d'intérêt pour le droit de la famille, que l'infraction d'abandon de famille est généralement présentée comme portant atteinte à l'autorité de la justice davantage que nuisant aux intérêts des membres de la famille.

cassé pour manque de base légale au visa de l'article 214 du Code civil un arrêt qui n'avait pas recherché si une gestion utile d'un domaine appartenant à l'épouse pouvait lui procurer des revenus[80].

C. – Les clauses réglant la contribution aux charges du mariage

1128. – **Règles supplétives.** La règle selon laquelle chaque époux contribue aux charges du mariage à proportion de ses facultés respectives ne revêt qu'un caractère supplétif de la volonté des époux, intervenant « si les conventions matrimoniales n'en disposent autrement »[81]. Si la proportion ou les modalités de contribution aux charges du mariage devraient en principe être fixées par une clause du contrat de mariage, ceci demeure rare en pratique. Sont en revanche beaucoup plus fréquentes les clauses du contrat de mariage qui créent une présomption selon laquelle chaque époux s'est acquitté au jour le jour de son obligation de contribuer aux charges du mariage.

1129. – **Actes juridiques concernés.** Les clauses réglant la contribution des époux aux charges du mariage ont naturellement vocation à être insérées dans le contrat de mariage. Plus largement, la jurisprudence a admis la validité et l'efficacité d'un engagement déterminant la contribution aux charges du ménage, librement pris par un époux et accepté par l'autre, en dehors du contrat de mariage, sous réserve de la possibilité pour chacun des époux d'en faire modifier le montant à tout moment en considération de la situation des parties[82]. Partant, un époux peut demander en justice l'exécution d'un tel engagement. Il faut donc en déduire que cet engagement paraît conforme aux dispositions de l'article 1388 du Code civil et qu'une modification du régime matrimonial selon les modalités de l'article 1397 du même code n'est nullement requise.

1130. – **Limite.** La liberté des époux de régler par convention leur contribution aux charges du mariage se heurte toutefois au caractère d'ordre public de cette obligation, ce qui signifie que la volonté peut certes aménager les modalités de la contribution, mais ne saurait valablement dispenser un époux de contribuer. Pour le régime de communauté légale, l'article 1448 du Code civil dispose ainsi que l'époux qui a obtenu la séparation de biens doit contribuer, proportionnellement à ses facultés et à celles de son conjoint, tant aux frais du ménage qu'à ceux d'éducation des enfants. Il doit supporter entièrement ces frais, s'il ne reste rien à l'autre.

1° Clauses fixant une proportion ou des modalités de contribution

1131. – **Proportion.** Certaines clauses du contrat de mariage peuvent avoir pour objet de figer une proportion contributive, en prévoyant par exemple que le mari assumera les deux tiers des charges et l'épouse un tiers. Une autre formule peut consister à déterminer une portion des gains et salaires affectée par chaque époux à la contribution aux charges du mariage.

(80) Cass. 1re civ., 27 oct. 1992, n° 91-12.793 : *JCP* N 1993, 205 ; *RTD civ.* 1993, 181, obs. F. Lucet et B. Vareille ; *D.* 1993, 422, note C. Philippe.
(81) C. civ., art. 214, al. 1.
(82) Cass. 1re civ., 3 févr. 1987, n° 84-14.612 : *Bull. civ.* 1987, I, n° 41.

1132. – **Modalités.** Les clauses du contrat de mariage relatives aux modalités de contribution aux charges du mariage n'ont pas pour objet de fixer un quelconque *quantum*, contrairement aux clauses organisant une proportion, mais visent à déterminer la manière dont sera exécutée l'obligation. S'il s'agira le plus souvent du versement d'une somme d'argent ou du paiement de frais divers, la contribution peut s'opérer en nature par l'exécution en industrie de prestations telles que l'entretien du ménage ou encore des travaux et réparations diverses. L'exécution en nature demeure également une modalité concevable de contribution aux charges du mariage lorsqu'il est par exemple convenu qu'un époux apporte un bien propre en régime de communauté ou un bien personnel dans un régime séparatiste.

2° Clauses réputant acquittée l'obligation de contribuer

1133. – **Clause de présomption de contribution.** En pratique, le devoir de contribution aux charges du mariage est souvent utilisé pour tenter de résoudre une difficulté importante qui concerne le sort des biens indivis financés par un époux séparé de biens. À ce titre, on peut souscrire à l'idée selon laquelle la contribution aux charges du mariage remplit une fonction de « régulation » des régimes matrimoniaux[83]. Il s'agit plus exactement de savoir lorsque l'un des époux, marié sous le régime de séparation de biens, finance seul un bien indivis, s'il peut réclamer à son conjoint un remboursement. En matière d'indivision en effet, ce n'est pas le *quantum* du financement qui détermine la propriété. Les stipulations du titre sont déterminantes. Par exemple, si l'acquisition d'un bien indivis s'avère entièrement assumée par un époux séparé de biens, mais que l'acte d'acquisition mentionne que les deux époux sont indivisaires, chacun détenant une quote-part de 50 % du bien, au moment du partage le conjoint qui n'a nullement participé au financement peut tout de même réclamer la moitié de la valeur du bien. Les énonciations du titre l'emportent en effet sur le financement.

Partant, trois fondements juridiques sont généralement sollicités pour permettre à l'époux ayant financé entièrement le bien indivis de réclamer un remboursement à l'autre[84] :

– la qualification de libéralité peut, tout d'abord, être sollicitée. Ce fondement était surtout utilisé naguère lorsque les donations entre époux étaient révocables. Encore fallait-il bien sûr prouver l'intention libérale et éviter que la libéralité ne fût qualifiée de rémunératoire[85]. La donation rémunératoire ne saurait donner lieu

(83) En ce sens : A. Tisserand-Martin, *La contribution aux charges du mariage, mécanisme régulateur du régime matrimonial*, in *Mél. G. Champenois*, Lextenso-Defrénois, p. 803.

(84) Sur ce point, cf. J. Vassaux, *Financement du logement de la famille par un époux séparé de biens* : *JCP* G 2013, doctr. 518. – J. Casey, *Le financement du logement de la famille en séparation de biens* : *Gaz. Pal.* 23 août 2013, n° 236. – A. Karm, *Financement du logement de la famille et contribution des époux aux charges du mariage*, in *Mél. R. Le Guidec*, LexisNexis, 2014, p. 89.

(85) Tel est le cas notamment lorsque l'épouse participe largement à l'entretien du ménage et l'éducation des enfants. Pour un exemple récent, cf. Cass. 1re civ., 18 déc. 2013, n° 12-17.420 : un époux séparé de biens ayant financé seul l'acquisition indivise d'immeuble de rapport invoquait l'existence d'une donation révocable. S'agissant de la preuve de l'intention libérale, la Cour de cassation juge insuffisante « la seule circonstance que les comptes joints ouverts au nom des époux étaient alimentés par les seuls revenus du mari » et rejette le moyen formé contre la cour d'appel ayant « fait ressortir que l'activité de l'épouse était allée au-delà de son obligation de contribuer aux charges du mariage », dès lors qu'elle « avait assumé seule les fonctions de gérante de la société sans percevoir aucune rémunération puisque M. X.,

à révocation. La notion de libéralité présente aujourd'hui beaucoup moins d'intérêt. En effet, par souci de sécurité juridique, le législateur à l'occasion des lois n° 2004-439 du 26 mai 2004 et n° 2006-728 du 23 juin 2006 a modifié le régime juridique des libéralités entre époux. Désormais les donations de biens présents ne sont plus révocables. Au demeurant, la jurisprudence continue de connaître de contentieux anciens, relatifs à des libéralités faites avant le 1er janvier 2005, conformément aux dispositions transitoires des lois des 26 mai 2004 et 23 juin 2006. Pour autant, ce type de situations va progressivement se tarir ;

– la qualification de prêt peut ensuite être exploitée, mais se heurte elle aussi à nombre de difficultés(86). D'une part, l'époux qui allègue l'existence d'une obligation de restitution doit, conformément à l'actuel article 1353 du Code civil (ancien art. 1315), la prouver. Compte tenu de l'impossibilité morale de constituer un écrit qui marque bien souvent la situation familiale, ceci n'est guère une tâche aisée. D'autre part, ce conjoint risque de se heurter à une clause, usuelle dans la pratique notariale, érigeant une présomption de contribution aux charges du mariage. La clause est généralement rédigée de la manière suivante : « Les époux contribueront aux charges du mariage à proportion de leurs facultés respectives ; chacun d'eux sera réputé avoir fourni au jour le jour sa part contributive, en sorte qu'ils ne seront assujettis à aucun compte entre eux, ni à retirer à ce sujet aucune quittance l'un de l'autre ». Si l'on présume ainsi que le financement a constitué une modalité de la contribution aux charges du mariage, il sera bien compliqué de prétendre qu'une obligation de restitution existe. Où l'on voit que la contribution aux charges du mariage occupe une place déterminante ;

– la qualification de contribution aux charges du mariage s'impose comme la pierre angulaire de ce contentieux. Ainsi la jurisprudence considère que les dettes de loyer, le financement du logement de la famille, voire les dépenses d'agrément, constituent des charges du mariage. Si l'on applique la clause notariale de présomption de contribution aux charges du mariage, usuellement insérée dans les contrats de séparation de biens, l'époux qui a financé seul l'acquisition du logement indivis de la famille ne saurait prétendre à un quelconque remboursement, fondé notamment sur l'article 815-13 du Code civil(87). Il est réputé, par le jeu de la clause, avoir contribué ainsi aux charges du mariage. Encore faut-il préciser la force de cette présomption. Si la présomption créée par la clause est irréfragable, l'époux ne pourra pas exiger un remboursement puisqu'il ne peut contester le fait que la dépense a été réalisée pour contribuer aux charges du mariage. Ainsi la jurisprudence a initialement érigé la présomption créée par la clause du contrat de mariage en présomption irréfragable(88). Puis, dans un arrêt de revirement très

devenu notaire, ne pouvait plus exercer aucun rôle au sein de celle-ci » et en ayant déduit que « cette activité constituait la cause des versements effectués par le mari au titre de l'acquisition des immeubles, peu important que le mari ait aussi financé l'acquisition des parts sociales ».

(86) Cf. J. Vassaux, *Financement du logement de la famille par un époux séparé de biens*, art. préc.

(87) L'article 815-13 du Code civil permet à l'indivisaire qui a amélioré ou conservé seul un bien indivis de solliciter une créance, évaluer en tenant compte de l'équité. Il est admis en jurisprudence que le remboursement d'un emprunt constitue une telle dépense de conservation : Cass. 1re civ., 14 avr. 2009, n° 08-17.943. – Cass. 1re civ., 26 sept. 2012, n° 11-22.929.

(88) Cass. 1re civ., 19 oct. 2004. – Cass. 1re civ., 14 mars 2006.

remarqué, la Cour de cassation a décidé que la clause créait une présomption simple, en jugeant au visa de l'ancien article 1315 du Code civil (actuel C. civ., art. 1353) qu'il incombait au conjoint de rapporter la preuve contraire(89). Cette jurisprudence satisfaisait un vœu de réalisme en contournant l'aspect par trop systématique et artificiel d'une présomption irréfragable. En revanche, en introduisant une faculté d'apporter la preuve contraire au jeu de la clause, elle engendra un contentieux nourri et de vives discussions entre les époux au moment de la liquidation, en particulier dans le cadre du contentieux postdivorce(90). L'époux *solvens* contestant la présomption simple créée par la clause devait prouver que le financement effectué avait excédé le seuil d'une contribution normale aux charges du mariage. Inversement, l'époux auquel était réclamé un remboursement devait démontrer que les versements constituaient l'exécution de la contribution aux charges du mariage, c'est-à-dire que le financement effectué relevait du champ de la clause de présomption.

Sans doute sensible aux critiques adressées par une partie de la doctrine à cette qualification de présomption simple, la Cour de cassation a procédé à un nouveau revirement de jurisprudence le 25 septembre 2013, en décidant que « après avoir relevé que les époux étaient convenus en adoptant la séparation de biens qu'ils contribueraient aux charges du mariage dans la proportion de leurs facultés respectives et que chacun d'eux serait réputé avoir fourni au jour le jour sa part contributive en sorte qu'aucun compte ne serait fait entre eux à ce sujet et qu'ils n'auraient pas de recours l'un contre l'autre pour les dépenses de cette nature, les juges du fond ont souverainement estimé qu'il ressortait de la volonté des époux **que cette présomption interdisait de prouver**(91) que l'un ou l'autre des conjoints ne s'était pas acquitté de son obligation »(92).

Au moins pour un temps, la situation paraît quelque peu stabilisée puisque la jurisprudence redonne toute sa vigueur aux prévisions contractuelles des époux. Grâce au jeu de la clause, qui érige de nouveau aujourd'hui une présomption irréfragable, l'époux *solvens* ne pourra pas réclamer le remboursement des dépenses faites, lorsqu'il s'agit d'une charge du mariage. La qualification de la dépense devient alors le point central puisqu'elle détermine le champ de la clause et donc, par voie de conséquences, celui de la présomption. Concrètement, cela signifie que perdure une sorte de mutualisation ayant eu cours durant le mariage(93).

1134. – Jurisprudence actuelle. La jurisprudence paraît pour l'instant stabilisée et les modalités d'interprétation de la clause de contribution aux charges du mariage par les juges du fond ont fait l'objet d'une précision récente dans des arrêts de principe rendus(94) le 1er avril 2015 et depuis réaffirmés(95). La Cour de cassation rejette le pourvoi dirigé contre un arrêt qui retient le caractère irréfragable

(89) Cass. 1re civ., 3 mai 2012.
(90) Cf. sur ce point, les critiques de J. Vassaux, *Financement du logement de la famille par un époux séparé de biens*, art. préc.
(91) Nous soulignons.
(92) Cass. 1re civ., 25 sept. 2013, n° 12-21.892.
(93) Sur cette idée, cf. Ph. Simler, *L'indivision entre époux séparés de biens, une quasi-communauté*, in *Mél. Colomer*, Litec, 1993, p. 461.
(94) Cass. 1re civ., 1er avr. 2015, n° 14-12.938 : *RJPF* 2015-5/22, obs. V. Égéa. – Cass. 1re civ., 1er avr. 2015, n° 14-14.349 : *RJPF* 2015-6/20, obs. J. Dubarry.
(95) Cass. 1re civ., 22 juin 2016, n° 15-21.543 : *RJPF* 2016/9-24, obs. V. Égéa ; *adde* de manière plus discutable : Cass. 1re civ., 7 févr. 2018, n° 17-13.276 : *AJF* 2018, 303, obs. crit. J. Casey soulignant qu'en l'espèce le mode de financement était important puisqu'il semble que des deniers personnels aient servi à financer les travaux dans le logement de la famille.

de la clause. Pour ce faire, elle détaille les éléments que les juges du fond doivent caractériser, à savoir tout d'abord relever l'existence de la clause ; ensuite, constater que cette stipulation a bien pour objet de créer une présomption interdisant à un époux de prouver que l'autre époux ne s'est pas acquitté de son obligation ; et, enfin, établir que la dépense litigieuse participait bien de l'obligation de contribuer aux charges du mariage.

Cass. 1re civ., 1er avr. 2015, n° 14-12.938

Sur le moyen unique :

Attendu, selon l'arrêt attaqué (Bordeaux, 10 décembre 2013), qu'après le divorce des époux X...-Y..., qui avaient adopté le régime de la séparation de biens, des difficultés sont nées lors de la liquidation de leurs intérêts patrimoniaux, notamment pour le partage d'une indemnité d'assurance perçue à la suite de l'incendie d'un immeuble indivis ;

Attendu que M. X... fait grief à l'arrêt de juger que cette indemnité doit être partagée par moitié entre lui et Mme Y... ;

Attendu que, d'une part, après avoir relevé que les époux étaient convenus, en adoptant la séparation de biens, qu'ils contribueraient aux charges du mariage en proportion de leurs facultés respectives et que chacun d'eux serait réputé avoir fourni au jour le jour sa part contributive en sorte qu'ils ne seraient assujettis à aucun compte entre eux ni à retirer à ce sujet aucune quittance l'un de l'autre, la cour d'appel a souverainement estimé qu'il ressortait de la volonté des époux que cette présomption interdisait de prouver que l'un ou l'autre des conjoints ne s'était pas acquitté de son obligation ; que, d'autre part, après avoir constaté que l'immeuble litigieux constituait le domicile conjugal et retenu que les paiements effectués par le mari participaient de son obligation de contribuer aux charges du mariage, la cour d'appel en a justement déduit, sans inverser la charge de la preuve ni méconnaître le principe de la contradiction, que M. X... ne pouvait réclamer, au moment de la liquidation de leur régime matrimonial, l'attribution de l'intégralité de l'indemnité d'assurance, subrogeant ce bien, au titre du financement de l'acquisition et de l'amélioration de celui-ci ; que le moyen n'est pas fondé ;

PAR CES MOTIFS :

REJETTE le pourvoi ;

Commentaire : *RJPF* 2015-5/22, obs. V. Égéa.

1135. – **Résidences secondaires et immeubles de rapport.** L'impossible remboursement des dépenses de conservation du bien indivis que constitue le remboursement du prêt par un seul des époux se justifie lorsqu'il s'agit ce faisant de financer le logement de la famille, sanctuaire de vie familiale. De manière plus curieuse et critiquée, l'acquisition indivise d'une résidence secondaire financée par le seul mari a pu être qualifiée de charge du mariage, en raison de « l'activité stable de l'époux » qui lui assurait des « revenus très confortables »(96). Partant, même ce type de dépense d'agrément peut, eu égard au train de vie des membres du couple, constituer une modalité d'exécution de la contribution aux charges du mariage. Par une formule, devenue classique en ce domaine, la jurisprudence considéra alors que cette contribution, « distincte par son fondement et par son but de l'obligation alimentaire, peut inclure des dépenses d'investissements ayant pour objet l'agrément et les loisirs du ménage »(97). Puis, la jurisprudence a semblé cantonner la solution à son exacte raison d'être, c'est-à-dire au financement du logement de la famille, en excluant de la notion de contribution

(96) Cass. 1re civ., 18 déc. 2013, n° 12-17.420 ; *Bull. civ.* 2013, I, 249 ; *Dr. famille* 2014, comm. 61, note B. Beignier ; *LPA* 27 mai 2014, 10, note D. Sfendla ; *RTD civ.* 2014, 704, obs. B. Vareille ; *D.* 2014, 527, note G. Viney ; *D.* 2014, 1350, obs. J.-J. Lemouland et D. Vigneau ; *D.* 2014, 1905, obs. J. Revel.

(97) Cass. 1re civ., 8 nov. 1989 : *JCP G* 1990, IV, 1. – Cass. 1re civ., 20 mai 1981 : *JCP* G 1981, IV, 281 ; *Bull. civ.* 1989, I, n° 176.

aux charges du mariage le financement par un époux d'un investissement locatif destiné à constituer une épargne[98].

II. – Le devoir de secours

1136. – **Distinction de l'assistance.** À la différence de l'obligation d'assistance, le devoir réciproque de secours entre époux revêt un caractère pécuniaire, en dépit de son énumération faite à l'article 212 du Code civil. Le devoir de secours vise à apporter un remède face à l'impécuniosité du conjoint et concourt donc à un soutien financier – et non plus moral – de l'autre conjoint. Le devoir de secours se trouve souvent confondu à tort avec l'obligation de contribuer aux charges du mariage, dont il se distingue pourtant à deux points de vue. Non seulement le caractère alimentaire de l'obligation de secours s'avère plus marqué, en ne permettant pas par exemple d'être sollicité en vue de couvrir des dépenses d'agrément, mais, de surcroît, son champ se révèle plus restreint. Alors que la contribution aux charges du mariage concerne les dépenses engendrées certes par la vie conjugale mais, plus largement, par la vie familiale, le devoir de secours se cantonne quant à lui aux rapports entre époux. Pour autant, il convient de reconnaître que la distinction se révèle quelque peu théorique puisqu'en pratique l'obligation de secours, comme la contribution aux charges du mariage, font l'objet d'une exécution spontanée lorsque la vie conjugale se déroule de manière ordinaire.

1137. – **Séparation des époux.** La séparation des époux ne met pas fin au devoir de secours qui s'exécute alors par le versement d'une pension alimentaire.

III. – Les obligations alimentaires nées de l'alliance

1138. – **Définition.** Des obligations civiles spéciales existent entre certaines personnes unies par un lien d'alliance ou de parenté. On parle d'« obligations alimentaires » ou d'« aliments ». Expression d'une solidarité familiale[99], les obligations alimentaires font peser sur le membre de la famille qui bénéficie de ressources la charge d'assurer une partie, voire la totalité des besoins vitaux d'un parent ou allié. En dépit de la terminologie, les obligations alimentaires n'ont pas seulement pour objet de fournir de la nourriture à un autre membre de la famille mais, plus largement, de lui assurer des moyens de subsistance élémentaires, tels que le logement, les soins, l'habillement. L'exécution des obligations alimentaires s'effectue en nature, par exemple en accueillant sous son toit le parent dans le besoin, ou bien de manière plus fréquente par équivalent, par le versement d'une pension alimentaire. Le régime juridique des aliments distingue ces derniers des obligations civiles ordinaires. En effet, le principe du droit aux aliments demeure indisponible, la créance d'aliments est insaisissable et intransmissible. Par ailleurs, le jeu de la compensation est exclu en matière d'aliments.

(98) Cass. 1re civ., 5 oct. 2016, n° 15-25.944 : *JCP* N 2017, n° 36, art. n° 1259, n° 1, obs. G. Wiederkehr ; *RTD civ.* 2017, 105, obs. J. Hauser ; *RTD civ.* 2017, 469, obs. B. Vareille ; *AJF* 2016, 544, obs. J. Casey ; *D.* 2017,1082, obs. J.-J. Lemouland et D. Vigneau. On notera que, dans cette affaire, les époux étaient mariés sous le régime de la participation aux acquêts.
(99) Cf. « Quelles solidarités pour une famille renouvelée », acte du colloque du 25 mars 2016, Université d'Angers, publiés *in Dr. famille* juin 2016.

A. – L'obligation alimentaire entre époux

1139. – **Le général et le spécial.** Dans le Code civil, le siège des obligations alimentaires se trouve aux articles 202 et suivants, formant un Chapitre 5 intitulé « Des obligations qui naissent du mariage », au sein duquel il n'existe pas à proprement parler de règles consacrant de manière spécifique une obligation alimentaire entre époux. On ne saurait pour autant en déduire qu'une telle obligation n'existe pas. La doctrine considère habituellement que le devoir de secours entre époux, figurant à l'article 212 du Code civil, constitue une obligation alimentaire dès lors qu'il contraint un époux à subvenir aux besoins vitaux de l'autre dans la limite de ses propres ressources.

B. – L'obligation alimentaire entre alliés

1140. – **Gendres et belles-filles.** L'article 206 du Code civil prévoit une obligation alimentaire qui rayonne au-delà des époux pour concerner plus largement les gendres et belles-filles. Le texte dispose en effet que les gendres et belles-filles doivent également, et dans les mêmes circonstances, des aliments à leur beau-père et belle-mère. Le droit civil assimile donc les gendres et belles-filles aux enfants du créancier d'aliments. Comme toute obligation alimentaire, la réciprocité prévaut(100), ce qui signifie que les beaux-parents doivent également des aliments à leurs gendres et belles-filles. À l'instar des autres obligations alimentaires, la mise en œuvre de l'article 206 du Code civil suppose une situation de besoins du côté du créancier et la présence de ressources du côté du débiteur. Une particularité distingue cependant l'obligation alimentaire entre alliés puisque cette dernière cesse lorsque décède celui des époux qui produisait l'affinité ainsi que les enfants issus de son union avec l'autre époux.

IV. – La protection du logement familial

1141. – **Sanctuaire.** Le logement familial, entendu comme le local d'habitation affecté au logement du couple marié et de ses éventuels enfants, fait l'objet d'une protection juridique pour éviter qu'un époux ne puisse trop aisément en disposer sans le consentement de son conjoint. La protection du logement familial, qui figure à l'article 215, alinéa 3 du Code civil, prolonge et garantit le devoir de communauté de vie. En effet, les époux ne peuvent l'un sans l'autre disposer des droits par lesquels est assuré le logement de la famille, ni des meubles meublants dont il est garni. Ainsi, un époux ne saurait valablement vendre le logement de la famille sans le consentement de son conjoint, quand bien même il s'agirait d'un bien propre lui appartenant exclusivement. L'affectation d'un bien au logement de la famille modifie donc la traditionnelle superposition des règles de propriété et de pouvoir, classique en matière de droit des régimes matrimoniaux. Bien que propriétaire en propre du bien immobilier, un époux ne pourra pas en disposer sans le consentement de son conjoint, dès lors que ce local d'habitation est affecté au logement de la famille. Il

(100) C. civ., art. 207.

en va de même, au demeurant, en ce qui concerne les meubles meublants dont le bien immobilier est garni.

1142. – **Sanction.** Celui des deux qui n'a pas donné son consentement à l'acte peut en demander l'annulation. L'action en nullité lui est ouverte dans l'année à partir du jour où il a eu connaissance de l'acte, sans pouvoir jamais être intentée plus d'un an après que le régime matrimonial s'est dissous(101).

1143. – **Champ de la protection.** Les dispositions protectrices du logement de la famille ne concernent que la résidence principale et ne peuvent pas être étendues à la résidence secondaire(102) de manière opportune, car il s'agit de préserver le foyer de la vie familiale et non un local affecté à l'agrément. L'époux propriétaire en propre d'une telle résidence secondaire retrouvera logiquement de la faculté d'en disposer seul. Il n'y a là qu'un respect élémentaire de son droit de propriété.

1144. – **L'immeuble détenu par une SCI.** Il est fréquent en pratique que les époux constituent une société civile immobilière qui détient le logement de la famille. Dans une telle hypothèse, l'écran de la personne morale perturbe quelque peu le jeu classique du régime primaire des époux. Ainsi, lorsque les droits par lesquels le logement de la famille est assuré appartiennent à une société civile immobilière dont l'un des époux au moins est associé, l'article 215, alinéa 3e du Code civil ne peut jouer que si l'époux associé est autorisé à occuper le bien en raison d'un droit d'associé ou d'une décision prise à l'unanimité de ceux-ci(103).

1145. – **Droits concernés.** La protection conférée vise les droits de toute nature et pas seulement le droit de propriété(104).

1146. – **Actes concernés.** L'article 215, alinéa 3 du Code civil concerne non seulement la conclusion d'un contrat de vente, lorsqu'un époux est propriétaire, mais joue aussi pour tous les actes juridiques par lesquels un époux viendrait à disposer des droits par lesquels est assuré le logement de la famille, comme par exemple la constitution d'une hypothèque sur un immeuble servant de logement à la famille(105).

V. – La solidarité des dettes ménagères

A. – Principe

1147. – **Contrepartie de la liberté.** Depuis la loi n° 65-570 du 13 juillet 1965 portant réforme du droit des régimes matrimoniaux, chacun des deux époux a

(101) C. civ., art. 215, al. 3.
(102) Cass. 1re civ., 19 oct. 1999 : *Bull. civ.* 1999, I, n° 284 ; *JCP* G 2000, I, 245, n° 4, obs. G. Wiederkehr ; *Dr. famille* 2000, comm. 42 (3e arrêt), note B. Beignier ; *Defrénois* 2000, 437, obs. G. Champenois.
(103) Cass. 1re civ., 14 mai 2018, n° 17-16.482 : *Dr. famille* 2018, comm. 152, obs. S. Torricelli-Cherfi ; *D.* 2018, 1104, obs. J.-J. Lemouland et D. Vigneau : dans cette affaire, une épouse sollicitait la mise en œuvre de la protection fondée sur l'article 215, alinéa 3e du Code civil. La Cour de cassation rejette le pourvoi dirigé contre un arrêt d'appel ayant refusé de faire droit à cette demande, dès lors que les juges du fond ont souverainement estimé qu'il n'était justifié d'aucun bail, droit d'habitation ou convention de mise à disposition de l'appartement litigieux par la SCI au profit de ses associés.
(104) Cf., pour la nue-propriété : Cass. 1re civ., 20 janv. 2004 : *Bull. civ.* 2004, I, n° 21 ; *D.* 2004, 2178, note F. Bicheron.
(105) Cass. 1re civ., 4 oct. 1983 : *Bull. civ.* 1983, I, n° 216 ; *Defrénois* 1983, 1593, note G. Champenois. – Cass. 1re civ., 17 nov. 1981 : *JCP* G 1982, IV, 48 ; *Bull. civ.* 1981, I, n° 337. – CA Paris, 30 juin 2000 : *Dr. famille* 2000, comm. 129, note B. Beignier.

pouvoir pour passer seul les contrats qui ont pour objet l'entretien du ménage ou l'éducation des enfants. La consécration d'un tel pouvoir participe alors à la promotion des droits et prérogatives de la femme mariée. Jusque-là en effet, la jurisprudence puis la loi eurent recours au mécanisme du mandat tacite que le mari aurait consenti à sa femme pour permettre à cette dernière de valablement conclure des actes juridiques relatifs à l'entretien du ménage et l'éducation des enfants. Avec le mécanisme du mandat, fondé sur la représentation, le mari se trouvait engagé, bien que n'ayant pas conclu personnellement l'acte. L'affirmation nouvelle de pouvoirs de gestion individuels et égalitaires supposait quant à elle que l'on retînt un mécanisme différent, expliquant ainsi le passage de la représentation à la solidarité. Si la représentation se conçoit dans un contexte inégalitaire où l'homme détient la plupart des prérogatives juridiques, la solidarité correspond à l'égalité des droits et devoirs entre époux. L'article 220 du Code civil prévoit ainsi en son alinéa 1er que toute dette contractée par un époux seul pour l'entretien du ménage ou l'éducation des enfants oblige l'autre solidairement. Concrètement, cela signifie que l'époux qui n'a pas personnellement consenti à l'acte peut tout de même être poursuivi en paiement par le créancier(106). La solidarité des dettes ménagères déroge ainsi à l'effet relatif des conventions, dans le but d'affermir la liberté individuelle de chaque époux et pour sécuriser l'expectative des créanciers.

1148. – Étendue de la solidarité. La formulation de l'article 220 du Code civil appelle quelques précisions. Bien que le texte évoque les dettes « contractées », la jurisprudence a étendu le champ de la solidarité aux charges légales telles que les cotisations obligatoires d'assurance vieillesse(107) ou d'assurance maladie(108). L'origine de la dette se révèle donc moins déterminante que son objet. Ne donne lieu à la solidarité que la dette ayant pour objet l'entretien du ménage ou l'éducation des enfants, comme par exemple des frais médicaux n'excédant pas le train de vie du ménage(109), des charges de copropriété affectées au logement familial(110), des dettes de loyers(111), même si le juge aux affaires familiales autorise des résidences séparées durant l'instance en divorce(112).

(106) Encore faut-il que le créancier vise expressément le caractère ménager de la dette pour invoquer efficacement le jeu de la solidarité : Cass. 1re civ., 17 mai 2017, n° 16-16.732 : *Dr. famille* 2017, chron. 2, n° 17, obs. V. Égéa ; *AJF* 2017, 422, obs. J. Casey ; *D.* 2018, 1104, obs. J.-J. Lemouland et D. Vigneau.

(107) Cass. 1re civ., 9 oct. 1991 : *JCP* G 1992, I, 3567, n° 1, obs. G. Wiederkehr ; la jurisprudence est depuis constante. Cf., par ex. : Cass. 1re civ., 10 mars 1998 : *Bull. civ.* 1998, I, n° 101 ; *Dr. famille* 1998, comm. 71, note B. Beignier. – Cass. soc., 4 oct. 2001 : *Dr. famille* 2001, comm. 118, note B. Beignier.

(108) Cass. 1re civ., 20 nov. 2001 : *Bull. civ.* 2001, I, n° 284 ; *Dr. famille* 2002, comm. 8, note B. Beignier ; *JCP* G 2002, IV, 1003.

(109) Cass. 1re civ., 10 mai 2006 : *Bull. civ.* 2006, I, n° 235 ; *Dr. famille* 2006, comm. 119, note V. Larribau-Terneyre ; *D.* 2007, 1567, obs. J.-J. Lemouland et D. Vigneau.

(110) Cass. 3e civ., 1er déc. 1999 : *JCP* G 2000, I, 245, n° 7, obs. G. Wiederkehr.

(111) Cass. 1re civ., 13 oct. 1992 : *Bull. civ.* 1992, I, n° 251 ; *JCP* G 1993, II, 22047, note J. Hauser ; *RTD civ.* 1993, 180, obs. F. Lucet et B. Vareille ; la solution est régulièrement réaffirmée depuis : Cass. 3e civ., 27 mai 1998 : *JCP* G 1999, I, 154, n° 1, obs. G. Wiederkehr ; *Dr. famille* 1998, comm. 95, note H. Lécuyer ; *Loyers et copr.* 1998, comm. 205, note B. Vial-Pedroletti.

(112) Cass. 3e civ., 16 déc. 1998 : *JCP* G 1999, II, 10105, note Th. Garé ; cf. depuis : Cass. 3e civ., 2 févr. 2000 : *Dr. famille* 2000, comm. 41, note B. Beignier ; *JCP* G 2000, I, 245, n° 8, obs. G. Wiederkehr.

Prolongement pratique

Stratégie procédurale du créancier se prévalant de la solidarité des dettes ménagères

1149. – Parce qu'elle constitue un mécanisme dérogatoire institué dans l'intérêt du créancier, la solidarité des dettes ménagères paraît soumise à des conditions procédurales spécifiques. Dans un arrêt rendu le 17 mai 2017, la Cour de cassation(113) rejette un pourvoi dirigé contre un arrêt ayant lui-même refusé le jeu de la solidarité au profit d'un bailleur social. La Cour de cassation approuve les juges du fond d'avoir relevé « que le bailleur avait été informé que l'épouse avait quitté l'appartement » et précise par ailleurs que « la cour n'était pas saisie d'un moyen fondé sur le caractère ménager de la dette due pour l'occupation des lieux par un seul époux, le bailleur s'étant borné à soutenir que ceux-ci devaient être tenus solidairement au paiement des loyers jusqu'à la transcription du jugement de divorce en marge des actes de l'état civil ».

D'un point de vue procédural, l'on sait depuis un arrêt de principe du 21 décembre 2017 que l'article 12 du Code de procédure civile n'impose pas au juge de changer le fondement juridique de la demande(114). Ainsi, le créancier demandeur devra non seulement invoquer le jeu de la solidarité pour poursuivre en paiement l'époux mais, de surcroît, il lui incombe d'alléguer expressément – et de prouver – le caractère ménager de la dette.

Ce faisant, le demandeur risque de se heurter à une défense au fond arguant d'une absence de caractère ménager de la dette, notamment pour les dettes locatives lorsque l'époux poursuivi en paiement a quitté les lieux. C'est une perspective qui apparaît dans l'arrêt du 17 mai 2017 lorsque la Cour de cassation note que les juges d'appel relevèrent que « le bailleur avait été informé que l'épouse avait quitté l'appartement ». Il conviendrait alors de répondre que la solidarité des dettes ménagères ne cesse que par la transcription du divorce, laquelle le rend opposable aux tiers. La sécurité juridique du tiers contractant commande une telle solution, au demeurant classique.

B. – Exceptions

1150. – **Exceptions tirées de l'objet ou l'importance de la dette.** Certaines circonstances nécessitent d'exclure la solidarité entre époux. Il en va ainsi des dépenses ne revêtant pas un caractère ménager comme les dépenses d'investissement(115). La solidarité ne joue pas davantage lorsque la dette présente certes un caractère ménager, mais que son montant s'avère cependant excessif eu égard au train de vie du ménage ou à l'inutilité de l'opération. Expressément prévue par l'article 220, alinéa 2 du Code civil, cette exception engendre un contentieux nourri. Ainsi, certains frais médicaux, tels que la pose d'une prothèse dentaire dans l'intérêt exclusif d'un époux, ne donnent pas lieu à la solidarité(116). Il incombe alors à l'époux qui entend

(113) Cass. 1re civ., 17 mai 2017, n° 16-16.732 : *Dr. famille* 2017, chron. 2, n° 17, obs. V. Égéa ; *AJF* 2017, 422, obs. J. Casey ; *D.* 2018, 1104, obs. J.-J. Lemouland et D. Vigneau.

(114) Cass. ass. plén., 21 déc. 2017, n° 06-11.343 : *JCP G* 2008, II, 10006, note L. Weiller ; *Procédures* 2008, comm. 71, note R. Perrot ; *RTD civ.* 2008, 317, obs. P.-Y. Gautier.

(115) Cass. 1re civ., 4 juill. 2006 : *Bull. civ.* 2006, I, n° 351 ; *RTD civ.* 2006, 811, obs. J. Hauser ; *Dr. famille* 2006, comm. 183, note V. Larribau-Terneyre ; cf. déjà dans le même sens : Cass. 1re civ., 11 janv. 1984 : *Bull. civ.* 1984, I, n° 13 ; *D.* 1984, inf. rap. p. 276, obs. R. Martin.

(116) CA Nîmes, 12 déc. 2002 : *Dr. famille* 2003, comm. 75 (3e esp.), note B. Beignier.

écarter le jeu de la solidarité de démontrer le caractère excessif de la dépense eu égard au train de vie du ménage(117). Partant, certaines dépenses considérées comme somptuaires pour des époux modestes paraîtront ordinaires dans un milieu aisé, ce qui rejaillit nécessairement sur la mise en œuvre de la solidarité. Lorsque la solidarité se trouve écartée, par exemple en raison du montant excessif de la dette eu égard au train de vie du ménage, cela ne signifie nullement que le créancier ne saurait obtenir paiement, mais simplement qu'il ne pourra poursuivre que l'époux avec lequel il a conclu l'acte et non avec son conjoint. Écarter le jeu de la solidarité ménagère redonne ainsi sa vigueur au droit commun des obligations en général et à l'effet relatif des conventions en particulier.

1151. – **Exceptions tirées du mode de financement.** Soucieux de limiter le jeu de la solidarité aux seules dépenses véritablement ménagères et de lutter contre le surendettement, le législateur a édicté d'autres exceptions(118) à l'article 220, alinéa 3 du Code civil, par des réformes successives(119). Le texte dispose que la solidarité n'a pas lieu non plus, en l'absence de consentement des deux époux, pour les achats à tempérament ni pour les emprunts à moins que ces derniers ne portent sur des sommes modestes nécessaires aux besoins de la vie courante et que le montant cumulé de ces sommes, en cas de pluralité d'emprunts, ne soit pas manifestement excessif eu égard au train de vie du ménage.

Prolongement pratique

Fiscalité des donations entre époux

1152. – Les époux peuvent évidemment se consentir des donations durant le mariage. Fiscalement, les époux ne sont pas exonérés de droits de mutation à titre gratuit mais ils bénéficient cependant d'un abattement. Ainsi, l'article 796 E du Code général des impôts dispose que pour la perception des droits de mutation à titre gratuit entre vifs, il est effectué un abattement de 80 724 € sur la part du conjoint du donateur.

Cela signifie concrètement que pour une donation dont la valeur fiscale est inférieure à cette somme de 80 724 €, le donateur n'aura pas à payer de droits de mutation à titre gratuit. Au-delà de cette somme, l'imposition s'opère de manière proportionnelle de 5 % à 45 % par tranche.

Précisons que contrairement aux dispositions relatives aux droits de mutation à titre gratuit concernant les donations entre partenaires de PACS, l'abattement dont il est ici question n'est nullement conditionné à une quelconque durée du mariage (comp. CGI, art. 796 E, al. 2 et *supra*, n° 517, pour l'abattement concernant les donations entre partenaires de PACS), ce qui ne manque pas d'intérêt.

(117) Cass. 1re civ., 10 mai 2006, préc.

(118) Sur lesquelles, cf. N. Rzepecki, *Les opérations de crédit et la solidarité ménagère de l'article 220 du Code civil : JCP G* 1999, I, 148.

(119) L'élaboration de ces exceptions s'est faite par une loi n° 85-1372 du 23 décembre 1985, puis par la loi n° 2014-344 du 17 mars 2014. Sur ce dernier texte, cf. B. Beignier, *Nouvelles protections des époux et des partenaires envers la solidarité en cas d'emprunts : Dr. famille* 2014, focus 56.

CHAPITRE 2

LES RELATIONS JURIDIQUES ENTRE MEMBRES DES AUTRES COUPLES

1153. – **Intensité juridique décroissante.** L'intensité juridique des obligations entre membres du couple demeure variable. Étendu et complet en ce qui concerne les époux, le régime juridique qui détermine les relations entre membres du couple se révèle un peu moins étendu pour le pacte civil de solidarité (Section 1), et reste parcellaire entre les concubins (Section 2).

SECTION 1

LES RELATIONS ENTRE PARTENAIRES DE PACS

1154. – **Rôles de la volonté et de la loi.** La rédaction d'une convention demeure absolument nécessaire pour la validité du pacte civil de solidarité, puisque les partenaires doivent présenter cet acte au greffier en chef du tribunal d'instance (et, depuis la loi dite « Justice 21 », adoptée le 12 octobre 2016, auprès de l'officier de l'état civil), afin que ce dernier procède à l'enregistrement du pacte. Lorsque le PACS est notarié, le notaire rédacteur d'acte doit faire procéder aux formalités de publicité de l'acte. Faute de convention, il n'est point de pacte civil de solidarité possible. La liberté conventionnelle des partenaires demeure relativement étendue, quoique bornée par des limites que le Conseil constitutionnel n'a pas manqué de rappeler dans sa célèbre décision du 9 novembre 1999. Les principales clauses de la convention de PACS ayant déjà été présentées lors de l'étude de la formation du lien de couple[(1)], les présents développements se contenteront d'exposer les règles légales qui organisent les relations entre partenaires, à défaut de stipulation contraire. En ce domaine, la loi détermine en effet un régime patrimonial supplétif, applicable faute de stipulations volontaires. Le propos se vérifie aussi bien pour les obligations d'ordre personnel (§ 1) que patrimonial (§ 2).

(1) V. *supra*, n°s 493 et s.

§ 1. – Les droits et obligations d'ordre personnel

I. – La communauté de vie

1155. – **Objet du pacte.** Une obligation de communauté de vie existe entre les partenaires unis par un pacte civil de solidarité. Elle résulte de l'objet même du pacte civil de solidarité qui vise à « organiser [la] vie commune »(2) des partenaires. Plus précisément, l'obligation de communauté de vie est expressément édictée par l'article 515-4 du Code civil qui dispose que « les partenaires liés par un pacte civil de solidarité s'engagent à une vie commune ». Dans cette perspective, et compte tenu de l'évident rapprochement du PACS et du mariage(3), on peut raisonnablement définir la communauté de vie entre partenaires unis par un pacte civil de solidarité d'une manière similaire à l'acception retenue en matière de mariage. Ainsi, la communauté de vie désigne non seulement la cohabitation au sens matériel du terme(4), c'est-à-dire la communauté de toit, mais aussi, plus largement, une communauté affective. La dimension volontaire et subjective du lien juridique de couple se vérifie une nouvelle fois(5). Par voie de conséquence, la communauté de vie peut avoir disparu malgré une communauté de toit. Inversement, la communauté de vie peut être présente en dépit de résidences séparées des partenaires(6).

Prolongement pratique

L'imposition sur le revenu des couples de partenaires de PACS, une seule ou trois déclarations ?

1156. – Pour les membres d'un couple unis par un pacte civil de solidarité, la conclusion du pacte peut présenter un intérêt fiscal, s'agissant de l'impôt sur le revenu, en permettant aux partenaires de procéder à une seule déclaration, bénéficiant ainsi de deux parts. Initialement pourtant, lorsque le PACS fut créé, les partenaires ne disposèrent pas de la faculté de procéder immédiatement à une telle déclaration unique, laquelle ne pouvant intervenir qu'après trois ans de vie commune. Le système fût par la suite modifié au profit d'une triple déclaration (à partir de la loi de finances n° 2004-1484 du 30 décembre 2004, pour l'année 2005), à savoir la déclaration commune des partenaires concernant les revenus perçus depuis la date de conclusion du pacte, tout d'abord ; la déclaration de revenus du premier partenaire pour la période précédant la conclusion du pacte, ensuite ; la déclaration de revenus du second partenaire pour la période précédant la conclusion du pacte, enfin.

(2) C. civ., art. 515-1.
(3) Sur ce mouvement, cf. en particulier : Ph. Simler et P. Hilt, *Le nouveau visage du PACS : un quasi-mariage* : *JCP G* 2006, I, n° 161.
(4) Cf. G. Henaff, *La communauté de vie du couple en droit français* : *RTD civ.* 1996, 551.
(5) V. *supra*, n° 53.
(6) On constatera d'ailleurs, non sans une certaine surprise, que d'un point de vue statistique, le taux de non-cohabitation des membres du couple s'avère nettement plus faible lorsqu'il s'agit d'un couple uni par un pacte civil de solidarité (0,1 %) que lorsqu'il s'agit d'un couple marié (0,6 %). Le taux de non-cohabitation des couples de concubins s'élève quant à lui à 3,4 % (source : *INSEE Première* févr. 2013, n° 1435, *Le couple dans tous ses états. Non-cohabitation, conjoints de même sexe, PACS*, en ligne sur le site internet de l'INSEE).

La loi n° 2010-1657 du 29 décembre 2010, de finances pour l'année 2011 a modifié ce système de la triple imposition. Depuis l'imposition des revenus pour l'année 2012 (soit la déclaration de revenus établie en 2012), il est prévu qu'à l'instar des époux, les partenaires liés par un pacte civil de solidarité sont soumis à une imposition commune pour les revenus dont ils ont disposé pendant l'année du mariage ou de la conclusion du pacte (CGI, art. 6, 5).

Une possibilité de triple déclaration qui peut s'avérer fiscalement avantageuse, selon le moment de conclusion du pacte, demeure cependant à titre d'exception et si les partenaires la sollicitent. En effet, les partenaires liés par un pacte civil de solidarité, comme les époux, peuvent, en dépit du principe de l'imposition commune, opter pour l'imposition distincte des revenus dont chacun a personnellement disposé pendant l'année du mariage ou de la conclusion du pacte, ainsi que de la quote-part des revenus communs lui revenant (CGI, art. 6, 5, al. 2). Encore faut-il pouvoir justifier de cette quote-part puisqu'à défaut de justification, les revenus communs sont partagés en deux parts égales entre les époux et les partenaires liés par un pacte civil de solidarité.

La déclaration d'option, qui revêt un caractère irrévocable, doit être exercée dans les délais prévus pour le dépôt de la déclaration initiale des revenus (délais déterminés par l'article 175 du Code général des impôts).

Une exception est toutefois prévue lorsque les partenaires liés par un pacte civil de solidarité, conclu au titre d'une année antérieure, se marient entre eux. Admettre l'inverse reviendrait en effet à permettre aux membres de ce couple de bénéficier deux fois d'une triple déclaration, la première fois au titre du PACS et la seconde au titre du mariage.

Formellement, l'option doit être exercée par chacun des partenaires sur la déclaration d'ensemble de ses revenus, en mentionnant sur celle-ci l'identité de son (ou sa) partenaire (CGI, ann. 3, art. 43 bis, I, 1°).

Lorsque l'option est ainsi exercée, constituent des revenus personnels les traitements, les salaires, les pensions et rentes viagères, les rémunérations allouées aux gérants et associés de certaines sociétés, les bénéfices non commerciaux, les bénéfices industriels et commerciaux et les bénéfices agricoles. En revanche, les autres revenus ou profits dont le couple a disposé au cours de l'année de conclusion du pacte civil de solidarité sont réputés constituer des revenus communs.

Comme il a été dit plus haut, les partenaires qui optent de la sorte pour l'imposition distincte doivent pouvoir justifier de leur quote-part des revenus communs, en démontrant la propriété exclusive ou la répartition réelle des revenus et profits par tout document de nature à établir l'origine de la propriété des biens ou sommes concernés. Sont considérés comme tels l'acte authentique mentionnant l'origine de propriété et, selon les cas, la répartition dans l'indivision ou le démembrement. Il en va de même des justificatifs établis par les établissements payeurs, les prestataires de services d'investissement, les établissements de crédit ou organismes habilités à détenir et à négocier des valeurs mobilières pour le compte de particuliers au nom du ou des bénéficiaires des revenus ou produits, à condition que ces documents attestent du montant de ces revenus ou produits ainsi que de leur date de mise à disposition. Enfin, démontrent de la sorte la propriété exclusive les justificatifs attestant de l'origine de propriété des droits sociaux ou valeurs mobilières ainsi que de la date de réalisation et du montant des gains correspondants en cas de cession de ces droits sociaux ou valeurs mobilières pendant l'année d'imposition (CGI, ann. 3, art. 43 bis, III, 2°). Notons que ces documents sont à produire à l'administration fiscale sur sa demande.

Si l'option n'est pas exercée selon les modalités qui viennent d'être décrites, les partenaires liés par un pacte civil de solidarité sont soumis à l'imposition commune dans les conditions de droit commun.

II. – Les autres obligations d'ordre personnel

A. – Le devoir d'assistance réciproque

1157. – **Soutenir le partenaire.** À l'instar du devoir d'assistance entre conjoints, le devoir d'assistance entre partenaires, édicté par l'article 515-4 du Code civil, comporte une dimension personnelle et non patrimoniale. En concluant un pacte civil de solidarité, le partenaire s'engage à soutenir moralement l'autre, au quotidien mais également face aux événements difficiles tels que le deuil, le chômage ou la maladie grave. Il paraît bien illusoire de solliciter du juge une décision visant à contraindre le partenaire à respecter son devoir d'assistance, en le condamnant par exemple sous astreinte. La dimension morale de cette obligation, le caractère nécessairement spontané et volontaire de son exécution, et l'indispensable respect de la liberté individuelle condamnent vraisemblablement une telle solution[7]. Au mieux, le défaut d'assistance du partenaire pourra servir dans l'appréciation du caractère fautif d'une rupture, afin d'obtenir une réparation du préjudice subi, sur le fondement de l'article 1240 du Code civil[8]. Le manque d'assistance révèle souvent une atteinte à la vie commune des partenaires, laquelle suppose en principe une volonté de maintenir un engagement affectif durable. Partant, le défaut d'assistance ne pourrait-il pas constituer une faute contractuelle dès lors que le contrat a précisément pour objet d'organiser la vie commune des partenaires ? La jurisprudence ne semble pas, pour l'instant, avoir eu à répondre à cette interrogation.

B. – L'absence de devoir de fidélité

1158. – **Lien avec la vie commune.** Le Code civil n'impose pas expressément un devoir de fidélité aux partenaires unis par un pacte civil de solidarité. Le partenaire qui s'estime trompé ne saurait donc solliciter du juge le prononcé d'une résolution judiciaire du contrat le liant à son partenaire. Il lui suffira plus simplement de rompre unilatéralement le contrat, en respectant l'obligation de signification imposée par le Code civil. Le caractère volage du partenaire pourra cependant faire l'objet d'une prise en compte indirecte dans le cadre d'une action en réparation du préjudice subi du fait d'une rupture fautive. La multiplication des relations sexuelles avec d'autres personnes que le partenaire pourrait intervenir dans l'appréciation du caractère fautif de la rupture, comme exprimant par exemple un manque de considération pour l'autre. En pratique cependant, de telles actions demeurent rares, voire inexistantes. Une ordonnance d'un juge des référés fut certes commentée et remarquée[9], mais il paraît hasardeux d'en tirer un enseignement général. Non seulement il ne s'agissait que d'une décision provisoire rendue dans un contentieux de l'urgence, mais, de surcroît, l'affaire présentait quelques particularités qui s'opposent à la généralisation de sa solution. Concrètement, le droit intervient peu en

(7) Même dans le mariage, il paraît bien difficile de contraindre un époux à respecter le devoir d'assistance, sauf dans le cadre d'un éventuel divorce pour faute, si les conditions posées par l'article 242 du Code civil se trouvent réunies. Sur ce point, V. *supra*, n° 1100.

(8) Sur ce point, V. *supra*, n° 529.

(9) TGI Lille, ord. réf., 5 juin 2002 : *D.* 2003, 515, note X. Labbée ; *RTD civ.* 2003, 270, obs. J. Hauser.

ce domaine, qui relève vraisemblablement de la morale individuelle de chaque partenaire et du mode de vie choisi. Lorsque la déviance par rapport à ses exigences morales paraît insupportable au partenaire bafoué, celui-ci dispose de la faculté de rompre unilatéralement, de manière simple et rapide, le pacte civil de solidarité. Le lien avec l'obligation de vie commune devient alors évident puisque l'objet même du pacte civil de solidarité – organiser la vie commune – se trouve hors d'atteinte, en raison du comportement du partenaire.

C. – La capacité à témoigner lors de la rédaction d'un testament authentique

1159. – **Pluralisme.** La jurisprudence a consacré la capacité à témoigner du partenaire du légataire, lors de l'établissement d'un testament authentique. S'est en effet posée la question de savoir si l'article 975 du Code civil, qui dispose que ne pourront être pris pour témoins ni les légataires ni leurs parents ou alliés jusqu'au quatrième degré inclusivement, concernait le partenaire. La Cour de cassation a refusé d'étendre le champ du texte au partenaire, jugeant que l'alliance étant établie par le seul effet du mariage, la qualité de partenaire d'un pacte civil de solidarité n'emporte pas incapacité à être témoin lors de l'établissement d'un testament authentique instituant l'autre partenaire légataire(10). Quoique créant une communauté de vie, la conclusion d'un pacte civil de solidarité n'a donc pas pour conséquence de rendre le partenaire incapable de témoigner lors de l'établissement d'un testament authentique, instituant son partenaire comme légataire. La solution, certes conforme à une interprétation stricte de l'article 975 du Code civil, peut cependant surprendre puisque le partenaire est capable de témoigner, en dépit de son évident intérêt à la rédaction de la libéralité, ne serait-ce qu'en raison du jeu de la solidarité des dettes ménagères(11).

Cass. 1re civ., 28 févr. 2018, n° 17-10.876 : *Dr. famille* 2018, comm. 120, note J.-R. Binet ; *AJF* 2018, 238, obs. N. Levillain

Vu l'article 975 du Code civil ;

Attendu qu'aux termes de ce texte, ne pourront être pris pour témoins du testament par acte public, ni les légataires, à quelque titre qu'ils soient, ni leurs parents ou alliés jusqu'au quatrième degré inclusivement, ni les clercs des notaires par lesquels les actes seront reçus ;

Attendu, selon l'arrêt attaqué, qu'Yvonne X... est décédée le (...), laissant pour lui succéder ses deux petits-enfants, M. et Mme Y... (les consorts Y...), venant par représentation de leur père prédécédé, Alain Y..., en l'état d'un testament authentique reçu le 10 septembre 2009 par M. A..., notaire, instituant Mme Claude X... légataire à titre particulier de biens immobiliers ; que cette dernière a assigné les consorts Y... en délivrance de son legs ; que M. A... est intervenu volontairement à l'instance d'appel ;

Attendu que, pour déclarer nul le testament et rejeter les demandes de Mme X..., l'arrêt, après avoir constaté que l'un des témoins à l'établissement du testament était lié à la légataire par un pacte civil de solidarité, retient qu'en l'état de l'évolution de la société et des nouvelles formes de conjugalité, il convient d'inclure dans la notion d'allié le partenaire du légataire afin de respecter l'esprit protecteur de l'article 975 du Code civil ; qu'il ajoute que celui-ci a un intérêt au testament en raison de sa vie commune avec le gratifié et que les liens unissant les partenaires d'un pacte civil de solidarité sont semblables à ceux du mariage ;

(10) Cass. 1re civ., 28 févr. 2018, n° 17-10.876 : *Dr. famille* 2018, comm. 120, note J.-R. Binet ; *AJF* 2018, 238, obs. N. Levillain.
(11) Sur cette solidarité des dettes, V. *supra*, n° 1147 s.

Qu'en statuant ainsi, alors que l'alliance étant établie par le seul effet du mariage, la qualité de partenaire d'un pacte civil de solidarité n'emporte pas incapacité à être témoin lors de l'établissement d'un testament authentique instituant l'autre partenaire légataire, la cour d'appel a violé le texte susvisé ;

Et attendu qu'il convient de mettre hors de cause M. A..., notaire, dont la présence n'est pas nécessaire devant la cour d'appel de renvoi ;

PAR CES MOTIFS et sans qu'il y ait lieu de statuer sur le second moyen du pourvoi principal et sur le moyen unique du pourvoi incident éventuel :

CASSE ET ANNULE, sauf en ce qu'il rejette la demande de Mme X... tendant à la mise sous séquestre du prix de vente du bien sis (...), cadastré sous la référence (...), déclare recevable l'intervention volontaire de M. A... et rejette les demandes de Mme X... à son encontre, l'arrêt rendu le 12 octobre 2016, entre les parties, par la cour d'appel d'Aix-en-Provence ; remet, en conséquence, sur les autres points, la cause et les parties dans l'état où elles se trouvaient avant ledit arrêt et, pour être fait droit, les renvoie devant la cour d'appel de Montpellier ;

§ 2. – Les droits et obligations d'ordre patrimonial

I. – Entre partenaires

A. – L'aide matérielle réciproque

1160. – **Caractère obligatoire.** L'aide matérielle réciproque entre partenaires de PACS, édictée par l'article 515-4 du Code civil, ne va pas sans rappeler l'obligation de contribuer aux charges du mariage, dans le domaine matrimonial. Le texte précise en effet, dans une formulation très proche de celle de l'article 214 du Code civil que « si les partenaires n'en disposent autrement, l'aide matérielle est proportionnelle à leurs facultés respectives ». Le rapprochement du mariage apparaît également au travers de l'importante réserve d'interprétation formulée par le Conseil constitutionnel dans sa décision du 9 novembre 1999, aux termes de laquelle si les partenaires restent libres de déterminer les modalités de l'aide matérielle réciproque, toute clause méconnaissant le caractère obligatoire de cette aide serait nulle[(12)]. Un dernier signe de rapprochement se trouve enfin du côté des compétences matérielles du juge aux affaires familiales. Depuis la loi n° 2009-526 du 12 mai 2009, le juge aux affaires familiales connaît en effet des actions liées à la fixation de la « contribution aux charges du mariage ou du pacte civil de solidarité »[(13)].

1161. – **Sanction illusoire ?** La sanction d'une méconnaissance de l'obligation d'aide matérielle réciproque entre partenaires demeure incertaine, voire quelque peu illusoire, dès lors que le partenaire débiteur dispose de la faculté de rompre le pacte unilatéralement et rapidement. Deux issues restent cependant concevables pour garantir un minimum d'efficacité à cette obligation. D'une part, le partenaire *solvens* qui aurait payé au-delà de ses facultés pourrait tenter d'obtenir la participa-

(12) Cons. const., 9 nov. 1999, n° 99-419 DC, spéc. consid. 31. Pour un commentaire de cette décision, cf. not. : *D.* 2000, 424, note S. Garnieri ; *JCP* G 2000, I, 280, obs. G. Viney ; plus largement, cf. G. Drago, *La Constitution « en réserve »* : *Dr. famille* déc. 1999, n° hors-série, étude 13. – N. Molfessis, *La réécriture de la loi relative au PACS par le Conseil constitutionnel* : *JCP* G 2000, I, 210.

(13) COJ, art. L. 213-3, 3°, a) ; précédemment, un arrêt de cour d'appel avait refusé de donner compétence matérielle au juge aux affaires familiales au profit de la compétence d'attribution générale du juge du contrat : CA Douai, 27 févr. 2003 : *RTD civ.* 2003, 684, obs. J. Hauser ; *D.* 2004, 2969, obs. J.-J. Lemouland.

tion de l'autre à la dette. D'autre part, une absence d'aide matérielle pourrait être prise en compte dans l'appréciation du caractère fautif d'une rupture unilatérale brutale si, par exemple, le partenaire quitte l'autre brusquement sans s'acquitter de sa contribution matérielle.

B. – Le régime des biens

1162. – **Séparation des patrimoines.** Rompant avec l'ancienne présomption d'indivision qui caractérisa la première loi relative au pacte civil de solidarité(14), créant un régime critiqué finalement plus communautaire qu'une communauté réduite aux acquêts entre époux(15), la loi n° 2006-728 du 23 juin 2006 a organisé de manière opportune un régime patrimonial « séparatiste »(16), du moins lorsque les partenaires ne rédigent pas, dans leur convention, de clause relative au régime des biens(17). L'article 515-5, alinéa 1er du Code civil dispose en effet que, sauf stipulation contraire, chacun des partenaires conserve l'administration, la jouissance et la libre disposition de ses biens personnels. Corrélativement, chacun reste seul tenu des dettes personnelles nées avant ou pendant le pacte(18), sauf mise en jeu de la solidarité des dettes ménagères entre partenaires.

1163. – **Preuve de la propriété exclusive des biens.** Conformément au droit commun, chacun des partenaires peut prouver par tous moyens, tant à l'égard de son partenaire que des tiers, qu'il a la propriété exclusive d'un bien(19), par exemple en produisant une facture.

1164. – **Indivision.** À l'instar des règles classiques du droit de l'indivision, les biens sur lesquels aucun des partenaires ne peut justifier d'une propriété exclusive sont réputés leur appartenir indivisément chacun pour moitié(20). Il convient à ce stade de bien rappeler que cette indivision se distingue de l'indivision conventionnelle que les partenaires peuvent choisir aux termes de l'article 515-5-1 du Code civil. L'indivision conventionnelle suppose l'expression d'une volonté de se soumettre à ce régime, exprimée dans une stipulation de la convention de PACS(21). Elle se distingue surtout par l'originalité de son régime puisqu'il s'agit d'une indivision d'acquêts(22) dans laquelle le partenaire *solvens* ne dispose pas de recours contre l'autre au titre d'une contribution inégale, ce qui exprime une organisation mutualiste des relations patrimoniales du couple(23).

(14) Sur les dangers de la présomption d'indivision, V. *supra*, n° 472.

(15) B. Beignier, *PACS et indivision : visites aux Enfers : Defrénois* 2000, 617. – G. Champenois, *Les présomptions d'indivision dans le PACS*, in *Des concubinages : Mél. J. Rubellin*, Litec, 2002, p. 83. – Y. Flour, *Brèves remarques sur l'indivision entre partenaires d'un pacte civil de solidarité : Gaz. Pal.* 1999, I, doctr. p. 284.

(16) Sur cette réforme, cf. not. V. Larribau-Terneyre, *L'amélioration du PACS, un vrai contrat d'union civile : Dr. famille* 2007, étude 1. – Ph. Simler et P. Hilt, *Le nouveau visage du PACS : un quasi-mariage : JCP G* 2006, art. n° 161. – H. Fulchiron, *Le nouveau PACS est arrivé ! : Defrénois* 2006, 121.

(17) Sur la rédaction de clauses relatives au régime des biens, V. *supra*, nos 504 à 508.

(18) C. civ., art. 515-5, al. 1er.

(19) C. civ., art. 515-5, al. 2.

(20) C. civ., art. 515-5, al. 2.

(21) Sur cette clause, V. *supra*, n° 506.

(22) Cf. not. H. Bosse-Platière, *Indivision d'acquêts et communauté dans le régime des biens du PACS aujourd'hui*, in *Mél. G. Goubeaux*, 2009, p. 37. – M. Lebeau, *Brèves remarques sur la nature de l'indivision d'acquêts entre partenaires liés par un PACS : Defrénois* 2010, 2189.

(23) Sur l'indivision conventionnelle des acquêts, V. *supra*, n° 506.

II. – À l'égard des tiers

A. – La solidarité des dettes ménagères

1165. – **Mimétisme.** Les partenaires liés par un pacte civil de solidarité sont tenus solidairement à l'égard des tiers des dettes contractées par l'un pour les besoins de la vie courante(24). Le mécanisme s'inspire évidemment de la solidarité des dettes ménagères de l'article 220 du Code civil. Ses finalités et son fonctionnement le suggèrent, la terminologie employée par l'article 515-4 du Code civil le confirme. Après avoir posé le principe de la solidarité des dettes ménagères, le texte dispose en effet qu'elle n'a pas lieu pour les dépenses manifestement excessives, ni pour les achats à tempérament ou pour les emprunts, s'ils n'ont été conclus du consentement des deux partenaires, à moins qu'ils ne portent sur des sommes modestes nécessaires aux besoins de la vie courante et que le montant cumulé de ces sommes, en cas de pluralité d'emprunts, ne soit pas manifestement excessif eu égard au train de vie du ménage. Même si quelques nuances lexicales distinguent toutefois les articles 220 et 515-4 du Code civil, les deux mécanismes de solidarité ont vraisemblablement vocation à s'appliquer dans un champ identique. Ainsi, en matière de PACS, la solidarité ne concerne que « les dettes contractées pour les besoins de la vie courante » et non « les dettes ayant pour objet l'entretien du ménage ou l'éducation des enfants ». Pour autant, les besoins de la vie courante comportent vraisemblablement, pour un couple de partenaires parents d'un ou plusieurs enfants communs, les frais liés à l'entretien et à l'éducation de ces derniers. Dans un ordre d'idées voisin, la jurisprudence devrait sans doute procéder à la même interprétation large du terme « dettes contractées » que celle effectuée à propos du terme « contrat » au sens de l'article 220 du Code civil, à savoir que la source de la dette importe moins que son objet ménager permettant de faire jouer la solidarité à propos, par exemple, d'arriérés de cotisations sociales, en dépit de l'origine légale de l'obligation(25).

1166. – **Règle d'ordre public.** La solidarité des dettes ménagères entre partenaires constitue une règle d'ordre public qu'une clause de la convention ne saurait donc écarter.

1167. – **Mise en œuvre de la solidarité.** Le tiers qui contracte avec un seul partenaire peut poursuivre l'autre en paiement, dès lors que la dette a pour objet les besoins de la vie courante et qu'elle n'excède pas le train de vie du ménage. Par cette dérogation à l'effet relatif des conventions, le droit de gage des créanciers s'élargit, d'autant que désormais les tiers peuvent connaître l'existence du PACS qui se trouve aujourd'hui transcrit en marge de l'acte de naissance des partenaires(26). Entre partenaires, la solidarité permet au *solvens* qui règle l'intégralité d'une dette ménagère de solliciter de l'autre partenaire une contribution à la dette. En principe, l'exécution de cette obligation devrait s'effectuer spontanément, car elle découle

(24) C. Alleaume, *La solidarité dans le PACS et dans le mariage* : D. 2000, 450 ; depuis, le régime de la solidarité des dettes ménagères a été sensiblement amélioré par la loi n° 2006-728 du 23 juin 2006 afin de le rapprocher très nettement de la solidarité des dettes ménagères entre époux de l'article 220 du Code civil.

(25) Sur cette interprétation large, V. *supra*, n° 1129.

(26) C. civ., art. 515-5.

de la vie commune du couple. En cas de difficultés cependant, lorsque la nécessité de solliciter l'intervention d'une juridiction s'impose, la compétence d'attribution devrait en principe revenir au juge aux affaires familiales[27], devenu le magistrat des intérêts patrimoniaux des couples à l'occasion de la loi n° 2009-526 du 12 mai 2009.

En pratique, la jurisprudence fournit pour l'instant peu d'exemples illustrant la mise en œuvre de la solidarité des dettes de la vie courante entre partenaires. Une exception existe cependant, qui s'avère d'autant plus remarquable qu'elle intervient dans la jurisprudence du Conseil d'État au sujet du versement indu d'une prestation sociale. En l'occurrence, une caisse d'allocations familiales se retourna contre un couple de partenaires, en invoquant la solidarité des dettes, pour réclamer la restitution d'aide personnalisée au logement (APL), versée à tort à un seul membre du couple. Le Conseil d'État[28] approuve dans cette espèce la mise en œuvre de la solidarité, notamment au regard de la finalité poursuivie par la réglementation du PACS.

B. – Les dispositions spéciales du droit des baux d'habitation

1168. – **Continuation et transfert du bail.** Le partenaire du preneur à bail d'habitation bénéficie d'une protection spécifique[29], organisée par l'article 14 de la loi n° 89-462 du 6 juillet 1989. En effet, bien que non-signataire du contrat de bail, le partenaire du preneur peut, d'une part, exiger du bailleur une continuation du contrat de bail, en cas d'abandon du domicile par le preneur et, d'autre part, un transfert du bail en cas de décès du preneur. Contrairement aux concubins, les partenaires de PACS n'ont pas à se prévaloir d'une quelconque durée de vie commune notoire. À l'instar des époux, ces prérogatives sont accordées aux partenaires en raison de la conclusion du pacte qui fait présumer l'existence d'une vie commune.

1169. – **Reprise du local au profit du partenaire.** Si l'on se place du côté du bailleur, l'article 15 de la loi n° 89-462 du 6 juillet 1989 tient compte de la situation du partenaire, en permettant une reprise du logement au profit de ce dernier.

1170. – **Apport de la loi « ALUR ».** La loi n° 2014-366 du 24 mars 2014, pour l'accès au logement et un urbanisme renouvelé (ALUR) a créé au profit des partenaires de PACS un véritable droit à la cotitularité du bail d'habitation. En effet, ils peuvent adresser une demande conjointe de cotitularité du bail au preneur, sachant que ce dernier reste tenu de faire droit à la sollicitation ainsi formulée[30]. Au moment de la rupture du pacte, le juge d'instance attribue le droit au bail à l'un ou l'autre des partenaires, après avoir appelé le bailleur à l'instance. De ce point de vue, le régime juridique du PACS se révèle paradoxalement plus protecteur du créancier bailleur que le mariage, puisque suite à un divorce, le bailleur des ex-époux peut parfaitement demeurer dans l'ignorance de la dissolution de l'union et du rétrécissement corrélatif de son droit de gage[31].

(27) Bien que cette compétence matérielle ne soit pas expressément énumérée par l'article L. 213-3 du Code de l'organisation judiciaire, elle se déduit cependant de l'équilibre général opéré dans l'attribution des compétences entre le juge aux affaires familiales et le tribunal de grande instance siégeant en formation collégiale.

(28) CE, 9 juill. 2003, req. n° 255110 : *D.* 2004, 297, obs. J.-J. Lemouland ; *RTD civ.* 2004, 69, obs. J. Hauser.

(29) S. Thouret, *Mariage, PACS, concubinage : le guide : le couple et le logement* : *AJF* 2015, 15.

(30) M. Bosse-Platière qualifie à juste titre cette prétendue demande de mesure d'information adressée par les partenaires au bailleur, *in Droit de la famille*, Dalloz Action, n° 152.152.

(31) Sur ce point, cf. V. Égéa, obs. ss Cass. 3e civ., 22 oct. 2015, n° 14-23.726 : *Dr. famille* 2016, chron. 1, spéc. n° 15. – F. Bicheron, obs. ss Cass. 3e civ., 22 oct. 2015, n° 14-23.726 : *AJF* 2015, 682.

Prolongement pratique et théorique

Quels droits sociaux pour le partenaire de PACS ?

1171. – L'important rapprochement du régime du PACS vers le mariage ne concerne pas seulement le droit civil, mais se retrouve également pour l'attribution des droits sociaux[32] au sens large, non sans se heurter à certaines limites. Pour l'essentiel en effet, un partenaire de PACS bénéficie comme ayant droit de la plupart des prestations sociales de son partenaire, à l'instar des conjoints mais aussi des concubins. Il en va ainsi des prestations d'assurance maladie, d'assurance maternité ou encore des prestations familiales[33]. De même, en droit de la fonction publique, les partenaires unis par un PACS peuvent solliciter un rapprochement de conjoint et il semble que de nombreux pactes ont été davantage conclus dans cette perspective utilitariste que pour véritablement organiser la vie commune des partenaires. Enfin, une entreprise doit accorder au salarié partenaire les mêmes avantages que ceux applicables aux salariés mariés, aux termes d'une convention collective[34].

Une importante exception demeure cependant puisque le Code des pensions civiles et militaires de retraite réserve le bénéfice des pensions de réversion aux seuls conjoints survivants. Tour à tour, le Conseil d'État[35], le Conseil constitutionnel saisi d'une question prioritaire de constitutionnalité[36] puis la Cour de cassation[37] ont jugé que l'exclusion des partenaires du bénéfice des pensions de réversion se justifiait par la singularité des modes de conjugalité, laquelle engendre trois situations juridiques différentes.

La position française est-elle conforme aux exigences du droit de l'Union européenne ? On peut le penser et, de manière quelque peu paradoxale, l'ouverture du mariage aux personnes de même sexe a vraisemblablement validé de manière rétrospective la position adoptée à l'unisson par les plus hautes juridictions internes. La Cour de justice de l'Union européenne semble en effet condamner les législations nationales qui n'accordent pas au partenaire survivant une prestation de survie équivalente à celle dont bénéficient les époux, alors que le droit national le place dans une situation équivalente[38]. La décision fut rendue à propos d'une législation allemande qui n'ouvrait alors pas le mariage aux couples de personnes de même sexe, lesquelles ne pouvaient donc solliciter à cette époque que le partenariat enregistré pour organiser leur vie commune. Si, dans un État membre considéré, la loi interne réserve le mariage aux seules personnes de sexe différent, alors la pension de survie ou la pension de réversion dont disposent les partenaires

(32) Cf. L. Pécaut-Rivolier, *Avantages et droits sociaux des pacsés : AJF* 2007, 20 ; *adde* déjà à propos de la loi du 15 novembre 1999 : F. Taquet, *PACS et sécurité sociale… premières réflexions : Gaz. Pal.* 23-25 juill. 2000, p. 10. – F. Monéger, *Pacte civil de solidarité, aspects sociaux : JCP* N 2000, 452. – F.-J. Pansier, *Aspects sociaux du PACS : présentation synthétique : Dr. et patrimoine* avr. 2000, p. 73.

(33) Pour une présentation détaillée, cf. H. Bosse-Platière, *in Droit de la famille*, Dalloz Action, n°s 151.161 et s.

(34) Cass. soc., 5 juill. 2017, n° 15-21.924 : en l'espèce, la convention collective accordait aux salariés des congés spéciaux, primes et indemnités, en cas de mariage. Le salarié n'en bénéficia point lorsqu'il conclut un PACS avec une personne de même sexe. La chambre sociale approuve les juges du fond d'avoir retenu que les dispositions litigieuses instauraient une discrimination en raison de l'orientation sexuelle, et d'en avoir déduit que l'employeur devait accorder au salarié les avantages applicables aux salariés ayant contracté mariage.

(35) CE, 6 déc. 2006, n° 262096, *Mme Ligori : AJDA* 2007, 142, concl. L. Vallée ; *AJF* 2007, 34, obs. F. Chénedé ; *RTD civ.* 2007, 86, obs. J. Hauser.

(36) Cons. const., 29 juill. 2011, n° 2011-155 QPC : *Dr. famille* 2011, comm. 143, note V. Larribau-Terneyre ; *RTD civ.* 2011, 748, obs. J. Hauser ; *JCP* S 2011, 1458, note A. Devers.

(37) Cass. 2e civ., 23 janv. 2014, n° 13-11.362 ; sur lequel : L. Andreu, *Vers un alignement du régime du PACS sur celui du mariage ? À propos d'un arrêt étonnant relatif à la pension de réversion : D.* 2014, 968.

(38) CJUE, 1er avr. 2008, *Maruko c/ Versorgungsanstalt der deutschen Bünchen : Dr. famille* 2008, comm. 92, note A. Devers ; *RTD civ.* 2008, 458, obs. J. Hauser ; *D.* 2008, 1873, note C. Weisse-Marchal ; *D.* 2008, 1876, obs. J.-J. Lemouland et D. Vigneau ; *AJF* 2008, 215, obs. F. Chénedé.

ne saurait être d'un montant inférieur[39]. La solution présente une certaine cohérence, car dès lors que les membres d'un couple ont bénéficié d'un véritable choix entre plusieurs organisations juridiques de leur vie de couple, ils ne sauraient valablement exiger que le statut choisi – et non subi – s'avère parfaitement identique à un autre statut (en l'occurrence le mariage).

SECTION 2

LES RELATIONS JURIDIQUES ENTRE CONCUBINS

1172. – **Absence de régime spécifique.** Les relations juridiques entre concubins ne font pas l'objet d'une organisation complète et spécifique détaillée dans le Code civil. Faute de droit spécial, le droit commun retrouve alors sa vocation première et il convient d'appliquer les règles du droit des obligations ainsi que du droit des biens pour organiser ces relations. Le constat ne surprend guère tant il découle nécessairement de la nature factuelle du lien de concubinage. Contrairement aux époux ou aux partenaires, les concubins ne se trouvent pas soumis *ab initio* à un régime juridique spécifique, préalablement connu.

1173. – **Rareté des règles protectrices.** Quand un lien juridique de concubinage se constate[40] au regard des conditions posées par l'article 515-8 du Code civil, les incidences juridiques spécifiques demeurent rares et interviennent le plus souvent à l'occasion de la rupture du couple. Elles relèvent pour l'essentiel de législations spéciales, dans des domaines réputés techniques comme le droit des baux d'habitation.

1174. – **Refus de l'application des textes relatifs au mariage.** Avec constance, la jurisprudence refuse d'étendre au concubinage les règles spécifiques au mariage. Ainsi, une concubine ne saurait valablement saisir un juge aux affaires familiales pour se plaindre des infidélités de son compagnon, car les articles 212 et 242 du Code civil ne concernent que le mariage. Une telle position jurisprudentielle se révèle opportune pour conserver la prévisibilité juridique importante que seul le mariage procure.

1175. – **Le couple et les tiers.** Dessiner avec précision les contours du « devoir-être » attendu des concubins ne constitue donc pas une tâche aisée, dès lors que le Code civil se limite seulement à définir cette forme juridique de couple. Pour autant, quelques éléments apparaissent, généralement à l'occasion de la rupture du couple. Le propos se vérifie aussi bien pour les relations entre les membres du couple (§ 1) que pour les rapports juridiques entre le couple et les tiers (§ 2).

(39) Cf. CJUE, Gde ch., 10 mai 2011, aff. C-147/08, *Römer c/ Freie und Handsestadt Hamburg*. – CJUE, 12 déc. 2013, aff. C. 267/12, *Hay c/ Crédit agricole mutuel de Charente-Maritime et des Deux-Sèvres*.

(40) Sur la constatation, nécessairement rétrospective, du lien de concubinage, et sur sa fin, V. *supra*, n°s 533 à 536.

§ 1. – Rareté des règles organisant les rapports entre concubins

I. – En matière personnelle

1176. – **Paradoxe.** Alors que, juridiquement, le couple précède en principe la survenance de l'enfant, un constat paradoxal apparaît en matière de concubinage. Les concubins ne se trouvent pas soumis à des devoirs personnels mutuels (A), sauf en leur qualité de parents (B).

A. – Absence de devoirs mutuels

1177. – **Qualité juridique de tiers.** Puisque les concubins demeurent des tiers, d'un point de vue juridique, ils restent soumis au devoir général de ne pas nuire à autrui. Ainsi, un concubin qui viendrait à commettre un fait dommageable dont sa compagne serait victime engagerait sa responsabilité sur le fondement de l'article 1240 du Code civil, en rompant par exemple de manière brutale et blessante la relation de couple[41]. Il en va de même au demeurant pour des concubins qui seraient fiancés[42].

1178. – **Ambiguïté autour de la notion de « vie commune ».** La définition du concubinage qui figure à l'article 515-8 du Code civil repose en grande partie sur la notion de vie commune. Le texte dispose en effet que « le concubinage est une union de fait, caractérisée par une vie commune présentant un caractère de stabilité et de continuité ». Faut-il en déduire qu'il existe un devoir de communauté de vie, identique à celui obligeant les époux ou les partenaires ? On peut en douter, car la vie commune entre concubins, au sens de l'article 515-8 du Code civil, ne joue pas le même rôle technique que dans les autres formes juridiques de couple. La vie commune entre concubins constitue un élément même de la définition de ce lien de couple de nature factuelle, en révélant que deux personnes ont la qualité juridique de concubins. Dans le mariage et, dans une certaine mesure, dans le pacte civil de solidarité, la communauté de vie constitue un devoir obligeant les époux à observer un certain comportement et qui donne lieu à des sanctions – essentiellement le divorce pour faute – en cas de violation. Au demeurant, la terminologie diffère, car la vie commune au sens de l'article 515-8 du Code civil renvoie sans doute davantage à la cohabitation, c'est-à-dire la communauté de toit, qu'à la communauté de vie[43].

1179. – **Absence de devoir de fidélité et d'assistance.** Entre concubins, il n'existe pas de devoir civil de fidélité ou d'assistance. Le comportement à adopter à l'égard du compagnon ou de la compagne se trouve alors davantage commandé par des exigences morales, propres à chaque personne. Tout au plus le concubin « trompé » pourra-t-il tenter d'obtenir une réparation du préjudice que lui cause

(41) Sur ce point, V. *supra*, n°s 550 et 551.
(42) Sur la responsabilité en cas de rupture des fiançailles, V. *supra*, n° 60.
(43) Sur la complexité de la notion de communauté de vie, V. *supra*, n°s 1080 à 1089.

non pas l'infidélité en elle-même, mais le comportement fautif adopté par l'autre, par exemple en entretenant une relation tout en faisant croire à sa fiancée que le projet de mariage perdure.

B. – Le couple parental

1180. – **Rôle de l'enfant.** Le concubinage accède à une forme de reconnaissance juridique par l'engendrement. En tant que membre d'un couple parental, les concubins se trouvent placés sur un pied d'égalité avec les époux et les partenaires, en ce qui concerne l'exercice de l'autorité parentale et l'administration légale, pour les règles de dévolution du nom, ainsi que pour les règles d'établissement de la filiation(44). Pour autant, ce qui prévaut reste alors la qualité de parents. Pour preuve, en matière de succession, le concubin survivant se trouve évincé de la dévolution, s'il se trouve en concours avec un enfant issu du couple, sauf disposition testamentaire.

1181. – **Accès des concubins à l'assistance médicale à la procréation.** Les couples de concubins, à condition d'être composés de deux personnes de sexe différent, peuvent solliciter une assistance médicale à la procréation(45). Désormais, le Code de la santé publique n'impose plus de durée de concubinage notoire, alors que précédemment l'accès était réservé aux couples mariés ou « en mesure d'apporter la preuve d'une vie commune d'au moins deux ans »(46).

II. – En matière patrimoniale

1182. – **Un serpent de mer : les contrats de concubinage.** Régulièrement, des propositions ressurgissent relatives aux contrats de concubinage(47) qui existent dans des systèmes juridiques étrangers. Ce serpent de mer du droit des couples, fort pertinent à l'époque où le droit français ne connaissait pas encore le pacte civil de solidarité, a quelque peu perdu de son intérêt depuis qu'un simple acte sous seing privé, enregistré par un officier de l'état civil, permet d'organiser par convention les rapports patrimoniaux entre concubins.

A. – Les incertitudes relatives à l'obligation de contribuer aux charges de la vie commune

1183. – **Paradoxe.** L'obligation des concubins de contribuer aux charges de la vie commune se trouve dans une situation paradoxale. La jurisprudence réaffirme régulièrement en effet qu'aucune disposition légale ne réglant leur contribution aux charges de la vie commune, chacun doit en l'absence de volonté expresse supporter seul les dépenses de la vie courante qu'il a exposées(48). Pour cette raison, la

(44) À l'exception, bien évidemment de la présomption de paternité.
(45) V. *supra*, n° 821.
(46) C. santé publ., ancien art. L. 2141-2 (mod. par L. n° 2011-814, 7 juill. 2011).
(47) Sur cette question, cf. D. Randoux, *Les contrats des concubins*, in *Indépendance financière et communauté de vie*, ss dir. F. Dekeuwer-Défossez, LGDJ, 1989, p. 97 ; pour un modèle d'acte : J. Charlin, *Le contrat de concubinage. Formule* : *JCP* N 1991, 101478.
(48) Cass. 1re civ., 28 nov. 2006 : *Bull. civ.* 2006, I, n° 517 ; *Dr. famille* 2007, comm. 32, note V. Larribau-Terneyre ; *Defrénois* 2007, 297, obs. J. Massip ; *RTD civ.* 2007, 94, obs. J. Hauser. – Cass. 1re civ., 31 janv. 2006 : *Dr. famille* 2006, comm. 83, note

jurisprudence refuse d'étendre aux concubins le champ des articles 214 et 220 du Code civil[49]. Le concubin ne saurait valablement exiger de l'autre de participer à la dépense qu'il aurait exposée seul pour les besoins de la vie courante ou l'éducation des enfants.

En dépit de ces solutions de principe, la jurisprudence tient parfois compte de l'excès dans la contribution aux dépenses du ménage, ce qui semble signifier en creux et de manière indirecte qu'une telle obligation ne serait pas totalement absente. La jurisprudence utilise désormais la notion de « participation normale aux besoins de la vie courante » ou « aux dépenses de la vie commune », de « charge de la vie courante »[50] pour faire droit à une demande fondée sur l'enrichissement injustifié (sans cause) ou au paiement d'une créance sollicitée sur le fondement de l'article 815-13 du Code civil. Le concubin qui invoque un remboursement sur le fondement de l'enrichissement injustifié doit préalablement démontrer que sa participation aux besoins de la vie courante a excédé une contribution normale, ce qui laisse supposer qu'il existerait une telle obligation dont la nature juridique demeure incertaine. Face à cette incertitude, certains auteurs s'interrogent pour savoir s'il ne s'agirait pas d'une obligation naturelle[51]. Le fondement ainsi proposé ne manque pas d'intérêt pour expliquer l'utilisation faite par les juges de la notion afin de régler les comptes des concubins. Il s'agit cependant davantage d'un mécanisme correcteur qui intervient pour réguler la liquidation que de la consécration d'une véritable obligation civile dont un concubin pourrait exiger le respect durant la vie du couple, ce qui démontre une nouvelle fois que la précarité et l'incertitude[52] juridiques gouvernent les relations entre concubins.

Prolongement pratique

Comment prouver l'excès dans la contribution aux dépenses de la vie commune ?

1184. – En pratique, les demandes d'un concubin fondées sur l'enrichissement injustifié (sans cause) se heurtent à plusieurs obstacles. Le premier, d'ordre procédural, concerne le caractère subsidiaire de cette demande[53]. Parmi les défenses au fond que ne manquera pas de soulever le défendeur, on trouve l'existence de contreparties aux financements effectués comme par exemple un hébergement gratuit fourni au concubin *solvens*[54] et

V. Larribau-Terneyre. – Cass. 1re civ., 17 oct. 2000 : *JCP* G 2001, II, 10568, note Th. Garé ; *D.* 2001, 497, note R. Cabrillac ; *Dr. famille* 2000, comm. 139, note B. Beignier ; *RTD civ.* 2001, 111, obs. J. Hauser.

(49) Pour un refus d'extension de l'article 214 du Code civil : Cass. 1re civ., 17 oct. 2000, préc. ; pour un refus d'extension de l'article 220 du Code civil : Cass. 1re civ., 11 janv. 1984 : *Bull. civ.* 1984, I, n° 12 ; *D.* 1984, 275, obs. D. Martin ; *Defrénois* 1984, 933, note G. Champenois.

(50) Par ex. Cass. 1re civ., 7 févr. 2018, n° 17-13.979 : *D.* 2018, 1104, obs. J.-J. Lemouland et D. Vigneau : de manière classique, les membres d'un couple de concubins acquièrent ensemble, en indivision, un bien immobilier destiné au logement de la famille et financé par un contrat de prêt consenti aux deux acquéreurs. Seul le concubin rembourse les échéances du prêt. Suite à la rupture du couple, il sollicite le paiement d'une créance sur le fondement de l'article 815-13 du Code civil, texte qui permet à l'indivisaire qui améliore seul le bien indivis d'obtenir une indemnisation fondée sur l'équité. Sa demande est rejetée en appel. Le pourvoi formé par le concubin est rejeté, l'arrêt d'appel ayant « constaté qu'au cours de la période de vie commune, M. X… acquittait les échéances de remboursement de l'emprunt tandis que Mme Y… assumait l'essentiel des charges de la vie courante, la cour d'appel en a souverainement déduit qu'il existait une volonté commune de partager les dépenses de la vie courante, de sorte que M. X… devait conserver la charge des échéances du prêt immobilier, sans qu'il y ait lieu à établissement de comptes entre les concubins sur ce point ».

(51) Cf. Ph. Malaurie et H. Fulchiron, *Droit de la famille, op. cit.*, n° 324, *ad notam* n° 29.

(52) Cf. par ex., faisant référence à l'absence de preuve d'un accord tacite entre concubins quant à la répartition des charges entre concubins pour rejeter une demande de créance présentée par l'ancienne concubine au titre de sa participation aux charges de la vie commune : Cass. 1re civ., 25 juin 2014, n° 13-13.812 : *RJPF* 2014-11/20, obs. V. Égéa.

(53) Sur ce point, V. *supra*, n° 566.

(54) Cass. 1re civ., 2 oct. 2013, n° 12-22.129 : *RJPF* 2013-12/27, obs. V. Égéa.

la fameuse dépense qui ne revêtirait pas un caractère exceptionnel. Comment dès lors prouver que la dépense effectuée par le demandeur franchit bien le seuil de la normalité ? La jurisprudence exige la démonstration, d'une part, de la contribution totale ou au moins majoritaire aux dépenses de la vie commune, laquelle s'effectue par exemple par une comparaison des revenus respectifs (55), puis, d'autre part, la preuve de frais d'une ampleur exceptionnelle (56) pour lesquels il s'avère indispensable de disposer de factures (57) mais aussi d'un financement effectué depuis le compte personnel d'un concubin et non depuis un compte commun.

Prolongement pratique

Comment calculer le montant de l'indemnisation octroyée au concubin injustement appauvri ? D'une discrète incidence de la réforme du droit des obligations

1185. – Le concubin qui allègue avoir remboursé seul un prêt destiné au financement d'un bien indivis acquis avec son ex-concubine, voire à l'amélioration de la propriété exclusive de celle-ci, peut prétendre lorsque les conditions de l'enrichissement injustifié sont réunies et qu'un excès dans la contribution aux charges de la vie commune se trouve caractérisé, à une indemnisation sur le fondement des actuels articles 1303 à 1304-4 du Code civil.

La réforme du droit des obligations opérée par l'ordonnance n° 2016-131 du 10 février 2016 a consacré dans le Code civil l'enrichissement injustifié, qui constituait jusque-là une solide création prétorienne, nommée « enrichissement sans cause ». Pour autant, la réforme ne s'est pas contentée d'une codification de l'acquis jurisprudentiel. Les modalités de calcul de l'indemnisation, qui peut être sollicitée sur le fondement de l'enrichissement injustifié, ayant en effet été modifiées.

Avant la réforme, sur le fondement de l'enrichissement dans cause, l'indemnité était égale à la plus faible des deux sommes représentatives, l'une de l'appauvrissement et l'autre de l'enrichissement subsistant dans le patrimoine de l'enrichi à la date de l'exercice de l'action (58).

Désormais, sur le fondement de l'enrichissement injustifié, l'appauvri injustement a droit à une indemnité toujours égale à la moindre des deux valeurs de l'enrichissement et de l'appauvrissement (59). Cela étant, l'appauvrissement constaté au jour de la dépense et l'enrichissement tel qu'il subsiste au jour de la demande, sont désormais évalués au jour du jugement (60).

Il conviendra donc au demandeur d'être vigilant dès lors que la nouvelle détermination du moment d'appréciation du montant de l'indemnité s'avère plus favorable à ses intérêts que celle, utilisée jusque-là par la pratique, qui consistait à retenir une évaluation faite au jour de la demande.

(55) Par ex. : Cass. 1re civ., 11 mars 2014, n° 12-28.224 : *RJPF* 2014-5/24, obs. V. Égéa.
(56) Cass. 1re civ., 24 sept. 2008 : *RJPF* 2008-12/19, obs. F. Vauvillé.
(57) Cass. 1re civ., 11 mars 2014, n° 12-23.224, préc.
(58) Cf. par ex. récemment (à propos de concubins) : Cass. 1re civ., 24 mai 2017, n° 13-10.237 : *Dr. famille* 2017, comm. 202, obs. M. Gayet ; *D.* 2018, 1104, obs. J.-J. Lemouland et D. Vigneau.
(59) C. civ., art. 1303 (réd. Ord. n° 2016-131, 10 févr. 2016).
(60) C. civ., art. 1303-4.

Mieux, de nouvelles discussions pourraient naître puisque l'actuel article 1303-4 du Code civil dispose *in fine* qu'en cas de mauvaise foi de l'enrichi, l'indemnité due est égale à la plus forte de ces deux valeurs. Encore faudra-t-il parvenir à établir une telle mauvaise foi, ce qui constitue toujours une tâche compliquée dans un contentieux de la rupture du couple souvent marqué par la survivance de considérations affectives.

B. – Les certitudes quant à la propriété des biens

1186. – **Régime des biens acquis durant la relation de couple.** Le droit commun doit être sollicité pour déterminer le régime des biens acquis par les concubins. Ainsi et de manière logique, chaque concubin demeure seul propriétaire des biens qu'il acquiert durant la vie du couple. Faute de pouvoir rapporter la preuve d'une propriété exclusive, le bien est présumé indivis entre les concubins, dès lors que le titre l'emporte sur la finance(61). *A fortiori*, chaque concubin conserve la propriété exclusive des biens dont il était déjà propriétaire avant la formation du couple. L'indivision entre concubins sera liquidée selon les règles du droit de l'indivision, faute de disposition spéciale(62). Cela étant, les demandes doivent être portées devant le juge aux affaires familiales qui dispose d'une compétence matérielle pour connaître de la liquidation des intérêts patrimoniaux entre concubins.

Prolongement pratique

Les dangers de la tontine

1187. – Avant la création du PACS par la loi n° 99-944 du 15 novembre 1999, la « clause d'accroissement », dite aussi « clause tontinière », ou tout simplement la « tontine »(63), fut parfois présentée comme un mécanisme utile pour l'acquisition en commun faite par des concubins. La tontine constitue une stipulation insérée dans l'acte d'acquisition, généralement d'un bien immobilier, qui prend effet au décès d'un concubin et répute le survivant propriétaire de l'intégralité du bien, depuis le moment de l'acquisition(64). Naguère la tontine présentait un double intérêt civil et fiscal. D'un point de vue civil, elle faisait échapper le bien acquis de la sorte aux biens successoraux du concubin prédécédé. D'un point de vue fiscal, jusqu'à un seuil de 76 000 €, la mise en œuvre de la tontine ne donnait pas lieu à la perception de droits de mutation. Dans cette perspective, compte tenu de l'augmen-

(61) Pour les incidences liquidatives de cette règle du droit commun de l'indivision, V. *supra*, n° 558.

(62) Contrairement aux indivisions entre partenaires de PACS qui font l'objet d'une disposition spécifique à l'article 515-5-1 *in fine* du Code civil.

(63) Sur laquelle, cf. C. Grimaldi, *Mystérieuse tontine*, in *Mél. G. Champenois*, Lextenso, 2012, p. 417.

(64) Pour un exemple quelque peu paradoxal de mise en œuvre d'une clause tontinière, suite à l'assassinat de la concubine par son compagnon : Cass. 3e civ., 5 déc. 2012 : *RTD civ.* 2013, 95, obs. J. Hauser ; *AJF* 2013, 188, obs. N. Levillain. Grâce à la mise en œuvre de clause, le concubin survivant (et assassin !) devient rétroactivement propriétaire de l'intégralité du bien. Pour cette raison, l'héritière de la personne décédée revendique la moitié du prix de vente du bien, estimant avoir perdu une chance d'hériter de l'immeuble égale à 50 %. Le pourvoi est rejeté, la Cour de cassation jugeant que « ayant relevé que [les concubins] avaient acquis une maison d'habitation avec clause d'accroissement, dite de tontine, et que cette clause conférait à l'acquéreur dernier vivant la propriété de l'immeuble tout entier à partir du jour de son acquisition, la cour d'appel en a exactement déduit, sans violer le principe de la contradiction, qu'il n'existait pas dans les rapports entre les parties un débiteur d'obligation et un créancier et que l'article 1178 du Code civil n'était pas applicable ».

tation notable des prix des biens immobiliers depuis une vingtaine d'années, l'intérêt fiscal de la clause s'avère moins évident que naguère. De nos jours, l'insertion d'une clause tontinière dans un acte d'acquisition d'un bien par des concubins se heurte à un obstacle de nature civile. La Cour de cassation juge en effet que les mécanismes du droit de l'indivision ne trouvent pas à s'appliquer en matière de tontine, ce qui signifie qu'en cas de conflit entre les concubins acquéreurs, aucun ne peut provoquer le partage[(65)]. La tontine comporte le risque d'entraîner les concubins dans une impasse juridique, nécessairement néfaste pour l'utilité économique du bien. Lorsque des concubins envisagent d'acquérir un bien, sans pour autant se marier, il paraît préférable soit de choisir une indivision dont la précarité[(66)] correspond mieux à la fragilité du lien de concubinage, soit de conclure un pacte civil de solidarité en adoptant ou pas le régime de l'indivision des acquêts.

§ 2. – Rareté des règles organisant les rapports entre le couple de concubins et les tiers

1188. – Droit commun et droit spécial. Les dispositions du droit spécial qui permettent d'organiser les rapports pécuniaires entre le couple de concubins et les tiers se limitent pour l'essentiel au droit des baux d'habitation (II), appelant ainsi, pour le reste, une utilisation du droit commun des obligations (I).

I. – L'utilisation du droit commun des obligations

1189. – Logique. De manière générale et logique au regard de la nature factuelle du concubinage, les mécanismes du droit commun sont utilisés de manière classique dans les rapports entre les concubins et les tiers[(67)].

A. – Le droit de la responsabilité civile extracontractuelle

1190. – Indemnisation du concubin survivant. Opérant l'un des revirements de jurisprudence les plus remarqués du XXe siècle, une chambre mixte décida dans un arrêt *Dame Dangereux* rendu le 27 février 1970 que « l'article 1382 du Code civil (actuel art. 1240) (...) n'exige pas, en cas de décès, l'existence d'un lien de droit entre le défunt et le demandeur en indemnisation », permettant ainsi à la concubine survivante de solliciter la réparation du décès accidentel causé par la faute d'un tiers. Jusque-là, la jurisprudence civile, à la différence du Conseil d'État[(68)], considérait qu'en l'absence d'un lien de droit entre la victime et sa compagne, cette dernière ne pouvait solliciter une indemnisation et que « les relations établies par le

(65) Cass. 1re civ., 27 mai 1986 : *Bull. civ.* 1986, I, n° 133 ; *D.* 1987, 139, note G. Morin ; *JCP* G 1987, II, 20763, note M. Drago.

(66) La précarité de l'indivision provient du fait que l'article 815 du Code civil dispose que nul n'est tenu de rester dans l'indivision et que chaque indivisaire peut donc provoquer le partage.

(67) Par ex. pour un refus d'une répétition de prestations sociales indûment perçues par le concubin de l'allocataire : Cass. 2e civ., 30 nov. 2017, n° 16-24.021 : *Dr. famille* 2018, comm. 56, obs. A.-M. Caro ; *D.* 2018, 1104, obs. J.-J. Lemouland et D. Vigneau.

(68) CE, ass., 28 juill. 1951, *Bérenger* : *Rec. CE* 1951, p. 473, concl. Agid ; *D.* 1952, 22 ; *S.* 1951, 3, p. 96.

concubinage ne peuvent, à raison de leur irrégularité même, présenter la valeur d'intérêts légitimes juridiquement protégés »(69). L'arrêt *Dame Dangereux* constitua en son temps une étape importante sur le chemin de la reconnaissance juridique progressive du concubinage.

L'étude de la jurisprudence rendue depuis l'arrêt *Dame Dangereux* révèle que l'effectivité de la relation de couple influence le principe et le montant de la réparation accordée(70). La jurisprudence se réfère en effet de manière plus ou moins explicite à la stabilité de la relation, et la présence d'enfant rend l'indemnisation quasi systématique, démontrant une nouvelle fois que c'est avec leur qualité de couple parental que les concubins accèdent à une véritable reconnaissance juridique.

1191. - **Action dirigée à l'encontre du concubin adultère.** Depuis un arrêt remarqué rendu le 4 mai 2000, le seul fait d'entretenir une relation avec une personne mariée ne constitue pas une faute de nature à engager la responsabilité de l'amant ou de la maîtresse(71) à l'égard du conjoint trompé(72). Si la relation extraconjugale entretenue revêt le caractère de stabilité et de continuité et qu'elle repose sur une communauté de vie, elle constitue alors un lien de concubinage au sens de l'article 515-8 du Code civil.

B. – Le droit des contrats

1192. - **Validité des libéralités.** Le droit positif admet désormais la validité des libéralités consenties par un homme marié à sa concubine adultère(73). Ainsi la validité des libéralités consenties entre concubins ne pose *a fortiori* aucune difficulté et les tiers seront tenus de reconnaître l'efficacité de l'acte, du moins dans la limite de la quotité disponible.

C. – La théorie de l'apparence

1193. - **Recherche de sécurité juridique.** L'absence d'un mécanisme de solidarité ménagère entre concubins risque de placer le créancier de l'un des membres du couple dans une situation délicate, dès lors qu'il pouvait raisonnablement croire que son cocontractant était marié et qu'il vient à constater à la fois son insolvabilité ainsi que sa qualité de concubin. Afin de protéger la croyance légitime des créanciers, la théorie de l'apparence(74) se trouve parfois utilisée en jurisprudence pour rendre le concubin solidaire de la dette contractée par son compagnon. Encore faut-il que le créancier soit de bonne foi et que les concubins aient adopté un comportement laissant croire, de manière erronée, en l'existence d'une situation matrimoniale et donc d'une solidarité ménagère.

(69) Cass. civ., 27 juill. 1937, *Ménetier* : S. 1938, I, p. 321, note G. Marty ; *D.* 1938, I, p. 5, note R. Savatier.
(70) Sur cette analyse, cf. V. Égéa, *La fonction de juger à l'épreuve du droit contemporain de la famille*, Lextenso-Defrénois, 2010, spéc. nos 376 et s.
(71) Sur ce point, V. *supra*, n° 1094.
(72) Cass. 1re civ., 4 mai 2000, n° 95-21.567 : *JCP* G 2000, II, 10356, note Th. Garé ; *RTD civ.* 2000, 810, obs. Hauser ; *adde* Cass. 2e civ., 5 juill. 2001, n° 99-21.445 : *Bull. civ.* 2001, II, n° 136 ; *JCP* G 2002, II, 10139, note D. Houtcieff ; *D.* 2002, 1318, obs. Ph. Delebecque ; *Defrénois* 2003, 119, obs. J. Massip ; *RTD civ.* 2001, 856, obs. J. Hauser ; *RTD civ.* 2001, 893, obs. P. Jourdain.
(73) Sur l'évolution jurisprudentielle, V. *supra*, n° 1095.
(74) Sur cette question, cf. A. Gogos-Gintrand, *Du raisonnement par analogie à la théorie de l'apparence : les résistances à la solidarité ménagère entre concubins* : *Dr. famille* 2012, étude 10. – A. Prothais, *Le droit commun palliant l'imprévoyance des concubins, dans leurs relations pécuniaires entre eux* : *JCP* G 1990, I, 3440.

II. – L'existence de dispositions parcellaires en droit spécial des baux d'habitation

1194. - **Maintien dans les lieux.** Par dérogation au principe d'effet relatif des conventions, les dispositions spéciales du droit des baux d'habitation permettent au concubin, qui n'a pas signé l'acte juridique, d'opposer au bailleur un droit à la continuation du bail, en cas d'abandon du local d'habitation par le concubin preneur ou de décès de ce dernier[75]. Pour bénéficier du droit à la continuation du bail, le concubin qui n'a pas signé l'acte doit démontrer une situation de concubinage notoire avec le concubin contractant, d'une durée d'au moins un an à la date du décès ou de l'abandon. La vie commune se prouve par exemple par la production de pièces diverses comme des factures ou par des attestations.

(75) L. n° 89-462, 6 juill. 1989, art. 14.

LIVRE 2

L'ENFANT ET SA FAMILLE

1195. – **Pédocentrisme.** L'enfant occupe une place centrale en droit contemporain de la famille, ce que Carbonnier décrivit comme le « pédocentrisme » de la matière. Devenu un véritable sujet de droits fondamentaux, l'enfant ne constitue plus simplement le rouage de la conservation et transmission des biens dans la famille par le sang, mais il constitue désormais l'une des préoccupations majeures du droit de la famille, incarnée dans la formule-clé, à la fois omniprésente et discutée, d'intérêt de l'enfant[1], voire d'intérêt supérieur de l'enfant.

1196. – **Parentalité.** Les relations entre l'enfant et sa famille relèvent de la parentalité, notion cardinale du droit contemporain mais pourtant assez mal cernée. La parentalité peut se définir comme une fonction de prise en charge et de protection de l'enfant, visant à lui donner les moyens de devenir adulte[2]. Le néologisme de « parentalité » aurait initialement été formé par l'association des parents et futurs parents gays et lesbiens[3]. Ainsi définie, la parentalité désigne une fonction factuelle qui peut largement être exercée par d'autres personnes que les parents. Inversement, la parenté rattache l'enfant à ses parents et l'inscrit dans une lignée généalogique, de manière durable. Avec la parenté, l'état des personnes est en cause, alors que les relations entre l'enfant et sa famille concernent la détermination des droits et obligations du quotidien, entre l'enfant et ses parents (Titre 1) et à l'égard des tiers (Titre 2).

Bibliographie

- C. Albiges, *L'autorité parentale et ses juges*, LexisNexis, 2004.
- Ph. Bonfils et A. Gouttenoire, *Droit des mineurs*, Dalloz, 2e éd., 2014, nos 159 et s.
- F. Boulanger, *Réflexions sur la portée et les limites du principe d'égalité des deux membres du couple dans l'attribution des droits parentaux*, in *Mél. G. Champenois*, Lextenso, 2012, p. 59.

(1) Cf. A.-C. Réglier et C. Siffrein-Blanc, dir., *L'intérêt de l'enfant. Mythe ou réalité ?*, à paraître en 2018 aux éd. Institut Universitaire Varenne, LGDJ-Lextenso, coll. « colloques et essais », vol. 64.

(2) En ce sens : H. Fulchiron, *Du couple homosexuel à la famille monosexuée ? Réflexions sur « l'homoparentalité »* : AJF 2006, 392. – P. Murat, note ss Cass. 1re civ., 24 févr. 2006 : *Dr. famille* 2006, comm. 89.

(3) Selon Mme Neirinck, *Homoparentalité et adoption*, in *Mél. Catala*, Litec, 2001, p. 353.

- F. Dekeuwer-Défossez, *Réflexions critiques d'une juriste sur la « parentalité »*, in *Mél. J. Hauser*, Dalloz, LexisNexis, 2012, p. 41.
- M.-L. Delfosse-Cicile, *Le lien parental*, éd. Panthéon-Assas, 2003.
- V. Égéa, *La fonction de juger à l'épreuve du droit contemporain de la famille*, Lextenso, 2010.
- D. Fenouillet, *La parentalité, nouveau paradigme de la famille contemporaine : Arch. phil. dr.* 2014, t. 57, *La famille en mutation*, p. 95.
- L. Gareil, *L'exercice de l'autorité parentale*, LGDJ, 2004.
- M. Rebourg, *La prise en charge de l'enfant par son beau-parent*, Lextenso, 2003.

TITRE 1

LES RELATIONS JURIDIQUES ENTRE L'ENFANT ET SES PARENTS

1197. - **Incidence du lien de filiation.** En principe, les relations juridiques entre l'enfant mineur et ses parents restent déterminées par l'existence préalable d'un lien de filiation. Le lien de filiation, en rattachant juridiquement un enfant à un adulte, entraîne plusieurs conséquences juridiques telles que les vocations successorales et alimentaires, la création d'empêchement à mariage et à PACS, la transmission d'un nom de famille ou encore l'attribution au parent de l'autorité parentale relative à la personne de l'enfant et relative à ses biens. À l'égard de l'enfant mineur à tout le moins, le droit de l'autorité parentale façonne les relations juridiques à l'égard de ses parents. Pour autant, en raison de mutations sociales, économiques, voire universitaires qui retardent l'âge d'une véritable indépendance et d'une autonomie effective, certains éléments caractéristiques des relations entre l'enfant mineur et ses parents, tels que l'obligation parentale d'entretien, perdurent au-delà de l'âge de majorité civile.

1198. - **Chronologie.** De manière pour le moins logique, les règles organisant les relations entre l'enfant et ses parents supposent que ces derniers soient juridiquement qualifiés comme tels. Autrement dit, l'établissement d'un lien de filiation précède en principe la mise en œuvre du droit de l'autorité parentale. En effet, l'autorité parentale se trouve attribuée aux parents (Chapitre 1) qui en assurent l'exercice (Chapitre 2).

CHAPITRE 1

L'ATTRIBUTION DE L'AUTORITÉ PARENTALE

1199. – **Des droits et des personnes.** L'autorité parentale constituant un droit-fonction entièrement tourné désormais vers la satisfaction de l'intérêt de l'enfant, l'étude des règles gouvernant son attribution nécessite de distinguer les prérogatives qui la composent et les titulaires qui en sont investis.

SECTION 1

LES PRÉROGATIVES D'AUTORITÉ PARENTALE

1200. – **L'autorité parentale : un droit-fonction.** L'autorité parentale constitue l'exemple même d'un droit-fonction, c'est-à-dire l'attribution à une personne d'un véritable pouvoir juridique, que son titulaire ne doit pas exercer dans son propre intérêt mais dans l'intérêt d'un tiers, en l'occurrence son enfant mineur. Le droit suppose que, par son jeune âge, le mineur ne présente pas une maturité intellectuelle suffisante pour valablement exercer ses droits et qu'il convient donc de le représenter et de le protéger. La finalité de l'autorité parentale demeure la protection de l'intérêt de l'enfant de manière générale, c'est-à-dire en réalité de ses intérêts tant psychologiques, physiques, que financiers.

1201. – **Dualité.** Suivant en cela une distinction adoptée par le Code civil lui-même, il est d'usage de distinguer l'autorité parentale proprement dite, qui s'avère relative à la personne de l'enfant (§ 1) et celle relative à ses biens : l'administration légale (§ 2).

§ 1. – L'autorité parentale relative à la personne de l'enfant : l'autorité parentale proprement dite

1202. – **Incidences des droits fondamentaux.** Longtemps cantonnée à l'énumération des pouvoirs conférés au titulaire de l'autorité parentale (I), l'étude des prérogatives d'autorité parentale commande désormais de tenir compte de l'essor remarqué en ce domaine des droits fondamentaux, qui s'exprime par l'affirmation d'une sphère d'autonomie du mineur (II).

I. – Des pouvoirs conférés au titulaire

1203. – **Changement dans la manière de définir.** Avant la réforme opérée par la loi n° 2002-305 du 4 mars 2002, l'autorité parentale était définie par les prérogatives qu'elle conférait aux parents. Ainsi, trois prérogatives d'autorité parentale étaient expressément énumérées par l'ancien article 371-2 du Code civil. Le texte disposait en effet que les père et mère ont à l'égard de l'enfant mineur droit et devoir de garde, de surveillance et d'éducation. Les nouvelles dispositions n'ont pas repris de manière explicite une telle énumération, mais adoptent une définition de l'autorité parentale élaborée en partant de ses finalités. Non seulement l'article 371-1 du Code civil dispose désormais, en son alinéa 1er que l'autorité parentale a pour finalité l'intérêt de l'enfant, mais, de surcroît, l'alinéa suivant ajoute qu'elle appartient aux parents jusqu'à la majorité de l'enfant pour le protéger dans sa sécurité, sa santé et sa moralité, pour assurer son éducation et permettre son développement, dans le respect dû à sa personne. Si la manière dont le Code civil définit l'autorité parentale a changé, il n'en demeure pas moins que les prérogatives nommées (A) – garde, surveillance, éducation – jadis constitutives de cet ensemble de droits et devoirs, se retrouvent encore aujourd'hui, quoique de manière plus diffuse, en côtoyant d'autres prérogatives innommées (B).

A. – Les prérogatives nommées

1204. – **Triptyque classique.** Avant la réforme du 4 mars 2002, la définition de l'autorité parentale reposait sur l'énumération de trois prérogatives – la garde, la surveillance et l'éducation. En dépit du changement intervenu dans la manière de définir l'autorité parentale, ces trois prérogatives demeurent toujours nommées dans le Code civil, et restent caractéristiques.

1° La garde de l'enfant

1205. – **Signification initiale.** Initialement, la garde de l'enfant ne désignait pas seulement le droit de fixer la résidence de l'enfant et d'exiger qu'il y demeure effectivement(1), ce qui correspond à sa signification actuelle, mais l'expression renvoyait plus largement à l'ensemble des autres prérogatives parentales relatives à la personne du mineur. Autrement dit, le parent titulaire de la garde exerçait l'autorité parentale et se trouvait donc investi du droit de garde au sens strict du terme, mais aussi du droit de surveillance et du devoir d'éduquer l'enfant. Ainsi, le parent qui avait la garde de l'enfant assumait l'ensemble de l'autorité parentale, ce qui se révélait au demeurant logique puisque la garde entraîne nécessairement une communauté de vie entre le parent gardien et l'enfant, laquelle facilite l'exercice par le premier de son devoir de surveillance et d'éducation du second. L'on pouvait

(1) Cf. Ph. Simler, *La notion de garde de l'enfant* : *RTD civ.* 1972, 635.

alors parler d'une garde au sens large du terme, en raison du caractère englobant et attractif de la notion.

1206. – **Signification contemporaine.** Désormais, le terme de garde revêt une signification différente et reçoit une acception plus restrictive en désignant véritablement le droit de fixer le domicile de l'enfant et d'exiger qu'il y demeure effectivement. Plus d'ailleurs qu'un droit, exiger que l'enfant demeure au lieu de son domicile constitue un véritable devoir puisqu'en droit civil, le logement de l'enfant constitue l'une des charges de l'obligation parentale d'entretien(2) et qu'en droit pénal, le parent gardien qui s'avère négligent pourra être condamné pénalement notamment pour abandon de famille(3). L'expression de « garde », au sens large, a été remplacée, à l'occasion d'une loi n° 87-570 du 22 juillet 1987 sur l'exercice de l'autorité parentale, par l'expression « exercice de l'autorité parentale ». Il en résulte que, même dans l'hypothèse où le juge attribue la résidence de l'enfant à un seul parent, les parents exercent en principe en commun l'autorité parentale et, assurent donc ensemble la garde de l'enfant. Par souci d'éviter la confusion, et en raison de l'idée de coercition que véhicule le terme de garde, guère compatible avec une tendance générale au déclin de toute forme d'autorité des parents sur l'enfant, le terme a progressivement disparu de la plupart des textes qui le contenaient naguère(4).

1207. – **Consistance du droit de garde.** Le droit de garde signifie que les parents doivent déterminer ensemble le lieu du domicile de l'enfant et exiger que ce dernier y demeure de manière effective.

Une telle prérogative s'avère évidemment opposable, en premier lieu, à l'enfant lui-même qui, tenu d'un devoir d'honneur et de respect envers ses parents(5), ne peut sans permission de ses père et mère quitter la maison familiale. Ainsi l'enfant mineur ne peut en principe sortir qu'avec l'autorisation de ses père et mère, ce qui donnera parfois lieu pour l'adolescent à de subtils marchandages, à de fermes refus ou à d'interminables discussions. En cas de fugue de l'enfant, qui constitue une violation du droit de garde de ses parents, ces derniers pourront solliciter le concours de la force publique pour ramener l'enfant à la maison familiale.

Le droit de garde se révèle opposable, en deuxième lieu, à l'autre parent qui ne saurait le modifier unilatéralement, en changeant de son propre chef le lieu du domicile de l'enfant suite à une mutation outre-mer, par exemple. La modification du droit de garde ne peut en effet résulter que d'un commun accord des parents ou d'une décision du juge aux affaires familiales. Le droit pénal sanctionne d'ailleurs la non-représentation d'enfant, définie comme le fait de refuser indûment de

(2) Sur laquelle, V. *infra*, n°s 1217 à 1219.

(3) Cf. C. pén., art. 227-17 : « Le fait, par le père ou la mère, de se soustraire, sans motif légitime, à ses obligations légales au point de compromettre la santé, la sécurité, la moralité ou l'éducation de son enfant mineur est puni de deux ans d'emprisonnement et de 30 000 euros d'amende ». L'alinéa second du même texte ajoute quant à lui que : « L'infraction prévue par le présent article est assimilée à un abandon de famille pour l'application du 3° de l'article 373 du Code civil ».

(4) Par ex., en matière de responsabilité civile délictuelle, le célèbre article 1242, alinéa 4 du Code civil (ancien art. 1384, al. 4), siège de la responsabilité de plein droit des parents du fait dommageable de leur enfant mineur, mentionnait initialement la garde de l'enfant et emploie désormais l'expression « leurs enfants mineurs habitant avec eux ».

(5) Devoir juridique, directement inspiré du *Décalogue*, qui figure expressément dans l'article 371 du Code civil, en ces termes : *L'enfant, à tout âge, doit honneur et respect à ses père et mère.* Sur ce texte : A. Sériaux, *Tes pères et mères honoreras, réflexions sur l'autorité parentale en droit contemporain* : *RTD civ.* 1986, 265.

représenter un enfant mineur à la personne qui a le droit de le réclamer[6]. Lorsque la méconnaissance par l'un des parents du droit de garde entraîne le déplacement unilatéral de l'enfant vers le territoire d'un État autre que la République française, ceci constitue un déplacement illicite d'enfant, également nommé « enlèvement international d'enfant », contre lequel plusieurs textes de droit international s'efforcent de lutter[7].

En troisième lieu, enfin, le droit de garde est évidemment opposable aux tiers. Ainsi le tiers, personne privée, qui emmènerait l'enfant hors du domicile de ses parents, sans l'accord de ces derniers, et même si l'enfant y consent, se rend coupable du délit pénal de détournement de mineur. En revanche, le droit de garde des parents leur permet de confier l'enfant à un tiers pour des vacances par exemple. L'on considère alors que si la garde matérielle et factuelle est effectivement assurée par le tiers auquel l'enfant a été confié, les parents conservent toujours la garde juridique du mineur, même s'ils ne disposent pas matériellement du pouvoir de le surveiller par eux-mêmes. Les personnes publiques demeurent elles aussi tenues de respecter le droit de garde des parents et l'enfant ne peut leur être retiré que dans les cas de nécessité que détermine la loi, comme dans certaines mesures d'assistance éducative ou de retrait d'autorité parentale par exemple[8]. Le placement d'un mineur, par une autorité administrative ou judiciaire, hors du domicile fixé par ses parents ou par le juge, dans une hypothèse inconnue de la loi, constituerait assurément une atteinte au droit à une vie privée et familiale normale.

2° La surveillance de l'enfant

1208. – **Un droit et un devoir.** La surveillance de l'enfant désigne la prérogative parentale permettant de contrôler l'enfant, dans ses mouvements, ses fréquentations ou ses communications avec des tiers. Elle constitue à la fois un droit des parents qu'ils peuvent opposer à l'enfant ou aux tiers, mais aussi un devoir pesant sur eux. Surveiller l'enfant est tout d'abord un droit des parents leur permettant, par exemple, de contrôler les sorties de l'enfant, ce qui érige le droit de surveillance en prolongement logique de la garde de l'enfant. Surveiller l'enfant constitue ensuite un devoir que les parents doivent remplir puisque le défaut de surveillance peut faciliter la commission par l'enfant de faits dommageables dont les parents seront responsables, au demeurant, sans que la victime n'ait à démontrer de faute dans l'éducation de l'enfant, ni un défaut de surveillance[9]. Mieux, le défaut de surveillance de l'enfant peut parfois dégénérer en infraction pénale de délaissement de mineur, d'abandon de famille, voire de privation de soins.

1209. – **Champ large.** La surveillance, entendue comme un droit et un devoir, ne concerne pas seulement la liberté de mouvement de l'enfant mineur, ni même les fréquentations de ce dernier, que les parents peuvent et doivent précisément

(6) C. pén., art. 227-5. La peine encourue est d'un an d'emprisonnement et 15 000 € d'amende.
(7) V. *infra*, n°s 1345 et 1346.
(8) Sur lesquelles, V. *infra*, n°s 1397 à 1412 et 1257 à 1273.
(9) Depuis un arrêt de principe : Cass. 2e civ., 19 févr. 1997 : *Bull. civ.* 1997, II, n° 56 ; *Dr. famille* 1997, comm. 83 (1re esp.), note P. Murat ; *JCP G* 1997, II, 22848, concl. Kessous et note G. Viney ; *D.* 1997, 265, note P. Jourdain ; *D.* 1997, 290, obs. D. Mazeaud ; *RTD civ.* 1997, 668, obs. P. Jourdain.

contrôler. Il s'agit plus largement d'une surveillance visant à protéger les intérêts physiques et moraux du mineur. Ainsi, la surveillance de l'enfant par ses parents consiste également à protéger les droits de la personnalité du mineur, en autorisant – ou en refusant – l'utilisation de son image par des tiers. Des jurisprudences anciennes ont pu décider que le droit de surveillance des parents leur permettait de décacheter les plis postaux reçus par l'enfant mineur et de lire le contenu de sa correspondance[(10)]. Si la solution vaut toujours dans son principe, encore convient-il de l'adapter aux techniques modernes de communication, telles que les réseaux sociaux, et surtout de concilier cette règle avec l'essor contemporain d'une sorte de droit à l'intimité du mineur[(11)] que ce dernier va pouvoir progressivement revendiquer à l'approche de sa majorité.

1210. – **Surveillance et droit de correction.** L'exercice du droit de surveillance des parents soulève la question de la licéité de la correction corporelle. L'existence d'un prétendu droit à la fessée ne manque pas d'animer les colonnes des gazettes généralistes au travers de débats prétendument juridiques. Les parents peuvent-ils infliger une correction corporelle à leurs enfants, quand ils l'estiment justifié, ou bien le droit à l'intégrité physique du mineur s'y oppose-t-il ? La réponse à cette interrogation ne peut être que nuancée et la doctrine considère habituellement que les usages tolèrent encore un droit raisonnable de correction corporelle. Il est bien évident que l'infraction de coups et blessures serait constituée en cas de correction corporelle trop excessive ou disproportionnée eu égard à l'âge de l'enfant.

1211. – **Surveillance des parents et intimité du mineur.** L'enfant mineur bénéficie de droits et libertés fondamentaux, consacrés à de multiples reprises à différents échelons de la hiérarchie des normes. Parmi ces prérogatives, figurent notamment le droit de l'enfant d'entretenir des relations personnelles avec les tiers et, en particulier, avec ses grands-parents, consacré dans le Code civil[(12)] ; ou encore le droit de l'enfant de ne pas faire l'objet d'immixtion dans sa vie privée, garanti par l'article 16 de la Convention internationale des droits de l'enfant[(13)]. Le Conseil d'État a d'ailleurs jugé que ce dernier article était doté d'un effet direct, c'est-à-dire qu'il pouvait être directement invoqué dans une instance interne. L'enfant bénéficie également d'un droit à la liberté d'expression[(14)]. Partant, comment concilier ces droits fondamentaux de l'enfant qui entendent lui consacrer une sphère d'intimité, avec le droit de surveillance de ses parents ? En dépit des apparences, la réponse à cette question ne s'impose pas avec évidence. Ainsi convient-il de distinguer certaines prérogatives que le mineur peut véritablement revendiquer et qui ne cesseront que pour des motifs graves, comme par exemple le droit aux relations personnelles avec les grands-parents[(15)]. Ailleurs, la conciliation entre deux droits *a priori* contradictoires, comme par exemple la surveillance parentale et la liberté d'expression du mineur, s'opérera selon l'âge

(10) Paris, 9 juill. 1913 : *DP* 1915, 2, 54. – Caen, 11 juill. 1866 : S. 1867, 2, 151.
(11) Sur lequel, V. *infra*, n° 1211.
(12) C. civ., art. 371-4 ; sur les relations juridiques entre l'enfant et les tiers, V. *infra*, n°s 1451 à 1460.
(13) CIDE, art. 16.
(14) CIDE, art. 13.
(15) V. *infra*, n°s 1417 et s.

et la maturité de l'enfant, au cas par cas. S'il serait surprenant qu'un parent puisse interdire à un mineur de dix-sept ans d'envoyer un texto à l'un de ses camarades de classe, il s'avère impératif de vérifier le contenu de la correspondance adressée par un tiers à un enfant d'une dizaine d'années.

3° L'éducation de l'enfant

1212. – **Vers la maturité intellectuelle de l'enfant.** L'éducation de l'enfant par ses parents constitue une prérogative centrale en droit de l'autorité parentale, et participe même de sa définition puisque l'article 371-1, alinéa 2 du Code civil dispose que l'autorité parentale appartient aux parents jusqu'à la majorité ou l'émancipation de l'enfant pour le protéger dans sa sécurité, sa santé et sa moralité, pour assurer son éducation et permettre son développement. L'éducation de l'enfant mineur devrait en principe lui permettre de disposer d'une autonomie et d'une maturité suffisantes pour pourvoir seul à ses intérêts, une fois devenu majeur. Cela ne signifie nullement que l'éducation doit permettre à l'enfant de bénéficier d'une pleine autonomie financière dès le jour de l'accès à la majorité civile. L'allongement de la durée des études et les difficultés que connaissent les jeunes générations pour accéder au marché du travail rendent une telle perspective désormais illusoire. En revanche, l'éducation reçue par l'enfant durant sa minorité doit lui permettre en principe d'exercer ses droits civils de manière libre et éclairée, c'est-à-dire de jouir d'une véritable autonomie juridique.

1213. – **Droit et devoir.** Le droit positif ne se contente pas de mentionner l'éducation de l'enfant au titre des finalités de l'autorité parentale, mais il l'érige en prérogative dont disposent les parents. Ainsi l'éducation de l'enfant constitue-t-elle un droit et un devoir des parents. L'article 371-2 du Code civil dispose en effet que chacun des parents contribue à l'entretien et à l'éducation des enfants à proportion de ses ressources, de celles de l'autre parent, ainsi que des besoins de l'enfant. Il est vrai que cette disposition concerne principalement la dimension pécuniaire du devoir d'éducation, laquelle consiste à financer les études du mineur, par le paiement de frais de scolarité, l'achat de fournitures scolaires et autres ouvrages utiles à la poursuite d'études secondaires ou supérieures. Cela étant, le devoir d'éducation de l'enfant revêt un champ beaucoup plus large. Il ne s'agit pas simplement du versement de sommes d'argent, mais aussi et surtout de la transmission par les parents de valeurs, de principes et d'une culture à leurs enfants.

1214. – **Incidences.** L'éducation de l'enfant par ses parents signifie donc qu'ils ont le droit et l'obligation de financer les études de leurs enfants mais aussi, plus fondamentalement, de choisir le type de scolarité suivie (laïque, religieuse, choix de telle ou telle méthode pédagogique…) et, bien évidemment, d'assurer au quotidien l'apprentissage des règles et usages de la vie en société. L'on touche bien sûr alors aux limites du champ de la normativité juridique, car inculquer les règles de politesse ou de courtoisie (« Dis bonjour à la Dame ! ») ne constitue pas en soi une obligation juridique mais procède davantage de l'ère du non-droit, tout en participant incontestablement au devoir juridique d'éducation de l'enfant. L'expression populaire, assurément péjorative, d'enfant « mal élevé » se révèle de ce point de vue particulièrement significative. D'autres facettes de l'éducation de l'enfant par ses parents relèvent à la fois du champ de la norme religieuse, comme l'engagement pris lors du baptême d'élever son enfant dans la religion chrétienne, tout en donnant lieu à une intervention du droit en cas de différend entre les parents[16].

1215. - **Éducation de l'enfant et droits du mineur.** À l'instar de ce qui se constate pour la surveillance de l'enfant, il convient de concilier l'obligation d'éducation de l'enfant pesant sur les parents avec certains droits du mineur, comme par exemple la faculté d'être associé aux décisions qui le concernent selon son âge et son degré de maturité[17].

1216. - **Sanctions.** Le défaut d'éducation de l'enfant constitue une carence des parents dont l'intensité se révèle très variable. L'on ne saurait valablement confondre la situation du mineur malpoli avec celle de l'enfant de moins de seize ans qui n'est pas scolarisé. Partant, le droit répond à la carence des parents dans l'éducation de l'enfant de plusieurs manières. Tout d'abord, la compromission grave des conditions d'éducation de l'enfant ou de son développement physique, affectif, intellectuel et social, peut commander l'ouverture d'une mesure d'assistance éducative[18]. Ordonnées par le juge des enfants, les mesures d'assistance éducative sont diverses et variées, et peuvent aller d'une aide et de conseils ponctuels apportés aux parents jusqu'au placement de l'enfant. Ensuite, le défaut d'éducation de l'enfant apparaît parfois comme une conséquence et un symptôme de comportements parentaux qui peuvent donner lieu à un retrait de l'autorité parentale, comme les mauvais traitements, la consommation habituelle et excessive de boissons alcooliques ou encore l'inconduite notoire[19]. L'article 378-1 du Code civil énumère d'ailleurs la mise en danger manifeste de la sécurité, la santé ou la moralité de l'enfant, qui résulterait d'un manque de direction.

4° L'entretien de l'enfant

1217. - ***Qui fait l'enfant doit le nourrir*[20].** Une obligation alimentaire spécifique pèse sur les parents afin de pourvoir à l'entretien de leur enfant. Plus exactement, l'obligation parentale d'entretien prévaut sur l'obligation alimentaire qui, elle, se caractérise par sa réciprocité. L'obligation parentale d'entretien trouve son fondement textuel à l'article 203 du Code civil qui ne vise cependant que les parents mariés, mais aussi désormais à l'article 371-2 du même code. La vocation alimentaire du mécanisme se révèle explicite, le texte édictant parmi les principes généraux du droit de l'autorité parentale que « chacun des parents contribue à l'entretien et l'éducation des enfants à proportion de ses ressources, de celles de l'autre parent, ainsi que des besoins de l'enfant ».

(16) Sur l'éducation religieuse de l'enfant, cf. not. P. Muzny, *Pour que garde des enfants et pratique religieuse fassent bon ménage*, in *Mél. J. Hauser, op. cit.* – F. Boulanger, *Autorité parentale et formation religieuse des mineurs (essai comparatif)* : *Dr. famille* 2013, étude 14. – J.-D. Bredin, *La religion de l'enfant* : *D.* 1960, chron. p. 73. – Barbier, *Les limites de l'autorité parentale en matière religieuse* : *Gaz. Pal.* 1971, doctr. 268.

(17) C. civ., art. 371-1, al. 3.

(18) Sur laquelle, V. *infra*, n°s 1405 et 1406.

(19) C. civ., art. 378-1.

(20) L'adage, attribué à Loysel, met l'accent sur l'obligation alimentaire due par les parents à l'égard de leurs enfants.

1218. – **Survenance de la majorité civile.** Bien qu'elle constitue un devoir de l'autorité parentale, l'obligation parentale d'entretien ne concerne pas seulement l'enfant mineur. Dans une formule assez lourde et maladroite, l'article 371-2, alinéa 2 du Code civil dispose qu'elle ne cesse pas de plein droit lorsque l'enfant est majeur. L'obligation se poursuit jusqu'à ce que l'enfant accède à une indépendance financière et une autonomie. Encore faut-il pour réclamer une contribution parentale à son entretien que l'enfant se révèle méritant et sérieux dans la poursuite de ses études.

1219. – **Séparation des parents.** En cas de séparation des parents, la contribution à l'entretien de l'enfant prend la forme d'une pension alimentaire versée par l'un des parents à l'autre, ou à la personne à laquelle l'enfant a été confié[(21)]. L'aspiration consensuelle du droit contemporain de la famille n'a évidemment pas épargné l'obligation parentale d'entretien puisque les parents peuvent en régler les modalités par une convention soumise à l'homologation du juge. Seules les modalités de l'obligation peuvent de la sorte être aménagées, le principe demeurant quant à lui indisponible. La contribution peut également consister en une prise en charge directe de frais exposés au profit de l'enfant.

B. – Les prérogatives innommées participant à la protection de l'enfant

1° Les soins de l'enfant

1220. – **Préserver la santé de l'enfant.** L'indispensable protection de la santé de l'enfant concerne l'intégrité corporelle et morale du mineur, ainsi que les conditions de son développement. Elle apparaît dans la définition même de l'autorité parentale qui précise non seulement que l'autorité parentale appartient aux parents pour assurer l'éducation de l'enfant et permettre son développement, dans le respect dû à sa personne, mais aussi qu'elle a pour but de protéger sa sécurité, sa santé et sa moralité. Ce sont donc les parents qui doivent consentir aux actes médicaux concernant leurs enfants. Plus largement, la protection de la santé de l'enfant recoupe d'autres prérogatives de l'autorité parentale, telles que l'éducation, puisque l'apprentissage de l'hygiène, de l'équilibre alimentaire, le respect d'un rythme de sommeil sain participent au développement de l'enfant.

1221. – **Un droit-fonction à l'épreuve du rôle du médecin.** L'autorité parentale constitue un droit-fonction, ce qui signifie que les prérogatives des parents ont pour finalité l'intérêt d'une autre personne : l'enfant. Partant, l'exercice d'un tel droit ne saurait le détourner de sa finalité, ce qui implique qu'en matière médicale des choix parentaux qui menacent la santé ne peuvent être méconnus par le médecin. L'article L. 1111-4, alinéa 7 du Code de la santé publique dispose *in fine* que « dans le cas où le refus d'un traitement par la personne titulaire de l'autorité parentale ou par le tuteur risque d'entraîner des conséquences graves pour la santé du mineur ou du majeur sous tutelle, le médecin délivre les soins indispen-

(21) C. civ., art. 373-2-2.

sables »[22]. Le péril imminent constitue donc le critère permettant de passer outre un refus du parent[23].

1222. – **Vaccinations.** Tenus de veiller à la bonne santé de l'enfant, les parents doivent lui faire administrer les vaccinations obligatoires. Au demeurant, au-delà du seul intérêt médical de leur enfant, la soumission à une vaccination obligatoire constitue une exigence de santé publique afin de lutter contre les épidémies. Le droit pénal se trouve d'ailleurs mobilisé pour garantir cette bonne exécution par les parents de l'obligation de faire administrer à leurs enfants mineurs les vaccins obligatoires. L'article L. 3116-4 du Code de la santé publique dispose en effet que « le refus de se soumettre ou de soumettre ceux sur lesquels on exerce l'autorité parentale ou dont on assure la tutelle aux obligations de vaccination prévues aux articles L. 3111-2, L. 3111-3 et L. 3112-1 ou la volonté d'en entraver l'exécution sont punis de six mois d'emprisonnement et de 3 750 € d'amende ».

1223. – **Prérogatives parentales face au refus d'une obstination médicale déraisonnable.** Le Code de la santé publique permet désormais à une équipe médicale collégiale de mettre fin à des traitements médicaux qui relèveraient d'une obstination déraisonnable[24]. Le Conseil d'État a pu juger que, nonobstant l'opposition de parents qui ont toujours été associés à la prise de décision, un collège d'experts a pu, au vu de l'état irréversible de perte d'autonomie d'une enfant mineure suite à arrêt cardiaque, prendre une décision d'interrompre des traitements médicaux qui relevaient d'une obstination déraisonnable, sans porter une atteinte grave et manifestement illégale au respect d'une liberté fondamentale[25]. Les prérogatives parentales cessent donc ici face à la notion de traitement médical exprimant une obstination déraisonnable.

(22) Pour une mise en œuvre : cf. CAA Bordeaux, 4 mars 2003, n° 99BX02360, *Pamphile c/ CH Cayenne* : *JCP* A 2003, n° 2144, note Moquet-Anger. La juridiction administrative juge que face à des signes cliniques de péril vital imminent présentés par un enfant et en l'absence de produits de substitution disponibles dans le département, le recours aux transfusions sanguines étant le seul traitement susceptible de sauvegarder la vie du mineur, les médecins qui choisissent de donner les soins indispensables à l'enfant malgré la volonté opposée des parents ne commettent aucune faute.

(23) Cf. pour une mise en œuvre du critère du péril imminent : CEDH, 9 mars 2004, n° 61827/00, *Glass c/ Royaume-Uni*, spéc. § 70 : « La Cour note que la seconde requérante, mère du premier requérant, qui est un enfant gravement handicapé, a agi comme représentante légale de celui-ci. En cette qualité, elle avait le droit d'agir au nom de son fils et de défendre ses intérêts, y compris dans le domaine des traitements médicaux. Le Gouvernement fait observer que l'intéressée avait donné aux médecins de l'hôpital St Mary, lors des précédents séjours de David, l'autorisation de recourir à certains traitements (paragraphes 15, 17 et 66 ci-dessus). Il est clair toutefois que lorsqu'elle fut confrontée à la réalité de l'administration de diamorphine à son fils la seconde requérante exprima fermement son opposition à un traitement de ce type. Ses objections, qu'elle réitéra pourtant à plusieurs reprises, ne furent pas prises en compte. La Cour estime que la décision d'imposer un traitement à David Glass malgré les protestations de sa mère s'analyse en une atteinte au droit du premier au respect de sa vie privée, et plus particulièrement à son droit à l'intégrité physique. La Cour note l'insistance mise par le Gouvernement pour la convaincre que les médecins ont dû parer à une urgence – ce que les requérants contestent – et agir rapidement dans l'intérêt supérieur du malade. Elle considère toutefois que cet argument n'enlève rien au fait qu'il y a eu ingérence mais se rapporte plutôt à la nécessité de l'ingérence et doit donc être examiné sous cet angle », ainsi que § 79 : « Il n'a pas été expliqué de manière convaincante à la Cour pourquoi la Régie hospitalière n'avait pas à ce stade sollicité l'intervention de la *High Court* » ; *adde* CEDH, 23 mars 2010, n° 45901/05 et n° 40146/06, *M.A.K. et R. K. c/ Royaume-Uni*.

(24) C. santé publ., art. L. 1110-5-1, réd. Ord. n° 2016-87, 2 févr. 2016 ; sur la déclaration de conformité à la Constitution : Cons. const., 2 juin 2017, n° 2017-632 QPC : *AJF* 2017, 379, obs. A. Dionisi-Peyrusse.

(25) CE, 5 janv. 2018, req. n° 416689 : *JCP* G 2018, doctr. 228, n° 19, obs. A. Gouttenoire ; *JCP* G 2018, 217, note F. Vialla ; *AJF* 2018, 117, obs. C. Kurek. La requête formée dans la foulée par les parents devant la CEDH a été jugée irrecevable : CEDH, 25 janv. 2018, n° 1828/28 : *JCP* G 2018, art. 217, note F. Vialla.

2° Les prérogatives des parents en cas de décès de l'enfant

1224. - **Le choix de la sépulture.** En tant que titulaires de l'autorité parentale, les parents doivent choisir le mode de funérailles de leur enfant mineur (religieuse ou non), ainsi que le lieu de sa sépulture. Ainsi, la Cour européenne des droits de l'homme a pu condamner la Suisse pour violation du droit à une vie privée ou familiale normale(26), dans une affaire particulièrement douloureuse dans laquelle une femme accouche d'un enfant mort-né, et aurait déclaré ne pas vouloir voir le corps de l'enfant et aurait consenti à une autopsie. Informé de ces faits par l'assistant social de la commune, l'officier d'état civil en a déduit que celle-ci ne souhaitait pas assister à l'enterrement de l'enfant, et a donc ordonné d'y procéder, sans cérémonie. La dépouille fut transportée dans une simple camionnette et la mère ne put assister à une cérémonie funéraire.

II. - L'autonomie du mineur

A. - Les droits et libertés fondamentaux de l'enfant mineur

1225. - **Diversité.** Les normes qui édictent des droits et libertés fondamentaux de l'enfant mineur sont nombreuses.

En droit interne, le Préambule de la Constitution de 1946 proclame que : « La Nation assure à l'individu et à la famille les conditions nécessaires à leur développement »(27) et que « La Nation garantit l'égal accès de l'enfant et de l'adulte à l'instruction, à la formation professionnelle et à la culture. L'organisation de l'enseignement public gratuit et laïque à tous les degrés est un devoir de l'État »(28).

Ensuite, pour se limiter aux conventions internationales, on peut citer la Convention internationale des droits de l'enfant (CIDE), dite également « convention de New York »(29), rédigée sous l'égide de l'Organisation des Nations Unies, et adoptée par l'Assemblée générale le 20 novembre 1989. Au niveau régional, il convient d'ajouter bien évidemment la Charte des droits fondamentaux de l'Union européenne qui, dans son article 24, énumère les droits fondamentaux de l'enfant(30) et mentionne expressément la fameuse notion d'intérêt supérieur de l'enfant. La Cour de justice de l'Union européenne n'hésite d'ailleurs plus à viser expressément ce texte pour résoudre des difficultés d'interprétation de règlements européens concernant le droit international privé(31). En droit européen des droits de l'homme, une place importe demeure bien sûr occupée par la Convention européenne des droits de l'homme et des libertés fondamentales et, en particulier, par l'article 8 qui consacre le droit de mener une vie privée et familiale normale(32). En

---

(26) CEDH, 14 mai 2008, *Hadri-Vionnet c/ Suisse* : *RTD civ.* 2008, 257, spéc. § 52 : « (...) la Cour considère l'article 8 comme applicable à la question de savoir si la requérante était en droit d'assister à l'enterrement de son enfant, éventuellement accompagné d'une cérémonie, et de voir sa dépouille transportée dans un véhicule approprié ».

(27) Consid. 10.

(28) Consid. 13.

(29) Sur laquelle, cf. V. Égéa, A. Leborgne et E. Putman, *La Convention de New York sur les droits de l'enfant : vingt ans d'incidences théoriques et pratiques*, PUAM, 2012 ; *Dr. famille* nov. 2009, Dossier spécial « La Convention internationale des droits de l'enfant vingt ans après. Commentaire article par article ».

(30) V. *infra* pour le texte de cet article.

(31) CJUE, 3e ch., 16 juill. 2015, aff. C-184/14, *A. c/ B.* : *RTDE* 2015, 801, obs. V. Égéa.

(32) Sur ce point, cf. en particulier : A. Gouttenoire, *in Les grands arrêts du droit européen des droits de l'homme*, ss dir. F. Sudre, PUF, 2015, spéc. nos 49 et s. ; et du même auteur, cf. la chronique « La famille dans la jurisprudence de la Cour européenne des droits de l'homme », publiée chaque année dans la revue *Droit de la famille*.

restant dans le cadre du Conseil de l'Europe, il convient d'ajouter que la France a ratifié[33] un texte beaucoup plus méconnu, la Convention européenne sur l'exercice des droits de l'enfant du 25 janvier 1996, qui consacre des droits fondamentaux de l'enfant de nature procédurale[34]. Une autre convention du Conseil de l'Europe, adoptée le 15 mai 2003, concerne quant à elle les relations personnelles concernant les enfants[35], mais n'a été ni ratifiée ni même signée par la France.

Charte des droits fondamentaux de l'Union européenne

Art. 24. – 1. Les enfants ont droit à la protection et aux soins nécessaires à leur bien-être. Ils peuvent exprimer leur opinion librement. Celle-ci est prise en considération pour les sujets qui les concernent, en fonction de leur âge et de leur maturité.

2. Dans tous les actes relatifs aux enfants, qu'ils soient accomplis par des autorités publiques ou des institutions privées, l'intérêt supérieur de l'enfant doit être une considération primordiale.

3. Tout enfant a le droit d'entretenir régulièrement des relations personnelles et des contacts directs avec ses deux parents, sauf si cela est contraire à son intérêt.

1226. – **Invocabilité indiscutable.** L'invocation des dispositions de la Charte des droits fondamentaux de l'Union européenne ou de la Convention européenne des droits de l'homme ne pose pas de difficultés juridiques majeures en raison de l'effet direct reconnu à ces textes et, en particulier, en raison de la primauté du droit de l'Union européenne s'agissant de la Charte. Depuis le traité de Lisbonne, il ne fait guère de doute que la Charte des droits fondamentaux de l'Union européenne fait expressément partie de l'ordre juridique européen et qu'elle est invocable.

1227. – **Débat autour de l'applicabilité directe de la CIDE.** La question de l'applicabilité directe des dispositions de la Convention internationale des droits de l'enfant (CIDE) a suscité un très vif débat et une évolution jurisprudentielle remarquée. Initialement en effet, la Cour de cassation considéra, dans un arrêt *Lejeune*, que la CIDE ne créait d'obligations qu'à la charge des États et que, par conséquent, un particulier ne saurait valablement invoquer l'une de ses dispositions dans le cadre d'une instance introduite devant une juridiction nationale[36]. La solution fut largement critiquée, d'autant que, parallèlement, le Conseil d'État retint quant à lui la solution d'une applicabilité sélective des dispositions de la CIDE, c'est-à-dire en distinguant entre certains articles jugés comme suffisamment précis pour faire l'objet d'une invocation directe[37] et d'autres qui, en raison de la généralité de leur formulation, ne créent que des obligations à la charge des États.

(33) Cf. D. n° 2008-36, 10 janv. 2008, portant publication de la Convention européenne sur l'exercice des droits des enfants, adoptée à Strasbourg le 25 janvier 1996.

(34) Convention européenne sur l'exercice des droits des enfants, 25 janvier 1996, entrée en vigueur le 1er juillet 2000 et entrée en vigueur en France le 1er janvier 2008.

(35) Convention européenne sur les relations personnelles concernant les enfants, 15 mai 2003, entrée en vigueur le 1er sept. 2005.

(36) Cass. 1re civ., 10 mars 1993 : *JCP* G 1993, I, 2688, n° 4, obs. J. Rubellin-Devichi ; *RTD civ.* 1993, 341, obs. J. Hauser ; *D.* 1993, 361, note J. Massip ; *D.* 1994, 34, obs. F. Dekeuwer-Défossez ; *RD sanit. soc.* 1993, 533, note F. Monéger ; *Rev. crit. DIP* 1993, 449, note P. Lagarde.

(37) CE, 30 juin 1993, n° 136601, *Camara* : applicabilité directe des articles 9 et 19. – CE, 10 mars 1995, *Demirpence* : *D.* 1995, 617, concl. R. Abraham, note Y. Benhamou : applicabilité de l'article 16 (droit au respect de la vie privée). – CE, 22 sept. 1997, *Cinar* : *JCP* G 1998, II, 10051, note A. Gouttenoire-Cornut ; *RTD civ.* 1997, 908, obs. J. Hauser : applicabilité directe du fameux article 3, § 1 ; postérieurement au revirement opéré par la Cour de cassation, consacrant dans l'arrêt du 14 juin 2005 l'applicabilité directe de l'article 12, § 2 de la CIDE (droit de l'enfant d'être entendu dans les procé-

1228. – **Revirement de jurisprudence de la Cour de cassation.** Dans deux arrêts remarqués, rendus à quelques semaines d'intervalle, la première chambre civile de la Cour de cassation a opéré un revirement de jurisprudence et consacré l'applicabilité directe des dispositions de la Convention internationale des droits de l'enfant(38). Depuis, les dispositions de la convention font l'objet de fréquentes invocations visant, notamment, à remettre en cause des solutions jurisprudentielles, voire des règles internes jugées contraires aux droits et libertés garantis par ce texte.

1229. – **Droits garantis.** La Convention internationale des droits de l'enfant garantit notamment, dans son célèbre article 3, § 1er, la prise en compte de l'intérêt supérieur de l'enfant lors de la prise de décisions administratives ou juridictionnelles le concernant, mais aussi le droit à la vie privée(39), le droit de connaître ses origines(40) – dans la mesure du possible – ou encore le droit à l'éducation(41), le droit aux soins(42), ou le droit d'être entendu dans toute procédure le concernant(43). Dans certains États, comme la France, la convention joue davantage un rôle de rappel et de consécration de droits qui, pour la plupart, existent déjà. Ailleurs en revanche, dans des États où le développement des droits fondamentaux demeure modeste, la convention a davantage vocation à fixer un idéal à atteindre, offrant une sorte de guide pour les législateurs nationaux.

B. – Les actes personnels du mineur

1230. – **Absence de représentation.** Par dérogation aux règles qui gouvernent la représentation du mineur par ses parents, l'enfant qui n'a pas encore atteint l'âge de dix-huit ans peut effectuer certains actes juridiques, sans être représenté par ses représentants légaux. Certains actes sont en effet considérés comme intimement liés à la personne du mineur, ce qui exclut l'incapacité d'exercice de droit commun et appelle inversement une possibilité d'agir seul. Partant, ces actes constituent les signes les plus visibles de l'existence en droit positif d'une « pré-majorité » permettant à l'enfant de bénéficier d'une capacité d'exercice en dépit de sa minorité.

1° Les actes personnels dans le domaine médical

1231. – **Consentement du mineur à l'acte médical.** Parmi les principes généraux relatifs à l'information de l'usager du système de santé, l'article L. 1111-4, alinéa 7 du Code de la santé publique dispose que le consentement du mineur doit être systématiquement recherché s'il est apte à exprimer sa volonté et à participer

---

dures le concernant), le Conseil d'État a jugé à son tour que cette disposition était bien dotée d'un effet direct, opérant de la sorte un revirement de sa propre jurisprudence : CE, 27 juin 2008, n° 291561, *Etarh*.

(38) Cass. 1re civ., 18 mai 2005, n° 02-20.613 : *Bull. civ.* 2005, I, n° 212 ; *Dr. famille* 2005, comm. 156, note A. Gouttenoire ; *JCP* G 2005, II, 10081, note F. Granet-Lambrechts et Y. Strickler ; *D.* 2005, 1909, note V. Égéa ; *RTD civ.* 2005, 585 ; obs. J. Hauser. – Cass. 1re civ., 14 juin 2005, n° 04-16.942 : *Bull. civ.* 2004, I, n° 245 ; *JCP* G 2005, II, 10115, concl. Petit et note C. Chabert ; *D.* 2005, 2790 (2e esp.), note F. Boulanger ; *Rev. crit. DIP* 2005, 679, note D. Bureau.

(39) CIDE, art. 16, § 1.

(40) CIDE, art. 7.

(41) CIDE, art. 28.

(42) CIDE, art. 24 et 25.

(43) CIDE, art. 12, § 2.

à la décision. Une sphère d'autonomie se trouve ainsi consacrée au profit de l'enfant mineur faisant preuve d'une certaine maturité, alors qu'en principe ce sont ses parents qui, en tant que titulaires de l'autorité parentale, devraient seuls consentir à l'acte médical envisagé(44).

1232. – **Droit au secret.** L'article L. 111-5 du Code de la santé publique détaille minutieusement la possibilité offerte au médecin de se dispenser d'obtenir le consentement des parents dans le cas où l'enfant mineur souhaite garder le secret sur son état de santé et où la décision médicale concerne la sauvegarde de sa santé. La structure même de l'article se révèle significative en débutant de manière expresse par la formule « par dérogation à l'article 371-2 du Code civil », illustrant parfaitement ce champ restreint de capacité de jouissance des certains droits civils, malgré la minorité(45).

Code de la santé publique

Art. L. 1111-5. – Par dérogation à l'article 371-2 du Code civil, le médecin peut se dispenser d'obtenir le consentement du ou des titulaires de l'autorité parentale sur les décisions médicales à prendre lorsque le traitement ou l'intervention s'impose pour sauvegarder la santé d'une personne mineure, dans le cas où cette dernière s'oppose expressément à la consultation du ou des titulaires de l'autorité parentale afin de garder le secret sur son état de santé. Toutefois, le médecin doit dans un premier temps s'efforcer d'obtenir le consentement du mineur à cette consultation. Dans le cas où le mineur maintient son opposition, le médecin peut mettre en œuvre le traitement ou l'intervention. Dans ce cas, le mineur se fait accompagner d'une personne majeure de son choix.

1233. – **Contraception.** Dans sa rédaction qui résulte de la loi n° 2016-41 du 26 janvier 2016, l'article L. 5134-1, I du Code de la santé publique dispose que le consentement des titulaires de l'autorité parentale ou, le cas échéant, du représentant légal n'est pas requis pour la prescription, la délivrance ou l'administration de contraceptifs aux personnes mineures. Le texte prévoit ensuite que la délivrance ou la prescription de contraceptifs aux mineurs s'avèrent couvertes par le secret et érige en principe la gratuité de la contraception d'urgence pour les mineurs.

Code de la santé publique

Art. L. 5134-1, IA et I (*Réd. L. n° 2016-41, 26 janv. 2016 de modernisation de notre système de santé*). – IA. – En application des articles L. 1111-2 et L. 1111-4, toute personne a le droit d'être informée sur l'ensemble des méthodes contraceptives et d'en choisir une librement.

Cette information incombe à tout professionnel de santé dans le cadre de ses compétences et dans le respect des règles professionnelles qui lui sont applicables. Seules l'urgence ou l'impossibilité d'informer peuvent l'en dispenser.

I. – Le consentement des titulaires de l'autorité parentale ou, le cas échéant, du représentant légal n'est pas requis pour la prescription, la délivrance ou l'administration de contraceptifs aux personnes mineures.

La délivrance de contraceptifs, la réalisation d'examens de biologie médicale en vue d'une prescription contraceptive, la prescription de ces examens ou d'un contraceptif, ainsi que leur prise en charge, sont protégées par le secret pour les personnes mineures.

(44) Sur ce point, V. *supra*, n° 1220.
(45) Sur ce texte, cf. A. Kimmel-Alcover, *L'autorité parentale à l'épreuve de la santé des mineurs : chronique d'un déclin annoncé : RD sanit. soc.* 2005, 265.

La délivrance aux mineures des médicaments ayant pour but la contraception d'urgence et qui ne sont pas soumis à prescription médicale obligatoire s'effectue à titre gratuit dans les pharmacies selon des conditions définies par décret. Dans les établissements d'enseignement du second degré, les infirmiers peuvent, en application d'un protocole national déterminé par décret, dans les cas d'urgence, administrer aux élèves mineures et majeures une contraception d'urgence. Ils s'assurent de l'accompagnement psychologique de l'élève et veillent à la mise en œuvre d'un suivi médical, notamment en orientant l'élève vers un centre de planification ou d'éducation familiale.

1234. – **Interruption volontaire de grossesse.** En principe, la jeune fille mineure qui souhaite interrompre volontairement sa grossesse doit joindre à la demande qu'elle adresse au médecin ou à la sage-femme le consentement de l'un des titulaires de l'autorité parentale ou de son représentant légal(46). Cependant, si elle entend garder le secret, le médecin ou la sage-femme doit s'efforcer, dans l'intérêt de la mineure, d'obtenir son consentement pour que le ou les titulaires de l'autorité parentale ou, le cas échéant, le représentant légal soient consultés ou doit vérifier que cette démarche a été faite(47). Il s'avère toutefois possible de se passer du consentement parental ou, au moins, de l'avis des parents, car si la mineure ne veut pas effectuer cette démarche ou si le consentement n'est pas obtenu, l'interruption volontaire de grossesse ainsi que les actes médicaux et les soins qui lui sont liés peuvent être pratiqués à la demande de l'intéressée(48). Il s'agit bien alors d'un acte personnel que la mineure peut effectuer sans une quelconque intervention de ses représentants légaux. La seule obligation posée par le Code de la santé publique, dans cette hypothèse, consiste à ce que la mineure se fasse accompagner dans sa démarche par la personne majeure de son choix(49).

1235. – **Prélèvement d'organes.** En ce qui concerne le prélèvement d'organes sur une personne décédée, l'article L. 2212-7 du Code de la santé publique dispose, en son alinéa 1er, que si la personne décédée était un mineur ou un majeur sous tutelle, le prélèvement à des fins thérapeutiques ou scientifiques ne peut avoir lieu qu'à la condition que chacun des titulaires de l'autorité parentale ou le tuteur y consente par écrit. Le second alinéa du même texte ajoute que, toutefois, en cas d'impossibilité de consulter l'un des titulaires de l'autorité parentale, le prélèvement peut avoir lieu à condition que l'autre titulaire y consente par écrit.

L'article L. 1231-2 du Code de la santé publique exclut quant à lui qu'un prélèvement d'organes, en vue d'un don, ait lieu sur une personne vivante mineure ou sur une personne vivante majeure faisant l'objet d'une mesure de protection légale.

2° Les actes personnels dans le domaine procédural

1236. – **Droit d'être entendu.** Le droit du mineur d'être entendu dans toute instance civile le concernant a suscité un grand intérêt doctrinal(50) et pratique. Il

(46) C. santé publ., art. L. 2212-7, al. 1er (réd. L. n° 2016-41, 26 janv. 2016) : « Si la femme est mineure non émancipée, le consentement de l'un des titulaires de l'autorité parentale ou, le cas échéant, du représentant légal est recueilli. Ce consentement est joint à la demande qu'elle présente au médecin ou à la sage-femme en dehors de la présence de toute autre personne ».

(47) C. santé publ., art. L. 2212-7, al. 2.

(48) C. santé publ., art. L. 2212-7, al. 3.

(49) C. santé publ., art. L. 2212-7, al. 3.

(50) Cf. not. P. Murat, *La participation de l'enfant aux procédures relatives à l'autorité parentale : bref regard critique sur la diversité des situations : Dr. famille* 2006, étude 31 ; *Dr. famille* 2016, dossier spécial n° 6, « La parole de l'enfant en justice ».

est désormais consacré par l'article 388-1 du Code civil[51] dans une rédaction issue d'une loi n° 2007-293 du 5 mars 2007 et, en droit international, par l'article 12 de la Convention internationale des droits de l'enfant[52]. Encore faut-il que le mineur soit capable de discernement et que son intérêt le commande. Concrètement, l'enfant est entendu par la personne désignée par le juge à cet effet, sachant qu'une grande diversité des pratiques perdure. Parfois un avocat de l'enfant entend l'enfant, ailleurs cette pratique se révèle moins répandue. Lorsque le mineur en fait la demande, l'audition est de droit[53]. Lorsque le mineur refuse d'être entendu, le juge apprécie le bien-fondé de ce refus. Le mineur peut être entendu seul, avec un avocat ou une personne de son choix. Si le choix n'apparaît pas conforme à l'intérêt de l'enfant, le juge peut procéder à la désignation d'une autre personne. En ce qui concerne la qualité procédurale de l'enfant, l'audition ne l'érige pas en partie. Le juge doit s'assurer que le mineur a été informé de son droit d'être entendu et d'être assisté par un avocat. Les modalités de recueil de la parole de l'enfant se révèlent très diverses. Parfois, les magistrats entendent eux-mêmes l'enfant, ailleurs un procès-verbal est dressé en vue d'être lu à l'audience. L'audition du mineur demeure bien évidemment indispensable pour la garantie des droits du mineur mais suscite parfois une certaine gêne en raison du risque d'instrumentalisation de l'enfant régulièrement dénoncé. D'ailleurs, de manière plus large lorsque les intérêts de l'enfant semblent contredire ceux de son parent, pourtant chargé de le représenter, le juge doit nommer un administrateur *ad hoc* selon les modalités déterminées par l'article 388-2 du Code civil.

Prolongement pratique

Effet dévolutif de l'appel et demande d'audition de l'enfant

1237. – Si nul ne conteste désormais l'existence d'un droit du mineur capable de discernement d'être entendu dans l'instance civile qui le concerne, une difficulté procédurale peut surgir lorsque l'enfant sollicite en première instance son audition et que le juge aux affaires familiales ne fait pas droit à sa demande. Lorsque le jugement est frappé d'appel, la cour d'appel doit-elle donner suite à la demande d'audition formulée en première instance ou bien l'enfant doit-il à nouveau solliciter son audition devant la cour ? En se fondant à la fois sur l'effet dévolutif de l'appel et sur l'article 338-5 du Code de procédure civile qui dispose que la décision statuant sur une demande d'audition du mineur n'est pas susceptible de recours, la Cour de cassation a jugé que l'enfant devait à nouveau solliciter son audition en cause d'appel[54]. La solution n'est pas exempte de critique car elle fait dépendre le droit de l'enfant de s'exprimer dans la procédure de la saisine de la juridiction d'appel par l'un de ses parents[55]. Cette solution s'explique cependant par la position procédurale assez singulière

(51) Refusant la transmission d'une question prioritaire de constitutionnalité concernant l'article 388-1 du Code civil : Cass. 1re civ., 23 oct. 2013, n° 13-40.054 : *RTD civ.* 2014, 82, obs. J. Hauser.

(52) Cass. 1re civ., 18 mai 2005, n° 02-20.613 : *Bull. civ.* 2005, I, n° 212 ; *Dr. famille* 2005, comm. 156, note A. Gouttenoire ; *JCP* G 2005, II, 10081, note F. Granet-Lambrechts et Y. Strickler ; *D.* 2005, 1909, note V. Égéa ; *RTD civ.* 2005, 585 ; obs. J. Hauser.

(53) C. civ., art. 388-1, al. 2.

(54) Cass. 1re civ., 14 sept. 2017, n° 17-19.218 : *Procédures* 2017, comm. 279, obs. M. Douchy-Oudot ; *Dr. famille* mars 2018, chron. 1, spéc. nos 19 et 20, obs. V. Égéa ; *AJF* 2017, 543, obs. M. Saulier.

(55) Cf. M. Douchy-Oudot, obs. préc.

du mineur qui est intéressé par la procédure et dispose du droit d'être entendu, sans pour autant bénéficier de la qualité de partie à l'instance. Il en résulte que le droit pour l'enfant d'être entendu en cause d'appel lorsqu'il n'a pas été fait droit à sa demande en première instance dépend à la fois du comportement procédural de ses parents, puisque l'un d'eux doit interjeter ; et de sa propre initiative puisqu'il doit à nouveau solliciter, dès lors qu'un appel a été formé, son audition.

§ 2. – L'autorité parentale relative aux biens de l'enfant : l'administration légale

Bibliographie

- Ph. Bonfils et A. Gouttenoire, *Droit des mineurs*, Dalloz, 2e éd., 2014, nos 1076 et s.
- M. Bruggeman, *L'administration légale à l'épreuve de l'autorité parentale*, PUAM, 2002, préf. C. Neirinck.
- M. Grimaldi, *L'administration légale à l'épreuve de l'adolescence*, in F. Dekeuwer-Défossez (ss dir.), *L'enfant, la famille et l'argent*, LGDJ, 1991.
- F. Julienne, *Le mineur, acteur de la vie économique (à propos de la loi du 15 juin 2010)* : *Dr. famille* 2010, étude 31.
- J. Massip, *Tutelle des mineurs et protection juridique des majeurs*, Defrénois, 2009, nos 17 et s.
- I. Tardy-Joubert, *L'administration légale des biens du mineur : un droit aux oubliettes ?* : *Dr. famille* 2007, étude 22.

1238. – **Un droit méconnu ?** Les règles organisant l'administration légale du patrimoine du mineur restent parfois assez méconnues, l'attention paraissant davantage focalisée sur l'autorité parentale relativement à la personne du mineur. L'administration légale occupe donc la place discrète du cadet qui évolue dans l'ombre de son brillant aîné et qui nécessite une attention certaine afin d'en apprécier la richesse et les subtilités, dès lors que ces règles juridiques peuvent incontestablement contribuer à l'essor d'une « pré-majorité »(56) ou, inversement, l'empêcher.

La place centrale de l'administration légale se manifesta par exemple lors de la création par la loi n° 2010-658 du 15 juin 2010 de l'entreprise individuelle à responsabilité limitée, quand fut rédigé un nouvel article 389-8 du Code civil permettant au mineur, sans distinction d'âge, d'être autorisé par ses deux parents ou par son administrateur légal avec l'autorisation du juge des tutelles, à accomplir seul les actes d'administration nécessaires pour les besoins de la création et de la gestion d'une telle entreprise(57). Le

(56) L'expression « pré-majorité » a une vocation davantage descriptive que véritablement normative, en désignant une ère de capacité dont dispose le mineur qui, pourtant, n'a pas fait l'objet d'une émancipation. Certains actes juridiques peuvent en effet être passés par le mineur agissant seul, c'est-à-dire sans représentation ni même sans assistance, de son ou ses représentants légaux. S'il ne fait évidemment aucun doute sur le fait que le mineur, surtout à l'approche de l'âge de la majorité, peut passer seul des actes usuels ou de la vie courante, il dispose également de la possibilité d'être désigné comme mandataire (C. civ., art. 1990) ou encore de disposer, à partir de l'âge de seize ans, de la moitié de ses biens par testament (C. civ., art. 904).

(57) Cf. F. Julienne, *Le mineur, acteur de la vie économique (à propos de la loi du 15 juin 2010)* : *Dr. famille* 2010, étude 31. – E. Blary-Clément, *Mineur entrepreneur : où est le problème ? À propos de l'article 2 de la loi du 15 juin 2010* : *LPA* 31 mai 2011, p. 11.

texte fit ensuite l'objet d'une modification opérée par la loi n° 2012-387 du 22 mars 2012, cantonnant la nouvelle faculté aux seuls mineurs âgés de seize ans révolus, ce qui présenta le mérite de concorder avec les dispositions relatives au droit de jouissance légal. L'exemple des actes d'administration du mineur nécessaires pour la création d'une entreprise individuelle à responsabilité limitée démontre que les règles de l'administration légale conditionnent la place du mineur comme acteur économique.

1239. – **Protection.** Parce qu'elles constituent le versant patrimonial de l'autorité parentale, les règles organisant l'administration légale du patrimoine du mineur demeurent gouvernées par une volonté de protéger les intérêts – patrimoniaux en l'occurrence – de l'enfant.

1240. – **Objet.** L'autorité parentale relativement aux biens de l'enfant, généralement désignée par l'expression « administration légale » comporte des règles qui organisent la gestion du patrimoine de l'enfant dans deux perspectives. Un premier ensemble de règles, qui compose l'administration légale proprement dite, détermine les pouvoirs du représentant du mineur sur le patrimoine. Il s'agit par exemple de préciser les conditions auxquelles le représentant peut passer seul un acte de disposition relativement à un bien du mineur. Le second ensemble de règles concerne le droit de jouissance légale des biens du mineur par son représentant. Elles permettent par exemple de déterminer les modalités et les limites de la manière dont le représentant peut utiliser et percevoir les fruits d'un bien du mineur.

1241. – **Réforme.** L'administration légale désigne l'ensemble des règles de droit qui organise la gestion par les parents du patrimoine de leur enfant mineur qui, en raison de son jeune âge et de son immaturité – réelle ou supposée –, se voit frappé d'une incapacité d'exercice. L'ordonnance n° 2015-1288 du 15 octobre 2015, prise en application d'une loi d'habilitation du 16 février 2015, a réformé le droit de l'administration légale en suivant deux perspectives(58). D'une part, les nouvelles dispositions procèdent à une « déjudiciarisation » du droit de l'administration légale. D'autre part, cesse la distinction entre l'administration légale dite « pure et simple » et l'administration légale sous contrôle judiciaire, plaçant ainsi les familles monoparentales sur un pied d'égalité avec les familles qualifiées, sans guère d'élégance, de « biparentales »(59).

SECTION 2

LES PARENTS, TITULAIRES DE L'AUTORITÉ PARENTALE

1242. – **Lien entre structures familiales et relations familiales.** En désignant certaines personnes comme parents, le droit insère l'enfant dans une structure familiale qui lui préexiste. De la création ou de la modification d'une structure familiale résultent des règles juridiques spécifiques gouvernant les relations des membres de

(58) Sur cet aspect de l'ordonnance n° 2015-1288 du 15 octobre 2015 : cf. not. I. Maria et G. Raoul-Cormeil, *La nouvelle administration légale : 1 + 1 = 1 ? : Dr. famille* 2016, dossier 4.
(59) V. *infra*, n°s 1364 à 1366 pour la mise en œuvre des nouvelles dispositions.

la famille entre eux[60] et, dans une certaine mesure, à l'égard des tiers. Dans cette perspective, l'une des principales incidences du lien de filiation demeure la mise en œuvre du droit de l'autorité parentale, du moins pour l'enfant mineur. De ce point de vue, le droit reflète une considération à la fois sociale et culturelle selon laquelle les parents ont pour charge de protéger et d'éduquer leurs enfants. Il s'agit ici d'évoquer une filiation juridique et non pas simplement biologique, puisque les mêmes devoirs incombent aux parents adoptants. L'idée selon laquelle les parents doivent protéger, nourrir et éduquer leurs enfants ne constitue pas, d'un point de vue anthropologique, l'unique modèle puisque des cités antiques, comme Sparte, voire des États – généralement totalitaires – peuvent prendre en charge de la sorte les jeunes générations.

En droit français, l'autorité parentale se trouve donc en principe attribuée aux parents (§ 1), que l'on présume être les meilleurs protecteurs de l'intérêt de leur enfant. De manière exceptionnelle cependant, la protection de l'intérêt de l'enfant nécessite de priver un parent, voire les deux, de sa qualité de titulaire de l'autorité parentale. Le retrait de l'autorité parentale (§ 2) reste conçu à la fois comme une mesure de protection de l'enfant mais aussi de sanction d'un parent.

§ 1. – L'attribution de l'autorité parentale aux parents

1243. – **Opportunité de l'exception.** Le principe selon lequel l'autorité parentale constitue une conséquence du lien de filiation (I) se trouve communément partagé. L'action à fins de subsides (II), qui permet de faire assumer une obligation d'entretien par une personne dont la paternité n'est que probable, suscite en revanche davantage de débats.

I. – Le principe : l'autorité parentale, une conséquence du lien de filiation

1244. – **Qualité juridique de parent.** Il paraît bien évident que, pour se voir valablement investis des prérogatives d'autorité parentale, les deux parents doivent être juridiquement considérés comme tels. Ainsi l'exercice de l'autorité parentale suppose nécessairement que la filiation de l'enfant ait été établie[61] à l'égard de ceux qui exerceront ces prérogatives. L'attribution de l'autorité parentale ne résulte cependant pas automatiquement de l'établissement de la filiation, mais dépend du moment où le rattachement de l'enfant s'opère. En effet, si l'autorité parentale se trouve de plein droit attribuée au parent dont la filiation est établie au moment de la naissance de l'enfant, il n'en va pas de même en cas d'établissement postérieur du lien. L'article 373-2 du Code civil dispose ainsi que lorsque la filiation est établie à l'égard de l'un d'entre eux plus d'un an après la naissance d'un enfant dont la filia-

(60) Sur les relations entre structures familiales et relations familiales, V. *supra*, n° 1026.
(61) Sur l'établissement de la filiation, V. *supra*, n°s 592 et s.

tion est déjà établie à l'égard de l'autre, celui-ci reste seul investi de l'exercice de l'autorité parentale. Il en est de même lorsque la filiation est judiciairement déclarée à l'égard du second parent de l'enfant. Ainsi lorsque le second parent reconnaît l'enfant plus d'un an après l'établissement de la filiation à l'égard du premier parent, le principe de coparentalité ne trouve pas à s'appliquer.

1245. - **Rétablissement de la coparentalité.** L'éviction de la coparentalité en cas d'établissement de la seconde filiation plus d'un an après la première peut cependant être neutralisée, selon deux modalités mentionnées à l'article 372, alinéa 3 du Code civil.

Le texte prévoit, d'une part, une modalité fondée sur l'expression d'un consensus parental en disposant que l'autorité parentale pourra néanmoins être exercée en commun en cas de déclaration conjointe des père et mère adressée au greffier en chef du tribunal de grande instance. Naguère, une comparution personnelle des parents devant le greffier en chef était nécessaire, mais une loi n° 2011-1862 du 13 décembre 2011 a allégé le dispositif en permettant aux parents d'adresser cette fameuse déclaration sans qu'il ne soit plus nécessaire de comparaître en personne(62).

L'article 372, alinéa 3 du Code civil mentionne, d'autre part, une seconde modalité permettant de rétablir un exercice en commun de l'autorité parentale et qui correspond manifestement à l'hypothèse d'un conflit entre les parents, en prévoyant un recours au juge aux affaires familiales. L'on suppose ici que le parent qui viendrait à établir sa parenté à l'égard de l'enfant en second lieu(63), plus d'un an après l'établissement du premier lien, par exemple par le biais d'une reconnaissance, se heurtera à la résistance de l'autre parent qui ne souhaite pas que l'autorité parentale s'exerce désormais en commun. Il appartiendra alors à celui ayant établi sa parenté en second lieu de saisir le juge aux affaires familiales pour solliciter un exercice en commun de l'autorité parentale.

II. – L'exception : l'action à fins de subsides, un entretien de l'enfant sans lien de filiation

1246. - **Originalité.** Parfaitement justifiée à l'époque où l'action en établissement de la paternité adultérine demeurait restreinte, dans le but de protéger la paix des familles légitimes, l'action à fins de subsides comporte de nos jours un caractère quelque peu original. Alors que les évolutions scientifiques facilitent très largement la preuve de la paternité biologique, que le principe d'égalité a entraîné la fin des distinctions entre filiations, et que le droit à la connaissance des origines occupe une place désormais centrale, l'article 342 du Code civil permet d'introduire une action

(62) Jusqu'au 15 décembre 2011, date d'entrée en application de la loi n° 2011-1862 du 13 décembre 2011, l'article 372, alinéa 3 du Code civil disposait que : « L'autorité parentale pourra néanmoins être exercée en commun en cas de déclaration conjointe des père et mère devant le greffier en chef du tribunal de grande instance ou sur décision du juge aux affaires familiales ».

(63) En pratique, il s'agira du père, de manière quasi exclusive, puisque la maternité sera très tôt établie, dès l'indication du nom de la mère dans l'acte de naissance de l'enfant. Sur l'établissement de la maternité par ce biais, V. *supra*, nos 596 et s.

en justice qui vise à obtenir le versement de subsides de la part de l'homme ayant entretenu des relations intimes avec la mère durant la période de conception[64].

1247. - **Vocation alimentaire.** Non sans constituer une innovation remarquée de la loi n° 72-3 du 3 janvier 1972, l'action à fins de subsides succéda à l'ancienne action alimentaire mise en place par une loi du 15 juillet 1955 au profit de l'enfant adultérin[65], et conserve de nos jours une vocation alimentaire marquée. Il s'agit en effet de condamner le probable père à contribuer à l'entretien de l'enfant. En cas de succès de l'action, une facette de l'autorité parentale, l'obligation d'entretien, pèse donc sur un homme dont la paternité ne se trouve pourtant pas établie. L'article 342-2 du Code civil ne laisse guère de doute sur cette vocation alimentaire en disposant que « les subsides se règlent, en forme de pension, d'après les besoins de l'enfant, les ressources du débiteur, la situation familiale de celui-ci ».

1248. - **Opportunité de maintenir l'action à fins de subsides.** Au regard de ses racines historiques, de l'évolution générale du droit de la filiation et de l'autorité parentale, et de sa faible utilisation pratique, l'action à fins de subsides peut paraître quelque peu anachronique de nos jours. Partant, la question de son maintien dans le Code civil se pose. Alors que certains proposent une suppression pure et simple de l'action à fins de subsides, d'autres préconisent de réformer cette action en envisageant en parallèle une abrogation de l'impossible établissement de la double filiation de l'enfant incestueux[66] ou d'en restreindre les conditions[67]. L'action conserve sans doute un intérêt dans l'hypothèse, statistiquement marginale, dans laquelle l'enfant issu des relations entre un frère et sa sœur, ou entre un ascendant et son descendant, ne peut voir établi qu'un seul lien de filiation et dispose alors de la faculté de solliciter de l'autre géniteur le versement de subsides[68]. L'action à fins de subsides comporte aussi un intérêt lorsque l'enfant naît d'un viol, voire lorsque le géniteur ne souhaite nullement reconnaître l'enfant. Dans cette dernière situation, comme le notent certains auteurs, la mère qui dispose d'un choix durant la minorité de l'enfant entre une action d'état et l'action à fins de subsides « pourra préférer se contenter d'une aide matérielle plutôt que de partager le nom et l'autorité parentale avec un homme qui ne voulait pas de l'enfant »[69]. Il est vrai que le risque de partager l'autorité parentale se réduit une fois passé un délai d'un an puisque lorsque la maternité se trouve établie, et que la paternité s'établit plus d'un an après, la mère reste seule investie de l'exercice de l'autorité parentale, sauf en cas de déclaration conjointe des parents ou de décision du juge aux affaires familiales[70]. Si le père ne souhaitait pas reconnaître l'enfant, il paraît peu probable qu'il revendique de la sorte un exercice partagé de l'autorité parentale. Par ailleurs, le versement de subsides constitue tout de même un attribut de l'autorité parentale

(64) Cf. A. Meerpoel, *Plaidoyer pour l'abrogation de l'article 342-8, alinéa 1er du Code civil : D.* 1983, 183.
(65) Sur ce point, cf. S. Mirabail, *Repenser l'action à fins de subsides : Dr. famille* 2011, étude 19.
(66) S. Mirabail, *Repenser l'action à fins de subsides*, préc.
(67) Cf., avant la consécration de l'expertise biologique de droit en matière de subsides : F. Dekeuwer-Défossez (ss dir.), *Rénover le droit de la famille*, rapp. préc., spéc. p. 34 et s.
(68) C. civ., art. 342, al. 3.
(69) P. Courbe et A. Gouttenoire, *Droit de la famille*, *op. cit.*, n° 1113.
(70) C. civ., art. 372, al. 2 et 3 ; sur ce texte, V. *supra*, n° 1245.

et l'on ne peut exclure qu'un jour le débiteur n'invoque une éventuelle ingratitude de l'enfant créancier(71).

A. – Conditions de l'action à fins de subsides

1249. – **Demandeurs à l'action.** L'enfant ne disposant pas d'une filiation paternelle légalement établie peut introduire une action à fins de subsides(72). Durant la minorité de l'enfant, l'action sera donc introduite par sa mère, en qualité de représentante légale.

1250. – **Prescription.** La mère peut introduire une action à fins de subsides durant la minorité de l'enfant. Une fois devenu majeur, l'enfant peut introduire l'action dans les dix ans(73), à condition qu'elle n'ait pas déjà été introduite durant sa minorité.

1251. – **Défendeur à l'action.** L'action à fins de subsides est dirigée contre l'homme qui a eu des relations intimes avec la mère durant la période légale de conception. Depuis que la jurisprudence a consacré en ce domaine le principe selon lequel l'expertise biologique est de droit, sauf motif légitime de ne pas y procéder(74), il semble qu'en pratique le versement de subsides repose désormais sur la preuve d'une paternité révélée par une expertise(75). Là se trouve le caractère quelque peu anachronique(76), voire hypocrite, de l'action à fins de subsides qui permet de condamner le défendeur à contribuer à l'entretien de l'enfant, sur le fondement de la preuve biologique de sa paternité, sans pour autant établir juridiquement ce lien.

1252. – **Défense au fond.** Le défendeur peut écarter la demande en faisant la preuve par tous moyens qu'il ne peut être le père de l'enfant(77), ce qui constitue une tâche pour le moins ardue lorsqu'une expertise biologique le désigne comme géniteur(78). Inversement, l'expertise biologique pourrait permettre au défendeur la sollicitant de prouver son impossible paternité(79).

B. – Effets de l'action à fins de subsides

1253. – **Pension alimentaire.** Quand elle aboutit, l'action à fins de subsides permet de condamner le probable père au versement de sommes selon des modalités qui ne vont pas sans rappeler l'obligation alimentaire. En effet, les subsides se

(71) Cf. C. civ., art. 343-2, al. 2.
(72) Cf. C. Gonon, *Le rapprochement de l'action à fins de subsides et de l'action en recherche de paternité* : *JCP* G 1998, I, 158.
(73) C. civ., art. 342, al. 2.
(74) Cass. 1re civ., 14 juin 2005, n° 03-13.901 : *Bull. civ.* 2005, I, n° 254 ; n° 03-12.641 : *Bull. civ.* 2005, I, n° 253 ; n° 05-11.150 : *Bull. civ.* 2005, I, n° 478 ; *Dr. famille* 2005, comm. 182, note P. Murat ; *Defrénois* 2005, 1848, obs. J. Massip ; *RTD civ.* 2006, 98, obs. J. Hauser.
(75) En ce sens, cf. S. Mirabail, *Repenser l'action à fins de subsides*, préc., spéc. nos 7 à 9.
(76) Cf., prédisant les incidences, sur l'action à fins de subsides, d'une preuve qui deviendrait libre : M.-C. Catala de Roton, *L'action à fins de subsides et la pratique des tribunaux* : *RTD civ.* 1990, 1, spéc. n° 38.
(77) C. civ., art. 342-4.
(78) Sur ce point, V. *supra*, n° 687.
(79) Cass. 1re civ., 6 déc. 2005 : *Bull. civ.* 2005, I, n° 478 ; *RTD civ.* 2006, 98, obs. J. Hauser ; *Defrénois* 2006, 1065, obs. J. Massip : dans cette affaire, un homme qui reconnaît avoir vécu en concubinage avec la mère de l'enfant, nie cependant sa paternité et sollicite une expertise biologique pour prouver son allégation. La cour d'appel le condamne au paiement de subsides, sans répondre à la demande d'expertise, en considérant que l'aveu du concubinage suffit à prouver l'existence de relations intimes. La cassation de cet arrêt est prononcée pour violation de l'article 342-4 du Code civil : « En statuant ainsi, sans donner aucun motif légitime de nature à justifier son refus d'ordonner l'expertise sollicitée, la cour d'appel a violé [l'article 342-4 du Code civil] ».

règlent, en forme de pension, d'après les besoins de l'enfant, les ressources du débiteur, la situation familiale de celui-ci(80). Le versement des subsides s'opère selon des modalités proches de celles de l'obligation parentale d'entretien, puisque l'article 342-2, alinéa 2 du Code civil dispose que « la pension peut être due au-delà de la majorité de l'enfant, s'il est encore dans le besoin, à moins que cet état ne soit imputable à faute ».

1254. – **Transmissibilité.** La charge des subsides se transmet à la succession du débiteur(81).

1255. – **Effets personnels.** Même si le jugement allouant des subsides à l'enfant intervient principalement en matière patrimoniale, la probable paternité qui fonde cette décision va rejaillir aussi sur le plan personnel puisqu'il crée un empêchement à mariage entre l'enfant et le débiteur(82). Plus largement, le jugement crée aussi, le cas échéant, un empêchement à mariage entre chacun d'eux et les parents ou le conjoint de l'autre.

1256. – **Possible action en recherche de paternité.** La chose jugée sur l'action à fins de subsides n'élève aucune fin de non-recevoir contre une action ultérieure en recherche de maternité. De manière logique, l'allocation de subsides cesse de produire ses effets si la filiation paternelle de l'enfant vient à être établie par la suite à l'endroit d'un autre homme que le débiteur(83).

§ 2. – Le retrait de l'autorité parentale

1257. – **Sanction.** Contrairement à l'assistance éducative(84), qui a pour fonction de rétablir des modalités normales d'exercice de l'autorité parentale, le retrait de l'autorité parentale vise à sanctionner des parents en raison de leur comportement. Le retrait de l'autorité parentale se distingue également par sa modalité, puisqu'il concerne directement la qualité de titulaire de l'autorité parentale et pas seulement les modalités d'exercice. La décision qui prononce un retrait de l'autorité parentale comporte ainsi des effets (III) substantiels particulièrement graves, ce qui explique qu'elle demeure soumise à des conditions (I) et une procédure (II) strictes et qu'un éventuel rétablissement de l'autorité parentale (IV) reste parfois envisageable.

I. – Conditions

1258. – **Condamnation pénale.** Le retrait de l'autorité parentale peut être prononcé par une décision expresse du jugement pénal qui condamne les père et mère, soit comme auteurs, coauteurs ou complices d'un crime ou délit commis sur la personne de leur enfant, soit comme coauteurs ou complices d'un crime ou délit commis par leur enfant, soit comme auteurs, coauteurs ou complices d'un

(80) C. civ., art. 342-2, al. 1er.
(81) C. civ., art. 342-5.
(82) C. civ., art. 342-7.
(83) C. civ., art. 342-8, al. 2.
(84) V. *infra*, n° 1397.

crime sur la personne de l'autre parent[85]. Le retrait d'autorité parentale intervient alors à l'occasion de la condamnation pénale. En dépit des apparences, il ne s'agit pas d'une peine complémentaire, mais d'une mesure de protection de l'enfant[86]. Par conséquent, cette mesure échappe à la compétence des jurés, il appartient à la cour d'assises, statuant sans l'assistance du jury, de la prononcer[87]. Une seconde conséquence relative aux compétences matérielles découle de cette qualification de mesure de protection puisque le juge civil peut ordonner un tel retrait, lorsque le juge pénal ne l'a pas prononcé[88]. Au demeurant, ce retrait est applicable aux ascendants autres que les père et mère pour la part d'autorité parentale qui peut leur revenir sur leurs descendants[89]. Le retrait d'autorité parentale prononcé comme mesure de protection à l'occasion d'une condamnation pénale constitue donc une atteinte directe et souhaitée au droit de mener une vie familiale normale. L'on considère en effet que la vie familiale a fourni des occasions pour commettre des infractions relativement graves. Pour autant, la Cour européenne des droits de l'homme opère un contrôle sur les dispositions nationales qui prévoient des retraits d'autorité parentale à l'occasion du prononcé d'une sanction pénale.

1259. – **Comportement du parent.** L'article 378-1 du Code civil énumère des comportements parentaux qui peuvent donner lieu à un retrait de l'autorité parentale, en dehors de toute condamnation pénale. Peuvent ainsi se voir retirer totalement l'autorité parentale, en dehors de toute condamnation pénale, les père et mère qui, soit par de mauvais traitements, soit par une consommation habituelle et excessive de boissons alcooliques ou un usage de stupéfiants, soit par une inconduite notoire ou des comportements délictueux, soit par un défaut de soins ou un manque de direction, mettent manifestement en danger la sécurité, la santé ou la moralité de l'enfant. La notion de danger se révèle centrale et doit être caractérisée pour que le retrait de l'autorité parentale soit ordonné. Le danger est apprécié au jour où le juge statue et non au jour où les faits ont été commis par le parent[90]. L'action en retrait total de l'autorité parentale est portée devant le tribunal de grande instance, soit par le ministère public, soit par un membre de la famille ou le tuteur de l'enfant[91].

1260. – **Abstention du parent.** L'article 378-1 du Code civil envisage ensuite dans son alinéa 2 une hypothèse spécifique de retrait de l'autorité parentale qui concerne également le comportement du parent, mais dans l'hypothèse spécifique de son abstention alors qu'une mesure d'assistance éducative a été ordonnée. Il dispose en effet que peuvent se voir retirer totalement l'autorité parentale, quand une mesure d'assistance éducative avait été prise à l'égard de l'enfant, les père et mère

(85) C. civ., art. 378.
(86) Cass. crim., 4 janv. 1985 : *Gaz. Pal.* 1986, 1, 19.
(87) Cass. crim., 14 oct. 1992 : *Bull. crim.* 1992, n° 322.
(88) Cass. 1re civ., 16 févr. 1988 : *Bull. civ.* 1988, I, n° 43 ; *D.* 1988, 373, note J. Massip.
(89) C. civ., art. 378, al. 2 ; sur les prérogatives d'autorité parentale des grands-parents, V. *infra*, nos 1443, 1444, 1448.
(90) Cass. 1re civ., 20 févr. 2007 : *Bull. civ.* 2007, I, n° 64 ; *Dr. famille* 2007, comm. 104, note P. Murat ; *RTD civ.* 2007, 328, obs. H. Hauser ; *AJF* 2007, 189, note F. Chénedé.
(91) C. civ., art. 378-1, al. 3.

qui, pendant plus de deux ans, se sont volontairement abstenus d'exercer les droits et de remplir les devoirs que leur laissait l'article 375-7 du Code civil. Là encore, l'action en retrait total de l'autorité parentale est portée devant le tribunal de grande instance soit par le ministère public, soit par un membre de la famille ou le tuteur de l'enfant[92].

II. – Procédure

1261. – **Compétences juridictionnelles.** Les demandes en retrait total ou partiel de l'autorité parentale sont portées devant le tribunal de grande instance du lieu où demeure l'ascendant contre lequel l'action est exercée[93]. Matériellement, est donc compétent le tribunal de grande instance siégeant en formation collégiale. L'article 213-3 du Code de l'organisation judiciaire n'attribue d'ailleurs compétence au juge aux affaires familiales que pour statuer sur l'exercice de l'autorité parentale, mais non sur la qualité de titulaire de ce droit.

1262. – **Saisine.** Le tribunal de grande instance doit être saisi par requête[94]. Compte tenu de la gravité de la demande introduite, le parent défendeur doit connaître bien évidemment l'existence de cette action. Ainsi l'article 1204 du Code de procédure civile dispose que lorsque la demande tend au retrait total ou partiel de l'autorité parentale, qu'elle émane du ministère public, d'un membre de la famille ou du tuteur de l'enfant, la requête est notifiée par le greffier à l'ascendant contre lequel l'action est exercée.

1263. – **Dispense du ministère d'avocat.** Les parties sont dispensées du ministère d'avocat. Pour autant, l'article 1186 du Code de procédure civile trouve à s'appliquer[95] en matière de retrait de l'autorité parentale. Ainsi, le mineur capable de discernement, le père, la mère, le tuteur ou la personne ou le représentant du service à qui l'enfant a été confié peuvent faire le choix d'un conseil ou bien demander au juge que le bâtonnier leur en désigne un d'office. La désignation doit alors intervenir dans les huit jours de la demande. Ce droit doit être rappelé aux intéressés lors de leur première audition.

1264. – **Consultation du dossier.** Par un renvoi aux dispositions organisant la procédure en matière d'assistance éducative, le dossier peut être consulté au greffe, dès l'ouverture de la procédure, jusqu'à la veille de l'audition ou de l'audience, par l'avocat du mineur et celui de son père, de sa mère, de son tuteur, de la personne ou du service à qui l'enfant a été confié. Pour autant, seul le premier alinéa de l'article 1187 du Code de procédure civile fait l'objet du renvoi, ce qui laisse supposer que, contrairement aux pouvoirs dont dispose le juge des enfants en matière d'assistance éducative, le tribunal n'a pas le pouvoir d'exclure des pièces en l'absence d'avocat, comme cela demeure prévu par le quatrième alinéa du texte en matière d'assistance éducative.

(92) C. civ., art. 378-1, al. 3.
(93) CPC, art. 1202.
(94) CPC, art. 1203.
(95) CPC, art. 1209.

1265. - **Rôle du ministère public.** La demande en retrait de l'autorité parentale intéresse très directement l'ordre public et la mise en œuvre d'une politique de protection de l'enfance. Sans surprise, le ministère public occupe dans ces conditions une place centrale, puisqu'en privant un parent de son autorité parentale, il s'agit bien sûr de protéger les intérêts de l'enfant mais aussi, plus largement, l'intérêt général. L'importance du rôle du ministère public se vérifie à plusieurs égards. Tout d'abord, la requête en retrait de l'autorité parentale peut être adressée au procureur de la République qui doit la transmettre au tribunal(96). Ensuite, le ministère public dispose de la faculté de saisir lui-même, comme partie principale, le tribunal dans les conditions de l'article 423 du Code de procédure civile, c'est-à-dire lorsque son action vise la défense de l'ordre public. Enfin, le ministère public joue en ce domaine un rôle important dans l'administration de la preuve, car il a en charge le recueil des renseignements qu'il estime utiles sur la situation de famille du mineur et la moralité de ses parents.

1266. - **Investigations.** Outre les pouvoirs d'investigation attribués au ministère public(97), le tribunal de grande instance procède ou fait procéder à toutes les investigations utiles et notamment aux mesures d'information concernant la personnalité et les conditions de vie du mineur et de ses parents(98). Les pouvoirs du tribunal se révèlent relativement larges, ce qui illustre une nouvelle fois la ferme volonté législative de protéger les intérêts de l'enfant. Ainsi le tribunal peut-il, de manière opportune, recueillir des informations relatives à la personnalité de l'enfant et aux conditions de vie du mineur, au moyen d'une enquête sociale, d'examens médicaux, d'expertises psychiatriques et psychologiques, ou d'une mesure d'investigation et d'orientation éducative(99).

III. - Effets

1267. - **Perte de la qualité de titulaire des droits.** Le retrait total de l'autorité parentale prononcé en vertu des articles 378 ou 378-1 du Code civil porte de plein droit sur tous les attributs, tant patrimoniaux que personnels, se rattachant à l'autorité parentale(100). À défaut d'autre détermination, le retrait total de l'autorité parentale s'étend à tous les enfants mineurs déjà nés au moment du jugement.

1268. - **Incidences sur l'obligation alimentaire de l'enfant.** Le retrait total de l'autorité parentale emporte, pour l'enfant, dispense de l'obligation alimentaire, par dérogation aux articles 205 à 207, sauf disposition contraire dans le jugement de retrait(101). En ce sens, le prononcé du retrait total de l'autorité parentale constitue en principe une hypothèse d'ingratitude de plein droit du parent créancier d'aliments.

1269. - **Désignation d'un représentant de l'enfant.** Le retrait de l'autorité parentale a précisément pour objet d'évincer la qualité même de titulaire des

(96) CPC, art. 1203.
(97) CPC, art. 1205.
(98) CPC, art. 1205 et 1183.
(99) CPC, art. 1183.
(100) C. civ., art. 379.
(101) C. civ., art. 379, al. 2.

prérogatives d'autorité parentale dont le parent se trouve en principe investi. L'enfant mineur doit pour autant pouvoir être représenté, et c'est la raison pour laquelle en prononçant le retrait total ou partiel de l'autorité parentale ou du droit de garde, la juridiction saisie devra, si l'autre parent est décédé ou s'il a perdu l'exercice de l'autorité parentale, soit désigner un tiers auquel l'enfant sera provisoirement confié à charge pour lui de requérir l'organisation de la tutelle, soit confier l'enfant au service départemental de l'aide sociale à l'enfance(102). Au demeurant, les mêmes mesures pourront être prises lorsque l'autorité parentale est dévolue à l'un des parents par l'effet du retrait total de l'autorité parentale prononcé contre l'autre(103).

IV. – Restitution de l'autorité parentale

1270. – **Circonstances nouvelles.** Les père et mère qui ont fait l'objet d'un retrait de l'autorité parentale ou d'un retrait de droits pourront, par requête, obtenir du tribunal de grande instance, en justifiant de circonstances nouvelles, que leur soient restitués, en tout ou partie, les droits dont ils avaient été privés. La juridiction conserve évidemment un pouvoir souverain d'appréciation des circonstances nouvelles justifiant la restitution de l'autorité parentale, laquelle ne saurait donc être accordée de plein droit.

1271. – **Délais.** La restitution de l'autorité parentale retirée ne saurait être prononcée de plein droit. Ainsi, le parent qui introduit une telle requête devra tout d'abord respecter des conditions de délai. La demande en restitution ne pourra être formée qu'un an au plus tôt après que le jugement prononçant le retrait total ou partiel de l'autorité parentale est devenu irrévocable. En cas de rejet, elle ne pourra être renouvelée qu'après une nouvelle période d'un an.

1272. – **Motif d'irrecevabilité.** En dépit de ces précisions temporelles, aucune demande ne sera recevable lorsque, avant le dépôt de la requête, l'enfant aura été placé en vue de l'adoption. Il s'agit ce faisant de sécuriser l'adoption et d'éviter une remise en cause trop aisée du lien de filiation en cours de création.

1273. – **Rôle du ministère public.** Étant donné que le retrait de l'autorité parentale intervient dans des circonstances particulièrement graves, il ne paraît pas toujours opportun de restituer au parent qui en fut un temps privé l'intégralité de ses modalités d'exercice. Afin de tendre vers un exercice normal de l'autorité parentale, l'article 381 du Code civil dispose dans un alinéa 3 que si la restitution est accordée, le ministère public requerra, le cas échéant, des mesures d'assistance éducative.

(102) C. civ., art. 380, al. 1er.
(103) C. civ., art. 380, al. 2.

CHAPITRE 2

L'EXERCICE DE L'AUTORITÉ PARENTALE

1274. – **Essor de l'égalité entre parents.** L'exercice de l'autorité parentale repose de nos jours sur un important principe d'égalité entre les parents. Longtemps, le père disposa de l'essentiel des prérogatives de l'autorité parentale et de leur exercice, en sa qualité de « chef de famille ». On parlait alors de puissance paternelle. La loi n° 70-459 du 4 juin 1970 vint précisément briser ce système de la puissance paternelle en consacrant l'autorité parentale dans laquelle les père et mère se trouvent investis des mêmes prérogatives et, par conséquent, restent tenus de les exercer ensemble. La réforme était, semble-t-il, commandée par une nécessité idéologique(1). Les mêmes principes furent repris par les lois n° 87-570 du 22 juillet 1987 sur l'exercice de l'autorité parentale et n° 93-22 du 8 janvier 1993 modifiant le Code civil, relative à l'état civil, à la famille et aux droits de l'enfant et instituant le juge aux affaires familiales. À l'aube du XXIe siècle, il apparut cependant que l'égalité entre parents constituait davantage une déclaration de principe qu'une modalité d'exercice de l'autorité parentale véritablement effective(2). Soucieux de garantir une égalité effective et concrète entre les parents dans l'exercice de l'autorité parentale, le législateur a consacré dans la loi n° 2002-305 du 4 mars 2002 la notion de coparentalité et, plus largement, a modifié en profondeur à cette occasion le droit de l'autorité parentale. Afin de garantir l'effectivité de la relation entre l'enfant et chacun de ses parents, furent consacrés des mécanismes tels que la résidence alternée et l'on encouragea la conclusion de conventions relatives à l'exercice de l'autorité parentale. Depuis, le droit français de l'autorité parentale n'a pas fait l'objet de réforme majeure, mais il continue de susciter de nombreuses réflexions doctrinales et engendre surtout un contentieux massif.

1275. – **Maintenir les liens.** Les modalités d'exercice de l'autorité parentale doivent permettre un maintien des liens entre l'enfant et chacun de ses parents,

(1) Selon J. Carbonnier, *in Essai sur les lois*, *op. cit.*, p. 88.

(2) Cf. en ce sens les statistiques fournies en 1998 par le groupe de travail présidé par Mme Théry selon lesquelles 15,7 % des enfants mineurs ne vivaient alors pas avec leur père. Sur l'ensemble des enfants vivant avec leur mère, 20 % des enfants voient leur père toutes les semaines, 20 % tous les quinze jours, 5 % une fois par mois, 18 % moins d'une fois par mois. I. Théry (ss dir.), *Couple, filiation et parenté aujourd'hui. Le droit face aux mutations de la famille et de la vie privée*, rapp. préc., spéc. p. 51. Il apparaît, près de vingt ans plus tard, que 2,5 millions d'enfants vivent en France en famille monoparentale. Dans 65 % des cas, les enfants vivent chez leur mère, sans résider régulièrement chez le père. Cf. *INSEE Première*, 15 mai 2017, n° 1647, *Vivre dans plusieurs configurations familiales*.

mais aussi entre les différents enfants d'une même fratrie. Le conflit familial et les ruptures qui affectent le couple de parents ne sauraient rejaillir sur ce droit aux relations personnelles, érigé en véritable droit fondamental de l'enfant. Il en va de la garantie de son droit à une vie familiale normale. Le droit positif entend respecter cet impératif, en affirmant de manière solennelle que « chacun des père et mère doit maintenir des relations personnelles avec l'enfant et respecter les liens de celui-ci avec l'autre parent »(3) ou que « l'enfant ne doit pas être séparé de ses frères et sœurs, sauf si cela n'est pas possible ou si son intérêt commande une autre solution »(4). Le maintien des liens personnels est perçu comme un bienfait pour un développement harmonieux de l'enfant, même au-delà du cercle restreint de la famille nucléaire. Le maintien des liens concerne également les ascendants de l'enfant et, dans une certaine mesure, les tiers comme l'ex-beau-parent dans une famille recomposée par exemple.

1276. - **Disponibilité croissante.** Le droit de l'autorité parentale constitua longtemps une matière indisponible en raison de son lien avec l'état des personnes. La loi n° 2002-305 du 4 mars 2002 a partiellement conservé ce principe en laissant indisponible la qualité de titulaire de l'autorité parentale(5), mais a innové en favorisant la conclusion par les parents de conventions conclues entre eux pour organiser l'exercice de l'autorité parentale, tout en maintenant tout de même un contrôle étatique effectué par le biais d'une homologation judiciaire. Le juge aux affaires familiales homologue la convention sauf s'il constate qu'elle ne préserve pas suffisamment l'intérêt de l'enfant ou que le consentement des parents n'a pas été donné librement. Le refus d'homologation frappera les conventions déraisonnables qui envisagent par exemple une résidence alternée malgré un éloignement géographique important ou encore dispensent un parent de toute contribution à l'entretien de l'enfant. La contractualisation des modalités d'exercice de l'autorité parentale s'effectue donc sous le contrôle du juge qui rappelle ainsi ce que l'ordre juridique tolère et ce qu'il proscrit. Il s'agit de la sorte de favoriser la liberté conventionnelle des parents tout en assurant une prégnance d'un ordre public de protection de l'intérêt de l'enfant et des parents. Les conventions relatives à l'exercice de l'autorité parentale recueillent les faveurs du législateur, car elles permettraient de responsabiliser les parents(6), de scinder les problèmes du couple et l'organisation des relations des parents avec l'enfant, et d'éviter une trop grande immixtion de l'autorité étatique dans la sphère familiale(7).

De manière générale, la décision de justice paraît mieux acceptée lorsque les membres de la famille sont associés à son élaboration, en soumettant par exemple une convention issue de leurs discussions, que lorsque le juge, tiers indépendant et extérieur au couple, décide seul(8). En matière d'autorité

(3) C. civ., art. 373-2, al. 1er.
(4) C. civ., art. 371-5 ; sur ce texte, cf. not. V. David-Balestriero, *L'unité de la fratrie*, in *Mél. G. Goubeaux*, Dalloz-LGDJ, 2009, p. 71.
(5) C. civ., art. 376 : « Aucune renonciation, aucune cession portant sur l'autorité parentale, ne peut avoir d'effet, si ce n'est en vertu d'un jugement dans les cas déterminés par la loi ».
(6) En ce sens, cf. not. F. Dekeuwer-Défossez (ss dir.), *Rénover le droit de la famille*, rapp. préc., spéc. p. 81 et s.
(7) Cf. J.-P. Gridel, *Regards sur le juge aux affaires familiales*, in *Mél. Catala*, Litec, 2001, p. 207.
(8) Sur l'ensemble de la question, cf. V. Égéa, *La fonction de juger à l'épreuve du droit contemporain de la famille*, Lextenso-Defrénois, 2010, spéc. nos 21 et s.

parentale en effet, il est rare que l'un des parents ait totalement tort et l'autre entièrement raison, et la décision qui tranche d'autorité entre deux prétentions parentales qui s'opposent sera souvent perçue avec frustration par la partie succombante, ce qui entraîne un lot de non-paiement de l'obligation parentale d'entretien, des non-représentations d'enfants, voire des enlèvements internationaux. De tels comportements, qui expriment une absence d'adhésion à la décision de justice, demeurent moins fréquents lorsque les parents organisent eux-mêmes les modalités d'exercice de l'autorité parentale et soumettent une convention équilibrée au juge aux affaires familiales afin de la faire homologuer.

1277. – **Faveur pour la médiation familiale.** Les modalités d'exercice de l'autorité parentale constituent le domaine de prédilection de mise en œuvre de la médiation familiale. Souvent caricaturée à tort comme constituant une forme de thérapie de couple, farfelue, chère et inutile, la médiation familiale présente un véritable intérêt pour rétablir une discussion entre les parents, dans l'intérêt de l'enfant. Idéalement, un processus de médiation qui réussit devrait permettre aux parents de convenir à l'amiable de modalités d'exercice de l'autorité parentale. Pour cette raison, la médiation peut être faite à l'amiable, en dehors de tout cadre judiciaire, à l'initiative des parents eux-mêmes, ou bien résulter d'une invitation, voire d'une injonction du juge aux affaires familiales(9). À titre expérimental, l'obligation d'assister à des séances d'information sur la médiation familiale, avant toute saisine du juge aux affaires familiales en vue d'obtenir une modification des modalités d'exercice de l'autorité parentale, a été expérimentée devant les tribunaux de grande instance d'Arras et de Bordeaux. La loi n° 2016-1547 du 18 novembre 2016, dite « Justice 21 », consacre également une expérimentation de cette obligation dans certains tribunaux de grande instance désignés par un arrêté du garde des Sceaux(10).

S'inscrivant dans ce sillage de faveur pour les modes amiables de résolution des conflits, la convention de procédure participative peut s'avérer utile pour encadrer des négociations entre parents qui, idéalement, aboutiront à une convention réglant les modalités d'exercice de l'autorité parentale.

1278. – **Homologation sans comparution.** S'inscrivant dans le sillage d'une disponibilité accrue des modalités d'exercice de l'autorité parentale et entendant simplifier la procédure d'homologation des conventions conclues entre les parents, un décret n° 2016-1906 du 28 décembre 2016 a modifié l'article 1143 du Code de procédure civile. Désormais, le texte dispose que les parents sollicitent l'homologation de leur convention par requête conjointe et que leur comparution personnelle devant le juge aux affaires familiales n'est plus nécessaire, sauf si ce magistrat estime nécessaire d'entendre les parents. Le pouvoir exécutif souhaite de la sorte faciliter l'accès des parents au juge de l'homologation.

1279. – **Nécessaire contrôle étatique de l'autorité parentale.** Même si l'affirmation paraît quelque peu solennelle, il est évident que l'enfance intéresse l'avenir d'une Nation(11). Par ailleurs, la vulnérabilité du mineur exige que l'État contrôle la manière dont les parents exercent l'autorité parentale. La prégnance du droit public

(9) C. civ., art. 373-2-10.

(10) L. n° 2016-1547, 18 nov. 2016, de modernisation de la justice du 21e siècle, art. 7. Les juridictions dites « pilotes » ont été désignées par un arrêté du 16 mars 2017 (n° JUSB1707997A : *JO* 22 mars 2017, texte n° 32). Il s'agit des tribunaux de grande instance de Bayonne, Bordeaux, Cherbourg-en-Cotentin, Évry, Nantes, Nîmes, Montpellier, Pontoise, Rennes, Saint-Denis, Tours.

(11) Sur cette question, et en particulier sur les origines historiques de cette préoccupation, que l'on trouve notamment chez Rousseau, cf. J. Carbonnier, *Essai sur les lois*, Defrénois, 1995, spéc. p. 82 et s.

s'exprime ainsi au travers de la scolarité obligatoire, le versement d'allocations familiales, les vaccinations obligatoires. Le contrôle étatique se manifeste surtout au travers du droit de l'assistance éducative et, dans une certaine mesure, avec le possible exercice délégué de l'autorité parentale. Se détachant alors de ses modalités ordinaires (Section 1), l'exercice de l'autorité parentale s'effectue de manière dérogatoire (Section 2).

SECTION 1

LES MODALITÉS ORDINAIRES D'EXERCICE DE L'AUTORITÉ PARENTALE

1280. - **Dualité.** Suivant la distinction opérée par le Code civil lui-même, les modalités ordinaires d'exercice de l'autorité parentale concernent aussi bien l'autorité parentale relative à la personne de l'enfant (§ 1) que l'autorité parentale relative aux biens de l'enfant (§ 2).

§ 1. – Les modalités d'exercice de l'autorité parentale proprement dite

1281. - **Droit interne et droits européens.** Les modalités d'exercice de l'autorité parentale sont aujourd'hui régies non seulement par des dispositions de droit interne (I) et, en premier chef, par le Code civil, mais également par des normes de droit de l'Union européenne et par la jurisprudence de la Cour européenne des droits de l'homme. Les modalités d'exercice de l'autorité parentale en droit européen et international (II) reflètent un phénomène de globalisation des relations familiales qui ne cesse de croître.

I. – Les modalités d'exercice de l'autorité parentale en droit interne

A. – La coparentalité : l'exercice en commun de l'autorité parentale

1282. - **Signification.** La « coparentalité » constitue le mode d'exercice de principe de l'autorité parentale qui résulte de la réforme opérée par la loi n° 2002-305 du 4 mars 2002. Elle signifie que les deux parents exercent ensemble les prérogatives d'autorité parentale[12], qu'ils soient unis par un mariage, un pacte civil de solidarité, qu'ils entretiennent une relation de concubinage, et que ceci perdure malgré leur éventuelle séparation. Partant, même séparés, les parents de l'enfant doivent déci-

(12) Sur lesquelles, V. *supra*, n°s 1204 à 1224.

der ensemble des actes personnels – mais aussi patrimoniaux[13] – les plus importants concernant leur enfant.

1283. - **Garantie.** La coparentalité a une conséquence importante puisque le devoir d'exercer les prérogatives d'autorité parentale constitue également un droit, protégé par la jurisprudence. Il a été jugé en effet qu'un parent pouvait obtenir une indemnisation de son préjudice moral subi en raison de la méconnaissance de ses prérogatives d'autorité parentale, dès lors que des photos de son enfant mineur furent publiées sans son autorisation[14].

1284. - **Ordre public au sens du droit international.** La coparentalité relève de l'ordre public au sens du droit international, c'est-à-dire qu'elle constitue un principe essentiel du droit français, ce qui permet d'écarter des lois étrangères ou des jugements étrangers qui lui porteraient atteinte. Tel fut le cas notamment pour des décisions américaines attribuant à la mère seulement l'intégralité des droits parentaux, dont la possibilité de consentir à un engagement des enfants mineurs dans les forces armées se battant en Irak[15].

1285. - **Situation du couple parental.** En dépit de l'affirmation solennellement édictée à l'article 373-2 du Code civil selon laquelle « la séparation des parents est sans incidence sur les règles de dévolution de l'exercice de l'autorité parentale », les modalités d'exercice demeurent nécessairement affectées par cette situation. Ainsi convient-il de distinguer les modalités d'exercice de l'autorité parentale lorsque les parents sont unis (1°) et lorsqu'ils sont séparés (2°).

1° L'exercice en commun lorsque les parents sont unis

1286. - **Coparentalité.** La réforme du 4 mars 2002 a entendu rendre véritablement effectif l'exercice en commun de l'autorité parentale, en érigeant en principe la coparentalité qui apparaît à l'article 372 du Code civil. Le texte dispose en son alinéa 1er que « les père et mère exercent en commun l'autorité parentale ».

1287. - **Actes graves.** Le principe de coparentalité implique que les parents, désormais placés sur un pied d'égalité juridique, passent ensemble les actes graves qui concernent la personne de leur enfant. Ainsi peuvent-ils décider ensemble des choix religieux, scolaires, médicaux, concernant l'enfant. Ils déterminent ensemble le lieu de résidence de l'enfant qui, en principe, sera fixé au domicile de la famille.

1288. - **Convention relative à l'autorité parentale.** Alors que l'autorité parentale a longtemps constitué le parangon d'une matière indisponible qui, parce que concernant l'état des personnes, échappait au règne de la volonté individuelle, la loi n° 2002-305 du 4 mars 2002 a permis aux parents de conclure des conventions relatives à l'exercice de l'autorité parentale. La faculté concerne essentiellement les parents séparés, mais l'article 373-2-8 du Code civil n'exclut nullement que des

(13) V. *infra*, nos 1347 et s. pour l'administration légale.

(14) Cass. 1re civ., 27 févr. 2007 : *Bull. civ.* 2007, I, n° 78 ; *Dr. famille* 2007, comm. 124, note P. Murat ; *Contrats, conc. consom.* 2007, comm. 63, note A. Lepage ; *RTD civ.* 2007, 327, obs. J. Hauser ; *RTD civ.* 2007, 571, obs. P. Jourdain.

(15) Cass. 1re civ., 4 nov. 2010, n° 09-15.302 : *JDI* 2011, 5, note I. Barrière-Brousse ; *AJF* 2011, 46, note A. Boiché ; *RTD civ.* 2011, 115, obs. J. Hauser.

parents unis fixent de la sorte les modalités d'exercice de l'autorité parentale. Pour trouver une pleine efficacité juridique, la convention doit alors faire l'objet d'une homologation par le juge aux affaires familiales, laquelle ne nécessite plus désormais une comparution personnelle des parents devant le magistrat, sauf si ce dernier l'estime nécessaire(16). L'homologation est délivrée lorsque la convention préserve suffisamment l'intérêt de l'enfant et que le consentement des parents a été donné librement.

1289. – **Actes usuels.** En dépit du principe de coparentalité dont la conséquence immédiate demeure l'exercice en commun par les parents des prérogatives d'autorité parentale, il serait illusoire et sclérosant d'imposer un double accord pour la passation de chacun des actes juridiques intéressant la personne de l'enfant. La coparentalité, outre la nécessité d'un double accord, suppose aussi que la confiance règne entre les parents. Pour ces raisons, l'article 372-2 du Code civil dispose qu'à l'égard des tiers de bonne foi, chacun des parents est réputé agir avec l'accord de l'autre, quand il fait seul un acte usuel de l'autorité parentale relativement à la personne de l'enfant.

1290. – **Mise en œuvre.** De manière bienvenue, l'article 372-2 du Code civil ne contient aucune définition ou énumération de cette catégorie d'acte usuel de l'autorité parentale, laissant à la jurisprudence le soin d'en préciser le contenu au fil des affaires portées à sa connaissance. Si l'on relève dans des décisions rendues par des juges du fond des solutions guère surprenantes, jugeant par exemple que constitue un acte usuel l'apparition de l'enfant dans un film associatif destiné à un faible public(17), alors que le passage de l'enfant dans un documentaire télévisé demeure un acte grave, il s'avère beaucoup plus critiquable de juger, comme le fît le Conseil d'État, que la délivrance d'un passeport au nom de l'enfant constitue un acte usuel(18). Par définition, le passeport facilite le déplacement de l'enfant hors des frontières nationales et, *a fortiori*, européennes, ce qui n'est sans doute guère gênant lorsque les parents sont unis et que le consensus règne, mais devient très problématique en cas de séparation, notamment face au risque de déplacement illicite d'enfant(19).

2° L'exercice en commun lorsque les parents sont séparés

1291. – **Indifférence.** Le principe de coparentalité autour duquel a été conçue la loi n° 2002-305 du 4 mars 2002 a des incidences théoriques et pratiques très importantes puisque la séparation des parents n'a, en principe, aucune incidence sur l'exercice en commun de l'autorité parentale. La coparentalité signifie donc que le couple parental va en quelque sorte perdurer malgré la dissolution du couple conjugal. L'article 373-2 du Code civil l'affirme expressément en disposant que « la séparation des parents est sans incidence sur les règles de dévolution de l'exercice de l'autorité parentale ».

(16) CPC, art. 1143, réd. D. n° 2016-1906, 28 déc. 2016 ; sur ce texte, V. *supra*, n° 1278 et *infra*, n° 1296.
(17) Orléans, 14 mars 2011 : *Dr. famille* 2011, comm. 171, note C. Neirinck.
(18) CE, 8 févr. 1999, n° 173126 : *Dr. famille* 1999, comm. 40, note P. Murat ; *RTD civ.* 1999, 361, obs. J. Hauser ; *Défrénois* 1999, 944, obs. J. Massip ; - *adde*. CE, réf., 4 déc. 2002 : *Dr. famille* 2003, comm. 12, note P. Murat ; *RTD civ.* 2003, 59, obs. J. Hauser.
(19) Sur lequel, V. *infra*, n° 1346.

1292. - **Portée.** La coparentalité se révèle lourde de sens. Le choix du terme « séparation » n'est en effet pas dénué de signification et marque incontestablement une indifférenciation des formes de vie en couple. Il n'est plus question de divorce mais, plus largement, de séparation, quoique le terme ne constitue pas à proprement parler une notion juridique. Par ailleurs, une telle consécration de la coparentalité entend réaliser une égalité effective entre les parents, au-delà de simples déclarations de principe dénuées de véritables incidences pratiques. Avant la réforme du 4 mars 2002, en effet, il s'est avéré qu'en dépit de la faveur législative et jurisprudentielle pour l'exercice conjoint de l'autorité parentale, nombre de pères – divorcés notamment – ne voyaient plus leur enfant au fil des années. La coparentalité, qui se trouve relayée par des dispositifs techniques tels que la résidence alternée visait, précisément, à mettre fin à cette situation en permettant aux parents de véritablement exercer ensemble les prérogatives d'autorité parentale, malgré leur séparation.

1293. - **Principe.** L'exercice en commun de l'autorité parentale, même lorsque les parents sont séparés, constitue la règle de principe, car il est censé satisfaire l'intérêt de l'enfant(20). Ainsi la jurisprudence a rappelé, de manière expresse, que l'exercice unilatéral constitue l'exception résultant de motifs graves tirés de l'intérêt de l'enfant et s'opposant à un exercice conjoint(21).

1294. - **Double devoir.** La coparentalité ne confère pas seulement des prérogatives d'autorité parentale que l'un des parents peut revendiquer face à l'autre, mais elle impose à chacun un double devoir. L'article 373-2, alinéa 2 du Code civil se révèle sur ce point explicite en disposant que « chacun des père et mère doit maintenir des relations personnelles avec l'enfant et respecter les liens de celui-ci avec l'autre parent ». Ainsi, la coparentalité impose tout d'abord à chaque parent de maintenir des relations personnelles, concrétisées par des visites ou une correspondance avec l'enfant, mais aussi de respecter les liens de celui-ci avec l'autre parent. La formulation du texte vise indistinctement les deux parents mais, de manière implicite, le devoir de maintenir des relations personnelles s'adresse plus directement au parent qui viendrait à ne pas se voir attribuer la résidence de l'enfant, en cas d'éloignement géographique par exemple. Inversement, l'obligation de respecter les liens de l'enfant avec l'autre parent pèsera principalement sur le parent chez lequel la résidence de l'enfant a été fixée, de manière conventionnelle ou judiciaire.

1295. - **Motifs graves.** Seuls des motifs graves, tirés de l'intérêt supérieur de l'enfant, peuvent justifier une dérogation à l'exercice en commun de l'autorité parentale.

a) Modalités d'exercice déterminées par les parents

1296. - **Faveur législative pour le consensus.** En raison de l'importante promotion d'une organisation consensuelle de l'exercice de l'autorité parentale, opérée par

(20) CA Paris, 18 juin 2015, n° 15/00864 : *Dr. famille* 2015, comm. 216, obs. J.-R. Binet.
(21) Cass. 1re civ., 20 févr. 2007 : *Bull. civ.* 2007, I, n° 63 ; *Dr. famille* 2007, comm. 103, obs. P. Murat ; *RJPF* 2007-6/38, obs. E. Mulon ; *AJF* 2007, 189, obs. F. Chénedé.

la loi n° 2002-305 du 4 mars 2002, les modalités, comme la résidence de l'enfant par exemple, en cas de séparation des parents, doivent en principe être déterminées par ces derniers de manière amiable. Idéalement, les parents devraient scinder l'organisation des modalités de l'autorité parentale de leur relation de couple, et s'entendre dans l'intérêt de l'enfant afin de rédiger une convention. L'article 373-2-7 du Code civil dispose ainsi que les parents peuvent saisir le juge aux affaires familiales afin de faire homologuer la convention par laquelle ils organisent les modalités d'exercice de l'autorité parentale et fixent la contribution à l'entretien et à l'éducation de l'enfant. Le juge intervient alors dans sa fonction gracieuse, au sens de l'article 25 du Code de procédure civile, ce qui signifie qu'on ne lui demande nullement de trancher entre deux prétentions qui s'opposent, comme il est tenu de le faire en matière contentieuse, mais d'opérer un contrôle. Même si les modalités d'exercice de l'autorité parentale peuvent désormais être déterminées de manière conventionnelle, marquant un évident recul de l'ordre public de direction qui justifia longtemps l'existence d'une indisponibilité en ce domaine, il n'en demeure pas moins que tout contrôle étatique n'a pas disparu. Pour cette raison, une convention conclue entre les parents pour organiser les modalités d'exercice de l'autorité parentale suppose, pour être pleinement efficace, une homologation par le juge aux affaires familiales afin de vérifier que le contenu de l'acte préserve l'intérêt de l'enfant. Ainsi, le juge homologue la convention sauf s'il constate qu'elle ne préserve pas suffisamment l'intérêt de l'enfant ou que le consentement des parents n'a pas été donné librement(22). Les parents adressent au juge aux affaires familiales leur demande d'homologation par requête conjointe. Depuis un décret n° 2016-1906 du 28 décembre 2016, les parents ne comparaissent plus personnellement devant le juge aux affaires familiales, sauf si ce dernier l'estime nécessaire(23). Le mineur capable de discernement doit cependant avoir été informé de son droit d'être entendu et assisté d'un avocat(24). Un appel peut être interjeté contre une décision de refus d'homologation(25).

1297. - **Accords non soumis à l'homologation.** La nécessité de faire homologuer une convention des parents organisant les modalités d'exercice de l'autorité parentale vise à rendre cet acte juridique pleinement efficace. Les parents qui se séparent peuvent évidemment convenir entre eux, à l'amiable et pourquoi pas de manière verbale, de ces fameuses modalités et ne jamais soumettre l'acte à la connaissance du juge aux affaires familiales. L'acte demeure alors purement conventionnel et reçoit la qualification d'accord entre les parents, mais ne peut pas faire l'objet d'une exécution forcée puisqu'il n'est nullement revêtu de la force exécutoire que confère l'homologation judiciaire. Cela signifie concrètement que si les parents s'entendent ainsi de manière informelle sur le montant de la contribution mensuelle due par l'un d'eux et que ce dernier cesse de contribuer, l'autre ne saurait valablement invoquer en justice une exécution forcée dudit acte.

(22) C. civ., art. 373-2-7, al. 2.
(23) CPC, art. 1143, réd. D. n° 2016-1906, 28 déc. 2016.
(24) CPC, art. 338-1, réd. D. n° 2016-1906, 28 déc. 2016.
(25) CPC, art. 1143, al. 4e, réd. D. n° 2016-1906, 28 déc. 2016.

1298. – **Résidence alternée choisie par les parents.** Dans la convention fixant les modalités d'exercice de l'autorité parentale, les parents peuvent choisir de fixer la résidence de l'enfant en alternance au domicile de chacun des parents. Depuis la loi n° 2002-305 du 4 mars 2002, la résidence alternée constitue même une modalité d'exercice qui reçoit toutes les faveurs du législateur, car elle est censée concrétiser et symboliser une égalité véritable entre les parents, alors qu'elle demeurait jusque-là honnie en jurisprudence. Partant, une convention qui, de nos jours, organise une résidence alternée fera en principe l'objet d'une appréciation judiciaire bienveillante à condition de satisfaire l'intérêt de l'enfant et d'être matériellement réalisable. Par définition, une résidence alternée suppose une proximité géographique entre les domiciles de chacun des parents. Les principaux motifs de refus d'homologation d'une convention déterminant les modalités d'exercice de l'autorité parentale sont précisément tirés du caractère irréalisable, matériellement, d'une résidence alternée(26).

1299. – **Autres modalités d'exercice de l'autorité parentale.** Outre la résidence de l'enfant, les parents peuvent déterminer par convention l'ensemble des modalités d'exercice de l'autorité parentale ainsi que leurs contributions respectives à l'entretien et l'éducation de l'enfant. Ainsi, s'ils s'entendent pour fixer la résidence de l'enfant au domicile de l'un d'eux, par exemple parce que le domicile de l'autre se trouve éloigné géographiquement, ils devront déterminer les modalités du droit de visite et d'hébergement dont dispose ce second parent. De même peuvent-ils convenir ensemble des modalités de scolarité de l'enfant, afin de déterminer par exemple, s'il doit suivre un enseignement religieux.

b) Modalités d'exercice déterminées par le juge aux affaires familiales

1) Rôle du juge aux affaires familiales

1300. – **Suppléer le défaut de consensus.** Faute pour les parents de s'entendre sur les modalités d'exercice de l'autorité parentale et de soumettre au juge aux affaires familiales une convention afin de la faire homologuer, il convient de fixer en justice la manière dont ces prérogatives s'exerceront. Le juge aux affaires familiales intervient alors dans un office contentieux de physionomie classique, pour suppléer le défaut de consensus en tranchant le différend qui oppose les parents. Sans surprise en ce domaine, le magistrat doit intervenir en veillant spécialement à la sauvegarde des intérêts des enfants mineurs(27).

1301. – **Garantir la coparentalité.** De manière opportune, et comme l'on se trouve face à une situation conflictuelle, le juge peut prendre les mesures permettant de garantir la continuité et l'effectivité du maintien des liens de l'enfant avec chacun de ses parents(28). Si l'on songe évidemment à la possibilité d'ordonner un droit de visite ou d'hébergement au profit du parent auquel le magistrat

---

(26) Cf. V. Égéa, *La fonction de juger à l'épreuve du droit contemporain de la famille*, Defrénois-Lextenso, 2010, cf. en particulier le questionnaire adressé à des juges aux affaires familiales, reproduit en annexe.
(27) C. civ., art. 373-2-6, al. 1er.
(28) C. civ., art. 373-2-6, al. 2.

n'attribuerait pas la résidence de l'enfant, il s'agit aussi de lui permettre d'ordonner l'interdiction de sortie de l'enfant du territoire français sans l'autorisation des deux parents[29]. Afin de lutter efficacement contre l'enlèvement international d'enfant[30], cette interdiction de sortie du territoire sans l'autorisation des deux parents est inscrite au fichier des personnes recherchées par le procureur de la République.

2) Procédure devant le juge aux affaires familiales

1302. – **Saisine du juge aux affaires familiales.** Intervenant en matière civile, le juge aux affaires familiales ne peut bien évidemment pas se saisir d'office. Pour autant, il convenait de ne pas réserver aux seuls parents la possibilité d'introduire une instance contentieuse en ce domaine[31]. Ainsi, l'article 373-2-8 du Code civil dispose que le juge aux affaires familiales peut être saisi par l'un des parents ou le ministère public, qui peut lui-même être saisi par un tiers, parent ou non, à l'effet de statuer sur les modalités d'exercice de l'autorité parentale et sur la contribution à l'entretien et à l'éducation de l'enfant. Sur le fondement de ce texte, il a pu être jugé que la grand-mère d'un enfant pouvait valablement saisir le procureur de la République afin que lui-même introduise une action[32].

1303. – **Modalités de saisine du juge aux affaires familiales.** Les tiers qui entendent saisir le procureur de la République, pour que ce dernier sollicite à son tour le juge aux affaires familiales, lui adressent une simple requête[33]. Le procureur de la République peut recueillir les renseignements qu'il estime utiles sur la situation du mineur et de sa famille.

1304. – **Conciliation par le juge.** De manière quelque peu redondante par rapport aux prescriptions de l'article 21 du Code de procédure civile, l'article 373-2-10 du Code civil dispose, dans un premier alinéa, qu'en cas de désaccord, le juge s'efforce de concilier les parties. Comme le juge aux affaires familiales statue à juge unique et à huis clos, dans une matière marquée par sa dimension affective, il est censé amener les parties à se concilier pour, idéalement, qu'elles organisent de manière consensuelle les modalités d'exercice de l'autorité parentale. Une telle mission renvoie à l'image traditionnelle d'un juge de paix devant susciter une concorde plutôt que le conflit. Il s'agit de permettre aux parties de trouver elles-mêmes une solution, qui est supposée être mieux acceptée quand elle émane des parents eux-mêmes que lorsqu'un magistrat l'impose.

1305. – **Importance de la médiation familiale.** Les modalités d'exercice de l'autorité parentale constituent le parangon du domaine où la médiation familiale a

(29) C. civ., art. 373-2-6, al. 3.

(30) Sur lequel V. *infra*, n° 1346.

(31) Cass. 1re civ., 25 févr. 2009 : *Bull. civ.* 2009, I, n° 38 ; *D.* 2009, 811, obs. V. Égéa ; *JCP* G 2009, n° 28, obs. Y. Favier ; *D.* 2009, 1918, obs. A. Gouttenoire ; *D.* 2010, 989, obs. M. Douchy-Oudot ; *RTD civ.* 2009, 309, obs. J. Hauser.

(32) CA Agen, 1re ch., 11 avr. 2013, n° 12/01488 : *Dr. famille* 2013, comm. 103, note C. Neirinck ; *RTD civ.* 2013, 830 : dans cette affaire, une décision de justice fixe la résidence des enfants chez leur mère, après une séparation du couple parental. Le père décède et la mère se désintéresse des enfants qui sont accueillis par leurs grands-parents, suite à une décision de justice. Les grands-parents s'adressent opportunément au procureur de la République afin que ce dernier saisisse le juge aux affaires familiales en vue d'obtenir un aménagement des modalités d'exercice de l'autorité parentale.

(33) CPC, art. 1179-1.

vocation à s'épanouir[34]. En effet, la médiation familiale a pour objet de reconstruire un lien personnel détruit. Elle se définit comme un processus. Les promoteurs de la médiation familiale, en France comme à l'étranger, utilisent précisément ses résultats probants dans le domaine des modalités d'exercice de l'autorité parentale, pour illustrer l'intérêt pratique de ce mode amiable de règlement des conflits[35]. L'une des innovations les plus remarquées de la loi n° 2002-305 du 4 mars 2002 fut précisément de consacrer expressément le recours à la médiation familiale en ce domaine. Ainsi, un article 373-2-10, alinéa 2 du Code civil fût rédigé afin de permettre au juge aux affaires familiales de proposer aux parents une mesure de médiation à l'effet de leur faciliter la recherche d'un exercice consensuel de l'autorité parentale. Le magistrat peut ainsi leur faire cette proposition et, après avoir recueilli leur accord, désigner un médiateur familial pour y procéder. L'alinéa suivant dispose quant à lui que le juge aux affaires familiales peut leur enjoindre de rencontrer un médiateur familial qui les informera sur l'objet et le déroulement de cette mesure.

3) Décision du juge aux affaires familiales

1306. - **Organisation de la vie familiale.** Le droit contemporain de l'autorité parentale repose sur l'idée selon laquelle l'intervention du juge aux affaires familiales s'impose lorsque les parents n'ont pas réussi à déterminer par eux-mêmes, au besoin grâce à une communication rétablie par la médiation, les modalités d'exercice de l'autorité parentale. Il s'agit alors pour le magistrat de déterminer les modalités d'exercice de l'autorité parentale, ainsi que la contribution à l'entretien et l'éducation de l'enfant[36]. Il s'agira par exemple de fixer la résidence de l'enfant, le montant et la périodicité de la contribution due par un parent pour l'éducation et l'entretien… La décision du juge aux affaires familiales doit comporter un degré certain de précision dès lors que, de jurisprudence constante, le magistrat ne saurait déléguer les pouvoirs que la loi lui confère[37] en décidant par exemple que les modalités d'exercice se détermineront au gré de ce que souhaite l'enfant.

1307. - **Résidence alternée ordonnée par le juge.** L'article 373-2-9 du Code civil permet au juge aux affaires familiales saisi d'une demande visant à statuer sur les modalités d'exercice de l'autorité parentale de juger que la résidence de l'enfant peut être fixée en alternance au domicile de chacun des parents ou au domicile de

(34) Sur la médiation familiale, cf. not. P. Aufière et F. Housty, « *La médiation familiale* » – *Textes nouveaux à médiation nouvelle ? Telle est la question* : *AJF* 2016, 325. – N. Fricero, *Les modes alternatifs de règlement des différends dans la loi de modernisation de la justice du 21e siècle* : *Dr. famille* 2017, dossier 10. – M. Juston, *Articulation du temps de la justice et de la médiation familiale : quel tempo ?* : *Gaz. Pal.* 1er févr. 2011, p. 12 ; pour une synthèse du rapport sur la médiation familiale et la co-parentalité, dit rapport « Juston », rendu public le 30 avril 2014 : M. Juston et S. Gargoullaud, *La médiation familiale au soutien de la coparentalité* : *AJF* 2014, 263. – M. Juston et G. Comba, *Pratique de la médiation familiale* : *AJF* 2005, 399. – M. Juston, *L'aléa dans le contentieux de la famille est-il une fatalité ?* : *Dr. famille* 2010, étude 2. – Pour une véritable étude empirique : cf. A. Leborgne, *La pratique de la médiation familiale judiciaire : étude menée dans le ressort de la cour d'appel d'Aix-en-Provence* : *Gaz. Pal.* 2015, n° 283, p. 14.

(35) Cf. la synthèse des données chiffrées mises en avant par les promoteurs de la médiation, figurant *in* V. Égéa, *L'essor de la médiation familiale, un modèle pour les MARC ?* : *Rev. Lamy dr. civ.* déc. 2011, art. n° 4476.

(36) C. civ., art. 373-2-8.

(37) Cass. 1re civ., 28 mai 2015, n° 14-16.511 : *Dr. famille* 2015, comm. 165, note C. Neirinck. – Cass. 1re civ., 3 déc. 2008 : *Bull. civ.* 2008, I, n° 276 ; *JCP G* 2009, II, 10032, note Rousset ; *Dr. famille* 2009, comm. 17, note P. Murat ; *D.* 2009, 20, obs. V. Égéa. – Cass. 1re civ., 6 déc. 2005 : *Bull. civ.* 2005, I, n° 464 ; *Dr. famille* 2006, comm. 27, note P. Murat ; *RTD civ.* 2006, 105, obs. J. Hauser.

l'un d'eux. Il peut même déterminer une résidence alternée à titre provisoire, l'article 373-2-9, alinéa 2 du Code civil disposant qu'à la demande de l'un des parents ou en cas de désaccord entre eux sur le mode de résidence de l'enfant, le juge peut ordonner à titre provisoire une résidence en alternance dont il détermine la durée[38]. Au terme de celle-ci, le juge statue définitivement sur la résidence de l'enfant en alternance au domicile de chacun des parents ou au domicile de l'un d'eux. La résidence alternée à titre provisoire doit permettre de constituer une sorte de période probatoire visant à mettre à l'épreuve cette modalité particulière d'exercice de l'autorité parentale. La résidence alternée n'implique nullement que le temps passé par l'enfant auprès de son père et de sa mère soit de même durée, mais constitue une modalité d'exercice de l'autorité parentale ayant pour finalité de mettre un terme à l'attribution de la garde de l'enfant à un seul parent. Il a pu être ainsi décidé, l'intérêt de l'enfant le commandant, compte tenu des circonstances de la cause, d'une alternance aboutissant à un partage inégal du temps de présence de l'enfant auprès de chacun de ses parents[39].

1308. – **Résidence de l'enfant chez l'un des parents.** Il demeure des cas dans lesquels une résidence alternée n'est pas réalisable, en raison d'un éloignement géographique ou, plus simplement, parce que l'intérêt de l'enfant commande la détermination d'une autre résidence. Lorsque la résidence de l'enfant est fixée au domicile de l'un des parents, le juge aux affaires familiales statue sur les modalités du droit de visite de l'autre parent. Lorsque l'intérêt de l'enfant le commande, ce droit de visite peut être exercé dans un espace de rencontre désigné par le juge. En pratique, ce fameux lieu de rencontre, qui figure désormais expressément aux articles 372-2-9, alinéa 3 du Code civil et 1180-5 du Code de procédure civile, est souvent désigné par l'expression « lieu neutre » ou « point rencontre »[40].

Prolongement pratique

Droit de visite s'exerçant dans un « espace rencontre » : obligation faite au juge de déterminer la périodicité et la durée des rencontres

1309. – Les décisions juridictionnelles qui jugent que le droit de visite d'un parent s'exercera dans un espace rencontre doivent déterminer avec précision la périodicité et la durée des rencontres. À défaut, est encourue une cassation de l'article 373-2-9, alinéa 3e du Code civil[41] ou de l'article 1180-5 du Code de procédure civile[42].

(38) Cf. I. Corpart, *Quel avenir pour l'alternance des résidences des enfants de parents séparés ?* : *Dr. famille* 2014, étude 19.

(39) Cass. 1re civ., 25 avr. 2007 : *Bull. civ.* 2007, I, n° 157 ; *Dr. famille* 2007, comm. 143, note P. Murat ; *D.* 2007, 1376, obs. F. Granet-Lambrechts ; *RTD civ.* 2007, 560, obs. J. Hauser ; *RJPF* 2007-9/27, note E. Mulon ; *AJF* 2007, 276, obs. F. Chénedé.

(40) Ces espaces de rencontre sont organisés par un décret n° 2012-1312 du 27 novembre 2012 relatif à la fixation par le juge du droit de visite dans un espace de rencontre ; *adde*, dossier spécial « Les espaces de rencontre » : *AJF* 2015, 518.

(41) Cass. 1re civ., 10 juin 2015, n° 14-12.592 : *Dr. famille* 2015, comm. 164, obs. C. Neirinck ; *AJF* 2015, 398, obs. S. Thouret ; *RTD civ.* 2015, 600, obs. J. Hauser.

(42) Cass. 1re civ., 15 mai 2018, n° 17-15.831 : *AJF* 2018, 395, obs. M. Saulier. – Cass. 1re civ., 4 mai 2017, n° 16-16.709 ; *Dr. famille* 2017, chron. 2, spéc. n°s 22 et s., obs. V. Égéa ; *RTD civ.* 2017, 625, obs. J. Hauser ; *AJF* 2017, 351, obs. M. Saulier : « lorsque le juge décide qu'un droit de visite s'exercera dans un espace de rencontre, il détermine la périodicité et la durée des rencontres ».

1310. - **Danger encouru.** La loi n° 2010-769 du 9 juillet 2010, qui entendait lutter contre les violences faites aux femmes, a ajouté un quatrième alinéa à l'article 373-2-9 du Code civil permettant au juge aux affaires familiales, lorsqu'il détermine les modalités d'exercice de l'autorité parentale, de prendre les garanties nécessaires pour que la remise directe de l'enfant à l'autre parent n'expose pas ce dernier à un danger. Le texte entendait précisément protéger les femmes qui pourraient être victimes de violences commises par leur conjoint ou ex-conjoint (ou compagnon) à l'occasion de la remise de l'enfant. Ce moment peut en effet constituer la seule opportunité de rencontre entre les anciens membres du couple et exposer ainsi l'un des deux à la colère ou la violence de l'autre. Partant, le juge aux affaires familiales organise les modalités de la remise de l'enfant pour qu'elle présente toutes les garanties de sécurité, lorsque l'intérêt de l'enfant le commande ou quand la remise directe du mineur à l'autre parent présente un danger pour l'un d'eux. Là encore, le magistrat peut prévoir que la remise de l'enfant à l'autre parent s'effectue dans un espace de rencontre qu'il désigne, ou avec un tiers de confiance ou du représentant d'une personne morale qualifiée(43), c'est-à-dire d'une association comme, par exemple, une association de lutte contre les violences conjugales ou de protection de l'enfance.

4) Modification des modalités d'exercice de l'autorité parentale

1311. - **Recherche d'adaptation.** Les circonstances dans lesquelles s'exerce l'autorité parentale évoluant, les décisions judiciaires relatives à l'exercice de l'autorité parentale peuvent être modifiées ou complétées à tout moment par le juge aux affaires familiales. Il en va de même pour les dispositions contenues dans la convention homologuée ou dans la convention de divorce par consentement mutuel prenant la forme d'un acte sous signature privée contresigné par avocat et déposé au rang des minutes d'un notaire. En pratique, de telles demandes de modifications demeurent très nombreuses et constituent même l'essentiel de l'activité de certains cabinets de juge aux affaires familiales. La cause d'un contentieux si massif s'explique par les modifications continuelles des conditions personnelles, professionnelles, scolaires, voire tout simplement affectives, dans lesquelles s'exerce l'autorité parentale. Il suffit pour s'en convaincre de songer au passage de l'enfant de l'école primaire au collège qui peut entraîner une modification parfois sensible des trajets effectués par l'enfant, ou encore engendrer des frais de scolarité plus conséquents. Ainsi, une décision juridictionnelle organisant la vie familiale, comme un divorce par consentement mutuel, n'ont pas vocation à figer une situation jusqu'à la majorité de l'enfant. Pour autant, compte tenu de l'importance statistique des demandes dites « modificatives », il convient d'éviter dans la mesure du possible, des saisines faites en vue d'obtenir un changement minime ou insignifiant, notamment en sollicitant les modes amiables de règlement des différends. La législation contemporaine s'oriente clairement dans cette direction.

(43) C. civ., art. 373-2-9, al. 4.

1312. – Demandeurs. Le Code civil détermine les demandeurs en énumérant une saisine émanant d'un parent, voire des deux, ainsi que le ministère public, lequel peut être saisi par un tiers, parent ou non[44]. La saisine du ministère public se fait par simple requête[45]. Une fois saisi, le ministère public peut recueillir les renseignements qu'il estime utiles sur la situation du mineur et de sa famille.

Prolongement pratique

Médiation préalable obligatoire : une expérience

1313. – Afin de tenter de tarir le flot des demandes modificatives, mais aussi de favoriser une organisation consensuelle de la vie familiale, la loi dite « Justice 21 », a prévu une dérogation aux règles de l'article 373-2-13 du Code civil, consistant en une tentative obligatoire de médiation familiale préalable à la saisine du juge aux affaires familiales. Concrètement, dans les ressorts des juridictions désignées à titre expérimental par un arrêté[46] du 16 mars 2017, les parents ne pourront pas s'adresser directement au juge aux affaires familiales en vue de faire modifier les modalités d'exercice de l'autorité parentale, sans avoir au préalable tenté un processus de médiation, c'est-à-dire d'assister à une séance d'information pour connaître ce mode amiable de règlement des différends, dans le but de les inciter à le suivre. L'efficacité du dispositif expérimental repose sur la sanction procédurale qui accompagne l'absence de médiation préalable obligatoire, le juge pouvant soulever d'office l'irrecevabilité de la demande. Toutefois, trois exceptions ont été prévues, dans le but de ne pas entraver un accès immédiat, tout d'abord, en cas de concorde des parents qui soumettent une convention en vue de son homologation ; ensuite, si des violences ont été commises par l'un des parents sur l'autre ou sur l'enfant ; enfin, si l'absence de recours à la médiation est justifiée par un motif légitime, que l'on imagine être appréciée de manière restrictive. En cela, le texte retient une proposition formulée par le rapport *Guinchard*[47]. Une expérimentation similaire fut déjà menée devant les tribunaux de grande instance d'Arras et de Bordeaux, suite à la loi n° 2011-1862 du 12 décembre 2011, relative à la répartition des contentieux et à l'allégement de certaines procédures juridictionnelles[48]. Les promoteurs de ce mode amiable de résolution des conflits regretteront sans doute le caractère facultatif de la fin de non-recevoir pour le juge aux affaires familiales. Cela étant, l'expérimentation permettra peut-être d'apprécier la fréquence des irrecevabilités prononcées afin d'envisager la consécration d'une éventuelle obligation de soulever d'office l'irrecevabilité. Au demeurant, une telle sanction n'est concevable que si les parents disposent effectivement d'une offre de médiations familiales très étoffée dans le ressort de leur juridiction, ce qui n'est pas toujours le cas et suppose, une nouvelle fois, une indispensable information du citoyen portant sur l'existence et l'efficacité de la médiation familiale[49].

(44) C. civ., art. 373-2-13.
(45) CPC, art. 1179-1.
(46) A. 16 mars 2017, n° JUSB1707997A : *JO* 22 mars 2017, texte n° 32. Il s'agit des tribunaux de grande instance de Bayonne, Bordeaux, Cherbourg-en-Cotentin, Évry, Nantes, Nîmes, Montpellier, Pontoise, Rennes, Saint-Denis et Tours.
(47) S. Guinchard (ss dir.), *L'ambition raisonnée d'une justice apaisée*, Doc. fr., 2008.
(48) Cf. l'arrêté de désignation de ces juridictions : A. 16 mai 2013, n° AFSS1311619A : *JO* 31 mai.
(49) Cf. V. Égéa, *L'essor de la médiation familiale, un modèle pour les modes alternatifs de règlement des conflits ?* : *Rev. Lamy dr. civ.* déc. 2011, n° 4476.

B. – L'exception : l'exercice unilatéral de l'autorité parentale

1° Les hypothèses d'exercice unilatéral de l'autorité parentale

a) Exercice unilatéral justifié par l'intérêt de l'enfant

1314. – **Hypothèse générale.** L'article 372-2-1 du Code civil permet au juge aux affaires familiales de confier l'exercice de l'autorité parentale à l'un des deux parents, si l'intérêt de l'enfant le commande. Volontairement indéterminée, la notion d'intérêt de l'enfant vise une multitude de situations concrètes, qu'il appartiendra au juge de caractériser. L'appréciation de l'intérêt de l'enfant par les juges du fond est souveraine(50).

1315. – **Exceptions.** En dépit de la diversité des situations pouvant commander un exercice unilatéral de l'autorité parentale, dans l'intérêt de l'enfant, cette modalité d'exercice de l'autorité parentale demeure exceptionnelle. La coparentalité constitue toujours en ce domaine la règle de principe, même lorsque les parents sont séparés, comme le rappelle régulièrement la jurisprudence(51).

1316. – **Illustrations.** Est ainsi justifiée par l'intérêt de l'enfant la décision qui confie à la seule mère l'exercice de l'autorité parentale sur ses deux enfants, dès lors que la décision unilatérale du père de garder son fils auprès de lui, au mépris d'une décision de justice exécutoire, a entraîné la séparation des deux enfants très attachés l'un à l'autre ainsi qu'une rupture radicale de chacun des enfants avec l'autre parent. En l'espèce, la cour d'appel avait retenu également que la détermination du père à imposer sa propre loi était une source d'angoisse pour les enfants et permettait de douter de ses capacités à appréhender les besoins essentiels des enfants, dont l'intérêt est de normaliser, malgré la séparation, des relations avec chacun des parents, dans le strict respect de la loi et des décisions de justice(52). Dans un ordre d'idées voisin, justifie légalement sa décision au regard de l'intérêt de l'enfant l'arrêt qui confie l'autorité parentale à une mère seulement, ayant constaté la permanence d'une difficulté du père à prendre en considération des impératifs légitimes autres que les siens(53).

b) Filiation établie à l'égard d'un seul parent

1317. – **Solution logique.** Dans l'hypothèse où la filiation n'est établie qu'à l'égard d'un seul parent, en raison du décès de l'autre parent ou bien parce que la filiation n'a tout simplement pas été établie, l'autorité parentale fait logiquement l'objet d'un exercice unilatéral. Ainsi, le parent de l'enfant passe seul les actes relatifs à la personne de l'enfant. La situation n'a jamais véritablement suscité de difficultés

(50) Cass. 1re civ., 20 févr. 2007 : *Bull. civ.* 2007, I, n° 63 ; *Dr. famille* 2007, comm. 103, note P. Murat.
(51) Cass. 1re civ., 13 sept. 2017, n° 16-18.277 : *JCP G* 2018, doctr. 228, n° 16, obs. A. Gouttenoire. – Cass. 1re civ., 12 oct. 2017, n° 17-16.760 ; *JCP G* 2018, doctr. 228, n° 16, obs. A. Gouttenoire. – Cass. 1re civ., 20 févr. 2007, préc. ; cf. déjà dans le même sens, avant la réforme opérée par la loi n° 2002-305 du 4 mars 2002 : Cass. 2e civ., 31 mai 1995 : *Bull. civ.* 1995, II, n° 165 (cassation d'un arrêt omettant de relever en quoi l'intérêt de l'enfant commandait que l'autorité parentale fût confiée à un seul des deux parents).
(52) Cass. 1re civ., 7 janv. 2006 : *Bull. civ.* 2006, I, n° 10 ; *JCP G* 2006, II, 10177 (1re esp.), note F. Boulanger.
(53) Cass. 1re civ., 26 juin 2013, n° 12-17.275 : *Bull. civ.* 2013, I, n° 138 ; *RTD civ.* 2013, 590, obs. J. Hauser.

en ce qui concerne l'exercice de l'autorité parentale relativement à la personne de l'enfant, mais elle a longtemps été plus problématique au sujet de l'administration légale des biens de l'enfant. Dans une telle hypothèse en effet, l'administration légale des biens de l'enfant était faite sous contrôle judiciaire[54], jusqu'au 1er janvier 2016.

c) Seconde filiation établie plus d'un an après la première

1318. – **Parenté sans parentalité.** Dans l'hypothèse envisagée par l'article 372, alinéa 2 du Code civil, où l'établissement de la seconde filiation de l'enfant intervient plus d'un an après l'établissement du premier lien de parenté, le deuxième parent ne se trouve pas investi des prérogatives de l'autorité parentale, sous réserve des hypothèses de rétablissement volontaire ou judiciaire de la coparentalité prévues par le troisième alinéa. La filiation de l'enfant peut donc parfaitement être établie à l'égard des deux parents, mais l'autorité parentale exercée par un seul. Il suffit pour cela que, dans cette hypothèse, les parents n'adressent pas au greffier en chef du tribunal de grande instance la déclaration prévue à l'article 372, alinéa 3 du Code civil et que le parent dont la filiation a été établie en second ne saisisse pas le juge aux affaires familiales.

d) Filiation judiciairement établie

1319. – **Renvoi.** L'article 372, alinéa 2 du Code civil assimile les incidences juridiques de l'établissement judiciaire de la filiation à l'hypothèse d'une seconde filiation établie plus d'un an après la première. Il en résulte que lorsque la seconde filiation a été établie par un jugement, suite à une action en recherche de paternité notamment, le parent dont la filiation a été établie en premier continue d'exercer seul l'autorité parentale, lorsque les parents n'ont pas procédé à la déclaration mentionnée au troisième alinéa de l'article 372 du Code civil et faute de saisine du juge aux affaires familiales sollicitant un exercice commun de l'autorité parentale.

e) Parent hors d'état de manifester sa volonté

1320. – **Impossibilité de manifester sa volonté.** L'article 373 du Code civil prévoit une autre hypothèse d'exercice unilatéral de l'autorité parentale, en disposant qu'est privé de l'exercice de l'autorité parentale le père ou la mère qui est hors d'état de manifester sa volonté, en raison de son incapacité, de son absence ou de toute autre cause.

2° Les modalités de l'exercice unilatéral de l'autorité parentale

a) Droit de visite et d'hébergement

1321. – **Principe.** Lorsque le juge confie l'autorité parentale à un seul parent, dans l'intérêt de l'enfant ou bien en raison de l'une des hypothèses prévues aux articles 372, alinéa 2, 373 et 373-1 du Code civil, l'autre parent conserve en principe un droit de visite et d'hébergement. Il s'agit d'une traduction de l'obligation

(54) Sur ce point, V. *infra*, nos 1345 et s.

des parents de maintenir des relations personnelles avec l'enfant et de respecter les liens de celui-ci avec l'autre parent[55].

1322. - **Motifs graves.** Le parent auquel l'exercice de l'autorité parentale n'a pas été confié ne pourra être privé de son droit de visite et d'hébergement que de manière très exceptionnelle. La formulation de l'article 373-2-1, alinéa 2 du Code civil ne laisse guère de doute sur ce point en disposant que « l'exercice du droit de visite et d'hébergement ne peut être refusé à l'autre parent que pour des motifs graves ». La jurisprudence se révèle ici rigoureuse en exigeant de véritables motifs graves et pas seulement une vague référence à l'intérêt de l'enfant. Viole ainsi les articles 371-1, 372 et 372-8 du Code civil l'arrêt qui réserve le droit de visite du père en retenant que même en l'absence de motifs graves permettant de supprimer ce droit, instaurer un tel droit en faveur du père risquerait de perturber gravement l'équilibre psychologique de l'enfant[56], alors même que le divorce fut prononcé aux torts exclusifs du mari reconnu coupable de violence envers son épouse, de manquement à son devoir de secours et de soustraction de l'enfant commun du domicile conjugal. En revanche, constitue un motif grave justifiant de ne pas accorder au père un droit de visite et d'hébergement, le fait de faire peser sur ses filles des pressions morales et psychologiques, notamment en exigeant d'elles le port du voile islamique et le respect de l'interdiction de se baigner dans des piscines publiques[57].

1323. - **Espace rencontre.** Lorsque, conformément à l'intérêt de l'enfant, la continuité et l'effectivité des liens de l'enfant avec le parent qui n'a pas l'exercice de l'autorité parentale l'exigent, le juge aux affaires familiales peut organiser le droit de visite dans un espace de rencontre désigné à cet effet[58], à condition de déterminer avec précision la durée et la périodicité de ces rencontres[59].

1324. - **Danger.** Lorsque l'intérêt de l'enfant le commande ou lorsque la remise directe de l'enfant à l'autre parent présente un danger pour l'un d'eux, le juge en organise les modalités pour qu'elle présente toutes les garanties nécessaires. Il peut prévoir qu'elle s'effectue dans un espace de rencontre qu'il désigne, ou avec l'assistance d'un tiers de confiance ou du représentant d'une personne morale qualifiée[60].

b) Surveillance de l'entretien et de l'éducation de l'enfant

1325. - **Information nécessaire.** L'article 373-2-1, alinéa 4 du Code civil dispose que le parent qui n'a pas l'exercice de l'autorité parentale conserve le droit et le devoir de surveiller l'entretien et l'éducation de l'enfant. Par ailleurs, ce parent doit être informé des choix importants relatifs à la vie de l'enfant. Enfin, le parent qui n'exerce pas l'autorité parentale demeure tenu de contribuer à l'entretien et à

(55) C. civ., art. 373-2, al. 2.
(56) Cass. 1re civ., 14 mars 2006 : *Bull. civ.* 2006, I, n° 147 ; *RTD civ.* 2006, 300 et 549, obs. J. Hauser ; *Dr. famille* 2006, comm. 157, note P. Murat.
(57) Cass. 1re civ., 24 oct. 2000 : *Bull. civ.* 2000, I, n° 262.
(58) C. civ., art. 373-2-1, al. 2.
(59) Sur ce point, V. *supra*, n° 1309.
(60) C. civ., art. 373-2-1, al. 3.

l'éducation de l'enfant, à proportion de ses ressources, de celles de l'autre parent, et des besoins de l'enfant. Si cette obligation s'exécute en principe en nature, du fait de la communauté de vie existant entre le parent et l'enfant, elle prend la forme d'une pension alimentaire lorsque le parent n'exerce pas l'autorité parentale, dont il demeure tout de même titulaire.

1326. – **Incidences de la recomposition familiale.** En dépit de l'affirmation de cette obligation pour le parent n'exerçant pas l'autorité parentale de contribuer encore à l'entretien et l'éducation de l'enfant, les faits se révèlent souvent têtus en ce domaine, notamment en raison de la recomposition familiale. Tel est le cas lorsque le parent qui exerce l'autorité parentale et, par conséquent, chez lequel l'enfant a sa résidence, entretient une nouvelle relation affective. Dans cette situation de recomposition familiale, une communauté de vie existe entre l'enfant et le beau-parent, ce qui ne va pas sans entraîner des conséquences pour l'entretien et l'éducation de l'enfant. Comme cela a été démontré, la vie commune avec le beau-parent entraîne, de fait, une prise en charge en nature plus ou moins forte de l'entretien[(61)], alors que, dans le même temps, le parent qui n'exerce pas l'autorité parentale exécutera son obligation sous forme de pension alimentaire ou durant de brefs droits de visite et d'hébergement. Il en va de même, au demeurant, au sujet du devoir d'éducation, car la simple présence du beau-parent constitue pour l'enfant un modèle, voire un anti-modèle, ce qui s'impose comme un mode de transmission de valeurs.

II. – Les modalités d'exercice de l'autorité parentale en droit international et européen

1327. – **Internationalisation.** À l'image des autres rapports sociaux que le droit se trouve amené à régir, les relations familiales contemporaines connaissent une internationalisation remarquée. En raison de la construction européenne, de l'immigration, des progrès techniques affectant le transport et les communications, il devient fréquent que la relation parentale présente un élément d'extranéité, c'est-à-dire un lien avec au moins un État autre que la France. Tel sera le cas par exemple lorsque le père est français et que la mère a la nationalité luxembourgeoise, et que le couple s'installe à Bruxelles pour des raisons professionnelles, où naissent deux enfants. Les questions classiques de droit international privé se posent alors. Ainsi convient-il de connaître la juridiction compétente pour déterminer les modalités d'exercice du droit de garde ainsi que la loi applicable à l'autorité parentale. La reconnaissance et l'exécution en France d'une décision rendue à l'étranger constituent également un problème qui affecte les modalités d'exercice de l'autorité parentale dans l'ordre européen et international, car en ce domaine les médiatiques affaires d'enlèvement international d'enfant par l'un de ses parents démontrent, s'il en était besoin, l'indéniable complexité de la situation.

(61) Cf. C. Neirinck, *Créance d'entretien de l'enfant et vie sentimentale des parents débiteurs*, in *Mél. Hauser*, LexisNexis et Dalloz, 2012, p. 453.

1328. – **Normes applicables.** Les normes régissant les modalités d'exercice de l'autorité parentale en droit international et européen se distinguent par leur diversité et leur foisonnement[62]. Ainsi peut-on citer :

– la Convention de New York des droits de l'enfant (CIDE), qui a été signée en 1989 sous l'égide de l'ONU et constitue une sorte de déclaration universelle des droits de l'enfant ;

– la convention de La Haye du 19 octobre 1996 qui, de manière classique, consacre des règles de compétence juridictionnelle ainsi que des règles de conflits de lois dans le domaine de la responsabilité parentale ;

– le règlement n° 2201/2003 du 27 novembre 2003, dit « Bruxelles II bis », qui s'inscrit dans une perspective différente car il concerne le conflit de juridiction entendu de manière large. Il permet dans le domaine de la désunion d'un couple marié ou pas, et en matière de responsabilité parentale[63], de déterminer la juridiction d'un État membre de l'Union européenne compétente, de régler les conflits de procédure et d'assurer la reconnaissance et l'exécution des jugements rendus par les juridictions des États membres sur le sol des autres États membres. Le règlement Bruxelles II bis constitue une pièce maîtresse dans la construction d'un espace judiciaire civil européen sans cesse plus développé[64] ;

– le règlement n° 4/2009 du 18 décembre 2008, dit « règlement obligations alimentaires » intéresse également les relations entre parents et enfants, mais uniquement dans la perspective d'une obligation parentale d'entretien, car sinon le texte ne se cantonne pas aux rapports alimentaires nés de la parenté ;

– les conventions bilatérales signées par la France, comme la convention franco-marocaine du 10 août 1981 relative au statut des personnes et de la famille et à la coopération judiciaire, par exemple ;

– des dispositions de droit interne continuent de pouvoir être invoquées, mais de manière somme toute assez parcellaire et subsidiaire, et permettent parfois de déterminer la juridiction compétente, par exemple en se fondant sur les articles 14 et 15 du Code civil. Le poids des règles d'origine interne s'avère théoriquement intéressant, mais revêt des incidences majeures.

A. – Les conflits de juridictions

1° Compétence des juridictions françaises

1329. – **Hiérarchie.** En raison de la multiplicité des sources qui édictent des règles de compétence juridictionnelle, une hiérarchie s'avère indispensable afin de déterminer le texte sur le lequel le juge français de l'autorité parentale doit fonder

(62) S. Grataloup, *L'enfant et sa famille dans les normes européennes*, LGDJ, 1998.

(63) En droit européen, le terme de responsabilité parentale reçoit une signification particulière qui correspond à l'exercice de l'autorité parentale au sens du droit interne.

(64) Le développement remarquable de l'espace judiciaire en matière civile provient non seulement d'une volonté politique qui s'exprime en ce sens et apparaît désormais dans le programme de Stockholm, mais aussi des modifications successives des traités fondateurs, puisque c'est une modification effectuée à l'époque du traité d'Amsterdam qui a fait basculer la coopération judiciaire en matière civile de ce que l'on nommait jadis le troisième pilier vers le premier pilier. Concrètement, cela signifie que depuis le traité d'Amsterdam, les règlements qui intéressent la coopération judiciaire en matière civile relèvent de la compétence de l'Union, et il s'agit même d'une véritable politique européenne à part entière, au même titre que la politique monétaire ou la politique agricole commune, dépassant ainsi le cadre de rapports interétatiques.

sa compétence. Jadis, les articles 14 et 15 du Code civil, qui permettaient une saisine des juridictions françaises en raison de la nationalité française de l'une des parties, trônaient en haut de cette hiérarchie. L'ordre a quelque peu été bouleversé par la jurisprudence, sous l'influence du droit européen. Désormais, la compétence du juge français doit en principe être fondée sur les règles de droit de l'Union européenne et, en particulier, sur les articles 8 et suivants en ce qui concerne le domaine de la responsabilité parentale. À défaut d'une compétence fondée sur les dispositions du droit de l'Union européenne, le juge français doit en principe se tourner vers les conventions internationales ratifiées par la France. Faute d'une convention internationale déterminant la compétence du juge français de l'autorité parentale, il convient en dernier lieu et de manière subsidiaire d'appliquer enfin les dispositions de droit interne, à savoir les règles ordinaires de compétence interne transposées dans l'ordre international et, en dernier lieu, les privilèges de juridiction des articles 14 et 15 du Code civil.

1330. – **Résidence habituelle de l'enfant.** De manière générale, la juridiction compétente pour connaître d'une question de responsabilité parentale dans l'ordre international est le tribunal du lieu où se trouve la résidence habituelle de l'enfant. Le chef de compétence repose sur la présomption selon laquelle la proximité satisfait l'intérêt de l'enfant, et il se retrouve à l'article 8 du règlement n° 2201/2003, dit « Bruxelles II bis », mais également dans la convention de La Haye du 19 octobre 1996. Lorsque ces textes ne permettent pas de fonder la compétence du juge aux affaires familiales français, il convient alors de se tourner vers les principes posés par l'article 1070 du Code de procédure civile et, en dernier lieu et de manière subsidiaire, vers les articles 14 et 15 du Code civil qui fondent quant à eux la compétence du juge français sur la nationalité française de l'une des parties. Il résulte de cette hiérarchie un constat d'évidente primauté de la résidence habituelle de l'enfant comme critère permettant de déterminer le juge compétent. Dans le contentieux familial international, l'enjeu consiste désormais à localiser géographiquement cette fameuse résidence habituelle de l'enfant, eu égard aux critères que la Cour de justice a donné de cette notion autonome du droit européen[65].

CJUE, 3e ch., 2 avr. 2009, aff. C-523/07, A.

(...)

La notion de « résidence habituelle », au titre de l'article 8, paragraphe 1, du règlement n° 2201/2003, doit être interprétée en ce sens que cette résidence correspond au lieu qui traduit une certaine intégration de l'enfant dans un environnement social et familial. À cette fin, doivent notamment être pris en considération la durée, la régularité, les conditions et les raisons du séjour sur le territoire d'un État membre et du déménagement de la famille dans cet État, la nationalité de l'enfant, le lieu et les conditions de scolarisation, les connaissances linguistiques ainsi que les rapports familiaux et sociaux entretenus par l'enfant dans ledit État. Il appartient à la juridiction nationale d'établir la résidence habituelle de l'enfant en tenant compte de l'ensemble des circonstances de fait particulières à chaque cas d'espèce.

(...)

Commentaires : *Europe* 2009, comm. 265, note L. Idot ; *Procédures* 2009, comm. 277, note C. Nourissat ; *JCP G* 2009, 316, note F. Boulanger ; *RTD civ.* 2009, 714, obs. J. Hauser ; *Rev. crit. DIP* 2009, 791, note E. Gallant ; *AJF* 2009, 294, note A. Boiché ; *D.* 2010, 1585, obs. F. Jault-Seseke.

(65) La notion autonome signifie que la notion de résidence au sens du droit de l'Union européenne ne correspond pas nécessairement à la notion au sens de l'un des droits internes, d'où le qualificatif « d'autonome ».

CJUE, 1re ch., 22 déc. 2010, aff. C-497/10 PPU, *Barbara Mercredi*

(...)

§. 56. Il découle de tout ce qui précède qu'il convient de répondre à la première question que la notion de « résidence habituelle », au sens des articles 8 et 10 du règlement, doit être interprétée en ce sens que cette résidence correspond au lieu qui traduit une certaine intégration de l'enfant dans un environnement social et familial. À cette fin, et lorsque est en cause la situation d'un nourrisson qui séjourne avec sa mère depuis quelques jours seulement dans un État membre autre que celui de sa résidence habituelle, vers lequel il a été déplacé, doivent notamment être pris en considération, d'une part, la durée, la régularité, les conditions et les raisons du séjour sur le territoire de cet État membre et du déménagement de la mère dans ledit État, et, d'autre part, en raison notamment de l'âge de l'enfant, les origines géographiques et familiales de la mère ainsi que les rapports familiaux et sociaux entretenus par celle-ci et l'enfant dans le même État membre. Il appartient à la juridiction nationale d'établir la résidence habituelle de l'enfant en tenant compte de l'ensemble des circonstances de fait particulières de chaque cas d'espèce.

(...)

Commentaires : *Europe* 2011, comm. 117, note L. Idot ; *Procédures* 2011, comm. 60, note C. Nourissat ; *RTDE* 2011, 481, obs. M. Douchy-Oudot ; *Dr. famille* 2011, comm. 66, note E. Viganotti.

1331. – **Prorogations de compétence.** D'autres chefs de compétence permettent également au juge français d'être reconnu internationalement compétent. Ainsi, dans le cadre du règlement Bruxelles II bis, qui constitue désormais le droit commun en France, le juge français peut également être amené à connaître du litige en raison des prorogations de compétence prévues à l'article 12. Les prorogations de compétence prévues par le règlement Bruxelles II bis reposent sur une volonté de rationaliser le traitement juridictionnel du contentieux familial international.

Premièrement, les juridictions de l'État membre où la compétence est exercée en vertu de l'article 3 du règlement, pour statuer sur une demande en divorce, en séparation de corps ou en annulation du mariage des époux, sont compétentes pour toute question relative à la responsabilité parentale liée à cette demande lorsqu'au moins l'un des époux exerce sa responsabilité parentale à l'égard de l'enfant et que la compétence de ces juridictions a été acceptée expressément ou de toute autre manière non équivoque par les époux et par les titulaires de la responsabilité parentale, à la date à laquelle la juridiction est saisie et qu'elle est dans l'intérêt supérieur de l'enfant. Concrètement, la prorogation de compétence offre la possibilité, si les époux l'acceptent, de saisir le juge d'un État membre déjà compétent pour connaître du divorce afin de lui demander de se prononcer également sur la responsabilité parentale. Ainsi, le juge français pourra en pratique être sollicité pour statuer, à l'occasion d'un divorce, sur des questions de responsabilité parentale d'un enfant dont la résidence habituelle se trouve en Pologne. Il faut saisir en effet que les règles de compétence qui se développent au sein de l'espace judiciaire civil européen proviennent du puissant postulat qui anime certaines autorités européennes : le principe de confiance mutuelle. Ce postulat suppose que toutes les juridictions des différents États membres se valent et offrent un degré équivalent de protection juridictionnelle des droits et libertés fondamentaux. Il s'agit en somme de transposer à l'échelon de l'Union européenne le principe qui gouverne les ressorts des juridictions en droit interne. Dans cette perspective, la concentration du contentieux qui provient d'une prorogation de compétence fondée sur l'article 12, § 1 ne pose guère de difficulté, du moins d'un point de vue théorique, justifiant une dérogation au principe de proximité qui anime l'article 8.

Deuxièmement, les juridictions d'un État membre, autre que celui sur le territoire duquel se trouve la résidence habituelle de l'enfant, sont également compétentes en matière de responsabilité parentale, en dehors d'une procédure de désunion, à certaines conditions précisées par l'article 12, § 2 du règlement n° 2201/2003. La seconde règle de prorogation de compétence concerne donc plus précisément les enfants dont les parents ne sont pas mariés(66). Ainsi pour que les juridictions d'un État autre que l'État où se trouve la résidence habituelle de l'enfant aient compétence, l'enfant doit avoir un lien étroit avec cet État. Tel est le cas, en particulier, lorsque l'un des titulaires de la responsabilité parentale y a sa résidence habituelle ou que l'enfant est ressortissant de cet État membre et que leur compétence a été acceptée expressément ou de toute autre manière non équivoque(67) par toutes les parties(68) à la procédure.

Troisièmement et à titre exceptionnel, les juridictions d'un État membre de l'Union européenne peuvent être également compétentes lorsque l'enfant a sa résidence habituelle sur le territoire d'un État tiers, qui n'est pas partie contractante à la convention de La Haye du 19 octobre 1996, en se fondant sur l'intérêt supérieur de l'enfant notamment lorsqu'une procédure s'avère impossible dans l'État tiers concerné.

Prolongement pratique

Le renvoi au juge mieux placé

1332. – En dépit des règles de compétence de physionomie relativement classique que comporte le règlement Bruxelles II bis, une véritable innovation a été introduite à l'article 15 du règlement et concerne le mécanisme du renvoi au juge mieux placé pour connaître de l'affaire. Il s'agit de permettre au juge d'un État membre de modérer sa propre compétence, pour la décliner au profit des juridictions d'un autre État membre. Très innovant, ce mécanisme constitue une expression positive du principe de confiance mutuelle, mais demeure évidemment soumis à certaines conditions. Ainsi, la juridiction à laquelle l'affaire est renvoyée doit présenter un lien particulier avec l'enfant et le tout doit, sans surprise, servir l'intérêt de l'enfant qui, une nouvelle fois en ce domaine, sert de justification à un mécanisme aussi novateur que dérogatoire. L'innovation se révèle d'autant plus remarquable que la juridiction saisie peut procéder de la sorte à la demande des parties, ce qui se justifie pleinement, mais également d'office si nécessaire, voire à la demande de la juridiction d'un autre État membre. Dans ces deux dernières hypothèses, l'une des parties au moins doit avoir accepté le renvoi. Le mécanisme constitue une véritable règle de compétence, comme l'a indirectement décidé la Cour de justice de l'Union européenne(69) dans un arrêt du 19 novembre 2015.

(66) Expressément confirmé par la Cour de justice : CJUE, 3e ch., 12 nov. 2014, aff. C-656/13, *L. c/ M.* : *Europe* 2015, comm. 44, obs. L. Idot ; *Procédures* 2015, comm. 13, obs. C. Nourissat ; *RTDE* 2015, 383, obs. V. Égéa ; *AJF* 2015, 49, obs. E. Viganotti.

(67) Ce qui suppose : soit une saisine faite par un acte conjonctif ; soit une saisine faite par l'un des parents sans contestation de la compétence par le parent défendeur qui, par son attitude procédurale, manifeste son acceptation non équivoque. Sur ce point, cf. V. Égéa, obs. préc. ss CJUE, 3e ch., 12 nov. 2014, aff. C-656/13.

(68) Y compris par le ministère public lorsqu'il est partie jointe à l'instance, cf. CJUE, 6e ch., 19 avr. 2018, aff. C-565/16, *Saporano c/ Kalliopi-Chloi Xylina.*

(69) CJUE, 19 nov. 2015, aff. C-455/15, *P. c/ B.* : *Procédures* 2016, comm. 16, obs. C. Nourissat ; *Europe* 2016, comm. 35, obs. L. Idot ; *RTDE* 2016, 444, obs. V. Égéa ; *AJF* 2016, 48, obs. E. Viganotti ; *D.* 2016, 1045, obs. H. Gaudemet-Tallon et F. Jault-Seseke.

2° L'exécution des décisions

a) Reconnaissance de plein droit

1333. - **Signification.** En droit international privé, la reconnaissance d'une décision étrangère concerne l'effet substantiel du jugement. Il s'agit de déterminer à quelles conditions un ordre juridique reconnaît l'autorité de la chose jugée à l'étranger. La question se révèle déterminante puisque si la décision étrangère fait bel et bien l'objet d'une reconnaissance, alors l'État qui y procède ne peut en principe plus juger de la même cause entre les mêmes parties. La reconnaissance des décisions étrangères participe assurément d'un mouvement d'ouverture des ordres juridiques nationaux, de coordination des États et de courtoisie internationale.

1334. - **Conséquence de la confiance mutuelle.** Dans le cadre du règlement Bruxelles II bis, les décisions rendues dans un État membre en matière de responsabilité parentale sont reconnues dans les autres États membres, sans qu'il soit nécessaire de recourir à aucune procédure spécifique(70). Le principe de pleine reconnaissance des décisions rendues dans un État membre de l'Union européenne exprime donc pleinement le principe de confiance mutuelle(71).

1335. - **Décisions au fond.** Le principe de pleine reconnaissance des décisions rendues en matière de responsabilité parentale ne concerne cependant, de manière opportune, que les jugements rendus au fond et non les mesures provisoires(72). Afin de sécuriser la situation, toute partie intéressée peut demander que soit prise une décision de reconnaissance ou de non-reconnaissance de la décision.

1336. - **Motifs de non-reconnaissance.** En dépit de l'importance occupée par la reconnaissance de plein droit dans le règlement Bruxelles II bis, et malgré la volonté des autorités européennes d'enraciner le principe de confiance mutuelle, le texte réserve toutefois des possibilités de ne pas reconnaître des décisions rendues en matière de responsabilité parentale(73). Trois séries de motifs se trouvent énumérées. Ainsi, une décision en matière de responsabilité parentale n'est pas reconnue :

– tout d'abord, si la reconnaissance est manifestement contraire à l'ordre public de l'État membre requis eu égard aux intérêts supérieurs de l'enfant ;

– ensuite, une deuxième série de motifs concerne le défaut d'audition de l'enfant, sous réserve de l'urgence, ainsi qu'un défaut de signification ou de notification de l'acte introductif d'instance, en temps utile, permettant à la personne de pourvoir à sa défense ;

– enfin, les derniers motifs de non-reconnaissance concernent l'inconciliabilité des décisions.

(70) Cf. E. Gallant, *La circulation en Europe des décisions relatives à la responsabilité parentale* : *RAE* 2014/2, p. 337. – E. Guinchard, *Le droit international privé européen de l'exécution en matière extrapatrimoniale (Règlement Bruxelles II bis)* : *AJF* mars 2006, 99. – A. Devers, *La reconnaissance et l'exécution des décisions sous l'empire du règlement Bruxelles II bis* : *AJF* juill. 2005, p. 262.

(71) Sur lequel V. *supra*, n°s 430-431.

(72) CJUE, 2e ch., 15 juill. 2010, aff. C-256/09, *Bianca Purrucker c/ Guillermo Vallés Pérez* : *Europe* 2010, comm. 350, note L. Idot ; *Procédures* 2010, comm. 343, note C. Nourissat ; *AJF* 2010, 539, note A. Boiché ; *RTD civ.* 2011, 115, obs. J. Hauser ; *D.* 2011, 1374, obs. F. Jault-Seseke.

(73) Règl. n° 2201/2003, art. 23.

b) Déclaration de force exécutoire

1337. - **Signification.** L'exécution sur le sol national d'une décision rendue à l'étranger concerne assurément la souveraineté de l'État, comme en atteste en France la lettre de la formule exécutoire(74). Ainsi, l'État requis d'exécuter sur son territoire un jugement rendu à l'étranger dispose en principe d'une entière liberté pour vérifier sa conformité à l'ordre public national. De manière schématique, une dissociation s'opère entre la *jurisdictio* qui s'effectue dans un État et l'*imperium* qui s'opère dans un autre État. En droit international privé de droit commun, une procédure spécifique permet ainsi de donner force exécutoire à la décision étrangère : il s'agit de l'*exequatur*. Lorsque la décision présente certaines conditions de régularité et de conformité à l'ordre public du for, le juge de l'État requis délivre un *exequatur* qui rend la décision exécutoire en France. Sans *exequatur*, tout huissier de justice refusera de mettre à exécution la décision étrangère. Dans un espace régional tel que l'Europe(75) où le principe de confiance mutuelle fonde la légitimité de la construction d'un espace judiciaire civil, le degré d'exigence se trouve abaissé.

1338. - ***Exequatur* simplifié.** Le règlement Bruxelles II bis, à l'instar de la plupart des autres textes qui organisent un espace judiciaire civil européen, consacre un mécanisme d'*exequatur* simplifié qui repose sur simple déclaration judiciaire de force exécutoire, afin de faciliter la circulation des décisions de justice. Ainsi, les décisions rendues dans un État membre sur l'exercice de la responsabilité parentale à l'égard d'un enfant, qui y sont exécutoires et qui ont été signifiées ou notifiées, sont mises en exécution dans un autre État membre après y avoir été déclarées exécutoires sur requête de toute partie intéressée(76).

1339. - **Refus d'exécution.** À l'instar des motifs de non-reconnaissance réservés par le règlement Bruxelles II bis, ce dernier règlement prévoit des motifs que l'État requis d'exécuter le jugement rendu dans un autre État membre peut invoquer pour refuser l'exécution. Les motifs de refus d'exécution sont les mêmes que ceux permettant de s'opposer à la reconnaissance d'un jugement rendu dans un État membre(77).

---

(74) D. n° 47-1047, 12 juin 1947, relatif à la formule exécutoire, art. 1er : « Les expéditions des arrêts, jugements, mandats de justice, ainsi que les grosses et expéditions des contrats et de tous les actes susceptibles d'exécution forcée, seront intitulées ainsi qu'il suit :
"République française
Au nom du peuple français", et terminées par la formule suivante :
"En conséquence, la République française mande et ordonne à tous huissiers de justice, sur ce requis, de mettre ledit arrêt (ou ledit jugement, etc.) à exécution, aux procureurs généraux et aux procureurs de la République près les tribunaux de grande instance d'y tenir la main, à tous commandants et officiers de la force publique de prêter main-forte lorsqu'ils en seront légalement requis.
En foi de quoi, le présent arrêt (ou jugement, etc.) a été signé par...".

(75) Ici entendue comme étant l'Union européenne, d'une part, et les États liés par la convention de Lugano (Danemark, Islande, Suisse, Norvège), d'autre part.

(76) Pour une illustration, cf. CJUE, 2e ch., 26 avr. 2012, aff. C-92/12 PPU, *Health Service Executive c/ S.C., A.C.* : *Europe* 2012, comm. 264, note L. Idot ; *RTDE* 2012, 688, note M. Douchy-Oudot : « Le règlement n° 2201/2003 doit être interprété en ce sens qu'une décision d'une juridiction d'un État membre qui ordonne le placement forcé d'un enfant dans un établissement fermé situé dans un autre État membre doit, avant sa mise en exécution dans l'État membre requis, être déclarée exécutoire dans cet État membre. Afin de ne pas priver ce règlement de son effet utile, la décision de la juridiction de l'État membre requis relative à la requête en déclaration de la force exécutoire doit être prise avec une célérité particulière sans que les recours portés contre une telle décision de la juridiction de l'État membre requis puissent avoir un effet suspensif ».

(77) Règl. n° 2201/2003, art. 31.

Prolongement pratique

La requête en déclaration de force exécutoire

1340. – D'un point de vue procédural, la requête en déclaration de force exécutoire se trouve régie par l'article 509-2 du Code de procédure civile, dans sa rédaction issue d'un décret n° 2015-1395 du 2 novembre 2015. La vigilance s'impose ici, car le texte ne concerne que certaines décisions rendues en matière de responsabilité parentale. En effet, les jugements qui concernent le droit de visite transfrontière ou qui ordonnent le retour immédiat de l'enfant enlevé relèvent quant à eux de la procédure organisée par l'article 509-1 du Code de procédure civile. Ainsi, pour les jugements rendus en matière de responsabilité parentale, à l'exception de ceux qui concernent le droit de visite transfrontière ou qui ordonnent le retour immédiat de l'enfant enlevé, les requêtes aux fins de reconnaissance ou de constatation de la force exécutoire, sur le territoire de la République, des titres exécutoires étrangers doivent être présentées au président du tribunal de grande instance ou à son délégué. Les requêtes présentées devant le juge sont dispensées du ministère d'avocat.

c) Certification de la décision et suppression de l'exequatur

1341. – **Innovation.** Lors de l'adoption du règlement Bruxelles II bis, l'une des innovations les plus remarquées(78) consista à supprimer purement et simplement tout *exequatur* pour les jugements rendus par une juridiction d'un État membre de l'Union européenne, statuant sur le droit de visite(79) transfrontière ou ordonnant le retour immédiat de l'enfant enlevé(80). Ces jugements se trouvent dotés d'une véritable force exécutoire européenne dès lors qu'ils font l'objet d'une certification dans l'État membre où ils ont été rendus. Concrètement, le juge de l'État membre qui statue sur le droit de garde de l'enfant remplit un formulaire type qui accompagne la décision et constitue en quelque sorte le passeport juridique lui permettant de devenir directement exécutoire à l'étranger, sans aucune formalité de contrôle, même minime.

1342. – **Concentration du contentieux.** La certification de la décision devient donc le moment procédural essentiel, dont l'issue débouche sur une aptitude du jugement à circuler aisément au sein de l'espace judiciaire civil européen. Encore faut-il déterminer l'autorité juridictionnelle compétente pour connaître d'une éventuelle contestation. La Cour de justice a jugé que la juridiction de l'État membre d'exécution ne peut pas s'opposer à l'exécution d'une décision certifiée ordonnant le retour d'un enfant illicitement retenu au motif que la juridiction

(78) P. Hammje, *Le règlement (CE) n° 2201/2003 du 27 novembre 2003 dit « Bruxelles II bis ». Les règles relatives à la reconnaissance et l'exécution*, in H. Fulchiron et C. Nourissat, *Le nouveau droit communautaire du divorce et de la responsabilité parentale*, Dalloz, 2005, p. 87. – V. Égéa, *Une source d'inspiration pour l'espace judiciaire civil européen : le règlement Bruxelles II bis*, in *La justice civile européenne en marche*, ss dir. M. Douchy-Oudot et E. Guinchard, Dalloz, 2012, p. 35.

(79) Le droit de visite au sens du règlement Bruxelles II bis s'entend de manière autonome et englobe ainsi le droit de visite des grands-parents à l'égard de leurs petits enfants : CJUE, 31 mai 2018, aff. C-335/17, *Valcheva c/ Babanarakis* : *AJF* 2018, 394, obs. E. Viganotti.

(80) Règl. n° 2201/2203, art. 40, 41 et 42.

de l'État membre d'origine qui a rendu cette décision aurait violé l'article 42 du règlement, interprété conformément à l'article 24 de la Charte des droits fondamentaux de l'Union européenne, l'appréciation de l'existence d'une telle violation relevant exclusivement de la compétence des juridictions de l'État membre d'origine[81]. Face à une décision certifiée, le principe de confiance mutuelle prend une signification absolue, puisque l'État requis d'exécuter le jugement ne dispose plus de la faculté de contrôler une exécution qui s'effectue pourtant sur son sol. L'État requis d'exécuter la décision rendue par une juridiction compétente d'un autre État membre ne constitue que le lieu d'exécution d'un jugement rendu dans le premier État. Dans le domaine du droit de visite transfrontière, et s'agissant du retour immédiat de l'enfant enlevé, un tel mécanisme ne paraît pas foncièrement incongru, dès lors qu'il s'agit de protéger l'intérêt supérieur de l'enfant, lequel implique d'éviter les chicaneries et autres exceptions procédurales aux finalités uniquement dilatoires. Au demeurant, l'originalité du mécanisme apparaît aujourd'hui beaucoup moins marquée que naguère puisque, depuis l'adoption du règlement Bruxelles II bis, le mécanisme de certification a fait l'objet d'une diffusion et d'une reprise par d'autres textes et, en particulier, par le règlement Bruxelles I bis, dans le domaine du droit des obligations.

Prolongement pratique

Comment présenter une demande de certification ?

1343. – Lorsque le juge aux affaires familiales français, compétent en vertu du règlement Bruxelles II bis, statue en matière de droit de visite transfrontière, la certification de la décision s'impose pour la faire exécuter sur le territoire des autres États membres de l'Union européenne. Comment solliciter une telle certification ?

Formellement, le modèle de certificat à remplir se trouve dans la troisième annexe du règlement Bruxelles II bis. En principe, selon l'article 41, § 3 du règlement Bruxelles II bis, le juge doit délivrer d'office ce certificat quand la décision devient exécutoire y compris par provision, dans l'hypothèse où ladite décision a, dès son prononcé, un caractère transfrontière[82]. S'il ne le fait pas ou qu'un droit de visite ayant au départ une dimension interne acquiert par la suite un caractère transfrontière, le dépôt d'une requête en certification demeure possible, à condition de la présenter au juge qui a rendu la décision, en l'occurrence le juge aux affaires familiales, et non au greffier en chef de la juridiction[83]. La solution apparaît clairement à l'article 509-1 du Code de procédure civile, dans sa rédaction issue du décret n° 2015-1395 du 2 novembre 2015 portant diverses dispositions d'adaptation au droit de l'Union européenne en matière de successions transfrontalières.

(81) CJUE, 1re ch., 22 déc. 2010, *Aguirre Zarraga* : *Rec. CJUE* 2010, I, p. 14247 ; *Europe* 2011, comm. 118, note L. Idot ; *Dr. famille* 2011, comm. 66, note E. Viganotti ; *RTDE* 2011, 482, obs. M. Douchy-Oudot ; *Rev. crit. DIP* 2012, 172, note H. Muir Watt ; *D.* 2011, 1374, obs. F. Jault-Seseke.

(82) Cf. Circ. JUS C 05 20 191 C, n° CIV/03/05, 28 oct. 2005, relative à l'entrée en vigueur du règlement (CE) n° 2201/2003 du Conseil du 27 novembre 2003 relatif à la compétence, la reconnaissance et l'exécution des décisions en matière matrimoniale et de responsabilité parentale abrogeant le règlement (CE) n° 1347/2000.

(83) Cass. 1re civ., 4 nov. 2015, n° 14-20.050 : *Dr. famille* 2016, chron. 1, spéc. nos 3 et s., obs. V. Égéa.

B. – La loi applicable

1344. – **Source de la règle de conflit.** Il n'existe pas encore, en matière d'autorité parentale, de règle de conflit de lois ayant une source européenne. Les sensibilités et traditions nationales se révèlent sans doute trop marquées pour envisager pour l'instant une réglementation européenne en ce domaine. Partant, la règle de conflit de lois provient soit de la convention de La Haye du 5 octobre 1961, soit de la convention de La Haye du 19 octobre 1996, soit du droit commun.

Les dispositions de la première convention s'appliquent à tous les mineurs qui résident habituellement sur le territoire de l'un des États contractants(84), ce qui est le cas de la France(85). En principe, les autorités de l'État contractant sur le territoire duquel l'enfant a sa résidence habituelle ont compétence pour prendre les mesures de protection selon leur loi interne(86). Pour autant, une prise en compte de la loi nationale de l'enfant demeure possible, car si les autorités de l'État dont le mineur est ressortissant considèrent que l'intérêt du mineur l'exige, elles peuvent, après avoir avisé les autorités de l'État de sa résidence habituelle, prendre selon leur loi interne des mesures tendant à la protection de sa personne ou de ses biens(87).

Pour autant, les dispositions de la convention du 19 octobre 1996 remplacent, entre les États l'ayant contractée, la convention du 5 octobre 1961, soit depuis le 1er février 2011 pour la France(88). En principe l'autorité parentale est régie par la loi de l'État de résidence habituelle de l'enfant(89).

C. – La lutte contre les enlèvements internationaux d'enfants

1345. – **Interdiction de sortie du territoire.** Pour lutter contre les enlèvements internationaux d'enfants, le juge aux affaires familiales dispose, depuis la loi n° 2010-769 du 9 juillet 2010, de la possibilité d'ordonner l'interdiction de sortie de l'enfant du territoire français sans l'autorisation des deux parents(90). Cette interdiction de sortie du territoire sans l'autorisation des deux parents est inscrite au fichier des personnes recherchées par le procureur de la République. La mise en œuvre

(84) Conv. La Haye, 5 oct. 1961, art. 13.

(85) Les États ayant contracté la convention de La Haye du 5 octobre 1961 sont l'Allemagne, l'Espagne, la France, l'Italie, la Lettonie, la Lituanie, le Luxembourg, les Pays-Bas, la Pologne, le Portugal, la Suisse, la Turquie.

(86) Conv. La Haye, 5 oct. 1961, art. 1er et 2. – Cf. par ex., pour l'ouverture d'une mesure de tutelle : Cass. 1re civ., 6 févr. 2001, n° 98-21.598 : *Bull. civ.* 2001, I, n° 23.

(87) Conv. La Haye, 5 oct. 1961, art. 3, le texte ajoute : « Cette loi détermine les conditions d'institution, modification et cessation desdites mesures. Elle régit également leurs effets tant en ce qui concerne les rapports entre le mineur et les personnes ou institutions qui en ont la charge, qu'à l'égard des tiers. L'application des mesures prises est assurée par les autorités de l'État dont le mineur est ressortissant ».

(88) Cf. Cass. 1re civ., 20 mars 2013, n° 11-24.388 qui rappelle qu'aux termes de l'article 53, § 1er de la convention de La Haye du 19 octobre 1996, la convention de s'applique qu'aux mesures prises dans un État après son entrée en vigueur.

(89) Conv. La Haye, 19 oct. 1996, art. 16.

(90) C. civ., art. 373-2-6 ; sur ce dispositif, cf. L. Talarico, *L'interdiction de sortie du territoire de l'enfant sans l'accord des deux parents : exigences légales ou pouvoir du juge ?* : *Dr. famille* 2011, étude 11 ; la Cour de cassation a jugé le dispositif mis en place conforme au droit de l'Union européenne, car il est nécessaire à la protection des libertés d'autrui en visant à préserver les liens des enfants avec ses deux parents pour garantir la continuité et l'effectivité du maintien du lien et pour prévenir les déplacements illicites : Cass. 1re civ., 8 mars 2017, n° 15-26.664 : *Dr. famille* 2017, chron. 2, spéc. nos 26 et s., obs. V. Égéa ; *Dr. famille* 2017, comm. 146, obs. A. Devers ; *D.* 2017, 1727, obs. Ph. Bonfils et A. Gouttenoire ; *RTD civ.* 2017, 370, obs. J. Hauser ; *AJF* 2017, 243, obs. M. Saulier.

concrète de l'interdiction de sortie du territoire fait l'objet d'une minutieuse réglementation aux articles 1180-3 et 1180-4 du Code de procédure civile, dans leur rédaction issue d'un décret n° 2012-1037 du 10 septembre 2012, entrée en application le 1er octobre 2012. D'autres ajustements procéduraux ont été apportés par un décret n° 2017-892 du 6 mai 2017, afin de désigner un tribunal de grande instance compétent au sein du ressort de chaque cour d'appel pour ordonner l'interdiction de sortie du territoire dans les hypothèses où cette mesure est sollicitée à l'occasion d'une demande de retour immédiat de l'enfant enlevé ou lorsque la demande est formée par le procureur de la République(91).

Code de procédure civile

Art. 1180-3. – Lorsque le juge aux affaires familiales prononce ou modifie une mesure, prise en application de l'article 373-2-6 du Code civil, d'interdiction de sortie du territoire d'un enfant mineur sans l'autorisation de ses deux parents, le greffe du juge aux affaires familiales en avise aussitôt le procureur de la République qui fait inscrire cette mesure au fichier des personnes recherchées ou fait procéder à la modification de l'inscription.

Lorsqu'une requête en divorce ou en séparation de corps mentionne l'existence d'une ordonnance de protection en cours d'exécution comportant une mesure d'interdiction de sortie du territoire d'un mineur sans l'autorisation de ses deux parents, le greffe du juge aux affaires familiales en avise aussitôt le procureur de la République. Celui-ci, après s'être assuré que les conditions mentionnées par l'article 1136-13 sont réunies, fait procéder en conséquence aux modifications de l'inscription au fichier des personnes recherchées en ce qui concerne la durée de validité de la mesure.

Art. 1180-4. – I. – La sortie du territoire d'un mineur faisant l'objet d'une mesure, prise par le juge des affaires familiales en application de l'article 373-2-6 du Code civil, d'interdiction de sortie du territoire sans l'autorisation des deux parents, est subordonnée au recueil de l'accord de chacun des parents selon les modalités prévues aux II, III et IV du présent article.

II. – Chacun des deux parents, conjointement ou séparément, déclare, devant un officier de police judiciaire ou, sous le contrôle de celui-ci, devant un agent de police judiciaire, autoriser l'enfant à quitter le territoire, en précisant la période pendant laquelle cette sortie est autorisée ainsi que la destination de cette sortie. Cette déclaration est faite au plus tard cinq jours avant la date à laquelle la sortie du territoire du mineur est envisagée, sauf si le projet de sortie du territoire est motivé par le décès d'un membre de la famille du mineur ou en cas de circonstances exceptionnelles dûment justifiées.

Lors de la déclaration, l'officier ou l'agent de police judiciaire vérifie l'identité du ou des déclarants et leur qualité de parent de l'enfant.

Un procès-verbal est dressé et signé par l'officier ou l'agent de police judiciaire et le ou les parents déclarant. Un récépissé est remis à chaque parent déclarant.

L'officier ou l'agent de police judiciaire transmet le procès-verbal pour information au procureur de la République. Il communique sans délai les informations utiles au gestionnaire du fichier des personnes recherchées afin que ce service procède à l'inscription de l'autorisation dans ce fichier.

III. – Les dispositions du II ne sont pas applicables lorsque le mineur voyage en compagnie de ses deux parents.

IV. – Lorsque le mineur voyage en compagnie d'un seul de ses parents, la procédure prévue au II n'est pas applicable pour le recueil de l'autorisation du parent qui accompagne le mineur lors de la sortie du territoire. L'autorisation de l'autre parent est recueillie préalablement à la sortie du territoire du mineur, conformément à la procédure prévue au II.

1346. – **Retour immédiat de l'enfant enlevé.** Plusieurs textes en vigueur en France visent à résoudre les délicates et médiatiques situations dites « d'enlèvement international d'enfants », dans lesquelles l'un des parents, voire un tiers,

(91) D. n° 2017-892, 6 mai 2017, portant diverses mesures de coordination et de simplification de la procédure civile. Sur lequel, cf. V. Égéa, in *Dr. famille* oct. 2017, *Un semestre de droit procédural de la famille*, chron. 2, spéc. nos 28 et s. – M. Douchy-Oudot, *Déplacement illicite d'enfants : Procédures* 2017, comm. 164.

emmène l'enfant dans un État autre que celui où s'exerçait habituellement le droit de garde, sans le consentement de l'autre parent. Face à ces situations, il convient d'agir rapidement pour permettre un retour immédiat de l'enfant enlevé vers l'État dans lequel s'exerçait habituellement le droit de garde. Des conventions bilatérales comme la convention franco-algérienne du 21 juin 1988 ou la convention franco-marocaine du 10 août 1981 mettent ainsi en place l'obligation pour le juge de l'État de refuge d'ordonner le retour de l'enfant.

Surtout, la célèbre convention de La Haye du 10 octobre 1980 organise de la sorte un retour de l'enfant enlevé vers l'État où s'exerçait habituellement le droit de garde, sans pouvoir statuer sur le fond du droit de garde. Le principe de retour de l'enfant enlevé s'accompagne d'exceptions, dont le fameux article 13, § 1 b), qui permet de s'opposer à un retour exposant l'enfant à un danger, sachant qu'après des controverses et hésitations, cette notion reçoit une interprétation désormais restrictive. La convention de La Haye met en place une coopération administrative entre les autorités centrales des différents États parties, afin de faciliter la circulation d'informations et la coordination entre les États.

Le règlement Bruxelles II bis renforce quant à lui, entre États membres de l'Union européenne, le principe de retour immédiat de l'enfant enlevé. À ce titre, a été mis en place un mécanisme dit de « retour nonobstant » selon lequel, nonobstant toute décision ultérieure de non-retour rendue en application de l'article 13 de la convention de La Haye de 1980, toute décision ultérieure ordonnant le retour de l'enfant rendue par une juridiction compétente en vertu du présent règlement est exécutoire de plein droit. De manière générale, à l'instar des décisions qui statuent sur le droit de visite, les jugements qui ordonnent le retour immédiat de l'enfant enlevé se révèlent directement exécutoires sur l'ensemble de l'espace judiciaire civil européen, dès lors qu'ils sont certifiés par le juge d'origine.

§ 2. – Les modalités d'exercice de l'administration légale

1347. - **Notion d'administration légale**(92). De manière générale, l'administration légale désigne l'autorité parentale relative aux biens de l'enfant, c'est-à-dire le versant patrimonial de l'autorité parentale. Il s'agit d'un ensemble de règles juridiques qui détermine la manière dont les parents de l'enfant, ou au moins l'un d'eux, représentent le mineur pour passer des actes juridiques qui intéressent son patrimoine, au nom et pour le compte de l'enfant.

1348. - **Réforme.** L'administration légale a été sensiblement réformée par l'ordonnance n° 2015-1288 du 15 octobre 2015, et pour déterminer ses modalités d'exercice, il convient de distinguer les règles en vigueur avant (I) et après (II) le 1er janvier 2016, date d'entrée en application de l'ordonnance.

(92) M. Grimaldi, *L'administration légale à l'épreuve de l'adolescence*, in *L'enfant, la famille, l'argent*, LERADP, LGDJ, 1989, p. 101.

I. – L'administration légale avant le 1er janvier 2016

1349. – **Distinction.** Jusqu'au 1er janvier 2016, le régime de l'administration légale dépendait très largement de l'établissement du lien de filiation et des modalités d'exercice de l'autorité parentale, incidence la plus visible de la parenté durant la minorité de l'enfant. Concrètement, lorsque l'autorité parentale était exercée par les deux parents conjointement, l'administration légale était dite « pure et simple », échappant ainsi au contrôle du juge. Les deux parents pouvaient ensemble faire passer la plupart des actes de disposition au nom et pour le compte du mineur, sans avoir à solliciter une autorisation quelconque du juge des tutelles. En revanche, dans le cas d'une famille dite « monoparentale », dans laquelle l'autorité parentale était exercée par un seul parent, se mettait en place le système de l'administration légale sous contrôle judiciaire. Avant de passer un acte de disposition, le parent devait alors solliciter une autorisation préalable du juge.

A. – L'administration légale pure et simple

1350. – **Architecture ancienne.** Avant l'adoption de l'ordonnance n° 2015-1288 du 15 octobre 2015, les dispositions relatives à l'administration légale se trouvaient dans deux chapitres différents du code. Au sein du Chapitre 2 du Titre IX, figurait ainsi un ancien article 382 du Code civil qui opérait un lien très net avec la filiation en disposant que les père et mère ont l'administration et la jouissance des biens de leur enfant. Le texte suivant reliait quant à lui l'administration légale à l'autorité parentale en prévoyant un exercice conjoint par le père et la mère lorsqu'ils exercent en commun l'autorité parentale. Les anciennes dispositions relatives au fonctionnement de l'administration légale se trouvaient ensuite dans le Titre X relatif à la minorité.

1351. – **Incidence de l'autorité parentale conjointe.** Si l'autorité parentale est exercée en commun par les deux parents, ceux-ci sont administrateurs légaux[93] et l'administration légale est alors dite « pure et simple »[94]. En revanche, en cas de décès d'un parent ou si l'autorité parentale était exercée par un seul parent, alors l'administration légale était faite sous contrôle du juge des tutelles[95].

1352. – **Présomption de pouvoir.** Dans l'administration légale pure et simple, chacun des parents est réputé, à l'égard des tiers, avoir reçu de l'autre le pouvoir de faire seul les actes pour lesquels un tuteur n'aurait besoin d'aucune autorisation.

1353. – **Droit de jouissance légal.** Les parents titulaires de l'autorité parentale, en exerçant l'administration légale pure et simple, bénéficiaient du droit de jouissance légale[96], c'est-à-dire d'un usufruit légal leur permettant de per-

(93) C. civ., art. 389.
(94) C. civ., art. 389-1.
(95) V. *infra*, nos 1357 et s.
(96) Pour une présentation détaillée du droit de jouissance légale, cf. I. Tardy-Joubert, *L'administration légale des biens du mineur : un droit aux oubliettes ?* : *Dr. famille* 2007, étude 22.

cevoir personnellement les fruits et revenus des biens du mineur. Le droit de jouissance légale des parents perdurait jusqu'à ce que l'enfant atteigne l'âge de seize ans et supposait que les parents entretiennent effectivement le mineur[97].

1354. – **Actes de disposition.** Dans l'administration légale pure et simple, les parents accomplissent ensemble des actes de disposition[98], selon la classification opérée par le décret du 22 décembre 2008[99], c'est-à-dire des actes juridiques qui engagent de manière grave et durable le patrimoine[100]. En cas de désaccord entre les parents, l'acte devait être autorisé par le juge des tutelles[101], ce qui demeure toujours le cas avec les nouvelles dispositions[102]. Pour autant, certains actes ne pouvaient être conclus par les parents qu'après avoir obtenu l'autorisation préalable du juge des tutelles,[103] même d'un commun accord entre eux. Tel était le cas pour la vente ou l'apport en société d'un immeuble ou d'un fonds de commerce appartenant au mineur, pour la conclusion d'un emprunt au nom du mineur et la renonciation à un droit[104]. Dans un ordre d'idées voisin, la même autorisation était requise pour le partage amiable, et l'état liquidatif devait être approuvé par le juge des tutelles[105].

1355. – **Acte d'administration.** Dans l'administration légale pure et simple, chacun des parents est réputé, à l'égard des tiers, avoir reçu de l'autre le pouvoir

(97) Sur l'obligation d'entretien, déclinaison de l'obligation alimentaire pesant sur les parents de l'enfant, V. *infra*, nos 1217-1220.

(98) C. civ., ancien art. 389-5, al. 1er.

(99) D. n° 2008-1484, 22 déc. 2008, relatif aux actes de gestion du patrimoine des personnes placées en curatelle ou en tutelle et pris en application des articles 452, 496 et 502 du Code civil (sur lequel : A.-M. Leroyer, *Qualification des actes de gestion du patrimoine : RTD civ.* 2009, 130. – Th. Fossier, *Actes de gestion du patrimoine des personnes protégées : JCP N* 2009, act. 101. – I. Maria, *De la pertinence de la classification des actes de gestion du patrimoine des personnes protégées. Approche critique du décret n° 2008-1484 du 22 décembre 2008 : Dr. famille* 2009, étude 31). Le texte présente le mérite d'avoir non seulement défini en ses articles 1er et 2 l'acte d'administration et l'acte de disposition, mais aussi et surtout d'avoir procédé très opportunément à une classification des différents types d'actes, dans une typologie figurant en annexe. Le décret n° 2008-1484 du 22 décembre 2008 souffre, il est vrai, de quelques manques ou qualifications discutables et propose des définitions des actes de disposition ou d'administration critiquées (cf. les articles d'A.-M. Leroyer et d'I. Maria, préc.). Il n'en demeure pas moins que ces dispositions et annexes ont tout de même simplifié la tâche des professionnels en pratique, et qu'elles inspirent d'ailleurs les pratiques étrangères. On signalera de ce point de vue la publication en Espagne d'un *Guide pratique des bonnes pratiques en matière d'exercice des mesures de protection*, qui prend directement modèle sur le décret n° 2008-1484 du 22 décembre 2008 pour proposer une classification des actes (M. Perena Vicente et J. Pallarés Neila, *Codigo de buenas practicas en las medidas de proteccion juridica de adultos*, Universidad Rey Juan Carlos y Fondaction Manantial, Madrid, févr. 2016). Au demeurant, comme la typologie des actes relève d'une norme de rang réglementaire, il s'avère assez aisé de compléter ou modifier la classification des actes, ce qui démontre là encore l'utilité d'un tel texte, facile à faire évoluer.

(100) Cf. D. n° 2008-1484, 22 déc. 2008, relatif aux actes de gestion du patrimoine des personnes placées en curatelle ou en tutelle et pris en application des articles 452, 496 et 502 du Code civil qui définit, en son article 2, l'acte de disposition de la manière suivante : « Constituent des actes de disposition les actes qui engagent le patrimoine de la personne protégée, pour le présent et pour l'avenir, par une modification importante de son contenu, une dépréciation significative de sa valeur en capital, ou une altération durable des prérogatives de son titulaire ».

(101) C. civ., art. 389-5, al. 2.

(102) V. *infra*, n° 1364.

(103) Les juges du fond disposaient ici d'un pouvoir souverain d'appréciation. Cf. par ex. : Cass. 1re civ., 6 oct. 2010, n° 09-67.827 : « C'est dans l'exercice de son pouvoir souverain d'appréciation de l'intérêt de la mineure protégée que le tribunal a estimé, par motifs propres et adoptés, que nonobstant la modicité de la succession et le conflit familial expliquant la renonciation de M. X… à la succession pour son propre compte, celui-ci ne pouvait être autorisé à y renoncer pour le compte de sa fille ».

(104) C. civ., ancien art. 389-5, al. 3.

(105) C. civ., ancien art. 389-5, al. 3.

de faire seul les actes d'administration, c'est-à-dire les actes de gestion courante qui n'engagent pas de manière grave ou durable le patrimoine[106]. Ainsi, la « renonciation »[107] à un contrat d'assurance-vie a pu recevoir la qualification d'acte d'administration, qui peut être exercée par la mère en sa qualité d'administratrice légale de son fils mineur, seule, sans autorisation du juge des tutelles[108].

1356. - **Cessation de l'administration et de la jouissance légales.** Si le droit de jouissance cesse lorsque l'enfant atteint l'âge de seize ans, l'administration légale prend quant à elle fin de plein droit avec l'accès du mineur à la majorité. Il s'agit de l'un des effets juridiques les plus visibles de la majorité et du plein exercice des droits civils qui en résulte. Par conséquent, en raison de la cessation de plein droit de l'administration légale, un banquier ne peut valablement exécuter un ordre de paiement émis par l'ancien représentant légal du mineur qui n'a plus qualité pour représenter le titulaire du compte[109].

B. – L'administration légale sous contrôle judiciaire

1° Le fonctionnement de l'administration légale sous contrôle judiciaire

1357. - **Un seul titulaire.** L'ancien article 389-2 du Code civil énumérait les hypothèses dans lesquelles l'administration légale se trouvait placée sous le contrôle du juge des tutelles qui se caractérisaient toutes par la présence d'un parent exerçant seul l'autorité parentale. Étaient ainsi mentionnées la situation où l'un ou l'autre des parents est décédé ou se trouve privé de l'exercice de l'autorité parentale, ainsi que l'hypothèse d'un exercice unilatéral de l'autorité parentale.

1358. - **Actes de disposition.** Dans le système en vigueur jusqu'au 1er janvier 2016, l'administration légale sous contrôle judiciaire prenait tout son sens avec les actes de disposition. En effet, pour accomplir les actes de disposition[110], l'administrateur devait se pourvoir d'une autorisation préalable du juge des tutelles[111]. Ceci explique la modification opérée par l'ordonnance du 15 octobre 2015, visant à aligner la situation de l'administrateur unique sur la situation de l'administration légale exercée par les deux parents, afin de mettre la famille dite « monoparentale » sur un pied d'égalité avec la famille que certains qualifient de « biparentale ».

1359. - **Acte d'administration.** Dans l'administration légale sous contrôle judiciaire, le parent pouvait passer seul les actes d'administration relatifs aux biens de

(106) D. n° 2008-1484, 22 déc. 2008, art. 1er, al. 1er : « Constituent des actes d'administration les actes d'exploitation ou de mise en valeur du patrimoine de la personne protégée dénués de risque anormal ».

(107) Le terme de « renonciation » utilisé par la Cour de cassation (Cass. 1re civ., 18 mai 2011, n° 10-23.114) s'avère juridiquement inexact et il convient en réalité d'y voir une résiliation (en ce sens, J. Hauser, obs. ss Cass. 1re civ., 18 mai 2011, n° 10-23.114 : *RTD civ.* 2011, 509).

(108) Cass. 1re civ., 18 mai 2011, n° 10-23.114 : *Dr. famille* 2011, comm. 117, note I. Maria ; *RTD civ.* 2011, 509, obs. J. Hauser ; *LPA* 9 juill. 2012, p. 6, obs. R. Boffa ; *AJF* 2011, 344, obs. T. Verheyde.

(109) Cass. 1re civ., 9 janv. 2008 : *Bull. civ.* 2008, I, n° 7 ; *JCP* G 2008, II, 10048, note J. Lasserre-Capdeville ; *JCP* N 2008,1157, 1re esp., note J.-M. Plazy ; *Dr. famille* 2008, comm. 47 (2e esp.), note T. Fossier ; *Defrénois* 2008, 1124, obs. J. Massip ; *RTD civ.* 2008, 274, obs. J. Hauser.

(110) Sur lesquels V. *supra*, n° 1354.

(111) C. civ., ancien art. 389-6.

son enfant mineur(112), sans solliciter au préalable d'autorisation du juge des tutelles. Cette règle perdure en droit positif, quoique renumérotée dans les dispositions issues de l'ordonnance du 15 octobre 2015.

1360. – **Droit de jouissance légal de l'administrateur.** Étant attaché à l'administration légale, le droit de jouissance légal appartient à celui des père et mère qui a la charge de l'administration(113), jusqu'à ce que l'enfant atteigne l'âge de seize ans. Comme pour le droit de jouissance des père et mère dans l'administration légale pure et simple(114), la jouissance légale des biens du mineur suppose, dans l'administration légale sous contrôle judiciaire, que le parent entretienne de manière effective le mineur de moins de seize ans.

2° La cessation de l'administration légale sous contrôle judiciaire

1361. – **Cessation par la survenance de la majorité civile.** L'administration légale sous contrôle judiciaire cessait logiquement avec l'accession du mineur à la majorité civile, à l'âge de dix-huit ans.

1362. – **Cessation au profit de la tutelle.** Comme l'administration légale sous contrôle judiciaire se caractérisait par la présence d'un seul parent ayant vocation à l'assumer, elle cessait en cas de décès de ce parent ou si, toujours vivant, celui-ci venait à perdre l'exercice de l'autorité parentale. Dans ces hypothèses, faute de parent administrateur légal, s'ouvrait alors une tutelle(115). La même logique gouverne l'ouverture d'une mesure de tutelle en droit positif.

1363. – **Cessation au profit d'une administration légale pure et simple.** Inversement, l'administration légale sous contrôle judiciaire a vocation à cesser au profit d'une administration légale pure et simple dans la situation où le second titulaire de l'autorité parentale vient à voir consacrées ses prérogatives. Tel est le cas par exemple en cas d'établissement de la parenté de ce parent postérieurement à l'établissement du premier lien de filiation. Il en va de même lorsque l'un des deux parents, qui a été privé de l'exercice de l'autorité parentale retrouve ses prérogatives ordinaires.

II. – L'administration légale après le 1er janvier 2016

1364. – **Déjudiciarisation.** La réforme de l'administration légale opérée par l'ordonnance n° 2015-1288 du 15 octobre 2015 a procédé à une significative déjudiciarisation de ce volet de l'autorité parentale(116). En effet, le champ de l'intervention du juge des tutelles se trouve considérablement restreint par rapport au système

(112) V. par ex. Cass. 1re civ., 11 oct. 2017, n° 15-24.946 : *JCP G* 2017, 1320, obs. J. Lasserre-Capdeville ; *RTD civ.* 2018, 76, obs. D. Mazeaud ; *D.* 2017, 2405, obs. C. Farge ; *AJF* 2017, 645, obs. F. Viney ; *AJCA* 2018, 41, obs. Y. Dagorne-Labbe : la Cour de cassation juge que « l'administrateur légal, même placé sous contrôle judiciaire, a le pouvoir de faire seul les actes d'administration ; qu'il peut, à ce titre, procéder à la réception des capitaux échus au mineur et les retirer du compte de dépôt sur lequel il les a versés ; que la banque n'est pas garante de l'emploi des capitaux ».

(113) C. civ., ancien art. 383, al. 2.

(114) Sur ce point, V. *supra*, n° 1353.

(115) C. civ. art. 390. Le texte n'a pas été modifié par l'ordonnance n° 2015-1288 du 15 octobre 2015.

(116) Cf. P. Murat et I. Maria (ss dir.), *Simplification et modernisation du droit de la famille*, éd. Connaissances et Savoirs, 2018.

précédent. D'un point de vue purement terminologique, la déjudiciarisation se révèle évidente avec la disparition de l'expression « administration légale sous contrôle judiciaire » des dispositions du Code civil. La modification s'avère d'autant plus remarquable que les nouvelles dispositions s'appliquent aux administrations légales déjà en cours au jour de l'entrée en application du nouveau dispositif. Désormais, le juge n'intervient plus, en cas d'exercice conjoint de l'administration légale, qu'en cas de désaccord entre les parents portant sur l'accomplissement d'un acte de disposition[117], ainsi que pour autoriser certains actes strictement énumérés par l'article 387-1 du Code civil, lorsqu'un seul parent exerce l'administration légale. L'article suivant énumère quant à lui des actes que l'administrateur légal ne peut pas effectuer, même avec une autorisation du juge des tutelles, comme par exemple l'aliénation gratuite des biens du mineur ou encore l'acquisition d'une créance contre ce dernier. Il résulte donc des nouvelles dispositions une réduction très significative des hypothèses dans lesquelles le juge doit autoriser un acte que l'administrateur légal envisage de passer.

Code civil

Art. 387-1. – L'administrateur légal ne peut, sans l'autorisation préalable du juge des tutelles :

1° Vendre de gré à gré un immeuble ou un fonds de commerce appartenant au mineur ;

2° Apporter en société un immeuble ou un fonds de commerce appartenant au mineur ;

3° Contracter un emprunt au nom du mineur ;

4° Renoncer pour le mineur à un droit, transiger ou compromettre en son nom ;

5° Accepter purement et simplement une succession revenant au mineur ;

6° Acheter les biens du mineur, les prendre à bail ; pour la conclusion de l'acte, l'administrateur légal est réputé être en opposition d'intérêts avec le mineur ;

7° Constituer gratuitement une sûreté au nom du mineur pour garantir la dette d'un tiers ;

8° Procéder à la réalisation d'un acte portant sur des valeurs mobilières ou instruments financiers au sens de l'article L. 211-1 du Code monétaire et financier, si celui-ci engage le patrimoine du mineur pour le présent ou l'avenir par une modification importante de son contenu, une dépréciation significative de sa valeur en capital ou une altération durable des prérogatives du mineur.

L'autorisation détermine les conditions de l'acte et, s'il y a lieu, le prix ou la mise à prix pour lequel l'acte est passé.

Art. 387-2. – L'administrateur légal ne peut, même avec une autorisation :

1° Aliéner gratuitement les biens ou les droits du mineur ;

2° Acquérir d'un tiers un droit ou une créance contre le mineur ;

3° Exercer le commerce ou une profession libérale au nom du mineur ;

4° Transférer dans un patrimoine fiduciaire les biens ou les droits du mineur.

1365. – **Lien avec l'autorité parentale.** L'ordonnance n° 2015-1288 du 15 octobre 2015 a eu le mérite de concevoir une nouvelle architecture des dispositions du Code civil relative à l'autorité parentale et à l'administration légale. Le Titre IX du Livre 1er du Code civil se divise toujours en deux chapitres respectivement intitulés « De l'autorité parentale relativement à la personne de l'enfant » et « De l'autorité parentale relativement aux biens de l'enfant », mais les dispositions relatives à l'administration légale ne se trouvent désormais plus au sein du titre suivant relatif à la minorité, contrairement à la structure mise en place par la loi n° 70-459 du 4 juin 1970.

(117) C. civ., art. 387 (réd. Ord. n° 2015-1288, 15 oct. 2015).

1366. – **Disparition de l'administration légale sous contrôle judiciaire.** La réforme du droit de l'administration légale se caractérise par une disparition de l'administration légale sous contrôle judiciaire qui vise à placer le parent seul administrateur dans une situation similaire à celle des administrateurs conjoints qui expriment un accord. Aujourd'hui comme naguère, les parents qui expriment un accord pour passer un acte de disposition peuvent librement conclure la plupart de ces actes. Désormais, le parent qui exerce seul l'administration légale peut également passer, sans autorisation préalable du juge, la plupart des actes de disposition. Là réside précisément l'essentiel des nouvelles dispositions.

Prolongement théorique

Doutes et critiques à la lecture de l'ordonnance du 15 octobre 2015

1367. – En dépit de la modernisation du droit de l'administration légale opérée par l'ordonnance du 15 octobre 2015, plusieurs critiques ont été à juste titre adressées au nouveau dispositif. Dans l'attente de la loi de ratification de cette ordonnance, demeurent des interrogations et des incertitudes qui, espérons-le, viendront à être levées par le Parlement.

L'incomplète répétition à laquelle procèdent certaines nouvelles dispositions a fait l'objet de critiques. De la sorte, l'article 387-2 du Code civil énumère au titre des actes interdits aux père et mère de consentir une donation au nom du mineur, qui figure déjà aux articles 903 et 904 du Code civil, mais ne rappelle nullement la prohibition de la renonciation anticipée à l'action en réduction émanant du mineur, édictée quant à elle par l'article 930-1 du Code civil.

SECTION 2

LES MODALITÉS DÉROGATOIRES D'EXERCICE DE L'AUTORITÉ PARENTALE

1368. – **Incidences d'un droit-fonction.** L'autorité parentale constitue un droit-fonction, ce qui entraîne plusieurs conséquences. La principale, déjà présentée précédemment, reste l'exercice par les parents de l'autorité parentale, dans un but de satisfaction de l'intérêt de l'enfant. Le même pédocentrisme commande cependant que d'autres modalités d'exercice de l'autorité parentale, dérogatoires, soient organisées par le droit. Ainsi, l'exercice de l'autorité parentale peut être délégué à d'autres personnes que ses titulaires. On parlera alors d'une délégation d'autorité parentale (§ 1). Parfois, l'enfant se trouve dans une situation de danger qui justifie qu'un contrôle social soit exercé sur la manière dont les parents exécutent les prérogatives dont ils sont titulaires, dans le but de protéger l'intérêt de l'enfant. Le droit de l'assistance éducative (§ 2), entièrement tourné vers cette finalité protectrice, permet ainsi de mener un tel contrôle.

§ 1. – L'exercice délégué de l'autorité parentale : la délégation d'autorité parentale

Bibliographie

- D. Autem, *La nouvelle physionomie de la délégation d'autorité parentale : RJPF* 2003-1/6.
- A. Gouttenoire-Cornut et P. Murat, *L'intervention d'un tiers dans la vie de l'enfant : Dr. famille* 2003, chron. 1.
- B. Py, *La délégation de l'autorité parentale et l'obligation d'entretien des père et mère à l'égard de leur enfant mineur : RD sanit. soc.* 1996, 229.

1369. – **Diversité.** En dépit d'une opportune simplification de la délégation d'autorité parentale faite par la loi n° 2002-305 du 4 mars 2002, l'intitulé de la Section 3 du chapitre du Code civil consacré à l'autorité parentale relative à la personne de l'enfant se révèle trompeur en traitant « de la délégation de l'autorité parentale », car l'on pourrait penser à tort que la jouissance même de l'autorité parentale, voire la qualité de titulaire, se trouve transférée à d'autres personnes que les parents, alors que seul l'exercice des prérogatives d'autorité parentale se trouve concerné. L'exactitude juridique commanderait de retenir plutôt l'expression « délégation de l'exercice de l'autorité parentale » ou « exercice délégué de l'autorité parentale ». Envisagé alors comme une modalité d'exercice de prérogatives par d'autres personnes que les parents de l'enfant, l'exercice délégué de l'autorité parentale concerne une grande diversité de situations, en dépit d'une utilisation pratique assez décevante, telles que le parent qui, submergé par la charge psychologique et financière que représentent l'éducation et l'entretien d'un mineur, ne parvient pas à exercer les prérogatives dont il est titulaire dans l'intérêt de son enfant, ou encore le couple de diplomates qui, nommé dans une représentation française dans un État en guerre, souhaite que les grands-parents de l'enfant resté en France puissent exercer des prérogatives d'autorité parentale. La diversité de situations factuelles concernées se traduit par la coexistence, dans le Code civil, au sein des articles 377 et 377-1, de plusieurs délégations d'exercice de l'autorité parentale, puisque l'on peut distinguer tout d'abord la délégation volontaire (I), ensuite la délégation forcée (II) et, enfin, la délégation-partage (III). Pour être parfaitement exact, il conviendrait alors d'employer le pluriel pour désigner les délégations d'exercice de l'autorité parentale, ce qui permettrait probablement de rendre plus attractives les nombreuses possibilités offertes par les actuels articles 377 et 377-1 du Code civil.

I. – La délégation volontaire

A. – Les parties à la délégation volontaire

1370. – **Nécessité.** La délégation d'exercice de l'autorité parentale, qualifiée de « volontaire », intervient à l'initiative des parents qui rencontrent des difficultés dans l'exercice des prérogatives qui leur sont attribuées. La délégation volontaire d'exercice de l'autorité parentale concerne essentiellement le parent qui rencontre des difficultés psychologiques, factuelles ou financières, pour exercer ses prérogatives dans l'intérêt de l'enfant. L'on considère que la délégation intervient alors pour suppléer la carence des parents(118), lorsque les circonstances l'exigent(119). La formule « lorsque les circonstances l'exigent » provient d'une modification de la délégation d'autorité parentale opérée par la loi n° 2002-305 du 4 mars 2002 qui en a sensiblement élargi le champ. Précédemment en effet, une condition de remise de l'enfant par ses parents à un délégataire était posée par loi. Plus générale, l'actuelle condition présente l'avantage d'élargir le champ des situations dans lesquelles une délégation peut être sollicitée, tout en insistant sur son caractère exceptionnel. Le juge aux affaires familiales doit en effet apprécier l'existence de ces fameuses circonstances justifiant une délégation, laquelle ne saurait bien évidemment faire l'objet d'une demande fantaisiste pour remédier à une difficulté anodine ou éphémère.

1371. – **Demandeurs.** Les père et mère peuvent demander une délégation volontaire de l'exercice de l'autorité parentale, ensemble ou séparément, lorsque les circonstances l'exigent(120). Encore convient-il de distinguer selon que l'autorité parentale se trouve exercée par les deux parents ensemble ou si elle ne l'est que par un seul. En effet, dans la situation où les deux parents exercent ensemble l'autorité parentale, ce qui demeure le principe, chacun doit consentir à la délégation d'autorité parentale. En revanche, si l'autorité parentale fait l'objet d'un exercice unilatéral, par un parent seulement, alors ce dernier demeure tenu d'informer l'autre parent(121), dès lors qu'il viendrait à solliciter une délégation de son exercice de l'autorité parentale. Au demeurant, le parent qui n'exerce pas l'autorité parentale doit être appelé à l'instance et pourrait à cette occasion former une demande visant à se voir attribuer à son tour un exercice unilatéral.

1372. – **Délégataire.** Dans le cadre d'une délégation d'autorité parentale, peuvent se voir déléguer tout ou partie de l'exercice de l'autorité parentale un tiers, membre de la famille, proche digne de confiance, établissement agréé par les services du conseil départemental pour le recueil des enfants, ou encore le service départemental de l'aide sociale à l'enfance lui-même. Il n'existe pas de hiérarchie ni d'ordre de priorité entre les différents tiers énumérés à l'article 377, alinéa 1er du Code civil(122). Le tiers sollicité pour assumer la charge de délégataire de l'exercice de l'autorité

(118) A. Gouttenoire, Dalloz Action *Droit de la famille*, 2016-2017, n° 234.190.
(119) C. civ., art. 377, al. 1er.
(120) C. civ., art. 377, al. 1er.
(121) Il s'agit en effet d'un choix important relatif à la vie de l'enfant au sens de l'article 373-2-1, al. 5 du Code civil.
(122) Cf., par ex. : Cass. 1re civ., 16 avr. 2008, n° 07-11.273, reproduit *infra* au n° 1372. Dans cette affaire, la mère de deux enfants mineurs était décédée. La compagne de la mère, qui avait pris en charge les enfants suite au décès, sollicite une délégation d'autorité parentale, en accord avec le père, sur le fondement de l'article 377, alinéa 1er du Code civil. Pour autant, la sœur de la mère des enfants invoquait à son profit une sorte de priorité familiale selon laquelle il conviendrait de la désigner, en tant que tante des mineurs, comme délégataire de l'exercice de l'autorité parentale. La cour d'appel fait droit à la demande de la compagne de la mère et le pourvoi est rejeté : « Mais attendu, d'abord, qu'aucune disposition légale n'impose au juge de choisir par priorité parmi les membres de la famille, le tiers à qui il délègue tout ou partie de l'autorité parentale ; qu'il lui appartient seulement de rechercher si les circonstances exigent une telle délégation et si elle est conforme à l'intérêt de l'enfant ».

parentale doit évidemment l'accepter. Faute d'acceptation, il conviendra alors que le ministère public saisisse le juge des enfants afin d'ouvrir une mesure d'assistance éducative(123).

Cass. 1re civ., 16 avr. 2008, n° 07-11.273

Attendu qu'à la suite du décès de Guylaine X... survenu le 24 août 2005, son ancienne compagne, Mme Valérie Y... a pris en charge les deux enfants Hugo et Adrien nés les 30 octobre 1996 et 7 janvier 1999 de ses relations avec M. Gilles Z... ; que ce dernier et Mme Y... ont saisi le juge aux affaires familiales du tribunal de grande instance de Montpellier d'une requête conjointe en vue d'une délégation partielle de l'autorité parentale au profit de Mme Y... ; que Mme Dominique X..., sœur de la mère des enfants a saisi le même tribunal d'une demande identique, après avoir sollicité du juge des tutelles sa désignation en tant que tutrice des enfants ;

Sur le premier moyen pris en ses trois branches :

Attendu que Mme Dominique X... fait grief à l'arrêt attaqué (Montpellier, 1er décembre 2006) d'avoir fixé la résidence habituelle des enfants Hugo et Adrien Z... chez Mme Y... et d'avoir délégué à cette dernière partiellement les droits de l'autorité parentale détenue par M. Z... alors, selon le moyen :

1°/ que le juge doit choisir le tiers à qui il délègue l'autorité parentale de préférence dans la parenté ; qu'en jugeant que Mme Y..., qui ne présente aucune parenté ni maternelle ni paternelle avec les enfants, sera déléguée partiellement des droits de l'autorité parentale détenue par M. Z..., sans aucunement prendre en considération le fait que Mme Dominique X... qui demandait aussi une délégation des droits de l'autorité parentale, était la propre sœur de la mère décédée des enfants, la cour d'appel a violé par refus d'application l'article 377, alinéa 1 du Code civil ;

2°/ qu'en se déterminant sans qu'aucun motif propre ni adopté de sa décision ne se réfère à l'intérêt supérieur de l'enfant, la cour d'appel a privé sa décision de base légale au regard des articles 377, alinéa 1 du Code civil et 3-1 de la convention de New York des droits de l'enfant ;

3°/ qu'en se bornant à dire qu'il ressort de l'audition des enfants lors de l'audience d'appel que ceux-ci souhaitaient continuer de résider chez Mme Y... sans indiquer les raisons pour lesquelles elle s'est conformée aux souhaits formulés par les enfants, la cour d'appel a privé sa décision de base légale au regard de l'article 388-1 du Code civil ;

Mais attendu, d'abord, qu'aucune disposition légale n'impose au juge de choisir par priorité parmi les membres de la famille, le tiers à qui il délègue tout ou partie de l'autorité parentale ; qu'il lui appartient seulement de rechercher si les circonstances exigent une telle délégation et si elle est conforme à l'intérêt de l'enfant ; qu'ayant relevé que les enfants résidaient depuis le décès de leur mère au domicile de la personne qui avait été désignée par cette dernière pour les prendre en charge en cas de décès, qu'ils entretenaient des liens de proximité et d'affection avec cette personne qui faisait partie de leur vie depuis leur plus jeune âge, que selon l'enquête de gendarmerie, les enfants étaient bien intégrés dans la vie associative de la commune et qu'ils jouissaient d'une bonne estime au sein de la population et de leur propre voisinage, que leur situation auprès de Mme Y..., dotée de capacités éducatives et affectives, constituait un repère stable puisque les enfants avaient toujours vécu dans la région de Montpellier, la cour d'appel, sans prendre uniquement en considération le souhait exprimé par les enfants, a pu décider qu'il était de l'intérêt de ceux-ci de fixer leur résidence chez Mme Y... et de déléguer partiellement à celle-ci l'exercice de l'autorité parentale dont M. Z... était seul titulaire et de le partager entre eux ; qu'elle a ainsi légalement justifié sa décision ;

Sur le second moyen ci-après annexé :

Attendu que ce moyen n'est pas de nature à permettre l'admission du pourvoi ;

PAR CES MOTIFS :

REJETTE le pourvoi ;

Commentaires : *Bull. civ.* 2008, I, n° 106 ; *Dr. famille* 2008, comm. 101, note P. Murat ; *JCP* G 2009, I, 102, n° 9, obs. M. Rebourg ; *D.* 2008, 773, obs. F. Granet-Lambrechts ; *RTD civ.* 2008, 470, obs. J. Hauser ; *Defrénois* 2008, 1846, obs. J. Massip.

(123) Sur laquelle V. *infra*, nos 1397 et s.

B. – L'instance en délégation volontaire

1373. – **Compétences juridictionnelles.** Le juge aux affaires familiales est matériellement compétent pour statuer sur une demande de délégation volontaire d'exercice de l'autorité parentale(124). Territorialement, les demandes en délégation d'autorité parentale doivent être portées devant le juge aux affaires familiales du lieu où demeure le mineur(125).

1374. – **Procédure.** La demande en délégation d'autorité parentale doit être présentée au juge aux affaires familiales par requête. En cas de coparentalité, il s'agira en principe d'une requête conjointe et d'une requête unilatérale en cas d'exercice exclusif de l'autorité parentale. Les deux parents doivent être appelés à l'instance(126), ce qui revêt une importance particulière et demeure indispensable quand un seul parent exerce l'autorité parentale et introduit une requête unilatérale. Les parties sont dispensées du ministère d'avocat(127), mais peuvent évidemment être assistées si elles le souhaitent. Le juge aux affaires familiales demeure tenu de les informer de leur droit d'être assisté et de solliciter du bâtonnier la désignation d'office d'un avocat si les parents le lui demandent(128). La requête peut être adressée au procureur de la République qui doit la transmettre au tribunal(129). Si l'enfant concerné par la demande fait l'objet d'une mesure d'assistance éducative, la délégation ne peut intervenir qu'après avis du juge des enfants. Conformément au droit commun, l'enfant capable de discernement doit être entendu s'il le demande et doit, au minimum, être informé de son droit à l'audition et à l'assistance d'un avocat(130). Le principe de publicité des débats ne s'applique pas en matière de délégation de l'exercice de l'autorité parentale où les affaires sont instruites et jugées en chambre du conseil. Dès l'ouverture de la procédure, le dossier peut être consulté au greffe, jusqu'à la veille de l'audition ou de l'audience, par l'avocat du mineur et celui de ses parents ou de l'un d'eux, de son tuteur, de la personne ou du service à qui l'enfant a été confié(131).

1375. – **Rôle du juge aux affaires familiales.** Le rôle du juge aux affaires familiales demeure essentiel en matière de délégation volontaire. Son pouvoir d'appréciation souverain se révèle déterminant notamment lorsqu'il s'agit de juger si les circonstances exigent bien le prononcé d'une telle délégation ou encore pour apprécier que le tiers à qui l'on souhaite déléguer l'exercice de l'autorité parentale se révèle digne de confiance. Pour remplir correctement son office, le juge aux affaires familiales dispose de pouvoirs d'investigation singulièrement étendus et énumérés par le Code de procédure civile. Sans surprise, le magistrat

(124) COJ, art. L. 213-3 ; C. civ., art. 377-1, al. 1er. – Cf. P. Chevalier, *Décret n° 2002-1436 du 3 décembre 2002 modifiant le Code de l'organisation judiciaire, le Code de procédure civile, le Nouveau Code de procédure civile et le décret n° 96-1080 du 12 décembre 1996 portant tarif des huissiers de justice en matière civile et commerciale : Procédures* 2003, chron. 1.
(125) CPC, art. 1202, al. 2.
(126) C. civ., art. 377, al. 3.
(127) CPC, art. 1203.
(128) CPC, art. 1186, sur renvoi de l'article 1209.
(129) CPC, art. 1203.
(130) Sur l'audition de l'enfant, V. *supra*, n° 1236.
(131) CPC, art. 1187, al. 1er, sur renvoi de l'article 1209.

dispose du pouvoir d'entendre les parents, le tuteur, la personne ou le représentant du service à qui l'enfant a été confié ainsi que toute personne dont l'audition lui paraît utile. Plus largement, il peut même d'office procéder ou faire procéder à toutes les investigations utiles(132) afin, en particulier, d'obtenir des informations relatives à la personnalité et aux conditions de vie du mineur et de ses parents, par le biais d'une enquête sociale, d'examens médicaux, d'expertises psychiatriques et psychologiques ou encore d'une mesure d'investigation et d'orientation éducative(133). Le juge aux affaires familiales dispose même du pouvoir de commettre le juge des enfants, lequel constitue pourtant une juridiction à part entière, à ces fins d'investigation(134). Enfin, dans le but de renseigner le magistrat, lorsqu'une procédure d'assistance éducative a été diligentée à l'égard d'un ou plusieurs enfants, le dossier en est communiqué au juge. Au-delà des mesures d'instruction, les pouvoirs du juge aux affaires familiales concernent le temps de l'instance lui-même puisque ce magistrat peut, pour le cours de l'instance, ordonner toute mesure provisoire relative à l'exercice de l'autorité parentale.

1376. – **Rôle du ministère public.** En matière de délégation d'autorité parentale, le ministère public recueille les renseignements qu'il estime utiles sur la situation de famille du mineur et la moralité de ses parents. Au demeurant, comme le juge aux affaires familiales dispose lui-même de pouvoirs d'investigations relativement importants, le rôle du ministère public va essentiellement se manifester par sa présence lors des débats, d'autant que la Cour de cassation a jugé qu'il doit s'agir d'une véritable présence et que la simple communication du dossier au ministère public ne saurait satisfaire aux exigences de l'article 1208 du Code de procédure civile(135). Le pourvoi en cassation est ouvert au ministère public(136).

1377. – **Notification.** Les décisions du juge aux affaires familiales sont notifiées dans les huit jours aux parents, tuteur ou personne ou service à qui l'enfant a été confié, ainsi qu'au conseil du mineur s'il en a été désigné un(137). Les notifications sont faites par le greffe par lettre recommandée avec demande d'avis de réception et par lettre simple. Le juge aux affaires familiales peut, toutefois, décider qu'elles auront lieu par acte d'huissier de justice, le cas échéant, à la diligence du greffe, ou par la voie administrative(138). Dans tous les cas, un avis de notification est donné au procureur de la République(139).

1378. – **Appel.** À compter de la notification, les parents ou l'un d'eux disposent d'un délai de quinze jours pour interjeter appel de la décision du juge aux affaires familiales(140). L'enfant dispose de la même faculté, sachant que le point de départ du

(132) CPC, art. 1205.
(133) CPC, art. 1183.
(134) CPC, art. 1205, al. 1er.
(135) Cass. 1re civ., 9 juill. 2002, n° 00-17.072 : *Bull. civ.* 2002, I, n° 185 ; *JCP* G 2003, II, 10091, note Rusquec.
(136) CPC, art. 1196, sur renvoi de l'article 1209.
(137) CPC, art. 1190, al. 1er, sur renvoi de l'article 1209.
(138) CPC, art. 1195, al. 1er, sur renvoi de l'article 1209.
(139) CPC, art. 1190, al. 4, sur renvoi de l'article 1209.
(140) CPC, art. 1191, sur renvoi de l'article 1209.

délai d'appel peut être repoussé pour lui au jour où il a eu connaissance de la décision. Le ministère public, pour sa part, peut former appel jusqu'à l'expiration d'un délai de quinze jours suivant la remise de l'avis qui lui a été donné(141). L'appel est instruit et jugé par priorité en chambre du conseil par la chambre de la cour d'appel chargée des affaires des mineurs suivant la procédure applicable devant le juge des enfants.

C. – Les effets de la délégation volontaire

1379. – **Délégation totale.** Si le juge aux affaires familiales prononce une délégation totale de l'exercice de l'autorité parentale, un véritable transfert de l'exercice des prérogatives parentales s'opère au profit du délégataire. Ce dernier se trouve alors investi de l'exercice de l'autorité parentale sur la personne d'un enfant qui n'est pas le sien et doit, comme les parents, agir pour satisfaire l'intérêt de l'enfant. Le droit-fonction est alors exercé par une autre personne, mais les parents restent tout de même titulaires de l'autorité parentale. En ce sens, la délégation d'autorité parentale ne va pas sans rappeler la distinction entre la capacité de jouissance et la capacité d'exercice. Le délégataire de l'exercice de l'autorité parentale devient alors une sorte de mandataire, et doit consentir aux actes qui intéressent la personne de l'enfant, procéder aux choix éducatifs et contribuer à son entretien. En somme, le délégataire se trouve investi de la parentalité.

1380. – **Délégation partielle.** Le Code civil définit l'autorité parentale comme un ensemble de droits et d'obligations ayant pour finalité l'intérêt de l'enfant(142), ce qui implique que l'exercice de certaines prérogatives seulement peut faire l'objet d'un transfert. Le juge aux affaires familiales doit alors distinguer les prérogatives d'autorité parentale exercées par les parents et celles exercées par les tiers. Dans cette situation, les parents conservent à la fois la jouissance et l'exercice de certains droits, mais la seule jouissance d'autres droits. Il incombe alors au magistrat de bien préciser les droits qui font objet de la délégation. Une jurisprudence ancienne a pu juger que le seul fait d'accorder au père un droit de visite, alors que l'autorité parentale avait été déléguée à un service départemental d'action sanitaire et sociale, s'analyse en une délégation partielle de l'autorité parentale(143).

1381. – **L'impossible délégation du droit de consentir à l'adoption.** Même dans le cadre d'une délégation totale d'autorité parentale, le droit de consentir à l'adoption du mineur ne peut pas faire l'objet d'une délégation(144). La solution se révèle parfaitement justifiée, car admettre l'inverse permettrait, non sans quelques paradoxes, au délégataire qui ne se trouve investi que de prérogatives concernant la parentalité, de pouvoir modifier le lien de parenté lui-même. En principe la logique est inverse, puisque les prérogatives sur le champ de la parentalité découlent du lien de parenté, de la volonté individuelle dans le cadre d'une délégation volontaire, ou encore d'une décision judiciaire. En revanche, l'éventuel consentement au mariage du mineur et la faculté de solliciter une émancipation, qui n'ont pas pour incidence

(141) CPC, art. 1191, sur renvoi de l'article 1209.
(142) C. civ., art. 371-1.
(143) Cass. 1re civ., 14 févr. 1989 : *Bull. civ.* 1989, I, n° 77.
(144) C. civ., art. 377-3.

de remettre en cause la parenté, relèvent des pouvoirs du délégataire dans le cadre d'une délégation totale.

1382. - **Fin de la délégation pour cause de majorité.** L'accès du mineur à l'âge de la majorité civile a pour conséquence directe de mettre fin à la délégation de l'exercice de l'autorité parentale. La pleine capacité d'exercice évince logiquement la délégation.

1383. - **Restitution de l'exercice aux parents.** Qu'elle soit totale ou partielle, la délégation pourra prendre fin par un nouveau jugement, s'il est justifié des circonstances nouvelles(145). Dans le cadre de la délégation volontaire, il s'agira par exemple pour le parent revenu à meilleure fortune, d'assumer pleinement l'exercice des prérogatives que la loi lui attribue. Les parents retrouvent alors le plein exercice de leurs droits. Pour autant, la délégation d'autorité parentale ne cesse pas de plein droit et le juge aux affaires familiales doit être saisi par requête à cette fin. La demande en restitution des droits délégués est formée par requête devant le juge aux affaires familiales du lieu où demeure la personne à laquelle ces droits ont été conférés(146). Elle est notifiée à cette personne par le secrétaire-greffier. Elle obéit, pour le surplus, aux règles qui gouvernent les demandes en délégation de l'autorité parentale(147). Quand elle aboutit, la demande en restitution aux parents de l'exercice de l'autorité parentale ne va pas sans emporter des conséquences. Outre le plein exercice recouvré de leurs prérogatives, les parents peuvent se voir mis à leur charge, s'ils ne sont pas indigents, le remboursement de tout ou partie des frais d'entretien(148). Par ailleurs, la restitution de ces droits, si elle marque la fin heureuse d'une situation difficile pour les parents, peut se révéler affectivement douloureuse pour le tiers délégataire qui, chargé d'exercer certains droits d'autorité parentale, a sans doute hébergé et éduqué l'enfant. Il peut être de bonne méthode que le tiers sollicite alors, sur le fondement de l'article 371-4 du Code civil, l'attribution d'un droit aux relations personnelles avec l'enfant, concrétisé par un droit de visite ou d'hébergement par exemple.

1384. - **Transfert de la délégation.** La délégation d'exercice de l'autorité parentale peut également faire l'objet d'un transfert à un autre délégataire, par exemple en cas de décès ou d'impossibilité du premier délégataire. En raison du caractère volontaire de la délégation, le ou les parents de l'enfant devraient en principe consentir à un tel transfert qui va investir un nouveau délégataire.

Cass. 1re civ., 24 févr. 2006, n° 04-17.090

Attendu que Mme X… et Mme Y… vivent ensemble depuis 1989 et ont conclu un pacte civil de solidarité le 28 décembre 1999 ; que Mme X… est la mère de deux enfants dont la filiation paternelle n'a pas été établie, Camille, née le 12 mai 1999, et Lou, née le 19 mars 2002 ;

(145) C. civ., art. 377-2.
(146) CPC, art. 1210.
(147) CPC, art. 1210.
(148) C. civ., art. 377-2.

Sur le premier moyen et sur le moyen relevé d'office, après avertissement donné aux parties dans les conditions prévues à l'article 1015 du nouveau Code de procédure civile :

Attendu que le procureur général près la cour d'appel d'Angers fait grief à l'arrêt attaqué (Angers, 11 juin 2004) d'avoir délégué partiellement à Mme Y... l'exercice de l'autorité parentale dont Mme X... est seule titulaire et d'avoir partagé entre elles cet exercice partiellement délégué, alors, selon le premier moyen, que l'article 377 du Code civil subordonne la délégation volontaire de l'autorité parentale d'un des parents au profit d'un tiers à l'existence de circonstances particulières et non sur la simple crainte de la réalisation hypothétique d'un événement et qu'en se fondant, pour faire droit à la demande de Mme X..., sur la crainte d'un événement purement hypothétique, et ce dans des termes généraux, sans constater de circonstances avérées ou prévisibles interdisant à Mme X... d'exercer son autorité sur les deux enfants, la cour d'appel n'a pas donné de base légale à sa décision (violation de l'article 377 du Code civil et des articles 455 et 604 du Code de procédure civile), et alors qu'a été relevé d'office un moyen concernant la question de savoir si l'exercice de l'autorité parentale dont un parent est seul titulaire peut être délégué en tout ou partie, à sa demande, à une personne de même sexe avec laquelle il vit en union stable et continue ;

Mais attendu que l'article 377, alinéa 1er, du Code civil ne s'oppose pas à ce qu'une mère seule titulaire de l'autorité parentale en délègue tout ou partie de l'exercice à la femme avec laquelle elle vit en union stable et continue, dès lors que les circonstances l'exigent et que la mesure est conforme à l'intérêt supérieur de l'enfant ;

Attendu qu'ayant relevé que Camille et Lou étaient décrites comme des enfants épanouies, équilibrées et heureuses, bénéficiant de l'amour, du respect, de l'autorité et de la sérénité nécessaires à leur développement, que la relation unissant Mme X... et Mme Y... était stable depuis de nombreuses années et considérée comme harmonieuse et fondée sur un respect de leur rôle auprès des enfants et que l'absence de filiation paternelle laissait craindre qu'en cas d'événement accidentel plaçant la mère, astreinte professionnellement à de longs trajets quotidiens, dans l'incapacité d'exprimer sa volonté, Mme Y... ne se heurtât à une impossibilité juridique de tenir le rôle éducatif qu'elle avait toujours eu aux yeux de Camille et de Lou, la cour d'appel a pu décider qu'il était de l'intérêt des enfants de déléguer partiellement à Mme Y... l'exercice de l'autorité parentale dont Mme X... est seule titulaire et de le partager entre elles ; qu'elle a ainsi légalement justifié sa décision ;

Sur le second moyen :

Attendu que le procureur général fait encore le même grief à l'arrêt attaqué, alors, selon le moyen, que l'article 377-1 du Code civil prévoit que « la délégation totale ou partielle de l'autorité parentale résultera du jugement rendu par le juge aux affaires familiales », qu'en omettant de définir les éléments de l'autorité parentale qui sont délégués à Mme Y..., le dispositif de l'arrêt doit s'analyser comme une délégation totale de l'autorité parentale à son profit, alors que la requérante demandait que ne soit prononcée qu'une délégation partielle de son autorité, et que, dès lors, la cour d'appel a violé les dispositions de l'article 5 du Code de procédure civile (violation de l'article 377-1 du Code civil et des articles 5 et 604 du Code de procédure civile) ;

Mais attendu que le prononcé d'une délégation partielle de l'exercice de l'autorité parentale, sans précision des droits délégués, n'équivaut pas au prononcé d'une délégation totale ; que le moyen n'est pas fondé ;

PAR CES MOTIFS :

REJETTE le pourvoi ;

II. – La délégation forcée

1385. – **Définition.** À la différence de la délégation volontaire de l'exercice de l'autorité parentale, la délégation dite « forcée », qui figure à l'article 377, alinéa 2 du Code civil, ne provient pas d'une initiative des parents. Des tiers, soucieux de la protection de l'intérêt de l'enfant, saisissent ici le juge aux affaires familiales afin de voir prononcée une telle délégation de l'autorité parentale, contre la volonté des parents.

1386. – **Protection.** Seules de très bonnes raisons, nécessairement tirées de la notion d'intérêt supérieur de l'enfant, peuvent justifier une atteinte aussi grave aux droits des parents que la délégation forcée d'autorité parentale. L'article 377 du Code civil envisage ainsi, dans son alinéa 2, non seulement le désintérêt manifeste des parents, mais aussi l'impossibilité des parents d'exercer tout ou partie de l'autorité parentale. Le juge aux affaires familiales saisi d'une demande de délégation de l'exercice de l'autorité parentale en raison du désintérêt manifeste des parents apprécie souverainement l'existence de cette douloureuse situation. Depuis la réforme opérée par la loi n° 2002-305 du 4 mars 2002, le magistrat ne se trouve plus lié par des conditions temporelles singulièrement exigeantes[149]. Le caractère flou de cette notion à contenu variable que constitue le « désintérêt manifeste » accroît l'étendue du pouvoir d'appréciation du juge aux affaires familiales et présente l'indéniable avantage de concerner une multitude de situations factuelles potentielles. Le second motif commandant le recours à une délégation forcée d'exercice de l'autorité parentale se révèle quant à lui tout aussi flou, puisque l'article 377, alinéa 2 du Code civil mentionne « l'impossibilité pour les parents d'exercer l'autorité parentale », et l'on saisit sans mal que ladite impossibilité pourrait provenir d'une cause physique – telle que le coma ou l'éloignement géographique –, morale ou encore pécuniaire. La généralité de la formule laisse supposer, de manière fort opportune, une multitude de situations concrètes potentiellement concernées. Il convient pourtant de reconnaître que cette diversité demeure essentiellement prospective, car la jurisprudence brille par son mutisme en ce domaine. Tout au plus trouve-t-on publié un arrêt qui approuve une décision d'appel d'avoir caractérisé une telle impossibilité pour le père d'exercer l'autorité parentale, en relevant que « s'il a conservé des liens affectifs avec sa fille par des visites épisodiques et inopinées, il est difficilement joignable et ne prend pas réellement en compte les besoins de sa fille au regard de démarches inhérentes à l'exercice de l'autorité parentale »[150]. L'on remarquera en l'espèce que l'intérêt pour l'enfant, exprimé au travers de visites épisodiques et inopinées, ne saurait induire en lui-même la capacité paternelle à exercer l'autorité parentale qui, de toute évidence, se révèle bien plus exigeante.

Cass. 1re civ., 5 avr. 2005, n° 04-05.019

Attendu que M. X… a formé un pourvoi contre l'arrêt de la cour d'appel de Rennes du 20 février 2004 qui, statuant sur la requête du procureur de la République, saisi par la direction des services sociaux de Saône-et-Loire, fondée sur l'article 377, alinéa 2, du Code civil dans sa rédaction issue de la loi du 4 mars 2002, a délégué partiellement l'exercice de l'autorité parentale sur la personne de Ablla X…, née le 22 juin 1992, au service départemental de l'aide sociale à l'enfance auquel elle était confiée depuis 1992, maintenant, tant à l'égard de M. X… que de Mme Y…, un droit de visite et un droit de correspondance ; que le demandeur fait grief à l'arrêt d'avoir statué ainsi alors d'abord qu'il n'est ni injoignable ni inapte ou dans l'impossibilité d'exercer l'autorité parentale, ensuite qu'il travaille, peut assumer la charge de sa fille et bénéficie de l'usufruit d'un immeuble, encore qu'il espérait bénéficier d'un droit de visite les fins de semaine et enfin qu'il a maintenu des liens affectifs avec sa fille jusqu'à présent ;

(149) Précédemment en effet, la délégation d'autorité parentale pouvait être ordonnée en cas de désintérêt manifeste des parents depuis plus d'un an. Cf. C. civ., ancien art. 377, al. 3 : « La même délégation peut être décidée, à la seule requête du délégataire, lorsque les parents se sont désintéressés de l'enfant depuis plus d'un an ».

(150) Cass. 1re civ., 5 avr. 2005, n° 04-05.019 : *Bull. civ.* 2005, I, n° 162 ; *AJF* 2005, 273, obs. S. Gratadour.

Mais attendu que l'arrêt retient, par une décision motivée, après avoir souverainement apprécié les éléments produits, en particulier les rapports transmis par le service de l'aide sociale à l'enfance, et pris l'avis du juge des enfants, que, si M. X... a conservé des liens affectifs avec sa fille par des visites épisodiques et inopinées, il est difficilement joignable et ne prend pas réellement en compte les besoins de sa fille au regard de démarches inhérentes à l'exercice de l'autorité parentale ; d'où il suit que la cour d'appel, ayant caractérisé l'impossibilité pour le père d'exercer, en partie, l'autorité parentale, a pu décider que l'autorité parentale devait être partiellement déléguée au service, le droit de correspondance et un droit de visite à organiser étant maintenus à l'égard des deux parents ; que le moyen ne peut être accueilli ;

PAR CES MOTIFS :

REJETTE le pourvoi ;

Commentaires : *Bull. civ.* 2005, I, n° 162 ; *AJF* 2005, 273, obs. S. Gratadour.

1387. – **Demandeurs.** En raison de son caractère forcé, la délégation d'exercice de l'autorité parentale visée par l'article 377, alinéa 2 du Code civil, ne peut pas être sollicitée par les parents. L'introduction d'une action sur le fondement de ce texte est réservée au particulier, à l'établissement ou au service départemental de l'aide sociale à l'enfance qui a recueilli l'enfant. L'action demeure également réservée aux membres de la famille du mineur, sans que le texte ne pose une condition de recueil préalable de l'enfant. L'énumération des personnes qualifiées par la loi pour saisir le juge aux affaires familiales démontre que la finalité de la délégation d'exercice de l'autorité parentale réside dans la protection de l'intérêt de l'enfant.

1388. – **Objet.** L'action en justice introduite sur le fondement de l'article 377, alinéa 2 du Code civil, tend à obtenir une délégation forcée de l'autorité parentale, ayant un caractère total ou partiel. En cas de délégation totale, l'intégralité des attributs de l'autorité parentale se trouve déléguée au délégataire, même si l'on peut considérer que les parents pourraient tout de même solliciter un droit de visite, expression d'une relation effective avec l'enfant. En revanche, si la délégation ne revêt qu'un caractère partiel, les parents conservent l'exercice de certains droits et une exigence élémentaire de sécurité juridique commande alors que le juge aux affaires familiales précise expressément dans sa décision les droits concernés.

1389. – **Procédure.** L'instance en délégation forcée de l'exercice de l'autorité parentale se trouve soumise aux mêmes règles que celles présentées pour la délégation volontaire[(151)]. L'atteinte à l'exercice des droits parentaux paraît si conséquente qu'il s'avère absolument indispensable que les deux parents soient appelés à l'instance et qu'ils soient assistés d'un avocat. L'on pourra recommander sur ce point au juge aux affaires familiales de proposer systématiquement avec insistance aux parents la désignation d'office d'un avocat.

1390. – **Cessation de la délégation forcée.** À l'instar de la délégation volontaire, la délégation forcée d'exercice de l'autorité parentale prend fin par la survenance de la majorité civile de l'enfant, par la restitution aux parents de l'exercice de leurs droits ou bien par le transfert de la délégation[(152)]. Dans l'hypothèse où la délégation forcée de l'exercice de l'autorité parentale viendrait à faire l'objet d'un transfert au profit d'un nouveau délégataire, il ne paraît pas nécessaire de solliciter le

(151) Pour une présentation détaillée de ces règles procédurales : V. *supra*, n°s 1370 et s.
(152) V. *supra*, n°s 1382-1384 pour le détail de ces causes de cessation.

consentement des parents, puisque l'on se trouve dans le champ de l'article 377, alinéa 2 du Code civil.

III. – La délégation-partage

1391. – **Innovation.** La création de la délégation-partage par la loi n° 2002-305 du 4 mars 2002 constitua l'une des innovations les plus remarquées du texte et suscita de grands espoirs, notamment parce qu'elle fut conçue pour apporter une solution au récurrent problème de l'absence de statut juridique du beau-parent. Il faut dire que la délégation-partage de l'exercice de l'autorité parentale présentait des atouts séduisants qui correspondaient assurément aux postulats du droit contemporain de la famille. Tout d'abord, elle concernait la parentalité et pas la parenté, permettant ainsi de créer des solutions souples et nuancées, adaptées à la situation spécifique de chaque famille. Au-delà de ce pluralisme décentralisé, la délégation-partage apparaît comme l'expression de la volonté des membres de la famille qui s'approprient de la sorte, sous le contrôle du juge, le pouvoir de façonner les règles qui gouverneront à l'avenir leur vie familiale. La délégation-partage de l'exercice de l'autorité parentale incarnait donc la *ratio legis* du droit de la famille ou, du moins, ce que les commentateurs présentent volontiers comme les principes structurant désormais cette matière. Les espoirs ont rapidement été déçus, car la délégation-partage de l'exercice de l'autorité parentale n'a pas connu le succès pratique escompté. Le relatif échec du nouveau mécanisme s'explique peut-être par le choix fait par le législateur de le faire figurer dans un nouvel article 377-1 du Code civil, immédiatement après les délégations volontaires et forcées, lesquelles demeurent conditionnées par le constat de difficultés rencontrées par les parents dans l'exercice de leurs prérogatives d'autorité parentale, alors que la délégation-partage exprime inversement une bonne maîtrise de la parentalité allant jusqu'à en partager l'exercice. En somme, la délégation-partage de l'exercice de l'autorité parentale suppose un certain raffinement dans l'organisation de la vie familiale de l'enfant, alors que les délégations de l'article 377 du Code civil constituent fréquemment un constat d'échec.

1392. – **Spécificité.** À bien y regarder, le choix des mots de la loi explique peut-être aussi la faible utilisation pratique de la prétendue délégation-partage, car il s'agit moins d'une véritable délégation qui engendre un transfert et donc une substitution d'un tiers au parent dans l'exercice des prérogatives d'autorité parentale, que d'un véritable exercice conjoint de certains droits, partagé entre le parent et un tiers. La modalité d'exercice de l'autorité parentale visée par l'article 377-1 du Code civil constitue finalement un exercice conjoint d'une ou plusieurs prérogatives d'autorité parentale, partagé entre un parent et un tiers. Là réside la spécificité de ce mécanisme. Il en résulte que l'exercice conjoint avec un tiers de prérogatives d'autorité parentale suppose nécessairement un consentement du ou des parents. Partant, elle ne saurait être forcée. Une autre spécificité, de taille, distingue les règles des articles 377 et 377-1 du Code civil puisque le parent délégant ne perd nullement la capacité d'exercer les droits délégués, lesquels demeurent partagés.

1393. – **Conditions.** Le partage de l'exercice de l'autorité parentale avec un tiers suppose la réunion de plusieurs conditions. Outre la nécessité d'un accord du ou des parents, elle doit être justifiée par les besoins d'éducation de l'enfant.

1394. – **Effets.** La modalité d'exercice de l'autorité parentale réglementée par l'article 377-1, alinéa 2 du Code civil constitue un véritable exercice conjoint des prérogatives, dont l'originalité réside dans un partage de l'exercice du droit avec un tiers et non avec l'autre parent. Le modèle des règles de fonctionnement de cet exercice partagé se trouve cependant du côté de la coparentalité puisque le Code civil prévoit expressément que la présomption de l'article 372-2 est applicable à l'égard des actes accomplis par le ou les délégants et le délégataire. Là se loge la singulière innovation opérée par la loi n° 2002-305 du 4 mars 2002, puisqu'une personne, qui ne dispose point de la qualité de parent, pourra être réputée agir avec l'accord du parent pour faire seul un acte usuel de l'autorité parentale relativement à la personne de l'enfant. Un autre stigmate d'une construction de la délégation-partage faite en contemplation de la coparentalité se trouve dans le possible arbitrage judiciaire des conflits entre délégant et délégué, dès lors que l'article 377-1 du Code civil procède à un renvoi pur et simple à la disposition relative aux éléments que le juge aux affaires familiales prend en compte quand il statue sur l'autorité parentale. En cas de difficultés que l'exercice partagé de l'autorité parentale pourrait générer, le juge peut être saisi par les parents, l'un d'eux, le délégataire ou le ministère public et il statue conformément aux dispositions de l'article 373-2-11 du Code civil(153).

Prolongement pratique

L'échec regrettable de la délégation-partage

1395. – Alors que l'emballement médiatique caractéristique des sociétés contemporaines, souvent relayé par des attentes doctrinales purement spéculatives, appelle régulièrement de ses vœux une réglementation d'un « statut du beau-parent »(154), tout en dénonçant parallèlement l'inflation normative, on constatera amèrement que la délégation-partage, si elle avait été correctement utilisée aurait sans doute permis d'aménager l'exercice de l'autorité parentale dans nombre de familles recomposées.

Prolongement théorique et pratique

La délégation d'autorité parentale au sein du couple homosexuel

1396. – Avant que les passions ne s'agitent à l'occasion des débats autour de la réforme du mariage et de l'adoption, ayant ouvert ces institutions aux couples de personnes de même sexe, la délégation volontaire de l'autorité parentale a offert à la jurisprudence l'occasion d'opérer une discrète mais néanmoins significative évolution du droit positif, s'agissant de l'homoparentalité. Dans un arrêt rendu le 24 février 2006, la première chambre civile

(153) C. civ., art. 377-1, al. 3.
(154) V. *infra*, n° 1451 et 1452.

juge, dans un attendu de principe au style quasi législatif, que « l'article 377, alinéa 1er, du Code civil ne s'oppose pas à ce qu'une mère seule titulaire de l'autorité parentale en délègue tout ou partie de l'exercice à la femme avec laquelle elle vit en union stable et continue, dès lors que les circonstances l'exigent et que la mesure est conforme à l'intérêt supérieur de l'enfant »[155]. En l'espèce, les deux femmes avaient conclu un pacte civil de solidarité et la partenaire de la mère entendait pouvoir exercer certaines prérogatives d'autorité parentale, notamment eu égard à la dangerosité de la profession de la mère.

La décision fut très commentée, à juste titre, dans les gazettes juridiques et fit l'objet d'appréciations très contrastées. Alors que certains auteurs virent dans cette décision une première étape vers une future consécration d'un véritable lien de parenté, d'autres considérèrent que l'arrêt distinguait la parentalité – exercice de prérogatives d'autorité parentale – et la parenté qui constitue l'inscription d'un enfant dans une lignée généalogique et sexuée. En dissociant, d'une part, la parenté qui relève des structures familiales et de l'état civil de l'enfant et, d'autre part, la parentalité qui concerne les relations familiales au travers d'une fonction de prise en charge quotidienne de l'enfant, l'arrêt comporte un indéniable intérêt pédagogique. Il démontre qu'une conception subtile du rapport à l'enfant s'avère possible et que parenté et parentalité peuvent être dissociées.

Ce faisant, l'arrêt marqua une étape importante dans l'évolution du droit contemporain de la famille en permettant, grâce à la délégation volontaire de l'autorité parentale et au partage de son exercice[156], d'organiser la vie familiale d'un enfant *de facto* élevé dans un couple homosexuel, sans pour autant remettre en cause les structures de la parenté. Pour ce faire, la Cour de cassation pose trois conditions. Tout d'abord, la mère doit vivre de manière stable et continue avec sa compagne ou partenaire de PACS, ce qui correspond aux critères du concubinage posé par l'article 515-8 du Code civil. Ensuite, les circonstances doivent exiger une telle délégation. Enfin, la mesure doit se révéler conforme à l'intérêt supérieur de l'enfant. Il en résulte que les arrêts du fond caractérisant correctement ces trois conditions cumulatives ne devraient pas encourir de cassation pour manque de base légale.

Effectivement, certains juges du fond ont tôt fait d'appliquer scrupuleusement ces critères[157].

La Cour de cassation a pu rejeter un pourvoi dirigé contre un arrêt qui refusa de prononcer une délégation-partage. La première chambre civile approuve les juges du fond d'avoir constaté que la délégation n'était pas dictée par l'intérêt de l'enfant[158]. La Cour européenne des droits de l'homme a, dans cette affaire, jugé que l'appréciation faite par les autorités françaises des conditions pour accéder à une délégation-partage ne constituait pas une dif-

(155) Cass. 1re civ., 24 févr. 2006, n° 04-17.090 : *Bull. civ.* 2006, I, n° 101 ; *Dr. famille* 2006, comm. 89, note P. Murat ; *JCP* G 2006, I, 199, n° 16, obs. M. Rebourg ; *D.* 2006, 897, note D. Vigneau ; *D.* 2006, 1148, obs. F. Granet-Lambrechts ; *RTD civ.* 2006, 297, obs. J. Hauser ; *Defrénois* 2006, 1067, obs. J. Massip.

(156) Sur lequel V. *infra*, nos 1370 et s.

(157) V. par ex. : CA Paris, 5 mai 2006 : *AJF* 2006, 333 ; *adde* TGI Paris, 22 févr. 2013 : *AJF* 2013, 232, obs. Gallmeister.

(158) Cass. 1re civ., 8 juill. 2010, n° 09-12.623 : *JCP* G 2010, 944, note A. Gouttenoire ; *RTD civ.* 2010, 547, obs. J. Hauser ; *AJF* 2010, 394, obs. F. Chénedé : « si [les deux femmes partenaires de PACS] démontraient qu'elles avaient une vie commune stable depuis 1989 et que les enfants étaient bien intégrés dans leur couple et dans la famille de chacune d'elles et qu'elles s'occupaient aussi bien de leur propre enfant que de celui de l'autre sans faire de différence entre eux, elles ne rapportaient pas la preuve de circonstances particulières qui imposeraient une délégation d'autorité parentale dès lors que les déplacements professionnels qu'elles invoquaient n'étaient qu'exceptionnels, que le risque d'accidents n'était qu'hypothétique et semblable à celui auquel se trouvait confronté tout parent qui exerçait seul l'autorité parentale, d'autre part, que les requérantes admettaient elles-mêmes qu'elles ne s'étaient pas heurtées à des difficultés particulières pour pouvoir jouer auprès des tiers ou de leur entourage familial le rôle de parents qu'elles entendaient se reconnaître mutuellement, assistant indifféremment l'une ou l'autre, voire toutes les deux, aux réunions d'école et allant l'une ou l'autre chercher les enfants après la classe et, enfin, que [les partenaires] ne démontraient pas en quoi l'intérêt supérieur des enfants exigeait que l'exercice de l'autorité parentale soit partagé entre elles et permettrait aux enfants d'avoir de meilleures conditions de vie ou une meilleure protection quand les attestations établissaient que les enfants étaient épanouis, la cour d'appel a pu déduire de ces énonciations et constatations qu'il n'y avait pas lieu d'accueillir la demande ».

férence de traitement fondée sur l'orientation sexuelle(159). L'arrêt s'avère quelque peu paradoxal car une certaine forme de soulagement qui appert à sa lecture, au regard de l'onction conventionnelle attribuée par la Cour de Strasbourg aux dispositions et appréciation juridictionnelles françaises, se trouve rapidement balayée par le constat d'échec de la délégation-partage qui transparaît une nouvelle fois(160). Soucieuses d'aménager leur vie familiale et, en particulier leurs parentalités respectives, suite à la rupture de leur couple, les deux femmes se heurtent ici à une appréciation des conditions de la délégation-partage qui demeure sous l'influence de la délégation, en général. C'est oublier que la délégation-partage fut précisément conçue pour permettre un aménagement concret et volontaire de la parentalité, sans toucher aux structures familiales ni à l'état civil (parenté) et sans consacrer un statut de beau-parent. À négliger l'intérêt, aussi bien théorique qu'opératoire, des dispositifs qui existent déjà dans le Code civil, l'on risque bien à terme soit de se contenter de solutions parcellaires, telles que des droits consentis sur le fondement de l'article 371-4, alinéa 2e du Code civil, qui ne répondent que de manière imparfaite aux défis posés par ces situations concrètes(161), soit de consacrer un statut de co-parent qui, fondé sur la notion de projet parental, concernera quant à lui la parenté et ne manquera pas de susciter des débats plus idéologiques que juridiques, dont l'intérêt de l'enfant sort rarement grandi !

§ 2. – L'exercice contrôlé de l'autorité parentale : l'assistance éducative

1397. – **Soutenir les parents.** Le droit de l'assistance éducative organise des modalités dérogatoires d'exercice de l'autorité parentale, justifiées par une situation de danger de l'enfant. Contrairement au retrait d'autorité parentale(162), l'assistance éducative ne supprime pas la qualité de titulaire de l'autorité parentale, mais vise à organiser ses modalités d'exercice, dans un but de protection de l'enfant. Ainsi, l'assistance éducative a pour fonction de soutenir des parents qui peinent à exercer correctement leurs prérogatives d'autorité parentale, pour des raisons diverses.

1398. – **Diversité des situations.** Les situations justifiant l'ouverture d'une mesure d'assistance éducative sont nombreuses. L'article 375 du Code civil dispose en effet que des mesures d'assistance éducative peuvent être ordonnées si la santé, la sécurité ou la moralité d'un mineur non émancipé sont en danger, ou si les conditions de son éducation ou de son développement physique, affectif ou intellectuel et social sont gravement compromises. L'énumération législative ainsi faite se veut volontairement étoffée et les termes choisis suffisamment flous pour permettre d'appréhender des situations très diverses qui ont pour point commun la compromission des conditions normales d'exercice de l'autorité parentale. L'on songe ainsi à une immaturité des parents qui ne leur permettrait pas de s'acquitter correctement de leur mission d'éducation de l'enfant ou encore

(159) CEDH, 5e sect., 6 févr. 2018, n° 6190/11, *B. et L. c/ France : Dr. famille* 2018, comm. 132, note H. Fulchiron.
(160) Cf. H. Fulchiron, note préc.
(161) V. *infra*, n° 1458.
(162) Sur lequel, V. *supra*, n° 1257 s. .

d'une grande précarité. La mauvaise utilisation des prestations familiales ou du revenu de solidarité active permet quant à elle au juge des enfants d'ordonner une mesure d'aide à la gestion du budget familial, dans le cadre de laquelle lesdites prestations seront en tout ou partie versées à un délégué aux prestations familiales[(163)]. Les mesures d'assistance éducative n'ont donc pas tant pour finalité de punir nécessairement un comportement parental jugé défaillant que d'apporter un remède pour tenter, dans la mesure du possible, de rétablir un exercice ordinaire et normal, de l'autorité parentale.

1399. - **Critères du danger et de la gravité**. L'ouverture d'une mesure d'assistance éducative dépend du critère de danger et de gravité d'une compromission des conditions d'éducation de l'enfant. En conditionnant de la sorte l'ouverture d'une mesure d'assistance éducative au danger ou à la gravité, il s'agit de faire face à un péril qui menace l'intérêt de l'enfant et de la réserver à des situations exceptionnelles.

1400. - **Compétence du juge des enfants.** La juridiction matériellement compétente pour l'ouverture d'une mesure d'assistance éducative est le juge des enfants[(164)]. Une telle compétence matérielle ne doit cependant pas tromper sur l'office du magistrat en ce domaine. Le juge des enfants intervient comme magistrat en matière civile et non avec ses attributions pénales.

1401. - **Saisine du juge des enfants.** Les personnes pouvant saisir le juge des enfants pour solliciter l'ouverture d'une mesure d'assistance éducative demeurent nombreuses. L'article 375 du Code civil énumère ainsi les père et mère conjointement, l'un d'eux, la personne ou le service à qui l'enfant a été confié, le tuteur, le mineur lui-même ou le ministère public. Ce dernier interviendra le plus souvent comme partie principale après qu'un signalement lui a été fait.

1402. - **Saisine d'office du juge des enfants.** De manière très dérogatoire par rapport au principe dispositif qui gouverne la procédure civile, le juge des enfants peut également se saisir d'office. La possibilité de l'autosaisine démontre la particularité de l'office du juge en matière d'assistance éducative, que l'on pourrait qualifier de magistrature de crise, à l'instar de ce que l'on rencontre en matière de droit des entreprises en difficulté. Le juge demeure chargé en ce domaine de remplir le vœu législatif de protection de l'intérêt de l'enfant. De ce point de vue, il ne s'agit plus simplement, comme cela est habituellement le cas en matière civile, de protéger un intérêt particulier, mais aussi d'être l'acteur et le promoteur d'une politique publique de protection de l'enfance. Les preuves de ce particularisme de l'office du juge des enfants en matière d'assistance éducative sont nombreuses. Ainsi, pour le droit international privé français, les lois qui organisent la protection de l'enfance constituent des lois de police et de sûreté[(165)], lesquelles s'appliquent immédiate-

(163) C. civ., art. 375-9-1.
(164) C. civ., art. 375-1.
(165) Cass. 1re civ., 6 avr. 1994, n° 93-05.024 : *Defrénois* 1994, 1099, obs. J. Massip ; comp. déjà : Cass. 1re civ., 16 janv. 1979, n° 78-80.002 : *JDI* 1981, 65, note J. Foyer.

ment, avant même la consultation d'une quelconque règle de conflit. Par ailleurs, le droit de l'assistance éducative illustre parfaitement le phénomène d'existence d'un droit civil hors les murs du Code civil, en raison de son lien étroit avec le droit de l'aide sociale à l'enfance. Les dispositions du Code civil relatives à l'assistance éducative ne peuvent se lire qu'en parallèle avec celles du Code de l'action sociale et des familles. De même, le rôle du juge des enfants en ce domaine repose sur le relais que les services départementaux d'aide sociale à l'enfance doivent assurer, notamment en matière de gestion ou de contrôle des foyers accueillant les mineurs placés par le magistrat. La faculté procédurale offerte au juge des enfants de s'autosaisir s'explique également par cette forte publicisation du droit de l'assistance éducative[(166)].

1403. – **Respect du contradictoire et assistance éducative.** Compte tenu des incidences que présente une mesure d'assistance éducative pour la vie familiale, l'accès au dossier d'assistance éducative présente un enjeu majeur pour les membres de la famille et, en particulier, pour les parents. Le respect du contradictoire en matière d'assistance éducative a longtemps suscité des difficultés[(167)] avant qu'une réforme opérée par le décret n° 2002-361 du 15 mars 2002 ne vienne corriger les plus graves incongruités procédurales. Désormais, les modalités du droit des parents d'accéder au dossier d'assistance éducative dépendent de la présence ou non de l'avocat. Lorsque les parents sont assistés d'un avocat, ce dernier peut se faire transmettre copie de tout ou partie du dossier d'assistance éducative, à l'usage exclusif de cette procédure et ne doit pas transmettre les pièces à son client[(168)]. En revanche, faute d'assistance d'un avocat, le dossier peut être consulté sur la demande des parents, aux jours et heures fixés par le juge[(169)], par les parents de l'enfant jusqu'à la veille de l'audience. Encore faut-il que les parents aient connaissance de ce droit de consulter le dossier. Concrètement, les convocations adressées aux parents doivent donc les informer de cette possibilité de consulter le dossier[(170)]. Par ailleurs, demeure dans cette hypothèse une entorse au principe du contradictoire puisque le magistrat peut, par une décision motivée il est vrai, exclure tout ou partie des pièces de la consultation par l'un des parents, le tuteur ou le représentant du service à qui l'enfant a été confié ou le mineur lorsque cette consultation ferait courir un danger physique ou moral grave au mineur, à une partie ou à un tiers. Autrement dit, le juge des enfants pourra de la sorte statuer en tenant compte d'un élément qui n'a pas été soumis à la discussion. Une telle particularité procédurale s'explique ici par l'impératif de protection de l'enfance, déjà évoqué, qui place le magistrat aux confins de son office juridictionnel civil pour l'ériger aussi en acteur d'une politique publique.

1404. – **Consultation du dossier par le mineur lui-même.** En droit commun de l'autorité parentale, le mineur dispose de droits et d'une sphère d'autonomie dans

(166) Cf. E. Putman, *Brèves remarques sur les rapports entre la substance et la forme dans la pensée du Doyen Jacques Héron*, in *Les 25 ans de l'atelier de méthodologie juridique d'Aix-en-Provence* : *RRJ* 2005-5, p. 2827.

(167) Cf. A. Gouttenoire, *La réforme imparfaite de la procédure d'assistance éducative* : *Dr. famille* 2002, chron. 14. – P. Murat, *Bataille autour de la procédure d'assistance éducative* : *Dr. famille* 1999, comm. 135.

(168) CPC, art. 1187, al. 1er.

(169) CPC, art. 1187, al. 2e.

(170) Cass. 1re civ., 28 mars 2018, n° 16-28.010 : *Dr. famille* 2018, comm. 160, note I. Maria.

le domaine procédural[171]. Dans le domaine spécifique de l'assistance éducative, le mineur capable de discernement peut aussi consulter le dossier le concernant, mais uniquement en présence de son père, de sa mère ou de son avocat[172]. En cas de refus des parents et si l'intéressé n'a pas d'avocat, le juge saisit le bâtonnier d'une demande de désignation d'un avocat pour assister le mineur ou autorise le service éducatif chargé de la mesure à l'accompagner pour cette consultation.

1405. - **Diversité des mesures : assistance éducative en milieu ouvert.** Pour soutenir les parents dans l'exercice de l'autorité parentale, le juge des enfants peut ordonner des mesures d'assistance éducative en milieu ouvert (AEMO), lesquelles se caractérisent par une absence de placement de l'enfant. Les mesures d'assistance éducative sont en effet gouvernées par un principe de proportionnalité et seuls de graves dangers peuvent justifier un placement de l'enfant. Partant, chaque fois que cela est possible, le mineur doit être maintenu dans son milieu actuel[173], selon l'article 375-2 du Code civil. Dans ce cas, le juge des enfants désigne soit une personne qualifiée, soit un service d'observation, d'éducation ou de rééducation en milieu ouvert, en lui donnant mission d'apporter aide et conseil à la famille, afin de surmonter les difficultés matérielles ou morales qu'elle rencontre[174]. La personne ou le service ainsi désigné dans le cadre d'une mesure d'assistance éducative en milieu ouvert a la charge de suivre le développement de l'enfant et d'en faire le rapport au juge périodiquement. Comme les mesures d'assistance éducative ont pour but de rétablir un exercice ordinaire de l'autorité parentale, dans l'intérêt de l'enfant, le juge peut subordonner le maintien de l'enfant dans son milieu à des obligations particulières, telles que celles de fréquenter régulièrement un établissement sanitaire et d'éducation, ordinaire ou spécialisée, le cas échéant sous régime de l'internat ou encore d'exercer une activité professionnelle[175]. Enfin, même si dans le cadre des mesures d'assistance éducative en milieu ouvert l'enfant demeure par principe dans son milieu, qu'il ne fait pas l'objet d'un retrait et d'un placement, il n'en reste pas moins que le juge des enfants dispose de la faculté, lorsqu'il confie l'enfant à un service spécialisé, d'autoriser ce dernier à lui assurer un logement exceptionnel ou périodique[176]. Encore faut-il pour ce faire que le service soit spécifiquement habilité à cet effet. Il ne s'agit pas ici d'un placement de l'enfant, lequel constitue une modalité particulière de la mesure d'assistance éducative, mais plus simplement d'un hébergement ponctuel, dicté par l'urgence. Pour cette raison, chaque fois qu'il héberge le mineur en vertu de cette autorisation, le service en informe sans délai ses parents ou ses représentants légaux ainsi que le juge des enfants et la présidence du conseil départemental[177]. Le juge peut être saisi de tout désaccord concernant cet hébergement.

(171) Sur ce point V. *supra*, n° 1236 s..
(172) CPC, art. 1187, al. 3e.
(173) Le qualificatif « actuel » est entendu par la jurisprudence comme désignant le milieu « naturel » de l'enfant, c'est-à-dire la présence en un lieu et auprès du parent qui exerce habituellement les prérogatives d'autorité parentale sur l'enfant. Cf. Cass. 1re civ., 6 janv. 1981 : *Bull. civ.* 1981, I, n° 1. – Cass. 1re civ., 23 janv. 1985 : *Bull. civ.* 1985, I, n° 1.
(174) C. civ., art. 375-2, al. 1er.
(175) C. civ., art. 375-2, al. 3.
(176) C. civ., art. 375-2, al. 2.
(177) C. civ., art. 375-2, al. 2.

1406. – Diversité des mesures : enfant confié. Suivant le principe de proportionnalité de la mesure, précédemment évoqué(178), le juge des enfants peut confier l'enfant à l'une des personnes physiques ou morales mentionnées à l'article 375-3 du Code civil. L'enfant peut ainsi être confié à l'un de ses parents, même s'il réside à l'étranger(179), ou encore à un autre membre de la famille ou à un tiers digne de confiance. Si la protection de l'enfant l'exige, le juge des enfants peut confier l'enfant à un service d'aide départemental de l'aide sociale à l'enfance, un service ou un établissement habilité pour l'accueil des mineurs à la journée ou suivant toute autre modalité de prise en charge, un service ou un établissement sanitaire ou d'éducation, ordinaire ou spécialisé. Il s'agit alors de retirer l'enfant à ses parents(180) et de déterminer un nouveau lieu où s'exercera, pour un temps, la garde du mineur. L'article 371-3 du Code civil, dont la lettre demeure inchangée depuis la loi n° 70-459 du 4 juin 1970, insiste d'ailleurs sur le caractère exceptionnel et dérogatoire du retrait de l'enfant en précisant que l'enfant ne peut être retiré de la maison familiale que dans les cas de nécessité que détermine la loi. Au demeurant, les dispositions du Code civil relatives à l'autorité parentale ne retiennent plus quant à elles les termes de « placement » ou de « retrait », mais disposent que « si la protection de l'enfant l'exige, le juge des enfants peut décider de le confier » aux personnes énumérées par l'article 375-3 du Code civil. Seuls des motifs graves doivent en principe justifier un tel placement de l'enfant. Dans une perspective voisine, la Cour européenne des droits de l'homme juge qu'un placement motivé par la seule précarité matérielle des parents constitue une ingérence disproportionnée(181).

Lorsque le juge confie de la sorte l'enfant(182), il peut charger soit une personne qualifiée, soit un service d'observation, d'éducation ou de rééducation en milieu ouvert d'apporter aide et conseil à la personne ou au service à qui l'enfant a été confié ainsi qu'à la famille et de suivre le développement de l'enfant(183). S'il fallait une preuve supplémentaire de la diversité des mesures que le juge des enfants peut ordonner, il dispose en confiant l'enfant à des personnes autres que ses parents de la possibilité d'imposer des obligations particulières telles que celle de fréquenter régulièrement un établissement sanitaire ou d'éducation, ordinaire ou spécialisé, le cas échéant sous le régime de l'internat ou d'exercer une activité professionnelle(184).

(178) V. *supra*, n° 1405.

(179) Cf. Cass. 1re civ., 14 sept. 2017, n° 17-12.518 : *AJF* 2017, 589, obs. J. Houssier : dans la présente affaire, s'il est remarquable que le juge aux affaires familiales ait confié l'enfant à un parent résidant hors de France, il convient de préciser qu'il s'agissait en l'espèce d'un État membre de l'Union européenne (Hongrie), ce qui revêt une importance au regard de la construction de l'espace judiciaire civil européen (sur lequel, V. *supra*, n° 1327 s.). Comp. cependant Cass. 1re civ., 6 avr. 1994, n° 93-05.024, préc., jugeant que « les lois relatives à l'assistance éducative sont d'application territoriale et qu'il s'ensuit que les juridictions françaises sont incompétentes pour prendre des mesures d'assistance éducative à l'égard de mineurs résidant à l'étranger, sauf application éventuelle des dispositions contraires des articles 3 à 5 de la convention de La Haye du 5 octobre 1961, qui, en l'espèce, n'ont pas été mises en œuvre par l'autorité française ».

(180) Pour cette raison, le placement de l'enfant modifie singulièrement la vie familiale et peut faire l'objet de résistances ou d'opposition de la part des parents. Une loi n° 2017-258 du 28 février 2017 a ajouté un troisième alinéa à l'article 375-3 du Code civil, disposant que « le procureur de la République peut requérir directement le concours de la force publique pour faire exécuter les décisions de placement rendues en assistance éducative ».

(181) CEDH, 26 oct. 2006, *Wallova et Walla c/ République tchèque* ; 18 déc. 2008, *Saviny c/ Ukraine* ; 18 juin 2013, *R.M.S. c/ Espagne* ; 24 oct. 2017, n° 45959/11, *Achim c/ Roumanie* : *AJF* 2017, 646, obs. J. Houssier.

(182) À l'exception de l'hypothèse où l'enfant est confié à un service départemental de l'aide sociale à l'enfance qui assume souvent en pratique ces fonctions de surveillance. Cf. C. civ., art. 375-4.

(183) C. civ., art. 375-4.

(184) C. civ., art. 375-4, al. 2.

De telles obligations seront utiles notamment lorsque l'enfant est confié à l'autre parent ou à un membre de la famille. Enfin, le juge des enfants doit s'efforcer de faciliter l'exercice du droit de visite et d'hébergement par le ou les parents ainsi que le maintien de ses liens avec ses frères et sœurs[(185)], selon le principe de non-séparation des fratries posé à l'article 371-5 du Code civil.

1407. – **Rôle du ministère public face à l'urgence.** Le procureur de la République du lieu où le mineur a été trouvé dispose, à l'instar du juge des enfants, du pouvoir, à titre provisoire, d'ordonner la remise de l'enfant à un centre d'accueil ou d'observation ou encore de prendre l'une des mesures dont dispose le magistrat du siège énumérées par les articles 375-3 et 375-4 du Code civil. Une telle mesure, parce que décidée par un magistrat du parquet, doit demeurer provisoire. Ainsi, le procureur est tenu, lorsqu'il prend une telle décision, de saisir dans les huit jours le juge des enfants qui maintiendra, modifiera ou rapportera la mesure. Depuis une loi n° 2016-731 du 3 juin 2016[(186)], le procureur de la République peut aussi, en cas d'urgence, interdire par une décision motivée la sortie du territoire, dès lors qu'il existe des éléments sérieux laissant supposer que l'enfant s'apprête à quitter le territoire national dans des conditions qui le mettraient en danger et que l'un des détenteurs au moins de l'autorité parentale ne prend pas de mesure pour l'en protéger[(187)]. Lorsque le procureur de la République décide de la sorte d'une interdiction de sortie du territoire, il doit saisir dans les huit jours le juge compétent pour qu'il maintienne la mesure ou qu'il en prononce la mainlevée. L'interdiction de sortie du territoire dont il est ici question s'inscrit dans une perspective différente de celle qui peut être ordonnée par le juge aux affaires familiales en cas de suspicion d'enlèvement international d'enfant. Il s'agit ici pour le procureur de la République de tenter de prévenir un départ volontaire du mineur, en particulier pour s'enrôler dans une zone de conflit armé, alors qu'en matière d'enlèvement d'enfant, ce dernier subit généralement le déplacement illicite sans y consentir.

1408. – **Placement de l'enfant et instances devant le juge aux affaires familiales.** En confiant l'enfant à des personnes morales ou physiques autres que ses parents, le juge des enfants organise la vie familiale et, par conséquent, sa décision pourrait contrarier celle d'un juge aux affaires familiales statuant sur le divorce et/ou déterminant les modalités d'exercice de l'autorité parentale[(188)]. Pour éviter l'inconciliabilité des décisions, l'article 375-3 du Code civil dispose ainsi que lorsqu'une requête en divorce a été présentée ou un jugement de divorce rendu entre les père et mère[(189)] ou lorsqu'une requête en vue de statuer sur la résidence et les droits de visite afférents à un enfant a été présentée ou une décision rendue entre les père et mère, ces mesures ne peuvent être prises que si un fait nouveau de nature à entraî-

(185) C. civ., art. 375-3.
(186) L. n° 2016-731, 3 juin 2016 renforçant la lutte contre le crime organisé, le terrorisme et leur financement, et améliorant l'efficacité et les garanties de la procédure pénale.
(187) C. civ., art. 375-5, al. 5e.
(188) Sur ces articulations entre les différents magistrats (juge aux affaires familiales, juge des enfants, juge des tutelles) amenés à organiser la vie familiale de l'enfant, cf. V. Égéa, *La fonction de juger à l'épreuve du droit contemporain de la famille*, Lextenso, 2010, spéc. n° 479.
(189) Les mêmes règles sont applicables à la séparation de corps. Cf. C. civ., art. 375-3.

ner un danger pour le mineur s'est révélé postérieurement à la décision statuant sur les modalités de l'exercice de l'autorité parentale ou confiant l'enfant à un tiers. Elles ne peuvent faire obstacle à la faculté qu'aura le juge aux affaires familiales de décider, par application de l'article 373-3 du Code civil, à qui l'enfant sera confié.

1409. – **Modification des mesures d'assistance éducative.** Les décisions prises en matière d'assistance éducative peuvent être, à tout moment, modifiées ou rapportées par le juge qui les a rendues soit d'office, soit à la requête des père et mère conjointement, ou de l'un d'eux, de la personne ou du service à qui l'enfant a été confié ou du tuteur, du mineur lui-même ou du ministère public(190).

1410. – **Durée des mesures d'assistance éducative.** La décision du juge des enfants fixe la durée de la mesure sans que celle-ci puisse, lorsqu'il s'agit d'une mesure éducative exercée par un service ou une institution, excéder deux ans. La mesure peut être renouvelée par une décision motivée(191). Cependant, lorsque les parents présentent des difficultés relationnelles et éducatives graves, sévères et chroniques, évaluées comme telles en l'état actuel des connaissances, affectant durablement leurs compétences dans l'exercice de leur responsabilité parentale, une mesure d'accueil exercée par un service ou une institution peut être ordonnée pour une durée supérieure, afin de permettre à l'enfant de bénéficier d'une continuité relationnelle, affective et géographique dans son lieu de vie dès lors qu'il est adapté à ses besoins immédiats et à venir(192). Concrètement, une mesure d'assistance éducative cesse tout d'abord quand expire la durée pour laquelle elle a été prise ; ensuite, en cas de mainlevée prononcée par le juge durant la durée de la mesure ; enfin, par l'accès du mineur à la majorité civile.

1411. – **Rapport annuel.** L'article 375 du Code civil dispose enfin, en son alinéa 5, qu'un rapport concernant la situation de l'enfant doit être transmis annuellement au juge des enfants. La loi n° 2016-297 du 14 mars 2016 relative à la protection de l'enfance a complété cet alinéa, en ajoutant que le rapport ferait l'objet d'une remise tous les six mois lorsque l'enfant a moins de deux ans.

1412. – **Garantie des droits parentaux durant la mesure d'assistance éducative.** Comme la mesure d'assistance éducative vise à soutenir les parents dans l'exercice de leurs prérogatives d'autorité parentale, ils continuent à en exercer tous les attributs qui ne sont pas incompatibles avec la mesure(193). Dans un ordre d'idées voisin, s'il a été nécessaire de confier l'enfant à une personne ou un établissement, ses parents conservent un droit de correspondance ainsi qu'un droit de visite et d'hébergement. Le juge en fixe les modalités et peut, si l'intérêt de l'enfant l'exige, décider que l'exercice de ces droits, ou de l'un d'eux, est provisoirement suspendu. Il peut également décider que le droit de visite du ou des parents ne peut être exercé qu'en présence d'un tiers désigné par l'établissement ou le service à qui l'enfant est confié(194). Si la situation de l'enfant le permet, le juge fixe la nature et la fréquence

(190) C. civ., art. 375-6.
(191) C. civ., art. 375, al. 3.
(192) C. civ., art. 375, al. 4.
(193) C. civ., art. 375-7.
(194) C. civ., art. 375-7, al. 4.

des droits de visite et d'hébergement et peut décider que leurs conditions d'exercice sont déterminées conjointement entre les titulaires de l'autorité parentale et la personne, le service ou l'établissement à qui l'enfant est confié, dans un document qui lui est alors transmis(195). En cas de désaccord, il est alors saisi. Fréquemment, la jurisprudence rappelle en ce domaine qu'il appartient au juge de fixer lui-même les modalités du droit de visite, sortie et hébergement qu'il accorde aux parents, sans laisser ce soin aux services de l'aide sociale à l'enfance(196). En revanche, le juge des enfants a la possibilité de valablement déterminer un droit de visite minimal en laissant aux parties la possibilité de convenir d'une extension de ce droit(197). De même, ne délègue pas ses pouvoirs le juge des enfants qui accorde à chacun des parents un droit de visite et d'hébergement une fin de semaine sur deux et une partie des vacances scolaires selon des modalités organisées, sous son contrôle, avec l'organisme gardien, à charge pour les parties de s'en référer à lui en cas de difficultés(198).

Prolongement pratique

Motivation de la décision ordonnant le placement de l'enfant

1413. – Pour échapper à une censure, la décision juridictionnelle qui ordonne le placement de l'enfant doit comporter des motifs qui reflètent la situation particulière d'un enfant. Par ailleurs, il convient que la décision fixe la périodicité ou la fréquence du droit de visite et d'hébergement(199), d'une part, et qu'elle réserve, d'autre part, la possibilité d'un recours au juge en cas de difficulté.

(195) C. civ., art. 375-7, al. 5.

(196) Cf., par ex., pour une hypothèse d'incarcération du père : Cass. 1re civ., 13 mars 2007, n° 06-11.674 : *Dr. famille* 2007, comm. 105, obs. P. Murat. – Cass. 1re civ., 6 déc. 2005, n° 04-19.180 : *Dr. famille* 2006, comm. 27, obs. P. Murat ; *D.* 2006, 2149, note M. Herzog-Evans. – Cass. 1re civ., 28 nov. 2006 : *Dr. famille* 2007, comm. 34, note P. Murat ; *D.* 2007, 24, obs. I. Gallmeister.

(197) Cass. 1re civ., 27 mai 2003, n° 03-05.025 : *JCP G* 2004, I, 109, obs. Fossier ; *Dr. famille* 2003, comm. 118, note A. Gouttenoire ; *RTD civ.* 2003, 493, obs. J. Hauser ; *RD sanit. soc.* 2003, 480, obs. F. Monéger ; *Defrénois* 2003, 1496, obs. J. Massip : « Mais attendu qu'en octroyant aux époux X... un droit de visite et d'hébergement minimal, dont ils ont déterminé la périodicité, tout en laissant aux parties la possibilité de convenir d'une extension de ce droit, les juges du fond, qui ont, en outre, dit qu'il en serait référé au juge des enfants en cas de difficulté, n'ont pas délégué leurs pouvoirs ; que le moyen n'est pas fondé ».

(198) Cass. 1re civ., 28 mai 2014, n° 13-12.337 : *D.* 2014, 1787, obs. Ph. Bonfils et A. Gouttenoire.

(199) Le magistrat ne saurait donc laisser au service de l'aide sociale à l'enfance le soin de fixer les modalités du droit de visite : Cass. 1re civ., 13 oct. 1998 : *Bull. civ.* 1998, I, n° 297 ; *Dr. famille* 1998, comm. 168, note P. Murat ; *D.* 1999, 123, note G. Huyette ; *Defrénois* 1999, 309, obs. J. Massip ; *RTD civ.* 1999, 75, obs. J. Hauser. Il en va de même pour un arrêt d'appel qui se contente de juger que le père incarcéré bénéficiera d'un droit de visite « en milieu protégé en présence d'un tiers » : Cass. 1re civ., 13 mars 2007 : *Bull. civ.* 2007, I, n° 112 ; *Dr. famille* 2007, comm. 105, note P. Murat ; *RTD civ.* 2007, 329, obs. J. Hauser.

TITRE 2

LES RELATIONS JURIDIQUES ENTRE L'ENFANT ET LES TIERS

1414. - **Serpent de mer**[1]. En droit civil, il existe des thèmes ou des sujets qui, régulièrement, font l'objet de rapports officiels, de savants articles de doctrine, et de propositions ou projets de loi, sans pour autant connaître finalement les honneurs d'une consécration législative. Parfois il est vrai, une heureuse surprise vient enfin satisfaire l'impatience des commentateurs qui qualifieront volontiers les nouvelles dispositions de tardives, d'inespérées ou de décevantes. De tels serpents de mer ne se limitent point au droit de la famille et l'on songe par exemple aux fameuses *class action* en matière procédurale. En matière familiale cependant, la question des prérogatives d'autorité parentale du beau-parent sur la personne de l'enfant demeure ainsi une thématique récurrente. Ce débat renvoie à la question encore plus large des relations juridiques que l'enfant peut entretenir avec des tiers autres que ses ascendants (Chapitre 2). Les grands-parents et, au-delà, les ascendants bénéficient quant à eux de prérogatives mieux déterminées (Chapitre 1).

(1) M.-L. Cicile-Delfosse, *Le beau-parent, serpent de mer du droit civil de la famille*, in *Mél. G. Champenois*, LGDJ, 2012, p. 189.

CHAPITRE 1

L'ORGANISATION JURIDIQUE DES RELATIONS ENTRE L'ENFANT ET SES ASCENDANTS

1415. – **Intérêt de l'enfant.** Le droit de l'enfant de nouer des relations avec ses proches parents et, en particulier, avec ses grands-parents, participe du droit de mener une vie familiale normale. L'arrêt *Marckx* l'affirma en jugeant que « la vie familiale au sens de l'article 8 englobe pour le moins les rapports entre proches parents, lesquels peuvent y jouer un rôle considérable, par exemple entre grands-parents et petits-enfants »(1).

1416. – **Personnelles et pécuniaires.** De manière classique, le droit intervient pour réglementer les relations pécuniaires entre l'enfant et ses ascendants. D'ailleurs, le terme « ascendant » appartient initialement au droit des successions où, longtemps, la préoccupation première consista à assurer la conservation des biens dans la famille par le sang. Une vocation successorale existe toujours entre ascendants et descendants. Mieux, l'importante réforme du droit des successions et des libéralités effectuée par la loi n° 2006-728 du 23 juin 2006 a favorisé les donations-partages transgénérationnelles(2). Dans le domaine extrapatrimonial, l'attention portée aux relations juridiques d'ordre personnel, qui s'exprimeront par exemple par un droit de visite, d'hébergement ou de correspondance, constitue un phénomène contemporain. Il repose sur l'idée selon laquelle l'intérêt et le bien-être de l'enfant, mais aussi le bonheur d'être grand-père, commandent de garantir juridiquement un droit aux relations personnelles entre l'enfant et ses ascendants. Le droit aux relations personnelles de l'enfant avec ses ascendants (Section 1) n'a pas pour autant évincé les relations patrimoniales (Section 2) lesquelles perdurent notamment, en dehors du seul droit des successions et libéralités, au travers de la vocation alimentaire entre ascendants et descendants.

(1) CEDH, 13 juin 1979, *Marckx c/ Belgique*, série A, n° 31 ; *JDI* 1982, 183, obs. P. Rolland ; *AFDI* 1980, 317, obs. Pelloux, spéc. § 45.
(2) Sur la loi n° 2006-728 du 23 juin 2006, cf. P. Catala, *La loi du 23 juin 2006 et les colonnes du temple* : *Dr. famille* 2006, étude 43. – M. Grimaldi, *Des donations-partages et des testaments-partages au lendemain de la loi du 23 juin 2006* : *JCP* G 2006, I, 179.

SECTION 1

LE DROIT AUX RELATIONS PERSONNELLES DE L'ENFANT AVEC SES ASCENDANTS

Bibliographie

- H. Bosse-Platière, *La présence des grands-parents dans le contentieux familial* : *JCP* G 1997, I, 4030.
- Bourassin et Coutant-Lapalus, *Les droits des grands-parents*, Dalloz, 2012.
- T. Garé, *Les grands-parents dans le droit de la famille à la lumière de la Convention internationale sur les droits de l'enfant*, in *Mél. D. Huet-Weiller*, PUS, 1994, p. 181.
- N. Rexand-Pourias, *Les relations entre grands-parents et petits-enfants depuis la loi du 4 mars 2002* : *JCP* G 2003, I, 100.
- Roth, *Droit de visite et d'hébergement des grands-parents : pour deux réformes textuelles* : *AJF* 2010, 430.
- A. Sayag, *Les grands-parents dans le droit de la famille* : *RTD civ.* 1969, 40.

1417. – **À Rome.** Les recherches historiques et archéologiques nous enseignent qu'il n'était pas rare à Rome que des enfants fussent élevés par leurs grands-parents, notamment lorsque leur père retournait vivre dans la *domus* de son propre père, une fois son mariage dissous. Octave fut ainsi élevé par ses grands-parents.

1418. – **Consécration jurisprudentielle précoce.** L'actuel droit de l'enfant d'entretenir des relations personnelles avec ses grands-parents plonge ses racines dans un arrêt de principe rendu par la Cour de cassation le 8 juillet 1857[(3)]. À l'époque, le droit aux relations personnelles était fondé sur le célèbre article 371 du Code civil, qui dispose que l'enfant à tout âge doit honneur et respect à ses père et mère[(4)]. Si le principe de ce droit fit de la sorte son apparition, il faut cependant attendre des réformes législatives plus récentes pour qu'il acquière une portée véritablement significative.

1419. – **Affirmation législative.** La grande loi de réforme du droit de l'autorité parentale du 4 juin 1970 ne se contenta pas seulement de consacrer l'égalité entre le père et la mère dans l'exercice de l'autorité parentale, en mettant fin à la puissance paternelle. Elle affirma également, de manière solennelle, au sein du Code civil que « les père et mère ne peuvent, sauf motifs graves, faire obstacle aux relations personnelles de l'enfant avec ses grands-parents ».

1420. – **Actuel article 371-4 du Code civil.** En droit contemporain, le droit aux relations personnelles constitue un droit de l'enfant et non pas une prérogative attribuée aux grands-parents. La lettre de l'actuel article 371-4 du Code civil ne laisse aucun doute sur ce point en disposant que « l'enfant a le droit d'entretenir des relations avec ses ascendants ». En dépit des apparences, le changement de terminologie opéré par la loi n° 2002-305 du 4 mars 2002, en mettant l'accent sur les prérogatives de l'enfant, n'a pas seulement une dimension symbolique, mais

(3) Cass. civ., 8 juill. 1857 : *DP* 1857, 1, 273 ; S. 1857, 1, 721 ; *Grands arrêts de la jurisprudence civile*, Dalloz, 2015, n° 60.
(4) Sur l'article 371 du Code civil, cf. A. Sériaux, *Tes pères et mères honoreras, réflexions sur l'autorité parentale en droit contemporain* : *RTD civ.* 1986, 265.

devrait comporter aussi des incidences pratiques. Ainsi, l'enfant mineur ou, plus exactement, ses représentants légaux ou un administrateur *ad hoc* en cas de difficultés, devraient pouvoir saisir le juge aux affaires familiales afin de faire respecter ce droit aux relations personnelles. Inversement, les grands-parents seraient en principe privés de la possibilité de saisir directement le juge aux affaires familiales et dans l'obligation de s'adresser au ministère public(5). Tel n'est cependant pas le cas en pratique, car les actions introduites sur le fondement de l'article 371-4 du Code civil sont régulièrement portées devant les juges aux affaires familiales par les grands-parents. Preuve supplémentaire du fait que l'enfant s'impose désormais comme l'unique titulaire du droit, le texte ajoute, dans une formulation issue de la loi n° 2007-308 du 5 mars 2007 que « seul l'intérêt de l'enfant peut faire obstacle à l'exercice de ce droit », alors que la loi n° 2002-305 du 4 mars 2002 retenait seulement que « seuls des motifs graves peuvent faire obstacle à l'exercice de ce droit ».

1421. - **Droit au respect de la vie familiale.** La Cour européenne des droits de l'homme a expressément décidé que le droit pour l'enfant d'entretenir des relations personnelles avec ses grands-parents relève du droit au respect d'une vie familiale normale. Dans l'affaire lui ayant permis d'étendre ainsi le champ de l'article 8 de la Convention européenne de sauvegarde des droits l'homme(6), elle juge que la restriction apportée par les autorités finlandaises à l'exercice de ce droit s'avère justifiée, dès lors que le grand-père était soupçonné d'atteintes sexuelles sur l'enfant.

1422. - **Obligation des États.** En dépit de la marge nationale d'appréciation dont les États parties à la Convention européenne des droits de l'homme disposent en cette matière, ils sont tenus de déployer les efforts nécessaires et suffisants pour préserver le lien familial entre l'enfant et ses grands-parents(7). Viole ainsi les droits garantis par l'article 8 de la Convention, l'État dont les autorités juridictionnelles mettent près de trois ans pour statuer sur le droit de visite des grands-parents, qui ne permettent pas une réalisation concrète des rencontres entre l'enfant et ses grands-parents et qui font cesser ce droit, alors même que le père de l'enfant sera relaxé des faits d'agression sexuelle qui lui étaient reprochés(8).

§ 1. – L'octroi judiciaire du droit aux relations personnelles

I. – Les conditions matérielles

A. – Un enfant mineur

1423. - **Intérêt de l'enfant.** Le droit aux relations personnelles ne concerne évidemment que l'enfant mineur puisqu'une fois devenu majeur ce dernier exerce librement ses droits civils. L'article 371-4 du Code civil repose sur une véritable

(5) En ce sens : H. Fulchiron et A. Gouttenoire, *Rép. civ.* Dalloz, V° *Autorité parentale*, n° 314.
(6) CEDH, 27 avr. 2000, n° 25651/94, *L. c/ Finlande*.
(7) CEDH, 20 janv. 2015, n° 107/10, *Manuello et Nevi c/ Italie* : *AJF* 2015, 101, obs. A. Viganotti.
(8) CEDH, 20 janv. 2015, préc.

présomption qui considère que l'intérêt de l'enfant s'avère satisfait lorsque ce dernier entretient des relations personnelles avec ses parents. Pour cette raison, la seule exception visée par le texte concerne précisément l'intérêt de l'enfant.

B. – Un ascendant

1424. – **Codification d'une solution prétorienne.** Le droit de l'enfant aux relations personnelles, consacré à l'article 371-4 du Code civil, n'a pas seulement pour objet d'établir des liens avec ses grands-parents mais, plus largement, avec les ascendants, c'est-à-dire avec ses arrières grands-parents. En ce sens, la loi n° 2002-305 du 4 mars 2002, en ne mentionnant pas seulement les grands-parents mais, plus largement, les ascendants, a codifié une solution jusque-là dégagée par la jurisprudence en se fondant sur l'esprit de la règle. La nature du lien importe évidemment peu et le petit-enfant adopté peut parfaitement revendiquer de telles relations, comme le petit-enfant par le sang. Au demeurant, l'enfant adopté simple conserve ses droits dans sa famille d'origine et pourrait donc solliciter sur le fondement de l'article 371-4 du Code civil un droit aux relations personnelles avec ses grands-parents d'origine, en dépit de l'adoption simple dont il a fait l'objet.

II. – L'instance

A. – Compétences juridictionnelles

1° Compétence territoriale

1425. – **Espace judiciaire européen.** Les relations personnelles entre les grands-parents et leurs petits-enfants peuvent se nouer dans un cadre transfrontière, en particulier au sein de l'Union européenne. Afin de déterminer la juridiction compétente au sein l'espace judiciaire civil européen, il convient d'appliquer les règles du règlement Bruxelles II bis(9), la Cour de justice de l'Union européenne jugeant en effet que la notion de droit de visite doit être interprétée en ce qu'elle comprend le droit de visite des grands-parents à l'égard de leurs petits-enfants(10).

1426. – **Compétence territoriale en droit interne.** La compétence *rationae loci* ne se trouvant pas expressément déterminée par le Code de procédure civile, il convient de se trouver vers l'article 1180 de ce code qui renvoie aux règles procédurales en matière contentieuse, c'est-à-dire pour le juge aux affaires familiales statuant en matière d'autorité parentale aux dispositions de l'article 1070.

2° Compétence matérielle

a) Compétence de principe du juge aux affaires familiales

1427. – **Compétence au fond.** Selon l'article L. 213-3, 3°, b) du Code de l'organisation judiciaire, le juge aux affaires familiales connaît des actions liées à l'exercice de l'autorité parentale et il a donc une compétence matérielle pour statuer sur les

(9) Sur lesquelles, V. *supra*, n° 1330.
(10) CJUE, 1re ch., 31 mai 2018, aff. C-335/17, *Valcheva c/ Babanarakis* : *AJF* 2018, 394.

demandes de droit aux relations personnelles de l'enfant avec ses grands-parents fondées sur l'article 371-4 du Code civil.

1428. - **Référé.** La jurisprudence a déjà admis, sur le fondement de l'ancienne rédaction de l'article 371-4 du Code civil il est vrai, que le juge puisse statuer sur une demande de droit aux relations personnelles avec les grands-parents, formées en référé(11). L'on peut raisonnablement penser que la même solution perdure en droit positif.

b) Compétence en cas d'assistance éducative

1429. - **En cas de mesure d'assistance éducative en milieu ouvert.** Lorsque la mesure d'assistance éducative ne donne pas lieu à un placement de l'enfant, c'est-à-dire en cas de mesure d'assistance éducative en milieu ouvert (AEMO), le juge aux affaires familiales demeure matériellement compétent pour statuer sur le droit aux relations personnelles de l'enfant avec ses ascendants.

1430. - **En cas de placement de l'enfant.** La solution se révèle plus simple lorsque la mesure d'assistance éducative comporte un placement de l'enfant. Le juge des enfants, matériellement compétent en matière d'assistance éducative, devient alors exclusivement compétent pour statuer sur les relations de l'enfant avec des tiers, parents ou non. La jurisprudence ne laisse guère de doute sur ce point(12).

Cass. 1re civ., 9 juin 2010, n° 09-13.390

Sur le premier moyen, pris en ses trois branches ci-après annexé :

Attendu que M. et Mme X… font grief à l'arrêt attaqué, statuant en matière d'assistance éducative, d'avoir confirmé une ordonnance du juge des enfants ayant maintenu le placement de leur petit-neveu Nicolas Y… ;

Attendu que sous couvert de griefs non fondés de défaut de base légale au regard de l'article 375-2 du Code civil et de violation de l'article 8 de la Convention européenne des droits de l'homme, le moyen ne tend qu'à remettre en cause devant la Cour de cassation le pouvoir souverain des juges du fond, qui n'étaient pas tenus de suivre les parties dans le détail de leur argumentation et qui ont estimé, pour maintenir le placement de Nicolas et confier celui-ci au service de l'Aide sociale à l'enfance, que la situation inconnue de la mère et celle, incertaine, du père, ne permettaient pas sa prise en charge actuelle par ses parents, que la position inadaptée des époux X… à l'égard de ceux-ci rendait inopportun de leur confier l'enfant, sauf à replacer celui-ci au cœur d'un conflit de loyauté dont il commençait juste à se dégager, et qu'enfin, celui-ci évoluait très favorablement en famille d'accueil, tant dans ses relations paternelle et fraternelle que sur le plan scolaire ; que le moyen ne peut être accueilli en aucune de ses branches ;

Mais sur le second moyen :

Vu l'article 371-4, alinéa 2, du Code civil, ensemble les articles 375-1 et 375-7, alinéa 1er, du même code ;

Attendu que, si le juge aux affaires familiales est en principe compétent pour fixer, dans l'intérêt de l'enfant, les modalités des relations entre l'enfant et un tiers, parent ou non, le juge des enfants est seul compétent, en cas de placement, pour statuer sur ces modalités ;

Attendu que, pour déclarer M. et Mme X… irrecevables en leur demande de droit de visite et d'hébergement sur l'enfant Nicolas Y…, l'arrêt retient que le juge des enfants est compétent pour accorder à la famille élargie un droit de visite lorsqu'il ordonne le placement d'un mineur, si ses parents donnent leur accord à de telles rencontres ; qu'en revanche, en cas d'opposition des parents comme c'est le cas en l'espèce puisque le père s'y oppose, il appartient aux ascendants de saisir le juge aux affaires familiales qui statuera dans l'intérêt de l'enfant ; que M. et Mme X… doivent donc être déclarés irrecevables en leur demande présentée devant la chambre spéciale des mineurs ;

(11) Cass. 1re civ., 1er févr. 1983 : *Bull. civ.* 1983, I, n° 46. – CA Dijon, 12 janv. 1999 : *Bull. inf. C. cass.* 1er juin 1999, n° 704.
(12) Cass. 1re civ., 9 juin 2010, n° 09-13.390 : *JCP* G 2010, n° 911, obs. A. Gouttenoire ; *AJF* 2010, 325, obs. Durand ; *RTD civ.* 2010, 546, obs. J. Hauser ; *D.* 2010, 2092, obs. Auroy ; *D.* 2010, 2343, note Huyette ; *D.* 2010, 1995, obs. A. Gouttenoire.

Qu'en statuant ainsi, alors que l'enfant avait été confié au service départemental de l'Aide sociale à l'enfance, la cour d'appel a violé les textes susvisés ;

Et attendu qu'il y a lieu de faire application de l'article L. 411-3 du Code de l'organisation judiciaire, les mesures ordonnées par le juge des enfants ayant épuisé leurs effets ;

PAR CES MOTIFS :

CASSE ET ANNULE, mais seulement en ce qu'il a déclaré M. et Mme X… irrecevables en leur demande de droit de visite et d'hébergement sur l'enfant Nicolas Y…, l'arrêt rendu le 17 février 2009, entre les parties, par la cour d'appel de Rouen ;

Commentaires : *JCP* G 2010, n° 911, obs. A. Gouttenoire ; *D.* 2010, 2092, obs. Auroy ; *D.* 2010, 2343, note Huyette ; *D.* 2010, 1995, note A. Gouttenoire ; *AJF* 2010, 325, note Durand ; *RTD civ.* 2010, 546, obs. J. Hauser ; *Rev. Lamy dr. civ.* 2010/74, 3940, obs. Pouliquen.

B. – Les parties à l'instance

1° Enfant demandeur

1431. – **Représentation par ses représentants légaux.** Dans le cadre d'une action fondée sur l'article 371-4 du Code civil, l'enfant est, par définition, toujours mineur. Ainsi, la demande doit-elle être présentée au juge aux affaires familiales par son ou ses représentants légaux, c'est-à-dire ses parents le plus fréquemment.

1432. – **Rôle de l'administrateur *ad hoc*.** La saisine d'un juge aux affaires familiales sur le fondement de l'article 371-4 du Code civil constitue assurément le symptôme de dissensions et difficultés au sein de la famille, ce qui laisse supposer que l'introduction d'une action par le parent représentant le mineur peut s'avérer illusoire. En raison de ses propres rancœurs à l'égard des grands-parents ou, inversement, en raison d'une grande proximité affective envers ceux-ci, le représentant légal risque de ne pas pouvoir représenter efficacement l'enfant mineur. Dans ces hypothèses, que l'on qualifiera de conflits d'intérêts, la nomination d'un administrateur *ad hoc* s'impose, sur le fondement de l'article 388-2 du Code civil.

2° Grands-parents demandeurs

1433. – **Action fréquente.** Même si la rédaction de l'article 371-4 du Code civil, qui résulte de la loi n° 2002-305 du 4 mars 2002, attribue à l'enfant le droit aux relations personnelles avec ses grands-parents, il n'en demeure pas moins qu'en pratique la plupart des actions introduites sur le fondement de ce texte continuent d'être engagées par des ascendants, meurtris de ne plus voir leur petit-enfant ou, à tout le moins, de ne plus le voir suffisamment à leur goût.

C. – Les moyens de défense des parents

1434. – **Défense au fond.** Face à une demande des grands-parents fondée sur l'article 371-4 du Code civil, les parents qui se trouvent dans la position procédurale de défendeur vont pouvoir invoquer principalement une défense au fond. L'intérêt à agir des grands-parents paraît en effet se confondre ici avec leur qualité. De même, la question d'une quelconque prescription ne se pose pas véritablement.

1435. – **Intérêt de l'enfant.** La seule issue dont disposent les parents pour s'opposer au droit aux relations personnelles de leur enfant réside dans la notion d'intérêt de l'enfant. L'article 371-4 du Code civil dispose lui-même dans un second alinéa que « seul l'intérêt de l'enfant peut faire obstacle à l'exercice de ce droit », invitant ainsi les défendeurs à démontrer que le droit aux relations personnelles, s'il était consacré, porterait une atteinte concrète à l'intérêt de l'enfant. La Cour de cassation l'a rappelé dans un arrêt de principe en jugeant que pour faire obstacle à l'exercice du droit d'un enfant à entretenir des relations personnelles avec ses ascendants, seul l'intérêt de l'enfant doit être pris en considération(13). Sont ainsi rejetés les pourvois invoquant un prétendu manque de base légale lorsque les juges du fond caractérisent suffisamment la satisfaction de l'intérêt de l'enfant par l'octroi du droit aux relations personnelles(14).

Cass. 1re civ., 14 janv. 2009, n° 08-11.035

LA COUR DE CASSATION, PREMIÈRE CHAMBRE CIVILE, a rendu l'arrêt suivant :

Sur le moyen unique, pris en ses deux branches :

Attendu que M. Michel X... et son épouse, Mme Y..., font grief à l'arrêt attaqué (Paris, du 18 octobre 2007) d'avoir accordé aux grands-parents paternels un droit de visite sur leurs deux petits-enfants, Roselyne et Romain, alors, selon le moyen :

1° / qu'en présence d'un conflit familial aigu, ancien et non résolu opposant les grands-parents et les parents de l'enfant, l'intérêt de celui-ci est susceptible de faire obstacle dans ce contexte à des rencontres obligatoires avec les premiers organisées pour la mise en place d'un droit de visite ; qu'en l'espèce, il résultait des pièces de la procédure, notamment du rapport d'expertise, qu'un conflit familial profond et ancien, non résolu, opposait les grands-parents à leur fils, l'expert ayant souligné la nécessité d'apaiser ce conflit avant d'envisager la possibilité d'un droit de visite des grands-parents, de sorte qu'en se bornant à énoncer que la situation était susceptible d'évolution dans le temps et que les grands-parents s'étaient engagés à ne pas dénigrer leur fils et leur belle fille auprès de leurs petits-enfants, sans examiner si l'intérêt de ces derniers faisait obstacle à l'octroi d'un droit de visite des grands-parents en l'état d'un conflit familial lourd et ancien qu'elle a d'ailleurs admis, la cour d'appel n'a pas justifié légalement sa décision au regard de l'article 371-4 du Code civil ;

2° / que les fils et belle fille soulignaient, pièces à l'appui, que non seulement les intéressés procédaient à un dénigrement constant à leur égard, mais encore qu'ils se livraient « à un harcèlement méthodique, à la fois insidieux et violent », notamment par « appels téléphoniques » et « recours à des détectives privés », qu'ils n'avaient ainsi « aucun scrupule à leur nuire », se montrant de la sorte « indifférents aux répercussions sur les petits enfants » ; qu'en délaissant ces conclusions d'où il ressortait que, en l'état d'un tel comportement des grands-parents, l'intérêt des enfants faisait obstacle à l'octroi du droit de visite revendiqué, la cour d'appel a méconnu les exigences de l'article 455 du Code de procédure civile ;

Mais attendu qu'après avoir énoncé, à bon droit, que pour faire obstacle à l'exercice du droit d'un enfant à entretenir des relations personnelles avec ses ascendants, seul l'intérêt de l'enfant doit être pris en considération, c'est par une appréciation souveraine et une décision motivée que la cour d'appel a relevé, d'abord, qu'il résultait du rapport d'expertise médico-psychologique, d'une part que la démarche actuelle des grands-parents ne constituait pas un geste de malveillance mais un désir inconscient de réparation, d'autre part qu'il apparaissait non seulement souhaitable mais nécessaire qu'à plus ou moins long terme les enfants puissent entretenir des relations avec leurs grands-parents paternels, ensuite, qu'à l'audience, les grands-parents s'étaient engagés à ne pas dénigrer les parents, de sorte qu'il était dans l'intérêt des petits-enfants de nouer progressivement des relations avec leurs grands-parents paternels ; qu'en se déterminant ainsi en considération de l'intérêt des enfants, elle a légalement justifié sa décision ;

PAR CES MOTIFS :

REJETTE le pourvoi ;

Commentaires : *JCP* G 2009, n° 28, p. 46, obs. Y. Favier ; *Dr. famille* 2009, comm. 41, obs. P. Murat ; *AJF* 2009, 129, obs. M. Brusorio-Aillaud ; *D.* 2009, 1918, obs. A. Gouttenoire ; *D.* 2009, 372, obs. V. Égéa ; *RJPF* 2009-5/25, note F. Eudier ; *RDC* 2009/58, n° 3345, obs. Pouliquen.

(13) Cass. 1re civ., 14 janv. 2009, n° 08-11.035 : *JCP* G 2009, n° 28, p. 46, obs. Y. Favier ; *Dr. famille* 2009, comm. 41, obs. P. Murat ; *AJF* 2009, 129, obs. M. Brusorio-Aillaud ; *D.* 2009, 1918, obs. A. Gouttenoire ; *D.* 2009, 372, obs. V. Égéa ; *RJPF* 2009-5/25, note F. Eudier ; *RDC* 2009/58, n° 3345, obs. Pouliquen.

(14) Cf. Cass. 1re civ., 14 janv. 2009, n° 08-11.035, préc.

D. – Le rôle de la médiation familiale

1436. – **Recherche de solutions amiables.** L'article 1180 du Code de procédure civile soumet expressément les demandes formulées dans le cadre de l'article 371-4 du Code civil à la procédure applicable en matière contentieuse devant le tribunal de grande instance. Ainsi, le juge aux affaires familiales devrait être saisi par une assignation comportant désormais la mention des tentatives de résolution amiable du différend faites par les parties. Le droit aux relations personnelles des grands-parents pourrait ainsi fournir une occasion pour les parents de l'enfant et les grands-parents de s'engager dans un processus de médiation familiale afin de rétablir du lien entre eux et de chercher à aménager de manière amiable les modalités d'exercice de ce droit. Une telle solution consensuelle s'avère évidemment bienvenue puisqu'il s'agit tout de même d'un conflit opposant les enfants à leurs propres parents, ce qui – au moins d'un point de vue symbolique – est regrettable.

E. – La communication au ministère public

1437. – **Avis du ministère public.** Dans sa rédaction issue du décret n° 2004-1158 du 29 octobre 2004, l'article 1180 du Code de procédure civile prévoit que les demandes formées en application de l'article 371-4 du Code civil sont jugées après avis du ministère public(15). L'affaire doit donc lui être communiquée. Au visa de la précédente rédaction de l'article 1180 du Code civil et de l'article 425, alinéa 3 de ce même code, une jurisprudence ancienne avait déjà consacré cette obligation de communication de l'affaire au ministère public, l'érigeant en règle d'ordre public(16). Ainsi, la Cour de cassation a pu casser un arrêt d'appel dès lors qu'il ne résultait ni des mentions de l'arrêt, ni des pièces de la procédure, ni d'aucun autre moyen de preuve, que la cause ait été communiquée au ministère public(17).

F. – L'audition de l'enfant

1438. – **Droit commun.** Les règles de droit commun qui consacrent un droit de l'enfant d'être entendu dans les procédures qui le concernent ont en principe vocation à s'appliquer dans le cadre d'une demande fondée sur l'article 371-4 du Code civil. L'enfant peut en effet être entendu dans toute procédure civile qui le concerne. Une difficulté pratique apparaît cependant s'agissant de la mise en œuvre de ce droit dès lors que la demande viendrait à être introduite par l'un des parents, au nom de l'enfant, voire par un administrateur *ad hoc*. L'on ne saurait en effet considérer que l'enfant occupe véritablement ici la position de demandeur. L'audition ne constituera en tout état de cause qu'une mesure permettant d'éclairer le juge.

(15) CPC, art. 1180.
(16) Cass. 1re civ., 17 juin 1986, n° 84-16.014. – Cass. 1re civ., 5 juill. 1988 : *Bull. civ.* 1988, I, n° 220. – Cass. 1re civ., 13 déc. 1988 : *Bull. civ.* 1988, I, n° 355.
(17) Cass. 1re civ., 25 oct. 2005, n° 03-17.704.

III. – Les obstacles au droit aux relations personnelles

1439. – **Appréciation souveraine.** Les juges du fond apprécient souverainement si le droit aux relations personnelles de l'enfant avec ses grands-parents satisfait son intérêt. Pour ne pas encourir de cassation pour manque de base légale, les arrêts d'appel doivent caractériser l'atteinte à l'intérêt de l'enfant que le maintien de relations personnelles avec le grand-parent peut causer. Ainsi, justifie souverainement sa décision, eu égard à l'intérêt de l'enfant, la cour d'appel qui estime que l'attitude interventionniste et invasive du grand-parent, qui n'a pas eu conscience de la perturbation majeure qu'il avait provoquée, a plongé les enfants, qui ont rencontré un avocat et n'ont pas souhaité être entendus, dans une crise qui ne pouvait les concerner[18].

A. – Refus justifié par le conflit entre les parents et les grands-parents ayant des incidences sur l'enfant

1440. – **Indifférence de principe.** En principe, l'existence d'un conflit existant entre les parents de l'enfant et les grands-parents ne constitue pas un motif valable pour refuser d'organiser en justice le droit aux relations personnelles. Du moins, le conflit ne s'impose pas comme formant en lui-même un obstacle à l'exercice de ce droit puisque ce sont les incidences de la situation qui se révèlent déterminantes. S'il apparaît en effet que le conflit existant entre les parents et les grands-parents comporte des incidences psychologiques sur l'enfant, alors le droit aux relations personnelles sera refusé.

1441. – **Illustrations.** Un arrêt du 12 février 2014 offre une illustration de cette indifférence du conflit entre le parent et les grands parents, dans une espèce où la mère de l'enfant entretenait des relations tumultueuses avec sa belle-famille, depuis le suicide de son compagnon. La grand-mère paternelle et son conjoint formèrent une demande sollicitant un droit de visite et d'hébergement trois mois après la mort du père de l'enfant, à laquelle les juges du fond firent droit, aux motifs notamment que « la loi présume qu'il est de l'intérêt de l'enfant d'entretenir des relations personnelles avec ses grands-parents et l'intérêt d'un petit garçon de six ans est totalement étranger à d'obscures querelles financières opposant sa mère à ses oncles et tantes ». Le pourvoi formé par la mère est rejeté, la Cour de cassation jugeant que « c'est par une appréciation souveraine et une décision motivée que la cour d'appel, prenant en considération le seul intérêt de l'enfant, a estimé que celui-ci justifiait de renouer progressivement des relations avec sa grand-mère paternelle et le mari de celle-ci »[19]. Plus récemment, une même solution a été retenue, la Cour de cassation rappelant que les difficultés relationnelles entre la grand-mère et sa fille sont insuffisantes pour faire échec au droit des enfants d'entretenir des relations personnelles avec leurs ascendants[20]. Dans cette affaire, l'arrêt d'appel relève que la grand-mère a pris son rôle très au sérieux, se montrant disponible pour s'occuper de ses petits-enfants au domicile de sa fille environ deux jours par semaine pendant

(18) Cass. 1re civ., 27 mai 2010, n° 09-65.838 : *D.* 2010, 1906, obs. A. Gouttenoire ; *RTD civ.* 2010, 548, obs. J. Hauser.
(19) Cass. 1re civ., 12 févr. 2014, n° 13-13.674 ; *RJPF* 2014-5/34, note A. Cheynet de Beaupré.
(20) Cass. 1re civ., 12 oct. 2017, n° 17-19.319 : *AJF* 2017, 648, obs. M. Saulier.

leur plus jeune âge et ayant toujours su montrer beaucoup d'attention et d'affection depuis leur naissance.

B. – Refus fondé sur le comportement du grand-parent à l'égard de l'enfant

1442. – **Intérêt de l'enfant.** Le comportement du grand-parent à l'égard de l'enfant, quand il porte atteinte à l'intérêt de l'enfant, justifie évidemment que le droit aux relations personnelles ne soit pas établi ou bien qu'il cesse. L'on songe bien sûr aux éventuelles atteintes physiques ou sexuelles que les grands-parents pourraient infliger à l'enfant, mais aussi à la mise en danger morale de ce dernier consistant par exemple à dénigrer les parents ou encore à profiter du droit de visite pour permettre une rencontre avec un parent s'étant vu retirer l'autorité parentale.

§ 2. – L'exercice du droit aux relations personnelles

1443. – **Dimension personnelle du droit.** Au sens de l'article 371-4 du Code civil, les relations personnelles que l'enfant a le droit d'entretenir avec ses grands-parents peuvent recevoir une double signification. Le Code civil lui accorde en effet un droit d'entretenir non seulement des relations d'ordre personnel, c'est-à-dire extrapatrimoniales, puisque les relations pécuniaires demeurent quant à elle régies par l'obligation alimentaire et la vocation successorale. Le qualificatif « personnel » comporte cependant une autre signification dès lors que ce droit demeure propre à l'enfant. Dans la seconde qualification, comme l'enfant est le titulaire du droit, l'accord de ses parents ne constitue pas une condition d'exercice de cette prérogative. Ainsi les grands-parents et l'enfant peuvent passer outre une opposition des parents. Mieux, le caractère personnel pourrait impliquer, dans cette seconde signification, que l'enfant revendique auprès de ses grands-parents qu'ils respectent son droit aux relations personnelles. Une telle perspective se révèle évidemment illusoire, car elle repose sur une assimilation excessive du droit aux relations personnelles à une véritable créance dont l'enfant serait titulaire, ce qui demeure inexact, et parce qu'elle se heurte aux faits qui peuvent en ce domaine s'avérer têtus. Si les grands-parents ne souhaitent pas entretenir des relations personnelles avec leur petit-enfant, il risque d'être bien compliqué de les y contraindre.

1444. – **Consistance du droit aux relations personnelles.** Le droit aux relations personnelles constitue une formule volontairement large, dont découlent plusieurs incidences concrètes. Il peut en effet se réaliser par l'octroi d'un droit de visite, voire d'un droit d'hébergement ou, plus simplement, d'un droit de correspondance.

1445. – **Rôle du juge.** Le juge aux affaires familiales, compétent pour déterminer les modalités d'exercice du droit de l'enfant d'entretenir des relations personnelles avec ses grands-parents, doit préciser la fréquence des visites ou de l'hébergement, voire les circonstances de sa réalisation. Ainsi peut-il ordonner que la rencontre s'effectue dans un lieu neutre, tel qu'un point rencontre, ou bien encore que les relations s'établissent de manière progressive ou à titre provisoire.

Prolongement pratique

Le droit aux relations personnelles confronté au divorce des grands-parents

1446. – Si le droit de l'enfant d'entretenir des relations personnelles avec ses grands-parents se révèle évidemment louable dans son principe, il demeure cependant difficile de le mettre en œuvre en pratique lorsque les grands-parents sont divorcés, ce qui est désormais fréquent. Il a pu être relaté ainsi des audiences de juge aux affaires familiales à l'occasion desquelles ce type de demande fut jugé[21]. Dans l'une de ces affaires, le père de l'enfant faisait part au magistrat de son désarroi face aux revendications de ses ex-beaux-parents, en indiquant que ces derniers étaient divorcés, que ses propres parents l'étaient également. Ainsi, comme ce père était lui aussi divorcé, si chacun des parents et grands-parents invoquait le droit d'héberger l'enfant durant un week-end, il ne verrait plus son fils qu'une fois toutes les six semaines.

Un tel exemple demeure évidemment anecdotique et il paraît bien évident en l'espèce que le juge devrait accorder, selon toute vraisemblance, une priorité au droit de visite et d'hébergement des parents, avant d'organiser celui de chacun des grands-parents divorcés.

Il n'en demeure pas moins que cette situation illustre de manière singulière la différence qui existe entre l'affirmation de principe et des droits théoriquement très séduisants, dont la mise en œuvre se heurte cependant à de véritables difficultés concrètes.

Prolongement pratique

L'organisation judiciaire de la vie familiale

1447. – En faisant droit à une demande fondée sur l'article 371-4 du Code civil, le juge aux affaires familiales détermine les modalités d'exercice du droit de l'enfant d'entretenir des relations personnelles avec ses grands-parents. Un arrêt rendu par la Cour de cassation le 11 juin 2008 en fournit une intéressante illustration. Dans cette affaire, l'autorité parentale avait été retirée au père des enfants qui, selon toute vraisemblance, vivait chez ses propres parents. Ses derniers ont sollicité et obtenu devant les juges du fond un droit de visite et d'hébergement organisé ainsi : « Ils exerceront un droit de visite et d'hébergement à l'égard de leurs petits-enfants Calypso et Aubin, hors la présence de leur fils M. Olivier Y..., durant une période de cinq jours entre le jour de Noël et le jour de l'An et pendant la deuxième semaine du mois de juillet, à charge pour eux de prendre les enfants au domicile de la mère et de les ramener ».

Le pourvoi formé par la mère invoquant une atteinte à l'intérêt supérieur de l'enfant est rejeté dès lors que l'arrêt d'appel a « relevé que les relations entre les enfants et leurs grands-parents paternels étaient empreintes d'affection et de tendresse réciproques, que ceux-ci leur offraient un cadre chaleureux, sécurisant et serein ainsi que de nombreuses sorties et des rencontres avec leurs petits cousins, que les époux Y... s'étaient engagés par écrit à respecter les décisions prises à l'égard de leur fils par l'ordonnance du 16 décembre 2004 et à recevoir leurs petits-enfants hors la présence de leur père, la cour d'appel, qui s'est déterminée en considération de l'intérêt des enfants, a, dans l'exercice de son pouvoir souverain d'appréciation, estimé que Calypso et Aubin, âgés de 11 ans et 9 ans, devaient pouvoir continuer à bénéficier des moments heureux passés auprès de leurs grands-parents, favorables à

(21) Cf. V. Égéa, *La fonction de juger à l'épreuve du droit contemporain de la famille*, Defrénois-Lextenso, 2010, spéc. n° 644.

l'épanouissement de leur personnalité, suivant une périodicité conforme à ce qui se pratiquait antérieurement et qu'il n'existait pas de motif grave pouvant faire obstacle aux relations personnelles des enfants avec leurs grands-parents ».

En l'espèce, les modalités d'exercice du droit aux relations familiales déterminées par les juges du fond constituent une parfaite illustration de la fonction d'organisation judiciaire de la vie familiale[(22)].

1448. – **Droit de visite.** En cas d'accouchement sous X ou de retrait de l'autorité parentale, les grands-parents tentent souvent d'établir ou de maintenir un lien avec l'enfant admis comme pupille de l'État, en formant un recours contre l'arrêté préfectoral d'admission de l'enfant en cette qualité. Même si l'arrêté constitue un acte administratif, le recours doit être formé dans les trente jours devant le tribunal de grande instance, par les proches de l'enfant, selon l'article L. 224-8 du Code de l'action sociale et des familles. La version actuelle de cette disposition provient d'une double censure de la précédente rédaction de l'article L. 224-8 qui, en ne prévoyant pas naguère de mesures de publicité et de notification à l'égard des requérants potentiels, fut jugée contraire au principe constitutionnel de libre accès au juge[(23)] et du droit à un recours juridictionnel effectif[(24)]. Le juge judiciaire prononce la nullité de l'arrêté d'admission en qualité de pupille de l'État quand une telle sanction lui paraît conforme à l'intérêt de l'enfant. En rejetant le recours de la sorte formé par une grand-mère contre un enfant admis en qualité de pupille, devenant ainsi potentiellement adoptable, le juge dispose du pouvoir souverain d'accorder – dans l'intérêt de l'enfant – un droit de visite à cette ascendante[(25)]. Un tel octroi d'un droit de visite paraît satisfaire aux exigences posées par la Cour européenne des droits de l'homme afin de garantir le droit à une vie familiale normale[(26)].

SECTION 2

LES OBLIGATIONS ALIMENTAIRES ENTRE ASCENDANTS ET DESCENDANTS

1449. – **Réciprocité.** Les enfants doivent des aliments à leurs père et mère ou autres ascendants qui sont dans le besoin[(27)], et réciproquement[(28)]. Le lien juridique de parenté fait naître l'obligation légale de subvenir aux besoins de ses ascendants

(22) Sur laquelle, cf. V. Égéa, *La fonction de juger à l'épreuve du droit contemporain de la famille*, *op. cit.*, n°s 566 et s.
(23) Cons. const., 27 juill. 2012, n° 2012-268 QPC : *AJF* 2012, 454 ; sur ce point, V. *supra*, n°s 915 et 916.
(24) Cass. 1re civ., 9 avr. 2013, n° 11-27.071 : *JCP* G 2013, 700, note Y. Favier ; *RTD civ.* 2013, 589, obs. J. Hauser.
(25) Cass. 1re civ., 23 sept. 2015, n° 14-16.267 ; *RJPF* 2015-12/21, obs. M.-C. Meyzeaud-Garaud : en l'espèce, la première chambre civile juge que l'arrêt d'appel a légalement justifié sa décision, en jugeant souverainement, que l'intérêt de l'enfant ne commandait pas de prononcer la nullité de l'arrêté d'admission en qualité de pupille, ni de confier la garde de l'enfant à la grand-mère, avec laquelle tout contact avait cessé depuis bientôt quatre ans ; mais justifiait en revanche d'accorder à cette ascendante un droit de visite.
(26) CEDH, 20 avr. 2015 : *Dr. famille* 2015, chron. 2, spéc. n° 16.
(27) C. civ., art. 205.
(28) C. civ., art. 207.

et descendants, à proportion de ses propres ressources. Les aliments ne désignent pas seulement les frais de nourriture mais, plus largement, l'ensemble des dépenses permettant d'assurer la survie d'un parent ou allié. Les grands-parents, voire les arrière-grands-parents peuvent donc être condamnés à payer des aliments pour leurs petits-enfants, puisqu'il n'existe pas en principe de hiérarchie entre les débiteurs[29] même si la jurisprudence tend tout de même à faire respecter l'ordre des générations[30]. Autrement dit, l'enfant créancier n'a nulle obligation de se tourner d'abord vers ses parents et peut préférer solliciter directement ses grands-parents. Pour autant, la pratique révèle que si les parents ont quelques ressources, l'enfant devra d'abord mettre en œuvre l'obligation parentale d'entretien. La réciproque se vérifie d'ailleurs de plus en plus puisque les établissements hébergeant des personnes âgées dépendantes (EHPAD) n'hésitent plus désormais à exiger des petits-enfants le paiement de frais d'hébergement et de soins dus pour leurs aïeuls[31], lorsque les ressources de la première génération – elle-même retraitée – ne permettent pas de faire face à l'importance des besoins. En pratique, les recours ne s'exercent pas nécessairement et, pour les établissements publics à tout le moins, dépendent des choix opérés par chaque conseil départemental.

1450. – **Indisponibilité.** À l'instar du droit commun des aliments, le principe d'indisponibilité[32] règne sur les obligations alimentaires entre ascendants et descendants. Il en résulte que l'enfant ne saurait renoncer par avance à une vocation alimentaire à naître. La volonté individuelle ne permet que d'aménager ici les modalités de l'obligation alimentaire.

(29) Cass. civ., 2 janv. 1929 : *DP* 1929, I, 137, note R. Savatier.
(30) Cass. 1re civ., 6 mars 1974 : *D.* 1974, 329, note Gaury.
(31) Les hôpitaux et établissements publics disposent même en ce domaine d'une action directe : C. santé publ., art. L. 6145-11.
(32) Cass. req., 26 juill. 1928 : *DP* 1929, I, 9 (2e esp.), note R. Savatier.

CHAPITRE 2

LES RELATIONS JURIDIQUES AVEC DES TIERS (AUTRES QUE LES ASCENDANTS)

Bibliographie

- M.-L. Cicile-Delfosse, *Le beau-parent, serpent de mer du droit civil de la famille*, in *Mél. G. Champenois*, Lextenso, 2012, p. 189.
- F. Dekeuwer-Défossez, *Du « statut du beau-parent » aux « droits des tiers » : réflexions critiques sur un projet controversé : Rev. Lamy dr. civ.* mai 2009, n° 60.
- J. Leonetti (ss dir.), *Intérêt de l'enfant, autorité parentale et droits des tiers*, rapport officiel remis au Premier ministre, 7 oct. 2009.
- Ph. Malaurie, *Autorité et droit des tiers : un projet patchwork* : *JCP* G 2009, p. 167.
- I. Théry et A.-M. Leroyer, *Filiation, origines, parentalité, le droit face aux nouvelles valeurs de responsabilité générationnelle*, rapport officiel, Doc. fr., avr. 2014.
- Dossier « Faut-il réformer le rôle des tiers en droit de la famille ? » : *LPA* 24 mars 2010.

1451. – **Tiers quelconque et beau-parent.** Régulièrement, un vif débat ressurgit au sujet du droit de l'enfant aux relations personnelles avec des tiers. Les termes du débat s'avèrent quelque peu faussés puisque ce droit fait déjà l'objet d'une consécration solennelle aussi bien dans le Code civil que dans la Convention internationale des droits de l'enfant. L'interrogation principale concerne en réalité la place juridique du beau-parent, voire de l'ex-beau-parent de l'enfant mineur. En principe, les prérogatives d'autorité parentale permettent aux parents de l'enfant de s'opposer à ce que ce dernier entretienne des relations personnelles[1], comme un droit de visite ou de correspondance, avec des tiers. Pourtant, l'absolutisme des prérogatives parentales cède ici devant le postulat selon lequel l'enfant a un intérêt psychologique à nouer des relations personnelles avec des tiers, mais aussi devant des considérations matérielles pratiques concernant les prérogatives de personnes autres que les parents dans un contexte scolaire par exemple. Ainsi, le nouveau compagnon de la mère peut-il autoriser l'enfant à rester à l'étude du soir, après la classe ?

(1) Cf., avant la réforme effectuée par la loi n° 70-459 du 4 juin 1970 : Cass. 1re civ., 22 mars 1961 : *D.* 1961, 521, note R. Savatier.

Derrière la question du tiers se cache donc très souvent l'ombre du beau-parent dans les familles recomposées qui, en dépit de leur importance statistique contemporaine[(2)], demeurent un phénomène sociologique que le droit peine à appréhender en raison de sa grande diversité. Lorsque la famille recomposée repose sur un nouveau mariage, la situation se révèle juridiquement assez bien balisée et le Code civil offre d'opportunes solutions, fondées par exemple sur l'adoption simple de l'enfant du conjoint. La situation se complique lorsque la famille recomposée résulte d'un lien d'affection, par essence très impalpable[(3)], voire quand elle se « décompose » suite à la rupture entre le parent de l'enfant et le beau-parent. Ce dernier peut-il alors revendiquer un droit au maintien des relations personnelles nouées au temps où ce beau-parent entretenait encore une relation de couple avec le parent ? Il fut longtemps difficile d'apporter une réponse sereine à cette interrogation, car l'on craignait que la consécration d'un « statut » juridique du beau-parent ne constituât l'occasion insidieuse de reconnaître une « homoparentalité », voire une « homoparenté ». Certains projets de loi sombrèrent pour cette raison[(4)].

1452. – **Aujourd'hui et demain.** Le débat autour de la place juridique du beau-parent, voire de l'ex-beau-parent, présente au moins l'intérêt de démontrer, s'il en était besoin, que la principale vocation du droit contemporain de la famille ne consiste plus à bâtir un ordre social solide en partant de la famille, mais à définir et attribuer une place à des personnes unies par un lien d'alliance, de parenté ou d'affection. La finalité comporte alors une dimension à la fois juridique et symbolique. Derrière la revendication de droit par les beaux-parents se loge aussi une demande de reconnaissance sociale, car certains mécanismes de droit positif offriraient sans doute déjà des modalités d'organisation des relations juridiques entre l'enfant et son beau-parent, s'ils étaient correctement et massivement mis en œuvre. De ce point de vue, il ne serait pas inutile d'exploiter par exemple les ressources de la délégation-partage qui permettraient sans doute d'organiser la plupart des situations.

Pour autant, la place du tiers en général, et du beau-parent en particulier, a suscité de nombreuses réflexions doctrinales[(5)] ainsi que la rédaction d'un nombre

(2) Selon des chiffres publiés en 2013 par l'INSEE, il y avait 1,5 million d'enfants vivant dans 720 000 familles recomposées, en 2011. Cf. *INSEE Première* oct. 2013, n° 1470. À ce 1,5 million d'enfants qui vivent à titre principal dans une famille recomposée, il convient d'ajouter 300 000 à 600 000 enfants qui vivent ponctuellement en famille recomposée, ce qui porte le chiffre global de 1,6 à 2,1 millions d'enfants. La vie « ponctuelle » en famille recomposée désigne par exemple la situation dans laquelle une famille dite « traditionnelle » (selon le qualificatif de l'INSEE) reçoit ponctuellement un demi-frère ou demi-sœur. Pour le détail de ces données chiffrées, cf. *INSEE Première* 15 mai 2017, n° 1647, *Vivre dans plusieurs configurations familiales*.

(3) Cf. C. Neirinck, *Créance d'entretien de l'enfant et vie sentimentale des parents débiteurs*, in *Mél. Hauser*, LexisNexis et Dalloz, 2012, p. 453.

(4) Cf., par ex., les deux versions de l'avant-projet de loi sur l'autorité parentale et les droits des tiers, rendues publiques en juin 2008 et février 2009. Sur lequel cf. not. les vives critiques de Mme Mirkovic, *in Statut du « beau-parent » : vivement le retrait d'un texte inutile et nuisible : Dr. famille* 2009, étude 28.

(5) Cf. notamment : I. Théry et M.-Th. Meulders-Klein (ss dir.), *Les recompositions familiales aujourd'hui*, Nathan, 1993. – H. Fulchiron, *Autorité parentale et familles désunies*, éd. CNRS, 1985. – F. Dekeuwer-Défossez, *Familles éclatées, familles reconstituées : D.* 1992, 136. – H. Fulchiron, *Autorité parentale et familles recomposées*, *in Mél. D. Huet-Weiller*, PUS-LGDJ, 1994, p. 141. – V. Depadt-Sebag, *La reconnaissance juridique du statut des tiers beaux-parents : entre adoption simple et délégation-partage : D.* 2011, 2494. – M.-L. Delfosse-Cicile, *Le beau-parent, serpent de mer du droit civil de la famille, op. cit.* – M. Rebourg, *Familles recomposées et liens inter-personnels : JCP N* 2013, n° 19, p. 25. – Ph. Malaurie, *Autorité parentale et droits des tiers : un avant-projet patchwork : JCP G* 2009, act. 167. – A. Mirkovic, *Un statut pour le beau-parent : D.* 2008, 1709. – S. Moracchini-Zeidenberg, *L'autorité parentale et les tiers : Dr. famille* 2010, étude 7.

important de rapports officiels(6), fournissant ainsi le socle théorique d'une éventuelle évolution du droit positif.

SECTION 1

LES RELATIONS PERSONNELLES AVEC LES TIERS (DROIT POSITIF)

1453. – **Distinction.** En droit positif, des mécanismes juridiques généraux induisent des relations personnelles entre l'enfant et des tiers autres que ses grands-parents (§ 1) et il existe un véritable droit aux relations personnelles proprement dit (§ 2).

§ 1. – Les mécanismes juridiques induisant des relations personnelles

1454. – **Rôle limité de l'adoption simple.** L'adoption simple de l'enfant du conjoint, parce qu'elle entraîne de manière exceptionnelle un partage de l'autorité parentale entre le parent et l'adoptant, constitue une institution qui permet d'aménager efficacement les relations juridiques entre l'enfant et son beau-parent. Pour autant, le partage de l'autorité parentale ne concerne que l'adoption par le conjoint du parent et ne correspond donc pas à de nombreuses recompositions familiales qui ne reposent pas sur le mariage. Par ailleurs, l'adoption intervient d'abord sur la structure familiale et l'état des personnes, ce qui ne correspond guère à la souplesse souvent recherchée lorsqu'il est question de la place du beau-parent dans la parentalité.

1455. – **Insuffisance de la délégation d'autorité parentale.** L'exercice délégué de l'autorité parentale ne manque pas d'intérêt pour organiser, sur le plan de la parentalité, les relations de l'enfant avec un tiers. L'utilisation de la délégation-partage de l'autorité parentale dans la famille recomposée voire, *a fortiori*, dans l'ex-famille recomposée se heurte à des obstacles puisqu'elle suppose le consentement des intéressés, ce qui correspond assez mal à une continuation des relations personnelles avec l'enfant, une fois que le beau-parent se sépare du parent. Par ailleurs, la délégation-partage n'est pas de droit et doit être justifiée par l'intérêt de

(6) Pour les rapports officiels, on citera ainsi : G. Champenois (ss dir.), *Rapport du comité de réflexion sur les familles recomposées*, mission de recherche GIP Droit et justice, 1998. – I. Théry, *Couple, filiation et parenté aujourd'hui. Le droit face aux mutations de la famille et de la vie privée*, éd. Odile Jacob, 1998. – F. Dekeuwer-Défossez (ss dir.), *Rénover le droit de la famille*, Doc. fr., 1999, p. 90. – D. Versini (ss dir.), *L'enfant au cœur des nouvelles parentalités*, rapport du Défenseur des enfants, Doc. fr., 2006. – V. Pécresse et P. Bloche, *L'enfant d'abord. 100 propositions pour placer l'enfant au cœur du droit de la famille*, Rapp. AN n° 2832, Doc. fr., 2006. – G. Gautier, *Rapport d'activité fait pour l'année 2005-2006 au nom de la délégation aux droits des femmes et à l'égalité des chances entre les hommes et les femmes*, Rapp. Sénat n° 288, 2006. – J. Léonetti, *Intérêt de l'enfant, autorité parentale et droits des tiers*, rapp. au Premier ministre, 7 oct. 2009. – I. Théry et A.-M. Leroyer (ss dir.), *Filiation, origines, parentalité*, Doc. fr., 2014.

l'enfant. Si des arrêts remarqués permirent d'aménager les relations entre l'enfant et la partenaire de sa mère(7), y compris en cas de décès de cette dernière(8), l'étude de la jurisprudence démontre que la mise en œuvre de la délégation n'a rien d'automatique en ce domaine(9).

§ 2. – Le droit aux relations personnelles proprement dit

1456. – **Intérêt de l'enfant.** L'article 371-4, alinéa 2 du Code civil permet au juge aux affaires familiales de statuer sur les modalités des relations de l'enfant avec un tiers, parent ou non, dans l'intérêt de l'enfant. Dans sa rédaction initiale, issue de la loi n° 70-459 du 4 juin 1970, le texte soumettait la consécration du droit aux relations personnelles à la démonstration de « circonstances exceptionnelles ». Le dispositif fut recentré sur l'enfant par la loi n° 2002-305 du 4 mars 2002. La logique du texte s'inverse alors en érigeant désormais le droit aux relations personnelles en droit de l'enfant, dont le juge fixe les modalités dans l'intérêt de ce dernier. Le texte fut enfin modifié à l'occasion de la loi n° 2013-404 du 17 mai 2013 ouvrant le mariage et l'adoption aux couples de personnes de même sexe, et se termine désormais par une précision visant de manière évidente l'ex-beau-parent dans les familles recomposées.

Code civil

Art. 371-4, al. 2. – Si tel est l'intérêt de l'enfant, le juge aux affaires familiales fixe les modalités des relations entre l'enfant et un tiers, parent ou non, en particulier lorsque ce tiers a résidé de manière stable avec lui et l'un de ses parents, a pourvu à son éducation, à son entretien ou à son installation, et a noué avec lui des liens affectifs durables.

(7) Cass. 1re civ., 24 févr. 2006, n° 04-17.090 : *Bull. civ.* 2006, I, n° 101 ; *Dr. famille* 2006, comm. 89, note P. Murat ; *JCP* G 2006, I, 199, n° 16, obs. M. Rebourg ; *D.* 2006, 897, note D. Vigneau ; *D.* 2006, 1148, obs. F. Granet-Lambrechts ; *RTD civ.* 2006, 297, obs. J. Hauser ; *Defrénois* 2006, 1067, obs. J. Massip, reproduit, *supra* n° 1183.

(8) Cass. 1re civ., 16 avr. 2008, n° 07-11.273 ; *Bull. civ.* 2008, I, n° 106 ; *Dr. famille* 2008, comm. 101, note P. Murat ; *JCP* G 2009, I, 102, n° 9, obs. M. Rebourg ; *D.* 2008, 773, obs. F. Granet-Lambrechts ; *RTD civ.* 2008, 470, obs. J. Hauser ; *Defrénois* 2008, 1846, obs. J. Massip ; reproduit *supra*, n° 1384.

(9) Cass. 1re civ., 8 juill. 2010, n° 09-12.623 : *Bull. civ.* 2010, I, n° 158 ; *JCP* G 2010, n° 41, art. 994, note A. Gouttenoire ; *Defrénois* 2010, 2028, obs. J. Massip ; *RTD civ.* 2010, 547, obs. J. Hauser : la Cour de cassation rejette le pourvoi formé contre un arrêt d'appel qui refusa d'accorder une délégation d'autorité parentale à la partenaire de PACS de la mère des enfants : « ayant relevé, d'une part, que si [la mère et sa partenaire] démontraient qu'elles avaient une vie commune stable depuis 1989 et que les enfants étaient bien intégrés dans leur couple et dans la famille de chacune d'elles et qu'elles s'occupaient aussi bien de leur propre enfant que de celui de l'autre sans faire de différence entre eux, elles ne rapportaient pas la preuve de circonstances particulières qui imposeraient une délégation d'autorité parentale dès lors que les déplacements professionnels qu'elles invoquaient n'étaient qu'exceptionnels, que le risque d'accidents n'était qu'hypothétique et semblable à celui auquel se trouvait confronté tout parent qui exerçait seul l'autorité parentale, d'autre part, que les requérantes admettaient elles-mêmes qu'elles ne s'étaient pas heurtées à des difficultés particulières pour pouvoir jouer auprès des tiers ou de leur entourage familial le rôle de parents qu'elles entendaient se reconnaître mutuellement, assistant indifféremment l'une ou l'autre, voire toutes les deux, aux réunions d'école et allant l'une ou l'autre chercher les enfants après la classe et, enfin, que [la mère et sa partenaire] ne démontraient pas en quoi l'intérêt supérieur des enfants exigeait que l'exercice de l'autorité parentale soit partagé entre elles et permettrait aux enfants d'avoir de meilleures conditions de vie ou une meilleure protection quand les attestations établissaient que les enfants étaient épanouis, la cour d'appel a pu déduire de ces énonciations et constatations qu'il n'y avait pas lieu d'accueillir la demande dont elle était saisie ».

1457. – **Appréciation souveraine.** Le juge aux affaires familiales apprécie souverainement si l'organisation des relations personnelles de l'enfant avec un tiers, autre que ses ascendants, satisfait l'intérêt de l'enfant. Avant la réforme opérée par la loi n° 2013-404 du 17 mai 2013, l'organisation judiciaire des relations personnelles entre l'enfant et un tiers avait permis effectivement d'accorder des prérogatives à des compagnons ou compagnes d'un parent de l'enfant qui s'étaient occupés de l'enfant(10), à condition que l'intérêt de l'enfant s'avère caractérisé(11). Les premières mises en œuvre de la nouvelle rédaction de l'article 371-4, alinéa 2e du Code civil démontrent que la jurisprudence semble encline à utiliser les potentialités du texte affichées par le législateur(12), notamment à l'égard de l'ex-compagnon de même que le parent.

Cass. 1re civ., 13 juill. 2017, n° 16-24.084 : *Dr. famille* 2017, comm. 209, note H. Fulchiron ; *D.* 2018, 528, note F. Granet-Lambrechts ; *AJF* 2017, 478, obs. M. Saulier

Attendu, selon l'arrêt attaqué (Besançon, 1er sept. 2016), qu'Alice Y... est née le (...) de Mme Y..., sans filiation paternelle déclarée ; que, lors de sa naissance, sa mère partageait la vie de Mme Z... ; que, les deux femmes s'étant séparées le 30 avril 2013, Mme Z... a saisi le juge aux affaires familiales afin de se voir attribuer un droit de visite et d'hébergement sur l'enfant ;

Attendu que Mme Y... fait grief à l'arrêt de dire que Mme Z... bénéficiera sur Alice d'un droit de visite, puis d'un droit d'hébergement, alors, selon le moyen :

1°/ que si tel est l'intérêt de l'enfant, le juge aux affaires familiales fixe les modalités des relations entre l'enfant et un tiers, parent ou non, en particulier lorsque ce tiers a résidé de manière stable avec lui et l'un de ses parents, a pourvu à son éducation, à son entretien ou à son installation et a noué avec lui des liens affectifs durables ; qu'en l'état du droit positif, l'existence d'un projet parental commun, qui plus est lorsqu'elle est contestée par la mère biologique, ne saurait suffire à permettre au juge aux affaires familiales d'accorder un droit de visite ou d'hébergement à l'ancienne compagne de cette dernière ; qu'en jugeant le contraire, la cour d'appel a violé l'article 371-4 du Code civil ;

(10) Par ex., dans une hypothèse atypique où la compagne de la mère s'occupa de l'enfant avant de changer de sexe. Le droit d'entretenir des relations personnelles avec ce transsexuel, après sa rupture avec la mère, est accordé dans l'intérêt de l'enfant : Cass. 1re civ., 18 mai 2005, n° 02-16.336 : *D.* 2005, 2125, obs. J.-J. Lemouland.

(11) Cf., pour des exemples de refus, en application de l'ancienne rédaction de l'article 371-4 du Code civil : premièrement, dans une affaire où un enfant né sans filiation paternelle établie fut élevé par sa mère et partenaire de PACS de celle-ci. Après la rupture du couple, la partenaire sollicite une résidence alternée et, à titre subsidiaire, un droit de visite de l'enfant. La cour d'appel refuse de faire droit à cette demande. Le pourvoi est rejeté : « ayant relevé que, quelles qu'en soient les causes et responsabilités, la rupture entre les parties avait abouti à une rupture des relations entre l'enfant et [l'ex-partenaire de sa mère] pendant près de trois ans, que des témoignages produits faisaient ressortir que [l'ex-partenaire] était devenue une étrangère pour l'enfant, qu'il avait manifesté une franche hostilité au fait de devoir la suivre à l'occasion du droit de visite et d'hébergement octroyé par les premiers juges, avec des manifestations somatiques et des régressions, enfin, que les deux avis de spécialistes produits, psychologue et psychiatre, motivés et concordants dans leurs conclusions, mettaient en évidence la "stupéfaction" de l'enfant au sujet de la revendication de [l'ex-partenaire], son refus de la voir, son désarroi, et l'absence d'investissement de cette dernière comme beau-parent, la cour d'appel a souverainement estimé qu'il n'était pas de l'intérêt actuel de l'enfant de maintenir des liens avec [l'ex-partenaire] ; qu'elle a ainsi, sans porter atteinte à la vie privée et familiale de celle-ci, légalement justifié sa décision » (Cass. 1re civ., 23 oct. 2013, n° 12-20.560 : *Dr. famille* 2014, comm. 36, note C. Neirinck ; *JCP G* 2014, 43, n° 7, obs. A. Gouttenoire). Deuxièmement, pour un refus du droit de visite au profit d'une sorte de marraine civile, en raison des relations conflictuelles existant entre cette dernière et la mère de l'enfant : Cass. 1re civ., 25 févr. 2012, n° 11-10.344 : *RTD civ.* 2012, 309, obs. J. Hauser.

(12) Cass. 1re civ., 13 juill. 2017, n° 16-24.084 : *Dr. famille* 2017, comm. 209, note H. Fulchiron ; *D.* 2018, 528, note F. Granet-Lambrechts ; *AJF* 2017, 478, obs. M. Saulier.

2°/ que dans toutes les décisions qui le concernent, l'intérêt supérieur de l'enfant doit être une considération primordiale ; que ce n'est que si tel est l'intérêt de l'enfant que le juge aux affaires familiales fixe les modalités des relations entre l'enfant et un tiers, parent ou non, en particulier lorsque ce tiers a résidé de manière stable avec lui et l'un de ses parents, a pourvu à son éducation, à son entretien ou à son installation et a noué avec lui des liens affectifs durables ; qu'en accordant un droit de visite et d'hébergement à Mme Z..., sans rechercher si l'enfant, âgée de 5 ans, et ne l'ayant pas revue depuis l'âge de 2 ans ne l'avait pas oubliée, un enfant de cet âge ne pouvant avoir de souvenir des deux premières années de sa vie, si Mme Z... n'était pas ainsi devenue une étrangère pour elle, et si, dans ce contexte, un droit de visite, et plus encore d'hébergement, ne serait pas contraire à l'intérêt d'Alice, la cour d'appel a privé sa décision de base légale au regard de l'article 371-4 du Code civil ensemble l'article 3, § 1, de la Convention de New York du 20 novembre 1989 relative aux droits de l'enfant ;

3°/ que dans toutes les décisions qui le concernent, l'intérêt supérieur de l'enfant doit être une considération primordiale ; que ce n'est que si tel est l'intérêt de l'enfant que le juge aux affaires familiales fixe les modalités des relations entre l'enfant et un tiers, parent ou non, en particulier lorsque ce tiers a résidé de manière stable avec lui et l'un de ses parents, a pourvu à son éducation, à son entretien ou à son installation et a noué avec lui des liens affectifs durables ; que la circonstance que le parent biologique ait mis un terme à la relation entre un tiers et l'enfant ne saurait suffire à écarter toute recherche sur l'intérêt de ce dernier à ce qu'un droit de visite et d'hébergement soit reconnu à ce tiers ; qu'en considérant toutefois, pour accorder un droit de visite et d'hébergement à Mme Z..., que dans la mesure où la mère était directement à l'origine de l'arrêt des rencontres entre sa fille et son ancienne compagne, elle était mal fondée à soutenir qu'il serait contraire à l'intérêt de l'enfant de renouer des liens avec celle qui se considérait comme sa seconde mère, la cour d'appel a violé les articles 371-4 du Code civil ensemble l'article 3, § 1, de la Convention de New York du 20 novembre 1989 relative aux droits de l'enfant ;

Mais attendu que, selon l'article 371-4, alinéa 2, du Code civil, dans sa rédaction issue de la loi n° 2013-404 du 17 mai 2013, si tel est l'intérêt de l'enfant, le juge aux affaires familiales fixe les modalités des relations entre l'enfant et un tiers, parent ou non, en particulier lorsque ce tiers a résidé de manière stable avec lui et l'un de ses parents, a pourvu à son éducation, à son entretien ou à son installation, et a noué avec lui des liens affectifs durables ;

Attendu que l'arrêt relève, d'abord, que les parties vivaient en couple au moment de la naissance d'Alice et qu'il existait un projet parental commun au moment de la conception de l'enfant, que Mme Z... a résidé durant plus de deux ans avec Mme Y... et Alice, qu'elle considérait comme sa fille, et qu'il existait un lien affectif durable entre elles, dont la rupture n'est due qu'au refus de Mme Y... de maintenir cette relation ;

Que l'arrêt énonce, ensuite, que l'intérêt de l'enfant commande qu'elle ait accès aux circonstances exactes de sa conception, de sa naissance, ainsi que des premiers temps de son existence, sans que cela n'empêche une relation affective de qualité avec l'actuel compagnon de sa mère, et que l'existence de relations conflictuelles entre les parties n'est pas un obstacle suffisant pour justifier le rejet de la demande formée par Mme Z..., dès lors qu'Alice, décrite comme une enfant épanouie et équilibrée, est en mesure de renouer des liens affectifs avec cette dernière ;

Qu'il constate, enfin, que la demande présentée par Mme Z..., qui ne sollicite qu'un simple droit de visite, en proposant de se déplacer pour voir l'enfant, témoigne de l'intérêt qu'elle porte à Alice et de son désir de ne pas brusquer la mineure en reprenant de manière progressive et adaptée des contacts avec elle, avant de pouvoir à nouveau la recevoir à son domicile ;

Que la cour d'appel, qui a ainsi statué en considération de l'intérêt supérieur de l'enfant, qu'elle a souverainement apprécié, a fait une exacte application du texte susvisé et de l'article 3, § 1, de la Convention de New York du 20 novembre 1989 ;

D'où il suit que le moyen n'est pas fondé ;

PAR CES MOTIFS :

REJETTE le pourvoi ;

Prolongement théorique

Droit des tiers et famille homoparentale, vers une distinction du beau-parent et du co-parent ?

1458. – L'arrêt rendu par la Cour de cassation le 13 juillet 2017 met en évidence la situation paradoxale[13] dans laquelle se trouve le droit français suite à la loi n° 2013-404 du

(13) Cf. P. Murat, *L'ouverture de l'adoption aux couples de même sexe... ou l'art de se mettre au milieu du gué* : *Dr. famille* 2014, dossier 24.

17 mai 2013, du moins en ce qui concerne le couple de personnes de même sexe, dont l'un des membres est parent d'un enfant. Une véritable filiation peut désormais être établie à l'égard du membre du couple qui n'est pas le parent de l'enfant, par le biais de l'adoption de l'enfant du conjoint, à condition cependant que le couple soit marié(14). Peu importe d'ailleurs ici que l'enfant soit né en France, suite à une conception « naturelle » ou qu'il ait été conçu à l'étranger par insémination artificielle. Il conviendra bien sûr que les conditions légales de l'adoption soient respectées et que l'adoption soit conforme à l'intérêt de l'enfant, selon la formule prétorienne qui s'est désormais imposée. Pourtant, même pour les couples mariés, la filiation serait aléatoire(15) dès lors qu'un divorce peut intervenir entre la naissance de l'enfant et le prononcé de son adoption. Manque alors l'une des conditions légales pour mettre en œuvre l'article 345-1 du Code civil.

Faute de pouvoir se tourner vers la véritable parenté que crée l'adoption, les couples de partenaires ou de concubins de même sexe, voire le divorcé, peuvent exploiter les potentialités, encore trop peu sollicitées, d'une délégation d'autorité parentale. À défaut, suite à la rupture, il reste à l'ex-membre du couple à solliciter des prérogatives sur le fondement de l'article 371-4, alinéa 2e du Code civil, dont la rédaction actuelle provient précisément de la loi n° 2013-404 du 17 mai 2013.

Certains auteurs considèrent que cette solution n'est pas pleinement satisfaisante car elle assigne à l'ex-membre du couple qui fut à l'origine du projet parental avec le parent, la même place et le même rôle qu'un beau-parent qui intègre la vie familiale alors que l'enfant est déjà né, sans avoir pris part au projet parental(16). Il est alors proposé de distinguer la situation du beau-parent et celle du co-parent, afin de sécuriser les prérogatives de ce dernier qui, même s'il peut obtenir un droit de visite et d'hébergement sur le fondement de l'article 371-4 du Code civil, dès lors qu'un tiers de sexe différent pourra aisément reconnaître l'enfant. C'est peut-être ce que suggère la Cour de cassation dans l'arrêt rendu le 13 juillet 2017 qui constitue, comme le note M. Fulchiron(17), une décision « modèle » pour le raisonnement que les juges d'appel avaient construit en deux temps. Le second temps du raisonnement résidait dans l'affirmation selon laquelle « l'intérêt de l'enfant commande qu'elle ait accès aux circonstances exactes de sa conception, de sa naissance, ainsi que des premiers temps de son existence », c'est-à-dire qu'elle connaisse le projet parental dont elle est issue.

Le projet parental est pris en compte pour l'attribution de prérogatives sur le plan de la parentalité. L'on constate que le pas n'est pas encore franchi, en dehors du mariage, d'une prise en compte du projet parental du couple de personnes de même sexe sur le plan de la parenté. La question essentielle se loge donc du côté du fondement du lien de filiation. Doit-il découler de la seule volonté ou bien tenir encore compte d'une considération génétique et biologique ?

SECTION 2

LES RELATIONS PERSONNELLES AVEC LES TIERS (DROIT PROSPECTIF)

1459. – **Proposition doctrinale.** Le débat relatif à la place du tiers a été relancé avec la publication du rapport *Théry-Leroyer* qui retient une définition large du beau-parent en insistant sur le caractère avant tout électif de cette relation à

(14) Cf., rappelant l'importance de cette condition du mariage : Cass. 1re civ., 28 févr. 2018, n° 17-11.069.
(15) Cf. S. Paricard, *Vers un droit spécial de la filiation ? : D.* 2018, 75.
(16) En ce sens : M. Saulier, obs. préc. ss Cass. 1re civ., 13 juill. 2017, n° 16-24.084.
(17) H. Fulchiron, note préc. ss Cass. 1re civ., 13 juill. 2017, n° 16-24.084.

l'enfant. L'expression « beau-parent » au sens de ce rapport désigne « le conjoint, le partenaire pacsé ou le concubin, de sexe différent ou de même sexe de l'un des parents »[(18)], ce qui englobe déjà une multitude de situations au-delà de la simplicité de la définition proposée. L'intérêt des propositions formulées réside dans le refus de l'élaboration d'un statut du beau-parent, lequel comporterait un ensemble de règles impératives, en préférant l'affirmation d'une place dans la famille[(19)]. Pour ce faire, et dans le but de faciliter la conclusion par le beau-parent d'actes usuels, le rapport propose la création d'un mandat d'éducation quotidienne ainsi qu'un certificat de recomposition familiale. Le mandat d'éducation quotidienne, qui pourrait être fait sous seing privé ou en la forme authentique, ne requiert pas de recueillir l'accord de l'autre parent, car celui-ci est présumé entre les cotitulaires de l'autorité parentale. En revanche, en cas de conflit, le parent pourrait saisir le juge. Le rapport propose aussi de rendre plus attractive et moins ambiguë l'actuelle délégation-partage de l'autorité parentale.

1460. – **Proposition de loi.** Une proposition de loi déposée à l'Assemblée nationale[(20)] le 1er avril 2014 a manifestement été inspirée par le rapport *Théry-Leroyer*. Elle proposait en effet la création d'un mandat d'éducation quotidienne que le parent, avec l'accord de l'autre, pouvait donner à son concubin, son partenaire ou conjoint avec lequel il vit de façon stable, pour chacun des enfants vivant avec le couple. L'acte aurait permis d'accomplir les actes usuels de l'autorité parentale pour la durée de la vie commune. La proposition de loi qui envisageait aussi, de manière opportune, de réformer la délégation-partage d'autorité parentale, n'a pas abouti pour l'instant.

(18) I. Théry et A.-M. Leroyer (ss dir.), *Filiation, origines, parentalité*, Doc. fr., 2014, spéc. p. 291.
(19) Sur la finalité contemporaine du droit de la famille qui demeure sans doute d'attribuer des places spécifiques et d'en déduire des droits et obligations, V. *supra*, n° 32.
(20) Sur laquelle, cf. V. Égéa, *L'autorité parentale bientôt réformée ? : Dr. famille* 2014, alerte 20.

Index alphabétique

(Les chiffres renvoient aux numéros d'alinéas)

A

E

F

G

Table des matières

DEUXIÈME PARTIE

LES RELATIONS FAMILIALES

LIVRE 1

LES RELATIONS ENTRE MEMBRES DU COUPLE

Titre 1 : LES RELATIONS DANS LE COUPLE : LE DISPOSITIF COMMUN DE LUTTE CONTRE LES VIOLENCES

Titre 2 : LES RELATIONS JURIDIQUES DANS LES COUPLES : LE DROIT SPÉCIAL

LIVRE 2

L'ENFANT ET SA FAMILLE

Titre 1 : LES RELATIONS JURIDIQUES ENTRE L'ENFANT ET SES PARENTS

UNIVERSITÉ DE STRASBOURG - SERVICE DES BIBLIOTHÈQUES - BIBLIOTHÈQUE JURIDIQUE

Photocomposition Nord Compo Multimédia

59650 Villeneuve-d'Ascq

UNIVERSITÉ DE STRASBOURG · SERVICE DES BIBLIOTHÈQUES

Cet ouvrage a été achevé d'imprimer en octobre 2018
dans les ateliers de Normandie Roto Impression s.a.s.
61250 lonrai
N° d'impression : 1804232
Dépôt légal : octobre 2018

Imprimé en France